글로벌 커뮤니케이션

커뮤니케이션

다문화적 관점

Yahya Kamalipour 저

배현석 역

박영사

일러두기

- 인명과 지명 등의 외래어는 현지 발음 위주로 표기하였습니다.
- 원서에서 이탤릭체로 강조한 부분은 이탤릭체로 표시하였습니다.
- 영화는 《 》, TV 프로그램은 〈 〉, 저서와 단행본은 『 』, 신문과 잡지는 「 」로 표시하였습니다.

서문

빈센트 모스코(Vicent Mosco)

이번 『글로벌 커뮤니케이션』의 세 번째 판은 이보다 더 시의적절할 수가 없다. 세계화(globalization)가 여러 가지 형태로 계속해서 가속화되고 있음에도, 권위주의적인 국민주의(nationalism)를 조장하는 정부들은 역공을 가하고 있다. 우리에게 즉각적인 연결은 물론 가짜 뉴스도 제공했던 커뮤니케이션은 이제 이러한 새로운 국면의 중심적인 힘이다. 그러한 주된 이유는 커뮤니케이션 기술은 물론 그것을 통제하는 조직들 또한 크게 확장되었기 때문이다. 인터넷은 출현한 지 30년 정도밖에 되지 않았다. 그럼에도 우리는 이미 차세대 인터넷(Next Internet)을 접하기 시작하고 있다. 『글로벌 커뮤니케이션』의 중요성을 더 잘 이해하기 위해서는 세계가 현재 겪고 있는 변화의 의미와 중요성을 주의 깊게 살펴보는 것이 유용하다.

원조 인터넷(original Internet)의 탁월함은 탈중앙집중화된 분산된 서버들의 세계를 연결시키고, 그렇게 함으로써 간단하고 보편적인 소프트웨어 표준을 통해 이용자들을 연결하는 방법을 알아낸 것이었다. 이것은 클라우드 컴퓨팅(cloud computing)의 성장과 함께 변화하기 시작했는데, 클라우드 컴퓨팅은 마치 하룻밤 사이에 전 세계에 생겨난 것 같은 거대한 데이터 센터로 가장 잘 상징된다. 클라우드는 유료로 주문형 디지털 서비스를 제공하는 원격 컴퓨터를 이용하여 데이터, 애플리케이션, 소프트웨어를 저장·처리·배포하는 시스템이다. 익숙한 예로는 구글(Google)의 지메일(Gmail), 애플(Apple)의 아이클라우드 뮤직 라이브러리(iCloud Music Library), 그리고 널리 사용되는 워드 프로세싱과 비즈니스 소프트웨어를 점차 클라우드를 통해 매달 유료로 배포하는 마이크로소프트 오피스(Microsoft Office)가 있다.

기업, 정부 기관, 개인들은 클라우드를 통해 데이터를 현장에서 전 세계에 위치해 있는 데이터 센터로 이동시킬 수 있다. 저장 공간에 저장되는 것은 또한 저장 수수료, 온라인으로 제공되는 서비스, 제품 및 서비스 마케팅에 관심이 있는 기업을 상대로 한 고객 데이터 판매를 통해 이익을 얻는 회사들에게 빠르게 성장하는 비즈니스 기회를 열어주기도 한다. 미국 국가보안국(NSA: National Security Agency)과 중앙정보국(CIA: Central Intelligence Agency) 같은 첩보기관들도 그들의 보안 및 정보 필요성을 충족하기 위해 클라우드 회사, 특히 마이크로소프트(Microsoft)뿐만 아니라 세계 최고의 클라우드 컴퓨팅 공급업체인 아마존(Amazon)과 긴밀히 협력하고 있다. 원조 인터넷의 기초를 제공한 다양한 서버들의 무리는 중앙집중화된 글로벌 데이터 센터 시스템으로 발전했으며, 각 데이터 센터는 텔레커뮤니케이션 시스템을 통해 세계와 연결되고 주로 민간 기업과 정부의 군사 및 감시 기관에 의해 운영되는 수만 혹은 수십만 개의 링크된 서버들로 구성된다.

클라우드는 마케팅, 회계, 고객 관계와 같은 비즈니스 서비스는 물론 법률 및 금융 서비스를 생성하기 위해 데이터를 처리하기 때문에 실제로는 저장 창고보다는 데이터 공장에 가깝다. 이로 인해 회사와 정부 기관은 데이터 센터를 소유하고 관리하는 회사와 서비스 제공에 협력하게 된다. 그것은 또한 거대한 수도 및 전기 회사를 닮은 중앙집중화되고, 세계화되었으며, 그리고 완전히 상업적인 인터넷을 향한 중요한 발걸음을 내딛는 것이기도 하다. 주요 클라우드 서비스 공급자는 거의 모두 대기업이다. 아마존이 선두에 있지만, 마이크로소프트, IBM, 구글이 바짝 뒤따르고 있다. 이 회사들은 서비스 계약을 통해 정부의 군사, 인텔리전스(intelligence)[1] 및 감시 부문과 잘 통합된다. 예를 들어, 아마존은 CIA와 NSA 모두에게 클라우드 컴퓨팅 저장소와 서비스를 제공한다. 마이크로소프트는 악명 높은 미국 이민세관집행국(U.S. Immigration and Customs Enforcement)을 위한 클라우드 서비스를 관리한다. 한편, NSA를 포함해 높은 보안 수준을 필요로 하는 정부 기관들은 자체 클라우드 시설을 구축하고 있는데, NSA는 2015년 유타(Utah) 주의 외딴 산지에 세계 최대 규모의 클라우드 시

---

1 영어권에서 인텔리전스는 개별 정보기관 혹은 이들의 집단인 정보기구(들), 정보기구의 정보수집을 비롯한 각종 활동, 그리고 정보활동의 생산물이란 세 가지의 의미로 사용된다(역자 주).

설의 운영을 시작했다.

빅 데이터(big data) 분석은 차세대 인터넷의 두 번째 부분을 구성한다. 데이터 과학 전문가와 같은 화려한 새 직함이 확산되어 열의를 북돋우고 있음에도 불구하고, 사회과학자가 빅 데이터 접근방식에서 새로운 것을 발견할 수 있는 것은 거의 없다. 빅 데이터 분석은 일반적으로 많은 흔히 엄청난 그리고 거의 항상 양적인 데이터를 수집해서 데이터가 상관관계가 있거나 상관관계가 없는 구체적인 방식을 살펴본다. 이는 현재의 행동과 태도에 대한 결론을 도출하고 예측을 하기 위해 수행된다. 이것은 흔히 특정 조건하에서 취할 조치나 도출될 결론을 명시하는 알고리즘(algorithm)이나 일단(一團)의 규칙 생성을 수반한다.

예를 들어, 페이스북은 20억 명 이상의 이용자들에 의해 생성된 데이터를 가지고 유명인사, 회사, 정치인으로부터 사회, 제품, 그리고 물론 고양이에 대한 견해에 이르기까지 모든 것에 대한 게시물과 연관된 '좋아요들'(likes)을 관련짓는다. 페이스북은 이를 통해 가입자들에 대한 프로필을 개발하고, 이렇게 개발한 프로필을 마케터들에게 팔면, 마케터들은 이용자들의 페이스북 페이지로 보내지는 맞춤화된 광고로 그들을 겨냥한다. 소셜 미디어 이전 시대인 여러 해전에 오스카 갠디(Oscar Gandy)는 이를 **파놉틱 분류기**(panoptic sort)[2]라고 불렀다. 구글은 지메일의 콘텐트에 대해서뿐만 아니라 검색 주제에 대해서도 같은 그와 같은 일을 하며, 아마존은 자사 사이트에서 검색과 구매를 기반으로 이용자들의 프로필을 만들어낸다. 계량적 상관관계 분석의 한계, 특히 역사적 맥락, 이유를 설명하는 이론 및 주관성(subjectivity)(질적 데이터가 무시되거나 숫자로 잘못 번역됨)의 부재를 고려할 때, 그와 같은 분석이 항상 정확하지는 않으며, 계절 독감 예측 및 경제 발전 모델 수립과 같은 프로젝트에서 빅 데이터 실패의 사건도, 이윤을 위해 데이터로 장난을 칠 수 있는 기회가 그런 것처럼, 늘어나고 있다. 빅 데이터 분석이 결과를 예측하지 못했을 뿐만 아니라 결과를 만들어냈을 수도 있는 2016년 미국 대통령 선거 이후는 더 이상 바라볼 필요

---

2 벤담(Bentham)은 보이지 않는 감시자의 시선을 느끼는 수감자가 더 잘 교화된다는 의미에서 파놉티콘(panopticon) 개념과 설계도를 제시했다. 미셸 푸코(Michel Foucault)는 벤담의 파놉티콘 개념을 확장하여 감시자 없이 모두가 모두를 감시하는 형태를 근대사회로 보았다. 오늘날 많은 비판적인 학자들은 현대사회가 개인이 첨단 정보 기술에 통제되는 '디지털 파놉티콘'이라고 비판한다(역자 주).

도 없다. 그것은 힐러리 클린턴(Hilary Clinton) 팀이 그녀가 분명한 지도자이며 아마도 승자가 될 것이라는 점을 암시하는 데이터를 믿게 만든 결함이 있는 알고리즘을 만들어 냈는데, 이것은 엄청난 파놉틱 오분류기(panoptic mis-sort) 사례와 맞먹는다. 연구에서 빅 데이터에 단 하나에만 의존하는 것이 역사, 이론, 주관성을 무시하는 방법론적 본질주의(methodological essentialism)인 **디지털 실증주의**(digital positivism)의 길을 열어주고 있다고 우려하는 것은 타당하다.

클라우드와 빅 데이터는 사물 인터넷(IoT: Internet of Things)이라고 불리는 것의 성장에 의해 크게 향상된다. 혈압을 모니터하는 시계에서부터 신선한 우유를 주문하는 냉장고까지, 로봇이 '사람을 대신해 배치되는' 조립 라인에서부터 무기를 전달하는 드론까지, IoT는 개인과 사회에 지대한 영향을 미칠 것으로 보인다. IoT는 센서(sensor)와 처리장치를 일상의 사물(시계), 생산 도구(로봇암), 무기(무기화된 드론)에 설치하고 그것들의 수행에 관한 데이터를 수집해 사용하는 네트워크로 연결하는 시스템을 말한다. 냉장고에 있는 센서들은 냉장고 안에 무엇이 있고 그것이 어떻게 사용되는지에 대해 보고하는 사물들의 네트워크를 형성한다. IoT는 기술 고도화로 스캔 장치를 소형화한 다음 그것에 디지털 네트워크를 통해 활동을 모니터하고 사용을 분석하며 결과를 전달할 수 있는 충분한 처리 능력을 제공할 수 있게 됨으로써 가능해졌다.

민간 싱크 탱크(think tank)인 맥킨지(McKinsey)의 2015년 보고서는 2025년까지 IoT가 고가품 부분에서 세계 경제의 10%가 넘는 3.9~11.1조 달러의 경제적 영향을 미칠 것이라고 결론지었다. 중요한 것은 로봇을 이용한 생산과 작업을 감시할 수 있는 기회를 통해 더 엄격한 관리와 효율적인 공장 및 글로벌 공급 체인(supply chain)이 가능하기 때문에 제조업, 특히 제너럴 일렉트릭(GE: General Electric)이 선도하고 있다는 점이다. 맥킨지는 또한 IoT 시스템의 배치는 사무실, 소매 운영, 도시 관리, 그리고 자동화된 차량이 모든 곳에 내장된 센서에 의해 '스마트'해진 도로와 고속도로를 이용함에 따라 전반적인 교통수단으로 확대될 것이라고 주장한다. 가정 모니터링도 성장하여 난방과 냉방, 음식 주문, 물품 조달에 대한 더 큰 통제가 가능할 것이다. 신체 건강, 혈압, 심박동수, 그리고 중요한 장기의 기능 수행을 지속적으로 감시할 센서들로 인해 신체 모니터링 또한 확장될 것이다.

기업들은 디지털 세계에서 선도적인 위치를 재빨리 활용하여 IoT로 확장했다. 테슬라(Tesla), 우버(Uber), 구글에서 개발 중인 자율주행 차, 애플 워치(Apple Watch), 아마존이 주문 이행 작업의 속도를 높이기 위해 자사 창고에 로봇을 수용한 것이 대표적이다. 아마존은 배달에 드론을 사용하기 시작했으며, 리필(refill) 주문을 자동화하는 푸시버튼이 포함된 완전히 새로운 형태의 포장을 개발하고 있다. IoT는 또한 1990년대에 제조업에서 금융으로 전환함으로써 탈바꿈한 오래된 산업 기업인 GE에도 새로운 활력을 불어넣었다. GE는 이제 점점 더 규제되고 있는 은행계를 거의 포기하고 회사를 IoT에 필수적인 장치를 생산하고 자체 산업 프로세스에 그것들을 활용하는 지배적인 기업이 되기 위해 회사를 다시 탈바꿈시켰다. IoT는 기업에 주는 혜택과 더불어 군대 관리를 강화하고 자동화하는 것 외에도 로봇과 무기화된 드론을 통해 전쟁을 자동화할 수 있는 기회를 크게 강화시키기 때문에 군에도 큰 가능성을 보여주고 있다.

차세대 인터넷이나 고급 네트워킹에 대해 쓴 내용은 대부분 기술(技術)이나 홍보와 관련된 것으로, 이를 구축하는 데 필요한 엔지니어링을 강조하거나 종종 꿈같은 과장된 용어(논스톱 레저, 마찰 없는 자본주의, 그리고 특이성)로 그것의 잠재력에 대해 자랑한다. 우리는 대규모 데이터 센터, 인간 행동에 대한 중단 없는 분석 및 편재적(ubiquitous) 연결의 세계에서 발생하는 심각한 정책 문제에 대한 논의를 이제 막 시작하고 있다. 이러한 논의에는 애플, 구글, 마이크로소프트, 아마존, 페이스북, 트위터 등 세계에서 가장 부유한 회사가 된 소수의 주로 미국 회사들에 차세대 인터넷에 대한 권력이 집중되는 문제가 포함된다. 추가적인 문제로는 군대가 자동화된 전쟁을 확장하기 위해 차세대 인터넷을 사용할 것이기 때문에 차세대 인터넷 시스템이 폭력을 확대할 수 있는 잠재력이 포함된다. 드론은 적군을 겨냥할 수 있게 해주는 것처럼 보이지만, 실제로 사망한 민간인의 수는 무장한 전투원의 수를 훨씬 능가한다.

대규모 데이터 센터와 전력 공급 시스템을 구축해서 관리하는 것은 막대한 양의 에너지를 소비하고, 냉각에 필요한 대규모의 물 공급을 필요로 하며, 독성 폐기물 처리에 추가적인 환경 위협을 초래한다. 게다가, 이용자들에 대한 정보를 판매함으로써 이익을 얻는 회사들은 프라이버시권(right to privacy)을 침해하고, 해커들은 소비자들에게 명백한 보안 위협을 야기한다. 마지막으로,

자동화 시스템이 인간 노동에 미치는 영향은 이제 겨우 다루어지기 시작했다.

『글로벌 커뮤니케이션』은 이러한 문제와 기타 문제를 세 가지 중요한 방식으로 이해하는 데 도움이 된다. 첫째는 독특하게 **글로벌**을 지향하고 있다는 것이다. 이 책의 장(章)들은 미국이나 서구의 관점에서 바라보는 세계에 관한 것이 아니다. 오히려, 이 책의 장들은 혼합하고, 충돌하며, 가장 중요한 것으로, 끊임없이 변화하는 과정에 있는 많은 문화로 구성된 세계를 정확하게 다룬다. 둘째, 비록 많은 다른 주제 분야를 다루지만, 이 책의 장들은 하나같이 세계에 대한 **다차원적**(multiperspective) 시각에 충실하다. 심지어 차세대 인터넷 시대에 진입하는 동안에도, 세계는 뚜렷하게 다른 역사, 국가 조직, 문화적 가치, 그리고 사회 계층, 젠더(gender), 인종, 민족 관계에 의해 형성된 많은 다른 진입점을 통해 진입한다. 이러한 다차원적 시각은 이 책의 장들을 안내하고 단 한 권의 책이 할 수 있는 최대한의 정도로 완벽하게 커뮤니케이션 연구를 소개하는 데 기여한다. 그것은 커뮤니케이션에 대해 생각하는 독특한 방식의 시각일 뿐만 아니라, 정치, 경제, 종교, 문화가 커뮤니케이션 미디어와 상호작용할 때 그것들(즉, 정치, 경제, 종교, 문화)에 대해 생각하는 다른 방법도 제공한다.

마지막으로, 이 책은 광범위한 **비판적**(critical) 관점을 채택하고 있는데, 이 관점은 단순히 세계와 세계의 커뮤니케이션 체계들을 기술하는 것 이상의 것을 의미한다. 이 책은 사회과학 연구의 핵심적 특징들을 채택하여 그러한 체계들의 역사적 맥락과 그러한 맥락과 사회의 다른 요소들과의 관계를 펼쳐낸다. 우리의 기술 시대에 역사를 무시하고 기술이 사회를 너무 급진적으로 변화시켜 과거가 현재를 제공할 것이 없다는 믿음에 따라 행동하고 싶은 유혹을 느낄 수 있다. 『글로벌 커뮤니케이션』은 이러한 반(反)역사적 입장을 거부하고 역사가 기술이 발전하고 사회에 영향을 미치는 방식을 형성하는 데 어떻게 도움을 주는지 보여준다. 미디어와 사회의 관계는 일차원적이지도 결정론적이지도 않다. 오히려 그것은 역사적 경험, 사회 제도, 기술이 어떻게 서로를 구성하는지에 초점을 맞춘다. 이러한 역사적 토대를 바탕으로, 이 책은 모든(경제적, 정치적, 정신적, 문화적) 제도를 아우르는 사회적 총체성(social totality) 안에서 커뮤니케이션을 살펴보아야 할 필요성이 있음을 주장한다. 사실 이 책의 매우 중요한 강점 가운데 하나는 이 책이 우리 세계에서 디지털 커뮤니케이션의 중심성을 인식하고 있을 뿐만 아니라 커뮤니케이션을 더 넓은 사회적 맥락에 놓고 보는 것이 필수적이라는 것을 이해하고 있다는 점이다. 더욱이, 이 책은 커뮤니케이션에 관한 결정에 영향력을 미치는 동시에 커뮤니케이션 체계의 성공과 실패를 판단하는 수단으로서 인간의 가치를 고려하는 것을 주저하지 않는다. 구체적으로 말하면, 커뮤니케이션의 가치를 고려할 때 가치의 측도(測度; measure)를 결정하는 것이 필요하다. 『글로벌 커뮤니케이션』에 기고한 글들에 따르면, 그것은 단지 커뮤니케이션 체계가 회사에 얼마나 많은 돈을 가져다주는지 또는 그것이 정부에 얼마나 많은 힘을 주는지에 대한 것이 아니라 더 중요하게도 그것이 민주주의, 평등, 시민 생활을 얼마나 잘 향상시키느냐 하는 것이다. 마지막으로, 이 책의 장들이 단순한 기술(記述)을 넘어 커뮤니케이션 체계가 이러한 가치를 얼마나 잘 지키는지 그리고 커뮤니케이션 체계를, 예를 들어, 더 민주적으로 만들고 커뮤니케이션 체계를 통해 사회가 더 민주적이 될 수 있도록 하기 위해 무엇을 할 수 있는지를 평가하는 것을 주저하지 않는다는 점에서 『글로벌 커뮤니케이션』은 매우 중요하다.

카말리푸어(Kamalipour) 박사로부터 그의 훌륭한 책에 이 서문을 써달라는 요청을 받게 되어 영광이다. 『글로벌 커뮤니케이션』의 3개의 판을 완성함으로써, 그는 학생과 학자들에게 훌륭한 봉사를 했다. 독자들은 다양한 관점을 가진 뛰어난 국제 커뮤니케이션 학자들을 불러 모을 수 있었던 카말리푸어 박사의 뛰어난 능력의 덕을 볼 것이다. 그는 글로벌 커뮤니케이션 학자의 전형이다. 카말리푸어 박사와 여러 해 동안 알고 지내왔기 때문에, 내가 학생들에게 추가 토론을 위해 몇 가지 질문을 남기지 않는다면 그가 만족하지 않을 것이라는 것은 놀랄 일이 아니다.

토론문제

1. 우리의 커뮤니케이션은 대부분 가족 및 친구들과 함께하는 지역적인 것이다. 그런데 글로벌 커뮤니케이션을 이해하는 것이 왜 중요한가?

2. 글로벌 커뮤니케이션이 어떻게 세계의 주요 문제를 해결하는 데 도움을 주었는지를 보여주는 좋은 예는 무엇인가?

3. 반대로 글로벌 커뮤니케이션은 어떻게 세계의 문제를 더 악화시켰는가?

4. 우리가 알고 있는 인터넷이 차세대 인터넷과 비슷한 점은 무엇이고 또 다른 점은 무엇인가?

5. 차세대 인터넷으로부터 발생하는 가장 중요한 문제는 무엇인가? 왜 이 문제가 그렇게 중요한가?

6. 인터넷이 탄생하는 데 도움을 준 사회적 변화를 고려하면, 왜 아직도 인터넷 이전에 역사를 공부하는 것이 그렇게 중요한가?

7. 많은 사람들은 글로벌 커뮤니케이션이 세계를 통합하고 전자 민주주의의 시대를 여는 데 도움이 될 것이라고 생각했다. 대신, 사회 간에 그리고 사회 내에 심한 격차가 지속되고 있고, 민주주의는 후퇴하는 것처럼 보인다. 왜 이런 일이 일어났다고 생각하는가?

8. 어떤 사람들은 연구에 가치를 포함시킴으로써, 학자들은 객관성을 잃을 위험이 있다고 말한다. 당신은 어떻게 생각하는가?

9. 애플, 구글, 아마존, 마이크로소프트, 페이스북, 이 다섯 개 미국의 기술 회사들은 세계에서 가장 부유한 5개 회사이다. 어떤 사람들은 이것이 미국 경제에 도움이 되고 세계에 기술의 혜택을 가져다준다고 말한다. 또 다른 사람들은 이것이 민주주의를 위협하고 새롭고 혁신적인 회사들을 고사시킬 위험이 있다고 말한다. 당신은 어떻게 생각하는가?

10. 세계가 더 민주적이 되기 위해서는 무엇이 바뀌어야 하는가?

세 번째 판 서문

새로운 기술과 접근법은 인류를 근본적으로 변화시킬 듯이
물리적 세계와 디지털 세계 그리고 생물학적 세계를 통합하고 있다.
이러한 전환이 얼마나 긍정적인지는 도중에 발생하는
위험과 기회를 어떻게 처리하느냐에 따라 달라진다.

－ 클라우스 슈왑(Klaus Schwab), 『4차 산업혁명』
(*The Fourth Industrial Revolution*)(2016)의 저자

『글로벌 커뮤니케이션』의 세 번째 판은 8개국을 대표하는 22명의 매우 뛰어나고 저명한 미디어 학자들과 협력해 2007년에 출판된 두 번째 판보다 더 확대되었을 뿐만 아니라 더 포괄적이고, 더 권위가 있으며, 더 정보적이고, 더 최신이며, 더 흥미로울 것이다. 초판과 초판에 대한 국내 및 국제 저널의 리뷰(강사의 피드백을 포함)는 매우 호의적이었으며, 그들의 건설적인 제안의 대부분이 이 새로운 판에 담겼다.

미국과 해외에 있는 100여 개 대학의 교수들은 이 책의 두 번째 판을 그들의 국제 또는 글로벌 미디어/커뮤니케이션 강좌의 필수 교재로 채택한 바 있다. 더욱이 이전 판들은 중국 푸단 대학(复旦大学)과 칭화 대학(清華大學) 출판사에서 중국어로 번역·출간되었으며, 중국 주요 대학들에 개설된 국제/글로벌 커뮤니케이션 강좌에서 필수 교재로 사용되었다.

세 번째 판의 주요 내용은 다음과 같다:

- 기고자들의 세계적인 범위, 배경, 전문성은 캐나다, 크로아티아, 네덜란드, 인도, 독일, 스웨덴, 터키, 미국을 대표한다.
- 이 책을 좀 더 종합적으로 만들기 위해, 이 3개 장(글로벌 저널리즘; 젠더, 민족성, 그리고 종교; 글로벌 미디어와 커뮤니케이션의 변화하는 정치)이 추가되었다.
- 캐나다, 독일, 스웨덴 출신의 3명의 새로운 저명한 학자가 이 판에 기고했고, 따라서 책의 전반적인 범위를 향상시켰다.
- 역사와 이론에 관한 장을 제외한 모든 장은 두 번째 판 출간 이후 우리의 글로벌 커뮤니케이션 환경에 영향을 준 주요 사건을 반영하도록 업데이트되었다.
- 각 장 끝에 있는 질문도 업데이트되었는데, 이 질문은 강의실 내에서의 토론을 활성화하기 위한 것이다.
- 이 책에 사용된 약어 목록을 부록 형태로 추가했다.
- 업데이트된 종합적인 추천 독서 목록은 학생과 교수자들에게 이 책에서 다뤄진 이슈들에 대한 추가 정보를 제공한다.
- 논의된 주제와 관련된 정보에 대한 유용한 인터넷 링크가 책 전체에 걸쳐 제안되어 있다.

이 교재는 세계화의 주요 구성요소 가운데 하나인 글로벌 커뮤니케이션을 살펴보고, 분석하고, 교육하고, 글로벌 커뮤니케이션에 대한 정보를 제공하며 그것에 대한 토론을 유발하고자 한다. 글로벌 커뮤니케이션은 탈냉전(post-Cold War) 및 탈산업혁명(post-Industrial Revolution) 현상으로, 세계 거의 모든 국가의 경제적, 관계적, 사회적, 문화적, 정치적, 구조적 측면을 빠르게 변화시키고 있다. 커뮤니케이션 기술의 경이로운 발전에 의해 가능해진 글로벌 커뮤니케이션은 거대하고, 다양하고, 역동적이며, 복잡하고, 상호작용적이며, 빠르게 성장하는 분야이다. 그것은 세계의 상당 부분, 특히 선진국과 많은 개발도상국을 뒤덮은 세계화라고 불리는 또 다른 진화적이고 혁명적인 과정의 필수적인 구성요소이다. 그러므로 커뮤니케이션 관점에서 보면, 생산, 유통, 소비의 국가, 권역 및 국제 미디어 패턴의 변화는 세계화에 의해 촉진되는 훨씬 더 큰 변화의 일부이다.

　세계화의 주목할 결과는 이 세계의 사람들, 국가들, 그리고 기관들이 경제적으로 상호의존적이고 사회적으로 상호 연결되어, 모든 것이 세계적인 차원을 가지고 있고 모든 사람이 전자적으로 연결되어 있다는 것이다. 1960년대에 마셜 맥루언(Marshall McLuhan)이 예언한 "지구촌"(global village) 개념이 이제 우리의 공통된 현실인 셈이다. 최근, 케냐와 잠비아로 여행을 갔을 때, 나는 외딴 지역의 몇몇 오두막에 위성 접시가 설치되어 있고, 많은 원주민들이 당나귀나 자전거를 타거나 걸으면서 휴대폰을 가지고 있는 것을 보았다! 실제로, 그들은 유선 전화(유선 커뮤니케이션)를 완전히 우회해서 디지털 시대와 위성 커뮤니케이션에 진입했다. 게다가 중소 도시들에는 사람들이 글로벌 네트워크에 접속하고 정보를 교환할 수 있는 '인터넷 카페'가 있었다.

1. 정의

방대한 범위와 복잡성 때문에 **세계화** 개념에 대한 표준적이고 보편적으로 허용되는 정의가 공식화될 수는 없다. 그럼에도 다양한 전문가들은 그들의 세계관과 학문 분야에 따라 그 개념을 정의한다. 제임스 H. 미털먼(James H. Mittelman, 1997)은 "일반인들의 관용어로 세계화는 즉각적인 텔레커뮤니케이션과 현대의 교통이 국가 간의 장벽을 극복하고 국제적 한계를 넘어 상호작용의 범위를 넓히는 것을 의미한다. 이 진부한 표현은 사람들이 동일한 글로벌 미디어와 소비자 제품에 노출되며, 그와 같은 흐름(flow)은 국경이 실제적으로 덜 중요되게 만든다는 것이다"라고 썼다(p. 229).

　맨프레드 스티거(Manfred Steger, 2004)는 세계화를 "세계적인 사회적 상호의존성과 교환을 창출, 증식, 확장, 강화하는 동시에 사람들에게 지역과 먼 곳 간의 깊어지는 연결에 대한 인식을 제고시켜주는 일단의 다차원적 사회적 과정"이라고 정의한다. 반면에, 세계화를 비판하는 자들은 세계화를 자신들의 이익을 꾀하고 따라서 국가의 정치 제도나 관심사에 대해 책임을 지지 않는 초국가적인 금융 회사들에 의해 지배되는 글로벌 체계로 정의한다. 그들은 또한 "세계화는 부인할 수 없는 자본주의적 과정이다. 그것은 소비에트 연방과 실행 가능한 경제 조직의 대체 형태로서의 사회주의 붕괴 이후 하나의 개념으로 부상했다(출처 불명, Bhattacharyya, 2010, p. 121에서 재인용).

세계화의 결과는 국가 간의 상호의존성 증가, 무역 장벽 감소, 개방된 시장의 생성을 통한 경제 통합으로 이어졌다. 이 책의 기고자들도 세계화에 대한 다양한 정의를 제시할 것이다.

마찬가지로, 국제 커뮤니케이션(international communication), 글로벌 커뮤니케이션(global communication), 초국가적 커뮤니케이션(transnational communication), 국경을 초월한 커뮤니케이션(transborder communication), 세계 커뮤니케이션(world communication), 문화 간 커뮤니케이션(intercultural communication), 비교문화적 커뮤니케이션(cross-cultural communication), 국제 관계(international relations)의 개념은 다차원적이고 매우 복잡하다. 따라서 어떤 간단한 정의를 공식화하려는 시도는 그 어떤 것이건 불완전하고 분명 논란의 여지가 있을 것이다. 그럼에도, 방금 언급한 다섯 가지 개념은 의미의 측면에서 상호 교환이 가능하다. 이 다섯 가지 개념은 모두 국민 국가(nation state)의 지리적 경계를 가로지르는 정보 흐름(information flow)을 가리킨다. 5개의 용어 가운데 구분이 필요한 것은 3개(국제 커뮤니케이션, 초국가적 커뮤니케이션, 국경을 초월한 커뮤니케이션)는 국민 국가 간의 지리적 경계를 인식하는 반면, 2개(글로벌 커뮤니케이션, 세계 커뮤니케이션)는 그렇지 않다는 것이다. 반면, 문화 간 커뮤니케이션과 비교문화적 커뮤니케이션은 서로 다른 문화, 인종, 배경을 가진 사람들 사이의 대인 관계를 나타내지만, 국제 관계는 주로 정치(정부 대 정부)와 경제(기업 대 기업) 관계와 활동을 나타낸다.

그럼에도 최근 몇 년 동안, 세계화의 개념과 그 영향은 지역화(localization)와 보호주의(protectionism)/애국주의(patriotism) 조치를 선호하는 특정 정치인들에 의해 무시되었다. 「하버드 비즈니스 리뷰」(*Harvard Business Review*)의 2017년 6~8월호에서 판카즈 게마와트(Pankaj Ghemawat)는 다음과 같이 말한다:

> 세계화의 미래에 대한 의구심은 2008~2009년 금융 위기 동안 표면화되기 시작했다. 그러나 거시경제 상황이 개선되면서, 어둠이 물러나고 그 빈자리를 시각의 혼탁한 혼합이 채웠다. 예를 들어, 2015년 불과 3주 동안 「워싱턴 포스트」(*Washington Post*)는 로

버트 J. 새뮤얼슨(Robert J. Samuelson)이 쓴 "극도로 빠른 세계화"(Globalization at Warp Speed)라는 제목의 기사와 편집국이 쓴 "세계화의 종말?"(The End of Globalization)이라는 제목의 기사를 게재했다.

2. 빠르게 성장하는 분야

약간의 의구심에도 불구하고, 세계화는 계속해서 발전하면서 더 상호 연결된 세계 환경에 기여하고 있다. 세계화 과정과 함께 미국과 해외의 점점 더 많은 대학들이 국제 커뮤니케이션, 국제 관계, 국제 교육, 문화 간 커뮤니케이션, 그리고 국제 비즈니스와 마케팅 분야의 새로운 과정을 제공함으로써 흔히 커리큘럼의 국제화라고 알려진 것을 강조한다. 일부 대학에서는 ① 유학생 유치, ② 학생과 교직원 교류 촉진, ③ 해외 유학 프로그램 촉진, ④ 비교문화 인식 육성, ⑤ 온라인 (e-러닝) 강좌 제공, ⑥ 문화 활동 및 세미나 개최, ⑦ 연구 및 학문 활동 장려, ⑧ 국내 및 글로벌 이슈에 대한 인식 조성을 위해 글로벌 교육 센터를 설립했다. 이에 따라, 지난 10여 년간 글로벌 이슈와 세계화를 다루는 서적에 대한 수요가 급증하고 있다. 이 시의적절한 책은 보충 웹사이트와 함께 글로벌 커뮤니케이션 교재에 대한 높은 수요와 그와 같은 교재의 심각한 부족 사이의 격차를 메우고 있다.

3. 이 책의 범위

글로벌 커뮤니케이션의 변화 속도는 너무 빨라서 어떤 교재도 완전히 최신이거나 적절할 수 없으며, 이 복잡하고 역동적이며 매력적인 연구 분야와 관련된 모든 이슈와 개념을 포함할 수도 없다. 이 책은 내용과 범위 면에서 할 수 있는 데까지 글로벌 커뮤니케이션에 대한 최신의 종합적인 내용을 다루고자 한다.

편집자로서 이 책을 개념화하면서 국제/글로벌 커뮤니케이션 과목을 수강 신청하는 고학년 학부생과 저학년 대학원생들은 이미 일부 매스 커뮤니케이션 과목을 수강했고, 해당 분야에 대한 기초 정보와 지식을 보유하고 있으며, (대부분은 아닐지라도) 적어도 일부 기본적인 매스 미디어 및 커뮤니케이션 이슈와 개념에 이미 익숙하다는 매우 개연성이 높은 가정하에 작업을 진행했다.

이 책의 독특한 특징은 일부 세계에서 가장 유명하고 뛰어난 커뮤니케이션 학자들의 다양한 이슈와 관점을 그러모은다는 것이다. 이 책은 국제 커뮤니케이션의 본질적인 개념을 다루는 것 외에도, 국제 공중관계(public relations)와 광고, 미디어 통합(media consolidation)의 최근 추세, 세계화의 문화적 함의, 국제 방송, 정보 흐름, 선전과 설득, 정부 및 비정부 기구, 국제 커뮤니케이션 법과 규제, 소셜 미디어, 젠더와 민족성, 인터넷의 영향, 미디어의 변화하는 정치, 커뮤니케이션 및 정보 기술의 추이 등 현시대에 새롭게 나타나는 주제들을 포함한다.

4. 세 번째 판의 구성

첫 번째과 두 번째 판의 검토자와 개작자들의 권고를 바탕으로, 이 책의 장(章) 배열 순서는 주제별로 응집된 5개 부로 재구성되어 나누어졌다. 또한 3개의 새로운 장이 추가되고, 이전 판들(Cengage/Wadsworth, 2007)에 실렸던 장들도 수정되고 업데이트된다. 순서는 원하는 교수 패턴을 따르기를 원하는 교수자의 기호에 맞게 쉽게 변경할 수 있다. 그럼에도 1장은 학생들에게 글로벌 커뮤니케이션의 역사적 측면에 대한 필수적인 정보를 제공하므로 먼저 배정되어야 한다.

주제의 복잡성에 따라 장의 길이에 차이가 있을 것이다. 간단히 말해서, 새로운 판은 역사, 이론, 경제, 법률과 규제, 디지털 미디어, 뉴스와 정보, 방송과 인터넷, 제도적 패턴과 구조적 패턴, 공중관계, 글로벌 광고, 선전, 정치 커뮤니케이션, 문화적 다양성을 포함한 세계화와 커뮤니케이션의 모든 측면에 대한 매우 종합적이고 권위 있으며 최첨단의 접근 방식을 제공하는 한편, 마지막 장은 글로벌 커뮤니케이션의 앞으로의 추이에 초점을 맞춘다.

1) 1부

1장: 글로벌 커뮤니케이션의 역사적 경로를 따라

이 장에서 팔머(Palmer)는 글로벌 커뮤니케이션 연구의 간결한 배경을 제공한다. 역사는 오늘날의 거대한 글로벌 커뮤니케이션 네트워크를 이끈 놀라운 업적에 대한 이야기를 드러내 보여준다. 수천 년 동안, 먼 거리를 정복하기 위해 고안된 커뮤니케이션 장치와 기술들이 길고도 매혹적인 퍼레이드를 벌여왔다. 선사시대의 우리 조상들의 초창기 신화와 오인(misconception)으로부터, 사냥꾼과 예술가들이 사용한 기본적인 도구, 순례자들과 과학자들의 명상, 군인과 외교관의 파견에 이르기까지, 그리고 마지막으로, 지난 두 세기의 전기(電氣) 혁명의 개발자들에 이르기까지, 우리의 글로벌 커뮤니케이션에 대한 이해는 길고도 빙 돌아가는 길을 거쳐 오늘날 우리의 거의 투명한 세계에 이르렀다.

2장: 글로벌 경제와 국제 텔레커뮤니케이션 네트워크

이 장에서 소니(Sawhney)는 글로벌 텔레커뮤니케이션 네트워크의 구조적 패턴을 살펴본다. 최초의 글로벌 텔레커뮤니케이션 네트워크인 대영제국의 전신 네트워크는 고도로 중앙집중화되어 있었고 측면 연결은 거의 없었다. 모든 노선이 런던으로 통했다. 만약 두 이웃 식민지 국가가 서로 소통하기를 원한다면, 그 메시지는 종종 수천 마일이나 떨어진 런던을 통해 전달되어야 했다. 나중에 이러한 패턴은 전화 네트워크로 그대로 옮겨졌다. 제2차 세계대전 이후, 세계의 중심이 대서양을 건너 미국으로 이동했고, 이에 따라 글로벌 텔레커뮤니케이션 네트워크가 재구성되었다. 이제 모든 노선은 뉴욕으로 통했다. 다만 글로벌 텔레커뮤니케이션 네트워크의 전반적인 구조는 변함이 없었다. 그것은 계속해서 측면 회선이 거의 없는 고도로 중앙 집중화된 네트워크였다. 심지어 오늘날에도 이러한 패턴은 전화 트래픽, 컴퓨터 대 컴퓨터 커뮤니케이션, 미디어 흐름, 통화 흐름, 기타 글로벌 커뮤니케이션 모드에서도 지속된다. 이 장에서는 이러한 패턴을 만들어내고 지속시켜온 경제적, 정치적, 역사적 힘을 살펴본다. 이 장은 또한 겉으로 독특해 보이는 인터넷의 특성이 오랜 기간에 걸쳐 확립된 이 패턴을 혼란에 빠뜨리고 글로벌 커뮤니케이션을 재구성할 것인지에 대해서도 살펴본다.

3장: 초국가적 미디어와 글로벌 경쟁의 경제학

이 장에서 거션(Gershon)은 초국가적 미디어 기업(TNMC: transnational media corporation)의 상황을 살펴보고 이들이 왜 외국인 직접 투자(direct investment)를 하는지 설명한다. TNMC는 2개 이상의 국가에 해외 사업부를 두고 있는 국가 기반의 기업이다. **초국가적 미디어**라는 용어는 인터넷의 부상과 지능형 네트워킹의 힘을 감안할 때 디지털 시대에 매우 다른 의미를 갖게 되었다. 초국경 데이터 흐름(TDF: transborder data flow)과 해외 시장 침투와 같은 아이디어는 전 세계 전자 상거래 사이트, 소셜 미디어, 오버 더 탑(OTT: over-the-top) 비디오 스트리밍(streaming) 서비스에 대한 기성품식(ready-made) 접근에 비추어 볼 때 매우 다른 것을 의미한다. 이것이 21세기적 의미의 세계화이다. 거션은 오늘날의 TNMC가 기술과 미디어의 견고한 혼합을 대표한다는 전제에서 출발한다. 이 장에서는 현재 초국가적 미디어 비즈니스에 영향을 미치는 변화하는 시장 상황, 비즈니스 전략 및 기술 변화에 대해 살펴본다.

2) 2부

4장: 글로벌 커뮤니케이션 이론에 가늠자 겨누기

이 장에서 다우닝(Downing)은 어떤 사람들에게는 무시무시하게 들리고, 또 어떤 사람들에게는 관련성이 없고 추측에 의한 것처럼 들리는 **이론**이라는 용어를 사용하며, 그것의 중요성과 중대성을 풀어나가기 시작한다. 즉, 우리가 미디어에 생각 없이 반응하기보다 진정으로 이해하기를 원한다면 말이다. 그는 가장 오래 이어져오고 있는 미디어 이론 가운데 하나인 소위 규범적 접근방식을 비판적으로 평가하는 것으로 시작한다. 그런 다음 그는 계속해서 서구의 미디어 이용자들에게는 매우 생소하지만 지구 전역의 많은 나라에서 여전히 큰 공감을 얻고 있는 미디어 체계, 즉 지금은 없어진 소비에트 러시아의 미디어 체계를 분석한다. 이 예제는 서구의 많은 사람들이 미디어가 '그냥 있는' 그대로 자연스럽고 불가피하다고 생각하는 서구 미디어 체계의 특징들을 부각해서 보여주는 데 도움이 된다. 이후에 다우닝은 현대 미디어의 세계화와 그것이 전세계에 미치는 영향을 이해하려는 다양한 시도를 검토한다. 마지막으로, 그는 전 세계의 소규모 사회 및 정치 운동 미디어에 대해 간략하게 언급하면서, 우리가 '미디어'가 무엇인지에 대해 가지고 있는 자주 생각하지 않는 가정에 다시 한 번 의문을 던진다. 다우닝에게 있어 **미디어**라는 단어는 항상 단수가 아닌 복수형 명사인데, 왜냐하면 미디어는 엄청나게 다양하고 또한 끊임없는 변화를 겪기 때문이다. 이것은 우리가 미디어에 명확하게 초점을 맞추려고 할 때 우리가 직면하는 어려움의 근원이며, 우리가 복잡한 세계에서 미디어가 어떻게 작용하는지에 대한 적절한 설명(이론)을 신중하게 구축하고 비교해야만 달성할 수 있는 과제이다.

5장: 글로벌 커뮤니케이션의 정치

이 장에서 시스 하멜링크(Cees Hamelink)는 텔레커뮤니케이션, 지적 재산권 및 매스 미디어의 영역에 초점을 맞추면서 글로벌 커뮤니케이션의 정치에 대한 약사(略史)를 제공한다. 이러한 영역들에 영향을 미치는 가장 중요한 변화들이 분석된다. 글로벌 커뮤니케이션의 미래를 형성할 필수적인 이슈들이 논의된다. 하멜링크는 텔레커뮤니케이션의 글로벌 거버넌스(governance) 및 지적 재산권의 확대와 집행에 있어 최근의 동향에 특별히 주목한다. 이 장은 글로벌 커뮤니케이션 정치에 대한 공중의 개입을 위한 제안과 정보 사회에 대한 유엔 세계 정상회의(United Nations World Summit)에 대한 간략한 분석으로 마무리된다.

6장: 글로벌 커뮤니케이션 법

이 장에서 사모리스키(Samoriski)는 커뮤니케이션이 국경을 넘어 세계화될 때 발생하는 이슈들을 살펴본다. 세계가 더 상호 연결됨에 따라, 표현의 자유에 대한 서로 다른 접근방법들의 차이도 더 뚜렷해지고 있다. 그는 글로벌 커뮤니케이션 법의 개요를 제시하고, 서구 민주주의에서 표현의 자유의 전통적인 역할을 설명하며, 그것을 전 세계의 표현의 자유에 대한 제한과 비교한다. 검열은 국가 안보의 맥락에서 그리고 다양한 국가에서 도덕적, 종교적 이유로 강구

된다. 서로 다른 글로벌 규제 기관과 정책 결정 기관의 역할도 검토한 후, 인터 넷이 글로벌 커뮤니케이션 법에 미치는 영향에 대한 논의가 이어진다.

7장: 커뮤니케이션과 국가 발전의 이정표

이 장에서 케임브리지(Cambridge)는 제2차 세계대전 이후 커뮤니케이션이 개 발 실천이라는 방향으로 진화하면서 국제사회와 그 조직, 특히 UN(United Nations)의 역할을 살펴본다. 계획된 사회 변화를 촉진하고, 지원하며, 유지할 목적으로 사회 체계의 커뮤니케이션 자원을 의도적으로 사용하는 것을 기술하 기 위해 몇 가지 용어가 사용된다. 그러한 용어로는 커뮤니케이션과 국가 발전 (communication and national development), 발전 커뮤니케이션(development communication), 커뮤니케이션과 발전(communication and development), 발전을 위한 커뮤니케이션(communication for development)이 있다. 이 장에서 발전을 위 한 커뮤니케이션이라는 용어는 인간 개발을 고무하고, 촉진하며, 지원하기 위해 사회 체계의 커뮤니케이션 자원을 체계적으로 사용하는 것을 기술할 목적으로 사용된다.

3) 3부

8장: 디지털 시대의 글로벌 뉴스 및 정보 흐름

이 장에서 람팔(Rampal)은 특히 가장 유명한 뉴스 통신사에 초점을 맞추면서 뉴스 취재와 전파에 있어 지배적인 글로벌 참여자들에 대해 논의한다. 여기에 는 AP(Associated Press), 로이터스(Reuters), AFP(Agence France-Presse), UPI (United Press International), TASS; 뉴욕 뉴스 서비스 앤드 신디케이트(New York News Service and Syndicate), 워싱턴 포스트 뉴스 서비스 앤드 신디케이트 (Washington Post News Service and Syndicate), 다우 존스 뉴스 와이어스(Dow Jones Newswires) 등 보조 뉴스 통신사; 로이터스와 AP의 방송 뉴스 서비스; 「뉴욕 타임스」(New York Times), 「워싱턴 포스트」(Washington Post), 「더 타임 스」(The Times), 「가디언」(Guardian), 「르 몽드」(Le Monde) 등 세계적 신문; 「타 임」(Time), 「디 이코노미스트」(The Economist), 「뉴스위크」(Newsweek) 등 세계

적인 뉴스 잡지; CNN 인터내셔널(CNN International), BBC 월드 뉴스(BBC World News), 프랑스 24(France 24), DW-TV, 알 자지라(Al Jazeera) 등 세계적인 텔레비전 뉴스 방송사; VOA(Voice of America), BBC 월드 서비스(BBC World Service) 등 세계적인 라디오 방송사가 포함된다. 인터넷이 주도하는 디지털 시대에 이러한 참여자들이 뉴스와 정보 소비 패턴에 어떻게 적응하고 있는지도 광범위하게 논의된다. 남반구와 북반구 간 뉴스 흐름의 문제와 패턴 그리고 이 문제를 해결하기 위해 개발도상국이 사용할 수 있는 해결책도 논의된다. 이 장은 지배적인 서구 미디어 참여자들이 권위주의 국가의 뉴스 전파자들이 편향되어 있다고 올바르게 비난함에도 불구하고 그들의 세계 뉴스 보도 역시 편향되어 있다고 간략하게 논의한다. 마지막으로, 이 장은 인터넷과 스마트폰과 같은 관련 기술에 의해 촉발된 뉴스와 정보 흐름의 새로운 역학에서 소비자가 가장 큰 승자라고 주장한다.

9장: 디지털 시대의 글로벌 방송

이 장에서 룬드그렌(Lundgren)과 데이비스(Davis)는 19세기 후반에 글로벌 방송이 관념화되기 시작한 것에서부터 디지털 미디어 환경에서 글로벌 방송의 현대적 모습에 이르기까지 글로벌 방송을 살펴본다. 1920년대에 출현한 라디오 방송은 머지않아 국제적인 규제와 조정이 필요했는데, 그 이유는 특히 전자기 스펙트럼이 점점 더 밀집되어 사용되어가는 상황에서 방송사들 사이의 전파 간섭을 피하기 위해서였다. 텔레비전 방송이 개발된 20세기 중반에는 텔레비전이 주로 국내 미디어로 여겨졌으나, 라디오와 마찬가지로 국제무대에도 상당한 영향을 미쳤다. 이 장은 또한 선전과 냉전 갈등 문제도 다루지만, 이전에 흔히 소홀히 다뤄졌던 텔레비전 분야에서 협력하는 모습을 보여주는 방송 교류도 추가한다. 커뮤니케이션 위성의 등장으로 글로벌 방송의 오랜 꿈은 한 걸음 더 나아가게 되었고, 특히 1960년대 초에는 텔레비전 생방송 영상이 대서양을 성공적으로 횡단하게 되었다. 커뮤니케이션 위성의 사용은 방송의 경계에 도전하면서 경계를 넓혔고, 이후 기술은 계속 발전하여 인터넷을 전송할 광케이블의 도입과 함께 광대역 케이블로 이어졌다. 디지털 미디어와 인터넷 시대로 옮겨가면서, 저자들은 유튜브(YouTube)와 같은 스트리밍 서비스에 대해 논의하면서 수십 년 동안 방송이 어떻게 변화했는지를 살펴본다. 그들은 무선 서비스와 5G 네트워크의 도입을 들여다보면서 현대 서비스를 이전의 방송 형태와 비교하고 대조하는 것으로 결론을 내린다.

10장: 디지털 시대의 글로벌 저널리즘

이 장에서 파블릭(Pavlik)은 디지털 시대의 엄청난 변화 속에서 글로벌 저널리즘에 초점을 맞춘다. 기술, 정치 및 경제 변화를 포함한 힘들이 합쳐지면 전 세계의 저널리즘은 저널리스트인, 정보원(情報源), 공중이 중요한 사안, 관심사, 때로는 가짜 뉴스 문제에 대해 유동적인 담론에 참여하는 대체로 상호작용적인 온라인 모바일 디지털 환경이 되고 있다. 비록 저널리즘이 실행되고, 규제되고, 분배되는 방식은 매우 다양하지만, 저널리즘은 지구와 그 너머에서 이루어지는 인간의 삶과 활동에 필수적인 부분이다. 전 세계적으로 약 200만 명의 전문 저널리스트와 함께 수십억 명의 잠재적 시민 기자들이 등장했다. 파블릭은 신뢰와 진실이 계속해서 글로벌 저널리즘에서 가장 중요한 상품인 시대에 소셜 미디어, 디지털 기업 거물, 주류 뉴스 조직의 역할이 빠르게 그리고 상당히 진화하고 있다고 주장한다.

11장: 글로벌 커뮤니케이션과 선전

이 장에서 빈센트(Vincent)는 여론 조작과 통제를 위한 오랜 기법으로서 선전에 대해 논의한다. 그는 커뮤니케이션 기술의 발전으로 선전이 그 어느 때보다 만연해지게 되었으며 선전은 정부 지도자와 비정부 실체 모두에 의해 국내 및 국제 영역에서 사용되고 있다고 주장한다. 현대에 들어서 선전은 때때로 공공외교(public diplomacy)라는 꼬리표가 붙은, 더 노골적인 공중관계 캠페인의 사용에 의지한다. 정부의 전시(戰時) 자원동원을 지원하기 위해 흔히 사용되는 선전은 여론에 영향을 미치기 위한 정보 캠페인으로 발전해왔다. 더 최근의 관심사는 국제 테러리스트들의 선전 기법의 사용이다. 빈센트는 테러리즘에 대한 해결책은 세계 불평등과 국제 권력 불균형을 해결하려는 우리의 의지에 달려 있을 수 있다고 제안한다. 그는 또한 우리가 지구촌 시민 사회에서 커뮤니케이션의 본질을 계속 확장함에 따라 우리의 지구촌 이웃들 그리고 우리 자신들과 더 솔직한 소통에 참여하는 것이 우리에게 도움이 될 것이라고 제안한다.

4) 4부

12장: 글로벌 인터넷 네트워크의 영향: 과제와 전망

이 장에서 바넷(Barnett)과 로젠(Rosen)은 국제사회의 구성원들을 연결하는 인터넷의 전 세계적인 영향을 기술한다. 그들은 세계 국가들 사이의 연결 강도를 살펴봄으로써 인터넷이 국가 문화에 미치는 영향과 세계 문화의 형성에 이르는 과정을 예측한다. 그렇게 하면서 그들은 체계 관점(system perspective)과 네트워크 관점(network perspective), 그리고 네트워크 분석을 사용하여 조작적으로 정의될 수 있는 문화 간 커뮤니케이션 구조 모델을 설명하는 것으로 시작한다. 다음으로 그들은 국제 인터넷 흐름에 대한 네트워크 분석 결과를 검토한다. 이러한 연구 결과들을 바탕으로 그들은 문화 수렴 이론(cultural convergence theory)으로부터 추론을 이끌어내어 인터넷이 세계 문화와 국가 정체성에 미치는 장단기 영향에 대한 일련의 예측을 한다.

13장: 글로벌 광고와 공중관계

이 장에서 부노비치(Vujnovic)와 크럭크버그(Kruckeberg)는 글로벌 광고와 공중관계라는 새로운 분야에 초점을 맞춘다. 그들은 오늘날 마케팅 담당자들이 그들 자신의 문화가 아닌 다른 문화에 대한 문화적 무감수성(insensitivity)과 이해의 부족을 용서하지 않는 다문화 세계에서는 효과적인 광고가 운영되어야 한다고 주장한다. 현시대의 광고 산업은 증가하는 세계 인구를 단순히 시장 증가로 보아서는 안 되며, 공중관계 담당자들은 21세기 인구통계가 문화적으로 다양한 공중들과 호혜적인 관계를 만들어내는 데 제기하는 문제들을 숙고해야 한다. 더욱이, 정부, 기업, 민간 시민들 사이의 관계에서 근본적인 변화가 확실히 일어날 것이다. 전 세계적으로 광고와 공중관계 서비스를 제공하는 사람들은 다양한 미디어 환경, 소비자 선호도, 다양한 규제, 그리고 경제적 요인과 문화적 요인에 더 많은 관심을 기울여야 한다.

14장: 글로벌 커뮤니케이션과 문화

이 장에서 캅탄(Kaptan)은 세계화가 문화와 커뮤니케이션의 형성과 변화에 미치는 점점 더 커지는 중요성에 대해 논하고, 커뮤니케이션과 미디어 기술 없이는 세계화가 불가능함을 강조한다. 그녀는 커뮤니케이션의 세계화가 20세기와 21세기의 모든 사회에 과제뿐만 아니라 새로운 기회를 가져다주었다고 주장한다. 특히, 미디어 제품의 생산과 유통의 변화(업계에서의 공동 제작, 포맷 개작), 격화된 문화 및 미디어 흐름(다중 흐름과 역흐름), 초국가/국내 미디어 수용자, 널리 퍼져 있는 커뮤니케이션 기술(휴대폰, 태블릿, 노트북, 무선)은 문화와 사회의 풍경을 바꾸어놓았다. 이 장에서 그녀는 다양한 미디어 기술에 초점을 맞추면서 글로벌 커뮤니케이션의 다양한 이론, 글로벌 커뮤니케이션이 다른 문화와 국가에 미치는 영향, 그리고 세계화, 혼성성(hybridity), 국민주의, 초국가적 미디어 흐름, 기술결정론, 민족중심주의 및 유럽중심주의 같은 개념에 대해 논의한다.

15장: 디지털 시대의 젠더, 민족성, 그리고 종교

이 장에서 캐릴리(Carilli)와 캠벌(Campbell)은 디지털 시대의 젠더, 민족성, 종교의 주요 정체성 구성요소와 이러한 정체성이 미디어와 세계무대에서 어떻게 표현되고 있는지에 초점을 맞춘다. 그들의 질문은 다음과 같은 것들을 중심으로 하고 있다: ① 정체성의 구성요소는 무엇이며, 우리는 미디어 재현(representation)을 이해하려는 우리의 시도에서 어떻게 정체성을 협상하는가(negotiate)? ② 우리가 정체성을 보고 경험하는 방법에 영향을 미치는 힘과 특권 체계는 무엇인가? ③ 미디어에 나타난 정체성의 이러한 특정 구성요소들을 조사할 때 우리가 사용하는 철학적·이론적 렌즈는 무엇인가? 두 저자는 특권 제도를 소개한 후 문화 연구, 페미니즘, 글로벌 연구의 렌즈를 통해 문화 구성원의 관점에서 글로벌 미디어 스토리의 분석을 옹호한다. 이 장은 불가분하게 엮인 정체성 구성요소에 대한 검토를 권장하는 용어인 교차성(intersurchivity)을 소개한다. 마지막으로, 저자들은 문화 구성원들이 들려주는 미디어 스토리의 예를 제시하고, 향후 연구에서 면밀히 검토해야 할 현재의 글로벌 미디어

스토리를 검토한다.

5) 5부

16장: 글로벌 미디어 및 커뮤니케이션의 변화하는 정치

이 장에서 프라이스(Price)는 글로벌 미디어 및 커뮤니케이션의 변화하는 정치를 계속해서 야기하는 엄청난 힘에 초점을 맞춘다. 기술, 지정학, 그리고 기존 규범과 제도에 대한 태도의 엄청난 변화는 세계의 배열(arrangement)이 현재 불안정한 상태에 있는 원인이다. 정치적 변화를 설명하기 위해 프라이스는 지속적인 변화를 도표로 작성하고 그 영향을 평가할 수 있는 프레임워크를 개발한다. 그는 그 프레임워크의 기본 구성요소인 영향, 제한, 분석적 접근방식 및 수행 방법에 대해 논의하면서, 각 요소가 일방적인 전략에서 합의되고, 협상되며, 다자적인 전략으로 바뀌는 경향이 있음을 보여준다. 그와 같은 프레임워크는 시민 사회를 개선하기 위해 헌신하는 사람들에게 대상 사회에서 연설 관련 관행을 바꾸는 정책 개입 형성을 촉진하는 전략적 도구를 제공하고자 한다.

17장: 디지털 시대의 글로벌 커뮤니케이션 추이

모든 새로운 미디어 시대는 사회의 새로운 구조적, 문화적 형태와 함께 발생하고 구조적, 문화적 방향성을 야기하며, 이는 또한 독창적인 과장과 문화적-비판적 저항을 의미한다. 이 문제는 새로운 패턴의 정향성(orientation)에 의해서만 '해결'될 수 있다. 빠른 변화 속도로 우리와 맞서고 있는 디지털 전환은 커뮤니케이션을 완전히 새로운 모습으로 바꾸고 있다. 그것은 센서(sensor)와 앱(app)을 통해 서로 간에, 사람과, 환경과 교신하는 수십억 개의 지능형 장치, 기계 및 사물들의 글로벌 네트워크에서 실현되고 있다. 프리트릭센(Friedrichsen)은 또한 많은 부정적인 믿음 및 예측과는 달리, 많은 세계적 추이가 최근 수십 년 동안 긍정적으로 발전했다고 제안한다. 세계화의 경제적 측면은 이 거대한 추이의 한 부분일 뿐이며, 이 거대한 추이는 교육 체계와 매스 미디어와 문화를 통한 소비에서부터 우리의 삶과 관계의 사적인 세계에 이르기까지 사회의 점점 더 많은 영역에 영향을 미치고 있다. 세계화는 이 세계를 하나의 '촌락'(village)으로 만들지는 않지만, 세계를 더 평평하고 그리고 문화적으로 더 다양하게 만든다.

5. 정보 혁명의 영향

의심할 여지없이 정보 혁명은 세계 공동체에 엄청난 영향을 미쳤고 오락물과 정보 서비스의 구조, 속도, 복잡성, 성격을 놀라운 속도로 계속해서 변화시키고 있다. 결과적으로 글로벌 커뮤니티와 사회는 커뮤니케이션 혁명의 영향과 세계화의 결과에 대한 많은 의문과 우려뿐만 아니라 새로운 과제와 기회에도 직면한다. 이러한 의문에는 다음과 같은 것들이 포함될 수 있다:

- 인류는 세계화 때문에 더 나아졌는가?
- 보호주의, 지역주의, 또는 국민주의가 세계주의(globalism)보다 더 나은가?
- 수용자들은 세계적인 문제/이슈에 대해 더 많이 알고 있고 더 많이 교육받았는가?
- 커뮤니케이션 전문가들은 미디어 집중의 결과로 어느 정도 책임을 갖게 되었는가?
- 글로벌 혁신의 승자와 패자는 누구인가?
- 전 세계적으로 업계 지도자가 해결해야 할 사회적 우려는 무엇인가?
- '가진 자'와 '가지지 못한 자' 간의 격차는 계속 벌어질 것인가?
- 새로운 세계 질서에서 미디어와 커뮤니케이션의 미래 발전 전망은 어떠한가?
- 매우 분열을 초래하는 지구 환경을 고려할 때, 세계 평화와 화합이라는 상대적인 상태를 달성할 수 있는 전망은 어떠한가?
- 세계화 과정에서 개인, 교육 기관, 정부 및 비정부 조직의 역할과 책임은 무엇인가?
- 인류가 직면하고 있는 수많은 세계적인 이슈(예, 전쟁, 기아, 오염, 불평등, 기후 변화)를 다루는 데 있어서 학생과 학자들의 역할과 책임은 무엇인가?

6. 이 책의 대상 독자

이 책은 주로 국제 커뮤니케이션, 비교 텔레커뮤니케이션 시스템, 국제 방송, 국제 저널리즘, 문화 간 커뮤니케이션과 같은 과목의 고학년 학부생과 저학년 대학원생을 대상으로 한다. 국제 관계, 국제 정치, 국제 비즈니스와 같은 과목을 수강 중인 학생들에게도 이 책의 내용이 도움이 될 것이다. 또한 이 책은 연구원, 저널리스트, 국제기관, 국제 기업, 도서관에게도 귀중한 자료가 될 것이다. 세계화와 글로벌 커뮤니케이션에 관심이 있는 개인들에게도 이 책은 매우 유익할 것이다.

7. 자료원과 웹사이트

학생과 교수자가 글로벌 커뮤니케이션 분야의 늘 변화하는 상황에 뒤지지 않게 하고 또한 이 교재의 내용을 보완하기 위해, 우리는 전자출판물을 생각해냈고 그것은 「글로벌 미디어 저널스」(GMJ: *Global Media Journals*)의 출판으로 이어졌다.

「GMJ」(https://globalmediajournal.wordpress.com)는 전 세계 주요 대학들이 후원하는 10여 개의 판으로 구성돼 있으며, 각각의 판은 영어, 중국어, 프랑스어, 페르시아어, 스페인어, 터키어 등 다양한 언어로 격년마다 온라인에 게재된다. 모든 발행호는 글로벌 미디어 학자와 글로벌 미디어, 저널리즘, 소셜 미디어, 커뮤니케이션과 문화, 국제 관계, 미디어, 정치 등과 관련된 전문가들이 쓴 논문을 담고 있다.

8. 이 책이 교재로서 좋은 점

이 교재는 웹사이트, 추천 독서 목록, 교수자 지도서과 함께 학생들이 글로벌 커뮤니케이션과 관련된 다양하고 흥미롭고 유익한 사례 연구를 수행하는 데 도움을 줄 수 있다. 학생들은 쉽게 웹사이트에 접속해서 영어를 포함한 많은 언어로 된 방송을 들을 수 있다(예, 미국 VOA와 RFE/RL, 영국 BBC, 중국 CCTV,

캐나다 RCI, 멕시코 RMI, 이란 INS, 라디오 베이징, 라디오 모스크바). 그 과정에서 학생들은 국제 방송을 들으면서 광범위한 이슈, 뉴스, 세계적인 관점에 대해 배울 것이다. 마찬가지로 학생들은 수많은 신문, 잡지, 정부 및 비정부 기구, 문화 센터, 미국 CIA(Central Intelligence Agency) 데이터베이스, UN 데이터베이스, 그리고 전 세계의 다른 데이터베이스에 접근할 수 있다. 이러한 포괄적인 자료원은 학생들을 집단적으로 최신 상태로 유지시켜줄 것이며 또한 글로벌 커뮤니케이션 연구에 사례 연구 접근법을 포함하기를 원하는 사실상 모든 교수자의 요구를 만족시켜줄 것이다.

9. 토론 문제

강의실에서 토론을 장려하고 학생들 사이에 비판적 사고 능력을 증진시키기 위해, 각 장의 끝에는 몇 가지 주관식 질문이 제시되어 있다. 학생들은 이 문제들을 토론하고, 각 장의 내용에 대한 이해를 평가하며, 시험을 준비하거나, 연구 논문을 쓰거나, 사례 연구 프로젝트를 개발하는 데 사용할 수 있다.

10. 이 책의 장단점

이 교재와 같이 편저(編著)의 주요 장점 가운데 하나는 학생, 교수자, 연구자들에게 1명의 저자가 쓴 교재에는 통상 존재하지 않거나 1차원적으로 제시되는 광범위하고 다차원적인 관점을 제공한다는 것이다. 당신은 이 책을 통해 몇몇 저자들이 특정한 개념(예, 세계화, 문화 제국주의, 정보 흐름)을 서로 다른 맥락에서 설명한다는 것을 알게 될 것이다. 대개 어떤 주어진 관점은 개인들이 어디에(위치) 서 있느냐(정향성/소속감)와 개인들이 주어진 상황(맥락)에서 어떻게(어떤 각도에서/어떤 렌즈를 통해) 바라보느냐(관점)에 따라 달라진다. 따라서 일부 저자들은 동일하거나 유사한 개념을 다른 맥락에서 다르게 설명할 수도 있다.

그와 같은 설명은 중복이 아니라 어떤 사항을 다른 맥락에서 그리고 다른 문화적 정향성이나 관점에서 설명하거나 틀 지으려는 노력으로 보아야 한다. 교육 전문가들은 반복이, 현명하게 사용될 때, 학생들이 정보를 더 잘 배우고, 이해하고, 기억하는 것을 돕는 과정에서 중요한 요인이 된다는 것에 동의하는 것 같다. 우리는 반복을 분별력 있게 사용하면서 중복은 줄이려고 꾸준히 노력했다.

편저의 주요 단점 가운데 하나는 문체와 접근방식이 다양하고 일관성이 없다는 것이다. 어떤 경우에는 저자들이 심지어 모순된 주장을 할 수도 있다. 우리의 신념은 글로벌 커뮤니케이션을 가르치고 연구함에 있어 그와 같은 단점조차도 장점으로 바뀔 수 있다는 것이다.

장점과 단점은 함께 활발한 토론, 비판적 분석, 추가 연구, 다양한 생각에 대한 노출, 다양한 글쓰기/커뮤니케이션 스타일에 대한 노출, 글로벌 커뮤니케이션 분야의 복잡성에 대한 올바른 인식으로 이어질 수 있다.

11. 마지막 생각

지식과 재화(財貨)의 세계적인 교환 개념은 약 4,000년 전 중국의 시안(西安)에서 페르시아 만(Persian Gulf)까지 뻗어 있던 실크 로드(Silk Road)가 개척되던 시점으로 거슬러 올라간다. 예를 들어, 대단히 흥미로운 책인 『실크로드: 세계의 새로운 역사』(*The Silk Roads: A New History of the World*, 2015)에서 피터 프랑코판(Peter Frankopan)은 다음과 같이 쓰고 있다:

> 2000년 전, 중국에서 손으로 만든 비단은 카르타고(Carthago)와 지중해의 다른 도시들에서 부유하고 힘 있는 사람들이 입었고, 반면에 남부 프랑스에서 제작된 도자기들은 영국과 페르시아 만에서 볼 수 있었다. 인도에서 재배된 향신료와 조미료는 로마의 부엌에서 사용되었던 것처럼 신장(新疆)의 부엌에서도 사용되었다. 중앙 아시아에서 온 말들을 동쪽으로 수천 마일 떨어진 곳에서 자랑스럽게 타고 있던 동안, 북부 아프가니스탄의 건물에는 그리스어로 된 비문이 적혀 있었다(p. 26).

엄청난 기술적, 구조적 진보에도 불구하고, 인류 역사의 이 특별한 시기에, 권역 불안, 정치적 갈등, 전쟁, 반란, 환경오염, 물 부족, 기후 변화, 인권 침해, 민족적 긴장은 많은 나라들뿐만 아니라 전 세계의 단결을 위협한다. 세계화가 널리 떠들어대며 한 약속은 세계적 기업들, 주로 선진국의 국가 경제, 그리고 상품, 서비스, 노동, 지식, 정보 및 정보 기술의 전 세계적 이동에 확실히 유익하다. 영토 경계는 흐려졌거나 (NAFTA, EU, 아시아 태평양 지역, NATO와 같은) 권역 협력체에 유리하게 재정의되었다. 비록 도널드 트럼프(Donald Trump) 미국 행정부 시절에 확립된 글로벌 무역과 조약이 공격을 받고 일부 해체되기도 했지만, 국민주의, 소비주의, 보호주의, 자본주의 성향 등 (부자들에게 혜택을 주는) 자유시장 경제를 흔히 선호하는 과정이 증가하고 있다. 반면 빈국과 부국 간, '동서 간'(East and West), 그리고 '남북 간'(North and South)의 경제 및 정보 불평등이 예전의 동-서 양극화 현상을 대체하며 급격히 증가하고 있다.

우리의 희망은 이 교재가 글로벌 커뮤니케이션의 엄청난 범위, 격차, 그리고 복잡성에 대한 올바른 인식으로 이어질 의미 있는 토론을 생성하기에 충분한 합리적인 프레임워크를 제공하는 것이다. 나아가 이러한 논의가 궁극적으로 행동과 긍정적인 변화, 즉 평화 공존, 상호 존중, 갈등 감소, 문화적 감수성 증대, 세계 사람들과 국가들 간의 협력 증대로 이어지기를 우리는 희망한다.

미국 작가이자 학자인 존 샤(John Schaar, n.d.)의 인용문으로 이 서문을 마무리하는 것이 적절해 보인다:

> 미래는 현재가 제공하는 대안적 길들 가운데서 선택한 결과가 아니라, 먼저 마음과 의지 안에서 만들어지고, 다음으로 활동 안에서 만들어지는 장소이다. 미래는 우리가 가는 어떤 장소가 아니라, 우리가 만들어내고 있는 장소이다. 길은 찾는 것이 아니라 만드는 것이고, 길을 만드는 활동은 만드는 사람과 목적지를 모두 바꾼다.

이 책을 통해 역동적이고 매력적인 글로벌 커뮤니케이션 분야로 흥미진진하고 보람 있는 교육 여정을 경험해보기 바란다. 이 책의 향후 판을 개선하기 위한 의견과 제안이 있으면 언제든 yrkamali@pnw.edu로 보내주기 바란다.

참고문헌

Bhattacharyya, D. K. (2010). Globalization and culture. In *Cross−cultural management: Text and cases*. Delhi: PHI Learning.

Frankopan, P. (2015). *The silk roads: A new history of the world*. New York: Vintage.

Ghemawat, P. (2017, July−August). Globalization in the age of Trump. *Harvard Business Review*. Retrieved from https://hbr.org/2017/07/globalization−in−the−age−of−trump

Mittelman, J. H. (Ed.). (1997). *Globalization: Critical reflections*. Boulder, CO: Lynne Rienner.

Schaar, J. (n.d.). Creating the great community. Retrieved from http://www.umsl.edu/rcew/gallup/schaar.pdf

Schwab, K. (2016). *The Fourth Industrial Revolution*. New York: Crown Business.

Steger, M. B. (Ed.). (2004). *Rethinking globalism*. Lanham, MD: Rowman & Littlefield.

목 차

1부

1 장

글로벌 커뮤니케이션의
역사적 경로를 따라

앨런 파머(Allen Palmer)

지구촌은 언제나 요동치는 장소 이상이다.

— 카빈 도브링(Karvin Dovring)

1. 지리학적 공간: 커뮤니케이션의 장벽

적어도 3,000년 동안 사람들은 엄청나게 먼 거리를 가로질러 커뮤니케이션하기 위해 노력해왔다. 고대 중국과 이집트에서는 정교한 전송(傳送) 체계가 사용되었다. 그리스인들은 산꼭대기에서 봉화를 피워 올려 트로이(Troy) 함락을 알렸다. 로마 황제는 광이 나는 금속 거울에 햇빛을 반사시켜 메시지를 전달하는 방식을 사용하여 제국을 통치했다. 커뮤니케이션은 그 초창기 형태에서부터 오늘날의 정교한 테크노시스템(technosystem)[1]과 네트워크로 진화해오면서 세계 커뮤니케이션을 완전히 바꾸어놓았다. 수천 년 만에 처음으로 물리적 공간은 이제 국제 커뮤니케이션에서 인간의 상호작용을 가로막는 극복할 수 없

---

[1] 앤드루 핀버그(Andrew Feenberg)는 자신의 저서 『테크노시스템: 이성의 사회생활』(*Technosystem: The social life of reason*)에서 '테크노시스템'을 "자연적, 경제적 또는 행정적 환경 통제를 목표로 하는 기술적 행위 분야"로 정의한다(역자 주).

는 장애물이 더 이상 아니다.

한때는 '공간의 지리학'(geography of space)이었던 것이 '경험의 지리학'(geography of experience)이 되었다(Wark, 1994). 아마도 나무토막 위에 새긴 표시와 같은 단순한 상징을 사용하여 가장 기본적인 커뮤니케이션이 시작되었을 때는 먼 지평선 너머에서 닥쳐올 혁명적 변화에 대한 조짐은 전혀 없었다. 글로벌 커뮤니케이션은 그와 같은 그다지 대단하지 않은 기원에서부터 어떻게 진화해왔는가? 비록 역사학자들은 구어 및 문어의 언어적 전통과 기술에 오랫동안 관심을 기울여왔지만, 좀 더 광의적인 커뮤니케이션 개념은 비교적 새로운 것이다. 좀 더 광의적인 커뮤니케이션 개념은 중세 문화의 역사와 지적 역사를 살펴본 중세 역사학자들에 의해 1979년에 와서야 처음 소개되었다(Mostert, 1999). 커뮤니케이션의 역사는 단순히 새로운 기술의 문제가 아니라 오히려 그러한 기술이 복잡한 사회적 조건에서 어떻게 생겨나며 그럼으로써 인간의 상호작용을 바꾸어놓는가라는 문제와 관련 있다(예를 들어, Aiken, 1985; Beniger, 1986; Carey, 1989; McIntyre, 1987; Peters, 1999; Winston, 1986 참조). 더 빠르고 더 멀리 도달하는 커뮤니케이션 때문에 기술과 이념이 각각 다른 것들의 잠재적 결과와 상호작용하고 그 결과를 확장시키면서 주변부에서 중요한 사회적 발전과 정치적 발전이 이루어졌다(Gouldner, 1982). 가장 광의적인 의미에서 기술은 지배적인 사회적 조건과 문화적 조건에 대한 문화적 은유이다.

이 장에서 저자는 초기 문화가 아주 먼 거리를 가로지르는 커뮤니케이션의 조건을 만들어낸 방식에 작용한 몇 가지 힘을 살펴본다. 저자는 선사시대 고대인들의 삶에 대한 신화적 이미지로 시작한다. 고대인들의 운명은 대체로 끔찍했고, 불확실했고, 잔인했으며, 짧았다. 인간이 적, 동물, 그리고 자연과 만났을 때는 위험투성이였다. 상징적 관점에서 이러한 고대 세계는 초자연적인 정령, 창조물 및 이미지로 가득 찬 마법에 걸린 세계였다.

이윽고 이주해온 인구집단은 무역로가 멀리 있는 미지의 나라로 확장되면서 농업과 상업에 의지했다. 마침내 과학이 바깥 세계에 대한 신화가 틀렸음을 입증하면서 신화를 대체했다. 중세 말기 '발견의 시대'(age of discovery)에 이르러 탐험가들은 알려진 세계의 끝으로 여행을 떠났고 다른 사람들이 그들의 뒤를 따를 수 있도록 그들의 경로를 지도로 남겼다.

전쟁과 무역에서 우위를 점하기 위해 매우 다양한 커뮤니케이션 전략과 도구가 사용되었다. 군사적 정복과 종교 전쟁은 흔히 문화와 사상의 혼합을 포함한 예상치 못한 결과를 초래했다. 고대 중국의 제지 기술은 아랍 군인들에 의해 유럽에 전해졌고, 이로 인해 마침내 한 독일 인쇄업자는 금속활자를 개발하여 다수의 성경을 인쇄할 수 있게 되었다. 마찬가지로 자기 나침반이 아시아에서 유럽으로 전해졌는데, 이는 전신(electronic telegraph) 신호에 관한 실험으로 이어졌다. 인쇄기와 전신은 공간과 시간의 장벽에 맞섬으로써 개인의 정체성을 재정의했으며 바깥 세계의 크기를 줄여 놓았다(Launius, 1996).

과학자들은 모든 문제를 활짝 열어젖힐 수 있는 또 하나의 닫힌 문으로 치부하면서 해묵은 문제를 해결하기 위해 새로운 도구를 사용해 실험을 했다(Lindberg, 1992). 이러한 사회적 과정은 일단 시작되면 기술이 등장한 그 당시에 그 기술이 왜 등장했는지 이해할 수 있는 조건을 만들어냈다. 총체적으로 기술은 사회를 19세기 말의 산업적 변화와 전자적 변화 그리고 20세기 말미의 정보혁명으로 이끌었다.

2. 지리학과 신화적 세계

고대인들은 그들의 삶의 설명되지 않는 사건을 이해하려고 (그리고 통제하려고) 애쓰면서 경외심과 경이감을 가지고 이 세계를 바라보았음에 틀림없다. 그리스인들은 그들의 눈앞의 세계 너머 어딘가, 즉 '다른' 세계, 그들 자신이 만든 것이 아닌 세계에서 온 사람들을 떠올릴 때 *mantic*[2]이라는 단어를 사용하여 신화적이고 초자연적인 생각을 묘사했다. 이러한 믿음은 고대인들의 일상적인 삶을 초월하는 통제되지 않는 힘에 대한 신비화(mystification)의 일부로, 이러한 신비화는 그들의 단어에 표현된 것보다 그들의 세계관에 더 자주 암시되어 있다(Nibley, 1991).

역사적으로 비교적 최근까지 어쩌면 단지 지난 세기나 두 세기 전까지 대부분의 사람들은 삶이 그들의 시골집에서부터 수 제곱킬로미터 안에서 펼쳐지는

---

2 영어의 형용사 mantic은 그리스어 *mantiko*에서 왔는데, *mantiko*는 예언(prophet)을 뜻하는 *mantis*에서 파생되었다(역자 주).

것으로만 알았다. 역사적 과거에 해당하는 대부분의 기간 동안 여행은 위험하고 비현실적인 것이었다. 손닿을 수 있을 정도로 가까운 곳 너머의 거대한 세계는 불가사의하거나 형이상학적 이미지를 통해 이해되었다. 현세, 천국, 그리고 저승에 대한 믿음은 신성한 공간과 신성모독적인 공간을 중심으로 만들어졌다(Eliade, 1987). 이러한 고대의 신화적 세계에 대한 이미지는 고대 역사 설화 속에 존재한다. 그리스 역사가 시네시우스(Synesius)는 외눈박이 거인인 키클롭스(Cyclops)[3]의 존재를 믿는 에게해 제도(Aegean islands)의 농부들에 대해 적었다(Migne, 1857). 그와 같은 이미지는 지도에 낯선 이국땅에 사는 상상의 생명체를 그려 넣었던 중세 지도 제작자 플리니우스(Pliny)처럼 초기 지도 제작자들의 지도에 등장했다. 선원들이 전한 괴물 목격담이 고대 지도의 삽화에 생동감을 불어넣는 데 사용되었다(Edson, 1997).

유럽인들은 인도와 아프리카가 소인족들이 큰 황새와 싸우고 거인들이 발톱으로 코끼리를 집어 나를 수 있는 날개를 가진 생명체인 그리핀(griffin)[4]과 싸우는 곳이라고 믿었다. 이국땅은 벌거벗은 고행자가 뜨거운 태양 아래서 처음에는 한쪽 발로 나중에는 다른 쪽 발로 서서 하루 종일 명상을 하는 기이하고 무서운 곳으로 여겨졌다. 그곳에는 발이 뒤로 돌아가 있고 각 발에 8개의 발가락을 가진 사람들이 살고 있으며 하나의 큰 발만 가진 채 바람처럼 빨리 달리는 사람들이 살고 있는 곳으로 여겨졌다. 그곳에는 개와 유사한 머리와 발톱을 가지고 짖고 으르렁거리는 사람들과 누워서 하나뿐인 발을 위로 들어 올려 몸에 그늘이 생기게 할 수 있는 거대한 발을 가진 사람들이 있었으며, 배에 눈이 있는 머리가 없는 사람들과 음식 냄새를 맡는 것만으로도 살 수 있는 사람들 그리고 몸의 일부가 몇몇 동물의 몸으로 이루어진 괴물들이 있는 것으로 여겨졌다(Wright, 1965).

중세에는 프레스터 존(Prester John)[5]이라는 상상의 기독교 왕의 여행과 위업에 대한 신화가 여기저기서 나타났는데, 그의 이야기는 유럽 전역에 걸쳐 음악

---

3 고대 그리스 신화에 나오는 외눈박이 거인을 말한다(역자 주).

4 사자 몸통에 독수리의 머리와 날개와 앞발을 지닌 전설의 동물이다(역자 주).

5 중세에 아비시니아(Abyssinia; 에티오피아의 별칭) 또는 동방 나라에 그리스도교 국가를 건설했다는 전설의 왕이다(역자 주).

과 시를 통해 되풀이되었다. 12세기에는 그가 유럽의 통치자들에게 그의 공덕과 무시무시한 정복에 대해 적은 편지를 보냈다는 소문이 회자되기도 했다. 역사가 알베리쿠스(Albericus)에 따르면, 음유시인들에 의해 시골 전역으로 퍼진 이 편지에는 "인도를 넘어 … 황야를 가로질러 해가 떠오르는 쪽 … 바벨탑(the tower of Babel) 가까이에 있는" 왕국에 대한 이야기가 담겨 있었다고 한다(Baring-Gould, 1885/1967, p. 38).

프레스터 존은 뿔을 가진 사람들과 거인 그리고 키클롭스와 같은 이상한 생명체들이 사는 지역을 통치한 것으로 여겨졌다. 많은 유럽인을 무엇보다 놀라게 한 것은 대부분 프레스터 존이 서유럽 전역을 휩쓸기 위해 인육을 먹는 사람과 육식동물을 데리고 다니면서 무시무시한 수많은 병사들을 지휘했다는 편지를 통해 전해지는 위협이었다. 12세기에 교황 알렉산더 2세(Pope Alexander II)는 심지어 특사를 통해 프레스터 존에게 전할 답신을 작성하기까지 했다. 그 특사는 로마를 떠난 후 돌아오지 않았다(Baring-Gould, 1885/1967).

그와 같은 신화적인 믿음이 그의 적들에게 미치는 심리적인 힘을 안 중세 훈족(Hun)의 왕 아틸라(Attila, 406~453년)는 5세기에 유럽 전역에서 펼쳐진 전투에서 그와 같은 과장된 이야기가 유포되도록 조장했다(Cantor, 1999). 많은 사람들에게 회자되는 용, 큰바다뱀, 그리고 다른 생명체에 대한 전설은, 비록 가난한 사람과 교육을 받지 못한 사람들 사이에는 그리 널리 퍼지지 않았지만 중세 후기와 르네상스(Renaissance) 초기에 걸쳐 사람들 사이에 전해졌다(Lecouteux, 1995). 역사가들이 결론 내렸듯이, 형이상학적 세계는 "서구문화의 형이하학적 세계에 못지않게 '실재적'"이었다(Harley & Woodward, 1987, p. xxiv).

공포와 상상의 산물인 고대문화의 이러한 신화적 발상은 대단히 상징적이었으며 예술, 과학, 언어, 그리고 의식(儀式)을 통해 표현되었다(Scheffler, 1997; Schuster & Carpenter, 1996). 예술 사학자들은 심지어 프랑스 남부 아르덴(Ardennes) 지역에 있는 발롱퐁다크(Vallon-Pont-d'Arc)에서 발견된 3만 년 전 선사시대 동물 그림과 같은 동굴 벽화도 사냥과 관련된 의식에 사용된 것으로 믿고 있다. 독일 보겔헤르드(Vogelherd) 근처에서 발견된 길이 2.5인치의 매머드(mammoth) 상아에 새겨진 작은 말에는 조그만 표시가 되어 있는데 사학자들은 이 표시가 사냥한 동물과 연관된 것으로 해독했다(Marshack, 2003).

3. 고대 사회와 문화의 만남

신화적 믿음을 넘어서서 합리적인 지식 모델을 구축하고자 했던 그리스와 아랍의 철학자와 수학자들은 이 세계를 측정 가능한 것으로 보았으며 심지어 좌표를 사용하여 지리적 공간을 분할할 수 있다고 제안했다. 과학으로서 서구 지리학의 최초 역사는 이오니아(Ionia)의 고대 그리스인들의 경우 기원전 12세기에 시작되었는데, 플라톤(Plato)과 아리스토텔레스(Aristotle)는 물리적 세계에 대한 통찰력을 그들에게서 물려받았다.

초기 그리스인들은 그들의 서쪽에 있는 먼 섬들을 알려진 세계(known world)의 지평선으로 여겼다. 그리스 역사에서 중대한 발견의 항해 가운데 하나는 그리스 탐험가 피테아스(Pytheas)가 그에게는 분명 낯설고 생경한 세계인 골(Gaul)[6] 해안(프랑스)을 따라 영국을 돌아 발트해 지역으로 항해했던 기원전 4세기에 이루어졌다. 그의 천문 및 해양 기록은 그리스에서 수 세기 동안 수리지리학과 지도 제작에 관한 초기 저작물의 기초로 사용되었다.

알렉산더 대왕(Alexander the Great)은 기원전 4세기에 유럽 세계관의 지리적 경계를 훨씬 더 확장시켰다. 그의 제국은 이집트에서부터 발칸반도와 소아시아(Asia Minor)[7]를 거쳐 동쪽으로 인도의 갠지스 강에 이르는 거대한 지역을 포함했다. 그가 제국을 통치하던 시기에 확립된 무역로를 통해 지리학적 지식이 남부와 동부 유럽, 아프리카 및 아시아로부터 알렉산드리아(Alexandria)로 유입됐다. 기원전 300년경부터 알렉산드리아의 유명한 도서관에 소장된 파피루스(papyrus) 두루마리 위에 축적해놓은 지식은 중대한 업적이었지만 쉽게 바스러지는 파피루스와 그 지역을 휩쓸고 지나간 정변(政變)으로 인해 그러한 업적은 곧 사라졌다. 프톨레마이오스 2세(Ptolemy II Philadelphus)[8]에 의해 착공된 그 도서관은 알렉산더 대왕이 유럽, 아시아, 그리고 북아프리카를 정복하던 시기에 완공되었으며 첫 천 년이 지나기도 전에 아이러니한 역사의 전환기에 화재로 파괴되었다.[9] 알렉산드리아 도서관에는 50만여 개의 파피루스 두루마리

---

6 고대 켈트인의 땅으로 지금의 북이탈리아·프랑스·벨기에 등을 포함한다(역자 주).
7 아시아 서부의 반도로 현 터키 대부분의 지역이 이에 해당한다(역자 주).
8 기원전 283년부터 기원전 246년까지 통치하였던 프톨레마이오스 왕조 이집트의 왕(역자 주).

가 소장되어 있었는데, 이는 이 도서관이 고대 최대의 도서관이었음을 보여준다(Thiem, 1999).

그리스인들의 학식은 로마 제국 이후까지 이어져, 5세기 비잔틴인들[10]의 라틴어 번역으로 부활했다. 그리스어로 된 필사본의 아랍어 번역본은 9세기에 등장했다. 12세기의 주요 유태인 학자였던 마이모니데스(Maimonides)[11] 또한 아리스토텔레스의 저작물을 연구함으로써 그의 영향이 확산하는 데 도움을 주었다(Cantor, 1999).

4. 지구촌의 탐험가들: 이주민, 초인적인 탐험가, 그리고 상인

고대 농경사회 이전의 유럽에서는 이주가 삶의 한 방식이었다. 변화하는 기후 조건과 식량 공급으로 인해 기원전 2000년 이전에는 유목생활이 필수였다. 농업 기술과 농기구의 향상으로 많은 유목집단이 질병, 침략, 혹은 전쟁에 직면하지 않은 한 비옥한 땅에 정착할 수 있게 되었다. 대상(隊商)과 무장 호위를 받는 국가 업무의 사절(使節)을 제외하고는 여행은 항상 위험하고 어려운 것으로 간주되었다. 아시아인들도 그들 나름대로 멀리 여행하지 않았다. 극동, 특히 중국의 세습군주제의 영향을 받았던 동아시아 지역(오늘날의 한국, 중국, 일본 및 베트남)의 문화는 중국의 세계관으로 느슨하게 결속되어 있던 반면, 서아시아 지역은 인도의 힌두교와 불교의 종교적 영향에 더 특별히 반응했다(Sivin & Ledyard, 1994).

9세기 무렵, 아랍의 배들은 페르시아만에서 중국까지 정기적으로 운항했다. 북아프리카의 지리학자인 알-이드리시(al-Idrisi)는 1153년 "세계를 여행하고

---

9 알렉산드리아 도서관의 부분적인 혹은 완전한 파괴의 원인에 대해 4가지 가설이 존재한다. 첫째는 기원전 48년, 알렉산드리아 전쟁(카이사르의 내전)에서 율리우스 카이사르의 방화. 둘째, 3세기경, 아우렐리아누스의 침략. 셋째, 391년, 콥트교황 데오빌로의 칙령. 넷째, 642년 이후, 무슬림의 알렉산드리아 점령(역자 주).

10 비잔틴 제국(Byzantine Empire)은 중세 시대에 콘스탄티노폴리스 천도 이후의 로마 제국을 일컬으며 그리스어가 공식 언어로 채택되었다(역자 주).

11 마이모니데스(1135~1204년)는 스페인 태생의 유태인 철학자·율법학자로 유태교의 주요한 신학자의 한 사람이었다(역자 주).

싶어 하는 그분께 드리는 위안"(Amusement for Him Who Desires to Travel Round the World)이라는 제목의 문서를 작성했다. 기록에 따르면, 이집트 상인은 13세기 말 인도 및 향료 제도(Spice Islands)[12]와 교역했다. 한 아랍 작가는 동양에 대한 피상적인 지식에 대해 탄식하면서 다음과 같이 적었다:

> 세계의 관습과 왕국에 관해 글을 쓰는 작가들은 그들의 작품에서 많은 지역 행정구역과 장소 그리고 강을 중국에 존재하는 것처럼 언급했다. ... 그러나 그러한 지명들은 정확하지도 않았고 우리는 그들의 환경에 대한 어떤 특정한 정보도 가지고 있지 않다. 따라서 그들은 우리에게 알려져 있지 않는 것이나 다름없으며, 우리에게 정보를 제공해줄 수 있는 이러한 지역을 다녀온 여행자도 거의 없으며, 이런 이유에서 우리는 그것들에 대해 상세히 기술하는 것을 삼간다(Yule, 1915, p. 255).

고대 그리스와 로마 제국이 멸망한 후, 유럽인들 사이에서는 중국과 인도에 대한 실질적인 지식과 호기심이 서서히 사그라졌다. 사학자들은 후기 고대 그리스 말기에서부터 17세기 르네상스(Renaissance) 때까지 1000년 동안 계속된 동서양 접촉의 공백기라는 퍼즐을 풀기 위해 머리를 짜내고 있다. 이 공백기는 오랫동안 야만적이고 무지몽매한 정체기로 묘사되어오긴 했지만, 일부 사학자들은 현재 소위 그러한 암흑기(Dark Ages)가 오히려 사회생활과 지적 생활이 과도기에 있던 역동적인 시기였다고 보고 있다(Cantor, 1991).

> 거의 2000년 동안 사람들이 실용적인 장거리 커뮤니케이션 방법을 고안해내는 것에 대해 그만큼 덜 궁금해 했다는 것은 믿기 어렵다. ... 그러나 냉정한 사실은 이 시기를 통틀어 이 시기에 대한 언급이 이따금 있었을 뿐이라는 점이다(Holzmann & Pehrson, 1995, p. 57).

지리에 관한 그리스의 학문이 사라지면서 유럽인들은 바깥 세계에 대한 많은 단서를 잃어버리게 되었지만, 탐험에 대한 그들의 욕망은 곧 점점 축소되는

---

12 인도네시아의 셀레베스(Celebes) 섬과 뉴기니(New Guinea) 섬 사이에 있는 몰루카(Moluccas) 제도의 옛 이름(역자 주).

세계에 대한 그들의 지식을 확장시켜주곤 했다. 유럽인들은 15세기에 클라우디우스 프톨레마이오스(Claudius Ptolemy)[13]가 AD 150년경에[14] 쓴 『지오그라피아』(Geographia)의 아랍어 번역본에 소개되었다. 계산 착오와 오류에도 불구하고 지도 제작자들의 참조자료로 널리 사용된 『지오그라피아』는 인도로 가는 새로운 서쪽 항로를 찾아나선 크리스토퍼 콜럼버스(Christopher Columbus)의 길잡이 역할을 했다. "『지오그라피아』의 목적은 알려진 세계의 통합성과 연속성을 그것의 본질과 위치로 재현(represent)하는 것이다"라고 프톨레마이오스는 적었다(Cosgrove, 1992, p. 66).

유태인 여행자들의 알려진 기록 가운데는 알려진 세계의 가장 먼 곳에 도달하는 무역로에 대한 설명이 있다. 제이콥 이븐 탱크(Jacob ibn Tank)는 820년 천문학 서적들을 실론(Ceylob)에서 바그다드(Baghdad)로 가져왔다. 또 다른 여행자였던 스페인의 호세(Joseph)는 인도에서 만든 아라비아 숫자를 서방 세계에 소개했다. 페르시아에서 온 유태인 상인들은 상품을 중국에서 엑스-라-샤펠(Aix-la-Chapelle)[현재 독일의 아헨(Aachen)]로 가져왔다(Adler, 1966). 라다나이트 유태인(Radanite Jewish)[15] 상인들 역시 육로를 통해 스페인에서 유럽을 가로질러 북쪽으로는 키예프(Kiev) 그리고 동쪽으로는 인도와 중국으로 여행했다. 847년 『노정군국지』(路程郡國誌; Book of Roads and Kingdoms)를 쓴 아랍의 지리학자 이븐 코르다드베(Ibn Khordadbeh)는 스페인에서 아시아로 뻗어 있는 유럽 전역의 수많은 교역로를 추적했다. 이 책에서 그는 러시아계 스칸디나비아인의 초기 조상인 '아르-러스(ar-Rus) 상인들'과의 접촉에 대해 다음과 같이 묘사했다: "그들은 이 땅의 가장 먼 곳에서 럼해(sea of Rum; 현재의 지중해)로 비버(beaver)와 흑여우의 털과 검(劍)을 가져오는 … 아스-사칼리바(as-Saqaliba)[16]

---

[13] 클라우디오스 프톨레마이오스(AD 83년경~168년경)는 고대 그리스의 수학자, 천문학자, 지리학자, 점성학자이다(역자 주).

[14] 원서에는 기원전 1세기에 써졌다고 되어 있으나 구글링 결과 여러 곳에서 AD 150년경에 써진 것임을 확인했다(역자 주).

[15] 중세 시대의 유대인 상인을 지칭하며, '라다나이트'는 '라단의 땅'이라고 불리는 메소포타미아의 한 지역을 가리킨다는 주장도 있고 '길을 아는 사람'이라는 의미라는 주장도 있다(역자 주).

[16] 주로 유럽에서 해적질 혹은 전쟁을 통해 납치된 슬라브족 혹은 동유럽 출신의 노예, 그리고 용병을 일컫는 말이다(역자 주).

가운데 한 집단이다"(Boba, 1967, p. 27).

　바이킹(Vikings), 즉 노르인(Norsemen)은 북대서양의 해로(海路)를 정기적으로 항해했으며 9세기에는 남으로 남부 스페인의 세비야(Seville)와 안달루시아(Andalusia) 지역에 이르는 서유럽의 도시들을 급습한 것으로 알려졌다(Thrower, 1996). 유럽의 인구 밀집지역은 이러한 이동생활을 하는 종족의 급습과 침략에 오랫동안 시달렸다. 이러한 종족들 역시 아이슬란드(Iceland), 그린란드(Greenland), 그리고 뉴펀들랜드(Newfoundland)의 해안지역을 포함해 북대서양의 서쪽 지역에 정착했다.

　마르코 폴로(Marco Polo)의 원정대는 위험을 무릅쓰고 베니스(Venice)를 떠나 몽골 왕국을 향한 원정길에 올랐고 마침내 1260년경에 쿠빌라이 칸(Kublai Khan)17의 궁궐에 도착했을 때, 유럽의 상인들은 아시아인들의 생활에 대해 많은 것을 추측했다(그러나 실제로는 거의 아는 것이 없었다). 무역상들의 관심은 유럽에 팔 비단을 동양에서 구하는 데 있었다. 현재 학자들은 폴로 원정대가 유럽과 아시아 간의 장벽을 무너뜨렸다는 널리 퍼져 있는 명성을 실제로 얻을 만한 자격이 있는지 의심하면서, 대신 그들의 행운을 이야기꾼들의 과장 탓으로 돌린다. 1340년에 이르러 아시아와의 무역은 유럽 경제의 붕괴와 동방 무역로에 도사리고 있는 위험으로 인해 사실상 중단되었다.

5. 중세 세계의 지도 제작자들

지도 제작은 커뮤니케이션 역사에서 빼놓을 수 없는 부분이다. 지도는 미지의 세계를 여는 귀중한 열쇠로 널리 알려져 있었다. 월터 옹(Walter Ong, 1982)은 인쇄된 지도로 인해 탐험과 발견이 어떻게 가능했는지에 대해 다음과 같이 기술하고 있다:

　　지도를 폭넓게 경험한 … 후에야 비로소 … 인간은 우주 혹은 '세계'에 대해 생각할 때,
　　무엇보다 먼저 그들의 눈앞에 펼쳐져 있는 것을 근대의 인쇄된 지도책 속에 '탐험될' 준

---

17 원나라의 초대 황제(1260~1294년)(역자 주).

비가 되어 있는 … 광대한 지구 표면으로 생각했을 것이다. 고대 구어 세계에는 편력자, 여행자, 항해자, 모험가, 그리고 순례자들은 많이 있었지만 '탐험가'는 거의 없었다(p. 73).

지도는 유럽 왕족에게 극비 사항이었고 국가 기밀로 간주되었다. 콜럼버스의 아메리카 대륙으로의 첫 번째 항해로 탄생한 지도와 해도는 세비야(Seville)의 가장 안전한 금고에 안전하게 보관되었다. 아마도 이러한 극도의 비밀 유지는 특히 콜럼버스, 코르테스(Cortez), 마젤란(Magellan)이 사용한 지도들이 어떻게 분실되었는지를 설명해줄 것이다. 지도의 신뢰도는 어쨌든 불확실성으로 가득 차 있었다. 콜럼버스는 자신이 카리브 제도가 아닌 아시아의 해안에 상륙하고 있다고 생각했다.

지도 제작은, 특히 화약 도입 이후, 일부 유럽 열강들에 의한 제국 건설의 원동력이 되었다(Hale, 1985). 고대 지도상의 정보는 대부분 지도 제작자의 문화 지향성과 종교 지향성을 반영했으며, 그러한 정보의 상당 부분은 추정되었거나, 왜곡되었거나, 명백하게 틀렸다.

고대 지도는 해상 항해, 종교적 순례, 그리고 군사 및 행정 용도를 포함해 여러 가지 목적에 사용되었다. 좀 더 상징적인 관점에서 말하면, "지도는 보이지 않는 것을 보이게 만든다"(Jacob, 1996, p. 193). 아시아의 지도는 미술로 그려졌다. 이에 반해, 티벳의 지도는 상상의 '욕망'의 세계에서부터 '비정형'의 세계에 이르는, 수직적으로 배열된 있을 수 있는 여러 우주 가운데 하나를 통해 영혼의 길에 이르도록 여행자들을 인도했다(Smith, 1964). 지도는 고대 그리스와 로마에서 가장 많이 교육받은 자들의 지적 도구였기 때문에, 여행자와 군대 지도자들은 아마 좀처럼 지도를 접근하지 못했거나 지도를 사용할 실제적인 이유가 없었을 것이다. 대신, 지도는 그리스인들 사이에서 지적인 도구로서, 명상의 대상으로 사용되었다.

로마 제국 패망 후, 유럽은 대략 남부의 이슬람, 서부의 기독교 왕국, 그리고 동부의 기독교 비잔틴 제국(Christian Byzantine Empire)으로 나누어졌다. 중세 지리학자들은 개략적으로 그린 지도상에 세계가 아시아, 아프리카, 그리고 유럽의 세 대륙으로 나누어진 것으로 묘사했다. 이러한 고대 지도 가운데 하나에는 세계가 하나의 원 안에 들어가 있는데, 세 대륙 가운데 가장 큰 아시아는 위쪽 반원을 차지하고 있다. 아래쪽 반원은 T자로 나누어져 있는데 아프리카가 오른쪽에 있는 유럽과 나일 강(Nile River)을 경계로 나누어져 있다(Larner, 1999).

여행은 위험을 무릅쓰고 안전하고 친숙한 지역을 넘어서는 모험을 수반하기 때문에 흔히 종교적 헌신 행위로 간주되었다. 중세의 많은 유럽 지도에는 종교적 신념 체계가 직접 반영되어 있었다. 그와 같은 지도의 중심에는 명시적이든 그렇지 않든 예루살렘(Jerusalem)이 있으며, 그와 같은 지도는 과학의 도구인 것만큼이나 일종의 "도덕화된 지리학"(moralized geography)으로서 성서처럼 해석되었다(Cosgrove, 1992, p. 68). 그와 같은 지도들은 예루살렘을 중심으로 축소된 측정된 좌표 체계를 사용했다.

4세기에서 18세기 사이 중세 시대 유럽 인구의 상대적 고립은 그들의 불완전한 도로 체계에 반영되어 있다. 최고의 중세 역사학자 가운데 한 사람에 따르면, 11세기 유럽에는 몇몇 오래된 로마 도로의 자취 이외에 어떠한 실재 도로도 존재하지 않았다. 여행과 상업은 다뉴브(Danube) 강과 라인(Rhine) 강 같은 배가 다닐 수 있는 몇 개의 강에 거의 전적으로 의존했다. 프랑스에는 내륙 수로가 없다는 것이 여행과 상업의 방해요소로 작용했다(Cantor, 1991).

11세기 말에 시작되어 15세기까지 계속된 십자군 전쟁(Christian Crusades)과 함께 지리학에 새로운 인식이 생겨났다. 십자군 전쟁은 탐험의 새 물결이 시작되었음을 보여주었다. 유럽을 가로질러 발칸반도와 동지중해에 이른 이러한 군사 원정 동안 많은 유럽인은 다른 언어, 문화, 그리고 장소에 더 친숙해졌다(Constable, 1988; Riley-Smith, 1986). 십자군들은 중국과 인도에서 온 상품을 포함해 원정 중에 그들이 우연히 마주한 상품에 대한 취향이 생겼다. 십자군 전쟁은 국제 커뮤니케이션에 복잡하고 모순된 영향을 미치긴 했지만 국제 커뮤니케이션의 중요한 한 장(章)이었다(Barnouw, 1989).

궁극적으로 십자군은 유럽 상인들의 교역활동을 확장시켰고, 유럽에서 바깥 세계를 향한 태도를 변화시켰으며, 콜럼버스, 바르톨로뮤 디아스(Bartholomeu Dias), 포르투갈의 바스코 다 가마(Vasco da Gama)와 같은 15세기 탐험가들로 '발견의 시대'를 개막한 일련의 사건에 불을 지폈다. 베니스를 포함한 상업 중심지들은 유럽과 중동을 연결하는 교역의 중심지가 되었다.

무슬림은 그들 나름대로 알라(Allah)의 존재를 상징하는 건축물인 메카(Mecca)의 가장 신성한 사당을 향한 신성한 방향을 1,400년 동안 지켰다. 중세 시대에 그들은 신성한 방향을 정하기 위해 두 가지 전통을 사용했는데, 하나는 특정한 별과 춘추분의 정확한 위치를 찾고자 한 것이고 다른 하나는 지구의(地球儀) 상의 원의 방향을 사용하는 것이었다. 무슬림은 또한 각지에서 가져온 사상과 기구들을 습득할 책임이 있었다. 다음과 같은 이슬람 속담에서 그들의 초문화적(transcultural) 의식에 대한 이러한 통찰력을 엿볼 수 있다: "알라는 세 가지 경이를 만드셨다: 그리스인의 두뇌, 중국인의 손, 그리고 아랍인의 혀"(Strayer, 1988, p. 661).

이슬람 학자들은 지구가 하나의 구(球)라는 것을 알았으며, 9세기 중반 경도와 위도를 사용할 때까지 그들의 측정을 향상시키기 위해 프톨레마이오스의 『지오그라피아』를 사용했다. 그와 같은 격자식 좌표는 이슬람 권역(region)[18]과 도시에 대한 광범위하고 정교한 지도 제작의 토대가 되었다(King, 1997). 나중에서야 로저 베이컨(Roger Bacon; 약 1220~1292년) 같은 혁신가가 그의 중세 과학 백과사전인 『오푸스 마이우스』(Opus Maius)에 그리스 과학과 이슬람 과학의 통찰력을 혼합했다. 베이컨과 같은 유럽 학자들이 망원경, 화약, 항공, 그리고 해양 항해와 같은 새로운 개발품을 위한 기초적인 발상을 빌려오면서 다른 문화가 남긴 업적의 가치를 평가하기 시작했다.

6. 발명가들: 신호와 수기 신호

커뮤니케이션에 사용된 기술의 역사적 계보는 길다. 정보 기술의 등장을 시간적으로 추적해보면 개념적 발명과 물질적 발명이 뭘 골라야 할지 모를 정도로 많음을 알 수 있다. 혁신의 연대기는 별개의 사건으로 세분화되거나(Desmond, 1978) 문화적 연속성의 증거라는 측면에서 볼 수 있다. 한 리뷰는 그러한 혁신들을 알파벳과 수학 영역과 시청각 미디어 영역으로 범주화했다(Schement & Stout, 1990).

---

18 이 장에는 local과 region이 함께 사용되고 있기 때문에 좀 더 넓은 지역을 의미하는 region은 local과 구별을 위해 '권역'으로 번역한다(역자 주).

간단히 말해, 대부분의 정보 기술은 분명히 실재하는 당면 문제에 대한 해결책이었다. 먼 거리에 간단한 신호 체계를 전달하는 가장 초기의 커뮤니케이션 수단은 불이나 봉수[19]를 사용했다. 아리스토텔레스(기원전 384~322년)는 『페리 코스몬』(*Peri Kosmon*)[20]에서 소아시아(Asia Minor)에 있는 그의 제국에서 일어나는 중요한 모든 일을 하루 안에 페르시아 왕에게 알리기 위한 기원전 500년의 정교한 신호 전달 계획에 대해 기술했다. 3명의 그리스 작가인 호머(Homer), 베르길리우스(Virgil), 그리고 아이스킬로스(Aeschlus)는 군사용 신호 체계에 대해 기술했다. 아이스킬로스는 『아가멤논』(*Agamemnon*)에서 400마일 떨어져 있는 미케네(Mycenae)에서의 트로이(Troy)를 정복했다는 소식이 도착한 것에 대해 다음과 같이 적었다: "그럼에도 누가 그렇게 빨리 메시지를 여기로 보낼 수 있겠는가?" 아이스킬로스는 그 메시지는 산꼭대기들을 가로질러 "어떤 불가사의한 새로운 태양처럼 황금빛을 내뿜으며 갈 길을 재촉하면서 봉수에서 봉수로" 전달되었다고 적었다(Oates & O'Neill, 1938, p. 177).

역사가 폴리비오스(Polybius; 기원전 약 200~118년)에 따르면, 그리스인들은 알파벳 문자를 토대로 한 더 정교한 횃불 신호 체계 개발을 시도했지만, 실제로 사용하기에는 너무 번거로운 것으로 드러났다(Walbank, 1979).

그리스인들이 신호전달 체계에 관심이 있었던 이유는 잠재적인 군사적 목적 때문이었다. 호머는 기원전 약 700년에 쓴 『일리아드』(*The Iliad*)에서 다음과 같이 적었다:

> 따라서 병사들이 성곽에서 하루 종일 필사적인 전투를 벌이고 있는 멀리 떨어져 있는 포위된 섬에서 연기가 하늘로 올라간다; 그러나 해가 지면 늘어선 봉화가 타오르면서 하늘로 불빛을 뿜으며 이웃 섬 주민들에게 주의하라고 알리고 그들을 배로 구조한다 (Homer, 1950, p. 342).

---

[19] 원래 봉수(烽燧)란 용어는 밤에 불로서 알리는 연봉(燃烽)과 낮에 연기로서 알리는 번수(燔燧)를 합친 말이다. 그러므로 흔히 일컬어지는 봉화(烽火)란 말은 야간의 연봉만을 가리킨 것이나 후에 주간의 번수까지 합친 뜻으로 쓰여 고려 말기 이래로 봉화로 통칭되었다(역자 주).

[20] '우주에 관하여'라는 의미이다(역자 주).

로마의 통치자들은 일종의 일광 반사 신호기(heliograph), 즉 반사되는 햇빛을 이용하는 시각적 신호 체계를 개조해서 사용했다. 황제 티베리우스(Tiberius)(14~37년)는 카프리(Capri) 섬에서 광이 나는 금속 거울로 신호를 반사해서 보내는 방식으로 로마를 통치했다. 반사된 메시지에 사용된 암호에 대한 기록이 발견되지 않아서 회의론자들은 그러한 시도의 실용성에 의문을 제기했다. 무어인들(Moors) 역시 11세기에 알제리에서 일종의 일광 반사 신호기를 사용했다(Woods, 1965, p. 151).

메시지 운송 체계는 보발꾼과 기발꾼[21]을 이용했다. 고대 바빌론(Babylon)에서 함무라비(Hammurabi) 왕(기원전 1792~1750년)은 이틀을 밤낮없이 말을 타고 달려 라사(Larsa)에 도착하는 전령(傳令)을 정기적으로 파견했다. 이집트의 필경사들은 이집트 왕국과 시리아(Syria) 및 팔레스타인(Palestine)과의 국경 전초기지를 따라 군사 및 외교 임무를 수행하기 위해 전령들이 매일 이동하는 통로를 뒤쫓았다. 이러한 전령들은 도중에 베두인족(Bedouin)[22] 강도의 공격을 경계했는데, 이로 인해 역참(驛站)에 근위병을 배치했으며 결국 국경에서는 봉수 신호를 사용하게 되었다.

그리스 역사가 헤로도토스(Herodotus)는 기원전 486~465년 페르시아 왕 크세르크세스(Xerxes)의 통치 기간 동안 조랑말을 이용한 급행 방식의 중계 체계에 대해 매우 상세하게 기술했는데, 이것은 그리스의 통치자 헤파이스토스(Hephaestus)를 기리기 위한 횃불 계주를 본뜬 것이었다(Dvornik, 1974). 페르시아 제국을 세운 키로스(Cyrus) 대왕은 파발 체계를 상당히 향상시켰다.

> [키로스 왕은] 말이 힘들지만 감당할 수 있을 정도로 하루에 달릴 수 있는 거리가 어느 정도 되는지 실험한 결과, 딱 그 정도 거리마다 역사(驛舍)를 설치한 후 파발마와 파발마를 돌볼 병사를 배치했다; 키로스 왕은 각 역사에 정식 관리를 두고 도착하는 편지를 수신하고 받은 편지를 발송하며, 지친 파발마와 파발꾼을 거두고 생생한 파발마와 파발꾼을 보내게 했다. 더욱이 이러한 급행 체계는 때때로 밤 동안에도 중단되지 않았고 이

---

21 말을 타고 소식을 전달하는 것을 기발(騎撥)이라고 하고 사람이 도보로 소식을 전달하는 것을 보발(步撥)이라고 한다(역자 주).
22 천막생활을 하는 아랍 유목민(역자 주).

럴 경우 야간 파발꾼은 주간 파발꾼의 뒤를 이어 중계했는데, 이런 방식의 급행 체계는 두루미보다 더 빨랐다(Holzmann & Pehrson, 1995, p. 48).

헤로도토스는 1,800마일 정도 떨어져 있는 사르디스(Sardis)[23]와 수사(Susa)[24] 사이에 최소 111개의 파발꾼 중계 역참이 존재했다고 기록했다. 그리스 군대가 페르시아의 침입을 막은 마라톤 전투(Battle of Marathon; 기원전 490년)는 아테네(Athens) 부근에서 벌어졌고, 이 전투에서 페르시아 왕 키로스는 야전 지휘관에게 다음과 같은 메시지를 전달했는데, 이 메시지 내용은 후일 미국 우편국(US Postal Service)의 슬로건으로 사용되었다: "이 페르시아 파발꾼들보다 더 빨리 달리는 것은 이 세상에 없다. … 그 무엇도, 눈도, 비도, 더위도, 어둠도, 이 파발꾼들이 가능한 한 가장 빠른 시간 내에 그들에게 할당된 거리를 거뜬히 이동하는 것을 멈추게 할 수 없다"(Herodotus, De Selincourt, & Burn, 1972, p. 556).

로마인들은 페르시아 파발 및 메시지 체계를 개조해서 군대 이동, 상업, 커뮤니케이션을 위한 유명한 로마 고속도로 체계를 사용했다. 정부 서비스와 상업 서비스 모두 로마 제국 전역에 서신을 배달했다, 메시지는 파피루스, 양피지, 밀랍을 칠한 서자판(書字板)[25]에 적혀 전달되었다. 파발 체계는 육로 이동의 정확성을 유지하기 위해 정교한 중계 역참을 사용했다. 각 역참에는 40필의 말이 들어갈 수 있는 마구간과 **스트라토르**(strator)[26]라 불린 파발꾼이 있었는데, 파발꾼이 새로운 말을 구하기 위해서는 황제로부터 받은 특별 허가증을 소지했다. 이러한 방식으로 편지는 하루에 50~100마일씩 전달될 수 있었다. 이 파발 체계는 마침내 말과 식량 제공을 책임이 누구에게 있는지를 둘러싼 논란으로 무너지고 말았다.

---

23 소아시아 서부에 있던 고대 도시로서 고대 리디아(Lydia) 왕국의 수도이다(역자 주).

24 고대 엘람(Elam; Susiana)의 수도로 다리우스(Darius)와 아르탁세르세스(Artaxerxes)의 궁전이 있던 곳이며 여기서 『함무라비 법전』(Code of Hammurabi)이 씌어 있는 석비가 발견되었다(역자 주).

25 뼈·나무 따위로 만든 쟁반 같은 판자에 밀랍을 칠한 것으로, 고대인은 철필(stylus)로 여기에 글을 썼다.

26 그리스어로 '마부'라는 뜻이다(역자 주).

중세 시대 내내 권역 상업 우편 서비스가 베니스와 브루제(Bruges)27 같은 상업 중심지를 중심으로 유지되었다. 샤를마뉴(Charlemagne) 대제28는 프랑스, 이탈리아, 독일 및 스페인 간의 파발 체계를 총괄 지휘했다. 1464년, 프랑스의 루이 11세(Louis XI)는 공식 발표문 전달을 위해 파발마와 파발꾼을 갖춘 중계 역참 네트워크를 재도입했다. 베니스에서는 일찍이 15세기에 왕실이 부여하는 독점사업권을 토대로 하는 민간 상업 체계가 시작되었다.

중세 우편 체계를 통한 배달의 신뢰도와 속도는 매우 훌륭했다. 역사학자들은 15세기에서 19세기 초까지 영국에서 일부 메시지는 하루 만에 최고 150마일까지 이동했다는 증거를 찾아냈다. 1900년에 이르러 배달 거리가 350마일 이내라면 일일 배달 서비스가 제공되었다.

중국은 일찍이 주(周)나라(기원전 1122~221년) 때 광범위한 전령 및 파발꾼 네트워크를 개발했지만, 자세한 역사적 사실은 거의 알려져 있지 않다. 마르코 폴로는 13세기에 몽골인들이 주변 지역에서 외교적 메시지에서 과일에 이르기까지 모든 것을 발송하는 데 사용한 중계 체계에 대해 기술했다. 25~30마일 간격으로 설치된 각 역참은 최소한 400필의 말을 갖추고 있었다. 비상 상황이 발생했을 때 전령들은 하루에 많게는 250~300마일을 이동했다. 베네치아 상인인 폴로는 "전체 조직이 엄청나게 크고 희생이 너무 많이 들어서 말과 글로 표현하기가 곤란하다"라고 적었다(Polo, 1938, p. 150).

몽골의 통치자 징기스칸(Genghis Khan)은 12세기에 중앙 아시아의 거의 대부분과 서쪽으로는 아랄해(Aral Sea) 동쪽으로는 중국해(China Sea)에 이르는 광대한 그의 왕국 내에서의 통신에 비둘기를 사용했다(Woods, 1965). 이미 기원전 2900년 이집트의 파라오(phraoh)들도 전서(傳書) 비둘기(carrier pigeon)나 귀환 비둘기(homing pigeon)를 사용해 중요한 방문객의 도착을 알렸다. 고대 그리스의 올림픽 게임의 결과에 대한 소식도 전서 비둘기들에 의해 전달되었다.

기원전 2350년 메소포타미아(Mesopotamia) 왕들은 위험한 길을 떠다는 칙사(勅使)들에게 귀환 비둘기를 하사했다. 칙사들은 그들이 공격을 받았을 경우

---

27 벨기에 서북부의 도시이다(역자 주).
28 서로마 제국(프랑크 왕국)의 황제(742~814년)(역자 주).

칙서(勅書)가 분실되었기에 새로운 칙사가 파견되어야 함을 알리기 위해 비둘기를 날려 보냈다(Neal, 1974).

중남미의 잉카(Inca)족은 1200년경부터 숫자 체계를 토대로 한 매듭을 지은 끈으로 메시지를 표시한 키푸(quipu)[29]와 연기 신호를 이용한 정교한 통신 체계를 사용했다. 숫자를 표시한 끈은 중계 전령에 의해 하루에 멀게는 150마일까지 전달되었다(Cantor, 1999).

트럼펫, 드럼, 심지어 보통 사람의 함성과 같은 도구는 사람의 목소리가 도달하는 범위를 확장시키기 위해 많은 다른 문화에서 사용되었다. 1세기에 그리스 역사학자 디오도로스 시쿨루스(Diodorus Siculus)는 넓은 공터에서 뉴스를 전달하는 목소리가 큰 전령(stentor), 즉 큰 목소리로 외치는 전령(shouter)에 대해 기술했다(Woods, 1965). 다른 혁신적인 통신 방법으로는 망치로 금속관에 암호를 치거나 원통형 용기를 불어 소리를 내는 것이 있었다. 이탈리아 학자 지암바티스타 델라 포르타(Giambattisa della Porta)는 1553년 『마기아 나투랄리스』(*Magia Naturalis*)에서 소위 전성관(傳聲管)[30]을 통해 메시지가 큰 소리로 전달되는 음향 도구에 대해 적었다.

12세기 말 자기(磁氣) 나침반이 중국에서 유럽으로 도입되었다. 16세기에 이르러서는 조악한 자기 나침반 바늘을 사용해 암호 코드를 전송하는 실험이 성공했는데, 이것은 결국 전신의 개발로 이어졌다(Strayer, 1988).

먼 거리에 의사를 전달하기 위해 여러 가지를 발명한 르네상스 발명가들의 열정을 폄하하려는 사람들도 있었다. 1632년, 갈릴레오(Galileo)는 『세계의 대화 시스템』(*Dialogus de Systemate Mundi*)에 그와 같은 기구에 대한 그의 반응을 다음과 같이 적었다:

> 당신들은 나에게 2,000~3,000 마일 떨어져 있는 누군가와 자기(磁氣)를 띤 바늘의 끄는 힘을 이용하여 말할 수 있게 해주는 비밀 기술을 나에게 팔고 싶어 한 사람을 떠올리게 한다. 내가 그 장치를 먼저 시험해보게 해주면 기꺼이 살 것이고 내가 방 한쪽 구석

---

29 고대 잉카 제국에서 쓰던 결승(結繩) 문자이다(역자 주).

30 공기가 들어 있는 관의 양 끝에 고깔을 붙여 먼 거리 사이에 음성 정보를 전달하는 도구이다(역자 주).

에서 다른 쪽 구석에 있는 사람에게 말할 수 있다면 만족할 것 같다고 말하자, 그는 그처럼 짧은 거리에서는 효과를 거의 볼 수 없다고 대답했다. 그 순간 나는 그 사람과 작별 인사를 하면서 그 장치를 시험해보기 전에는 이집트나 모스크바로 여행하는 데 관심이 없긴 하지만, 만약 그가 거기로 가기를 원한다면 나는 기꺼이 베니스에 남아서 여기서 신호를 보내주겠다고 말했다(Galileo, 1953, p. 88).

신호 체계에 대한 관심이 다시 생긴 때는 프랑스, 스페인, 이탈리아 해군이 배에서 깃발 신호 기술을 사용하기 시작했던 16세기였다. 그 뒤 네덜란드의 안경 제조업자 한스 리퍼세이(Hans Lippershey)가 망원경을 개발하면서 관찰자의 관찰 범위를 확장시켰다.

광학적 신호(optical signal)에 대한 관심은 18세기 독일과 스위스에서 실험으로 이어졌다. 독일의 요한 베르크스트라서(Johann Bergstrasser) 교수는 펠트베르크(Feldberg), 홈베르크(Homberg), 필립수혜(Phillippsuhe)를 잇는 광학 전신선을 구축했다. 체코의 음악가 요제프 추디(Joseph Chudy)는 1786년 사실상 5진법 코드를 사용하여 멀리서 망원경으로 읽을 수 있는 오광(five lights) 체계를 고안했다.

7. 인쇄기, 문해력, 그리고 지식의 폭발

중세 초기 내내 성직자들은 글쓰기를 필요로 하는 일에 종사한 소수의 문해력(literacy)을 갖춘 사람들에 속했다. 종교적 의무 외에도 그들은 공식적으로 발송될 법률 문서와 서신을 작성했다. 서면 커뮤니케이션(written communication)은 종종 외교나 상업 목적의 커뮤니케이션이 필요할 때 선호되는 수단이었다.

종교 및 외교 문서 전달은 고대의 관행이었지만 12세기에서 14세기에 걸쳐 확대·개선되었는데, 이때는 중세 성기(中世 盛期)[31]로 서유럽에서 철학, 통치, 법뿐만 아니라 문학에서도 극적인 변화가 일어났던 시기이다. 그러나 문해력을 갖춘 일반 공중에게 필요한 것은 인쇄물과 그것을 널리 운송하고 배포할 수

---

31 중세 성기(high Middle Ages)는 1000~1300년까지 약 300년에 해당하는 시기이다(역자 주).

있는 수단에 대한 용이한 접근이었고, 따라서 인쇄기와 우편 서비스가 필수조건이었다.

지적 생활과 문화적 생활의 복잡성과 다양성은 정보가 충분히 갖추어진 시장을 만들어냄으로써 인쇄기 개발 이후의 유럽에서 문해력의 확산을 촉진했다(McIntyre, 1987).

인쇄기는 8세기 초 아시아[32]에서 처음 등장했지만, 중국어로 된 문서를 복제해내기 위해서는 엄청난 양의 중국어 문자들을 짜 넣어야 했기 때문에 이는 그 같은 인쇄기가 성공을 거두는 데 방해요소로 작용했다. 751년 사마르칸트(Samarkand)에서 아랍인들이 중국군을 물리쳤을 때,[33] 그들은 중국 제지업자들을 체포해 혁신적인 제지 과정을 북아프리카에 가져왔다. 제지 기술은 1150년에 스페인, 1270년에 이탈리아, 1390년에 독일에 도입되었다. 프랑스는 12세기에 제지 기술을 스페인에서 들여왔으나 14세기 말이 되어서야 종이를 생산했다.

1450년경, 독일 마인츠(Mainz)에서 이루어진 요하네스 구텐베르크(Johannes Gutenberg)의 인쇄기 개발은 지역 교회에서 사용할 성경을 인쇄하기 위한 그의 혼신의 노력에서 비롯되었다. 독일의 앞선 금속가공 기술로 인해 구텐베르크는 단지 50개의 문자에 대한 금속활자를 제작할 수 있었다. 그는 또한 종이의 양면에 인쇄할 수 있도록 인쇄기를 개조하였으며 이전의 목판본보다 훨씬 더 선명한 인쇄본을 찍어냈다.

인쇄기의 사회적 영향은 지대해서 마침내 일반인들의 읽기와 중세 유럽의 제도, 종교 및 통치의 개혁을 촉진했다(Eisenstein, 1979). 그럼에도 17세기 유럽에서 인쇄된 것들 가운데 신뢰할 수 있는 것은 거의 없었다. 당시 인쇄 분야는 불법 복제, 무례함(incivility), 표절, 무단복제, 잘못된 저작자 표시, 선동, 그리고 오류로 악명 높았다(Adrian, 1998). 서적과 다른 인쇄물은 결국 대중의 정치의식과 '여론'을 불러일으킨 사회적 · 정치적 변화를 촉발했다(Darnton, 2000).

---

[32] 현존하는 세계 최고의 목판 인쇄물은 704~751년 사이 신라시대에 간행된 『무구정광대다라니경(無垢淨光大陀羅尼經)』 목판 권자본(두루마리)이다(역자 주).

[33] 751년의 탈라스 전투(The Battle of Talas)는 이슬람 제국과 중국의 당(唐) 제국이 중앙아시아 패권을 결정지은 전투이다(역자 주).

산업혁명(Industrial Revolution)은 금속활자의 출현에 따른 인쇄 기술로 끝나지 않았다. 심지어 구텐베르크의 혁신 이후에도 인쇄업자들은 오트마르 머건탈러(Ottmar Mergenthaler)가 녹인 금속으로 행렬식 활자 조판을 하는 라이노타이프(Linotype) 식자기(植字機)를 소개했던 19세기 중반까지 거의 5세기 동안 손으로 활자를 조판했다(Gardner & Shortelle, 1997). 인쇄기로 시작된 변화는 엄청났다. 새로운 문해력은 식자층과 일반인 모두에게 새로운 종류의 사회적 관계 및 네트워크를 처음으로 경험할 수 있게 해주었다(Thomas & Knippendorf, 1990).

우편 서비스는 이전의 파발꾼과 전령 체계 이후 패턴화된 하나의 혁신이었다. 그와 같은 배달 체계는 성장하는 중산층이 지불 가능한 비용으로 서비스를 이용할 수 있도록 서한 및 기타 서신 운송을 정규화하고 일상화했으며, 팸플릿과 신문 시장을 열어주었다(Robinson, 1953).

8. 과학자와 국제 네트워크

19세기 중반, 이동 기술 혁신과 국제학(international science)의 변화하는 역할은 국가 간 관계의 엄청난 변화를 야기했다. 이전에 고립된 국가들 간의 우호적인 관계가 서로 밀착되어 있는 글로벌 네트워크 속에 병합된 것은 그들의 공유된 관심사와 아주 다루기 힘든 그들 간의 차이 모두가 기술 수단을 통해 뒤섞였기 때문이다.

1844년, 이용자 편의적인 전신의 도입은 양방향 정보 교환의 발전을 둘러싼 오랜 딜레마를 해결하는 돌파구였다(Hugill, 1999). 그것은 또한 운송과 의례적인 커뮤니케이션 양식 간의 전환을 나타내며 상당한 먼 곳에 전략적 정보를 전파할 수 있게 해주었다(Carey, 1989). 전신에 이어 곧 전화와 무선전신이 등장했다. 이러한 도구들은 정보시대에 이어 일어난 사회적 혁명으로 가는 길을 열어주었다.

참여자들이 이러한 변화를 마지못해 받아들이든 열정적으로 받아들이든, 철도와 전신으로 인해 크고 작은 도시들은 한 국가 내에서 더욱 가까워졌다. 철도와 전신 회사는 그 시대의 제국 건설에 대한 걷잡을 수 없는 낙관론 위에 세워졌다.

이상하게도 중앙 정부들은 19세기 중반을 거치면서 과학을 주도해나가는 것에 대해 대체로 이중적인 태도를 취했다. 정부의 과학에 대한 협력은 흔히 그와 같은 프로젝트가 "비용이 지나치게 많이 들지 않고, 과학자들 스스로가 그 일을 할 준비가 되어 있으며, 프로젝트 참여가 국가 안보와 주권을 침해하지 않는다는" 전제조건에 달려 있었다(Lyons, 1963, pp. 228~229).

커뮤니케이션이 군사 및 외교적 목적에 미치는 전략적 중요성 때문에 대부분의 19세기 정계에서는 국가 간 커뮤니케이션이 전략적이고 전유적[34]인 것으로 여겨졌다. 국민 국가(nation-state)[35] 간의 긴장은 약 1850년까지 국제 조직의 출현까지 막을 정도였다. 1815년, 빈 회의(Congress of Vienna)[36]에서 조직된 라인강 항행 중앙 위원회(Central Commission for the Navigation of the Rhine)는 최초의 근대 정부 간 조직 가운데 하나였다(Barnouw, 1989).

프랑스는 식민 국가 간 교류에 대한 새로운 국제 기준 협상에서 중심적인 역할을 차지했다. 그러나 프랑스는 전략적인 군사적 목적에서 커뮤니케이션 체계를 감시한 역사를 가지고 있다. 프랑스는 시골 지역을 가로지르는 타워 네트워크(network of towers)를 포함해 가장 잘 조직된 시각 신호 체계를 유지했다. 프랑스인들이 사용한 수기신호 코드는 1850년경까지 국가 기밀로 간주되었다. 마침내 과학자들은 국익의 가교 역할을 하고 정부 간 협력과 지원을 증진하는 방법을 모색했으며, 19세기 말에 이르러서는 몇몇 정부 간 과학 사업이 출범했다.

1862년, 프로이센 측지학 연구소(Prussian Institute of Geodesy)에 의해 시작된 지구 원주 측정사업은 이러한 프로젝트 가운데 하나였는데, 이 연구소는 1867년 국제 측지학 협회(International Geodetic Association)로 이름을 바꾸었다.

1860년에는 화학자 회의가 독일 카를스루에(Karlsruhe)[37]에서 열려, 화학 기호의 일반적 사용을 명확하게 하기 위해 첫 번째 과학 코드 표준화 작업이 이

---

34 전유(專有)란 오로지 혼자만 소유하는 것을 의미한다. 흔히 'proprietary'를 '독점적'이라고 번역하나 그것은 잘못된 번역으로 '전유적'으로 번역하는 것이 맞다(역자 주).

35 국민 국가(國民國家)는 국민 공동체를 기초로 하는 국가를 말한다. 근대 국가의 한 부류이며, 프랑스 시민혁명을 거쳐 오늘날 가장 일반적인 국가 형태가 되었다(역자 주).

36 나폴레옹 전쟁 후 1814~1815년 빈에서 열렸던 국제 평화 회의이다. 원서에는 1851년으로 잘못 표기되어 있다(역자 주).

37 독일 서남부의 도시로 지난날의 독일 제국 바덴(Baden) 주의 주도(州都)였다(역자 주).

루어졌다. 수년 내 유사한 회의들이 소집되어 식물학 및 원예학(1864년), 측지학(1864), 천문학(1865년), 약제학(1865년), 기상학(1873년), 그리고 지질학(1878) 분야에서의 국제 협력을 논의했다. 우편 및 전신 트래픽을 규제하기 위한 국제 협정도 마련되고 있었다. 1865년에는 국제전신연맹(International Telegraph Union)이 그리고 1875년에는 만국우편연합(Universal Postal Union)이 창설되었다.

1889년에 이르러서는 파리 만국 박람회(Paris Universal Exhibition)와 함께 91차례의 국제회의가 개최되었다. 1880년대 말, 파리에 본부를 둔 과학진흥협회(Association for Scientific Advancement; Alliance Scientifique Universelle)가 디플로메-서큘레르(diplome-circulaire)라 불리는 신분증, 즉 패스포트를 발행했으며, 과학자들은 외국 여행 기간 동안 이 신분증을 소지했다(Crawford, 1992). 그와 같은 과학 회의를 통해 1850년에서 1880년 사이에 1874년 만국우편연합이 발표한 협력적 우편 배달을 위한 협정과 1879년 국제 해로 규정(International Regulation of Sea Routes)을 위한 조약[38]을 포함해 37개의 국제 협력 협정이 마련되었다(Mattelart, 2000).

세계화(globalization)를 향한 가장 초기의 중요한 과정 가운데 하나는 세계 시간(global time) 체계의 채택이었다(Macey, 1989). 1884년, 계시(計時; time reckoning)의 국제 기준에 관한 회의가 워싱턴 DC(Washington, DC)에서 개최되어 시간 기준 개혁 및 국제 자오선 지정에 관해 논의했다.

런던(London) 근교의 그리니치 천문대(Greenwich Observatory)를 국제 자오선으로 선택한 것은 프랑스와 영국 간의 경계심으로 인해 그리니치를 국제 자오선으로 지정하는 것에 프랑스가 반대했음에도 불구하고 협상자들 사이에 세계적 관심을 끄는 과학 센터로 옮기는 것을 암묵적으로 수용했음을 보여주었다. 프랑스 관리들은 그리니치를 국제 자오선으로 지정하자는 제안을 받아들

---

38 조약(treaty)이란 나라와 나라 사이에 맺은 법적 구속력을 가지는 약속이다. 조약은 국가가 의회 등을 통해 비준하면 그 국가의 법이 된다. 조약의 명칭은 다양한데, 우선 협약(convention)은 다자적 성격을 지닌 정식 조약에 통상적으로 지정된 용어이고, 의정서(protocol)는 조약 또는 정식 협약보다 형식을 덜 갖춘 협정을 뜻하며, 협정(agreement)은 조약 또는 정식협약보다 형식을 덜 갖춘 조약문서이다. 약정(arrangement)은 협정 중에서 특히 유효기간이 짧은 것으로, 대략 임시적 또는 일시적 성격의 교류업무에 이용된다. 그 밖에 의사록(proces-verbal), 규정 또는 규칙(statute), 선언(declaration), 잠정협정(modus vivendi), 각서교환(exchange of notes)이 있다(역자 주).

이는 것과 영국이 프랑스의 미터법을 국제 교류의 기초로 받아들이는 것을 맞바꾸자고 제안하면서 협정 맞교환을 시도했다. 프랑스는 일찍이 1792년부터 미터법을 "그것을 채택하는 사람들 간의 전반적인 친목을 다지는 새로운 결속이자 국가들 간의 새로운 연결고리가 됨은 물론 평등을 획득하는 가장 유용한 수단 가운데 하나가 될 이로운 진실"이라고 부르면서 전 세계적인 미터법 채택을 촉구했다(Mattelart, 2000, p. 5). 미국 도량형 협회(American Metrological Society) 간부들은 미터법 사용을 촉진하자는 어려운 요청을 받아들였다. 그들의 주요 목적은 미터법의 전 세계적인 채택이었는데, 그 가운데서도 특히 오랫동안 저항해왔던 영어 사용 국가들이 미터법을 채택하는 것이었다.

9. 국제적인 전기 혁명

19세기의 과학적 혁신은 전 세계를 산업과 상업의 전기화(elecrification)의 길로 이끌었다. 증기력(steam power)은 처음에는 증기선 다음에는 철도에 의해 한때 놀랄 만한 것으로 보였던 이동 속도로 이어졌다. '사바나'(Savannah)호는 1819년 외륜(外輪)과 돛 모두의 힘으로 대서양을 횡단한 최초의 증기선이었다. 1830년, 증기력으로 움직이는 영국의 철도 시스템이 리버풀(Liverpool)과 맨체스터(Manchester) 사이를 시속 45킬로미터로 달리는 철도 서비스를 개시했다. 영국, 덴마크, 러시아, 스웨덴에서의 전기 실험은 1838년 괴팅겐(Göttingen)에서 카를 프리트리히 가우스(Carl Friedrich Gauß)와 빌헬름 베버(Wilhelm Weber)에 의한 최초의 전신 사용으로 이어졌다. 철도와 전신 시스템은 1839년 영국에서 전신을 철도 시스템과 연계시키면서 기술 혁신에 성공한 국제적인 기업 제국을 건설하는 데 중요한 역할을 했다(International Telecommunication Union, 1965).

　1844년에 전신을 일반에 소개한 지 20년이 되지 않아 15만 마일의 전신선이 전 세계에 깔렸지만, 그것은 대부분 유럽과 북미에 한정되었다. 대서양 횡단선 포설은 마침내 국제 커뮤니케이션 네트워크로 국가들을 하나로 묶는 획기적인 사건이 되었다.

　대서양 횡단선 포설 제안은 1853년 7월 「내셔널 텔레그래프 리뷰」(National

Telegraph Review)에 맨 먼저 언급되었지만, 사업 기획자들은 충분한 지원을 얻어내는 데 실패했다. 사이러스 필드(Cyrus Field)와 프레더릭 N. 지스본(Frederick N. Gisborne)은 1854년에 그 제안을 다시 면밀히 검토했으며 전신 발명가 새뮤얼 F. B. 모스(Samuel F. B. Morse)의 지원을 요청했다(Thompson, 1972). 그 프로젝트를 완성하기까지에는 당시 독립적이던 미국 전신 체계들을 결국 아메리칸 텔레그래프 컴퍼니(American Telegraph Company)로 통합하는 것을 포함한 쉽지 않은 일련의 사업 계약이 필요했다.

모스는 전신 기술이 확대되는 것을 간절히 보고 싶었기 때문에, 캐나다의 영국 식민지역들과 뉴욕을 잇는 선에 비용을 지불하지 않고 그의 특허권을 사용할 수 있게 하는 것은 물론 전신 메시지를 반값에 전송해주겠다고 약속했다.

최초의 대서양 횡단선은 작동하지 않았으며, 케이블을 포설하기 위한 다른 시도들도 중단되거나 실패했다. 1866년에 이르러 마침내 대서양 횡단선이 완전하게 가동되었다. 이 프로젝트 후원자들의 주된 후원 동기는 뉴스가 유럽에서 미국으로 이동하는 데 최대 48시간이나 걸리는 시간을 단축하는 것이었다(Thompson, 1972).

대서양 횡단 프로젝트가 시작되기 전, 또 다른 기업가 페리 맥도너 콜린스(Perry McDonough Collins)는 전신으로 전 세계를 하나로 묶고자 하는 그의 야심한 계획을 홍보하기 시작했다. 콜린스는 미국 서부에서 베링 해협(Bering Strait)의 얼음같이 찬 바다 아래를 통해 브리티시 컬럼비아(British Columbia)와 러시아령 아메리카(Russian America; Alaska)를 거쳐 다시 육로로 시베리아(Siberia)를 통해 동아시아의 러시아선과 연결하는 전신선을 깔고 싶었다. 이 시도에는 중미와 남미까지 전신선을 포설하는 것도 포함되었다. 콜린스는 알래스카-러시아선 포설 작업을 하는 데 필요한 미국 정부와 러시아 정부 모두의 승인을 얻어냈으며, 또한 시베리아 툰드라(tundra)를 통과하는 경로를 조사하기 위해 조지 케넌(George Kennan)을 현지에 파견했다. 이 프로젝트는 1866년 대서양 횡단 케이블이 성공적으로 포설되자마자 중단되고 말았다(Pool, 1977).

1876년, 필라델피아 미국 독립 100주년 박람회(Philadelphia Centennial Exposition)에서 전화기의 시범 작동을 구경한 공중은 전화기에 별로 열광하지 않았다. 전화기에 사용된 과학의 장점을 본 일부 과학자들도 전화기의 실용적인 사회적 이용에 대해 엇갈리는 평가를 내렸다(Gardner & Shortelle, 1997).

전화기는 각 국가마다 달리 채택되고 관리되었던 커뮤니케이션 혁신이었다. 미국에서는 민영 회사인 벨 텔레폰 컴퍼니(Bell Telephone Company)가 전화 개발을 감독했다. 이 회사는 웨스턴 유니온 텔레그래프 컴퍼니(Western Union Telegraph Company)에 10만 달러를 받고 최초의 전화기 특허권을 팔려고 했지만 이 제안은 거절되었다. 후에 벨은 미국 전역의 민간 대리인들에게 전화기 대여 지역 독점 사업권을 주었다. 독일, 프랑스, 영국에서는 정부가 상업 전화기 개발을 감독함으로써 국가 독점으로 운영되었다. 스웨덴과 몇몇 다른 국가들은 처음에는 시장을 개방했으나 결국 규제와 허가를 통해 정부가 전화기 시장을 통제했다.

기술이 일단 시장에 풀리고 나면 기술의 사회적 이용은 그 자체의 사회적·경제적 기회의 경로를 따른다. 가장 오래된 뉴스 통신사 가운데 하나인 로이터스(Reuters)는 폴 줄리어스 로이터(Paul Julius Reuter)가 비효율적인 전신 체계에 맞서기 위해 40마리의 전서(傳書) 비둘기를 이용해 브뤼셀(Brussels)과 아헨(Aachen) 사이에 주식시장 가격 정보를 보냈던 1850년에 시작됐다. 로이터스 뉴스 통신사(Reuters News Service)는 다른 기업에서 공유되는 가치인 정보 교환의 속도에 대한 강조로 인해 마침내 주요 국제 정보원(情報源)이 되었다:

> 속도는 국제 뉴스 통신 서비스의 성장에 … 중요했다. 그러나 빠른 정보는 군대와 국제 무역상 모두에게 가장 중요했다(그것이 군대에는 승패와 생사의 차이를 의미했기 때문에, 국제 무역상에게는 손익의 차이를 의미했기 때문에). 국제 뉴스 통신사는 이러한 빠른 정보에 대한 수요에 충족시켰기 때문에 성장했다(Alleyne, 1997, p. 20).

신호를 선 없이 대기공간을 통해 보내는 '공중 전신기술'(aerial telegraphy), 즉 무선 전신기술 발명가들이 최초로 특허권을 제출한 때는 1872년이었다. 그 후 토마스 에디슨(Thomas Edison) 등은 무선 전송에 대한 초보적인 아이디어를 발전시켰다. 에디슨은 마침내 그의 아이디어와 특허권을 구글리엘모 마르코니(Guglielmo Marconi)와 그의 마르코니 와이어리스 텔레그래프 컴퍼니(Marconi Wireless Telegraph Company)에 팔았다. 1901년, 최초로 부호화된 무선 신호가 대서양 횡단에 성공했다(Dunlap, 1937).

현재 '라디오의 아버지'로 기억되고 있는 방송 발명가 리 드 포레스트(Lee De Forest)는 당시에 소리(음성과 음악)를 전송하는 과정에서 그의 3극 진공관으로 소리의 선명도를 증폭해내는 데 상당한 진전을 이뤄냈다. 드 포레스트의 무선의 사회적 이용에 대한 전망은 바다에 있는 선원들에게 소리를 전송하는 것은 일종의 음악적 봉화(烽火)가 될 것이라는 그의 생각을 기초로 했다. 그는 죽을 때까지 기술은 더 고귀하고 더 투명하게 이용되어야 한다고 믿으면서 무선의 상업화에 대한 제안을 싫어했다(De Forest, 1950).

흥미롭게도 커뮤니케이션을 위한 새로운 기술을 고안한 다른 사람들 역시 새로운 정보 기기로 인해 사람들이 사회 내에서의 좀 더 진정한 연결을 이룰 수 있는 시대가 열릴 것이라는 희망을 가졌다(Peters, 1999). 그러나 그들의 꿈은 곧 상업적 충동과 팽창해가는 공중의 정보 욕구로 대체되었다.

10. 요약: 전 세계적인 즉시성과 투명성

아주 먼 거리를 가로지르는 커뮤니케이션은 인간관계에 많은 변화를 일으키게 한 촉매제였다. 다양한 매개 기술을 통해 이러한 변화들이 누적된 결과는 시공간의 재정의와 전 세계적인 연결의 즉시성 및 투명성 증진이었다(Olson, 1999).

그리스인과 로마인들이 사용한 단순한 신호 체계에서 시작된 것과 오늘날 지구촌 사회의 혁신 간에는 되풀이되는 연속성이 발견된다(Innis, 1950, 1951; Lasswell, Lerner, & Spier, 1979). 전체적으로 볼 때, 이러한 기술들은 모더니즘(modernism)[39] 그리고 이후에는 이것의 필연적인 결과인 탈근대주의(postmodernism)[40]을 향한 광범위한 운동을 수반했다.

커뮤니케이션은 자본과 노동 간의 변화하는 관계와 오래된 형이상학적 상징

---

[39] 모더니즘 또는 근대주의는 종래의 예술, 건축, 문학, 종교적 신앙, 철학, 사회조직, 일상생활 및 과학 등의 전통적인 기반에서 급진적으로 벗어나려는 20세기 서구 문학, 예술상의 경향이다(역자 주).

[40] 탈근대주의 또는 포스트모더니즘은 일반적으로 근대주의로부터 벗어난 서양의 사회, 문화, 예술의 총체적 운동을 일컫는다. 근대주의의 이성중심주의에 대해 근본적인 회의를 내포하고 있는 사상적 경향의 총칭이다(역자 주).

및 장애물을 둘러싼 계속된 투쟁을 포함하는 전반적인 사회적·정치적 정보 양상(information-scape)과 관련되어 있다(Mattelart, 1994). 글로벌 커뮤니케이션은 늘 "인간의 권력 투쟁의 지정학적인 결과"(Cantor, 1999, p. 7) 혹은 기술 과학적인 권력 네트워크를 통한 시장의 합리화와 밀접히 관련되어 있다(Mattelart, 2000). 의미심장한 것은 고대의 커뮤니케이션 관행에 대한 가장 통찰력 있는 연구 가운데 하나가 스파이 행위의 역사에 포함되어 있다는 것이다(Dvornik, 1974). 오늘날 글로벌 커뮤니케이션에 특징적인 (혹은 특징적이 아닌) 것을 결정하기 위해서는 역사적 증거를 종합할 필요가 있다.

기술은 이러한 종류의 문화적 변형(cultural transformation)을 이해하는 어려운 과제를 단지 부분적으로만 설명해줄 뿐이다. 우리는 달리 보지 못한다: "도구 발명가도 전혀 예상하지 못한 도구의 형식과 이용에 의해 우리의 역사가 형성되어왔다는 것을 늘 그렇듯 우리는 편리하게도 망각한다"(Rochlin, 1997, p. 5). 글로벌 커뮤케이션의 등장은 역사적 변화의 굴곡진 길에 대한 새로운 의미 해석의 틀을 요구한다.

토론문제

1. 유럽인들은 그들이 믿기에 인도와 같이 멀리 떨어진 곳에 살고 있는 사람들에 대해 어떤 기묘한 이미지와 신화를 간직했는가? 낯선 사람과 먼 나라에 대한 그와 같은 신화는 오늘날 어떤 형식으로 남아 있는가?

2. 마르코 폴로와 알렉산더 대왕 같은 사람에 의한 탐험과 정복은 알려진 세계의 경계를 어떻게 넓혔는가? 오늘날의 탐험가들은 누구인가?

3. 지도 제작자와 이동 무역상들은 중세 시대 세계의 알려져 있지 않은 지역을 드러내는 데 어떤 역할을 했는가? 오늘날 지도 제작자들도 미지의 세계를 드러내는 데 중요한 역할을 하는가?

4. 가장 오래된 것으로 알려진 신호 및 전령 체계가 어떻게 꽤 먼 거리를 두고 이루어지는 근대 커뮤니케이션으로 진화했는지에 대해 기술하라.

5. 인쇄기는 국제 커뮤니케이션에 어떠한 중요성을 지니는가? 전신은? 시계는? 오늘날의 발명품들은 미래의 커뮤니케이션을 어떻게 바꿔놓을 것 같은가?

참고문헌

Adler, E. N. (1966). *Jewish travellers*. New York: Hermon Press.

Adrian, J. (1998). *The nature of the book: Print and knowledge in the making*. Chicago: University of Chicago Press.

Aitken, H. G. J. (1985). *The continuous wave: Technology and American radio, 1900-1932*. Princeton, NJ: Princeton University Press.

Alleyne, M. D. (1997). *News revolution: Political and economic decisions about global information*. New York: St. Martin's.

Baring-Gould, S. (1967). *Curious myths of the Middle Ages*. New Hyde Park, NY: University Books. (Reprinted from 1885, New York: J. B. Alden.)

Barnouw, E. (1989). *International encyclopedia of communications*. Oxford: Oxford University Press.

Beniger, J. R. (1986). *The control revolution*. Cambridge, MA: Harvard University Press.

Boba, I. (1967). *Nomads, Northmen, and Slavs*. The Hague: Mouton.

Cantor, N. F. (1991). *Inventing the Middle Ages*. New York: Morrow.

Cantor, N. F. (1999). *Encyclopedia of the Middle Ages*. New York: Viking.

Carey, J. (1989). *Communication and culture*. Thousand Oaks, CA: Sage.

Constable, G. (1988). *Monks, hermits, and crusaders in medieval Europe*. Aldershot, England: Variorum.

Cosgrove, D. (1992). Mapping new worlds: Culture and cartography in 16th-century Venice. *Imago Mundi, 44,* 65-89.

Crawford, E. (1992). *Nationalism and internationalism in science, 1880-1939*. Cambridge: Cambridge University Press.

Darnton, R. (2000). An early information society: News and media in 18th-century Paris. *American Historical Review, 105.* Retrieved November 15, 2000, from http://www.indiana.edu/_ahr/darnton

De Forest, L. (1950). *Father of radio: The autobiography of Lee De Forest*. Chicago: Wilcox & Follett.

Desmond, R. W. (1978). *The information process*. Iowa City: University of Iowa Press.

Dunlap, O. E. (1937). *Marconi: The man and his wireless*. New York: Macmillan.

Dvornik, F. (1974). *Origins of intelligence services.* New Brunswick, NJ: Rutgers University Press.

Edson, E. (1997). *Mapping time and space: How medieval mapmakers viewed their world.* London: British Library.

Eisenstein, E. L. (1979). *The printing press as an agent of change.* Cambridge: Cambridge University Press.

Eliade, M. (1987). *The sacred and the profane.* New York: Harcourt.

Galileo. (1953). *Dialogue concerning the two chief world systems* (S. Drake, Trans.). Berkeley and Los Angeles: University of California Press.

Gardner, R., & Shortelle, D. (1997). *Encyclopedia of communication technology.* Santa Barbara, CA: ABC-CLIO.

Gouldner, A. W. (1982). *The dialectic of ideology and technology: The origins, grammar, and future of technology.* New York: Oxford University Press.

Hale, J. (1985). *War and society in Renaissance Europe.* London: Fontana.

Harley, J. B., & Woodward, D. (1987). *The history of cartography.* Chicago: University of Chicago Press.

Herodotus, De Selincourt, A., & Burn, A. R. (1972). *The histories* (A. R. Burn, Ed.). Baltimore, MD: Penguin.

Holzmann, G. J., & Pehrson, B. (1995). *The early history of data networks.* Los Alamitos, CA: IEEE Computer Society.

Homer. (1950). *The Iliad.* New York: Penguin Classics.

Hugill, P. J. (1999). *Global communication since 1844: Geopolitics and technology.* Baltimore, MD: Johns Hopkins University Press.

Innis, H. (1950). *Empire and communications.* Oxford: Clarendon Press.

Innis, H. (1951). *The bias of communication.* Toronto: University of Toronto Press.

International Telecommunication Union. (1965). *From semaphore to satellite.* Geneva: ITU.

Jacob, C. (1996). Toward a cultural history of cartography. *Imago Mundi, 48,* 191–198.

King, D. A. (1997). Two Iranian world maps for finding the direction and distance to Mecca. *Imago Mundi, 49,* 62–82.

Larner, J. (1999). *Marco Polo and the discovery of the world.* New Haven, CT: Yale University Press.

Lasswell, H. D., Lerner, D., & Speier, H. (1979). *Propaganda and communication in world history.* Honolulu: East-West Center/University Press of Hawaii.

Launius, R. D. (1996). *Technohistory: Using the history of American technology in interdisciplinary research.* Malabar, FL: Krieger.

Lecouteux, C. (1995). *Demons et genies du terroir au Moyen Age.* Paris: Imago.

Lindberg, D. C. (1992). *The beginnings of western science.* Chicago: University of Chicago Press.

Lyons, F. (1963). *Internationalism in Europe, 1815-1914.* Leyden: A. W. Sythoff.

Macey, S. L. (1989). *The dynamics of progress: Time, method, and measure.* Athens: University of Georgia Press.

Marshack, A. (2003). The art and symbols of Ice Age man. In D. Crowley & P. Heyer (Eds.), *Communication in history: Technology, culture, society* (pp. 5-14). Boston: Allyn & Bacon.

Mattelart, A. (1994). *Mapping world communication: War, progress, culture.* Minneapolis: University of Minnesota Press.

Mattelart, A. (2000). *Networking the world: 1794-2000.* Minneapolis: University of Minnesota Press.

McIntyre, J. (1987, Summer/Autumn). The Avvisi of Venice: Toward an archaeology of media forms. *Journalism History, 14,* 68-85.

Migne, J. P. (1857). *Patrologiae Cursus Completus: Series Graeca.* Paris: Migne.

Mostert, M. (1999). *New approaches to medieval communication.* Turnhout, Belgium: Brepols.

Neal, H. (1974). Communication from Stone Age to space age. New York: J. Messner.

Nibley, H. (1991). *The ancient state: The rulers and the ruled.* Salt Lake City, UT: Deseret Book Co.

Oates, W. J., & O'Neill, E., Jr. (1938). *The complete Greek drama.* New York: Random House.

Olson, S. R. (1999). Hollywood planet: Global media and the competitive advantage of narrative transparency. Mahwah, NJ: Erlbaum.

Ong, W. (1982). Orality and literacy: The technologizing of the word. London: Methuen.

Peters, J. D. (1999). *Speaking into the air: History of the idea of communication.* Chicago: University of Chicago Press.

Polo, M. (1938). *The description of the world* (A. C. Moule & P. Pelliot, Trans.). London: Routledge.

Pool, I. (1977). *The social impact of the telephone.* Cambridge: MIT Press.

Riley-Smith, J. (1986). *The first Crusade and the idea of crusading.* London: Athlone Press.

Robinson, H. (1953). Britain's post office: A history of development from the beginnings to the present day. New York: Oxford University Press.

Rochlin, G. I. (1997). *Trapped in the net: The unintended consequences of computerization.* Princeton, NJ: Princeton University Press.

Scheffler, I. (1997). *Symbolic worlds.* Cambridge: Cambridge University Press.

Schement, J., & Stout, D. (1990). A timeline of information technology. In B. Ruben & L. Lievrouw (Eds.), *Mediation, information, and communication: Vol. 3. Information and behavior* (pp. 395-424). New Brunswick, NJ: Transaction Publishers.

Schuster, C., & Carpenter, E. (1996). *Patterns that connect: Social symbolism in ancient and tribal art.* New York: Harry N. Adams.

Sivin, N., & Ledyard, G. (1994). *Introduction to East Asian cartography.* In J. B. Harley & D. Woodward (Eds.), *Cartography in the traditional East and Southeast Asian societies* (Vol. 2, Book 2, pp. 23-31). Chicago: University of Chicago Press.

Smith, C. D. (1964). Prehistoric cartography in Asia. In J. B. Harley & D. Woodward (Eds.), *Cartography in the traditional East and Southeast Asian societies* (Vol. 2, Book 2, pp. 1-22). Chicago: University of Chicago Press.

Stahl, W. H. (1962). *Roman science.* Madison: University of Wisconsin Press.

Strayer, J. R. (1988). *Dictionary of the Middle Ages.* New York: Scribner.

Thiem, J. (1999). Myths of the universal library: From Alexandria to the postmodern age. In M. L. Ryan (Ed.), *Cyberspace textuality: Computer technology and literary theory* (pp. 256-266). Bloomington: Indiana University Press.

Thomas, S., & Knippendorf, M. (1990). The death of intellectual history and the birth of the transient past. In B. Ruben & L. Lievrouw (Eds.), *Mediation, information, and communication: Vol. 3. Information and behavior* (pp. 117–124). New Brunswick, NJ: Transaction Publishers.

Thompson, R. L. (1972). *Wiring a continent: The history of the telegraph industry in the United States, 1832–1866*. New York: Arno Press.

Thrower, N. (1996). *Maps and civilization: Cartography in culture and society*. Chicago: University of Chicago Press.

Travis, F. F. (1990). *George Kennan and the American–Russian relationship, 1865–1924*. Athens: Ohio University Press.

Walbank, F. W. (1979). *A historical commentary on Polybius*. Oxford: Clarendon Press.

Wark, M. (1994). *Virtual geography: Living with global media events*. Bloomington: Indiana University Press.

Winston, B. (1986). *Misunderstanding media*. Cambridge: Harvard University Press.

Woods, D. (1965). *A history of tactical communication techniques*. New York: Arno Press.

Wright, J. K. (1965). *The geographical lore of the time of the Crusades*. New York: Dover.

Yule, H. (1915). *Cathay and the way thither*. London: Hakluyt.

2장

글로벌 경제와
국제 텔레커뮤니케이션 네트워크

하미트 소니(Harmeet Sawhney)

우리는 유로존(Eurozone) 부채 위기, 국제통화기금(IMF: International Monetary Fund)의 차관(借款), 통상 협정과 같은 사건이 벌어지는 먼 지역에서 보내오는 외신 기사에서 **글로벌 경제**(global economy)라는 용어를 흔히 듣는다. 그러나 글로벌 경제는 추상적 개념이 아니다. 글로벌 경제는 우리 개개인의 삶에 영향을 미친다. 우리가 우리의 몸을 언제든 감싸주는 옷만 보더라도, 우리는 십중팔구 전 세계에서 온 제품들을 만나게 될 것이다. 필자의 경우를 보더라도, 필자가 처음 이 장을 썼을 때 필자의 셔츠는 스리랑카산, 바지는 미국산, 샌들은 멕시코산, 시계는 한국산, 안경은 프랑스산이었다. 만약 우리가 우리의 개인 소지품만 보지 말고 그 이상의 것을 본다면, 우리는 글로벌 경제의 영향이 우리의 일상 활동의 가장 일상적인 것들에까지 스며들어 있는 것을 보게 될 것이다. 가솔린의 가격은 글로벌 정유시장에 의해 결정되고, 이율의 오르내림은 전 세계적인 자금 순환에 의해 유발되며, 일자리는 글로벌 기업의 활동에 크게 영향을 받는다.

글로벌 경제는 이 책의 초점인 글로벌 커뮤니케이션과 밀접히 관련되어 있다. 이 둘은 분리할 수 없을 정도로 서로 얽혀 있는데, 왜냐하면 글로벌 경제는 전 세계적인 분업을 통제하고 조정하기 위해 글로벌 커뮤니케이션을 필요로 하기 때문이다. 이 둘의 관계를 충분히 이해하기 위해 우리는 먼저 산업혁명

이전의 세계를 살펴볼 것이다. 그렇게 함으로써 우리는 전 세계적인 분업이 이 세계를 어떻게 바꿔놓았는지 그리고 그 과정에서 글로벌 경제와 글로벌 커뮤니케이션 모두를 어떻게 배태했는지 이해하는 데 도움을 얻을 수 있을 것이다.

1. 근대 이전의 세계

13세기의 세계는 오늘날 세계와 매우 달랐다. 무엇보다도 우리 선조들의 개인 소지품은 모두 현지에서, 즉 100마일이나 떨어져 있는 도시가 아닌 그들이 살고 있는 작은 도시나 마을에서 만들어졌다. 외제품은 드물었다. 왕, 왕비, 부자들만이 외제품을 이용할 수 있었다. 심지어 당시에도 외제품은 기본적으로 가벼워서 쉽게 운반할 수 있지만 고가인, 한마디로 이국적인 물건들(예, 보석, 비단, 향신료)이었다. 일상용품들은 거의 독립적으로 일하는 제화공, 재단사, 대장장이, 수레 목수, 금세공인, 그리고 기타 숙련공과 기능공들에 의해 현지에서 만들어졌다. 예를 들어, 자신의 작은 집 옆에 있는 작업장에서 일하는 제화공은 가죽을 가공하고 잘라서, 신발 밑창과 윗부분을 만들고, 서로 다른 부분들을 꿰매고, 끈을 만들며, 신발을 완성하기 위해 끈을 작은 구멍에 끼웠을 것이다. 그렇게 해서 만들어진 신발은 맞춤화여서 각 고객의 발에 잘 맞을 것이다. 그러나 제화공은 처음부터 끝까지 혼자서 모든 것을 해야 했기 때문에 하루에 만들 수 있는 신발의 수는 제한적이었을 것이다.

2. 분업

근대 세계와 근대 이전의 세계를 구분 지었던 것 가운데 하나는 분업을 통해 생산이 이루어진 정도였다. 분업으로 인해 작은 도시의 제화공들은 더 이상 자신의 작업장에서 독립적으로 일하지 않는다. 대신 그들은 공장에서 집단으로 함께 일한다. 제화공 A는 가죽을 가공하고, 제화공 B는 밑창을 만들고, 제화공 C는 윗부분을 만들고, 제화공 D는 신발을 꿰매며, 제화공 E는 끈을 만들어 작은 구멍에 끼운다. 분업으로 인해 전문화가 이루어지고 그로 인해 효율성이 증가함에 따라 그 도시에서 생산되는 신발의 총수는 기하급수적으로 늘어난다.

제화공 A는 날이면 날마다 가죽 가공만 하기 때문에 가죽 가공 전문가가 되며 따라서 하루 생산량을 크게 늘릴 수 있다. 마찬가지로 전문화로 인해 제화공 B, C, D, E의 전문성도 높아지고, 그에 따라 신발의 총생산량도 증가한다.

분업의 다른 면은 그것이 상호의존성을 야기한다는 것이다. 제화공 A는 과거에는 그가 일어나고 싶을 때 일어나 기분이 좋을 때 일을 시작할 수 있었던 반면, 분업에 기초한 새로운 생산방식은 조정(coordination)을 요구한다. 5명의 제화공은 모두 서로 조화를 이루면서 작업을 해야 한다.

그들 가운데 단 한 명이 최상의 컨디션이 아니라 하더라도, 전체 생산과정이 늦추어질 것이다. 제화공 B가 오전에는 일의 속도가 느리고 오후에는 일의 속도가 빠른 경향을 보이는 상황을 상상해보라. 만약 제화공 A, C, D, E는 하루 종일 계속해서 꾸준히 일을 한다면, 제화공 B의 오전과 오후의 일의 속도의 차이는 심각한 문제를 만들어낼 것이다. 따라서 분업에 의해 야기된 상호의존성은 생산이 계속해서 순조롭게 이루어지게 하기 위한 조정과 통제를 필요로 한다.

여러 면에서 분업은 악마의 흥정(devil's bargain)[1]이다. 분업은 전문화를 통해 생산성을 높이는데, 전문화는 조정과 통제의 문제를 야기한다. 산업혁명의 초기 단계에서 분업은 처음에는 작은 공장에서 소규모로 사용되었다. 분업에 의해 야기되는 문제는 전문화된 작업을 수행하는 개인 노동자의 활동을 조정하고 통제하는 관리자가 처리했다. 위에서 언급한 신발 공장의 경우, 관리자는 작업 현장을 이리저리 돌아다니며 각 노동자의 작업 수행을 파악했으며 그들 모두가 서로 조화를 이루며 작업하도록 그들에게 지시를 내렸을 것이다. 공장의 한정된 공간 내에서는 조정과 통제 문제가 대면 수준에서 다뤄질 수 있지만, 입지적 이점을 활용하고자 하는 회사들로 인해 분업이 여러 지리적 공간에 걸쳐 이루어질 때 이러한 문제는 더 심각해진다.

미시건(Michigan) 주, 디어본(Dearborn)에 있는 헨리 포드(Henry Ford) 자동차 공장은 1만 명이 넘는 노동자들이 일하는 거대한 시설이었다. 공장의 한쪽 끝으로 철, 고무, 모래가 들어갔고 다른 쪽 끝으로 완성차가 나왔다고들 한다. 바꾸어 말하면, 포드는 동일한 공장에서 자동차의 거의 모든 부품을 만들었다.

---

1 거래를 통해 이득을 보아야 하는데 어떠한 수를 쓰더라도 손해를 보게 되는 경우나 상대하기 싫은 사람과 협상해야 하는 상황을 나타낸다(역자 주).

그러나 사업주들이 일부 부품은 다른 지역에서 더 싸게 만들어질 수 있다는 사실을 깨달으면서 중앙집중화된 생산에서 벗어나기 시작했다. 예를 들면, 경적은 인디애나(Indiana)에서, 운전대는 오하이오(Ohio)에서, 그리고 브레이크는 일리노이(Illinois)에서 만드는 식이다. 비용이 더 적게 드는 이유는 원재료에 대한 더 용이한 접근에서부터 숙련공의 이용가능성 그리고 더 저렴한 부동산 비용에 이르기까지 다양할 것이다. 오늘날 분업은 심지어 국경을 초월해서도 이뤄진다. 오늘날 자동차 회사에서는 한 부품은 한국에서, 다른 부품은 인도에서, 또 다른 부품은 브라질에서 만들어질 수도 있으며, 완성차는 미국에서 조립될 수도 있다. 이것은 광섬유에서부터 위성에 이르기까지 모든 종류의 현대 커뮤니케이션 기술 없이는 불가능할 것이다. 따라서 우리는 전 세계적인 분업이 현대 커뮤니케이션 기술과 복잡하게 얽혀 있음을 볼 수 있다. 텔레커뮤니케이션 기술은 전 세계적인 조정과 통제를 가능하게 해주는 한편, 운송 기술은 원재료와 제품을 세계의 한 지역에서 다른 지역으로 운반해준다. 과거의 글로벌 교역은 가벼운 물건으로 제한되었지만, 오늘날은 수 톤에 이르는 철강, 원유, 곡물 및 기타 원자재들이 일상적으로 전 세계를 누빈다. 이러한 이동은 과거에 그랬던 것처럼 부유한 사람들의 사치품 소비뿐만 아니라 일반인들의 일상 용품의 소비에도 영향을 미친다.

이러한 논의는 글로벌 경제, 전 세계적인 분업, 글로벌 커뮤니케이션에 의해 야기된 변화를, 마치 이것들이 추상적인 현상인 것처럼, 순전히 개념적 방식으로 설명해준다. 그러나 이러한 변화는 실재하는 국제 정치 세계에서 실제로 일어났다. 그러한 변화가 우리 자신의 삶에 미치는 영향을 종합적으로 이해하기 위해 우리는 그것이 발생한 역사적 맥락을 이해할 필요가 있다. 다음 절에서는 세계가 산업 강국들의 부상과 함께 어떻게 변했는지를 개괄적으로 살펴본다.

3. 제국주의

13세기 세계는 다극화되어 있었다. 다수의 권력 중심 국가들(오늘날의 중국, 이집트, 인도, 이탈리아, 이라크 등과 같은 국가들과 그 주변의 왕국들)이 탈중앙집권화된 교역 서킷(trading circuit)을 지배했다. <그림 2.1>은 그러한 세계 체계

그림 2.1 13세기 세계 체계의 8개 교역 서킷

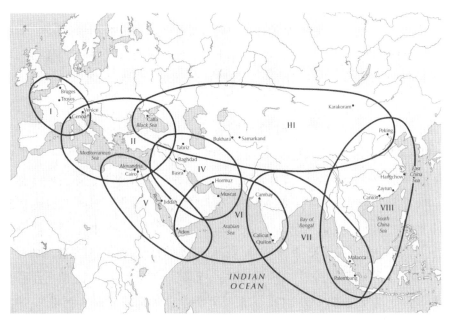

출처: Abu-Lughod, J. L. (1989). Before European hegemony. Oxford University Press, Inc.

그림 2.2 유럽 중심적인 단극 세계

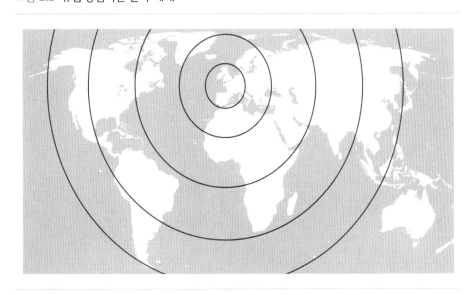

의 전반적인 구조를 잘 보여주고 있다. 교역은 대부분 각 교역 서킷 내에서 이루어졌지만, 교역 서킷들은 서로 고립되어 있지 않았다. 예를 들어, 인도 아대륙(subcontinent)산 제품은 우회적으로 이탈리아 반도에까지 이르렀으며 그 반대도 마찬가지였는데, 이는 그들 지역의 상인들과 중동의 상인들 간에 교역이 이루어졌기 때문이다. 세계는 상호 연결되어 있었지만 느슨하게 연결되어 있었다.

14세기와 15세기에 포르투갈, 스페인, 네덜란드, 프랑스, 대영 제국이 등장하면서 이러한 상황은 급변했다. 서방 강대국들은 다극화되어 있던 세계를 단극 세계로 바꾸어놓았다(<그림 2.2> 참조). 서유럽 국가들은 발달한 과학 덕에 총과 같은 기술적으로 우월한 무기를 가질 수 있었고, 이로 인해 그들은 여전히 전근대적인 무기로 싸우고 있던 아프리카, 아메리카, 아시아, 호주의 토착민들을 간단하게 제압할 수 있었다. 따라서 상대적으로 작은 서유럽 국가들은 훨씬 더 많은 인구를 가진 다른 국가들을 정복할 수 있었다. 그들의 제국은 광대하게 전 세계에 걸쳐 있었다. 대영 제국에는 결코 해가 지지 않는다고 했다. 즉, 대영 제국은 매우 광대하고 멀리 떨어져 있어서 그들이 지배하고 있던 영토의 어떤 지역에는 항상 해가 비치고 있었다는 의미이다. 영국 혼자서 전 세계 땅덩어리의 약 4분의 1을 장악했다. 게다가 프랑스, 스페인, 포르투갈, 네덜란드 및 다른 국가들도 그들 자신의 제국을 가지고 있었다. 이 시기는 제국주의 시대였다.

이러한 새로운 제국은 역사상 이전의 제국과는 달랐다. 첫째, 새로운 제국은 이웃 국가 정복을 통해 이룩되었던 이전의 제국과는 달리 멀리 떨어져 있어 서로 연결되지 않았다. 예를 들면, 13세기에 징기스칸은 몽골 병사들을 동원해 계속해서 중국, 중앙 아시아, 메소포타미아를 정복해나갔고 이어 멀리 헝가리까지 유럽도 휩쓸었다. 이러한 이전의 제국들은 인접해 있었기 때문에 정복자와 피정복자 간의 문화적 차이는 의미 있긴 했지만 비교적 작았다. 바그다드(Baghdad) 사람들은 몽골인을 좋아하지 않았을 수도 있지만 최소한 그들이 누구인지는 알았다. 반면에 16세기 아즈텍(Aztec)[2] 사람들은 정복자인 스페인 사

---

2 멕시코 원주민으로 1519년 코르테스(Cortes)에게 정복당했다(역자 주).

람들에 대해 거의 알지 못했다. 아즈텍 사람들에게 그들은 다른 행성에서 온 외계인이나 다름없었을 것이다.

둘째, 제국주의 시대에는 제국 열강들과 피지배 영토 간의 경제적 관계가 변했다. 이러한 관계가 늘 착취적이긴 했지만, 착취의 성격이 이제는 달랐다. 과거의 착취는 약탈과 공물(貢物)의 형태였다. 정복자들은 무턱대고 왕궁과 교회당을 파괴하고 금, 보석, 기타 귀중품을 약탈했다. 게다가 그들은 매년 선물, 곡식, 혹은 세금의 형태로 공물을 뜯어갔다. 이러한 형태의 착취가 새로운 제국에서도 여전히 존재했지만, 그것은 상업적 수단을 통해 이루어진 것에 비하면 사소한 것이었다.

제국 열강들이 식민지를 손에 넣는 데 관심이 있었던 중요한 이유 가운데 하나는 그들의 성장하는 산업에 필요한 원자재에 접근하는 것이었다. 그들의 산업은 면화, 고무, 주석, 황마(黃麻), 인디고(indigo)[3]를 비롯해 모든 종류의 원자재를 필요로 했다. 제국 열강들은 새로운 영토를 정복하자마자 대규모 농장을 조성하고, 광산을 개발했으며, 원자재를 모국에 있는 공장에 운반할 수단, 특히 철도가 발명된 후에는 철도를 마련했다. 원자재를 가공해 완제품을 만든 후에는 식민지를 그들 국가의 공장에서 생산된 제품을 판매하기 위한 전속시장(專屬市場; captive market)[4]으로 이용했다. 따라서 제국들은 값싼 원자재 공급자이자 완제품의 전속시장으로 양방향 모두에서 식민지를 쥐어짰다.

제국주의 열강들은 식민지에 대한 통제를 어떻게 유지했는가? 현대의 글로벌 커뮤니케이션 이슈에 대한 논의를 시작하기에 앞서 이 질문에 대해 차분히 생각해보는 것은 중요한데, 왜냐하면 과거는 현재를 이해하는 데 필요한 좋은 배경을 제공하기 때문이다. 야만적인 군사력이 제국의 생성과 유지에 매우 중요한 역할을 했다는 것은 매우 명백한 사실이다. 동시에 좀 더 교묘한 여러 전략도 사용되었다. 그러한 전략 가운데 하나는 토착민 엘리트를 서구식으로 교육한 다음 그들에게 행정 위계구조상 특권을 누리는 지위를 부여함으로써 그들을 식민 관리기관에 흡수하는 것이었다. 이러한 흡수된 계층의 사람들은 식

---

3 서양화의 채색이나 염색에 쓰이는 검푸른 물감이다(역자 주).
4 물품 구매자가 어쩔 수 없이 특정 상품을 사지 않을 수 없는 시장을 뜻한다(역자 주).

민 지배자의 언어를 사용했고, 유럽 학교를 본떠 만든 학교에 다녔고, 고등교육을 받기 위해 (식민지를 관리하는) 본국에 유학을 갔으며, 여러 다른 방식으로 유럽인들의 사고방식을 지녔다. 때로 유럽 문화를 피식민자들에게 강요하고자 하는 노력은 토착민 엘리트들을 넘어 대중을 겨냥하기도 했다. 이 전략에 깔려 있는 논리는 매우 간단했는데, 문화적으로 그들 자신의 토착 전통보다 식민지를 관리하는 본국에 더 가까운 사람이 반기를 들 가능성이 더 낮다는 것이었다.

제국주의 행정당국은 또한 식민 지배에 대한 통합된 저항 운동의 등장을 미연에 방지하기 위해 토착민 집단 간의 협력을 방해했다. 한편으로 그들은 흔히 분할 정복 전략(divide-and-conquer strategy)을 사용했으며 잠재적인 저항을 누그러뜨리기 위해 토착 집단들 사이에 역사적 반감을 조작하곤 했다. 다른 한편으로 행정당국은 토착 집단들에 의한 공동 행동을 막기 위해 각 토착 집단 내의 공유된 친밀감을 이용하여 토착 집단들 사이에 구조적 장벽을 만들곤 했다. 이러한 역학을 고려하여 영국인들이 그들의 거대한 제국을 관리하기 위해 사용한 글로벌 전신 네트워크의 특정한 성질에 주목하는 것은 유익하다(<그림 2.3> 참조). 첫째, 대영 제국의 전신 네트워크는 런던 중심적이어서, 제국의 도처로 뻗어 있는 전신선들이 제국의 수도로 수렴되었다. 둘째, 수평적인 측선(側線)5이 드물었다. 만약 제국 내에 있는 이웃하고 있는 두 국가의 사람들이 서로 소통하기를 원했다면, 그들이 비록 지리적으로 서로 인접해 있다 하더라도, 그들은 반드시 런던을 통해서 소통해야 했다. 이러한 배열형태는 권력 중심 국가와 예속된 주변 국가 간 관계의 고전적인 구조적 특성이다. 통상적으로 중심 국가와 주변 국가의 관계에서 중심 국가는 중앙집권적인 관계를 조장하며 수평적 관계는 막는다.

이러한 상황을 통해 우리는 글로벌 커뮤니케이션의 복잡성을 살펴볼 수 있다. 많은 학자들의 눈으로 볼 때, 오늘날 우리는 제국주의 시대에서 전자 제국주의(electronic imperialism) 시대로 이동했다. 비록 이러한 비유가 과거와 현재 간의 유사성의 정도를 암시하기는 하지만, 전자라는 단어는 약간의 차이를 암

---

5 열차 운행에 늘 쓰는 선로(線路) 이외의 선로로 열차 차량의 재편성, 또는 화물의 적재나 하차 따위에 쓰는 조차용 선로를 말하는데, 여기선 통신에 주로 쓰이는 본선 이외에 인근 국가에 연결하는 곁가지 선을 뜻하는 것으로 보인다(역자 주).

그림 2.3 런던 중심적 전신 네트워크

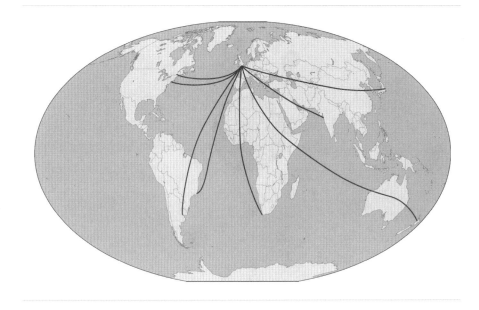

시한다. 다음 절에서 우리는 그러한 차이가 무엇인지에 대해 공부할 것이다.

4. 전자 제국주의

전자 제국주의는 다양한 이슈를 아우르는 광범위한 개념이다. 여기서 우리는 우리의 논의에 어느 정도 깊이를 더할 수 있도록 두 가지 주요한 이슈, 즉 글로벌 미디어 흐름(media flow)과 국제 서비스 교역에 초점을 맞출 것이다.

1) 글로벌 미디어 흐름

제2차 세계대전 후, 식민지들이 하나씩 독립하면서 제국주의 시대는 종말을 고했다. 세계의 중심 또한 대서양을 건너 미국으로 이동했다. 세계는 대체로 여전히 단핵적(monocentric)이었다(<그림 2.4> 참조). 그러나 중심 국가가 주변 국가에 권력을 행사하는 방식이 질적으로 달랐다.

미국 군사력의 중요성을 얕잡아봐서는 안 되지만, 미국 권력의 주된 원천은 군사력이라기보다는 경제력이었다. 미국은 공식적으로 제국을 가지진 않았지

그림 2.4 미국 중심적 세계 체계

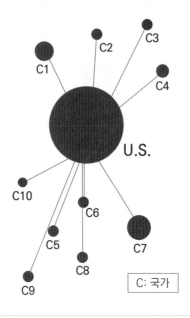

만, 여러 방면에서 미국이 지배하는 현 세계 질서 역시 제국주의 시대의 그것
과 다르지 않은 것으로 여겨진다. 유일한 차이가 있다면 그것은 오늘날 중심
국가(미국)는 제국 열강들이 포함외교(砲艦外交, gunboat diplomacy)6 시대에 그
랬던 것처럼 뻔뻔스럽게 권력을 행사하는 것이 아니라, 경제적 수단과 더 최근
에는 문화적 수단을 통해 교묘하게 행사한다는 것이다. 이러한 관점에 동의하
지 않는 사람도 있지만, 글로벌 커뮤니케이션에 관한 모든 논의에 이러한 관점
이 영향을 미치고 있기 때문에 이를 알고 있을 필요가 있다.

　많은 학자들은 공식적인 제국이 와해되긴 했지만 제국주의 시대에 만들어진
글로벌 정치 구조는 여전히 유지되고 있다고 주장한다.

　이러한 구조는 부국과 빈국 간의 의존 관계를 만들어낸다(Galtung, 1971;
McPhail, 1981; Schiller, 1969). 예를 들면, 21세기 이전, 아프리카에서 두 이웃 국

---

6 외교 협상 등에서 군함 따위 군사력에 의한 위협을 사용하여 상대측에게 자기 국가 의사를 나
　타내고 또한 심리적 압력을 가하는 것으로 협상을 유리하게 진행하는 외교정책을 말한다(역자
　주).

가 간의 전화 통화는 흔히 런던이나 파리 혹은 어떤 다른 이전 제국의 수도를 경유해서 이루어졌다.7 이러한 패턴의 글로벌 커뮤니케이션은 영국 전신 네트워크, 즉 측선 연결이 거의 없는 런던 중심적 단핵 네트워크와 유사하다. 오늘날은 미국이 중심 국가이며, 우리는 현대 커뮤니케이션 흐름(영화, TV 프로그램 및 기타 문화적 생산물)에서도 유사한 패턴을 볼 수 있다.

미국은 전 세계에 걸쳐 영화와 텔레비전 프로그램을 압도적으로 지배하고 있다. 글로벌 미디어 무대에서의 존재감 측면에서 그 어떤 나라도 미국에 근접하지 못하고 있다. 그에 따라 미디어는 미국의 주요 수출품 가운데 하나이다. 따라서 미국은 그들의 미디어 수출품을 순전히 비즈니스 측면에서 바라보는 경향이 있으며 미디어 수출품이 다른 제품과 다르지 않다고 주장한다.

그러나 다른 나라들은 영화를 단순히 제품으로 보거나 할리우드(Hollywood)를 단순히 하나의 산업으로 보지 않는다. 다른 나라들은 수입된 영화가 자국민들의 태도와 인식을 생경한 생각과 가치에 따르게 만들 것이라고 두려워하면서 영화의 문화적 영향에 대해 더 우려한다. 개발도상국의 이러한 두려움은 식민 지배자들로부터 그들의 언어와 문화를 강요받은 식민지 경험에 깊이 뿌리를 두고 있다. 개발도상국들은 미국 영화 수입을 더 교묘하고 더 은밀히 퍼지는 새로운 종류의 침략, 즉 문화적 침략(cultural invasion)으로 간주한다. 사람들은 이러한 두려움과 인식이 어떤 장점이 있는지를 두고 자신의 일반적인 정치적 입장에 따라 논쟁을 벌일 수 있다. 그러나 캐나다와 프랑스 같은 부국이 미국의 문화적 지배에 대한 개발도상국의 우려를 공유한다는 사실은 무시할 수 없다. '전자 제국주의'에 대한 그들의 입장은 개발도상국의 우려에 어느 정도의 신빙성을 제공하며 그러한 우려가 순전히 피해망상에서 비롯된 것이 아님을 시사해준다.

실제로 글로벌 커뮤니케이션 흐름을 살펴보면 우리는 그러한 흐름이 미국(중심 국가)에서 나머지 전 세계(주변 국가)로 불균형적으로 이루어지고 있음을

---

7 21세기 이후, 아프리카의 모바일 네트워크는 급속히 성장해왔다. 또한 현재는 해저 광케이블이 아프리카 전 해안을 따라 포설되어 있으며 내륙 광케이블 네트워크의 수도 증가하고 있다. 그에 따라 아프리카 국가들 간의 아프리카 내(intra-Africa) 직접 커뮤니케이션의 증가하고 있다.

쉽게 볼 수 있다. 다른 방향으로의 흐름과 주변 국가들 간의 수평적 흐름은 그 규모가 작다. 비판가들은 이러한 커뮤니케이션 패턴을 **일방적 흐름**(one-way flow)이라 불렀다. 1970년대에 글로벌 정보 흐름의 이러한 불균형에 대한 중대한 논쟁이 시작됐다. 많은 국가가 이러한 비대칭적 패턴을 바꿔 그것을 더 균형 있게 만들어줄 새로운 세계 정보 질서(NWIO: new world information order)를 요구했다. 이 아이디어는 하나의 추상적인 개념으로 꽤 매력적으로 들리긴 하지만 그것을 실행으로 옮기고자 할 때 심각한 문제를 야기한다. 첫째, 이 아이디어는 흔히 비민주적인 정부에 의한 정보 흐름 규제를 조장함으로써, 이러한 비민주적인 정부가 국내의 정치적 목적을 위해 미디어를 통제하고자 할 수도 있다. NWIO는 그들에게 비민주적인 기도(企圖)에 대한 또 다른 구실을 제공할 것이다. 둘째, 비록 그것이 받아들여질 수 있다 하더라도, 기술이 그 어느 때보다 더 통제하기 어려워지고 있기 때문에 전자 커뮤니케이션 흐름을 규제하는 것이 더욱 더 힘들어지고 있다.

미국은 NWIO와 이것의 후속 버전에 반대했는데, 왜냐하면 그것은 언론의 자유(freedom of the press)를 보장하는 미국 헌법 수정조항 제1조(First Amendment)[8]에 위배되기 때문이다. 미국은 글로벌 정보 흐름의 패턴을 바꾸려는 개입에 반대할 뿐만 아니라, 수정조항 제1조에 따라 정부는 정보 흐름 패턴을 바꾸는 그 어떠한 일도 합법적으로 할 수가 없기 때문에 어쩔 방법이 없다고 항변한다. 그러나 일부 학자들은 수정조항 제1조에 대해 용의주도한 비판을 제기했다. 그들은 수정조항 제1조가 인쇄기를 설치하는 비용이 많이 들지 않았기 때문에 보통 시민이 신문 사업에 뛰어들 수 있었던 200여 년 전에 제정되었다고 지적한다. 실제로 보통 시민은 공개 토론회에서 발언권이 있었거나 적어도 대변지(代辯紙)에게 접근할 수 있었다. 미디어 사업이 극도로 자본 집약적이 됨에 따라 신문과 전자 미디어는 점차 대규모 복합기업에게로 집중화되었다. 보통 시민은 더 이상 미디어에 쉽게 접근하지 못하며, 지금은 심지어 미국 내에서도 본질적으로 하향식 커뮤니케이션, 즉 일방적 흐름(one-way flow)

---

8 흔히 '수정헌법'이라고 번역하나 미국 헌법은 헌법을 개정할 때마다 원래 헌법은 그대로 둔 채 필요한 부분을 '수정조항' 형태로 덧붙여 나간다. 표현의 자유를 보장한 조항은 원래 헌법을 처음으로 수정한 조항(First Amendment)이다(역자 주).

이 이루어지고 있는 상황이다. 여러 면에서 미국의 내륙지역은 로스앤젤레스와 뉴욕의 식민지가 되었다. 이러한 현 상황에서 수정조항 제1조는 기본적으로 표현의 자유(free speech) 그 자체가 아닌 미디어를 소유하고 있는 기업을 보호한다(Carey, 1989; Innis, 1951; Schiller, 1974). 단지 소수의 사람만이 확성기를 소유하고 있는 상황에서 표현의 자유가 무슨 소용이 있는가? 현 글로벌 상황을 살펴보면서 우리는 같은 질문을 할 수 있다: 단지 소수의 국가만이 확성기를 가지고 있는 상황에서 정보의 자유로운 흐름이 무슨 소용이 있는가?

여기서 우리는 수정조항 제1조와 이것을 비판하는 사람 간의 격렬한 싸움을 목격한다. 이러한 논쟁의 배경에는 개발도상국들의 대응에 부정적인 영향을 끼친 과거 식민지 경험이 존재하는데, 개발도상국들은 정보의 자유로운 흐름을 그들의 주권에 대한 새로운 위협으로 본다.

2) 초국경 데이터 흐름

문화적 생산물(cultural product)의 세계적 흐름의 경우에는 명시적인 긴장이 존재하지만, 국제 교역의 다른 영역의 문제들은 유사하지만 덜 명백하다. 운송 기술의 향상 덕분에 국제 교역은 계속해서 고가의 경량 물품을 넘어 더 무겁고 더 부피가 큰 상품으로 이동했다. 그러나 회계, 보험, 광고와 같은 서비스는 대개 현지에 머물러 있었다.

서비스 분야에서 거의 변화가 없었던 주된 이유 가운데 하나는 서비스는 서비스 제공자와 소비자 간의 엄청난 상호작용을 필요로 했기 때문이다. 서비스는 제조회사를 직접 알지 못해도 진열대에서 집어들 수 있는 제품과 달랐다. 회계사는 고객이 관련 정보를 공유해주어야만 도움을 제공할 수 있었다. 더욱이 회계사는 추가 정보와 명확한 설명을 위해 자주 고객에게 문의를 해야 하기 때문에 여러 차례의 상호작용을 거쳐 이러한 정보 공유가 이루어졌다. 과거 이러한 상호작용은 주로 직접 대면으로 이루어졌기 때문에 서비스의 생산과 소비는 현지에서 이루어졌다. 현대적인 커뮤니케이션 및 정보 기술은 이 모든 것을 급격하게 바꾸어놓았다. 첫째, 퀴컨(Quicken)과 같은 컴퓨터 소프트웨어 패키지는 이전에는 훈련된 사람만이 손수 할 수 있었던 기능들을 흔히 수행할 수 있다. 둘째, 현대의 텔레커뮤니케이션 네트워크는 과거에는 오직 대면으로만 가능했던 수준의 서비스 제공자 및 고객 간 상호작용을 지원할 수 있다. 서비스 제공자와 고객이 더 이상 같은 장소에 있을 필요가 없다. 비록 그들이 서로 아주 멀리, 심지어 지구 저 반대편에 떨어져 있다 하더라도, 그들은 이메일, 스카이프(Skype) 및 다른 커뮤니케이션 기술을 통해 거래를 할 수 있다. 이러한 기술 발전 덕분에 마침내 서비스도 교역이 가능해졌다.

서비스 교역은 글로벌 경제에 엄청난 중요성을 지닌다. 전 세계적인 분업이 진전됨에 따라, 제조업 일자리가 해외로 이전해 미국에서부터 인건비가 훨씬 더 싼 개발도상국으로 갔다. 이렇듯 입지 우위(locational advantage)를 찾아 지구촌을 가로질러 제조업이 이동하는 것은 여러 면에서 미국에서 일어났던 일의 연장이다. 이전에 미국의 자동차 부품 공급업체들은 디트로이트(Detroit)를 떠나 인건비나 원자재비가 상대적으로 더 싼 다른 지역으로 옮겼다. 오늘날은 똑같은 과정이 국경을 가로질러 발생하고 있다. 한 국가 내에서 이러한 분산을

그림 2.5 세계의 본부로서의 미국

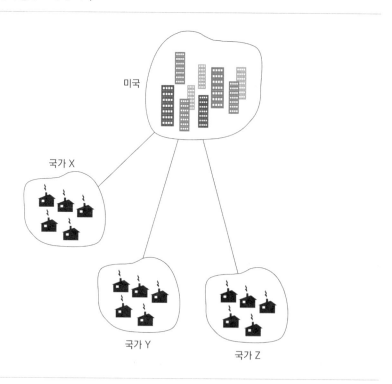

가능하게 해주었던 운송 및 커뮤니케이션 기술은 이제 그것을 전 세계적으로 가능하게 해주고 있다. 이러한 새로운 국제 분업의 세계에서 미국은 어떤 면에서 세계의 본부가 되었다(<그림 2.5> 참조). 기업들은 제조 설비를 해외로 옮겨서 절약한 돈을 미국 내에서의 연구 및 개발, 기업 서비스(corporate service),⁹ 관리 및 기타 조정 및 통제 활동에 더 많이 투자하고 있다. 그리하여 미국은 글로벌 비즈니스 활동을 위한 지휘 및 통제의 중심이 되었다.

글로벌 경제와 관련된 이슈에 관한 미국과 개발도상국의 관점과 관심사는 확연히 다르다. 미국은 자유 무역(free trade)과 정보의 자유로운 흐름을 선호한다. 기업들이 계속해서 비용 우위를 지니고 있는 장소를 찾는 만큼 자유 무역은 전 세계적인 분업을 계속해서 확대하기 때문에 미국은 자유 무역을 적극적으로 지지한다. 동시에 확대되는 분업은 높아지는 상호의존성으로 이어지기 때문에, 미국은 또한 세계 각 지역에 흩어져 있는 전문화된 사업부문들 사이의 조정과 통제를 확실히 하기 위해 주로 컴퓨터 네트워크를 통한 정보의 자유로운 흐름을 선호한다. 예를 들면, 제네럴 모터스(General Motors) 같은 대기업은 글로벌 사업을 성공적으로 운영하기 위해 디트로이트 본사에 있는 컴퓨터들과 전 세계에 흩어져 있는 공장의 컴퓨터들 간에 막힘없는 통신이 필요하다. 국경을 가로지르는 이러한 컴퓨터에서 컴퓨터로의 커뮤니케이션(computer-to-computer)을 일컬어 초국경 데이터 흐름(TDF: transborder data flow)이라고 한다. 순전히 비즈니스 관점에서 보면, 이러한 정보 흐름이 아무런 방해를 받지 않고 이루어지는 것은 글로벌 기업에게 필수적이다.

반면에 개발도상국의 관점은 다르다. 그들은 자유 무역과 정보의 자유로운 흐름 모두를 의심의 눈초리로 바라본다. 동등하지 않은 국가들 간의 자유 무역은 흔히 약소국에 대한 착취로 이어져, 약소국은 값싼 원자재와 부가가치가 낮은 생산 활동을 위한 노동력의 원천으로 격하되기 때문에 그들은 자유 무역에 대한 의심을 거두지 않는다.

더욱이 그렇게 생성되는 구조적 관계는 그들을 거의 영속적으로 의존적인

---

⁹ 기업 서비스란 내부(때로는 외부) 고객 및 비즈니스 파트너들에게 봉사하기 위해 전문 지식, 모범적인 업무 처리 기준 및 기술 토대로 제공되는 어떤 기업 전반에 필요한 지원 서비스들을 결합하고 통합하는 활동을 말한다(역자 주).

지위로 내몬다. 두뇌와 체력의 비유를 들자면, 선진국은 변함없이 세계 체계의 두뇌에 해당하고 개발도상국은 체력을 쓰는 몸통에 해당한다. 마지막으로, 자유 무역에 의해 촉진된 더 확대된 분업이 비록 더 높은 생산성으로 이어진다 하더라도, 그로 인해 발생한 추가적인 부(富)가 국가들 사이에 공평하게 공유될 거라는 보장은 없다. 분업의 요람으로 간주될 수 있는 공장에 관해 말하자면, 소유주들이 전문화로 발생한 추가적인 부의 몫을 불공평하게 책정하는 경향이 있어서 통상 노동자(ordinary worker)의 노동에 대한 보상이 형편없게 이루어졌음을 역사를 통해 알 수 있다. 전 세계적으로도 이와 비슷한 과정을 볼 수 있다. 선진국은 전 세계적인 분업에 의해 발생한 부의 몫을 불공평하게 분배하는 경향이 있어서 개발도상국이 기여한 바에 대한 보상이 형편없게 이루어지고 있다. 흔히 이러한 착취는 여러 가지 교묘한 방식으로 이루어지기 때문에 분명하게 드러나지 않는다. 그중에서도 자문, 광고, 연구 및 개발과 같은 부가가치가 높은 모든 활동은 선진국에서 이루어지며, 그리하여 생성된 부 가운데 불균형적으로 더 많은 부분이 선진국에 남게 된다.

　자유 무역에 대한 이러한 의심은 정보의 자유로운 흐름과 관련된 이슈로도 이어진다. 미국과 일부 비슷한 방식으로 투자하는 국가들은 정보의 자유로운 흐름을 사업 진행 과정의 조정과 통제에 필수적인 정상적 상업 활동으로 간주하지만, 개발도상국은 그것을 현지의 권위의 중심을 약화시키는 외세(外勢)의 수단으로 간주한다. 개발도상국 관점에서 보면, 정보의 자유로운 흐름은 국가 경계를 모호하게 함으로써 국가 주권을 위협한다. 따라서 TDF는 열띤 논쟁의 소재가 되었다. 이러한 우려가 근거 없는 것이라고 주장할 수도 있을 것이다. 그러나 그러한 우려가 역사적 경험에 깊이 뿌리를 내리고 있다는 사실은 아무도 부인할 수 없다. 앞에서 논의했듯이, 무엇보다도 전신은 제국의 권력을 유지하는 수단으로 사용되었다. 따라서 외국의 커뮤니케이션 네트워크와 그러한 네트워크를 가로질러 유입되는 콘텐트는 흔히 의심스럽게 여겨졌다.

　세계 무역의 현재의 불균형은 문제를 더욱 악화시킨다. 만약 미국의 쇼핑몰을 돌아다니며 가게에 있는 제품들의 상표를 보면 그것들이 한국, 중국, 브라질, 멕시코, 말레이시아, 자메이카 및 기타 여러 국가들에서 온 것으로 미국에서 만들어진 것은 거의 없다는 사실을 알게 될 것이다. 이러한 현상은 대부분의 미국 제조업이 해외로 이전했으며 미국에서 필요로 하는 제품은 대부분 수입하지 않으면 안 된다는 사실을 반영한다. 많은 제조 국가들, 특히 중국은 국제수지(BoP: balance of payment)에서 엄청난 흑자를 보고 있다. 미국이 그들이 비교 우위(comparative advantage)에 있는 정보 제품(예, 컴퓨터 소프트웨어, 보험, 은행 서비스, 영화) 수출을 통해 무역 적자를 메우려 할 때, 미국은 다른 국가들의 반대에 분개한다. 그러나 다른 국가들은 이러한 제품을 아무런 정치적 혹은 문화적 함의가 없는 순수한 상업적 제품으로 보지 않는다. 그들은 이러한 제품의 억제되지 않은 유입이 그들의 주권을 약화시킬 것이라고 우려한다.

그러면 누가 옳은가? 아마도 양쪽 다 옳을 것이다. 양측의 인식은 그들 각각의 관심사에 의해 형성된다.[10] 개발도상국들의 경우, 그들의 인식은 계속해서 그들의 식민지 경험에 영향을 받는다. 그들에게는 과거의 메아리가 심지어 오늘날까지 들릴 수 있다.

2010년대 중반까지 이 논쟁은 거의 위에서 기술한 양극화, 즉 중심 국가(미국)와 주변 국가(특히 개발도상국)의 상이한 관점을 따라 전개되었다. 2010년대 중반, 미국 내에서 세계 질서에 대한 의견 충돌이 발생했다. 그로 인해 많은 사람이 깜짝 놀라긴 했지만, 예리한 관찰자들은 오륙십 년 동안 임박한 재앙의 조짐을 우리에게 경고해왔다. 예를 들면, 로버트 라이크(Robert Reich)[11]는 자신의 1991년 저서 『국가의 일: 우리 자신을 21세기 자본주의에 대비시키기』(*The Work of Nations: Preparing Ourselves for 21st Century Capitalism*)에서 이 점을 강

---

10 1942년, AP(Associated Press) 사장 켄트 쿠퍼(Kent Cooper)는 다음과 같이 격렬히 불만을 제기했다:

> 그래서 로이터스는 미국에서 어떤 뉴스를 보낼지를 결정했다. 로이터스는 미국 서부에서의 적대행위, 남부에서의 폭력적인 사적 제재, 그리고 북부에서의 기괴한 범죄를 저지르는 인디언들을 전 세계에 알렸다. 미국에 칭찬할 만한 것은 아무것도 보내지지 않았다는 비난을 수십 년 동안 받았다. 미국 업계는 로이터스가 해외에서 미국을 업신여기도록 허락한 것에 대해 AP를 비판했다(Cooer, 1942, p. 12).

쿠퍼의 분노는 뉴스통신사 로이터스를 통해 미국을 부정적으로 묘사하고 있던 영국인을 향했다. 그 당시 영국은 중심 국가였고 미국은 준주변 국가에 속했다. 오늘날은 형세가 뒤바뀌었다. 이제는 미국이 중심 국가이기 때문에 미국인들은 미국 미디어가 주변 국가들을 보도하는 방식에 대한 주변 국가들의 불만을 이해하기 어렵다.

11 Reich를 '라이시'로 표기하고 있으나 미국인들은 명백히 '라이크'라고 발음하고 있다(역자 주).

조해서 지적한 바 있다: "더 이상 미국인들은 국가라는 하나의 큰 배 안에 있는 것처럼 흥망성쇠를 함께 하지 않는다. 우리는 점점 더 서로 다른 더 작은 배 안에 있다"(Reich, 1991, p. 173). 그는 미국 기업들이 사업을 잘하고 있다는 이유만으로 미국의 고용인(雇傭人)[12]들 또한 잘 지내고 있음을 의미하지는 않는다고 설명했다. 실제로 미국 기업들은 재정적 성공을 즐기고 있는 동안에도 임금이 더 싼 세계의 다른 지역으로 일자리를 빼돌리고 있었다. 미국의 고용인들은 결과적으로 다른 국가에 있는 그들의 상대와 직접적인 경쟁에 직면하고 있었다. 라이크의 표현을 빌리면, 그들은 그들 자신의 "더 작은 배" 안에 있었다. 그래서 20년이 조금 더 지난 뒤, 조지 패커(George Packer)는 자신의 저서 『풀림: 새로운 미국의 내면의 역사』(*The Unwinding: An Inner History of the New America*)를 다음과 같이 시작했다: "아무도 언제 풀림이 시작되었다고, 즉 미국인들을 안전하고 때로는 숨 막힐 정도로 단단하게 함께 묶어 놓았던 코일이 처음으로 망가지기 시작했다고, 말할 수 없다"(Packer, 2013, p. 3). 그는 미국의 오랜 불평등의 역사에서 1970년대 중반 이후의 기간을 풀림의 '현기증'이라고 표시했는데, 그 기간에 많은 미국인이 사회제도와 경제제도의 보호 없이 자립하도록 내팽개쳐졌다.

언뜻 보기에, 미국인들끼리 현재의 세계 질서, 즉 미국 중심적인 질서에 대해 어쩌면 가장 강한 의견 충돌을 보였다는 것은 아이러니하다. 이것은 우리에게 교훈적이다. 우리의 분석을 계속해나가자면, 중심-주변 관계는 지금까지 우리의 초점이었던 국가들 사이에서뿐만 아니라 국가들 내에서도 존재한다. 미국 중심적 세계 질서에 대한 내적 의견 충돌은 미국 내에서도 중심-주변 관계가 존재함을 우리에게 상기시켜준다. 내부의 중심 세력은 늘 그렇듯이 흔히 내부의 주변 세력을 희생시킨 채 국가들의 국제적 자세(international posture)를 주입시킨다. 현재의 경우, 미국은 종합해보면 세계화의 혜택을 누리고 있을 수도 있지만, 미국 내에서는 승자와 패자가 함께 존재해왔다. 세계화로 인해 피해를 입은 미국인들(예, 일자리를 해외로 빼앗긴 노동자들)의 반발은 불안정을 초래하고 있다. 앞으로 몇 년에 걸쳐 우리는 현재의 세계 질서가 계속될지, 수정될지, 아니면 급격히 변화될지 아마도 더 잘 이해하게 될 것이다.

---

12 고용인(雇用人)은 보수를 제공하는 사람, 고용인(雇傭人)은 노무를 제공하는 사람을 말한다(역자 주).

5. 새롭게 등장하는 국제적 흐름

TV와 같은 더 오래된 기술은 중앙집중화된 통제를 잘 받아들였다. 프로그램 제작 및 전송에 드는 많은 비용으로 인해 텔레비전은 송신자는 극소수이고 수신자는 많은 톱-다운 방식의 커뮤니케이션 수단이 되었다. 그러나 더 새로운 기술들은 적어도 표면적으로는 똑같은 논리를 따르지 않는 듯 보인다. 제작 장비의 비용이 급격히 떨어졌다. 광케이블과 기타 브로드밴드(broadband) 기술 사용으로 주파수 대역폭이 엄청나게 늘어남에 따라 전송 비용도 마찬가지로 줄어들었다. 우리는 또한 구조 측면에서 완전히 다른 논리를 따르는 인터넷과 같은 새로운 전송 체계도 목격했다. 오늘날은 보통 시민도 캠코더로 영상을 찍어 인터넷을 통해 관심이 있는 사람이면 누구나 볼 수 있게 할 수 있다. 이제 다음과 같은 질문이 제기된다: 추측건대 탈중앙집중화되고 있는 기술은 세계 커뮤니케이션(world communication)에 대한 미국의 통제를 강화할 것인가 아니면 약화시킬 것인가?

나이지리아(Nigeria)의 영화산업을 가리키는 놀리우드(Nollywood)의 세계무대 등장은 특히 우리의 분석에 도움을 준다. 놀리우드는 1990년대의 촉진 요인들이 수렴된 결과물이다. 당시 나이지리아에서는 토착 극단들이 그들의 공연을 (16과 35밀리 필름으로) 찍어 공연을 하지 않는 지역에 녹화된 버전으로 보여주었기 때문에 가장 기본적인 하부구조는 갖추고 있었다. 그들은 비용이 많이 드는 런던(London)에서의 후반 작업(postproduction)에 대한 대안에 수용적이었다. 나이지리아 텔레비전 공사(NTA: Nigerian Television Authority)는 연속 드라마를 제작하고 있었고 마찬가지로 런던에서의 후반 작업 비용 부담을 안고 있었다. 1990년대 초의 재정 위기 동안 NTA는 나이지리아 연속 드라마 제작을 줄이고 그것을 저렴한 비용에 구입할 수 있었던 멕시코 연속 드라마로 대체하기 시작했다. 이 때문에 NTA의 배우, 제작자 및 기타 연기자들은 다른 기회를 찾을 수밖에 없었다. 이런 차에 개발도상국들이 디지털 기술로 전환하기 시작하면서 VCR 공테이프와 중고 녹화장비를 저렴한 비용에 살 수 있게 되었다. 준비된 국내 자원(비용이 많이 드는 런던에서의 후반 작업에 대한 대안을 찾고 있던 토착 극단들과 새로운 기회를 찾고 있던 NTA의 연기자들)과 저렴한 수입 자원의 가용성(공테이프와 녹음 테이프)이 이렇듯 우연히 합쳐지면서 놀리우드가 탄생하게 되었다(Miller, 2016).

발리우드(Bollywood) 사례는 어떻게 더 값싼 기술이 세계의 다른 지역에서 영화 제작 기회를 열어줄 수 있는지를 보여주는 것 외에도 또 다른 유익한 통찰력을 제공한다. 적은 자본을 들여 만든 놀리우드의 제작물들은 제작 가치 (production value)[13] 면에서 예산이 수억 달러에 이르는 할리우드 영화들과는 비교가 되지 않는다. 그러나 놀리우드 제작물은 나이지리아에서 매우 인기가 높다. 더욱이 놀리우드 제작물은 다른 아프리카 국가에서도 인기 있다. 그 이유는 문화적 근접성(cultural proximity) 때문이다. 즉, 기회가 주어진다면[14] 사람들은 그들 자신의 문화에 더 가까운 문화적 생산물을 선호하기 때문이다 (Straubhaar, 1991). 영화는 제작비가 많이 들고 또 그들 국가가 자원이 부족하거나 국내 시장이 작거나 아니면 자원도 부족하고 시장도 작았기 때문에, 좀 더 이전에 사람들은 영화에 관한 한 흔히 그와 같은 기회를 갖지 못했다. 그러나 놀리우드 사례가 보여주듯이, 이제는 그들에게 그러한 기회가 있다. 우리는 또한 비록 놀리우드만큼 극적이지는 않지만 세계의 다른 지역에서도 놀리우드 사례와 유사한 사례를 본다. 게다가 놀리우드 사례에서처럼 우리는 문화적 근접성이 꽤 높은 경향이 있는 이웃 국가로의 권역적 흐름이 증가하고 있는 것도 볼 수 있다.

동시에 할리우드의 스튜디오들과 미국의 다른 미디어 회사들은 계속해서 세계무대를 지배하고 있다. 문화적 근접성에 의존하는 놀리우드와 최근에 생겨난 다른 영화산업과는 뚜렷이 대비되게 그들은 의도적으로 보편적인 전 세계적 소구력을 갖는 고예산 영화를 계속해서 만들고 있다. 게다가 급속도로 글로벌 시장 점유율을 높여가고 있는 넷플릭스(Netflix) 같은 새로운 미국 기업도 존재한다. 넷플릭스의 스트리밍(streaming) 서비스는 190개국 이상에서 이용 가능하며, 가입자[15] 수를 늘리는 데 초점을 맞추고 있다. 넷플릭스는 문화적 근

---

13 제작 가치란 세트, 의상, 소품 등 영화에 주입되는 물리적 양에 비례한 관객 흡인력을 말한다. 스펙터클 영화는 일반적으로 제작 가치에 있어 가장 소모적이다(역자 주).

14 스트로브하의 문화 근접성 이론에는 "자신의 문화와 더 가까운 문화적 생산물이 이용 가능하다면"이라는 전제가 숨어 있다(역자 주).

접성을 개발해서 발전시킬 뿐만 아니라 그것을 전 세계적인 규모로 이용하기도 한다. 넷플릭스는 한국, 타이완, 레바논, 이스라엘, 터키, 폴란드, 멕시코, 아르헨티나를 포함해 점점 더 많은 나라에서 영화와 다른 프로그램을 제작하고 있다(Feldman, 2018). 예를 들어, 넷플릭스는 현재 터키에서 10개 에피소드로 구성된 '현지산'(local-origin) 수퍼히어로 시리즈물을 제작하고 있다. "이 시리즈물은 고대로부터 내려온 이스탄불을 수호하라는 비밀스런 임무와 자신이 관련되어 있다는 것을 알게 된 젊은 가게 주인인 하칸(Hakan)의 서사적 모험을 추적한다"(Netflix, 2018). 이와 같은 시리즈물은 터키에서 인기를 끌 것이다. 이 시리즈물은 또한 그 지역의 역사를 감안할 때 문화적 근접성을 있는 다른 나라에서도 인기를 끌 것이다. 더욱이 언어 장벽이 거의 없거나 제거된다면, 이 시리즈물은 전 세계에 걸쳐 수퍼히어로 스토리에 끌리는 사람들에게도 인기 있을 것이다. 이 모든 것은 계산된 것이다. 넷플릭스는 약 2,000개의 초국가적 취향 공동체를 확인했는데, 이러한 공동체가 국적보다 고객의 관심을 더 잘 예측한다고 한다. 언어 장벽을 낮추고 전 세계에 흩어져 있는 취향 공동체들에 소구력이 있는 '현지산 시리즈물'을 만들기 위해 넷플릭스는 고품질과 의미가 통하는 번역 및 더빙(dubbing)에 고도로 계산된 주목을 기울인다(LaPorte, 2017).

실제로 프로그램 창작에 사용될 수 있는 현지의 재료도 더욱 많고 권역 차원의 국제적 흐름도 더욱 많이 이루어지고 있지만, 동시에 미국의 영화 및 미디어 산업의 지배와 이들로부터 비롯되는 전 세계적인 차원의 국제적 흐름도 계속되고 있다. 멀리 수평선 위로 보이는 가까운 미래에도 비록 점점 더 다채로워지긴 하겠지만 우리는 계속해서 미국 중심적 미디어 세계를 볼 가능성이 있다.

6. 새로운 세계 체계를 향해

역사를 통틀어 중심 국가와 주변 국가는 존재해왔다. 그러나 중심 세력과 주변

---

15 'subscriber'를 흔히 '구독자'라 번역하는데, 구독(購讀)은 "책이나 신문, 잡지 따위, 즉 인쇄매체를 사서 읽음"을 뜻한다. 영상 서비스에 가입해서 영상물을 시청하거나 물건을 빌려 쓰는 자를 "구독자" 그리고 그러한 경제를 "구독 경제"라 부르는 것은 '구독'의 의미를 생각하지 않은 정말 어색하기 짝이 없는 번역이라 생각한다. 따라서 여기서는 인쇄매체가 대상이 아닌 경우 영어의 원래 의미 그대로 '가입자'로 번역해서 쓰기로 한다(역자 주).

세력 역할을 해온 특정한 장소(도시, 국가, 권역)는 시간이 지나면서 달라졌다. 식민 시대 동안은 서유럽(영국, 프랑스, 스페인 및 몇몇 다른 국가들)이 중심 세력이었고 나머지 세계는 주변 세력이었다. 제2차 세계대전 후에는 중심 세력이 대서양을 건너 미국으로 이동했고 나머지 세계가 주변 세력이 되었다. 그러나 중심–주변 국가 관계의 성격은 상당히 변했다. 우선 첫 번째 변화는 우리가 전례 없는 규모의 분업과 그로 인한 엄청난 상호의존성을 경험하고 있다는 점이다. 또 다른 변화로는 중심 국가, 즉 미국은 과거 제국에서 보았던 야만적인 힘을 사용하는 대신 주변 국가들을 상대로 교묘한 방식으로 그들의 힘을 행사한다는 것이다. 이러한 교묘한 방법 가운데 하나에는 이 책의 초점인 국제 커뮤니케이션 체계가 포함되어 있다. 기존의 체계들과 전 세계적인 흐름은 중심–주변 국가 관계를 반영한다. 그러나 역사를 통해 충분한 예를 보았듯이, 영원한 것은 아무 것도 없기 때문에 중심–주변 국가 관계도 장기적으로 보면 결국 변할 수밖에 없다. 문제는 일단 미국의 권력이 쇠퇴한다면, 중심 국가가 단지 미국에서 또 다른 나라로 이동할 것인가 아니면 13세기에 그랬던 것처럼 다극 세계가 등장할 것인가 하는 것이다.

토론문제

1. 분업이 무엇을 의미하는지 설명하라. 분업은 어떻게 생산성을 높이는가? 분업은 어떤 문제를 야기하는가? 커뮤니케이션 기술은 어떻게 이러한 문제들을 관리하는 데 도움을 주는가? 분업은 글로벌 경제와 어떤 관련이 있는가?

2. 대영 제국의 전신 네트워크 구조에 대해 기술하라. 이러한 구성이 권력 중심 국가와 피지배 주변 국가 간의 관계의 특성을 보여주는 고전적인 구조인 이유는 무엇인가?

3. TDF, 즉 초국경 데이터 흐름이란 용어가 의미하는 바를 설명하라. TDF가 지난 수십 년 동안 중요해진 이유는 무엇인가? 선진국은 왜 제한받지 않는 TDF를 원하는가? 개발도상국은 왜 TDF를 우려하는가?

4. 나이지리아 영화 산업을 일컫는 놀리우드의 부상에 대해 설명하라. 놀리우드 영화가 다른 아프리카 국가에서도 인기가 있는 이유에 대해 논하라.

5. 이 장에서 우리는 13세기의 다중심(multicentered) 세계가 식민 시대에 어떻게 단일 중심
   세계로 바뀌었는지 보았다. 그 후 중심은 대서양을 건너 미국으로 이동했다. 당신은 새로
   운 커뮤니케이션 기술이 세계 체계의 구성에 어떻게 영향을 미칠 것으로 생각하는가? 여
   전히 단일 중심 세계가 유지될 것인가 아니면 다중심 세계가 될 것인가? 그 이유는 무엇
   인가?

참고문헌

Carey, J. (1989). *Communication as culture*. Boston: Unwin Hyman.

Cooper, K. (1942). *Barriers down*. New York: Farrar & Rinehart.

Feldman, D. (2018). Netflix: Here are the top 10 foreign language TV series and 12
   news shows coming soon. Forbes.com, March 7. Retrieved August 4, 2018,
   from https://www.forbes.com/sites/danafeldman/2018/03/07/netflix-here-are
   -the-top-10-foreign-language-tv-series-and-12-new-shows-coming-so
   on/#5fcfa8fd1787

Galtung, J. (1971). A structural theory of imperialism. *Journal of Peace Research, 2,*
   81-117.

Innis, H. A. (1951). *The bias of communication*. Toronto: University of Toronto
   Press.

LaPorte, N. (2017). Netflix offers a rare look inside its strategy for global
   domination. Fast-Company.com, October 23. Retrieved August 4, 2018, from
   https://www.fastcompany.com/40484686/netflix-offers-a-rare-look-inside-it
   s-strategy-for-global-domination

McPhail, T. L. (1981). *Electronic colonialism*. Beverly Hills, CA: Sage.

Miller, J. L. (2016). *Nollywood central*. London: Palgrave.

Netflix. (2018). Netflix announces cast and start of production for its first Turkish
   original series. Press release, March 7. Retrieved August 3, 2018, from
   https://media.netflix.com/en/press-releases/netflix-announces-cast-and-
   start-of-production-for-its-first-turkish-original-series

Packer, G. (2013). *The unwinding: An inner history of the new America*. New York: Farrar, Straus & Giroux.

Reich, R. B. (1991). *The work of nations: Preparing ourselves for 21st century capitalism*. New York: Knopf.

Schiller, H. I. (1969). *Mass communications and American empire*. New York: A. M. Kelley.

Schiller, H. I. (1974). Freedom from the "free flow." *Journal of Communication*, *24*(1), 110–117.

Straubhaar, J. D. (1991). Beyond media imperialism: Asymmetrical interde-pendence and cultural proximity. *Critical Studies in Mass Commu nication*, *8*(1), 39–59.

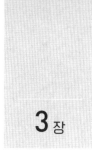

3장

초국가적 미디어와
글로벌 경쟁의 경제학

리처드 A. 거션(Richard A. Gershon)

초국가적 미디어 기업(TNMC: transnational media corporation)은 어떤 특정 국가에 본사를 두고 2개 이상의 나라에서 해외사업을 운영하는 미디어 회사를 말한다. TNMC의 한 가지 독특한 특징은 국가의 경계는 별로 고려하지 않고 경제적 목적과 효율성에 입각해 전략적 의사 결정과 자원의 할당이 이루어진다는 점이다. TNMC와 다른 유형의 초국가적 기업(TNC: transnational corporation)을 구분 짓는 것은 TNMC가 판매하는 주력 상품이 정보와 오락물이라는 점이다. TNMC는 오늘날 글로벌 미디어 활동의 가장 강력한 경제 세력이다. TNMC는 해외 직접 투자(FDI: foreign direct investment)를 통해 적극적으로 그들의 앞선 미디어 및 정보 기술 이용을 전 세계적으로 촉진하고 있다(Altmeppen, Lantzsch, & Will, 2007; Compaine & Gomery, 2000; Gershon, 2000, 1997; Noam, 2016, 2009; Strube, 2010).

1. 초국가적 미디어 기업

이 장은 2002년에 발행된 이 책의 초판과 2007년에 발행된 2판에 실린 이전의 장을 업데이트한 것이다. 현재는 많은 것이 변했다. 물론 주요 변화 유발자는 인터넷과 급부상하고 있는 디지털 미디어 기술이다.

초국가적 미디어(transnational media)라는 용어는 인터넷과 지능형 네트워킹의 위력을 고려할 때 매우 다른 무언가를 의미하게 된다(Athique, 2016; Gershon, 2011). 해외 시장 침투, 초국경 데이터 흐름, 문화적 침해와 같은 개념들은 국제 전자 상거래 사이트, 소셜 미디어, OTT(over-the-top) 영상 스트리밍 서비스를 쉽게 이용할 수 있다는 점에 비추어보면 매우 다른 무언가를 의미한다. 실제로 수용자 그리고 이용자라는 바로 그 개념도 역시 변했다(Athique, 2016; Berger & Milkman, 2012; Evens, 2013; Gershon, 2011; Tabernero, Villanueva, & Orihuela, 2013; Wirth & Rizutto, 2013; Zang, 2018). 이것이 21세기적 의미의 초국가적 미디어이다. 이 장의 목적은 현재 초국가적 미디어 비즈니스에 영향을 미치는 시장 상황, 계획 수립 전략, 그리고 기술 변화를 자세히 살펴보는 것이다.

세 가지 중요한 비즈니스와 기술의 변화로 인해 초국가적 미디어 경영에 대한 연구에도 변화가 있었다. 첫 번째 변화는 인터넷과 브로드밴드 전송의 중요성이다(Zang, 2018). 21세기에 인터넷은 일과 여가의 모든 측면에 꾸준히 스며들었다(Gershon, 2017, 2014; Napoli 2001). 인터넷은 전 세계의 고객들과 즉각적인 커뮤니케이션을 할 수 있는 잠재력을 극대화하는 새로운 비즈니스 모델을 만들어냈다. 두 번째 비즈니스와 기술의 변화는 디지털 미디어의 중요성인데, 이것은 여러 종류의 하드웨어 및 소프트웨어 디자인 요소들이 예술적으로 한데 모아져 완전히 새로운 커뮤니케이션 표현 형식을 만들어내는 것을 의미한다(Dogruel, 2014; Gershon, 2017; Levinson, 2013; Wong, 2009). 잘 구성된 웹사이트 디스플레이(website display)에서부터 페이스북(Facebook)과 유튜브(YouTube) 같은 소셜 미디어에 이르기까지 디지털 미디어는 글로벌 메시지 디자인 측면에서 매우 영향력 있는 21세기 게임 체인저(game changer)임이 입증되었다(Doyle, 2010; Napoli, 2001). 디지털 스토리텔링(digital storytelling)은 정보 검색, 전자 상거래(e-commerce), 소셜 미디어의 핵심이다.

세 번째 비즈니스와 기술의 변화는 TNMC 자신들과 관련 있다. 타임 워너(Time Warner), 디즈니(Disney), 소니(Sony) 같은 회사들은 1990년대에 확실히 자리를 잡은 반면, 매우 많은 회사들, 그중에서도 특히 애플(Apple), 구글(Google), 페이스북, 아마존닷컴(Amazon.com), 넷플릭스는 존재하지도 않았거나 비즈니스 개발의 초기 단계에 있었다. 이와 같은 회사들은 기술과 미디어를 견고하게 혼합하고 있다. 각각의 회사는 인터넷과 지능형 네트워킹 및 알고리즘에 의한 기능 수행(algorithmic functioning)의 위력에 많이 의존한다(Gershon, 2011).

2. 시장의 세계화

시장의 세계화는 초국가적 비즈니스, 국민 국가, 그리고 빠르게 작동하는 기술의 완전한 통합을 수반한다. 세계화는 새로운 기술의 향상뿐만 아니라 전 세계적인 탈규제 및 민영화 추이를 포함한 광범위하고 강력한 힘의 집합에 의해 추진되고 있다. 이것은 전자 상거래, 소셜 미디어 및 OTT 영상 서비스 같은 것의 발전에서 잘 드러난다. 모든 참가 지망자들을 위한 기본 요구사항은 자유 무역과 국제적으로 기꺼이 경쟁하고자 하는 의향이다.

자유 시장 무역(free market trade)의 기본 원칙은 민간 부문이 성장의 주된 원동력이라는 것이다. 자유 시장 무역은 국가와 국민들에게 매우 다양한 선택 기회를 제공할 목적으로 자신의 미디어 및 텔레커뮤니케이션 체계를 경쟁자와 민간 소유자들에게 개방하는 것을 의미한다. 자유 시장 무역 규칙은 국제적으로도 확대 적용된다. 자유 시장 무역은 자국의 국내 시장을 FDI에 개방할 의향이 있음을 전제로 한다. 자유 시장 무역은 나아가 수입 상품에 관한 관세와 할당(quota)[1]을 없애거나 적어도 줄이고자 한다. 이러한 목표를 달성하기 위해 국제통화기금(IMF: International Monetary Fund), 세계은행(World Bank), 그리고 미국의 미디어 산업이 기울인 특별한 노력은 국제 미디어 교역 비즈니스가 탈규제되고 민영화되는 데 도움을 주었다. 그 결과, 한때 매우 규제가 심한 국가로 간주되었던 많은 국가들(예, 베트남, 사우디아라비아, 태국)이 과거보다 더 자국 시장을 개방했다. 모든 국가가 자유 시장 무역 규칙을 똑같이 준수하는 것은 아니다. 예를 들면, 중국, 인도, 브라질 같은 일부 국가는 특정 산업과 국내 시장을 보호할 목적으로 매우 제한적인 무역 관행을 유지하는 반면, 프랑스는

---

1 특정 상품에 대해서 일정 기간 동안(보통 1년)에 정해진 수량(가격)만큼만을 수입될 수 있도록 한 일종의 행정명령이다(역자 주).

그들의 문화에 대해 한층 더 보호적인 태도를 취한다. 비록 다른 방식이긴 하지만 심지어 러시아도 자유 시장 무역을 받아들였다. 이들 각 나라들이 공통적으로 공유하는 것은 과거의 통제 경제(command economy)에 대한 거부이다. 일반적으로 인정하는 바와 같이 국제 미디어 교역 비즈니스는 빠르게 진행되는 불확실한 세계이다.

1) 글로벌 미디어 전략의 목적

회사들은 대부분 주요 국제 회사가 되기 위한 확고한 계획을 가지고 시작하지 않는다. 오히려 회사들은 수출이 꾸준히 증가하면서 자사 제품의 판매와 서비스를 취급할 해외 사무소를 설립한다. 시작 단계에서 해외 사무소는 유연하고 매우 독립적인 경향이 있다. 경험이 쌓여가면서 회사들은 해외 라이선싱(licensing) 및 제조와 같은 국제 비즈니스의 다른 측면에 관여할 수도 있다. 나중에 여러 국제 사업에서 압력이 발생하면서 회사들은 더 종합적인 글로벌 전략의 필요성을 인식하기 시작한다(Gershon, 2013, 2000; Hill & Hult, 2017; McPhail, 2010). 역사적으로 TNMC는 한두 분야에서 특별히 강한 회사로 시작한다. 21세기가 시작될 무렵, 아마존닷컴은 책 판매를 전문으로 하는 전자 상거래 회사였던 반면, 월트 디즈니 컴퍼니(Walt Disney Company)는 어린이 만화 영화와 테마 파크 사업을 하는 회사였다. 오늘날 두 회사는 모두 매우 다양한 제품과 서비스를 갖춘 규모 면에서 더 초국가적인 회사가 되었다. 종합하면, 주요 기업들은 대부분 점진적인 진화 과정을 통해 해외 직접 투자자가 된다.

3. 해외 직접 투자

FDI, 즉 해외 직접 투자란 외국에 있는 회사에 대한 소유권을 말한다. 여기에는 자산에 대한 통제가 포함된다. 재정적 의무 이행 약속의 일부로 투자 회사는 일부 경영ㆍ재정ㆍ기술 전문성을 외자 기업(foreign-owned company)에 이전할 것이다. 초국가적 미디어의 의사 결정과 FDI는 국가의 경계는 별로 고려하지 않고 주로 경제적 효율성을 토대로 한다. FDI 참여 결정은 시장의 수익성과 미래 성장 잠재력을 토대로 내려진다(Bartlett & Beamish, 2014; Hill & Hult,

2017). 회사들이 FDI에 참여하는 네 가지 이유에 대해 살펴보자.

해외 시장 침투. 일부 TNC는 해외 시장에 진입해 현지에서 서비스를 제공할 목적으로 해외 투자를 한다. 시장이 존재할 수도 있고 시장을 개발해야 할 수도 있다. 이것은 많은 대규모 미디어 및 IT(information technology) 회사들이 사용하는 전략이다. 델(Dell Inc.)이 그와 같은 사례 가운데 하나인데, 델의 비즈니스 운영에는 180개국에 있는 13만 8,000명의 국제 노동자와 전 세계에 걸쳐 있는 25곳의 생산 기지가 포함된다. 25개의 각 제조 시설은 40개의 유통 센터와 협력하면서 일하고 있다. 가장 중요한 점은 그러한 시설들이 델이 사업하기를 원해서 의도적으로 선택한 장소에 위치해 있다는 것이다(Gershon 2011, 2013). 점점 커지고 있는 영상 스트리밍 중요성을 고려할 때 해외 시장 침투 사례는 완전히 다른 방식으로 펼쳐진다. 넷플릭스의 경우, 국제 스트리밍 비즈니스가 회사 전체 가치의 약 42%를 차지한다. 2020년이 되면 넷플릭스의 국제 가입자 기반 및 수입이 국내 비즈니스의 가입자 기반 및 수입을 능가할 것으로 예상된다. 런던에 본사가 있는 분석회사 IHS 마켓(IHS Market)은 2020년 넷플릭스의 국제 가입자 수는 7,500만 명, 연간 수입은 70억 달러에 이를 것으로 예측하고 있다.("Netflix's International Operations," 2016).

전유적 자산[2] 및 물리적 자산.[3] 일부 TNMC는 특정한 전유적 자산과 천연자원을 얻을 목적으로 해외에 투자한다. 기존의 미디어 자산을 매입하는 것은 가장 직접적인 시장 진입방법이다. 재능이나 전문성에 대한 소유권은 일종의 전유적 자산으로 간주될 수 있다. 일례로 소니 코퍼레이션(Sony Corporation)은 1989년에 컬럼비아 픽쳐스(Columbia Pictures)를 그리고 2004년에 MGM 스튜디오스(MGM Studios)를 매입함으로써 영화 오락물 분야에서 어마어마한 영향력을 지닌 회사가 될 수 있었다. 새로운 회사를 설립하는 대신 소니는 일부 세

---

2 전유적 자산(proprietary asset)이란 보통 이름, 주소, 전화번호 및 기타 연락처뿐만 아니라 어떤 다른 개인적 정보나 사업 관련 정보를 포함한 고객/손님과 연관된 모든 정보와 같이 공개되어서는 안 되는 지적 재산 영역에 속해 있는 것으로 간주되는 자산으로, 이따금 존재하기 때문에 회사에 귀중하고 희귀한 전유적 자산이 된다. 전유적 자산에는 거래 비밀과 공개되지 않은 발명품도 포함될 것이다(역자 주).

3 물질적 자산(physical asset)이란 물질적으로 존재하는 경제적 가치, 상업적 가치, 혹은 교환 가치가 있는 물품을 말한다. 유형 자산(tangible asset)이라고도 한다. 대부분의 사업에서 물질적 자산은 보통 부동산, 장비, 재고품을 일컫는다(역자 주).

계 일류 배우들과의 계약뿐만 아니라 독점적 영화 라이브러리 형태의 전유적 자산도 매입했다(Gershon, 2000, 2013). 소니는 나중에 소니 픽쳐스(Sony Pictures)라는 전혀 새로운 영화 회사를 만들기 위해 영화 라이브러리와 제작 자산 모두를 결합하게 된다.

생산 및 유통 효율성. 생산비와 인건비는 해외 생산 기지를 선택할 때 중요한 고려사항이다. 일부 국가는 더 적은 인건비, 세금 경감, 기술 하부구조 측면에서 상당한 이점을 제안한다. 국가 및/혹은 기술 설비에 따라 제품과 서비스는 더 적은 비용을 들여 더 효율적으로 생산될 수 있다. 타이완에 위치한 폭스콘 테크놀로지 그룹(Foxconn Technology Group)이 그러한 예인데, 이 회사는 세계에서 가장 큰 가전제품 생산 시설을 갖추고 있다. 폭스콘은 애플의 주 생산기지로, 애플 아이폰(iPhone), 아이팟(iPod), 아이패드(iPad)가 여기서 생산된다. 넓은 지역에 걸쳐 있는 공장 지구는 센젠(Shenzhen)[4] 시 외곽까지 쭉 이어져 있다(Merchant, 2017). 모든 아이폰의 뒷면에는 "캘리포니아에 있는 애플이 디자인했고 중국에서 조립되었음"이라고 적혀 있다. 이 문장은 제품 디자인과 제조 간에 책임이 분명하게 분리되어 있음을 암시한다.

진입 규제 장벽 극복. 일부 TNC는 관세 장벽이 높은 시장에 진입하기 위해 해외에 투자한다. 국가가 자국 산업을 보호하기 위해 여러 가지 보호주의 정책을 구사하는 것은 흔히 있는 일이다. 규제 장벽은 보통 관세, 수입 할당(import quota), 혹은 민사 소송의 형태를 취한다. 2018년 5월, 유럽 연합(EU: European Union)이 소비자 프라이버시(privacy) 보호를 목적으로 하는 일반 데이터 보호 규칙(GDPR: General Data Protection Regulation)을 통과시킨 것이 바로 그러한 예이다. 일예로 구글은 EU와 오랫동안 규제 싸움을 벌여왔다. 구글은 우선순위 목록(priority list) 측면에서 유럽에 기반을 둔 서비스에 비해 그들 자신의 서비스(예, 구글 검색, 구글 지도, 구글 파이낸스, 구글 쇼핑)를 유리하게 한다고 고발당했다. 그럼에도 구글은 유럽에서 가장 인기 있는 검색 엔진이다. 그렇긴 하지만 "우리는 미국 인터넷 거대 기업의 디지털 식민지가 되길 원하지 않는다"라고 말한 것으로 알려진 전(前) 프랑스 경제부 장관 아르노 몽테부르(Arnaud

---

4 중국 광동성에 위치한 대도시로 홍콩의 접경지이다. 폭스콘은 이곳에서 애플 컴퓨터의 아이팟이나 노트북 컴퓨터를 생산하고 있다(역자 주).

Montebourg)를 포함해 구글을 비판하는 사람들도 있다(Stone & Silver, 2015).

1) FDI와 연관된 위험

외국에서의 투자 결정은 해외에서 운영되는 회사를 심각한 위험(risk)에 빠뜨릴 수 있다. TNC는 현지 국가의 법과 규정을 따라야 한다. TNC는 또한 현지 국가의 정치와 비즈니스 정책에도 취약하다. FDI와 연관된 위험의 종류로는 어떤 것들이 있는가? 전쟁, 혁명, 쿠데타를 포함한 정치적 불안정과 연관된 문제들이 있을 수 있다. 덜 두드러지긴 하지만 똑같이 중요한 문제로 민간사업과 특히 외국인 소유 기업에 대해 적대적일 수도 있는 사회주의 혹은 민족주의 정부의 선출로 인한 변화가 있다. 노동 조건과 임금 요건의 변화 또한 회사가 해외에서 사업을 할 수 있는 능력이라는 측면에서 실제적으로 중요한 요인이다. 외국 정부는 세금, 통화 태환성(currency convertibility),5 혹은 기술 이전에 관한 법을 시행할 수도 있다.

예를 들어, 기술 이전 이슈를 살펴보자. 미디어 혹은 정보 기술 기업이 외국 시장에 진입하기 위해서는 그 국가의 국내 회사와 제휴할 것을 요구받을 수도 있다. 문제는 국내 회사가 때로는 전유적 정보를 얻기 위해 그러한 관계를 이용할 것이라는 사실이다. 점점 더 많은 국가가 자국에서 사업을 하게 해주는 대가로 고도의 생산시설뿐만 아니라 연구·개발실 설립을 요구하면서 강제적인 기술 이전에 기댄다(Atkinson & Ezell, 2012; Breznitz & Murphree, 2011). 당연히 문제는 오늘날의 사업 파트너가 미래의 경쟁자가 될 수 있다는 점이다. 이와 관련된 문제로 지적 재산 보호가 있다. 지적 재산 및 특허권 보호와 관련해서 일부 외국 정부는 너무 하는 일이 없다. 요약하자면, FDI는 현지 국가가 정치적으로 안정되어 있는 것으로 인식될 경우 그리고 현지 국가의 비즈니스 규정이 합리적이라고 간주될 경우에만 이루어질 수 있다(Breznitz & Murphree, 2011). 이와 같은 이슈를 감안해 TNMC는 자본과 자원을 투입하기에 앞서 국가 위험 평가(risk assessment)를 실시함으로써 잠재적인 위험을 신중하게 고려할 것이다.

---

5 자국 통화의 보유자가 그 통화를 일정 교환 비율로 타국 통화와 어떠한 목적에서든지 교환할 수 있는 권리를 말한다(역자 주).

4. 초국가적 미디어와 글로벌 경쟁

글로벌 경쟁은 국적과 국경을 넘어서는 새로운 경쟁의식을 불러일으켰다. 규모와 상호보완적 강점이 비즈니스 생존에 매우 중요하다는 믿음을 특징으로 하는 새로운 형태의 경제적 다윈주의(Darwinism)6가 판치고 있다. 가혹하고 극단적 방식으로 계속되는 이윤 추구(와 실패에 대한 두려움)로 인해 전 세계의 회사들은 그들의 비즈니스 운영을 적정한 규모로 조정하고, 재조직화하며, 재설계하고자 맹렬히 시도해왔다. 크든 작든 이윤은 늘리고 비용은 줄이려는 그러한 강력한 충동에 영향을 받지 않은 회사는 없다. 오늘날 미디어 회사와 텔레커뮤니케이션 회사들이 성장과 확장을 계속해나가고 있기 때문에, 전 세계적 경쟁력 유지라는 과제는 해결하기가 점점 더 어려워지고 있다.

오늘날의 TNMC들(특히 인터넷 거대 기업들)은 어느 때보다 더 큰 조합을 이루고 경향이 있는 탈규제와 세계화를 기회로 활용하고 있다. 그와 같은 변화는 글로벌 경제에 불가피하다는 것이 폭넓게 받아들여짐으로 인해 반독점(antitrust) 위반에 대한 우려가 그늘에 가려지는 것 같다. 그 결과는 미디어와 정보 기술 분야 회사들의 통합(consolidation)이었다. 간단히 말해서, 그러한 통합의 목적은 세계무대에서 경쟁하는 데 필요한 규모와 자원을 갖추는 것이다(Chan-Olmsted & Chang, 2003; Compaine & Gomery, 2000; Hollifield, 2001; Noam, 2016).

1) 초국가적 미디어와 비즈니스 전략

오늘날 매우 경쟁적인 초국가적 미디어 시장에서 성공하기 위해서는 미디어 콘텐트 소유와 전송방법 소유 두 측면 모두에서 유리한 위치에 있어야 한다는 것이 하나의 신조가 되었다. 이런 이유로 콤캐스트(Comcast)는 다수의 케이블 텔레비전 프로그램 서비스뿐만 아니라 NBC(National Broadcasting Company) 텔레비전 네트워크도 소유하고 있다. 마찬가지로 AT&T는 2018년 타임 워너 커뮤니케이션(Time Warner Communication)을 850만 달러에 인수했다.

---

6 영국의 생물학자 찰스 다윈(Charles Darwin; 1809~1882년) 등이 개발한 생물학적 진화 이론으로, 모든 생물종들이 크기가 작은 유전형들의 자연선택을 통해 발생하고 발달함으로써 개체의 생존, 번식 능력을 증가시킨다고 주장한다.

인수(acquisition)와 합병(merger)은 회사들이 시장 점유율을 높이거나, 제품 라인을 다각화하거나, 더 높은 운영 효율성을 창출하기 위해 결합할 (혹은 제휴할) 수 있는 가장 직접적인 두 가지 방법이다. **합병** 계약을 통해 두 회사는 한 회사로 합쳐진다. 합병을 통해 새롭게 형성된 회사는 두 회사의 자산과 부채를 떠맡는다. 이에 반해, **인수**는 인수 회사의 생산 능력을 늘릴 (혹은 향상할) 목적으로 한 회사가 다른 회사를 매수하는 것이다. 2016년, 마이크로소프트(Microsoft) 가 262억 달러에 링크트인(LinkedIn)[7]을 인수한 것과 2006년, 구글이 16억 5,000만 달러에 유튜브를 인수한 것이 그러한 인수 사례라 할 수 있다. 인수를 통해 한 회사는 현금, 유가증권, 혹은 이 둘의 조합을 대가로 지불하고 다른 회사의 운용 자산(operating asset)을 손에 넣는다. <표 3.1>은 2006년에서 2018 년 사이에 이루어진 유명한 미디어 인수 및 합병 사례를 보여주고 있다.

표 3.1 주요 미디어 및 텔레커뮤니케이션 인수 사례, 2006~2018년

월트 디즈니	2018	713억 달러에 21세기 폭스 인수
AT&T	2018	854억 달러에 타임 워너 인수
퀄컴	2016	470억 달러에 NXP 세미컨덕터스 인수
마이크로소프트	2016	262억 달러에 링크트인 인수
AT&T	2015	485억 달러에 디렉TV 인수
악셀 스프링거 SE	2015	4억 5,000만 달러에 비즈니스 인사이더 인수
델	2015	660억 달러에 EMC 인수
콤캐스트	2014	462억 달러에 타임 워너 케이블 인수
페이스북	2014	195억 달러에 왓츠앱 인수
구글	2013	9억 6,600만 달러에 웨이즈 인수
소프트뱅크	2013	216억 달러에 스프린트 인수
페이스북	2012	10억 달러에 인스타그램 인수
콤캐스트	2011	300억 달러에 NBC/유니버설 인수
월트 디즈니	2009	40억 달러에 마벌 엔터테인먼트 인수
뉴스 코프	2007	56억 달러에 다우 존스(「월 스트리트 저널」) 인수
구글	2006	16억 달러에 유튜브 인수

출처: 회사 보고서.

---

7 흔히 '링크드인'으로 잘못 표기하고 있으나 무성음 f, k, p, s, ch, sh, th로 끝나는 동사의 과거를 나타내는 어미 ~ed는 't'(트)로 발음되며 따라서 '링크트인'으로 표기함이 옳다(역자 주).

2) 인수 및 합병의 실패

모든 인수와 합병이 성공하는 것은 아니다. 당연히 문제는 제안된 인수 혹은 합병이 창출해내고자 하는 것을 성취하느냐 여부이다. 더 심해진 경쟁의 압박을 느낄 때 회사들은 회사의 규모를 키우면 더 좋은 회사가 될 것이라는 다소 잘못된 가정을 받아들인다. 그러나 더 자세히 살펴보면, 항상 그렇지는 않다는 것이 분명해진다. 두 대기업의 결합은 흔히 아무도 예견할 수 없는 문제를 야기한다. 실패한 인수나 합병은 손실 수익(lost revenue), 자본 부채(capital debt), 직무 성과 감소 가능성 측면에서 두 회사 모두에게 매우 큰 지장을 준다. 파산 가능성뿐만 아니라 직원 및 운영 감축이 불가피하게 초래될 수 있다. 다음 네 가지 이유는 왜 인수와 합병이 때로 실패할 수 있는지를 설명하는 데 도움을 준다:

① 강력한 전략적 근거의 부족
② 기업 실사 수행 실패
③ 합병 후 계획 수립 및 통합 실패
④ 자금 조달 및 과도한 부채 문제

강력한 전략적 근거의 부족. 합병 결정이 때로는 강력한 전략적 근거의 뒷받침 없이 내려지기도 한다. 세계적인 경쟁력을 갖추고 싶은 바람에서 두 회사가 보완적 강점과 추정된 시너지에 대한 비현실적인 기대를 가지고 제안된 합병에 들어간다. (이런 식으로 합병이 진행될 경우)[8] 대개 일단 계약이 완료되고 나면 맨 먼저 합병을 고려하게 된 계기가 되었던 바로 그 문제가 더욱 악화된다.

기업 실사 수행 실패. 치열한 협상으로 감정이 매우 고조된 분위기에서는 합병 당사자들이 합병 계약에 앞서 수행되어야 할 기업 실사(due diligence)[9]에

---

8 괄호 안은 역자 첨가.

9 거래 상대방이 대상 회사의 인수에 관계된 필요한 정보를 얻기 위해 대상 회사의 경영상태, 자산상태, 재무적·영업적 활동 등 기업의 전반적인 상황에 대하여 조사·검토를 하는 활동을 가리킨다(역자 주).

실패한다. 인수하는 회사는 나중에서야 의도한 인수가 바랐던 목표를 달성하지 못할 수도 있다는 것을 알게 된다. 흔히 기업 실사 미비는 인수하는 회사가 인수에 너무 많은 것을 지불하는 결과를 초래한다. 이것에 대한 가장 대표적인 사례가 2001년 아메리카 온라인(America Online)이 1,630억 달러를 지불하고 타임 워너를 인수한 것인데, 이것은 결과적으로 미국 기업 역사에서 가장 비극적으로 실패한 합병 가운데 하나로 기록되었다.

합병 후 계획 수립 및 통합 실패. 합병이 실패하는 가장 중요한 이유 가운데 하나는 형편없는 합병 후(post-merger) 계획 수립 및 통합이다. 만약 제안된 합병이 유사한 제품을 생산하는 부문들을 합치는 것에 대한 효과적인 계획을 포함하고 있지 않다면, 중복 생산은 시너지가 아닌 불화의 근원이 될 수 있다. 영역 다툼이 벌어지며, 관리자들 사이의 보고 기능이 분열을 초래하게 된다. 이 문제는 기업 문화에 상당한 차이가 있을 때 더욱 복잡해진다.

자금 조달 및 과도한 부채 문제. 인수나 합병에 필요한 자금을 조달하기 위해 일부 회사는 단기 대여를 통해 상당한 액수의 부채를 떠안게 될 것이다. 성과가 기대를 충족하지 못할 경우, 그와 같은 회사들은 채무를 이행하지 못할 수도 있다. 상술한 회사들은 자금을 모으기 위해 전 부문을 매각하지 않을 수 없거나, 설상가상으로 완전 채무 불이행으로 이어질 수도 있다. 결국 과도한 부채는 새롭게 형성된 회사를 매우 불안정하게 보이게 만들 수 있다.

5. TNMC, 세계화, 그리고 사상의 시장

수많은 저자들이 TNMC의 힘과 영향력을 감안할 때 소수의 지배적인 미디어 기업이 사상의 시장(marketplace of ideas)에 대해 그 수에 어울리지 않은 엄청난 영향을 행사한다고 주장해왔다. 그와 같은 주장에 담겨 있는 함의는 여론에 영향을 미칠 수 있는 TNMC의 독특한 능력 때문에 TNMC는 다른 TNC와 달리 취급되어야 한다는 것이다. 기업 규모는 모종(某種)의 기업 의제를 위해 새로운 미디어 제품과 아이디어의 다양성과 이용 가능성을 제한하는 것으로 추정된다(Bagdikian, 2004; Demers, 2002; McChesney, 2008). 공중은 그와 같은 회사와 회사의 소유주가 사상의 시장에 과도한 영향력을 행사한다고 인식한다.

그와 같은 우려는 대규모 미디어 회사의 목표와 의도에 대한 많은 가정과 오인(誤認)으로 바뀐다. 첫 번째 오인은 그와 같은 회사들은 비즈니스에 접근하는 방식이 획일적이라는 것이다. 대규모 미디어 회사들은 거의 한 덩어리로 모두 똑같다는 것이다. 구체적으로 말하면, 디즈니와 타임 워너와 구글은 모두 같다. 바이어컴(Viacom)[10]이 CBS(Columbia Broadcasting System)를 분사시켜 별도의 트래킹 주식(tracking stock)[11]을 발행하기로 한 2006년의 결정이나 뉴스코프(News Corp)가 그들의 불명예스러운 전화 해킹(hacking) 스캔들[12]로 인해 21세기 폭스(21st Century Fox)를 뉴스 코프에서 분리시키기로 한 2011년의 결정에서 입증되었듯이, 때로는 초국가적 미디어의 규모와 복잡성이 실제로 장애가 될 수 있다. 두 경우 모두, 강력한 미디어 브랜드 가치가 모회사의 다른 보유 자산의 무게에 짓눌리고 있다는 것을 충분히 알아차릴 수 있을 정도였다.

두 번째 오인은 TNMC는 여러 정치적·사회적 이슈에 있어서 여론 조작을 목표로 하는 명확하게 규정된 기업 의제를 가지고 있다는 것이다. 따라서 어떠한 새로 알려지거나 발표된 미디어 인수 및 합병도 흔히 공중의 회의적인 태도에 부딪힌다. 노엄(Noam, 2016)이 지적하듯이, 일반 공중은 일반적인 비즈니스와 관련해서는 대규모 회사들의 힘과 성공을 좀 더 기꺼이 받아들이는 것 같은데, 미디어 소유권이 관련될 때는 훨씬 덜 관용적이다.

사람들은 미디어가 그들의 가슴, 마음, 지갑, 투표에 영향을 미치는 강력한 도구로 인식한다. 그들은 사회에서 그들이 싫어하는 것에 대한 책임을 미디어(와 미디어 소유주)에게 돌린다(Noam, 2016). 그와 같은 회사들은 고전적인 형태

---

10 바이어컴은 애초 CBS에서 분리된 회사로 합병과 분리를 거듭해왔다. 1927년, UIP 채널로 출발한 CBS는 1971년 바이어컴을 분사시켰다. 바이어컴은 1985년 MTV를 인수하고, 어린이 채널 니켈로디언 등을 통해 거대 미디어 기업으로 성장했다. 1999년에는 당시 모기업이었던 CBS를 인수했다. 이후 2006년 하지만 합병의 시너지가 나지 않는다는 이유와 급증하는 케이블 네트워크에 대비하기 위해 바이어컴을 다시 분리했다. 그러다가 2019년 12월 다시 합병해 바이어컴CBS(ViacomCBS)가 되었다(역자 주).

11 트래킹 주식이란 기업이 특정 사업부문을 육성하는 데 필요한 자금을 조달하기 위해 모기업 주식과 별도로 발행하는 주식을 말한다. 특정 사업부문의 가치와 실적에 따라 주가가 움직인다고 해서 이런 이름이 붙었다(역자 주).

12 2012년 9월 13일 영국 배우 휴 그랜트(Hugh Grant)가 타블로이드 신문인 「뉴스 오브 더 월드」(*News of the World*)의 전화 메시지 해킹 문제로 미디어 그룹 뉴스 코프의 영국 본사를 고소한 사건이다(역자 주).

의 반경쟁적인 행동을 보이는가? 그들로 인해 사상의 시장이 쇠퇴하는가? 꼭 그런 것은 아니다. 오늘날 더 널리 알려진 TNMC들은 대부분 미디어 및 정보 기술의 선택된 영역에서 시장을 선도하는 회사라고 말하는 것이 좀 더 정확할 것이다(<표 3.2> 참조).

진짜 문제는 시장 집중화 문제이다. 시장 집중화(market concentration)라는 용어는 어떤 주어진 시장 내의 판매자 수를 기술하는 데 사용된다. 만약 제한된 수의 회사들이 어떤 시장을 지배한다면, 그 시장은 매우 집중화되어 있다고 말할 수 있다. 알배런(Albarran)과 미어제예스카(Mierzejewska)(2004)가 지적하듯이, 미디어 집중 문제는 두 가지 방법으로 살펴볼 수 있다.

표 3.2 초국가적 미디어 기업

회사	세계 본사	주요 사업 운영
알파벳(구글)	미국	인터넷 검색, 유튜브 동영상
아마존	미국	전자 상거래, 디지털 서적, 전자책
애플	미국	스마트폰, 랩탑 및 데스크탑 컴퓨터, 아이튠즈
악셀 스프링거	독일	텔레비전 방송국, 신문, 라디오
바이두	중국	소셜 네트워킹, 전자 상거래, 모바일 서비스
베텔스만 AG	독일	텔레비전 방송국, 라디오, 북 클럽, 출판, 잡지, 음악, 영화
콤캐스트	미국	텔레비전 및 영화 오락물, 케이블 텔레비전 운영, NBC유니버설
페이스북	미국	소셜 네트워킹, 인스타그램
그루푸 글로부	브라질	텔레비전 방송국, 신문, 라디오
메디아셋	이탈리아	텔레비전 방송국
마이크로소프트	미국	비즈니스 오피스 소프트웨어, 엑스박스 비디오게임 시스템
넷플릭스	미국	텔레비전/영화, 전자 상거래 렌탈 서비스, 동영상 스트리밍
뉴스 코프	호주/미국	신문, 잡지, 텔레비전, 영화
삼성	한국	가전제품, 스마트폰
소니	일본	가전제품, 비디오 게임 콘솔 및 소프트웨어, 음악 및 영화 오락물
타임 워너	미국	잡지 출판, HBO, 영화 오락물, CNN, 음악
바이어컴	미국	방송 및 케이블 텔레비전 프로그래밍
월트 디즈니	미국	테마 파크, 텔레비전 및 영화 오락물, 소비자 머천다이징[13]

첫 번째 방법은 단일 산업 내 집중(within-industry concentration)의 측면에서 미디어 집중을 살펴보는 것이다. 단 하나의 회사가 미디어와 텔레커뮤니케이션의 특정 분야를 어느 정도 지배하는가? 미디어 집중을 살펴보는 두 번째 방법은 교차 미디어 소유권(cross-media ownership) 측면에서 미디어 집중, 즉 교차 산업 집중(cross-industry concentration)을 살펴보는 것이다. 교차 미디어 소유권의 목적은 뉴스, 오락물 및 고도 정보 서비스14를 결합해서 소유하는 것이다. 교차 미디어 소유권은 ① 회사 소유의 미디어 자산들(media properties)15 간의 교차 라이선싱(cross-licensing)16 및 마케팅 기회; ② 회사 소유의 미디어 자산들 사이의 뉴스 취재, 인쇄 및 배급 시설 공유; ③ 각기 다른 미디어 플랫폼(platform)들에 걸쳐 라이선싱 및 판매 계약 협상을 진행하는 것을 포함한 다양한 효율성을 꾀할 수 있는 기회를 제공한다. 쟁점이 되는 것은 단 하나의 회사가 사상의 시장에 영향을 미치는 것뿐만 아니라 새로운 제품 및 서비스 개발을 통제하는 정도이다.

1) 탈규제의 역설

원칙적으로 탈규제(deregulation)는 경쟁을 촉진해 새로운 서비스 공급자들에게 시장을 개방하는 것으로 여겨진다. 그러나 문제는 규제를 받지 않는 완전한

---

13 머천다이징(merchandising)이란 제조단계에서는 생산된 제품에 네이밍(naming), 패키지(package), 브랜드(brand), 기타의 부속적인 요소를 더해서 상품의 가치를 높이는 '상품화 활동'을 의미하지만 소매단계에서는 상품력의 강화를 지향한 상품 관련 업무의 총체를 말하며 특히 금후의 상품계획 이에 따른 신상품의 발견, 개발, 육성을 의미한다. 상품화 계획 혹은 특정의 상품 또는 서비스를 장소, 시기, 가격, 수량에 대하여 시장에 보내진 것에 따른 계획과 감독의 의미를 담고 있다(역자 주).

14 통신과 컴퓨터의 관계에 대해 미국의 연방 커뮤니케이션 위원회(FCC: Federal Communications Commission)는 1980년에 제정한 제2차 컴퓨터 제정에서 통신 서비스를 '기본 서비스'(basic service)와 '고도 서비스'(enhanced service)로 구분했는데, 기본 서비스는 전화회선과 전용회선 같은 단순한 전송·교환 기능만 제공하는 서비스이고, 고도 서비스는 통신사업자의 통신설비를 이용하여 가입자가 전송한 정보의 형식·내용·프로토콜 등의 컴퓨터 처리를 하는 서비스로 정의된다(역자 주).

15 영화, 텔레비전 프로그램, 인터넷 프로그램 및 웹사이트, 기타 시청각 저작물, 그리고 배급 수단이나 방법 또는 그러한 자산이 구체적으로 표현되는 미디어에 관계없이 말, 아이디어, 개념, 이미지, 또는 사운드를 구체적으로 표현하는 기타 유사한 자산을 의미한다(역자 주).

16 두 기업이 특허로 인정받은 기술을 공유하는 것을 말한다(역자 주).

탈규제는 때로 그것이 해결하려 했던 바로 그 문제, 즉 경쟁의 결핍을 야기할 수 있다. 모스코(Mosco, 1990) 같은 연구자는 그것을 "텔레커뮤니케이션 탈규제의 신화"라고 부른다. 디머스(Demers, 2000, 2002) 같은 저자는 그것을 "자본주의의 거대한 역설"이라고 표현한다. 필자는 그것을 간단하게 탈규제의 역설이라 부른다. 디머스가 지적하듯이, 소위 자유 시장 경제체제하에 있는 대부분의 산업의 역사는,

> 과점(oligopoly)의 증가에 대한 역사로, 과점 시장에서는 결국 소수의 큰 회사들이 지배하게 된다. 1800년대 말의 정유, 철강, 철도 산업은 그러한 과점의 첫 번째 사례들이다. … 결국 많은 수의 이러한 기업들을 해체하기 위해 반독점법(antitrust law)을 사용했지만 시장이 과점되는 경향은 이러한 산업들은 물론 대부분의 다른 산업에서도 계속되었다(2000, p. 1).

커뮤니케이션 산업도 예외가 아니다. 제품을 제조하는 회사나 서비스 공급 회사의 수가 적을수록 해당 시장 내의 집중도는 더 높다. 이것은 결국 제품 품질, 다양성 및 비용의 측면에서 경쟁하는 회사들 간 경합성(rivalry)의 정도에 영향을 미칠 수 있다(Noam, 2009). 결과적으로 이것은 소비자의 선택의 폭이 줄어듦을 의미한다. 더욱이 새로운 경쟁자들에게 고도로 집중된 시장은 그들의 시장 진입을 막는 강력한 장벽이다. 지나치게 심한 통합은 새로운 회사와 경쟁자들에게 개방된 시장을 조성하는 대신 회사의 수가 더 적어지는 결과를 초래해서 경쟁이 더 줄어들게 할 수 있다(Compaine & Gomery, 2000; Gershon, 2013). 끝으로, 탈규제의 역설은 2011년 「뉴스 오브 더 월드」(*News of the World*)의 전화 해킹 스캔들에서 드러난 것처럼 때로 윤리적 행동상의 일탈로 이어질 수 있다. 회사가 자율 규제를 수행할 수 없거나 수행할 의향이 없을 때 탈규제의 역설은 흔히 기업 지배구조(corporate governance)[17] 체계의 실패를 동반한다(Gershon, 2013).

---

17 기업 지배구조란 기업이라는 경제활동의 단위를 둘러싼 여러 이해관계자들 간의 관계를 조정하는 메커니즘이라고 정의되거나, 경영자원의 조달과 운용 및 수익의 분배 등에 대한 의사결정과정과 이에 대한 감시 기능의 총칭으로 정의되기도 하고, 기업가치의 극대화를 위해 기업의 이해관계자간 대리인 비용(agency cost)과 거래 비용(transaction cost)을 최소화하는 메커니즘이라고 정의되기도 하며, 기업의 경영을 감시, 규율하는 것 또는 이를 행하는 기구를 뜻하기도 한다(역자 주).

6. 인터넷 및 브로드밴드 전송

인터넷 및 브로드밴드 전송은 21세기의 하부구조가 해결해야 할 큰 과제이다. 1세기 전의 전기처럼 브로드밴드는 경제 성장, 세계적 경쟁력, 일자리 창출, 그리고 향상된 삶의 질의 토대이다. 인터넷 및 브로드밴드 전송은 완전히 새로운 산업을 가능하게 하며 미래에 대한 가능성을 열어주고 있다. 오늘날 세계 인구의 절반 이상이 도시 지역에 살고 있다. 인구 증가와 이주로 인해 2025년까지 중국 한 곳에서만 81개의 도시가 새로 생겨날 것이다(Norton, 2011). 원래 농촌 지역이던 곳이 도시나 거대 도시로 바뀌는 이러한 변화는 앞으로 수십 년 동안 계속될 것으로 전망되기 때문에 도시 개혁의 필요성이 증가할 것이다. 더욱 더 많은 사람들이 더 큰 도심 지역으로 계속해서 몰려듦에 따라, 도시 계획 입안자들은 자원 관리, 비즈니스 개발, 교육, 치안 등 많은 새롭게 대두되는 문제에 직면하게 될 것이다. 도시 계획 및 빠른 정보 접근 필요성과 관련해 지금껏 보지 못한 추가적인 문제들이 덜 분명하게 나타날 것이다.

스마트 시티(smart city)는 사람과 자원을 매우 효율적이면서도 지속 가능한 방식으로 관리하기 위해 커뮤니케이션 및 정보 기술을 활용하는 도시 지역이다. 스마트 시티는 정부, 업계, 교육, 치안, 보건, 에너지 및 유틸리티(utility),[18] 종교, 교통, 공원 및 여가(parks and recreation) 분야를 포함하는 여러 이해관계자(stakeholder)로 구성된다. 스마트 시티 기술의 목적은 지역사회의 자원과 기술(skill)을 조화롭게 조정함으로써 도시의 집단 지성(collective intelligence)과 도시의 주요 구성원들을 지렛대로 활용하는 것이다(Harrison et al., 2010). '스마트'는 소위 **스마트 홈**(smart home), 즉 정보 및 오락 서비스의 브로드밴드 전송, 다채널 텔레비전, 에너지 효율성 및 강화된 보안이라는 측면에서 삶의 질을 향상하기 위해 제작된 커뮤니케이션 기술이 갖춰져 있는 주거지(주택, 아파트)를 가리키기도 한다.

---

18 전력, 통신, 도시가스, 상하수도 등의 공공 서비스를 말한다(역자 주).

7. 디지털 시대의 글로벌 메시지

디지털 미디어는 완전히 새로운 형식의 커뮤니케이션 표현을 만들어내기 위해 여러 종류의 하드웨어 및 소프트웨어 디자인 요소들을 기술적으로 수렴해놓은 것이다(Gershon, 2017). 잘 만들어진 웹사이트 디스플레이에서부터 페이스북 및 유튜브 영상 포스팅에 이르기까지 디지털 미디어는 글로벌 메시지 디자인, 특히 우리가 정보를 전달하고 정보에 접근하고 정보를 수신하며 저장하는 방식이라는 측면에서 매우 영향력 있는 21세기의 게임 체인저임이 증명되었다(Levinson, 2013; Wong, 2009). 이번 논의의 핵심은 지능형 네트워킹(intelligent networking)의 중요성인데, 지능형 네트워킹은 업계 이용자와 개인 이용자 모두에게 똑같이 글로벌 커뮤니케이션을 가능하게 해주는 기술과 전자 통로를 제공한다. 앞에서 지적했듯이, 외국 시장 침투와 TDF 같은 개념은 국제 전자 상거래 사이트, 소셜 미디어, OTT 영상 스트리밍 서비스의 확산을 감안할 때 매우 다른 무언가를 의미한다(Berger & Milkman, 2012; Evens, 2013; Tabernero et al., 2013; Wirth & Rizzuto, 2013).

1) 초국가적 미디어와 전자 상거래

전자 상거래(electronic commerce)라는 용어는 인터넷을 통해 제품과 서비스를 판매하는 것을 말한다. 전자 상거래의 강점과 배달 범위는 전 세계의 구매자와 판매자가 자유롭게 참여하는 거대한 글로벌 경기장을 만들어냈다. **교환 효율성**(exchange efficiency)의 원칙은 관리 이론(management theory)의 중요한 개념이다(Gershon, 2013). 이 원칙은 소비자가 어떤 제품이나 서비스를 획득할 수 있는 최적의 조건을 만들어내는 것과 관련 있다. 교환 효율성의 전통적인 예로 수퍼마켓에서 고객들이 계산대를 빨리 통과할 수 있게 해주는 **빠른 계산대**(speed lane)를 들 수 있다. 오늘날 전자 상거래는 교환 효율성의 원칙을 소매 거래 및 유통의 측면에서 완전히 새로운 수준으로 받아들였다. 이 논의의 핵심은 공급 체인 관리(SCM: supply chain management)와 네트워크화된 정보 활동의 중요성이다. SCM은 제품을 생산해서 최종 소비자에게 배달하는 데 필요한 전체적인 연결 단계들을 고려하는 복잡한 비즈니스 모델이다. 공급 체인에는 제조회사와 공급회사뿐만 아니라 운송회사, 창고, 소매업자, 그리고 소비자 자신들도 포함된다. SCM 철학은 공급 체인에 관련된 모든 사람은 공급자이자 고객이며 적시의 최신 정보에 대한 접근을 필요로 한다는 믿음에 근거를 두고 있다. 따라서 정보와 지능형 네트워킹의 힘이 핵심이다. 그것은 시간 기반 경쟁력(time-based competitiveness)의 핵심 사항이다(Chopral & Meindl, 2016). 이것은 전 세계에서 오는 고객 주문을 자주 처리하고 비즈니스가 시간에 민감한 아마존닷컴, 애플, 넷플릭스와 같은 TNMC에 특히 중요하다. 전자 상거래와 지능형 네트워킹의 힘 덕분에 이와 같은 회사들은 규모와 운영 면에서 초국가적일 수 있게 되었다. 그들은 쇼핑 경험을 진정으로 세계화했다.

2) 초국가적 미디어와 정보 검색

정보 검색은 사람들이 인터넷을 이용하는 가장 기본적인 이유로, 다시 말해 인터넷 이용자들은 그들에게 중요한 토픽과 이슈에 대한 정보를 모으기 위해 정보를 검색한다. 오늘날 인터넷의 성공은 대부분 하이퍼텍스트 링킹(hypertext linking), 향상된 웹 디자인, 강력한 검색 엔진을 포함하는 여러 요인들 때문이다. 검색 엔진은 이용자가 핵심어 검색을 수행해 인터넷에서 이용 가능한 특정 정보를 찾아내도록 도와주는 소프트웨어 도구이다. 검색 엔진은 또한 인터넷에서 찾을 수 있는 정보 자원을 체계화하는 일도 담당한다. 검색 엔진 가운데는 구글, 바이두(Baidu), 야후!(Yahoo!) 같은 일반 정보 검색 엔진도 있고, 일반인들에게는 잘 알려져 있지 않지만 이용자들에게 좀 더 특정한 작업에 집중할 수 있게 해주는 웹MD(WebMD)(보건), 트립어드바이저(TripAdvisor)(여행), 켈리 블루 북(Kelley Blue Book)(자동차 가격 비교 서비스) 같은 전문적인 검색 엔진 웹사이트도 중요하다. 전문 검색 엔진은 짜임새 있는 검색을 가능하게 함으로써 인터넷을 훨씬 더 접근 가능한 항해 도구로 만들어준다.

오늘날 구글은 세계 최대의 인터넷 검색 엔진이다. 출범 당시부터 구글이 명시한 사명 가운데 하나는 세계의 정보를 체계화하는 것이었다. 2008년부터 구글은 수조(兆)개의 URL 링크를 색인화했다. 그밖에도 구글은 핵심어 검색 광고(keyword search advertising), 특히 검색 결과 바로 다음에 나타나는 텍스트 기반(text-based) 광고와 해당 링크를 맨 처음 도입한 회사 가운데 하나이다. 핵심어 검색 광고는 마이크로마케팅(micromarketing)[19]과 광고의 개인화(personalization)를 가능하게 하는 도화선이 되었다(Auletta, 2009). 이 비즈니스 모델 전략은 나중에 여러 다른 전자 상거래 회사들에 의해 채택되었다.

　구글 검색 엔진의 검색력과 네트워킹 역량은 적응력이 뛰어난 것으로 드러났으며 시간이 흐르면서 기하급수적으로 성장했다. 더 많은 사람이 구글 검색 엔진을 사용할수록, 구글 검색 네트워크는 더 강력해진다. 더 큰 네트워크 설계 속에 자동 자기 학습(automatic self-learning) 기능이 내재되어 있으며, 이는 다른 구글 소프트웨어 제품과 서비스(예, 지메일, 구글 맵스, 구글 어스, 구글 애널리틱스, 유튜브 등)의 개발을 촉발했다. 구글의 다양한 앱과 정보 역량으로 인해 구글은 수많은 지리적 경계와 가상의 경계를 넘나들 수 있게 되었으며 정보 검색도 전 세계를 기반으로 한 정보 검색으로 바뀌었다(Gershon, 2011).

3) 초국가적 미디어와 소셜 네트워킹

소셜 미디어는 이용자들의 가상 공동체가 개인 프로필, 연락 정보, 개인 메시지, 블로그와 논평, 동영상을 사용해 정보를 공유하는 하나의 인터넷 기반 활동 범주를 나타낸다. 간단히 말해, 소셜 미디어는 관계 형성에 관한 것이다(Friedrichsen & Mühl-Benninghaus, 2013). 비록 소셜 미디어 전략이 어떻게 작동하는지 완전히 이해하지는 못한다 하더라도, 회사들은 대부분 소셜 미디어 전략을 가지고 있어야 할 필요가 있다는 것은 분명히 인식하고 있다. 타버네로와 동료들(Tabernero et al., 2013)이 지적하듯이, 소셜 네트워킹 사이트는 문제를 야기하기도 하지만 동시에 기회를 제공하기도 한다. 한편으로 소셜 미디어는 이용자들에게 기업 커뮤니케이션(corporate communication)[20] 및 정치 커뮤니케이션 전문가들뿐만 아니라 전통적인 뉴스 미디어도 포함하는 전통적인 미디어 중개인들을 우회하는 공적 발언권을 제공한다. 소셜 미디어는 일반 공중에게 좀 더 직접적인 방식으로 의견을 개진하고 반응을 보일 수 있는 기회를

---

[19] 소비자의 인구통계적 속성과 라이프스타일에 관한 정보를 활용, 소비자의 욕구를 최대한 충족시키는 마케팅 전략을 말한다(역자 주).

[20] 기업이 공중과 장기적으로 우호적인 관계를 구축하기 위해서 펼치는 광범위한 커뮤니케이션 활동을 의미한다(역자 주).

제공함으로써 그와 같은 정보의 일방적인 흐름을 두절시킨다. 다른 한편으로 소셜 미디어는 비즈니스 마케터들에게 그들의 수용자와 더 개인화된 방식으로 관계를 맺을 수 있게 하는 완전히 새로운 수단을 제공한다.

소셜 미디어의 광범위한 도달범위와 즉시성(immediacy)으로 인해 표준시간대, 지리적 경계, 그리고 물리적 공간에 상관없이 실시간으로 커뮤니케이션하는 것이 가능하다. 그로 인해 친구, 동료, 또래들 간의 즉각적인 커뮤니케이션도 가능하다. 소셜 미디어는 몇 가지 중요한 커뮤니케이션 목적을 달성할 수 있다. 첫째, 소셜 미디어는 기존의 관계를 강화해줄 뿐만 아니라 사람들이 새로운 사람을 만날 수 있게도 해준다(Piskorski, 2011). 개인적인 친구관계에서부터 직업적인 접촉에 이르기까지 소셜 미디어는 지능형 네트워킹의 힘을 활용해 쉽고 편하게 커뮤니케이션할 수 있게 해준다. 페이스북과 링크트인 모두 2개 이상의 이름 목록을 기반으로 하는 친구의 친구 참조 매트릭스 알고리즘 [즉, 공통 인덱스 네이밍 포인트(common index naming points)]을 토대로 만들어지는 잠재적인 친구(혹은 접촉자) 목록을 생성하는 전문적인 알고리즘을 사용한다.

둘째, 사람들이 스토리에 댓글을 달고/달거나 널리 유포할 목적으로 뉴스 기사를 공유할 때 소셜 미디어는 새로운 아이디어의 확산을 돕는다. 인터넷 뉴스와 소셜 미디어의 등장으로 독자들은 이제 그들에게 특히 흥미로운 뉴스 기사에 댓글을 달거나 전달하는 추가 조치를 취한다. 저널리즘 용어로 그것은 기사가 살아있게 함을 의미한다. 버거와 밀크먼(Berger & Milkman, 2012)은 두 가지 특징이 뉴스 기사의 성공을 예측할 수 있다는 사실을 알아냈는데, 하나는 메시지가 얼마나 긍정적인가 하는 것이고 다른 하나는 그것이 독자를 얼마나 흥분시키느냐 하는 것이다. 특히 페이스북은 이용자들의 흥미를 끄는 독특하고 특별한 뉴스 기사를 업로드하고 퍼뜨려줄 것을 권장한다. 이 모든 것은 이용자들이 특히 친구들에 의해 공유되는 뉴스 기사에 관심이 있다는 사실을 가리킨다 (Urban & Bodoky, 2013).

셋째, 소셜 미디어는 시간과 장소를 포함해 사건에 대한 정보를 제공함으로써 사람들을 행동하도록 동원하는 데 매우 중요한 도움을 제공한다. 2011년, 튀니지, 이집트, 예멘에서 일어났던 아랍의 봄(Arab Spring)은 거리 시위 동원에 페이스북과 트위터(Twitter) 같은 소셜 미디어가 중요한 역할을 한다는 사실을 입증했다. 페이스북이 이들 국가에서 발생한 혁명을 야기하지는 않았지만 대규모 대중 시위 조직을 돕는 데 중요한 역할을 했다(Vargas, 2010). 알 자지라(Al Jazeera) 같은 전통적인 뉴스 미디어뿐만 아니라 휴대폰, 비디오 카메라, 블로그 포스트와 함께 페이스북은 인화성 높은 정보와 이미지가 홍수처럼 밀려들게 하는 도화선 역할을 했다. 페이스북과 페이스북의 수많은 특별 관심사 사이트들은 사람들이 그들의 연대감을 국가 안팎으로 표현할 수 있는 정치적 발언대를 제공했다. 페이스북은 사회적 정의와 관련된 이슈에 일반 공중이 주목하게 함으로써 가상의 국경뿐만 아니라 물리적 국경도 넘어섰다. 혁명의 진원지는 구글의 마케팅 매니저였던 와엘 고님(Wael Ghonim)의 페이스북 페이지 "우리는 모두 칼레드이다"(We Are All Khaled)였다.[21] 11일간 감금된 후 이집트 경찰서 유치장에서 풀려났을 때, 고님은 이집트 혁명에서 소셜 미디어가 한 역할에 대해 CNN에 다음과 같이 말했다:

> 이 혁명은 온라인에서 시작됐다. 이 혁명은 페이스북에서 시작되었다. 이 혁명은 수십만 명의 이집트인들이 콘텐트를 협업하기 시작했던 2010년 6월에 시작됐다. 우리는 페이스북에 동영상을 게시했는데 6만 명의 사람들이 몇 시간 내에 이 동영상을 그들의 담벼락에 공유했다. … 나는 만약 당신이 사회를 해방시키길 원한다면 그냥 그들에게 인터넷을 제공하라고 늘 말했다(Weisberg, 2011).

4) OTT 동영상 스트리밍 서비스

동영상 스트리밍은 정보 및 오락 콘텐트를 디지털 방식으로 압축된 포맷으로 인터넷을 통해 전송하는 것을 말한다. 전송된 프로그램은 고해상도 텔레비전 수상기, 랩탑이나 태블릿, 또는 스마트폰으로 시청할 수 있다. 최종 이용자의

---

21 2010년 6월, 이집트 카이로 시내에서 칼레드 사이드(Khaled Said)라는 청년이 경찰의 폭행으로 숨지는 사건이 발생한다. 구글의 중동 및 북아프리카 지역 마케팅 책임자로서 평범하게 살아가던 와엘 고님은 우연히 인터넷에서 안타까운 청년의 사진을 접하고 "우리는 모두 칼레드이다"라는 이름으로 페이스북 페이지를 만들게 되는데, 이 인터넷 페이지를 중심으로 이집트 젊은이들이 하나로 결집하여 광장으로 모이는 대규모 시위를 만들어내게 된다(역자 주).

HDTV 수상기나 모바일 기기에 직접 광대역 연결되는 스트리밍 영화(와 비디오 클립)의 가능성을 입증한 넷플릭스와 유튜브의 성공으로 동영상 스트리밍은 유력한 텔레비전 시청 수단이 되었다. 동영상 스트리밍에 대한 이 논의의 핵심은 OTT 동영상 서비스, 즉 인터넷을 통해 스마트 홈뿐만 아니라 스마트폰, 태블릿, 랩탑을 포함한 여러 종류의 모바일 기기에도 동영상이 스트리밍될 수 있는 텔레비전 프로그래밍의 미래이다. 가입자들은 그 어느 때보다도 많이 케이블, 전화, 위성 서비스 가입을 해지하고 있다. 젊은 세대의 시청자들이 특히 더 그러한데, 이들은 오로지 OTT 동영상만을 시청하거나 OTT 동영상과 무료 TV를 함께 시청하는 쪽으로 바뀌었다(Evens, 2013; Wirth & Rizzuto, 2013). OTT 서비스 공급은 국제적으로도 확대되고 있다. 방송사업자들과 다른 텔레비전/영화 제작자들은 인터넷과 지능형 네트워킹의 위력을 활용함으로써 새로운 기회를 찾아 전 세계로 확장을 모색하고 있다(Ooyla, 2018).

점점 더 분명해지고 있는 한 가지 사실이 있다. 시청자들이 실시간으로 텔레비전을 시청하는 전통적인(즉, 선형적인) 텔레비전 프로그램 편성이 점점 더 표준이 아닌 것이 되어가고 있다. 대신, OTT 스트리밍 동영상과 함께 디지털 비디오 리코더(DVR: digital video recorder)가 좀 더 젊은 세대 시청자들 사이에 도서관 접근법식 TV 시청(library approach to TV watching)[22] 행태를 만들어내고 있다. OTT는 우리가 텔레비전을 시청하는 방식을 영구히 바꿔놓을 것이며 VOD(video-on-demand)라는 용어에 새로운 의미를 부여할 것이다.

8. 논의

미디어 및 텔레커뮤니케이션 분야는 정보와 오락물 비즈니스가 재정의되고 있는 전환기에 놓여 있다. 인터넷의 급격한 출현과 지능형 네트워킹의 위력을 감안할 때 초국가적 미디어(transnational media)라는 용어는 디지털 시대에 매우 다른 무언가를 의미하게 되었다. 세 가지 중요한 비즈니스 및 기술 변화에 따

---

22 도서관에서 읽고 싶은 책을 찾아 읽듯 시청자들이 방송사에게 제공하는 프로그램을 실시간에 시청하는 것이 아니라 DVR에 저장해둔 콘텐트나 OTT 스트리밍 콘텐트 가운데 보고 싶은 것을 골라 자신이 보고 싶은 시간에 시청하는 방식을 말하는 것으로 보인다(역자 주).

라 초국가적 미디어 관리에 대한 연구도 변화가 있었다. 첫 번째 변화는 인터넷 및 브로드밴드 전송의 중요성이다. 전자 상거래에서부터 OTT 동영상 스트리밍 서비스에 이르기까지 인터넷은 미디어와 커뮤니케이션 역사에서 견줄 만한 것이 없을 정도의 전 세계의 정보, 비즈니스, 오락물에 대한 즉각적인 접근을 제공한다. 두 번째 비즈니스/기술 변화는 디지털 미디어의 중요성이다. 디지털 미디어, 더 나아가 디지털 스토리텔링(digital storytelling)은 글로벌 메시지 디자인이라는 측면에서 매우 영향력이 큰 21세기의 게임 체인저임이 입증되었다. 크든 작든 모든 회사는, 그것이 조직의 웹사이트 디스플레이든 소셜 미디어 활동이든 아니면 전자 상거래 사이트를 통한 판매와 유통이든, 일반 공중의 주목을 충분히 끌기 위해서는 디지털 실재감(digital presence)을 필요로 한다. 디지털 미디어와 함께 인터넷은 전자 상거래 경쟁의 장을 공평하게 만들었으며, 따라서 큰 회사와 작은 회사 모두 똑같이 국제적으로 경쟁할 수 있게 해주었다. 두서너 가지 예를 들면 스냅챗(Snapchat), 트립어드바이저, 트위터 같은 인터넷 스타트업 회사들은 독특한 혁신적인 아이디어를 지렛대로 활용해 전 세계적으로 가시적인 성공을 거둘 수 있었다. 더 중요한 것은 혁신과 좋은 아이디어의 힘은 흔히 최고의 자리에 오를 수 있게 해주며 전통적인 시장 진입 장벽을 우회할 수 있게 해준다.

세 번째 비즈니스/기술 변화는 구글, 페이스북, 아마존닷컴, 넷플릭스 같은 회사를 포함한 TNMC 자신들이다. 이 회사들은 초국가적 미디어의 새 얼굴이다. 이 회사들은 외국 시장 침투와 TDF를 재정의함으로써 그들이 주요 게임 체인저임을 입증했다. 아마존닷컴(전자 상거래)과 넷플릭스(OTT)의 커져가는 성공과 지배보다 이것을 더 분명하게 보여주는 곳은 없다. 21세기의 TNMC는 일반 공중에게 전자 상거래 서비스를 전송하는 기본 플랫폼으로 인터넷과 브로드밴드 전송에 의존하는 동시에 그들의 주목을 끄는 매우 매력적인 미디어 제품을 설계할 수 있는 새로운 부류의 하이브리드(hybrid) 미디어 회사로 변모해가고 있다. 종합하자면, 이러한 세 가지 비즈니스/기술 변화는 초국가적 미디어 제품과 서비스의 규모, 범위, 배급을 재정의했다.

1) TNMC와 국민 국가

TNMC는 국민 국가에 버금가는 수준의 힘과 영향력을 가지고 있다. 그렇기 때문에 국가 정책, 경제적 우선순위, 사회적 의견에 영향력을 미칠 수 있는 TNMC의 특이한 능력을 감안할 때 TNMC는 정책 이슈에 대한 상당한 우려를 불러일으킨다. 그 결과로 발생하는 미디어 활동의 세계화는 언제나 그렇듯 정부와 정책 입안자 모두에게 똑같이 그것의 장기적인 함의를 고려해볼 것을 요구한다. 한때 국가들을 분리했던 지리적 장벽과 문화적 장벽은 대부분 사라졌다. 이러한 꾸준히 계속되는 장벽의 제거는 인터넷의 위력, 특히 정보 검색, 소셜 미디어, 그리고 텔레비전 및 영화 콘텐트의 동영상 스트리밍에 의해 상당히 앞당겨졌다. 이러한 것들은 국경을 모르는 21세기의 글로벌 메시지이다. 초국가적인 경제에서 디지털 미디어와 문화적 무단 침입은 분리선을 재설정할 수 있는 누군가의 능력을 훨씬 넘어선다.

인터넷과 지능형 네트워킹의 힘이 해결해야 할 문제가 없는 것은 아니다. 인터넷 프라이버시, 가짜 뉴스(fake news), 소비자 기만은 앞에 놓여 있는 주요 문제들이다. 기업의 행동(혹은 제품의 품질)이 해롭거나 위험한 것으로 여겨질 때 현지 국가는 적절한 통제를 가할 권리와 책임을 가진다. 그러나 그와 같은 규칙은 일관되어야 하며 모든 상업 거래자들에게 한결같이 적용되어야 한다. 회사의 규모나 운영 때문에 진입 규제 장벽 부과 결정을 내리는 것은 정당화될 수 없다. 자율 규제는 글로벌 메시지와 국제적인 미디어 교역에 관한 어떠한 논의에도 기본적으로 포함되는 부분이다. 정보를 제공하고, 설득하며, 즐거움을 주는 미디어의 독특한 힘을 감안할 때 미디어 기업에게는 더 큰 책임이 요구된다. 키보드의 키를 한 번 치는 순간, 국경을 가로지르는 전자 상거래와 소셜 미디어의 확장된 사업 도달범위를 감안할 때 특히 그러하다. 결국 초국가적 미디어의 수익성과 정치적 주권이라는 목적이 상호배타적인 것으로 간주되어서는 안 되며, 그러한 목적을 달성하기 위해서는 큰 미디어 회사와 작은 미디어 회사가 똑같이 서로 협력하고 존중해야 한다. 현지 국가와 TNMC 양측 모두는 바람직할 뿐만 아니라 지속 가능한 세계화 체계를 만들어내기 위해서 책임을 서로 공유해야 한다.

토론문제

1. 왜 회사는 FDI에 참여하는가? 현지 국가뿐만 아니라 회사에게도 FDI와 관련된 위험은 무엇인가?
2. 초국가적 미디어 사업을 고려할 때, 글로벌 커뮤니케이션 기술과 체계라는 측면에서 무엇이 변했는가?
3. 왜 미디어 및 텔레커뮤니케이션 회사는 인수 혹은 합병 전략을 사용하는가? 그러한 전략을 사용하는 몇 가지 이유와 유명한 인수 혹은 합병 사례를 들어보라. 인수 혹은 합병 전략은 왜 때로 실패하는가?
4. 오늘날의 초국가적 미디어 기업은 누구인가? 그들은 과거의 회사들과 어떻게 비교가 되는가?
5. 일반 공중에게 서비스를 공급하는 데 있어 전자 상거래와 온라인 커뮤니케이션이 하는 역할은 무엇인가?
6. 오늘날의 미디어 및 텔레커뮤니케이션 회사들이 계속해서 성장하고 확장함에 따라, 글로벌 경쟁력 유지라는 과제는 점차 더 어려워진다. 오늘날의 TNMC들이 사용하는 좀 더 일반적인 전략으로는 어떤 것이 있는지 몇 가지 들어보라.
7. 오늘날의 TNMC들은 사상의 시장을 통제하는가? 그러한 주장을 사회적 관점과 경제적 관점 모두에서 살펴보라.
8. 인디넷이 신규 진입자와 기존 경생자들의 측면에서 전자 상거래 경쟁의 장을 공평하게 만들었는가?
9. 향후에 오늘날의 TNMC들이 일반 공중과 현지 국가들을 다룰 때 그들의 책임과 의무는 무엇인지 몇 가지 들어보라.

참고문헌

Albarran, A., & Mierzejewska, B. (2004, May 12). *Media concentration in the U.S. and European Union: A comparative analysis.* Paper presented at the Sixth World Media Economics Conference, Montreal, Canada.

Altmeppen, K.-D., Lantzsch, K., & Will, A. (2007). Flowing networks in the entertainment business: Organizing international TV format trade. *International Journal on Media Management, 9*(3), 94-104.

Amit, R., & Zott, C. (2001). Value creation in e-Business. *Strategic Management Journal, 22*, 493-520.

Athique, A. (2016). Transnational audiences: Media reception on a global scale. Cambridge, UK: Polity Press.

Atkinson, R., & Ezell, S. (2012). *Innovation economics: The race for global advantage.* New Haven, CT: Yale University Press.

Auletta, K. (2009). *Googled: The end of the world as we know it.* New York: Penguin.

Bagdikian, B. (2004). *The new media monopoly.* Boston: Beacon Press.

Bartlett, C., & Beamish, P. (2014). *Transnational management: Text, cases and readings in crossborder management.* New York: McGraw-Hill Education.

Berger, J., & Milkman, K. (2012). What makes online content viral? *Journal of Marketing Research, 49*(2), 192-205.

Breznitz, D., & Murphree, M. (2011). *Run of the red queen: Government, innovation, globalization and economic growth in China.* New Haven, CT: Yale University Press.

Chan-Olmsted, S., & Chang, B. H. (2003). Diversification strategy of global media conglomerates: Examining its patterns and determinants. *Journal of Media Economics, 16*, 213-233.

Chopral, S., & Meindl, P. (2016). *Supply chain management* (6th ed.). Upper Saddle River, NJ: Pearson Education.

Compaine, B., & Gomery, D. (2000). *Who owns the media?* (3rd ed.). Mahwah, NJ: Erlbaum.

Demers, D. (2000, Winter). Global media news. *GMN Newsletter, 2*(1), 1.

Demers, D. (2002). *Global media: Menace or messiah?* Cresskill, NJ: Hampton Press.

Dogruel, L. (2014). What is so special about media innovations? A characterization of the field. *Journal of Media Innovations, 1*(1), 52-69.

Doyle, G. (2010). From television to multi-platform: Less from more or more for less? *Convergence: The International Journal of Research into New Media Technologies, 16*(4), 431-449.

Evens, T. (2013). Platform leadership in online broadcasting markets. In M. Friedrichsen & W. Mühl−Benninghaus (Eds.), *Handbook of social media* (pp. 477−492). Berlin, Germany: Humboldt Media Business, Springer.

Friedrichsen, M., & Mühl−Benninghaus, W. (Eds.). (2013). *Handbook of social media*. Berlin, Germany: Humboldt Media Business, Springer.

Gershon, R. (1997). *The transnational media corporation: Global messages and free market competition*. Mahwah, NJ: Erlbaum.

Gershon, R. (2000). The transnational media corporation: Environmental scanning and strategy formulation. *Journal of Media Economics, 13*, 81−101.

Gershon, R. (2011). Intelligent networks and international business communication: A systems theory interpretation. *Media Markets Monographs, 12*. Pamplona: Universidad de Navarra Press.

Gershon, R. (2013). *Media, telecommunications and business strategy* (2nd ed.). New York: Routledge.

Gershon, R. (2014). Digital media, electronic commerce and business model innovation. In Yu−li Liu & R. Picard (Eds.), *Policy and marketing strategies for digital and new media* (pp. 202−217). London, UK: Routledge.

Gershon, R. (2017). *Digital media and innovation: Management and design strategies in communication*. Thousand Oaks, CA: Sage.

Harrison, C., Eckman, B., Hamilton, R., Hartswick, P., Kalagnanam, J., Paraszczak, J., & Williams, P. (2010). Foundations for smarter cities. *IBM Journal of Research and Development, 54*(4), 1−16.

Hill, C., & Hult, T. (2017). *International business: Competing in the global marketplace* (11th ed.). New York: McGraw−Hill.

Hollifield, C. A. (2001). Crossing borders: Media management research in a transnational market environment. *Journal of Media Economics, 14*, 133−146.

Levinson, P. (2013). *New new media* (2nd ed.). New York: Pearson.

McChesney, R. (2008). *The political economy of media*. New York: Monthly Review Press.

McPhail, T. (2010). *Global communication* (3rd ed.). West Sussex, UK: Wiley−Blackwell.

Merchant, B. (2017, June 17). Life and death in Apple's forbidden city. *Guardian*. Retrieved from https://www.theguardian.com/technology/2017/jun/18/foxconn-life-death-forbidden-city-longhua-suicide-apple-iphone-brian-merchant-one-device-extract

Mosco, V. (1990, Winter). The mythology of telecommunications deregulation. *Journal of Communication, 40*, 36-49.

Napoli, P. (2001). The audience product and the new media environment: Implications for the economics of media industries. *International Journal of Media Management, 3*(2), 66-73.

Netflix's international operations could surpass U.S. business in revenue by 2020. (2016, August 23). *Wall Street Journal.* Retrieved from https://www.marketwatch.com/story/netflixs-international-business-could-surpass- revenue-in-the-us-by-2020-2016-08-23

Noam, E. (2009). *Media ownership and concentration in the U.S.* New York: Oxford University Press.

Noam, E. (Ed.). (2016). *Who owns the word's media?* New York: Oxford University Press.

Norton, L. (2011, October 3). Dawn of the smart city. *Barrons.* Retrieved from http://online.barrons.com/articles/SB50001424052748704783104576599051649765770

Ooyla, Inc. (2018). *State of the broadcast industry report.* San Jose, CA: Ooyla Reports.

Piskorski, H. (2011, November). Social strategies that work. *Harvard Business Review*, pp. 117-122.

Stone, B., & Silver, V. (2015, August 6). Google's $6 billion miscalculation on the EU. *Bloomberg Businessweek.* Retrieved from https://www.bloomberg.com/news/ features/2015-08-06/google-s-6-billion-miscalculation-on-the-eu

Strube, M. (2010). Development of transnational media management research from 1974-2009: A propositional inventory. *International Journal on Media Management, 12*(3-4), 115-140.

Tabernero, A. S., Villanueva, J., & Orihuela, J. L. (2013). Social networks as marketing tools for media companies. In M. Friedrichsen & W. Mühl-Benninghaus (Eds.), *Handbook of Social Media* (pp. 161-178). Berlin, Germany: Springer.

Urban, A., & Bodoky, T. (2013). "The impact of Facebook on news consumption." In M. Friedrichsen & W. Mühl-Benninghaus (Eds.), *Handbook of Social Media* (pp. 805-818). Berlin, Germany: Springer.

Vargas, J. A. (2010, September 20). The face of Facebook. *New Yorker*, p. 54.

Weisberg, J. (2011, February 24). Tech revolutionaries. *Slate*. Retrieved from http://www.slate.com/articles/news_and_politics/the_big_idea/2011/02/tech_ev olutionaries.html

Wirth, M., & Rizzuto, R. (2013). Future prospects for cable telecommunications in an overthe-top world. In A. Albarran (Ed.), *Media management and economics research in a transmedia environment* (pp. 18-45). New York: Routledge.

Wong, Y. L. (2009). *Digital media primer*. Upper Saddle River, NJ: Prentice Hall.

Zang, X. (2018). Media globalization. In A. Albarran, B. Mierzejewska, and J. Jung (Eds.), *Handbook of media management and economics* (2nd ed.) (pp. 333-346). New York: Routledge.

2부

4장

글로벌 커뮤니케이션 이론에
가늠자 겨누기

존 D. H. 다우닝(John D. H. Downing)

이 장의 제목에 '가늠자'라는 단어가 사용되었는데 가늠자란 소총 총신 위쪽에 붙어 있는 작은 쇳조각으로 망원 조준기가 흔히 사용되기 전에 목표물을 정확하게 겨냥하는 데 사용되었다. 이론화도 같은 기능을 한다. 아니, 같은 기능을 해야 한다. 이론화는 그 자체가 목적이 아니라 어떤 현상을 (바라건대 죽이는 수단이 아닌) 우리 시야에 분명하게 들어오게 하는(여기서 앞의 비유와의 유사성이 무너짐) 수단이다.

이것이 바로 서로 다른 이론들에 관한 논쟁을 벌이는 이유이다. 어떤 '사실'이 당신에게 명백해 보이는 것과 그것을 이론적으로 설명하는 것은 별개의 일이다. 예를 들어, 아프리카 대륙에 있는 50개가 넘는 국가의 1인당 전화기와 TV 수상기보다 일본의 1인당 전화기와 TV 수상기가 몇 배는 더 많다는 것은 명백한 사실이지만, 그런 일이 어떻게 발생했으며 그것이 의미하는 바가 무엇인가? 우리는 설명을 시도할 필요가 있고, 따라서 이론이 필요하다. 20세기에서 21세기로의 전환기에 단 하나의 기업(뉴스 코퍼레이션)이 미국의 4대 지상파 TV 네트워크 가운데 하나와 (전 세계 인구의 40% 이상을 차지하는) 중국과 인도에 프로그램을 쏘아 보내는 스타 TV(Star TV) 위성 텔레비전, 영국과 호주에 있는 다수의 주요 신문, 그리고 그 밖의 더 많은 미디어를 소유하게 하는 것이 무엇을 의미하가? 다시 한 번 우리는 설명을 시도할 필요가 있고, 따라서 이론이 필요하다.

그와 같은 질문에 답하기 위해 누군가는 이론을 만들어내거나 적어도 어떤 추측이라도 짜내야 한다. 우리 대부분은 추측이 아닌 누군가가 신중하게 생각해낸 아이디어를 진지하게 다루고 싶어 한다. 한 곳에 초점이 맞추어진 신중한 생각이 바로, 제대로 말하자면 '이론화'(theorizing)가 의미하는 바이다. 초점이 맞추어진 신중한 생각이라고 해서 이론이 자동적으로 옳거나 심지어 대부분 맞음을 의미하지는 않는다. 그러나 이론화는 무언가에 대해 관련을 지어가며 깊이 생각하고자 하는 진지한 시도이다.

더 현명한 추측이 있고 더 어리석은 추측이 있는 것과 마찬가지로, 더 나은 이론도 있고 더 못한 이론도 있다. 만약 우리가 국제 미디어를 이해하고자 한다면, 우리는 이러한 이론들을 철저히 따져보고 평가할 수 있도록 우리 스스로를 연마해야 한다. 1절은 우리 스스로를 연마하는 일의 출발점이다. 전 세계에 걸쳐 있는 미디어를 분석하기 위한 첫 번째 체계적 시도를 비판적으로 검토해보는 것으로 시작할 것이다. 2절과 3절에서는 전 세계의 미디어를 분석하기 위한 체계적 시도의 두 가지 서로 다른 접근방식을 살펴볼 것이다.

1. '규범적' 이론

국제 미디어에 대해 생각해보기 위한 가장 초기의 시도 가운데 하나는 『언론의 4이론』(*Four Theories of the Press*)이라는 제목으로 1950년대에 출간된 책이었다(Siebert, Peterson, & Schramm, 1956). 이 책의 저자들은 때로 분류 체계라 불리는 것을 만들어내는 일에 착수했는데, 분류 체계란 어떤 주제의 모든 다양한 형태와 측면을 체계적 범주와 때로는 하부 범주로 분류하는 것을 의미한다. 이 책의 저자들이 제안한 분류 체계는 세계의 다양한 미디어 체계들이 다음 4개의 범주 혹은 모델로 분류될 수 있다는 것이었다: 권위주의 모델, 소비에트 모델, 자유주의 모델, 그리고 사회책임 모델. 이 분류 체계는 네 체계들을 서로 비교함으로써 원론적으로 체계들 간의 차이점과 각 체계의 특별한 특징을 좀 더 쉽게 볼 수 있게 했다. 우리가 살아오면서 보아온 미디어 체계와만 친숙한 경우가 너무 흔하다 보니 우리는 그것이 미디어 커뮤니케이션을 조직화하는 유일한 방법이라고 가정한다. 비교를 통해 우리는 세계의 다른 나머지 지역에 대해 알 수 있기 때문에 흥미로울 뿐만 아니라, 우리 자신의 미디어 체계를 분명하게 이해하는 데 도움이 되기도 한다(한 주요 미디어 학자의 규범적 이론에 대한 요약문을 인용하고 있는 '여섯 가지 규범적 이론' 박스 참조).

　권위주의적(authoritarian)이란 사실상 독재적이라는 의미였으며, 저자들은 독일의 히틀러(Hitler)와 이탈리아의 무솔리니(Mussolini)의 악몽과 같은 파시스트 정권을 특히 염두에 두고 있었다. 소비에트(Soviet)란 당시 러시아와 러시아를 둘러싸고 있는 동유럽, 트랜스코카서스(Transcaucasus),[1] 그리고 중앙아시아의 종속 정권(client regime)[2]의 공산주의 독재 정권을 일컫는다. 저자들에 따르면, 소비에트 블록의 독재 정권과 '권위주의' 정권의 주된 차이점은 소비에트 정권들을 밑에서 단단하게 묶어주었던 특정한 정치 이데올로기, 즉 공산주의에 있는데, 공산주의는 공정하고 평등한 사회를 건설하는 방법을 보여준다고 주장했다.

　『언론의 4이론』에서 말하는 자유주의적(liberal)이란 현재 미국식 표현에서 의미하는 '좌익'(left wing)을 뜻하는 것이 아니라, 현재 유럽식 표현에 사용되는 용어의 의미인 '자유 시장에 기반을 두고 있음'(free market based)을 뜻한다. 첫 두 범주와 분명히 대비가 되는 점은 국가의 규제와 검열에 지배되는 미디어 체계와 자본주의의 돈벌이 우선주의에 지배되는 미디어 체계 간의 차이이다. 4이론의 저자들에게 사회적 책임(social responsibility)이란 사실상 또 다른 종류의 현실, 즉 자본주의적 역학 안에서 작동하지만 동시에 공중의 필요를 충족시켜주는 데 전념하는 미디어를 의미했다. 이러한 필요는 정부와 업계의 위법행위에 대한 감시와 민주 시민이 공적 관심사에 관한 결정을 내리는 데 도움이 되는 신뢰할 수 있는 정보의 꾸준한 흐름에 대한 필요성을 말한다.

---

1 코카서스 산맥 남쪽의 남부 코카서스를 지칭하는 말로, 남서 러시아의 남부 코카서스 산맥의 남쪽에서 터키와 아르메니아까지 그리고 서쪽의 흑해에서 동쪽의 이란 카스피해 연안으로 이어져 있으면서 유럽과 아시아의 대륙 경계에 걸쳐 있다(역자 주).

2 종속국(client state)이란 종주국에 종속된 나라로, 국가의 정의만큼이나 기준에 대해서는 논란이 있지만, 근대에는 대개, 법령제정권, 화폐주조권, 외교권이 종주국에 귀속되어 있는지의 여부에 따른다(역자 주).

네 가지 모델 모두에 기본적으로 깔려 있는 확고한 가정은 뉴스와 정보가 미디어의 주된 역할이라는 것이었는데, 이러한 견해는 미디어의 오락 기능을 심하게 경시했으며 오락물이 수반하는 중요한 정보적이면서도 진지하게 생각하게 만드는 차원을 무시했다. 실제로 『언론의 4이론』이라는 제목에도 불구하고 이 책은 많은 종류의 인쇄 미디어(만화책, 전문 잡지, 패션 잡지, 스포츠 출판물 등)를 사실상 열외로 취급했다. 사실상 이 책은 합리적인 공개 토론 및 정책 입안에 기여하는 진지한 '고급' 신문과 주간 시사 잡지의 민주적 기능에 집착했다. 저자들이 최고라고 추천한 모델은 사회적 책임 모델이었다.

여섯 가지 규범적 이론

권위주의 이론은 사전 검열과 일탈 행위에 대한 처벌을 정당화할 수 있다. … 이 이론은 독재 정권, 군부 통치나 외세 강점, 심지어 민주사회의 극단적인 비상 상태에서도 관찰될 가능성이 있다. 권위주의 원칙들은 (국가가 전쟁 중이거나 테러에 대응해야 하는 것과 같은) 일부 상황하에서는 심지어 대중의 의지를 표현할 수도 있다. 권위주의 이론은 일반적으로 미디어의 자유를 분명하고 철저하게 제한하면서 기존 사회 질서와 구성원을 보호하는 데 목적이 있다.

4이론 가운데 두 번째 이론은 … **자유주의** 이론인데, 이 이론은 고전적인 자유주의 사상의 도움을 받았으며 언론은 최선은 인정받고 최악은 실패하게 되는 '자유로운 사상의 시장'이어야 한다는 관념을 참조했다. 어떤 면에서 그것은 의견, 표현, 종교 및 집회의 자유에 대한 기본적인 개인의 권리를 단순히 언론에 확대 적용한 것이다. … 진리에 가장 가까운 것은 대안적인 관점들을 경쟁적으로 다룸으로써 나타날 것이며, 사회의 진보는 '틀린' 해결책보다 '옳은' 해결책을 선택하는 것에 좌우될 것이다.

소비에트 이론은 … 공산주의를 건설함에 있어서 집단 선동가, 선전자, 교육자로서의 역할을 미디어에 부여했다. … 주된 원칙은 미디어가 유일한 합법적인 목소리이자 노동계급의 대리인인 공산당에 순종하는 것이었다. 놀랄 것도 없이 이 이론은 자유로운 표현을 지지하는 것이 아니라, 문화와 정보 그리고 경제 발전과 사회 발전의 과업을 매우 강조하면서 미디어가 사회와 세계에 긍정적인 역할을 할 것을 제안한다. …

사회적 책임 이론에는 미디어 소유권과 운영은 무제한적인 사적 가맹사업(franchise)이 아닌 일종의 공적 수탁(public trust) 혹은 관리(stewardship)라는 견해가 포함되어 있다. 사적으로 소유하고 있는 미디어의 경우, 사회적 책임 이론은 전문적인 저널리스트의 기준, 윤리 및 행동에 대한 강령이나 언론에 대한 개인의 불만을 다루는 여러 종류의 심의회나 조사위원회에서 혹은 특정 미디어를 조사하는 공공 위원회를 통해 표현되고 적용되었다. 그와 같은 심의회는 대부분 언론 스스로에 의해 구성되었는데, 이는 자율 규제를 강조하는 이 이론의 핵심적인 특징 가운데 하나이다.

발전 미디어 이론(development media theory)은 … 저개발과 식민 상태에서 벗어나 독립과 더 나은 물질적 조건을 향해 전환 중인 사회는 흔히 하부구조, 돈, 전통, 전문적인 기술, 심지어 미디어 수용자도 부족하다는 사실을 인정하고자 했다. … 이 이론은 다음과 같은 목표를 강조한다: 국가 발전 과업(경제, 사회, 문화 및 정치)의 우선성, 문화적·정보적 자율성 추구, 민주주의 지지, 그리고 다른 개발도상국과의 연대. 이러한 목적에 우선순위를 두기 때문에, 미디어에 이용 가능한 제한된 자원을 정부는 정당하게 할당할 수 있으며, 저널리스트의 자유 역시 제한될 수 있다. …

민주적-참여적 미디어 이론(democratic-participant media theory)은 … 관련 있는 지역 현지 정보에 대한 권리, 반론권, 소규모 공동체나 이익 집단 혹은 하부문화에서 상호작용과 사회적 행동을 위해 새로운 커뮤니케이션 수단을 사용할 권리를 지지한다. 이론과 기술 모두 획일적이거나 중앙집중화되거나, 많은 비용이 들거나, 상업화되거나, 전문 직업화되거나, 국가가 통제하는 미디어의 필요성과 바람직함에 대해 문제를 제기한다. 그러한 것들 대신에 송신자와 수신자를 연결해주고 또한 수평적 패턴의 상호작용에 알맞은 소규모이면서 비제도적인 다수의 헌신적인 지역 미디어가 장려되어야 한다. … 자유와 자율 규제 모두 실패한 것으로 간주된다.

출처: McQuail, D. (1994). *Mass Communication Theory: An Introduction* (3rd ed).
　　　London: Sage에서 발췌. 허가를 받고 재사용함.

이러한 이론들(나중에 나온 두 이론은 잠시 뒤에 살펴볼 것임)은 **규범적** 이론이라 불렸다. 다시 말해, 이 이론들은 상대적인 미디어 체계들을 단순히 설명하거나 대비하려는 것이 아니라 그러한 체계들이 특정한 지침에 따라 어떻게 작동해야 하는지를 규정하고자 했다. 저자들은 특히 사회적 책임 모델이 더 나은 모델이라고 추켜세움으로써 사실상 그들이 민주주의에서 미디어의 최고의 의무라고 본 것에 주목했다. 그러나 그들은 미디어 소유주와 경영진의 높은 윤리적 원칙의 결과로서가 아닌 미디어가 그 모델을 따라야 하는 다른 이유에 대해서는 설명하지 않았다. 미디어 소유주가 실제로 그와 같은 강령에 따라 일을 하는지와 그들이 그렇게 하도록 고무하는 것이 무엇인지에 대한 설명도 없었다. 사회적 책임 모델은 그저 소유주와 편집인이 공공선(public good)을 위해 윤리적으로 고무되어 내리는 일련의 결정이었다.

　나중에 소개된 두 범주/모델(McQuail, 1994, pp. 131~132 참조)은 다양성을 훨씬 더해주었다. 하나는 발전 모델(development model)이고, 다른 하나는 참여적/민주적 모델(participatory/democratic model)이다. 발전 모델은 특히 제3세계에서 빈곤, 보건, 문해력 및 교육 이슈를 다루는 미디어를 의미한다. 미디어는 일반 공중에게 예를 들면 더 효율적인 농사법이나 건강상의 위험과 위험을 방지하는 방법에 대한 정보를 제공하는 데 중대한 책임 있는 것으로 규정되었다. HIV 확산 방지를 위한 라디오 캠페인이 전형적인 예일 것이다. 발전 미디어는 또한 19세기 말에만 해도 유럽 식민주의자들에 의해 인위적으로 만들어진 영토여서 인구집단 구성이 매우 이질적인 국가의 국민성(nationhood)을 조성하는 데 중요한 역할을 했다.

　여섯 번째 범주/모델인 **참여적** 미디어는 지역 공동체 라디오 방송국이나 공중 접근 비디오(public access video)같이 직원과 제작자가 편성 견정에 상당히 많이 참여하는, 좀 더 민주적으로 구성된 소규모 지역 미디어를 지칭한다. 이것 하나만으로도 이들은 모든 종류의 주류 미디어와 뚜렷이 구별된다. 게다가 참여적 미디어는 독자나 청취자도 편집/편성 정책에 상당한 영향을 미칠 수 있도록 그들이 서비스를 제공하는 지역사회에서 현재 지속되고 있는 삶에 밀접히 관여되어 있는 것으로 정의되었다. 참여적 미디어는 때로 발전 미디어와 동일한 발전 목표를 공유하지만, 어떠한 종류의 권위적인 상의하달 방식을 토대로 하거나 정부의 발전 정책의 대리인으로서 그렇게 하지는 않는다. 일반 공중의 참여와 민주적 과정이 참여적 미디어 운영의 핵심이다.

　이러한 6개의 모델은 세계 각국에서 볼 수 있는 매우 다양한 미디어 구조를 그야말로 망라했다. 이러한 분류가 만족스러웠는지는 또 다른 문제이다. 이러한 분류의 몇몇 단점을 간단히 살펴보기로 하자. 이미 언급했듯이, 이러한 분류가 오락을 포함시켜 다루지 않았다는 전형적인 잘못은 차치하더라도, 소비에트 모델과 권위주의 모델 그리고 발전 모델 사이의 구분은 실제로 매우 모호하다.

예를 들어, 소비에트 모델과 권위주의 모델의 미디어 통제 기제는 흔히 매우 유사하며, 많은 제3세계 정권이 그들의 행동에 대한 미디어의 비판을 철권 통제하는 것을 정당화하기 위해 '발전 우선순위'와 '국민 통합' 뒤에 숨는다. 자유로운 자본주의적 경쟁의 자유주의 모델은 『언론의 4이론』이 첫 출간되었던 당시에 이미 사라지고 있던 지난 시대, 즉 많은 소규모 신문과 라디오 방송국들이 서로 경쟁했던 시대에 대해 이야기하고 있다. 기업 가치가 수백 조 혹은 심지어 수천 조에 이르는 초국가적인 글로벌 거대 미디어 기업이 지배하고 있는 현 시대에 모든 미디어가 평평한 경기장에서 경쟁하는 자유로운 미디어 시장을 여전히 상상하고 있는 것은 진기할 정도로 시대에 뒤떨어져 있다.

  그렇지만 아마도 4(혹은 6)이론 접근방식이 안고 있는 주된 문제는 그러한 이론들의 규범적 차원으로 다시 귀착될 것이다. 이전에 사용된 **범주**와 **모델**이라는 두 용어가 이러한 문제를 잘 보여준다. 왜냐하면 이 두 용어는 동의어가 될 수도 있지만 **모델**은 당연히 따라야 할 무언가를 암시한다. 모든 문화적 조직과 마찬가지로 미디어도 분명 특정한 지침을 따르며 그들의 우선사항을 매일 고치지는 않지만, 미디어 경영진이 요구하는 그러한 원칙들의 내용과 바로 그 미디어 경영진이 실제로 행동하는 방식 간에는 흔히 엄청난 차이가 있을 수도 있다. 몇몇 사례를 살펴보자.

  이전 소비에트 블록에 속해 있던 공산주의 미디어는 그들의 목적이 인구의 대다수를 차지하고 있는 일반 인민, 산업 노동자, 농부들을 위해 봉사하는 것이라고 주장했다. 그러나 1980년대 말 그러한 국가들에서 기회가 생기자 공산주의 미디어의 은폐와 왜곡에 대한 인민들의 비판이 봇물처럼 터져나왔다.

  사회적 책임 모델은 객관성(objectivity)을 저널리스트의 가장 중요한 원칙, 저널리스트가 매일 취재하고 글을 쓰게 하는 원동력으로 치켜세운다. 그러나 많은 나라의 미디어 연구자들이 보여주었듯이, 저널리스트들은 기꺼이 애국심을 객관성 위에 두며, 애써 진실이 다른 어딘가에 있을 수도 있지 않는지 의문을 제기하지 않은 채, 객관성을 실제로 두 상반되는 견해, 흔히 경쟁하고 있는 정당의 상반되는 견해의 중간점으로 정의한다. 1990년대와 그다음 10년 동안에도 계속해서 늘 문제가 된 미국의 의료 보험 체계를 어떻게 재건해야 할 것인가를 둘러싼 싸움에 대한 미국의 뉴스 미디어는 무기력한 보도는 객관성이 공화당과 민주당 사이의 중간점으로 정의된 이상, 객관성의 실패를 슬프게도 정확하게 재확인해주었다(Blendon, 1995; Fallows, 1996, pp. 204~234).

언급한 대로, 오만한 독재 정권은 흔히 국민 통합과 경제적 생산 향상에 초점을 맞출 필요가 있다는 미명하에 발전 미디어가 민감한 토픽을 다루지 못하게 했다. 심지어 참여적 미디어에서 쥐꼬리만 한 월급을 받고 일하는 미디어 활동가들도 때로는 그들의 지역사회에서 사소한 권력을 휘두르는 데 집착하는 자신을 가려주는 '대의명분'을 내세우면서 그러한 대의를 위해 헌신한다고 주장한다.

바꾸어 말하면, 미디어 연구자들은 발전이나 사회적 책임 혹은 공공선과 같은 고귀한 가치의 힘에 이끌려 움직인다는 저널리스트들의 주장의 더 깊은 이면을 꿰뚫어보고 실제로 미디어에 작용하는 모든 종류의 힘을 살펴볼 필요가 있다. 그렇게 하지 않는 것은 절망적일 정도로 순진한 것이며 21세기 초 전 세계의 미디어에 작용하는 가장 중요한 힘을 완전히 덮어버리는 것이다: 시장의 힘을 숭배한 결과, 미디어에서 어떠한 윤리적 가치를 흉포하게 배제해버리는 것은 노골적인 수익성을 지켜주는 것이다.

2. 다른 접근방식 I: 미디어 비교하기와 대조하기

이 절에서 우리는 우리 조사의 기반을 단 한 나라에 두는 것이 아니라 많은 나라의 미디어를 이해하기 위해 현재는 사라지고 없는 소비에트 러시아의 미디어 체계로부터 얻을 수 있는 몇몇 교훈을 살펴볼 것이다. 소비에트 미디어 체계는 여러 다른 형태로 1917년 말 러시아 혁명(Russian Revolution) 때부터 마지막 소비에트 대통령 미하일 고르바초프(Mikhail Gorbachev)가 소비에트 연방(Soviet Union)을 해체하는 문서에 공식적으로 서명했던 1991년 12월 25일까지 지속했다. 새로운 민간 은행들이 구 공산당을 밀어내고 대신 미디어계 실권자 자리를 차지하면서 소비에트 연방의 주요 특징들이 그날 훨씬 이후까지 지속했다는 데 많은 사람이 동의할 것이다. 그러나 비록 소비에트 미디어 체계의 원래 형태는 사라지고 없지만, 그것의 역사를 훑어보는 것은 세계 다른 지역의 미디어를 이해하는 데 많은 도움이 된다.

첫째, 앞에서 언급했듯이, 소비에트 미디어는 다른 독재 정권하의 미디어 그리고 소위 발전 미디어와 상당히 겹치는 부분이 많다. 한 예로, 타이완이 1945년 일본의 식민 통치가 끝나고 중국 본토와 분리된 독립국가가 된 후 첫 40년 동안 타이완의 미디어 체계는 일당 독재 국가[총통인 장제스(蔣介石)는 소비에트 러시아에서 교육을 받은 바 있음]의 미디어 체계였다. 장제스는 공산주의에 극렬하게 반대했지만, 그것이 그가 그 자신의 미디어에 어떠한 자유를 주었음을 의미하는 것은 분명 아니었다. 또 다른 예는 인도인데, 인도는 타이완처럼 독재 국가는 아니었지만, 국가 발전과 통합을 명분으로 1990년대 초까지 방송 미디어를 국가가 소유한 나라였다. 그리고 1947년 영국의 식민 통치로부터 독립한 이래로 쭉 국가가 경제 발전의 기본적인 기관이라는 소비에트 모델이 인도를 지배했다. 따라서 시간이 흐르면서 미디어의 민영화와 자유화가 전 세계적으로 더욱 더 눈에 띄고 있지만, 소비에트 러시아 미디어에 대한 연구는 세계의 여러 미디어 체계를 이해하는 데 도움을 준다(다음 절에서 보게 되겠지만, 민영화와 자유화는 다름).

둘째, 경제적으로 앞서 있고 정치적으로 안정된 나라에 사는 사람들은 세계의 나머지 많은 나라에서 미디어가 어떻게 작동하는지 이해하기 어려운 상황에 놓여 있다. 우리가 읽는 것의 전부는 아니지만 대부분은 상당 정도 문화를 공유하고 있고 동일한 다수 언어(majority language)[3]를 가지고 있는 두 국가인 미국 혹은 영국을 기반으로 한 연구에 대한 것이다. 우리는 심지어 G8(Group of Eight)[4]의 다른 회원국인 캐나다, 프랑스, 독일, 이탈리아, 혹은 일본의 미디어에 대한 정보도 거의 가지고 있지 않으며, 필자가 뒤에서 주장하겠지만, 세계의 전반적인 국가들과 훨씬 더 비슷한 G8의 특이한 국가 러시아에 대한 정보는 그중에서도 가장 적다.

세계 전반적으로 극도의 빈곤, 경제 위기, 심지어 내전으로 치달을 정도의

---

3 인구의 다수가 사용하는 언어를 말한다(역자 주).

4 1973년 3월, 미국 주도로 4개 국가(미국, 영국, 서독, 프랑스)로 구성된 도서관 그룹으로 시작되어, 1973년 중반 일본이 포함되어 G5가 되었고, 1975년 봄에는 이탈리아가 초대되어 G6가, 1976년에는 캐나다가 합류하여 G7이, 그리고 1994년에는 러시아가 초청되어 G8이 되었다. 그러나 2014년 우크라이나 크림반도 합병 문제로 러시아의 직무가 박탈되고, G8 모임에서 퇴출되어 다시 G7으로 돌아가게 되었다(역자 주).

정치적 불안정, 격렬한 반군 활동, 군사 정권이나 기타 권위주의 정권, 그리고 정치적 반대자들에 대한 폭력적인 탄압과 같은 이슈들은 미디어의 중심이 되는 맥락이다. 우리가 미국이나 영국 미디어에 대한 연구 혹은 러시아를 제외한 G8 국가에 대한 연구만으로 모든 미디어를 일반화할 수 있다고 상상하는 것은 매우 어리석은 짓이다. 얼핏 보기에는 권위주의적인 것 같을지라도, '모든 국가가 조금씩은 다르기' 때문이 아니라 이 문단의 시작 부분에서 밝혔던 주요 요인들 때문에, "방송은 … 이다" 혹은 "인터넷은 … 이다" 혹은 "신문은 … 이다"와 같은 겉으로 명백하게 보이는 주장은 부정확하다.

분명 G8에 속하지 않은 일부 국가(예, 덴마크와 뉴질랜드)는 정치적으로 안정되어 있고 경제적으로도 풍요롭다. 심지어 일부 위기에 처한 국가들(예, 콩고와 인도네시아)도 그들의 심각한 문제를 상쇄하는 긍정적인 차원을 많이 가지고 있다. 풍요로운 국가의 미디어는, 그들 국가의 평균적인 미디어 이용자가 다른 국가에 건설적인 차원이 존재하는지 알지 못하는 것이 어느 정도 용서받을 수 있을 정도로, 다른 국가의 건설적인 차원에 대해 매우 적은 시간을 할애한다. 그러나 여기서 기본 논점으로 돌아가자면, G8 그룹에서 따돌림을 받는 러시아는 세계 전반의 미디어를 이해하고 따라서 미디어가 무엇인지에 대한 피상적인 가정에 갇히는 것을 피할 수 있게 해주는 소중한 진입점이다. 필자는 이러한 경우에 대해 이미 다른 곳에서 훨씬 더 상세하게 주장한 바 있기 때문에(Downing, 1996), 여기서는 그 이유에 대해 개략적으로 살펴보기로 한다.

최소한 네 가지 중요한 이슈, 즉 주류 미디어와 ① 정치 권력, ② 경제 위기, ③ 극적인 사회적 전환(social transition), 그리고 ④ [지하 출판물을 일컫는 사미즈다트(samizdat)와 같은] 소규모 대안 미디어와의 관계를 우리가 이해하는 방식이 반드시 고려되어야 한다. 다음 각각의 러시아 사례는 평상시 미국과 영국의 미디어 프로필과 대비되는 경우이며 자본주의적 민주주의 국가의 미디어에 대한 기본적인 의문을 불러일으킨다.

1) 정치 권력

정치 권력과 공산주의 미디어 간의 관계는 늘 '쉬운 문제'인 것처럼 보였다. 공산주의 미디어는 단순히 서방 미디어와 정반대인 것으로 여겨졌다. 공산주의는 곧 정의라는 허망한 이상을 앞세운 억압과 검열을 의미했지만, 자본주의적 민주주의(서방)가 결국 이겼고 1989년에서 1991년에 걸쳐 전체 공산주의 체계가 침몰한 후 결코 다시 돌아오지 못했다. 소비에트 미디어는 서방 미디어가 옳음을 증명하기 위해 잘 써먹는 반례(反例)였다.

미디어에 대한 국가의 통제는 몇몇 다른 독재 국가에서보다 러시아에서 훨씬 더 세밀했다는 것은 실제로 사실이다. 공산당의 선전위원회(Propaganda Committee)가 이념적 우선순위를 정했다. 모든 신문, 잡지, 출판사, 방송 채널에 있는 공산당 세포집단(cell group)[5]은 어떤 체제 전복적인 움직임이 있는지 면밀하게 감시했다. 미디어 경영진은 충성심이 입증된 당원 가운데서 선출되었다. 그리고 어떠한 문제가 명백하거나 임박한 것처럼 보일 때는 KGB[6](정치경찰)가 신속하게 개입하곤 했다. 이로 인해 글라브리트(Glavlit)[7]라는 공식적인 검열기관은 상대적으로 할 일이 별로 없었다. 타자기도 국가가 허가했고, 종이에 타자기로 친 글의 사본(늘 원본과 사본이 일치하지 않았기 때문에 어디에서 체제 전복적인 문서가 최초로 만들어졌는지 색출해내는 데 사용되었음)은 지역 KGB에 파일로 보관되었다. 복사기가 도입되자 복사기에 대한 접근은 극도로 세밀하게 통제되었다. 도청 기술은 소비에트 산업이 가장 앞서 있는 쪽 가운데 하나였다.

커뮤니케이션에 대한 이러한 아주 별나고 당혹스러운 통제 장치는 결국 승리하지 못했다. 사미즈다트 미디어를 포함한 많은 요인이 그러한 통제 장치를 무너뜨리는 데 기여했다. 그러나 모든 요인 가운데 아마도 가장 제어가 불가능했을 요인이 한 가지 있었는데, 그것은 이러한 구속 안에서 공신력 있거나 흥미를 끄는 미디어를 제작하는 극도의 어려움이다. 공산당원은 「프라우다」(Pravda)[8]가 실제로 유익한 정보를 제공한다고 확신했기 때문이 아니라 이 신문을 읽을

---

5 세포집단이라는 용어는 생물학에서 사용된 용어인데, 세포는 우리 몸에서 생명의 기본 단위이다. 은유적 의미로 우리 몸이 우리 몸에 생명을 불어넣어주는 많은 세포로 구성되어 있는 것처럼 세포 교회는 그것에 생명을 불어넣어주는 세포집단으로 구성되어 있다(역자 주).

6 국가보안위원회(Committee for State Security)를 뜻하는 러시아어 약어이다(역자 주).

7 구소련의 검열 기관으로, 인쇄·출판이 국영사업이었던 구소련에서는 이 기관을 거치지 않으면 어떤 것도 활자화되지 못했다(역자 주).

8 진리(the truth)라는 의미이다.

것으로 기대되었기 때문에 그 신문을 매일 읽었다. 일반인들은 일상 대화 중 소문을 통해 진짜 뉴스를 듣고 또한 사미즈다트를 통해 정직한 의견을 들을 수 있기를 기대했다. 그러한 소문이 소비에트 미디어가 발표한 것을 확인해주었을 경우에만 많은 사람들은 소비에트 미디어가 발표한 것이 신뢰할 만한 것으로 받아들였다(그리고 그것도 오직 특정 토픽에 대해서만).

따라서 러시아에서 소비에트 체계 마지막 몇 십 년 동안 이층 구조의 공적 영역이 발전되었다: 미디어가 소리 높여 외치고 모든 사람이 큰 소리로 말하지만 믿는 사람이 거의 없는 공식적인 사실과 매일매일의 사적인 대화나 사미즈다트의 소재가 된 비공식적인 사실. 개혁에 강한 관심을 가진 고르바초프는 1985년 권력을 잡자 그러한 두 층 간의 격차를 줄이기 위해 점진적으로 새로운 차원의 진솔함과 단순명쾌함을 미디어에 도입했다[그의 유명한 글라스노스트 (glasnost)⁹ 정책].

이러한 미디어의 공신력 딜레마는 어떠한 독재 정권에서도 중요하며, 아마도 독재 정권이 오래 유지될수록 그러한 딜레마는 더욱 악화될 것이다.

(1) 안정적이고 부유한 국가들에 대한 질문

이것은 매우 크고 책임지지 않는 자본주의 회사들이 대부분 소유하고 있는 주류 미디어에 대한 상대적으로 준비되어 있는 신뢰와 대단히 흥미로운 대비를 보여준다. 소비에트 미디어는 너무 직설적이고 투박하게 통제되기 때문에 그것에 대한 회의적인 태도는 자명한 반응인가? 서방 미디어는 충분히 교묘하고 유연하며 요령이 있어서 그들의 메시지는 훨씬 더 매력적이고 그들의 그럴듯함에 대해서 의문을 제기하기가 훨씬 더 어려운 것인가?

2) 경제 위기

경제 위기는 특히 소비에트 블록 붕괴 때부터 이 장을 쓰고 있던 시점10까지 다수의 러시아인들에게 일상적인 경험이었지만, 1980년대 초반 이후부터 가속화

---

9 러시아어로 정보의 자유와 공개를 의미하며 우리말로 흔히 '개방'으로 번역된다(역자 주).
10 이 책의 초판은 2002년, 두 번째 판은 2007년에 출간되었다(역자 주).

되었다. 경제 위기는 계속해서 다른 G8 국가 내 빈곤지역을 포함해 세계의 많은 국가의 시민들에게도 일상의 경험이다. 국제통화기금(IMF: International Monetary Fund)이 1980년대와 1990년대에 걸쳐 매우 추상적으로 사용해온 용어인 '구조 조정 정책'(structural adjustment policy)은 이 국제기구가 냉혹한 자본주의 논리를 적용한 국가에 있는 수억 명의 사람들의 삶을 망쳐놓았다. 국제 은행들에 대한 채무 상환 명령으로 국민 소득의 상당 부분이 공중에게 가는 대신 은행 이자 지급에 돌아갈 정도가 되면서 어린이, 여성, 노인, 소작농, 빈민가 거주자들의 건강, 주거, 교육 가능성이 희생되고 말았다(Barratt Brown, 1997; Stein, 1995 참조).

은행과 IMF의 공중관계(public relations) 전문가들은 경건하게 손을 든 채 위선적으로 부정하면서 "그것은 그들 정부의 잘못이다"라고 외친다. 그들의 부정은 그들이 문제의 차관 계약을 맺었을 때 어떤 종류의 정부와 거래를 하고 있었는지 은행들이 충분히 알고 있었다는 사실 자체를 완전히 지워버린다. 즉 그들은 차관의 상당 부분을 그들 자신에게 사용하고 또 그들의 통치에 반대하는 시민들의 소요를 진압하기 위해 (혹은 그들 자신의 악폐에 대한 주목을 다른 데로 돌리기 위해 이웃 국가들과의 전쟁을 날조해내기 위해) 사용하고 일부는 서방의 무기 공장에서 무기를 구입하는 데 사용하는 클렙토크라시(kleptocracy), 즉 도둑 정권[11]과 거래했다.

소비에트와 후기 소비에트 러시아인들의 경제 위기 경험은 원유 수입(收入)이 세계 시장에서 급증했던 1970년대와 1980년대 초반을 제외하곤 심각했다. 그러나 1990년대에 접어들어 러시아인의 기대 수명은 실제로 줄어들었는데, 1세 이하 어린이들의 사망률이 평균 기대 수명을 결정하는 주된 요인이기 때문에 기대 수명이 줄어들었다는 것은 영아 사망률이 증가했음을 의미했다. 다시 한 번 더 G8 국가 중에서 러시아는 지구상의 나머지 대부분 국가를 대신하는 예외적인 국가이다. 러시아 미디어는 구소련 말기에 이르렀을 때에도 이러한 생활수준의 저하와 생산성 침체에는 침묵한 반면, 자본주의 국가들이 극심하고도 돌이킬 수 없는 경제적 문제를 겪고 있다고 주장했다. 탈 소비에트(post-Soviet) 시기 동안 러시아 미디어는 러시아의 도둑 정치를 겨냥하기보다 (분명

---

11 후진국이나 독재국가에서 통치계층이나 정부에 의해 이루어지는 부패체제를 말한다(역자 주).

히 지적하지만 아무런 이유 없이) IMF를 손가락질하는 것이 더 쉽다는 것을 알고 자주 그렇게 했다.

미디어는 일반적으로 이러한 경제 위기를 어떻게 다루는가? 그들은 경제 위기를 체계적으로 조사하는가 아니면 피하는가? 그들은 엉뚱한 희생양에게 책임을 전가하는가? 만약 그들이 영향을 받은 국가라면 IMF에게 책임을 돌리는가? 아니면 그들이 부유한 국가에 있다면 제3세계 정부에 책임을 돌리는가? 아니면 국내의 희생양(이민자, 집시, 중국인, 유대인, 난민, 무슬림)에게 돌리는가?

(1) 안정적이고 부유한 국가들에 대한 질문

미디어는 얼마나 철저하게 경제 위기를 정말로 설명하는가? 미디어는 부유층보다 빈곤층과 최빈곤층에게 훨씬 더 심한 타격을 주지 않는 경제 위기 대처 전략을 얼마나 잘 설명하는가? 비록 글로벌 지수들을 보면 1990년대 미국은 생활수준이 현저히 높고 위기와는 거리가 멀긴 했지만, 임금은 1960년대의 실질 임금 훨씬 아래로 떨어졌다. 일반적으로 안정적인 소득 수준을 유지하려면 부부 모두가 풀타임 근무를 해야 했으며, 전체 가구 가운데 상당히 높은 비율을 차지하고 있는 편부모 가정은 대부분 힘들게 그럭저럭 살아갔다. 21세기로의 전환기에 미국 미디어는 보편적 번영을 시사했으나, 사실들은 서서히 번지고 있는 보이지 않는 위기, 즉 공중이 많은 시간 일을 함에도 대부분 한두 달치 월급만 못 받아도 '복지 보조금'(인종차별적 형태의 공개적 망신으로 치부되기 때문에 피할 수만 있다면 받으려고 하는 사람이 거의 없음)에 기댈 수밖에 없는 위기 상황을 시사하고 있었다. 당신은 당신에게 강한 감명을 주면서 이러한 현실을 이야기하는 TV 프로그램이나 광고 혹은 신문을 언제 마지막으로 보았는가?

3) 극적인 사회적 전환

세 번째 이슈는 미디어와 극적인 사회적 전환과의 관계이다. 러시아는 1917년 혁명과 이 혁명에 이은 3년간의 내전으로 이어지는 상황을 만들어준 처참했던 제1차 세계대전을 필두로 20세기에 여러 차례의 사회적 전환을 겪었다. 다음으로 1928~1933년 폭압적이고 야만적인 러시아와 우크라이나 농민 강제 이주12와 스탈린(Stalin)의 계속되는 테러 그리고 엄청난 수의 사람들이 정치범 수용소에 수감되는 일이 벌어졌다. 이어서 1941~1945년 히틀러와의 전쟁에서 2,000만~2,500만 명이 목숨을 잃었고, 1980년대 말 고르바초프의 체제 개혁 시도로 인한 심각한 경제 붕괴, 그리고 1990년대의 경제적 혼란이 있었다. 이 것은 두 차례의 세계대전을 제외하고는 부유한 국가의 경험의 특징을 묘사하 는 것과는 거리가 먼 차원이지만, 다시 한 번 이것과 관련한 러시아의 경험은 전 세계의 경험을 훨씬 더 특징적으로 보여준다. 식민지 지배, 침략, 엄청난 규 모의 사회운동, 내전, 깊이 뿌리박힌 민족 갈등, 매우 고통스러운 정부 교체, 그리고 독재 정부는 전 세계에 걸친 공통된 경험이었다. 러시아의 미디어 또한 20세기에 들어 많은 전환을 겪었다. 그러한 전환에 대해 간략하게 언급해보자.

러시아 혁명 이전의 신문, 잡지, 서적 출판 산업은 활발했지만, 아마 기껏해야 전체 인구의 4분의 1쯤 되는 글을 읽을 수 있는 사람들에게 한정되었으며 또한 글을 읽을 수 있는 사람들은 거의 전부 도시에 집중되어 있었다. 더욱이 황실의 검열로 인해 누구든 황제를 비판하는 글을 직접 인쇄하는 것은 정말 위험한 일 이었다. 현 상황에 이의를 제기하는 것에 대한 처벌 기준은 교도소 수감이나 시 베리아 동토로의 추방이었는데, 1914~1917년 독일과의 전쟁 기간 동안 많은 러 시아 장군들이 부대원들에게 강요한 학살에 대한 그 어떠한 비판도 그러한 처벌 의 대상이었다. 러시아 혁명이 일어나자 볼셰비키(Bolshevik) 지도부는 독일과의 화해를 모색했으며, 어디를 가나 과거의 상황을 비판했다. 문자해독 캠페인이 시작되었는데, 캠페인의 목적 가운데는 새로운 혁명 정권이 그들의 메시지를 전 달하기 위함도 포함되어 있었다. 이것이 첫 번째 미디어 전환이었다.

러시아 혁명이 일어났을 때 러시아 예술계는 어수선한 상태였고 10여 년 전

---

12 1928년 사실상 모든 권력을 장악한 독재자 스탈린(Stalin)은 이후 25년 동안 죽을 때까지 이어 지는 공포정치를 시행했다. 스탈린은 공업화된 소비에트만이 자본주의 국가와의 향후 전쟁에 서 유리한 고지에 설 수 있는 방법이라고 생각했고 그러한 공업화와 집단화를 위한 그의 첫 번째 표적은 바로 쿨라크(kulak)라고 알려진 부농들이었다. 1928년 도시 지역의 식량 공급이 부족해지자 스탈린은 이전 적백 내전 때처럼 농민들의 식량을 징발하기 시작했고 농민들을 도 시로 강제 이주시켰는데, 도시로 떠나지 않던 농촌의 약 2,500만 세대가 2~3년 내로 집단농장 이나 국영농장에서 집단생활을 하도록 강요당하였다. 이에 '쿨라크'라고 불리던, 스탈린의 경 제개발 정책에 비협조적이던 농민들은 집회·시위를 벌였으나 경찰과 군대에 의해 체포되어 도시로 강제 추방되거나 총살당하였으며, 일부는 수감자의 폭증으로 급속도로 팽창하고 있던 집단수용소에 수감되어 극심한 악조건 속에서 강제 노동했다(역자 주).

부터 그러한 상태가 이어져오고 있었다. 유럽에서 가장 독창적이고 인상적인 일부 예술 작품들이 신세대 러시아 예술가들에 의해 만들어지고 있었다. 혁명 시대의 첫 10여 년 동안, 새 정권은 이러한 예술가들이 회화 및 조각과 더불어 연극, 광고, 공공 캠페인, 영화, 사진, 음악 분야에서 그들의 재능을 발휘하도록 적극적으로 장려했다. 러시아 미디어는 특히 당시 더 새로운 영화 및 사진 기술 분야에서 가장 앞서 있었다. 그러나 소비에트의 독재자로 권력을 잡은 스탈린의 등장으로 이러한 혁신적 노력의 결과물들은 '소비에트의 발전'이라는 미명하에 한쪽으로 내동댕이쳐졌다. 새로운 정통성을 따르지 않는 자들은 최소한 망신을 당했으며, 최악의 경우에는 정치범 수용소에 끌려가거나 심지어 죽임을 당하기도 했다. 이것이 두 번째 미디어 전환이었다.

다음으로, 1953년 스탈린 사망 때까지 약 25년 동안, 러시아 미디어는 좌고우면하지 않고 독재자의 발걸음을 따라 행군하듯 걸었다. 러시아 미디어는 공식적인 방침을 흔들림 없이 따랐을 뿐만 아니라, 정치 전문어로 가득 찬 경직된 언어로 상부에서 지시하는 메시지를 끊임없이 반복적으로 쏟아내고 있었다. 공식 방침이 바뀔 때마다(1939년 스탈린이 갑자기 나치 정권과의 조약에 서명했을 때, 1941년 나치가 침공했을 때, 미국이 무기 대여 프로그램[13]으로 소련을 지원했을 때, 나치의 패배 여파로 스탈린이 동독의 상당 부분과 함께 발트3국[14] 및 중동부 유럽 5개국을 병합했을 때, 스탈린이 그의 사망 전 몇 년 동안 광범위한 반유대주의 캠페인을 시작했을 때), 러시아 미디어는 매번 그들의 논조를 바꾸어 그러한 바뀐 방침을 지지했다. 조지 오웰(George Orwell)의 유명한 소설 『1984』를 통해 제2차 세계대전 당시 미국 미디어가 스탈린을 "친절한 조 아저씨"(friendly Uncle Joe)로 묘사한 것과 전쟁이 끝난 후 그를 괴물로 재규정한 것을 포함해 냉전(冷戰; Cold War)[15] 동안 미디어가 어떻게 그와 같은 180도 다른 반전을 조작했는지

---

13 무기대여법(Lend-Lease Act, 1940~1945년)의 정확한 명칭은 미합중국 방위 촉진을 위한 조례(An Act to Promote the Defense of the United States)로, 미국은 제2차 세계대전 동안 영국, 소련, 중국 등의 연합국들에게 막대한 양의 전쟁 물자를 제공하기 위해 만든 법이다(역자 주).

14 발트해 남동 해안에 있는 라트비아, 에스토니아, 리투아니아 3개국을 가리킨다(역자 주).

15 무기를 들고 싸우는 열전(熱戰, hot war)과 달리 냉전이란 적성국 관계인 두 국가가 실제로는 직접적인 전면전을 하지 않지만 첩보전이나 군비경쟁, 대리전 등의 방법으로 간접적으로만 대치하고 있는 상황을 말한다(역자 주).

살짝 엿볼 수 있다.

스탈린 사후 10년 동안 일부 러시아 미디어 전문가들은 스탈린의 후계자 흐루쇼프(Khrushchev)의 간헐적인 격려를 받으며 미디어를 터놓고 이용할 수 있게 하는 조심스러운 시도를 단행했다. 알렉산드르 솔제니친(Aleksandr Solzhenitsyn)의 유명한 단편소설 『이반 데니소비치의 하루』(One Day in the Life of Ivan Deni-sovich)는 스탈린이 도입한 거대한 정치범 수용소 제도를 처음으로 다룬 출판물이었다. 그것은 어떤 면에서 미디어를 조금이라도 개방하고자 한 시도의 절정이었지만, 1964년 흐루쇼프는 자리에서 쫓겨났고 러시아 미디어에게 잠시 열렸던 숨구멍은 다시 세게 막혀버렸다. 정권에 비판적인 글을 발표하려 시도했던 다른 몇몇 용감한 반체제 인사들은 이들을 따라 하고자 하는 사람들에게 겁을 줄 셈으로 매우 공개적인 재판에서 장기 강제노역형에 처해졌다. 이것이 세 번째 미디어 전환이었다.

러시아의 경제 체제가 서서히 멈추기 시작했던 1980년대 중반이 되어서야 구소련의 마지막 지도자인 미하일 고르바초프(Mikhail Gorbachev)가 이끄는 미디어 개혁 움직임이 시작되었다. 이것은 궁극적으로 미디어 사태로 이어져, 미디어는 마침내 1917년 러시아 혁명과 소비에트 체제의 근간을 공격하기까지 하면서 오랫동안 자리잡아온 현 상황에 문제를 제기했다. 이것이 네 번째 미디어 전환이었다.

마지막으로, 1991년 구소련이 붕괴된 후 또 한 차례의 미디어 전환이 있었다. 인쇄 미디어 분야는 대체로 제 길을 따라 상업화가 허용되었고, TV 분야는 심한 정부의 감시와 통제를 받았으며, 라디오 분야는 신문과 TV의 중간 어디쯤엔가 있었다. 독립적인 미디어가 소비에트 정권하에서보다는 훨씬 더 많았지만, 러시아인들에게는 여전히 진짜 민주적인 미디어 체계에 근접하는 그 어떤 것도 주어지지 않았다.

20세기 러시아 미디어에 대한 이러한 매우 짧은 설명을 통해 러시아 미디어가 몇 차례의 중요한 전환을 겪었음을 알 수 있다. 다시 한 번 더 말하지만, 대다수의 세계에서 그와 같은 미디어의 고통스러운 변화는 일상적인 경험이었다. 많은 세부사항에서는 차이가 있을 수도 있지만, 러시아의 경험이 특별난 것은 아니다. 유럽의 나치 시대를 제외한 서방의 안정된 국가들에서는 이러한 종류의 미디어 경험은 낯선 것이었다. 그러나 우리는 그런 소수 국가의 경험을 전형적인 것으로 간주할 수는 없다. 만약 우리가 미디어에 대해 지적으로 생각하고자 한다면, 러시아의 경험이 훨씬 더 표준에 가깝다. 어떤 특정한 미디어 체계가 영구적이거나 표준적이라고 가정하는 것, 미디어에 전환이 내재해 있지 않다고 가정하는 것은 20세기의 인류 대부분의 미디어 경험에 정면으로 위배되는 것이다.

(1) 안정적이고 부유한 국가들에 대한 질문

미디어는 매우 친숙하고, 우리가 처한 상황의 모든 특징 가운데 많은 부분을 차지하며, 우리가 우리 스스로를 즐겁게 하는 데 아주 중요하게 보이기 때문에 심지어 빠르게 변하는 전송 기술(광케이블, 압축 기술, 디지털화, 위성)도 매력적인 새로운 선택지만을 약속하는 것 같다. 그러나 미디어 소유권이 어리둥절할 정도의 빠른 속도로 소수의 거대 초국가적 기업들에게 집중되는 것이 우리 미디어의 미래에 무엇을 의미하는가(Bagdikian, 2000; McChesney, 1999)? 미디어에 미치는 시민의 영향은 진정한 민주주의에 반드시 필요함에도 불구하고 감지할 수 없을 정도로 서서히 줄어들어 결국 아무런 영향도 미치지 못할 운명에 처하게 되는 것은 아닌가? 9/11 테러 이후, 미국의 국가 안보라는 미명하에 미국 애국법(U.S. Patriot Act)과 함께 다른 새로운 법과 규정이 제정되어 우리의 커뮤니케이션 자유를 규제하는 여러 형태의 통제가 강화되었다. 미국은 그들 자신의 미디어 전환의 와중에 있으며, 우리는 그러한 변화가 어떠한 것인지 알아보아야 할 것이다. 그리고 조심하라!

3. 다른 접근방식 II: 세계화와 미디어

이어서 미디어를 비교하고 대조하는 것은 우리 세계에서 미디어가 실제로 하는 일에 더 분명하게 초점을 맞추는 한 가지 방법이다. 두 번째 보완적인 접근방식은 미디어와 다른 문화적 과정의 현 세계화 추이에 초점을 맞추는 것이다.

세계화(globalization)라는 용어는 흔히 폭넓게 그리고 막연히 사용된다. 때로 세계화는 구조적인 경제적 변화를 의미한다. 회사들이 방송, 텔레커뮤니케이션, 선박이나 항공 여행과 같은 이전에 국가가 독점했던 분야에 들어와 비즈니스 경쟁을 하게 한 '자유화'(liberalization) 정책과 국가 소유 회사를 민간 투자자에게 매각하는 '민영화'(privatization) 정책(때로는 이러한 정책이 단순히 국영 독점을 민영 독점으로 대체할 수도 있음)이 전 세계적으로 시행된 것이 그러한 예이다. 앞의 절에서 언급한 IMF의 구조 조정 정책은 이러한 성격의 글로벌 정책에 해당한다.

그러나 때로 세계화라는 용어는 문화적 과정과 미디어 과정에 사용되거나 심지어 문화적 과정과 미디어 과정 대신 사용되기도 한다. 이러한 종류의 개념으로 가장 먼저 사용된 것이 '문화 제국주의'(cultural imperialism)였는데, 이 용어 자체는 때로 더 구체적으로 '미디어 제국주의'(media imperialism)로 달리 표현되기도 했다. 여기서의 기본적인 생각은 1492년 이후 유럽은 아메리카, 아프리카 및 아시아로의 경제적·군사적·정치적 확장과 발맞추어 종교 개종, 전통적인 종교적 신앙 금지, 선교 교육, 강도 높은 상업화, 식민 권력이 지배하는 여러 형태의 미디어를 통해 유럽 문화를 강요하고자 시도했다. 20세기 후반에 일부 학자들은 조롱조로 '코카콜라 식민지화'(Coca-Colonialization)에 대해 말하기 시작했는데, 그들은 새로 만들어낸 이 용어를 통해 특히 미국의 일상 문화와 일상 제품이 전 세계로 확산되는 모양새를 압축적으로 표현했다. 분명 당신이 오늘 전 세계를 여행한다면, 코카콜라, KFC, 엑손(Exxon), 포드, 소니 같은 전형적인 미국이나 다른 서방 회사와 그들의 제품을 광고하는 대형 간판을 어디에서나 쉽게 볼 수 있을 것이다. 인도 '발리우드' 영화, 일본 만화 영화, 그리고 중국의 무술 영화 역시 전 세계적으로 존재감을 드러내고 있지만, 캐나다, 프랑스, 일본, 러시아 및 다른 많은 나라의 영화관에서 자국에서 제작된 영화가 아닌 할리우드 영화가 상영되는 것 또한 흔히 볼 수 있으며, 미국과 영국의 텔레비전 프로그램도 해외에서 널리 판매되고 있다.

그래서 몇몇 저자들에게 세계화는 거의 아메리카화(Americanization)를 의미하지만, 많은 남미인은 왜 미국이라는 한 나라의 문화와 미디어가 남북미 전체를 지배하는 것을 어쩌면 '미국화'(U.S.-ization)가 아닌 아메리카화로 불리는지 반문하기 때문에 세계화라는 말조차도 문제가 있다고 생각한다. 미국화가 실제로 일어날 것으로 보는 사람은 아무도 없지만, 그러한 지적은 현실적인 지적이다.

허버트 쉴러(Herbert Schiller, 1991)와 같은 다른 학자들의 경우, 제2차 세계대전 후 수십 년 동안 일어났던 미국의 글로벌 문화 및 미디어 지배가 20세기 후반 들어 단순히 미국에 기반을 둔 기업이 아닌 초국가적 기업에 의한 좀 더 다양한 형태의 지배로 바뀌기 시작했다고 보고 있다. 쉴러의 주장은 그보다 좀 더 나아가긴 했지만, 한국의 삼성, 일본의 소니, 독일의 베텔스만(Bertelsmann), 스페인의 텔레포니카(Telefonica), 브라질의 글로부(Globo) 텔레비전 회사가 그러한 예일 것이다. 오늘날 초국가적 기업은 그들의 본국 정부의 우선순위를 반드시 반영하는 것이 아니라 그들이 글로벌 시장에서 직면하는 시시각각 변하는 난제를 반영한다고 그는 주장했다. 그것이 바로 그들이 진정 초국가적인 이유이다. 이에 반하여 대부분의 그와 같은 기업들은 대체로 미국 정부를 도움을 주는 존재로 생각하며 따라서 그들의 본거지를 미국에 두는 것을 선호한다.

다른 분석가들은 '제국주의' 학파가 글로벌 미디어 수용자를 글로벌 미디어 회사들이 마음대로 주무를 수 있는 존재로 잘못 가정하고 있다고 주장할 뿐만 아니라, 전 세계의 다양한 수용자들이 미국 미디어에 얼마나 다르게 반응하는지를 보여주는 연구를 들먹이면서 이 학파를 신랄하게 비판했다. 이러한 저자들은 글로벌 미디어 기업이 쉽게 사람들의 문화적 가치아 우선순위를 히물이뜨려 그들을 미국화되거나 서구화된 문화를 판에 박은 듯 따라하는 사람으로 바꿔놓은 문화적 강압 수단처럼 행동할 수 있다는 개념에 대해 매우 회의적이다.

이 학파에 속한 일부 학자는 사람들의 문화적 저항은 문화적 침략이 통하지 않음을 보여주는 증거라고 주장하지만, 좀 더 일반적으로 이 접근방식을 따르는 저자들은 그들이 목격하고 있는 것을 정확히 포착하기 위해 **혼성화**(hybridization)나 **혼성성**(hybridity)이라는 용어를 사용한다(Pieterse, 2004). 바꾸어 말하면, 그들은 전력을 다한 저항이나 무기력한 패배가 아닌 서로 다른 관점과 가치가 합쳐져 새로운 혼합된 문화가 형성되는 것을 강조한다. 따라서 인도의 발리우드 영화는 인도 밖에 사는 전 세계 2,500만여 명의 인도 출신자들의 흥미를 끌기 위해 1990년대에 서방에서 찍은 장면을 포함하기 시작하기는 했지만, 그럼에도 인도 영화의 특징인 연속적인 춤과 노래는 유지했다. 마찬가지로 더 젊은 브라질 음악인들도 흔히 삼바(samba)와 다른 전통적인 스타일을 버리고 힙합(hip-hop)과 랩(rap)을 선택했지만 계속해서 포르투갈어로 노래했고 가사에 브라질의 현실을 다뤘다. 스팽글리쉬(Spanglish: Spanish/English)나 힝글리쉬(Hinglish: Hindi/English)는 영어의 세계적 지배에 대한 저항인가 아니면 언어 변형(transformation)인가?

혼성성 접근방식이 지닌 한 가지 문제는 어떤 종류의 혼합이 일어나는지, 또는 왜 그런 종류의 혼합이 일어나는지, 또는 그러한 혼합이 얼마나 뿌리 깊거나 얼마나 불안정한지에 대해 더 자세히 조사하지 않은 채 그냥 현재 혼합이 일어나고 있다고만 말하는 데 만족함으로써 분명하지 않고 모호해질 수 있다는 점이다. 혼성성은 더 깊이 이해할 필요가 있는 꽤나 미묘하고 복잡한 문화적 과정과 미디어 과정에 그냥 성급하게 붙여진 이름표가 될 수 있다. 여기서 우리는 일본 문화와 미디어의 타이완, 홍콩, 중국 본토 수출을 중심으로 살펴본 권역적 문화 지배에 관한 고이치 이와부치(Koichi Iwabuchi, 2002)의 한 흥미로운 연구에 주목할 필요가 있다. 이 연구는 홍콩과 타이완의 훨씬 더 범세계주의적인 감각이 일본, 타이완, 홍콩의 젊은 소비자들의 문화적 상호 관계를 어떻게 매우 활기차게 만드는지 강조하면서(저자가 이 논문을 쓸 당시에는 중국 본토보다 이들 국가들의 관계가 훨씬 더 활발했음) 혼성화의 실제적인 복잡성의 일부를 매우 생산적으로 보여주고 있다. 그는 이러한 원인 외에도 역사적 차원, 즉 일본의 야만적이고 잔인했던 중국 본토 침략(1931~1945년)에 비해 상대적으로 가벼웠던 일본 식민 지배(1895~1945년)를 겪었던 타이완의 대비되는 경험을 추가했는데, 이러한 상이한 역사적 경험으로 인해 두 국가는 일본의 문화적 생산물에 대해 일상적으로 매우 다른 반응을 보였다.

세계화라는 제목하에서 미디어 이슈를 이해하는 마지막 이론적 접근방식은 시카고에 기반을 둔 학자인 아준 아파두라이(Arjun Appadurai, 1996)의 접근방식이다. 그의 주장은 앞의 접근방식보다 훨씬 더 규모가 크고 상세하지만, 핵심 구성요소는 그가 글로벌 미디어 과정을 분석하면서 미디어와 이주라는 두 요인을 결부시킨 것이다. 그가 보기에, 20세기 후반을 특징지었던 초국가적 노동 이주(labor migration)의 거대한 과정이 이제는 이주민 공동체, 그들이 두고 온 공동체, 그리고 그들이 도착한 후 그들로 인해 다양해진 공동체 사이에 엄청난 문화적 전위(cultural dislocation)16와 문화적 지평의 확장을 야기했다. 동시에 지구촌 나머지 지역에 대한 미디어 이미지와 보도의 확장은 많은 사람들이 현재 직면해 있는 지역의 경험보다 더 넓은 현실을 직시하게 해주었다. 아파두라이가 실제 인간의 대량 이동과 지구촌 나머지 지역에 대한 이미지의 글로벌 전파를 결합한 것은 이러한 두 가지 양상에 특히 집중함으로써 우리의 생각을 넓혀줄 뿐만 아니라 우리가 오늘날 우리와 함께 하는 여러 형태의 '디아스포라'(diaspora)[17] 미디어(라디오의 해외 음악 프로그램이든 외국어 신문, 잡지, 위성 및 케이블 채널, 웹사이트이든)에 대해 매우 진지하게 받아들이게끔 해준다. [디아스포라는 때로 강제되기도 했던 2,000년에 걸친 유대인의 이주 정착을 기술하는 용어로 처음 사용되었지만, 지금은 좀 더 일반적으로 대량 이주 정착을 지칭하는 용어로 사용된다.] 이러한 해외 미디어 부문은 원론적으로 전혀 새로운 것이 아니며 1880년대 이후부터 미국 도시들의 이주민 마을에서 유행했지만, 특히 좀 더 적당한 항공 운임으로 사람들의 출신 국가로 여행할 수 있는 점과 결합해서 생각해볼 때, 현재의 이러한 미디어들의 범위는 우리의 미디어와 좀 더 일반적으로는 문화 환경에 특이한 새로운 발걸음을 남길 것이다(Cunningham & Sinclair, 2001; Karim, 2003).

그러나 우리가 이러한 서로 다른 접근방식 가운데 어떤 것을 사용하든, 우리는 글로벌 미디어 및 문화 흐름 역시 거대한 비즈니스인 경우가 매우 흔하며, 항공 우주, 신발, 자동차, 농업 및 기타 모든 산업 분야의 거대한 비즈니스와 유사하지만 동시에 어떤 점에서는 다르다는 추가적인 현실을 망각해서는 안 된다. 이러한 역학은 다양한 형태를 띠지만 결코 완전히 사라지지는 않는다. 실제로 이러한 역학이 지배하는 경우가 대개 더 많다. 그리고 이러한 역학은 사람 친화적이어야 한다는 강박적 충동은 없다.

---

16 사람들이 특정한 일단의 문화적 행위에 의해 조직화된 장소에서 벗어나 상당히 다른 일단의 문화적 행위에 의해 조직화된 다른 장소로 가는 것을 문화적 전위라고 하는데, 여기서 전위 (dislocation)은 위치가 바뀜을 뜻한다. 간혹 뼈가 관절에서 빠짐을 뜻하는 '탈구'로 번역되기도 하나 맥락상 어색해 전위로 번역한다(역자 주).

17 디아스포라는 특정 민족이 자의적이나 타의적으로 기존에 살던 땅을 떠나 다른 지역으로 이동하여 집단을 형성하는 것, 또는 그러한 집단을 일컫는 말이다. '흩뿌리거나 퍼뜨리는 것'을 뜻하는 그리스어 단어 $\delta\iota\alpha\sigma\pi\sigma\rho\acute{\alpha}$에서 유래하였다(역자 주).

4. 다른 접근방식 III: 소규모 대안 미디어

필자는 소비에트 러시아에 관한 절에서 사미즈다트 미디어라는 용어를 몇 차례 언급한 바 있다. 이 용어는 1960년대부터 소비에트 러시아에서 그리고 이후에는 다른 소비에트 블록 국가에서 등장하기 시작한 손으로 배포되는 팸플릿, 시, 에세이, 희곡, 단편소설, 장편소설, 그리고 나중에는 오디오카세트와 비디오카세트[마그니티즈다트(magnitizdat)]를 지칭한다. 여기에는 소비에트 정권이 금지하는 소재들이 포함되어 있었다. 이러한 소재의 글을 쓰거나 배포하거나 소지하면 강제노동 수용소로 보내졌다. 사미즈다트에는 종교적 메시지, 국민주의적 메시지, 생태학적 메시지, 개혁적 메시지, 공식적인 소비에트 역사의 신화를 수정하는 것에 관한 메시지, 소비에트 정책을 공격하는 메시지, 마구잡이로 행해진 체포와 구금으로 희생된 시민을 변호하는 메시지 등 매우 다양한 메시지를 담고 있었다. 사미즈다트라는 용어는 '국가가 출판한', 즉 소비에트 정권이 '안전하다고' 승인한 것과 상반되는 '자가 출판된'이라는 의미이다. 이러한 마이크로미디어(micromedia)[18]가 소비에트 체제에 영향을 미치기까지는 오랜 시간, 한 세대 이상의 시간이 걸렸다. 그러나 그것의 영향은 놀라웠다. 왜냐하면 소련이 붕괴되던 마지막 해까지, 심지어 동중부 유럽 국가들이 이미 소비에트의 지배에서 벗어났을 때도, 소련은 붕괴될 것이라고 상상한 관측자가 거의 없는 결코 피할 수 없는 현실과도 같은 기관 가운데 하나처럼 보였기 때문이다. 수십 년에 걸쳐 사미즈다트를 만들어내기 위해 애썼고 애써 노력한 보람도 없이 감옥에서 큰 대가를 자주 치렀던 러시아인, 우크라이나인, 폴란드인, 그리고 기타 나라 사람들은 놀라운 기백과 결의와 예지력을 보여줬다. 그들은 소비에트 블록 국가에 그 지역 언어로 방송을 내보낸 외국 단파 라디오 방송국의 도움을 받았다. 그러한 방송국으로는 BBC 월드 서비스(BBC World Service), 라디오 리버티(Radio Liberty), 라디오 프리 유럽(Radio Free Europe), 도이체 벨레(Deutsche Welle), 그리고 VOA(Voice of America)가 있었다. 이 방송국들은 그들의 프로그램 편성에 사미즈다트에 실린 글을 읽어주는 프로그램을 포함하

---

18 회사, 브랜드 및 개인이 만든 콘텐츠를 가리키는 광의적인 용어이다(역자 주).

곤 했기 때문에, 보통 사미즈다트가 배포되는 유일한 장소였던 주요 도심 지역 밖으로 그들의 메시지가 퍼져나갈 수 있었다. 때로 소비에트 블록 국가의 정부들은 그들의 방송에 방해 전파를 쏘기도 했지만 항상 그렇게 하지는 않았다.

역사적으로 보나 비교해서 보나, 이러한 종류의 소규모 급진적 미디어는 흔했다(Downing, 2001). 미국에서 이러한 미디어는 독립전쟁(War of Independence) 때부터 시작해서 노예 폐지 운동과 여성 참정권 운동을 거쳐 월남전 반대 운동 때까지, 이어서 유럽, 캐나다, 호주 및 다른 국가에서 미국 주도의 이라크 전쟁을 반대하는 전 세계적 운동이 일어났을 때까지 사용되었다. 그러나 소비에트 권력을 서서히 쇠퇴하게 만든 소규모 급진적 미디어의 역할은 미디어에 대한 우리 자신의 정의를 개발하는 데 그것들이 중요함을 보여준다. 규모와 속도가 미디어가 권력을 휘두를 수 있는 유일한 방법인 것처럼, 우리는 너무나 자주 규모와 속도를 중요성으로 착각한다. 초국가적 기업들이 어지러울 정도의 속도로 미디어 소유권을 합병하는 것과 관련해, 우리는 이러한 거대 기업들이 우리가 떠맡기에는 너무 버거운 존재라는 운명론을 받아들이기가 매우 쉽다. 그러나 사미즈다트 이야기와 전 세계 다른 많은 지역에서 볼 수 있는 그와 유사한 이야기들은 전혀 다른 결론을 시사하는데, 그것은 정부나 기업 혹은 종교 지도자들의 손이 아닌 우리 손에 미디어의 힘을 쥐어주기 시작하라는 것이다.

1) 안정적이고 부유한 국가들에 대한 질문

1990년대에 인터넷은 경제 선진국 시민들의 커뮤니케이션 선택권을 크게 확대시켰다. 그러한 선택권은 ① 그러한 국가들 밖의 많은 보통 시민에게까지 확대될 수 있으며 ② 사실상 전적인 기업의 통제로부터 보호될 수 있는가? 기업의 통제는 예를 들면 인터넷 이용자들에게 장거리 전화 요금을 부과하거나, 정보 제공 웹사이트 접속에 계속해서 더 높은 가격을 매기거나, 기업 이용자나 부유한 고객에게 높은 대역폭 접근성을 확보해주는 등 여러 가지 형태를 띨 수 있다. 이러한 추이에 맞선 싸움이 성공을 거둘 수 있는가?

5. 결론

필자는 이 장에서 미디어 연구 간행물에서 현재 지배적인 위치에 있는 국가인 미국이나 영국의 미디어만 연구하고선 미디어에 '가늠자를 겨냥하는' 데 성공할 수 있다는 쉬운 가정에 대한 문제 제기에 나섰다. 의도적인 역설로 필자는 종래의 이론들이 보지 못한 몇몇 중대한 미디어 이슈를 분명히 보여주기 위해 20세기 역사에서 폐쇄된 장(章)처럼 보이는 것, 즉 소비에트 미디어 이야기를 선택했다. 그러나 필자가 주장했듯이, 그러한 미디어 이슈들은 대부분의 현대 세계에서 흔히 볼 수 있다. 또한 필자는 그러한 이슈들이 어떤 특정한 방식으로 심지어 안정적이고 부유한 국가의 중요한 미디어 이슈에 우리가 다시 주목하게 만든다고 주장했다. 전 세계적인 비교, 세계화, 소규모 대안 미디어, 이 모든 것이 미디어 연구의 중심이 되어야 할 필요가 있다.

토론문제

1. 미디어에 대한 규범적 이론이 지니고 있는 주된 문제점은 무엇인가?
2. 1917년에서 1991년까지의 소비에트 시대 동안의 러시아 미디어에 대한 연구이건 소비에트 시대 이후의 러시아 미디어에 대한 연구이건, 러시아 미디어에 대한 연구가 우리가 우리 자신의 미디어 체계를 더 분명하게 이해하는 데 도움을 주는 이유는 무엇인가?
3. 우리 자신의 뉴스 미디어는 국내의 경제 위기나 지구촌 다른 지역의 경제 위기를 어떻게 제시하는가?
4. 일부 사람들은 9/11 테러 공격 이후 미국에서 커뮤니케이션 권리 및 감시 이슈에 어떤 변화가 일어났다고 주장하는가?
5. 디아스포라 미디어, 대안 미디어, 혹은 지하 미디어는 활발한 민주주의와 사회 운동을 활성화하는 데 어떤 역할을 하는가?

참고문헌

Appadurai, A. (1996). *Modernity at large: Cultural dimensions of globalization.* Minneapolis: University of Minnesota Press.

Bagdikian, B. (2000). *The media monopoly* (6th ed.). Boston: Beacon Press.

Barratt Brown, M. (1997). *Africa's choices: After thirty years of the World Bank.* Boulder, CO: Westview.

Blendon, R. J. (1995). Health care reform: The press failed to inform the public of alternative strategies. *Nieman Reports, 49(3),* 17-19.

Cunningham, S., & Sinclair, J. (Eds.). (2001). *Floating lives: The media and Asian diasporas.* Lanham, MD: Rowman & Littlefield.

Downing, J. (1996). *Internationalizing media theory: Transition, power, culture; Reflections on media in Russia, Poland, and Hungary, 1980-95.* London: Sage.

Downing, J. (2001). *Radical media: Rebellious communication and social movements.* Thousand Oaks, CA: Sage.

Fallows, J. (1996). *Breaking the news: How the media undermine American democracy.* New York: Pantheon.

Iwabuchi, K. (2002). *Recentering globalization: Popular culture and Japanese transnationalism.* New York: Routledge.

Karim, K. H. (Ed.). (2003). *The media of diaspora.* New York: Routledge.

McChesney, R. (1999). *Rich media, poor democracy.* Urbana: University of Illinois Press.

McQuail, D. (1994). *Mass communication theory: An introduction* (3rd ed.). London: Sage.

Pieterse, J. N. (2004). *Globalization and culture: Global mélange.* Lanham, MD: Rowman & Littlefield.

Schiller, H. (1991). Not yet the post-imperialist era. *Critical Studies in Mass Communication, 8,* 13-28.

Siebert, F., Peterson, T., & Schramm, W. (1956). *Four theories of the press.* Urbana: University of Illinois Press.

Stein, H. (Ed.). (1995). *Asian industrialization and Africa: Studies in policy alternatives to structural adjustment.* New York: St. Martin's.

5 장

글로벌 커뮤니케이션의 정치

시스 J. 하멜링크(Cees J. Hamelink)

글로벌 커뮤니케이션 정치(global communication politics)에서 다룰 중요한 이슈는 다음과 같다:

가장 큰 관심사는 전 세계적으로 정치적·군사적·경제적 권력 행사에 대한 독립적인 보도(independent reporting)[1]는 저널리스트의 살해, 구금, 고문 및 실종의 위험에 처하게 된다는 것이다. 국경 없는 기자회(Reporters without Borders)에 따르면, 2017년 326명의 저널리스트가 구금되었고, 54명은 인질로 잡혔으며, 65명은 직업상의 의무를 수행하는 중에 목숨을 잃었다고 한다.

두 번째 이슈는 전 세계적으로 급속히 확장하는 정교한 감시 기술과 시민에 대한 국가의 통제를 정당화하는 (여러 나라에서 모방한 미국 애국법과 같은) 법률 조항을 통해 사람들의 프라이버시권(privacy rights)을 침해하는 것이다.

세 번째 이슈는 글로벌 커뮤니케이션 하부구조에 대한 통제의 집중이 심화되고 있다는 것이다. 5대 소비자 기술(consumer technology) 기업은 아마존, 애

---

[1] 독립 미디어(independent media)라고도 불리는 독립 저널리즘(independent journalism)은 정부나 기업이나 영향력 있는 사람들과 같이 기타 외부 출처의 영향을 받지 않는 모든 뉴스 미디어를 의미한다. 여기에는 텔레비전, 신문, 라디오 및 온라인 저널리즘이 포함된다. 이는 언론인들이 정부나 다른 권력 기관, 심지어 언론사의 소유나 다른 개인을 부정적으로 묘사할 수 있다 하더라도 자신의 보도를 구체화하거나 정제해야 한다는 압력을 느끼지 않는다는 것을 의미한다(역자 주).

플, 페이스북, 알파벳(Alphabet; 구글의 모회사), 마이크로소프트이다. 이러한 '공포의 5인방'은 개인과 기업이 인터넷상에서 하는 일에 필수적인 전 세계에서 가장 가치 있는 플랫폼 대부분을 소유하고 있다. '공포의 5인방'의 뒤를 잇는 2위 그룹은 매우 혁신적인 스타트-업(start-up)일 수도 있지만, 아마 이들이 5대 기업을 대체하지는 않을 것이며 5대 기업과 함께 존재하거나 그들에게 인수될 것이다. 어떤 경우든, 그들은 그들의 콘텐트를 다운로드할 앱을 애플과 구글 앱 스토어(app store)에서 구매해야 한다. 글로벌 오락산업에서는 두 기업이 지배하고 있는데, 하나는 글로벌 오락물 비즈니스를 지배하는 데 여념이 없는 넷플릭스이고, 다른 하나는 2018년 21세기 폭스를 인수한 디즈니이다.

인터넷의 자유는 매우 논란이 되는 또 하나의 이슈가 되어가고 있다. 2018년, 유럽 의회(European Parliament)는 인터넷 회사가 모든 업로드에 대해 저작권이 있는 자료가 사용되었는지 여부를 걸러내는 필터를 사용하게 한 법안을 채택했다. 이 법안의 주역들은 이것이 저작권 소유자의 자료가 인터넷상에 무제한 사용되는 것을 보호하는 정당한 행위로 보고 있다. 그들은 이 조치가 페이스북과 유튜브 같은 인터넷 거대 회사의 힘을 억제할 것으로 기대한다. 그러나 반대론자들은 저작권이 있는 자료를 통제하기 위해 소위 업로드 필터(upload filter)를 사용하는 것을 일종의 검열로 본다. 그들은 이 조치가 주요 인터넷 회사의 힘을 키워줄 것으로 예상한다.

그러나 이견이 있을 수는 있지만 가장 중요한 이슈는 거의 틀림없이 국제 공동체가 이러한 이슈를 다룰 적절하고도 효과적인 플랫폼을 가지고 있지 않다는 것일 것이다. "글로벌 커뮤니케이션 분야에서의 광범위한 사회 운동은 군주들과 상인들과 보통 사람들 간의 다자간 협상을 이뤄내기 위한 필수 전제 조건이다. 깨어 있고 활기찬 세계 시민 사회만이, 다른 참가자들이 사람들의 관심사를 반영하는 글로벌 커뮤니케이션을 위한 정치적 합의를 채택해서 준수하게끔 영향을 미치는 일을 시작할 수 있다"(Hamelink, 1994, p. 315). 필자가 1994년에 쓴 것처럼, "만약 세 번째 밀레니엄의 커뮤니케이션 과정에 모든 사람이 중요하게 다뤄지길 원한다면, 우리는 그러한 문제에 잘 대처해야 한다"(1994, p. 316). 우리는 글로벌 커뮤니케이션 정치에 대해 유일하게 진지한 국제기구인 유엔(UN: United Nations)의 변신으로 21세기를 시작해야 한다. 비록 유엔 헌장 서문은 "우리 연합된 국가들의 국민들"(we the peoples of the united nations)2이라고 밝히고 있지만, 이 기구는 결코 민족들(nations)의 연합이 되지 않았다. 유엔은 국가들(states)의 연합이 되었다. 그리고 '민족-국가'(nation-state)라는 이상한 개념이 국가와 민족이 다르지 않음을 시사하긴 하지만, 국가와 민족은 매우 다른 실체들이다. 국가는 무력 사용 독점권을 가진 행정 단위인 반면, 민족[태어난 장소를 뜻하는 나투스(*natus*)에서 왔음]은 공통의 유산과 공통의 문화적 이해를 공유하는 사람들을 지칭한다. 이누잇(Inuit), 마오리(Maori), 호주 원주민, 혹은 사포텍 인디언(Zapotec Indians)이 진정한 민족이다. '사람들이 문제가 되었던 것처럼' 국가들의 연합도 본질적으로 글로벌 커뮤니케이션 정치에 문제가 된다. 국가들은 대체로 자기중심적이며 단지 제한된 형태의 이타주의를 실천한다. 국가들은 협력하기보다는 경쟁을 하는 경향이 있다. 국가들은 주로 그들이 통치하는 지역에 관심이 있지 세계적인 것에는 별로 관심이 없다. 국가들은 기만과 선전의 대가일 정도로 흔히 신뢰할 수 없다. 국가들은 다양성에 관심이 아주 적다. 국가들은 그들의 정체(政體)3가 하나의 언어, 하나의 문화, 하나의 도덕적 체계를 가지면서 동질적이기를 바란다. 국가들은 변화에 거의 관심이 없다. 혁명이 일어날 수도 있지만, 일단 충분한 수의 사람들이 죽고 나면 모든 것은 다시 평소 일상으로 돌아간다.

다윈(Darwin)의 진화 생물학을 통해서 우리는 이타주의, 협력, 다양성, 그리고 변화가 종의 생존에 필수 조건임을 알고 있다. 기관들도 마찬가지라고 가정하는 것은 타당해 보인다. 이러한 관점에서 볼 때, 유엔은 국제적인 사건을 지

---

2 정치학에서 'nation'은 '국민'으로 'state'는 '국가'로 번역하는 것이 맞으나, 유엔 헌장에서는 'nation'을 일반적으로 국가의 의미로 사용하고 있는 것으로 보이고 이 장의 저자는 (아래에서 이누이트족이나 마오리족과 같은 종족을 진정한 'nation'이라고 하는 것을 보면) 'nation'을 '민족'이라는 개념으로 사용하고 있는 것으로 보인다. 그러나 '국민'을 뜻하는 'nation'은 '혈연이나 전통, 문화 등 선험적인 요소보다는 민중들이 스스로의 의지에 따라 참여하는 계약 공동체'의 성격이 강하다. 따라서 여기는 저자의 의도에 따라 'nation'을 민족으로 번역하지만 일반적으로 '국민'으로 제대로 이해하고 또 번역해야 함을 다시 한 번 강조한다(참조: https://www.pennmike.com/news/articleView.html?idxno=40911)(역자 주).

3 정체(forms of government, polity)란 통치권의 행사 방법을 기준으로 한 국가 형태의 분류 기준이다. 국체에 상대되는 용어로서 국체는 주권자가 누구냐에 의한 분류이며, 정체는 주권을 어떻게 행사하느냐에 의한 분류를 말한다. 정체의 유형은 민주제와 독재제, 단일제와 연방제, 입헌제와 비입헌제(전제 정체) 등으로 나눌 수 있다(역자 주).

속 가능한 방식으로 관리하기에 매우 부적합하다. 유엔은 국가의 관심사를 대변하는 국제 연합체에서 사람들의 관심사를 대변하는 국제 연합체로 시급히 변신해야 할 필요가 있다. 이러한 종류의 국제기관은 정정당당한 행위와 사람들의 관심사에 대한 진지한 주목 그리고 기본적인 커뮤니케이션 및 정보 권리를 특징으로 하는 글로벌 커뮤니케이션 정치를 절실히 필요로 한다.

1. 세 가지 중요한 영역

19세기 중반 이후, 글로벌 커뮤니케이션은 국제사회의 의제에서 중요한 관심사가 되었다. 지난 150년에 걸쳐 이 분야의 참가자들(정부, 영리 회사, 전문 실무자들)은 그들의 행위를 제한하고 그들의 행위에 유인을 제공하는 규칙(입법 혹은 자율 규제), 제도 및 관례를 마련하고 채택해왔다.

이 기간 내내, 글로벌 커뮤니케이션 정치의 중요한 영역은 대체로 변하지 않았다. 세 영역, 즉 텔레커뮤니케이션(현재는 데이터 커뮤니케이션도 포함) 영역, 지적 재산권 영역, 그리고 매스 미디어 영역이 그것이다.

대체로 오늘날 커뮤니케이션 정치의 핵심 이슈도 여전히 이 세 영역에서 발견될 것이다. 기술 발전으로 인해 이러한 이슈들에 새로운 차원이 더해졌음은 분명한 사실이다. 텔레커뮤니케이션 분야의 주된 이슈에는 계속해서 접근성(accessibility), 할당(allocation), 비밀 유지(confidentiality)가 포함된다. 오늘날의 접근성 이슈는 기본 전화에 대한 접근뿐만 아니라 고도의 컴퓨터 네트워크에 대한 접근에도 적용된다. 할당 이슈에는 주파수와 정산료(settlement rate)[4] 외

---

4 국제전화 서비스는 2개국 이상의 통신설비를 이용해야 통화가 완성될 수 있으므로 국제통화가 이루어지면 국내사업자가 외국사업자의 통신시설을 이용하는 대가와 외국사업자가 국내사업자의 통신시설을 이용하는 대가에 대한 상호정산이 필요하게 된다. 발신국은 국제전화 서비스 이용자에게 사용료를 징수한 후 착신국에게 통신시설 이용에 대한 대가를 지불해야 하는데 이러한 대가는 발·착신 간의 국제전화요금 정산 협정에 의해 결정되므로 이를 협정료(accounting rate)라 하고, 1분 단위로 정산하도록 되어 있다. 정산 협정을 맺고 있는 양국은 국제전화 발·착신 분수를 누적 집계하여 상호 간에 소통된 트래픽을 상계한 후 발신 트래픽이 많은 국가가 기 합의된 협정료에 발신 분수를 곱한 금액의 2분의 1을 상대국에 지불한다. 이 때 양국 간에 반분된 금액을 정산료라고 하며 실제 정산액은 발신초과국이 초과 발신 트래픽에 정산료를 곱한 금액이 된다(역자 주).

에도 오늘날 인터넷 사용을 위한 도메인명 할당 분야도 새롭게 포함된다.

비밀 유지 이슈는 데이터 네트워크의 전 세계적인 확산, 데이터 수집 활동, 새로운 형태의 전자 감시로 인해 더 시급한 이슈가 되었다. 지적 재산권 영역의 이슈들은 새로운 기술을 사용해 저작권이 있는 자료를 쉽게 대규모로 복제할 수 있게 됨에 따라 더 시급한 이슈가 되었다. 매스 미디어 콘텐트 영역의 기본적인 논란은 여전히 유해한 콘텐트와 표현의 자유 간의 긴장에 초점이 맞추어져 있다. 인터넷상의 콘텐트에 대한 규제는 오늘날 글로벌 커뮤니케이션 정치의 의제로 상정되어 있는 새로운 시급한 이슈이다.

정부 조직 및 비정부 조직(NGO: nongovernmental organization) 모두를 포함하는 여러 다자간 포럼이 글로벌 커뮤니케이션 정치를 주도하고 수정하고 논의하며 수행해왔다. 특정한 이슈에 대해서는 별도의 다자 기관이 책임져왔다. 1990년대의 글로벌 커뮤니케이션은 전 세계 정치의 장이 다자 협상을 통한 해결책을 필요로 하는 복잡하고 논란이 많은 정책 관심사에 직면하게 만들었다. 21세기의 주요 과제는 이러한 협상 과정에 글로벌 시민사회 관계자를 포함하는 것이다.

2. 초창기

글로벌 커뮤니케이션 정치는 19세기 중반 텔레커뮤니케이션, 지적 재산권 및 매스 미디어 영역에서 처음 등장했다.

1) 텔레커뮤니케이션

1868년, 북독일연방(North German Confederation)의 우편 행정국 고위 관리였던 하인리히 폰 슈테판(Heinrich von Stephan)은 국제 우편 연합 제안서를 준비했다. 그는 이 제안서를 독일 정부를 통해 1874년 9월 15일 스위스 정부의 초청으로 베른(Berne)에서 개최된 전권 위원회(全權委員會)5에 전달했다. 이 회의에 참석한 22개 국가는 베른 조약(Treaty of Berne)을 통해 일반우편연합(General

---

5 주요한 의안이 본 회의에 상정되기 전·후에 모든 국회의원이 해당 의안을 심사하는 회의를 말한다(역자 주).

Postal Union)6을 만들었다. 이 협약은 1875년 7월 1일 발효되었다. 1878년, 이 기구의 이름이 만국우편연합(Universal Postal Union)으로 바뀌었다. 1874년 베른 회의는 오늘날까지 적용되고 있는 기본 규범과 규칙을 도입했다. 이러한 것들로는 이 연합 회원국 영토 내 통과의 자유(freedom of transit) 보장과 회권국 영토 내의 주소지로 보내지는 통상 우편에 대해 각국이 징수하는 요금의 표준화가 있다.

1865년에 이르러 회원국은 다자 협정에 따른 다수의 양자, 3자, 4자 약정 (arrangement)7의 필요성을 느꼈다. 그 해, 프랑스는 유럽 국가들을 국제전신연합(International Telegraphy Union)의 창립 모임(1865년 5월 17일)인 국제회의에 초청했다. 오늘날 국제전기통신연합(ITU: International Telecommunication Union)의 전신이 설립됨에 따라 글로벌 커뮤니케이션을 다룰 첫 번째 조약인 국제전신협약(International Telegraph Convention)이 채택되었다. 이 협약의 원문에는 조약 서명국들은 그들의 전신 트래픽을 위해 인하된 단순 요금의 이점을 보증하고, 국제 전신 상황을 향상하며, 운영의 자유를 유지하는 동시에 그들 간의 항구적인 협력을 확립하고자 한다고 적혀 있다.8

이 협약은 모스(Morse) 부호를 첫 번째 국제 전신 기준으로 채택했다. 채택된 다른 규범으로는 통신의 비밀 보호, 국제 전신을 사용할 모든 국가의 권리, 국제 전신 서비스에 대한 모든 법적 책임의 거부가 있다. 체약(締約) 당사국들은 또한 국가 안보에 위협하다고 간주되거나 각국 법, 공공질서, 혹은 도덕을 위반하는 어떠한 전신도 □□ □□ □리가 있었다.

---

6 이 회의에는 오스트리아, 벨기에, 덴마크, 이집트, 프랑스, 독일, 영국, 그리스, 헝가리, 이탈리아, 룩셈부르크, 네덜란드, 노르웨이, 포르투갈, 루마니아, 러시아, 세르비아, 스페인, 스웨덴, 스위스, 터키, 미국이 참석했다.

7 협정(agreement)에 적용된 사항이 조정에도 적용되는데, 대략 임시적 또는 일시적 성격의 교류업무에 이용된다(역자 주).

8 참석한 국가들은 다음과 같다: 오스트리아, 바덴(Baden), 바바리아(Bavaria), 벨기에, 덴마크, 프랑스, 함부르크(Hamburg), 하노버(Hanover), 이탈리아, 네덜란드, 노르웨이, 포르투갈, 프러시아(Prussia), 러시아, 삭소니(Saxony), 스페인, 스웨덴, 터키, 뷔르템베르크(Wurtemberg). 영국의 전신 네트워크는 개인 소유였기 때문에 영국은 제외되었다. 1858년, 연합 회원국들은 또한 프랑스어와 독일어를 국제 전보의 공식 언어로 결정했다(역자 주).

2) 지적 재산권

국제문학예술협회(International Literary and Artistic Society)의 베른 회의는 저작자들의 문학 및 예술 작품의 권리를 보호하기 위한 일반 연합을 설립하는 협약(Convention Establishing a General Union for the Protection of the Rights of Authors in Their Literary and Artistic Works)이라는 제목의 다자 조약 초안을 채택했다. 이 초안은 1884년 공식 조약을 채택하기 위한 외교 회담 계획과 함께 스위스 연방 평의회(Federal Council of the Swiss Confederation)를 통해 '모든 문명국'에 보내졌다. 세 번째 외교 회담(1886년 9월 6~9일)에서 앞선 협약 초안들과 부가 조항 및 최종 협약 원안이 채택되었다. 이 세 문서에 서명한 국가는 벨기에, 프랑스, 독일, 영국, 아이티, 이탈리아, 라이베리아, 스페인, 스위스, 그리고 튀니지였다. 이 창립 회원국들은 모든 나라에 문호가 개방되어 있는 연합을 만들었다. 이 베른 조약은 내국민 대우 원칙(national treatment principle)⁹을 인정했다. 이 협약 2조 1항에는 다음과 같이 적혀 있다:

> 이 연합에 속해 있는 국가의 국민이나 시민인 저작자 혹은 저작자의 법적 대리인은 다른 나라에서도 그들의 작품에 대해 각 국가의 법이 현재 내국민에게 부여하고 있거나 이후에 부여할 수도 있는 권리를 누린다(저작자들의 문학 및 예술 작품의 권리를 보호하기 위한 일반 연합을 설립하는 협약, 1886).

저작권 분야에서 이 베른 협약은 1952년까지 유일한 다자 조약으로 남아 있었다. 1886년 이후 이 협약은 1896년(파리), 1908년(베를린), 1928년(로마), 1948년(브뤼셀), 1967년(스톡홀름), 1971년(파리)에 개최된 외교 회담에서 수정되었다.

저작자 권리(author rights)가 발전되는 과정에서 기본 원칙은 복제로부터 저작자의 작품을 (저작자 사후 70년 동안) 지켜줌으로써 저작자의 보상(補償, remuneration)을 보장하고, 창작자 개인의 진실성(individual integrity)에 대한 존중을 요구하고, 예술, 문학 및 과학의 발전을 장려하며, 문학, 예술 및 과학 저작물의 더 광

---

⁹ 수입품(외국인)이 국내 시장에 들어온 이후 국산품(내국민)과 수입품(외국인)을 차별대우해서는 안 된다는 원칙을 말한다(역자 주).

범위한 확산을 촉진하는 것이었다.

3) 매스 미디어

인쇄 미디어와 특히 방송 미디어(19세기 후반과 20세기 초)의 확산으로 매스 미디어의 사회적 영향이 중대한 관심사로 떠올랐다. 평화로운 국제관계에 이바지한 미디어의 긍정적인 건설적 역할은 상당한 흥분을 자아냈다. 1933년, 교육적 성격의 영화의 국제적 유통을 촉진하기 위한 협약(Convention for Facilitating the International Circulation of Films of an Educational Character)에는 매스 미디어에 대한 그와 같은 긍정적 기대가 표현되어 있었다. 이 조약은 1933년 10월 11일 제네바(Geneva)에서 서명되었다. 국제연맹(League of Nations)[10] 사무국에 등록된 이 협약의 체약 당사국들은 "국제연맹의 목적에 맞게 사람들의 상호 이해에" 기여하고 "결과적으로 정신적 군축(moral disarmament)[11]을 조성하는"(League of Nations, 1933) 교육적 영화의 국제적 유통이 매우 바람직하다고 여겼다. 교육적 영화의 유통을 촉진하기 위해 협약 서명국들은 교육적 영화의 수입, 통과 및 수출에 모든 관세와 모든 종류의 부가 비용을 면제해주기로 합의했다.

그러나 매스 미디어의 부정적인 사회적 영향 또한 중대한 관심사였다. 국경을 가로지르는 음란 출판물 확산에 관한 도덕적·교육적 우려가 제기되었다. 이러한 우려는 음란 출판물 부정 거래에 관한 1910년 및 1924년 협약 채택으로 이어졌다. 1924년 음란 출판물의 유통 및 부정 거래 금지를 위한 국제 협약(International Convention for the Suppression of the Circulation of and Traffic in Obscene Publications)은 "음란한 글, 소묘, 판화, 수채화, 인쇄물, 그림, 포스터, 엠블럼(emblem), 사진, 영화, 혹은 어떠한 다른 음란한 대상물을 만들거나 제작하거나 소지하는 것"은 처벌받을 수 있는 범죄임을 선언했다(League of Nations, 1924). 거래하거나 공개 전시할 목적으로 음란물을 수입 혹은 수출하는 것 또한 처벌받을 수 있으며, 그와 같은 범죄를 저지르는 사람은 "그러한 범

---

10 유엔의 전신(1920~1946년)(역자 주).

11 1932년, 제네바에서 열린 군비 축소 및 제한을 위한 회의(Conference for the Reduction and Limitation of Armaments)에서 폴란드 대표는 전쟁을 막기 위해서는 물질적인 군축도 필요하지만 국제 협력과 이해를 조성하기 위한 정신적 군축도 필요하다고 주장한 바 있다(역자 주).

죄가 … 저질러진 영토 내에 있는 체약 당사국의 법의 심판을 받아야 한다." 매스 미디어의 부정적 영향에 대한 우려가 제기된 것은 또한 19세기 동안 매스 미디어를 외교 수단으로 점차 많이 사용했기 때문이기도 하다. 비록 신문이 특히 그랬기는 하지만, 무선 라디오의 발전은 이러한 새로운 유형의 외교의 가능성을 확대했다.

갈수록 외교관들은 전통적인 유형의 조용한 외교에서 다른 국가의 이해관계자들을 직접 대하는 공공 외교(public diplomacy)[12]로 전환했다. 대부분의 경우, 이러한 행동은 미디어를 선전용으로 남용하기에 이르렀다. 제1차 세계대전 동안, 선전 수단들이 광범위하게 사용되었다. 국제 단파 라디오 방송이 확산하기 시작하면서 이러한 심리전은 제1차 세계대전이 끝난 뒤에도 계속되었다.

전쟁이 끝난 직후, 국제연맹은 국제 언론의 평화 기여에 대한 논의를 주도했다 1931년, 국제연맹은 좋은 국제 관계를 위해 라디오 사용으로 제기되는 모든 문제에 대한 연구를 수행해줄 것을 국제지적협력기구(International Institute of Intellectual Cooperation; 유네스코 전신)에 요청했다. 1933년, 연구보고서 『방송과 평화』(Broadcasting and Peace)가 출간되었는데, 이 보고서는 법적 구속력이 있는 다자 조약 초안 작성을 권고했다. 1933년 이후 시작된 독일의 전쟁 위협 하에서, 조약 초안이 실제로 작성되었고, 1936년 9월 23일 28개국이 협약에 서명했다. 파시스트 국가들은 참여하지 않았다. 평화를 위한 방송의 사용에 관한 국제 협약(International Convention Concerning the Use of Broadcasting in the Cause of Peace)은 9개국(호주, 브라질, 덴마크, 인도, 룩셈부르크, 뉴질랜드, 남아프리카 공화국, 영국)의 비준과 가입을 거친 후, 1938년 4월 2일에 발효되었다. 이 조약의 조항의 기본 바탕은 공동 합의에 의해 마련된 규칙을 통해 방송이 좋은 국가 간 이해를 해치는 방식으로 사용되는 것을 막을 필요성이 있다는 인식이었다. 이러한 합의된 규칙에는 어떤 영토에 거주하는 사람들이 "내부 질서나 체약 당사국들의 안전에 저촉되는 행동을 하도록" 선동하거나 부정확한 진술로 좋은 국가 간 이해를 해칠 가능성이 있는 내용의 전송을 금지하는 것이 포

---

12 외국 국민들과의 직접적인 소통을 통해 한 국가의 역사, 전통, 문화, 예술, 가치, 정책, 비전 등에 대한 공감대를 확산하고 신뢰를 확보함으로써 외교관계를 증진시키고, 그 국가의 이미지와 국가 브랜드를 높여 국제사회에서 영향력을 높이는 외교활동을 말한다(역자 주).

함되었다. 체약 당사국들은 또한 "부정확한 진술로 좋은 국제적 이해를 해칠 가능성이 있는 내용의 전송이 가능한 가장 이른 시간에 반드시 바로잡히도록 한다는 데" 합의했다(League of Nations, 1938). 1999년에도 이 조약은 여전히 시행되고 있었으며 유엔의 26개 회원국에 의해 비준을 받았다.

4) 새로운 다자 기관

1945년 이후, 글로벌 커뮤니케이션 정치는 유엔 설립을 통해 새로운 추진력을 얻었다. 유엔과 유엔 전문기관 창설로 다자간 정책 진화 및 정책 협업을 위한 일단(一團)의 중요한 기관들이 국제 체계 안으로 들어왔다. 유엔 총회[특히, 국제법위원회(ILC: International Law Commission)와 몇몇 하부 위원회들을 통해]와 국제사법재판소(International Court of Justice)는 현재의 국제법 체계를 구성하고 있는 규범과 규칙을 점진적으로 개발한 원동력이었다.

유엔 총회는 방송 전파 방해, 위험한 임무를 수행하는 저널리스트 보호, 직접 위성 방송, 과학과 기술의 인권 측면과 같은 각기 다른 이슈들을 다룬 엄청난 수의 결의안을 통해 글로벌 커뮤니케이션 정치에 기여했다.

총회가 채택한 글로벌 커뮤니케이션에 적절한 핵심적인 표준 설정 수단으로는 기본 인권 규약, 차별 금지 선언 및 협약, 우주법(outer space law)에 관한 조약들이 있다. 유엔 총회의 여러 기관 가운데 커뮤니케이션 문제에 특별히 주목하는 기관으로 (사회적, 인도주의적, 문화적 문제를 전담하는) 유엔 총회 제3위원회(Third Committee)와 경제사회이사회(Economic and Social Council)가 있다. 경제사회이사회는 유엔과 유엔 전문기관들의 경제적·사회적 업무를 조정하는 주된 기관으로 설립되었다. 커뮤니케이션 이슈는 경제사회이사회의 부속기관, 특히 인권위원회(Commission on Human Rights)나 초국가적 기업 위원회(Commission on Transnational Corporations)에서 다루어진다.

1959년, 유엔 총회가 우주의 평화로운 이용에 관한 위원회(Committee on the Peaceful Uses of Outer Space)를 설립한 것은 특히 중요하다. 이 위원회는 위성 방송을 다루는 규제 수단을 통한 글로벌 커뮤니케이션 정치에 대해 중요하게 언급하면서 유엔의 우주법 표준 설정의 중심이 되었다.

1966년, 유엔 총회는 국제 거래에 관한 법들의 조화를 촉진하는 임무를 띤 국제거래법위원회(UNCITRAL: United Nations Commission on International Trade Law)를 설립했다. 국가 간 거래에서 컴퓨터 기술의 중요성이 점차 커짐에 따라, 이 위원회는 컴퓨터 기록의 법적 타당성과 전자 자금 이체의 법적 책임과 같은 문제를 다뤄줄 것을 요구받았다.

1978년, 유엔 총회는 정보위원회(Committee on Information)를 설립했는데, 이 위원회는 1979년 12월 18일에 채택된 결의안을 통해 임무를 부여받았다. 이 위원회는 새로운 국제 정보 질서와 유엔의 공적 정보 활동에 관한 일련의 결의안에 기여했다.

5) 전문기관

다자간 정책은 또한 유엔의 전문기관에 의해서도 만들어지며, 이러한 전문기관들 가운데 특히 ITU와 다음의 몇몇 전문기관은 커뮤니케이션 분야의 중요한 규제자가 되었다: 만국우편연합(UPU: Universal Postal Union), 유네스코(UNESCO: UN Educational, Scientific, and Cultural Organization), 세계지적재산기구(WIPO: World Intellectual Property Organization). 이 기관들보다는 훨씬 덜 중요하지만 국제노동기구(ILO: International Labour Organization)도 커뮤니케이션 전문직 종사자와 관련된 고용 문제를 통해 커뮤니케이션 분야에 관여하게 되었으며, 세계보건기구(WHO: World Health Organization)와 식량농업기구(FAO: Food and Agriculture Organization)도 건강 및 식품의 광고와 마케팅 표준 설정과 관련해 커뮤니케이션 분야에 관여하게 되었다.

항공기 통신 체계를 위한 규칙을 채택한 국제민간항공기구(ICAO: International Civil Aviation Organization)와 해양 통신 이슈를 다루는 국제해사기구(IMO: International Maritime Organization)도 글로벌 커뮤니케이션에 영향을 미치는 표준을 설정한다.

유엔 전문기관이 된 기존의 다자 포럼 외에도 지금은 존재하지 않는 정부 간 인포마틱스 사무국(IBI: Intergovernmental Bureau for Informatics)과 지적 재산과 기술 이전 같은 분야에서 표준을 채택한 유엔 무역개발회의(UNCTAD: UN Conference on Trade and Development)와 같은 새로운 규제 기관도 설립되었다.

관세와 무역에 관한 일반 협정(GATT: General Agreement on Tariffs and

Trade)은 유엔 소속은 아니지만 중요한 다자 기구이다. 각 국가의 정부가 참여하는 다른 중요한 다자 기구로는 우주 통신 기술의 운용을 위해 설립된 기구들이 있다. 무엇보다 조약에 의해 설립된 정부 간 위성 체계인 인텔샛(Intelsat)과 인마샛(Inmarsat)이 바로 그러한 기구들이다.

다음의 세 정부 간 다자 기구는 대체로 대표성이 없고 실제로 좀 더 권역 지향적이긴 하지만, 이들에 대해서도 언급할 필요가 있다. 이들도 글로벌 커뮤니케이션 정치에 상당한 기여를 해왔다. 경제협력개발기구(OECD: Organisation for Economic Co-operation and Development), 유럽안보협력회의(CSCE: Conference on Security and Co-operation in Europe), 그리고 유럽 평의회(Council of Europe)가 바로 그런 기구들이다. 정보의 자유와 초국경 흐름의 보호와 같은 분야에서 이러한 기구들의 표준 설정 작업은 전 세계에 중요한 영향을 미쳐왔다.

6) 비정부 기구

1945년 이후 글로벌 커뮤니케이션 정치의 진화 과정에 빠른 속도로 성장하는 국제 비정부 기구(INGO: international nongovernmental organization)가 중요한 기여를 했다. INGO는 회원 구성과 활동 면에서 부분적으로는 국제적인 동시에 부분적으로는 국가에 기반을 두고 있기도 하다. 분명 INGO는 법적 구속력이 있는 결정을 내릴 법적 권한을 가지고 있지 않지만, 전문가 집단이나 로비 주체로서 정부 간 기구의 정책 수립 과정에 영향을 미칠 수 있다. INGO는 또한 그들 자신의 행위의 기준을 규정함으로써 그들이 대표하는 집단 구성원의 범위를 넘어서는 정치적 영향을 미칠 수도 있다. 자율규제 행동 규약을 마침내 마련한 국제 저널리즘 전문기관들의 노력이나 국제공중관계협회(International Public Relations Association)와 국제광고협회(International Advertising Association)가 채택한 자율규제 규약이 그러한 예이다.

유엔과 유엔 전문기관은 처음부터 INGO를 그들의 정책 수립 과정에 참여시켰다. 예를 들면, 국제 인권법을 마련하는 과정에서 INGO는 중요한 역할을 했다. 국제 앰네스티(Amnesty International) 같은 INGO는 인권 기준을 충족하는 데 필요한 중요한 수단인 '수치심의 유발'(mobilization of shame)이 인권 기준에 포함되게 하는 데 기여했다. 또 다른 예로는 WHO에 모유 대용품의 판매에 관한 WHO 규약에 위배되는 다국적 회사들의 행위를 계속해서 알려준 INGO들이 있다. 개발 협력 분야에서 INGO는 여성, 인구, 건강 및 환경에 대한 우려와 관련된 압력을 통해 공공기관에 새로운 정책적 통찰력을 촉구해왔다. 유엔 총회에서 채택된 여러 결의안은 초국가적 기업의 행동 규약에 관한 협상에서 과학자, 고용주, 노동조합을 대표하는 조직들이 기여한 바에 대해 특별한 의미를 부여했다. ITU, WIPO, 유네스코와 같은 유엔 기관에서 INGO는 글로벌 커뮤니케이션 정치의 정립에 의미 있는 기여를 했다.

7) 글로벌 커뮤니케이션 정치의 변화

지난 10년에 걸쳐 글로벌 커뮤니케이션 정치 분야는 중대한 변화를 보여왔다. 그 가운데 가장 중요한 변화는 다음과 같다:

- 커뮤니케이션을 위한 국제 거버넌스(governance)[13] 체계는 주로 주권이 있는 정부들이 독자적으로 수립한 국가 정책을 조정하기 위해 지난 100년에 걸쳐 운용되었다. 오늘날의 글로벌 거버넌스 체계는 각국 정부가 독자적인 정책 수립을 하는 영역을 상당 정도 초국가적으로 결정한다.

- 글로벌 커뮤니케이션 정치는 두드러질 정도로 정치적인 담론에서부터 대체로 경제적인 통상 담론으로 눈에 띄게 바뀌면서, 점차 통상과 시장 기준에서 정의되며 정치적 고려에 의해 정의되는 경우는 계속 줄어든다. 이것에 대한 증거는 지적 재산의 경제적 중요성을 점점 더 강조하는 것과 이와 관련해 투자자와 기업 생산자 보호에 우선순위를 두는 것에서 찾을 수 있다. 텔레커뮤니케이션 분야에서는 보편적 공공 서비스의 기준과 교차 보조(cross-subsidization)[14]가 비용에 기반을 둔 요금 구조로 바뀌었다. 초국

---

13 일반적으로 '과거의 일방적인 정부 주도적 경향에서 벗어나 정부, 기업, 비정부기구 등 다양한 행위자가 공동의 관심사에 대한 네트워크를 구축하여 문제를 해결하는 새로운 국정운영의 방식'을 말한다. 그렇지만 다양한 학문 분야에서 서로 다른 맥락으로 쓰이고 있어, 아직 정의에 대한 명확한 학문적 합의는 이루어지지 않았다고 볼 수 있다(역자 주).

14 교차 보조 또는 내부 보조(internal subsidization)란 시장에서 지배적 사업자가 독점력을 이용하여 얻은 초과이윤을 동종의 다른 사업장 등에 보조하는 행위를 말하는 것으로, 높은 수익이 발생하는 사업장의 이익을 수익성이 떨어지는 사업장에 지원하여 격차를 어느 정도 상쇄시켜 주는 것을 의미한다(역자 주).

경 전자 데이터 흐름 분야에서는 글로벌 커뮤니케이션 정치가 국가 주권과 문화적 자율성에 대한 정치적 주장에서 통상 장벽과 시장 접근 같은 개념으로 바뀌었다.

- 가장 강력한 민영 참가자들이 더 공공연하게 중요한 역할을 하게 되었다. 내내 정치적 의사 결정을 이끌어왔던 경제적 이해라는 보이지 않는 손이 근년에 들어서는 더욱더 잘 보이기 시작했다.
- 초국가적 기업은 경쟁의 무대에서 두드러진 참가자가 되었으며 노골적으로 전면에 나서서 그들의 역할을 수행했다. 정책 수립의 장소가 정부에서 민영 사업자들의 연합체로 바뀌었다.

글로벌 커뮤니케이션 헌장 제안과 관련해서 이러한 상황 전개는 역할이 뒤바뀌었음을 보여준다. 1997년 9월, ITU의 텔레콤 인터랙티브 97(Telecom Interactive 97) 회의 동안, EU 집행위원 마틴 방게만(Martin Bangemann)은 정보 사회를 위한 핵심 원칙을 담은 헌장에 대한 아이디어를 제안했다. 그 헌장은 21세기의 글로벌 커뮤니케이션의 틀에 관한 법적 구속력이 없는 협정 형태로 제안되었다. 그 아이디어는 1997년 10월 브뤼셀에서 열린 G7 회의 동안 더 다듬어졌다.

1998년 6월, 집행위원 방게만은 글로벌 커뮤니케이션에 관한 원탁 토론에 15개국에 있는 약 50명의 이사회 의장과 기업체 사장을 초청했다. 초청된 기업 가운데는 마이크로소프트, 베텔스만 AG, 로이터스, 폴리그램(Polygram), IBM, 지멘스(Siemens), 도이체 텔레콤(Deutsche Telekom), 소니, 도시바(Toshiba), 비자(Visa)가 포함되어 있었다. 다음과 같은 질문이 의제로 올라왔다: 글로벌 커뮤니케이션의 가장 시급한 장애물은 무엇이며, 그러한 장애물을 제거하는 데 가장 효과적인 수단은 무엇인가? 지적 재산권, 과세(課稅), 관세, 암호화, 인증, 데이터 보호 및 법적 책임이 긴급한 이슈로 확인되었다. 기업 참여자들은 온라인 경제의 세계적인 특성으로 인해 어떤 한 국가나 기구가 규제하는 것이 불가능하기 때문에 규제는 최소한에 그쳐야 한다는 의견을 제시했다.

업계는 자율규제를 선호한다는 의사를 분명히 드러냈다. 업계가 주도한다는 것을 확실히 하기 위해 회의를 통해 업계 운영위원회를 구성하자는 제안이 있었다. 기업가들은 새로운 글로벌 비즈니스 대화를 시작할 것이며 이 대화에는 정부와 국제기구도 초대될 것이라고 발표했다.

아이러니하게도 방게만의 처음 계획은 전 세계 전자 시장에 관해 정부와 회사 간 대화를 개시하자는 정치적 선언을 하기 위한 것이었고, 그 목적은 민간 부문이 정부 및 국제기구와의 협의 과정을 통해 글로벌 커뮤니케이션 정책 형성에 적극적으로 참여하는 시장 주도 접근방식이었다. 이제 이 과정을 민간 부문이 맡게 되었으며, 민간 부문은 적절하다고 생각될 때 정부와 국제기구가 자율규제 제도를 만드는 데 참여하도록 요청할 것이다.

8) 세계무역기구

글로벌 커뮤니케이션 정책은 전통적으로 유네스코, WIPO, ITU 같은 정부 간 포럼에서 만들어졌다. 이러한 기구들은 정보 및 커뮤니케이션 기술 발전의 사회문화적 차원에 상대적으로 열린 자세를 취했다. 더욱이 이 기구들은 개발도상국도 그들의 관심사를 표현할 수 있는 플랫폼을 제안했다. 최근 들어, 주요 참가자들이 그들의 특정 관심사를 더 잘 반영하는 포럼을 선호하기 시작하면서 이러한 국제 정부 기구, 즉 정부 간 기구(IGO: intergovernmental organization)의 입장이 상당히 약화되었다. 세계무역기구(WTO: World Trade Organization)는 GATT의 후속 포럼이다. WTO는 1993년 12월에 완료된 GATT 우루과이 라운드(Uruguay Round)의 다자간 통상 협상 결과물 가운데 하나로 설립되었다.

WTO는 일반적으로 다른 정부 간 기구보다 주요 산업 국가의 통상 이익에 더 호의적이다. 이 기구의 주요 정책 원칙 가운데 전 세계적인 시장 자유화와 비차별 원칙이 있는데, 비차별 원칙은 국내 시장에서 외국 경쟁자에게 내국민 대우와 최혜국 대우(most favored nation treatment)[15]를 해주는 것이다. 실제로 커뮤니케이션 네트워크와 정보 서비스의 경제적 가치가 커진 점을 감안할 때 커뮤니케이션 정치가 이러한 통상 포럼으로 옮겨온 것은 놀라운 일이 아니다.

오늘날의 글로벌 커뮤니케이션 시장은 연간 1조 6,000억 달러 이상의 가치

---

15 관세·항해 등 양국 간 관계에서 지금까지 다른 나라에 부여한 대우 중 최고의 대우를 해주는 것을 말한다. 즉 제3국에 부여하고 있는 조건보다 절대 불리하지 않은 대우를 해주는 것이다 (역자 주).

를 창출한다. 주요 커뮤니케이션 및 정보 기업이 상품 시장과 금융 시장에 필수적인 지원 구조를 제공한다는 사실과 함께, 커뮤니케이션 거버넌스 이슈는 현재 대체로 글로벌 통상 체제에 지배될 운명에 처해 있다. 이것은 '자유' 무역 규칙이 글로벌 커뮤니케이션 시장의 세 주요 구성요소, 즉 하드웨어 제조, 소프트웨어(컴퓨터 프로그램 및 콘텐트)의 제작 및 배급, 그리고 네트워크 및 네트워크 서비스 운영에 적용됨을 의미한다.

3. 현 실태

1) 텔레커뮤니케이션 영역

텔레커뮤니케이션 하부구조와 관련해 글로벌 정치를 이끄는 지배적인 사고 패턴은 다음과 같은 가정을 토대로 하고 있다:

- 텔레커뮤니케이션 하부구조는 발전에 필수적이다.
- 하부구조의 설치와 개선에는 비용이 많이 든다.
- 민간 자금이 필요하다.
- 민감 자금을 유치하기 위해서 국가는 그들의 텔레커뮤니케이션 시장을 자유화하고 친경쟁 규제 조치를 채택해야 할 것이다.

텔레커뮤니케이션의 전 세계적인 운영은 실제로 자유롭게 운영되는 민간 기업에 맡겨져 있다. 한 국가의 텔레커뮤니케이션 하부구조는 민간 회사에 의해 운영될 수 있으며 그러한 네트워크의 일부분이 수익을 내지 못할 때 시민들이 권리를 박탈당하지 않는다는 것을 확실히 하기 위해 국가는 공적 수단을 제공할 수 있다는 것이 기본적인 생각이다.

1980년대에 탈규제는 공공정책의 가장 중요한 원칙이 되었다. '정부 역할 축소와 시장 기능 강화'(less state and more market)라는 탈규제의 주된 목적은 더욱더 많은 사회적 영역에 영향을 미치기 시작했으며, 많은 국가에서 이제는 물과 에너지 공급과 같은 주요 공공 서비스에까지 손을 뻗으면서 이러한 공공 서비스에 대한 접근 및 이용이 소득이 거의 없는 사람들에게 문제가 되고 있다.

국내 및 글로벌 텔레커뮤니케이션 시장의 경우, 이러한 새로운 정책은 민영화(privatization)와 자유화(liberalization)로 나타났다. 탈규제자들은 시장을 경쟁적으로 만들고 공적 소유에서 사적 소유로 바꾸는 것이 텔레커뮤니케이션과 정보 서비스의 보편적 접근성(universal accessibility)을 촉진할 것으로 보았다. 글로벌 텔레커뮤니케이션의 핵심적인 정책 원칙은 '시장 자유화'와 '보편적 서비스'(universal service)이다. 탈규제자들은 이 두 원칙을 결합하면 서로를 보완하고 강화할 수 있다고 제안한다. 그러나 그것은 아직 입증되지 않았다. 세계의 다른 지역들이 보내는 신호는 시장을 민간의 상업적이고 경쟁적인 세력에 맡기는 것이 텔레커뮤니케이션 하부구조에 대한 접근성(accessibility)과 지불능력(affordability)으로 반드시 이어지지는 않음을 보여준다.

민간 부문이 텔레커뮤니케이션 협상에 점차 많이 참여하는 것과 시장 개방 약속이 증가하는 것으로 미루어 보아, 결론은 점점 더 많은 국가가 그들의 텔레커뮤니케이션 시장을 자유화하는 것이 그들에게 이득이 될 것으로 믿는다는 것이다. 진정한 정치적 이슈는 더 이상 국가들이 자유화할 것인지 여부가 아니라 언제 자유화할 것인가 하는 것이다. 그러나 ITU의 『세계 텔레커뮤니케이션 발전 보고서』(World Telecommunication Development Report)(1997)가 내다보고 있는 것처럼 의견은 서로 다르다: "예를 들어, 어떤 국가들은 시장 접근을 기회로 보는 반면, 그들 자신의 국내 텔레커뮤니케이션 서비스 산업을 발전시키려고 노력하고 있는 다른 국가들은 그것을 자국의 신생 운영업자들에게 어려움과 위협을 안겨주는 것으로 본다"(p. 102). 어떤 국가에서는 자유화로 인해 국내 운영업자의 수입이 늘어날 것이지만, 또 어떤 국가에서는 대부분의 수입이 외국 업체에서 발생할 수도 있다. 이 ITU 보고서가 올바로 지적하고 있듯이, "승자도 있고 패자도 있을 것이다"(p. 106).

많은 국가는 또한 시장 개방의 일환으로 그들의 공영 텔레커뮤니케이션 운영사업자(PTO: public telecommunications operator)를 민영화하기 시작했다. 자유화는 시장을 경쟁자에게 개방하는 것으로 정의될 수 있는 반면, 민영화는 국가 소유 기관이나 자산을 소유 정도에 차이는 있지만 사적 소유권으로 전환하는 것을 말한다. 이러한 두 과정은 서로 충돌할 수 있다. 자유화는 그들의 독점

PTO를 위해 최고의 가격을 받으려는 정부의 바람과 충돌할 수도 있으며, 민영화는 새롭게 진입하는 운영사업자가 민영화 초기에 독점적 통제를 원할 때 시장 자유화와 충돌할 수도 있다.

각국 정부는 완전히 다른 이유에서 민영화 및 자유화 정책을 동시에 추구하거나 민영화 혹은 자유화 정책을 추구한다. 이러한 정책은, 특히 더 가난한 국가에서, 텔레커뮤니케이션 서비스를 향상하고 개선하려는 바람이 이루어지기보다는 경제가 문제를 일으키는 결과로 이어질 수도 있다. 이 정책은 당시의 정치적 교의(예, 신자유주의)나 그 과정에서 이전되는 기술을 얻고자 하는 희망과 관련되어 있을 수도 있다. 이러한 새로운 정책은 완전한 실패에 대한 확실한 처방전도 아니고 성공적인 경제적·기술적 성과에 대한 보장도 아니다. 국가마다 결과는 다를 것이며, 어떤 사회적 상황이 편익과 비용을 결정하는지 규명하기 위해서는 더 많은 연구가 필요하다.

민영화는 꽤 많은 국가에서 시행되어, 1984년에서 1997년 사이에 44개 PTO가 민영화되었다(ITU, 1997, p. 2). 이러한 민영화로 약 1,590억 달러가 조성되었다. 1996년에 이루어진 12개 PTO의 민영화로 200억 달러 이상이 조성되었으며, 국내 투자와 외국 투자가 대략 50:50의 비율로 이루어졌다. 세계 전반으로는 투자 자본의 30% 이상이 외국에서 유입되었다. ITU 보고서에 따르면, PTO들 자신이 보통 가장 적극적인 투자자였다고 한다. 그러나 1997년 상위 40개 국제 통신회사 가운데 29개 통신회사의 다수 지분(majority share)을 여전히 국가가 소유했다. 즉, "대신 모든 권역에 걸쳐 진행된 것은 완전한 민영화가 아닌 국가 소유 텔레커뮤니케이션 회사의 공기업화(corporatization)였다"(ITU, 1998a, p. 9). 또한 자유화도 모든 국가에서 부문들을 가로지르는 경쟁적인 시장을 만들기 위해 진행된 것이 아니었다. 많은 국가에서 기본 텔레커뮤니케이션 서비스는 경쟁에 개방되지 않은 상태이다. 가장 많이 자유화된 곳은 이동전화 시장이지만, 이 부문에서조차도 몇몇 국가는 아직 경쟁을 허용하지 않고 있다.

민영화를 뒷받침하는 데 사용된 주장은 그것이 네트워크를 확대·개선하고, 서비스를 향상하며, 네트워크 접속 요금과 이용 요금을 낮춘다는 것이다. 그러나 국가들이 경험한 내용은 다양하다. 흔히 나타난 민영화의 결과 가운데 하나는 텔레커뮤니케이션 네트워크의 확대이다. 몇몇 국가(예, 1997년 페루와 파나마)

에서는 민영화로 인해 통신 밀도(teledensity)[16]가 상당히 향상되었다. ITU(1998b)에 따르면, "한 가지 이유는 네트워크 확대라는 목표가 점점 더 민영화 허용 요구조건이었기 때문이다"(p. 71). 추가된 전화선은 당연히 서비스 비용을 지불할 수 있는 이용자들에게는 이로운 일이다. 민영화 계획이 텔레커뮤니케이션 네트워크 이용에 요구되는 구매력을 가진 시민 집단의 수를 늘려주지는 않는다.

몇몇 국가에서는 요금이 내려갔지만 그것은 주로 큰 고객인 기업 이용자에게 해당되는 것인 반면, 일반 소비자에게는 요금 인하 혜택이 거의 없었다. 각 국가의 서비스 공급 경험에 있어서도 차이가 있다. 이것은 부분적으로 민영화의 결과로 인한 더 치열한 경쟁과 더 많은 선택에 대한 기대가 항상 충족되지는 않았기 때문이다. 당연히 더 작고 덜 발전된 국가에서는 국내 텔레커뮤니케이션 운영사업자들이 새로운 독점사업자인 큰 글로벌 연합체들에게 패배했다. 소수의 글로벌 운영사업자들에 의해 통제되는 시장이 실제로 소비자에게 이득이 될지 대단히 의심스럽다. 종국에는 어느 정도의 경쟁이 남아 있을지도 여전히 의심스럽다. 가격 인하와 기술 혁신에 대한 투자 증가는 경쟁자를 시장에서 몰아내는 경향이 있으며, 그 결과, 시장 자유화는 거의 모든 곳에서 시장 집중(market concentration)을 강화하는 경향이 있다. 이것은 경쟁자들은 도전자를 시장에서 몰아내거나 서로 합병할 것이기 때문에 시장 자유화는 자유 시장이 피할 수 없이 독점 형성을 초래하는 역사적 경험으로 이어진다.

(1) WTO 텔레커뮤니케이션 조약

1994년, WTO 설립을 위한 마라케쉬 협정(Marrakesh Agreement Establishing the World Trade Organization)은 GATT 체제하에서 열렸던 여덟 번째 다자 통상 협상 라운드(우루과이 라운드)를 완료했다. 서비스 교역에 관한 일반 협정(GATS: General Agreement on Trade in Services)이 최종 조약에 포함되었다. 가장 공을 들인 부속문서는 텔레커뮤니케이션 분야에서의 교역에 관한 것이었다. 이 부속문서는 기본 텔레커뮤니케이션 서비스 및 네트워크를 다음과 같이 정의했다:

---

16 한 지역의 100명당 전화 접속자 수를 말한다(역자 주).

- 공중 텔레커뮤니케이션 전송 서비스(public telecommunications transport service): 회원국에 의해 명백하게 혹은 사실상 공중 일반에게 제공하기로 되어 있는 모든 텔레커뮤니케이션 전송 서비스.
- 공중 텔레커뮤니케이션 전송 네트워크(public telecommunication transport network): 정의된 네트워크 종단점들 간의 텔레커뮤니케이션을 허용하는 공중 텔레커뮤니케이션 하부구조.

125개 마라케쉬 협정 서명국 가운데 약 60개국이 그들의 텔레커뮤니케이션 서비스 시장을 개방하겠다고 약속했지만, 대부분 기본 텔레콤 서비스 이슈에 대해서는 입장을 분명히 밝히지 않았다. 텔레콤 서비스 시장 개방에 대한 약속은 모든 텔레콤 서비스의 완전한 경쟁에서부터 기본 텔레콤 서비스, 휴대폰 서비스, 혹은 지역 전화 서비스는 예외로 하는 것에 이르기까지 다양했다.

마라케쉬 회의에서는 텔레콤 서비스 개방 문제를 1996년 4월까지 마무리할 기본 텔레커뮤니케이션 협상 그룹(NGBT: Negotiating Group on Basic Telecommunications)을 설치했다. NGBT는 그때까지 합의에 도달하는 데 실패했다. 위성 서비스의 자유화와 국제 텔레콤 요금 정산 조정과 몇몇 이슈에 대한 결론이 여전히 내려지지 않았다. 그러나 이 협상은 소위 참조문서에 규정되어 있는 일부 기본 규칙에 대한 합의로 이어졌는데, 이러한 규칙들은 경쟁 기준, 상호연결, 보편적 서비스 의무, 허가 기준의 투명성, 규제자의 독립성, 희소한 자원의 할당 및 사용 문제를 다루고 있다.

기본 텔레커뮤니케이션 그룹(GBT: Group on Basic Telecommunications)이라 불리는 새로운 그룹은 1996년 7월 이후까지 활동을 계속했다. 이 그룹은 모든 WTO 회원국에 개방되어 있었으며 매월 회의를 개최했는데, 주된 의무는 더 많은 국가가 위성 서비스 자유화를 약속하도록 고무하고, 위성 서비스 자유화 이슈를 다루며, 텔레콤 서비스 공급과 관련된 여러 이슈를 해결하는 것이었다.

새로운 일련의 협상은 무엇보다 외국인 소유권 제한 문제에 초점이 맞추어졌다. 미국 정부는 국내 텔레커뮤니케이션 분야에 외국인 소유권을 최대로 허용할 것을 특히 강하게 요구했다. 시장 개방을 약속하면서 많은 국가가 외국인 소유권 제한을 완전히 포기했지만, 나머지 국가들은 25~80%의 국내 통제를 유지했다. 어떤 국가는 외국인 소유권을 필요한 외국인 투자를 유치할 수 있는 기회로 보는 반면(ITU, 1997, p. 102), 또 어떤 국가는 그것을 국가 주권에 대한 위협으로 인식한다. 비록 각국 정부가 그들의 약속의 범위, 단계적 실행 및 시기 선택에 대한 완전한 통제권을 가지고 있지만, 일단 약속을 하고나면 그들의 양허(亮許)[17]를 나중에 바꿀 수 없다. 협상이 필요한 복잡한 문제는 위성을 통해 제공되는 이동전화 서비스 이슈였다. 위성 주파수 할당은 ITU의 몫이긴 하지만, 각국 정부가 주파수 할당을 위한 국가적 절차를 통상 장벽으로 사용할 때 통상 측면의 복잡한 문제가 발생한다. GATS의 조항에 따르면, 그와 같은 절차가 차별적이어서는 안 된다.

1997년 2월 15일, GATS의 제4차 의정서(Fourth Protocol)에 72개 WTO 회원국(전 세계 텔레콤 서비스 무역의 약 93%에 해당)이 서명했다. 제4차 의정서는 1998년 2월 5일에 발효되었다. 이 세계 텔레커뮤니케이션 협정(World Telecommunications Agreement)은 참여국에게 그들의 시장을 자유화할 것을 요구한다. 참여국은 그들이 바람직하다고 생각하는 방식으로 보편적 접근을 시행할 수 있는 어느 정도의 재량권이 허용되지만, 협정의 중요한 단서들이 국가의 정치 공간(political space)을 심각하게 제한한다.

이 협정은 텔레커뮤니케이션의 기본적인 하부구조의 거버넌스에 지대한 영향을 미친다. 보편적 서비스 이슈에 관해 이 협정은 다음과 같이 명시하고 있다: "모든 회원국에게는 그들이 유지하기를 바라는 보편적 서비스 의무의 종류를 규정할 권리가 있다. 보편적 서비스 의무가 투명하고 비차별적이며 경쟁의 측면에서 중립적인 방식으로 관리되고 회원국이 규정하는 보편적 서비스의 종류에 반드시 필요한 정도 이상으로 과중한 것이 아니라면, 그와 같은 의무 그 자체가 반경쟁적인 것으로 간주되지는 않을 것이다"(World Trade Organization, 1998). 이것은 접근에 관한 독자적인 국가 정책 수립 여지를 심각하게 제한한다.

외국의 산업이 불리한 입장에 놓이게 해서는 안 되기 때문에, 보편적 서비스에 대한 국가의 기준은 경쟁중립성(competitive neutrality)을 지키면서 시행되어

---

17 국제 통상에서 나라끼리 맺은 일종의 신사협정을 말한다(역자 주).

야 한다. 국가의 기준이 "필요 이상으로 과중하게" 설정되어서는 안 된다. 만약 어떤 국가의 공공정책이 비용에 기반을 둔 요금을 토대로 하는 것이 아니라 교차 보조제에 근거해 텔레커뮤니케이션 서비스에 대한 접근을 제공하는 것을 고려하려 한다면, 이것은 텔레커뮤니케이션 운영사업자의 이익보다 소규모 이용자들의 이익에 기여할 수도 있을 것이다. 외국 시장 진입자들은 이러한 의무를 "필요 이상으로 과중한" 수준으로 볼 수 있을 것이다. 그 결과, 그러한 보편적 서비스 정책은 국제 통상법을 위반한 것으로 인식될 것이다. 국가 정책 제안의 합법성 판단은 WTO의 대체로 모호한 중재 기제에 맡겨질 것이다.

이 협정의 초점은 국가의 시민들이 텔레콤 서비스에 당연히 접근해야 하는데에 맞춰져 있는 것이 아니라, 외국 공급업자가 국내 텔레콤 서비스 시장에 당연히 접근해야 한다는 데에 맞춰져 있다. 이러한 각기 다른 유형의 접근이 같다는 것은 극도로 단순화한 가정이다. 그 결과, 사회 정책(social policy)[18]이 상업적 참가자들이 규정해놓은 한계에 제한을 받는다.

사회문화적 열망이 아닌 통상 이익이 국가의 텔레커뮤니케이션 정책을 결정한다. 2004년까지 교역 파트너들은 대부분 그들의 국내 시장을 자유화하기로 하는데 합의했다. 그러나 모든 종류의 서비스에 대해 전 세계적인 자유 시장을 확립하는 것이 그와 같은 서비스의 이용 가능성이나 이러한 서비스의 혜택을 볼 수 있는 모든 사람이 서비스를 동등하게 이용할 수 있음을 반드시 의미하는 것은 아니다.

(2) 협정료 정산 체계 바꾸기

글로벌 텔레커뮤니케이션 정치의 중요한 구성요소 가운데 하나는 소위 협정료 체계이다. 전통적으로 텔레커뮤니케이션 체계는 텔레콤 회사 간의 양자 관계를 기초로 했다. ITU가 관리하는 조약인 국제 텔레커뮤니케이션 규칙(International Telecommunication Regulations)이 제공한 통신회사(흔히 독점 통신회사) 간의 요금 정산을 위한 일반적인 규제 틀은 1988년 세계 전신전화 주관청 회의(WATTC: World Administrative Telegraph and Telephone Conference)에서 마지막

---

18 사회 개선 또는 개혁을 목표로 하는 정부 또는 기관의 계획 또는 행동을 말한다(역자 주).

으로 수정되었다. 최근 들어, 기술 혁신과 자유화 및 민영화 추진으로 인해 이러한 체제는 심한 압력을 받게 되었다. 오늘날 점점 더 많은 민영 상업 회사들이 발신 및 착신 국가 모두에서 통신회사를 운영할 뿐만 아니라, 정산 체계를 우회하는 (전화 카드나 인터넷 전화와 같은) 새로운 서비스도 제공할 것이다.

첫 번째 국제전신협정(International Telegraph Convention, 1865)에서 텔레커뮤니케이션 규칙이 제정되었을 때 이 규칙의 가장 중요한 동기는 국제전화 수익을 발신국, 통과국, 그리고 착신국 사이에서 적절하게 배분하는 체계를 찾는 것이었다. 기본적으로 발신국의 PTO가 고객에게 일정 금액을 징수하고, 그런 다음 착신국의 PTO와 발신국의 PTO는 (국제전화선과 착신국 현지 고객에게 교환 및 전달 호출을 제공하는) 착신국 PTO에 의한 서비스에 대해 대가 지불에 동의한다. 이를 일컬어 '협정료'(accounting rate)[19]라고 한다. 이 액수는 착신국의 통신회사가 발신국의 통신회사에 청구하는 금액의 근간을 이룬다. 이러한 청구 금액을 일컬어 '정산료'(settlement rate)라고 한다.

ITU의 일반적인 권고는 협정료를 발신국 통신회사와 착신국 통신회사 간에 50:50으로 나누라는 것이었다. 이 방식은 독점회사가 다른 독점회사와 거래했던 상황과 국제 텔레커뮤니케이션이 공동 제공 서비스로 여겨진 상황에서는 잘 작동했다. 이러한 상황은 더 많은 민영 통신회사의 이용 가능성, 더 심화된 경쟁, 기존 시스템을 우회할 수 있는 더 많은 기술적 옵션으로 인해 완전히 바뀌고 있다.

한동안 기존 협정료 정산 체계 개혁이 OECD(1991년부터), ITU(1992년부터), WTO에 의해 논의되어왔다. 과거에는 기존 체계가 개발도상국의 이익에 기여했다. 개발도상국들은 보통 그들 국가 쪽으로 걸려오는 전화에 대해 비교적 높은 협정료를 적용했기 때문에, 정산료는 외환 거래의 중요한 원천이었다. ITU에 따르면, 매년 순 지불액으로 최대 100억 달러가 개발도상국에 지불될 수도 있다고 한다. 이러한 수입은 (적어도 원칙적으로) 그렇지 않다면 연결되지 않은 채 살아갈 시골지역 사람들이 텔레콤 하부구조에 접근하는 것을 지원하는 데 사용될 수 있다.

---

19 앞의 정산료에 대한 각주 참조(역자 주).

개혁에 대한 협상이 충분히 빠른 진전을 보지 못하자, 미국 행정부는 그들이 선호하는 해결책을 발표하기로 결정했다. 미국 연방 커뮤니케이션 위원회(FCC: Federal Communications Commission)는 미국이 다른 국가에 대한 정산료 지불로 매년 수십억 달러에 이르는 손실을 보고 있다고 주장했다. 따라서 1996년 11월, 미국 행정부는 1998년 1월에 발효될 규칙 제정안 공시(NPRM: Notice of Proposed Rulemaking)를 발표했다. 미국은 이것과 함께 미국 통신회사들이 외국에 있는 통신회사에 얼마를 지불할 수 있는지를 판단하는 수정된 체계를 제안했다. 새로 제안된 액수는 평균적으로 과거에 지불된 액수의 절반 수준이었다. 유럽 위원회(EC: European Commission)는 이 미국 사례를 따르고자 하는 편이다. 정산료 지불액을 낮추는 것은 가난한 국가의 현지 고객에게 비용 증가를 야기할 것이기 때문에, 협상료에 관한 향후 정치의 형세는 의심할 여지없이 가난한 국가에서의 텔레커뮤니케이션 접근성과 같은 이슈에 매우 중요한 영향을 미칠 것이다.

2) 지적 재산권 영역

현재 지적 재산권 분야에서 가장 중요한 관리 기관은 WIPO와 WTO이다. WTO는 무역 관련 지적 재산권에 관한 협정[Agreement on Trade-Related Aspects of Intellectual Property Rights(TRIPS)]의 법 조항 시행을 감독하기 때문에 점점 더 중요한 역할을 하고 있다. 이 글로벌 협정은 GATT 협상하에서 (1993년, 우루과이 다자 협상 라운드에서 GATT 부속문서 1C로) 모습을 드러냈다. TRIPS 협정에는 지적 재산권(IPR: intellectual property rights) 보호에 관한 가장 중요한 현재의 규칙들이 담겨 있다. 이 협정은 WTO 규제 틀 내에서 시행된다. 이 협정에서는 IPR 보호의 경제적 차원이 보강되었다. 벤투렐리(Venturelli, 1998)가 정확하게 요약하고 있듯이, "시민의 공공 접근 관심사는 물론 창작 노동(creative labor)에 대한 기본권과 인권은 외면한 채 제3자 활용자(third party exploiter)의 경제적 유인(economic incentive) 관심사를 도모하는 쪽으로 국면이 완전히 바뀌었다"(p. 63). IPR이 세계에서 가장 중요한 교역 가능한 상품들 가운데서도 중요한 위치를 차지함에 따라, 현재의 교역 지향적 IPR 제도는 개인 창작자보다 기업 제작자(출판사, 방송사, 음악 녹음 회사, 광고 회사)에게 유리하다. TRIPS 협정의 조항들은 창작자 개인의 도덕적 권리나 일반 공중의 문화적 관심사보다 투자자의 경제적 권리를 더 잘 보호한다. 공연 예술가, 작가, 작곡가는 그들의 생산물을 널리 알리기 위해 갈수록 그들의 권리를 계약 상대인 대규모 복합기업에게 넘기고 있다. 결국은 이러한 회사들이 창작적 생산물(creative product)의 가공·포장·판매 방식을 결정한다.

현재의 IPR 보호 추이가 안고 있는 심각한 문제 가운데 하나는 최근에 만들어진 규제 틀이 전 세계의 창작적 생산(creative production)의 독립성과 다양성을 억누른다는 것이다. 이 제도는 특히 '소규모' 독립 창작자 보호에 도움이 되지 않는다. 이 제도는 (전통적으로) 창작적 생산물이 여러 교육적 목적과 기타 목적에 자유롭게 이용될 수 있다는 공정 이용(fair use) 개념을 제한하기 때문에 창작적 생산물의 이용에 엄청난 장애요인으로 작용한다. 현재의 추이가 가지고 있는 편협한 경제적 시각은 예술적·문학적 창작성보다는 기업 재산의 유용(流用)에 더 초점을 맞춘다.

특히 우려되는 현상은 현재의 규칙이 일단 공적 영역의 지식이 전자 데이터베이스에 저장되고 나면 그것은 IPR 보호를 받을 것이라고 규정하고 있다는 것이다. 이것은 자유롭게 접근할 수 있는 원천에 대한 상당한 제한을 의미할 수 있다. 더욱이 현재의 거버넌스 체계는 사이버공간이 (새로운 디지털 기술을 통해) 잠재적으로 제안하는 새로운 글로벌 포럼을 통제된 양의 아이디어가 거래되는 시장으로 바꾸겠다고 위협한다.

협상 포럼을 WIPO에서 WTO로 점진적으로 전환하는 것은 저작권 보호의 상업적 측면에 대한 일차원적인 강조를 강화해준다. 이 과정에서 지적 재산 보호는 글로벌 자유 무역 의제의 일부가 된다. 이것은 공익이 가장 규모가 큰 지적 재산 생산자들의 경제적 이익 다음임을 의미한다.

문화적 생산물의 사회적 가치와 공동 이익은 초국가적 기업 의제에 올라와 있지 않다. (지식과 같은) 이러한 생산물이 사적으로 소유될 수 있는 상품으로 간주되는 경향이 있다. 다른 관점은 이러한 주장에 이의를 제기하면서 지식은 인류 공동 유산의 일부이며 공동체의 소수 구성원의 전유물이 될 수 없다고 제안할 것이다. 최근에 만들어진 체계는 꽤 배타적으로 지식 생산자의 권리만을 강조하며 권리 보유자의 의무를 거의 완전히 무시한다. 그와 같은 의무로는 공개의 의무, 즉 해당 외국 특허 출원 및 승인과 관련된 정보와 증빙서류를 제공할 의무가 있다. 권리 보유자는 특허가 승인된 국가에서 특허를 활용해야 하며 또한 남용 행위, 제한 행위, 혹은 반경쟁 행위에 사용하지 말아야 한다.

현재의 지적 재산권은 오직 산업 국가에게만 득이 되는 경향이 있지만, 더 가난한 국가에서 무료 혁신(free innovation)[20]을 자극할 수도 있다. 초국가적 기업의 기술 통제를 강화하고 기술 제공자들의 독점적 권리를 강화하기보다는 개발도상국의 기술적 역량이 강화될 수도 있을 것이다. 획일적인 글로벌 IPR 보호 체계를 만들어내라는 압력은 개발도상국들이 그러한 IPR 보호 체계를 그들의 구체적인 필요와 관심사에 맞춰 융통성 있게 조정하기 어렵게 만든다. 지적 재산권 영역은 앞으로도 계속해서 이해가 충돌하는 매우 중요한 전장(戰場)일 것이다.

디지털 형태의 작업에 대한 통제와 관련해 최근에 벌어진 상황은 이것을 분명히 보여준다. (암호화와 복제 방지 코드 같은) 보호 기술을 사용하는 것은 IPR 보유자의 독점적 통제를 강화해준다. 소비자들은 이러한 통제를 약화시키는 우회 기술을 개발해서 사용할 가능성이 있기 때문에, 미국 행정부와 미국 영화 업계는 WIPO의 1996년 저작권 조약에 우회 기술에 대한 법 조항을 포함하기 위해 WIPO를 상대로 실제로 로비를 벌였다. 그러는 동안 이 조항(조약 13조)은 미국의 1998년 디지털 밀레니엄 저작권법(DMCA: Digital Millennium Copyright Act)과 2001년 EU 저작권 지침(EU Copyright Directive of 2001)으로 법제화되었다. 이러한 법적 조치로 인해 완벽하게 합법적인 물품을 구입한 사람이 사적으로 사용하기 위해 여분의 복사본을 만드는 것이 불가능할 수 있을 것이다. 또한 (합법적으로 구매한 것이라 하더라도) 저작권이 있는 품목을 다른 플랫폼에서 이용하는 것이 불가능할 수도 있다(즉 CD 플레이어에서는 안 되고 PC로만 가능할 수도 있음)!

3) 매스 미디어 영역

매스 미디어와 관련된 주된 이슈는 소유권 집중(ownership concentration)과 미

---

20 무료 혁신(FI)이란 혁신하고자 하는 동기가 근본적으로 이윤 추구가 아닌 극단적인 형태의 혁신 활동으로, 무료로 보급되는 혁신을 말한다. '공유형 혁신'으로 번역하는 이도 있다(역자 주).

디어 생산물의 교역에 관한 것이다. 1980년대와 1990년대 초의 거대 미디어 합병은 많은 나라에서 미디어 집중에 대한 우려를 다시 불러일으켰다. 국제적인 수준에서는 단지 최소한의 우려만 표명되는 정도에 그치고 있다. 정책 수립자들에게 매우 중요한 지침은 시장의 탈규제인 것으로 보인다. 규제 받지 않는 정보 공급 시장을 지지하는 흔한 주장은 그것이 콘텐트의 다양성을 제공하는 창의적이고 경쟁적인 포럼을 보장한다는 것이다. 그러나 풍부한 경험적 증거에 따르면, 매스 미디어의 집중은 상업적으로 성공할 수 있는 제한된 패키지만을 제작하는 경향이 있는 소수의 회사들에 의한 시장 통제를 조장한다. 예를 들어, WTO의 규칙은 경쟁 필요성을 강조한다.

그러나 주요 관심사는 공공정책이 국내 시장에 대한 자유로운 접근을 방해한다는 의미에서 반경쟁적이어서는 안 된다는 것이다. 현재의 경쟁 규칙은 시장의 과점화(oligopolization)나 지배적인 시장 당사자들의 행위가 아닌 공공 서비스 해체와 시장 자유화를 주로 다룬다.

1997년 2월 15일에 타결된 WTO 기본 텔레커뮤니케이션 협정(Basic Telecommunications Agreement)은 시장 접근은 규정하고 있지만 시장 당사자들의 행위에 대해서는 거의 아무 말도 하지 않는다. 이 협정은 상업 행위자들 간의 효과적인 공개 경쟁을 보장하지 않는다. 외국 경쟁자들의 최혜국 대우를 규정하는 차별 금지 원칙은 국내 시장 내에서의 경쟁을 보장하기에 불충분하다.

반경쟁적 행위에 관한 WTO 조항은 현지 미디어 시장이 3~4개의 외국 공급업자들에 지배될 가능성을 배제하지 않는다. 심도 있는 경쟁 정책의 부재는 특히 개발도상국에서 방해받지 않는 시장 집중을 도와주며 필수 시장 영역의 외국인 소유를 강화한다.

정보-커뮤니케이션(info-com) 시장은 (자동차나 세제와 같은) 다른 상품 시장과 본질적으로 매우 다르기 때문에 달리 취급되어야 하는지에 대한 문제가 주요 정책 이슈 가운데 하나이다. 문화적 생산물에 대한 공적 개입은 식품에 대한 공적 개입과 달라야 하는가? 국가가 개입하지 않을 때 쇼핑 몰이 가장 잘 기능한다 할지라도, 이 몰이 정보와 문화의 주공급자인 경우에도 이것이 반드시 적용된다고 할 수 있을까? 더욱이 시장 당사자들의 반경쟁적 행위를 통제하는 진정한 국제 경쟁 정책(Holmes, Kempton, & McGowan, 1996)이 현실적인 선택인가? 그와 같은 정책은 더 많은 규제를 의미할 것이며 따라서 규제를 줄이려는 주요 시장 참가자들의 지배적인 관심사와 충돌할 것이다.

카르텔(cartel)[21] 형성을 억제할 수 있는 진지한 글로벌 거버넌스는 어쨌든 어려울 것이다. 카르텔에 대한 접근방식은 국가의 법 체계와 전통에 따라 크게 다르며, 대부분의 자유 무역 지지자들은 자유 시장은 결국 공개 경쟁을 만들어 내지만 반(反)카르텔 규칙은 무역 장벽을 만들어낸다고 믿고 있다.

대규모 합병이 거의 자연스럽고 자본가와 기업가들에 의해 큰 갈채를 받는 경제 환경에서는 공적 통제 경향이 최소화될 가능성이 있다. EC는 사실상 소규모 제한적인 방식으로 기업 합병을 금지한다. EC는 회사들이 합병 결정을 내리지 말 것을 요구할 수도 있다. 합병에 관한 법률 전문가인 [카론 & 스티븐스/베이커 & 맥킨지(Caron & Stevens/Baker & McKenzie)의] 장 폴 마리싱(Jean Paul Marissing)에 따르면, EC에 등록된 수천 건의 합병 가운데 단지 10건만이 실제로 금지되었다(*NRC Handelsblad*, 1998).

합병 금지 비율이 낮은 한 가지 이유는 통합된 회사들이 시장의 40% 이상을 통제할 때만 합병이 심각한 문제로 간주되기 때문이다. EC 합병 규칙은 시장 독점사업자의 발생이 아닌 독점적 지위의 남용을 금지할 수 있다. 미국 규칙에서도 마찬가지로 합병은 합병 후 두 회사가 시장의 60% 이상을 통제하는 경우에만 경쟁에 대한 위협으로 간주된다.

미디어 집중 현상은 일반적으로 알려져 있지만, 그것의 함의는 보편적인 관심사가 아니다. 이 이슈에 대한 정계, 산업계, 학계의 입장은 크게 엇갈린다. 예를 들어, 집중에 관한 과학적 연구는 미디어 집중이 미디어 콘텐트에 미치는 영향 문제에 초점을 맞추는 경향이 있다. 그와 같은 연구는 흔히 "둘 사이에 어떤 연관성을 입증하기가 매우 어렵다는" 결론을 내린다(McQuail, 1992, p. 125). 미디어 콘텐트가 핵심 이슈라면 이러한 결론이 중요할 수 있을 것이다. 그러나 미디어 소유권 통합이 미디어 노동자의 충분한 독립적인 근무 장소, 수용자가 수신하고(하거나) 접근할 수 있는 충분한 채널, 과점 시장의 가격 통제에 대한 적절한 보호, 새로운 미디어 시장 진입자들을 위한 기회를 보장하는지 여부를

---

21 기업 연합의 형태로 같은 산업에 존재하는 기업들 간의 자유 경쟁을 배제하여(신사협정) 독과점적인 수익을 올리기 위해 시행하는 부당한 공동행위를 의미한다(역자 주).

문제 삼는 것이 더 중요하다. 비록 과점 회사가 품질, 공정성, 다양성, 비판적 토론, 객관성, 탐사 보도, 시장에 공급하는 콘텐트에 가해지는 외적 압력에 대한 저항을 입증해 보여줄 수 있다 하더라도, 그러한 시장은 새로운 진입자에게 실질적으로 문을 닫고 있고 따라서 자유 시장이 아니기 때문에 규제를 통해 바로 잡아야 할 이유가 여전히 존재할 것이다.

그러한 이슈에 대한 다자간 규제를 주장하는 참가자들은 정치인, 학자, 미디어 종사자들과 같이 이질적인 집단으로 구성되어 있다. 이들은 다양한 동기에서 다자간 합의 체결을 요구한다. 이러한 동기 가운데는 고용 기회와 미디어 업무의 질이 포함되어 있다.

정보 시장에서 노동자의 자유는 그들이 고용주와 협상할 수 있는 계약의 강도에 크게 좌우된다. 일반적으로 시장이 집중될 경우 그들의 일자리의 자유가 위협 받는다. 회사의 상업적 목적과 소유주들의 정치적 성향의 특수성에 부응해야 할 필요성은 불가피하게 직간접적 형태의 검열을 수반한다.

또 다른 동기는 기본권과 관련되어 있다. 예를 들면, 미국 연방대법원(U.S. Supreme Court)은 몇몇 판결에서 미디어 시장이 과점적이어서 검열 권한이 개인의 손에 놓여 있기 때문에 언론의 자유가 약화되어 있다고 주장했다.

또 하나의 중요한 동기는 정보 제공과 문화 생산에 있어서의 독립성의 정도와 관련 있다. 산업 집중은 필연적으로 권력의 확립을 의미한다. 거대 회사는 미디어 노출의 주체인 동시에 객체인 권력의 중심이다. 더욱이 권력의 중심으로서 정보 산업은 금융기관, 군사기구, 정치 엘리트와 같은 다른 권력 회로(circuit of power)[22]와 연결되어 있다. 뉴스와 논평을 제공하는 매스 미디어가 거대 복합기업의 일원인 상황에서 특정한 문제가 제기된다.

거대 복합기업이 미디어의 엄밀한 조사가 필요한 활동에 관여할 수도 있지만, 지배적인 이해관계자들은 그러한 활동이 노출되지 않도록 막아주는 것을 좋아한다. 또한 과점화가 정보 생산과 문화 생산의 다양성이 약화시키는 것과

---

22 클레그(Clegg)는 권력 회로 이론(theory of circuits of power)에서 우리는 흔히 권력이라고 정의하는 행태적 권력을 생산, 재생산하기 위해 사회 통합 회로의 '의무적 통과 지점'과 '의미와 성원 자격의 관계를 고정시키는 실행 규칙'과 나아가서는 체계 통합 회로의 '생산·규율 기술의 쇄신'이라는 구조적 도관을 장악해야 한다고 주장하였다(역자 주).

같은 위협이 집중에 대해 관심을 갖게 되는 계기가 되기도 한다. 동일한 행위자가 제작과 배급을 동시에 통제하는 것을 의미하는 수직적 결합(vertical integration)23으로서 통합이 일어나는 경우, 그들 자신의 제품을 시장에 배타적으로 공급하게 될 진정한 위험이 존재한다. 거대 복합기업의 일원으로서 그들 자신이 출간한 책에 대한 비평을 주로 싣는 신문이 그러한 위험을 보여주는 흔한 예이다.

정보 부문에 국한되지 않는 기관 투자자와 상업적 이해관계자들의 영향력 증가는 상품의 사회문화적 질보다 상품의 수익성을 더 강조하는 것으로 이어지는 경향이 있다. 그 결과, 그들은 대중 시장에서 빠르게 팔릴 수 있는 제작물을 선호한다. 영화 제작사와 음반 제작사들이 블록버스터(blockbuster)에 집중하는 경향이 그것을 잘 보여준다. 이러한 '람보'(Rambo)24와 '머다나'(Madonna)25 경향은 수익성이 낮은 제작물을 피하기 때문에 시장의 동질화를 강화한다.

미디어 집중 이슈에 관한 입장들은 서로 상충한다. 엄격한 규제를 선호하는 자들과 무규제를 선호하는 자들의 의견이 충돌하고 있다. 친규제자들은 다음과 같은 주장으로 그들의 입장을 방어한다: 집중은 경쟁을 약화시키고, 그 결과로서 정보 시장 내의 다양성에 부정적인 영향을 미치기 때문에 미디어 분야에서의 반독점법(antitrust law) 제정은 방어가 가능하다. 게다가 반카르텔(anticartel) 조치는 경쟁, 다양성, 자유를 촉진한다. 이러한 입장에 맞서 반복적으로 제기되는 의견은 합병은 정보의 자유를 보호할 수 있는 더 큰 힘을 가진

---

23 이 장의 저자는 수직적 통합(결합)의 의미를 제작과 배급(도매) 간의 결합이라고만 설명하고 있으나 수직적 통합은 제작과 배급 단계뿐만 아니라 배급의 아래 단계인 소매 단계가 포괄하는 개념이다(역자 주).

24 실베스터 스탤론(Sylvester Stallone)이 공동 각본과 주연을 그리고 맡았고 테드 코체프(Ted Kotcheff)가 감독을 맡은 영화 람보 시리즈의 첫 번째 작품인 《람보》(원제 *First Blood*)는 마리오 카서(Mario Kassar)와 앤드류 바즈나(Andrew Vajna)가 1,500만 달러 제작비를 들여 만들어 전 세계에서 1억 2,500만 달러를 벌어들이며 흥행 대박을 이뤄냈다(역자 주).

25 머다나 루이즈 치코니(Madonna Louise Ciccone)는 미국의 가수, 작사가, 작곡가, 음악 프로듀서, 배우이다. 1983년 데뷔 음반을 발표 후 머다나는 상업적인 뮤직비디오와 성적 매력으로 엄청난 인기를 얻었을 뿐만 아니라 그래미 상을 수상하며 음악적으로도 인정받았다. 뉴스 미디어에서 "팝의 여왕"으로 불리는 머다나는 "역사상 가장 위대한 팝 가수 중 한 명"으로 기록되고 있으며 총 음반 판매량은 현재 세계적으로 3억 장을 넘기며 여자 가수 중에선 독보적인 1위를 차지하고 있다(역자 주).

회사로 만들어 결과적으로 회사를 더 강하게 한다는 것이다. 그러나 합병이 항상 성공적인 것은 아니다. 합병은 흔히 자산과 법적 책임에 대한 신중한 평가 없이 이루어진다. 최고 경영진의 개인적 관심사나 소액 주주들의 단기적 관심사로 인해 합병이 이루어질 수도 있다. 평균적으로 10개 주요 인수건 가운데 4~5건이 다시 매각된다. 합병을 통해 기대하는 목적은 흔히 달성되지 않는다. 통합 후에 수익이 증가하지 않고, 시장의 세분화된 부분들(market segments)이 확대되지도 않으며, 회사의 혁신 잠재력이 심지어 줄어들 수도 있는 가능성이 높다. 성공적이지 않은 합병의 결과로 회사가 파산해 사라질 수도 있다.

정보 산업 내의 과점화는 또한 표현의 자유에 대한 기본적인 시민의 권리와 정치적 권리를 훼손할 수도 있다. 집중이 실제로 시민들이 의견을 표현하거나 듣기 위해 이용할 수 있는 채널의 수를 줄인다는 것은 사실이다. 과점 시장에서 지배적인 이해관계자들은 특정한 의견을 퍼뜨리는 것을 좀 더 쉽게 거부할 수도 있다. 예를 들면, 그와 같은 상황에서 특정 종류의 광고를 거부하는 것은 어렵지 않은 일이다.

과점 회사들은 항상 그들의 시장 지배력(market power)을 이용해 터무니없는 가격으로 소비자에게 바가지를 씌우는 경향이 있다. 이것은 아마 틀림없이 정보와 문화에 대한 접근이 사람들의 가처분 소득(disposable income)[26] 수준에 좌우되게 됨을 의미할 수도 있다. 과점 회사가 경쟁 제품들을 시장에 내놓는 것은 매력적일 수 있다. 예를 들면, 화장품이나 세제 같은 부문에서 이것은 꽤 흔한 일이다. 이러한 기업내 다양성(intrafirm diversity)이 함축하고 있는 의미는 그것이 새로운 진입자가 시장에 들어오는 것을 막는 꽤 효과적인 장벽이 된다는 것이다. 대규모 회사들이 회사 계정에서 어딘가에 손실을 보전함으로써 손실을 보고 있는 사업을 지원할 수도 있지만, 흔히 시장 다양성을 높이는 데 상당히 기여하는 것은 신규 진입자들이기 때문에, 이러한 결과는 중요하다. 예를 들어, 만약 그런 식의 손실 보전이 없었다면 사라졌을 신문이 유지될 수 있다. 그러나 이런 보상이 주주들(그리고 특히 기관 투자자들)에게 허용될 수 있는 기간은 제한적이다. 더욱이 손실은 시간이 흐르면서 누적되며, 중장기적으로 수

---

26 가계의 수입 중 소비와 저축 등으로 소비할 수 있는 소득을 가리키며 총 소득에서 비소비지출(세금이나 의료보험료 등)을 제하고 남아 저축에 쓸 수 있는 금액을 말한다(역자 주).

익을 올리지 못하는 제품은 제거될 수밖에 없을 것이다.

　미디어 집중을 규제하려는 시도에 반대하는 핵심적인 주장은 집중이 실제로 그와 같은 부정적인 영향을 미친다는 경험적 증거가 없다는 것이다. 그들은 반대로 통합된 강력한 회사들이 훨씬 더 높은 다양성을 제공할 수 있으며 작은 회사들보다 정부에 대처할 때 더 많은 자립성을 발휘할 수 있다고 더 주장한다. 더욱이 강력한 미디어는 손실로 인해 사라지게 될 미디어를 '구할' 수 있으며, 따라서 그들의 다양성에 대한 기여가 계속 유지된다. 또한 경쟁자들은 유사한 제품들이 경쟁하는 시장에서 최고의 점유율을 올리는 데만 매진할 수도 있기 때문에 더 심화된 경쟁이 더 높은 다양성을 보장하지는 않는다고 그들은 주장한다. 비록 산업 통합(industrial consolidation)27을 막는 규제 조치가 경쟁을 심화시키는 데 성공했다 하더라도, 제품 다양성 증가가 보장되지는 않는다. 필연적으로 시장은 최대 다수의 구매자를 겨냥하기 때문에, 시장은 당연히, 가까스로 구별되기는 하지만 동질적인 제품을 지향하는 경향이 있다. 문제는 시장에 경쟁을 허용하는 것이 반드시 더 높은 다양성으로 이어지지는 않는다는 것이다. 일부 증거는 서유럽 국가들의 탈규제된 경쟁적 방송 시스템이 이전의 규제된 공공 독점 시스템보다 더 낮은 내용 다양성을 나타내고 있음을 보여준다. 경쟁적인 시장의 행위자들은 세분화된 시장에서 가장 큰 부분의 꽤 유사한 취향과 선호도를 충족시킴으로써 그 시장 부분을 통제하려고만 하기 때문에 이런 상황이 발생한다.

　미디어 서비스 교역은 규모가 확대되고 있는 수익성 있는 시장을 가진 글로벌 사업이 되었다. 앞으로 몇 년 내에 국제 미디어 시장의 규모가 3조 달러에 이를 것이라는 것이 일반적인 예상이다. 이 시장이 확대되고 있는 것은 상당 정도 방송의 탈규제와 미디어 기관의 상업화가 동시에 발생한 데서 기인한다. 이러한 확장은 오락물에 대한 수요 증가를 시사한다. 이것과 관련된 중요한 과정은 (시장 측면에서뿐만 아니라 제작물과 소유권 측면에서의) 세계화이다.

　전 세계적으로 미국 브랜드의 오락물에 대한 수요 증가를 보여주는 분명한

---

27 통합 단계는 업계의 경쟁자들이 서로 합병하기 시작하는 산업 라이프사이클의 단계이다. 기업들은 전체 시장 점유율의 더 큰 부분을 차지하고 시너지를 활용하기 위해 통합을 추구한다(역자 주).

추이가 나타나고 있다. 세계화를 향한 이러한 추이의 중요한 특징은 거대 기업들에 의한 교역이 지역 제작물들의 국제적 교환에서 글로벌 시장을 위한 제작으로 바뀌고 있다는 것이다. 미디어 서비스의 세계 시장에 관한 우려는 1986년부터 1993년까지 진행된 우루과이 다자 통상 협상 라운드와 관련하여 제기되었다. 이러한 우려는 텔레비전 프로그램과 영화 그리고 전 세계적인 텔레비전 및 영화 교역에 대한 기존의 제약과 잠재적인 제약에 특별히 초점이 맞추어져 있다. 이러한 우려는 미디어 서비스의 수입을 제한하는 국가 규제의 형식이나 국내 미디어 산업을 보호하는 국가 정책에 초점이 맞추어져 있다. 다른 우려들은 국제 미디어 시장 구조와 관련되어 있는 통상 제약, 특히 극소수의 초국가적 기업이 가지고 있는 높은 시장 통제력에 초점이 맞추어져 있다.

교역되는 미디어 서비스 이슈에 관한 관점들은 서로 엇갈린다. 어떤 참가자는 이러한 교역이 방해받아서는 안 되며 외국 시장에 자유롭게 접근할 수 있어야 한다고 주장한다. 또 어떤 참가자는 미디어 수입 제한이 없다면 현지의 문화 산업은 생존할 수 없으며 현지의 문화 유산은 맥도날드화(McDonaldization)에 굴복하고 말 것이라고 우려한다. 주요 미디어 제작사, [영화수출협회(MPEA: Motion Picture Export Association)와 같은] 그들의 협회, 그리고 수출 국가의 정부(특히 미국)는 미디어 교역 장벽에 대해 우려해왔다. 통제의 부재에 대한 우려는 주로 소규모 제작사와 수입 국가(제3세계 국가, 서유럽 국가, 캐나다)의 정부에 의해 제기되고 있다. 그들이 수입 제한을 선호하는 동기는 그들 자신의 미디어 산업을 경제적으로 그리고 문화적으로 보호하기 위해서다. 현지의 배급(도매)과 상영(소매)[28] 단계에 대한 초국가적 기업의 통제가 어떤 문화적 생산물이 현지에서 이용 가능한지에 결정적인 영향을 미칠 것이라는 두려움 때문에 그러한 바람은 더욱 강해졌다.

자유주의적-허용적(liberal-permissive)[29] 주장과 보호주의적-제한적(protec-tionist-

---

28 모든 산업의 생산단계 혹은 가치사슬은 원재료(raw material) 단계 → 제작(production) 단계 → 배급(distribution) 혹은 도매(wholesaling) 단계 → 상영(exhibition) 혹은 소매(retailing) 단계 → 소비자로 이루어져 있다. 배급과 상영 같은 용어가 쓰인 것으로 보아 생산단계를 구분하는 데 참조가 된 산업이 영화산업임을 알 수 있다(역자 주).

29 허용적 사회(permissive society)란 1960년대 이후 대부분의 유럽, 호주, 그리고 북미에 존재해온 사회로, 일부 사회 규범이 특히 성적 자유와 관련하여 더욱더 자유화되는 사회를 말한다(역자 주).

restrictive) 주장이 맞서고 있다. 자유주의적 입장은 미디어 서비스에 대한 시장 접근의 완전한 자유화를 허용하는 제도를 선호한다. 좀 더 보호주의적인 입장은 현지 미디어 산업을 지원하거나 현지 문화를 보호하는 수단으로서 미디어 수입품의 등급에 따라 보호하는 것을 선호한다.

미디어 서비스를 교역 맥락에서 다루는 것이 복잡한 이유 가운데 하나는 모든 미디어 서비스가 다 상업적 목적을 가지고 있지는 않다는 것 때문이다. 일부 매스 미디어 제작은 통상 비영리적, 교육적, 예술적, 혹은 사회문화적 목적을 지향하고 있다. GATT의 제4조에 이것이 인정되고 있긴 하지만, 대규모 미디어 수출업자들은 그들의 제작물을 오직 상업적 상품의 관점에서 정의한다. 이것은 수익성 있는 상품 시장을 늘릴 기회를 주장하는 쪽과 여러 가지 이유에서 미디어 수입품에 대한 제대로 된 규제와 국내 미디어 시장 보호를 주장하는 쪽이 충돌함을 의미한다.

개발도상국의 경우, 자유화 주장이 안고 있는 또 다른 문제는 미디어 제작물은 완성재(finished product)[30]이기 때문에 자유화가 되더라도 미디어 제작물에 노동이나 기술의 투입 증가가 일어날 가능성은 없다는 것이다. 예를 들어, 관광과는 대조적으로 미디어 서비스는 고용이나 직업 교육을 불러일으키지 않는다. 시장 접근이 일방통행로가 될 가능성이 있다는 것 또한 문제이다. 미디어 제작과 배급의 경제적 현실은 제3세계 국가의 수출 기회를 거의 허용하지 않는다.

현재 미디어 서비스의 세계적 교역을 위해 새롭게 마련될 가능성이 가장 높은 법 조항은 교역된 서비스와 지적 재산권과 관련된 GATT 규칙이다. 다자간 통상 협력이라는 새로운 관행은 법적 구속력이 있는 견실한 GATT 합의(accord)를 토대로 할 것이다. 그러나 미디어 서비스와 일반적인 서비스 간의 차이점을 감안할 때 그와 같은 제도의 적절성에 관한 문제는 여전히 남아 있다. 첫째, 영화나 텔레비전 프로그램 제작은 제조와 닮았다. 노동과 자본의 집약적 투입으로 구성되는 실제의 물리적 제품이 생성된다. 그래서 고용이 일어

---

30 재화의 생산에서 소비에 이르는 과정에서 여러 물건을 만드는 원료가 되는 것을 '원자재'라고 하고, 공장에서 물건을 생산하는 기계장치들을 '자본재'(중간재, 투자재, 수단재)라고 하며, 인간이 일상생활에서 직접 소비하는 재화를 '완성재'(소비재, 직접재, 향락재)라고 한다(역자 주).

나고 서비스의 최종 종착지에서 가치가 부가되는 관광이나 건설 같은 서비스와 비교할 때, 영화와 텔레비전 프로그램은 최종 종착지에 단지 배급되는 완성재이다. 이러한 산업에서 제작하는 곳과 배급하는 곳이 멀리 떨어져 있는 것은 기술 이전이나 배급 지점(distribution point)에서의 고도로 숙련된 인력 고용의 가능성을 사실상 없애버린다. 개발도상국이 노동 비용의 비교 우위를 토대로 경쟁할 수 있는 일부 서비스와 비교해볼 때, 미디어 제품의 제조는 거의 모든 노동 투입(과 분명히 모든 숙련된 노동 투입)은 배급 지점에서 멀리 떨어져 있는 중앙집중화된 장소에서 일어난다.

둘째, 제작물을 만드는 데 드는 모든 비용이 영화나 텔레비전 프로그램의 초판(first copy)을 만들어낼 때 발생한다. 추가적인 복사본을 만드는 데는 매우 저렴한 비용이 든다.[31] 그래서 이 부문의 수익성은 영화나 프로그램 출시 시점 잡기와 출시의 전략적 통제에 좌우되는데, 전 세계적으로 다른 종류의 배급 아웃렛(outlet)의 수가 늘어남에 따라 이 과정은 더욱 복잡해졌다. 잠재 이익에 대한 이러한 제약은, 예를 들어, 배급망 소유를 통해 배급을 엄격하게 통제할 필요성을 강화한다(Christopherson & Ball, 1989).

또 다른 복잡한 문제는 영화와 텔레비전 프로그램 모두 재화(goods)이자 용역(services)[32]이라는 점이다. 콘텐츠들은 유형(有形)의 포맷으로 전송될 수도 있지만 동시에 전파와 같은 무형(無形)의 미디어를 통해 전송될 수도 있다. 더욱이 몇몇 연구가 지적했듯이, 실제 교역량을 신뢰할 수 있는 방식으로 측정하는 것이 매우 어렵다(Guback, 1969; Widman & Siwek, 1988). 또한 GATT 약정이 문화 정책의 관점에서 특정한 무역 장벽을 허용할지 여부는 아직 알 수 없다. 이 과정은 OECD 경상무역외 거래 자유화 규약(Code of Liberalization of Current Invisible Operations)(규약 부속문서 IV에서 부속문서 A)에서 허용되는데, 이 규약은 다음과 같이 규정하고 있다: "문화적 이유에서 영화관 상영용으로 인

---

31 미디어 경제학에서 초판 제작에 비용이 많이 드는 것을 두고 'very high first copy cost'(매우 높은 초판 비용)라고 하고, 이후 판 복제에는 상대적으로 매우 적은 비용이 드는 것을 'very low marginal cost'(매우 낮은 한계 비용)이라고 한다(역자 주).

32 재화란 재산적 가치가 있는 모든 유형 및 무형(예, 동력, 열, 기타 관리할 수 있는 자연력 및 권리 등)의 물건을 말한다. 용역이란 재화 이외의 재산적 가치가 있는 모든 역무 및 기타 행위를 말한다(역자 주).

화되는 영화(printed film) 제작에 대한 지원 체계는 그러한 지원 체계가 수출 시장에서의 국제적 경쟁을 상당히 왜곡하지 않는다면 유지될 수도 있다"(OECD, 1992). 1993년 12월 중순에 체결된 GATT 협의에는 시청각 서비스 부문이 포함되지 않았다. 가장 강력한 참가자들은 그들끼리 서로 분열되었고 미국이 지지하는 자유 무역 관점과 EU가 옹호하는 문화 정책 관점을 놓고 충돌했다. 이러한 불화가 갖는 의미는 미미하다. 맞서고 있는 두 진영은 판매 가능한 상품으로서의 정보와 문화의 상업적 속성에 대해 기본적으로 이견이 없다.

유럽의 정치는 한동안 예를 들어 방송은 교역되는 서비스(traded service)이며 유럽 경제공동체 조약[EEC(European Economic Community) Treaty]의 시장 경쟁에 관한 규칙의 적용 대상이라는 점을 분명히 해왔다. 문화를 국제 통상 규칙 적용에서 제외하려는 유럽의 바람은 심오한 원칙에 의해 동기화된 것이 아니다. 언젠가는 협상이 타결될 가능성이 있으며 새로운 글로벌 통상 협정이 등장할 수도 있을 것이다. 당분간 주요 참가자들은 서로의 의견 차이를 인정하기로 했다. 1994년 2월, (MPEA와 같은) 미국의 핵심 관계자들과 EC는 모두 교역되는 미디어 서비스 이슈에 관한 그들의 서로 다른 입장을 인정하고 싶다는 바람을 나타냈다.

WTO 시애틀 회의(1990년 11월)에서의 통상 협상을 위해 미국 정부는 텔레커뮤니케이션의 자유화에 관한 기존 협정 면제 대상에서 방송과 시청각 제작물을 뺄 것을 제안했다. 현재 면제 조항은 GATS 제4차 의정서에 포함되어 있다. 유럽의 공영 방송사업자들은 이 제안을 거부했다. 그들의 입장은 1997년 6월의 유럽 연합 암스테르담 조약(European Union Amsterdam Treaty)에 첨부된 공공 서비스 방송(public service broadcasting)에 관한 의정서에 의해 상당히 강화되었다. EU는 공공 서비스 방송이 민주적·사회적·문화적 필요와 미디어 다원주의(media pluralism)를 보존할 필요와 관련되어 있다는 데 동의했다. 자유 시장을 통한 자금 조성 체제 밖에서 기능하는 것을 허용하는 것은 공영 방송의 사회문화적 중요성을 인정한다는 의미였다. WTO 협상에서 교역되는 미디어 서비스 이슈는 계속해서 논란이 될 것이다.

4) 글로벌 매스 미디어 정치 영역의 핵심 프로젝트에서 얻은 교훈

1970년대에 정치인, 미디어 활동가, 커뮤니케이션 연구자들로 구성된 연합이 새로운 국제 정보 및 커뮤니케이션 질서(new international information and communication order) 혹은 새로운 세계 정보 및 커뮤니케이션 질서(NWICO: new world information and communication order)라고도 일컬어지는 새로운 국제 정보 질서(NIIO: new international information order) 수립에 헌신했다.

이 개념은 이 책 도처에 더 자세하게 기술되어 있다. 그 연합은 민주적이고, 경제 발전을 지원하고, 사상의 국제적 교환을 향상하고, 전 세계 모든 사람들 사이에 지식을 공유하며, 삶의 질을 향상해줄 새로운 질서를 열망했다. 이러한 열망은 1973년 알제(Algiers)에서 개최된 비동맹국 정상회의[33]를 통해 처음 공개적으로 표현되었다. 이 회의는 (몇 년에 걸친 큰 소동과 분노에도 구체적으로 성취한 것은 거의 없이) 글로벌 정치 의제에서 또 다시 사라져버린 프로젝트를 시작했다. NIIO의 실패 원인이 된 여러 요인 가운데 가장 중요한 것은 참여 부족이었다.

1970년대에 커뮤니케이션을 민주화하려는 노력은 절대로 매우 민주적인 과정은 아니었다. 논쟁은 주로 정부 행위자와 상업적 행위자 사이의 언쟁이었다. 일반인들은 논쟁에 끼어들 여지가 없었다. 정치 엘리트와 지식 엘리트들이 전체 프로젝트를 설계·운영했다. 사람들의 관심사나 심지어 토론에 일반인을 참여시킬 필요성에 대해서는 거의 혹은 전혀 주목하지 않았다.

NIIO 논쟁은 국제 관계에 대한 현실주의(realism)[34] 패러다임에 확고히 뿌리를 두었다. 이 패러다임은 세계를 국가 중심적 체계로 인식하며 세계 정치의 필수 세력이 된 수많은 비국가 행위자를 진지하게 고려하지 않았다. 그 결과, NIIO 논쟁은 민주적 권리의 실질적인 보호가 전통적인 국민 국가 체계하에서는 보장될 수 없다는 생각을 결코 분명하게 알리지 않았다. 중대한 문제는 현

---

33 비동맹 운동(NAM: non-aligned movement)은 주요 강대국 블록에 공식적으로 속하지 않거나 이에 대항하려는 국가들로 이룬 국제 조직이다(역자 주).

34 국제정치학에서 무정부 상태의 국제 관계를 국익과 세력 균형의 관점으로 분석하는 주요한 이론을 말한다(역자 주).

실주의 패러다임이 외적 요인에는 초점을 맞추면서 국가 주권의 내적 차원은 대충 얼버무리고 넘어갔다는 것이다. 그 결과, 국민 국가는 다른 국가의 외적 요구에 맞서 자국 시민의 자유를 보호하는 것으로 여겨졌다. 그러나 밖으로는 자주적인 국가들도 그 과정에서 주권적 통제(sovereign control)[35]를 자국 시민을 상대로 무단으로 사용하는 경향이 있다. 이것은 [리바이어던(Leviathan)으로 불리는] 국가의 절대 주권만이 시민 행위자들 사이의 영원한 투쟁을 통제할 수 있다는 의견을 제시한 철학자 토마스 홉스(Thomas Hobbes, 1638~1709년)의 신조를 따르는 것이다. 이러한 입장은 국가의 주권은 황제, 교황, 귀족의 권력으로부터의 해방 이상을 의미한다는 사실을 무시한다.

정당한 주권 국가의 발전은 평등주의의 발전과 함께해왔는데, 평등주의 속에서 피통치자는 시민이 되었다. 프랑스 혁명(French Revolution)과 미국 독립 혁명(American Revolution)은 독립적인 국민 국가는 물론 기본적인 시민권을 가진 시민을 탄생시켰다. 사실 프랑스 혁명은 민중(people)의 주권이 우선임을 인정했다. 이러한 인정은 NIIO 프로젝트에서 받아들여지지 않았다. 그것은 민중의 운동이 아니었다. 그것이 민주적 질서를 열망하는 한, 그것은 '위로부터의 민주화'였다. NIIO 프로젝트와 꼭 마찬가지로, 오늘날의 글로벌 정보 하부구조(GII: global information infrastructure) 구축을 위한 인기 있는 프로젝트도 정부와 기업의 관심사와 이해관계에 끌려가고 있다. 그것은 '군주들'과 '상인들'만 참가하는 경기장으로, 민중은 시민 혹은 소비자라는 명칭으로 이따금씩 불리지만 필수적인 역할을 하지 않는다.

GII 엘리트들에 대한 우려는 실제로 민중은 엘리트 자신들만큼 디지털 미래에 대해 흥분하지 않을 수도 있다는 점이다. 일반인들은 가상 현실이 그들의 일상생활의 문제를 해결해줄 것을 간절히 기다리지 않을 수도 있다. 따라서 정보사회에 관한 많은 공식 보고서는 소비자들의 의식을 고취할 필요성을 강조한다. 정보 초고속도로(information superhighway) 건설자들이 가장 우려하는 것은 소비자들이 분명히 디지털 서비스에 비용을 지불해야 한다면 현재의 미디어 공급에 디지털 서비스를 추가하는 것에 대해 망설일 수도 있다는 점이다.

---

35 국민의 주권을 대표하는 기관이 다른 국가 기관들과 사회 협동 단체, 그리고 국민의 활동에 대하여 수행하는 통제를 말한다(역자 주).

따라서 GII 프로젝트는 정보사회가 생활양식, 안락함, 전반적인 웰빙(well-being)을 엄청나게 향상해줄 것이라고 민중을 설득할 필요가 있다. 이것은 민중을 선전과 마케팅의 중요한 표적으로 만든다. 그러나 GII 건설에 민중 운동 단체의 진지한 참여가 보이지 않는다. 우리가 원하는 공동의 미래에 대한 의사결정을 공유하기 위한 정부, 기업자, 사회운동단체 간의 삼자 협상이 이루어지지 않고 있다. 1970년대의 NIIO 프로젝트처럼 GII 프로젝트도 '위로부터의 민주화'에 대해 이야기하고 있기 때문에 글로벌 커뮤니케이션을 더 민주화하는 데 효과적이지 않을 것 같다.

4. 오늘날의 글로벌 커뮤니케이션 정치

글로벌 커뮤니케이션의 미래를 대체로 결정할 8개 이슈가 현재의 글로벌 커뮤니케이션 정치를 지배하고 있다. 세계 공동체의 정치적 의제들은 심하게 분열되어 서로 충돌하고 있으며 이러한 이슈들을 매우 다른 방식으로 규정하기 때문에, 이러한 이슈들에 대한 거버넌스는 복잡한 일이다. 신자유주의적인 (neoliberal) 정치적 의제는 상업 지향적이며 시장 중심적이다.

이러한 의제는 국내 시장의 자유화, 무역 제한 조치의 철폐, 투자자의 권리 강화를 제안한다. 이와 대조적으로 인도주의적인 정치적 의제는 시민들의 관심사를 글로벌 정책 수립의 중심에 두며 글로벌 커뮤니케이션 정치에서 인권이 재산권과 투자권(investment rights)만큼이나 진지하게 다뤄지기를 원한다.

1) 글로벌 커뮤니케이션의 미래를 결정할 주요 이슈들

(1) 접근

신자유주의적 의제는 민중을 주로 소비자로 인식하며 그들이 글로벌 소비자 사회로 통합될 수 있도록 그들에게 커뮤니케이션 하부구조 접근을 제공하기를 열망한다. 인도주의적 의제는 민중을 주로 시민으로 인식하며 커뮤니케이션 하부구조가 민주적 참여를 촉진하는 데 사용될 수 있도록 그들이 충분한 리터러시(literacy)[36]를 갖추고 있기를 원한다.

(2) 지식

신자유주의적 의제에서 지식은 사적 당사자(private party)에 의해 처리되고 소유될 수 있는 상품이며, 지식 생산자의 재산권은 엄격하게 강화되어야 한다. 인도주의적 의제에서 지식은 사적으로 전유(專有)될 수 없는 공공재(public good)[37]이다.

(3) 글로벌 광고

신자유주의적 의제는 글로벌 광고 확대에 큰 관심을 가지고 있다. 이것은 무엇보다도 미디어(매스 미디어와 인터넷)의 더 많은 광고 공간, 새로운 표적 집단(특히 어린이), 더 많은 스폰서십(영화, 오케스트라, 전시회), 더 많은 광고할 장소[유비쿼터스 빌보드(ubiquitous billboard)]를 의미한다.

인도주의적 의제는 전 세계적인 소비사회 촉진의 생태적 영향과 글로벌 (전자) 쇼핑 몰에서 쇼핑할 수 있는 사람들과 그냥 바라보기만 할 수밖에 없는 사람들 간의 격차 확대를 우려한다. 더욱이 인도주의적 의제는 공적 공간이 상업적으로 이용되는 것을 막는 데 큰 관심을 가지고 있다.

(4) 프라이버시

신자유주의적 의제는 데이터 채굴(data mining), 즉 마케팅 목적에서 고객 프로필을 생성하기 위해 개인들에 대한 데이터를 체계적으로 수집하고, 저장하며, 가공하는 것에 관심이 많다. 인도주의적 의제는 민중의 프라이버시를 보호하고 그들의 개인 정보를 더 적절하게 보호하기 위해 소비자들 사이에 비판적 태도를 조성하는 데 관심이 많다.

---

36 리터러시는 원래 글을 읽고 쓰고 숫자를 사용할 수 있는 능력, 즉 문해력을 일컬었으나 현대에 와서는 어떤 특정 분야에 대한 지식을 가지고 있는 정도를 의미하게 되었다(예, 미디어 리터러시, 컴퓨터 리터러시, 디지털 리터러시, 경제 리터러시, 건강 리터러시 등)(역자 주).

37 공공재는 소비에서 특정한 누군가를 배제할 수 없고(비배제성) 한 사람이 사용한다고 하여 다른 사람이 사용하지 못하는 상황이 생기지는 않는(비경합성) 재화로서, 구성원 모두가 누릴 수 있는 재화를 말한다. 또한 '재화'를 뜻하는 영어는 복수형인 'goods'로 써야 한다고 흔히 알고 있으나 단수형인 'good'을 쓰기도 한다(위키피디아 참조)(역자 주).

(5) 지적 재산권

신자유주의적 의제는 초국가적 상업적 권리(commercial rights) 소유자들이 그들의 권리를 활용할 수 있도록 그들에게 상당한 정도의 자유를 제공하는 교역 기반의 지적 재산권 보호 체계를 엄격하게 시행하는 데 관심이 크다. 마찬가지로 IPR 소유자들도 이러한 보호를 받을 수 있는 물질(material)뿐만 아니라 보호 기간을 확대하는 데 관심이 있다.

인도주의적 의제는 현 체계가 가난한 국가에서 가져온 대규모 유전 정보 자원 약탈[생물자원 해적행위(biopiracy)]을 용인하고 현지 공동체나 개인 예술 창작자의 이익보다 기업 소유주의 이익에 기여하는 것을 우려한다. 문화 자원 내의 공동 재산을 보호하고 공적 영역 내의 자원이 개인 회사들에 의해 부당하게 이용되는 것을 보호하는 것이 이 의제의 큰 관심사이다

(6) 문화 교역

신자유주의적 의제는 국제 통상법 규칙을 문화적 생산물의 수출과 수입에 적용하는 데 큰 관심을 보인다. 이러한 규칙하에서 국가들은 국가 문화 정책의 일환으로 문화적 생산물 수입을 제한하는 조치를 취할 수 없다. 인도주의적 의제는 문화에 대한 교역 규정 적용을 면제해주는 것과 문화적 자율성과 현지의 공적 공간을 보호하기 위한 국가적 조치를 허용하는 것에 관심을 보인다.

(7) 집중

신자유주의적 의제는 세계 시장에서 지배적인 위치를 공고히 하기 위해 파트너들과 사업 연계(인수, 합병, 합작투자)를 만드는 데 관심이 많으며 자유롭게 행동할 수 있는 충분히 큰 규제 공백을 만들기를 원한다. 인도주의적 의제는 오늘날의 글로벌 합병이 다양성 감소와 직업적 자율성 상실이라는 측면에서 소비자와 전문 종사자 모두에게 부정적인 영향을 미치는 것을 우려한다.

(8) 공유재

신자유주의적 의제는 전파와 같은 공유재(the commons)[38]를 사적으로 이용할

수 있기를 바라며 이러한 자원이 사적 당사자들에게 경매하는 것을 지지한다. 인도주의적 의제는 인류 공동 유산을 공유 재산으로 남겨둬서 공공 책무성(public accountability)과 공동체의 요구사항이 안전하게 유지되기를 바란다.

2) 시민 옹호

현재 상충하는 두 의제 간의 싸움은 사용되고 있는 무기가 불평등한 상태에서 이루어지고 있다. 상업적 의제는 WTO 주요 회원국의 강력한 지지자들과 [사무용 소프트웨어 연합(Business Software Alliance)과 글로벌 비즈니스 대화(Global Business Dialogue) 같은] 강력한 비즈니스 로비단체의 지원을 받고 있다. 인도주의적 의제는 경제 영역에서는 점점 더 활발하게 다루어지고 있지만 글로벌 커뮤니케이션 영역에서는 여전히 적극적인 지지자들을 찾고 있는 중이다. 시민 옹호(civil advocacy)는 무서운 적수와 대적하게 되겠지만, 글로벌 시민운동은 정치적으로 중대한 문제 제기를 할 수 있다. 시민 옹호는 민주 시민의 관심사를 대변하기 때문에 기업들보다 공신력(credibility)을 더 강하게 요구한다. 시민 옹호는 보편적인 인권과 같은 기본적 개념에 의해 촉발되기 때문에 도덕적 권위를 가지는데, 이로 인해 시민 옹호는 상업적 이해에 이끌리는 사람들의 주장보다 우위를 점한다. 글로벌 시민운동은 동시에 소비자이자 미디어 산업의 고객이기도 한 시민들로 구성되는데, 이로 인해 그들은 강력한 로비단체가 되기도 한다.

2000년 12월 20일, 「인터내셔널 헤럴드 트리뷴」(*International Herald Tribune*)은 다음과 같은 제목의 기사를 게재했다: "작은 옹호단체들 글로벌 경제의 양심으로 큰 역할"(Small Advocacy Groups Take Big Role as Conscience of the Global Economy). 같은 방식으로 "작은 옹호단체들 글로벌 커뮤니케이션 정치의 양심으로 큰 역할"이라고 표현하는 것도 당연히 가능할 것이다. 글로벌 커뮤니케이션 정치 분야에 공익단체가 개입하는 일이 저절로 이루어지지는 않을 것이다. 그것은 조직화와 (인원 및 물자) 동원을 필요로 한다. 커뮤니케이션과

---

38 공공재 가운데 배제성은 없지만 경합성은 있는 재화를 공유재라고 하고, 준공공재에 속한다. 즉, 사유화할 수는 없지만 많은 사람이 공유하며 이용하기 때문에 바닥날 수 있는 가능성이 있다(역자 주).

민주화를 위한 협력 플랫폼(Platform for Cooperation on Communication and Democratization)을 통해서 그것을 달성하기 위한 작은 움직임이 시작되었다. 1995년 설립된 이 플랫폼은 현재 세계 커뮤니티 라디오 방송 협회(AMARC: Association Mondiale Des Radiodiffuseurs Communautaires),[39] APC,[40] 아티클 19(Article 19),[41] CENCOS,[42] 문화환경운동(Cultural Environment Movement),[43] 그린넷(GreenNet),[44] 8인 그룹(Grupo de los Ocho),[45] IDOC,[46] 국제기자연맹 (International Federation of Journalists),[47] 국제여성옹호자센터(International Women's Tribune Center),[48] IPAL,[49] 맥브라이드 원탁회의(MacBride Roundtable),[50] MedTV,[51] 원월드 온라인(OneWorld Online),[52] 파노스(Panos),[53] 민중 커뮤니케이션 헌장

---

[39] 영어명은 'World Association of Community Radio Broadcasters'이다(역자 주).

[40] Association for Progressive Communications(진보적 커뮤니케이션 협회)의 약어이다(역자 주).

[41] 표현의 자유 관련 국제인권단체로 1987년에 설립되었으며 영국에 소재하고 있다(역자 주).

[42] Centro Nacional de Comunicación Social(국립 사회 커뮤니케이션 센터)의 약어이다(역자 주).

[43] 배양이론을 확립한 조지 거브너(George Gerbner)가 1990년 펜실베이니아 대학교에서 은퇴한 후 커뮤니케이션 미디어의 다양성을 촉진하기 위해 설립한 옹호단체이다(역자 주).

[44] 1985년 영국 런던에서 환경 운동가들이 효과적이면서 적은 비용으로 서로 소통할 수 있는 수단으로 설립된 비영리 인터넷 서비스 제공자이다(역자 주).

[45] G8 또는 Group of 8은 8개국 정상이 만나 국제사회의 주요 경제·정치적 문제를 해결하는 정상회의이다(역자 주).

[46] Information and Documentation Centre(정보 및 기록문서 센터)의 약어로 1962년 이탈리아 로마에서 설립되었다. 특히 가톨릭 교회 및 교회 활동과 관련해 사회 및 인간의 변화 과정에 대한 정보를 전파하고 그러한 연구를 촉진하고자 설립된 독립된 국제 기록문서 및 커뮤니케이션 센터였으나 2000년 운영을 중단했고 2009년에 공식 종료되었다(역자 주).

[47] 언론의 자유와 언론인들의 권익을 옹호하고 직업상의 윤리규정을 확보하는 데 있으며, 순수한 일선 기자들만으로 구성된 국제조직으로 1955년 5월 벨기에 브뤼셀에서 만들어졌다(역자 주).

[48] 1975년 멕시코 시티(Mexico City)에서 열린 유엔 국제 여성의 해(International Women's Year) 세계 회의에 따라 민중 역량 강화와 공동체 건설을 기치로 내걸고 1976년에 설립된 국제 비정부 기구이다(역자 주).

[49] IPAL 프로젝트는 스페인, 불가리아, 이탈리아, 그리스, 독일의 5개 기관이 공동으로 추진하는 사업으로 성인 트레이너의 전문적인 개발과 성인 교육의 질을 높이는 품질 보증 도구와 훈련 자원을 개발하여 유럽 수준의 현 상황을 개선하는 데 기여하고자 한다(역자 주).

[50] 유네스코 맥브라이드 보고서에 구체화된 이슈에 대한 논의를 촉진하기 위해 1989년에 만들어졌다(역자 주).

[51] MED TV는 영국과 벨기에에 스튜디오를 둔 최초의 쿠르드 위성 TV로 주로 쿠르드어(소라니어와 쿠르만지어), 자자어, 영어, 아랍어, 아시리아어, 터키어 등 6개 언어로 방송했으며, 1999년 4월에 운영을 중단했다(역자 주).

(PCC: People's Communication Charter),[54] UNDA,[55] 비디아지무트(Videazimut),[56] WACC,[57] WETV-글로벌 액세스 텔레비전(WETV-Global Access Television),[58] 월드뷰 인터내셔널 재단(Worldview International Foundation)[59]으로 구성되어 있다. 플랫폼 회원들은 커뮤니케이션할 권리(right to communicate)의 공식 인정을 위해 노력하기로 합의했다. 그들은 커뮤니케이션의 윤리, 민주적 정책, 공평하고 효과적인 접근에 대한 비판적 이해를 증진하는 토론과 행동을 위한 열린 공적 공간을 지키고 확장할 필요성을 강조한다.

커뮤니케이션할 권리는 또한 소위 PCC, 즉 민중 커뮤니케이션 헌장(http://www.pccharter.net)의 가장 중요한 관심사이다. PCC는 제3세계 네트워크(Third World Network, 말레이시아 페낭), 커뮤니케이션 및 인권 센터(Centre for Communication & Human Rights, 네덜란드 암스테르담), 문화환경운동(미국), AMARC, WACC와 함께 1991년에 시작된 이니셔티브이다. PCC는 민중은 사회현실에 적극적이고 비판적으로 참여해야 하고 스스로를 제어할 수 있어야 한다는 믿음을 공유하는 모든 사람에게 공통의 틀을 제공한다. PCC는 어쩌면 우리

---

52 디지털 지식 정보처리기관(digital knowledge clearinghouse)인 원월드 온라인은 300명의 가입자가 연결할 수 있는 전 세계의 다양한 기관과 단체로부터 모든 종류의 정보를 수집하고 포장한다. 120여 개국에서 온 수천 명의 개발 인력 외에도 아프리카와 유엔의 소규모 비정부기구가 가입해 있다(역자 주).

53 파노스 네트워크(Panos Network)는 정보가 공개 토론, 다원성, 그리고 민주주의를 촉진하는 데 효과적으로 사용될 수 있도록 노력하는 독립적인 비정부 기관으로 1986년 런던에서 설립되었다(역자 주).

54 민중 커뮤니케이션 헌장은 우리의 커뮤니케이션 환경의 질과 관련된 영구적인 운동을 발전시키기 위한 첫 번째 단계로 커뮤니케이션에 있어서 일종의 인권선언 초안이라고 할 수 있다(역자 주).

55 유엔개발계획(UNDA: UN Development Account)은 유엔 개발 의제에서 개발도상국의 역량을 강화하는 것을 목적으로 하는 유엔 사무국의 역량 개발 프로그램이다(역자 주).

56 노동자 영상 네트워크로 민주주의와 발전을 위해 시청각 커뮤니케이션을 촉진시키는 국제 미디어 운동 연대체이다(역자 주).

57 WACC(World Association for Christian Communication), 즉 세계기독교커뮤니케이션협회는 사회적 정의를 촉진하기 위해 의사소통 권리를 기반으로 하는 비정부기구이다(역자 주).

58 WETV는 개발도상국들을 위해 대안적인 텔레비전 프로그램 제작과 배급을 제공하기 위해 만들어졌다(역자 주).

59 1979년에 미얀마에서 설립된 국제환경단체로 델타지역에서 나무심기 프로젝트를 주관하고 있다(역자 주).

의 문화 환경의 질에 관심을 갖는 항구적인 운동을 향해 내디딘 첫 걸음일 수도 있다.

마침내 이 운동은 PCC의 실행을 위한 영구적인 기관, 아마도 커뮤니케이션 권리와 문화적 권리를 위한 고충처리 사무소 형태로 발전할 수 있을 것이다. 이러한 아이디어는 대체로 하비에르 페레스 데 케야르(Javier Perez de Cuellar)가 위원장을 맡고 있는 유네스코 세계문화발전위원회(World Commission on Culture and Development)가 그들의 1995년 보고서 『우리의 창조적 다양성』(*Our Creative Diversity*)에서 한 권고를 따르고 있다. 이 위원회는 문화에 관한 국제 행위 규약(International Code of Conduct on Culture)을 만들고 [유엔 국제법위원회(International Law Commission) 주관하에] 문화적 권리를 위한 국제 고충처리 사무소(International Office of the Ombudsperson for Cultural Rights)를 설치할 것을 권고했다(World Commission, 1995). 이 위원회는 다음과 같이 적고 있다:

> 그와 같은 독자적으로 분리되어 있는 실체는 억울한 피해를 입었거나 억압당하는 개인이나 집단의 탄원을 듣고, 그들을 대신해 행동하며, 분쟁의 원만한 해결을 위해 정부와 중재할 수 있을 것이다.
>
> 그러한 실체는 사건을 충분히 조사·기록하고, 당사자 간의 대화를 권장하며, 적절할 경우 피해 보상뿐만 아니라 법적 제재 권고를 포함해, 부당 행위의 효과적인 시정으로 이어지는 중재와 협상에 의한 해결 과정을 제안할 수 있을 것이다(p. 283).

이상적으로 말하면, 그러한 고충처리 사무소는 정부 당사자와 상업적 당사자 모두로부터 완전히 독립되어 있을 것이며, 독립 기관으로서 그들의 전문성, 실적, 사무소를 구성하는 사람과 조직의 질을 토대로 강력한 도덕적 권위를 보여줄 것이다. 글로벌 커뮤니케이션 분야의 중요성이 커지고 있고 글로벌 커뮤니케이션 정치에 인도주의적 의제가 시급한 점을 감안할 때, 이러한 새로운 국제기관을 설립하는 것은 21세기에 해결해야 할 가장 흥미진진한 과제 가운데 하나이다.

3) 정보사회에 관한 세계 정상 회의

1996년, 유네스코 집행 이사회는 ITU와 같은 다른 유엔 기관과 함께 1998년에 발전을 위한 정보 및 커뮤니케이션에 관한 국제 회의(International Conference on Information and Communication for Development) 개최할 수 있는 가능성이 있는지 살펴보았다. 불행하게도 국제사회가 ITU 주관하에 정보사회에 관한 세계 정상회의를 개최하기로 하는 계획을 세우기로 결의했기 때문에 이 회의는 열리지 않았다. 그 과정에서 구체적인 국제 협상 주제가 '정보사회'라는 모호하고 이론의 여지가 있는 개념으로 대체되었으며 문화와 커뮤니케이션 분야에서 광범위한 권한을 가지고 있고 비국가 행위자와의 많은 경험도 가지고 있는 유엔 기구(유네스코)가 주로 지구촌의 미래에 대한 기술결정론적인 측면에서 '정보사회'를 앞장서서 옹호하는 유엔 기구(ITU)로 대체되었다. GII에 대한 보편적 접근을 널리 전파한 미국의 클린턴(Clinton)-고어(Gore) 행정부가 이러한 상황이 전개되어나가는 데 매우 중요한 역할을 했다는 것은 비판적 관측자들에게 전혀 놀라운 일이 아닐 것이다.

2001년, 유엔이 정보사회에 관한 세계정상회의(WSIS: World Summit on the Information Society) 개최를 발표했을 때, 유엔이 신중한 성찰 없이 글로벌 커뮤니케이션 정치의 세 번째 주요 외교적 사건을 서두른다는 비판이 제기되었다. 첫 번째 사건은 정보 자유에 관한 1948년 유엔 회의였고, 두 번째 사건은 새로운 국제 정보 질서에 관한 1970년의 논쟁에 유엔이 관여한 것이었다. 앞의 두 프로젝트 모두 각기 다른 이유에서 대체로 실패했다. 21세기 초의 세 번째 시도는 이전의 두 차례의 실패를 경고 신호로 받아들였어야 했다. 그럼에도 (외교관들과 시민 옹호가들 사이에서) WSIS가 커뮤니케이션 정책의 가장 뜨거운 이슈를 다룰 글로벌 포럼을 제공해줄 수도 있다는 긍정적이고 생산적인 기대가 있었으며, 더욱이 이러한 글로벌 모임이 진정한 다중 이해관계자(multistakeholder)[60] 운동이 될 수 있을 것이라는 열망도 있었다.

---

60 다중 이해관계자 모델 혹은 다중 이해관계자 인터넷 거버넌스는 인터넷의 관리 및 공공 정책의 형성 과정에 정부뿐만 아니라 시민사회, 기업, 학계 및 기술계, 국제기구 등 다양한 이해당사자들의 참여와 협력을 바탕으로 한 의사결정 방식을 말한다(역자 주).

[프렙콤(prepcom)이라 불리는] 일련의 준비 위원회(preparatory committee) 회의를 가진 끝에 제1기 WSIS가 2003년 제네바에서 열렸다. 제1기 회의는 이전 유엔 정상회의와 단지 부분적으로만 다른 정상회의로 밝혀졌다. 특히 정보사회에서의 커뮤니케이션 권리(CRIS: Communication Rights in the Information Society) 캠페인 산하에 있는 잘 조직되고 매우 동기화되어 있는 시민 운동단체들로부터 많은 조언이 있었다. 그러나 WSIS는 대체로 비국가 행위자가 최종 의사결정 과정에 참여하지 않는 국가 간 외교 모임에 머물러 있었다. 이 정상회의는 최종적으로 2개의 선언문, 즉 국가들의 선언문인 '원칙 선언문'(Declaration of Principles)(www.wsis.org)과 시민사회의 선언문인 '인간의 필요에 맞는 정보사회 만들기'(Shaping Information Societies for Human Needs)(www.wsis-cs.org)를 별도로 채택했다. 더욱이 가장 뜨거운 두 글로벌 이슈는 해결되지 않았으며 2005년 11월 튀니지에서 열린 제2기 정상회의에 맡겨졌다. 해결되지 않은 이슈는 글로벌 디지털 격차(digital divide)를 메꾸기 위한 노력에 대한 자금 제공과 인터넷의 글로벌 거버넌스였다. 처음으로 세계적인 시민 운동단체들이 글로벌 커뮤니케이션 정치의 핵심 이슈를 다루기 위해 실제로 동원되었다는 점에서 WSIS 과정의 결과를 긍정적으로 평가할 수도 있을 것이다. 많은 시민 옹호가들이 WSIS를 진행 중인 과정으로 보기 때문에, 이러한 이슈들은 여전히 공적 의제로 남아 있을 것이며 바라건대 전 세계 시민뿐만 아니라 국회와 유럽의회(European Parliament) 같은 초국가적 기관에 있는 그들의 선출된 대표들로부터 정치적 주목도 받게 될 것이다.

토론문제

1. 대체로 오늘날 커뮤니케이션 정치의 핵심 이슈들은 1세기 전의 이슈들과 같다. 기술 발전으로 인해 이러한 이슈들에 어떤 새로운 차원이 추가되었는가?
2. 글로벌 커뮤니케이션 정치의 장(場)은 해를 거듭하면서 엄청나게 확장되었다. 이러한 정치의 장에 국민 국가 행위자 외에 어떤 행위자가 들어왔는가?

3. 글로벌 커뮤니케이션 정치에 일어난 최근의 변화가 당신 국가의 커뮤니케이션 정치에도 반영되었는가?

4. NIIO, 즉 새로운 국제 정보 질서는 '위로부터의 민주화' 프로젝트였다. 글로벌 커뮤니케이션을 아래로부터 민주화하기 위한 프로젝트는 오늘날 얼마나 실현 가능한가?

5. 당신은 미래의 문화적 권리를 위한 글로벌 고충처리 사무소(Global Ombudsperson's Office for Cultural Rights)를 설계할 수 있겠는가? 당신이 보기에 그것의 주된 임무는 무엇이 되어야 하며 어떻게 운영되어야 하는가?

6. WSIS 과정이 글로벌 커뮤니케이션 정치를 위한 진정한 민주적 다중 이해관계자들의 장으로 진화할 수 있을지에 대해 논의하라.

7. 젊은이들이 유엔의 변신에 어떻게 기여할 수 있는지에 대해 논의하라.

8. 21세기의 글로벌 커뮤니케이션 정치 이슈들이 당신 자신의 국가적 맥락에 어떻게 제시되는가?

참고문헌

Christopherson, S., & Ball, S. (1989). Media services: Considerations relevant to multilateral trade negotiations. In *Trade in services: Sectoral issues* (pp. 249–308). Geneva: UNCTAD.

Convention Establishing a General Union for the Protection of the Rights of Authors in Their Literary and Artistic Works. (1886). Berne, Switzerland.

Guback, T. H. (1969). *The international film industry.* Bloomington: Indiana University Press.

Hamelink, C. J. (1994). *The politics of world communication.* London: Sage.

Hamelink, C. J. (2015). *Global communication.* London: Sage (with companion website).

Holmes, P., Kempton, J., & McGowan, F. (1996). International competition policy and telecommunications: Lessons from the EU and prospects for the WTO. *Telecommunications Policy, 20*(10), 755–767.

ITU. (1997). *World telecommunication development report 1996/97: Trade in telecommunications.* Geneva.

ITU. (1998a). *General trends in telecommunication reform 1998: World* (Vol. 1). Geneva.

ITU. (1998b). *World telecommunication development report: Universal access.* Geneva.

League of Nations. (1924). International Convention for the Suppression of the Circulation of and Traffic in Obscene Publications. Geneva.

League of Nations. (1933). Convention for Facilitating the International Circulation of Films of an Educational Character. Geneva.

League of Nations. (1938). International Convention Concerning the Use of Broadcasting in the Cause of Peace. Geneva.

McQuail, D. (1992). *Media performance: Mass communication and the public interest.* London: Sage.

NRC Handelsblad. (1998, July 22). Rotterdam.

OECD. (1992). *Code of liberalization of current invisible operations.* Paris.

Venturelli, S. (1998). Cultural rights and world trade agreements in the information society. *Gazette, 60*(1), 47-76.

Widman, S. S., & Siwek, S. E. (1988). *International trade in films and television programs.* Cambridge, MA: Ballinger.

World Commission on Culture and Development. (1995). *Our creative diversity.* Paris: UNESCO.

World Trade Organization. (1998). World telecommunications agreement. Geneva.

6장

글로벌 커뮤니케이션 법

잰 H. 사모리스키(Jan H. Samoriski)

글로벌 커뮤니케이션의 한계를 규정하는 경계선만큼 최근 몇 년 동안 글로벌 경계선에 큰 차이를 보여준 분야는 거의 없다. 더욱더 접근 가능하고, 그 어느 때보다 빠르며, 더 역동적인 네트워크로 연결된 디지털 세계의 첫 4분의 1 세기는 다양한 역량과 통제가 구축되어 있음을 보여주었다. 어떤 나라에서는 인터넷의 성장과 확장으로 자유가 신장된 반면, 또 어떤 나라에서는 억압적인 정권이 사이버공간 기술을 이용해 시민들이 읽고, 듣고, 보고, 말할 수 있는 것을 제한하기 때문에 정반대의 일이 일어났다.

자유와 통제 간의 이러한 밀고 당기기는 인터넷이 표현과 그러한 표현을 가능하게 하거나 제한하거나 조작할 수 있는 능력에 관한 한 어떤 사람에게는 이득을 가져다주고 또 어떤 사람에게는 문제점을 가져다주는 복잡한 환경을 만들어내고 있다. 예를 들어,

• 소셜 미디어 네트워크는 이제 결코 상상하지 못했던 방식으로 사람들을 서로 연결시켜주며 집단적으로 민주적 변화를 가져올 수 있게 한다. 동시에 소셜 미디어는 2016년 미국 대선 기간에 일어났던 것처럼 '가짜 뉴스'를 통해 정치 선거에 영향을 미치게끔 조작되기도 했다(Lapowsky, 2016, p. 1).

165

6장 글로벌 커뮤니케이션 법

- 중동과 북아프리카에서 소셜 미디어는 아랍의 봄으로 알려진 현대에 들어 가장 의미 있는 정치 혁명 가운데 하나를 일으키는 데 중요한 역할을 했다 (Smidi & Shahin, 2017).
- 인터넷을 통제하고 인터넷 '킬 스위치'(kill switch)[1]를 만들자는 일단의 유엔 회원국의 제안은 ITU 회의에서 호응을 얻었다(Connelly & Totaro, 2012).
- 세계 도처에 있는 프리덤 하우스(Freedom House)[2]는 한때는 미디어의 자유를 억제하라는 전 세계의 압력에 대체로 영향을 받지 않았던 열린 민주 사회가 이제는 기꺼이 미디어의 자유를 억제하려는 정치인들의 위협을 받고 있다고 보고하고 있다(Freedom House, 2018).

이것들은 전 세계의 커뮤니케이션 법의 형태가 만들어지는 데 중요한 역할을 하는 국가 행위자와 비국가 행위자에 의해 표현의 경계선이 만들어지고, 규정되며, 시행되는 모든 상황을 보여준다.

1. 글로벌 커뮤니케이션 법과 정책

커뮤니케이션 법과 정책에 대한 연구는 대부분 특정 기술이나 공동 목표로 인해 어느 정도의 국제 협력이 요구되는 분야를 제외하고는 전통적으로 꽤 특정 국가에 국한된 연구였다. 이런 이유로 표현의 자유와 언론의 자유, 사전 억제 (prior restraint)와 검열, 글에 의한 명예훼손(libel)과 말에 의한 명예훼손 (slander), 프라이버시권(right to privacy), 자유로운 언론(free press)과 공정한 재판(fair trial)의 충돌, 정보의 자유, 음란성, 광고 규제는 특정 국가의 맥락에서 연구되었다. ITU와 같은 기관이 관리하는 국제법과 정책 시행에 대한 범세계적인 접근방식은 방송과 같은 분야에만 해당되는 것이었다. 국경을 자유롭게

---

1 킬 스위치, 비상 정지(e-stop: emergency stop), 긴급 전원 절단(EPO: emergency power off)은 일반적인 방식으로는 종료가 불가능한 위기 상황에 처한 장치나 기계를 종료하기 위해 사용되는 안전장치이다(역자 주).

2 1941년에 창설된 미국의 인권단체로 뉴욕에 본부가 있다. 세계 각국의 인권문제에 대해 미국에 망명한 정치가·문화인들이 강연을 하게 하거나 외국에서 비합법적으로 지하 출판된 출판물을 입수해서 번역·배포하는 등 다채로운 활동을 펴고 있다(역자 주).

가로지르는 라디오와 텔레비전 신호는 서로 간섭(interference)을 일으켜 라디오나 텔레비전이 가지고 있을 수도 있는 유용성을 파괴할 가능성이 있었다. 또한 라디오와 텔레비전 신호는 영향을 받는 국가가 반대할 수도 있는 정치적·사회적 메시지를 담고 있을 가능성도 있었다. 범세계적인 접근방식은 또한 상호협력을 통해 베른 협약, 세계 저작권 협약(UCC: Universal Copyright Convention), GATT, WIPO에 따른 지적 재산권(특허권, 상표권 및 저작권) 보호와 같은 사회적 목표를 촉진하고자 했을 때도 받아들여졌다.

인터넷이 이 분야를 일부 변화시키고 있다. 간섭 방지를 위한 방송 및 위성 주파수 조정의 경우 여전히 협업(collaboration)이 문제다. 지적 재산 및 예술적 재산 보호와 같은 공동의 목표를 달성하기 위해 여전히 조약 협상이 진행된다. 그러나 기술이 길을 열어주기도 하지만, 기술은 현재 폐쇄된 네트워크에 벽을 세우고 국민 국가들이 이전에 라디오와 텔레비전 신호를 차단했던 것보다 더 효과적으로 정보와 사상의 흐름을 막을 수 있는 필터링(filtering) 장치를 설치하는 데 사용될 수 있다. 전화와 같이 한때는 유선 형태였던 기술이 무선이 되었다. 텔레비전과 같이 오로지 공중파만 사용했던 미디어가 이제 케이블로 연결된다. 기술은 변화해왔다. 그러나 인권 이론(human rights theory), 표현의 자유의 토대가 되는 원칙, 사상을 가지고 표현할 수 있는 사람들의 권리는 여전히 변하지 않았다.

이 장은 다음과 같은 내용을 살펴볼 것이다:

- 서구 민주주의에서 표현의 자유의 전통적 역할
- 표현의 자유에 대한 국제적 제한과 국내적 제한
- 검열과 국가 안보
- 도덕적·종교적 이유에서의 검열
- 기존의 국제 규제 및 정책 수립 기구와 그들의 역할
- 인터넷과 인터넷이 글로벌 커뮤니케이션 법에 미치는 영향

2. 표현의 자유의 전통적 역할

1) 자유를 수반하는 조건

표현의 자유(freedom of expression)라는 용어는 예일 대학교(Yale University) 법학 교수 토머스 I. 에머슨(Thomas I. Emerson)이 1970년에 출간된 『표현의 자유의 체계』(*The System of Freedom of Expression*)라는 매우 영향력 있는 자신의 저서에서 일관성과 실체를 지니게 되었다. 에머슨은 현대 민주사회에서 표현의 자유를 일단(一團)의 권리로 보았다. 이러한 권리로는 시민들이 원하는 것이 무엇이든 그것을 생각하고 믿을 권리, 그러한 생각과 믿음을 어떠한 미디어로든 전할 권리가 있다. 또한 표현의 자유에는 침묵을 지킬 권리, 다른 사람의 말을 듣고 정보에 대한 접근을 누릴 권리, 공동 표현(joint expression)을 위해 다른 사람을 모을 권리가 포함되어 있다. 더 최근의 법률 평론가들도 이와 같은 표현의 자유를 구성하는 일련의 권리들을 받아들인다.

로드니 A. 스몰라(Rodney A. Smolla, 1992)에 따르면, 열린 문화를 충실히 지키는 국가는 표현의 자유, 언론의 자유, 종교의 자유, 결사의 자유, 집회의 자유, 평화로운 대규모 시위의 자유를 보호하면서 놀랍도록 다양한 인간의 표현과 양심을 지켜줄 것이다. 이러한 자유는 정치적 담론뿐만 아니라 인간의 상상력을 자극하는 무한한 범위의 예술적, 과학적, 종교적, 철학적 탐구에까지 확대될 것이다. 표현의 자유는 현대 민주사회의 사회적 가치들 가운데 최고의 지위를 부여받았다. 표현의 자유는 본원적 가치, 즉 그와 같은 사회의 핵심 기반으로 간주된다. 표현의 자유의 중요성은 진정한 민주주의에 필수적이며 표현의 자유가 존재할 때만 사회에 존재하는 네 가지 결과적인 상황에서 비롯된다.

이러한 네 가지 결과적인 상황 가운데 첫 번째는 인간의 존엄성과 자기실현(self-fulfillment)이다. 미국 연방대법원 판사 써굿 마셜(Thurgood Marshall)은 인간의 정신을 "자기실현을 요구하는 정신"이라고 말했다(*Procunier v. Martinez*, 1974, p. 427). 외적으로 가해지는 제약 없이 자기를 표현할 수 있는 자유는 자기실현과 자기 정체성, 인간으로서의 성장과 발전으로 이어진다. 자유가 없다면 개인의 발전은 방해받는다. "성숙한 성인이 자신의 삶에 가치 있는 것에 대한 자신의 개념을 형성하면서 듣거나 보게 될 어떤 표현을 타자(특히 국가)가 그를 대신해 주제넘게 결정하는 것은 그의 인간성에 대한 모욕일 것이다"(Murphy, 1997, p. 557). 존 로크(John Locke)는 자유로운 표현을 통한 자기실현이 우리가 태어날 때 부여받은 자연스럽고 본능적이며 양도할 수 없는 권리로 보았다.

표현의 자유에서 비롯되고 민주사회에 매우 중요한 네 가지 상황 가운데 두 번째는 제한받지 않는 '사상의 시장'(marketplace of ideas)을 통해 이루어지는 진실을 향한 진전이다. 미국 연방대법원 판사 올리버 웬들 홈스(Oliver Wendell Holmes)는 "진리의 최고 시금석은 경쟁하는 사상의 시장에서 받아들여질 수 있는 사상의 힘이다"(*Abrams v. United States*, 1919, p. 630)라고 주장했다.

이성적인 인간은 시간이 주어지면 거짓은 거부하고 진실은 받아들일 것이다. 그러나 인간은 진실이 시장에 존재할 경우에만 그렇게 할 수 있으며, 따라서 검열은 시장 내에 대안으로 존재하는 진실을 제거해버리는 중대한 위험을 야기한다.

영국 작가 존 밀턴(John Milton)이 1644년에 쓴 『아레오파지티카』(*Areopagitica*)에 나오는 자주 인용되는 다음 구절은 사상의 시장의 본질적 필요성을 잘 포착하고 있다:

> 그리고 모든 주의(主義) 주장(主張)의 바람이 이 땅에서 활개치고 다닐 수 있도록 자유롭게 내버려두기는 하지만, 진실 역시 현장에 함께 있을 텐데, 그러면서 우리는 허가와 금지를 통해 부당하게 대함으로써 진실의 힘을 의심한다. 진실과 허위가 맞붙어 싸우게 하라. 자유롭고 공개적인 대결에서 진리가 진 적이 있는가?(pp. 681-682)

현대 민주주의 운영에 필수적이며 표현의 자유에 수반되는 네 가지 상황 가운데 세 번째는 민주적 의사 결정의 도구 혹은 수단의 제공이다. 민주주의에서 다수(majority)는 국가의 정치적 결정을 내리는 일을 떠맡는다. 시민들이 심사숙고한 판단을 내리고 그러한 판단을 제시하기 위해서는 반드시 모여서 정보와 아이디어들을 분석해야 한다. 이러한 과정에 필요한 수단은 분명 그들의 표현의 자유이다. "당신이 의도하는 대로 생각하고 당신이 생각하는 대로 말할 자유는 정치적 진실의 발견과 전파에 필수불가결한 수단이다"(*Whitney v.*

California, 1927, p. 375).

　마찬가지로 민주사회에서 정치 영역 밖에서, 즉 예술, 문화, 과학 등 상상할 수 있는 모든 인간 활동 분야에서 내려지는 결정도 표현의 자유에 의해 가능하다. 이러한 자유가 없는 민주적 의사 결정은 모순어법(oxymoron)3이다.

　표현의 자유에 의해 생기는 네 번째 상황은 갈등이 일어남에도 불가피하게 폭력에 호소하지 않을 수 있는 상황이다. 에머슨(1970)이 지적하듯이, 표현의 억압은 합리적인 토론과 심사숙고된 판단의 기회를 부정하며 또한 상황을 바꾸거나 새로운 아이디어를 떠올리기를 열렬히 바라는 사람들에게 폭력을 그럴듯한 대안으로 남겨둔다. 따라서 표현은 현대 민주주의에서 안전밸브 역할을 할 수 있다. 미국 연방대법원 판사 루이스 브랜다이스(Louis Brandeis)는 표현의 자유의 이러한 기능을 미국 헌법 입안자들에게 동기를 부여한 기능 가운데 하나로 간주했다:

> [그들은] 질서 위반에 대한 처벌의 두려움만으로는 질서가 보장될 수 없다는 것; 생각, 희망, 그리고 상상력을 막는 것이 위험하다는 것; 두려움이 억압을 낳는다는 것; 억압은 증오를 낳는다는 것; 증오는 안정된 정부를 위협한다는 것; 안전한 길은 불만스럽게 여겨지는 것과 제안된 해결책에 대해 자유롭게 논의할 수 있는 기회 안에 있다는 것; 그리고 사악한 조언에 대한 적합한 해결책은 선한 조언이라는 것을 알았다(*Whitney v. California*, 1927, p. 375).

　따라서 이러한 표현의 자유에서 야기되는 네 가지 결과적인 상황은 이러한 자유가 민주사회에서 다른 무엇보다 중요한 위치를 차지하는 이유이다. 그러나 모든 민주사회가 이러한 결과적인 상황을 마찬가지로 소중히 여기거나 표현의 자유를 정당화하는 것과 동일한 우선순위를 이러한 결과적인 상황에 부여하는 것은 아니다.

　미국 연방대법원은 표현의 자유를 지지하는 20세기의 판결에서 '사상의 시장' 기능에 가장 많이 의존했다(Hall, 1992). 유텐데일과 더모티어(Uyttendaele &

---

　3 양립할 수 없는 말을 서로 짜 맞추어 수사적 효과를 올리려는 어법을 말한다(역자 주).

Dumortier, 1998)는 반면에 유럽 평의회는 민주적 의사 결정 기능이 표현의 자유를 뒷받침하는 가장 중요한 근거임을 명시적으로 인정했다는 데 주목하면서, 유럽은 일반적으로 사상의 시장과 천부적 권리라는 논리적 근거를 거부한다고 주장한다. 서구 민주주의 국가들이 이 네 가지 논리적 근거에 부여하는 상대적인 가치 차이에 상관없이, 종합적으로 판단해볼 때 그들은 표현의 자유가 진정한 민주 국가의 존재에 가장 중요한 전제조건이라는 설득력 있는 논거를 제시하고 있음이 분명하다.

3. 표현의 자유에 관한 국제적 제한과 국내적 제한

1) 미국

표현의 자유가 현대 민주주의의 기초가 되는 가치이긴 하지만, 특정한 시기에는 그리고 특정한 정황에서는 다른 사회 가치들(societal values)이 민주적 국민 국가에 똑같이 중요하거나 더 중요하다. 국가 안보는 모든 국민 국가가 받아들이는 사회 가치이다. 마찬가지로 시민들의 물질적 안녕 보호와 재산 보호도 보편적으로 중요한 사회 가치이다. 심지어 표현의 자유를 가장 강력하게 부르짖는 민주 국가들도 국민 국가를 명백하게 위험에 처하게 하거나 시민의 생명을 급박하게 위태롭게 하거나 시민의 사적 재산이나 공동 소유 재산을 위험에 처하게 하는 표현에는 선을 긋는다. 절대적인 표현의 자유는 존재하지 않으며, 따라서 어떤 국민 국가도 극비의 국가 안보 자료가 처벌 없이 적에게 넘어가는 것을 내버려두거나, 무고한 시민을 살해하려는 음모를 용납하거나, 시위 주도자가 근처의 건물을 방화하자고 촉구하는 것을 허용하려 하지 않는다. 대신에 민주 정부는 선을 긋는다. 즉, 시민의 표현은 특정한 지점까지만 보호되며, 그 지점을 넘으면 시민의 표현은 억압되거나 표현이 이루어지고 난 후 처벌받는다.

표현의 자유와 반드시 균형을 이루어야 하는 대단히 중요한 사회 가치는 물론 균형 조정 과정에 사용되는 처방 또한 현대 민주 국가마다 차이가 있다. 미국의 경우, 현대의 연방대법원은 여러 사회 가치가 충돌할 때 표현의 자유를 강하게 지지하는 쪽으로 균형을 조정하는 법적 원칙을 만들었다. 따라서 불쾌하고 저속하고 무례하며 외설적인 표현도 보호된다. 심지어 소위 증오 표현 (hate speech)과 나치 독일 기장과 KKK(Ku Klux Klan)[4] 복장과 같은 증오의 상징(hate symbol)도 보호된다.

일반적으로 미국에서 표현은 다음과 같은 것을 야기할 때만 처벌될 수 있다: ① 개인이나 재산에 대한 실제 피해(real injury); ② 평판 파괴(글에 의한 명예훼손이나 말에 의한 명예훼손)와 같이 전통적으로 사회에 중요한 것으로 규정되어 온 사회 관계에 대한 실제 피해; ③ 기만이나 허위 광고와 같이 사업 운영이나 사업 관계에 대한 실제 피해; ④ 개인적(프라이버시 침해) 혹은 국가적(매우 중요한 안보 정보 유출) 기밀에 대한 실제 피해; ⑤ 지적 재산(저작권, 상표권, 전유권)의 사적 소유 혹은 기업 소유권에 대한 실제 피해. 이것에 대한 예외는 음란성(obscenity) 영역인데, 이것에 대해서는 이 장 후반부에서 논의한다.

이러한 실제 피해를 야기하는 표현에 대한 처벌은 미국에서는 보통 표현이 있은 후에 이루어진다. 따라서 표현의 사전 제한이나 고전적 검열은 헌법에 따라 미국 연방대법원에서 불리하게 작용한다. 연방대법원은 다음과 같이 판결했다: "표현을 사전에 제한하는 체계는 그것이 어떤 체계이든 그것이 표현의 헌법적 타당성에 반한다는 추정의 부담을 떠안은 채 이 법정에 출두하는 것이다"(Bantam Books, Inc. v. Sullivan, 1963, p. 70). 표현이 있기 전에 그것을 차단하는 것을 정당화하기 위해 보통 정부는 그 표현으로 인해 입을 것으로 예상되는 피해가 직접적이고 즉각적이며 상당할 것이라는 점을 반드시 입증해야 하는데, 이는 적어도 대부분의 경우 불가능한 일이다. 마지막으로 미국에서 표현은 보통 피해를 주는 표현의 정의가 구체적이고 이해될 수 있어서 표현을 하는 자가 사전 경고를 받을 때만 처벌될 수 있다.

따라서 미국은 일부 현대 민주 국가에서는 처벌되거나 금지되는 많은 표현을 허용한다. 사회의 다수 혹은 소수가 보여주는 표현에 대한 감정적이거나 지적인 반응은 그러한 표현을 처벌하는 법적 근거가 되지 않는다. 정서적 고통이나 혐오감을 불러일으키는 표현, 당혹감을 야기하는 표현, 모욕적이거나 신성 모독적이거나 성차별적이거나 인종차별적이거나 저속하거나 외설적으로 인식될 수

---

4 쿠 클럭스 클랜은 백인 우월주의, 반유대주의, 인종차별, 반(反) 로마 가톨릭 교회, 기독교 근본주의, 동성애 반대 등을 표방하는 미국의 극우 비밀 결사 단체이다(역자 주).

도 있는 표현, 모두 미국 사회에서는 자유로운 표현으로 보호되고 용인된다.

2) 국제 규약

법학자 토머스 데이비드 존스(Thomas David Jones, 1998)에 따르면, "자유롭게 표현할 권리는 국제 관습법의 일반적 규범이다"(p. 37). 실제로 모든 주요 국제 인권기구의 규정은 표현의 자유를 기본적인 인권으로 간주한다. 세계인권선언 (Universal Declaration of Human Rights, 1948), 인권과 기본적 자유의 보호를 위한 유럽 협약(European Convention for the Protection of Human Rights and Fundamental Freedoms, 1953), 모든 형태의 인종차별 철폐에 관한 국제 협약 (International Convention on the Elimination of All Forms of Racial Discri- mination, 1969), 시민적·정치적 권리에 관한 국제 규약(International Covenant on Civil and Political Rights, 1976), 미주인권협약(American Convention on Human Rights, 1978), 개인 및 민중의 권리에 관한 반줄 헌장(Banjul Charter on Human and People's Rights, 1982)이 그러하다.

이러한 문서들은 모두 세계인권선언에 사용된 것과 유사한 언어로 표현의 자유를 다음과 같이 옹호한다: "모든 사람은 의견 및 표현의 자유에 대한 권리를 가진다; 이러한 권리에는 간섭 받지 않고 의견을 지닐 자유와 모든 미디어를 통해 국경에 상관없이 정보와 아이디어를 추구하고 수신하며 전할 자유가 포함된다"(제19조, p. 71). 동시에 이 문서들은 문서에서 부르짖는 표현의 자유가 절대적인 자유가 아니라 문서에 서명한 국가들에 의해 제한될 수 있음을 분명히 하고 있다. 국제법하에서 그와 같은 제한은 반드시 타당하고 합법적이며 민주주의에 필요한 것이어야 하지만(Turk & Joinet, 1992), 이러한 협약들은 국제적으로 서명국들에 의한 폭넓은 제한을 허용한다. 민주 국가들이 서명한 대부분의 인권 조약은 공공연하게 타인의 권리 존중, 국가 안보, 공공질서 혹은 안전, 공중의 건강과 도덕을 증진하기 위해 표현에 대한 제한을 허용한다. 이러한 조약들은 대부분 암암리에 다음의 유럽 협약(1953)에 포함되어 있는 것과 같은 조항을 사용해 추가적인 제한을 허용한다: "이러한 자유의 행사는 … 법에 규정되어 있는 것 같은 형식상의 절차, 조건, 제하, 혹은 처벌의 대상이 될 수도 있다"(p. 230). 물론 공식적인 법의 이러한 조문들은 이것이 국민 국가의 법으로 전환될 때 각국의 서로 다른 문화와 전통 그리고 독특한 사회 구조를 통해 걸러진다. 그 결과, 모든 민주적 국민 국가는 표현의 자유를 옹호하는 동시에 그러한 자유의 윤곽은 나라에 따라 크게 차이가 있다.

3) 국내적 제한

민주적 국민 국가들마다 표현의 자유에 대한 제한에 큰 차이가 있다. 언급했듯이 미국에서는 인종차별적 증오 표현과 집단의 명예를 훼손하는 표현도 보호받는다. 집단과 개인은 특정 인종이나 특정 교리 혹은 피부색을 가진 사람들을 폄하하는 표현을 공공연하게 할 수 있다. 그들은 그들이 증오하는 집단과 연관되어 있다고 인식하는 문제에 대한 궁극적 해결책으로 심지어 집단학살을 옹호할 수도 있다. 그와 같은 표현은 공격을 받고 있는 사람들에게 직접적인 신체적 손상이 초래되기 직전까지 가는 경우에만 억제될 수 있다. 증오 표현과 관련한 미국의 자유방임적인 태도는 영국, 캐나다, 인도, 나이지리아 같은 나라들의 태도와 대비된다. 이 국가들은 모두 스웨덴처럼(Swedish Penal Code, 1986) 집단 명예훼손을 제한하는 법을 통해 그러한 행위를 규제한다(Jones, 1998). 역사적인 인종차별적 증오 경험에 대한 반작용으로 현 법체계의 상당 부분을 구성한 독일은 심지어 인종차별적 증오를 조장하거나 "인간을 상대로 한 잔혹하거나 비인간적인 폭력 행위를 미화하거나 경시하듯 기술하는" 어떠한 글이나 방송도 금지할 정도로 극단적인 정치적 표현에 대한 광범위한 제한을 허용한다(Stein, 1986, p. 131).

마찬가지로 표현의 자유의 한계를 정하는 데 있어서의 민주적 국민 국가들 간의 차이도 국가 안보를 위한 사전 억제와 검열, 글에 의한 명예훼손과 말에 의한 명예훼손의 정의와 처리, 프라이버시권, 자유로운 언론과 공정한 재판의 충돌, 정부 정보의 자유(freedom of governmental information), 음란성과 같은 분야에서 쉽게 드러난다. 1996년, 프랑스에서 발생한 미테랑-귀블레 박사(Mitterrand-Dr. Gubler) 사건[5]은 그와 같은 차이를 보여주는 좋은 사례이다. 이

---

[5] 프랑수와 미테랑 전 프랑스 대통령(1981~1995년 재직)의 사생활에 관한 내용을 담고 있는 『엄청난 비밀』(*Le Grand Secret*)이라는 책이 플롱사(Les Editions Plon)에서 출간되었다. 이 책을 출간할 당시 프롱사의 발행인 겸 사장은 올리비에 오르뱅(Olivier Orban) 씨였다. 한편 클

사건에서는 사전 억제, 글에 의한 명예훼손, 프라이버시권, 언론의 자유가 모두 서로 얽혀 있었다. 프랑수와 미테랑(François Mitterrand) 전 대통령의 부인과 세 자녀의 요청에 의해 일련의 프랑스 판사들은 프랑스에서는 형사범죄인 '직무상 비밀'(professional secret) 누설 혐의에 대해 서적 검열과 서적 저자 및 발행인에 대한 처벌을 인정했다. 『엄청난 비밀』(The Great Secret)이라는 제목의 그 책은 미테랑 전 대통령이 1981년 치명적인 암에 걸렸다는 사실과 1994년에 이르러서는 비록 여전히 재임 중이긴 했지만 실제로는 직무를 더 이상 수행할 수 없었다는 사실을 폭로했다. 미테랑 전 대통령의 부인과 자녀들이 미테랑 전 대통령의 명예를 지켜주기 위해 소송을 제기하자, 판사는 그 책이 하루 전에 이미 판매되기 시작해 프랑스 전역에서 4만 부가 팔렸지만 앞으로의 판매를 중단시키는 예비적 금지 명령(preliminary injunction)을 먼저 내렸다. 항소법원은 이 금지 명령을 인용(認容)했고, 이후의 형사 법정은 귀블레 박사와 그의 공저자 그리고 발행인의 형법 위반에 대해 유죄 판결을 내렸으며, 1심 법원은 그 금지 명령을 영구적인 조치로 만들면서 미테랑 전 대통령 가족에게 손해배상금 지급 판결을 내렸다(Sokol, 1999).

미국에서는 이런 일이 일어나는 것을 상상조차 할 수 없다. 미국 헌법 수정조항 제1조를 잘 알고 있는 판사들은 예비적 금지 명령을 먼저 내리는 것을 꺼렸을 것이다; 만약 1심 판사가 금지 명령을 내리기라도 한다면, 항소법원은 재빨리 그것을 유예할 것이다. 미국에는 유사한 형사적 프라이버시법이 없었기 때문에 형법상 유죄 선고는 없었을 것이다. 어떠한 민사적 프라이버시 우려도 그 사안이 공중의 관심사라는 사실보다 덜 중요했을 것이기 때문에 손해배상금 지급 판결도 없었을 것이다. 미국에서 그와 같은 폭로 내용은 검열이 이루어질 수 있다거나 처벌이 뒤따를 수 있다는 일말의 암시도 없이 관례대로 출판된다.

특정한 형식의 표현이 특정한 사회에서 가장 소중하게 여겨지는 가치를 공

로드 귀블레(Claude Gubler) 박사는 미테랑 대통령의 주치의였고 의료상의 비밀을 알고 있는 자로서 이 책의 공동 저자로 참여한 바 있다. 이에 미테랑 전 대통령의 유가족들은 사생활침해와 의료상 비밀 침해를 이유로 손해배상 청구 소송을 제기하고 동시에 이 책의 출간 및 배포 금지 청구 소송을 제기하였다(역자 주).

격할 때, 그 사회가 제한 없는 표현보다는 제한을 선택할 것이라는 것은 꽤 흔한 사실이다. 하나의 장(章)에서 국가별로 차이가 있는 모든 분야를 적절하게 다룰 수는 없지만, 국가 안보를 위한 검열 분야와 도덕적·종교적 이유로 인한 검열 분야는 특히 더 자세히 살펴볼 만한 가치가 있다.

4. 검열과 국가 안보

1) 미국 상황

앞에서 언급했듯이, 검열의 일반적 개념, 즉 사람들이 특정한 사실, 사상, 의견에 접근하는 것을 막기 위해 정부가 공공연한 조치를 취하는 것이라는 개념은 미국에서는 헌법과 모순된다. 심지어 검열이 반드시 시행되어야 한다는 납득할 만한 이유로 국가 안보가 제시되는 경우에도 마찬가지이다. 실제로 미국에서 표현의 자유가 의미하는 바에 대한 현대의 헌법적 정의(定義)는 국가 안보 이슈를 명쾌하게 다룬 20세기 초의 일련의 미국 연방대법원 사건에서 기원했다.

에이브럼스 대 미국(*Abrams v. U.S.*, 1919), 지트로우 대 뉴욕(*Gitlow v. New York*, 1925), 위트니 대 캘리포니아(*Whitney v. California*, 1927) 같은 사건에서 홈스 판사와 브랜다이스 판사는 그들이 작성한 판결문들에서 표현의 자유에 대한 미국의 현대적 접근방식을 고안해냈다. 주로 연방대법원의 다수 의견의 논거와 국가 전체의 지배적인 분위기에 대한 반대 의견(dissent) 형태로 작성된 이러한 판결문들은 지각된 국가적 위협의 시기에 시위와 평판이 나쁜 아이디어를 억누르려는 정부 측의 광범위한 권력에 대해 반대론을 폈다. 두 판사는 사회주의자, 무정부주의자, 급진주의자, 혁명주의자도 국가 안보가 정말로 위협받지 않는 한 표현의 자유를 누려야 한다고 주장했다. 그러한 구별을 위해 그들이 그은 선은 '명백하고 현존하는 위험' 원칙(the clear and present danger doctrine)으로 알려져 있다. 브랜다이스 판사는 위트니 대 캘리포니아(1927) 사건에서 작성한 유명한 의견에서 이 원칙의 경계를 다음과 같이 규정했다:

토론의 기회가 주어지기도 전에 닥칠 수 있을 정도로 감지된 해악의 발생이 아주 급박하지 않는 한, 표현에서 비롯되는 어떠한 위험도 명백하고 현존하는 것으로 간주될 수 없다. 만약 토론을 통해 허위와 오류를 폭로하고 교육 과정을 통해 악을 피할 시간이 있다면, 적용할 구제책은 강요된 침묵이 아니라 더 많은 표현이다. 긴급한 상황만이 억압을 정당화할 수 있다(p. 377).

따라서 미국을 비난하는 표현, 미국의 목표를 좌절시키려는 표현, 심지어 무력이나 폭력으로 미국 정부를 전복시키는 것을 옹호하는 표현도 그러한 표현이 미국의 안녕에 크고 임박한 위험을 야기하지 않는 한 보호된다.

미국에서 국가 안보 영역에서의 정부 검열에 대한 가장 최근의 고발은 군사 작전 기간 동안 언론을 대하는 것에 초점이 맞추어져 있었다. 대부분의 고발이 표현의 자유나 출판의 자유에 대한 거부를 근거로 이루어진 것이 아니라 정보에 대한 접근 거부를 근거로 이루어졌다는 것에 주목할 필요가 있다. 미국 연방대법원은 형사 소송이라는 제한된 맥락에서는 예외로 수정조항 제1조의 정보 접근권을 인정하지만 그 밖의 상황에서는 어떠한 특별한 수정조항 제1조의 정보 접근권도 언론에 부여하기를 꺼려왔다(*Richmond Newspapers v. Virginia*, 1980). 따라서 수정조항 제1조는 표현과 출판을 보호하지만 언론이 정부 정보와 자료에 대해 동일한 범위의 헌법적 청구권을 가지고 있음을 일반적으로 보장하는 것으로 해석되지는 않았다. 정부가 그레나다(Grenada), 파나마(Panama), 페르시아만(Persian Gulf), 아프가니스탄(Afghanistan), 이라크(Iraq)에 군사적으로 개입했을 때 언론은 제한된 접근에 대한 불만을 제기했다.

1997년, 언론사 대표와 정부는 국가 안보 필요성과 미국 시민에게 알릴 언론의 의무 간에 균형을 잡는 것을 서로가 받아들이기로 합의했다(Terry, 1997). 합의된 원칙으로는 언론에 의한 공개적이고도 독립된 취재, 여건상 어쩔 수 없을 때 '공동' 취재의 사용, 저널리스트 자격 인정, 모든 주요 군 부대에 대한 접근, 공보 장교에 의한 보도 불간섭, 저널리스트를 위한 수송 및 통신 설비 제공, 저널리스트가 작성한 기사에 대한 보안 심사 이슈에 대해 '의견 차이를 인정한다는데 대한 동의'(물론 이것은 문제가 있는 부분임) 등이 있다(Terry, 1997). 특정 기사와 사실을 삭제하는 것은 당연히 그와 같은 군대에 의한 보안 심사에서 비롯되었으며, 이것은 사전 억제나 검열에 해당하는 것으로, 앞에서 언급했듯이, 전통적으로 문제의 정보가 군대에 명백하고 현존하는 위험을 야기할 때만 법원에 의해 인용되곤 했다. 그러나 현 연방법원 체계의 보수적인 사법 철학은 "정부와 군대를 극단적으로 존중하는 것"으로 이어졌기 때문에(Jazayerli, 1997, p. 161) 정부의 국가 안보 위협 주장에 유리하게 작용하는 것은 당연한 일이다. 보스니아(Bosnia)와 코소보(Kosovo)에서의 미국의 군사 행동을 둘러싸고 언론의 검열 고발이 비교적 거의 없었다는 사실은 언론과 정부 간의 합의가 어느 정도 작동함을 보여준다.

그러나 이라크 전쟁 기간 동안 미군과 영국군은 임시 미디어 고문(顧問)을 통해 미디어에 제한적 규제 조치를 취했다. 주로 알 자지라(Al Jazeera)와 알 아라비야(Al Arabiya)의 아랍 위성방송을 겨냥한 이 규제 조치는 만약 그들이 바트당(Ba'ath Party)6의 복귀를 옹호한다면 해외 뉴스 운영이 폐쇄될 수 있다고 경고했다. 알 자지라가 폭력을 부추긴다는 비난을 받은 후, 알 자지라의 바그다드(Baghdad) 사무소가 임시 폐쇄되었다("Iraq Ban on Al-Jazeera," 2004).

더 최근 들어, 미국 국방부(Defense Department)의 전쟁법(law of war)7에 대한 미국 정부의 해석을 담은 종합 설명서 발간으로 전쟁으로 인한 충돌을 취재할 수 있는 저널리스트의 능력은 타격을 입었다. 이 설명서에 따르면, 저널리스트들이 군사 작전을 보도할 때 그들은 어떤 경우 "특권 없는 교전자"(unprivileged belligerents)로 간주될 수 있으며, 그것은 뉴스 취재 활동이 "첩보 수집이나 스파이 행위"로 간주될 수 있음을 시사한다(General Counsel of the Department of Defense, 2015, p. 174). 이 설명서는 저널리스트들이 관련 당국의 동의를 받고 뉴스를 취재할 것을 제안했으며 그들의 보도를 검열할 필요성에 대해서도 역설했다.

---

6 원 명칭이 아랍 사회주의 부흥당인 바트당은 1940년 다마스쿠스에서 시리아의 지식인 미셸 아플라크가 창설한 정당이다. 본래 이 정당은 모든 아랍 국가를 하나의 나라로 통일하는 동시에 당시 아랍 지역을 지배하고 있었던 서구 식민 지배에 투쟁하기 위한 아랍 민족주의 및 세속주의 운동이었다. 아랍어로 '바트'라는 말은 아랍어에서 '부흥' 또는 '재건'을 뜻하는 말이다(역자 주).

7 국제 인도법(國際人道法)은 무력분쟁 발생 시 무력 분쟁의 수단을 통제하기 위한 일련의 국제법 체계이다. 군에서는 무력충돌법(law of armed conflict) 혹은 전쟁법으로 부르기도 한다(역자 주).

이 설명서는 언론 자유를 위한 기자 위원회(Reporters Committee for Freedom of the Press)의 비난을 포함해 뉴스 기관들로부터 광범위한 비판을 받았다. 2017년 6월, 이 설명서를 개정하면서 저널리스트가 스파이로 간주될 수 있고 전장에 있는 뉴스 기자가 검열을 받을 수 있음을 시사하는 표현은 완화되었다. 미국 국방부는 뉴스 취재가 민간 활동이라는 점과 저널리스트들이 국제법의 보호를 받는 동안 그럼에도 그들이 선을 넘어 스스로 전투원으로 충돌에 관여하는 쪽을 선택하는 경우도 여전히 있다는 점을 인정했다. 한 법률 참관인(legal observer)이 법의 본질에는 아무 변화가 없고 톤만 달라졌다고 기술했다는 점에서 야전 지휘관에게 주어진 법적 권한에는 아무런 변화가 없었다(Murguia, 2016).

헌법에 보장되어 있지 않은 정부 정보에 접근할 수 있는 미국인의 권리에 대한 일반적 개념은 연방 정보자유법(Freedom of Information Act, 1994 & Suppl. 1996)과 거의 모든 주의 유사한 주법(州法)에 담겨져 있다. 이러한 법들은 접근권을 단언적으로 부여하며, 정부 기관들이 특정한 종류의 정보를 이용 가능하고 공표할 의무를 단언적으로 부과하고 있다. 비록 의회와 법원은 이러한 법의 적용 대상이 아니며 연방법과 주법이 (특히 국가 안보 관련 정보, 기관의 내부 규칙, 상업적 비밀 등) 예외를 포함하고 있긴 하지만, 정보의 자유에 관한 법들은 미국에서 정부 운영을 시민이 철저하게 조사할 수 있도록 개방하는 효과적인 방법임을 입증했다.

'정보에 대한 권리'(right to information)라는 문화는 1966년에 연방 정보자유법(FOIA: Freedom of Information Act)이 처음 채택된 이후 미국 사회에 스며들기 시작했다. 그래서 심지어 수정조항 제1조의 포괄적인 보호가 없이도 미국 시민들은 정부의 가장 내밀한 곳에서 이루어지는 일에도 접근할 수 있으며 정부가 정보의 흐름을 차단하려 시도할 때 사법체계가 심판자이자 잠재적인 우군(友軍)으로서 자리를 지킨다.

2) 세계 상황

국가 안보를 내세운 검열은 현재 민주 국가 전반에 걸쳐 널리 퍼져 있다. 영국은 국가 안보를 이유로 표현을 억제하는 것을 주저하지 않는 국가의 좋은 예이다. 영국은 정부와 국민 각각의 책임과 권리를 제시하는 성문 헌법을 가지고 있지 않다. 영국의 법은 헌법률[8]이 아닌 의회법, 보통법(common law),[9] 사법 판결, 그리고 관습과 전통에서 발전했다. 표현의 자유의 기본적인 수호자 역할을 하는 '수정조항 제1조'도 없고 국가 최고법으로서 헌법에 규정된 자유를 지켜주는 일을 전담하는 사법부가 없는 영국은 일부 평론가들이 묘사한 것처럼 "오늘날 세계에서 가장 비밀스러운 민주 국가 가운데 하나"가 되었다(Silverman, 1997, p. 471).

2000년, 영국은 유럽 인권협약(European Convention on Human Rights)을 그들 자신의 국내법에 통합하여, 영국인에게 최소한 영국 법원에서 강제될 수 있는 표현의 자유 권리를 가질 수 있는 기회를 제공했다. 영국의 공무상 비밀 엄수법(Official Secrets Act, 1911)에 따라, 권한 없이 공무상 정보를 누설하는 것은 형사법 위반이며, 그와 같은 정보를 수신하는 것 역시 형사법 위반이다. 모든 정부 정보는 공무상의 정보이며, 따라서 누설해서는 안 된다. 지방 정부도 중앙 정부의 모델을 채택했으며 아마도 중앙 정부보다 훨씬 더 비밀스럽다(*United Kingdom Parliamentary Debates*, 1985). 영국 정부는 과거에 국가 안보에 위협이 된다고 단정하는 정보의 공개를 차단했으며, 심지어 다른 나라에서 이미 공개된 정보를 검열하기까지 했다(Silverman, 1997). 정보의 자유 분야에서 영국은 최근 들어 진전을 이뤘다. 정보자유법(Freedom of Information Act)이 발효된 2005년 영국은 공무상 비밀에 대한 집착에서 벗어났다. 20년 넘게 걸려 입법화된 이 법에 따라 누구나 공공 기관이 갖고 있는 정보를 요청할 수 있고 20일 이내에 대답을 기대할 수 있다. 서구 민주 국가의 다른 정보의 자유 법령과 같이 국가 안보, 개인 데이터, 정부 업무를 위태롭게 할 수도 있는 정보에 대해서는 공개를 면제해주는 조항도 있다. 영국의 정보자유법하에서는 독립적

---

8 헌법 제정 권력의 문제를 본격적으로 거론하여 발전시킨 카를 슈미트(Carl Schmitt)는 헌법 제정 권력을 고유한 정치적 실존의 양식과 형태에 대한 구체적인 근본 결단을 내릴 수 있는 실존적인 정치적 의지로 규정하고, 이러한 권력에 의한 의지의 결단을 헌법(verfassung; constitution)이라 부르며, 이러한 결단에서 규범화된 규정을 헌법률(verfassungsgesetz; constitutional law)이라 불러 구분하였다(역자 주).

9 영미법(Anglo-American law)이라고도 하는데 영국에서 발생해 영어를 쓰는 나라와 영국 식민지 국가로 퍼져나간 법체계이다. 판례가 구속력을 가지는가 하는 점에서 대륙법 체계와 구별된다(역자 주).

인 정보 위원이 공익 적격 심사에 따라 공개 면제를 결정할 권한을 가진다. 영국의 정보 위원인 리처드 토머스(Richard Thomas)는 자신이 지나치다 싶을 정도로 공중의 알 권리 쪽으로 기울어질 것임을 시사했다("Out of the Darkness," 2005).

독일은 국가 안보라는 명목하에 검열을 주저하지 않는 민주 국가에 대한 또 하나의 예에 해당한다. 독일 헌법인 기본법(Basic Law)은 표현의 자유에 대한 권리를 포함해 수많은 개인의 권리를 규정하고 있다. 그러나 기본권이 국가의 근본적인 헌법 구조에 대한 위협으로 인식된다면, 기본권이 양보해야 한다. 만약 "법의 목적이 개인의 자유 그 자체보다 더 높은 순위의 중요성을 지니고 있다면," 법은 개인의 자유를 제한하는 것을 허용한다(McGuire, 1999, p. 765). 어떤 형태의 정치적 표현은 국가의 내부 보안에 커다란 해를 끼칠 가능성이 있는 위험한 표현으로 간주된다. 따라서 독일에는 나치 선전, 히틀러식 경례, 심지어 급진적인 정당을 국가 안보를 위협하는 것으로 금지하는 법이 존재한다.

그리고 영국과 독일은 분명 현대 서구 민주 국가들 사이에서 고립되어 있는 국가들이 아니다. 위헌 법률 심사를 통해 표현의 자유를 보호할 문서상의 권한을 가진 일본 최고재판소(Supreme Court)는 비록 국가 안보 주장에 의해 정당화되는 수많은 일본의 법이 미국인의 눈에는 검열처럼 보일지라도 "표현의 자유를 이유로 기초자치단체, 광역자치단체, 혹은 국가의 조례나 법을 폐지한 적이 결코 없다"(Krotoszynski, 1998, p. 905). 아일랜드 헌법은 개인과 언론 모두 표현의 자유를 누릴 자격이 있다는 점과 "선동적인" 표현과 "공공의 질서"를 훼손하는 표현은 처벌과 통제의 대상이며 정부는 공식적인 검열관을 고용한다는 점을 명시하고 있다(O'Callaghan, 1998, p. 53). 프랑스 지배층은 개방된 사회를 두려워하고 또 프랑스에서는 많은 것이 감추어져 있고 기밀이 존중되기 때문에 프랑스는 "사고 패턴이 확고하게 군주제 전통에 뿌리를 두고 있는" 국가, "언론이 약화되어 있고 방송 미디어는 역사적으로 방송 미디어를 소유해왔고 방송 미디어에 보조금을 지급해온 정부를 두려워하기 때문에 검열이 만연한" 국가, 그리고 "사법부가 소심하고 허약한" 국가로 묘사된다(Sokol, 1999, p. 41).

이러한 평가가 다소 가혹해보이지만, 그럼에도 프랑스는 공공연하게 거의 경멸하듯 안보라는 명목하에 검열을 실시해왔다. 1995년 10월, 프랑스가 세계 곳곳에서 반프랑스 시위를 초래한 지하 핵실험을 태평양에서 실시했을 때, 파리를 방문한 25명의 덴마크 고등학생은 프랑스 안보를 위협했다는 이유로 강제추방 당했다. 그들이 "시라크의 반대"(Chirac Non)[10]라고 적힌 T-셔츠를 입었던 것이 프랑스의 안보에 위협이 된다는 이유에서였다(Whitney, 1995).

영국, 독일, 일본, 아일랜드, 그리고 프랑스는 비교적 오랫동안 민주주의가 자리 잡은 국가들이다. 만약 세계 여러 지역에 있는 좀 더 최근에 민주주의를 받아들인 국가들을 상대로 비슷한 조사가 이루어진다면, 국가들이 지각된 국가 안보를 이유로 검열을 하는 경향은 훨씬 더 분명하게 나타날 것이다.

국가의 존속에 매우 중요한 것으로 간주되는 국가 특유의 가치와 표현의 자유가 충돌할 때, 표현의 자유는 아마도 축소될 것이다. 그리고 그러한 존속이 반드시 국가의 실제적인 물리적 존재일 필요는 없으며, 따라서 현대 세계에서 이루어지는 많은 검열은 특정한 도덕적 존재나 종교적 존재를 보호하고자 하는 정부에 의해 의도적으로 실시된다.

5. 도적적 · 종교적 이유의 검열

1) 미국의 검열

음란성과 관련한 미국의 입장은 세계 최고의 표현의 자유 옹호자라는 일반적인 태도와는 다소 상충한다. 1896년, 미국 연방대법원은 처음으로 음란성 사건을 판결해야 하는 어려운 상황에 직면했다. 연방대법원은 음란성(obscenity)을 법적으로 정의 내리기보다는 음란하지 않은 것을 자세히 설명하는 쪽을 선택했다. 연방대법원은 저속하고 거친 언어가 음란한 것은 아니며, 음란성의 정의가 어떠하든 음란성은 "성적 불결함(sexual impurity)과 관련되어 있는 부도덕한(of immorality)" 메시지를 다루는 개념이라고 판결했다(Swearingen v. U.S., 1896, p. 446). 그다음에 연방대법원이 음란성 문제를 언급한 것은 1931년 니어 대 미네소타(Near v. Minnesota) 사건에서였다. 연방대법원은 거의 즉흥적으로 음란

---

10 "Chirac's 'non'"은 미국의 이라크 공격에 반대하고 있는 시라크 대통령이 공격 개시의 빌미가 될 유엔 안전보장이사회의 대이라크 2차 결의안에 거부권을 행사하겠다고 10일 선언하자 이를 기리기 위해 신문 등에 특별 제목으로 사용되었다(역자 주).

성은 어떠한 종류의 헌법상의 문제를 제기함이 없이 검열될 수 있는 몇 안 되는 표현의 영역이라고 언급했다.

대법원장 휴스(Hughes)는 왜 그런지에 대한 법적 설명도 하지 않았고 **음란성**이라는 용어에 대한 어떤 추가적인 정의도 제공하지 않았다. 1942년 채플린스키 대 뉴 햄프셔(*Chaplinsky v. New Hampshire*) 사건에서 연방대법원은 별 불편을 느끼지 않은 채 음란성에 관한 니어 사건의 입장을 인용하면서 그것은 "진실에 다가가는 발걸음치고는 너무 미미한 가치를 지니고 있어서 그러한 표현으로부터 얻을 수도 있는 어떠한 이득보다 질서와 도덕성에 대한 사회의 관심이 분명히 더 중요한" 그러한 부류의 표현에 속한다고 선고했고(p. 572), 따라서 이때도 여전히 **음란성**이라는 용어를 명확히 하지 않았다.

마지막으로 1957년 연방대법원은 **음란성**을 법적으로 정의 내려야 하는 과제를 맡았으나 채플린스키 사건 이후 16년의 시간을 보내고도 결국 정의 내리지 못했다. 1957년 로쓰 대 미국(*Roth v. U.S.*) 사건에서 브레넌(Brennan) 대법관은 음란성은 무가치한 표현이어서 아무런 헌법의 보호를 받지 못한다는 니어-채플린스키 입장을 받아들이면서 음란성 정의를 처음으로 시도했다: "평균인에게 당대의 지역사회 기준을 적용할 때 그러한 표현물의 지배적인 주제가 전반적으로 성에 대한 지나친 관심에 호소하는지 여부"(p. 476). 연방 대법관들이 이 정의를 이후의 사건에서 음란하다고 기소된 표현물에 적용하려고 했을 때 이 정의가 가지고 있는 문제가 곧바로 드러났다. "동시대 지역사회 기준"이 무엇인가? "성에 대한 지나친 관심"은 어떻게 드러나는가? 1960년대를 거치면서 사건이 거듭될수록 연방대법원은 '음란한' 것을 분명히 하고 그것을 법관과 미국인들에게 이해시키는 문제와 씨름을 했다.

음란성을 정의할 수는 없지만 "나는 그것을 보면 안다"라는 언짢은 듯한 소견으로 유명해진 대법관 포터 스튜어트(Potter Stewart)의 사례에서 볼 수 있듯이, 그것은 법관들은 물론 미국 공중 사이에서 불화, 좌절, 혼란으로 이어졌다(*Jacobellis v. Ohio*, 1964, p. 184).

1960년대와 1970년대 초기에는 어떠한 **음란성**에 대한 정의도 대법관 과반수의 지지를 얻지 못했다. 연방대법원장 버거(Burger)가 이끈 좀 더 보수적인 새로운 연방대법원은 1973년 품격 있는 해결책이라기보다는 실용적인 해결책에

도달했다: 주(州)들에게 몇 가지 일반적인 지침을 주고 이 성가신 문제를 주들에게 넘겨라. **음란성**에 대한 정의가 주들마다 지역사회들마다 똑같을 필요가 없었다. 개별 배심원단이 평결을 내릴 수 있었다. 연방대법원에 의한 이러한 해결책은 오늘날 미국에서 음란성 규제의 핵심을 이룬다. 미국 시민들은 (음란물이 주 헌법의 보호를 받는) 오리건(Oregon)에서 합법적인 오락물로 간주된 영상물이 노쓰 캐럴라이너(North Carolina)에서는 어쩌면 중죄에 해당할 수도 있는 법적 사실에 맞서야 한다.

1973년, 버거가 이끄는 연방대법원이 배심원단과 판사들에게 제공한 일반 지침은 다음과 같다: "① '평균적인 사람이 당대의 지역사회 기준을 적용할 때' 표현물이 전반적으로 성에 대한 지나친 관심에 호소하는지 여부; ② 표현물이 명백히 불쾌한 방식으로 해당 주법에 구체적으로 규정되어 있는 성적 행위를 묘사 혹은 기술하는지 여부; ③ 표현물이 전반적으로 진지한 문학적, 예술적, 정치적, 혹은 과학적 가치[11]가 결여되어 있는지 여부"(*Miller v. California*, 1973, p. 24). 연방대법원은 또한 "진정하거나 변태적인, 실제적이거나 가장된 궁극적 성적 행위에 대한 명백히 불쾌한 재현(representation)이나 묘사"와 "자위행위, 배설행위, 선정적인 생식기 노출에 대한 명백히 불쾌한 재현이나 묘사"를 포함해 주(州)들이 음란하다고 여길 수도 있는 성적 재현에 대한 몇 가지 사례를 제시했다(p. 25).

밀러 사건에서 연방대법원은 노골적인 포르노그래피로 불릴 수도 있는 것에 대한 다소 모호한 경계를 제공한 다음 주들로 하여금, 만약 그들이 원한다면, 해당 지역사회에 의한 음란성에 대한 최종 결론을 조건으로, 이러한 경계 내에 있는 표현물을 잠재적으로 음란하다고 정의내릴 수 있게 한 것이다. 일부 지역사회는 음란물로 유죄 선고를 받을 위험이 전혀 없는 음란물의 안전지대가 되다시피 했다. 예를 들면, 맨해튼(Manhattan)에서 음란물로 기소된 사례는 1973년을 마지막으로 없었다(*People v. Heller*, 1973).

현재 연방법은 음란물을 개인적으로 소지하는 것을 범죄로 보지 않지만, 다른 맥락에서 음란한 표현은 연방정부와 개별 주 모두에 의해 법적 제재의 대상

---

11 각각의 머리글자를 따서 LAPS(literary, artistic, political, or scientific) 원칙이라 부른다(역자 주).

이다. 그렇기는 하지만 포르노그래피 산업은 번창하고 있고, 여러 추정치에 의하면 미국 포로노그래피 산업은 100조 달러의 가치가 있다고 한다(Bradley, 2018). 어린이 포르노그래피법은 엄격하게 시행되고 있는 반면, 성인 인터넷 포르노그래피는 실제로 정부의 간섭 없이 계속해서 번창하고 있다. 만약 정말 국가의 도덕적 양심 세력들이 이러한 문제에 대해 우려한다 하더라도, 만약 무언가를 해야 한다면 무엇을 해야 할 것인지에 관해 합의에 이르는 것도 논란의 여지가 있듯이, 이 문제의 정도를 둘러싸고도 여전히 논란의 여지는 있다. 그러는 동안 온라인 포르노그래피의 폐해는 계속해서 논의되어왔는데, 한 연구는 다음과 같은 결론을 내렸다: 우리의 "포르노화된 사회는 어떤 특정한 사회적 조정을 요하거나 이러저러한 법적 대응을 분명히 요구할 수도 있는 성심리적 장애(psycho-sexual disorder)를 겪고 있다. 오히려 그러한 영향들을 실제로 목록화하고 분류하며 그러한 영향들에 대해 무엇을 해야 할지를 알아보기 위해 필요한 연구를 의뢰하는 것을 정당화하기에 충분한 양의 데이터와 근거가 충분한 포르노그래피에 대한 우려가 존재한다"(Bradley, 2018, p. 497).

미국은 이단, 언어적 혹은 행위적 신성 모독, 개인의 도덕성에 관해 이의를 제기하는 의견과 같은 종교적 이유에서의 검열과 관련해서는 상당히 다른 입장을 취한다. 이러한 분야에서 미국은 표현의 자유 옹호자 역할로 되돌아간다. 이 분야에서의 검열은 결코 허용되지 않으며, 따라서 그와 같은 표현은 수정조항 제1조에 따라 완전히 보호되며, 비록 그와 같은 표현이 공무원에 의해 흔히 말로 공격을 받는다 하더라도, 현대 헌법 역사에서 그와 같은 표현을 금지하거나 처벌하는 법이 지지받은 적은 없다.

2) 전 세계의 도덕적-종교적 검열

음란한 표현을 보호받지 못하는 표현의 한 영역으로 추려내고 싶어 하는 미국의 편집증이 반드시 전 세계적으로 함께 나타나는 것은 아니다. "미국의 그와 같은 '엄격주의'는 이 문제에 대한 많은 유럽 국가의 견해와 대비된다"(McGuire, 1999, p. 756). 예를 들면, 독일에서 음란성은 "중요한 정책 관심사"가 아니다(p. 756). 마찬가지로 영국은 음란물을 입수할 수도 있는 사람의 유형에 따라 음란성을 정의하면서 음란성에 대해 미국보다 더 관대한 법적 입장을 취하고 있다.

영국의 1959년 음란출판물법(Obscence Publictions Act; 1977년 포르노그래피 영화 배급을 포함하는 것으로 개정)은 만약 음란 표현물을 보는 사람이 그러한 표현물에 의해 나빠지거나 타락하게 될 가능성이 있다면 그 표현물은 음란성 기준을 충족한다고 명시하고 있다. 따라서 이 법은 주로 어린이 보호를 겨냥하고 있으며, 성인 인구로 제한된 생생한 성적 표현물이 반드시 음란한 것으로 간주되지는 않는다(Edick, 1998).

스웨덴과 네덜란드는 사실상 음란 표현물을 제한하는 법이 없으며, 이 두 국가 모두 포르노그래피 산업의 규모가 크다(Friel, 1997). 성인의 포르노그래피 이용이 완전히 방해받지 않는 덴마크도 마찬가지이다(Ditthavong, 1996). 이탈리아에서는 포르노그래피에 대해 전반적으로 자유주의적인 법적 입장이 지배적이며 음란물 법은 모호하다. 현재 많은 유럽 국가에서 그런 것처럼, 청소년을 크게 다루는 음란 표현물은 범죄이지만, 만약 그렇지 않다면 판매될 수 있는 것을 결정하는 것은 지역 판사 소관이다("Controlling Pornography," 1998).

그러나 일부 국가는 미국보다 훨씬 더 강하게 음란 표현물을 검열한다. 예를 들면, 아일랜드에서는 "책이나 정기간행물의 판매를 금지하는 것이 놀라울 정도로 간단하다"(O'Callaghan, 1998, p. 57). 아일랜드 헌법은 검열을 명시적으로 허용하며, 천주교의 전통적 도덕성을 보호하기 위해 검열위원회가 운영될 수 있고 또 운영되고 있다. 아일랜드 정부는 비디오와 영화 검열관도 고용하고 있다.

포르노그래피와 음란물에 대한 국민 국가의 반응을 전 세계적으로 살펴보면 다른 모든 영역의 표현물에 영향을 주는 정책과 법에서 볼 수 있는 것과 동일한 차이를 발견할 수 있다. 세계의 일부 지역에서는 음란물을 금지하는 극단적으로 엄격한 법이 종교적 이단이나 신성 모독을 다루는 똑같이 엄격한 법과 함께 시행되고 있다. 이것에 대한 사례는 무슬림 국가인 이란과 사우디아라비아와 이라크의 무슬림 인구에서 찾아볼 수 있는데, 이들은 모두 이슬람이 표현의 자유를 포함해 인권에 대한 특별한 접근방식을 정당화하고 명령하며 또한 전통적인 서방의 민주적 접근방식은 그들 사회에 적합하지 않다고 주장한다(Mayer, 1994). 이러한 국가들은 개인주의, 자유, 민주주의, 자유 시장, 교회와 국가의 분리가 이슬람 문명에는 맞지 않다고 주장한다.

이슬람 세계에서 종교에 기반을 둔 인권에 대한 독특하고 타당한 대안적 입장에 대한 주장은 검열로 이어졌다. 이란에서 발표된 1990년 이슬람 인권에 관한 카이로 선언(1990 Cairo Declaration on Human Rights in Islam)은 이슬람교도의 자격이 부여되는 권리와 자유를 열거하고 있다. 이 카이로 선언에는 어떤 종교의 자유도 주어져 있지 않다. "이 선언은 이슬람교는 참된 신앙이고 이슬람교를 고수하는 것은 자연스러우며, 그 결과로서 당연히 이슬람교는 다른 신앙으로의 개종을 사실상 금지한다"(Mayer, 1994, p. 334). 이 선언은 언론의 자유를 허용하지 않으며, 실제로 표현의 자유를 제한하는 이슬람교의 기준이 사용된다. 의견은 이슬람 율법에 반하지 않는 방식으로 반드시 표현되어야 하며, 이슬람 교리에 명시되어 있듯이 사람들은 '옳고 좋은' 것만 옹호할 수 있다. 이 선언은 "'신성함과 선지자들의 존엄성을 모독하거나, 도덕적·윤리적 가치를 훼손하거나, 사회를 분열시키거나 타락시키거나 해치거나, 혹은 신앙을 약화시키는' 정보를 부당하게 이용하거나 오용하는 것을 금지한다"(Mayer, 1994, p. 334).

이란에서 발표된 카이로 선언과 유사하게 사우디아라비아 기본법(Basic Law of Saudi Arabia) 역시 이슬람 교리에 역행할 수도 있는 표현의 자유에 대한 어떠한 권리도 부정한다. 이 기본법에는 어떠한 표현의 자유에 대한 보장도 포함되어 있지 않다. 미디어와 사람들은 국가 통합을 지지하고 이슬람교 교육에 기여하며 공손한 언어를 사용하면서 국가의 모든 규정을 충실히 지킬 것을 요구받으며, 불화를 일으키거나 인간의 존엄성을 비하할 수 있는 아이디어를 출판하거나 배포하는 것이 금지된다. 이 법은 "정부가 광범위하고 엄격하게 시행하고 있는 기존의 검열 기준"을 지지한다(Mayer, 1994, p. 361).

인권에 대한 서구의 개념을 모종의 문화 제국주의로 거부하고 이슬람교를 인권의 원천으로 받아들이는 것은 서구 민주주의 관점에서는 꽤 낯설게 보이는 검열 활동을 야기할 수 있다.

1981년 권위 있는 부커상(Booker Prize)을 수상하고 1999년 노벨 문학상(Nobel Prize in Literature) 후보로 선정된 인도 태생의 국제적으로 유명한 영국 작가 살만 루슈디(Salman Rushdie)의 사례가 바로 그러한 경우이다.

루슈디가 1988년 자신의 소설 『악마의 시』(The Satanic Verses)를 출간한 다음 해, 이란 지도자 아야톨라 호메이니(Ayatollah Khomeini)는 다음과 같은 내용의 '파트와'(fatwa),[12] 즉 율법을 발표했다:

우리는 알라에게 속해 있고 알라에게로 돌아갈 것이다. 나는 세계의 모든 열성적인 무슬림들에게 [이슬람, 선지자, 코란에 반(反)하여 편찬, 인쇄, 출판된]『악마의 시』저자와 그것의 내용을 알면서 그것의 출판에 관여한 모든 사람에게 사형 선고를 내림을 알린다. 나는 모든 열성적인 무슬림이 그들이 발견될 수 있는 곳에서 그들을 빨리 처형할 것을 촉구한다(Chase, 1996, p. 375).

이 소설은 이슬람교 창시자와 경전의 권위를 훼손하려는 외설적이고 조롱하는 듯한 모욕으로 인식되었다. 그리고 이슬람교의 맥락에서 루슈디의 행위에 의한 신성 모독, 말에 의한 신성 모독, 이단 행위는 너무나 중대해서 처형은 루슈디가 어디에 있든 상관없이 신자들이 실행에 옮길 수 있는 적절한 처벌이었다. 서방 국가들은 괴이한 사형 선고에 공포와 충격을 보였고 많은 국가가 이란과 공식적인 관계를 단절했다. 2016년, 이란 국영 미디어는 루슈디의 파트와를 갱신하여 새로운 60만 달러의 현상금을 제시했다.

앞에서 언급한 예에서 분명한 것은 일부 국민 국가는 인권에 대한 서구 민주적 개념의 보편성과 그에 따른 표현의 자유의 중요성을 부정한다는 점이다. 종교적 순수성, 민족적 순수성, 문화적 순수성, 군주적 명령, 혹은 독재적 필요성의 관점에서 논쟁을 벌이는 이러한 국민 국가들은 외부 규범을 자신의 사회와 무관하거나 정반대되는 것으로 거부하고 검열을 더 큰 목적을 위한 수단으로 수용한다.

전면적인 검열에서 절대적 자유에 이르는 전 세계적인 표현의 자유의 등급 척도상의 거의 모든 위치에 해당하는 국민 국가를 찾을 수 있을 정도로 국가별 표현의 자유의 등급은 정말 다양하다.

6. 기존의 국제 규제 기구들

이 장의 서두에서 언급했듯이, 수많은 국제 규제 및 정책 수립 기관이 정보와 아이디어의 글로벌 교역 측면을 관리한다. 대개 이러한 기관들의 관리 범위는

---

12 이슬람법에 따른 결정이나 명령을 말한다(역자 주).

국가 간 경계를 넘나드는 라디오, 텔레비전 및 위성 신호는 서로 간섭현상을 일으킬 수 있는 방송 스펙트럼과 같은 영역으로 제한된다. 이러한 기술적 측면이 아마도 그러한 기관들의 주된 역할일 것이다. 또한 조약과 협약하에 지적 재산권(특허권, 상표권 및 저작권)을 보호하는 것과 같은 사회적 목표가 상호 협력을 통해 추진하면서 국제기관들이 형성되기도 했다.

1) 국제전기통신연합

1865년에 결성된 국제전신연합(International Telegraph Union)에서 발전한 국제 텔레커뮤니케이션연합(ITU: International Telecommunication Union)은 1932년에 결성되었다. 1947년, ITU는 제네바에 본부를 둔 유엔 전문기관이 되었다. ITU는 첫 번째 무선 전신 협약, 첫 번째 국제 전화 서비스 제공, 첫 번째 방송 시험, 첫 번째 세계 우주 무선 커뮤니케이션 회의, 첫 번째 세계 텔레커뮤니케이션 표준화 회의를 관장하면서 다양한 모습으로 텔레커뮤니케이션 역사를 통틀어 국제 협력과 표준 설정에서 지배적인 역할을 해왔다. ITU는 표준화, 기술 조정, 규제 감독을 통해 거의 모든 커뮤니케이션 기술을 구현하는 데 적극적인 역할을 해왔다. 이제 ITU는 무선 주파수와 통신위성 궤도 위치를 회원국에 할당하면서 전 세계 텔레커뮤니케이션 자원의 궁극적인 관리자 역할을 한다(Allison, 1993). ITU는 세계무선주관청회의(WARC: World Administrative Radio Conference)의 정기 회의에서 그러한 역할을 수행한다.

ITU는 자체 협약, 헌법 및 운영 규정을 가지고 있으며 모두 국제 조약의 지위를 가지고 있다. 회원국은 전적으로 국민 국가로 구성되며 대부분의 유엔 회원국을 포함하지만 민간 텔레커뮤니케이션 회사와 같은 비국가 실체도 개별 부문의 회원이 될 수 있다. 2018년 현재, 193개 국가와 800개에 가까운 민간 부문, 비국가 실체 및 기관이 ITU 회원이다. ITU는 4년마다 5개 지역에서 개최되는 전권회의(Plenipotentiary Conference)에 의해 관리 운영되는데, 이 회의에서 매년 만나는 이사국(48개국)이 선출된다. 행정 및 관리 기능을 위한 사무국이 있으며, ITU의 3개 부문(무선커뮤니케이션 부문, 텔레커뮤니케이션 부문, 텔레커뮤니케이션 개발 부문) 각각에 대한 사무국이 있다.

두 가지 중요한 비판으로 인해 글로벌 텔레커뮤니케이션 감독자로서의 안정적으로 역할을 수행해오던 ITU의 지위가 위협을 받고 있다(Cook, 1999). 첫 번째 비판은 투표권에 관한 것이다. 유엔 총회에서처럼 모든 회원국은 하나의 투표권을 가지고 있다. 두 번째는 재정적 기여에 관한 것인데, "최저 기여도와 최고 기여도 간에 최대 640배의 차이가 날 수 있다"(Cook, 1999, p. 672).

ITU가 직면한 또 다른 문제는 전 세계 텔레커뮤니케이션 분야에서 주로 대규모 상업 텔레커뮤니케이션 회사인 비국가 행위자의 중요성이 커지고 있다는 점이다. 그들은 현재 ITU의 정회원으로서 특권은 누리지 못하지만 분명 텔레커뮤니케이션 분야의 주요 참여자들이다.

2012년 ITU 회의는 논란으로 끝났다. 회의 기간 동안 중국과 러시아를 포함한 동맹국들은 전 세계적인 규모로 인터넷을 모니터하는 수단을 만들고, 필요하다면, 민감한 정보를 공유할 경우 인터넷을 차단할 수 있는 근거를 만드는 조항을 조약에 포함시키려고 했다. 여기에는 인터넷을 통해 정보를 주고받는 사람들이 자신의 신원을 밝혀야 한다는 요건과 인터넷 회사가 네트워크상의 트래픽에 대해 텔레커뮤니케이션 전송사업자에게 비용 지불을 요구하는 또 다른 조항이 포함되었다(Connelly & Totaro, 2012). 최초의 제안은 비밀리에 작성되었다.

최근의 아랍의 봄 사건, 아랍 에미리트를 회의 장소로 삼은 것, 그리고 몇몇 중동 국가 사람들의 마음속에 새롭게 정치적 반대를 촉발하는 인터넷의 역할로 인해, 그 조항들은 과반수 국가들이 출석한 것을 포함해 광범위한 지지를 얻었다.

일부 사람들이 냉전을 연상시킨다고 말하는 양극화된 논쟁에서 양측은 합의에 도달하지 못했으며, 부분적으로는 합의가 이루어지지 않았기 때문이기도 하지만 또한 미국과 동맹국이 ITU를 콘텐트 규제가 아닌 기술적 규제로 제한하는 것에 대해 강경했기 때문에 그 제안은 통과되지 않았다(Pfanner, 2012). 그 회의는 지독한 교착 상태로 끝났다.

2) 인텔샛

인텔샛(Intelsat: International Telecommunications Satellite Organization)은 1964년 미국과 여러 유럽 국가에 의해 설립되었다. 국가 지정(state-designated) 텔레

커뮤니케이션 실체들은 다단계 거버넌스 체계의 일부이기도 했지만, 인텔샛은 처음에 ITU처럼 주로 회원국들이 감독하는 기구였다. 상업 협동조합처럼 운영되지만 인텔샛은 위성 커뮤니케이션 도매업자(wholesaler)이며 전 세계의 텔레커뮤니케이션 네트워크를 함께 연결한다. 약 40년 동안 조약 기반 조직으로 활동한 끝에 인텔샛은 2001년 민영화되었다(Taveria, 2001). 그 이후로 인텔샛은 민간 국제 지주회사 아래에서 운영되어왔다.

인텔샛에 대한 미국의 이익을 대표하는 미국 서명자인 콤샛(COMSAT: Communications Satellite Corporation)도 민영화되었다. 콤샛은 전화회사, 방송사, 기타 기업, 군대, 해상 이용자 및 미국 정부를 포함한 국내외 고객에게 위성 커뮤니케이션을 제공한다. 콤샛은 여러 번 주인이 바뀌었으며, 2016년 2월 현재 샛콤 다이렉트 커뮤니케이션즈(Satcom Direct Communications)가 소유하고 있다.

3) 세계무역기구

WTO는 제네바에 본부를 둔 국제기구로, 164개 회원국이 국가 간 무역에 관한 국제 규칙을 다루고 있다. 이 기구는 상품의 국제적 교환, 제품 표준, 공정 무역에서 그들의 중재자 역할의 연장선상에서 텔레커뮤니케이션에 참여하게 되었다. 지금은 유선 전화와 이동 전화 시장에서 교역을 촉진하고 글로벌 텔레커뮤니케이션 시장에서 경쟁을 촉진하는 데 도움을 주고 있다.

WTO는 제2차 세계대전 이후에 제정된 GATT의 후계자로 1995년에 출범했으며, 현재 모든 GATT 조항을 관리한다. WTO에서 내리는 결정은 일반적으로 여러 국가에서 2년에 한 번씩 열리는 각료회의에서 협상, 즉 '라운드'(round)를 통해 도달한 합의에 의해 이루어지며 회원국 의회에서 비준된다. WTO는 합의와 약속을 해석하고 회원국의 무역 정책이 이를 준수하도록 하기 위해 마련된 분쟁 해결 과정(dispute settlement process)을 두고 있다. 1997년 2월, 미국과 주요 무역 파트너를 포함한 69개 WTO 회원국은 텔레커뮤니케이션 서비스 분야의 광범위한 자유화 조치에 합의했다. 본질적으로 이 회원국들은 반경쟁적 행동에 가담하지 않고 외국인 투자 및 통제에 대한 그들의 텔레커뮤니케이션 시스템을 개방하는 데 합의했다. 회원국들은 음성 전화, 데이터 전송, 팩스 서비스, 고정 및 이동 위성 서비스, 문자호출, 개인 커뮤니케이션 서비스에서 국제 경쟁을 증대하기로 약속했다.

4) 세계지적재산기구

WIPO는 스위스 제네바에 본부를 둔 정부 간 기구이다. 유엔 조직 체계의 16개 전문기관 가운데 하나이다. WIPO는 지적 재산의 국제적 보호를 촉진하고 저작권, 상표, 산업 디자인 및 특허에 대한 협력을 조성한다. 이 기구는 또한 지적 재산의 법적·행정적 측면을 다루는 다양한 다자 조약을 관리한다.

WIPO의 지적 재산 문제는 두 가지 범주, 즉 주로 발명품, 상표, 산업 디자인 및 원산지 지정(designation of origin)의 산업 재산(industrial property)과 주로 문학, 음악, 예술, 사진 및 시청각 저작물의 저작권(copyright)으로 나뉜다. WIPO의 활동과 자원의 상당 부분은 개발도상국과의 개발 협력에 집중 투입되고 있다. WIPO 회원국 수는 2018년 7월 현재 191개국이다.

산업 재산은 주로 특허, 상표(등록 상표 및 서비스 마크), 산업 디자인에 의한 발명품의 보호와 부정 경쟁 방지를 다룬다. 산업 재산과 관련된 국민 국가의 법은 일반적으로 국민 국가 자체 내에서 이루어지거나 행해진 행위에만 관련된다. 따라서 특허, 상표 등록, 혹은 산업 디자인 등록은 관공서가 인가한 경우에만 유효하다. 그것은 다른 국가에서는 유효하지 않다. 1883년에는 외국에서의 보호를 보장하기 위해 11개국이 산업 재산 보호를 위한 파리 협약(Paris Convention for the Protection of Industrial Property)에 서명하여 국제 산업 재산 보호 연합[International Union for the Protection of Industrial Property; 줄여서 파리 연합(Paris Union)이라 부름]을 설립했다. 그 이후로 WIPO의 소수 회원국을 제외한 모든 회원국이 합의에 서명했다. 이 협약은 여러 차례 개정되었다.

파리 연합과 이 연합의 사무국을 제공하는 WIPO는 산업 재산 분야에서 주권 국가 간의 협력 강화를 목표로 하고 있다. 파리 연합의 목표는 그와 같은 보호가 적절하고 쉽게 획득할 수 있으며, 일단 획득되면 효과적으로 존중되도록 하는 것이다.

산업 재산에서와 마찬가지로 저작권에서 국민 국가의 법은 일반적으로 국민 국가에서 이루어지거나 행해진 행위에만 관련된다. 자국 시민이 외국에서 보호받는 것을 보장하기 위해 10개 국가는 1886년 문학 및 예술 작품 보호를 위한 베른 협약(Berne Convention for the Protection of Literary and Artistic Works)에 서명하여 국제 문학 및 예술 작품 보호 연합(International Union for the Protection of Literary and Artistic Works)을 설립했다. 2018년까지 176개국이 베른 협약에 서명했으며, 이는 회원국이 동일성 유지(integrity)13와 성명 표시(attribution)라는 도덕적 권리를 인정하도록 요구한다. 회원국은 자체 법률 체계 내에 저작권 등록에 대한 요구와 저작물에 표시되는 저작권 고지에 대한 요구 없이 보호를 제공하는 저작권 보호 규정을 이미 가지고 있어야 한다. 저작자의 저작물이 부당하게 이용되어서는 안 된다. 베른 협약은 명시적으로 경제적 권리를 부여하기 때문에 저작자는 보호되는 저작물을 번역, 복제(reproduce), 실연(perform),14 또는 각색할(adapt) 수 있는 배타적 권리를 가지며 모든 회원국에서 실제 손해핵과 기타 구제방안에 대해 소송을 제기할 수 있다.

1996년, WIPO는 새로운 글로벌 정보 시스템의 위험을 인식하고 2개의 새로운 조약을 통과시켰다. 첫 번째 저작권 조약(Copyright Treaty)은 인터넷 상거래에 대한 보호를 포함함으로써 베른 협약을 강화하기 위한 것이었다. WIPO 저작권 조약의 조항은 컴퓨터 프로그램과 데이터베이스에 대한 보호를 포함했으며 국민 국가가 '권리 관리 정보'의 동일성 유지를 위한 법적 해결책을 마련할 것을 요구했다(Andrepont, 1999, p. 402). 두 번째 WIPO 조약인 실연 및 음반 조약(Performances and Phonograms Treaty)은 디지털 환경에서 녹음된 음반 보호를 다루었다.

이 두 WIPO 조약은 지적 재산 창작자에 대한 기존의 베른 협약 보호를 업데이트하고 암호화 위반의 불법성과 저작권 보호의 무력화를 명확히 하고 있다. 이 두 조약은 또한 음악, 소프트웨어, 영화, 문학 작품과 같은 온라인 작품에 제공되는 보호도 강화한다. 이 두 조약은 정보 서비스 제공자와 보호되는

---

13 동일성 유지권(rights to the integrity)이란 저작자가 자신의 저작물이 본래의 모습대로 활용되도록 할 권리로서, 저작물의 변경이나 삭제는 반드시 저작자 본인이 하거나 저작자의 허락을 받아야 함을 의미한다(역자 주).

14 저작물의 실연(performance)과 음반 제작(phonogram production) 그리고 방송은 그 행위에 창작성이 아주 없다고는 할 수 없는 저작 인접 행위로서 저작인접권(neighboring rights)을 갖는다(역자 주).

저작물에 대해 운송업자(carrier) 역할을 하는 전화회사의 책임 한도를 명시하고 있다. 이 두 조약은 또한 저작권 위반에서 제외되는 교육 기관과 도서관의 공정 사용(fair use)의 범위도 다루고 있다.

요약하면, 여러 국제기구들이 다양한 기술 이슈, 무역 이슈 및 지적 재산 이슈를 조정하며 이러한 문제의 조정은 관련된 모든 국가에 도움이 된다. 이러한 기구들은 공동의 이익을 증진하기 위해 협력하는 협회와 매우 유사하다. 최근 ITU에서 인터넷을 규제하려는 시도가 실패한 경우를 제외하고, 이 기구들은 모든 국민 국가 회원국에서 표현의 자유를 방해하려는 어떠한 시도와도 거리를 둬왔다.

5) 인터넷과 인터넷이 글로벌 커뮤니케이션 법에 미치는 영향

국민 국가가 시민들이 온라인에서 읽고, 보고, 듣고, 말할 수 있는 내용을 필터링하고 차단하기 위해 사용하는 방법이 매우 다양하듯, 전 세계의 표현의 자유도 서방 민주주의에서 전체주의 정권에 이르기까지 매우 다양하다. 어떤 국가에서는 표현을 촉진하는 글로벌 커뮤니케이션 법이 다른 국가에서는 자유의 전반적인 한계를 계속해서 규정하는 경계를 만들어내면서 특정 형태의 표현을 엄격히 금지한다. 인터넷이 현대 글로벌 사회에서 커뮤니케이션의 주요 매체가 됨에 따라, 디지털 네트워크에 의해 생성된 경계가 정부가 통제하는 인쇄 및 방송 미디어에 의해 규정되고 있던 경계를 빠르게 가리고 있다.

미국은 인터넷에 대한 자율 규제 원칙을 받아들인다. 언론의 자유에 대한 광범위한 원칙을 만들어낸 헌법 체계에 기반을 두고 있는 미국은 인터넷 콘텐트가 미국의 신문과 잡지 같은 전통적인 미디어에 적용되는 것과 동일한 최소한의 통제를 받아야 한다고 믿으며(Clinton & Gore, 1998) 또한 인터넷이 자유 시장 요구에 대응할 수 있어야 한다고 믿는다.

1997년, 리노 대 ACLU(*Reno v. ACLU*)[15] 사건에서 미국 연방대법원은 의회를 통과한 커뮤니케이션 품위법(Communications Decency Act)을 위헌으로 보고 법의 폐기를 결정했으며, 대신 음란한 인터넷 콘텐트로부터 어린이를 보호하

---

15 ACLU는 American Civil Liberties Union(미국시민자유연합)의 머리글자이다(역자 주).

기 위한 방법으로 소프트웨어 필터를 지원하기로 하면서 인터넷에서 포르노그래피를 감시하려는 시도를 완화했다(Clinton & Gore, 1998). 커뮤니케이션 품위법의 결함을 바로잡기 위해 의회가 통과시키고 클린턴 대통령이 1999년에 서명한 또 다른 법인 온라인 어린이 보호법(Child Online Protection Act)도 위헌으로 판명되었다. 밀러 대 캘리포니아 사건에 따라 불법 음란물 수준에 이른 음란물 공급업자와 배급업자는 (그들이 미국에 거주하는 경우) 당연히 그들을 법정에 세우고 유죄 판결을 내릴 수 있는 지역사회에서 여전히 처벌을 받을 수 있는데, 이는 잡지 및 비디오와 같은 전통적인 미디어의 음란물 공급업자와 배급업자가 처벌받을 수 있는 것과 같다(United States v. Thomas, 1996). 마찬가지로 아동 포르노그래피를 겨냥한 기존 법률이 인터넷을 매체로 사용하는 미국 위반자에 대해서도 집행될 수 있다.

모든 분쟁의 모든 당사자가 미국 내에 거주하는 한, 프라이버시 보호 조항, 광고 규정, 그리고 기존 미국 커뮤니케이션 규정의 기타 모든 측면이 적용될 수 있는 것처럼, 기존의 글에 의한 명예훼손 및 말에 의한 명예훼손 법도 적용될 수 있다. 미국의 현 커뮤니케이션 시스템은 세계에서 가장 자유롭기 때문에, 미국판 인터넷 통제는 대체로 규제가 없는 미디어를 지지한다.

다른 국가들은 국경을 통과해서 시민들을 그들의 문화가 거부하는 아이디어와 이미지에 노출되게 할 수 있는 디지털 미디어를 용납하지 않으며, 따라서 이들 국가는 인터넷 트래픽을 제한한다. 인터넷의 발전 초기에 독일은 인터넷 서비스 공급자인 컴퓨서브(CompuServe Inc.)의 친나치 메시지에 대한 반응으로 컴퓨서브가 독일 웹사이트에서 200개의 토론 그룹을 완전히 차단하도록 강제했다(Knoll, 1996).

많은 유럽 국가에서 제3제국(Third Reich)[16] 기념품을 구입하는 것은 불법이다. 프랑스에서는 한 판사가 야후(Yahoo!)에게 나치 기념품과 문헌을 제공하는 미국 웹사이트를 필터링하도록 명령했다(Elvin, 2002). 외국의 압력에 굴복하여 야후와 이베이(eBay)는 나치 품목의 온라인 판매를 금지하는 정책을 시행했다. 프랑스는 전 프랑스 대통령에 대한 비밀이 담긴 책을 업로드한 웹사이

---

16 1933~1945년 사이, 히틀러 치하의 독일을 말한다(역자 주).

트 소유자를 기소했다. 싱가포르는 정치적, 도덕적으로 불쾌한 자료를 다운로드 및 업로드하는 인터넷 이용자와 제공업자 모두를 처벌한다.

2010년 12월에 시작되어 2011년 봄까지 계속된 아랍의 봄으로 잘 알려진 사건은 자유의 기술(技術)로서의 인터넷을 분명히 보여준 좋은 예이다(NPR, 2011). 아랍의 봄은 튀니지에서 시작되어 이라크, 시리아, 레바논, 요르단, 이집트, 수단을 포함한 다른 중동 및 북아프리카 국가로 확산된 권위주의 정권을 전복하려는 노력이었다. 이 운동은 소득과 사회적 지위의 불평등이 경제적 격차를 낳은 국가의 불만을 반영하는 요인들이 조합된 결과였다. 이 운동과 그에 따른 시위는 또한 독재자나 권위주의적인 인물이 이끄는 정부의 정치적 부패와 인권 침해로 인해 발생한 것이기도 했다.

일부 학계에서 논쟁이 있긴 했지만, 인터넷과 소셜 미디어의 성장과 확산은 사람들이 정권에 대항하여 서로 연결하고 조직하며 집결하는 방식에 중요한 역할을 했다(Smidi & Shahin, 2017). 소셜 미디어가 아랍의 봄에 미친 영향에 대한 메타 분석(meta-analysis)에서 분석된 다수의 기사가 "아랍의 봄 시위의 단 하나의 가장 중요한 원인"이라고 묘사한 소셜 미디어 믹스(mix)에는 페이스북, 트위터, 인스타그램(Instagram) 및 유튜브가 포함되었다(p. 198). 아랍의 봄에 대한 가장 오래 지속되는 이미지 가운데 하나인 정부 관리로부터 괴롭힘을 당한 뒤 분신을 시도한 튀니지의 노점상 모하메드 부아지지(Mohamed Bouazizi)의 동영상은 소셜 미디어를 타고 퍼져나가 아랍의 봄의 배경인 민주화 운동의 상징이 되었다.

아랍의 봄은 정부 통제를 받는 미디어를 우회하는 소셜 네트워크의 능력이 두드러져 보이게 했는데, 소셜 네트워크는 독재 국가에서 뉴스와 정보의 주요 원천 역할을 한다. 소셜 미디어는 사람들이 서로 연결할 수 있을 뿐만 아니라 효과적으로 그리고 익명으로 연결할 수 있는 방법을 제공했다. 더욱이 서구 미디어가 원인과 이미지를 반복하고 증폭하면서 운동 자체가 국민적인 주목을 받았다. 소셜 미디어를 통해 불만이 보복에 대한 두려움 없이 표출될 수 있었다.

인터넷의 자유에 대한 프리덤 하우스 보고서에 따르면, 자유-통제 연속선의 반대쪽 끝에 있는 32개국에서 인터넷의 자유가 감소하는 것으로 나타났다. 설문조사에 참여한 13개국에서는 소폭이라고 묘사되긴 했지만 진전이 있었다

(Freedom House, 2017). 또한 프리덤 하우스는 소셜 미디어가 정치적 목적에서 점점 더 많이 조작되고 있고, 정치적 이유와 보안상의 이유로 모바일 기기가 사용될 가능성이 더 높아졌으며, 정부가 이제는 라이브 스트림 애플리케이션을 차단하고 있음을 확인했다(Freedom House, 2017). 아랍의 봄이 분명히 보여주었듯이, 자유를 촉진하기 위한 인터넷 사용이 지속될 것인지 아니면 인터넷이 통제의 기술이 될 것인지는 글로벌 무대에서 끝까지 지켜보아야 할 것이다.

인터넷이 등장했던 좀 더 초기에는 뉴스와 정보라고 할 만한 것에 시민들이 접근하기에 적합한 것이 무엇인지를 정부 스스로 결정했다. 국가는 법을 제정할 수 있는 능력과 이를 집행할 권한을 가지고 있는 방송사이자 출판사이자 규제 기관이었다. 전통적으로 이것은 미디어에 대한 통제와 신문, 라디오 및 텔레비전에 등장한 내용을 통해 이루어졌다.

디지털 세계에서 국가 행위자와 비국가 행위자 모두 이제는 표현을 통제하며 때로는 함께 그렇게 하기도 한다. 디지털 세계의 통제 지점으로서 구글, 페이스북, 트위터 같은 인터넷 서비스 제공업체(ISP: Internet service provider)는 이제 정부만큼이나 언론의 자유를 촉진하고 검열하는 역할을 한다. 다른 국가에서 사용되는 각기 다른 버전의 애플리케이션들은 이제 이전에는 불가능했던 방식으로 표현을 규제한다.

정보와 아이디어의 전 세계적인 흐름의 중심에는 디지털 네트워크의 정수(精髓)인 컴퓨터 코드(computer code)가 있다. 컴퓨터 코드는 이제 법 역할을 하며 온라인에서 발생하는 것과 발생하지 않는 것의 경계를 설정할 수 있다(Lessig, 1999). 사이버 공간의 코드를 작성하는 사람들은 사실상 인터넷의 지배자이다. 인터넷은 자유의 기술이 될 수 있지만, 그것은 이용자가 특정 뉴스와 정보에 접근하고 특정 활동을 수행하고 온라인에서 자신을 표현할 수 있도록 코드가 작성되는 범위 내에서만 그러하다. 인터넷의 겉치장 아래에는 국가의 목표를 달성하기 위해 조작될 수 있는 컴퓨터 코드를 기초로 구축된 하부구조가 있다.

때로는 위험하다고 간주되는 콘텐츠를 제거하기 위해 컴퓨터 코드가 작성되기도 한다. 컴퓨터 코드는 또한 불쾌하거나 사회에 해로운 것으로 간주되거나 혹은 문화적, 종교적, 또는 도덕적 이유에서 콘텐츠를 제거하기 위해 작성되기도 한다. 특정 집단과 아이디어를 억압하려는 정부는 인터넷을 강력한 무기로 사용하여 그들을 소외시킬 수 있다. 공중관계(public relations) 도구로서 월드 와이드 웹(World Wide Web)의 힘은 알-카에다(Al-Qaeda) 같은 테러리스트 집단처럼 홍보와 모집에 사용될 수 있다. 외설적이고 음란한 표현물이 어떤 국가에서는 널리 이용 가능하지만 다른 국가에서는 엄격하게 검열된다.

국가들은 대규모 ISP와 호스팅 플랫폼(hosting platform)[17]의 도움을 받아 흔히 필터링을 수행하는데, 이러한 업체들은 미국에 많이 있으며 지리적 위치 필터링을 통해 특정 콘텐트를 차단하라는 외국 정부의 요청을 존중한다. 예를 들어, 유튜브는 2007년부터 수신 위치별로 콘텐트를 선별적으로 차단해왔다. 트위터는 2012년부터 지리적 위치 기술을 사용하여 콘텐트를 차단해왔다(Clark et al., 2017). 콘텐트 필터링과 삭제는 미국에서도 일어난다. 미국에서 유튜브는 콘텐트가 "지역사회 지침 및 서비스 약관과 일치하지 않았기 때문에" 800만 개의 동영상을 삭제했는데, 그러한 콘텐트에는 "포르노 콘텐트, 폭력, 극단주의 등이 포함된다"(Hills, 2018, p. 1).

전 세계적으로 권위주의적인 국민 국가에서 인터넷 필터링이 훨씬 더 큰 규모로 이루어지며 그 결과 또한 더 광범위하다. 비국가 실체들의 도움을 받는 국가 행위자는 함께 협력하여 공용 인터넷을 모니터하고 필터링하며 검열할 수 있다. 예를 들어, 중국에서는 구글과 페이스북 접속이 제한되고 정부 규제 기관은 방화벽을 사용하여 국가로 들어오는 것과 국가에서 나가는 것을 통제한다(Pham & Riley, 2017). 인터넷 검색은 검열되며, 정부는 의제와 정책을 촉진하기 위해 인터넷을 일종의 "네트워크화된 권위주의"로 사용한다(MacKinnon, 2011). 글로벌 인터넷 전체에 걸쳐 국민 국가들은 그들 국가의 정치 풍토와 일치하는 정도로 인터넷 콘텐트를 필터링한다(Clark et al., 2017).

이러한 통제의 이면에서는 디지털 시대에 뉴스와 정보의 흐름을 방해할 수 있는 수단이 존재하는 곳이면 어디든 이를 우회하는 방법이 등장하고 있다. 정부는 인터넷과 모바일 네트워크를 폐쇄할 수도 있지만, 다른 애플리케이션, 가상 사설 네트워크, 익명 브라우저(anonymous browser)[18]가 방해물을 피하는 데

---

17 호스팅이란 정보의 집약체인 서버의 전체 혹은 일부를 이용할 수 있도록 임대해주는 서비스를 말한다(역자 주).

도움을 줄 수 있다. 토어(TOR: The Onion Router)[19]는 메시지 내용에서 이용자의 ID를 분리하고 인터넷 중계 네트워크를 통해 메시지를 암호화하고 라우팅(routing)하여 정보 네트워크 분석을 방해한다. 스피크-2-트윗(Speak-2-Tweet)은 시위자들이 국제 전화번호로 전화를 걸고 메시지를 남길 수 있게 했는데, 그 메시지는 아랍의 봄 동안 트윗으로 변환되어 트위터에 게시되었다. 마이크로 애드혹 네트워크(Micro ad-hoc network)[20]를 사용하면 수천 개의 암호화된 서버를 생성할 수 있으며, 그런 다음 위성 모뎀과 전화 같은 대체 수단을 사용하여 콘텐트를 소셜 미디어에 업로드한다(Faraon, Atashi, Kaipainen, & Gustafsson, 2011). 가상 사설 네트워크(VPN: virtual private network)를 사용하면 이용자가 공용 네트워크에 안전하게 접속하고 메시지를 암호화하여 시위자가 자신의 정보와 신원을 숨길 수 있다. 이것들은 자유를 갈망하는 억압적인 정권하에 사는 사람들이 변화를 초래하는 데 사용할 수 있는 해방의 기술이다.

하나의 개방된 인터넷 아래에 함께 모이는 글로벌 공동체는 결과적으로 국가들을 서로 다르게 만드는 전 세계적인 다양성 때문에 가능할 것 같지 않다. 이러한 다양성은 전 세계에 걸쳐 국가별 법률, 규칙 및 규정의 기반을 형성하는 다양한 사회적·정치적 가치에서 분명히 드러난다. 필요성에 따라 그리고 기술적 요구 사항에 따라 여러 국가에서 공통의 인터넷 프로토콜을 채택했다. 인터넷이 작동하기 위해서는 국제 협력이 계속해서 필수적이다. 그러나 서로 다른 도덕적·정치적·종교적 차이를 조화시키는 것은 훨씬 더 어려울 것이다. 따라서 자유의 기술로서의 인터넷인지 아니면 통제의 기술로서의 인터넷인지는 궁극적으로 그것을 통제하는 개별 국가에 의해 결정될 것이다.

---

18 이용자의 익명성을 보장해주는 브라우저를 말한다(역자 주).

19 '토어'가 정확하나 '토르'라고 표기하기도 한다(역자 주).

20 애드혹 네트워크는 컴퓨터에서 사용되는 무선 네트워크의 한 분야로 최근에 각광받고 있다(역자 주).

토론문제

1. 전 세계의 인터넷 법에 대해 생각해볼 때 인터넷은 자유의 기술인가 아니면 통제의 기술인가?
2. 전 세계에 걸쳐 표현의 자유에 대한 공통된 접근방식을 위해 일하는 것은 가치 있는 목표인가?
3. 표현의 자유로 인해 국가 안보가 위협받는 것으로 보일 때 국가가 취할 수 있는 최선의 방법은 무엇인가?
4. 자국 인구에 대한 다른 국가의 종교적·도덕적 검열 시도와 관련하여 국가는 어떤 입장을 취해야 하는가?
5. 기존의 국제 커뮤니케이션 규제/정책 수립 기관의 역할이 확대되어야 하는가? 확대되어야 한다면 어떻게 확대되어야 하는가?
6. 인터넷이 글로벌 커뮤니케이션 법에 미칠 수 있는 미래의 영향은 무엇인가?

참고문헌

Abrams v. U.S., 250 U.S. 616 (1919).

Allison, A. (1993). Meeting the challenges of change: The reform of the International Telecommunication Union. *Federal Communications Law Journal, 45*, 491-514.

American Convention on Human Rights, 1144 U.N.T.S. 143 (1978).

Andrepont, C. (1999). Legislative update: Digital Millennium Copyright Act; Copyright protections for the digital age. *Journal of Art and Entertainment Law, 9*, 397-413.

Banjul Charter of Human and Peoples' Rights, 21 I.L.M. 58 (1982).

Bantam Books, Inc. v. Sullivan, 372 U.S. 58 (1963).

Bradley, G. (2018). Prolegomenon on pornography. *Harvard Journal of Law & Public Policy, 41*.

Chaplinsky v. New Hampshire, 315 U.S. 568 (1942).

Chase, A. (1996). Legal guardians: Islamic law, international law, human rights law, and the Salman Rushdie affair. *American University Journal of International Law and Policy, 11*, 375-435.

Child Online Protection Act, 47 U.S.C.S. § 231, Title 4 (1999).

Clark, J., Faris, R., Morrison-Westphal, R., Norman, H., Tilton, D., & Zittrain, J. (2017). *The shifting landscape of global Internet censorship*. Berkman Klein Center for Internet & Society at Harvard University. Retrieved from http://nrs.harvard.edu/urn-3:HUL.InstRepos:33084425

Clinton, W. J., & Gore, A. (1998). *A framework for global electronic commerce*. Retrieved November 11, 1999, from http://www.iitf.nist.gov/eleccomm/execsu.htm

Connelly, C., & Totaro, P. (2012, November 12). United Nations wants control of web kill switch. News Corp Australia Network. https://www.news.com.au/technology/united-nations-wants-control-of-web-kill-switch/news-story/bda963b92616bb43624c897d11dc19f2#ixzz2C0P9cUM4

Controlling pornography: Law/how Britain compares with other countries in dealing with the problem of obscenity. (1998, August 13). *Guardian* (London), p. 4.

Cook, K. V. (1999). The discovery of lunar water: An opportunity to develop a workable moon theory. *Georgetown International Environmental Law Review, 11*, 647-706.

Ditthavong, K. (1996). Paving the way for women on the information superhighway: Curbing sexism not freedoms. *American University Journal of Gender and the Law, 4*, 455-509.

Edick, D. (1998). Regulation of pornography on the Internet in the United States and the United Kingdom. *Boston College International and Comparative Law Review, 21*, 437-460.

Elvin, J. (2002, October 1). War relics of World War II GIs resurface as the Reich stuff. *Insight on the News*, p. 34.

Emerson, T. I. (1970). *The system of freedom of expression*. New York: Random House.

European Convention for the Protection of Human Rights and Fundamental Freedoms, 213 U.N.T.S. 221 (1953).

Faraon, F., Atashi, S., Kaipainen, M., & Gustafsson, N. (2011, March 11-13). *Using circumventing media to counteract authoritarian regimes*. IADIS International Conference ICT, Society and Human Beings, Avila, Spain. Retrieved June 22, 2018, from http://www.iadisportal.org/digital-library/cover-is2011

Freedom House. (2017). Manipulating social media to undermine democracy. Freedom on the Net 2017. Retrieved July 12, 2018, from https://freedomhouse. org/sites/default/files/FOTN_2017_Final.pdf

Freedom House. (2018). Attacks on the record: The state of global press freedom, 2017-2018. Retrieved from https://freedomhouse.org/report/special-reports/ attacks-record-state-global-press-freedom-2017-2018

Freedom of Information Act, 5 U.S.C. § 552 (1994) and Suppl. (1996).

Friel, S. (1997). Porn by any other name? A constitutional alternative to regulating "victimless" computer-generated child pornography. *Valparaiso University Law Review, 32*, 207-267.

General Counsel of the Department of Defense. (2015). (Revised in May and December 2016). *Department of Defense Law of War Manual.* Washington, DC. Retrieved from https://www.defense.gov/Portals/1/Documents/law_war_manual15.pdf

Gitlow v. New York, 268 U.S. 652 (1925).

Hall, K. L. (Ed.). (1992). *The Oxford companion to the Supreme Court.* New York: Oxford University Press.

Hills, M. (2018, April 26). YouTube has quietly removed over 8 million videos while you weren't looking. *Forbes.* Retrieved June 27, 2018, from https://www. forbes.com/sites/meganhills1/2018/04/26/youtube-flagging-system

International Convention on the Elimination of All Forms of Racial Discrimination, 660 U.N.T.S. 195 (1969).

International Covenant on Civil and Political Rights, 999 U.N.T.S. 171 (1976).

Iraq: RSF report on press freedom three months after the war. (2003, July 24). *BBC Monitoring World Media.*

Iraq ban on Al-Jazeera is "serious blow" to press freedom: RSF. (2004, August 8). *Agence France-Presse* (English).

ITU Website. (2018). ITU: Committed to connecting the world. Retrieved June 10, 2018, from https://www.itu.int/en/Pages/default.aspx

Jacobellis v. Ohio, 378 U.S. 184 (1964).

Jazayerli, R. (1997). War and the First Amendment: A call for legislation to protect a press' right of access to military operations. *Columbia Journal of Transnational Law, 35*, 131-173.

Jones, T. D. (1998). *Human rights: Group defamation, freedom of expression, and the law of nations.* Boston: Martinus Nijhoff.

Knoll, A. (1996). Any which way but loose: Nations regulate the Internet. *Tulane Journal of International and Comparative Law, 4,* 288–301.

Krotoszynski, R. (1998). The chrysanthemum, the sword, and the First Amendment: Disentangling culture, community, and freedom of expression. *Wisconsin Law Review, 1998,* 905–922.

Lapowsky, I. (2016, November 15). Here's how Facebook actually won Trump the presidency. *Wired.* Retrieved June 7, 2018, from https://www.wired.com/2016/11/facebook-won-trump-election-not-just-fake-news

Lessig, L. (1999). *Code and other laws of cyberspace.* New York: Basic Books.

MacKinnon, R. (2011, April). Liberation technology: China's "networked authoritarianism." *Journal of Democracy, 22*(2).

Mayer, A. E. (1994). Universal versus Islamic human rights: A clash of cultures or a clash with a construct. *Michigan Journal of International Law, 15,* 307–403.

McGuire, J. F. (1999). Note: When speech is heard around the world; Internet content regulation in the United States and Germany. *New York University Law Review, 74,* 750–792.

Miller v. California, 413 U.S. 15 (1973).

Milton, J. (1950). Areopagitica. In *Complete poetry and works of John Milton.* New York: Modern Library. (Original work published in 1644.)

Murguia, Sophie. (2016, July 28). Pentagon revises war manual to emphasize journalists. Reporters Committee for Freedom of the Press.

Murphy, J. G. (1997). Freedom of expression and the arts. *Arizona State Law Journal, 29,* 549.

Near v. Minnesota, 283 U.S. 697 (1931).

NPR. (2011, December 17). The Arab Spring: A year of revolution. *All Things Considered.* Retrieved from https://www.npr.org/2011/12/17/143897126/the-arab-spring-a-year-of-revolution

O'Callaghan, J. (1998). Censorship of indecency in Ireland: A view from abroad. *Cardozo Arts and Entertainment Law Journal, 16,* 53–80.

Official Secrets Act (OSA), 1911 (England).

Out of the darkness: Freedom of information. (2005, January 1). *The Economist* (U.S. Edition).

People v. Heller, 33 N.Y.2d 314 (1973).

Pfanner, Eric. (2012, December 13). Citing Internet impasse, the U.S. rejects telecommunications treaty. *New York Times*, B1.

Pham, S., & Riley, C. (2017, March 17). Banned! 11 things you won't find in China. CNN. Retrieved June 27, 2018, from http://money.cnn.com/gallery/technology/2016/05/23/banned-china-10/3.html

Procunier v. Martinez, 416 U.S. 396 (1974).

Reno v. ACLU, 521 U.S. 844 (1997).

Richmond Newspapers v. Virginia, 448 U.S. 555 (1980).

Roth v. U.S., 354 U.S. 476 (1957).

Silverman, D. L. (1997). Freedom of information: Will Blair be able to break the walls of secrecy in Britain? *American University International Law Review, 13*, 471.

Smidi, A., & Shahin, S. (2017). Social media and social mobilisation in the Middle East: A survey of research on the Arab Spring. *India Quarterly, 73*(2), 196–209.

Smolla, R. A. (1992). *Free speech in an open society.* New York: Knopf.

Sokol, R. P. (1999). Freedom of expression in France: The Mitterrand-Dr. Gubler affair. *Tulane Journal of International and Comparative Law, 7*, 5–42.

Stein, E. (1986). History against free speech: The new German law against the "Auschwitz"—and other—"lies." *Michigan Law Review, 85*, 277–324.

Swearingen v. U.S., 161 U.S. 446 (1896).

Swedish Penal Code, ch. 16, § 8 (1986).

Taveria, K. L. (2001, July 30). Private time—Intelsat, looking to stay nimble, sheds bureaucratic weight. *Tele.Com*, 17.

Terry, J. P. (1997). Press access to combatant operations in the post-peacekeeping era. *Military Law Review, 154*, 1–26.

Turk, D., & Joinet, L. (1992). *The right to freedom of opinion and expression: Final report* (U.N.Doc.E/CN.4/Sub.2/1992/9). New York: United Nations Commission on Human Rights.

United Kingdom Parliamentary Debates. (1985). Commons, 6th ser., vol. 72, col. 547.

United States v. Thomas, 74 F. 3d 701 (6th Cir., 1996).

Universal Declaration of Human Rights, G.A. Res. 217 (III), U.N. Doc. A/810 (1948).

U.S. trade body denounces WTO telecoms violations. (2004, December 22). *Total Telecom.*

Uyttendaele, C., & Dumortier, J. (1998). Free speech on the information superhighway: European perspectives. *John Marshall Journal of Computer and Information Law, 16,* 905-936.

Whitney, C. R. (1995, October 17). Anti-nuke shirts get under Paris's skin. *International Herald Tribune,* 10.

Whitney v. California, 274 U.S. 357 (1927).

7장

커뮤니케이션과 국가 발전의 이정표

비버트 C. 케임브리지(Vibert C. Cambridge)

지난 70년 동안의 커뮤니케이션과 발전(communication and development) 이야기는 긴 인간 커뮤니케이션 이야기에서 중요한 장(章)이다. 이 장에서 우리는 정치적 아이디어, 기관, 커뮤니케이션 기술, 커뮤니케이션 기반 이론과 과정, 그리고 이 이야기 속에 등장하는 몇 명의 학자와 실무자에 대해 살펴본다. 그들의 공헌은 제2차 세계대전 이후 국가적·권역적·세계적 맥락에서 인간이 처한 상황을 개선하기 위해 커뮤니케이션 자원과 과정을 사용해오던 관행에서 중요한 이정표로 간주될 수 있다.

이 70년 동안 경제 발전을 꾀하고 촉진하며 계획된 사회 변화를 지속시키기 위해 사회 체계의 커뮤니케이션 자원을 의도적으로 사용하는 것을 설명하기 위해 몇 가지 용어들이 사용되었는데, 그러한 용어들로는 커뮤니케이션 및 국가 발전, 개발 지원 커뮤니케이션, 프로젝트 지원 커뮤니케이션, 커뮤니케이션과 발전, 발전을 위한 커뮤니케이션, 전략적 커뮤니케이션, 그리고 최근에는 C4D (communication for development)가 있다. 에밀 매캐너니(Emile McAnany)에게 C4D는 "용어의 의미에 발전과 사회적 변화를 모두 포함하는 긴 용어의 약어"이다(McAnany, 2012).

약 20년 전, 프레이저와 레스트레포-에스트라다(Fraser & Restrepo-Estrada, 1998)는 발전을 위한 커뮤니케이션을 다음과 같이 정의했다:

발전을 위한 커뮤니케이션은 사람들이 자신의 상황과 변화를 위한 옵션을 충분히 인식하는 데 도움을 주고, 갈등을 해결하고, 합의를 향해 노력하고, 사람들이 변화와 지속 가능한 발전을 위한 조치를 계획하는 데 도움을 주며, 사람들이 자신이 처한 상황과 사회를 개선하고 기관의 효율성을 향상하는 데 필요한 지식과 기술을 습득하도록 돕기 위해 커뮤니케이션 과정, 기술 및 미디어를 사용하는 것이다(p. 63).

2014년 직무 기술서(2014 Job Description)에서 유니세프(UNICEF: United Nations Children's Fund)는 발전을 위한 커뮤니케이션을 "긍정적이고 주목할 만한 행동과 사회 변화를 촉진하기 위한 체계적이고 계획적이며 증거에 기반한 [참여적이고 권리에 기반을 둔] 전략적 과정"이라고 설명했다. 그러한 과정은 "어린이, 어린이의 가족 및 지역사회와의 대화와 협의 그리고 그들의 참여를 보장하기 위해 노력하고 있다"라는 점에서 "개발 프로그램과 인도주의 활동의 필수적인 부분"으로 확인되었다. 그 과정에서 "지역 맥락에 특별한 권한을 부여하고 다양한 커뮤니케이션 도구, 채널 및 접근방식에 의존한다." "이전에 분리되어 있던 분야들을 함께 연결해서 고려해야 하는 범분야적(cross-cutting)[1] 속성과 정의를 감안할 때 C4D는 어린이를 위한 성과 달성을 강화하기 위해 지속적으로 개발 및 인도주의 프로그램들과 협업한다"(https://www.devex.com/jobs/support-unicef-c4dknowledge-management-and-capacity-development-consultancy-402577).

이전에 앤드류 모메카(Andrew Moemeka)는 발전을 위한 커뮤니케이션이 다음 두 가지 역할을 한다고 되풀이하여 주장한 바 있다: ① 더 높은 삶의 질, 사회 정의, 초기의 개발 개입으로 인한 **역기능 교정**을 목표로 하는 사회 변화 지원과 ② 긍정적인 사회 변화를 지원하는 확립된 가치가 유지되는 환경을 만들고, 나아가 모든 시민에게 혜택을 주는 사회 체계를 만드는 데 필요한 태도와 행동의 개발을 지원하는 **사회화**(Moemeka, 2000).

이 세 가지 정의는 제2차 세계대전 종전 이후 의도적인 사회 변화의 실천(praxis)[2]에 중요한 변화가 있음을 나타낸다. 지역의 여건, 개인과 지역사회에

---

1 'cross-cutting'이란 '전통적으로 분리·독립되어 있던 것들을 연결시키는'이라는 의미이다(역자 주).

발언권 주기, 참여 장려, 과거 오류 수정, 조직의 효율성 추구, 지속 가능성을 노력을 강조한다. 아래에서 알 수 있듯이, 제2차 세계대전 이후 초기의 접근 방식은 하향식, 민족 중심적, 매스 미디어 중심적인 경향이 있었다. 그러한 방향에는 제2차 세계대전 이후 국제 관계의 현실, 자금 지원 기관의 영향력, 제2차 세계대전의 '가슴과 마음'(hearts and minds) 선전 전략의 지각된 효능감(efficacy), 그리고 강력한 매스 미디어 효과를 예상한 커뮤니케이션 이론에 기반을 둔 과정이 최우선시된 점이 반영되었다.

프레이저와 레스트레포-에스트라다, 모메카, 그리고 유니세프에 의해 표현된 그러한 현대적 실천은 국민 국가의 수적 증가로 인한 국제 관계의 변화, 발전에 대한 좀 더 전체론적인 접근방식, 개발 계획의 발전, 새로운 커뮤니케이션 기술의 역량, 연구 및 이론의 향상, 그리고 더 넓어진 실무자들의 경험 공유의 폭을 반영한다. 제2차 세계대전이 끝난 후, 우리는 신념, 태도, 행동의 변화를 목표로 하는 개인 내(intrapersonal) 수준에서 계속해서 인류를 괴롭히는 빈곤, 굶주림, 결핍, 무지, 질병, 갈등이라는 계속 반복되는 문제를 다루기 위한 세계적인 노력에 이르기까지 다양한 개발 개입(intervention)을 보아왔다. 이러한 의도적이고 목표 지향적인 커뮤니케이션 자원 사용은 이러한 지속적인 문제를 다루는 작업을 수행하는 국제기구 및 기관, 중앙 정부, 권역 및 비정부 기구, 지역사회 단체, 사회적 기업가의 실천에서 분명히 드러난다.

1. 기원

발전과 사회 변화를 촉진하기 위해 사회 체계의 커뮤니케이션 자원을 의도적으로 사용하는 것은 새로운 것이 아니다. 진화 생물학자들은 커뮤니케이션, 즉 **공유된 지향성**(shared intentionality)을 개발할 수 있는 능력을 지난 20만 년 동안 **호모 사피엔스**(Homo Sapiens)에게 진화적 이점을 가져다준 역량으로 간주한다(Tomasello, 2008). 인간이 말할 수 있고 언어를 가지고 있다는 것이 인간의 사회 조직을 결정했다. 인간은 말과 언어를 통해 음식 채집 및 안전과 같은 공동

---

2 브라질의 교육학자 파울루 프레이리(Paulo Freire)에 의하면, 프락시스는 의식적 개입이 이루어지는 실천이다(역자 주).

목표를 달성하기 위한 노력을 조정할 수 있었다. 글쓰기, 인쇄, 매스 커뮤니케이션의 발명은 인간에게 목표 지향적 변화를 가져올 수 있는 추가적인 커뮤니케이션 능력을 제공했다. 역사가들은 인간 커뮤니케이션 능력의 이러한 발전이 문명에 영향을 미친다고 기술했다. 아프리카, 아시아, 유럽, 아메리카에서의 고대 문명 창조에 문자 체계가 한 역할을 고려해보라. 또한 1440년경에 도입된 금속활자가 유럽의 종교, 정치, 문화 생활에 미친 영향과 전 세계에 미친 영향을 고려해보라. 오늘날 정보통신 기술(ICT: information and communication technology), 즉 매스 미디어, 특히 인쇄, 방송, 전화, 인터넷 및 소셜 미디어는 전 세계의 인간 커뮤니케이션을 확대하고 강화하는 데 중추적인 역할을 한다. 인간은 주로 커뮤니케이션 능력을 사용하여 인간이 처한 상황에 긍정적인 결과와 부정적인 결과 모두를 포함한 중대한 변화를 가져왔다(Harari, 2015; Tomasello, 2008). 부정적인 경향의 예는 20세기 전체주의적 경험에서 가장 분명하게 드러났다. 이러한 경향은 2010년대의 국가 및 비국가 행위자들에 의한 소셜 미디어 조작에서 계속해서 분명하게 드러나고 있다.

지난 70년에 걸친 커뮤니케이션과 발전 분야의 경험은 인간이 처한 상황을 개선할 수 있는 긍정적인 커뮤니케이션 능력의 예를 우리에게 지속적으로 제공한다. 이 장은 국제 개발 공동체의 커뮤니케이션과 발전 노력을 강조한다. 이 공동체에서 우리는 몇몇 행위자를 발견하는데, 그중에는 일단의 유엔 기관인 세계은행과 유네스코, 유엔 개발 프로그램(UNDP: United Nations Development Programme), 유니세프, WHO, FAO, ILO가 있다. 유엔은 제2차 세계대전 직후 전쟁을 예방하고 전 세계의 광활한 지역에서 발생하는 빈곤, 결핍, 공포, 무지, 질병에 대한 국제사회의 대응을 조율하기 위한 기구로 창설되었다. 유엔 헌장 전문에는 "모든 민족의 경제적·사회적 발전을 촉진하기 위해 국제기관을 사용하겠다"라는 약속이 포함되어 있다(United Nations, preamble). 유네스코 헌장 전문은 "전쟁은 인간의 마음에서 시작되기 때문에 인간의 마음속에 평화의 방어선이 반드시 구축되어 있어야 한다"라고 선언하면서 유네스코가 중요한 소통의 장소임을 인정했다.

또한 이 공동체에는 포드와 록펠러 재단(Rockefeller Foundations) 같은 영향력 있는 미국 재단이 몇 개 있는데, 이들은 중요한 커뮤니케이션과 발전 개입에 자금을 지원해왔다. 수년에 걸쳐 미시간 주립 대학교(Michigan State University), 아이오와 주립 대학교(Iowa State University), 스탠퍼드 대학교(Stanford University), 존스 홉킨스 대학교(Johns Hopkins University), 서섹스 대학교(Sussex University), 맥길 대학교(McGill University), 칼턴 대학교(Carleton University), 토론토 대학교(University of Toronto), 오하이오 대학교(Ohio University) 등 북미와 영국의 여러 대학이 이 공동체의 정회원으로 참여해왔다. 이들 대학에서 이론이 만들어졌고, 현장 실습이 이루어졌으며, UN과 재단들 그리고 미국 국제개발기구(USAID: United States Agency for International Development), 영국 국제개발부(DIFID: Department for International Development), 캐나다 국제개발기구(CIDA: Canadian International Development Agency) 및 EU의 국제 협력 및 개발 사무국(DG DEVCO: Directorate-General for International Cooperation and Development) 같은 양자 기관이 자금을 지원하는 개입을 통해 커뮤니케이션과 발전 분야에 영향을 준 여러 세대의 학생들이 배출되었다. 이러한 행위자들은 위에서 언급한 인류가 직면한 지속적인 과제와 새로운 과제를 해결하기 위해 개발도상국의 중앙 정부 및 기타 국가 수준의 기관들과 협력해왔다. 그 과정에서 이 공동체는 개발 계획 수립에 영향을 주었고 C4D를 결정했다.

2. 발전-사회 변화의 연속선

발전이라는 용어는 논쟁의 여지가 있다. 이 용어는 세계의 개발도상국에서 인간이 처한 상황을 향상시키기 위한 의도적인 전략을 지칭하는 데 자주 사용되는데, 이 지역은 때로는 글로벌 남반구(Global South) 또는 제3세계(the Third World)라고 불리며 언제나 외부 자원(돈, 기술 및 전문가)을 사용한다. 지난 70년 동안 이 용어는 GDP와 GNP 같은 정량적 지표로 측정되는 순전히 거시 경제적 아이디어에서 훨씬 더 복잡하고 전 세계적으로 상호 연결된 인본주의적·윤리적·질적 지향으로 개념이 바뀌었다. 앞서 언급했듯이 제2차 세계대전의 종식과 1945년 유엔의 창설은 발전에 대한 현대적 접근방식의 시작을 의미한다. 제2차 세계대전이 끝날 무렵 인간이 처한 상황은 암울했다. 남미와 아프리카, 아시아, 카리브해 지역의 유럽 식민지에서 만연한 빈곤과 함께 유럽과 아시아에서 일어난 전쟁으로 인한 파괴는 수백만 명의 인간이 기본적으로 필요한 것(적절한 주택, 보건, 교육 및 음식)을 가지지 못한 상태에서 살았음을 의미한다(Jagan, 1966; Rodney, 1972). 아프리카, 아시아, 남미의 출생률은 유럽의 출생률보다 거의 3배 더 높았다. 이 지역의 영유아 사망률은 유럽과 미국의 그것보다 거의 5배 더 높았다. 브라질 남성과 여성의 기대 수명은 약 37세였다. 미국에서는 남성의 경우 62세, 여성의 경우 거의 66세였다(UN, 1949). 이러한 상황은 받아들일 수 없었으며, 분열되어 다투고 있는 국제 공동체는 그것에 대해 무언가를 하라는 요구를 받았다.

또한 제2차 세계대전이 끝날 무렵 자본주의를 통한 근대화와 혁명적 사회주의(공산주의)를 통한 근대화라는 두 이데올로기가 국제무대에서 우위를 차지하기 위해 서로 다투었고, 이는 발전과 인간의 진보에 관한 담론에 영향을 미쳤다. 일반적으로 자본주의와 공산주의 정책 수립자 모두 산업화를 사회의 진보를 이끄는 원동력으로 받아들였다. 자본주의적 관점을 통한 근대화는 인간 사회가 전통적 방식에서 현대적이며 민주적인 사회 조직 체계로 선형적이고 진화적인 방식으로 발전한다고 주장했다. 전통적인 체계는 주로 시골의 특징을 가지고 있어서 제한된 사회적·지리적 이동성을 제공하며 물질주의나 자본을 부의 한 형태로 지지하지 않는 문화적 관행에 동의한다. 근대화 이론에 따르면, 전통 사회는 귀속된 지위에 의해 지배되는 현상 유지(status quo)를 지향하는 경향이 있다. 숙명론 또는 자기 효능감(self-efficacy) 부족도 전통 사회의 속성으로 확인되었다.

자본주의적 관점에 따르면, 근대 사회는 다른 한편으로 "물질주의, 부의 한 형태로서 자본의 지배, 산업화, 소비주의, 합리적-법적 권위, 하위문화의(sub-cultural) 다양성, 많은 미디어 소비, 변화에 대한 긍정적인 평가"로 특징 지어진다(Weinstein, 1997, pp. 358~359). 근대화 이론가들은 새로운 아이디어, 기술, 민주적 관행의 확산을 통해 근대 사회가 되는 과정을 가속화할 수 있다고 주장했다. 근대화는 진보로 가는 가장 확실한 경로였다. 이러한 세계관은 제2차 세계대전 이후 미국이 지배했던 국제사회의 담론과 실천을 좌우했다. 근대화-확산(modernization-diffusion)은 이러한 패러다임을 지칭하는 용어로 사용되었다.

미국 학자 대니얼 러너(Daniel Lerner), 윌버 슈람(Wilbur Schramm), 에버릿 로저스(Everett Rogers)의 연구는 월터 로스토우(Walter Rostow)와 데이비드 맥클레런드(David McClelland)의 연구와 함께 20년 이상 근대화-확산 관점을 주도했다. 대니얼 러너, 윌버 슈람, 에버릿 로저스는 경제 발전 및 사회 변화와 관련된 과정에서 매스 커뮤니케이션과 대인 커뮤니케이션의 중요성을 강조했다. 매스 커뮤니케이션, 특히 방송은 근대화에 필요한 행동 변화와 구조적 변화를 가속화하는 수단이었다. 월터 로스토우와 데이비드 맥클레런드는 저개발의 원인은 오로지 내부 요인에서만 발견된다는 이론을 폈다. 그들은 근대화 과정을 위한 경제적·심리적 모델을 제공했다. 월터 로스토우(1990)는 전통 사회에서 근대 사회로 발전하기 위해 거쳐야 하는 4단계, 즉 도약 전 단계(pre-takeoff stage), 도약 단계(takeoff stage), 성숙의 길(road to maturity), 대량 소비 사회(mass-consumption society)를 확인했다. 사회는 이러한 단계를 반드시 경험해야 근대 사회가 될 수 있다는 것이다. 데이비드 맥클레런드(1964)는 사회가 근대화되려면 동기화된 서민이 중요하다고 강조했다. 그는 개인의 성취 욕구를 자극하라고 권고했다. 에버릿 로저스의 혁신의 확산 이론(diffusion of innovation theory)은 사회 체계 내에 혁신이 진행되어나가는 방식과 채택 과정(인지, 시험 가능성, 채택 및 옹호)에서 매개 커뮤니케이션(mediated communication)과 대인 커뮤니케이션 모두의 역할을 탄탄하고도 체계적으로 정리했다. 이 미국 학자들의 아이디어는 국제사회, 특히 지구촌 남반구의 저개발 지역인 소위 제3세계에서 세계은행이 자금을 지원하는 영향력 있는 개발 원조 프로젝트들의 지침이 되었다.

1) 정해진 목적지, 공산주의[3]

사회주의적 관점을 통해서 본 근대화는 소련, 동유럽의 종속 국가(client state), 그리고 중국(즉, 냉전시대의 동서 이념 대결에서 '동'에 해당하는 국가들)이 주도했다. 사회주의적 관점은 혁명적 사회주의를 통해 근대화의 대명사인 진보를 달성하려는 노력을 촉진하고 지원했다. 혁명적 사회주의자들은 자본주의가 인간

---

3 맑스-레닌주의자들은 그들에게는 '정해진 목적지'(appointed destination)가 있는데, 그곳은 바로 공산주의, 즉 계급이 없는 자기관리적인(self-administering) 사회라고 주장한다(역자 주).

의 진보를 흉하게 비틀어 놓은 나머지 인간 착취를 초래했다고 주장했다. 따라서 진정한 진보는 자본주의와 제국주의의 불공평한 경제적 관행을 좀 더 평등한 것으로 대체하고 개인들이 사회를 위해(집단주의 대 개인주의 지향성) 그들의 모든 잠재력을 달성할 수 있게 하는 사회주의 사회에서만 일어날 수 있다는 것이다.

사회주의적 진보의 최종 상태는 공산주의였다. 사회주의자들에 따르면, 자본주의가 주도하는 근대화는 점진주의(gradualism)와 함께 사실은 착취적 현상 유지 전략인 유화 전략(appeasement strategy)을 사용했다. 사회주의자들은 과거의 착취적 관계의 모든 패턴을 파괴하고 이를 좀 더 평등한 관행으로 대체할 급진적인 변화, 즉 혁명을 주장했다. 사회주의자들은 자립과 권역 연대를 주장했다.

소련에게 산업화는 삶의 질을 향상시킬 뿐만 아니라 공산주의의 탄생으로 이어지는 변증법의 핵심 단계, 즉 국가의 쇠퇴와 계급 없는 사회의 창조였다. 정보와 커뮤니케이션은 혁명적인 사회주의적 관행에서 특별한 역할을 했다. 소비에트 지식인들은 다음과 같이 단정했다: "사람, 사회 집단, 계급, 국민, 국가 사이의 커뮤니케이션은 개인들의 과학적 시야 개발에 기여한다. 그러한 커뮤니케이션은 개인들이 사회생활에서 일어나는 다양한 현상과 과정을 이해하고, 문화 수준과 일반 교육 수준을 높이고, 법과 일반 원칙을 완전히 이해하고 수행하며, 사회주의 규범과 맞지 않는 부르주아(bourgeois) 이데올로기 및 수정주의(revisionist) 이데올로기와 투쟁하는 데 도움을 준다"(Afanasyev, 1978).

자본주의를 통한 근대화와 사회주의를 통한 근대화/진보라는 두 가지 접근 방식 사이의 긴장은 국제 개발 공동체 내에서 발전을 위한 커뮤니케이션 실천에 영향을 미쳤다. 이 장에서는 이러한 초강대국 간의 긴장이 특히 1960년대 중반에 새로운 국민 국가의 수가 급격히 증가하기 시작한 후 발전을 위한 커뮤니케이션의 이론과 실천을 향상시키는 데 기여했다고 주장한다. 1945년 유엔 창립 당시에는 51개의 국가가 있었다. 1979년에는 188개의 국가가 있었는데, 대부분이 이전에 식민지여서 모두 시민의 삶의 질을 향상시키려는 열망을 갖고 있었다. 이러한 변화하는 맥락, 특히 1980년대 새로운 세계 경제 질서(NWEO: new world economic order)와 NWIO 요구와 함께 1961년 비동맹 운동

(Non-Aligned Movement)의 출현은 발전을 위한 커뮤니케이션의 현대적 실천에 영향을 미쳤다. 이것이 어떻게 전개되었는지 살펴보자.

자신의 저서 『세계 구하기: 발전을 위한 커뮤니케이션과 사회 변화에 대한 간추린 역사』(*Saving the World: A Brief History of Communication for Development and Social Change*)에서 에밀 매캐너니는 커뮤니케이션과 발전 분야에서 일어난 변화를 살펴보기 위한 시기 구분 체계를 제안했다. 그는 근대화-확산 시기라는 용어를 사용하여, 제2차 세계대전 직후에 시작되어 종속성 비판(dependency critique) 시기에 종속이론가들이 이의를 제기했을 때까지는 상대적으로 반론의 여지가 없었던 가장 초기 기간을 설명한다. 근대화-확산에 대한 이러한 비판은 참여 시기(participatory era)가 도래한 1980년대까지 쭉 이어졌다. 그 이후는 이러한 지향성(orientation)이 우세를 유지하며 이어졌다. 매캐너니는 21세기가 도래하면서 발전과 사회 변화는 전통적인 국제 공동체만의 과제가 아니며 사회적 의식이 있는 개인에게도 역할이 있다는 인식과 함께 등장한 네 번째 지향성으로 사회적 기업가주의(social entrepreneurialism)를 제시한다. 필자는 이러한 시기 구분을 바탕으로 제2차 세계대전 이후 발전과 사회 변화를 촉진하기 위해 사회의 커뮤니케이션 역량을 체계적으로 사용하는 데 있어 이정표가 된 기관, 기술, 이론, 방법론 및 인물을 살펴본다.

2) 근대화-확산 시기

원조 기반의 유럽 복구 프로그램(1948~1952년)인 마셜 플랜(Marshall Plan)의 성공과 연관된 행복감은 유사한 모델이 아프리카, 아시아, 남미 및 카리브해 지역의 상황에도 적용될 수 있음을 시사했다(McAnany, 2012). 마셜 플랜은 유럽의 경제 및 사회 재건에서 관리(전문화된 커뮤니케이션 체계)의 효과성을 입증했다(Drucker, 1985). 비교적 짧은 시간에 유럽의 산업 하부구조가 재건되고 삶의 질이 빠르게 향상되었다. 개발 원조는 국제 관계 의제에서 중요한 항목이 되었다. 개발 프로젝트는 전 세계 개발도상국의 의도적인 사회 변화와 동의어이다. 전후 초기에 이러한 프로젝트는 대부분 외부 전문가의 권고와 글로벌 초강대국의 전략적 이해관계와 지정학적 이해관계의 결과였다. 이러한 프로젝트들 가운데 많은 것이 개발도상국 외부에서 정해졌고 설계되었으며 수혜자의 요구를 반영하지 않는 경향이 있었다. 또한 이러한 근대화 지향 프로젝트는 문화와 맥락을 고려하지 못했다. 그 결과, 낭비, 불만, 활용 부족 문제가 발생했다.

이러한 프로젝트의 실행은 의도한 결과는 물론 의도하지 않은 결과도 초래했다. 예를 들어, 1950년대에 개발된 가나(Ghana)의 볼타(Volta)와 이집트(Egypt)의 아스완(Aswan) 같은 거대한 수력 발전 댐은 산업에 전력을 공급하고 가정에 전기를 공급하는 데 필요한 에너지를 생산할 수 있었다. 그러나 이 댐은 또한 달팽이 열(snail fever)로도 알려진 감염된 사람을 쇠약하게 만드는 수인성 질병인 주혈흡충병(bilharziasis)의 확산을 증가시켜 의도하지 않은 결과를 초래했다. 1950년대 후반과 1960년대의 녹색 혁명과 관련된 새로운 품종의 종자는 식량 수확량을 늘리고 기아를 줄였으며 인도와 아시아의 넓은 지역에서 발생하는 기근을 없앴다. 그러나 이 새로운 종자 품종은 화학 비료를 광범위하게 사용해야 했다. 화학 비료 사용 증가는 수자원 오염이라는 의도하지 않은 결과를 초래했다. 개발 프로젝트는 원조를 제공하는 주요 수단이 되었다. 전후 초기의 개발 프로젝트는 기부자들에 의해 결정되었고, 기술 이전을 강조했으며, 산업화를 지원하기 위해 제2차 세계대전의 '가슴과 마음' 전술에서 다듬어낸 커뮤니케이션 기법을 채택했다.

제2차 세계대전 이후의 분열된 세계를 특징짓는 현실정치(realpolitik)[4]가 관행이었던 시절에 개발 원조는 이타적이지 않았다. 제럴드 마이어(Gerald Meier)와 더들리 시어스(Dudley Seers)(1984)에 따르면, 주요 자본주의 국가 정부는 만약 사회적 진보가 거의 없다면 이전 식민지가 공산주의의 지배를 받을 수 있는 심각한 위험이 있었다고 보았다. 그러면 투자 기회와 시장 및 원자재 공급원에 대한 접근이 줄어들었을 것이다. 예를 들어, 미국은 이란, 터키, 인도, 파키스탄, 소련과 접해 있는 다른 국가들에 매스 미디어(마법의 배가기)[5]에 대한 지원을 포함한 대규모 투자를 하고 상당한 개발 원조 프로그램에 자금을 지원

---

4 현실정치란 이념적 관념이나 도덕적 전제 따위보다 권력 및 실질적 물질적 요소와 그 고려에 주로 의거하는 정치적 또는 외교적 견해를 말한다. 이 점에 있어서 현실정치는 현실주의 및 실용주의와 철학적 양상을 공유한다. 현실정치라는 단어는 간혹 강압적, 비도덕적 또는 마키아벨리적인 정치를 가리키는 경멸어로 사용되기도 한다(역자 주).

5 매스 미디어는 메시지를 배가시켜주고 많은 수의 사람들에게 아주 빠르게 도달할 수 있기 때문에 그렇게 불렸다(역자 주).

했다. 목표는 소련 봉쇄였다.

커뮤니케이션과 발전 분야는 "국가를 만성적 빈곤에서 벗어날 수 있게 하기 위해 해야 할 일에 대해 정부에 조언하는 정책 수립자들의 요구"로 생겨났다(Meier & Seers, 1984, p. 4). 제2차 세계대전 후 처음 20년 동안 경제적으로 영향력이 큰 '서구권'(Western bloc)은 유엔 체제가 개발 원조를 확대하는 방식에 더 많은 영향력을 행사했다. 소련이 이끄는 '동구권'(Eastern bloc)의 맑스-레닌주의자(Marxist-Leninist)들의 이념적 비판은 중요하지 않았다. 이러한 초기의 많은 개발 프로젝트들에 대한 범위와 관련성 문제도 제기되었다. 이러한 많은 초기 프로젝트들의 혜택이 불공평하게 분배되는 것에 대한 우려가 제기되었다. 도시에 거주하는 집단은 농촌 빈곤층보다 더 많은 혜택을 받은 것으로 보였다.

1970년대에 이르자 유엔의 구성 변화, 많은 새로운 독립 국가의 등장, 종속이론(dependency theory)의 구체화로 인해 발전은 세계(서구권과 동구권 모두)의 산업화된 지역으로부터의 기술 및 관행 이전과 단순히 선형적으로 연관 짓는 것보다 훨씬 더 복잡한 것으로 인식되었다. 근대화 경로를 따랐던 많은 개발도상국은 시민의 기본 요구를 충족시키는 데 있어 미미한 개선을 보여주었을 뿐이다. 게다가 이 모델과 연관된 수용할 수 없는 수준의 낭비, 부패, 인권 침해도 있었다. 이 모델에 대한 비판은 더욱 심해졌다. 남미에서는 남미 경제위원회(ECLA: Economic Commission for Latin America)의 정책 형성, 파울루 프레이리(Paulo Freire)의 연구, 광부와 기타 근로자가 조직한 라디오 학교(radio school)가 대안적인 발전 전략으로 등장했다. 비동맹 운동에서 유고슬라비아의 노동자의 경제 사업 운영 참여와 같은 아이디어와 탄자니아의 우자마(Ujamaa)[6] 같은 내생적 발전 전략도 근대화-확산 패러다임에 대한 대안적 접근방식으로 등장했다.

---

6 탄자니아의 사회주의 이념인 우자마는 120개의 서로 다른 민족이 국가의 통제 아래 서로 도우며 함께 살아가자는 이념이었다. 그러나 우자마 경제 정책은 실패하고 마는데 왜냐하면 농업 위주의 경제 정책으로는 탄자니아의 낙후된 경제를 크게 발전시키는 데 한계가 있었고 산업화에도 많은 문제점이 있었기 때문이다. 그러나 우자마 이념으로 탄자니아의 민족 통합은 성공했다고 볼 수 있다(역자 주).

3. 1980년대: 개발 지원 커뮤니케이션과 프로젝트 지원 커뮤니케이션

앞에서 언급했듯이, 유엔 기구들이 수행한 작업은 발전을 위한 커뮤니케이션 분야에 많은 기여를 했다. 특히 중요한 것은 UNDP와 유니세프가 개발 프로젝트를 수행하는 데 필요한 요소로서 커뮤니케이션의 중요성을 확고히 한 것이다. UNDP와 유니세프는 태국 방콕(Bangkok)의 개발 지원 커뮤니케이션 서비스(Development Support Communication Service)에서 발전을 위한 커뮤니케이션 계획 수립을 선도했다. 어스킨 칠더스(Erskine Childers)가 이끈 이 연구 및 적용 서비스는 1967년에 설립되었다. 이 서비스의 임무는 아시아의 UN 기금 프로젝트에 커뮤니케이션 전략과 자료를 제공하는 것이었다. 이 접근방식을 **개발 지원 커뮤니케이션**(DSC: development support communication) 혹은 **프로젝트 지원 커뮤니케이션**(PSC: project support communication)이라 불렀다.

칠더스(1973)에게 DSC는 "개발 계획 및 행동에 사람들의 자발적이고 적극적인 참여를 유도하기 위한 커뮤니케이션 기술의 사용"을 의미했다(p. 3). 1980년까지 유니세프는 개발도상국에서 PSC를 적극적으로 추진하고 있었다. 유니세프 직원은 전 세계 정부들이 개발을 지원하기 위한 커뮤니케이션 계획을 설계하는 것을 적극적으로 지원했다(Tuluhungwa, 1981). <표 7.1>은 1980년 유니세프가 육성한 DSC 프로그램들 가운데 일부 엄선된 것들의 범위와 성격을 보여준다.

FAO의 DSC 개입은 식량 안보 개선과 시민, 특히 여성과 농부의 역량 강화(empowerment)를 목표로 하는 프로젝트에서 커뮤니케이션의 필수적인 역할을 보여주었다. 1950년대와 1960년대의 녹색 혁명은 아시아, 아프리카, 남미, 카리브해 지역의 많은 국가에서 식량 안보를 강화했다.

WHO는 소아마비와 기타 질병을 근절하기 위한 노력에서 의도적 커뮤니케이션의 중심적 역할을 입증했다. 유니세프의 예방 접종과 설사병에 대한 연구에서도 유사한 효과성이 입증되었다. 이러한 모든 개입에서 방송은 중요한 역할을 맡았다.

표 7.1 유니세프의 DSC 프로그램들, 1980년

국가	DSC 개입 프로그램의 성격
한국	1차 보건의료를 위한 건강 교육 전략 및 계획 개발 새마을 운동을 통한 PSC 정보 센터 설립
나이지리아	연방 사회개발 · 스포츠 · 청소년 · 문화부에 DSC 부서를 설립하기 위한 PSC 계획 개발
르완다	정보부의 라디오 프로듀서 재교육 및 기본 서비스 지원을 위한 지역사회 기반 라디오 프로그램 확대
잠비아	지역사회 차원에서 부문 간 커뮤니케이션 협력을 촉진하기 위한 부처 간 커뮤니케이션 위원회 구성
인도네시아	지방 행정구역의 커뮤니케이션 부서 설립
시리아	지도원 양성을 위한 정보부 내 DSC 부서 설립
베트남	자료를 제작하여 학교 및 보건 시설에 배포하기 위한 시청각 제작 센터 설립
말라위	농업부의 지도부서와 함께 제작 및 배급 시스템 개발

출처: Tuluhungwa, R. (1981). Highlights of PSC activities in 1980. *Project Support Communications Newsletter*, 5(2), 1-2.

1) 방송

1930년대에 미국과 유럽의 라디오는 시민이 교육을 더 많이 받고 더 많은 상품과 서비스를 소비하도록 설득하는 데 사용되었다. 나치 독일에서 라디오와 기타 매스 미디어는 시민을 증오에 동원했다. 1950년대에는 개발을 지원하기 위해 라디오와 텔레비전이 동원되었다. 캐나다에서는 라디오 청취 집단이 지역사회와 농업 개발에 대한 효과성을 입증했다. 영국에서 BBC 라디오 시리즈물 <디 아처스>(*The Archers*) 역시 제2차 세계대전 이후 영국 농업의 재건에 효과성이 있음을 입증했다. 앞서 언급했듯이, 대니얼 러너, 윌버 슈람, 에버릿 로저스는 발전 과정에서 방송의 중요성을 강조한 영향력 있는 근대화 이론가였다.

국가 발전에 방송이 하는 역할에 관한 대니얼 러너(1958)의 이론화는 중동에서 VOA 방송을 위해 수행된 연구 프로젝트에서 나왔으며 미국의 소련 봉쇄 전략과 관련이 있었다. 러너에 따르면, 방송은 근대화 과정을 촉진하고 소비에트 이데올로기와 관행의 채택을 방지하는 심적 동기부여자(psychic mobilizer) 역할을 했을 것이다. 윌버 슈람(1964)은 국가 건설에서 방송의 필수적인 역할을 강조했다. 슈람은 방송이 국민 정체성과 국가 단결을 구축하고 새로 독립한 저개발 국가를 지배하는 정치 엘리트가 고안한 발전 목표를 실행하기 위해 사회를 동원하는 데 핵심적인 역할을 하는 것으로 보았다.

에버릿 로저스(1962)는 확산 이론에 대한 그의 연구로 국제적인 찬사를 받았다. 이 이론은 새로운 아이디어와 기술(즉, 혁신)이 사회에 채택되고 확산되는 과정을 설명한다. 방송은 영향력 있는 조기 채택자(early adopter)가 혁신을 인식하게 함으로써 확산 이론에서 필수적인 역할을 했다. 이러한 조기 채택자들은 대인 채널을 통해 사회의 나머지 사람들이 혁신을 수용하도록 이끄는 과정이 시작되게 한다. 방송은 여전히 발전을 위한 커뮤니케이션의 중심이었다.

비상 상황(개발도상국의 지속적인 상황)이 발생할 때 사람들은 사회의 모호함을 파악하고 명확하게 하기 위해 미디어 소비를 늘리는 경향이 있다. 이러한 높아진 의존성은 개인과 집단의 행동 변화를 촉진하는 조건을 생성한다 (DeFleur & Ball-Rokeach, 1989).

2) 종속성 비판

1960년대 동안 근대화 접근방식은 몇몇 운영적 측면과 이념적 측면에서 공격을 받았다. 근대화에 대한 비판은 두 가지 지적(知的) 근원에서 비롯되었는데, 하나는 "신맑스주의(neo-Marxism) 혹은 구조주의(structuralism)에 뿌리를 두고 있었고, 다른 하나는 유엔의 ECLA, 즉 남미 경제위원회와 연관해서 남미에서 벌어진 발전에 관한 광범위한 논쟁에 뿌리를 두고 있었다"(Servaes & Malikhao, 1994, p. 8).

영향력 있는 이론가 중에는 안드레 군더 프랭크(Andre Gunder Frank), 라울 프레비시(Raul Prebisch), 이매뉴얼 월러스틴(Immanuel Wallerstein), 아르망 마텔라르(Armand Mattelart)가 있다(Rhodes, 1970). 종속 이론가들은 산업화된 북반구 국가들이 지배하는 기존의 글로벌 경제 관계 패턴이 전 세계의 개발도상 권역인 글로벌 남반구의 저개발의 원인이 되고 있음을 보여주었다. 『도널드 덕, 어떻게 읽을 것인가』(How to Read Donald Duck)의 저자인 마텔라르 같은 종속 이론가는 근대화를 지원하기 위해 개발도상국에 갖춰진 방송 및 기타 매스 미디어 체계가 공평한 발전이 확립될 가능성을 약화시키고 있다고 주장했다. 그들은 이러한 방송 체계가 정치 엘리트의 의제를 홍보하는 경향이 있고 외국에서 만들어진 프로그램에 의존하기 때문에 반(反)발전(antidevelopment)이라고 주장했다. 더욱이 이러한 방송 체계는 토착적인 표현 방식을 소외시키는 경향이 있어서 국가 문화와 정체성의 발전을 저해하는 경향이 있었다. 그 밖에도 그들은 그러한 경제가 제공할 수 없는 생활양식을 요구할 것을 장려했다. 이런 의미에서 그러한 방송 체계는 발전을 약화시키고 있었는데, 하워드 프레더릭(Howard Frederick, 1990)은 이러한 현상을 **발전 방해 커뮤니케이션**(development sabotage communication)이라고 불렀다.

앞에서 언급했듯이, 많은 개발도상국의 이러한 국영 방송 시스템은 특히 미국에서 수입한 외부 오락 프로그램에 지나치게 의존했다. 이러한 프로그램은 개인주의, 소비주의, 가부장제, 백인 남성의 지배, 그리고 개발도상국의 정치, 종교 및 문화 지도자에 의해 비생산적인 것으로 간주되는 많은 다른 주제를 특별 취급했다. 1970년대에 국제 커뮤니케이션의 불균형 상태에 대한 우려는 지배적인 글로벌 경제 체계 내에서의 불평등에 대한 우려와 동시에 일어났다. 변화에 대한 갈망은 NIEO, 즉 새로운 세계 경제 질서(UN, 1974)와 NWICO, 즉 새로운 세계 정보 및 커뮤니케이션 질서(UNESCO, 1980)를 촉구하는 유엔 결의안에서 분명히 드러났다.

1970년대 동안 유럽의 이전 식민지(현재는 주권 국가)와 아시아 및 남미의 다른 개발도상국(많은 국가가 비동맹 운동의 일원)이 유엔 체제에서 영향력 있는 블록(bloc)이 되었다. 다른 곳에서 언급했듯이, 이 블록은 제3세계라고도 불렸다. 지금은 이 용어가 갈등, 빈곤, 질병의 이미지를 떠올리게 하지만 처음에는 미국이 주도하는 서구권(Western bloc; 제1세계)과 소련이 주도하는 동구권(Eastern bloc; 제2세계)의 지배에 대한 저항을 의미했다. 제3세계라고 한 이유는 미국과 소련만 중요하고 다른 모든 국가는 둘 중 하나에 대한 지지를 표명해야하는 세계, 둘로 나누어진 세계라는 개념을 거부했기 때문이다. 이 제3의 블록은 핵무기로 대표되고 핵무기에 의해 확대되는 초강대국의 힘을 두려워했다. 제3세계는 제1세계와 제2세계의 의도를 불신하고 (특히 미국의) 우월한 부를 부러워했으며, 전자의 경우에는 민주적 자본주의를 통해 또 후자의 경우에는 공산주의를 통해 다른 국가들은 그냥 베끼기만 하면 되는 삶의 방식을 발견했다는 주장을 거부했다(Calvocoressi, 1982).

종속 이론가들은 처방적 조치(prescriptive measure)는 제공하지 않은 채 근대화 모델을 비판한다는 비난을 받아왔다. 그러나 그들이 비판을 통해 제기한 문제는 당대의 발전을 위한 커뮤니케이션 실행에 영향을 미쳤다. 종속성 비판은 남미의 성공적인 풀뿌리(grassroot) 운동에 주의를 집중한 한편, 개발 과정에서 시민들의 진정한 참여 부족에도 주목했다. 남미에서는 진정한 참여의 혜택이 인간의 삶의 질을 더욱 지속 가능하게 개선하는 것임이 입증되었다(Borda, 1988; Freire, 1983).

근대화에 대한 종속성 비판은 커뮤니케이션과 발전 실무자를 위한 두 가지 필수적인 아이디어를 더 분명하게 해주었는데, 하나는 발전에서 방송 프로그램이 차지하는 중요성이고, 다른 하나는 개발 프로젝트 목표를 달성하기 위해서뿐만 아니라 민주적인 관행 육성의 중요한 요소로서 참여의 중요성이다.

4. 또 다른 발전

종속성 비판은 또한 우리 세계가 상호 의존적이며 국민 국가 또는 권역 개발 결정이 세계적인 중요성을 가지고 있다는 것이 명백했던 시기에 나타났다. 이러한 인식은 '또 다른 발전'(another development)의 공식화로 이어졌다. 발전에 대한 이 새로운 관점은 처음에 스웨덴의 다그 함마르셸드 재단(Dag Hammarskjold Foundation)에 의해 구체화되었으며, 세 가지 기본 축에 기반을 두고 있다. 첫째는 개발은 빈곤을 근절하고 기본적인 인간의 필요를 충족시키기 위해 노력해야 한다는 것이고, 둘째는 "자립적이고 내생적인 변화 과정"에 우선순위를 부여해야 한다는 것이며, 셋째는 개발은 환경에 대한 책임을 져야 한다는 것이다(Servaes & Malikhao, 1994, p. 10). 나아가 발전의 필요성은 제3세계에만 존재하는 것이 아니라는 인식도 있었다. 선진국과 최근에 선진국이 된 국가들의 상당 지역도 어려움에 처해 있었다. 어떤 경우에는 미국 오하이오 남동부의 경우처럼 과거 개발 개입의 실수, 즉 난개발(maldevelopment)을 바로잡을 필요도 있다.

1) 미국 오하이오 남동부

오하이오 남동부는 난개발과 저개발(underdevelopment) 과정의 한 예이다. 18세기 후반 미국 독립전쟁이 끝난 후 처음에는 노쓰웨스트 준주(Northwest Territories)로 확정되었던 현재의 오하이오 남동부는 주로 시골 지역으로 실업률이 높고 신체 활동이 적으며 환경이 상당히 악화되어 있다. 19세기 말과 20세기 초에 석탄 채굴, 점토 채굴 및 벌목 산업은 오하이오 남동부의 경제 발전을 촉진했다. 석탄 광산은 피츠버그(Pittsburgh)의 철강 산업에 석탄을 공급했고, 점토 광산은 오하이오와 다른 주를 건설하는 데 사용된 벽돌 제조에 필요한 원료를 제공했다. 벌목 산업은 제지 공장과 건축 산업을 먹여 살렸다. 이러한 산업은 1960년대에 대부분 폐쇄되었고, 그 흔적으로 실업, 오염된 유역(流域), 기타 환경 악화 징후를 남겼다. 이러한 경제적·환경적 현실은 도시 지역으로의 이주를 자극했다. 오하이오 남동부의 경제적·환경적 악화는 결과적으로 오하이오의 일부 인구, 특히 빈곤층과 고등학교를 졸업하지 않은 사람들의 낮은 개인 효능감과 집단 효능감으로 이어졌다. 효능감은 문제를 해결할 수 있는 능력에 대한 개인 혹은 지역사회의 믿음이다. 2001년, 오하이오 남동부에 있는 애팔래치아(Appalachia) 지역의 세 카운티(county)[7]에서 이루어진 신체 활동 부족에 대한 연구에 따르면, 실업률은 10% 이상이고, 인구의 30% 이상이 과체중이며, 20% 이상이 비만이었다(Cambridge, 2001). 이러한 신체적 비활동성의 중대 국면은 낮은 수준의 개인 효능감과 집단 효능감의 징후로 간주될 수 있다(Bandura, 1995).

농촌 행동(Rural Action)과 먼데이 크리크 유역 개선위원회(Monday Creek Watershed Improvement Committee) 같은 지역사회 단체는 지속 가능한 개발을 목표로 하는 참여 행위와 참여 과정을 촉진함으로써 경제와 환경을 개선하기 위해 20년 이상 노력해왔다. 그들은 다양한 커뮤니케이션 자원(카운티 박람회와 같은 전통적인 채널, 단체 회의와 같은 대인 채널, 전통적인 매스 미디어와 인터넷)을

---

7 주(州) 바로 아래의 행정 단위이다(역자 주).

이용해 환경을 정화하기 위한 시민들의 자발적인 연합을 구축하고, 개인 효능 감과 집단 효능감을 불러일으키며, 지방, 주 및 연방정부의 지속 가능한 개발 을 지원하기 위한 정책 수립에 영향을 미친다.

또한 이 기간 동안 눈에 띄는 것은 존스 홉킨스 공중 보건 대학(Johns Hopkins School of Public Health)이 재생산 건강(reproductive health)[8]에 대한 연구를 통해 개발한 계획 모델을 공고히 한 것이었다. 필리스 피오트로(Phyllis Piotrow) 는 이론에 기반을 둔 이 모델을 **전략적 커뮤니케이션**(strategic communication)이 라고 명명하고 분석/형성 연구, 전략적 설계, 자료 개발 및 테스트하기, 실행 및 모니터링, 평가, 재계획(replanning)이라는 여섯 가지 계획 수립 단계를 제시했다. 이 전략은 광범위한 이론을 통합하며, 윤리 의식을 보여주고, 강력한 방법론적 전략을 적용하며, 참여에 대한 헌신을 보여주는 통합적 전략이다 (Piotrow, Kincaid, Rimon, & Rinehart, 1997; 또한 http://www.comminit.com 참조).

1980년대에 냉전이 종식되면서 이러한 상호 의존 지향이 뿌리를 내리게 되었다. 1990년부터 유엔은 이러한 상호 의존을 탐구하기 위해 일련의 세계 회의 와 정상 회의를 준비했다. 그 중에는 어린이(1990), 환경(리우 데 자네이루, 1992), 인권(1993), 인구 및 발전(카이로, 1994), 사회 개발(코펜하겐, 1995), 여성 (베이징, 1995), 사회 개발(1995), 식량(로마, 1996)에 관한 세계 정상 회의와 밀레니엄 정상 회의(2000)가 있었다. 이 회의들은 일부 부문에서 약간의 개선이 있었음에도 불구하고 인간이 처한 상황이 계속해서 받아들일 수 없는 상태임을 밝혔다. 더욱이 글로벌 사회의 상호 관련되고 상호 의존적인 성격 때문에 사회가 직면한 발전 문제는 전 지구적인 결과를 가져왔다. 세계 회의와 정상 회의는 상호 의존에 대한 관점을 재확인하고 글로벌 협력을 강화했으며 발전과 사회 변화 과정에서 커뮤니케이션의 중요한 역할을 반복해서 강조했다.

---

8 재생산 권리(reproductive rights)란 모든 부부와 개인이 자녀의 수와 자녀를 가질 시기에 대해 자유롭고 책임 있는 결정을 할 수 있는 권리, 해당 선택을 이행하기 위해서 필요한 정보를 제공받을 수 있어야 하는 권리, 도달 가능한 최고 수준의 재생산 건강을 향유할 권리를 기반으로 한다. 그러면서 재생산 권리는 차별과 강압, 폭력으로부터의 자유로운 상태에서 재생산 관련 결정을 내릴 수 있는 권리, 사생활 보호 및 비밀유지, 존중과 동의를 받을 권리, 그리고 상호 존중하고 평등한 (젠더) 관계를 가질 권리를 포함한다(역자 주).

21세기의 과제와 관행, 특히 유엔 기관이 이끄는 관행에 계속해서 초점을 맞추기 전에 발전이 의미하는 바인 '좋은 변화'(good change)에 대한 요약이 필요하다. 로버트 체임버스(Robert Chambers, 1994)에 따르면 '좋은 변화'의 속성은 다음과 같다:

- 가난한 자들에게 우선권을 주는 것,
- 기본적인 필요 충족을 목표로 하는 것,
- 변화가 사회 내부로부터 발생하도록 노력하는 것. 즉, 그 사회의 가치와 그 사회 자체의 미래에 대한 인식에서 비롯되어야 하는 것,
- 생물권(biosphere)[9]에 대한 세계적인 고려 사항에 의해 정해지는 현재와 미래의 한계뿐만 아니라 지역 생태계의 잠재력도 감안하면서 천연 자원을 최적으로 사용하는 것,
- 변화 과정의 기반을 사회의 모든 수준에서 참여적이고 진정으로 민주적인 의사 결정 관행에 두는 것(Fraser & Restrepo-Estrada, 1998).

참여적 접근방식은 몇 가지 이유로 비판의 대상이 되었는데, 그러한 이유 가운데는 외부 자금과 하향식 관료주의에 의존하는 것이 포함되어 있다. 터프트(Tufte)와 메팔로풀로스(Mefalopulos)의 『참여적 커뮤니케이션: 실제적 지침』(Participatory Communication: A Practical Guide)은 수동적 참여(passive participation), 협의에 의한 참여(participation by consultation), 협업에 의한 참여(participation by collaboration), 권한 부여 참여(empowerment participation) 간의 차이점을 분명히 밝힘으로써 이 접근방식을 명확하게 하기 위한 노력의 결과물이었다. 그들은 맨 마지막 접근방식을 선호했다:

---

[9] 1875년 에두아르트 쥐스(Eduard Suess)가 만든 용어로 지구를 전체적으로 관찰할 때 생물이 존재하는 범위를 말한다. 생활권이라고도 하고 생태권(生態圈; ecosphere)도 대략 같은 뜻이다(역자 주).

권한 부여 참여를 통해 주요 이해관계자들은 자발적으로 변화 과정을 시작하고 분석에 참여할 수 있다. 이것은 무엇을 어떻게 달성해야 하는지에 대한 공동 의사 결정으로 이어진다. 외부자(outsider)도 개발 노력에서 동등한 파트너이지만 프리무스 인테르 파레스(primus inter pares)[10]는 주요 이해관계자들이다. 즉, 주요 이해관계자들은 삶에 관한 결정에 중요한 발언권을 가진 동등한 파트너라는 것이다. 대화는 중요한 문제를 확인하고 분석하며, 지식과 경험의 교환은 해결책으로 이어진다. 변화 과정의 소유권과 통제는 주요 이해관계자의 손에 달려 있다(Tufte & Mefalopulos, 2009).

2) 사회적 기업가주의

맥캐너니는 노벨평화상 수상자 무하마드 유누스(Muhammad Yunus)의 성과를 이 새로운 패러다임의 본보기로 본다. 유누스는 가난한 방글라데시 여성들에게 소액의 담보 대출을 제공하는 그라민 은행(Grameen Bank)의 설립자였다. 이 성공적인 혁신은 지역에서 세계로 확장할 수 있는 역량이 입증되면서 미소금융(microfinancing)으로 알려지게 되었다. 1980년대에 방글라데시 시골에 도입된 이후 그라민 모델은 전 세계에 적용되었다. 이 과정에서 개인은 사회 문제를 파악하는 데 앞장서고 지역 자원 동원을 통해 문제 해결을 위한 개입을 시작했다. 이 접근방식의 핵심을 본받으려는 시도가 전 세계적으로 이어졌다.

3) 21세기

2000년 밀레니엄 정상 회의(2000 Millennium Summit)는 2000년과 2015년 사이에 세계가 집중해야 할 8개의 목표를 내세운 15개년 글로벌 프로젝트를 실시하기로 합의했다. 8개의 밀레니엄 개발 목표(MDGs: Millennium Development Goals)는 극심한 빈곤과 기아를 줄이고, 보편적인 초등 교육을 달성하고, 젠더 평등과 여성의 역량 강화를 촉진하고, 아동 사망률을 줄이고, 모성 건강을 향상하고, HIV/AIDS, 말라리아 및 기타 질병을 퇴치하고, 환경적 지속 가능성을 보장하며, 발전을 위한 글로벌 파트너십을 강화하는 것이었다. 다시 한 번, 국

---

10 라틴어로 '맨 앞에 서서 토론을 하고 합의를 이끌어내는 사람'이라는 뜻이다(역자 주).

제 공동체는 이러한 과제를 해결하는 데 있어 커뮤니케이션의 중심적 역할을 인정했다. 2014년 유니세프에서 발표한 직무 기술서에 명시된 C4D 접근방식은 이 유엔 프로젝트의 필수 요소가 되었다. 인간이 처한 상황을 개선하기 위한 노력을 지속하기 위해 현재 **호모 사피엔스**(Homo sapiens)가 이용할 수 있는 다양한 ICT를 활용하는 데 특히 중점을 두었다.

　2000년 밀레니엄 정상 회의 이후, 국제 공동체는 확인된 과제를 해결하기 위해 노력해왔다. 약간의 진전이 있었지만 충분하지는 않았다. 그래서 2015년까지 MDGs 평가에 훨씬 더 참여적인 접근방식을 채택한 국제 공동체는 2015년에서 2030년 사이의 의제를 구체화했다. 이러한 평가는 계량적 측정 기준과 국가 엘리트의 관점에만 의존하지 않았고, 새로운 커뮤니케이션 기술을 사용하여 일반인의 관점을 포함시키기 위한 노력도 이루어졌다. 이러한 평가와 재계획 과정에서 세계를 변화시키기 위한 17개의 지속 가능한 개발 목표(SDGs: Sustainable Development Goals)에 통합된 새로운 일련의 야심적 목표가 모습을 드러냈다(United Nations, 2014). 2015년부터 2030년까지 세계를 바꾸는 17개 목표는 다음과 같다:

- 목표 1: 빈곤 타파
- 목표 2: 기아 퇴치
- 목표 3: 양호한 건강과 복리
- 목표 4: 양질의 교육
- 목표 5: 젠더 평등
- 목표 6: 깨끗한 물과 위생
- 목표 7: 적정한 가격의 깨끗한 에너지
- 목표 8: 양질의 일자리와 경제 성장
- 목표 9: 산업, 혁신, 그리고 하부구조
- 목표 10: 불평등 감소
- 목표 11: 지속 가능한 도시와 지역사회
- 목표 12: 책임 있는 소비와 생산
- 목표 13: 기후 행동

- 목표 14: 해양 생태계
- 목표 15: 육상 생태계
- 목표 16: 평화, 정의, 그리고 강력한 제도
- 목표 17: 목표 달성을 위한 동반자 관계

5. 발전을 위한 커뮤니케이션 분야의 현대적 전략

지난 70년 동안 국제 개발 공동체는 발전 및 사회 변화 분야에서 다양한 참여 전략을 만들어왔다. 여기에는 공중 인식 캠페인, 소셜 마케팅(social marketing), 교육적 오락물(entertainment-education)[11] 및 옹호(advocacy)가 포함되어 있다. 이러한 이론 주도적 전략은 모두 앞에서 밝힌 체계적인 계획 수립 모델을 따른다.

1) 공중 인식 캠페인

공중 인식 캠페인은 매스 미디어, 특히 방송의 힘을 체계적으로 활용하여 개발 개입에 대한 사회의 인식을 불러일으킨다. 인식은 행동 변화를 이끌어내는 첫 번째 단계로 간주된다(Piotrow et al., 1997). 공익 광고(PSA: public service announcement)[12]는 이 과정에서 사용되는 유력한 인위적 산물(artifact) 가운데 하나이다. 공익 광고는 미국의 '지명 운전자'(designated driver)[13] 음주 운전 방지 캠페인에서 인식 개발 및 강화에 중요한 역할을 했다.

2) 소셜 마케팅

소셜 마케팅은 친사회적(prosocial) 개입을 홍보하고 전달하기 위해 상업적 마케팅 아이디어를 응용하는 것이다. 소셜 마케팅 접근방식의 핵심은 소셜 마케팅의 네 가지 필수 요소인 가격, 제품, 홍보 및 장소를 조화시키는 것이다. 소

---

11 영어 표현 그대로 교육-오락물이라고 부르기도 한다(역자 주).

12 엄밀한 의미에서 광고는 상품이나 서비스 판매를 목적으로 하기 때문에 개인이나 사회 변화에 대한 공중의 인식 제고를 위해 알리는 메시지를 '공익 광고'라고 하기보다는 영어 표현 그대로 '공익 알림' 혹은 '공익 알리미'가 더 정확한 표현일 것이다(역자 주).

13 여러 명이 함께 술을 마실 때 그중 1명을 지명해 그 사람은 술을 마시지 않고 운전을 하게 하라는 캠페인이다(역자 주).

셜 마케팅 전략은 가족 계획 및 재생산 건강, 예방 접종, 아동기 질환 분야에 광범위하게 적용되었다(Piotrow et al., 1997). 오하이오에서는 신체 활동 수준을 높이기 위해 소셜 마케팅을 기반으로 한 개입이 개발되고 있다(Cambridge, 2001).

3) 교육적 오락물

교육적 오락물은 인기 있는 오락물 형식에 친사회적인 교육적 메시지를 체계적으로 포함하는 것으로 정의된다. 최근 몇 년 동안, 이 전략은 농업 기술 개선, 성인 교육, 가정 폭력 예방, 가족 계획 및 재생산 건강, HIV/AIDS 예방, 평화 및 화해를 포함한 광범위한 발전 과제를 해결하는 데 사용되었다(Sherry, 1997; Singhal & Rogers, 1999, 2002; Soul City, 1999). 160개 이상의 교육적 오락물 프로젝트가 1990년과 2000년 사이에 개발되었다. 이 가운데 BBC 해외 서비스(BBC External Service)가 방송하는 라디오 주간(晝間) 연속극인 <새로운 인생, 새로운 희망>(New Life, New Hope)이 포함되어 있다. 이 연속극은 아프가니스탄 사람들 사이의 평화와 화해를 촉진하는 데 기여했다(Bosch & Ogada, 2000).

4) 옹호

발전 과정의 이해관계자와 수혜자들이 그들의 긍정적인 경험과 이점을 보고함으로써 개입을 홍보하면, 그러한 커뮤니케이션의 공신력이 높아진다. 발전 옹호(advocacy for development)가 바로 그런 일을 한다. 효과적인 옹호에 대한 최근의 아주 좋은 예는 존스 홉킨스 대학교, 튀니지(Tunisia)의 아랍 여성 훈련 및 연구 센터(Center of Arab Women for Training and Research)와 런던에 본부가 있는 비정부기구인 평화를 위한 인구 이니셔티브(Population Initiative for Peace)가 공동으로 수행한 '소리 높여 말하는 아랍 여성'(Arab Women Speak Out)이라는 프로젝트이다. 이 프로젝트에 참여한 레바논(Lebanon), 팔레스타인(Palestine), 이집트(Egypt), 튀니지, 예멘(Yemen)의 여성들은 재생산 건강을 결정하는 데 있어서의 여성의 권리를 주장했다. 이 여성들은 영향력 있는 사회 변화의 주체가 되었다(Piotrow et al., 1997). 이러한 전략과 기타 전략에 대한 자세한 내용은 커뮤니케이션 이니셔티브(Communication Initiative) 웹사이트(www.comminit.com)를 참조하라.

6. 얻은 교훈

우리가 근대화-확산에 아주 많은 시간을 보냈다는 것은 그러한 비판에도 불구하고 이 패러다임이 발전과 사회 변화를 위한 커뮤니케이션의 실천에 여전히 영향을 미치고 있음을 보여준다. 인간 커뮤니케이션 능력의 진화에서 볼 수 있듯이, 우리는 새로운 형태의 커뮤니케이션이 나타난다고 해도 오래된 형태의 커뮤니케이션을 결코 버리지 않는다. 커뮤니케이션 학자들은 처음에 호모 사피엔스가 말(speech)을 개발하기 전에 감정을 표현하고 목표 지향적 작업에 동원하기 위한 수단으로 끙끙거리는 소리(grunt), 몸짓 언어(body language), 손가락 가리키기(pointing)를 사용했다고 말한다. 오늘날 우리는 스마트폰과 소셜 미디어가 있음에도 여전히 끙끙거리는 소리의 유산과 손가락 가리키기와 같은 다른 비언어적 커뮤니케이션 방식에 의존한다. 우리의 소셜 미디어 이모티콘(emoticon)과 정보 그래픽(graphic)은 우리의 끙끙거리는 소리와 손가락 가리키기에 대한 오마주(homage)[14]이다. 커뮤니케이션과 발전 분야에서도 마찬가지로 우리는 제2차 세계대전 이후 개발된 능력과 전략에 대한 아이디어, 이론, 관행 및 비판에 의존한다.

이 장의 시작 부분에서 언급했듯이, 발전이라는 용어는 논쟁의 여지가 있는 용어이다. 그러나 필자는 개발 프로젝트들이 긍정적인 사회 변화 추구와 밀접한 관련이 있음을 분명히 알고 있다. 그러한 프로젝트들은 연속선상의 점들이다. 발전은 전략적 사회 변화이다. 오랜 시간 동안 커뮤니케이션은 인간 경험의 중심이었다. 오랜 시간 동안 인간 종(種)은 부정적인 결과와 긍정적인 결과 모두를 가져오는 커뮤니케이션 기술과 과정을 개발했다. 제2차 세계대전 이후, 국가, 권역 및 세계 수준에서 사회 변화를 개발하고 촉진하기 위해 몇몇 기술과 과정이 의도적으로 사용되었다. 윈달, 시그니처 및 올슨(Windahl, Signitzer

---

14 자신이 존경하는 사람의 업적이나 재능에 대해 경의를 표시로 원래의 것을 따라 하는 것을 의미한다(역자 주).

& Olson, 1992)은 발전을 위한 커뮤니케이션 분야가 체계적일뿐만 아니라 창의적이라는 것을 상기시켜주었다. 우리는 이러한 창의성이 발전과 사회 변화를 위한 개입의 전략적 설계에 적용되는 것을 보아왔다. 윤리적 실천을 통해 글을 읽고 쓰지 못하는 시민이 전략적 커뮤니케이션의 모든 개별 단계(분석/형성 연구, 전략 설계, 자료 개발 및 테스트하기, 실행 및 모니터링, 평가, 재계획)에 참여할 수 있는 접근방식이 개발되었다.

"우리는 거인의 어깨 위에 서 있다"라는 표현은 학계의 누적적 성과의 핵심을 나타내는 표현이다. 그것은 지식 창출과 전파 과정의 핵심 단계에 대한 인식이다. 이 분야의 개척자와 길잡이들은 학과와 학회를 만들고 한 세대의 학자들에게 영향을 미쳤다. 슈람, 로저스, 애쉬크로프트(Ashcroft), 밴두라(Bandura)가 미시건 주립대학교, 아이오와 대학교, 스탠퍼드 대학교(Stanford University), 써던 캘리포니아 대학교(USC: University of Southern California)에서 한 일은 중요했다. 그들의 많은 학생이 미국의 존스 홉킨스 대학교와 오하이오 대학교 그리고 전 세계에서 대단히 흥미로운 일을 계속했다. 이 과정은 계속된다. 현 세대의 C4D 실무자들은 이론과 실천 사이의 밀접한 관계를 인식하고 있다. 그들은 또한 지난 70년을 통해 패러다임들은 결코 죽지 않는다는 것을 알고 있다. 패러다임들은 여전히 도구 키트(tool kit)의 일부로 남아 더 효능감 있고 더 윤리적으로 사용된다.

하나의 종(種)으로서 우리는 미지의 영역처럼 보이는 곳으로 이동하고 있다. 알고리즘, 인공 지능(AI: artificial intelligence), 보조 과학기술(assistive technology)15, 기계 학습(machine learning), 로봇 공학(robotics), 가상 현실(virtual reality), 사물 인터넷(Internet of Things)은 추상적 개념이 아니다. 이것은 전 세계적인 상호 의존성 속에서 커뮤니케이션 공간을 확대하고 있는 실재들이다. 이전 시대와 마찬가지로, 이러한 능력은 부정적인 차원과 긍정적인 차원 모두를 가지고 있다. 인류가 직면한 발전 과제는 이러한 과제의 결과가 국민 국가를 초월함에 따라 더 증대된 세계적 협력을 필요로 한다.

---

15 보조 과학기술은 장애인이나 노약자처럼 신체 기능의 일부가 본래 기능을 못하게 되는 경우에 그 기능을 구현하기 위해 적용하는 재활과학기술의 일종이다(역자 주).

발전을 위한 커뮤니케이션의 실천은 특정 문제를 해결하는 것 외에도 지속 가능한 발전과 민주적 삶에 필요한 구조의 생성과 유지에 기여할 수 있다. 이 과정에서 참여를 유도할 필요와 참여를 확대할 필요가 있다. 제2차 세계대전 이후의 역학 가운데 하나는 인구 이동과 디아스포라의 증가였다. 디아스포라는 자신들을 내보내는 사회와 받아들이는 사회의 발전과 사회 변화에 어떻게 참여할 것인가(Brinkerhoff, 2009)?

발전을 위한 커뮤니케이션과 사회 변화 개입은 계속해서 방송 미디어에 의존할 것이다. 오락물에 대한 수요도 증가할 것이다. 오락 프로그램은 전 세계의 모든 방송 편성의 60% 이상을 차지한다. 발전을 위한 커뮤니케이션 실무자는 수혜자와 협력하여 의도적인 사회 변화를 계획하고 설계하고 실행하고 모니터하며 평가할 때 이러한 현실을 반드시 고려해야 한다. 발전과 사회 변화를 위한 오락물, 특히 콘텐트를 프로그램으로 편성하는 것은 C4D의 다음 개척지이다. 발전과 사회 변화를 위한 오락물이 미국과 유럽 및 남미의 다른 프로덕션 센터들이 제작하는 번드르르한 오락 프로그램이 지배하는 글로벌 커뮤니케이션 환경 속에서 효과를 거두고자 한다면 반드시 미학적으로도 경쟁력이 있어야 한다.

토론문제

1. 발전을 위한 커뮤니케이션 프로젝트의 개발 단계와 실행 단계를 찾아내서 논의하라.
2. 마셜 플랜은 무엇인가?
3. 패러다임이란 무엇인가? 근대화와 기타 발전 패러다임의 속성을 분리하고 논의하라.
4. 커뮤니케이션 이니셔티브(www.comminit.com) 또는 존스 홉킨스 대학교 커뮤니케이션 프로그램 센터(Center for Communications Program)(www.jhuccp.org)의 웹사이트를 방문하여 소셜 마케팅 개입과 교육적 오락물 개입을 선택해서 공부하라. 그것들의 설계 접근방식의 유사성에 대한 보고서를 준비하라.
5. 종속성 비판은 발전을 위한 커뮤니케이션의 실천에 어떻게 기여했는가?
6. 지속 가능한 개발 목표(SDGs) 달성에 대한 사회적 기업가의 잠재적 기여를 나열하라.

참고문헌

Afanasyev, V. (1978). *Social information and the regulation of social development*. Moscow: Progress Publishers.

Annan, Kofi A. (2000). *We the peoples: The role of the United Nations in the 21st century*. Report for the United Nations Millennium Summit. Retrieved October 6, 2000, from http://www.un.org/millennium/sg/report/summ.htm

Bandura, A. (1995). Exercise of personal and collective efficacy in changing societies. In A. Bandura (Ed.), *Self-efficacy in changing societies*. Cambridge: Cambridge University Press.

Barge, J. K. (2001). Practical theory as mapping, engaged reflection, and transformative practice. *Communication Theory, 11*(1), 5-13.

Borda, O. (1988). *Knowledge and people's power: Lessons with peasants in Nicaragua, Mexico, and Colombia*. New Delhi: Indian Social Institute.

Bornstein, D., & Davis, S. (2010). *Social entrepreneurship: What everyone needs to know*. New York: Oxford University Press.

Bosch, T. E., & Ogada, J. O. (2000). *Entertainment-education around the world (1989-2000): A report to the third international conference on entertainment-education and social change*. Athens: Communication and Development Studies, Ohio University.

Brinkerhoff, J. (2009). *Digital diasporas: Identity and transnational engagement*. New York: Cambridge University Press.

Calvocoressi, P. (1982). *World politics since 1945*. London: Longman.

Cambridge, V., & Araya, B. (1997). The rehabilitation of "failed states": Eritrea as a beta-site for distance education technologies. In *Educational technology 2000: A global vision for open and distance learning* (pp. 325-337). Vancouver, British Columbia: Commonwealth of Learning.

Cambridge, V. C. (2001). *Formative research for social marketing-based interventions to increase physical activity in Ohio: A study in five counties (Adams, Meigs, Scioto, Defiance, and Lorain)*. Report to Ohio Department of Health's Bureau of Health Promotion and Risk Reduction. Athens: Communication and Development Studies, Ohio University.

Cambridge, V. C., & Sleight-Brennan, S. (2000). *Report to UNESCO on workshop on entertainment-education held for Central Asian media professionals held in Ashgabat, Turkmenistan.* Athens: Communication and Development Studies, Ohio University.

Chambers, R. (1994, July 22-24). *Poverty and livelihoods: Whose reality counts?* Overview paper prepared for the Stockholm roundtable on global change.

Childers, E. (1973, February 20). *Draft guidelines and instructions for development support communication in country programming, project formulation, and implementation and evaluation.*

Document circulated for consideration and revision at RBAFE training workshop and regional meeting.

DeFleur, M. L., & Ball-Rokeach, S. (1989). *Theories of mass communication* (5th ed.). New York: Longman.

Dervin, B., & Huesca, R. (1997). Reaching for the communicating in participatory communication: A meta-theoretical analysis. *Journal of International Communication, 4*(2), 46-74.

Dorfman, A., & Mattelart, A. (1971). *How to read Donald Duck.* Chile: Ediciones Universitarias de Valparaiso.

Drucker, P. (1985). *Management: Tasks, responsibilities, practices.* New York: Harper & Row.

Fraser, C., & Restrepo-Estrada, S. (1998). *Communicating development: Human change for survival.* New York: I. B. Tauris.

Frederick, H. (1990). *Global communication and international relations.* Belmont, CA: Wadsworth.

Freire, P. (1983). *Pedagogy of the oppressed.* New York: Seabury Press.

Harari, Y. (2015). *Sapiens: A brief history of mankind.* New York: HarperCollins.

Jagan, C. (1966). *The West on trial: My fight for Guyana's freedom.* New York: International Publishers.

Lerner, D. (1958). *The passing of traditional society: Modernizing the Middle East.* New York: Free Press.

Lerner, D., & Schramm, W. (1967). *Communication and change in the developing countries.* Honolulu: University Press of Hawaii.

McAnany, E. (2012). *Saving the world: A brief history of communication for development and social change*. Illinois: University of Illinois Press.

McClelland, D. (1964). Business drive and national achievement. In A. Etzioni & E. Etzioni (Eds.), *Social change* (pp. 165–178). New York: Basic Books.

Meier, G., & Seers, D. (1984). *Pioneers in development*. New York: Oxford University Press for the World Bank.

Moemeka, A. (2000). *Development communication in action: Building understanding and creating participation*. Lanham, MD: University Press of America.

Piotrow, P., Kincaid, D. L., Rimon II, J. G., & Rinehart, W. (1997). *Health communication: Lessons from family planning and reproductive health*. Westport, CT: Praeger.

Rhodes, R. (Ed.). (1970). *Imperialism and underdevelopment*. New York: Monthly Review Press.

Rodney, W. (1972). *How Europe underdeveloped Africa*. United Kingdom: Bogle–L'Ouverture Publications.

Rogers, E. (1962). *Diffusion of innovations*. New York: Free Press.

Rogers, E. (1994). *A history of communication study: A biographical approach*. New York: Free Press.

Rostow, W. (1990). *The stages of economic growth: A non-communist manifesto* (3rd ed.). Cambridge: Cambridge University Press.

Schramm, W. (1964). *Mass media and national development: The role of information in developing nations*. Stanford, CA: Stanford University Press.

Servaes, J., & Malikhao, P. (1994). Concepts: The theoretical underpinnings of approaches to development communication. In *Approaches to development communication*. Paris: UNESCO.

Sherry, J. (1997). Pro-social soap operas for development: A review of research and theory. *Journal of International Communication, 4*(2), 75–101.

Shirky, C. (2008). *Here comes everybody: The power of organizing without organizations*. New York: Penguin.

Singhal, A., & Domatob, J. (1993). The field of development communication: An appraisal. A conversation with Professor Everett M. Rogers. *Journal of Development Communication, 2*(4), 97–101.

Singhal, A., & Rogers, E. (1999). *Entertainment-education: A communication strategy for social change*. Mahwah, NJ: Erlbaum.

Singhal, A., & Rogers, E. (2002). *Combatting AIDS: Communication Strategies in Action*. London: Sage.

Singhal, A., & Sthapitanonda, P. (1996). The role of communication in development: Lessons learned from a critique of the dominant, dependency, and alternative paradigms. *Journal of Development Communication, 1*(7), 10‒25.

So, A. (1990). *Social change and development: Modernization, dependency, and world-system theory*. Newbury Park, CA: Sage.

Soul City. (1999). *Edutainment: How to make edutainment work for you*. Houghton, South Africa: Soul City.

Tomasello, M. (2008). *Origins of human communication*. Cambridge: Massachusetts Institute of Technology.

Tufte, T., & Mefalopulos, P. (2009). *Participatory communication: A practical guide*. Washington, DC: World Bank.

Tuluhungwa, R. (1981). Highlights of PSC activities in 1980. *Project Support Communications Newsletter, 5*(2), 1‒2.

UNESCO. (1980, June 7). *Resolution on the new international information order of the 4th Meeting of the Inter-governmental Coordinating Council of Non-aligned Countries for Information*. Baghdad.

UNICEF. (2015a). *Communication for development: C4D*. Retrieved from https://www.unicef.org/cbsc/index_42328.html

UNICEF. (2015b). *Support UNICEF C4D Knowledge Management and Capacity Development, Consultancy*. Job application. Retrieved from https://www.devex.com/jobs/support-unicef-c4d-knowledge-management-and-capacity-development-consultancy-402577

United Nations. (n.d.). Preamble. http://www.un.org/aboutun/charter

United Nations. (1949). *Statistical yearbook 1948*. Lake Success, NY: United Nations.

United Nations. (1974, May 1). *Declaration on the establishment of a new international economic order*. New York: United Nations.

United Nations. (2014, December 4). *The road to dignity by 2030: Ending poverty, transforming all lives and protecting the planet. Synthesis report of the Secretary-General on the post-2015 sustainable development agenda*. New York: United Nations.

UN Women. (2015). *The process to identify the sustainable development goals.* http://www.unwomen.org/en/what-we-do/post-2015/sustainable-development-goals

Weinstein, J. (1997). *Social and cultural change: Social science for a dynamic world.* Boston: Allyn & Bacon.

Windahl, S., Signitzer, B., & Olson, J. (1992). *Using communication theory: An introduction to planned communication.* London: Sage.

3부

8장

디지털 시대의 글로벌 뉴스 및 정보 흐름

쿨딥 R. 람팔(Kuldip R. Rampal)

인터넷의 도달 범위 확대로 인해 사회 이슈에 관한 공공 담론에 소셜 미디어를 사용하는 것이 전 세계적으로 계속해서 엄청난 이득을 가져다줌에 따라, 기존 뉴스 공급자들의 생존 가능성과 영향력은 전례 없는 어려움에 직면해 있다. 빠른 피드백과 반격의 무기를 갖춘 소셜 미디어 이용자는 사실, 정확성, 맥락 및 기득(旣得) 의제(vested agenda)에 대해 주류 뉴스 전달자들에게 서슴없이 책임을 묻는다. 이와 같은 어려움에 직면한 전통적인 뉴스 취재자와 전파자들이 소셜 미디어의 공격에 방어적으로 반응하기를 원치 않는다면, 그들은 그들의 기술을 더 전문적으로 발휘할 것으로 예상된다. 소셜 미디어 세계가 그 자체의 편견과 의제로 가득 차 있지 않다는 말은 아니지만, 소셜 미디어 역시 공신력과 호소력을 유지하기 위해 그들이 무시할 수 없는 전통적인 미디어의 정보 제작물에 대해 많은 객관적인 조사와 의문을 제기한다. 이것이 바로 오늘날 뉴스와 정보 흐름의 역학인데, 이는 인터넷이라는 위대한 발명이 가능하게 한 소비자의 역량 강화 때문이다. 소셜 미디어 담론이 계속 확장되는 것 외에도 대안적인 인터넷 기반 뉴스와 분석이 증가하면서 전 세계적으로 인터넷 이용자 수가 계속해서 늘어남에 따라, 전통적인 뉴스 공급자들은 이 새로운 정보 환경에서 경제적으로 살아남기 위해 계속해서 새로운 전략을 모색하고 있다. 2020년대에 접어들면서 글로벌 뉴스 및 정보 흐름은 분명 기로에 서 있다.

ITU는 전 세계 인터넷 이용자 수가 2010년의 19억 9,100만 명에서 2016년 말에는 33억 8,500만 명으로 70% 증가했다고 보고했다(ITU, 2018). 인터넷 네트워킹 회사인 시스코(Cisco)는 2017년 보고서에서 2020년에는 인터넷 이용자 수가 41억 명에 이를 것인데, 이는 그해 예상 세계 인구 78억 명 가운데 절반 이상에 해당하는 수치라고 밝혔다(Cisco, 2017). 전 세계적으로 소셜 미디어 이용자 수는 2010년 9억 7,000만 명에서 2016년 22억 8,000만 명으로 135% 증가했으며, 2020년에는 29억 명으로 증가할 것으로 예상된다(Statista, 2018a). 인터넷은 전혀 새로운 정보 및 커뮤니케이션 세계를 열어주었기 때문에 일반적으로 혁명적 매체로 특징지어진다. 개인적인 이유와 직업적인 이유에서 인터넷을 빠른 통신 수단으로 이용하는 것 외에도 이용자는 이 멀티미디어, 대화형 미디어를 이용하여 전 세계에서 원하는 뉴스, 정보 및 오락물을 특정하여 획득한다. 인터넷이 촉진하는 이러한 필요 기반의(need-based) 정보 소비 패턴은 소비자가 전통적인 미디어 게이트키퍼(gatekeeper)가 선택해서 제공하는 뉴스와 정보를 수신하는 수백 년 된 모델과 근본적으로 다르다.

그 밖에도 인터넷과 이동 통신의 결합은 글로벌 뉴스 및 정보 흐름의 성장을 위한 주요 동력으로 작용하고 있다. 전 세계 스마트폰 이용자 수는 2016년 21억 명으로 보고되었으며, 2020년에는 28억 7,000만 명으로 증가할 것으로 예상된다(Statista, 2018b). 이러한 모바일 기술과 인터넷 기술의 대규모 융합으로 전 세계 인터넷 이용자의 뉴스 및 정보 소비 패턴이 빠르게 변하고 있다. 예를 들어, 2018년 미국인의 73%는 뉴스를 보기 위해 소셜 미디어를 포함한 온라인 정보원(情報源)을 이용했으며 뉴스에 접속하기 위해 선택한 기기는 56%가 스마트폰이었다. 21%만이 인쇄 미디어를 그들의 뉴스원으로 언급했다(Reuters, 2018a).

따라서 전 세계적으로 뉴스와 정보를 제공해온 전통적인 공급자들은 저널리즘이 시작된 이래 전례 없는 과제, 즉 이러한 혁신적인 미디어 환경에서 소비자에게 여전히 의미 있는 존재로 남아 있는 방법을 찾아야 하는 어려움에 직면해있다. 소셜 미디어와 웹 기반 대안 뉴스원이 출현하기 전부터 미국과 같은 선진 민주주의 국가에서 전통적인 미디어들에게는 그들의 낮은 공신력으로 인해 이 디지털 시대의 정보 소비자에게 여전히 의미 있고 필요한 존재로 남아 있기 위해 해결해야 할 새로운 과제가 많다. 뉴스와 정보의 온라인 소비자들은 자연스럽게 인터넷의 상호작용적 속성을 이용해 특정한 요구를 충족할 수 있다. 따라서 전통적인 매스 미디어의 제작자는 인터넷이 지배하는 사회에서 소비자의 전문화되고 다양한 필요를 충족시킬 수 있는 혁신적인 방법을 찾아야 하며 소셜 미디어에 정통한 소비자로부터 새로운 차원의 해명 요구를 받아들여야 한다.

이러한 새로운 기술 및 정보 소비 환경이라는 틀 안에서 우리는 이 장의 주제에 접근한다. 먼저 국제 뉴스 통신사와 뉴스 조직의 전통적인 뉴스 운영에 대해 논의한 다음, 온라인 소비자를 위한 뉴스 패키징(packaging)의 새로운 방향을 검토한다. 이 장은 또한 선진국과 개발도상국 간 뉴스 흐름의 질과 양의 문제에 대해서도 살펴볼 것이다.

1. 뉴스 통신사의 기원과 초기 역사

1800년대 상반기에 유럽과 미국에서 등장한 대중 신문들의 뉴스 및 상업적 정보 필요성은 적어도 세 주요 서방 뉴스 통신사, 즉 AP(Associated Press), 로이터스(Reuters) 및 AFP(Agence France-Presse) 창설의 유인(誘因)이 되었다. 산업이 확장하는 사회에서 광고가 중요한 수입원이 되고 문해력과 경제 수준이 높아지면서 독자층이 증가함에 따라, 일반적으로 페니 프레스(penny press)[1]로 알려진 대중 신문이 등장했다.

사회학자 마이클 셔드슨(Michael Schudson, 1978)은 1830년대 미국의 대중 뉴스 시장이 "민주적 시장 사회"(democratic market society)의 출현에서 비롯됐다고 보았다. 그 어느 때보다 더 많은 미국인이 사업과 정치에 관심을 가졌다. 비즈니스 분야에서 이러한 움직임은 자본주의적 중산층의 성장으로 나타났다. 정치 분야에서 이러한 움직임은 잭슨 민주주의(Jacksonian democracy)[2] 또는

---

1 신문의 가격이 일반 대중이 구입할 수 있는 싼 가격인 1페니였기 때문에 페니 프레스라 불렸다 (역자 주).

2 미국의 대통령이었던 앤드류 잭슨(Andrew Jackson)과 그의 지지자들이 실천한 정치사상을 의미한다. 잭슨이 재임기간 펼친 정책은 잭슨의 이전 시대를 풍미하던 제퍼슨 민주주의 시대를 계승한 것들이었다(역자 주).

'대중' 민주주의(mass democracy)로 알려졌다. 프랑스인들은 1836년에 소위 자신들 버전의 '값싼 신문'(cheap press)을 다루기 힘든 중산층이 더 민주적이기를 계속해서 요구하는 수단으로 보았는데, 왜냐하면 루이 필리프(Louis Philippe)의 제한 군주제(limited monarchy) 하에서는 20만 명만이 투표할 수 있었기 때문이다. 영국에서는 신문 인지세 철폐로 인해 신문 제작비가 감소되자 1850년대에 대규모 대도시 중산층의 구미에 맞춘 페니 프레스가 등장했다.

그 당시에는 어떤 신문사도 뉴스에 대한 독자들의 증가하는 수요를 충족시키기 위해 멀리 떨어진 지역에서 뉴스를 취재해서 전송할 재정적·기술적 자원이 없었기 때문에, 뉴스 통신사 설립을 위한 무대가 마련되었다. 뉴스 통신사는 뉴스와 정보 제작물을 많은 신문사에 판매함으로써 같은 양의 뉴스를 신문사가 자체적으로 취재할 경우 드는 비용보다 더 적은 비용으로 많은 양의 뉴스를 공급할 수 있었다. 뉴스 통신사들은 또한 가능한 한 빨리 뉴스를 전송하기 위해 전신과 같은 기술 시설에 투자할 수 있는 재정적 자원을 평균적인 신문사보다 더 많이 가지고 있었다.

1) AFP

서방의 4대 국제 뉴스 통신사 가운데 가장 오래된 AFP는 1835년 프랑스인인 샤를 루이 아바스(Charles Louis Havas)에 의해 설립되었고 설명 당시의 사명은 아바스 통신사(Havas Agency)였다. 파리에 본사가 있는 이 통신사는 하바스가 10년 전에 시작한 뉴스 배포 서비스에서 시작되었는데, 뉴스 배포 서비스의 주 고객은 상인과 공무원이었다. 프랑스에 등장한 '값싼 신문'으로 인해 뉴스 수요가 크게 증가함에 따라 아바스는 더 많은 특파원을 고용하고 새로 발명된 전신을 사용하여 뉴스를 더 빠르게 전송함으로써 운영을 확장했다. 1860년에 그의 뉴스 통신사는 유럽 전역에서 뉴스를 보도하고 있었고 유럽 대륙 대부분의 신문사가 이 서비스에 가입해 있었다.

나치의 침략에 직면한 프랑스 정부는 1940년 이 통신사의 뉴스 지점을 매입하여 선전 사무소로 만들었다. 승리한 독일군은 이 통신사를 탈취하고 공식 나치 뉴스 통신사 DNB[3]의 일부로 바꾸었다. 1944년, 나치 점령군으로부터 해방된 후, 아바스 통신사는 현재의 AFP로 사명을 바꾸고 국가 소유 및 국가 재정지원

기업이 되었다. 1957년, 프랑스 의회는 AFP에 운영상의 독립을 보장하는 법안을 통과시켰지만, AFP 이사회에는 계속 정부 대표가 포함되어 있다(Expatica, 2018).

2) AP

AP(Associated Press)는 대서양 횡단 선박을 통해 보스턴과 뉴욕 항구로 보내는 국제 뉴스의 전신 중계에 자금을 지원하기 위해 1848년 6개의 뉴욕시 신문사가 설립한 하버 뉴스 협회(Harbor News Association)에서 성장했다. 이전에 신문사들은 보트에 기자를 태워 대서양 횡단 선박에 먼저 도달하기 위해 경쟁했다. 경쟁이 매우 치열해졌고 비용도 많이 들었기 때문에 뉴스 협동조합을 만들기로 했는데, 이것이 오늘날 AP의 운영 구조로 이어졌다. 1849년, 하버 뉴스 협회는 유럽에서 오는 선박을 만나기 위해 캐나다 노바 스코샤(Nova Scotia)주의 핼리팩스(Halifax)에 최초의 해외 지국을 개설했다. 이 조치를 통해 협회는 뉴욕이나 보스턴에 정박하기 전에 신문에 기사를 전송할 수 있었다. 9년 후에는 유럽에서 온 소식이 대양 횡단 케이블을 통해 직접 도착했다.

다른 뉴스 통신사와의 합병에 따라 하버 뉴스 협회는 1857년 뉴욕 AP(New York Associated Press)가 되었다. 전신 비용을 줄이기 위해 뉴욕 AP는 서부 AP(Western Associated Press), 남부 AP(Southern Associated Press), 필라델피아 AP(Philadelphia Associated Press)를 포함한 미국의 다른 지역에 있는 지역 신문 그룹과 뉴스 교환 계약을 체결했다. 뉴욕 AP는 워싱턴 DC와 해외에서 오는 뉴스를 포함해 가장 중요한 뉴스를 그들에게 배급했다. 각 그룹은 여기에다 권역 보도를 추가했다. 서부 AP는 1885년 협동조합에서 탈퇴한 후, 1892년 일리노이(Illinois)에서 AP를 설립했다. 이 조직 재편에 맞서 싸웠던 뉴욕 AP는 그해에 폐업했다. AP는 1890년대 중반까지 700개의 신문이 서비스에 가입하면서 빠르게 확장했다. 1900년, AP는 뉴욕에서 재설립되었고 그때 이후 현재까지 본사는 뉴욕에 있다.

1945년 이후 AP 조직에는 두 가지 중요한 변화가 있었다. 한 역사적인 결정

---

3 Deutschen Nachrichtenbüros의 약칭이다(역자 주).

에서 미국 연방대법원은 회원들이 같은 도시의 경쟁사가 AP 가입 요건인 AP 회원 자격을 얻으려는 것을 막을 수 있게 한 AP 내규 조항이 불법이라고 판결했다. 법원의 판결에 따라 AP 회원 자격은 자격을 갖춘 모든 미국 신문사에 개방되었다. 1946년, 라디오 방송국이 처음으로 AP의 준회원 자격을 부여받아 정규 서비스에 가입할 수 있게 되었다. 이전에 라디오 방송국은 방송국 전용 보조 서비스에만 가입할 수 있었다.

3) 로이터스4

1857년 3월에 영국 시민권을 취득한 독일 태생의 이민자 폴 줄리어스 로이터(Paul Julius Reuter)는 1851년 10월 런던 사무소를 개설한 후 최초의 해저 케이블을 사용하여 런던과 파리 간에 주식 시장 시세를 전송했다. 2년 전, 그는 비둘기를 이용해 아헨과 브뤼셀 사이에 주식 가격을 주고받았다. 1859년에 로이터는 영국의 모든 신문사와 다른 유럽 국가로 서비스를 넓혔으며 콘텐트도 확장해서 일반 뉴스에다 경제 뉴스도 포함시켰다. 리드(Read, 1999)는 폴 로이터가 당연히 일반 뉴스 서비스를 상업 서비스와 함께 운영되는 것으로 간주했다고 말한다: "[로이터]는 패배한 전투, 정치적 위기, 심지어 악천후에 대한 보도가 시장에 영향을 미칠 수 있으며, 반대로 시장 위기에 대한 뉴스도 흔히 정치적 영향을 미친다는 사실을 잘 알고 있었다"(p. 28). 국제 전신 네트워크가 발전함에 따라 지국이 유럽 전역에 걸쳐 우후죽순처럼 생겨났으며, 1861년에는 아시아, 남아프리카 공화국, 호주에 로이터의 기자들이 배치되었고 1874년에는 극동과 남미에도 입지를 구축했다.

1915년까지 가족 회사였던 이 통신사는 그해 말에 로이터스 리미티드(Reuters Limited)라는 이름의 비공개 회사(private company)가 되었다. 영국의 지방 신문사를 대표하는 조직인 신문 협회(Press Association)가 1925년 로이터스의 대주주가 되었으며, 1939년 본사를 런던으로 이전했다. 1941년, 영국 신문 협회가 로이터스 주식을 상당량 인수한 후 이 통신사는 영국 신문사 협동조합 자산이 되었다. 로이터스 트러스트(Reuters Trust)는 로이터스의 중립성과 독립성을 보

---

4 우리는 흔히 '로이터'라고 하지만 로이터는 창립자의 이름이고 이 회사의 공식 명칭은 '로이터스'(Reuters)이다(역자 주).

호하기 위해 그해에 설립되었다. 1984년, 로이터스는 런던 증권 거래소(London Stock Exchange)와 미국의 나스닥(NASDAQ)에 상장된 공개 회사(public company)가 되었으며, 2008년에는 캐나다 전자 출판사인 톰슨 코퍼레이션(Thomson Corporation)과 합병하여 톰슨 로이터스(Thomson Reuters)가 된 후 두 주식시장에서 철수했다. 합병으로 인해 로이터스 저널리스트 조합은 합병 회사의 대다수 지분이 이제 캐나다의 톰슨가(家)가 소유하게 되므로 로이터스의 저널리즘의 질과 공평성(impartiality)을 저해할 수 있다는 우려가 제기되었다. 로이터스의 정관은 개인 지분을 15%로 제한하고 있는데, 로이터스의 수탁자들(trustees)[5]은 톰슨의 로이터스 매입에 대해 이 조항을 면제해주었다(New York Times, 2007). 톰슨 로이터스는 현재 토론토 증권 거래소와 뉴욕 증권 거래소에 상장되어 있다. 2010년에 본사를 뉴욕시로 옮겼다.

4) UPI

UPI(United Press International)는 1907년 7월 21일 UPA(United Press Associations)로 설립되었는데, 왜냐하면 설립자 E. W. 스크립스(E. W. Scripps)는 누구나 뉴스 통신사로부터 뉴스를 구매할 수 있도록 뉴스 구매에 대한 제한이 없어야 한다고 믿었기 때문이다. AP 회원 발행인이 새로운 발행인에 대해 AP의 서비스를 거부할 수 있기 때문에 스크립스는 당시 존재했던 AP의 제한적인 회원 가입 규칙에 반대했다.

이 제한에 맞서 싸우기로 한 그는 1900년대 초에 미국 중서부의 스크립스-맥레이 신문협회(Scripps-McRae Press Association)와 태평양 연안의 스크립스 뉴스 협회(Scripps News Association)를 조직했다. 1906년, 그는 미국 동부에 있는 소규모 뉴스 통신사인 퍼블리셔즈 프레스(Publishers Press)를 인수하고 다음 해에 세 서비스를 합병하여 UPA를 만들었다. 이 통신사의 이름은 1958년 5월 16일 윌리엄 랜돌프 허스트(William Randolph Hearst)의 INS(International News Service) 및 INP(International News Photos)와 합병하면서 UPI로 바뀌었다.

---

5 신탁(위탁자가 수탁자에게 일정한 목적에 따라 재산의 관리와 처분을 맡기는 일)을 관리하는 사람을 말한다. 수탁자는 법에 따라 그리고 신탁문서에 명시된 권한을 가지며 신탁내용을 구현하기 위해 필요한 행위(대출, 비용부담, 사업운영)를 할 묵시적 권한이 있다(역자 주).

UPI 역사에서 가장 중요한 부분은 UPI가 1869년에 다른 주요 서방 통신사들이 설립한 카르텔(cartel) 협정을 거부함으로써 전 세계적인 뉴스 취재와 배급을 가능하게 하는 데 중요한 역할을 했다는 것이다. AP, 로이터스, AFP, 독일 통신사 볼프(Wolff)는 전 세계의 특정 지역에서만 독점적으로 뉴스를 취재·배급하고 가입자에게 후속 배급을 하기 위해 그들 간에 뉴스를 상호 교환하기로 합의했다. 1907년에 창설된 직후 UPI는 처음에는 영국에 이어서 일본과 남미에 서비스를 판매함으로써 그 카르텔에 도전했다. 뒤처지기를 원하지 않았던 AP는 1918년에는 아바스와 1926년에는 로이터스와 그들의 독점 구역들 내에서 AP의 서비스를 판매하기로 하는 합의서에 서명했다. 1933년에 볼프가 폐쇄되고 나머지 세 회원 간의 운영상의 의견 불일치로 인해 1934년에 카르텔이 공식적으로 해체되었다.

세계 최대의 개인 소유 통신사인 UPI는 결국 경쟁 서비스를 따라 가지 못했으며 1982년 스크립스가(家)에 의해 매각된 이후 두 차례의 파산 구조개편과 5명의 소유자를 거쳤다. 1992년부터 사우디아라비아 투자자 그룹의 통제 하에 있었던("UPI Sold," 1992) UPI는 2000년 5월 중순 한국의 문선명 목사가 설립한 글로벌 미디어 기업인 뉴스 월드 커뮤니케이션즈(News World Communications)에 팔렸다. 들리는 바에 의하면, UPI에서 57년 동안 일했고 백악관(White House) 특파원을 지냈던 헬렌 토머스(Helen Thomas)는 인수에 불만을 느낀 나머지 그 다음날 사임했다고 한다. 이 회사는 「워싱턴 타임스」(*Washington Times*)와 20개 이상의 국가에서 다른 신문과 잡지를 발행한다. UPI의 사장 겸 CEO이자 2001년부터 2015년 초 사망할 때까지 편집장을 역임한 아노 드 보그라브(Arnaud de Borchgrave)는 직원들에게 뉴스 월드 커뮤니케이션즈의 일부 임원이 문 목사가 이끄는 통일교 신자이기는 하지만, 통일교는 뉴스 월드 커뮤니케이션즈와 공식적인 관계가 없다고 말했다("Moonies Acquire UPI," 2000). 라디오 뉴스와이어(newswire)[6]의 선구자 가운데 하나인 UPI는 인터넷을 위한 제품과 인터넷을 통해 전달되는 제품에만 관심을 기울이려는 계획의 일환으로 1999년 방송 뉴스 비즈니스에서 손을 뗐다. 1999년 8월, AP가 UPI 방송 와이어 서비스와 라

---

6 신문이 아닌 방송 분야의 가입자들에게 뉴스 제공 서비스를 하는 통신사를 말한다(역자 주).

디오 부문 그리고 400명의 가입자를 인수했다.

5) TASS

또 하나의 세계에서 가장 큰 뉴스 통신사인 TASS는 1992년부터 2014년 8월까지 ITAR-TASS(Information Telegraph Agency of Russia-Telegraph Agency of the Soviet Union)로 불렸다. ITAR-TASS는 1904년에 설립된 소비에트 TASS 통신사의 후계자였다. 러시아의 경제 상태에 대한 허위 보도가 해외로 유포되는 것을 우려한 니콜라이 2세(Nikolai II)는 1904년 7월 21일 SPTA(St. Petersburg Telegraph Agency)를 설립하여 국내외 정치, 금융, 경제, 무역, 기타 공중 관심사 데이터를 보도할 수 있도록 허가했다(TASS, 2018). 이 통신사는 1904년 9월 1일 업무를 개시했다.

SPTA는 1909년에 종합 통신사가 되었으며, 1914년 PTA(Petrograd Telegraph Agency)로 이름이 변경되었다. 1917년 볼셰비키(Bolshevik) 혁명 이후 PTA는 다른 정부 기관인 신문국(Press Bureau)과 합병하여 ROSTA(Russian Telegraph Agency)가 되었다. ROSTA는 공식 발표와 뉴스를 배급하고 볼셰비키가 통제하는 지역의 신문사에 선전 자료를 내보내기 위해 만들어졌다. 1925년 7월 10일, 모스크바에 본사를 둔 TASS가 ROSTA를 대체했다. 소련의 미디어 구조하에서 TASS는 연방, 주 및 외국 뉴스를 전국 미디어와 각 소비에트 주(州)의 지역 통신사에 제공했다.

1991년 말, 소련 해체 이후 러시아는 러시아 역사상 처음으로 검열을 폐지한 '신문법'(Law of the Press)을 채택했다. 그러나 많은 미디어 조직이 주 예산으로 재정 지원을 받는 '공식'(official) 미디어 조직으로 분류되었다. TASS 사장은 이 통신사를 객관적이고 전문적인 방식으로 운영하기를 바랐지만, TASS 역시 그러한 공식 조직 가운데 하나로 확인되었다(Ignatenko, 1993). 1992년 2월, TASS가 ITAR와 합병한 후 ITAR-TASS로 이름이 바뀌었지만 국영 뉴스 통신사인 것은 여전했다. ITAR은 국내 뉴스를 보도했으며 TASS는 세계 사건을 보도했다. 그러나 2014년 9월 이 통신사는 예전 이름으로 돌아갔는데, 왜냐하면 사장의 말대로 TASS가 "역사적이고 세계적으로 인정받는 이름"이었기 때문이다(Radio Free Europe Radio Liberty, 2014).

2. 오늘날의 국제 뉴스 통신사

국제 뉴스 통신사에 의한 뉴스 배급은 1950년대 초 분(分)당 60단어 속도의 텔레타이프(teletype)[7] 전송에서 크게 발전했다. 최신 텔레커뮤니케이션 시설[전화, 라디오, 케이블, 위성 전화, 모바일 안테나가 있는 사진 업링크(uplink), 무선 위성 업링크가 있는 랩톱 컴퓨터, 인터넷]을 사용하는 오늘날의 뉴스 통신사는 지구상에 있는 두 지점 간에 분당 최대 1만 단어를 전송할 수 있다. 서방의 3대 뉴스 통신사는 통상 하루에 수백만 개의 단어, 수천 개의 사진 및 그래픽, 수백 개의 기타 뉴스 및 정보 제작물을 전송한다. 여기서는 국제 뉴스 통신사의 현대적 운영에 대해 살펴보기로 한다.

1) AP

AP가 선언한 그들의 사명은 "가장 높은 수준의 진실성과 윤리적 행동"으로 전 세계 모든 지역에 사실에 기반한 보도를 제공하는 것이다. AP의 뉴스 가치 및 원칙 선언문(Statement of News Values and Principles)은 그들의 기준과 실무에 대해 설명하고 있다(AP, 2018a). 이 통신사는 AP 편집국장 협회(Associated Press Managing Editors Association)가 작성한 윤리 강령에 동의한다. 비영리 협동조합인 AP는 2014년에는 약 1,400개의 미국 신문사가 공동 소유하고 있었지만(AP, 2015a), 2016년에는 1,286개의 일간 신문사로 공동 소유주의 수가 감소했다(Statista, 2018c). 회원 신문사는 협동조합을 관리할 이사회를 선출한다. AP에 따르면, 1만 5,000개 이상의 인쇄 및 방송 뉴스 미디어와 전 세계의 다양한 사업체가 텍스트, 오디오, 비디오, 사진 및 데이터를 포함한 다중 형식 서비스에 가입해 있다(AP, 2018b). 전 세계적으로 약 4,100명의 직원이 있으며 이중 3분의 2는 저널리스트와 편집자이다. AP는 101개 국가에 254개 지국을 보유하고 있는데, 약 150명의 직원이 일하는 워싱턴 DC 지국이 가장 크며 전 세

---

[7] 텔레타이프의 문자키를 두드리면 자동적으로 문자에 따른 부호로 바뀌고 긴 테이프에 구멍이 뚫리게 된다. 이렇게 하여 만든 테이프를 송신기에 걸어 전기 신호를 보내면 수신기는 이 부호에 따라 자동적으로 테이프 위에 문자를 찍게 되는 원리로 작동되는 전신타자기를 말한다(역자 주).

계에 걸쳐 10개의 권역 편집 허브가 있다(AP, 2017).

AP에 따르면, 전 세계 가입자에게 매일 2,000개 이상의 뉴스 기사, 약 2,750 개의 사진, 약 200개의 뉴스 영상을 전송하며, "전 세계 인구의 절반 이상이 매일 AP의 콘텐트를 본다"라고 한다(AP, 2018b). 협동조합인 AP는 또한 회원 신문사의 기사를 모든 가입자에게 배급할 권리를 보유하고 있다. AP의 뉴스 서비스는 주, 전국, 국제 와이어(wire) 형태로 제공된다. 주 와이어로 전송되는 기사는 해당 주의 신문사와 방송사 회원만 볼 수 있다. 또한 전국으로 '이동하는' 기사는 AP의 미국 신문사 회원들이 사용할 수 있다. 영어, 스페인어, 아랍어로 제공되는 AP의 국제 와이어에 등장하는 기사는 모든 해외 가입자에게 전달된다. AP는 또한 1946년부터 별도의 스포츠 와이어도 제공했다.

미국과 기타 선진국의 전통적인 미디어의 수, 발행부수 및 수입이 디지털 정보 시대에 꾸준히 감소하여 뉴스 통신사의 가입자와 수익이 감소함에 따라, AP는 다른 뉴스 통신사와 마찬가지로 경제적 생존을 위해 계속해서 스스로 다른 모습을 보여주려 노력해왔다. AP의 연간 매출액은 2008년 7억 7,800만 달러로 정점을 찍은 후 대체로 감소했으며, 2016년 보고된 순이익은 160만 달러였다(Spokesman-Review, 2017). 2000년 3월, 온라인 서비스가 엄청난 사업 잠재력을 가지고 있음을 인식한 AP는 현재 AP 디지털 및 시각 저널리즘(AP Digital and Visual Journalism)이라 부르는 새로운 부문의 설립을 발표했다. 이 부문은 디지털용은 물론 소셜 미디어와 기타 AP 고객용 비디오, 사진, 텍스트 제작을 관리·감독한다. 소셜 미디어용 AP 제작물은 소셜 미디어 지침(Social Media Guidelines)의 틀 내에서 생산된다. AP는 디지털 및 시각 저널리즘 분야에서 다양한 새로운 이니셔티브를 도입했다. 2007년에 "사람들은 결국 휴대폰으로 뉴스를 소비하게 될 것"이라고 주장하면서 AP는 그해 AP 모바일 앱을 출시하여 디지털 플랫폼에 최초의 뉴스 앱을 도입했다. AP 모바일(AP Mobile)은 큰 성공을 거두긴 했지만 새로운 스마트폰 기술을 따라 잡고 새로운 광고 수익 흐름(revenue stream)을 창출하기 위해 2016년 AP 뉴스(AP News)라는 새로운 앱을 도입하면서 단계적으로 폐지되었다. AP는 새로운 앱이 이용자들을 회원사의 웹사이트로 이동시켜 그들 지역의 보도에 접속하게 함으로써 더 많은 지역 콘텐트를 포함해 그들의 선호도와 행동에 맞춘 단순화되고 개인화된 뉴스

피드(feed)를 이용자들에게 제공하며, 회원사들에게는 트래픽 혜택을 제공한다고 말한다(Easton, 2016). AP 회원사들은 AP가 앱을 통해 뉴스를 전달하는 활동에 참여해야 한다. AP는 또한 온라인 소비자의 정보 필요와 선호도에 대한 설문 조사 결과를 토대로 글로벌 관점, 비즈니스, 기술, 스포츠, 오락, 건강 및 과학 분야에서 틈새 지향 뉴스 보도를 더 늘려왔다. AP의 글로벌 뉴스 부장인 마크 데이비스(Mark Davies)는 페이스북의 신문사 웹사이트를 통해 전송되는 AP 기사가 엄청난 독자의 '참여'(engagement)를 이끌어냈다는 연구에 따라 AP가 자체 소비자 응대(consumer-facing) 웹사이트와 뉴스 앱에서 이용자 분석을 해나갈 것이라고 말했다. 여기서 '참여'는 좋아요, 반응, 댓글, 공유로 정의되었다(NiemanLab, 2017b). 한편 AP는 뉴스 속보 관련 사진과 영상 등 소셜 미디어에 공유되는 시사적이고 검증된 이용자 생성 콘텐트(UGC: user-generated content)를 유선 서비스에 추가하고 있다(NiemanLab, 2017a). 모든 UGC는 AP의 소셜 뉴스와이어(Social Newswire)의 심사를 거쳐 AP 가입자들이 그들의 기사에 삽입할 수 있는 디지털 형식으로 전달된다. AP는 텍사스(Texas)주 휴스턴(Houston)에 피해를 준 허리케인 하비(Hurricane Harvey)와 같은 광범위한 주제에 대한 짧은 가상 현실 뉴스 비디오인 "360도 몰입형 뉴스 기사"를 제공함으로써 시각적 뉴스 전달을 강화했다. 정지 사진에서 "물에 잠긴 거리를 보는 것"과 "물에 완전히 둘러싸여 배를 타고 달리는 것은 전혀 다른 일이다. 시청자들은 침수된 집으로 이동하여 파괴의 범위를 직접 확인했다"라고 AP 디지털 스토리텔링 편집인인 스콧 마이어로위츠(Scott Mayerowitz)가 설명했다(Easton, 2017). 영상은 AP의 자체 AP360 웹사이트, 페이스북, 유튜브에서 호스트된다. AP가 제공하는 인기 있는 무료 디지털 서비스를 디지털 뉴스 익스피리언스(DNE: Digital News Experiences)라고 한다. AP는 다음과 같이 설명한다: "DNE는 모든 축구, 농구, 레이싱 팬을 위한 다중 형식 콘텐트를 통해 우리의 스포츠 보도 가운데 최고의 것을 당신의 웹사이트에 제공한다. 우리는 위젯(widget)과 화이트-레이블 마이크로사이트(white-label microsite)[8]를 제공하고,

---

8 화이트-레이블이란 다른 회사들이 자신의 브랜드나 포장을 이용하여 판매하거나 고객에게 제공할 수 있는 다른 하나의 회사의 상품이나 서비스를 의미한다. '그리고 마이크로사이트는 웹사이트(부모 사이트)의 범위 내에서 존재하지만 각기 개별적 사이트로 작동하면서 웹사이트가 원하는 목적을 수행하는 것으로 미니사이트(minisite) 혹은 웨블릿(weblet)이라고도 한다(역자 주).

당신은 수용자를 데려오며, 우리 둘 모두 광고 수익을 공유한다"(AP, 2018c). AP 라이프스타일 스페셜 피쳐스(AP Lifestyle Special Features)는 가입자에게 결혼식, 자동차, 신학기, 휴가, 여름 캠프 같은 매달 5개 이상의 주제에 대해 텍스트, 사진, 비디오를 조합한 특별 보도 패키지를 제공한다(AP, 2018d). 2015년, AP는 기업과 조직에 공중관계(public relations) 및 광고 서비스를 제공하기 위해 AP 콘텐트 서비시즈(AP Content Services)를 설립하여 "브랜드 인지도를 높이고 소비자 참여를 향상시키며 판매 및 잠재 고객 확보를 촉진하는 엔드-투-엔드(end-to-end) 콘텐트 제작 및 전송 솔루션을 제공한다"(AP, 2015b). AP는 AP 콘텐트 서비시즈가 AP 뉴스룸과 분리되어 있으며, 만들어진 콘텐트에는 AP 편집 직원이 관여하지 않는다고 주장한다. 주식 시세 및 거래 데이터를 포함하여 비즈니스 및 금융 뉴스에 대한 심층적인 보도를 제공하는 별도의 부문도 있다.

2) UPI

1999년 8월, 당시 UPI 사장이었던 아노 드 보그라브는 "세계는 또 하나의 전통적인 와이어 서비스가 필요하지 않다"라고 말하면서 UPI가 "글로벌 뉴스 및 정보 서비스 시장에서 가장 빠르게 성장하고 있는 부분"인 인터넷을 통해 지식 기반 제품의 선도적인 공급자로 변모할 것이라고 발표했다. 그는 이 새로운 제품 라인이 "주문형 뉴스, 분석, 전문가 자문과 지도, 탐사 보도, 실제적 지능(practical intelligence)9에 대한 오늘날의 인터넷 고객의 욕구를 충족하도록 설계될" 것이라고 덧붙였다(Kamalipour, 2007, p. 112). 수년에 걸쳐 몇 차례 이름이 바뀐 이 회사의 서비스는 이제 UPI 뉴스트랙(UPI NewsTrack), UPI 퍼스펙티브스(UPI Perspectives), UPI 프리미엄(UPI Premium)으로 크게 분류된다. 이 인터넷 기반 통신사는 이제 소규모 정보 틈새시장에 집중하고 있다. 이 통신사는 그들의 수용자가 주로 "비즈니스 또는 정책 커뮤니티의 의사결정자들"로 구성되어 있고, "다수의 배급 채널을 통해 그들에게 도달할 수 있다"라는 것을 알고 있다. 이 통신사는 "이러한 최종 이용자들이 더 나은 비즈니스 혹은 정책

---

9 실제적 지능은 일상적인 문제와 사회적 상황을 효과적으로 처리하고 반응하는 데 사용되는 지식이나 기술과 관련이 있다(역자 주).

결정을 내리는 데 도움이 되는 통찰력 있고 분석적인 기사를 제공한다"(Sourcewatch UPI, 2018).

UPI 뉴스트랙은 약 200 단어의 짧고 간결한 형식으로 된 뉴스를 찾고 있는 독자들을 위한 최신 정보를 제공한다. 기사는 자주 변경되는 뉴스 기사가 필요한 웹사이트, 짧은 기사를 찾고 있는 출판물, 최신 뉴스가 필요한 방송사의 요구에 맞게 맞춤화된다. UPI 뉴스트랙은 국내 및 국제 뉴스, 과학, 오락, 건강, 스포츠, '기이한' 뉴스 분야에서 그날의 주요 뉴스를 추적하고 업데이트한다. 예를 들어, 그들의 과학 보도는 과학, 기술, 건강 비즈니스에 중요한 다양한 주제에 대한 일일 업데이트를 제공한다. UPI 퍼스펙티브스는 정보에 입각한 비즈니스 또는 정책 결정을 내리는 데 필요한 문제 중심 보도를 독자들에게 제공한다. 경제, 금융, 정책, 과학, 지정학, 국방, 사회 주제의 단면을 다루는 UPI 퍼스펙티브스는 내일의 주요 이슈를 내다보면서 여러 각도에서 그날의 현재 이슈를 다룬다. 뉴스 보도는 분석, 해설, 특집 기사, 특별 보도, 뉴스 속 인물의 형태로 나간다. UPI 프리미엄은 새로운 위협, 보안 산업, 에너지 자원에 대한 더 깊이 있는 보도와 분석을 제공한다. 이 통신사 웹사이트에는 다음과 같이 적혀 있다: "UPI 이머징 쓰레츠(UPI Emerging Threats)는 테러와 핵심 자원을 두고 벌이는 싸움을 포함해 사이버 전쟁에서부터 세계적 유행병에 이르기까지 전 세계적으로 새롭게 나타나는 위협에 대한 통찰력을 제공한다. 우리의 전문 필자 네트워크는 독창적인 분석과 논평에 기여한다"(UPI.com, 2018a). UPI는 또한 뉴스, 오락, 스포츠, 워싱턴, 라이프스타일, 문화 분야에서 구매할 수 있는 사진 서비스도 제공한다. 워싱턴 사진 파일은 세계 지도자와의 만남, 연설, 국빈 초대 만찬, 일상 정치를 포함하여 대통령과 의회에 초점을 맞춘다. 2008년, UPI는 학생과 저널리즘 학교를 위한 저널리즘 멘토링 플랫폼인 UPIU[10]를 시작하여 최근 대학 졸업자들이 자신이 작업한 것을 사이트에 게시할 수 있게 했다(Wikiwand UPI, 2018). UPI 웹사이트의 보이스(Voices) 섹션에는 다른 출처에서 그대로 가져온(reproduce) 기사 외에도 주제 전문가가 작성한 분석과 논평이 실린다.

---

[10] United Press International-University Media Alliance의 약어이다(역자 주).

UPI의 콘텐트는 "전 세계 수천 개의 비즈니스, 정책 그룹, 학술 기관에 대한 액세스를 제공하는 재배급 파트너와의 계약을 통해 배급된다. 또한 심층 콘텐트와 분석에 관심이 있는 열성적인 수용자들(dedicated audiences)이 이용하는 정책 저널 및 전문 웹사이트에도 직접 콘텐트를 사용할 수 있는 허가권이 부여된다"(Sourcewatch UPI, 2018). 예를 들어, 재배급자 목록에는 뉴스콤(Newscom), EBSCO, 렉시스넥시스(LexisNexis), 톰슨 다이어로그(Thomson Dialog), 옴니벡스(Omnivex) 등이 포함되어 있다(UPI.com, 2018b). 인쇄 출판사, 웹사이트, 멀티미디어 회사, 기업, 정부, 학술 및 정책 기관이 UPI의 고객이다. UPI의 콘텐트는 영어, 스페인어, 아랍어로 된 텍스트, 비디오, 사진 형식으로 제공된다. UPI는 매월 850만 명 이상의 "충성도 높고 참여도 높은" 고객을 보유하고 있다고 말한다(UPI.com, 2017). UPI는 2017년 3월부터 플로리다(Florida) 주의 보카 레이턴(Boca Raton)과 워싱턴 DC에 본사를 두고 있으며, 서울, 베이루트(Beirut), 도쿄, 홍콩에 추가 사무소가 있다. UPI에는 약 150명의 직원이 있으며 주요 도시에서 프리랜서 기자를 활용한다.

3) 로이터스

로이터스는 전 세계 미디어 가입자들에게 뉴스 서비스를 제공하는 데에도 깊이 관여하고 있지만, 대부분의 자원을 글로벌 금융 시장에 금융 정보를 제공하는 데 쏟아붓고 있다. 합병된 회사인 톰슨 로이터스는 재무 및 위험(risk), 법률, 세무 및 회계, 뉴스 및 미디어의 네 가지 산업 분야 전문 종사자들에게 "신뢰받고 있는 데이터와 정보"를 제공한다고 말한다(Thomson Reuters, 2018a). 로이터스의 2017년 연례 보고서에 따르면 1만 1,800명의 직원이 있는 재무 및 위험 사업부는 전 세계의 은행과 투자 회사에 뉴스, 데이터 및 분석을 제공한다. 이 사업부는 거래를 가능하게 하고 매매, 투자, 재무 및 기업 전문 종사자 커뮤니티를 연결한다. 또한 이 사업부는 고객이 위험 및 준법감시(compliance)[11]를 예측하고 관리할 수 있도록 선도적인 규제 및 위험 관리 솔루션을 제공한다(Thomson Reuters, 2017). 이 사업부는 톰슨 로이터스의 연간 수입의 절반 이상

---

11 고객 재산의 선량한 관리자로서 회사의 임직원 모두가 제반 법규를 철저하게 지키도록 사전 또는 상시적으로 통제 감독하는 것을 의미한다(역자 주).

에 기여한다(Reuters, 2018b).

전 세계 주식, 채권, 외환, 화폐, 상품 및 에너지 시장에서 일하는 약 45만 8,000명의 금융 시장 전문 종사자들이 로이터스의 서비스를 이용한다. 96만 개 이상의 주식, 채권 및 기타 금융 상품과 4만 개 회사에 대한 데이터가 제공된다. 재무 정보는 244개의 거래소와 장외 시장에서 얻으며, 이 통신사는 또한 2억 개 이상의 데이터 기록물을 유지하고 업데이트한다. 재무 데이터는 초당 8,000회 업데이트되는데, 피크 시간에는 초당 2만 3,000회까지 증가한다(MetaStock, 2018). 로이터스의 법률 사업부는 "전 세계의 법률, 조사, 비즈니스 및 정부 전문 종사자를 지원하는 중요한 온라인 및 인쇄 정보, 의사 결정 도구, 소프트웨어, 서비스를 선도적으로 제공한다"(Thomson Reuters, 2017). 세무 및 회계 사업부는 회계 법인, 기업, 법률 사무소 및 정부 전문 종사자를 위한 통합 납세 준수(tax compliance) 및 회계 정보, 소프트웨어, 서비스를 제공한다.

톰슨 로이터스의 뉴스 및 미디어 부문인 로이터스는 로이터스닷컴(Reuters. com)과 로이터스 TV(Reuters TV)를 통해 전문 종사자, 전 세계 미디어 조직, 그리고 소비자에게 직접 국내, 국제, 비즈니스 및 금융 뉴스를 제공하는 세계 최대의 공업자라고 말한다. 이 통신사는 정보와 뉴스의 취재 및 배급에 있어 독립성, 무결성, 비편향성을 유지하기 위해 최선을 다하고 있지만, 개발도상국발 보도는 통상적으로 대부분 익명의 출처를 기반으로 하기 때문에 정확성을 확인할 수 없다고 주장한다. 기사들은 또한 엄격하게 중립적이고 객관적이기보다는 로이터스의 관점을 촉진하는 경향이 있다. 보도의 질에서는 AP가 분명히 더 낫다. 어쨌든 로이터스는 여러 플랫폼을 통해 전 세계 10억 명 이상의 사람들이 자사의 뉴스를 읽고 본다고 주장한다(Thomson Reuters, 2017). 로이터스는 전 세계 100개 이상의 국가의 200개 지역에서 2,500명의 저널리스트와 600명의 사진 저널리스트를 고용하여 연간 250만 개 이상의 독특한 뉴스 기사, 100개의 탐사 보도, 10만 개의 영상 기사, 70만 개의 사진 및 이미지, 150만 건의 뉴스 알림을 만들어낸다. 가입자들은 또한 1,300만 개 이상의 이미지가 포함된 검색 가능한 사진 아카이브도 이용할 수 있다(Reuters, 2018c). 전 세계적으로 115개국에 있는 1,000개 신문사와 750개 TV 방송사가 16개 언어로 제공되는 로이터스의 뉴스 서비스에 가입해 있다(Reuters, 2018d). 전 세계적으로 100개 이상의 국내 뉴스 통신사가 로이터스 뉴스 서비스에 가입해 있으며, 이들은 로이터스의 기사를 자국어로 번역하여 자국 미디어에 배급한다. 2017년, 톰슨 로이터스의 다국적 매스 미디어 사업은 약 14억 6천만 달러의 순이익을 올렸다(Statista, 2018d). 2017년, 톰슨 로이터스 수입의 86%는 가입이나 가입과 유사한 계약 합의를 통해 발생했다(Thomson Reuters, 2017).

로이터스는 또한 좀 더 폭넓는 뉴스 및 정보 배급을 위해 인터넷을 광범위하게 이용하고 있으며 인터넷에서 가장 많이 읽는 뉴스원 가운데 하나라고 주장한다. 5개의 개별 가입 패키지로 제공되는 US 온라인 리포트(US Online Report)는 텍스트, 사진, 그래픽, 하루 평균 65개의 비디오를 포함하는 멀티미디어 형식의 다양한 범주의 뉴스를 온라인 출판업자에게 24시간 제공한다(Reuters, 2018e). 로이터스는 또한 경성 뉴스(hard news) 보도를 강화하기 위해 온라인 출판업자들에게 매일 최대 15개의 이용자 생성 비디오를 제공하며 로이터스 소셜 미디어 디스커버리 팀(Reuters Social Media Discovery Team)의 검증과 사용 허가를 받은 소셜 비디오 콘텐트로 수용자들에게 즐거움을 준다(Reuters, 2018f). 로이터스의 글로벌 온라인 서비스는 매달 5,100만 명의 이용자에게 도달하여 9,800만 건의 방문, 1억 8,500만 페이지 뷰, 1,300만 번의 비디오 시작(video start)을 기록한다. 이 통신사는 로이터스닷컴, 로이터스 TV, 로이터스 앱, 로이터스 소셜(Reuters Social)을 통해 온라인 서비스를 제공하며 모두 광고비로 운영된다. 로이터스닷컴은 12개의 현지 언어 사이트를 포함하여 17개의 사이트 에디션을 통해 주요 뉴스를 제공한다. 로이터스 TV는 2~3분의 짧은 형식으로 최고의 영상 뉴스 기사를 제공한다. 로이터스 앱은 속보, 분석, 시장 데이터를 제공한다. 로이터스 소셜은 페이스북과 같은 소셜 플랫폼에서 로이터스 콘텐트에 접속할 수 있게 해준다(Reuters, 2018g). 2018년 2월 1일, 로이터스는 인쇄, 디지털 및 소셜 미디어 모두에서 사용할 수 있도록 설계되었으며 젊은 층을 겨냥한 심층 보도를 제공하는 로이터스 e스포츠 와이어(Reuters Esports Wire)를 출시했다. 이 와이어는 속보, 선수 영입, 스폰서십 거래, 최대 규모의 e스포츠 토너먼트 보도를 포함해 경쟁 게임 산업에 대한 보도를 전 세계에 제공한다(Thomson Reuters, 2018b). 마지막으로 AP와 마찬가지로 로이터스도 영향력 있는 결정을 내리는 사람들의 견지에서 고객 브랜드의 위상과 중요성을 높여주는 멀티미디어 콘텐트를 만들어내는 서비스도 제공한다. 이 서비스는 로이터스 플러스(Reuters Plus)를 통해 제공된다.

4) AFP

AFP는 AP와 로이터스에 이어 세 번째로 큰 글로벌 뉴스 통신사이다. 파리에 본사를 두고 있는 AFP는 정치, 갈등, 경제, 스포츠, 오락, 그리고 건강, 과학 및 기술 분야의 최근의 획기적 발전에 대한 정확하고 균형 있으며 공평한 보도를 제공하는 것이 사명이라고 말한다. AFP의 서비스는 영어, 프랑스어, 독일어, 스페인어, 포르투갈어, 아랍어로 제공된다. 국가 소유인 AFP는 공식적으로 프랑스 정부와 무관한 상업적 회사이다. AFP는 창립 헌장에 보장된 바와 같이 "정치적, 상업적, 혹은 이념적 영향을 받지 않는 독립적인 목소리로 말한다"라고 말한다(AFP, 2018a). 그러나 창립 이래로 AFP와 정부와의 긴밀한 재정적 연계로 인해 경쟁 통신사뿐만 아니라 독립적인 저널리스트들도 AFP의 독립성에 의문을 제기해왔다(Laville, 2010).

AFP는 매일 5,000개의 뉴스 기사, 3,000개의 사진, 250개의 영상 뉴스 기사, 150개의 비디오 그래픽, 75개의 그래픽을 배급한다. 또한 2016년에는 170개의 영상 제작 센터에서 2,600개의 라이브 영상을 제작했다. AFP에는 80개 국가 출신의 2,296명의 직원과 1,513명의 저널리스트로 구성되어 있으며, 151개국에 있는 201개 지국에서 뉴스를 보도한다(AFP, 2018b). 이 통신사는 2016년 기준으로 전 세계에 4,827개 고객사를 보유하고 있는데, 이 가운데 74%는 미디어 고객사이고 26%는 비미디어 고객사이다. 고객사에는 미디어 조직, 외국의 뉴스 통신사, 기업 및 기관, 관공서, 대학, 대사관, 디지털 포털(portal)이 포함되어 있다(AFP, 2016). AFP는 텍스트 서비스가 매출의 51%를 차지하고 사진, 영상, 웹 기반 서비스가 49%를 차지한다고 말한다. 서비스의 해외 판매가 매출의 58%를 차지했으며, 프랑스 국내 판매는 42%를 차지했다. 이 통신사는 2016년에 580만 달러의 손실을 그리고 2017년에는 6백만 달러의 순손실을 보고했다(Expatica, 2018).

AFP 스포츠 서비스(AFP Sports Service)는 6개 언어로 매일 평균 650개의 뉴스 기사, 800개의 사진, 10개의 영상을 제공한다. 올림픽과 같은 멀티 스포츠 이벤트가 열리는 동안에는 그 양이 2배가 될 수 있다. 예를 들어, AFP는 2016년 총 43만 개의 스포츠 사진을 제작했다(AFP, 2016). 스포츠 사진 제작은 AFP가 배급한 사진의 51%를 차지한다. 이 통신사는 스포츠 보도가 혁신과 동의어라고 주장한다. 예를 들어, 제100회 투르 드 프랑스(Tour de France)에서 AFP는 지속적으로 위성의 위치를 지향하는 안테나를 오토바이에 장착하여 사진작가가 경주 중에 거의 즉시 사진을 전송할 수 있도록 했다. 런던 올림픽 기간에는 다양한 카메라 각도(angle)를 얻기 위해 수영장 바닥, 경기장 지붕, 체육관 천장에 12대의 로봇 카메라를 배치하기도 했다(AFP, 2018c).

AFP는 뉴스 통신사들 사이에서 사진 서비스 틈새시장을 개발했는데, 그들의 사진 서비스는 일반 뉴스, 국제 뉴스, 스포츠 뉴스에 독특한 각도를 사용하는 것으로 업계에서 인정받고 있다. AFP의 사진 서비스는 글로벌 정치, 갈등, 일반 뉴스, 스포츠, 비즈니스, 오락과 관련된 3,000장의 새로운 사진과 75개의 그래픽을 매일 제공하며, 또한 500명의 사진작가 및 편집인과 함께 피처 사진(feature photo)[12]도 제작한다(AFP, 2018d). 이 통신사는 AFP와 AFP 파트너들이 1930년부터 찍은 3,600만 장의 사진을 보관하고 있는 기록보관소를 보유하고 있다. 가입자들은 검색을 통해 6개 범주(뉴스, 경제, 스포츠, 유명인사, 특집, 패션)로 구성된 멀티미디어 형식의 원본 콘텐츠에 즉시 접근할 수 있는 웹 플랫폼인 AFP 포럼(AFP Forum)을 이용해 모든 AFP 사진과 그래픽에 실시간으로 이용할 수 있다. 이 서비스는 위성 및 온라인 파일 전송 프로토콜을 통해서도 이용 가능하다(AFP, 2018d).

AFP는 1991년부터 유럽 보도에 초점을 맞춘 금융 뉴스 자회사인 AFX 뉴스(AFX News)를 운영했지만 2006년 톰슨 파이낸셜(Thomson Financial)에 매각했다. 현재 AFP는 가입자에게 기업 및 비즈니스 보도를 제공하기 위해 비즈니스 보도 자료를 배급하는 회사인 비즈니스 와이어(Business Wire)와 파트너 관계를 유지하고 있다(BusinessWired, 2015). 이것은 자칭 편향되지 않은 뉴스 통신사인 AFP와 고객의 상업적 이익을 증진하는 공중관계 회사인 비즈니스 와이어 간의 특이하고도 논란의 여지가 있는 계약이다.

---

12 사진을 통하여 전하고자 하는 메시지가 제대로 표현되어 단 한 컷만으로도 심금을 울릴 수 있는 힘을 가진 사진을 말한다(역자 주).

AFP는 2000년부터 웹 및 모바일 기반 뉴스와 정보 서비스를 제공하는 데 적극적으로 나서왔다. AFP의 웹 및 모바일 사업부는 모든 디지털 플랫폼[웹사이트, 모바일 사이트 및 응용 프로그램, 태블릿, 공공 스크린(public screen) 및 커넥티드 TV(connected TV)13]에 출판될 텍스트, 사진, 그래픽, 비디오를 통합한 삽화 기사를 배급한다. 가입자들은 웹 호환 전송 형식을 선택하여 매일 8개 언어로 120개 범주의 세계 뉴스와 1,250개의 삽화 기사를 이용할 수 있다. AFP 모바일(AFP Mobile)은 스마트폰으로 이 통신사의 실시간 뉴스 콘텐츠를 제공하는 뉴스 앱으로, 6개 언어로 된 사진 및 기타 멀티미디어 테마와 함께 매일 2만 개의 문서에 접근할 수 있게 해준다. AFP의 뉴스는 통신사 웹페이지인 AFP 닷컴(AFP.com)을 통해서도 전달된다(AFP, 2018e). AFP는 2016년 트위터, 페이스북, 유튜브를 포함한 그들의 소셜 네트워크 계정 팔로워(follower) 수가 40% 증가했다고 밝혔다(AFP, 2016). 로이터스처럼 AFP도 자신의 기자나 사진작가가 현장에 즉시 출동할 수 없을 때 소셜 미디어의 UGC가 갈등과 비극에 대한 뉴스 이벤트를 정확하고 신속하게 보도하는 데 엄청나게 중요할 수 있음을 인정한다. 이 통신사의 소셜 미디어 사업부는 그와 같은 상황에서 활동하게 되며 UGC의 사용 허락을 받는 것과 더불어 검증되고 진본임이 인증된 UGC를 찾아낸다(Chetwynd & Lemarchand, 2016).

5) TASS

앞에서 언급했듯이, ITAR-TASS라는 이름은 2014년 9월 소비에트 시대의 국영 통신사 이름이었던 TASS로 다시 바뀌었다. TASS 웹사이트에는 "러시아에서 가장 오래된 통신사의 재브랜드화(rebranding)14는 전문성, 열정, 개인 개발팀의 준비, 최고의 전통을 보존하고 발전시키려는 기관의 노력을 상징한다"라고 적혀 있다. 또한 "TASS는 이미 신뢰성 있기로 유명하지만 신뢰성은 TASS의 핵심 자산이며, TASS는 여전히 TASS가 전달하는 모든 제품에 대해 신뢰성을 최우선 순위로 여긴다"라고도 적혀 있다(TASS, 2018). 그러나 국가 소유인

---

13 인터넷 연결이 가능한 TV를 말한다(역자 주).
14 이미 탄생한 브랜드를 다시 다듬는 것을 말한다(역자 주).

TASS가 당연한 것으로 여기는 '신뢰성'은 이 통신사가 각료 회의에 보고할 의무가 있던 소비에트 시대에 그랬던 것과 마찬가지로 오늘날에도 논쟁의 대상이다. 당시 TASS는 흔히 공산주의 국가 후보가 될 수 있는 국가에 실질적으로 무료로 뉴스 서비스를 제공하면서 소련 공산주의 체제의 선전 기관으로 간주되었으며, TASS의 특파원은 소련 정보기관인 KGB[15]을 대신하여 일하는 정보 요원으로 여겨졌다(Kruglak, 1962). 다른 한편으로 ITAR-TASS는 공신력 있는 주류 국제 통신사가 되기 위해 노력했지만 국가의 통제를 받는 통신사로서 그러한 목표를 달성하기가 어려웠다. 에번스(Evans, 2011)는 블라디미르 푸틴(Vladimir Putin) 집권하에 있는 러시아는 집권파가 매스 미디어를 쉽게 조작할 수 있는 준권위주의 국가가 되었다고 말한다. 언론과 정부는 매우 밀접히 관련되어 있으며 반대 견해를 보도하면 상당한 재정적·법적 장애를 초래할 수 있다.

TASS는 1,500명의 직원을 두고 있으며, 러시아와 독립 국가 연합(CIS: Commonwealth of Independent States)에 있는 70개 지국 외에도 63개국에 68개 지국을 두고 있다. TASS는 국내외의 정치, 경제, 사회, 문화, 스포츠 행사를 다루는 100개 이상의 뉴스 제작물과 약 100개의 사진을 매일 러시아어와 영어로 전송한다. 이 서비스는 주요 뉴스 토픽에 대한 내레이션(narration) 없이 인포그래픽(infographic)과 짧은 영상으로 보완된다. TASS-오디오(TASS-Audio)는 라디오 방송국을 위한 오디오 형식의 주요 뉴스 토픽을 다룬다. 가입자들은 또한 러시아 최대의 역사적 사진 기록 컬렉션이 포함된 TASS 사진 기록보관소에 접근할 수 있는데, 이 컬렉션에는 수백만 개의 이미지와 음화(陰畵)가 포함되어있다. 이 통신사는 러시아와 전 세계에 걸쳐 5,000명 이상의 기업 가입자가 TASS 제품을 받아보고 있다고 말한다. 그중에는 1,000개의 매스 미디어 조직, 200개의 외교 공관, 250개의 금융 회사와 은행, 200개의 산업 기업, 연구·교육 기관 및 도서관이 있다. TASS는 60개 이상의 외국 뉴스 통신사와 협력 관계를 맺고 있다(TASS, 2018).

인터넷에서 TASS는 영어와 러시아어로 된 뉴스 사이트를 유지·관리한다. 이 사이트는 이용자 요구 사항에 맞게 맞춤화된 콘텐트 외에도 수십 개의 사

---

15 Komitet Gosudarstvennoi Bezopasnosti(Commission for State Security; 국가보안 위원회)의 약어이다(역자 주).

진, 영상 클립 및 최신 인포그래픽과 함께 하루에 수백 개의 뉴스 기사를 제공한다. TASS 제품 및 서비스 판매는 TASS-온라인닷컴(TASS-online.com)을 통해 이루어지는데, 그곳에서 뉴스, 러시아 국방 및 기술 뉴스 와이어, 교통 뉴스, TASS 포토(TASS Photo), 뉴스 영상 분야에서 선택한 기사를 구입할 수 있다.

TASS는 러시아와 CIS에 대한 일반 뉴스와 함께 대부분의 전문 금융 및 산업 뉴스를 제공하는 인터팍스(Interfax)라는 다른 러시아 통신사와 치열한 경쟁에 직면해 있다. 인터팍스는 1989년 9월 소련의 쇠퇴가 임박했던 당시 최초의 독립 통신사로 소련 국제 방송국인 라디오 모스크바(Radio Moscow)의 몇몇 직원들이 설립했다. 인터팍스는 러시아와 외국의 주요 미디어 그룹, 주 및 정부 기관, 주요 은행, 기업, 투자 회사 및 펀드를 포함해 전 세계에 수천 명의 고객이 있다고 말한다. 이 통신사는 70개국에서 1,000명 이상의 직원이 하루에 3,000개 이상의 기사를 만들어내고 있다. 인터팍스의 실시간, 일간 및 주간 뉴스 제작물은 가입 방식으로 판매된다(Interfax, 2018). SCAN(System for Comprehensive Analysis of News)뿐만 아니라 세계 최대의 국제 미디어 데이터베이스인 팩티바(Factiva)에서 이용할 수 있는 출판물 분석을 토대로 한 2016년의 한 연구에 따르면, "2016년 주요 외국 및 러시아 매스 미디어의 인용 횟수를 기준으로 했을 때 러시아에서 운영 중인 통신사 가운데 인터팍스가 1위였다"(Interfax, 2017).

3. 추가 뉴스 통신사

AP와 로이터스 같은 전통적인 뉴스 통신사는 현장 보도를 제공하는 데는 탁월하지만, 독점적인 경성 뉴스, 탐사 보도, 정치 논평, 집중화된 비즈니스 보도와 같은 더 전문화된 자료를 필요로 하는 신문사들은 추가 와이어 서비스에 의지한다. 「로스앤젤레스 타임스」(Los Angeles Times)의 미디어 작가인 데이비드 쇼(David Shaw)는 AP나 로이터스 같은 전통적인 와이어 서비스는 뉴스 대량 판매 사업을 하고 있기 때문에 탐사 보도나 기득권에 문제 제기를 하는 기사를 쓰는 것을 좋아하는 기자들은 전통적인 와이어 서비스와 그런 일을 할 수 있는 기회를 거의 찾지 못한다고 지적했다(Shaw, 1988).

미국의 주요 추가 서비스로는 뉴욕 타임스 뉴스 서비스 & 신디케이트(New

York Times News Service & Syndicate), 워싱턴 포스트 뉴스 서비스 & 신디케이트(Washington Post News Service & Syndicate), 다우 존스 뉴스와이어스(Dow Jones Newswires)가 있다.

1917년에 설립된 뉴욕 타임스 뉴스 서비스는 전 세계 39개 도시를 기반으로 활동하는 1,000명 이상의 「뉴욕 타임스」 기자가 보내오는 심층적인 글로벌 뉴스 보도를 제공한다. 약 50개 국가에서 약 600명의 가입자가 「뉴욕 타임스」와 30개 이상의 파트너 신문사가 보내오는 사진과 그래픽이 있는 기사를 매일 250개 이상 수신한다. 또한 이 서비스에는 「뉴욕 타임스」 칼럼니스트의 옵-에드(op-ed)[16] 에세이, 첫 페이지 단독 기사, 뉴스 및 피처 기사의 일일 피드도 포함된다. 그 밖에도 뉴욕 타임스 신디케이트는 「뉴욕 타임스」와 전 세계 70개 이상의 높은 평가를 받는 출판물, 작가, 미디어의 기사, 칼럼, 이미지 및 멀티미디어를 "전 세계 수천 명의 고객"에게 제공한다(New York Times News Service/ Syndicate, 2018). 이 서비스를 스페인어, 포르투갈어, 중국어로 번역한 콘텐트도 이용 가능하다.

워싱턴 포스트 서비스 및 신디케이트는 2009년에 문을 닫은 로스앤젤레스 타임스-워싱턴 포스트 뉴스 서비스(Los Angeles Times-Washington Post News Service)의 후속 서비스이다. 두 신문은 「로스앤젤레스 타임스」의 모회사인 트리뷴(Tribune Co.)이 파산 절차를 밟았던 1962년부터 공동 소유해온 뉴스 서비스를 종료했다. 이 서비스는 해산 당시 전 세계 600명의 고객을 보유하고 있었다(Kurtz, 2009). 「워싱턴 포스트」는 2016년 1월에 완전히 새로운 뉴스 서비스 및 신디케이트 전송 사이트를 시작해, 전 세계 기업이 「워싱턴 포스트」, 「재팬 뉴스」(Japan News), 블룸버그 뉴스(Bloomberg News) 통신사의 "고품질 콘텐트"에 즉시 접근하여 그들 자신의 디지털 출판물에 사용할 수 있도록 했다. 모바일과 태블릿 친화적인 이 사이트는 지속적으로 업데이트되는 새로운 콘텐트 스트림은 물론 일일 예산, 첫 페이지 기사, '편집자의 선택'(Editor's Picks)과 같은 추천 콘텐트로의 링크도 특별히 포함하고 있다(Washington Post, 2016). 이 서비스는 사진, 그래픽, 영상이 포함되어 있는 국내 및 국제 뉴스, 칼럼, 특집

---

16 'opposite-editorial'의 약자로 논설위원들이 무기명으로 작성하는 신문사의 공식적인 주장인 사설과 대치되는 의견이라는 뜻이다(역자 주).

을 가입자들에게 스트리밍한다. 이 글을 쓰고 있던 시점에는 가입자 수에 대한 정보가 없었다.

뉴스 코프(News Corp)의 자회사인 다우 존스 뉴스와이어스는 전 세계 금융 전문 종사자와 투자자에게 실시간 비즈니스 뉴스, 정보, 전문가 분석, 논평, 통계 데이터를 배급한다. 이 서비스는 브로커, 트레이더, 분석가, 세계의 지도자, 재무 관리자, 펀드 매니저를 포함한 60만 명 이상의 가입자에게 터미널, 거래 플랫폼, 웹사이트를 통해 하루 최대 1만 6,000개의 뉴스 기사를 13개 언어로 전 세계에 전송한다(Dow Jones & Co., 2018). 다우 존스 뉴스와이어스는 「월 스트리트 저널」(*Wall Street Journal*)이 포함되어 있는 사업부에 속해 있는데, 이 사업부는 2015년 현재 약 1,800명의 편집 인력을 보유하고 있다. 다우 존스 뉴스와이어스의 콘텐트는 또한 디지털 미디어 출판업자뿐만 아니라 고객 포털과 중개회사 및 무역회사의 인트라넷을 통해 개인 투자자에게 전달된다(Reuters, 2018h).

4. 방송 뉴스 서비스

로이터스 비디오 뉴스 서비시즈(Reuters Video News Services)와 APTN (Associated Press Television News)은 현재 세계 최대의 영상 뉴스 통신사들이다. 로이터스 비디오 뉴스 서비시즈는 국제 뉴스, 비즈니스, 스포츠 범주에서 매일 200개 이상의 영상 뉴스 기사를 전송한다. 로이터스는 그들의 광범위한 영상 뉴스 보도가 BBC 뉴스(BBC News), 아프리카24 미디어(Africa24 Media), 할리우드 TV (Hollywood TV), 버라이어티(Variety), 애큐웨더(AccuWeather) 같은 여러 글로벌 미디어 조직이 포함된 "로이터스의 엄선된 파트너들"에 의해 강화되었다고 말한다. 그대로 방송하거나 준비해서 즉시 방송할 수 있으며 또한 전체 기사를 전달할 수 있는 맥락을 방송사에 제공하는 상세한 스크립트, 샷 목록 및 배경과 함께 전송되는 글로벌 영상 보도는 방송사와 온라인 출판업자가 국제 뉴스에 대한 수용자의 필요를 충족시키는 데 도움을 준다(Reuters, 2018i). 이 서비스는 권역 또는 주제별로 제공되며 영어 내레이션과 함께 제공된다. 최대 6개의 동시 라이브 이벤트 영상도 급송되어 정규 뉴스 편성을 보완하며, 속보도 발생하는 즉시 방송사에게 전달된다. 가입자들은 1896년 자료부터 보관되어 있는 세계적인 이벤트 기록보관소도 이용할 수 있다. 방송사들은 그들의 앱에서 사용할 수 있도록 모바일 지원 영상 뉴스 기사 클립과 검증되고 완전한 사용 허가를 받은 UGC에도 접근할 수 있다.

로이터스 비디오 서비시즈의 흥미로운 특징은 방송사가 참석해서 취재할 수 없는 이벤트에 대한 정보를 제공하는 로이터스 커스텀 비디오 솔루션즈(Reuters Custom Video Solutions)이다. 로이터스의 재능은 오로지 고객 방송국을 위해 보도하는 데에만 사용된다. 이 서비스는 심지어 다양한 장르와 주제에 걸쳐 있는 전문가들에 접근할 수 있게 함으로써 다루는 기사에 대한 통찰력과 분석을 제공한다. 로이터스는 여러 언어로 제공되는 이 서비스를 "귀사의 수용자들에게 맞춤화된 고품질의 매력적인 프로그램"이라고 부른다(Reuters, 2018j). 그러나 실제로는 통신사에 의해 취재가 이루어지고 있어 뉴스 이벤트에 대한 진정한 현지 시각이 부족한데도 그러한 보도가 방송국 자체 기자가 보도하는 것처럼 보이게 한다는 사실을 수용자가 깨닫지 못할 수도 있다.

1998년부터 운영되고 있는 APTN은 이제 AP 비디오(AP Video)라고 불리며, HD 및 SD[17] 형식의 방송과 디지털 플랫폼에서 사용할 수 있도록 전 세계적으로 헤드라인을 장식하는 모든 기사에 대한 보도를 제공한다(AP, 2018e). AP 비디오는 전 세계 지국에서 보내오는 매일 65~80개의 기사를 위성과 인터넷을 통해 300개 이상의 방송사와 디지털 출판업자에게 전송한다. 기사의 길이는 약 2분 30초이며, 방송사들이 전송되어오는 기사를 그들의 뉴스 제작에 쉽게 통합할 수 있도록 기사 편집과 대본 작성이 느슨하게 되어 있다. 함께 제공되는 영어 기사 대본은 인터뷰 사운드 바이트(sound bite)[18]의 전체 대본과 관련 소싱(sourcing)[19] 정보를 포함해 기사의 배경 사실을 제공한다. 이 통신사는 속도와 정확성이 AP 뉴스 속보의 최우선 사항이라고 말하며, 주요 기사의 보도

---

17 HD는 high definition(고선명도), SD는 standard definition(표준 선명도)의 약어이다(역자 주).

18 사운드 바이트란 원래 긴 녹음에서 발췌한 짧은 길이의 오디오 파일을 의미하는데, 언론 보도에서는 연설이나 인터뷰에서 뽑아낸 한 문장 또는 짧은 구절을 의미한다(역자 주).

19 소싱이란 기업이 가치창출 활동, 특히 생산과정에서 투입물을 조달 내지 구매하는 활동을 말하는데, 여기서는 인터넷 대상자가 누구이며 어떻게 확보했는지 등과 인터뷰 출처와 관련된 활동을 의미하는 것으로 보인다(역자 주).

에는 배경, 여파, 반응, 논평이 포함되어 있다. 가입자들은 또한 AP 다이렉트 (AP Direct)와 AP 라이브 초이스(AP Live Choice)라는 사업부를 통해 4개의 라이브 스트림에 접근할 수 있는데, 이것들은 속보 뉴스 사건을 포함해 그러한 사건이 벌어지는 기간 내내 해당 사건과 관련된 다양한 기사를 보도한다. 이 통신사는 검증된 UGC도 제공한다. AP와 IMG[20]의 공동 스포츠 영상 뉴스 서비스인 SNTV는 전 세계적으로 450개의 방송사와 수천 명의 디지털 출판업자를 가입자로 확보하고 있다. AP는 "SNTV는 모든 최신 스포츠 뉴스와 하이라이트를 HD로 제공하는 세계 최고의 TV 스포츠 뉴스 대행사"라고 말한다(SNTV, 2018). 가입자들은 또한 AP와 AP의 파트너가 1895년도 자료부터 시작해서 170만 개 이상의 글로벌 뉴스 및 오락 영상 기사가 소장되어 있는 AP의 비디오 기록보관소에도 접근할 수 있다. AP는 또한 3분 뉴스캐스트, 1분 업데이트, 그리고 라디오 방송국을 위한 특별 보도를 제공하는 AP 오디오(AP Audio)라는 라디오 방송국을 위한 서비스도 제공한다.

5. 글로벌 신문, 잡지 및 방송

몇몇 국제 신문, 잡지, 방송 조직도 전 세계적으로 뉴스를 제공하는 중요한 역할을 한다. 전 세계 의견주도자들이 특히 높이 평가하는 세계 4대 신문사는 미국의 「뉴욕 타임스」와 「워싱턴 포스트」, 영국의 「더 타임스」(The Times)와 「가디언」(Guardian)이다. 이념적으로 진보적인 중도 좌파 신문으로 널리 알려져 있는 「뉴욕 타임스」는 흔히 전문성과 철저함으로 국제적인 명성을 얻은 것으로 알려져 있다. 2013년, 190만 부로 정점을 찍은 평일 인쇄부수는 2017년 54만 부로 줄었고 일요판 발행부수는 약 100만 부로 줄었다(Statista, 2018c). 2017년 현재, 195개국에서 250만 명의 구독자를 확보하고 있는 이 신문사는 디지털 구독 분야에서의 강력한 성장으로 인해 디지털 미래를 향한 행진을 계속하고 있다(Ember, 2017). 「뉴욕 타임스」는 2017년 1월 한 달 동안 9,200만 명의

---

20 1960년에 설립된 IMG(International Management Group)는 미국 뉴욕에 본사를 둔 글로벌 스포츠, 이벤트, 인재 관리 회사로, 2014년 글로벌 엔터테인먼트 대행사인 WME에 인수되어 현재 사명이 엔데버(Endeavor)로 바뀐 상태이다(역자 주).

온라인 사이트 순방문자(unique visitor)[21]를 기록했다(McIntyre, 2017). 이 사이트는 매월 10개의 기사를 무료로 허용했는데, 2017년 12월 1일부터 그 수가 매월 5개로 줄었다. 진보 성향의 「워싱턴 포스트」는 2017년 평일 발행부수 359,158부 외에도 100만 명의 유료 디지털 구독자로 세계적 명성에서 「뉴욕 타임스」와 어깨를 나란히 하고 있다(*Washington Post*, 2017). 또한 2017년 10월 현재 해외에서 2,200만 명을 포함하여 매월 1억 1,200만 명의 순방문자가 「워싱턴 포스트」의 디지털 사이트를 방문했다. 영국의 「더 타임스」는 디지털 전용 구독자 22만 명을 포함하여 매일 44만 6,164부를 발행하며, 자매 간행물인 「선데이 타임스」(*Sunday Times*)는 79만 2,210부의 발행부수를 기록하고 있다(Greenslade, 2017). 「가디언」은 100개 이상의 국가에서 디지털 전용 구독자 40만 명을 포함하여 50만 명의 구독자를 보유하고 있다(*Guardian*, 2017). 설문조사에 따르면, 다수의 영국인은 「더 타임스」를 상당한 우익으로 간주하는 반면 「가디언」은 영국에서 가장 좌익 신문으로 간주한다(Smith, 2017). 「가디언」은 2013년 퓰리처상(Pulitzer Prize)을 수상한 에드워드 스노든(Edward Snowden)의 NSA[22] 감시 폭로 보도로 국제적인 명성을 얻었다. 세계적으로 명성이 높고 여론 형성자들(opinion makers)이 추종하는 다른 유럽 신문으로는 스위스의 「노이에 취르허 차이퉁」(*Neue Zurcher Zeitung*), 독일의 「프랑크푸르터 알게마이네 차이퉁」(*Frankfurter Allgemeine Zeitung*), 프랑스의 「르 몽드」(*Le Monde*)와 「르 피가로」(*Le Figaro*)가 있다.

다우 존스 & 컴퍼니(Dow Jones & Company)의 주력 간행물인 「월 스트리트 저널」은 세계적인 경제 일간지이다. 2017년 말, 인쇄 발행부수 감소로 인해 유럽판과 아시아판을 중단한 후 「월 스트리트 저널」은 미국 인쇄판은 계속 이어가면서 디지털 운영을 확장하고 있다(Alpert, 2017). 이 신문은 2017년 현재 122만 명의 디지털 전용 구독자를 포함하여 전 세계적으로 252만 부를 발행하고 있다(Statista, 2018e). 「월 스트리트 저널」은 독자들이 주로 부유하고 대학 교육을 받은 사람이라고 주장한다(Byers, 2017). 또 다른 저명한 세계적 경제

---

21 디지털 트래픽을 얘기할 때에 사용하는 지표로 1명의 이용자가 어떤 사이트를 매일 몇 번을 방문하든지 순방문자는 1명으로 기록된다(역자 주).

22 National Security Agency(미국 국가안전국)의 약어이다(역자 주).

신문은 영국의 「파이낸셜 타임스」(*Financial Times*)인데, 이 신문은 위성을 통해 북미판을 발행한다. 2018년 초 현재, 70만 부 이상의 디지털판과 19만 부의 인쇄판을 포함해 약 90만 부가 발행되었다(Ponsford, 2017).

　뉴스 잡지 가운데는 「타임」(*Time*), 「뉴스위크」(*Newsweek*), 영국의 「더 이코노미스트」(*The Economist*), 이 세 잡지가 전 세계적인 영향력을 가지고 있다. 2017년 말 기준으로 「타임」은 미국에서 매주 200만 부를 발행했다. 온라인판은 2018년 3월 2,165만 명의 순방문자를 기록했다(Statista, 2018f). 사이트 방문자 가운데 5백만 명은 해외에서 접속했다. 그러나 2017년 11월 「타임」을 인수한 메러디스 코퍼레이션(Meredith Corporation)은 2018년 3월 「타임」 매각 계획을 발표했다(Ember, 2018). 2016년, 「타임」의 유럽판, 중동판, 아프리카판은 인쇄판과 디지털 구독을 포함하여 36만 2,000부가 발행되었다. 2016년, 「타임」 아시아판은 인쇄판과 디지털 구독을 포함하여 28만 5,000부가 발행되었다 (Time Media Kit, 2018). 「뉴스위크」는 최근 몇 년 동안 경제적 어려움으로 인해 세계적 위상이 상당히 약화되었지만 계속해서 전 세계적인 영향력을 지니고 있다. 정점에 이르렀던 2005년 이 잡지는 미국에서 300만 부, 해외에서 100만 부를 발행했으나, 2017년 미국과 해외에서 발행된 부수는 각각 10만 부에 불과했다(*Newsweek*, 2018). 이 잡지는 2010년 이후 두 차례 소유권이 바뀌었고 2012년 12월에는 인쇄판을 중단했지만, 2014년 3월 광고 의존도가 크게 감소한 구독 기반 모델로 부활했다(BBC, 2014). 2017년, 「뉴스위크」 디지털판의 순방문자 수는 해외 800만 명을 포함해 1,400만 명이었다(*Newsweek*, 2018). 2016년 2월, 이 잡지는 방문자들이 발행호 전체를 구독하도록 독려하여 광고 수익이 늘기 위해 대부분의 잡지 콘텐츠에 대한 인터넷 페이월(paywall)[23]을 없애 방문자들이 무료로 접속할 수 있게 했다(Barr, 2016). 런던에 본사가 있는 「더 이코노미스트」는 그들의 잡지가 "가장 널리 알려진 시사 간행물 가운데 하나"라고 주장한다. 2017년, 「더 이코노미스트」는 디지털 구독부수 40만 2,085부를 포함해 전 세계적으로 144만 4,936부를 발행했다. 또한 이 잡지의 월간 순방문자 수는 1,100만 명이 넘는다(*The Economist*, 2017). 그러나 「가디언」은 「더

---

23 단순한 유료화라기보다 미디어 기사의 전체 또는 한정된 개수의 기사를 볼 수 있도록 만든 유료 회원을 위한 장벽이다(역자 주).

이코노미스트」에 대한 비판에서 이 잡지의 보도는 다른 많은 뉴스 잡지보다 원본 보도(original reporting)를 덜 포함하고 있으며 그들의 "과시된 분석은 명백히 틀렸음이 입증될 수 있는 놀라운 능력을 보여주었다"라고 지적했다 (*Guardian*, 1999). 「뉴스위크」의 전 편집인인 존 미첨(Jon Meacham)도 2008년 「더 이코노미스트」에 대해 비슷한 비판을 했다.

국제 텔레비전 뉴스 방송 분야에서 CNN 인터내셔널(CNNI: CNN International)은 글로벌 24시간 뉴스 네트워크로, 2017년 전 세계 36개 지국에서 보내온 뉴스 보도를 제공했다. 특별히 전 세계 시청자를 위해 프로그램을 편성하는 CNNI는 유럽/중동/아프리카, 남아시아, 아시아 태평양, 남미, 북미로 방송되는 5개의 개별 피드를 전송한다. 전 세계 200개 이상의 국가와 자치령에서 3억 3,700만이 넘는 가구가 CNNI를 시청한다. 또한 미국의 9100만 가구가 CNN/US를 시청한다. 이 네트워크에는 전 세계적으로 3,000명의 직원이 있으며 해외 200개를 포함하여 1,000개의 TV 가맹사가 있다. CNN 디지털(CNN Digital)은 매달 전 세계에서 거의 2억 명의 순방문자를 기록하고 있다(CNN, 2018).

오늘날 CNNI의 최대 경쟁자는 광고와 가입비로 재원을 조달하는 BBC (British Broadcasting Corporation)의 국제 뉴스 및 정보 텔레비전 채널인 BBC 월드 뉴스(BBC World News)로, 이 채널의 본사는 런던에 있으며 1991년부터 운영을 시작했다. 200개 이상의 국가와 자치령에서 4억 4천만 가구가 BBC 월드 뉴스를 시청한다. 이 채널은 국제 뉴스, 비즈니스, 스포츠, 날씨, 시사, 다큐멘터리 프로그램을 방송한다. 주간 시청자 수가 8,400만 명으로 추정되는 BBC 월드 뉴스는 BBC에서 가장 규모가 큰 텔레비전 서비스이다(BBC, 2015b). BBC 월드 뉴스에 뉴스 프로그램을 제공하는 BBC 뉴스(BBC News)는 전 세계에 48개의 지국이 있으며 600명의 직원 대부분이 뉴스 특파원이다. 1998년, 미국 공영 텔레비전 PBS(Public Broadcasting Service)와 계약을 맺은 이후 PBS를 시청하는 가정의 80% 이상이 BBC 월드 뉴스의 단신(短信; bulletin)을 시청한다. 그 밖에도 매월 1억 1천만 명 이상의 순방문자가 인터넷이 지원되는 기기를 통해 BBC닷컴(BBC.com)을 방문한다(BBC, 2015a).

유럽의 국제 TV 뉴스 방송에서 또 다른 두 주요 방송사는 도이체 벨레

TV(DW-TV: Deutsche Welle TV)와 프랑스 24(France 24)로, 둘 다 국가가 재정을 지원한다. 독일 공영 방송사의 국제 위성 TV 채널인 DW-TV는 뉴스와 공공문제(public affairs)24 프로그램을 독일어, 영어, 스페인어, 아랍어로 방송하며, 매주 전 세계에서 6,600만 명의 시청자가 시청한다. 그 밖에 DW-TV의 디지털 서비스를 선택하는 이용자도 매주 2,900만 명에 이른다(DW, 2016). 2006년 12월에 출범한 프랑스 24는 영어, 프랑스어, 스페인어, 아랍어로 방송되며, 전 세계적으로 약 5,100만 명의 시청자를 보유하고 있다(France 24, 2018). 프랑스 24의 프로그램은 뉴스 보도와 시사 분석으로 나눠진다. 디지털 플랫폼에는 한 달에 2,400만 명이 방문한다. DW-TV와 프랑스 24는 모두 CNN 및 BBC 월드 뉴스와 경쟁하고자 노력하고 있다. 러시아 정부가 자금을 지원하는 글로벌 뉴스 및 공공문제 채널인 러시아 투데이(RT: Russia Today)는 2005년 12월에 출범했다. 영어, 프랑스어, 스페인어, 아랍어로 방송되는 RT는 2017년에 미국의 1,100만 시청자를 포함해 100개 이상의 국가에서 매주 1억 명의 시청자를 확보했다고 주장했다(RT, 2018). 이 네트워크의 미국 전용 채널인 RT 아메리카(RT America)는 2010년 2월에 서비스를 시작했으며, 스튜디오는 워싱턴 DC에 있다. RT 아메리카와 전 세계를 대상으로 한 RT는 모두 크렘린의 의제를 밀어붙이고 허위 정보와 편향된 보도에 관여했다는 비난을 받고 있다. 미국 법무부(Justice Department)는 크렘린의 2016년 미국 대통령 선거 개입에 RT가 모종의 역할을 했다는 정보 보고서에 따라 2017년 RT 아메리카에 외국 대리인 등록법(Foreign Agents Registration Act)에 따라 등록할 것을 요청했다. RT 아메리카는 그 법을 따르겠다고 말했다. 그 법을 준수하는 한 이 채널은 계속해서 미국 운영을 유지할 수 있다(Kirchick, 2017).

영어 뉴스를 방송하는 다른 눈에 띄는 글로벌 채널로는 NHK(일본), CCTV(중국), DD 인디아(DD India), 프레스 TV(Press TV, 이란), 아리랑 TV 월드(Arirang TV World, 한국)가 있다. 국제 텔레비전 뉴스 방송에서 특히 주목할 만한 경쟁자는 1996년 석유가 풍부한 카타르 정부가 설립한 알 자지라(Al Jazeera)이다.

---

24 공공문제는 PR(public relations)의 한 영역으로서 조직의 대(對) 이해관계자 활동 전반을 의미하기도 하나, 방송 분야에서 '공공문제' 프로그램이란 정치와 공공 정책에 초점을 맞춘 프로그램을 말한다(역자 주).

알 자지라는 10년 이상 아랍 세계에서 특히 아랍의 봄 운동 동안 가장 빠르게 성장한 뉴스 네트워크였는데, 2012년의 시청자 규모는 5천만 명에 육박했다. 알 자지라는 이 지역에 대한 솔직하고 공격적인 보도로 아랍 세계에서 두각을 나타냈다. 그러나 2013년에 알 자지라의 저널리스트들은 "이제 알 자지라는 선전 방송사가 되었기 때문에" 무더기로 알 자지라를 떠났다(Spiegel Online, 2013). 「가디언」은 알 자지라가 "카타르 정치 지도자들에게 유용한 도구를 제공한다"라고 보도했다(Guardian, 2010). 2014년, 아랍어 서비스의 시청자 수는 2,300만 명으로 감소했다(Fanack, 2016). 2006년 말, 알 자지라는 영어 글로벌 채널을 시작했으며 130개국에서 "수천만 명의 사람들"이 시청했다고 주장한다(Al Jazeera, 2017). 그러나 2013년 8월에 시작된 미국 전용 케이블 및 위성 영어 채널인 알 자지라 아메리카(Al Jazeera America)는 부족한 시청률과 '경제적 상황'으로 인해 2016년 4월에 폐쇄되었다(New York Times, 2016).

수십 년 동안 라디오를 통한 국제 뉴스 흐름은 현실이었지만, 국제 라디오 방송은 주로 국가가 운영하는 방송국을 통해 이루어졌기 때문에 일반적으로 선전으로 간주되었다. 그러나 정부가 후원하는 두 방송사인 VOA와 BBC 월드 서비스는 전 세계 청취자에게 뉴스원으로서 상당한 공신력을 구축했다. VOA는 1942년 미국 정부의 국제 방송 서비스로 설립되었으며, 2017년 초 기준으로 2억 3,600만 명 이상의 청취자가 전 세계에서 매주 VOA를 청취했다. VOA는 주당 1,800시간 이상의 라디오와 TV 프로그램을 영어와 46개 언어로 제공한다. VOA의 목표는 "정확하고 균형 잡힌 포괄적인 뉴스와 정보를 국제 청취자에게 방송하는" 것이다(VOA, 2018). 1932년에 방송을 시작한 BBC 월드 서비스는 라디오와 디지털 서비스를 통해 전 세계 2억 6,900만 명의 청취자들에게 영어를 포함한 40개 언어로 방송한다(BBC, 2017). 연구에 따르면, BBC 월드 서비스의 뉴스는 여러 국가에서 자국 라디오 뉴스캐스트보다 더 공신력 있는 것으로 간주된다고 한다(Rampal & Adams, 1990). 기타 주요 국제 방송사로는 러시아의 라디오 스푸트니크(Radio Sputnik), 차이나 라디오 인터내셔널(China Radio International), 도이체 벨레 라디오(Deutsche Welle Radio), 라디오 프랑스 인터내셔널(Radio France International), 네덜란드의 RNW 미디어(RNW Media), 올 인디아 라디오(All India Radio)가 있다.

6. 뉴스 흐름의 패턴: 오프라인 및 온라인

글로벌 뉴스 흐름에 대한 인터넷의 영향을 살펴보기에 앞서, 기존 미디어 체계와 관련된 뉴스 흐름의 문제와 패턴을 살펴보기로 한다. 개발도상국들은 주요 서방 뉴스 통신사들이 글로벌 뉴스 보도를 촉진하기 위해 투입하는 막대한 인적·재정적 자원을 통해 세계의 뉴스 흐름에서 지배력을 행사하는 것을 오랫동안 우려해왔다. 개발도상국의 뉴스 통신사들은 동일한 수준의 자원이나 가입자를 가지고 있지 않다는 단순한 이유로 인해 그들의 일일 뉴스 생산량은 서구의 언론에 비해 미미하다(Ray & Dutta, 2014).

서방 뉴스 통신사들이 글로벌 뉴스 취재를 지배한다는 이유로 그들을 비난할 수는 없지만, 그들의 지배력과 관련된 다른 우려사항들이 개발도상국에서 널리 공유되고 있는 것은 사실이다. 첫째, 지배적인 서방 통신사는 전 세계적으로 정부와 기업의 이익을 증진하는 역할을 주로 한다. 둘째, 서방의 정보 지배는 무엇이 알려져야 하고 어떻게 알려져야 하는지에 대한 판단과 결정을 주로 서방의 기자와 편집인이 내리도록 제한하는데, 이는 결과적으로 개발도상국을 대개 편향되고 부적절하고 부정적이며 고정 관념적으로 묘사하는 것으로 이어진다. 셋째, 정보가 주로 서방 선진국에서 개발도상국으로 이동함으로써 뉴스 흐름이 매우 심한 불균형을 이룬다. 네 번째 우려사항은 서방의 문화 생산물(영화, 텔레비전, 음악, 서적, 잡지)이 개발도상국에서 강한 호소력을 가지기 때문에 그들이 행사하는 일종의 '소프트 파워'(soft power)[25]는 지역의 문화적 전통에 해를 끼친다는 것이다.

이러한 우려를 뒷받침하는 경험적 증거는 상당히 많다. 오랫동안 정치 저널리즘에 대한 글을 써온 영국 학자 피어스 로빈슨(Piers Robinson)은 "수십 년에 걸쳐 수행된 상당 양의 연구는 특히 외교 문제에서 서방 뉴스 미디어와 그들 각각의 정부가 가깝다는 것을 강조한다"라고 말한다(Robinson, 2016). 그는 2003년 이라크 전쟁을 앞두고 사담 후세인(Saddam Hussein)이 대량 살상 무기

---

25 소프트 파워 혹은 연성 권력(軟性權力)은 하버드 대학교의 조셉 나이(Joseph Nye)가 고안한 개념으로, 설득의 수단으로서 돈이나 권력 등의 강요가 아닌 매력을 통해 얻을 수 있는 능력을 말한다(역자 주).

를 보유하고 있다는 영국 정부의 허위 주장에 대해 "대부분의 영국 주류 언론은 공식적인 견해에 이의를 제기하기보다는 강화하는 일을 수행했다"라고 덧붙였다. 미국에서는 2001년부터 2002년까지 이라크가 그러한 무기를 가졌거나 거의 가질 뻔했다는 「뉴욕 타임스」의 보도(그 전쟁이 끝난 후 그것이 가짜 정보를 기반으로 했다는 것이 뇌리에서 떠나지 않은 보도)는 전쟁이 불가피했다는 정부의 주장을 뒷받침했다. 그 전쟁을 시작한 후 이라크에서 대량 살상 무기가 발견되지 않자, 「뉴욕 타임스」는 "서둘러 단독 보도를 내는 데 지나치게 열중하기"보다는 그들의 주요 정보원이었던 한 이라크 망명자가 이라크가 그러한 무기를 가졌다고 주장한 것의 공신력에 대해 편집인들이 더 많은 의문을 제기했어야 했음을 인정했다(New York Times, 2004). 「뉴욕 타임스」는 "외신 보도에 관해 정부에 순종적인 데 지나치게 열중하기보다는"이라는 표현을 추가할 수 있어야 했다.

1996년에 발표된 AP에 관한 한 연구는 "AP 지국과 특파원의 분포는 미국 기업과 정부의 핵심 권역들 사이의 우선순위와 주변적인 제3세계 권역에 대한 차디찬 무관심을 반영하는 것 같다"라고 보고했다(Schiff, 1996). AP의 '핵심 권역'은 AP가 미국 밖에서 생산하는 기사의 상당 부분을 차지하는 서유럽과 일본으로 구성되어 있다. 이 연구는 또한 AP가 구소련의 공화국과 위성국가들, 중앙아시아와 남아시아, 중미, 아프리카를 과소 보도했음을 확인했다. 「뉴욕 타임스」에 대한 내용분석 연구에 따르면, 국제 뉴스가 점점 더 미국의 이해관계라는 맥락 속에서 보도되고 있는 것으로 나타났다. 게다가 서구 산업 국가에 관한 보도가 지배적이었고 개발도상국에 대한 보도는 감소했다(Riffe, 1996). 이러한 연구들은 국제 뉴스 흐름에 대한 몇 가지 이론을 뒷받침한다. 헤스터(Hester, 1973)는 세계의 국가들이 국제 자본조달 순위(pecking order)에 따라 자리가 지정되었고 가정한다. 그러한 순위에 대한 인식이 뉴스의 흐름, 방향, 양을 부분적으로 결정한다. 갈퉁(Galtung, 1971)은 국제 뉴스 흐름에 '중심-주변'(center-periphery) 패턴이 있다고 말한다. 그는 뉴스는 대부분 '중심', 즉 지배적인 국가에서 '주변', 즉 종속적인 지역으로 흐른다고 지적한다. 카리엘과 로젠발(Kariel & Rosenvall, 1984)은 뉴스원으로서 한 국가의 '엘리트성'(eliteness)이 뉴스 선택의 가장 중요한 기준이라는 것을 알아냈다.

개발도상국들은 국제 뉴스 흐름에 대한 우려를 해결하기 위해 다양한 방법을 시도해왔다. (무엇보다도 국경을 가로지르는 뉴스 흐름의 규제를 추구한) 'NWIO'를 요구하는 1970년대의 운동이 서구의 강한 반대로 실패한 후, 그들은 자신의 권역 및 글로벌 뉴스 취재 활동을 시작하거나 확장하기 시작했다. 그 결과, 개발도상국 세계에는 비동맹 뉴스 통신사 풀(Non-Aligned News Agencies Pool), 마닐라(Manila)의 DEPTH, 남미의 인터 프레스 서비스(Inter Press Service), 팬아메리칸 뉴스 에이전시(PanAfrican News Agency), 캐리비안 뉴스 에이전시(Caribbean News Agency) 등 다양한 권역 뉴스 통신사가 등장했으며, 마지막 세 통신사는 2018년에도 여전히 운영 중이었다. 인터 프레스 서비스를 제외하고는 이 통신사들 가운데 어느 것도 주요 서방 뉴스 통신사에 중대한 어려움을 안겼거나 자체 뉴스 서비스에 대한 상당한 공신력을 얻지 못했다. 인터넷은 뉴스 배급을 위한 저렴한 수단과 전 세계적으로 좀 더 균형 잡힌 뉴스 흐름을 추구하는 개발도상국에게 최고의 희망을 제공한다. 인도의 인도-아시안 뉴스 서비스(IANS: Indo-Asian News Service)는 그러한 성공 사례 가운데 하나이다.

1987년에 단 1명의 가입자에게 서비스를 제공한 지 30년 후 IANS는 본격적인 뉴스 통신사로 성장해 인도와 남아시아의 뉴스를 영어와 힌두어로 연중무휴 24시간 제공하고 이 지역의 관심사가 될 만한 전 세계의 사건을 보도한다. IANS 고객 명단에는 인도의 거의 모든 주요 인쇄 출판물, 최고의 TV 뉴스 채널, 웹사이트, 이동 통신사, 해외 소수민족 출판물, 중앙 및 주 정부 부처와 부서, 인도 재외 공관, 기업 및 공공 정책 기관이 포함되어 있다(IANS, 2018년 7월 3일). 이 통신사의 보도 자료에 따르면, "다른 나라에서 보내오는 인도에 대한 뉴스나 인도에게 흥미로운 뉴스가 처음으로 미국 국무부(Department of State)나 백악관의 프리즘이나 서방 기자의 색안경을 통해 들여다보는 것이 아니라 IANS에 의해 인도의 관점으로 보도되고 있다"(Kamalipour, 2007, p. 125). 인터넷을 통한 운영비용 감소에도 IANS와 다른 유사한 새로 시작한 통신사들은 전 세계에서 기자를 고용할 재정적 자원을 확보할 때까지 권역 뉴스 통신사로 남게 된다. 그러한 재정 확보는 공신력 있는 세계적인 브랜드로 간주될 때까지 가능하지 않으며, 전 세계에서 가입자를 확보하기 위한 전제 조건이다. 코헤인과 나이(Keohane & Nye, 1998)는 미국, 영국, 프랑스의 뉴스 조직들은 다른 국가의 뉴스 조직을 왜소해 보이게 하는 지적 정보 수집 능력을 가지고 있다고 말하면서, "정보 권력은 정보를 편집하고 확실하게 검증해서 틀림없으면서도 중요한 것을 선별할 수 있는 사람들에게로 흘러간다. … 브랜드명과 국제적인 인정 표시를 수여하는 능력은 더욱 중요해질 것이다"라고 덧붙인다(pp. 88~89).

인터넷은 전 세계적인 뉴스와 정보의 왜곡된 흐름을 바로잡아 주는 역할을 할 가능성이 큰데, 이것은 개발도상국이 제기한 또 다른 우려사항이다. 평균적인 미국 대도시가 매일 국제 뉴스에 할애하는 뉴스 및 편집 공간의 보통 8% 또는 미국의 텔레비전 네트워크가 방송하는 국제 뉴스 시간의 약 14%(3분 조금 넘음)는 세계를 보는 좋은 창을 제공하지 못한다. 현재 인터넷 가입자는 마우스 클릭만으로 전 세계의 신문을 읽거나 웹 포털을 통해 전 세계 방송사의 시청각 뉴스 서비스를 받아볼 수 있다. 또한 많은 국가가 작은 접시 안테나나 인터넷을 통해 수신되는 위성 TV 채널을 통해 24시간 내내 뉴스와 오락 프로그램을 전송하고 있다.

인터넷을 통한 뉴스 흐름의 중요한 차원은 비록 비민주적인 국가의 정권이 정보의 자유로운 흐름을 제한하는 데 여전히 적극적이긴 하지만 이러한 국가의 사람들도 자국의 정치 발전에 대한 검열받지 않은 뉴스, 분석, 토론에 접근하기 시작했다는 것이다. 예를 들어, 「가디언」은 중동에서 사우디아라비아가 달갑지 않은 정치 및 기타 콘텐트를 차단하기 위해 인터넷을 검열하는 아랍 정권 가운데 선두에 서 있지만 "프록시 서버(proxy server)[26]를 이용해 우회하는 것은 매우 쉽다"라고 보도했다(Black, 2009). 중국 정부는 정부의 권위가 전복될 가능성을 피하기 위해 올드 미디어와 뉴 미디어를 모두 검열해왔다. "중국 정부가 흔히 사용하는 전술로는 모니터링 시스템과 방화벽을 사용하는 엄격한 미디어 통제, 출판물 또는 웹사이트 폐쇄, 반체제 언론인, 블로거 및 활동가 투옥이 있다"(Xu & Albert, 2017). 실제로 전 세계의 권위주의 정권은 자신의 권위를 보호하기 위해 인터넷을 검열하지만, 그것은 계속해서 어려움에 직면하고 있다. 나이와 오언스(Nye & Owens, 1996)는 인터넷은 미국이 "사람들이 관여

---

[26] 클라이언트가 자신을 통해서 다른 네트워크 서비스에 간접적으로 접속할 수 있게 해주는 컴퓨터 시스템이나 응용 프로그램을 가리킨다(역자 주).

하게 해서, 그들에게 계속해서 세계적 이벤트에 대한 정보를 제공하고, 기회가 생길 때 그들이 민주적인 시장 사회를 구축할 준비를 하도록 도울 수 있는" 아주 좋은 기회를 제공한다고 말한다(p. 30).

7. 전망

탈-소비에트(post-Soviet) 시대에 세계 여러 지역에서 나타난 정치적 자유와 시민 자유(civil liberty)의 확대는 방해받지 않는 취재와 자유로운 뉴스 흐름에 좋은 징조였다. 그러나 소비에트 전체주의가 몰락한 지 25년 만에 민주주의에 대한 문제 제기와 그로 인한 언론의 자유에 대한 문제 제기가 새롭게 이루어지고 있다. 뉴욕에 본부가 있는 프리덤 하우스는 전 세계의 시민 자유와 언론 자유에 대한 연례 보고서를 발간하는데, 2017년 보고서에 따르면 67개국이 2016년에 정치적 권리와 시민 자유가 순감소한 데 비해 36개국은 증가했다. 그러한 감소는 포퓰리즘(populism)[27], 국민주의 및 권위주의 세력의 부상(浮上)으로 인한 것이었다. 195개국 중 87개국만이 '자유로운' 국가로 평가되었다(Freedom House, 2017). 중국과 같이 전체주의가 계속 이어지는 국가와 결합된 권위주의의 강화는 접근을 제한하고, 명시적 혹은 묵시적 검열을 실시하며, 특파원에게 압력을 가하는 등 뉴스 보도를 크게 방해하며, 이러한 방해는 추방 또는 심지어 살해 위협으로까지 확대될 수 있다. 전 세계적으로 74명의 언론인이 2016년에 사망했다(Reporters without Borders, 2016). 『국제 언론인 협회 보고서』(International Press Institute Report)와 『검열지수』(Index on Censorship)는 정기적으로 지역 및 국제 저널리스트들이 직무 수행 시 직면하는 압력과 위험을 시기 순으로 기록한다.

서방 뉴스 조직들은 정치적 정당성 보호를 주장하는 권위주의 정권에 대한 보도에 훨씬 더 많은 제약을 경험하고 있지만, 개발도상국의 민주주의는 지배적인 서구 미디어의 '기득 의제'와 관련해서도 우려하는 경우가 많다. 예를 들어, 2018년 6월 이 글을 쓰고 있던 시점에 인도 정부 소식통은 인도가 "여성에

---

27 대중주의(大衆主義) 또는 포퓰리즘은 이데올로기 혹은 정치철학으로서, 대중과 엘리트를 동등하게 놓고 정치 및 사회 체제의 변화를 주장하는 수사법 또는 그런 변화로 정의된다(역자 주).

대한 성폭력에 대해 가장 위험한 국가"로 평가되었다는 톰슨 로이터스의 설문 조사 결과를 두고 "난센스"라고 말했다. 인도 정부는 이 보고서가 실증적 기준의 산물이 아니라 "전 세계 여성 문제 전문가 548명"의 인식에 기반을 두고 있다는 이유에서 이 보고서를 비난했다(WION, 2018). 심지어 「워싱턴 포스트」의 인도 특파원조차도 자신의 기사에서 인도에서 강간 사건이 증가하긴 했지만 "10만 명당 강간 발생률은 미국을 포함한 일부 서방 국가보다 훨씬 낮은 수준"이라고 언급하면서 인도가 가장 위험한 국가라는 그러한 평가에 놀란 것처럼 보였다(Gowen, 2018). 예를 들어, FBI(Federal Bureau of Investigation)의 데이터에 따르면 2016년 미국에서는 8만 6,015건, 즉 주민 10만 명 당 44.4건의 강간 사건이 발생했다(Federal Bureau of Investigation, 2016). 같은 해, 인도의 국가 범죄 기록국(National Crime Records Bureau)은 인구 13억 명의 국가에서 3만 8,947건, 즉 인구 10만 명당 6.3건의 강간 사건이 발생했다고 보고했다(Chauhan, 2017). 로이터스의 보고서에 대해 인도의 여성아동개발부(Women and Child Development Ministry)는 "정반대의 데이터가 있음에도 여론조사를 사용하는 것은 분명 인도를 음해하려는 시도"라고 말했다(*Times of India*, 2018). 인도의 국가여성위원회(National Commission for Women)는 이 조사 결과를 거부하면서 톰슨 로이터스가 "경제적으로 되살아난 인도를 전 세계적으로 짓밟아 놓으려는 시도"라고 말했다. 그것이 사실이든 아니든, 그러한 순위가 매우 부정확하다는 일부 인도 사회의 일관된 반응으로 보아 인도에서 로이터스의 공신력은 큰 타격을 입은 것으로 보인다. 앞서 언급한 영국 학자 피어스 로빈슨은 "선전과 속임수는 비서방 국가의 유일한 전유물이 아니며, 그러한 선전과 속임수는 서구 민주주의에서도 건재하다"라고 말한다(Robinson, 2016).

글로벌 뉴스 취재 및 배급의 새로운 역학이 계속해서 나타나고 있다. 경제 성장과 인터넷이 제공하는 기회로 인해 많은 개발도상국이 그들의 뉴스 취재 및 배급 사업을 더 쉽게 확장할 수 있게 되었다. 위에서 언급한 바 있는 인도의 IANS와 같이 말레이시아 통신사인 베르나마(Bernama)도 이와 같은 추이를 잘 보여주는 예인데, 베르나마 역시 서비스 도달범위를 동남아시아 국가 연합(Association of Southeast Asian Nations) 회원국 이상으로 확장했다. 중국, 인도, 인도네시아, 브라질, 멕시코, 이란, 아랍 연맹 국가들을 포함한 몇몇 개발도상국은 자체 통신 위성을 보유하고 있어서, 전 세계에서 뉴스를 취재해서 배급할 수 있는 능력을 추가로 갖게 되었다. 개발도상국들은 또한 점차 세계 주요 뉴스 수도에 자체 특파원을 배치하여 서방 뉴스 기관에 대한 의존도를 줄이고 있다. 그러나 개발도상국이 국내나 전 세계적으로 공신력 있는 뉴스 공급자로 보이려면 뉴스 취재 및 전송 하부구조 이상의 것이 필요하다. 언론의 자유라는 틀 내에서 전문적인 보도가 이루어지지 않는 한 공신력을 얻기 어려울 것이다. 2016년에 55%의 국가가 부분적으로 자유롭거나 자유롭지 않은 국가로 분류되었기 때문에 이들 국가가 생존 가능하고 공신력 있는 자체 뉴스 통신사를 보유하는 것은 어려운 일일 것이다.

정보시대의 다양한 기술로 인해 전 세계적인 뉴스 및 정보 흐름의 패턴을 근본적으로 바뀌었다. 온라인 소비자들은 신문과 잡지의 웹 에디션으로 바로 갈 수 있으며, 점점 더 자국 미디어로 충족되지 않는 정보 필요를 충족시키기 위해 많은 국가의 라디오 및 TV 뉴스 방송으로 직접 이동할 수 있다. 동시에 작은 접시 안테나에 연결된 무료 위성 수신기를 사용하는 시청자는 일반적으로 가입료 없이 전 세계의 여러 국제 채널 중에서 선택할 수 있다. 마셜 맥루언(Marshall McLuhan)의 '지구촌'(global village)이 참으로 임박해 있다. 인터넷 세대를 위한 뉴스 및 정보 패키징도 변하고 있다. 이 장에서 언급했듯이, 모든 주요 뉴스 조직은 온라인화되어 있으며 이 상호작용적 미디어를 이용하여 소비자에게 더 나은 서비스를 제공할 수 있는 새로운 방법을 지속적으로 찾고 있다. 전문화된 정보 서비스만 제공하기로 한 UPI의 결정이 성공하기 위해서는 고객과 고객의 필요를 파악해야 한다는 미디어 업계의 인식을 보여주는 좋은 예이다. 또한 온라인 신문은 판과 판 사이에 자주 뉴스를 업데이트하며 관련 사항이나 사이트에 대한 링크(텍스트 및 방송)도 제공한다. 이메일과 문자 알림을 통한 뉴스 업데이트도 보편화되고 있다. 주류 미디어와 웹 전용 뉴스 포털 모두 소비자의 다양한 필요를 충족시키기 위해 새로운 섹션을 추가하고 있다. 실제로 소비자는 뉴스 앱을 통해 자신이 선택한 영역의 뉴스를 찾을 수 있다.

1970년대에 시작된 고도로 선진화된 미국과 유럽의 경제가 가져다준 풍요와 함께 나타난 미디어 소비자 조각화(fragmentation)는 인터넷 시대에 들어와 완전히 새로운 수준에 이르고 있다. 전 세계의 미디어 소유자들은 정보 소비에 미치는 인터넷의 경이적인 영향을 인식하고 그들의 제작물의 성격, 양, 품질을 새롭게 하고 있다. 분명 인터넷은 새로운 기회를 창출하며 전 세계적인 뉴스 및 정보의 수집과 배급에 대해 완전히 새로운 요구를 한다. 뉴스, 정보 및 오락물 소비자는 정보시대에 의해 촉발된 새로운 역학에서 승자로 떠오르고 있다.

토론문제

1. 소셜 미디어의 폭발적인 성장과 뉴스 보급을 위한 소셜 미디어의 사용이 전통적인 뉴스 조직과 뉴스 통신사의 적절성과 유용성을 감소시키는가 아니면 증가시키는가? 소셜 미디어의 인기가 전통적인 뉴스원을 더 전문적이고 더 혁신적으로 만드는가?
2. 온라인 신문이 뉴스와 관련된 정기적인 뉴스 업데이트와 멀티미디어 링크를 제공함으로써 방송 뉴스와 경쟁에서 더 큰 경쟁력을 갖추어가고 있는가? 방송 뉴스는 뉴 미디어 환경에서 독창성과 경쟁력을 유지하기 위해 어떤 새로운 방향을 취해야 하는가?
3. 중국과 같은 권위주의 국가의 미디어가 '선전'에 관여한다고 주장하는 세계적으로 지배적인 서방 뉴스 통신사와 뉴스 조직들도 글로벌 뉴스 보도에 그들 자신의 편견과 의제를 가지고 있는가?
4. 인터넷은 개발도상국의 언론사가 기존의 서방 뉴스 통신사와 성공적으로 경쟁할 수 있게 해주는가? 그렇다고 생각하거나 혹은 그렇지 않다고 생각한다면 그 이유는 무엇인가?
5. 인터넷은 선진국과 개발도상국 간의 공평한 뉴스 흐름을 촉진하는가? 그렇다고 생각하거나 혹은 그렇지 않다고 생각한다면 그 이유는 무엇인가?
6. 미국에서의 알 자지라 폐쇄는 이 채널이 언론의 자유와 독립 저널리즘의 전통이 없는 군주제 국가인 카타르의 자금 지원으로 시작했기 때문에 시청자와 공신력 문제에 직면했음을 증명하는 것인가?

참고문헌

AFP. (2016). Annual report. Retrieved from https://www.afp.com/communication/report_2016/en/afp_annual_report_16/index.html

AFP. (2018a). AFP charter. Retrieved from https://www.afp.com/en/agency/charter

AFP. (2018b). AFP in numbers. Retrieved from https://www.afp.com/en/agency/about/afp-numbers

AFP. (2018c). AFP sports. Retrieved from https://www.afp.com/en/products/afp-sports

AFP. (2018d). Picture. Retrieved from https://www.afp.com/en/products/picture

AFP. (2018e). Services. Retrieved from https://www.afp.com/en/products

Al Jazeera (2017, June 26). An open letter from Al-Jazeera. Retrieved from https://www.aljazeera.com/news/2017/06/open-letter-al-jazeera-1706261250 49180.html

Alpert, L. (2017, September 28). The *Wall Street Journal* to stop publishing Europe, Asia print editions. Retrieved from https://www.wsj.com/articles/the-wall-street-journal-to-stop-publishing-europe-asia-print-editions-1506629825

AP. (2015a, April 22). Associated Press posts first revenue gain in 6 years. Retrieved from https://www.ap.org/ap-in-the-news/2015/associated-press-posts-first-revenue-gain-in-6-years

AP. (2015b, September 9). The Associated Press launches AP Content Services. Retrieved from https://www.ap.org/press-releases/2015/the-associated-press-launches-ap-content-services-to-help-brands-tell-their-stories

AP. (2017). Annual report. Retrieved from https://www.ap.org/about/annual-report/2017/ap-by-the-numbers.html

AP. (2018a). Introduction. Retrieved from https://www.ap.org/about/news-values-and-principles/introduction

AP. (2018b). About us. Retrieved from https://www.ap.org/en-us

AP. (2018c). Digital news experiences. Retrieved from https://www.ap.org/en-us/topics/dne

AP. (2018d). Lifestyle features. Retrieved from https://www.ap.org/en-us/topics/lifestyle/special-features

AP. (2018e). Video. Retrieved from https://www.ap.org/en-us/formats/video

Barr, J. (2016, February 10). *Newsweek* is dropping its paywall. Retrieved from http://adage.com/article/media/newsweek-dropping-paywall/302625

BBC. (2014, March 7). *Newsweek* magazine relaunches print edition. Retrieved from https://www.bbc.com/news/business-26460261

BBC. (2015a, February 5). BBC.com users hit 100 million mark. Retrieved from http://www.bbc.co.uk/mediacentre/latestnews/worldnews/2015/bbcom-users-hit-100million-mark

BBC. (2015b, April 14). About BBC World News TV. Retrieved from https://www.bbc.com/news/world-radio-and-tv-12957296

BBC. (2017, July 25). BBC's global audience rises to 372m. Retrieved from http://www.bbc.co.uk/mediacentre/latestnews/2017/global-audience-measure

Black, I. (2009, June 30). Saudi leads Arab regimes in Internet censorship. Retrieved from https://www.theguardian.com/world/2009/jun/30/internet-censorship-arab-regimes

BusinessWired (2015, June 29). PR tip: How to work with global news agencies. Retrieved from https://businesswired.wordpress.com/category/afp

Byers, D. (2017, May 9). *Wall Street Journal* adds 300,000 subscribers in last year. Retrieved from http://money.cnn.com/2017/05/09/media/wall-street-journal-subscribers/index.html

Chauhan, N. (2017, December 1). 2016 saw 106 rapes a day. Retrieved from https://timesofindia.indiatimes.com/india/2016-saw-106-rapes-a-day-delhi-the-capital-here-too/articleshow/61872073.cms

Chetwynd, P., & Lemarchand, G. (2016). AFP: The social media cell. Retrieved from https://www.afp.com/communication/report_2016/en/afp_annual_report_16/focus/un-complement-indispensable-du-terrain-la-cellule-reseaux-sociaux/index.html

Cisco. (2017, September 15). Cisco visual networking index. Retrieved from https://www.cisco.com/c/en/us/solutions/collateral/service-provider/visual-networking-index-vni/complete-white-paper-c11-481360.html

CNN. (2018). CNN worldwide fact sheet. Retrieved from http://cnnpressroom.blogs.cnn.com/cnn-fact-sheet

Dow Jones & Co. (2018, March 14). Retrieved from http://listnewsinfo.blogspot.com/2018/03/dow-jones-company.html

DW. (2016, August 1). Deutsche Welle reaches 135 million worldwide. Retrieved from https://www.dw.com/en/deutsche-welle-reaches-135-million-people-worldwide/a-19442187

Easton, L. (2016, August 24). Stay connected with the new AP app. Retrieved from https://blog.ap.org/announcements/stay-connected-with-the-new-ap-news-app

Easton, L. (2017, September 29). Using 360 video to bring viewers closer to Harvey, Irma. Retrieved from https://blog.ap.org/behind-the-news/using-360-video-to-bring-viewers-closer-to-harvey-irma

The Economist. (2017, August 10). Worldwide brand report. Retrieved from https://press.economist.com/stories/11458-the-economists-circulation-revenue-increased-by-21-year-on-year-as-latest-abc-figures-show-profitable-volume-growth

Ember, S. (2017, November 1). New York Times Co. reports solid digital growth as print slides. Retrieved from https://www.nytimes.com/2017/11/01/business/media/new-york-times-earnings.html

Ember, S. (2018, March 21). Meredith says it intends to sell *Time*. Retrieved from https://www.nytimes.com/2018/03/21/business/media/meredith-time-sports-illustrated-fortune-money.html

Evans, A. B. (2011, January). The failure of democratization in Russia. Retrieved from https://www.sciencedirect.com/science/article/pii/S1879366510000345

Expatica. (2018, April 12). AFP to vote on appointing new CEO. https://www.expatica.com/fr/news/country-news/France-media-AFP_1803648.html

Fanack. (2016, April 25). The declining popularity of Al-Jazeera. Retrieved from https://fanack.com/qatar/society-media-culture/qatar-media/al-jazeera-declining-popularity

Federal Bureau of Investigation. (2016). 2016 crime in the United States. Retrieved from https://ucr.fbi.gov/crime-in-the-u.s/2016/crime-in-the-u.s.-2016/tables/table-11

France 24. (2018). Liberte, egalite, actualite. Retrieved from https://static.france24.com/infographies/presse/presskit_en.pdf

Freedom House. (2017). Freedom in the world 2017. Retrieved from https://freedomhouse.org/report/freedom-world/freedom-world-2017

Galtung, J. (1971). A structural theory of imperialism. *Journal of Peace Research*, *8*(2), 81-117.

Gowen, A. (2018, June 27). India ranked world's most dangerous place for women. Retrieved from https://www.washingtonpost.com/news/worldviews/wp/2018/06/27/india-ranked-worlds-most-dangerous-place-for-women-r eigniting-debate-about-womens-safety/?utm_term=.6bcb3c1ea7e6

Greenslade, R. (2017, January 19). Popular newspapers suffer greater circulation falls than qualities. Retrieved from https://www.theguardian.com/media/greenslade/2017/jan/19/popular-newspapers-suffer-greater-circulation-falls-than-qualities

Guardian. (1999, June 13). Not so groovy. Retrieved from https://www.theguardian.com/media/1999/jun/14/8

Guardian. (2010, December 5). US embassy cables. Retrieved from https://www.theguardian.com/world/us-embassy-cables-documents/214776

Guardian. (2017, October 26). Guardian reaches milestone of 500,000 regular paying supporters. Retrieved from https://www.theguardian.com/gnm-press-office/2017/oct/26/guardian-reaches-milestone-of-500000-regular-paying-s upporters

Hester, A. (1973). Theoretical considerations in predicting volume and direction of information flow. *Gazette, 19,* 238-247.

IANS. (2018, July 3). About us. Retrieved from http://www.ians.in/index. php?param =common/about_us

Ignatenko, V. (1993, June/July). *IPI Report, 42.*

Interfax. (2017, January 16). Interfax becomes the most frequently cited Russian news agency. Retrieved from http://www.interfax.com/pressreleases.asp?id=727652

Interfax. (2018). About Interfax. Retrieved from http://www.interfax.com/txt.asp ?rbr=1

ITU. (2018). Statistics. Retrieved from https://www.itu.int/en/ITU-D/Statistics/Pages/stat/default.aspx

Kamalipour, Y. (2007). *Global communication.* Belmont, CA: Thomson Wadsworth.

Kariel, H. G., & Rosenvall, L. A. (1984, Autumn). Factors influencing international news flow. *Journalism Quarterly, 61,* 509-516.

Keohane, R. O., & Nye, J. S., Jr. (1998, September/October). Power and interdependence in the information age. *Foreign Affairs,* 77(5), 81-94.

Kirchick, J. (2017, September 20). RT wants to spread Moscow's propaganda here. Retrieved from https://www.washingtonpost.com/news/posteverything/wp/2017/09/20/rt-wants-to-spread-moscows-propaganda-here-lets-treat-it-that-way/?noredirect=on&utm_term=.a2572b3dac67

Kruglak, T. E. (1962). *The two faces of TASS*. Minneapolis: University of Minnesota Press.

Kurtz, H. (2009, October 1). *LA Times, Post* to end joint news service. Retrieved from http://www.washingtonpost.com/wp-dyn/content/article/2009/09/30/AR2009093004249.html?noredirect=on

Laville, C. (2010, November 16). Agence France Presse, an international news agency of the future? Retrieved from https://www.inaglobal.fr/en/presse/article/agence-france-presse-international-news-agency-future

McIntyre, D. (2017, February 25). *New York Times* moves ahead of *Washington Post* in digital audience race. Retrieved from https://247wallst.com/media/2017/02/25/new-york-times-moves-ahead-of-washington-post-in-digital-audience-race

MetaStock. (2018). Key facts about Thomson Reuters. Retrieved from https://www.metastock.com/company/about/keyfacts.aspx

Moonies acquire UPI. (2000, May 15). Retrieved from http://www.downhold.org/lowry/moon.html

Newsweek. (2018). Sales 2017. Retrieved from http://s.newsweek.com/sites/www.newsweek.com/files/newsweek_mediakit2017.pdf

New York Times. (2004, May 26). From the editors; *The Times* and Iraq. Retrieved from https://www.nytimes.com/2004/05/26/world/from-the-editors-the-times-and-iraq.html

New York Times. (2007, May 16). Reuters trustees say sale won't hurt journalism. Retrieved from https://www.nytimes.com/2007/05/16/business/media/16integrity.html

New York Times. (2016, April 12). The short, turbulent life of Al-Jazeera America. Retrieved from https://www.nytimes.com/2016/04/13/business/media/the-short-turbulent-life-of-al-jazeera-america.html

New York Times News Service/Syndicate. (2018). About. Retrieved from https://www.nytsyn.com/about/news-service

NiemanLab. (2017a, May 16). The Associated Press is adding more user-generated social content (verified, of course) into its wire services. Retrieved from http://www.nieman

lab.org/2017/05/the-associated-press-is-adding-user-generated-social-content -verified-of-course-into-its-wire-services

NiemanLab. (2017b, August 15). The AP makes the case that its wire stories overall do better on Facebook than individual publications' stories. Retrieved from http://www.niemanlab.org/2017/08/the-ap-makes-the-case-that-wire-stori es-do-better-on-facebook-than-individual-publications-stories

Nye, J. S., Jr., & Owens, W. A. (1996, March/April). America's information edge. *Foreign Affairs, 75*(2), 20-36.

Ponsford, D. (2017, November 21). *Financial Times* surpasses 700,000 digital subscribers. Retrieved from http://www.pressgazette.co.uk/financial-times-surpasses-700000-digital-subscribers-and-boasts-highest-readership-in-13 0-year-history

Radio Free Europe Radio Liberty. (2014, September 2). Retrieved from https://www.rferl.org/a/itar-tass-rebranding-soviet-union/26563237.html

Rampal, K., & Adams, W. C. (1990). Credibility of the Asian news broadcasts of the Voice of America and the British Broadcasting Corporation. *Gazette, 46*, 93-111.

Ray, A., & Dutta, A. (2014, July). Information imbalance: A case study of print media in India. *International Journal of Scientific and Research Publications, 4*(7), 1-5.

Read, D. (1999). *The power of news: The history of Reuters.* Oxford: Oxford University Press.

Reporters without Borders. (2016, December 19). Retrieved from https://rsf. org/en/news/2016-round-74-journalists-killed-worldwide

Reuters. (2018a). Digital news report 2018. Retrieved from http://media. digitalnewsreport.org/wp-content/uploads/2018/06/digital-news-report-2018 .pdf?x89475

Reuters. (2018b, January 29). Blackstone in talks. Retrieved from https://www. reuters.com/article/us-thomsonreuters-f-r-blackstone/exclusive-blackstone-in-talks-to-buy-majority-stake-in-key-thomson-reuters-unit-sources-id USKBN1FJ0B7

Reuters. (2018c). News agency. Retrieved from https://agency.reuters. com/en/about-us.html

Reuters. (2018d). The facts. Retrieved from https://www.thomsonreuters.com/content/dam/ewp-m/documents/careers/en/pdf/fact-sheets/reuters-fact-sheet.pdf

Reuters. (2018e). U.S. online report. Retrieved from https://www.thomsonreuters.com/content/dam/openweb/documents/pdf/reuters-news-agency/us-online-report.pdf

Reuters. (2018f). User generated content. Retrieved from https://agency.reuters.com/en/coverage/ugc.html

Reuters. (2018g). Reuters global reach. Retrieved from http://sales.reuters.com/en

Reuters. (2018h). Profile: Dow Jones & Company Inc. Retrieved from https://www.reuters.com/finance/stocks/companyProfile/.DJUSHB

Reuters. (2018i). Video news services. Retrieved from https://agency.reuters.com/en/products-services/products/video-news-services.html

Reuters. (2018j). Custom video services. Retrieved from https://agency.reuters.com/en/products-services/services/video-production-services.html

Riffe, D. (1996, Spring). Linking international news to U.S. interests: A content analysis. *International Communication Bulletin, 31*(1-2), 14-18.

Robinson, P. (2016, August 2). Russian news may be biased, but so is much of western media. Retrieved from https://www.theguardian.com/commentisfree/2016/aug/02/russian-propaganda-western-media-manipulation

RT. (2018, April 3). RT weekly audience grows. Retrieved from https://www.rt.com/about-us/press-releases/ipsos-market-research-rt

Schiff, F. (1996, Spring). The Associated Press: Its worldwide bureaus and American interests. *International Communication Bulletin, 31*(1-2), 7-13.

Schudson, M. (1978). *Discovering the news: A social history of American newspapers.* New York: Basic Books.

Shaw, D. (1988, April 3). The AP: It's everywhere and powerful. Retrieved from http://articles.latimes.com/1988-04-03/news/mn-982_1_wire-service

Smith, M. (2017, March 7). How left or right-wing are the UK's newspapers? Retrieved from https://yougov.co.uk/news/2017/03/07/how-left-or-right-wing-are-uks-newspapers

SNTV. (2018). About us. Retrieved from https://www.sntv.com/about-us

Sourcewatch UPI. (2018). Retrieved from https://www.sourcewatch.org/index.php/United_Press_International

Spiegel Online. (2013, February 15). Al-Jazeera losing battle for independence. Retrieved from http://www.spiegel.de/international/world/al-jazeera-criticized-for-lack-of-independence-after-arab-spring-a-883343.html

Spokesman-Review. (2017, April 19). Newspaper decline continues to weigh on AP earnings. Retrieved from http://www.spokesman.com/stories/2017/apr/19/newspaper-decline-continues-to-weigh-on-ap-earning

Statista. (2018a). Number of social media users. Retrieved from https://www.statista.com/statistics/278414/number-of-worldwide-social-network-users

Statista. (2018b). Number of smartphone users worldwide. Retrieved from https://www.statista.com/statistics/330695/number-of-smartphone-users-worldwide

Statista. (2018c). Number of daily newspapers. Retrieved from https://www.statista.com/statistics/183408/number-of-us-daily-newspapers-since-1975

Statista. (2018d). Thomson Reuters income. Retrieved from https://www.statista.com/statistics/225373/thomson-reuterss-annual-net-earnings

Statista. (2018e). *Wall Street Journal* circulation. Retrieved from https://www.statista.com/statistics/193788/average-paid-circulation-of-the-wall-street-journal

Statista. (2018f). Number of unique mobile visitors. Retrieved from https://www.statista.com/statistics/208813/estimated-mobile-audience-of-popular-magazine-brands

TASS. (2018). Russian news agency. Retrieved from http://tass.com/history

Thomson Reuters. (2017). Annual report. Retrieved from https://annual-report.thomsonreuters.com/downloads/annual-report-2017-thomson-reuters.pdf

Thomson Reuters. (2018a). What does Thomson Reuters do? Retrieved from https://www.thomsonreuters.com/en/careers/careers-blog/what-does-thomson-reuters-do.html

Thomson Reuters. (2018b, February 1). Reuters launches new Esports wire. Retrieved from https://www.thomsonreuters.com/en/press-releases/2018/february/reuters-launches-new-esports-wire-for-media-customers-seeking-coverage-of-competitive-gaming.html

Time Media Kit. (2018). Print audience. Retrieved from https://www.timemediakit.
com/audience

Times of India. (2018, June 28). Government rejects report. Retrieved from
https://timesofindia.indiatimes.com/india/govt-rejects-report-calling-india-m
ost-unsafe-for-women/articleshow/64770595.cms

UPI sold to Arab firm. (1992, June 27). *Editor and Publisher*, *125*(26), 9.

UPI.com. (2017). Media kit. Retrieved from https://about.upi.com/upi-media-
kit.pdf

UPI.com. (2018a). UPI emerging threats. Retrieved from https://about.upi.com
/licensing/emerging-threats

UPI.com. (2018b). Partners. Retrieved from https://about.upi.com/corporate/
perspectives-newstrack-partners

VOA. (2018). *The largest U.S. international broadcaster*. Retrieved from https://
docs.voanews.eu/en-US-INSIDE/2016/12/05/5d1e6a53-3ed2-4c3e-b043-eca
e12d9eed8.pdf

Washington Post. (2016, January 12). The *Washington Post* launches all-new News
Service and Syndicate site. Retrieved from https://www.washingtonpost.
com/pr/wp/2016/01/12/the-washington-post-launches-all-new-news-servi
ce-and-syndicate-site/?utm_term = .58860d9380c8

Washington Post. (2017). General ad rates. Retrieved from https://www.
washingtonpost.com/wp-stat/ad/public/static/media_kit/16-2980-01-Gen.pdf

Wikiwand UPI. (2018). United Press International. Retrieved from http://www.
wikiwand.com/en/United_Press_International

WION. (2018, June 27). Government slams report. Retrieved from http://wionews.
com/india-news/government-slams-thomson-reuters-report-on-india-bein
g-most-dangerous-country-for-women-147394

Xu, B., & Albert, E. (2017, February 17). Media censorship in China. Council on
Foreign Relations. Retrieved from: https://www.cfr.org/backgrounder/media-
censorship-china

9장

디지털 시대의 글로벌 방송

벤저민 A. 데이비스(Benjamin A. Davis) & 라스 룬드그렌(Lars Lundgren)

정보는 모든 국가에서 모든 사람이 필요로 하는 필수적인 천연자원이라고 주장할 수도 있을 것이다. 정보의 중요성은 초기 인류가 수원(水源)의 위치 혹은 불이라고 불리게 된 어떤 것을 만드는 방법에 대해 처음으로 교환한 단어들에 서부터 쭉 이어진다. 파피루스 위에 쓴 상형문자를 통해 전달된 정보는 이집트 통치자의 힘과 영향력을 나타냈으며 그러한 힘과 영향력을 확장했다. 구텐베르크의 인쇄기 제작은 사회의 발전을 근본적으로 바꾸어놓을 정보 공유의 점진적 확대로 이어졌다. 20세기 초의 방송은 사람들 간의 정보 교환의 발전에서 단지 또 하나의 단계에 지나지 않는다. 곧 **방송**이라는 용어는 실제로 수백만 명의 사람들과 동시에 커뮤니케이션하는 매우 폭넓은 수단을 나타내게 되었다. 방송은 마침내 전자기 공중파(electromagnetic airwave) 외에 위성, 광섬유 회선, 지하에 매설된 케이블을 통해서도 이루어지게 되었다. 인터넷에서 디지털 형식의 방송을 찾아볼 수 있지만, 방송은 인터넷이 이끄는 디지털 열차의 승객일 뿐이다. 인터넷은 케이블에서 모바일로 그리고 지상파 방송으로 변신할 수 있는 정보 본체 그 자체이다. 인터넷은 접촉하는 모든 것을 바꿀 뿐만 아니라 오늘날의 방송을 포함하여 모든 것을 지배한다.

1. 꿈과 비전

멀리서 본다는 뜻의 글로벌 텔레-비전(tele-vision)에 대한 발상은 텔레비전이 도입되기 수십 년 전에 시작되었다.[1] 1878년 12월, 잡지 「펀치」(*Punch*)에 실린 한 유명한 만화에는 한 영국 가족이 캡션(caption)에 설명되어 있는 것처럼 '에디슨의 텔레포노스코프'(telephonoscope), 즉 '전자 카메라-옵스큐라'(camera-obscura)[2]를 사용하여 실론(오늘날의 스리랑카)에서 딸과 이야기하는 모습이 그려져 있다. 그림의 중앙에 있는 스크린은 확실히 현대적인 와이드 스크린 텔레비전이나 영화 스크린처럼 보이며, 이 만화는 흔히 텔레비전에 대한 초기 구상을 설명하는 예로 사용되어왔다. 예를 들어, 윌리엄 유리치오(William Uricchio, 2004, 2008)는 텔레비전과 영화 사이의 시간적 차이뿐만 아니라 텔레비전의 초기 역사를 논의하기 위해 텔레포노스코프를 사용했다. 아이비 로버츠(Ivy Roberts, 2017)는 최근 논문에서 미디어 역사가들은 만화에 너무 큰 의미를 부여해 「펀치」가 흔히 풍자하는 방식과 그 당시의 맥락을 이해하지 못했다는 의견을 제시한다. 로버츠는 그 만화가 에디슨의 대중적 이미지와 당시 그의 수많은 발명품을 홍보한 방식에 대한 풍자로 해석되어야 한다고 주장한다. 그러나 유리치오가 지적했듯이, 그 당시에 텔레비전을 구상했던 다른 이야기들도 있었는데, 그 가운데 가장 두드러진 것은 텔레비전을 오락물, 글로벌 뉴스, 그리고 감시로 예견한 알베르 로비다(Albert Robida)의 저서 『20세기』(*Le Vingtième Siècle*, 1883)이다.

이러한 초기의 공상(空想)들이 미래에 대한 상상인지 풍자인지는 물론 논란의 여지가 있지만, 글로벌 뉴스와 오락물을 배급하기 위해 전자 커뮤니케이션을 사용한다는 아이디어는 이렇듯 일찍 등장해 이미 초기 단계의 방송이 어떻

---

1 브라이언 윈스턴(Brian Winston)은 그의 저서 『미디어, 기술, 그리고 사회』(*Media, Technology and Society*, 1998)에서 새로운 미디어의 도입이 그 미디어의 '관념화'에 앞서는 경우가 매우 흔하다는 관찰에 대해 상세하게 살펴보고 있다.

2 오늘날의 영상전화기(video phone) 혹은 텔레비전의 초창기 개념이다. '어두운 방'이라는 뜻의 라틴어 'camera obscura'는 카메라가 발명되기 훨씬 이전인 기원전 4C에 아리스토텔레스(Aristotle)가 태양의 일식을 관찰하면서 암상자의 원리에 주목하면서부터 시작되었다고 한다 (역자 주).

게 국가의 경계 안에서만 일어나는 국내 문제로 국한되지 않는지를 분명히 보여주었다. 텔레비전과 더 일반적으로는 방송에 대한 최근의 학문은 이러한 관점을 추구하면서 20세기와 그 이후에 라디오와 텔레비전을 형성하는 데에 방송의 초국가적 특성이 얼마나 중요한지 보여주었다(Hilmes, 2012 참조).

2. 글로벌 방송의 체계화와 규제

방송이 상상의 영역에서 벗어났을 때, 특히 국제무대에서 규제가 필요하다는 것이 곧 분명해졌다. 1920년대의 최초의 라디오 방송은 주로 중파(中波) 대역을 사용해 소리를 전송했으며, 그 결과 스펙트럼이 과밀(過密)하여 유럽 대륙에 간섭(interference) 문제가 발생했다. 당시 라디오 방송은 주로 국내 문제였지만, 방송의 도달범위는 국경을 훨씬 넘어섰다. 예를 들어, 북유럽에 있는 스웨덴의 라디오 방송이 남부 유럽의 국내 방송과 동일하거나 가까운 주파수 대역을 사용한다면 남부 유럽의 국내 방송에 쉽게 간섭현상을 야기할 수 있다. 당연히 국내 방송사들이 지리적으로 가깝게 있는 유럽 일부 지역과 세계의 다른 지역에서는 간섭 문제가 심각했을 것이고 이 문제는 전송 효과를 높이려는 경향으로 인해 더 심해져 국제 방송에서 사실상의 장비 경쟁으로 이어졌다. 라디오 주파수의 국제적 사용 규제의 필요성이 곧 분명해졌고, 따라서 1925년 국제방송연맹(IBU: International Broadcasting Union)이 결성되었다.3 그 당시, 이 문제는 유럽에서 특히 두드러졌고, 연맹의 이름에 '국제'라는 단어를 포함시켰음에도 그것은 모든 면에서 유럽 조직이었다.

IBU 이전에는 1865년에 설립되어 나중에 ITU(International Telecommunication Union)4로 이름이 변경된 국제전신연합(International Telegraph Union)이 국제전신 트래픽을 규제하고 조정했다. 그러나 20세기 초 라디오가 도입되었을 때

---

3 이 조직은 대개 UIR(Union Internationale de Radiophonie)이라 불렀다. 이름에 '국제'라는 단어가 포함된 것에 물론 다소 오해의 소지는 있다. 왜냐하면 이 조직은 예를 들어 회원을 '정회원'과 '준회원'으로 나누고 정회원은 유럽 국가에만 적용되는 등 모든 본질적인 측면에서 유럽 조직이었기 때문이다.

4 국제전신연합과 1906년에 설립된 국제무선전신연합(International Radiotelegraph Union)이 통합하여 1932년 ITU가 되었다(역자 주).

국제전신연합은 처음에는 방송을 그들 산하에 통합하지 않았다. 국제전신연합은 1927년에 개최된 워싱턴 DC 회의에서 비로소 라디오 방송에 관심을 갖기 시작했다. 그 후 2년 동안 수잔 로머스(Suzanne Lommers, 2012)가 라디오 방송 규제의 교착 상태라고 묘사한 상황을 맞게 되었는데, 당시 유엔의 전신이었던 국제연맹(League of Nations)의 지원을 받았던 국제전신연합과 IBU는 예를 들어 주파수 할당과 관련된 문제를 규제하는 방식에 합의를 보지 못했다. 1929년, 이번에는 프라하(Prague)에서 열린 또 다른 회의에서 세 기구는 서로 협력을 받아들이기로 합의했다. 한마디로 IBU는 방송에 대한 공식적인 국제 전문가로 인정받았으며 주파수 할당 문제에 대해 국제전신연합과 각국 PTT[5]에 조언을 했지만, 최종 결정권은 여전히 PTT에게 있었다(Lommers, 2012, p. 92).

프라하에서 합의가 이루어졌을 때까지 IBU는 이미 방송사 간의 간섭을 최소화하는 시스템을 만들려고 노력하면서 수년 동안 주파수 할당이라는 어려운 작업을 다루어왔다. 1926년 9월, IBU는 유럽 28개국에 83개의 주파수 대역을 할당하기로 결정했다. 주파수 할당 원칙은 복잡했고 부분적으로 기(旣)이용자에 의존했으며, 따라서 부유한 국가에 유리했던 반면 폴란드, 불가리아, 포르투갈과 같은 가난한 국가는 넓은 지역에 많은 인구가 분포되어 있음에도 그들의 많은 주파수를 빼앗겼다(Wormbs, 2011).

유럽과 다른 지역의 주파수 할당 문제는 초기 방송에 딸려 있던 일부 어려움뿐만 아니라 각국의 국내 방송사들을 조정하기 위한 국제 조직의 구성 필요성도 동시에 보여주었다. IBU는 4개의 위원회로 구성되었다. 기술위원회의 주된 임무는 국경을 가로지르는 하부구조, 전파 전송 문제, 그리고 위에서 설명한 주파수 할당을 조정하는 것이었다. 법무위원회는 저작권, 저작자의 권리, 선전 문제를 다루었으며, 프로그램 위원회는 국제 중계 및 프로그램 교환을 관리했다. 마지막으로, 예산위원회는 조직의 재정을 다루었다(Lommers, 2012, p. 68).

이미 국제 방송을 조정하고 체계화하려는 최초의 시도는 이중의 목적을 가지고 있었다. 한편으로, IBU는 주파수 부족과 간섭 문제를 다루고, 선전에 맞서며, 국경을 넘는 방송과 관련된 다른 문제를 다루고자 했다. 다른 한편으로,

---

5 Postal, Telegraph, and Telephone Administration의 약어이다(역자 주).

IBU는 국경을 가로지르는 하부구조 건설을 장려했으며 국제 중계와 프로그램 교환을 처리하기 위한 프로그램 위원회를 구성했다. 아래에서 볼 수 있듯이, 이러한 이중의 목적은 조직으로서 IBU를 살아남게 했으며, IBU의 후계자인 유럽방송연맹(EBU: European Broadcasting Union)과 국제 라디오 및 텔레비전 기구(OIRT: International Radio and Television Organization)에서도 볼 수 있다. 심지어 냉전이 한창일 때도 글로벌 방송은 위협이자 기회, 즉 국가 주권에 대한 위협이자 글로벌 통합과 이해를 위한 도구로 여겨졌다.

제2차 세계대전이 끝나자 IBU의 지위는 빠르게 약화되었다. 1946년, 소련은 IBU와의 명확한 단절을 목적으로 하는 국제 라디오 기구(OIR: International Radio Organization)라는 새로운 조직을 제안했는데, 왜냐하면 소련은 이전 조직이 전쟁 중 독일의 나치 정권과 너무 가깝다고 생각했기 때문이다. 프랑스는 대신 소비에트 공화국을 포함한 유럽 외부의 방송사를 포함하도록 IBU를 재구성하기를 원한 반면, 영국의 BBC는 이미 존재하는 조직 구조 내에서 문제를 해결하는 것이 더 낫다고 주장했다. 따라서 냉전 정치는 유럽의 방송사 조직에 영향을 미치게 되었고, 1950년에 IBU는 각각 동유럽과 서유럽에 해당하는 2개의 별도 조직으로 분리되었다. OIR은 동구권 방송사를 위한 새로운 조직이었던 반면, 서유럽 방송사들은 EBU(European Broadcasting Union)를 구성했다.[6]

지금까지 우리는 유럽의 국제 방송 영역을 주로 다루었는데, 이는 그리 놀라운 일이 아니다. 그러나 방송이 가장 먼저 개발되었고 비교적 제한된 지역 내의 다수의 국내 방송사로 특징지어지는 북미를 포함하여 세계의 다른 지역에서도 방송이 해결해야 할 과제는 존재했다. 게다가 냉전의 긴장으로 인해 유럽은 방송의 경쟁무대가 되었는데, 이것에 대해서는 아래에서 더 자세히 논의한다. 그러나 EBU와 OIRT에 대한 논의를 유럽 대륙으로만 국한시키는 것은 다소 오해의 소지가 있다.[7] 이전의 IBU와 마찬가지로, EBU와 OIRT 모두, 예를

---

6 예를 들면, 아프리카 국영 라디오 및 텔레비전 기구 연합(Union of National Radio and Television Organizations of Africa, 1962), 아시아방송연맹(Asian Broadcasting Union, 1964), 미주방송협회(Inter-American Broadcast Association, 1965) 같은 유사한 조직이 세계의 다른 지역에서도 설립되었다.

7 television을 나타내는 T는 1960년에 OIR이 OIRT로 이름이 바뀌면서 추가되었다. 냉전 중 OIRT와 사회주의 텔레비전에 대한 최근의 매우 광범위한 역사에 대해서는 보이텔슈미트 (Beutelschmidt, 2017)를 참조하라.

들어, 프로그램 교환을 촉진하기 위해 세계의 다른 지역의 방송사를 회원으로 유치하려고 노력하면서 정회원뿐만 아니라 준회원도 두고 있었다. EBU의 정관은 '유럽 방송 구역'(유럽 대륙 및 지중해에 접해 있는 국가들)에 있는 방송사에 대해서만 정회원 자격을 허용했다. 1960년대 초에 일부 회원은 이것이 문제라고 생각했는데, 왜냐하면 특히 이름에 '국제'가 포함되어 있던 OIRT와 비교할 때 유럽 방송 구역 밖의 방송사가 회원이 되는 것을 막았기 때문이다. 1960년, 마드리드에서 열린 회의에서 EBU는 아프리카와 아시아의 개발도상국과 탈식민지 국가에서 회원을 유치하기 위해 이름에서 '유럽'을 삭제해야 한다는 제안이 나왔다(Lundgren, 2012). 이름이 결코 변경된 적은 없지만, 주로 BBC의 저항으로 인해 EBU와 같은 권역 방송 기구조차도 유럽의 지리적 영역을 훨씬 뛰어넘는 국제적 지원활동과 야망을 가지고 있음을 보여준다.

본질적으로 OIRT와 EBU는 기술, 법률 및 프로그램 위원회로 나누어져 있었던 IBU의 조직 구조를 이어받았다(Eugster, 1983).[8] 그러한 조직 구조는 분열 후에도 살아남았을 뿐만 아니라 두 새로운 기구는 기본적으로 제2차 세계대전 이전과 동일한 목적에 부응했다. 당연히 냉전 정치의 맥락에서 선전과 국경을 넘는 방송 이슈는 훨씬 더 격렬해졌으며, 이것은 전후 방송에 대한 학술적 논쟁을 지배한 주제이기도 하다. 그러나 냉전 방송의 일부로서의 선전이 여전히 문제가 되는 가운데서도 철의 장막(Iron Curtain)을 가로질러 국제 중계 및 프로그램 교환을 지속하기 위한 노력 또한 상당했다.

3. 냉전시대의 방송: 선전과 경쟁

지금까지 가장 많이 논의된 냉전 방송의 특징은 라디오가 선전이나 공공 외교 수단으로 사용된 방식이다. 두 용어 모두 다른 국가의 시민에게 영향을 미치거나 주로 국민 국가들의 관계와 국민 국가에 대한 호의적인 인식을 만들어내려는 노력을 설명하기 위해 사용된다. 공공 외교는 보통 인간의 상호작용을 포함하는 활동으로 간주되는 반면, 선전은 매스 미디어를 영향력의 도구로 사용

---

8 1991년, 베를린 장벽과 소련이 무너진 후 OIRT는 별개의 조직으로서 적절성을 잃었다. 1993년, OIRT의 회원들이 EBU에 가입하면서 EBU와 OIRT는 합병되었다.

한다.

두 세계대전 사이의 기간에 세계적 야심을 가진 많은 라디오 방송국이 등장했다(<표 9.1> 참조). 예를 들어, 가장 유명한 라디오 모스크바(Radio Moscow)는 러시아 혁명을 해외에 널리 알리고 세계적인 노동자 혁명을 촉진하기 위해 1929년에 설립되었다(Lommers, 2012). 마찬가지로 (1931년에 설립된) 바티칸 라디오(Vatican Radio)와 (1932년에 국제연맹이 설립한) 라디오 네이션스(Radio Nations)는 전 세계의 청취자의 구미에 맞추었다. 바티칸 라디오는 전 세계 가톨릭 공동체에 서비스를 제공했으며, 라디오 네이션스는 범국가적, 정부 간 접근을 장려했다(Lommers, 2012). 전적으로 국제 청취자의 구미에 맞춰 설립된 이러한 방송사들 외에 몇몇 국내 방송사도 국제 서비스를 제공했는데, 특히 국제 배급용 라디오 프로그램을 제작한 BBC(British Broadcasting Corporation)가 그러했다(Webb, 2014).

제2차 세계대전 동안과 그 이후에 여러 라디오 방송국이 설립되었으며, 라디오 모스크바, 바티칸 라디오, 라디오 네이션스의 경우와 마찬가지로 그들의 목표는 흔히 전 세계를 대상으로 운영하는 것이었고 주요 활동은 대부분 유럽 대륙에 초점을 맞추었다. VOA는 몇 년 전 NBC와 CBS의 민간 주도 국제 라디오 방송에 이어 1942년에 방송을 시작했다. VOA는 국제 청취자들에게 '미국식 삶의 방식'을 촉진하는 문화와 음악뿐만 아니라 국제 뉴스와 미국 뉴스도 제공했다(Emery, 1969, p. 538). NBC 및 CBS와 달리 VOA는 미국 정보국(USIA: United States Information Agency)이 운영하는 정부 운영 라디오 방송사로 미국 국가안보위원회(NSC: National Security Council)를 통해 미국 대통령의 지휘를 받았다(Emery, 1969). 냉전이 심화함에 따라 소련과 동유럽의 청취자에게 다가간다는 분명한 목표를 가지고 많은 라디오 방송국이 유럽에서 운영되기 시작했다. 한편, VOA는 유럽과 남미에 특히 중점을 두고 전 세계에 걸쳐 운영했으며, 특정 국가를 대상으로 한 라디오 리버티(RL: Radio Liberty)와 라디오 프리 유럽(RFE: Radio Free Europe) 같은 라디오 방송국을 산하에 포함했다. RL은 대소련 방송이었고, RFE는 전적으로 해당 지역 청취자의 언어만 사용하여 동유럽 5개국을 겨냥해서 방송했다.

표 9.1 **주요 국제 방송 서비스**

방송사명	국가
BBC 월드 서비스	영국
CNN	미국
라디오 모스크바/보이스 오브 러시아	소련/러시아
라디오 프리 유럽/라디오 리버티	미국
바티칸 라디오	바티칸 시티
보이스 오브 아메리카	미국

다른 국제 방송 서비스로는 라디오 사와, 알 자지라, RT, 유로 뉴스, 오비트 라디오 및 텔레비전 네트워크, 라디오 프랑스 앵테르나쇼날, 라디오 스웨덴이 있다.

현지 언어로 방송하는 전략은 물론 해외 청취자에게 다가가려는 방송사에게 매우 중요했다. 조셉 스트로브하(Joseph Straubhaar)와 더글러스 보이드(Douglas Boyd)(2007)가 지적한 바와 같이, 언어 선택은 국제 방송사가 의도한 청취자를 나타내며, 언어를 추가하거나 빼는 방식을 살펴보면 방송사 프로그램 편성의 지침이 되는 현 관심사와 정책을 이해하는 데 도움이 될 수도 있다.

양 세계대전 사이의 방송에 비해 냉전 방송은 훨씬 더 이념에 사로잡혀 있는 것으로 간주되었으며, 적대세력이 누구인지 더 쉽게 알아볼 수 있었다.[9] VOA와 RFE의 방송은 적대적인 선전 행위로 여겨졌고 이들이 표적 청취자에게 다가가는 것을 방해하고 막으려는 노력을 촉발했다. 자주 사용된 대응책은 적대적인 방송사로 인식되는 라디오 신호를 차단하는 방법인 '전파 방해'(jamming) 행위였다. 전파 방해는 흔히 냉전의 정치적 온도를 따랐다. 예를 들어, 소련은 1959년 9월 15일 소련 지도자 니키타 흐루쇼프(Nikita Khrushchev)가 드와이트 D. 아이젠하워(Dwight D. Eisenhower) 대통령을 만나기 위해 미국으로 떠난 날인 1959년 9월 15일에 VOA에 대한 전파 방해를 중단했다. 마찬가지로 외국 라디오 방송국에 대한 전파 방해는 6개월간 중단했다가 1956년 10월 헝가리 봉기 직후 다시 계속되었다. 또한 전파 방해는 냉전 협상에서 통화(通貨)로 사용되었다. 영국과 소련 간의 문화적 관계에 관한 회의에서 영국은 소련이 BBC

---

[9] 제2차 세계대전 이후 방송과 이념적 투쟁에 대한 정통한 논의를 보려면 스포러(Spohrer, 2013)를 참조하라.

러시아어 서비스를 방해하는 것을 중단한다면 그 대가로 "특정 방송 프로그램에 대한 불만을 고려할" 용의가 있다고 강조했다(BBC, 1959).

앞에서 언급한 바와 같이, 냉전 기간뿐만 아니라 양대 세계대전 사이의 라디오 방송은 흔히 선전으로 그리고 더글러스 A. 보이드가 1986년 논문에서 확인한 목표(국가 위신 향상, 국익 증진, 문화적 유대 조성, 종교적·이념적·정치적 선전 참여)에 대한 응답으로 이해된다(Boyd, 1986). 이러한 목표들은 국경을 가로지르는 방송을 엄호해주고 또한 방송이 어떻게 (국제) 청취자를 둘러싼 싸움의 일부가 되었는지를 잘 보여준다.

라디오 방송의 덜 두드러진 특징과 초국가적 텔레비전의 초기 실험의 훨씬 덜 두드러진 특징은 냉전의 경계 너머에 있는 청취자를 자기편으로 끌어들이기보다는 기존 동맹국 사이의 유대 관계를 구축하거나 경우에 따라 냉전으로 나누어진 두 세계를 가로질러 유대 관계를 구축하려는 방송이다.[10] 양대 세계대전 사이 기간 동안, IBU가 주관해 1932년부터 1939년까지 유럽, 미국, 일본, 유럽 식민지에 방송된 '국제 콘서트'와 '월드 콘서트'와 같은 이니셔티브는 국가의 위신을 높이려는 것이기보다는 통합된 유럽이라는 구상에 동기를 불어넣으려는 것이었다(Lommers, 2012).

지금까지 우리는 라디오와 관련하여 주로 국제 방송 또는 글로벌 방송에 대해 논의했는데, 이는 그것이 텔레비전 이전에 개발되었다는 사실에 의해 부분적으로 설명되기 때문이지만, 동시에 그것이 상대적으로 더 국경을 가로지르는 방송과 선전의 도구로 간주되기 때문이기도 하다. 예를 들어, 냉전 기간 서독과 동독 모두에서 텔레비전이 비슷한 방식으로 사용되었지만, 텔레비전이 직접적인 의미에서 선전 도구로 논의된 경우는 상대적으로 적다. 또한 글로벌 텔레비전 방송은 1960년대 말에 넓은 지리적 영역에 걸쳐 생생한 이미지가 즉시 전송될 수 있도록 해준 위성 기술이 도입된 결과로 흔히 여겨진다(Chalaby, 2005 참조). 그러나 다음 절에서 볼 수 있듯이 텔레비전은 1950년대 초반부터 이미 프로그램 교환과 초국가적 공동 제작에 참여했다.

---

10 최근 몇 년 동안 냉전의 동서 분할에 이의를 제기하는 문헌이 급격히 증가했는데, 이 문헌들은 냉전의 장막이 철로 만들어지기보다는 훨씬 더 투과성이 높다는 점을 강조했다(Mikkonen & Koivunen, 2015; Romijn et al., 2012 참조).

4. 냉전시대의 방송: 교환과 협력

냉전 방송에서 상대적으로 훨씬 덜 논의된 문제는 서로 다른 국가의 방송 기관들 간의 프로그램 교환과 협력이다. 하지만 그것은 여러 면에서 전 세계적으로 점점 더 많은 지역을 커버하는 커뮤니케이션 하부구조의 개발뿐만 아니라 프로그램 교환이 이루어지기 시작한 글로벌 방송의 더 후기 단계에 대한 서막이다.

국경을 가로지르는 최초의 방송은 1950년 8월 프랑스 칼레(Calais)에서 <축제의 칼레>(*Calais en Fête*)라는 프로그램이 칼레에서 런던으로 방송된 소위 칼레 실험이었다. 초국가적 텔레비전의 기술 능력을 보여주었던 이 방송은 단방향으로 런던의 시청자만 프로그램을 볼 수 있었다. 3년 후, 영국과 프랑스의 방송사들은 더욱 협력했고, 1953년 5월과 6월에 15편의 프로그램이 런던에서 프랑스로 방송되었다. 이러한 일련의 시도는 1953년 6월 2일 여왕 엘리자베쓰 2세(Queen Elizabeth II)의 대관식 방송으로 절정에 이르렀다. 이 방송은 프랑스뿐 아니라 덴마크, 독일, 네덜란드에도 전송되어 5개국(영국 포함)에 생중계되었다(Katz & Dayan, 1992; Fickers & O'Dwyer, 2012). 칼레 실험과 1953년 대관식 방송은 동축(同軸) 케이블과 마이크로웨이브 중계를 통해 TV 이미지를 전송하여 영국 해협 건너에서 수신되었다. 이 두 실험은 나중에 분리되었다가 그 뒤에 다시 서로 결합된 방송 네트워크들인 유로비전(Eurovision)과 인터비전(Intervision)으로 발전하는 기반이 되었다. 몇 년 안에 두 네트워크를 통해 유럽 대륙 전체의 방송사가 프로그램 교환에 참여할 수 있었다.

앞에서 언급했듯이, EBU와 OIRT는 회원 간의 프로그램 교환과 국경을 넘는 방송을 촉진하기 위해 노력했다. 유로비전(EBU)과 인터비전(OIRT)의 설립은 국내 방송 기관 간에 이미지를 전송할 수 있게 되었다는 점에서 매우 도움이 되었다. 유로비전은 칼레 실험과 대관식 방송 직후인 1954년에 설립되었고, 인터비전은 여러 해 동안 동유럽 국가 간의 임시 링크를 사용하여 프로그램 교환을 수행한 후 1960년에 공식적으로 설립되었다.[11] 이러한 임시 링크로 인해 프

---

[11] 사실 1960년까지 동독, 헝가리, 폴란드 간의 모든 전송은 체코슬로바키아의 프라하를 통과해야 했다. 1960년에 영구 전송 링크가 설치되었지만, 소련은 그 후 1년이 지나서야 비로소 인터비전에 동참했다(Eugster, 1983, p. 105).

로그램 교환이 더욱 제한되었고 심지어 유로비전의 일부 프로그램이 유입되기도 했지만, 1960년이 되자 비로소 이 두 네트워크는 공식적으로 연결되어 동유럽과 서유럽의 TV 시청자들이 서로의 프로그램을 볼 수 있게 되었다(Eugster, 1983; Henrich-Franke & Immel, 2013).

철의 장막을 넘어선 프로그램 교환을 포함해 프로그램 교환 이면의 핵심 요소들 가운데에는 재정적인 우려도 포함되어 있었다. 1950년대 후반에 이미 방송사들은 프로그램 부족으로 인해 프로그램 편성을 채우는 데 어려움을 겪었다. 특히 더 많은 자원을 가진 방송 조직으로부터 방송물을 얻을 수 있는 소규모 텔레비전 방송국의 경우, 한 가지 해결책은 양자 및 다자간 프로그램 교환에 참여하는 것이었다. 크리스티안 하인리히-프랑케(Christian Henrich-Franke)와 레기나 이멜(Regina Immel)이 보여주었듯이, 철의 장막을 넘어선 프로그램 교환은 다양한 요인(제도, 문화, 정치, 기술 등)에 의해 가능해졌지만 "재정적 이유가 다른 무엇보다 중요했다"(Henrich-Franke & Immel, 2013, p. 210). 재정적인 이유가 매우 중요했지만, 프로그램 교환은 상당한 수익이나 금전적 이익을 창출하지 못했기 때문에 이후의 위성을 통한 교환의 동기와는 달랐는데, 위성을 통한 교환에서는 광고와 유료 TV 방송에 대한 접근이 더 중요해졌다(Straubhaar & Boyd, 2007). 좀 더 정확히 말하면, 재정적 이유는 문화적 이해(理解)와 국가 위신에 대한 야망을 증진하려는 노력과 짝을 이뤘다.

OIRT와 EBU 간의 텔레비전 프로그램 흐름은 흔히 언급되듯이 꽤 일방적이었다. OIRT의 동유럽 국가들은 일반적인 프로그램 교환이건 더 구체적으로 뉴스와 같은 장르의 교환이건 상관없이 수신하는 쪽이었다(Eugster, 1983). 유로비전과 인터비전 네트워크를 사용하는 교환은 물론 전 세계적으로 이뤄지는 프로그램 교환의 일부에 불과했다. 글로벌 텔레비전 흐름에 대한 보기 드문 연구에서 칼레 노르덴스트렝(Kaarle Nordenstreng)과 타피오 바리스(Tapio Varis)(1974)는 이를 일방통행로라고 묘사하면서 경제적 요인과 인구학적 요인이 중요하다고 결론지었다. 더욱이 TV를 일찍 도입했고 영화 산업과 TV 산업이 확립된 국가는 프로그램 교환보다 그들 자신의 제작물에 의존했을 가능성이 더 높다.[12] 가난한 국가가 텔레비전 프로그램 편성을 채우기 위해 프로그램을 수

---

12 그러나 노르덴스트렝과 바리스(1974)는 상대적으로 가난하지만 국내 제작물의 비율이 높은 아르헨티나처럼 이에 대한 예외도 있다는 점을 강조했다.

입할 수밖에 없게 만드는 경제적 요인 외에, 때로는 전송 품질의 차이로 인해 예를 들어 인터비전에서 유로비전으로 보낼 수 있는 프로그램 수에 제한을 받기도 했다(Henrich-Franke & Immel, 2013).

유로비전과 인터비전을 통한 프로그램 교환이나 세계의 다른 권역에서 이루어지는 방송사 간의 프로그램 교환은 곧 일상적인 경험이 되었다. 노르덴스트렝과 바리스(1974)에 따르면, 1970년 동유럽 방송사는 서유럽 방송사로부터 약 3,000시간 분량의 프로그램을 수신했다. 그럼에도 극적이고 볼거리가 많은 사건은 초국가적 방송 궁극적으로는 글로벌 방송의 역량을 확장시키면서 텔레비전의 발전에 촉매제 역할을 했다.

우주 경쟁은 1962년에 최초의 상용 통신 위성이 발사되기 이전에도 그와 같은 원동력 가운데 하나였다. 1957년 10월, 소련이 최초의 인공위성 스푸트니크 1호(Sputnik I)를 발사했을 때, 그것은 전 세계에 놀라운 일이었고 새롭게 시작된 우주 경쟁에서 중요한 사건이었다(Barnett, 2013; Boyle, 2008; Dickson, 2001). 냉전의 주적(主敵)인 미국에게 스푸트니크는 널리 받아들여지는 미국인의 기술적 우월성에 대한 믿음에 심각한 타격을 입혔다(Peoples, 2008). 게다가 그것이 위성을 대륙 간 미사일 운반체로 사용할 수 있는 능력을 시사한다는 점에서 군사적 위협으로 간주되었다(Nye, 1994, p. 226). 또 스푸트니크 위성은 지구 궤도를 도는 동안 삐 하는 소리를 전송했기 때문에 그것은 또한 우주를 라디오 방송에 사용할 수 있는 기술적 실행가능성을 입증했다. 이듬해 미국이 지구로 다시 교신하는 동일한 성능을 가진 뱅가드 1호(Vanguard I)를 쏘아올림에 따라, 두 초강대국은 본질적으로 우주에서 동등해졌다. 냉전 우주 경쟁에서 가장 눈에 띄는 부분이자 대중의 기억 속에 오래 남아 있는 것은 인간을 태워 달에 보내는 유인 우주 비행과 우주 식민지에 대한 꿈을 추구하는 것이다. 여전히 경쟁의 일환인 동시에 경쟁하는 초강대국들이 영향력과 권력을 얻기 위해 노력하는 가운데, 글로벌 커뮤니케이션을 위한 우주 이용은 이미 초기 단계에 접어든 좀 더 집단적인 사명이었으며, 세계의 지역들을 연결하고 보편적 이해를 위한 기반을 마련하려는 열망의 기초가 되었다.

유리 가가린(Yuri Gagarin)이 우주로 쏘아 올려진 뒤 성공적으로 지구로 돌아왔던 1961년 4월 12일에 소련은 최초의 인간을 우주로 보냄으로써 그들의 우주 개발 능력을 다시 한 번 입증했다. 사람을 우주에 실어 보낸 업적은 우주 경쟁이 사실상 끝났다고 할 정도로 소련이 편안한 선두를 유지하고 있음을 증명하는 것이라는 주장이 당시에 제기된 바 있다. 그리고 소련은 이 승리와 더불어 글로벌 방송에서 잘 알려지지 않은 또 다른 승리도 거두었다. 가가린이 궤도를 돌고 온 이틀 후인 1961년 4월 14일에 유리 가가린의 모스크바 귀환 축하 행사가 유럽 전역의 시청자들에게 방영되었는데, 이것은 소련에서 서유럽으로 라이브로 전송된 최초의 TV 방송이었다. 이 방송은 지상파 BBC와 소련 중앙 텔레비전(Soviet Central Television)의 협력으로 이루어졌다. 이 방송은 그 놀라운 사건으로 인해 임시로 편성되었지만, 두 기관은 이미 2주 뒤 모스크바에서 열리는 5월 퍼레이드(May Parade)를 런던의 시청자들에게 방송할 계획이었기 때문에 수년간 준비한 결과라 할 수 있다.[13] 가가린은 외계로 여행을 떠났지만, 텔레비전 전송은 여전히 동축 케이블과 마이크로웨이브 중계국을 통한 지상 네트워크를 사용했다. 유럽 전역을 아우르는 네트워크를 만들기 위해서는 인터비전과 유로비전이 함께 연결되어야 했는데, 이는 단순히 송신기와 안테나를 리다이렉트(redirect)[14] 하여 핀란드 만(Gulf of Finland)을 가로질러 신호를 전송함으로써 이루어졌는데, 이로 인해 소련과 인터비전이 연결되었을 뿐만 아니라 모스크바로부터의 생방송이 헬싱키(Helsinki)와 스톡홀름(Stockholm)을 통해 서유럽으로 전송될 수 있었다. 따라서 이 방송은 기존의 전송 수단에 의존했으며 세계적 영향력이라는 의미에서 글로벌 방송을 향해 한 걸음 더 나아간 것은 아니었다. 그러나 그 당시에는 "새로운 시대의 선구자"라 불리면서 글로벌 방송의 선도자로 여겨졌다(Lundgren, 2015a).

5. 글로벌 커뮤니케이션 네트워크

지금까지 우리는 주로 초국가적 방송에 유럽이 기울인 노력에 대해 논의했는데, 양대 세계대전 사이에는 라디오를, 냉전 초기에는 텔레비전을 이용했다.

---

13 가가린의 모스크바 귀환 프로그램 계획, 준비 및 제작에 대한 자세한 설명은 런드그렌(Lundgren 2012, 2015b)을 참조하라.

14 수신되는 신호를 방향이나 주소를 바꾸어 다시 보내는 것을 말한다(역자 주).

유럽이 초국가적 방송의 중요한 무대였던 것은 간섭과 주파수 할당 문제를 처리해야하고, 선전에 대응하며, 텔레비전 편성을 채우는 경제적으로 실행 가능한 방법을 찾는 것과 같은 실용적인 이유가 있었기 때문이다. 그러나 글로벌 텔레비전 네트워크를 향한 다음 단계로 나아가기 위해서는 대서양 횡단이 필요했다.

제임스 슈워크(James Schwoch, 2009)가 지적한 바와 같이, 글로벌 텔레비전은 흔히 통신 위성 도입, 텔레비전 수상기 소유 증가, 미디어 산업의 통합에서 기인한 비교적 최근의 현상으로 간주된다. 관찰자들은 흔히 1980년대의 직접 방송 위성(DBS: direct broadcast satellite) 혹은 가정 직접 수신 위성(DTH: direct-to-home satellite)의 도입을 글로벌 텔레비전의 출발점으로 부른다. 슈워크는 "글로벌 텔레비전 네트워크에 대한 아이디어, 이론 및 비전"은 냉전의 여명기에 생겼으며, 미국 공화당 상원의원 칼 문트(Karl Mundt)가 1950년 11월에 표현한대로, 심지어 대서양을 건너서 "세계에 미국의 비전"을 제시하려 하는 동안에도 그러한 글로벌 텔레비전 네트워크에 대한 꿈은 결코 통신 위성에 한정되지 않았다고 지적한다(Schwoch, 2009, p. 83).

대서양을 횡단하는 방법은 전통적인 것부터 극적인 것까지 다양했다. 1945년, 웨스팅하우스(Westinghouse)는 스트래터비전(Stratovision)[15]이라는 공중파 방송 시스템을 실험하기 시작했는데, 이 시스템은 넓은 지역을 커버하기 위해 TV 송신기를 비행기에 탑재했다. 웨스팅하우스에 따르면, 이 시스템은 텔레비전에만 국한되지 않고 모든 종류의 커뮤니케이션을 할 것이라고 했다(Foust, 2011; Herzog, 1946). 스트래터비전은 미국의 대도시를 포함하는 전국 시스템으로 구상되었지만, 텔레비전 방송뿐만 아니라 팩스, 비즈니스 정보 및 기타 데이터를 전송하려 했던 유사한 시스템에도 영감을 주었다. 이 시스템은 울트라팩스(Ultrafax)라 불렸으며, 1948년 RCA 회장 데이비드 사노프(David Sarnoff)는 이 시스템을 해리 S. 트루먼(Harry S. Truman) 미국 대통령에게 제안하면서 스트래터비전과는 달리 전 세계를 도달범위로 할 계획이었기 때문에 TV의 특성

---

15 항공기를 송신소로 이용하는 텔레비전의 방송 방식으로, 대형 항공기에 송신 설비, VTR 따위의 방송 설비 일체와 전원 설비 따위를 탑재하여 일정한 장소를 선회 비행하면서 방송을 한다 (역자 주).

뿐만 아니라 전략적 중요성과 군사적 용도도 강조했다(Light, 2006; Schwoch, 2009).

전 세계를 아우르는 마이크로웨이브 중계 네트워크 개발을 목적으로 한 이니셔티브는 덜 극적이었으며 기존의 통신 수단에 의존했다. 그러한 시스템으로 유니텔(UNITEL)이 있는데, 이것은 "산꼭대기와 섬 그리고 세계의 대양의 가장자리에 전략적으로 배치되는 거대한 중계탑"으로 구성되었으며(Schwoch, 2009, p. 88), 사노프의 울트라팩스처럼 냉전 기간의 선전과 군사 전략의 핵심 구성요소로 홍보되었다. 이 세 가지 비전 가운데 어느 것도 실현되지는 않았지만, 글로벌 텔레비전 네트워크에 대한 이러한 구상들을 회고해보면 이것들은 "암호 인터넷"(crypto-Internet)[16](Schwoch, 2009, p. 88) 또는 제니퍼 S. 라이트(Jennifer S. Light, 2006)가 울트라팩스를 두고 한 표현대로 "세기 중반의 신통찮은 무선 인터넷"(p. 365)으로 간주될 수도 있다.

1960년대 초의 초점은 동축 케이블 네트워크와 마이크로웨이브 중계 시스템을 확장하는 방식에서 통신 위성을 사용하여 대서양 간 텔레비전 방송을 구축하는 것으로 바뀌었다. 가가린의 귀환이 모스크바에서 서유럽으로 방송된 지 18개월이 채 되지 않은 1962년 7월, 통신 위성 텔스타 1호(Telstar I)를 이용해 미국에서 유럽으로 라이브 TV 이미지가 전송되었다. 텔스타의 궤도는 정지궤도(GSO: geosynchronous orbit)가 아닌 타원 궤도(elliptical orbit)여서, 이 위성의 풋프린트(footprint), 즉 지상 수신구역이 북미 쪽으로는 메인(Maine) 주의 앤도버(Andover)에서 유럽 쪽으로는 영국의 군힐리(Goonhilly)와 프랑스의 플뢰뫼르 보두(Pleumeur Bodou)에 이르는 대서양 지역을 덮고 있을 때만 TV 이미지를 전송할 수 있었다. 그러나 이러한 짧은 시간 동안 이루어지는 대서양 횡단 중계는, 제임스 슈워크(2009)가 지적한 바와 같이, 대서양 양안의 TV 시청자를 감동시키기에 충분했다. 텔스타가 준 충격은 엄청났다. 비록 텔스타의 전송이 처음에는 북미와 서유럽으로 제한되긴 했지만, 그것은 글로벌 방송의 매우 중요한 순간으로 간주되었다. "텔스타는 국내 사업으로서의 '방송'이 위

---

16 슈워크는 유니텔을 "암호 수렴"(crypto-convergence)라고 불렀는데, 그 이유는 유니텔이 "오늘날 정보 기술의 광대역 수렴에 대한 초기 실패한 비전이라는 점과 냉전의 보안 수사학에서 완전히 암호화된 아이디어"라는 이유에서였다(역자 주).

성 방송에 의해 촉진되는 새로운 글로벌리즘(globalism)으로 대체되기 시작한 역사적인 분기점의 시작을 알렸다"(Hay, 2012, p. 31).

1960년대에는 여러 실험적인 방송과 인텔샛(Intelsat)과 같은 위성 네트워크가 출현했다. 예를 들어, 1964년 도쿄 올림픽은 일본과 미국을 연결하는 실험용 정지 위성을 통해 전 세계에 전송되었다. 얼마 지나지 않아 1965년에는 최초의 상업용 위성이 발사되었다. 이른바 얼리 버드(Early Bird)는 텔레비전 방송용으로 설계되었으며 궤도는 정지 궤도였기 때문에 그것의 풋프린트 내에서 지속적인 방송이 가능했다.

제임스 헤이(James Hay, 2012)가 지적한 것처럼, 분명 통신 위성은 글로벌리즘의 가능성을 가져다주는 것처럼 보였으며 위성 수신범위는 점차 확대되어 훨씬 더 넓은 지역을 커버했다. 수년간의 계획 끝에 1967년에는 <우리 세계>(Our World)라는 라이브 TV 방송이 북반구 전체를 커버했다.[17] 이 방송은 18개 방송 조직이 참여한 공동 제작물로 약 4억 명이 시청했는데, 이는 당시 역사상 가장 많은 텔레비전 시청자로 기록되었다. 이 방송의 규모는 텔레비전이 글로벌 미디어가 될 것이라는 점을 분명히 가리키지만, 18개의 방송 조직이 참여했더라도 그것을 주도하고 최종 결정을 내린 것은 BBC였다는 점에도 주목해야 한다. 또한 리사 파크스(Lisa Parks, 2005)가 지적한 것처럼, 이 방송은 상당 정도 서양의 근대화 담론과 연계된 "서양의 환상곡"이었다.

북반구 전체를 에워싸겠다는 야망은 이루어지지 않았다. 며칠 전 통보를 받고 소련을 비롯한 동유럽 5개국이 그 방송에서 빠짐에 따라 그것은 서방의 사업으로 부각됐다. 동구권 국가들이 방송에서 철수한 것은 일반적으로 중동에서 6일 전쟁(Six-Day War)[18]이 시작된 것과 관련이 있으며, 이는 소련이 방송에 참여하지 않을 것임을 알린 전문(電文)에서 암시한 내용이기도 하다.[19]

---

[17] "우리 세계"는, 특히 리사 파크스의 『궤도상의 문화』(Cultures in Orbit)(2005)에서, 초기 "위성의 극적 사건"으로 흔히 언급된다.

[18] 6일 전쟁 또는 제3차 중동 전쟁, 6월 전쟁, 1967년 아랍-이스라엘 전쟁이라고도 불리는 이 전쟁은 이스라엘을 상대로 주변 이웃 국가인 이집트, 요르단, 시리아, 레바논이 연합하여 벌인 전쟁이다. 이 때 당시 이집트는 아랍 연합 공화국으로 불렸다(역자 주).

[19] 런드그렌은 다른 곳에서 소련이 <우리 세계>에서 철수한 것을 순전히 정치적 문제로 보는 것은 오해의 소지가 있을 수도 있다고 주장했다. 서로 다른 제작 가치, 기술적 어려움, 정치적 갈등으로 인해 소련은 참여하기가 매우 어려웠다(Evans & Lundgren, 2016).

실험 방송인 <우리 세계>는 전 세계의 기술을 실험한 것이었을 뿐만 아니라 관련 방송 조직과 EBU 및 OIRT 간의 수년간의 협상으로 특징지어지기도 한다. 어떤 의미에서 1967년 6월 25일 방송된 이 프로그램은 원래 전 세계에 회원을 둔 글로벌 커뮤니케이션 시스템을 의도로 만들어진 인텔샛을 둘러싼 협상의 초기 결과물이었다. 몇몇 유럽 국가와 소련에 따르면, 미국을 대표하는 콤샛(COMSAT)이 인텔샛에 너무 지나친 영향력을 행사하면서 회원국 간의 힘의 균형 문제가 협상을 하는 동안 단연코 가장 논란이 된 부분이었다고 한다. 반면에 콤샛과 미국 정부 대표는 인텔샛이 진정한 글로벌 시스템이 아니라 유럽의 권역 위성 네트워크와 경쟁해야 하는 몇몇 네트워크 가운데 하나가 될 것이라고 우려했다. 수년간의 협상은 세계의 많은 지역에서 온 회원들이 여전히 소련과 다른 여러 동유럽 국가의 위성 시스템인 인터스푸트니크와 경쟁하고 상호작용해야 한다는 것으로 끝이 났다.

따라서 인텔샛은 위성 방송을 독점하지 못했고 권역 시스템과 경쟁하고 있음을 깨닫게 되었다. 이러한 점은 방송 회사들이 각기 다른 공급자로부터 전송 용량을 구매할 수 있게 해주는 DBS와 DTH의 도입으로 더욱 두드러졌다. 그러나 우세한 미국의 지배는 글로벌 방송의 미국화(Americanization)와 상업화(commercialization) 문제에 대한 더 많은 논의와 우려를 불러일으켰다(Norden-streng & Schiller, 1979, 제2부 참조). 이러한 우려는 나중에 미국의 이익이 지배하는 인터넷과 관련하여 다시 되풀이됐다(Thussu, 2000 참조).

인터넷을 만든 국가가 글로벌 인터넷을 통한 정보 흐름을 용감하게 장악하려 했지만, 인터넷에는 영구적인 주인이 없다. 미국은 2016년 인터넷의 국제적 관리를 국제 합의제 기구에 맡기기로 하면서 전 세계의 압력을 받아들였다. 그럼에도 페이스북과 유튜브 같은 미국 기업들은 현재 인터넷이 여전히 미국화되어 있는 것처럼 보이는 이유의 일부이다. 인터넷에서 가장 빠르게 성장하는 유틸리티는 비디오 및 음악 스트리밍이며, 유튜브(구글 소유)는 88개 국가에서 10억 명 이상의 이용자를 보유하고 있지만, 지구상에서 가장 인구가 많은 국가로 빠르게 성장하는 소비자 시장을 가지고 있는 중국에는 실제로 존재하지 않는다(Sun, 2018). 냉전 중 한때는 수년간의 혁신적인 기술 향상과 이와 연관된 문화적 영향이 두 초강대국의 영역인 것처럼 보였지만, 그것은 정말 일시적이었다. 현재 글로벌 방송을 가장 크게 위협하는 것은 인터넷을 통해 정보를 전송하는 더 새로운 방법을 만들어낼 연구 개발이다. 디지털 시대는 이념보다 창의성을 존중하며, 현재 세계 곳곳에서 창의적인 디지털 발견이 이루어지고 있다.

6. 스푸트니크가 인터넷으로 이어지다

1957년, 소련이 스푸트니크를 성공적으로 발사했을 때, 미국과 서방 동맹국들은 소련이 우주에서 그들보다 앞서 있다는 사실에 완전히 놀랐고 충격을 받았다. 스푸트니크의 놀라움은 우주 시대와 그에 따른 수많은 기술 혁신을 탄생시켰다. 드와이트 아이젠하워 미국 대통령은 특히 우주에서 소련의 또 다른 혁신에 미국이 다시는 놀라지 않겠다고 결의를 다졌다. 1958년 초, 아이젠하워는 펜타곤(Pentagon) 내에 ARPA(Advance Research Projects Agency)라는 기관을 만들어 대응했다. ARPA는 분명한 사명을 가지고 있었고 그것은 미국이 기술 혁신에서 소련에 뒤처지지 않도록 하는 것이었다. 그래서 ARPA는 그러한 사명을 확실하게 수행해내기 위해서 미국 대학교와 연구 기관의 가장 뛰어난 인재들과 협력해야 했다. 1970년대 초반에 ARPA는 DARPA(Defense Advanced Research Projects Agency)가 되었는데, DARPA는 미국의 군사 및 국가 안보 이익과의 연관성을 더 잘 반영했다. 펜타곤은 수백만 달러의 연구 프로젝트 자금을 제공했으며, 그중 상당수는 그저 아이디어나 직감에 기반한 것들이었다. 1960년대 초, ARPA 연구진은 해상에 있는 해군 선박에 사용되는 GPS(global positioning satellite) 시스템을 최초로 개발했다. DARPA의 연구 자금 덕분에 오늘날 사용되는 대부분의 언어 번역 소프트웨어가 탄생했다. 1970년대 초의 스텔쓰(stealth) 전투기 기술도 DARPA의 '할 수 있다'(can-do) 정신 때문에 가능했다. 가장 중요한 연구 프로젝트이자 지금까지 가장 성공적인 프로젝트는 인터넷의 선구자인 ARPANET으로 이어진 작업이었다. ARPANET의 탄생은 스푸트니크 발사에 당혹감을 느낀 아이젠하워가 설정한 연구 개발 우선순위의 직접적인 결과였다. 1969년에 자금 조성을 통해 창설된 ARPANET은 소련-블록 국가와 NATO 간 냉전의 또 다른 무기였다. 그러나 미군에 의해 미군을 위해 만든 많은 혁신과 마찬가지로 ARPANET은 곧 우리가 알고 있는 인터넷이 되었을 뿐만 아니라 소비자 제품과 상업적 유틸리티 개발에도 크게 기여했다.

인터넷 발명 이전에 인터넷 또는 인터넷과 유사한 시스템은 미래 학자 아써 C. 클라크(Arthur C. Clarke)가 1964년 BBC 프로그램 <허라이즌>(*Horizon*)에 방송된 인터뷰에서 상상했던 것이다. 클라크는 다음과 같이 말했다:

> 우리는 어디에 있든 즉시 서로 연락할 수 있으며, 지구상의 친구들의 실제 물리적 위치를 모르더라도 그들과 연락할 수 있다. 아마 지금으로부터 50년만 지나면 한 남자가 런던에서 할 수 있는 만큼이나 타히티(Tahiti)나 발리(Bali)에서도 사업을 잘 수행하는 것이 가능한 그런 시대가 될 것이다. … 거의 모든 경영 기술(skill), 관리 기술, 심지어 신체적 기술도 거리와 무관하게 만들어낼 수 있다. 나는 정말 진지하게 언젠가는 에딘버러(Edinburgh)에서 뉴질랜드(New Zealand)의 환자를 수술하는 뇌신경 외과의사가 있을 수도 있다고 제안한다(BBC *Horizon*, 1964).

7. 대학이 무대를 차지하다

연방정부를 대학 캠퍼스로 옮기기로 한 것은 정말 기발한 독창성으로, 이것은 전 세계적으로 커뮤니케이션하는 가장 지배적인 방식인 방송에 머지않아 도전장을 낼 커뮤니케이션 시스템 건설로 이어졌다. 전 세계의 학자들은 실험을 하고 연구를 공유하기 위해 ARPANET을 처음으로 사용하기 시작한 사람들이었다. 1969년 10월 29일, 스탠퍼드 대학교(Stanford University)에 있는 1대의 컴퓨터와 UCLA(University of California at Los Angeles)에 있는 1대의 컴퓨터가 위성을 통해 연결되어 초기 인터넷의 첫 호스트(host)가 되었다. UCLA의 빈튼 G. 서프(Vinton G. Cerf) 교수의 지도를 받는 대학원들과 그의 네트워크 측정 센터(Network Measurement Center)는 아이젠하워 대통령이 소련과의 경쟁을 부추기고자 했던 그런 유형의 젊은 기술 선구자들이었다(Cerf, 2009).

아이젠하워의 이니셔티브와 우주 경쟁은 미국 대학교들과 민간 산업들 사이에 경쟁을 더욱 심화시켰다. 스탠퍼드와 UCLA가 그러한 성취를 이룬 직후, 하버드 대학교(Harvard University)와 MIT(Massachusetts Institute of Technology)는 연구자들을 위한 자체 인터넷 인터페이스를 개발하기 위해 방위산업체인 BBN

에 합류했다. ARPANET 네트워크는 3년 내에 40개의 대학교와 정부 컴퓨터들 사이로 확장되었다. 그러한 초창기 시절, ARPANET을 통한 대부분의 트래픽 은 전 세계적으로 연결된 컴퓨터들의 웹이 된 월드 와이드 웹을 통해 컴퓨터에 서 컴퓨터로 전송된 이메일이었다. 이와 같은 서로 연결된 컴퓨터 단말기들의 네트워크는 영국의 컴퓨터 과학자 팀 버너스-리(Tim Berners-Lee) 경(卿)이 1989년에 고안해낸 것이다(Engel, 2013).

8. 웹의 기원

스푸트니크가 발사된 해와 같은 해인 1957년에 IBM과 협업하고 있던 컬럼비 아 대학교(Columbia University)의 왓슨 랩스(Watson Labs)에서 최초의 '개인용 컴퓨터'(pc: personal computer)가 이미 개발되었다. IBM 610 오토포인트 컴퓨 터(IBM 610 Autopoint Computer)는 투박했고 컸으며 매우 느렸다. 그럼에도 대 중을 위한 개인용 컴퓨터의 잠재적인 미래를 보여주었다(IBM 610, 1957). 아이 젠하워의 지시로 혁신에 관한 학계 및 민간 부문의 협력이 증가되었으며, 이는 더 나은 소비자 친화적인 개인용 컴퓨터를 만들려는 시도로 이어졌다. 창의적 사고는 대학 캠퍼스를 넘어 미국 전역의 초등학교로 서서히 이동할 것으로 기 대되었다.

한 세대 후, 캘리포니아(California) 주 쿠퍼티노(Cupertino)에 있는 쿠퍼티노 중학교(Cupertino Junior High School)의 스티븐 워즈니악(Stephen Wozniak)이라 는 학생은 개인용 컴퓨터의 혁명이 될 것을 향해 작은 첫걸음을 내디고 있었 다. 워즈니악은 그와 그의 아버지가 좋아했던 틱-택-토(tic-tac-toe) 게임[20]을 모방한 단순한 기계를 만들었다. 워즈니악은 계속되는 호기심에 매우 간단한 덧셈과 뺄셈을 수행하는 1비트 가감산기(加減算器)라는 기존 기기를 연구하게 되었다. 이 기기는 워즈니악이 원하는 계산을 해내기에는 너무 초보적이었기 때문에 그는 자신의 10비트 병렬 가감산기를 애쓴 끝에 만들었으며, 이는 쿠퍼 티노 학군 과학박람회(Cupertino School District Science Fair)에서 1위를 차지했

---

20 한 사람은 동그라미를 또 한 사람은 열십자를 각각 놓아가는 오목(五目) 비슷한 놀이이다(역 자 주).

다(Moritz, 2009). 워즈니악은 스푸트니크가 촉발하고 아이젠하워가 옹호한 기술적 열정을 보여주는 실증적인 예이다. 1977년, 워즈니악은 그의 친구 스티브 잡스(Steve Jobs)와 함께 최초의 일반 대중을 대상으로 한 소비자 친화적인 개인용 컴퓨터를 생산하기 위해 애플 컴퓨터스(Apple Computers Inc.)를 차렸다. 애플과 IBM은 팀 버너스-리 경이 만든 월드 와이드 웹에 딱 들어맞는 개인용 컴퓨터를 판매하는 최초의 주요 회사였다. 즉시 전 세계의 체계화되어 있지 않은 개인용 컴퓨터들이 인터넷을 통해 연결되었다. 개인용 컴퓨터 폭발의 가장 큰 수혜자는 주로 서방 국가인 선진국의 소비자들이었다. 저개발국(LDC: less-developed country)은 선진국에 비해 전반적인 개인용 컴퓨터 사용이 뒤처졌지만 그 상황은 오늘날 변하고 있다. 스마트폰과 같은 이동 통신 기기에 대한 저개발국 소비자의 의존도가 높아지고 있다. 개인 커뮤니케이션의 미래는 개인용 컴퓨터가 아닌 주머니 크기의 개인용 무선기기로 이어질 것이기 때문에 많은 덜 부유한 국가의 시민들은 디지털 격차가 더 적은 세상에 살 수도 있다. 아프리카, 아시아, 남미의 여러 지역에서 인터넷 접근성과 함께 무선 하부구조 확장이 지속적으로 강력하게 이루어진다면 정말 그럴 수 있을 것이다.

인터넷은 정말 정해진 국경이 없는 커뮤니케이션 시스템이다. 그런 점에서 인터넷은 개별 정부가 네트워크를 타고 흐르는 정보의 흐름을 통제하고 관리하려 하는지 그렇지 않은지에 따라 규제가 있을 수도 있고 규제가 없을 수도 있는 전 세계적인 조직체이다. 인터넷이 미국 국방부에서부터 전 세계의 대학과 기업으로 커져감에 따라, 어떤 조직을 구성해 모든 국가가 동의할 수 있는 일반적으로 허용되는 기준과 관행을 반드시 개발해야만 했다. 성장하는 글로벌 인터넷이 직면한 가장 큰 과제는 인터넷에서 특정 위치의 이름, 즉 IP 주소와 도메인명(domain name)을 어떻게 확인하느냐 하는 것이었다. 이 과제는 존 포스텔(Jon Postel)이라는 천재가 다니고 있던 대학에서 다시 한 번 맡았는데, 존 포스텔은 ARPANET의 개발에 이미 중요한 역할을 했던 UCLA의 연구원이었다. 그는 혼자서 최초의 인터넷 할당 번호 관리기관(IANA: Internet Assigned Numbers Authority)을 만들었고 손수 구성했다(Postel, 2018). 결국 인터넷 사용이 폭발적으로 증가함에 따라 인터넷을 관리하는 미국 상무부(Department of Commerce)는 인터넷을 통해 할당된 주소를 더 잘 관리하고 구성하는 방법에 대해 기술, 비즈니스, 학술 분야 전문가들부터 조언을 구했다. 그 결과는 국제 인터넷 주소 관리기구(ICANN: Internet Corporation for Assigned Names and Numbers)라는 국제기구였다. 2016년 10월, 상무부는 관리 권한을 글로벌 다중이해관계자(multistakeholder) 커뮤니티로 이전했다. 다중이해관계자 이니셔티브(Multistakeholder Initiatives)는 행정적 결정을 내리고, 규칙을 시행하고, 해결책을 찾으며, 인터넷 기능성에 대한 합의를 구하기 위해 인터넷 이용 및 개발에 참여하는 모든 사람들을 묶어주는 관리단체이다.

9. 인터넷 2.0과 스트리밍 시대

인터넷은 꽃을 피웠고 결국 인터넷 2.0으로 더욱 성숙해졌다. 이 기간에 페이스북, 유튜브, 트위터가 만들어졌다. 이 인터넷 기술 트로이카는 전 세계에 있는 방송에 가장 어려운 숙제를 안겨주었다. 특히 유튜브의 스트리밍 서비스는 많은 방송 시청자를 변화시켰고 손에 넣었으며 시청자들, 특히 젊은 시청자들의 시청 습관을 바꾸어놓았다.

현대 글로벌 커뮤니케이션의 최강자는 유튜브이다. 유튜브의 스트리밍은 2018년 한 해에 미국에서만 1억 9,200만 시청자를 확보했다. 뒤이어 넷플릭스가 1억 4,700만 명, 아마존이 8,800만 명을 기록했다. 유튜브가 여전히 지배하는 미국 이외 지역의 시청자는 여기에 포함되지 않았다(Feldman, 2018).

유튜브는 단지 수백 명의 콘텐트 제작자나 수백만 명의 콘텐트 제작자를 포함하는 미래를 표상하는 것이 아니라, 오히려 10억 명 이상의 개별 콘텐트 제작자가 스마트폰을 사용하여 아이디어와 프로그램을 글로벌 수용자에게 푸시할(push)[21] 수 있는 미래를 암시한다. 미디어 전문가 켄 올레타(Ken Auletta)는 "유튜브 세계에서는 모든 기기가 텔레비전일 뿐만 아니라 모든 시청자는 잠재적인 네트워크이자 콘텐트 제공자다"라고 쓰고 있다. 올레타는 계속해서 유튜브 외에 전통적인 방송사들이 해결해야 할 또 다른 과제는 확산되고 있는 스트

---

[21] 콘텐트의 공급자와 수요자와의 관계에서 미디어가 콘텐트를 수요자에게 일방적으로 내보내는 것을 푸시(push)라고 하고, 수요자가 자신이 원하는 콘텐트를 찾아서 소비하는 것을 풀(pull)이라고 한다(역자 주).

리밍 서비스의 맹공격뿐만 아니라 혼란에 빠진 광고 모델이라고 생각한다고 쓰고 있다(Pavlik, 2016).

필자의 저서 『디지털 미디어 피라미드』(*The Digital Media Pyramid*)에서 필자는 인터넷의 지배를 암시한 바 있다. 이 책에서 필자는 '미디어 매스터'(media master)들이 자신들의 편의에 따라 대중이 낚아채서 볼 수 있도록 넓은 주파수 대역에 콘텐트를 푸시하는 이전의 아날로그 방식과는 반대로, 디지털 시대는 여러 방향으로 흘러가는 정보 데이터의 급류를 촉발했다고 적고 있다. 정보는 이제 소수의 미디어 매스터가 아닌, 스스로 골라서 선택할 수 있는 수십억 명의 미디어 매스터의 통제하에 여러 방향으로 흐르며 분출된다. 정보는 이 새로운 세상의 이용자들에게 푸시되는 것이 아니다. 오히려 스마트폰, 태블릿, 혹은 PC와 같은 전자 기기를 통해 인터넷에 접근하는 거의 모든 사람이 정보를 푸시하고, 풀하고(pull), 비틀고, 조작하고, 부당하게 이용하며, 소비한다. 인터넷은 점차 독자적으로 미디어 부호(富戶)가 되어가는 수십억 명의 미디어 실체(media entity)로 구성되는 미디어 제국을 만들어냈으며, 그러한 실체들은 유튜브의 존재에 크게 도움을 받는다(Davis, 2013).

유튜브는 그저 어떤 아이디어가 있는 개인과 그 아이디어를 둘러싼 콘텐트를 조금 (혹은 많이) 가지고 있는 개인이 자신의 콘텐트를 전 세계에 배포할 수 있게 할 뿐이다. 유튜브는 독일의 대장장이 요하네스 구텐베르크(Johannes Gutenberg)가 대략 1440년에 금속활자 인쇄기를 만든 이래 거의 그 어떤 근대 기술보다 정보를 전파하는 데 보통 사람이 하는 역할에 더 큰 영향을 미쳤다. 당시 구텐베르크의 인쇄기가 개발됨에 따라 과학자, 신학자, 엘리트, 그리고 머지않아 대중에게 정보와 교육을 더 효율적으로 제공할 수 있게 되었다(Davis, 2013).

유튜브 메시지는 대부분 동영상이나 이미지로 전달되는데, 이로 인해 유튜브 정보는 단어와 사진으로 가득 찬 정적인 웹페이지 또는 블로그 페이지보다 외형상 훨씬 더 흥미롭고 더 화려해 보인다. 유튜브는 정보 초고속도로(information superhighway)의 중추이다. 유튜브가 만들어내는 것은 전혀 없다. 대신, 누구든지 아이디어와 생각을 제시할 수 있는 전송 네트워크를 제공한다. "미래에는 모두가 15분 동안 세계적으로 유명해질 것"이라고 한 예술가 앤디 워홀(Andy

Warhol)의 유명한 말은 거의 모든 사람이 자신의 온라인 명성을 만들어내고 그 명성을 가족, 친구, 또는 전 세계가 볼 수 있게 해주는 유튜브의 탄생을 기다려 온 것처럼 들린다.

2006년 가을, 거대 기업 구글은 유튜브의 가능성과 잠재적인 영향력을 알아 보고 16억 5,000만 달러에 유튜브를 사들이기로 결정했다. 구글의 이 새로운 자산은 스트리밍 서비스로 한때 약속 TV(appointment TV)[22] 방송에 집착했던 고객의 귀와 눈을 사로잡기 위한 경쟁에 직접 뛰어들었다. 유튜브는 이용자가 인터넷에 미디어를 게시할 수 있을 뿐 아니라 게시한 미디어와 상호작용도 하고 게시한 미디어에 참여도 할 수 있게 해주었다. 드와이트 드워쓰-팔마이어 (Dwight DeWerth-Pallmeyer, 2016)는 디지털 방송에서 수용자가 하는 역할에 관해 쓴 장(章)에서 유튜브 스트리밍 현상이 "최근 몇 년 동안 방송이 직면한 가장 중요한 변화 가운데 하나이며 의심할 여지없이 앞으로도 지속될 것"이라 고 적고 있다.

10. 인터넷 스트리밍과 5G 혁명

글로벌 방송은 대체로 인터넷으로 인해 특히 모바일 광대역 분야에서 급속한 혁신에 직면하고 있다. 전통적인 지상파 방송이 할 수 없는 방식으로 방송 전 파를 조작할 수 있는 무선 광대역의 능력은 모바일이 계속해서 성장함에 따라 지상파 방송의 스펙트럼 지배가 축소될 것임을 의미한다.

무선 기술의 진보는 1G에서 4G로 비교적 빠르게 진행되었으며, 이제 5G 무 선이 도래했고 곧 전통적인 방송에 전면적인 공격을 가해서 와해시킬 것이다. 1세대 무선은 1980년대에 도입되었으며 음성만 전송했다. 한 세대 후, 2G가 시작되어 문자와 사진 메시지 같은 기능이 있는 휴대폰에 주로 사용되었다. 1990년대에는 3G가 등장하여 비디오와 더 많은 모바일 데이터가 전송 가능해 졌다. 2000년대에 이르자 4G는 더 빠른 속도로 모바일 인터넷 사용을 지원했 으며, 이는 비디오 게임과 비디오 스트리밍 같은 더 많은 모바일 활동이 가능

---

22 마치 '약속한' 듯 편성시간에 맞춰 시청자들이 기다렸다가 TV 프로그램을 시청하는 행태를 두 고 방송계에서 사용하는 표현이다(역자 주).

함을 의미했다. 광대역의 최신 세대인 5G는 많은 경우에 4G보다 100~1,000 배 빠르게 작동한다(Dean, 2014).

5G는 2018년 6월 미국에서 버라이즌(Verizon)이 조기 채택자들을 기반으로 출시했다.[23] 한국, 일본, 스웨덴, 에스토니아(Estonia), 터키, 중국은 모두 2020년까지 소비자와 기업이 5G 무선을 사용할 수 있게 할 계획이다. 5G는 다양한 방식으로 이용자들의 라이프스타일과 그들의 가정을 개선할 것이며, 비즈니스도 엄청난 혜택을 누릴 것이다. 회사들은 5G 무선 인터넷 접속이 가능하도록 그들의 제품을 이미 재조정하고 있다. 세탁기, 건조기, 냉장고와 같은 많은 가전제품이 모두 사물 인터넷(IoT: Internet of Things)으로 간주되는 것의 일부로 5G 친화적일 것이다. 영화 다운로드에 가장 빨라도 수분(分)이 걸리는 4G와 달리 5G는 몇 초 만에 다운로드가 가능하다. 자동차의 GPS와 자동차 소프트웨어 업데이트는 거의 실시간으로 이루어지며, 태동하고 있는 무인 자동차 산업은 5G 무선이 제공하는 속도에 좌우될 것이다.

한국의 이동통신사 KT는 2018년 동계 올림픽 기간에 시험적으로 5G 네트워크를 구축했다. 스웨덴과 핀란드의 통신사업자 텔리아(Telia)와 스웨덴의 통신장비 제조업체 에릭슨(Telefonaktiebolaget LM Ericsson)은 2018년 스웨덴 스톡홀름에서 5G 기술을 사용할 계획이었다. 에릭슨은 또한 2018년에 에스토니아 탈린(Tallinn)에 5G 장비를 배치할 계획을 세웠다. 이러한 정부들 가운데 일부는 5G가 자국의 첨단 기술 산업에 도움이 될 것으로 기대하고 있으며, 결국은 일반 공중이 자율 주행 자동차와 로봇 같은 소비자 부가기능(add-on)[24] 장치를 통해 혜택을 받을 것으로 기대한다. 터키 역시 교통 분야에서 공공 부문 서비스를 지원하는 5G 무선을 사용할 계획이다. 일본 총무성(Ministry of Internal Affairs and Communications)은 2020년까지 5G가 원활하게 출시되도록 하기 위해 다양한 통신회사와 만났다. 중국도 2020년까지 대규모 공중(public) 5G 출시를 계획하고 있지만, 일부 분석가는 중국이 이 기한을 맞출 것이라는

---

[23] 우리나라는 2018년 12월 1일 세계 최초로 5G 전파를 발사하고, 모바일 라우터 기반 B2B 상용 서비스를 개시한 이후 미국과의 치열한 경쟁 끝에 2019년 4월 3일 세계 최초로 스마트폰 기반 5G 서비스를 상용화했다(역자 주).

[24] 컴퓨터에 연결되어 본래 기능 이외에 추가되는 기능을 말한다(역자 주).

데 대해 회의적이다(Investopedia, 2016).

11. 덜 부유한 국가의 5G 전망

ITU에 따르면, 아프리카 대륙 인구의 20%만이 인터넷에 접근할 수 있으며, 따라서 5G에 대한 민간 하부구조 투자를 장려하는 것은 어려운 일이다. 그러나 인터넷 접속이 증가함에 따라 개인의 부(富)도 증가한다. 세계은행 연구에 따르면, 광대역 가용성이 10% 증가하면 개발도상국의 경제가 1.4% 증가하는 것으로 나타났다. 케냐는 3G 하부구조에 대한 투자를 통해 최빈곤층의 재정 상태를 크게 개선한 개발도상국의 예이다. 아프리카 국가용 5G 백본(backbone)[25]을 만들기 위한 충분한 약속이 이루어진다면 세계 GDP에 대한 아프리카 전체의 기여도는 인도와 동일한 수준에 이를 것으로 추정된다(ITU News, 2018).

남아프리카공화국의 통신사 MTN과 에릭슨은 5G의 혜택이 단순한 음성 통화를 넘어 의료 및 비즈니스에도 주어진다는 인식하에 아프리카에서 5G 시험을 시작하기로 합의했다(Ericsson, 2018). 레소토(Lesotho)에서는 보다폰(Vodafone)이 주도하는 5G 시험이 진행 중이다. 수도 마세루(Maseru)에 있는 두 회사가 최초로 5G를 채택해, 레소토 중앙은행(Central Bank of Lesotho)과 레츠엥(Letseng) 다이아몬드 채굴 회사의 근로자들은 이미 5G를 사용하고 있다. 그럼에도 아프리카의 많은 지역은 인터넷 하부구조에 대한 추가 투자뿐만 아니라 5G 기술도 필요하다.

12. 5G, 젊은 소비자, 그리고 모바일

전 세계적으로 5G의 가장 큰 시장은 소비자 시장과 많은 소비자가, 특히 젊은 사람들이, 현재 사용하고 있는 기기일 것이다. 소비자들의 모바일 기기 사용 증가는 5G 네트워크의 개막을 밀어붙이는 주요 요인 가운데 하나이다. 점차 지상파 방송을 보는 것보다 무선 네트워크에 연결된 모바일 기기를 통해 인터

---

25 백본 또는 백본망(backbone network)은 다양한 네트워크를 상호 연결하는 컴퓨터 네트워크의 일부로서, 각기 다른 LAN이나 부분망 간에 정보를 교환하기 위한 경로를 제공한다(역자 주).

넷을 이용하는 데 더 많은 시간을 소비한다.

모바일 무선 이용은 꾸준히 증가하고 있다. 2007년에는 전 세계 100명 중 4명 미만이 모바일 무선 서비스에 가입했다. 개발도상국에서는 100명 중 1명 미만이 모바일 무선을 이용했다. 선진국에서는 2007년 100명 중 거의 19명이 모바일 기기를 사용하고 있었다. 2017년까지 이 수치는 예측 가능한 연결 증가율에 크게 못 미쳤다. 2017년에는 선진국 국민 100명 중 97명이 모바일 무선기기를 사용했다(ITU Statistics, 2017). 개발도상국에서는 100명 중 48명이 모바일 무선에 연결되었으며, 세계 전체로는 2007년에는 100명당 4명 미만이던 것에서 100명당 56명으로 증가했다.

ITU는 전 세계의 모든 텔레커뮤니케이션 동향을 철저히 추적한다. ITU는 국가들을 대표하는 가장 오래된 국제기구이다. ITU 수치에 따르면, 2017년 현재 전 세계 젊은이들이 추가 모바일 무선 가입에 대한 상업적 수요를 주도하고 있다. 104개국에서 15~24세 사이의 젊은이 약 8억 3천만 명이 주로 모바일 기기를 통한 온라인 인터넷 이용자 수 증가의 주축을 이룬다. 전 세계 젊은이의 70%가 온라인 인터넷을 이용한다. 유럽에서는 성인의 거의 80%가 온라인 인터넷을 이용하며 15~24세 젊은이의 96%가 인터넷을 이용하고 있다. 남미와 북미를 합쳐 성인의 66% 그리고 젊은이의 88%가 인터넷에 접속한다. 아프리카에서는 24세 이상의 성인 중 22%만이 온라인에 접속하며 15~24세 사이의 젊은이들은 그 2배가 온라인에 접속한다. 전반적으로 선진국에서는 성인의 81%가 온라인에 접속하며 청소년의 94%가 사이버 공간을 이용하고 있다. 개발도상국의 경우는 성인의 41% 그리고 청소년의 67%가 온라인에 접속한다. 저개발국에서는 청소년의 17%가 온라인에 접속하며 성인 인구의 인터넷 보급률은 30%이다(ITU Statistics Youth, 2017).

인터넷 접속이 더욱 더 언제 어디서나 가능해짐에 따라, 전 세계적으로 더 많은 가정이 인터넷을 이용하고 있다. 2017년 현재, 선진국 가정의 85%가 인터넷에 접속한 반면 개발도상국에서는 43%가 인터넷에 접속했다. 저개발국에서는 대략 15%의 가구가 인터넷을 이용할 수 있었다. 저개발국의 많은 가정이 인터넷에 접속할 수 없었음에도, 많은 사람은 학교, 직장, 대학, 또는 인터넷 카페와 같은 기타 공중 접근 지점(public access point)에서 온라인에 접속했다.

유럽에서는 84%의 가정이 인터넷에 접속했다. 아시아와 태평양 지역의 가정 보급률은 48%였으며, 아랍 국가들도 인터넷이 있는 가정의 비율이 47%로 거의 비슷했다(ITU Statistics Households, 2017).

전 세계 대부분의 국가에서 인터넷을 이용하는 남성의 수가 여성의 수보다 더 많다. 그러나 여성이 고등 교육을 받는 비율이 높은 국가에서는 성별의 차이가 없다. 남성보다 더 많은 여성이 인터넷을 사용하는 세계의 유일한 지역은 미주 지역으로, 이 지역은 다른 지역보다 여성이 중등학교 이상의 교육을 더 많이 받는다. 2013년 이후, 인터넷 이용의 성별 격차는 격차가 약간 확대된 아프리카를 제외하고는 전 세계 대부분의 지역에서 줄어들었다. 저개발국에서는 여성 7명 중 1명이 그리고 남성 5명 중 1명이 인터넷을 이용한다(ITU Statistics Gender, 2017).

13. 무선 인터넷에 대한 소비자의 욕구

ITU에 따르면, 모바일 광대역에 접속할 수 있는 전자 기기에 대한 수요가 ITU의 ICT에 대한 정의에 해당하는 모바일 기기의 개발, 마케팅, 판매를 주도하고 있다. ICT 생산으로 이어지는 그러한 수요가 기존 스펙트럼 공간 내에서 훨씬 더 많은 무선 트래픽을 훨씬 더 빠른 속도로 처리할 수 있는 5G 무선이 필요한 주된 이유이다. 모바일 광대역 기기의 가격 인하가 진행됨에 따라 매출이 증가했고, 그 결과 그러한 기기로 콘텐트를 더 빠르게 전송해달라는 수요도 생겨났다. 젊은이들은 스마트폰과 같은 무선 접속이 가능한 기기를 구입하고 이용함에 있어 부모와 성인을 능가한다.

모바일 쪽의 무선 스펙트럼은 계속해서 전 세계적으로 빠르게 성장하고 있으며 가정, 비즈니스, 공중 접근 장소에 연결되어 있는 고정 광대역(fixed broadband)을 통해 인터넷에 접속하는 다른 방법을 능가한다. 비용 감소, 개인적 편의성, 빈틈없는 마케팅, 이 모두가 스마트폰과 태블릿 같은 모바일 기기의 공격적인 성장의 원인이다.

이러한 무선기기 가입은 2012년 이후 매년 20% 이상 증가했다. 2017년에는 전 세계적으로 43억 개의 무선기기가 사용될 것으로 예측된 바 있다.[26] 그러나 부유한 국가와 가난한 국가 사이에는 여전히 디지털 격차가 존재한다. 선진국의 100명당 가입자 수는 개발도상국에 비해서는 2배, 저개발국에 비해서는 4배 더 많다(ITU Statistics CAGR, 2017).

최근 들어 모바일 기기를 구입하는 데 드는 가처분 소득(disposable income) 금액이 지속적으로 감소했다. 이는 저개발국에 거주하는 더 많은 젊은이들이 마침내 그들을 5G 무선 세계에 진입하게 해줄 스마트폰, 태블릿, 노트북을 더 많이 구입할 것이라는 것을 의미한다. 모바일 광대역이 더 편리한 것은 말할 것도 없고 고정 광대역보다 더 저렴해지고 있다. 1인당 국민 총소득(GNI: gross national income)의 비율로 나타낸 모바일 광대역 제품의 가격은 2013년과 2016년 사이에 전 세계적으로 절반으로 인하되었다. 가장 크고 가장 뜻밖의 가격 하락은 저개발국에서 일어났는데, 가격이 GNI의 32%에서 14%로 떨어졌다(ITU Statistics GNI, 2017).

개발도상국에서 모바일 기기는 전통적인 고정 광대역 접속 기기보다 구입비용이 더 적다. 이것이 모바일의 성장에는 기여하지만, 대부분의 저개발국에서 실제 가격이 1인당 GNI의 5% 이상인 경향이 있다는 점에서 여전히 문제가 있는데, 이것은 무선기기 구입비가 가구 또는 개인 소득에서 큰 부분을 차지함을 의미한다.

14. C-SPAN 사건

모든 방송 실체는 5G 무선이 야기하는 혼란에 직면해 있다. 무선 4G는 이미 일부 방송사의 재무 상태뿐만 아니라 한때 널리 받아들여진 그들의 지배력에도 분명하고 현존하는 위험을 야기하고 있다. 그것은 정확히 2016년 6월 하원 회의장에서 벌어진 시위를 일반 공중이 보는 것을 막기 위해 하원 회의 진행의 정상적인 라이브 영상 피드를 차단하려고 했던 미국 하원 공화당 지도자들에

---

26 시스코(Cisco)의 연간 예측치에 따르면, 전 세계에서 사용되는 모바일 기기의 수는 2018년 88억 개에서 2023년에는 131억 개로 늘어날 것이라고 한다(출처: RCR Wireless News, https://www.rcrwireless.com/20200218/internet-of-things/connected-devices-will-be-3x-the-global-population-by-2023-cisco-says#:~:text=Of%20those%2C%20about%2010%25%20will,of%20those%20being%205G%2Dcapable)(역자 주).

게서 배운 교훈이다. C-SPAN은 상원과 하원 회의장에서 이루어지는 회의 진행을 음성과 영상으로 남기는 비공식 기록자이다(C-SPAN, 2016). C-SPAN은 양원(兩院)의 입법 활동을 영상으로 담는 방법에 대해 더 많은 자율성을 얻으려고 수년간 노력해왔지만, 민주당과 공화당의 지도부는 영상으로 담는 방법에 대해 더 많은 통제권을 얻으려는 C-SPAN의 노력을 판에 박힌 듯 거절해왔다.

C-SPAN은 1979년부터 어떤 종류의 공익(公益)이 있거나 '공중의 알 필요'에 속하는 많은 사건, 기자 회견, 세미나를 생중계하는 데 전념해온 민간 비영리 회사이다. 그러나 C-SPAN 프로그램의 주축을 이룬 것은 항상 국가 입법부의 활동에 대한 생중계였다(C-SPAN, 2018). 일단의 민주당 의원들이 총기 규제에 대한 투표를 강행하기 위해 하원 회의장에서 연좌농성을 하기로 결정했을 때, 공화당 지도부가 제어하는 하원 카메라가 예고도 없이 꺼져버렸다. C-SPAN을 통한 공중으로의 전송이 중단돼버린 것이다(C-SPAN, 2016). 활기 넘치는 무선 인터넷을 통해 고루한 하원의 리더십이 알려진 것은 바로 이때였다. 카메라가 꺼지고 시위하는 의원들을 보여주지 않자, 민주당 의원들은 회의장에서 라이브 스마트폰 무선 피드를 사용해 그들의 시위 이미지를 더 많은 공중에게 보냈고, 결과적으로 원래 C-SPAN 피드가 항상 접근했던 사람들보다 더 많은 사람에게 도달했다. 스캇 피터스(Scott Peters) 하원 의원(민주당-캘리포니아)은 실시간 스트리밍 서비스인 페리스코프(Periscope)를 사용하여 시위 피드를 공중에게 보냈다. 동시에 베토 오로크(Beto O'Rourke) 의원(민주당-텍사스)은 페이스북을 통해 연좌농성을 생중계하고 있었다. 두 의원 모두 스마트폰을 사용했다. C-SPAN과 다른 3개의 케이블 네트워크는 하원 회의장에서 의원들이 보내는 라이브 피드를 받아 방송에 내보냈다(C-SPAN, 2016). 무선(이 경우 4G 무선)은 공중에게 배포되었어야 할 이미지에 대해 한 방송사(여기서는 하원)가 갖고 있던 정보를 정치적으로 교살하려던 것을 저지했다. 인터넷 접속과 결합된 무선은 정치인들에게 시위와 민주주의를 지원하는 새로운 기술 사용법이 있음을 보여주었다.

약 5년 전, 중동 전역의 정부들은 시위를 지원하는 유사한 무선의 침입에 대한 두려움에 떨었다. 그들은 보이지 않는 4G의 힘이 정부를 무너뜨릴 수 있다는 것을 알았다. 2010년 12월, 아랍의 봄 시위는 튀니지의 시디 부지드(Sidi Bouzid)

에서 시작되었고, 26세의 모하메드 부아지지(Mohamed Bouazizi)가 어머니와 여섯 형제를 돕기 위해 마련한 농산물 노점상을 닫으라고 강요했던 여성 경찰관에게 사람들이 보는 앞에서 뺨을 맞은 것에 항의하기 위해 분신한 후 2011년 중동 전역에 퍼졌다. 그의 자살 항의는 경찰과 부패에 맞서 자신들의 시위를 시작했던 동료 시민들의 감정을 자극했다. 그들은 전 세계가, 특히 중동이, 볼 수 있도록 그들의 시위 장면을 휴대폰으로 찍어 온 사이버공간에 보냈다. 튀니지 주변에서 일련의 시위가 벌어지면서 국내 상황이 매우 불안정해지자 지네 엘 아비딘 벤 알리(Zine El Abidine Ben Ali) 대통령은 그의 집무실과 국가를 떠나야 했다.

아랍의 봄의 여세는 튀니지에서 이집트로 번져나갔는데, 그곳에서 시위는 페이스북과 트위터 피드에 의해 고무되었으며, 이러한 시위는 결국 이집트 정부의 붕괴로 이어졌다. 2011년, 무선 소셜 미디어 플랫폼에 의한 시위는 리비아, 시리아, 예멘, 알제리, 이라크, 요르단, 쿠웨이트, 모로코, 오만에서 대규모 시위로 이어졌다. 무선은 단순한 커뮤니케이션 도구 이상이 되었다. 그것은 이제 분명히 튀니지의 거리에서 미국 하원 회의장으로 퍼진 사회 정의 시스템의 일부였다(NPR Staff, 2011). 시위자들 간의 커뮤니케이션은 대부분 전통적인 지상파 라디오와 TV 방송의 한정된 범위 밖에서 이루어졌다.

15. 라디오에서 옛 것이 다시 새로워지다

1920년대에 텔레비전이 발명된 후, 방송 이미지를 정기적으로 실시간에 보고 들을 수 있기까지는 몇 년이 걸렸다. 그러나 라디오 방송은 이미 전 세계적으로 확고한 전자기 발자국(electromagnetic footprint)으로 잘 자리 잡고 있었다. NBC와 CBS 같은 미국 방송사는 라디오용 라이브 오락 및 뉴스 프로그램을 제작하고 있었다. 라디오 수신기의 가격이 대중 시장 소비자들이 이용할 수 있을 정도로 더 저렴해짐에 따라, 공중파를 통해 실시간 정보를 생방송으로 듣는 것이 일상적인 기대가 되었다.

기술이 대중에게 정보를 전달하는 방식을 바꿈에 따라 라디오 프로그램의 초기 제작자들은 세월이 흘러도 변하지 않을 기법을 개척하고 있었다. 오늘날의 온라인 세계에서 수용자 참여(audience engagement)는 정기적인 수용자를 안정화하고 그러한 수용자의 이탈을 줄이는 데 매우 중요하다. 오늘날 방송사들은 어떤 유형의 오락물을 방송해야 수용자들이 계속 들을지 그리고 마찬가지로 중요한 것으로 계속 다시 돌아올지에 대해 반드시 생각해야 한다. 라디오 초창기의 프로그램 편성자들도 같은 문제에 직면했고 라디오 청취자를 참여시키기 위해 고안된 다양한 방법을 사용하기로 했다. 초기 라디오는 문학, 연극, 보드빌(vaudeville),[27] 벌레스크(burlesque)[28]와 같이 수용자들이 이미 이용하고 있는 기존 미디어에서 차용했다. 콘텐트 제작자들은 라디오 청취자를 정서적으로 그리고 지적으로 참여시키려 했다. 초기에 전자기파를 조작(操作)했던 엔지니어들이 노력의 결과에 대한 상업적 이익에 집중하지 않았던 것처럼, 그들 역시 상업적 성공에 몰두하지 않았다. 일부 초기 방송 프로그램은 지적인 접근을 했고 라디오라는 비교적 새로운 발명을 통해 집안으로 들어왔음에도 항상 대중 오락물로 간주될 수는 없다. 한 예가 1935년 5월 30일 CBS가 첫 방송한 ＜타운 홀＞(Town Hall)이라는 프로그램이다. 이 프로그램의 첫 방송분의 제목은 "미국은 어떤 길로 가고 있는가? 공산주의, 파시즘, 사회주의, 혹은 민주주의?"였다. 프로그램 진행자 맥스 와일리(Max Wylie)는 이 프로그램의 목표가 공공문제 라디오 프로그램에 드라마적인 요소를 주입하는 것이라고 말했다. 그는 '열정과 색깔'을 가진 초대 손님을 원했다. 초대 손님에는 작가 펄 벅(Pearl Buck), 존 건써(John Gunther), 칼 샌드버그(Carl Sandberg)가 포함되었다. 시청자를 지적이고 정서적으로 참여시키려는 이러한 노력은 온라인이든 방송이든 오늘날의 프로그램에서 볼 수 있는 관행이다. 수용자 참여는 방송 태동기에도 오늘날처럼 중요했다(Pavlik, 2017).

---

27 17세기 말엽, 프랑스에서 시작된 버라이어티 쇼 형태의 연극 장르이다. 보통 정신적·심리적 목적을 배제한 코믹한 상황에 바탕을 둔 희극을 의미하며, 당초에는 인상적인 노래나 가벼운 시의 한 종류였으나 희극과 결합되어 발레 등이 포함되었다(역자 주).

28 익살, 야유, 희롱을 뜻하는 이탈리아어 불레스코(burlesco)에서 온 말로 프랑스어로는 뷔를레스크(burlesque)라고 한다. 당대의 문학적, 극적 관습의 풍자를 목적으로 한 풍자극, 해학극. 고귀한 것에 비속한 양식을 가하고, 그 둘을 대조시켜 웃음을 유발하는 것을 말한다. 버라이어티 쇼, 레뷔(특정 주제를 가진 버라이어티 쇼) 등을 상연할 때 막간에 끼워 넣는다. 패러디와 혼동되기도 하나 그보다는 범위가 넓다(역자 주).

이러한 접근방식은 전 세계의 다른 방송사에서도 사용되었다. BBC는 1930년대에 라디오 청취자가 증가하기 시작하면서 유사한 기법을 사용했다. BBC는 청취자들을 정서적으로 사로잡고 BBC 서비스의 전 세계적인 확산을 촉진하기 위해 스포츠, 음악, 드라마를 사용했다(BBC News, 2002).

BBC는 영국과 유럽의 공중파를 지배하고 있었을 뿐만 아니라 세계의 광범위한 지역에도 방송을 내보내고 있었다. BBC의 기술과 영향력 가운데 일부는 멀리 떨어져 있는 영국의 식민지 전초 기지에까지 나아갔다. 예를 들어, 1924년 인도는 봄베이 프레지던시 라디오 클럽(Bombay Presidency Radio Club)에서 최초의 라디오 프로그램을 제작했다. 크리슈나스와미 체티(Krishnaswamy Chetty)라는 청년은 영국에서 공부를 마치고 돌아와서 이 클럽에서 라디오 프로그램 편성을 시작하는 데 많은 힘을 기울였다. 그는 수신 거리가 5마일인 40와트 송신기 부품을 가지고 돌아왔다(Luthra, 1986). 결국 이 클럽은 수신 범위를 넓히기 위해 200와트 송신기에 투자했다. 라디오 방송은 전 세계적으로 급성장했다.

16. 혁신적 라디오는 5G의 맹공에도 살아남을 수 있다

시리우스XM(SiriusXM)의 전 수석 부사장 겸 콘텐트 시스템 엔지니어인 토니 마시엘로(Tony Masiello)는 스트리밍 오디오와 전통적인 지상파 라디오 전문가이다. 그는 40년 이상 커뮤니케이션 업계에 종사했다. 그는 많은 국가가 디지털이 지배하는 커뮤니케이션으로 전환하고 있다고 말했다. 예를 들어, 그는 노르웨이의 커뮤니케이션 하부구조가 곧 모두 디지털화될 것이라고 말했다. 미국에서는 라디오 소유권의 통합이 대기업 소유자의 저조한 수익으로 이어졌기 때문에 라디오가 위태로운 시기에 5G가 나타났다. 비용을 절약하기 위해 많은 대규모 라디오 방송사가 프로그래밍을 자동화했으며, 오늘날 15개 주요 시장을 제외한 대부분의 방송국은 자동화된 프로그래밍을 하고 있다. 마시엘로(Masiello)는 자동화된 프로그래밍이 청취자에게 덜 매력적이며 자동화가 지역에 덜 초점을 맞추기 때문에 지역사회의 많은 우려와 이해관계가 프로그램에 포함되지 않는 결과를 초래한다고 말했다. 마시엘로는 애플 뮤직(Apple Music), 팬도라(Pandora), 타이들(Tidal), 스포티파이(Spotify)와 같은 스트리밍 서비스도 전통적인 지상파 라디오 쇠퇴의 주요 원인이라고 말했다. 지상파 라디오의 최후의 보루는 자동차인데, 차 안에 있는 사람들은 오디오 콘텐트 제공업자의 포획된 수용자(captured audience)[29]이다. 마시엘로는 차량에 디지털 HD 스트리밍 서비스가 보편적으로 장착되어 있지는 않으므로 현재로서는 디지털이 자동차 라디오에 방송을 내보내는 것에 큰 문제가 되지는 않는다고 덧붙였다. 마시엘로는 "향후 5~10년 이내에 5G 무선의 출시와 오늘날 이용 가능한 것과 비교할 때 5G의 엄청난 데이터 푸시 능력으로 인해 모바일 커뮤니케이션은 크게 향상될 것이다. 가까운 장래에 5G에 연결된 모바일 기기는 당분간은 가정의 고속 인터넷 더 빠르지는 않겠지만 가정의 고속 인터넷과 같은 속도가 될 것이다"라고 말했다(Digital Music News, 2017).

　　제이-Z에 대한 고발. 결국 5G 무선은 자동차 안을 독점하고 있는 전통적인 라디오에게 큰 상처를 줄 것으로 예상된다. 스트리밍 오디오 분야의 큰손, 특히 스포티파이와 애플 뮤직은 보통 때는 라디오가 차지했던 영역을 침범할 수 있는 가장 유리한 위치에 있지만, 제이-Z(Jay-Z)[30]의 타이들과 같은 신규 서비스들도 청취자를 만날 수 있는 기반을 마련하고자 노력하고 있다. 고속 무선의 뒷받침을 받는 스트리밍 서비스의 가능성과 엄청난 수익 잠재력은 자체적인 부담을 안고 있기도 한데, 이는 어떤 면에서 지상파 라디오를 오염시킨 과거의 '뇌물 수수' 스캔들과[31] 크게 다르지 않다(Modesto Radio Museum, 2004). 2018년 2월, 뮤지컬 아티스트 카니예 웨스트(Kanye West)는 그의 앨범 <라이프 오브 파블로>(*Life of Pablo*)를 타이들의 스트리밍 서비스에서 독점 발표했다. 타이

---

29 자동차, 버스, 지하철과 같은 이동수단 안에서 승객의 의지와 상관없이 일방적으로 프로그램이나 광고를 들어야만 하는 사람들을 지칭하며, 'captive audience'라고로 한다(역자 주).

30 제이-Z라는 예명으로 활동하고 있는 미국의 래퍼이자 사업가로 본명은 숀 코리 카터(Shawn Corey Carter)이다. 2008년까지 데프잼 레코드의 사장이었으며, 힙합레이블 락커펠라 레코드의 사장이자 40/40 클럽의 주인이기도 하다(역자 주).

31 뇌물 수수(payola)는 1880년대까지 거슬러 올라가는 오래된 홍보 관행이었다. 음반 출판사는 악보의 추가 판매를 창출하고, 출판사가 저작권을 보유한 음악을 더 많이 재생하기 위해 인기 음악가나 밴드에게 현금 또는 로열티 지분을 제공하곤 했다. 1950년대에 뇌물 수수는 음반 판매를 촉진하기 위해 라디오 방송국 디스크자키에게 현금, 선물, 또는 로열티를 제공하는 음반사 및 음반사로 진화했다. 그 후 1960년 미국 의회는 실행 불가능한 공개 요건으로 뇌물 수수를 사실상 불법화했다(역자 주).

들은 출시 후 2주 만에 이 앨범이 2억 5,000만 번 이상 스트리밍 되었다고 밝혔다. 몇 달 후 타이들은 비욘세(Beyonce; 제이-Z의 아내)의 <레모네이드>(Lemonade)를 스트리밍했고, 3억 번 스트리밍 되었다고 주장했다. 그와 같은 과장된 주장에 곧 의심이 뒤따랐다. 노르웨이 신문 「다겐스 내링슬리브」(Dagens Naeringsliv)가 의뢰했고 노르웨이 과학기술대학교(Norwegian University of Science and Technology)가 조사한 연구는 <라이프 오브 파블로>와 <레모네이드>의 스트리밍 수치가 부정확하고 과장되었음을 밝혀냈다(Johnsen & Franke, 2018). 이 연구보고서는 스트리밍 집계표의 정확성에 영향을 미치기 위한 내부 간섭(internal interference)으로 인해 조작이 발생할 가능성이 매우 높다고 결론지었다. 타이들은 투자자들이 행복해하고 그리고 떠나지 않도록 하기 위해 초기 스트리밍 서비스의 성공을 보여주려는 압박을 받은 것으로 알려졌다.

스포티파이는 스트리밍 음악을 통해 수백만 달러를 벌 수 있음을 비즈니스 모델을 통해 입증했으며, 애플 뮤직도 스트리밍 분야로 큰 도약을 했기 때문에 제이-Z의 모험은 이해할 수 있고 불가피했다. 2018년 봄, 애플 뮤직의 가입자는 3,800만 명에 도달했다. 수년 동안 애플 뮤직은 스포티파이의 7,100만 가입자와 아이튠즈(iTunes)가 지배하던 스트리밍 음악 영역을 피했다. 예상되는 스마트폰 판매 성장과 5G 무선의 폭발적 성장으로 인해, 더 많은 음악 스트리밍 서비스로 채워질 이 시장은 좋아 보인다(Apple Music, 2018).

17. 하나의 해결책: 초지역적 라디오

토니 마시엘로는 전통적인 라디오가 고정관념에서 벗어나 조정을 잘한다면 5G 공간에서도 여전히 경쟁할 수 있다고 믿는다. 적어도 미국에서 생존할 수 있는 기법 가운데 하나는 라디오가 공격적으로 프로그램을 초지역화(hyper-localize)[32] 하는 것이며, 이것은 음악을 덜 강조하고 공적 정보에 더 많은 관심을 기울이는 것을 의미할 수 있다. 마시엘로는 대규모 인터넷 스트리밍 서비스는 지역에 초점을 맞추는 것이 유발하는 구역간 침투(block-to-block penet-

---

32 아주 좁은 범위의 특정 지역에 초점을 맞추는 것을 의미이다(역자 주).

ration)를 무시하기 때문에 초지역화가 확실한 경로라고 말했다. 초지역화란 시의회 회의, 교육위원회 회의, 구역 회의를 더 많이 보도하는 것을 의미하며, 이 모든 것은 지역 주민들의 생활에 중요하다. 또한 초지역화는 초지역적인 표적 광고와 함께 잠재적으로 수익성이 좋은 고등학교 스포츠 시장을 더 많이 다루는 것을 의미한다. 마시엘로는 미국의 거대 라디오 네트워크인 아이하트미디어(iHeartMedia)가 전국 네트워크로 올린 광고 수익이 관련 운영비용을 뒷받침하기에 충분할 만큼 크지 않다는 것을 뼈아프게 배웠다고 말했다. 초지역화된 프로그램에 초점을 맞춘 지역 라디오 방송국은 자연스럽게 간접비(overhead cost)[33]는 더 낮을 것이며 지역사회를 통해 판매되는 광고를 통해 번창할 가능성은 더 높을 것이다.

마시엘로는 5G가 모든 미디어에 혼란을 초래하겠지만, 라디오는 앞으로 당분간 청취자들과 비교적 안전한 지점에 머물러 있을 것이기 때문에 라디오의 경우 그러한 혼란이 덜 갑작스러울 것이라고 말했다.

에디슨 리서치(Edison Research)에 따르면, 미국에서 AM/FM 라디오는 여전히 소비자들이 가장 선호하는 음성 미디어이다. 18세 이상의 사람들은 청취 시간의 47%를 광고 수익으로 운영되는 라디오를 듣는 데 보낸다. 청취자가 라디오 다음으로 선택하는 음성 미디어는 주로 라디오와 동일한 방식의 광고 수익으로 운영되는 미디어가 아니다. 소유한 음악(owned music)[34]이 청취자의 12%를 차지하고, 유튜브 뮤직 비디오를 시청하는 사람이 9%로 그 뒤를 이었다. 광고가 없는 시리어스XM이 5%를 차지했으며, 광고가 있는 판도라(Pandora), 스포티파이 및 다양한 팟캐스트(podcast)를 포함한 일단의 인터넷 스트리밍 서비스가 뒤를 이었다(Westwood One, 2018).

2016년 초부터 2018년 초까지 18세 이상의 사람들 가운데 엄청난 수의 사람들이 매일 라디오를 들었다. 그러나 스트리밍 서비스 스포티파이도 같은 기간

---

[33] 직접비의 상대적 개념으로 몇 가지 종류의 제품에 공통적으로 소요되는 비용을 말하며 넓은 뜻으로는 기업에서의 제조·판매를 중심으로 하는 활동에서 직접적으로 확인할 수 없는 원가 요소를 말한다(역자 주).

[34] 사람들이 CD나 자신이 소유한 디지털 파일, 비닐 음반, 카세트테이프, 혹은 어떤 다른 형식으로 보유하고 있는 음악을 듣는 것을 말한다(출처: 에디슨 리서치)(역자 주).

공격적인 성장을 이뤘다. 2016년, 스포티파이의 청취자는 36% 급증했다. 팟캐스트 청취도 2016년부터 2018년까지 밀레니얼 세대(millennials) 사이에서 꾸준히 증가했다(Westwood One, 2018).

18. 인터넷 팟캐스트에 대한 라디오의 적응

에디슨 리서치의 톰 웹스터(Tom Webster)에 따르면, 팟캐스터가 저작권이 있는 음악의 적절한 사용을 포함하여 몇 가지 근본적인 문제를 해결한다면 팟캐스트 청취는 계속해서 증가할 것이라고 한다. 많은 미국 청취자들이 팟캐스트가 정확히 무엇인지 명확하지 알지 못하지만, 그들은 대부분 '팟캐스트'라는 이름에 익숙하다. 미국 청취자의 26%만이 매월 팟캐스트를 듣고 17%는 매주 듣는데, 캐나다와 호주 청취자도 비슷한 팟캐스트 청취 습관을 보인다. 웹스터는 또한 팟캐스팅이 아이폰과 애플 중심의 기기를 위주로 이루어지는 것에서 안드로이드(Android) 영역도 포함하는 쪽으로 확장된다면 팟캐스팅 수가 라디오에 더 큰 시련을 줄 수 있는 수준까지 증가할 것으로 생각한다. 또한 팟캐스팅은 일부 주요 음악 스트리밍 플랫폼에서 더 많이 채택되어야 할 필요가 있으며, 대중 수용자를 위한 더 많은 독창적인 콘텐츠가 개발되어야 한다(Edison Research, 2018).

라디오 방송 분야에서 가장 존경받는 이름 중 하나인 NPR[35]은 팟캐스트에서 입지를 넓혀가고 있으며, 최근 청취자 도달범위를 넓히기 위해 스포티파이와 파트너 관계를 맺을 거라고 발표하면서 웹스터가 옹호한 그 방향을 따랐다. <프레시 에어>(Fresh Air), <테드 라디오 아워>(TED Radio Hour), <인비시빌리아>(Invisibilia), <감춰진 뇌>(Hidden Brain), <이것은 어떻게 만들었을까>(How I Built This)와 같은 인기 NPR 프로그램은 이제 모두 스포티파이 스트리밍에서 사용할 수 있다. NPR의 최고 마케팅 책임자인 메그 골드쓰웨이트(Meg Goldthwaite)는 "팟캐스트는 자극이 된다"라고 말했다. 골드쓰웨이트는 "팟캐스트는 당신에게 어려움을 안겨줄 수도 있고, 당신에게 영감을 줄 수 있

---

[35] National Public Radio(전미 공영 라디오)의 약자이다(역자 주).

고, 당신의 세상을 듣는 방식을 바꿀 수도 있다"고 말했다. 청취자들이 들을 것을 찾으면서 각 플랫폼의 콘텐트를 우연히 발견하기 때문에, 성장하고 있는 스포티파이 스트리밍 서비스와 NPR의 관계는 공생 관계이다(NPR and Spotify, 2018).

지하실이나 기숙사에서 일하는 개인도 무선 인터넷 서비스를 통해 이용할 수 있는 팟캐스트를 제작할 수 있다. 이러한 '집에서 만든'(home-grown) 팟캐스터도 NPR, ESPN 및 기타 기업 후원 팟캐스트와 같은 기존 미디어 회사에서 제작한 팟캐스트와 경쟁할 수 있다. 제작되고 있는 팟캐스트는 약 55만 개로 추정된다(Podcast, 2018). 팟캐스트 청취자는 자신이 좋아하는 프로그램에 충실한 경향이 있으며, 대부분의 사람들보다 더 부유하고 4년제 대학 교육을 받은 사람이 많다. 이들은 자신이 시청하는 각 팟캐스트 에피소드의 전부 또는 대부분을 듣는 경향이 있으며, 매주 평균 7개의 프로그램을 듣는다. 팟캐스트 청취자는 대부분 백인 남성과 여성이다(Nielsen, 2017). 청취자의 49%가 집에서 팟캐스트를 청취하며, 22%는 운전 중 차량에서 청취한다. 닐슨(Nielsen)은 2017년에 2,300만 명 이상이 팟캐스트를 듣거나 시청하기 위해 스마트폰을 사용했다고 보고하고 있다. 1,000만 명 이상이 컴퓨터를 사용했고 약 700만 명은 태블릿 또는 기타 장치를 사용했다(Nielsen, 2018).

임시 스튜디오에서 작업하는 주부, 대학생, 또는 프리랜서는 기업 팟캐스터처럼 인터넷을 통한 5G 전송 속도를 활용하여 팟캐스트 청취자에게 도달할 수 있게 될 것이다. 그럼에도 <스튜디오 360>(Studio 360) 팟캐스트의 커트 앤더슨(Kurt Anderson) 같은 전문적으로 훈련된 팟캐스터가 매끄럽게 제작되고 제작비가 충분히 지원되는 팟캐스트를 구축하고 유지할 가능성이 가장 높다. 운영 예산과 더불어 자신이 가진 배경과 호기심으로 인해, 앤더슨의 팟캐스트는 1950년대와 1960년대 음악계에서 블랙리스트에 오른 재즈 천재 헤이즐 스캇(Hazel Scott)의 음악과 같이 대부분의 라디오 방송국에서 피하곤 했던 주제도 방송할 수 있다. 팟캐스팅은 모든 사람에게 무언가를 제공하며, 이런 추이가 계속되면 더 많은 사람이 가까운 장래에 인터넷을 통해 팟캐스트를 듣게 될 것이다. 5G 무선 연결을 통해 청취가 용이해진다는 것은 지연(delay)이 없어 팟캐스트가 로드되기를(load) 기다릴 필요가 없으며 음질도 향상된다는 것을 의미한다.

뮤소노믹스(Musonomics)의 의뢰를 받아 뉴욕 대학교(New York University) 스타인하트 음악 비즈니스 프로그램(Steinhardt Music Business Program) 학장인 래리 밀러(Larry Miller) 교수가 수행한 연구는 마시엘로가 지적한대로 대담한 변화가 이루어지지 않는 한 라디오의 미래는 비관적일 것임을 지적하고 있다 (Digital Music News, 2017). 뮤소노믹스의 연구에 따르면, 스포티파이와 유튜브 같은 수많은 디지털 스트리밍 서비스가 전통적인 라디오를 밀어내고 있다. 이 연구는 라디오가 매력적인 디지털 콘텐츠에 투자해야 한다고 결론지었다. 밀러에 따르면, 라디오는 "혁신하지 않으면 반드시 죽는다."

19. 5G와 인터넷 스트리밍의 폭발

5G의 출현과 함께 5G가 제공하는 속도와 안정성으로 인해 TV 방송사는 위성 및 광섬유에 덜 의존하게 되었다. 동시에 시청자(또는 이용자)는 가장 가까운 TV 수상기를 찾거나 4G 무선 피드의 지연, 정지, 시간 초과를 참는 대신 랩톱, 스마트폰, 태블릿을 통해 편리한 시간에 끊어짐이 없는 라이브 뉴스 이벤트 보도를 불러올 수 있다. 스트리밍 비디오 및 라이브 이벤트의 편리함은 이러한 4G 세계의 주요 미디어에게 저항할 수 없는 세력이 되었다. 5G가 주류 소비자들의 경제적 접근성(affordability)과 정보 접근성(accessibility)을 높여줌에 따라 5G는 그야말로 그러한 세력이 될 것이다.

스트리밍은 커뮤니케이션 산업에서 OTT(over-the-top)로 알려져 있다. 스트리밍으로 인해 콘텐츠 제공업자는 소비자에게로의 콘텐츠 흐름을 통제해온 정부 규제기관, 케이블 시스템, 방송사를 신경 쓸 필요 없이 인터넷을 통해 직접 소비자에게 접근할 수 있다. 파이어 TV(Fire TV), 로쿠(Roku), 넷플릭스, 훌루(Hulu), 아마존 비디오(Amazon Video) 같은 서비스는 북미에서 OTT 스트리밍 서비스를 제공하는 주요 사업자들이다. 미국에는 최소 20개의 OTT 서비스가 있으며 그 수가 증가하고 있다. 그러나 OTT 회사는 전 세계에 존재한다. 소비자는 스마트폰, 개인용 컴퓨터, 엑스박스(Xbox)와 같은 게임 콘솔, 또는 태블릿을 통해 인터넷에 접근할 수 있는 한 OTT 회사의 프로그래밍을 이용할 수 있다.

캐나다 라디오 텔레비전 및 텔레커뮤니케이션 위원회(CRTC: Canadian Radio Television and Telecommunications Commission)는 OTT의 출현이 기존 캐나다 방송사에게 도움을 주는 수입원에 부정적인 영향을 줄 수 있을 정도로 기존 지상파 방송에게 분명 혼란을 줄 것이라고 보고했다. 규제를 대체로 받지 않는 OTT 비즈니스 모델은 전반적인 콘텐트 배급 환경을 조각화하고 있으며 통상적으로 규제를 받는 미디어 사업자들에게 돌아가는 수입이 줄어들게 만드는 압력으로 작용할 것이다. 민영 미디어와 공적 자금을 지원받는 미디어 모두 OTT 성장으로 인해 이용자를 잃을 것으로 예상된다(CRTC, 2011).

EBU, 즉 유럽방송연맹은 유럽 대륙에서 공공 서비스 미디어(PSM: public service media)의 이익을 대변한다. EBU는 미디어를 소비하는 공중의 관심사가 보호되는 한 5G 및 5G와 관련 OTT 접근에 대한 약속을 수용하기로 결정했다. OTT 서비스 정책 수립자와 OTT 서비스의 개인 소유자들이 공적 가치를 포함하고 있는 프로그래밍에 이용자들이 인터넷을 통해 손쉽게 접근할 수 있게 해주기를 EBU는 원한다. 5G 관련 서비스를 획득하는 데 따르는 장벽이 낮아야 하며, 양질의 서비스는 물론 콘텐트와 서비스에 대한 무료 보편적인 접근(universal access) 또한 제공되어야 한다. PSM 소비자는 5G가 주는 이점을 사용해 프로그래밍의 차단, 필터링, 또는 게이트키핑 없이 콘텐트를 수신할 수 있어야 한다. 서비스는 차별 없이 동등하게 제공되어야 한다. 비상 상황에서 공중에게 접근할 수 있는 규정이 반드시 마련되어야 하며, PSM은 5G 무선 서비스를 통해 생성된 수용자 데이터에 방해 없이 접근할 수 있어야 한다. 그 밖에도 EBU는 모든 배급 네트워크가 모든 비용을 투명하고 예측 가능하며 감당할 수 있는 수준으로 유지하기를 원한다(EBU, 2016). EU 회원국을 통한 유럽의 PSM은 매주 3억 3,000만 명의 시청자들에게 도달하는데, 이것은 EU 인구의 3분의 2가 넘는 수치이다.

20. 강력한 인터넷 스트리밍 회사

라이브 스트리밍과 스트리밍은 인터넷 URL만큼이나 보편적이며, 해마다 새로운 스트리밍 서비스가 온라인에 생기고 있다. 2018년 7월, 리빗 TV(Rivit TV)가 새롭게 진입했는데, 이 서비스는 오락 프로그램을 만들어 배급을 승인받기까지 기존의 틀을 깨는 사고(思考) 과정을 거친다. 리빗 TV의 프로그램은 주로 스마트폰용으로 설계되고 젊은 시청자를 대상으로 한다. 이 서비스의 비즈니스 모델은 이용자가 더 보고 싶은 프로그램을 선택할 수 있게 하는 것이다. 예를 들면, 리빗 TV는 무료 파일럿(pilot) 프로그램을 공개하면, 이용자는 그 파일럿 프로그램에 비용을 지불하기로 동의하고 또 다른 에피소드를 볼 것인지를 결정할 수 있다. 프로그램의 최초 비용은 정해져 있지만, 더 많은 이용자가 또 다른 에피소드에 비용을 지불하기로 결정하면 가격은 설정된 최소 가격인 1.99달러에 도달할 때까지 계속 내려간다. 리빗 TV는 자사 제품을 광고 없는 "수용자 힘으로 움직이는(audience powered) TV," 즉 팬이 모든 새로운 오리지널 에피소드의 제작을 승인할 수 있게 하는 TV라고 부른다. 리빗 TV와 모바일 기기에 스트리밍할 수 있는 리빗 TV의 능력은 영화 스튜디오의 수입원에 대한 위협일 뿐만 아니라 정기적으로 자체 오락 프로그램을 승인하는 방송사와도 정면으로 부딪히고 있다.

방송사에 대한 위협은 인터넷 스트리밍 전략을 공격적으로 추구하는 다른 엄청난 재력을 갖춘 회사들에 의해서도 발생한다. 거대 온라인 소매기업인 아마존은 아마존 프라임(Amazon Prime) 플랫폼을 통해 저렴한 비디오 프로그램, 음악, 기타 콘텐트를 스트리밍한다. 아마존은 그들이 장악하고 있는 엄청난 소매 수용자들을 대상으로 그들의 프로그램 파일럿 일부를 테스트하고 있다. 수용자들(구매자들)은 아마존이 보여주는 프로그램을 평가할 수 있고 댓글도 남길 수 있다. 리빗 TV(와 초창기 라디오)와 마찬가지로 수용자들은 프로그램 개발 참여를 통해 개발된 제품에 투자하기 때문에 아마존은 수용자들을 참여시키는 것이 충성도 높은 팔로어를 구축하는 데 도움이 된다는 것을 알아냈다.

인터넷 스트리밍 서비스인 슬링 TV(Sling TV), HBO 나우(HBO Now) 및 훌루의 시청자 수는 약 7,400만 명에 이른다(Feldman, 2018). 그들은 모두 케이블과 위성을 통한 스트리밍을 사용하지 않는 코드 커팅(cord cutting)[36] 관망자들을 찾고 있다. 슬링 TV는 ESPN, ESPN2, ESPN3을 제공한다. 또한 슬링 TV는

---

[36] 케이블 또는 위성을 통해 제공되는 다중 채널 TV 서비스 가입을 취소하거나, 페이(pay) TV 채널 중단하거나, 인터넷을 통해 사용 가능한 경쟁 미디어로 인해 가입 TV 시청 시간이 감소하는 등의 시청자의 패턴을 코드 커팅이라 한다(역자 주).

바이스랜드(Viceland), 라이프타임(Lifetime), 코미디 센트럴(Comedy Central) 및 지상파 기본 케이블(broadcast basic)[37] 및 위성 서비스에서 볼 수 있는 기타 네트워크들도 제공한다. 그러나 슬링 TV를 사용하면 케이블 및 위성보다 저렴한 고정 가격에 손쉽게 프로그램을 이용할 수 있으며, 장기 계약에 얽매이지 않으면서 소비자가 채널을 골라서 선택할 수 있다. 2015년에 슬링 TV가 시작되었을 때, 슬링 TV의 설립자는 라이브 스트리밍 프로그램들을 아 라 카르트(à la carte)[38] 방식으로 선택할 수 있게 함으로써 이용자들이 케이블 및 방송과 연련된 많은 제약에서 벗어날 수 있기를 원했다. OTT 스트리밍 서비스인 슬링 TV는 스마트 TV, 스마트폰, 태블릿, 게임 콘솔 및 기타 장치에서 손쉽게 사용할 수 있다(Sling TV, 2018).

마치 유튜브가 회의론자들을 설득하기에 충분하지 않았던 것처럼, 지상파 TV와 케이블이 인터넷 주도 OTT 스트리밍 서비스로부터 받는 엄연한 위협을 의심하는 사람들이 있었다면, 넷플릭스의 대담한 등장은 그란 모든 의심을 없애버렸다. 넷플릭스는 고객의 선호도에 대해 예리한 눈을 가졌을 뿐만 아니라 기술의 방향도 예상했다. 넷플릭스의 고객 기반이 커짐에 따라, 넷플릭스는 마케팅을 통해 알아낸 고객이 좋아할 스트리밍 프로그램에 도박을 걸었다. 그러한 방식을 통해 제작한 <하우스 오브 카즈>(*House of Cards*)는 팬들 사이에서 스트리밍 히트작이 되었다. 이것에 이어 <오린지 이즈 뉴 블랙>(*Orange Is the New Black*)이라는 또 다른 히트작도 제작됐다. 넷플릭스가 더 많은 프로그램을 제작함에 따라, 시청자가 자신의 편의에 따라 전체 시즌을 주문하고 볼 수 있도록 허용하기로 결정했다. 이러한 조치는 영화 시청자들 사이에서 인기 있는 몰아보기(vinge watching) 추이에 기여했다(DeWerth-Pallmeyer, 2016). 넷플릭스의 성장과 성공은 또 다른 예상치 못한 전선(戰線)에서 지상파 방송사와

---

37 케이블 TV 서비스는 제공되는 채널의 수에 따라 여러 단계(tier)로 나눠지는데 지상파 기본 서비스 단계는 지상파 채널과 공공 채널 등을 포함하는 가장 적은 수의 채널을 공급하는 가장 가격이 저렴한 단계의 서비스이다(역자 주).

38 기존 유료 서비스는 개별 채널을 선택하는 것이 아니라 기본 서비스 단계들(tiers) 가운데 하나를 선택하고 가입자가 원치 않는 채널에 대해서도 그 단계에 속해 있는 모든 채널 패키지에 대해 비용을 지불해야 한다. 이와 달리 아 라 카르트 방식은 자신이 시청을 원하는 채널들만 골라 고른 채널에 대해서만 비용을 지불하는 방식이다(역자 주).

케이블에 위협을 가했는데, 그것은 바로 프로그램 수상 경쟁이었다. 2017년, 넷플릭스는 91개 부분에서 에미상(Emmy Award) 수상 후보에 올랐다. 2018년에는 112개 부분에서 수상 후보에 오르면서 넷플릭스는 HBO가 가지고 있었던 최다 에미상 수상 후보 지명 기록을 경신했다. 2018년, 넷플릭스는 첫 번째 아카데미상(Academy Award) 수상 후보에도 지명되었다. 에미상 수상 후보 지명과 기타 주요 상은 넷플릭스와 훌루 같은 스트리밍 서비스가 치고 올라오기 전까지는 전통적으로 방송사, 영화 스튜디오, 케이블이 지배했다.

「월 스트리트 저널」 기자이자 미디어 전문가인 벤 프리츠(Ben Fritz)는 넷플릭스와 아마존 같은 스트리밍 서비스가 할리우드와 방송의 방향에 엄청난 영향을 미치고 있다고 믿고 있다. 스트리밍은 TV 방송과 영화의 경제에 지장을 주고 있다. "상당수의 넷플릭스 스트리밍이 많은 사람들의 TV 시청시간을 줄여놓았다는 것은 피할 수 없는 사실이다. 이제는 영화에도 그런 일이 일어나고 있다." 방송과 영화 산업도 스트리밍에 올라타야 한다. 그렇지 않으면 넷플릭스, 아마존 및 기타 스트리밍 서비스의 인기와 편의성에 굴복할 것이다(Fritz, 2018).

21. 결론

지상파 방송과 고속 광케이블, 케이블, 위성 같은 고정 광대역은 모두 배낭, 지갑, 또는 청바지 뒷주머니에 쉽게 들어갈 수 있는 소형 기기와의 경쟁에 직면하고 있으며, 이러한 기기는 모두 무선과 인터넷에 매우 친화적이다. 5G 무선 네트워크에 접근할 수 있는 모든 기기는 현상 유지 텔레비전 방송의 직접적이고도 강력한 경쟁자이다. 콘텐트 제공업자뿐만 아니라 배급 네트워크 소유자들도 디지털 정보가 5G 네트워크를 따라 젊은이들의 대중 시장과 기업에 빠른 속도로 전송되는 (머지않은) 그날을 준비하고 있다. 거대 미디어 회사들은 빛의 속도로 콘텐트를 전송하는 자가 곧 인터넷의 제왕이 될 것임을 알고 있다. 영화나 비디오 게임을 몇 초 만에 선택해서 다운로드할 수 있다는 것은 둘 모두를 좋아하는 20세 젊은이에겐 거부할 수 없는 제안이다. 5G를 사용하면 인터넷을 통해 비디오 게임을 할 때 '초실시간'(super real-time) 액션과 속도가 수반되며, 그것은 사람들을 전통적인 TV 방송에서 멀어지게 할 만큼 매력적일 것이다.

인터넷과 월드 와이드 웹의 출현으로 지역 TV와 라디오 방송사들은 자신들이 실제로 국제적인 정보 배급업자라는 것을, 마지못해서는 아니지만, 서서히 깨달았다. 리처드 C. 스탠턴(Richard C. Stanton)의 저서 『모든 뉴스는 지역 뉴스이다』(All News Is Local)를 떠올리면서 많은 사람들은 세계무역센터(World Trade Center)에 대한 테러 공격과 같은 큰 기사가 실제로 뉴욕시의 지역 기사라는 것을 깨닫게 되었지만, 이 사건은 테러와의 전쟁과 관련된 경험적인 지정학적 상황으로 인해 전 세계적인 반향을 불러일으켰다. 월드 와이드 웹을 9/11 테러 공격에 대한 뉴스 보도에 포함시킴으로써 그 비극은 즉시 뉴욕시의 5개 자치구를 훨씬 넘어선 곳에서도 본 국제적인 기사가 되었다. 2001년 9월 11일, 두 번째 제트 여객기가 세계무역센터 건물에 충돌한 지 몇 분 만에 그 센터의 89층 사무실에 있었던 이 작가는 남아프리카공화국 요하네스버그(Johannesburg)에 있는 한 친구가 그가 살아 있는지 궁금해 정신없이 건 전화를 받았다. 공격 당시 정보 교환에 사용된 지배적인 미디어는 방송이 아니라 인터넷이었다.

애덤 클레이턴 파월 3세(Adam Clayton Powell III)는 아마도 최고의 지역 TV 뉴스 가운데 일부는 언제나 TV를 통해 나오는 기사가 아닐 수도 있다고 썼다. 2000년대 중반, 비디오를 포함한 가장 신속한 샌디에이고 지역 최고의 뉴스 보도는 「샌디에이고 유니온-트리뷴」(San Diego Union-Tribune) 신문이 소유한 사인온샌디에이고닷컴(SignOnSanDiego.com)의 웹사이트에 게재되었다. 「샌디에이고 유니온-트리뷴」은 지역 뉴스 사건에 카메라 팀을 보냈고, 카메라 팀은 라이브 웹캠을 사용했다. 때로는 지역 TV와 라디오 방송국과 협력하여 음성과 영상으로 인터넷용 뉴스를 취재했다. 사인온샌디에이고닷컴은 2003년 이 지역의 관목지대에서 일어난 큰 화재 사건을 보도하면서 취했던 기술적 조치가 중대한 결정이었음을 알게 되었다. 이 웹사이트는 화재에 대한 기사가 늘 필요로 하는 많은 비디오를 사용하여 24시간 일관된 보도를 제공했다. 이 웹사이트는 「워싱턴 포스트」를 제외한 모든 신문 웹사이트 가운데 빠른 시간 내에 가장 높은 수용자 침투율(audience penetration)을 기록했다는 사실을 알게 되었다(Powell, 2005).

지역 신문, 라디오 방송국, TV는 모두 인터넷 5G 기술을 이용해 동일한 고속 무선 스펙트럼에서 서로 경쟁하게 될 것이다. 인터넷 덕분에 전 세계의 모든 사람이 뉴스 보도를 선택해서 읽을 수 있지만, 이러한 미디어 자산들이 제대로 된 수익을 내고 경쟁력을 유지하기 위해서는 여전히 지역 수용자들에게 양질의 제품을 제공해야만 한다. 전통적인 방송은, 특히 TV는, 그들에게 다가오고 있는 엄청난 코드 커팅의 시대에 대비하지 않을 수 없으며, 인터넷에 이어 밀려오는 5G 무선 플랫폼이 곧 지배하게 될 새로운 무선 개척지에 적응할 수밖에 없다.

넷플릭스, 훌루, 아마존 프라임, 유튜브 같은 스트리밍 플랫폼은 모두 시청자 수가 빠르게 증가하고 있으며, 각 서비스는 4G 무선 세계에서 계속해서 사용이 늘어난 모바일 기기에 매우 친화적이다. 5G의 편리함으로 인해 스트리밍 서비스를 사용하는 사람에게 모바일 경험은 더욱 매력적으로 느껴질 것이다. 5G와 결합된 인터넷 스트리밍은 방송 및 케이블 시대의 종말을 의미한다.

토론문제

1. 초창기에 국제 방송을 규제하게 된 배경이 되는 이유로는 어떤 것들이 있는가? 선전, 공공 외교, 경쟁 문제는 양대 세계대전 사이뿐만 아니라 냉전 기간의 국제 방송과 관련하여 어떻게 이해될 수 있는가?
2. 냉전 시대 방송의 국제 협력과 교류의 원동력은 무엇이었는가?
3. 글로벌 커뮤니케이션 네트워크를 구축하기 위해 애쓴 초기의 실험적 기술이 현대 인터넷과 관련하여 어떻게 이해될 수 있는지 설명하고 논의하라.
4. 냉전과 스푸트니크가 인터넷 발명의 직접적인 원인이었는가?
5. 저개발국은 5G와 같은 최신 인터넷 기반 기술 채택에 뒤처질 것인가?
6. 당신은 오늘날의 4G 무선 서비스에 충분히 만족하고 있어서 5G로 업그레이드할 가능성은 없는가?
7. 모든 경제 집단이 5G 무선 기술에 동등하게 접근해야 하는가?
8. 라디오는 이다음의 스트리밍 기술의 파도에 살아남을까?

참고문헌

Apple Music. (2018). *Apple Music hits 38M subscribers, up 2M in a month.* Cnet.com. Retrieved March 21, 2018, from https://www.cnet.com/news/apple-music-hits-38-million-subscribers

Barnett, N. (2013). "RUSSIA WINS SPACE RACE": The British press and the Sputnik moment, 1957. *Media History, 19*(2), 182-195. doi:10.1080/13688804. 2013. 791419

BBC. (1959). Inter-governmental talks on Anglo-Soviet cultural relations, November 1959, United Kingdom (Brief) (E2/719/2). Caversham, UK: BBC Written Archives Centre.

BBC *Horizon*. (1964). BBC Horizon with Arthur C. Clarke (Part 2 of 2). BBC Worldwide. Retrieved August 15, 2018, from https://www.youtube.com/watch?v=XosYXxwFPkg

BBC News. (2002). A short history of the BBC. News.BBC.co.uk. Retrieved June 19, 2018, from http://news.bbc.co.uk/2/hi/entertainment/tv_and_radio/1231593. stm

Beutelschmidt, T. (2017). *Ost-West-global: Das sozialistische Fernsehen im Kalten Krieg.* Leipzig: Vistas.

Boyd, D. A. (1986). International radio broadcasting: Technical developments and listening patterns in the developing world. *Space Communication and Broadcasting, 4*(1), 25-32.

Boyle, R. (2008). A red moon over the mall: The Sputnik panic and domestic America. *Journal of American Culture, 31*(4), 373-382.

Cerf, V. G. (2009, October 29). The day the Internet age began. *Nature, 461.*

Chalaby, J. K. (Ed.). (2005). *Transnational television worldwide: Towards a new media order.* London: Taurus.

CRTC. (2011). Results of the fact-finding exercise on the over-the-top programming services. CRTC.gc.ca. Retrieved June 26, 2018, from https://crtc. gc.ca/eng/publications/reports/rp1110.htm#ftn2

C-SPAN. (2016). C-SPAN's viral video moment. Politico.com. Retrieved July 5, 2018, from https://www.politico.com/story/2016/06/cspan-house-sitin-democrats-224696

C-SPAN. (2018). C-SPAN, Our History. C-SPAN.org. Retrieved July 5, 2018, from https://www.c-span.org/about/history

Davis, Benjamin A. (2013). *The digital media pyramid: A guide for 21st century reporters, bloggers and citizen journalists.* Pennington, NJ: Author.

Dean, James. (2014). 4G vs 5G mobile technology. Raconteur.net. Retrieved July 25, 2018, from https://www.raconteur.net/technology/4g-vs-5g-mobile-technology

DeWerth-Pallmeyer, Dwight. (2016). Assessing the role audience plays. In John Pavlik (Ed.), *Digital technology and the future of broadcasting: Global perspectives* (pp. 147-148). New York: Routledge, Taylor & Francis.

Dickson, P. (2001). *Sputnik: The shock of the century.* New York: Berkley Books.

Digital Music News. (2017). Radio is dead in 10 years: This study proves it. DigitalMusicNews.com. Retrieved September 1, 2018, from https://www. digitalmusicnews.com/2017/08/31/radio-dead-musonomics-study

EBU. (2016). How 5G can enhance public service media's contribution to the digital society. EBU.ch. Retrieved June 25, 2018, from https://www.ebu.ch/ files/live/sites/ebu/files/Publications/Policy%20sheets/5g_flyer_final.pdf

Edison Research. (2018). Closing the gap between podcast awareness and listening —Radiodays Europe 2018. EdisonResearch.com. Retrieved June 19, 2018, from http://www.edisonresearch.com/category/media-research

Emery, W. B. (1969). *National and international systems of broadcasting: Their history, operation, and control.* East Lansing: Michigan State University Press.

Engel, B. (2013). The history of the Internet and the colleges that built it. EdTechMagazine.com. Retrieved August 15, 2018, from https://edtechmagazine. com/higher/article/2013/11/history-Internet-and-colleges-built-it

Ericsson. (2018). MTN and Ericsson first in Africa to trial 5G technology. Ericsson.com. Retrieved September 1, 2018, from https://www.ericsson. com/ en/news/2018/1/5g-in-south-africa

Eugster, E. (1983). *Television programming across national boundaries: The EBU and OIRT experience.* Dedham, MA: Artech House.

Evans, C., & Lundgren, L. (2016). Geographies of liveness: Time, space, and satellite networks as infrastructures of live television in the Our World broadcast. *International Journal of Communication, 10,* 5362-5380.

Feldman, D. (2018). Pay TV sees mass exodus as cord-cutters jump more than 30% in 2018. Forbes .com. Retrieved July 24, 2018, from https://www.forbes.com/sites/danafeldman/2018/07/24/as-cord-cutters-jump-more-than-30-in-2018-pay-tv-sees-mass-exodus/#4cbf7872bda0

Fickers, A., & O'Dwyer, A. (2012). Reading between the lines: A transnational history of the Franco-British 'entente coridale' in post-war television. *VIEW Journal of European Television History and Culture, 1*(2), 1-15.

Foust, J. C. (2011). The "atomic bomb" of broadcasting: Westinghouse's "Stratovision" experiment, 1944-1949. *Journal of Broadcasting & Electronic Media, 55*(4), 510-525. doi:10.1080/08838151.2011.620670

Fritz, B. (2018). Can Hollywood survive streaming services? Knowledge.Wharton.upenn.edu. Retrieved July 7, 2018, from http://knowledge.wharton.upenn.edu/article/can-hollywood-survive-streaming-services

Hay, J. (2012). The invention of air space, outer space, and cyberspace. In L. Parks & J. Schwoch (Eds.), *Down to earth: Satellite technologies, industries, and cultures.* New Brunswick, NJ, and London: Rutgers University Press.

Henrich-Franke, C., & Immel, R. (2013). Making holes in the Iron Curtain? The Television programme exchange across the Iron Curtain in the 1960s and 1970s. In A. Badenoch, A. Fickers, & C. Henrich-Franke (Eds.), *Airy curtains in the European ether: Broadcasting and the Cold War* (pp. 177-213). Baden-Baden: Nomos Verlag.

Herzog, H. (1946). Radio: The first post-war year. *Public Opinion Quarterly, 10*(3), 297-313.

Hilmes, M. (2012). *Network nations: A transnational history of British and American broadcasting.* London and New York: Routledge.

IBM 610. (1957). The IBM 610 auto-point computer. Columbia.edu. Retrieved September 1, 2018, from http://www.columbia.edu/cu/computinghistory/610.html

Investopedia. (2016). 5G technology: Which country will be the first to adapt? Investopedia.com. Retrieved June 11, 2018, from https://www.investopedia.com/articles/markets-economy/090916/5g-technology-which-country-will-be-first-adapt.asp

ITU News. (2018). 5 key steps for 5G to take root in Africa. News.ITU.int. Retrieved August 16, 2018, from https://news.itu.int/itu-telecom-world-5g-africa

ITU Statistics. (2017). ICT facts and figures 2017. ITU.int. Retrieved June 11, 2018, from https://www.itu.int/en/ITU-D/Statistics/Pages/facts/default.aspx

ITU Statistics CAGR. (2017). Growth of mobile-broadband subscriptions CAGR, 2017. ITU.int. Retrieved June 14, 2018, from https://www.itu.int/en/ITU-D/Statistics/Documents/facts/ICTFactsFigures2017.pdf

ITU Statistics Gender. (2017). The digital gender gap persists, 2017. ITU.int. Retrieved June 14, 2018, from https://www.itu.int/en/ITU-D/Statistics/Documents/facts/ICTFactsFigures2017.pdf

ITU Statistics GNI. (2017). Mobile broadband is more affordable than fix broadband, 2017.

ITU.int. Retrieved June 14, 2018, from https://www.itu.int/en/ITU-D/Statistics/Documents/facts/ICTFactsFigures2017.pdf

ITU Statistics Households. (2017). ICT proportion of households with Internet access, 2017. ITU.int. Retrieved June 14, 2018, from https://www.itu.int/en/ITU-D/Statistics/Documents/facts/ICTFactsFigures2017.pdf

ITU Statistics Youth. (2017). ICT Proportion of youth (15-24) Internet users and youth in the population, 2017. ITU.int. Retrieved June 14, 2018, from https://www.itu.int/en/ITU-D/Statistics/Documents/facts/ICTFactsFigures2017.pdf

Johnsen, J. W., & Franke, K. (2018). Digital forensics report for Dagens Naeringsliv. DN.no. Retrieved June 25, 2018, from https://www.dn.no/staticprojects/special/2018/05/09/0600/dokumentar/strommekuppet/data/documentation/NTNU-rapport_til_publisering.pdf

Katz, E., & Dayan, D. (1992). *Media events: The live broadcasting of history*. Cambridge, MA: Harvard University Press.

Kohler, F. D. (1951). The Voice of America: Spokesman of the free world. *Proceedings of the Academy of Political Science, 24*(2), 92-100.

Light, J. S. (2006). Facsimile: A forgotten "new medium" from the 20th century. *New Media & Society, 8*(3), 355–378. doi:10.1177/1461444806059920

Lommers, S. (2012). *Europe—On air: Interwar projects for radio broadcasting.* Amsterdam: Amsterdam University Press.

Lundgren, L. (2012). Live from Moscow: The celebration of Yuri Gagarin and transnational television in Europe. *VIEW Journal of European Television History and Culture, 1*(2), 45–55.

Lundgren, L. (2015a). The forerunners of a new era: Television history and ruins of the future. *Media History, 21*(2), 178–191. doi:10.1080/13688804.2014.991385

Lundgren, L. (2015b). Transnational television in Europe: Cold War competition and cooperation. In S. Mikkonen & P. Koivunen (Eds.), *Beyond the divide: Entangled histories of Cold War Europe* (pp. 237–256). New York and Oxford: Berghahn Books.

Luthra, H. R. (1986). *Indian broadcasting.* Government of India, Publications Division, Ministry of Information & Broadcasting.

Mikkonen, S., & Koivunen, P. (2015). *Beyond the divide: Entangled histories of Cold War Europe.* New York and Oxford: Berghahn Books.

Modesto Radio Museum. (2004). Payola scandal rocks 50's radio. Radiomuseum.org. Retrieved July 4, 2018, from http://www.modestoradiomuseum.org/payola.html

Moritz, Michael. (2009). *Return to the little kingdom.* New York: Overlook Press.

Nielsen. (2017). Nielsen podcast insights. Nielsen.com. Retrieved June 19, 2018, from http://www.nielsen.com/content/dam/corporate/us/en/reports-downloads/2017-reports/nielsen-podcast-insights-q3-2017.pdf

Nielsen. (2018). Nielsen podcast insights. Nielsen.com. Retrieved June 19, 2018, from http://www.nielsen.com/content/dam/corporate/us/en/reports-downloads/2018-reports/marketeres-guide-to-podcasting-march-2018.pdf

Nordenstreng, K., & Schiller, H. I. (1979). *National sovereignty and international communication: A reader.* Norwood, NJ: Ablex Publishing.

Nordenstreng, K., & Varis, T. (1974). Television traffic: A one-way street? A survey and analysis of the international flow of television programme material. *UNESCO Reports and Papers on Mass Communication, 70.*

NPR. (2018). *NPR and Spotify team up to feed your podcast addiction.* NPR.org. Retrieved June 3, 2018, from https://www.npr.org/sections/npr-extra/2018/05/10/609884577/npr-andspotify-podcasts

NPR Staff. (2011). The Arab Spring: A year of revolution. NPR.org. Retrieved July 13, 2018, from https://www.npr.org/2011/12/17/143897126/the-arab-spring-a-year-of-revolution

Nye, D. E. (1994). *American technological sublime.* Cambridge, MA, and London: MIT Press.

Parks, L. (2005). *Cultures in orbit: Satellites and the televisual.* Durham, NC, and London: Duke University Press.

Pavlik, J. V. (2016). *Digital technology and the future of broadcasting: Global perspectives.* New York. Routledge, Taylor & Francis.

Pavlik, J. V. (2017). *Masterful stories: Lessons from golden age radio.* New York: Routledge, Taylor & Francis.

Peoples, C. (2008). Sputnik and "skill thinking" revisited: Technological determinism in American responses to the Soviet missile threat. *Cold War History, 8*(1), 55-75. doi:10.1080/14682740701791334

Podcast. (2018). The infinite dial. EdisonResearch.com. Retrieved July 11, 2018, from http://www.edisonresearch.com/wp-content/uploads/2018/03/Infinite-Dial-2018.pdf

Postel, Jon. (2018). Internet Hall of Fame pioneer. InternetHallOfFame.org. Retrieved September 13, 2018, from https://Internethalloffame.org/inductees/jon-postel

Powell, Adam Clayton. (2005). *Reinventing local news.* Los Angeles, CA: Figueroa Press.

Roberts, I. (2017). "Edison's telephonoscop": The visual telephone and the satire of electric light mania. *Early Popular Visual Culture, 15*(1), 1-25. doi:10.1080/17460654.2016.1232656

Robida, A. (1883). *Le vingtieme siecle.* Paris: Decaux.

Romijn, P., Scott-Smith, G., & Segal, J. (2012). *Divided dreamworlds? The cultural Cold War in East and West.* Amsterdam: Amsterdam University Press.

Schwoch, J. (2009). *Global TV: New media and the Cold War, 1946–69*. Chicago: University of Illinois Press.

Sling TV. (2018). Sling TV pushes beyond the bundle: Removes paywall barriers, offers free and a la carte options without a base subscription. News.sling.com. Retrieved June 30, 2018, from http://news.sling.com/2018-06-28-Sling-TV-pushes-beyond-the-bundle-removes-paywall-barriers-offers-free-and-a-la-carte-options-without-a-base-subscription

Spohrer, J. (2013). Threat or beacon? Recasting international broadcasting in Europe after World War II. In A. Badenoch, A. Fickers, & C. Henrich-Franke (Eds.), *Airy curtains in the European ether: Broadcasting and the Cold War* (pp. 29–50). Baden-Baden: Nomos Verlag.

Straubhaar, J. D., & Boyd, D. (2007). International broadcasting. In Y. R. Kamalipour (Ed.), *Global communication*. Boston, MA: Cengage/Wadsworth.

Sun, Leo. (2018). Meet China's top 3 video streaming platforms. Fool.com. Retrieved September 18, 2018, from https://www.fool.com/investing/2018/01/28/meet-chinas-top-3-streaming-video-platforms.aspx

Thussu, D. K. (2000). *International communication: Continuity and change*. London: Arnold.

TuneIn. (2016). TuneIn adds Radio Disney to TuneIn premium content library. Tunein.com. Retrieved June 18, 2018, from https://cms.tunein.com/press-release/tunein-adds-radio-disney-to-tunein-premium-content-library

Uricchio, W. (2004). Storage, simultaneity, and the media technologies of modernity. In J. Fullerton & J. Olsson (Eds.), *Allegories of communication: Intermedial concerns from cinema to the digital* (pp. 123–138). Stockholm: Stockholm Studies in Cinema.

Uricchio, W. (2008). Television's first seventy-five years: The interpretative flexibility of a medium in transition. In R. Kolker (Ed.), *The Oxford handbook of film and media studies* (pp. 286–305). Oxford and New York: Oxford University Press.

Webb, A. (2014). *London calling: Britain, the BBC World Service and the Cold War*. London: Bloomsbury.

Westwood One. (2018). Share of Ear highlights: Q1 2018. Westwoodone.com. Retrieved June 19, 2018, from https://www.westwoodone.com/2018/06/18/share-of-ear-highlights-q1-2018

Winston, B. (1998). *Media, technology and society: A history; From the telegraph to the Internet*. London and New York: Routledge.

Wormbs, N. (2011). Technology-dependent commons: The example of frequency spectrum for broadcasting in Europe in the 1920s. *International Journal of the Commons, 5*(1), 92-109.

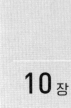

10장

디지털 시대의 글로벌 저널리즘

존 V. 패블릭(John V. Pavlik)

글로벌 저널리즘은 적어도 두 가지 의미를 담고 있다. 첫째, 그것은 전 세계적으로 행해지고 경험되는 저널리즘을 의미한다. 두 번째로 그것은 성격, 도달 범위, 초점, 영향의 측면에서 점점 더 세계화되는 저널리즘 현상을 나타낸다. 이두 가지 의미는 모두 이 장과 관련이 있기 때문에 이 장에서 계속해서 살펴볼 것이며 특히 디지털 기술의 발전에 영향을 받는다.

어떻게 정의하든, 글로벌 저널리즘은 거대한 디지털 변화의 한가운데에 있다. 지금은 전 세계적으로 저널리즘이 엄청난 혼란의 시기를 맞고 있으며 이러한 혼란은 지구상 거의 모든 곳에서 벌어지고 경험되고 있다. 저널리즘의 변화정도는 모든 대륙이나 모든 국가 또는 모든 권역에서 한결같이 보이거나 느껴지지는 않는다. 그러나 전반적인 패턴은 전 세계적으로 분명히 드러나고 있다.

이러한 글로벌 저널리즘의 혼란은 변화하는 기술, 경제, 정치적·문화적 변화를 포함한 힘들의 합류에 의해 가속화된다.

1. 디지털 시대 글로벌 저널리즘의 프로파일

글로벌 저널리즘의 상태를 기술하는 방법에는 여러 가지가 있다. 여기서는 전세계 저널리즘의 기본 통계 프로필로 시작한다. 전 세계에서 일하는 저널리스트의 수에 대한 믿을 만한 수치를 얻기는 어렵지만, 개별 국가에 대한 데이터는 일부 이용 가능하다. 예를 들어, 미국의 노동통계국(Bureau of Labor Statistics)은 2016년 5월 현재 신문, 잡지, 라디오, 텔레비전, 케이블 뉴스, 온라인을 포함한 모든 미디어 형식을 통틀어 정규직 기자와 특파원으로 일하는 사람의 수를 4만 90명으로 집계했다(U.S. Bureau of Labor Statistics, 2018). 이 수치에는 방송 뉴스 분석가가 포함되어 있지 않은데, 이들 가운데 다수가 그럴 수도 있지만 이들은 적어도 뉴스를 취재하고 보도하지 않는다는 점에서 저널리스트가 아닌 해설자 계열에 더 가깝다. 이들은 다른 저널리스트가 보도한 뉴스에 대해 논평하는 경우가 더 많다. 중요한 것은 미국에서 정규직으로 일하는 저널리스트의 수가 수십 년 동안 꾸준히 감소하고 있다는 것이다. 이러한 하락 패턴은 전 세계의 많은 곳에서 볼 수 있으며 기술 및 경제를 포함한 다수의 힘에 의해 주도된다. 더욱이 이러한 하락 패턴은 안정되기 시작할 수도 있지만, 조만간 끝나지 않을 가능성이 높다.

특히, 영국의 저널리스트 수는 최근 몇 년 동안 이러한 패턴과 반대되는 패턴을 보였다. 영국 국가통계청(UK Office for National Statistics)의 2016년 설문조사에 따르면, 영국의 정규직 저널리스트 수는 8만 4,000명으로 1년에 2만 명이 증가했다(Cox, 2016).

한 국제 연구는 프랑스에는 3만 5,000명의 저널리스트가 근무하고 있으며, 이 가운데 약 80%가 정규직으로 일하고 있는 것으로 추정했다(Mercier, Frost, & Hanitzsch, 2017). 이 연구에 따르면, "프랑스의 전형적인 저널리스트는 30대 중반 남성이며 저널리즘이나 커뮤니케이션 분야에서 학사 학위를 받았다." 이 연구는 또한 프랑스의 저널리즘이 엄청난 변화를 겪고 있음을 보여준다. "프랑스 저널리스트들에 따르면, 기술적 기량(technical skills)의 중요성과 검색 엔진의 사용은 지난 5년 동안 가장 극심하게 바뀌었다." 아마도 더 중요한 것은 "대체로 저널리스트들의 반응은 직업의 근로 조건이 상당히 악화되었다는 점을 시사한다. 대다수의 응답자가 평균 근무 시간이 증가했다고 보고했다. 더욱이 인터뷰에 응한 대부분의 저널리스트들은 자신의 직업적 자유와 기사 작성을 위한 조사에 이용 가능한 시간이 줄어들었다고 느꼈다. 프랑스 저널리스트들의 또 다른 주요 관심사는 저널리즘의 공신력(public credibility) 하락이었다."

퓨 리서치 센터(Pew Research Center)와 기타 조직의 데이터가 주류 저널리
즘의 공신력 하락하고 있음을 보여주는 가운데 이러한 패턴은 전 세계의 많은
곳에서도 볼 수 있다(Pew, 2017). 설문 조사에 따르면, 전 세계적으로 공중은
민주주의, 군주제, 혹은 공산주의 국가에 관계없이 사회에서 저널리즘이 수행
하는 역할에 대해 큰 관심을 기울이며 그러한 역할을 중요하게 생각한다. 그러
나 많은 공중이 보기에 문제는 뉴스 미디어가 흔히 자신의 업무를 적절하게 수
행하지 못하고, 실수를 저지르고, 때로는 편향되며, 뉴스 소비자를 끌어들이기
위한 노력의 일환으로 온라인 또는 오프라인에서 지나치게 많은 '클릭 미
끼'(click bait), 즉 선정적인 헤드라인을 내보낸다는 것이다(Estepa, 2018).

주류 저널리즘은, 특히 상업적 형태의 저널리즘은, 고급 글로벌 저널리즘
(quality journalism)에 끼지 못한다는 점에 주목할 필요가 있다. 이러한 주류 뉴
스 시스템을 보완하는 것은 원주민 뉴스 미디어와 민족 뉴스 미디어를 포함한
대안 뉴스 미디어이다. 이러한 뉴스 미디어는 흔히 기준이 되는 상업적 이익이
가장 중요하지는 않는 대안적인 관점에서 기사에 접근한다. 이들의 초점은 주
류 뉴스 미디어에서 흔히 대체로 무시되는 소외 집단에 맞춰져 있다.

영어는 많은 글로벌 저널리즘에서 지배적인 언어였지만, 전 세계 뉴스에서
유일하게 중요한 언어는 아니다. 뉴스 조직 본사의 모국어는 뉴스 제작에서 중
요한 역할을 하지만, 더 많은 뉴스 미디어가 기사를 내보낼 때 둘 이상의 언어
를 사용한다. 예를 들어, 「뉴욕 타임스」는 일반적으로 영어로 먼저 기사를 내
보내지만 스페인어로 내보내기도 한다. 공중은 실시간 디지털 텍스트 번역을
위한 소프트웨어 도구를 사용하여 그들이 선택한 언어로 된 뉴스를 쉽게 얻을
수 있다.

2. 변하는 글로벌 저널리즘의 경제학과 수용자

신문, 잡지, 케이블, 라디오, 텔레비전과 같은 전통적인 뉴스 미디어의 경제 상
태와 수용자 도달범위 위축은 일부 주류 저널리즘의 공신력을 저하시키는, 적
어도 부분적인, 원인이 되고 있다. 온라인 뉴스 미디어는 지난 20년 동안 오름
세를 보였지만, 온라인 뉴스 미디어와 자원의 성장 속도는 일반적으로 전통적

인 뉴스 미디어의 쇠퇴 속도를 따라 가지 못했다. 2017년, 남아공에서 나온 한 보고서는 남아공 저널리즘에 대한 이러한 위협을 확인해준다. "우리는 지난 몇 년 동안 저널리스트 해고에 대한 겉으로 보기에 매정하기 짝이 없는 뉴스를 읽었는데, 일부 사람들은 이 보고서를 읽고 개인적으로 고통을 받았을 가능성이 있다. 인쇄판 배포부수가 계속 감소함에 따라 미디어 회사들은 줄어드는 독자층을 소생시키고 재정적 손실을 메우기 위해 디지털에 기대를 건다. 동시에 뉴스룸은 더 많은 흑인 저널리스트와 여성을 고용해서 육성하고 그들을 언론사에서 선임자 역할을 하도록 준비시키라는 등의 변화 요구에 직면하고 있다"(Finlay, 2018). 예를 들어, 남아공의 「더 타임스」(*The Times*)는 2017년 12월 17일 문을 닫았다. "2016년, (남아공 미디어 그룹인)[1] 인디펜던트 미디어(Independent Media)에서 70명 이상의 저널리스트가 수락한 자발적 퇴직 패키지에 이어 티소 블랙스타 그룹[Tiso Blackstar Group; 전 타임스 미디어 그룹(Times Media Group)]은 2007년에 창간한 일간 타블로이드 「더 타임스」의 인쇄판을 폐간할 것이라고 발표했다." 이 연구에 따르면, 남아공에서는 387명이 독립 미디어 조직의 정규 직원으로 일하고 있다. 특히 남아공과 세계의 상당 지역에서 볼 수 있는 중요한 패턴은 점점 더 경험이 부족한 뉴스 스태프가 뉴스 조직에서 일한다는 것이다. 이 연구는 독립 미디어의 전체 직원 417명 가운데 87%인 363명이 15년 미만의 경력을 가지고 있음을 보여준다. 저널리스트들이 해고될 때, 경험이 가장 많은 저널리스트가 먼저 나가거나 훨씬 더 하급 스태프로 대체되기 쉽다. 하급 스태프는 고용 비용이 더 적게 들긴 하지만 베테랑 기자의 노련한 경험도 부족하다. 보도 실수나 오류가 증가할 가능성이 높으며, 경험이 부족한 저널리스트는 저널리즘 산업과 그 관행에 대한 역사적 지식뿐만 아니라 그들이 담당하는 지역사회에 대한 역사적 지식도 부족하기 때문에 다른 결과도 발생한다.

신문 발행부수 패턴은 전 세계적으로 다양하다(World Press Trends, 2017). 미국, 독일, 영국과 같은 선진국에서는 신문 발행부수가 장기적으로 감소하는 반면, 세계의 다른 지역에서는 상대적으로 안정적이거나 심지어 증가하고 있다.

---

1 괄호 안은 역자 삽입.

이러한 다양한 패턴이 존재하는 이유 가운데 하나는 경제가 매우 발전된 많은 국가에서는 공중이 (소셜 미디어를 다루거나 쇼핑을 하는 등 다른 많은 작업을 수행하기 위해서뿐만 아니라) 뉴스에 접근하기 위해 모바일 장치에 점점 더 많이 의존하고 있기 때문이다. 그러나 저개발 국가에서는 이용자들이 모바일 장치를 덜 다루고 여전히 인쇄된 뉴스 생산물에 더 많이 의존한다. 인구 증가 패턴 덕분에 이러한 국가들에서는 신문의 전체 발행부수가 증가할 수도 있다. 그럼에도 신문 보급률은 일반적으로 감소하고 있다. 더욱이 지리적 위치에 관계없이 결국 모바일 접근이 대부분의 인쇄 뉴스 접근을 대체하기 시작할 것이며, 물론 세계 일부 지역에서는 그것이 더 오래 걸릴 수도 있다.

데이터에 따르면, 지난 5년 동안 유럽, 북미, 남미, 호주/오세아니아에서 인쇄 신문 발행부수가 최소 10% 감소했다. 아프리카, 중동, 북아프리카에서도 약 5% 감소했다. 일반적으로 증가한 유일한 곳은 아시아이며, 이러한 양상은 아시아 내에서 그 차이가 꽤 크다.

신문 발행부수 또한 국가에 따라 크게 차이가 난다. 중국은 일간신문 발행부수가 9,350만 부로 가장 많다. 인도가 7,880만 부로 2위, 일본이 7,040만 부로 3위, 미국이 4,830만 부로 4위, 독일이 2,210만 부로 5위다(World Association of Newspapers, 2017).

세계 최대 발행부수를 가지고 있는 신문은 일본 「요미우리 신문」(讀賣新聞), 「아사히 신문」(朝日新聞), 「마이니치 신문」(每日新聞)이다. 가장 발행부수가 많은 영자 신문은 「타임스 오브 인디아」(Times of India)이다.

프라이스워터하우스쿠퍼(PwC: PricewaterhouseCooper)의 데이터에 따르면, 지난 5년 동안 디지털 신문 발행부수는 2012년에 약 540만 부이던 것이 2016년에는 2,540만 부로 급증했다. 일반적으로 이러한 데이터는 사람들이 뉴스를 원하고 기꺼이 비용을 지불하지만, 그들은 점점 더 디지털 플랫폼을 통해서 그렇게 하고 있음을 보여준다.

월즈 오브 저널리즘(Worlds of Journalism) 보고서는 전 세계 66개국의 저널리즘 현황을 보고한다(Hanitzsch, 2016). 예를 들어, 이 보고서는 브라질의 저널리스트 수를 4만 4,915명으로 추정한다(Moreira, 2017). 일본에서는 약 2만 5,200명이 저널리스트로 일하고 있다(Oi & Sako, 2017). 저널리스트가 가장 많은 것으로 추정되는 나라는 인도로 70만 명이며, 그 다음으로 중국이 25만 8,000명으로 추정된다(Zhou & Zhou, 2016). 저널리스트 수가 가장 적은 나라는 부탄으로 114명으로 추정된다.

3. 저널리즘 종사자 수

<표 10.1>은 66개국의 추정된 저널리스트 수를 보여준다. 월즈 오브 저널리즘 프로젝트에 따르면, 66개국의 추정치를 모두 합하면 전 세계 저널리스트의 추정 총수는 184만 2,604명이다. 저널리스트 수의 변화는 여러 요인의, 특히 각 국가의 지리적 규모, 총 인구, 문화적·정치적 역사, 경제 발전 및 미디어 구조의 산물이다. 저널리스트 수가 가장 많은 두 국가는 세계에서 가장 인구가 많고 지리적으로도 가장 큰 두 국가인데, 이는 인구와 지리적 규모의 역할을 잘 보여준다. 중국 인구는 14억이 넘고 그 뒤를 잇는 인도가 13억이 넘는다. 국가 면적은 중국이 약 960만 제곱미터, 인도가 약 317만 제곱미터이다(World Bank, 2016). 미국과 비교해보면, 미국의 인구는 3억 2,570만 명이고 면적은 약 983만 제곱미터이다.

2018년에 인도에서 새롭게 벌어진 일 가운데 한 가지 주목할 만한 것은 101 리포터스(101 Reporters)라는 저널리스트 조직의 창설이었다. 세계 여러 나라에서와 마찬가지로 인도에서도 많은 저널리스트가 뉴스 조직에서 정규직으로 일하지 않고 프리랜서(freelancer)로 일한다. 오히려 그들은 각기 다른 언론사에 기사를 보내고 각기 다른 조직에 출근해 다양한 업무를 하거나 기사를 쓸 수도 있는 독립 계약자와 같다. 이러한 프리랜서 계약은 기자에게 유연성을 제공할 수 있지만, 저널리스트에게 매우 중요할 수도 있는 제도적 지원을 없애버리기도 한다. 특히 그들은 흔히 건강보험이나 퇴직 계획과 같은 복지 혜택이 없고 (피해 당사자가 기자를 고소할 경우 법적 비용을 부담하는 데 도움이 되는) 명예훼손 보험이나 또는 협업하면서 일한 동료나 그들의 전문성 개발을 돕는 멘토 (mentor)가 없을 가능성이 높다. 101 리포터스는 "저널리스트들이 발행물과 어울리는 기사 아이디어를 제안할 수 있는 온라인 플랫폼"을 제공함으로써 이러한 문제 가운데 적어도 일부를 해결하는 데 도움을 준다(Aleem, 2018). 이것은

표 10.1 **국가별 추정된 저널리스트 수**

아프리카		불가리아	5,800
보츠와나	361	크로아티아	2,797
이집트	10,000	사이프러스	431
에티오피아	1,600	체코	1,191
케냐	3,000	덴마크	7,196
말라위	330	에스토니아	905
시에라리온	350	핀란드	7,726
남아공	2,500	프랑스	35,000
수단	1,000	독일	41,250
탄자니아	890	그리스	12,000
중미		헝가리	8,000
엘살바도르	710	아이슬란드	350
북미		아일랜드	1,500
캐나다	3,353	이탈리아	15,850
멕시코	18,400	코소보	300
미국	91,410	라트비아	600
남미		몰도바	500
아르헨티나	5,525	네덜란드	15,000
브라질	44,915	노르웨이	7,750
칠레	5,000	포르투갈	5,750
콜롬비아	10,000	루마니아	3,000
에콰도르	17,000	러시아	200,000
아시아		세르비아	8,000
방글라데시	3,766	스페인	18,000
부탄	114	스웨덴	19,222
중국	258,000	스위스	10,000
홍콩	11,554	터키	14,415
인도	700,155	영국	63,618
인도네시아	41,818	**중동**	
일본	25,200	이스라엘	3,000
말레이시아	6,000	오만	320
필리핀	3,500	카다르	800
싱가포르	1,000	UAE	600
한국	29,000	**오세아니아**	
태국	15,000	호주	11,000
유럽		뉴질랜드	3,000
알바니아	1,200	전체	1,842,604
벨기에	5,082		

자료: Worlds of Journalism(2016).

프리랜서 기자들이 독립성을 잃지 않으면서 임무를 수행하는 저널리스트로서 유급(有給) 일거리를 찾는 데 도움이 될 수 있다.

중국과 같은 일부 국가는 뉴스 미디어에 대한 광범위한 정부 소유권과 통제권을 보유하고 있는 반면, 다른 국가들은 대부분 개인 소유이며 상업 시장 세력의 변동에 영향을 받는 미디어 산업 시스템을 가지고 있다. 또한 <표 10.1>의 수치는 추정치이며, 이러한 추정치는 출처에 따라 다르다는 점에 유의할 필요가 있다. 예를 들어, 미국 노동 통계국은 미국 저널리스트의 수를 월즈 오브 저널리즘 추정치의 절반인 4만 90명으로 발표했다. 반대로 영국 통계청은 영국 저널리스트의 수를 8만 4,000명으로 발표했는데, 이는 월즈 오브 저널리즘의 추정치보다 약 2만 명 더 많은 수치이다. 또한 오스트리아, 코스타리카, 나이지리아 같은 일부 국가는 추정치에 포함되지 않았는데, 이는 전 세계의 저널리스트 수가 실제로 184만 2,000명보다 아마도 수천 명 더 많음을 시사한다.

4. 뉴스 미디어 소유권 패턴

뉴스 미디어 소유권과 통제 패턴은 전 세계적으로 매우 다양하며, 이러한 소유권과 통제 패턴은 저널리즘의 본질과 관행 형성에 영향을 미칠 수 있다. 노엄 등(Noam et al., 2016)은 수십 년 동안 전 세계에 걸쳐 있는 뉴스 미디어를 포함한 미디어 소유권에 대한 포괄적인 연구를 수행해왔다. 가장 중요한 변화 가운데 하나는 비상장 주식 펀드(private equity fund)[2]와 비상장 회사가 미디어 및 뉴스 미디어 소유자로 부상한 것이다. 미국과 많은 서방 국가에서 비상장 주식 펀드는 상업 뉴스 미디어의 상당 부분을 소유하고 있으며, 이들의 주요 목표는 손익, 즉 이익과 주가(株價)이다. 이들은 수익을 창출하기 위해 흔히 자산을 매각하는데, 이로 인해 저널리즘의 원본 보도, 품질, 혁신을 지원하는 자원이 감소했다. 중국 정부 또한 뉴스를 포함한 미디어의 세계 최대 소유자로 부상했

---

2 비공개로 소수 투자자로부터 돈을 모아 주식과 채권, 기업이나 부동산 등에 투자하여 운용하는 펀드를 말하며, 흔히 사모 펀드로 번역하는데 이는 잘못된 번역이라고 한다(출처: https://www.mk.co.kr/opinion/columnists/view/2016/07/477559/)(역자 주).

다. 또한 전 세계적으로 지난 반세기 동안 소유권 통합이 점점 더 미디어와 뉴스 미디어 산업의 전형적인 특징이 되고 있다.

퓰리처상(Pulitzer Prize)을 수상한 프로퍼블리카(ProPublica) 같은 비영리 뉴스 조직도 21세기 글로벌 저널리즘에서 그 역할이 점점 더 커지고 있다. 흔히 특정 주제에 초점을 맞추는 이러한 비영리 단체는 기업 후원과 광고 같은 상업적 이해관계와 무관하게 운영된다. 재단, 억만 장자 소유자, 공적 후원도 글로벌 저널리즘의 재원(財源)으로서 점점 더 큰 역할을 하고 있다. 이러한 재원 외에도 BBC의 핵심적인 재원인 수신료뿐만 아니라 정부에 의한 저널리즘 소유와 후원도 있다. 그러나 전통적인 TV와 라디오의 쇠퇴로 인해 BBC는 21세기에 수신료 수입이 크게 감소했으며, 이로 인해 BBC 경영진은 BBC의 사명과 관행을 재평가하지 않을 수 없게 되었다.

표현의 자유와 언론의 자유가 헌법적으로 보호되는 미국과 같은 일부 국가에서는 누구나 저널리스트로 일할 수 있다. 그러나 일부 국가에서는 저널리스트로 일하려면 때로 영업 허가 형태의 정부의 허가나 승인이 필요하다. 예를 들어, 중국에서 저널리스트로 활동하려면 정부에서 발행한 기자증이 필요하다. 중국 공산당은 최근 언론의 자유를 강력하게 탄압하고 검열을 강화하고 있다. 2014년, 중국 정부는 1만 4,000명의 저널리스트의 기자증을 무효화한 것으로 알려졌다. 새로운 언론법에 따라 정부에 대해 비판적으로 보도하려 하는 저널리스트는 먼저 정부의 심사와 승인을 받아야 한다(Sonnad, 2014).

5. 글로벌 저널리즘에 맞서는 정치적 힘과 법적인 힘

정치적 요인과 문화적 요인이 글로벌 저널리즘에 파문을 일으키고 있다. 가장 심각한 문제는 표현의 자유와 언론의 자유를 제한하는 정부의 조치, 정부 행위자들이 바람직하지 않다고 간주하는 뉴스 기사 보도를 차단하는 사전 억제 노력, 저널리스트의 투옥 및 살해이다. 일부 뉴스 기사는 잠재적으로 국가 안보나 개인 정보 보호에 대한 합법적인 우려를 제기할 수도 있겠지만, 절대 다수의 경우 정말로 문제가 되는 것은 선출직 후보와 같이 권력을 쥐고 있거나 권력을 추구하는 사람들이 느끼는 정치적 당혹감(political embarrassment)이다.

공정한 재판을 받을 용의자의 권리를 위태롭게 할 수 있는 기사는 미공개를 심각하게 고려해야 하지만, 강력하고 활기차고 독립적인 언론에 공포 효과(chilling effect)를 주지 않는 적절한 구제책은 흔히 시민 뉴스 위원회(citizen news council) 같은 중립 중재인이나 명예훼손 소송과 같은 보도 후에 제기되는 민사 소송이다. 언론은 권력을 휘두르기 때문에 그 행동에 대한 책임감을 보여줘야 하며, 보도 전에 철저한 사실을 확인하고 공공의 이익을 위해 보도할 것인지 아니면 단순히 외설적인 사안으로 보도할 것인지 여부를 결정할 때 뉴스 판단(news judgement)을 잘 해야 한다. 엄청난 명예훼손 보상금이 뉴스 조직의 존재를 위협할 수 있다.

바이스 뉴스(Vice News)[3]는 '핑크 슬라임'(pink slime)[4]으로 알려진 육류 제품에 대한 보도에 연루된 골치 아픈 소송에 관해 보도했다(Vice News, 2017). 이 소송은 570억 달러의 손해 배상을 주장했는데, 이 액수는 해당 방송사를 문 닫게 할 수 있을 뿐만 아니라 이 한 방송사를 훨씬 넘어 전체 저널리즘을 변화시킬 수도 있었다. "2012년 3월, ABC는 BPI(Beef Products Inc.)의 '회수육'(LFTB: lean finely textured beef)[5]에 대한 일련의 보도를 방송했는데, 회수육은 가열해서 원심 분리기로 뽑아낸 후 박테리아를 줄이기 위해 암모니아를 흠뻑 뒤집어쓴 폐기된 쇠고기 잡육으로 만든 저렴한 소고기 분쇄육 첨가물이다." BPI는 한때 맥도날드(McDonald's), 버거킹(Burger King), 타코 벨(Taco Bell)에 납품했던 쇠고기 가공업체이다. 만약 BPI가 이긴다면, 판결의 규모에 따라 (심지어 요구한 배상금액의 10%만 지급한다고 하더라도) ABC 뉴스(ABC News)와 모회사인 디즈니 코퍼레이션(Disney Corporation)은 엄청난 타격을 입을 것이다.

형사적 명예훼손이나 저널리스트에 대한 반역 혐의는 글로벌 저널리즘과 저널리스트에게 훨씬 더 심각한 영향을 미칠 수 있으며 또한 미쳐왔다. 방글라데시, 몰디브, 미얀마, 이란의 저널리스트들은 보도로 인해 징역형 위협을 받았거나 징역형 선고를 받았다(Chisholm, Southwood, & Ellerbeck, 2018).

---

3 바이스 미디어(Vice Media)의 시사사건 전문 채널이다(역자 주).
4 식품 첨가제로 쓰이는 쇠고기의 부산물이다(역자 주).
5 비육우 도체에서 발골 작업을 마친 후 뼈에 붙은 쇠고기들을 회수한 것으로 미국에서 개발한 햄버거 패티용 공장가공 쇠고기를 말한다(역자 주).

더 큰 우려는 저널리스트 보호위원회(Committee to Protect Journalists)가 언론인 살해가 전 세계적으로 사상 최고 수준이라고 보고하고 있다는 점이다. 예를 들어, 2018년 초 슬로바키아에서는 탐사 보도 저널리스트가 보도로 인해 살해당했다(Day, 2018). "경찰에 의하면, 슬로바키아 탐사 보도 저널리스트와 그의 파트너는 그의 일과 관련된 사건으로 총에 맞아 사망했다." 그의 보도에 대한 보복 공격으로 "얀 쿠치악(Jan Kuciak)은 사망했다."

뉴스 조직이 직원 채용 측면에서 직면하는 또 다른 과제 가운데 하나는 다양성이다. 시민 소요에 관한 커너 위원회 보고서(Kerner Commission Report)는 저널리즘이 수행할 수 있는 역할을 확인해준 바 있는데, 최소한 1968년에 이 보고서가 발간된 이래로 뉴스 미디어는 스태프 채용과 보도 범위에서 더 큰 다양성을 추구해왔다(Hrach, 2016). 예를 들어, 대부분의 미국 뉴스 미디어 조직은 백인 남성으로 구성되어 있어서 저널리스트 직원들 사이에 젠더나 인종 다양성이 비교적 적다. 다양성을 높이기 위한 반세기 동안의 온갖 노력에도, 대부분의 뉴스룸에 있는 여성과 소수인종의 수는 사회 전체에서 여성과 소수인종이 차지하고 있는 비율보다 계속해서 낮았다. 상대적으로 낮은 다양성 패턴은 전 세계의 뉴스 미디어가 안고 있는 문제다. 2017년에 시작된 #미투(#MeToo) 운동은 미국과 전 세계의 많은 뉴스룸에서 계속되는 여성 혐오 문제를 부각시켰다. 저널리스트의 급여 역시 낮은 경향이 있지만 여성의 경우는 특히 그렇다.

데이터는 전 세계적으로 절대 다수의 사람들이 어떤 형태의 저널리즘에 적어도 가끔씩 접하고 있음을 보여주고는 있지만, 전 세계의 저널리즘 수용자 또한 정확하게 추정하기는 어렵다. BBC는 전 세계에서 약 25억 명이 적어도 BBC 서비스(뉴스, 오락물, 교육/문화 프로그램)에 채널을 맞추는 것으로 추정한다(Horrocks, 2013). 로이터스 저널리즘 연구소(Reuters Institute for the Study of Journalism)에 따르면, 특히 인터넷의 부상(浮上)으로 인해 뉴스에 대한 접근은 거의 편재적으로(ubiquitous) 이루어진다. 인구의 92% 이상이 온라인을 사용하는 영국에서는 온라인 뉴스원에 대한 의존도가 높아지고 있다. 20세기 후반에는 TV를 뉴스원으로 가장 많이 이용했다. 그러나 2016년에는 인터넷 또는 온라인 뉴스원이 점점 더 중요해졌다. 영국 인구의 거의 80%가 온라인 뉴스원을 이용한데 비해 TV는 약 75%가 사용해 그 비율이 꾸준히 감소하고 있다(Nielsen,

2017). 신문 이용자의 비율은 2013년에는 인구의 60%이던 것이 2016년에는 40% 미만으로 훨씬 더 급격히 감소했다. 소셜 미디어를 뉴스원으로 이용하는 사람들의 비율은 2013년에는 약 20%이었다가 2016년에는 거의 40%로 증가했으며 그 이후에는 비율에 큰 변화가 없다. 또한 소셜 미디어상의 가짜 뉴스에 대한 두려움이 증가함에 따라 소셜 네트워크를 통해 전달되는 뉴스의 미래가 어떻게 될지는 분명하지 않다.

6. 가짜 뉴스 문제

2018년 초, 누구나 쉽게 가짜 비디오 뉴스를 만들 수 있는 새로운 비디오 편집 앱이 시장에 나왔다. 있는 그대로 페이크뉴스(FakeNews)라고 불리는 이 무료 모바일 앱을 사용해 이용자는 한 사람의 얼굴을 다른 사람의 몸에 감쪽같이 갖다 붙여 페이스-스왑(face-swap) 동영상을 만들 수 있다(Bowman & Wu, 2018). 오디오 편집 도구와 결합하면, 예를 들어, 어떤 세계 지도자가 말한 적이 없는 것을 그 지도자가 말하는 것처럼 보이게 만들 수도 있다. 그냥 재미로 해볼 수도 있고 합법적인 마케팅 용도로 쓰일 수도 있기는 하나 매우 진짜 같지만 완전히 가짜인 뉴스 비디오를 만들어 온라인으로 공유할 수 있다는 것은 걱정스럽다.

가짜 뉴스 문제가 새로운 것이 아니지만 글로벌 저널리즘 시대에 그것이 지니는 중요성과 심각성은 전혀 새롭다. 모바일 앱을 통해 연결된 시민들은 사실상 자기 자신의 개인적 필터 버블(filter bubble)[6]과 인터넷 에코 챔버(echo chamber)[7] 안에 살면서 자신이 좋아하거나 선호하는 목소리만 보거나 들을 수 있다. 전통적인 저널리즘은 광범위한 이유와 주제 그리고 사람을 다루었던 반

---

[6] 정보를 필터링하는 알고리즘에 정치적 또는 상업적 논리를 개입시켜 정보 이용자들이 한쪽으로만 걸러진 정보를 받아보게 되면서 자신도 모르는 사이에 한쪽 정보만을 편식하게 되고 그로 인해 자신도 모르게 타인에 의해 가치관이 왜곡될 수 있다. 이렇듯 정보가 걸러진 거품 속에 갇히게 된다는 의미에서 필터 버블, 즉 거름망 거품이라는 표현도 등장했다(역자 주).

[7] 필터 버블과 비슷한 표현으로, 같은 에코 챔버, 즉 반향실에 있는 사람들은 같은 메아리만 듣게 마련이다. 같은 생각을 가진 사회적 파벌, 씨족, 인종, 클럽들에 속한 사람들이 인터넷 SNS를 통해 접하는 정보는 주로 편향성을 띤 편협한 정보일 확률이 높으며 비슷한 주장을 확산시키고 증폭시키는 작용을 한다(역자 주).

면, 맞춤화가 가능한 뉴스 미디어와 소셜 플랫폼은 이용자들이 매우 제한된 뉴스 환경을 만들어내서 그 속에서 자신들의 디지털 삶을 살 수 있게 해준다. 그리고 최근 들어 미국, 영국, 그리고 전 세계의 상당 지역에서 디지털 기기를 사용하는 시간이 하루 평균 10시간으로 늘어남에 따라, 디지털 중독 징후를 보이는 많은 사람들에게 디지털 삶은 이제 그들의 삶의 대부분을 차지하고 있다 (Bowman & Wu, 2018).

또한 소셜 미디어상의 저널리즘에 잠재적으로 영향을 미치는 것은 공중에게 직접 다가가기 위해 소셜 미디어를 사용하는 뉴스원이 증가하는 패턴이다. 예를 들어, 많은 세계 지도자들은 트위터에 댓글을 게시하여 게이트키퍼 역할을 하는 주류 뉴스 미디어를 우회한다. 결과적으로 전통적인 뉴스 미디어는 브런스(Bruns)가 "게이트워칭"(gatewatching)이라고 부르는 역할로 전환하고 있다 (Bruns, 2005).

7. 글로벌 저널리즘의 변화하는 역할

전 세계적으로 저널리즘의 역할은 권역별로 그리고 특히 국가별로 크게 다르다. 20세기 중반에 사이버트(Seibert), 피터슨(Peterson) 및 슈람(Schramm)이 제시한 고전적 틀과 같은 언론 이론(theories of the press)은 전 세계적으로 저널리즘의 역할에 대한 몇 가지 일반적인 특성을 개괄적으로 설명한다(Yin, 2008). 여러 지역에서 이러한 역할에는 뉴스 미디어가 중요한 공공 서비스 임무를 수행한다는 관념이 포함되어 있다. 민주주의나 신흥 민주주의 혹은 권위주의 체제나 군주제에서 이 임무는 권력 남용에 대한 견제 역할에서부터 국민 정체성과 경제 성장을 촉진하는 데 도움이 되는 것에 이르기까지 매우 다양할 수 있다. 서방에서 저널리즘은 흔히 독립적인 감시자 또는 제4부(the fourth estate)[8]로 간주되어 사회적 감시와 공공 정책 문제나 공직 후보에 대한 여론의 지침을 제공한다. 이러한 체제들에서 일반적으로 저널리즘은 의견을 제시할 때 중립적인 의견만을 제시하면서, 뉴스 콘텐트에서 대체로 중립을 유지하려고 시도한다.

---

8 입법, 사법, 행정의 3부에 이은 네 번째 부라는 의미이다(역자 주).

옹호는 저널리즘이 때때로 하는 또 다른 역할이다. 당파성은 흔히 이러한 환경에서 볼 수 있는 뉴스의 특징이다. 정부가 미디어를 통제하는 국가에서는 저널리즘이 선전을 옹호하는 목소리가 되는 경우를 좀 더 흔히 볼 수 있다.

21세기에 와서는 일부 사람들이 솔루션스 저널리즘(solutions journalism)[9]과 평화 저널리즘(peace journalism)이라고 부르는 것이 국제적으로 대두되고 있다. 이러한 유형의 저널리즘은 갈등 종식을 조성할 뿐만 아니라 한 국가 또는 세계의 문제에 대한 해결책을 개발하고 데 도움을 주고자 한다.

글로벌 저널리즘의 역할이라는 맥락에서 저널리즘이 전문직인지 아니면 기술직인지에 대한 논쟁도 있다. 학자들은 전문직은 훈련, 확립되고 합의된 지식, 면허 및 관련 윤리 기준과 관행을 포함하여 몇 가지 특성을 요구한다고 주장한다. 저널리즘은 일부 국가의 면허를 제외하고는 이러한 특성들을 많이 가지고 있다. 예를 들어, 미국에서는 저널리스트 자격증이 없다. 그러한 자격증은 미국 헌법 수정조항 제1조의 언론에 대한 헌법적 보호에 따라 불법으로 간주된다. 그러나 백악관 내나 전쟁 지역 내에서 보도를 하기 위한 경우와 같이 특정 조건에서는 저널리스트에게 자격증이 수여된다. 상업적 목적에서 드론을 조작하는 저널리스트도 연방항공국(Federal Aviation Administration)에 등록하고 특정한 조작 규칙을 준수해야 한다. 다른 국가에서는 이런저런 형태로 저널리스트에게 면허를 주는 것이 비교적 표준 관례이다. 이로 인해 글로벌 저널리즘에 대해서도 그것이 전문직인지 아니면 기술직인지의 문제가 해결되지 않았다.

특히 뉴스를 구성하는 것과 관련된 여러 글로벌 표준, 관행 및 관례가 있다. 여기에는 뉴스 가치(news value)가 포함된다. 가장 중요한 것은 사건과 이슈가 인간의 삶이나 환경에 미치는 영향이다. 갈등(conflict), 적시성(timeliness), 진기함(novelty), 근접성(proximity) 또한 중요하다. 객관성(objectivity), 공정성(fairness) 및 정확성(accuracy)이라는 뉴스 콘텐트의 목표는 보편적이지는 않지만 널리 받아들여지고 있으며, 이는 원본 보도 및 사실 확인(즉, 둘 이상의 신뢰할 수 있는 출처로 사실을 확인하는 것)에 의해 확립된다. 또한 기자들은 스스로 뉴스 사건

---

[9] 사회 문제뿐만 아니라 그에 대한 반응에 초점을 맞춘 뉴스보도 방식이다. 신뢰할 수 있는 증거를 중심으로 다루는 솔루션스 보도는 어떠한 솔루션 즉 해결책이 효과 있는 이유 또는 효과 없는 이유를 설명한다(역자 주).

을 관찰하면서 사실들을 취재하고, 관련 뉴스원과 인터뷰를 수행하고, 문서와 데이터를 분석함으로써 대개 소싱(sourcing),[10] 즉 정보원 밝히기에 의존한다. 양질의 저널리즘 관행은 내부 고발자 또는 성폭력 피해자 또는 뉴스 속 아동의 신원을 보호하는 것과 같은 제한된 상황을 제외하고는 익명의 출처 사용을 피하는 것을 중요시한다. 날짜 기입선(dateline)[11]은 일반적으로 뉴스 기사 앞에 나오며 날짜, 기사를 송고한 장소, 그리고 작성자 또는 기자의 이름을 보여준다. 사진이나 비디오에는 일반적으로 캡션(caption)이나 오디오 설명이 포함되며 사진 작가 또는 비디오 작가의 출처를 표시한다. 경성 뉴스(hard news) 또는 속보(breaking news)의 구조는 일반적으로 5W, 즉 누가, 무엇을, 언제, 어디서, 왜를 강조하는 첫 문장(lead)으로 시작한다. 요약 단락(nutgraph)은 기사의 주제를 제공한다. 본문(body)은 세부 사항을 구체화한다. 저널리스트는 일반적으로 3인칭으로 글을 쓴다. 피처(feature) 기사나 인간적 흥미(human interest) 기사는 다양한 구조와 글쓰기 스타일을 따른다. 오디오 기사나 비디오 기사(예, 라디오, TV, 온라인)는 보통 1분 정도로 짧으며, 위에서 설명한 구조와 유사하다. 다큐멘터리는 대개 30분 또는 60분으로 더 길다.

뉴스 미디어는 대부분 성인을 겨냥해 작성되지만, 어린이와 청소년에 의한 그리고 어린이와 청소년을 위한 새로운 기획도 점점 더 늘어나고 있다. 학교와 대학 뉴스 미디어는 이러한 청소년 지향 뉴스 활동에서 중요한 역할을 한다.

8. 모바일 미디어의 부상

온라인 및 모바일 미디어의 부상(浮上)은 새로운 뉴스 배급 수단이자 글로벌 저널리즘에 대한 공중의 접근을 증가시키는 새로운 수단으로서 현대 글로벌 저널리즘에 중요함을 입증하고 있다. 1970년대와 1980년대까지 대부분의 공중은 지역 신문과 잡지, 지역 TV와 라디오, 케이블 뉴스 등 지역에서 이용할 수 있는 소수의 뉴스 미디어에만 접근할 수 있었다. 온라인 및 모바일 미디어

---

10 저널리즘에서 소싱이란 정보를 제공한 사람이나 출판물의 출처를 밝히는 행위를 말한다(역자 주).
11 기사의 작성일, 작성 장소 등을 적은 난을 말한다(역자 주).

의 출현은 대부분의 공중이 전 세계의 뉴스 소스에 실시간으로 접근할 수 있게 해줌으로써 공중의 뉴스 접근을 완전히 바꿔놓았다. 물론 언어의 다양성으로 인해 일반 공중이 접근할 수 있는 뉴스 콘텐트가 제한되며, 또한 접근은 디지털 연결성(connectivity)에 좌우된다. 이로 인해 디지털 격차가 발생했으며, 이는 시민들이 온라인 및 모바일 뉴스 접근에 필요한 경제적 자원, 특히 광대역 또는 고속 인터넷 접속에 필요한 경제적 자원이 부족한 개발도상국에서 특히 심각하다. 또한 중국과 같은 일부 국가에서는 「뉴욕 타임스」와 같은 많은 국제 뉴스원뿐만 아니라 구글을 포함한 디지털 미디어 플랫폼과 페이스북 및 트위터 같은 서방의 소셜 미디어를 차단하는 디지털 방화벽(digital firewall)을 구축했다.

영국에서 관찰되는 진화하는 뉴스 미디어 패턴은 일반적으로 미국, 유럽 전역 및 많은 아시아를 포함한 대부분의 선진국에서도 동일하다. 일반적으로 한때 글로벌 저널리즘의 토대였던 인쇄 매체, 특히 신문과 잡지는 감소하고 있다. 일간지와 뉴스 관련 잡지의 수입과 고용 수치가 줄어들면서, 그 수도 줄어들었다. 인쇄 미디어에 의해 생성되는 뉴스의 양이나 인쇄 미디어의 원본 보도량이 줄어들었다. 이것은 중요한데, 왜냐하면 영국, 미국, 그리고 세계의 상당 지역에서 지역 일간 신문의 손실로 인해 원본 지역 뉴스 제작이 서서히 줄어들었기 때문이다. 일간지의 원본 지역 뉴스 보도는 글로벌 저널리즘 생태계나 먹이 사슬의 중요한 토대였다. 신문은 원본 지역 보도를 수행하면서 뉴스 의제를 설정하는 데 도움을 주었고, 라디오와 텔레비전 그리고 기타 뉴스 미디어는 이러한 뉴스 의제를 따랐다.

동시에 21세기에는 초지역적 저널리즘이 등장했다. 초지역적 저널리즘이란 도시 블록이나 이웃 지역에 초점을 맞춘 고도로 지역화된 뉴스 보도를 의미한다. 혁신적인 케이블 뉴스 미디어에 의해 1990년대에 생겨난 초지역적 저널리즘은 모바일 네트워크 기기 시대를 맞아 도약했다. 시민 기자를 포함한 기자는 자신의 지역사회에서 기사를 보도하고 그 기사를 뉴저지(New Jersey)의 탭인투(TAPinto)나 영국의 네스타(Nesta) 같은 모바일 온라인 플랫폼을 통해 출판한다(Owens, 2017). 흔히 초지역적 뉴스 사이트는 지리적 용어뿐만 아니라 주제에 대해서도 매우 전문화되어 있으며 신속한 배급을 목적으로 한다. 초지역적인 뉴스 기자들은 흔히 모바일 기기의 GPS 기능을 사용하여 정확한 지리적 위치, 시간, 기사 작성자 측면에서 기사에 태그를 지정하는데, 이 모두가 기자 또는 초지역적 뉴스의 지적 재산을 보호하는 것뿐만 아니라 뉴스 보도의 진실성을 확립하는 데도 도움을 준다.

9. 방송 저널리즘의 변화하는 성격

20세기 동안, 텔레비전과 라디오 방송이 그리고 후반에는 케이블과 위성을 통해 전달되는 저널리즘이 성장했다. 위성은 1962년 최초의 통신 위성 텔스타가 발사된 이래로 글로벌 저널리즘에 중요한 역할을 해왔다. 텔스타 위성으로 인해 뉴스와 기타 미디어 콘텐츠를 비교적 저렴한 비용으로 전 세계에 실시간으로 전송할 수 있었다. 지난 수십 년 동안 위성 기술은 영상 전송과 기타 전송을 가능하게 하면서 극적으로 발전해왔다. 또한 원격 탐지 위성과 같은 다른 유형의 위성은 지상의 물체와 활동에 대한 비디오 감시를 가능하게 했다. 이러한 원격 탐지 위성은 글로벌 저널리즘에 필수적임이 입증되었다. 많은 뉴스 미디어는 지구와 바다에 대한 광각 공중 뷰(aerial view)를 보기 위해 구글 어쓰(Google Earth)와 구글 어쓰의 위성 생성 이미지에 의존한다. 이러한 이미지는 위치를 표시하여 지역 기사를 더 넓은 맥락에 두고 보는 데 유용하다. 많은 경우, 글로벌 저널리즘은 기후 변화와 해수면 상승, 삼림 벌채, 세계 난민 위기, 분쟁 등의 영향을 보여주기 위해 위성 이미지를 특별히 사용해왔다. 카메라가 장착된 드론을 포함한 다른 탐지 및 관찰 기술과 더불어 위성은 글로벌 뉴스 보도에 엄청난 기회를 제공한다. 슬레이트(Slate)[12]의 보도에 따르면, "핏비트(Fitbit)의 가속도계(accelerometer)[13]부터 자율주행 자동차의 모션 센서(motion

---

12 미국의 영어 웹진(webzine)으로, 1996년 마이클 킨슬리(Michael Kinsley)에 의해 설립되었으며, 처음에는 MSN(Microsoft Network) 산하에 있었다. 2004년 12월 21일, 워싱턴 포스트 컴퍼니(The Washington Post Company)에게 매각되었다. 2008년 6월 4일부터, 슬레이트 그룹에 의해 운영되고 있다(역자 주).

13 가속도계는 물체의 가속도 물리량을 측정하는 장치이다. 단위는 G값으로 나타내며, 센서에 따라 다양한 범위를 가진다. 가속도계에 쓰이는 센서는 이동하는 물체의 가속도나 충격의 세기를 측정하는 센서이다(역자 주).

sensor)에 이르기까지 놀라울 정도로 많은 센서가 현재 우리 세상에 침투하고 있다. 날아다니는 드론과 인공위성에 장착된 강력한 기기를 '원격 센서'(remote sensor)라고 부르는데, 높이 있어 거의 눈에 띄지는 않지만 특히 변화를 기록하는 것에 관한 한 매우 강력하다. 루이지애나(Louisiana)의 끔찍한 토지 손실(land loss)[14]에 대한 기사를 보도하는 프로퍼블리카(ProPublica) 저널리스트들에게 원격 탐지 데이터는 특히 중요한 스토리텔링 능력을 높여주었다"(Pitt, 2015).

또 다른 예는 많은 정부가 글로벌 뉴스에 대한 저널리스트의 접근을 제한하거나 검열할 때 이와 같은 원격 탐지가 수행할 수 있는 매우 중요한 역할을 보여준다. 슬레이트의 보도에 따르면, "8월 12일 중국 톈진에서 화학 창고 폭발이 일어난 지 몇 시간 이내에 「뉴욕 타임스」는 폭발 사고가 있기 전후의 재난 현장 위성 이미지를 게재했다. 중국 당국의 외국 저널리스트에 대한 모니터링을 우회한 「뉴욕 타임스」는 민간업계 선두주자인 디지털글로브(DigitalGlobe)의 위성 이미지를 사용하여 유해 물질 저장소에 대한 자세한 이미지와 다이어그램을 표시할 수 있었다."

우주 저널리즘(space journalism)이 곧 본격화할 것이다. 다양한 개인, 기업, 정부가 태양계와 그 너머에 대한 탐사를 계속함에 따라, 그곳에서 발견된 이야기를 효과적으로 보도할 수 있는 저널리즘을 개발하는 데 대한 관심이 커지고 있다. 독일의 「베를리너 모르겐포스트」(Berliner Morgenpost)를 비롯한 전 세계의 다양한 뉴스 기관은 외계 뉴스 보도, 즉 지구에 대한 보도이지만 외계 관점에서 본 보도를 이미 제공해왔다(Schneider, 2017). 그러한 한 가지 예가 독일의 어떤 도시가 가장 친환경적인 도시인가에 대한 기사이다(Tröger, Klack, Pätzold, Wendler, & Möller, 2018). 저널리스트들은 구글 어쓰에서 가져온 데이터를 사용하고 구글 뉴스 랩(Google News Lab)과 함께 작업하면서 상호작용적인 뉴스를 내보냈다(Google News Lab, 2016).

---

14 해안지역 침수와 침식으로 인한 토지 손실을 말한다(역자 주).

10. 디지털 기술의 영향

20세기 후반에 인터넷과 월드 와이드 웹이 그리고 21세기에 모바일 미디어가 등장하면서 아날로그 미디어에서 디지털(즉, 컴퓨터화된) 미디어로의 전환이 매우 가속화되었다. 디지털 시대에 뉴스 콘텐트는 컴퓨터화된 형식으로 수렴되었으며 모바일 기기를 통해 공중의 접근이 점차 늘어나는 등 매우 다양한 형식으로 이용 가능해졌다. 더욱이 네트워크에 연결된 다기능 모바일 기기를 갖춘 저널리스트들이 이러한 뉴스 콘텐트를 점점 더 많이 제작하고 있다.

일부는 이러한 형태의 모바일 뉴스 보도를 모바일 저널리즘(mobile journalism)의 약자인 모조(MoJo)라고 불렀다(Abu-Fadil, 2015). 1999년, 횔레러, 파이너 및 파블릭은 모바일 저널리스트 워크스테이션(MJW: mobile journalist workstation)을 사용하여 360도 비디오와 증강 현실(AR: augmented reality)을 활용한 현장 다큐멘터리(situated documentary)[15], 즉 상호작용적인 지리적 위치 정보가 포함된(geolocated)[16] 뉴스 기사를 만드는 방법에 대해 설명했다(Höllerer, Feiner, & Pavlik, 1999). 이 프로젝트는 환경에 대한 지리적 위치 정보가 포함된 상호작용적이고 몰입적인 뉴스 기사를 만들어낼 수 있는 잠재력을 보여주었다. 또한 뉴스 취재에 머리에 착용하는 카메라가 장착된 투명 디스플레이를 사용할 수 있는 가능성도 보여주었다. 2013년, 바이스 뉴스의 팀 풀(Tim Poole) 기자는 구글 글래스(Google Glass: 머리에 쓰는 AR 스마트 글래스)를 사용하여 터키 이스탄불(Istanbul)의 정치 시위와 미주리(Missouri) 주 퍼거슨(Ferguson)에서 열린 흑인

---

[15] 증강 현실과 360도 회전 비디오를 사용하여 뉴스를 실제 사건 현장에 있는 것처럼 보도하는 것을 말한다(역자 주).

[16] 파블릭은 자신의 논문에서 뉴스 비디오의 지리적 위치 정보(geo-location)는 세 가지 이유에서 중요하다고 말한다. 첫째, 뉴스 비디오의 지리적 위치 정보는 해당 비디오를 확보한 위치, 날짜 및 시간을 제공함으로써 내용의 진실성을 확보하는 데 도움을 줄 수 있다. 둘째, 지리적 위치 정보가 있는 뉴스 비디오는 기자의 지적 재산권을 보호해주는 강력한 디지털 워터마크를 제공하는 데 사용될 수 있다. 셋째, 지리적 위치 정보는 혁신적인 스토리텔링을 제공할 가능성도 가지고 있다. 지리적 위치 태그가 된 비디오는 게임이나 증강 현실에서 휴대용 기기나 웨어러블 기기를 사용하는 개인 이용자를 위해 그 비디오를 특정 위치와 방향에 위치시키는 데 사용될 수 있다[출처: Pavlik, J. B. (2014). Transformation: Examining the Implications of Emerging Technology for Journalism, Media and Society. *Athens Journal of Mass Media and Communications*, *1*(1), 9-24.](역자 주)

의 생명도 중요하다(Black Lives Matter) 집회를 포함한 속보 뉴스를 라이브로 보도했다(Ungerleider, 2013).

전 세계적으로 약 50억 명의 사람들이 다른 인터넷 접속 수단뿐만 아니라 모바일 통신 기기(흔히 스마트폰)를 가지고 있기 때문에, 사실상 세계의 모든 지역에서 거의 대다수의 사람들은 뉴스를 보기 위해 인터넷에 연결된 기기에 의존하는 셈이다(Sawers, 2017). 또한 그들은 흔히 뉴스 관련 온라인 토론이나 담론에 참여하고, 때로는 거의 어디서나 존재하는 시민 기자로 활동하면서 뉴스 속보 사진이나 비디오를 찍어 소셜 미디어나 때로는 주류 뉴스 사이트를 통해 공유한다. 이렇듯 모바일 미디어와 소셜 네트워킹 미디어를 통한 공중의 저널리즘 참여 증가는 글로벌 저널리즘에 현대 저널리즘과 공적 영역을 더 깊이 통합할 수 있는 기회를 제공하고 있다. 이것은 21세기와 그 이후 사회에서의 저널리즘의 기능에 필수적인 것으로 판명될 것이다.

전 세계의 상당히 많은 뉴스 기관이 소셜 미디어에 소개할 원본 뉴스 기사를 만들고 있다. 예를 들어, 「데일리 메일」(*Daily Mail*), 매셔블(Mashable), 그리고 「월 스트리트 저널」은 스냅챗(Snapchat)에 콘텐트를 게시하는 다양한 뉴스 제공업자들 가운데 하나이다. 기사들 상단부에는 일반적으로 경성 저널리즘이 아니라 아이폰 X(iPhone X)에 어울리는 색상을 살펴보는 것과 같은 연성 뉴스나 피처 기사들이 있다. 아마도 이것은 스냅챗 이용자가 원하는 저널리즘 유형일 것이다.

시민 보도(citizen reporting)는 최근 몇 년 동안 크게 성장했으며 전 세계 뉴스 조직의 직원으로 전문적으로 일하는 저널리스트의 업무를 보완하는 중요한 역할을 해왔다. 시민 기자는 저널리스트로서 일하지 않으며 저널리스트로서 훈련을 받지 않은 것은 말할 것도 없고 기자로서도 어떠한 훈련도 받지 않았을 수도 있다. 그러나 그들은 적어도 가끔 그들이 직접 목격했거나 증인으로서 목격한 뉴스 사건에 대한 정보를 제공한다. 시민 보도는 오랫동안 존재해왔지만 최근 몇 년 동안 카메라와 마이크가 있는 스마트폰과 같은 모바일 기기가 널리 이용 가능해지고 흔히 인터넷에 접속할 수 있는 공중 무선 통신 네트워크에 늘 연결됨에 따라 크게 성장했다. 전문 저널리스트의 수는 2백만 명 정도밖에 되지 않을 수도 있지만, 아마도 시간제 시민 기자의 수는 적어도 20억 명에 이를 것이다. 그들은 저널리스트는 아니지만 때때로 뉴스 보도의 흐름에 기여한다. 그들은 윌리엄 더튼(William Dutton) 교수가 처음 사용한 용어인 제5부(the fifth estate)를 구성한다(Dutton, 2008). 이것은 다른 3부(즉, 행정부, 입법부, 사법부)에 대한 견제 역할을 하는 제4부, 즉 정부의 네 번째 기관 역할을 하는 저널리즘 기관의 정신을 따름을 의미한다.

11. 디지털 거대기업군에 진입하다

여러 면에서, 특히 경제적 측면에서, 전통적인 뉴스 미디어를 대체하는 것은 구글, 아마존[「워싱턴 포스트」를 소유한 제프 베저스(Jeff Bezos)가 소유주], 페이스북, 중국의 알리바바[Alibaba: 「사우쓰 차이나 모닝 포스트」(*South China Morning Post*)를 소유하고 발행하는 거대 온라인 소매회사]와 같은 다양한 국제적인 조직을 포함한 대체로 디지털 조직인 새로운 지배적인 조직과 정부이다(Chow, 2016). 구글 같은 디지털 기업은 대체로 광고에 기반한 수입을 창출하는데, 이들의 수입 규모는 심지어 가장 큰 종합 뉴스 미디어의 수입도 왜소해 보이게 만든다. 2017년, 구글은 주로 광고 수입으로 1,000억 달러 이상의 수입을 올렸다. 이는 「뉴욕 타임스」의 약 10억 달러와 비교된다. 특히 「뉴욕 타임스」는 현재 수입의 약 60%를 구독을 통해 창출하는데, 절반 이상이 디지털 구독이다. 광고 수입에 대한 과도한 의존에서 벗어나 구독, 특히 디지털 구독으로의 이러한 변화는 많은 뉴스 미디어에서 점점 더 분명해지는 패턴이다. 「뉴욕 타임스」와 마찬가지로 「워싱턴 포스트」도 2016년부터 유료 디지털 구독자 기반이 크게 증가하여 불과 2년 만에 300%나 증가했다.

마찬가지로 「로스앤젤레스 타임스」, 「월 스트리트 저널」, 「배너티 페어」(*Vanity Fair*)도 구독이 크게 증가했다(Tzuo, 2017). 이러한 추세는 국제적으로도 나타나기 시작했다. 「가디언」과 「옵서버」(*Observer*)의 발행사인 가디언 미디어 그룹(Guardian Media Group)은 2017년 7월에 끝나는 회계연도에 유료 구독이 4배 이상 증가했다고 보고했다(Sweeney, 2017).

이용자들이 뉴스에 접근하기 위해 모바일 기기에 점점 더 많이 의존할 뿐만 아니라 성가신 팝업을 포함한 광고 표시를 방지하기 위해 광고 차단 소프트웨어를 사용함에 따라, 저널리즘 사이트에 대한 디지털 구독 및 관련 수익은 글로벌 저널리즘에 매우 중요하다. 특히 미국 뉴스 미디어 디지털 구독 증가의 대부분은 미국 외부에서 발생했다. 디지데이(Digiday)는 다음과 같이 보고했다:

> 2017년, 「뉴욕 타임스」의 국제 디지털 구독자 기반은 10만 명 이상의 국제 구독자가 추가되어 총 220만 명의 디지털 구독자로 14% 늘어났다. 캐나다와 영국에서 수용자를 확대하기 위한 몇 달 간의 노력 끝에 「디 애틀랜틱」(The Atlantic)은 2017년 국제 구독 주문이 3배 이상 증가했으며 해외 구독이 신규 구독자의 6%에서 16%로 증가했다. 국제적으로 기반을 넓히기 위해 노력해온 「워싱턴 포스트」는 해외 구독자 수를 4배로 늘렸으며 현재 해외 구독자 비율은 이 신문 고객 기반의 10% 미만이다(Willens, 2018).

12. 뉴스에 더 많은 돈을 지불하다

미디어 인사이트 프로젝트(Media Insight Project)는 현재 대다수의 미국인이 뉴스를 유료로 이용하고 있음을 보여준다. 2017년 2월 16일부터 3월 20일까지 미국 성인 2,199명을 대상으로 실시한 설문조사에 따르면, "미국 성인의 약 절반 이상(53%)이 어떤 형태로든 뉴스 서비스에 가입해 있으며, 그 가운데 대략 절반이 신문을 구독한다"(American Press Institute, 2017). 여기에는 신문이나 잡지를 구독하거나, 뉴스 앱에 비용을 지불하거나, 공영 미디어에 기부하는 사람들이 포함된다. 뉴스 채널을 포함할 수 있는 케이블 TV 번들(bundle)[17]에 비용을 지불하는 사람들은 제외되었다. 결과적으로 어떤 형태로든 뉴스를 유료로 이용하는 것은 점차 미국인의 표준이 되고 있으며, 광고 비용이 구글과 같은 디지털 운용사로 계속 유입되고 뉴스 제공업자가 뉴스에 접근하기 위해 유료 가입 또는 기타 형식의 이용자 지불을 점점 더 요구함에 따라 앞으로 몇 년 동안 성장할 가능성이 있는 패턴이다. 이러한 유료 뉴스 추이는 미국뿐 아니라 세계의 상당 지역에서도 분명하게 나타나고 있다. 닥터(Doctor)는 뉴스 접근 권한을 얻기 위해 이용자 지불을 요구하는 페이월을 설치한 유럽의 12개 이상

---

17 기본형이나 고급형 유료 서비스에 포함되어 있는 전체 채널 묶음을 번들이라고 한다(역자 주).

의 뉴스 운용사에 대해 보고했다(Doctor, 2012). 여기에는 핀란드 최대 뉴스 회사인 사노마(Sanoma), 「빌트」(*Bild*), 「디 벨트」(*Die Welt*), 「팍트」(*Fakt*) 같은 발행물을 포함하고 있는 유럽 최대 디지털 출판사인 악셀 슈프링어(Axel Springer SE), 그리고 뉴스 코프(News Corp)의 「더 타임스」가 포함되어 있다.

더욱이 점점 더 유료화되는 뉴스 생태계가 의미하는 바는 뉴스에 비용을 지불할 여유가 없는 사람은 양질의 뉴스, 특히 값비싼 경험적 뉴스(experiential news)[18]에 대한 접근을 덜 하게 될 것이며, 그들의 견해는 뉴스 경영진이 향후 뉴스 보도와 형식의 방향에 대해 내리는 결정에 덜 중요해질 수도 있다는 것이다. 공중의 상당 부분이 적시에 양질의 저널리즘에 접근하지 못할 수도 있으므로 그것은 민주적이고 포용적인 거버넌스에 엄청나게 중요하다.

구글은 2018년과 2021년 사이에 가짜 뉴스와의 전쟁에 3억 달러를 지출할 계획인 새로운 이니셔티브를 발표했다. 이 이니셔티브는 온라인으로 출판하는 주류 뉴스 미디어에 대한 자금 지원을 늘릴 것이다(Steigrad, 2018). '구글 뉴스 이니셔티브'(Google News Initiative)에는 뉴스 속보에 '권위 있는' 뉴스원이 포함됨을 강조하기 위해 구글 검색 알고리즘을 수정하는 것도 포함된다. 알고리즘을 통해 "해당 미디어의 기사가 구글 뉴스 검색 상단에 표시된다." 어떤 뉴스원이 권위 있는지 정확하게 결정하는 것은 잠재적으로 중요한 물음표이다.

구글의 최고 비즈니스 책임자(chief business officer)인 필립 쉰들러(Philipp Schindler)는 이 뉴스 이니셔티브를 발표하면서 "양질의 저널리즘은 잘 기능하는 모든 사회와 모든 민주주의의 핵심 축 가운데 하나이기 때문에 사회에 중요할 뿐만 아니라 구글과 [구글 CEO인 순다 피차이(Sundar Pichai)와] 나 자신과 우리 가운데 많은 이들에게도 매우 중요하다"라고 말했다(Steigrad, 2018).

이 이니셔티브를 발표하면서 구글은 2017년에 전 세계에 있는 뉴스 출판 파트너들에게 126억 달러를 지불했다고 보고했는데, 이것은 "뉴스 출판 사이트들을 무료로 한 달에 100억 번 클릭할 수 있는 액수"이다(Steigrad, 2018).

독일의 뉴스 미디어를 포함한 미디어 구조는 유럽의 많은 지역의 뉴스 미디어 구조가 어떠한지 보여준다(Kleinsteuber & Thomass, 2017).

---

18 저널리즘은 항상 사실 그 이상으로, 정보 뉴스뿐만 아니라 수용자를 내러티브 속으로 몰입시키는 '경험'을 위한 공간이기도 하다(역자 주).

독일은 공영 방송과 상업 방송의 '이중 시스템'을 가지고 있다(사실 여기에 커뮤니티 미디어가 포함되어 있다면 그것은 시험적인 시스템임). 공영 방송에서 주(州)는 강력한 역할을 한다. 독일 연방 헌법은 방송에 대한 전적인 책임이 그들의 '문화 주권'의 일부로 연방 공화국의 주들에 있다고 규정하고 있다. 이 때문에 공공 서비스 방송사는 개별적으로 또는 (협정에 따라) 공동으로 행동을 취하는 주가 만든 것이다. 연방 법률에 따라 외국에만 서비스(라디오, TV, 온라인)를 제공하도록 되어 있는 방송사 도이체 벨레(Deutsche Welle)는 예외이다.

독일의 인쇄 미디어는 개인 소유이다.

독일 신문은 수많은 제호(題號)가 특징이다. 2008년, 독일 일간신문의 (신문의 모든 부분을 제작하는 모든 발행 실체들을 의미하는) '독립된 편집 단일체들'의 수는 135개였고 신문의 수는 354개였다. 모든 신문의 지역판을 포함하면 1,512개의 각기 다른 신문이 있는 셈이다. 1990년대 초부터 독일의 신문 수와 발행부수는 감소 조짐을 보이고 있다. 일간신문 보급률은 79.1%에서 2008년에 72.4%로 떨어졌다.

유럽의 상당 지역과 세계의 다른 지역에서처럼 독일 인쇄 뉴스 미디어의 경제학도 변하고 있다. "신문은 광고 수입에 대한 의존도가 높은데 그 의존도는 감소하고 있고 경제적 집중도(economic concentration)도 상당히 높다는 특징이 있다."

온라인 뉴스 미디어는 독일에서 빠르게 성장하고 있다. "2009년, 전체 독일인의 약 67.1%가 온라인 서비스를 사용하고 있었고 그 가운데 70% 이상이 광대역 회선을 사용했다." 이러한 수치는 지난 10년 동안 크게 증가했다.

세계의 많은 지역과 마찬가지로 독일 방송도 아날로그에서 디지털로 전환되었다. 여기에는 지상파 라디오와 TV, 위성 및 케이블 TV가 포함되지만 미국보다 전환 규모가 작다.

디지털 기술은 많은 전통적인 뉴스 미디어를 혼란스럽게 했지만 동시에 혁신의 문을 열어주기도 했다. 슬로바키아의 예를 살펴보면, 수십 명의 저널리스트가 기존 뉴스 미디어의 축소로 해고된 후, 45명의 해고된 저널리스트가 모여 새로운 뉴스 운영을 시작했다(Scott, 2018). 아마도 가장 놀라운 것은 그러한 뉴스 운영이 이미 수익을 올리고 있다는 점이다. 2015년, 새롭게 운영을 시작한 슬로바키아 신문사 「데닉 N」(Dennik N)은 유료 구독자에게 교통 속보와 긴 형식의 기사를 제공한다. 인쇄판을 발행하지만 수익의 대부분인 80%는 온라인 구독에서 발생한다. 독자들은 "탐사 보도, 인터뷰 및 심층 보도"에 대해 비용을 지불한다.

13. 수용자를 이용자로 전환하기

저널리즘의 뉴스 전달의 혁신뿐만 아니라 이용자 선호도의 변화를 반영하여 전 세계의 저널리스트와 저널리즘 조직은 텍스트 기반 기사와 뉴스 콘텐츠를 넘어서고 있다. 그들은 점차 뉴스 콘텐츠에 시각적 포맷과 그 이상을 포함하는 쪽으로 나아가고 있다. 이러한 형식에는 상호작용적 미디어, 팟캐스팅과 같은 오디오 내러티브, 햅틱(haptic)[19] 또는 터치 기반(touch-based) 뉴스 콘텐츠와 같은 실험적 포맷이 포함된다. 전 세계적으로 전통적인 다큐멘터리와 상호작용적 다큐멘터리 모두 제작이 크게 늘어났다(Pavlik & Pavlik, 2016).

알렉사(Alexa)가 탑재된 아마존 에코(Amazon Echo), 구글 홈(Google Home), 또는 애플의 시리(Siri)와 같은 상호작용적이거나 스마트하고 AI에 의해 가능해진(AI-enabled) 네트워크화된 오디오 기기가 2016년 출시된 이후, 혁신적인 저널리즘 조직들은 상호작용적 오디오 뉴스 전달 방식을 발전시켜왔다. 글로벌 저널리즘 조직 가운데 NPR, CBS, BBC는 이러한 스마트 스피커에서 이용 가능한 오디오 뉴스 콘텐츠를 제공해오고 있다. 이용자는 "알렉사, 새로운 소식 있어?"라고 간단히 말하기만 하면 된다. 그러면 스마트 스피커는 해당 뉴스 제공업자가 패키지로 제공한 뉴스를 들려줄 것이다. 더 초점이 맞추어진 오디오 뉴스 요청도 가능할 뿐만 아니라 시간이 가면서 늘어날 가능성이 있다. 뉴스 이용자들은 스마트 스피커가 제공하는 자연스러운 이용자 인터페이스(NUI:

---

[19] 햅틱 기술은 이용자에게 힘, 진동, 모션을 적용함으로써 터치의 느낌을 구현하는 기술이다. 즉, 컴퓨터의 기능 가운데 이용자의 입력 장치인 키보드, 마우스, 조이스틱, 터치스크린에서 힘과 운동감을 촉각을 통해 느끼게 한다(역자 주).

natural user interface)를 좋아하는 것으로 드러나고 있다. 데이터에 따르면, 미국에서는 4,000만 명 이상이 스마트 스피커를 구입해서 설치했다(Hogg, 2018). NUI 오디오 기기는 이용자의 음성 명령에 응답할 수 있고 뉴스 온 디맨드 (news on demand) 제공을 포함하여 다양한 기능을 수행할 수 있는 디지털 조수(digital assistant)를 제공한다. NUI의 부차적 특성은 이용자가 배경 소리로(in the background)[20] 뉴스를 들으면서 다른 작업을 계속할 수 있음을 의미한다. 공간이나 위치를 인식하고 3차원으로 입체화된(3D-mapped) 오디오를 활용할 수 있는 잠재력은 가상 정보원 또는 기자가 실시간으로 이루어지는 매우 생생한 저널리즘 대화나 담론에 참여하는 뉴스 이용자와 함께 방이나 다른 공간에 가상으로 존재할 수 있는 오디오 뉴스 콘텐트 혁신을 위한 흥미로운 잠재력을 제공한다.

저널리즘 혁신을 위한 또 다른 기회는 온라인 크라우드펀딩(crowdfunding)[21]의 등장이다. 킥스타터(Kickstarter)와 같은 온라인 플랫폼을 통해 새로운 프로젝트를 개발하는 저널리스트들은 아이디어를 게시하고, 적어도 그들의 이니셔티브를 시작하기 위한 공공 자금을 확보할 수 있다. 2018년 3월 21일 현재, 킥스타터에는 4,854개의 저널리즘 프로젝트가 자금 지원을 기다리고 있었다. 이들 가운데 다수는 다양한 주제의 다큐멘터리였지만, 저널리즘 혁신을 제안하는 것들이 더 많았다(Kickstarter.com, 2018). "콜롬비아의 평화 프로세스에서 인권 지도자 지원하기"(Support Human Rights Leaders in the Colombian Peace Process)라는 저널리즘 프로젝트가 킥스타터에 올라온 적이 있었다. 이 프로젝트는 콜롬비아의 한 인권 포토저널리스트의 현장 작업을 토대로 한 기록물을 만들기 위한 것이었다. 2018년 3월 21일 현재, 17명의 후원자가 목표액 1,050달러 가운데 1,000달러를 지원하겠다고 약속했다.

킥스타터 저널리즘 프로젝트의 또 다른 예는 '비디오 게임 생성'(Génération Jeu Vidéo)이다. 이 프로젝트는 모바일 기기용으로 포맷된 상호작용적 역사 탐

---

[20] 다른 일을 하면서 마치 배경 음악을 틀어놓은 것처럼 라디오나 TV를 듣거나 시청하는 것을 말한다(역자 주).

[21] 소셜 네트워크 서비스를 이용해 소규모 후원을 받거나 투자 등의 목적으로 인터넷과 같은 플랫폼을 통해 다수의 개인들로부터 자금을 모으는 행위이다(역자 주).

색 비디오 게임을 만들겠다고 약속했다. 2018년 3월 21일 현재, 1,130명의 후원자가 이 프로젝트의 목표인 5만 8,470달러 가운데 1만 8,395달러를 지원하겠다고 약속했다.

14. 뉴스의 게임화

비디오 게임을 포함해 게임은 상호작용적으로 뉴스를 전달하는 플랫폼으로 성장 중이며, 모바일 기기에 크게 의존하고 모바일 기기를 통해 게임을 자주 하는 더 젊은 수용자들을 참여시킬 수 있는 높은 가능성을 보여준다. 뉴스를 게임에 포함시키는 것은 전 세계의 뉴스 혁신가들로부터 점점 더 많은 관심을 받고 있다. 일례로 "＜하트세이버＞(*HeartSaver*)는 2013년 뉴욕에 있는 글로벌 에디터스 네트워크(GEN: Global Editors Network)의 에디터스 랩(Editors Lab)이 조직한 한 해커쏜(hackathon)[22]에서 프로퍼블리카(ProPublica)의 개발자와 저널리스트들이 이틀 만에 제작한 게임이다. 메디케어 및 메디케이드 서비스 센터(Centers for Medicare & Medicaid Services)의 데이터를 사용해 게임 이용자가 병원에 도착하는 데 걸리는 시간이 심장마비가 왔을 때 생존 기회에 어떻게 영향을 미칠 수 있는지 더 잘 이해할 수 있도록 도와준다"(Eveleth, 2016). 이 게임을 시작하면 "브루클린(Brooklyn)의 노스트랜드(Nostrand) 가(街)와 애틀랜틱(Atlantic) 가가 만나는 길모퉁이에 빨간 막대 인간(stick figure)[23]이 떨어지는 뉴욕시의 지도가 보인다." 그런 다음, 이용자는 "로렌(Lauren)에게 심장마비가 왔다!"라는 메시지를 보게 되며, 이어서 "그녀를 구하려면 당신은 그녀를 가장 가까운 병원으로 데려가야 한다. 그러나 당신이 그렇게 하려 할 때, 몇 개의 막대 인간이 더 하늘에서 떨어지면서 당신이 신경 써주기를 요구한다. 어떤 막대 인간은 살고, 어떤 막대 인간은 죽을 것이다. 게임이 끝날 무렵, 막대 인간들은 당신이

---

22 소프트웨어 개발 분야의 프로그래머나 관련된 그래픽 디자이너, 사용자 인터페이스 설계자, 프로젝트 매니저 등이 정해진 시간 내에 집중적으로 작업하여 결과물을 만들어내는 소프트웨어 관련 이벤트이다(역자 주).

23 사람의 몸을 머리와 몸통, 팔과 다리로 단순화시켜서 막대기형 선으로 표현하는 그림을 말한다(역자 주).

구할 수 있는 것보다 더 빠른 속도로 떨어진다." 한 차례의 게임이 끝나면, 예를 들면 "26명 중 7명은 구했지만 병원에 데려가야 할 사람이 아직 10명이 남아 있다"라는 최종 집계가 표시된다.

15. 국제 뉴스 보도

대부분의 국가는 아니지만 많은 국가에서 저널리즘은 대부분 국내 또는 권역 수용자를 대상으로 하기 때문에 국내 문제에 초점을 맞추고 국제 뉴스에 대한 관심은 부차적이다. 지난 수십 년 동안 현대 저널리즘의 문제가 악화되면서 해외 특파원 수가 줄어들었다. 예산 삭감과 대부분의 수용자가 주로 국내 뉴스에 관심이 있다는 보편적인 견해로 인해 많은 뉴스 미디어가 외국 지국을 축소하거나 없앴다. 그 결과, 원본 해외 보도가 줄어들었고 보도되는 것은 흔히 재난 및 갈등과 관련된 것들이다.

글로벌 저널리즘에 중요한 것은 주로 국제 수용자나 심지어 글로벌 수용자를 겨냥해 운영되는 일부 국제 뉴스 조직이다. 이들 가운데 몇몇 뉴스 조직은 역사적으로 뉴스 통신사 또는 뉴스와이어로 불렸다. 인터넷이 나오기 전, 그들의 뉴스와 정보는 전신'선'이나 통신'선'을 통해 흔히 주류 뉴스 미디어였던 유료 가입자들에게 배급되었다. 그런 다음, 주류 뉴스 미디어는 선을 통해 전송된 기사나 정보를, 때로는 그들의 현지 수용자를 위해 편집한 후 보도했다. 때로 그들은 뉴스와이어에 원본 기사를 기고하기도 했다. AP가 좋은 예이다. 전 세계적인 취재 범위를 가지고 있고 수천 명의 직원을 보유한 AP는 전 세계에서 뉴스를 취재한 후 회원사들에게 '선을 통해' 전송한다. 디지털 시대에 접어들어 진화한 AP는 일반 공중에게도 직접 뉴스를 보도한다. 역사적으로 신문은 AP의 유료 회원이었으며, AP의 콘텐트는 대부분 신문 지향적으로 텍스트와 사진으로 구성되었다. 미디어 수렴으로 인해 AP의 콘텐트는 오디오와 비디오 뉴스를 포함하는 더 다양한 멀티미디어 콘텐트로 발전했다.

다른 주요 글로벌 뉴스 통신사로는 로이터스와 블룸버그가 있다. 로이터스는 19세기 중반 독일에서 설립되었으며, 블룸버그는 20세기 후반에 설립되었다. 둘 다 무엇보다 금융 또는 비즈니스 부문에 서비스를 제공하며, 금융업계 고객은 주식 거래 등의 핵심 요소인 원본 뉴스와 정보를 제공하는 전용 단말기에 많은 가입비를 지불한다.

2018년 초, 비상장 주식회사인 블랙스톤(Blackstone)은 로이터스 뉴스(Reuters News)의 모회사로 금융 단말기 사업을 하는 톰슨 로이터스를 170억 달러에 인수했다. 그러나 로이터스 뉴스는 합병 거래에 포함되지 않았으며, 블랙스톤이 인수한 톰슨 로이터스의 금융·리스크 사업부(Financial & Risk unit)는 향후 30년간 로이터스 뉴스를 공급받는 대가로 100억 달러를 지불하기로 했다(Salmon, 2018). 이것은 디지털 시대의 글로벌 저널리즘 혁신을 위한 가장 큰 기회 가운데 하나가 될 수 있다.

중국의 신화 통신사(Xinhua News Agency; New China News Agency)는 중국의 공식 뉴스 통신사이다. 신화 통신사는 중국에서 가장 크고 가장 영향력 있는 뉴스 미디어 조직으로 알려져 있다. 전 세계 어떤 뉴스 운영사보다 더 많은 기자를 고용하고 있다(International Media and Newspapers, 2017).

카타르(Qatar)의 알 자지라는 또 다른 중요한 글로벌 뉴스 운영사이다. 도하(Doha)에 본사가 있는 알 자지라는 중동과 전 세계에 대한 원본 뉴스를 보도하지만, 카타르 왕가에 대해서는 허가를 받고 보도하며 이슬람에 관한 것은 승인을 받고 보도한다. 알 자지라의 뉴스는 아랍어와 영어로 제공된다.

영국의 「가디언」은 공공 자금을 지원을 받아 국내 및 국제적으로 광범위한 뉴스 보도를 하는 비영리 미디어 운영사인 BBC의 상업적 보완재이다. 「가디언」은 한때 주로 국내에 초점을 맞춘 신문이었으며, 디지털 시대를 위해 전 세계에 초점을 맞춘 온라인 운영으로 새롭게 단장했다. 「가디언」은 뉴스 통신사는 아니지만 그들의 글로벌 입지로 인해 글로벌 뉴스 공급자인 BBC와 다소 유사한 점이 있다.

바이스 미디어(Vice Media)는 또 다른 글로벌 저널리즘 기업으로 떠올랐다. 캐나다에서 설립된 바이스 미디어는 주로 미국을 기반으로 운영되고 있으며, 2001년 본사를 뉴욕 브루클린(Brooklyn)으로 옮겼다. HBO 같은 다른 글로벌 미디어 운영사와 제휴하여 다큐멘터리를 포함한 도발적인 프로그램을 제작했다. 바이스 미디어는 일반 관심사를 다루는 뉴스 조직은 아니지만 비교적 광범위한 주제와 지역을 다룬다. 바이스 미디어 웹사이트는 스스로를 "자사 웹사이트와 유튜브 채널을 통해 일상 다큐멘터리 에세이(daily documentary essay)[24]와 비디오를 제작하는 시사 채널"이라고 묘사하면서 "'과소 보도된 기사'를 보도하는 채널이라고 스스로를 홍보한다." 바이스 뉴스(Vice News)의 특징을 잘 보여주는 2018년 3월 20일 바이스 미디어 웹사이트의 머리기사(lead story) 제목은 "도널드 트럼프(Donald Trump)를 고소하는 것이 훨씬 쉬워졌다"였다(Sterbenz, 2018). 바이스 뉴스는 다음과 같이 보도했다: "몇 달 동안 고려한 끝에 뉴욕주 대법관은 화요일 마침내 제르보스(Zervoc)의 명예훼손 소송을 사실상 진행할 수 있다고 판결함으로써 미국 대통령을 상대로 더 많은 소송을 제기할 수 있게 해주었다. 트럼프 자신이 이 소송에서 선서 증인이 될 수도 있는데, 제르보스의 변호사는 마라라고(Mar-a-Lago) 골프장에서 라운드 사이에 이것을 제안했다. 트럼프는 빌 클린턴(Bill Clinton)에 이어 법정에서 자신을 대신해 증언하는 두 번째 대통령이 될 것이다." 이 기사는 다음과 같이 덧붙였다: "제니퍼 섹터(Jennifer Schecter) 판사는 화요일 자신의 판결문에 처음으로 '아무도 법 위에 있는 사람은 없다'라고 썼다."

16. 글로벌 맥락에서 본 언론의 자유

미국과 캐나다 같은 국가에서 누리는 언론의 자유와는 대조적으로 남아시아의 상당 지역을 포함한 많은 국가에는 특히 왕족이나 통치자에 관해 기자들이 할 수 있는 비판적 보도를 심하게 제한하는 엄격한 불경죄 법이 있다. 그리고 많은 경우, 위반 행위에 대한 처벌은 벌금과 구금뿐 아니라 심지어 죽음의 위협까지 포함해 가혹할 수 있다. 저널리스트가 정부 관리 또는 왕실 구성원을 비판하는 것을 사실상 금지하는 불경죄 법을 시행하는 국가로는 인도네시아, 말레이시아, 미얀마(버마), 싱가포르, 태국이 있다.

또한 글로벌 저널리즘의 변화를 촉진하는 것은 AI의 발전인데, 왜냐하면 특히 AI는 점점 더 많은 양의 데이터를 컴파일하기(compile)[25] 때문이다. AI는 저

---

24 다큐멘터리 에세이는 이야기를 해야 한다는 고전적인 서사제약에서 벗어나 몇몇 실험 영화에서 시도하는 것처럼 촬영된 현실에서, 즉 감독이 촬영한 것이나 보관된 기록 또는 뉴스 필름, 소설 영화의 장면, 사진, 그림 등에서 차용한 것에서 소재를 찾는다(역자 주).

널리즘의 관행, 뉴스 콘텐츠 제작, 조직 구조, 경제학, 인력 배치를 포함하여 여러 수준에서 글로벌 저널리즘에 영향을 미치고 있다.

프랑스 파리에 있는 GEN은 AI가 현대 저널리즘에 세 번째 혼란이 일어날 것이라는 신호를 보내고 있다고 말한다(Pecquerie, 2018). 첫 번째 혼란은 인터넷과 온라인 뉴스의 도입이었고, 두 번째 혼란은 스마트폰의 출현이었다.

17. 알고리즘의 진격

컴퓨터화된 명령, 즉 코드(code) 형태의 알고리즘은 저널리즘과 저널리스트에게 데이터를 채굴하고(mine) 채굴한 데이터를 처리하기 위한 새로운 도구를 신속하게 제공하고 있다. 저널리스트와 뉴스 조직은 뉴스 알고리즘을 기반으로 한 자동화된 프로세스를 사용하여 데이터를 분석하고 이러한 데이터를 뉴스 기사로 변환하는 사례가 점점 더 많아지고 있다. 「로스앤젤레스 타임스」 기자에 의해 기억장치에 정보가 기록된 뉴스 로봇[26] 퀘이크봇(Quakebot)의 경우, 지진 활동을 모니터링하기 위해 미국 지질조사국(U.S. Geological Survey)의 온라인 데이터 피드를 직접 활용한다(Oremus, 2014). 특정 규모의 지진이 발생하면(예, 기자가 알고리즘에 사전 설정해놓은 리히터 규모의 4.2) 퀘이크봇이 자동으로 작동해, 지진 진원지의 위치, 시기, 정확한 강도와 같은 관련 데이터를 수집한 후 기사를 작성해서 인간 편집인이 신속히 검토하도록 알림과 함께 전송한다. 그런 다음, 그 기사는 인간 편집인의 검증을 거친 후 온라인에 게시된다. 퀘이크봇은 이미 다수의 기사와 트윗을 작성했다.

전 세계의 다른 뉴스 기관도 유사한 AI 기반 자동 분석 및 작성 소프트웨어 도구를 사용하고 있다. 내러티브 사이언스(Narrative Science)와 워드스미쓰(Wordsmith)가 이러한 도구들 가운데 하나이다. 예를 들어, AP는 워드스미쓰를 사용해 분기별 비즈니스 수익 보고서를 기반으로 매년 수천 개의 비즈니스 뉴스 기사를 자동으로 조사하고 작성한다. 이전에 AP는 매년 소수의 수익 보

---

25 프로그래머가 작성한 소스코드를 바이너리 파일로 변환하는 과정이다(역자 주).
26 컴퓨터의 기억 장치에 정보가 기록되는 것처럼 로봇의 뇌에도 기억 장치가 있어 정보가 기록된다(역자 주).

고서만 보고할 수 있었다. AP는 자동화 도구로 인간 기자들을 증강함으로써 자사의 저널리즘을 확장했다. 중국 국영 뉴스 통신사도 인간-AI 협업을 중심으로 전체 운영을 재구상할 계획이라고 발표했다(Schmidt, 2018). 신화 통신사 카이밍자오(Cai Mingzhao) 사장은 신화 통신이 "정보 기술을 기반으로 인간-기계 협업을 특징으로 하는 새로운 종류의 뉴스룸"을 만들 것이라고 말했다. 카이밍자오는 신화 통신사의 새로운 '미디어 브레인'(Media Brain) 플랫폼이 클라우드 컴퓨팅, 사물 인터넷, AI를 뉴스 제작에 통합할 것이라고 설명했다. 그는 AI 기반 플랫폼이 "머리기사 찾기에서부터 뉴스 취재, 편집, 배포, 최종 피드백 분석"까지 뉴스 작업에 도움을 줄 것이라고 말했다. 동시에 중국 정부는 가짜 뉴스와 중국 지도부가 불쾌하다고 판단하는 뉴스(예, 앱에 의해 자동으로 생성되는 야한 유머)에 맞서기 위해 AI가 주도하는 뉴스 콘텐트 검열 노력을 강화하고 있다(Chin, 2018).

일부 비평을 통해 AI와 봇이 언젠가는 인간 저널리스트를 대체할 수 있다는 경고가 나오고 있긴 하지만, 적어도 봇이 인간 저널리스트를 증강하고 인간 저널리스트가 더 완전하고 정확하고 포괄적이며 시기적절한 방식으로 보도할 수 있도록 할 가능성은 있어 보인다.

18. 글로벌 저널리즘의 미래를 위한 과제와 기회

진실은 존재한다. 진실(truth)이라는 단어는 실재(reality)를 나타낸다. 인간으로서 우리는 진실을 곧바로 알 수 없다. 오히려 우리는 진실을 이해해야 한다. 그렇게 하기 위해 우리는 감각을 통해 인지할 수 있는 것과 우리의 마음과 사회적 담론 및 매개되는 담론을 통해 해석할 수 있는 것에 의존한다. 따라서 인간에게 진실은 실재에 대한 사회적으로 구성된 이해이다. 그러므로 진실과 진실에 대한 우리의 이해의 바탕이 되는 사실은 때때로 논란이 된다. 소셜 미디어의 부상은 이러한 논란을 에워쌀 수도 있고 억제할 수도 있으며 흔히는 증폭시킬 수도 있는 활발한 공공 담론으로의 출구를 제공했다.

더욱이 많은 정부와 다른 정권들 그리고 무리에서 밀려난 흉포한 개인과 집단들이 전 세계의 여론을 조작하기 위해 소셜 미디어를 무기화하고 있다. 흔히 합법적인 저널리즘으로 가장한 선전가들은 소셜 미디어 플랫폼을 사용하여 거짓이지만 진실한 것처럼 보이는 뉴스 보도를 게시한다. 그들은 주류 저널리즘의 기술과 스토리텔링 형식을 모방하여 이런 일을 벌인다. 예를 들어, 스트리밍 영상 뉴스 채널인 CBSN의 2018년 보고서에서 이 채널은 미얀마의 정부 요원이 로힝야족(Rohingya)에 대한 허위 뉴스 보도를 만들어 소셜 미디어에 배포한 것에 대해 조사했다(CBS Interactive, 2018). 이 보도는 저널리즘처럼 보이지만 미얀마의 무슬림 소수자들에 대한 증오심을 불러일으키기 위한 다양한 거짓 진술을 포함하고 있으며, 이들 가운데 상당수는 이웃 방글라데시에 있는 포화상태에 있는 난민 수용소로 도망쳐야 했다.

뉴스와 의견 형식으로 된 합법적인 저널리즘은 사회 구성, 이해, 진실 추출을 위한 글로벌 사회의 매우 중요한 정보원 가운데 하나이다. 이 과정에서 저널리스트는 공적 중요성이나 관심의 대상인 문제에 대한 진실을 밝히기 위해 그들이 사실이라고 언급하는 정보를 수집하고 체계화한다. 저널리스트에게 사실은 식별 가능하고 구별되며 검증 가능한 정보이다. 이러한 사실을 수집하기 위해 저널리스트는 직접 관찰, 인터뷰, 문서, 데이터베이스는 물론 카메라와 마이크 같은 도구를 포함한 다양한 기법과 출처를 사용한다. 기자들은 신뢰할 수 있다고 생각하는 여러 출처를 통해 사실을 검증하려 노력한다.

19. 뉴스 내러티브

저널리스트는 진실을 밝히기 위해 수집된 사실을 내러티브로 종합한다. 획득한 사실의 신뢰성을 일단 확신하면, 뉴스 미디어 의사결정자 또는 편집인은 공중의 소비와 상호작용을 위해 이러한 내러티브 즉 기사를 보도한다.

공정하고 공평한 방식으로 이러한 내러티브를 개발하려면 저널리스트와 언론 기관은 반드시 독립적이어야 한다. 중립성을 보장하기 위한 최선의 노력에도 편향(bias)이 때로 뉴스 과정에 침투한다. 편향은 미디어 제작과 배포에 대한 상업적 이해와 재정적 요구사항, 미디어를 둘러싼 사회적·정치적·법적 맥락, 저널리즘 산업의 직업적 규범과 가치를 포함한 몇 가지 근원에서 비롯된다. 편향은 사실의 선택과 표현을 왜곡할 뿐만 아니라 저널리스트가 밝히고 싶어 하는 더 일반적이거나 추상적인 진실을 왜곡한다. 지각된 편향이나 실제의 편향은 저널리즘에 대한 공중의 신뢰를 약화시킨다. 네트워크로 연결된 디지털 미디어는 온라인과 편재적인 모바일 기술을 통해 빠른 속도의 글로벌 커뮤니케이션과 뉴스(진실된 뉴스건 가짜 뉴스건)의 공유를 가능하게 함으로써 이 문제를 증폭시킬 수 있다.

「워싱턴 포스트」의 발행인이었던 고(故) 필립 L. 그레이넘(Philip L. Graham) 같은 뉴스 업계 리더들은 저널리즘을 역사를 기록한 첫 번째 초안(草案)으로 묘사했다. 더 나아가 오늘날 이론이 있는 사실(contested fact)의 시대에 우리는 저널리즘을 공적 중요성을 지니고 있으며 거의 즉각적으로 전 세계적으로 공유될 수 있는 문제에 관한 진실을 사회가 어떻게 이해하고 있는지를 기록한 초안으로 생각할 수 있다.

20. 진실 추구

초안 형태로도 진실을 밝힐 수 있는 정확하고 신뢰할 수 있는 저널리즘을 만들기 위해서는 잠재적인 편향을 인정할 뿐만 아니라 편향의 영향을 최소화하는 관행이 필요하다. 대부분의 뉴스 기관은 제한된 조건 외에는 익명의 출처를 사용하지 않으며 보도하기 전에 사실 확인을 수행하는 등 편향을 완화하는 절차에 전념한다.

점차 글로벌 저널리즘의 핵심이 되는 중요하지만 진화하는 관련 이슈는 내부 고발자 등으로부터 때때로 익명으로 수신된 디지털 문서와 파일을 어떻게 관리해야 하느냐 하는 것이다. 위키리크스(WikiLeaks)는 때로 기밀인 자료의 이러한 출처들 가운데 가장 널리 알려진 출처일 것이다. 위키리크스는 다양한 데이터 덤프(data dump)[27]를 뉴스원으로 제공했다. 컴퓨터 해킹의 역할은 중요한 윤리적 우려를 제기한다. 이러한 우려 가운데 하나는 어떤 조건이 뉴스 미디어가 이러한 데이터 덤프에 대해 보도하는 방식과 관련되어 있을 거라는 것이다. 파나마 페이퍼스(Panama Papers)라 불리는 NSA 디지털 감시 프로그램의

---

27 데이터 덤프는 종종 네트워크 연결을 통해 두 시스템 간에 대량의 데이터를 전송하는 것을 말한다(역자 주).

폭로, 클린턴 이메일, 미국 도널드 트럼프 대통령에 대한 스틸(Steele)의 서류와 같은 사례는 모두 21세기 글로벌 저널리즘에서 전 세계적으로 발생한 관련 사례들이다. 버즈피드(BuzzFeed)가 35페이지 분량의 스틸 문서를 보도한 사례는 예시적이다. 트럼프와 트럼프가 러시아에서 수행한 활동과 연관성에 대한 광범위한 주장(일부 주장은 스캔들과 관련됨)이 포함된 스틸 문서는 전 영국 정보 요원에 의해 작성되었다. 많은 뉴스 미디어는 이 문서에 포함된 주장이 허위로 판명되거나 적어도 근거가 없는 것으로 판명될 수 있다는 우려로 이 문서를 기반으로 한 기사를 보도하는 것을 거부했다. 그러나 2017년 버즈피드는 이 서류에 대해 보도했다(Bensinger & Elder, 2017). 물꼬가 터지자 전 세계의 뉴스 미디어가 관련 문서에 대한 기사를 보도했지만, 일반적으로 관련 문서를 게시하기로 한 버즈피드의 결정에 대해 보도하는 것처럼 가장했다. 트럼프의 변호사들은 그 서류에 대한 보도를 했다는 이유로 버즈피드를 고소했다(Johnson, 2018).

더욱 빠른 뉴스 제작과 전달에 대한 압박으로 인해 저널리즘이 위험할 정도로 빠른 속도로 움직이고 있다. 오류가 발생하게 되고, 오류를 범한 미디어가 그것을 바로잡게 할 필요가 생기게 되었다. 저널리즘 교육자인 피터 로퍼(Peter Laufer)는 현명하게도 신중한 성찰과 분석이 가능하게끔 느린 뉴스 운동(slow news movement)을 촉구했다. 그러나 뉴스 흐름 속도는 계속해서 가속화되고 있다. 전 세계 저널리즘 교육자들은 디지털 글로벌 시대에 저널리즘 직업의 최고 기준과 관행을 유지할 수 있는 전문성을 갖춘 차세대 저널리스트를 길러내는 데 도움을 주기 위해 점차 협업을 늘려나가고 있다(Goodman & Steyn, 2017).

그러나 최근 뉴스 보도의 오류 문제가 급증하면서 뉴스 미디어의 객관성과 공신력에 대한 공중의 신뢰는 2016년에 사상 최저 수준으로 급격히 떨어졌다. 주류 뉴스 미디어에 대한 공중의 신뢰 감소가 악화된 것은 다음과 같은 힘들이 합쳐졌기 때문이다: 업계 내의 기술이 주도하는 변화, 저널리즘의 경제 기반 약화, 때로는 모순적이고 적어도 가끔은 고의적으로 허위 정보나 오도하는 정보를 제공하는 주문형 이용자 생성 대안 뉴스원의 폭발적 증가, 그리고 많은 뉴스 회의론자들이 존재하는 공론장에 대한 뉴스 소비자들의 적극적인 참여. 신뢰 약화를 더욱 악화시키는 것은 불리한 미디어 보도를 가짜 뉴스로 분류하는 정치 지도자들의 근거 없는 주장이다.

가짜 뉴스는 전 세계 여러 지역에서 만연하며 흔히 선거 결과에 영향을 미치기 위해 만들어진다. 이탈리아에서는 온라인 가짜 뉴스 보도가 급증했으며, 이러한 가짜 뉴스 보도가 국가 선거에 미칠 수 있는 잠재적인 영향에 대해 많은 우려가 있었는데, 그 이유는 이탈리아 선거에 신나치주의(neo-Nazi) 시위와 함께 파시즘(fascism)이 등장했기 때문이다(Magrmarch, 2018). 이탈리아의 높은 부채, 경제 성장에 대한 우려, 높은 실업률, 정부의 부패 의혹과 연관된 문제는 많은 사람들 사이에 두려움과 증오를 불러일으키는 이민과 관련되어 있다.

진실에 대한 공중의 인식 형성에 영향을 미치는 저널리즘은 특히 중요한 사건을 목격할 때 과학적 연구, 인정받는 권위자, 심지어 비전문가와 같은 다른 정보원에 선행하며 때로는 그러한 정보원들을 보완하고 필터링한다.

21. 몰입형 보도 도구

저널리즘은 사실 수집을 개선하고 이를 몰입적이고 상호작용적이며 다감각적인 내러티브로 엮어내는 증가하는 일련의 보도 도구를 자유롭게 사용한다. 이러한 도구들 가운데는 360도 카메라와 마이크, 멀티스펙트럴(multispectral)[28] 센서가 장착된 드론, 빅 데이터로 알려진 방대한 정보 수집에 대한 알고리즘 지원 저널리즘 분석이 포함된다.

이러한 새로운 도구들은 기자가 사실을 더 공평하고 완전한 방식으로 취재할 수 있게 함으로써 저널리즘에서 편향의 영향을 없애고 최소화하는 데 도움을 줄 수 있다. 이러한 도구는 독립적이고 검증 가능하며 인증된 정보원(예, 시간, 날짜, 위치 및 제작자 스탬프로 암호화된 360도 비디오)으로 사용할 수 있다. 더욱이 이러한 도구를 사용하면 사실을 더 넓은 맥락에 놓고 볼 수 있게 하는 점점 더 상호작용적이고 몰입적이며 미묘한 차이가 있는 기사를 쉽게 만들 수 있다.

그와 같은 기사는 새로운 형태의 저널리즘 콘텐트에 해당한다. 과거에 수용자들은 단어, 사진, 또는 동영상과 소리로 표현되는 뉴스를 수동적으로 소비했다. 오늘날 수용자들은 증강 현실과 가상 현실 또는 360도 비디오와 같은 플랫

---

28 멀티스펙트럴 센서는 일반적으로 각 픽셀에 3~10개 내외의 밴드 측정값을 갖는데, 이런 센서의 대역 예로는 가시적인 녹색, 적색, 근적외선 등이 포함된다(역자 주).

폼을 통해 기사 경험에 적극적으로 관여하거나 참여하는 뉴스 이용자가 되고 있다. 이러한 경험적 저널리즘(experiential journalism)은 공중을 상호작용적이고 다관점적이며(mltiperspectival) 다감각적인 뉴스 담론에 몰입시킨다(Pavlik, 2019). 경험적 기사는 뉴스 이용자에게 기사 내 존재감을 생성하고 궁극적으로 진실에 대한 더 큰 감정이입(empathy)과 이해를 촉진할 수 있다.

22. 몰입형 저널리즘의 개척자

노니 드 라 페냐(Nonny de la Peña)는 몰입형 경험적 저널리즘의 선구자로 좋은 평가와 함께 수상 경력도 있다. 드 라 페냐는 로스앤젤레스에 본사가 있는 VR/AR 회사인 엠블러매틱 그룹(Emblematic Group)의 창립자이자 CEO이다. 그녀는 360도 비디오와 VR 저널리즘 기사 제작으로 특히 유명하다. 오큘러스 리프트(Oculus Rift)[29]를 만든 사람으로 유명한 파머 럭키(Palmer Luckey)는 VR의 대모라고 불리는 그녀의 학생 인턴이었다. 드 라 페냐는 VR을 감정이입 기계로 설명한다(de la Peña et al., 2010). 그녀는 VR 저널리즘이 이용자를 사건에 대한 새로운 종류의 목격자로 바꿀 수 있다고 말한다. 중요한 것은 이용자가 뉴스원 또는 기사 주인공의 가상 신발(virtual shoes)을 신고 다니면서 뉴스원의 관점에 대한 새로운 통찰력을 얻을 수 있다는 것이다. 그녀의 강력한 VR 기사들 가운데는 PBS의 <프런트라인>(Frontline)과 함께 제작한 <그린란드 멜팅>(Greenland Melting)이 있는데, 이것은 이용자를 그린란드의 녹는 빙하로 안내한다. 역시 PBS의 <프런트라인>과 함께 제작한 <애프터 솔리테리>(After Solitary)에서는 이용자가 메인(Maine)의 한 교도소 독방에 들어갈 수 있다. 그리고 「뉴욕 타임스」와 함께 제작한 <위 후 리메인>(We Who Remain)은 이용자를 수단(Sudan) 누바(Nuba)의 분쟁지역으로 안내한다. <애프터 솔리테리>는 2017년 몰입형 스토리텔링 부분 온라인 저널리즘 우수상(Online Journalism Award for Excellence in Immersive Storytelling)을 수상했다. 「가디언」도 이용자가 교도소 독방에 들어갈 수 있는 유사한 몰입감 있는 360도 체험형 영상 뉴스

---

[29] 오큘러스 VR 사에서 개발한 머리에 장착하는 가상 현실 디스플레이다(역자 주).

를 제작한 바 있다(*Guardian*, 2017).

　2018년 3월 21일 「뉴욕 타임스」가 보도한 상호작용적 보도는 경험적 보도의 현 상태를 잘 보여준다. '증강 현실: 3차원의 데이비드 보위'(Augmented Reality: David Bowie in Three Dimensions)는 공중에게 몰입감 있고 상호작용적이며 다감각적인 뉴스 경험을 제공한다. AR 보도를 통해 이용자는 「뉴욕 타임스」 모바일 앱을 작동시켜 "한 전설적인 가수의 획기적인 의상에 믿을 수 없을 정도로 가까이 다가갈 수 있다"(Ryzik et al., 2018). 이용자들은 휴대 기기를 통해 보위의 의상을 3D 형식으로 볼 수 있다. 이용자들은 마치 실제 존재하는 것처럼 가상의 물체를 둘러보고 세부 사항을 자세히 살펴보며 가상의 의상에 대한 기자와 뉴스원 댓글에 접근할 수 있다. 현 세대의 AR을 이용해 저널리스트는 이용자의 물리적 현실에 기반을 둔 3D 물체를 만들 수 있다.

　VR 저널리즘이 글로벌 저널리즘에서 상당한 관심을 끌긴 했지만, AR 저널리즘의 변화 잠재력과 범위가 훨씬 더 클 수도 있다. 360도 비디오와 VR에 접근할 수 있는 사람은 전 세계적으로 약 1억 명으로 추산되지만, AR 저널리즘에 접근할 수 있는 사람은 전 세계적으로 50억에 가깝다(Merel, 2017). AR 저널리즘은 인터넷에 연결된 스마트폰과 같은 모바일 장치만 있으면 된다. VR 저널리즘은 인터넷에 연결된 장치뿐만 아니라 오큘러스 리프트, HTC 바이브(HTC Vive),30 또는 구글 데이드림(Google Daydream)31과 같은 머리에 착용하는 기기(HMD: head-mounted device)와 같은 몰입형 플랫폼도 필요하다. HMD와 같은 착용형(wearable) 기기는 이용자에게 완전히 몰입적인 VR 경험을 제공하지만, 눈에 거슬리기 때문에 잠재적 채택이 제한될 수도 있다(Pavlik, 2014).

　그와 동시에 경험적 저널리즘을 가능하게 하는 도구는 프라이버시 위협, 사이버 보안 침해, 속이기 위해 가짜 뉴스를 만들어내는 명백한 현실을 포함하여

---

30 밸브 코퍼레이션(Valve Corporation)과 HTC의 협력으로 개발한 가상 현실 HMD 기기와, 이를 개발하는 회사의 명칭으로 스팀VR(SteamVR) 호환 HMD 기기이다. 2018년 1월 8일, 차세대 기기 HTC 바이브 프로(HTC Vive Pro)를 공개했다(역자 주).

31 구글이 구글 데이드림 뷰 VR 헤드셋 및 안드로이드 모바일 운영 체제의 8번째 주요 버전인 안드로이드 누가(Android Nougat)에 사용할 목적으로 개발한 가상 현실 플랫폼이다. 2016년 5월 구글 I/O 개발자 회의에서 발표되었으며, 최초의 VR 헤드셋은 2016년 11월 10일에 출시되었다(역자 주).

공중에게 심각한 위협을 가한다.

블록체인(Blockchain)[32] 사용을 포함한 보도의 암호화와 보안은 글로벌 저널리즘에서 점점 보편화되었다.

23. 결론적 성찰

데이터가 문자 그대로 수십억 개의 출처에서 전 세계로 지속적으로 흘러나오는 디지털 연결 시대에 저널리스트는 최고 수준의 윤리 기준을 준수하고 책임감 있게 뉴스를 보도해야 한다. 그렇게 함으로써, 용기 있는 기자는 독립적인 저널리즘에 대한 신뢰가 크게 약화된 공중을 다시 끌어들이기 위해 경험적 저널리즘과 다른 양질의 저널리즘 형식을 만들어낼 수 있다. 혁신적인 뉴스 미디어는 몰입감 있으면서 맥락화된 뉴스를 보도함으로써 언론의 자유와 공신력을 약화시키기 위해 더욱 애쓰는 선출직 공무원의 시도를 상쇄하는 데 도움을 줄 수 있다. 궁극적으로 이 새로운 저널리즘 형식은 저널리스트와 공중을 진실을 추구하는 협업적이고 용기 있는 과정으로 안내하는 데 도움을 줄 수 있다. 21세기에 민주주의가 생존할 수 있는 가능성은 디지털 시대의 이러한 강력하고 신뢰할 수 있는 글로벌 저널리즘에 달려 있다.

토론문제

1. 기술적 변화는 글로벌 저널리즘의 성격, 형태, 기능에 어떤 영향을 미쳤는가?
2. 시민 저널리즘의 부상은 글로벌 저널리즘의 관행에 어떤 의미가 있는가?
3. 증강 현실과 가상 현실이 글로벌 저널리즘의 관행에 어떤 역할을 할 것으로 생각하는가? 그리고 그렇게 생각하는 이유는 무엇인가?

---

32 분산 컴퓨팅 기술 기반의 데이터 위변조 방지 기술로, P2P 방식을 기반으로 하여 소규모 데이터들이 체인 형태로 무수히 연결되어 형성된 '블록'이라는 분산 데이터 저장 환경에 관리 대상 데이터를 저장함으로써 누구도 임의로 수정할 수 없고 누구나 변경의 결과를 열람할 수 있게끔 만드는 기술이다(역자 주).

4. 글로벌 저널리즘에서 온라인으로 가짜 뉴스가 확산되는 것에 대해 당신은 얼마나 우려하는가?
5. 글로벌 뉴스 배급을 통제하는 거대 기업의 부상에 대해 당신은 얼마나 염려하며 그 이유는 무엇인가?
6. 글로벌 디지털 저널리즘 시대에 개인 정보 보호에 대해 당신은 얼마나 염려하며 그 이유는 무엇인가?
7. 저널리즘이 전 세계의 민주주의 사회나 다른 사회에서 어떤 역할을 해야 한다고 생각하며 그 이유는 무엇인가?

참고문헌

Abu-Fadil, M. (2015, August 31). MOJO: The mobile journalism handbook. *Huffington Post*. Retrieved March 26, 2018, from https://www.huffingtonpost. com/magda-abufadil/mojo-the-mobile-journalis_b_8065778.html

Aleem, A. (2018, March 21). 101 Reporters connects journalists across India with media organizations. IJNET. Retrieved March 26, 2018, from http://ijnet. org/en/blog/101-reporters-connects-journalists-across-india-media-organizatio ns-need-their-stories

American Press Institute. (2017, May 2). The Media Insight Project. American Press Institute and the Associated Press-NORC Center for Public Affairs Research. https://www.americanpressinstitute.org/publications/reports/survey-research/p aying-for-news

Bensinger, K., and Elder, M. (2017, January 10). These reports allege Trump has deep ties to Russia. BuzzFeed. Retrieved March 26, 2018, from https://www. buzzfeed.com/kenbensinger/these-reports-allege-trump-has-deep-ties-to-russia?utm_term=.hs2XqV908o#.dc0Vp4qRkJ

Bowman, E., and Wu, L. (2018, February 3). In an era of fake news, advancing face-swap apps blur more lines. NPR. Retrieved from https://www.cnn.com/2016/06/30/health/americans-screen-time-nielsen/index.html

Bruns, A. (2005). *Gatewatching: Collaborative online news production.* New York: Peter Lang.

CBS Interactive. (2018, February 26). Weaponizing social media: The Rohingya crisis. CBS News. Retrieved March 26, 2018, from https://www.cbsnews.com/video/weaponizing-social-media-the-rohingya-crisis

Chin, J. (2018, April 10). New target for China's censors: Content driven by artificial intelligence. *Wall Street Journal.* Retrieved April 10, 2018, from https://www.wsj.com/articles/new-target-for-chinas-censors-content-driven-by-artificial-intelligence-1523446234

Chisholm, C., Southwood, D., & Ellerbeck, A. (2018, Winter). One dangerous year: Journalists under threat in 2017. *Columbia Journalism Review.* Retrieved March 26, 2018, from https://www.cjr.org/special_report/journalism-threat-world.php

Chow Chung-yan. (2016, April 21). Alibaba's Jack Ma reveals why he bought the *South China Morning Post* and what he wants to do with it. *South China Morning Post.* Retrieved March 26, 2018, from http://www.scmp.com/news/china/society/article/1937256/alibabas-jack-ma-reveals-why-he-bought-south-china-morning-post

Cox, J. (2016, December 12). Record 84000 journalists in the UK in 2016 according to Labour Force Survey (up 20000 in a year). *Press Gazette.* Retrieved March 26, 2018, from http://www.pressgazette.co.uk/record-84000-journalists-in-the-uk-in-2016-according-to-labour-force-survey-up-20000-in-a-year

Day, M. (2018, February 26). Slovak investigative journalist "murdered for his work." *Telegraph.* Retrieved March 26, 2018, from http://www.telegraph.co.uk/news/2018/02/26/slovak-investigative-journalist-murdered-work/

de la Pena, N., Weil, P., Llobera, J., Giannopoulos, E., Pomes, A., Spanlang, B., Friedman, D., Sanchez-Vives, M. V., & Slater, M. (2010). Immersive journalism: Immersive virtual reality for the first person experience of news. *Presence: Teleoperators and Virtual Environments, 19*(4), 291-301.

Doctor, K. (2012, March 8). The newsonomics of paywalls all over the world. Nieman Lab. Retrieved March 26, 2018, from http://www.niemanlab.org/2012/03/the-newsonomics-of-paywalls-all-over-the-world

Dutton, W. H. (2008, July 25). The fifth estate emerging through the network of networks. *Prometheus*, *27*(1), 1-15. Retrieved March 26, 2018, from https://papers.ssrn.com/sol3/papers.cfm?abstract_id=1167502

Estepa, J. (2018, January 16). Gallup/Knight survey: Americans believe media matters, but don't think it's doing its job. *USA Today*. Retrieved March 26, 2018 https://usat.ly/2FFabEf

Eveleth, R. (2016, January 11). Harnessing the power of video games for journalism. Neiman Reports. Retrieved March 26, 2018, http://niemanstoryboard. org/stories/harnessing-the-power-of-video-games-for-journalism

Finlay, A. (2018, March). State of the newsroom 2017: Fakers and makers. WITS. Retrieved March 26, 2018, from http://www.journalism.co.za/wp-content/ uploads/2018/03/WITS-STATE-OF-THE-NEWSROOM_March_2018.pdf

Goodman, R. S., & Steyn, E. (Eds.). (2017). *Global journalism education in the 21st century: Challenges and innovations.* Presented at the 18th International Symposium on Online Journalism (ISOJ), Knight Center. Retrieved March 26, 2018, from https://knightcenter.utexas.edu/books/GlobalJournalism.pdf

Google News Lab. (2016). *Medium*. Retrieved March 26, 2018, from https:// medium.com/@googlenewslab

Guardian. (2017). 6x9: A virtual experience of solitary confinement. Retrieved March 26, 2018, from https://www.theguardian.com/world/ng-interactive/ 2016/apr/27/6x9-a-virtual-experience-of-solitary-confinement

Hanitzsch, T. (2016). *Worlds of Journalism Study*. Retrieved March 26, 2018, from http://www.worldsofjournalism.org/country-reports

Hogg, T. (2018, January 14). Smart speaker market intensifies with 40 million Americans now owning one. Digital Trends. Retrieved from https://www.digitaltrends. com/home/smart-speaker-ownership-in-america

Hollerer, T., Feiner, S., & Pavlik, J. (1999, October 18-19). Situated documentaries: Embedding multimedia presentations in the real world. In *Proc. ISWC '99* (Third International Symposium on Wearable Computers), San Francisco, CA (pp. 79-86). Retrieved March 26, 2018, from https://pdfs.semanticscholar. org/5444/3021bdc5f11587ecf4406b53835e53a030c9.pdf

Horrocks, P. (2013, June 25). A quarter of a billion people tuning in. BBC. Retrieved March 26, 2018, from http://www.bbc.com/news/blogs-the-editors-23032145

Hrach, T. J. (2016). *The riot report and the news: How the Kerner Commission changed media coverage of black America.* Amherst: University of Massachusetts Press.

International Media and Newspapers. (2017, October 20). Top 200 news agencies worldwide. Retrieved March 26, 2018, from https://www.4imn.com/news-agencies

Johnson, A. (2018, January 9). Trump lawyer Michael Cohen sues BuzzFeed for publishing Steele dossier. NBC News. Retrieved from https://www.nbcnews.com/news/us-news/trump-lawyer-michael-cohen-sues-buzzfeed-publishing-steele-dossier-n836331

Kickstarter.com. (2018, March 27). Retrieved June 19, 2018, from http://www.kickstarter.com

Kleinsteuber, H. J., & Thomass, B. (2017, August 1). Media landscapes: Germany. Retrieved March 26, 2018, from http://ejc.net/media_landscapes/germany

Magrmarch, I. (2018, March 1). Italy braces for fake news as election approaches. *New York Times.* Retrieved March 26, 2018, from https://www.nytimes.com/2018/03/01/world/europe/fake-news-italy-election-europe.html

Mercier, A., Frost, L., & Hanitzsch, T. (2017). Journalists in France: Country report. Worlds of Journalism Study. Retrieved March 26, 2018, from https://epub.ub.uni-muenchen.de/32013/1/Arnaud_Mercier_Lydia_Frost_Thomas_Hanitzsch_Journalists_in_France.pdf

Merel, T. (2017, January 11). The reality VR/AR growth. TechCrunch. Retrieved March 26, 2018, from https://techcrunch.com/2017/01/11/the-reality-of-vrar-growth

Moreira, S. V. (2017, January 30). Country report: Brazil. Worlds of Journalism Study. Retrieved March 26, 2018, https://epub.ub.uni-muenchen.de/32084/1/Country_report_Brazil.pdf

Nielsen, R. K. (2017, May 30). Where do people get their news? The British media landscape in 5 charts. *Medium.* Retrieved from https://medium.com/oxford-university/where-do-people-get-their-news-8e850a0dea03

Noam, Eli M., & International Media Concentration Collaboration. (2016). *Who owns the world's media? Media concentration and ownership around the world.* New York: Oxford University Press.

Oi, S., & Sako, S. (2017, February 17). Country report: Japan. Worlds of Journalism Study. Retrieved March 26, 2018, https://epub.ub.uni-muenchen.de/36330/1/Country_report_Japan.pdf

Oremus, W. (2014, March 17). Quakebot. *Slate*. Retrieved August 9, 2017, from http://www.slate.com/blogs/future_tense/2014/03/17/quakebot_los_angeles_times_robot_journalist_writes_article_on_la_earthquake.html

Owens, S. (2017, October 2). The hyperlocal news network in New Jersey is thriving. Retrieved March 26, 2018, from https://blog.markgrowth.com/this-hyperlocal-news-network-in-new-jersey-is-thriving-89973648c2df

Pavlik, J. V. (2014, April 6). Ok glass: Implications of wearable computers for broadcasting and the media. Remarks as chair of BEA2014 Research Symposium, Digital Technology and the Future of Broadcasting, BEA2014 Annual Convention, Las Vegas, NV.

Pavlik, John V. (2019). "Experiential media and transforming storytelling: A theoretical analysis." *Journal of Creative Industries and Cultural Studies* 3 (March): 46-67.

Pavlik, J. V., & Pavlik, J. O. (2016). Understanding quality in digital storytelling: A theoretically based analysis of the interactive documentary. In M. Friedrichsen & Y. Kamalipour (Eds.), *Media business, innovation: Digital transformation in journalism and news media*. Berlin: Springer Science + Business Media.

Pecquerie, B. (2018, January 5). AI is the new horizon for news. *Medium*. Retrieved March 26, 2018, from https://medium.com/global-editors-network/ai-is-the-new-horizon-for-news-22b5abb752e6

Pew. (2017, August 7). State of the news media. Pew Research Center. Retrieved March 26, 2018, from http://www.pewresearch.org/topics/state-of-the-news-media

Pitt, F. (2015, September 17). Space, the final journalism frontier: How remote sensors and satellites are changing storytelling. *Slate*. Retrieved March 26, 2018, from http://www.slate.com/articles/technology/future_tense/2015/09/how_satellites_could_revolutionize_journalism_and_storytelling.html

Radcliffe, D. (2012, March 29). Here and now: UK hyperlocal media today. Nesta. Retrieved March 26, 2018, from https://www.nesta.org.uk/publications/here-and-now-uk-hyperlocal-media-today

Ryzik, M., DeSantis, A., Ganz, C., Michel, S., Roberts, G., & Ruben, J. (2018, March 21). Augmented reality: David Bowie in three dimensions. *New York Times*. Retrieved March 26, 2018, from https://nyti.ms/2u5Co5l

Salmon, F. (2018, March 16). Reuters just got $10 billion to build a sustainable news business. Recode. Retrieved March 26, 2018, from https://www. recode. net/2018/3/16/17126486/reuters-news-funding-10-billion-dollars-money

Sawers, P. (2017, June 13). 5 billion people now have a mobile phone connection, according to GSMA data. Venture Beat. Retrieved March 26, 2018, from https://venturebeat.com/2017/06/13/5-billion-people-now-have-a-mobile-phone-connection-according-to-gsma-data

Schmidt, C. (2018, January 10). China's news agency reinventing itself with AI. Nieman Lab. Retrieved March 26, 2018, from http://www.niemanlab.org/ 2018/01/chinas-news-agency-is-reinventing-itself-with-ai

Schneider, V. (2017, February 27). Space journalism: A new frontier for computer-assisted reporting. *Medium*. Retrieved March 26, 2018, from https://medium.com/google-earth/space-journalism-a-new-frontier-for-co mputer-assisted-reporting-5249fb3f46a8

Scott, C. (2018, March 20). How 45 journalists started again, and built a profitable news business from scratch. Journalism.co.uk. Retrieved March 26, 2018, https://www.journalism.co.uk/news/how-45-journalists-started-again-and-built-a-profitable-news-business-from-scratch-/s2/a719201

Sonnad, N. (2014, June 18). Now China can censor journalists before they even start reporting a story. *Quartz*. Retrieved March 26, 2018, from https://qz. com/223007/now-china-can-censor-the-press-without-it-even-publishing -anything

Steigrad, A. (2018, March 20). Google to spend $300M in war on fake news. *New York Post*. Retrieved March 26, 2018, from https://nypost.com/2018/03/20/ google-to-spend-300m-in-war-on-fake-news/?utm_campaign=iosapp&ut m_source=mail_app

Sterbenz, C. (2018, March 20). It just got easier to sue Donald Trump. Vice News. Retrieved March 26, 2018, from https://news.vice.com/en_us/article/ 8xkaa5/ it-just-got-easier-to-sue-donald-trump

Sweeney, M. (2017, July 25). Guardian Media Group cuts losses by more than a third. *Guardian*. Retrieved March 26, 2018, from https://www.theguardian. com/media/2017/jul/25/guardian-media-group-cuts-losses-by-more-than-a-third-to-45m

Troger, J., Klack, M., Patzold, A., Wendler, D., & Moller, C. (2018). Das sind Deutschlands lebt in einer Grosstadte. *Berliner Morgenpost* with Google News Lab. Retrieved March 26, 2018, from http://interaktiv.morgenpost.de/gruenste-staedte-deutschlands

Tzuo, T. (2017, March 4). Why newspaper subscriptions are on the rise. TechCrunch. Retrieved March 26, 2018, from https://techcrunch.com/ 2017/ 03/04/why-newspaper-subscriptions-are-on-the-rise

Ungerleider, N. (2013, July 31). How Vice hacked Google Glass to tell crisis stories. *Fast Company*. Retrieved March 26, 2018, from https://www.fastcompany. com/3015109/how-vice-hacked-google-glass-to-tell-crisis-stories

U.S. Bureau of Labor Statistics. (2018). Retrieved March 26, 2018, from https://www.bls.gov/oes/current/oes273022.htm

Vice News. (2017, June 8). "Pink slime" lawsuit worth $57 billion could change journalism. Retrieved March 26, 2018, from http://news.vice.com/article/ pink-slime-lawsuit-worth-57-billion-could-change-journalism

Willens, M. (2018, February 16). On the hunt for subscriber growth, US publications look abroad. Digiday. Retrieved March 26, 2018, from https://digiday.com/ media/hunt-subscriber-growth-u-s-publications-look-abroad

World Association of Newspapers. (2017). Retrieved March 26, 2018, from http://www.wan-press.org/article2825.html

World Bank. (2016). Google. Retrieved March 26, 2018, from https://www.google. com/search?rlz=1C5CHFA_enUS704US704&ei=5mSBXNDgMoGs_QaZwrqABw &q=how+big+is+china&oq=how+big+is+china&gs_l=psy-ab.3..0i67j0l 9.7315.7315..8489...0.0..0.109.109.0j1......0....1..gws-wiz.......0i71.O3xrmkVuFKk

World Press Trends. (2017). World press trends 2017: Facts and figures global newspaper industry revenues. Retrieved March 26, 2018, from http://www. wptdatabase.org/world-press-trends-2017-facts-and-figures

Yin, J. (2008). Beyond the four theories of the press: A new model for the Asian & the world press. *Journalism & Communication Monographs, 10*, 3-62.

Zhou, B., & Zhou, Y. (2016, October 18). Country report: China. Worlds of Journalism Study. Retrieved March 26, 2018, https://epub.ub.uni-muenchen.de/29702/1/Country_report_China.pdf

11장

글로벌 저널리즘과 선전

리처드 C. 빈센트(Richard C. Vincent)

선전(propaganda)은 의도적으로 선택된, 편파적이거나 심지어 조작된 허위 정보를 사용하여 개인과 공중 일반에게 직접적으로나 암암리에 영향을 미쳐 변화시키려는 설득적인 커뮤니케이션 과정을 수반한다. 선전의 목적은 여론을 형성하기 위한 노력의 일환으로 현재의 태도를 강화하거나 생각을 바꾸는 것이다.

선전은 선과 악을 다루는 것도 아니고 옳고 그름을 다루는 것도 아니다. 선전은 단순히 커뮤니케이션 도구이다. 도덕성은 이용자에게 달려 있다.

선전은 우리가 글로벌 커뮤니케이션과 연관 짓는 가장 오래된 용어 가운데 하나이다. 선전은 수세기 동안 사용되어 왔으며 국내외 커뮤니케이션 모두에 영향을 미친다. 커뮤니케이션 기술과 소셜 미디어의 발전으로 인해 현대에는 선전이 점점 더 중요해지고 심지어 위험하게 여겨지고 있다.

오늘날 많은 사람은 선전의 본질과 선전이 제시되는 많은 방식에 대해 제한적으로 이해하고 있다. 사회의 일원으로서 우리는 아마도 무자비한 역사적 독재자 가운데 한 사람이 수행한 선전에 대해 훨씬 더 잘 인식하고 있을 것이다. 아돌프 히틀러(Adolf Hitler)와 1930년대와 1940년대에 그의 잔인한 나치 독일 통치는 우리 머릿속에 떠오르는 현대의 사례 가운데 하나이다.

선전에 대한 이해와 관련하여 첫 번째로 저지르는 실수는 선전이 권위주의와 전체주의 체제에서만 발생하는 것이라고 가정하는 것이다. 선전을 알아보고 이해하며 선전에 대응하는 방법에 대한 우리의 교육은 부적절했으며 우리가 정보나 지식을 가지고 상호작용적인 공공 담론에 참여할 수 있도록 우리를 준비시키는 데 최선을 다하지 못했다. 정부, 산업, 민간 이익 단체는 수용자 도달 범위를 극대화하고 그들의 메시지 흐름을 효과적으로 통제하기 위해 수백만 달러, 심지어 수십억 달러나 유로를 지출한다. 그러나 민주사회의 일원으로서 우리는 선전의 진정한 힘에 다소 무지한 경향이 있다.

선전은 우리 모두에게 영향을 미치며 전 세계에서 발견된다. 선전이 편향된 정보라고 부정확하게 정의될 수도 있기 때문에, 선전은 여론의 장이 펼쳐지는 곳이면 어디에서나 발견될 가능성이 있다.

모든 설득이 선전은 아니지만, 최근에는 분명히 둘 사이의 경계가 흐려졌다. 둘 간의 차이는 흔히 미세한 차이이며, 그러한 차이의 존재는 사람들의 동기나 정치적 견해에 따라 인정되거나 거부될 수도 있다. 특정 정보와 광고 캠페인이 선전인지 아닌지에 대한 질문은 제쳐두고, 잠재적인 선전 메시지가 발생할 경우 그것을 인식하고 그것에 대응할 수 있는 능력을 키울 수 있도록 돕는 것이 이 장의 목적이다.

추가로 고려할 사항은 선전은 그것이 작동할 커뮤니케이션 시스템을 필요로 한다는 것과 매스 미디어 그리고 위성, 비디오 게임, 모바일 폰/휴대폰, 이메일, 웹사이트와 블로그, 인터넷 카페, 페이스북, 트위터 및 기타 소셜 미디어처럼 새로운 향상된 기술에 의해 가능해진 채널과 같은 더 정교한 커뮤니케이션 시스템을 도입할 때, 선전의 힘과 효과는 기하급수적으로 증가할 수 있다는 것이다. 실제로 선전이 최근 국면에 진입한 것은 새로운 커뮤니케이션 및 정보 기술 때문이다. 비교적 최근에 인터넷, 컴퓨터 및 디지털 미디어 사용으로 인해 러시아 정보국과 어쩌면 다른 국민 국가의 손아귀에 놀아나 지역 및 전국 선거에 영향을 미친 것으로 알려진 해커들이 증가했다.

하지만 선전이 부패한 통치자에게서만 비롯되는 것은 아니다. 선전은 또한 우리 자신의 국가 내의 개인, 우리 자신의 정치와 비즈니스 시스템, 그리고 다른 일상적인 기관에서 비롯되기도 한다.

선전은 여론을 형성하거나 바꾸기 위해 알려져 있는 설득적이거나 조작적인 기법을 통해 커뮤니케이션 채널을 사용하는 것과 관련이 있다.

전통적으로 선전이라 칭해지는 활동들이 오늘날은 더 나아가 조직의 스핀 닥터(spin doctor)[1]에 의한 PR, 이미지 컨설팅, 뉴스, 정보 공유라 불릴 수도 있다. 심지어 광고도 속성상 선전적이라고 볼 수도 있다. 간단히 말해, 선전의 목적은 의도적으로 선택적이고 편향된 정보를 사용하여 설득하고 바꾸는 것이다. 선전을 사용한 예는 다음과 같이 아주 광범위하다: 나폴레옹(Napoleon)이 신문, 그림, 심지어 19세기 초의 도자기 세트에 그려진 그의 이미지를 사용한 것; 독일과의 광범위한 사업 보유로 인해 미국 제2차 세계대전에 참전하지 않도록 설득하기 위한 노력; 냉전 기간에 CIA와 KGB가 국제적인 신문에 게재한 허위 뉴스 기사; 군사 분쟁 중 적진에 전단지를 떨어뜨리는 행위; 아파르트헤이트(apartheid)[2] 기간 미국과 남아공 간의 불편한 관계를 완화하기 위해 한 프로 골프 선수를 활용한 것; 페르시아 걸프 전쟁 동안 미국 여론이 쿠웨이트에 호의적으로 흐르게끔 돕기 위해 PR 회사를 고용한 것; 최근 미국에서 설득력 있는 캠페인을 만들어 전파하는 데 공적 자금이 사용되었다는 사실을 공개하지 않은 채, 몇몇 대통령 이니셔티브를 촉진하기 위해 유명한 뉴스 해설가들을 고용한 것; 훨씬 더 최근에는 전국 선거에 영향을 줄 목적으로 소셜 미디어에 허위 이야기를 올린 사례.

테일러(Taylor, 2003)에 따르면, 선전은 단순히 어떤 특정 목적을 위해 다른 사람에게 아이디어나 의견을 전달하는 과정으로, 연설, 설교, 노래, 예술, 라디오 전파(電波), 텔레비전 영상, 한 사람 혹은 수백만 명의 사람을 통해 이루어진다. 선전은 처음부터 선전 원천(source)의 이익을 위해 설계된다.

우리는 이 목록에 뉴스 보도, 정부 보고서, 광고, 만화, 영화, 소셜 미디어 같은 다른 커뮤니케이션 채널도 추가한다. 즉, 선전은 오늘날 우리가 알고 있는 거의 모든 커뮤니케이션 과정에서 발견될 수 있다. 선전은 단 한 차례의 전략적 전송으로 이루어질 수도 있고 복잡하게 기획된 캠페인을 통해 이루어질 수도 있다.

---

1 볼에 스핀(회전)을 먹여 휘게 하는 솜씨가 탁월한 홍보 전문가를 말한다. 특히 정치판에서 언론을 상대로 사실을 적당히 자기편에 유리하게 홍보하는 전문가를 말한다(역자 주).
2 예전 남아프리카공화국의 인종차별정책(역자 주).

선전은 사람들에게 영향을 미치기 위해 다소 교묘한 논리 조작 또는 오류를 활용한다. 거기에는 협박이 포함되며 흔히 반복을 사용한다.

국제 커뮤니케이션 분야에서 선전은 세 가지 방식으로 사용된다. 첫째, 정부 지도자는 국가와 국민에게 영향을 미치는 국제 문제에 대한 여론을 형성하려는 의도로 흔히 선전 기법을 사용한다. 두 번째로 선전은 해외 문제에 영향을 미치려는 시도에 사용되는데, 일반적으로 국가의 공적 행위 또는 정책을 강화하거나, 어쩌면 전 세계의 다른 곳에 있는 사람들 사이에 국가, 국가의 시민, 국가의 평판에 대한 인식을 바꾸거나 강화하는 데 사용된다. 마지막으로, 비정부 기관이 여론을 동요시키거나 공공 정책 형성에 영향을 미치기 위해 글로벌 커뮤니케이션 채널에 접근하려 시도할 수도 있다.

때로 선전은 다소 기만적이다. 선전이라는 단어를 들을 때, 우리는 공중을 조종하거나 세뇌하기 위해 명백한 거짓말과 협박을 조직적으로 퍼뜨리는 지배적이고 사악한 세계 지도자를 생각할 가능성이 높다. 스탈린, 무솔리니, 히틀러의 통치하에서나 가능했던 공포가 금방 떠오른다. 그러나 우리의 국가와 국가 지도자 그리고 기관이 정보 캠페인을 관리할 때 똑같이 교활하고 계획적이라고 생각하는 경우는 거의 없을 것이다. 그러나 모든 국가는 국제 및 국내 수준에서 선전 캠페인을 수행한다. 우리 모두가 영향을 받으며, 선전은 우리가 인식할 수 있는 것보다 훨씬 더 많이 이루어진다. 공공 정책을 지원하거나, 애국심을 키우거나, 그저 특정 활동, 상황, 또는 제품에 우리가 참여하거나 소비하거나 수용할 경우 그것들은 우리에게 최고의 이익을 제공할 것이라는 점을 우리에게 확신시키기 위해 매우 설득력 있는 메시지가 고안된다.

실제로 선전은 서구 문명과 기타 문명들마다 서로 다른 의미를 가지고 있다. 선전이라는 용어는 서양에서는 부정적인 의미를 갖지만, 예를 들어 중국에서는 선전(宣传)이라는 단어가 단순히 정보를 전파하거나 방송하는 것을 의미하면서 부정확하게 사용되는 것을 볼 수 있다.

선전은 오랫동안 실행되어 왔지만, 매스 미디어의 출현과 다양한 새로운 커뮤니케이션 기술의 지속적인 출현으로 훨씬 더 강력하고 정교해졌다. 지난 100여 년 동안의 미디어는 선전의 기획(orchestration)과 전파를 위한 효과적인 도구임이 입증되었다. 더욱이 경제가 더 발전한 국가에서 선전이 더 많이 발생했지만, 전반적으로 새로운 커뮤니케이션 기술의 도입과 사용은 선전 도구가 전면적으로 사용되고 있음을 의미한다. 이것은 아마도 국제 테러 조직과 불량 국가의 최근 선전 활동에서 가장 분명하게 드러날 것이다.

선전을 분류하는 한 가지 기본적인 방법은 다양한 상황에서 그것의 정확도와 원천을 고려하는 것이다. 삼분법이 특히 군사적 상황에서 사용되지만 더 광범위하게도 사용된다. 세 가지 명칭은 **백색** 선전, **흑색** 선전, 그리고 **회색** 선전이다.

백색 선전(white propaganda)은 공개적으로 식별할 수 있는 원천에서 비롯되며, 메시지는 높은 수준의 공신력을 가진 것으로 보인다. 덜 침해적인(invasive) 방법이 사용된다. 흑색 선전(black propaganda)은 모호한 원천을 사용하는데, 왜냐하면 사실은 그것이 실제로 숨겨진 다른 원천에서 비롯된 것처럼 보이기 때문이다. 흑색 선전은 또한 의도적인 거짓말을 사용한다. 회색 선전(gray propaganda)에는 식별 가능한 원천이 없다. 따라서 정보의 정확성은 확인할 수 없다.

백색 선전은 공인된 정부 프로그램에서 볼 수 있는데, 따라서 백색 선전은 그 원천이 공개적으로 인정된다. VOA는 멀티미디어를 통해 44개 언어로 뉴스를 방송하며 미국 정부가 운영하고 있다. 유럽과 북아프리카를 대상으로 1942년에 시작되었고, 1947년에는 소련이 대상 지역에 추가되었으며, 냉전 기간에는 중국(PRC), 쿠바 및 기타 국가로 확대되었다. VOA의 목적은 미국에 대한 호의적인 이미지를 보여주고 공중의 태도를 바꿈으로써 적(敵)의 힘을 약화시키는 것이다. VOA 운영은 공공 외교의 한 형태로 간주되는데, 공공 외교에 대한 정의는 뒤에서 하기로 한다. BBC 또한 제2차 세계대전 동안 백색 선전을 사용했다.

흑색 선전은 적 정부를 지지하는 자들을 혼란스럽게 하는 데 사용된다. 제2차 세계대전 동안 도쿄 로즈(Tokyo Rose)[3]의 라디오 방송은 이 라디오 방송의 대상인 연합군에게 널리 알려져 있었다. 라디오 도쿄(Radio Tokyo)가 관리하는 약 20명의 여성 아나운서들은 음악을 방송했고 전투 중인 남성을 유혹하기 위한 목소리로 전쟁 뉴스를 진행했다. 부대원들은 공통적으로 모든 여성 아나운

---

3 태평양 전쟁 당시 일본 제국의 라디오 선전방송인 라디오 도쿄를 진행하던 여성 아나운서들을 이르는 말이다(역자 주).

서를 "도쿄 로즈"(Tokyo Rose)라고 불렀다. 일본군은 또한 성병에 걸릴 가능성이 높기 때문에 "믿지 못할 기질을 가진 필리핀 여성"과의 성적 접촉을 피하라고 미군들에게 경고하는 내용의 미군 당국이 보낸 것으로 알려진 통지문을 유포했다(Linebarger, 1948/1954, p. 123). 일본군은 필리핀 사람들이 격분해서 미군들에게 등을 돌리기를 바랐다. 독일군은 연합군의 사기를 떨어뜨리기 위해 두 차례의 세계대전 동안 유사한 작전을 세웠다. 제1차 세계대전 때는 영국군이 프랑스 군인의 아내들과 성적 밀회를 가지고 있음을 시사하는 내용의 선전을 했다. 제2차 세계대전 때는 실제 방송을 하고 있는 독일 북서부의 브레멘(Bremen)이 아닌 미국 중서부에서 방송을 하고 있음을 시사하면서 북미 청취자들에게 라디오 방송을 내보냈다.

회색 선전은 비밀리에 사용되며, 일이 끝난 후에도 반복해서 공모를 부인함으로써 정부가 실제로 개입했다는 사실은 불확실한 상태로 남아 있을 수도 있다. 우리는 은밀한 CIA 작전에서 이러한 형태의 선전 사례를 자주 본다. 그러한 예 가운데 하나가 칠레에 있는 수십 년 된 CIA의 존재이다. 1970년 대선 후 민주적으로 선출된 살바도르 아옌데(Salvador Allende) 박사(사회주의자이자 공산주의자)가 취임하는 것을 막기 위한 노력에 IT & T(International Telephone & Telegraph Company)가 직접적으로 개입한 것이 이제서야 밝혀지고 있다. 우리는 1973년 군사 쿠데타 배후에 CIA가 있었다는 것과 칠레 독재자 아우구스토 피노체트(Augusto Pinochet)와 CIA의 관계 그리고 그의 많은 인권 침해 행위에 CIA가 공모했다는 것에 대해 얼마 전에 알았다(Bird, 2002; Karon, 2005). 그 밖에 냉전 기간에 소련은 인종차별주의자들이 주도한 아프리카계 미국인 공격을 포함하여 미국의 편견에 대한 뉴스를 자주 사용한 것으로 알려져 있다. 이것은 미국의 평판을 떨어뜨리기 위한 회색 선전 노력이었고 다소 효과가 있었다.

FBI 본부로부터의 정보의 자유(FOI: Freedom of Information)[4] 요청 덕분에 원래 소련의 회색 선전물로 여겨지는 것 가운데 가장 흥미로운 사례가 세상에 알려지게 되었다. 프랑크 캐프라(Frank Capra)가 감독한 미국 영화 《멋진 인

---

4 정보의 자유(FOI) 또는 정보에 대한 권리(the right to information)는 공공 기관이 보유한 정보에 접근할 수 있는 권리로 정의할 수 있다. 이는 1946년에 채택된 UN 총회 결의 59호와 세계인권 선언(1948) 제19조에 의해 인정된 표현의 기본권의 필수적인 부분이다(역자 주).

생》(*It's a Wonderful Life*)은 제작 당시 FBI의 조사를 받은 것으로 보인다. 오늘날 미국인과 해외 영화 관객들은 이 영화를 가족, 친구, 공덕(功德)이 단순히 물질적으로 얻은 것을 모아놓은 것이 아니라 개인적인 부의 진정한 징표라는 교훈을 전달하는 기분 좋은 고전 영화로 알고 있다. 이 영화는 크리스마스 연휴에 보기 좋은 영화가 되기도 했다. 그러나 1947년 겉으로 악의가 없어 보이는 이 영화는 "은행가들의 평판을 떨어뜨리려는 꽤 명백한 시도였고 의도적으로 상류층을 비방하면서" 부와 자유 시장 체제를 공격하는 동시에 전반적으로 미국의 가치를 훼손하려 했다는 이유로 철저한 조사를 받았다(Anonymous, 1947).

1. 선전의 기원

선전이라는 용어의 기원은 17세기로 거슬러 올라간다. 그 당시 많은 사람들이 교회를 떠나고 있었다. 1622년, 교황 그레고리 15세(Pope Gregory XV)는 추기경 그룹의 모든 해외 가톨릭 교회 선교 활동[포교성(Congregatio de Propaganda Fide), 믿음의 전파회(Society for the Propagation of Faith), 예수회(the Jesuits)]을 통제했다. 통제의 이유는 가톨릭 교회의 해외 선교 활동과 교리에 대한 통합된 노력을 제공하기 위함이었고, 그것의 결과는 신앙의 전파였다. 그 기간을 더 잘 이해하기 위해서는 지구가 태양을 중심으로 공전한다는 지동설(地動說) 때문에 갈릴레오가 이단으로 유죄 판결을 받은 것이 이 시기였다는 것을 상기할 필요가 있다. 게다가 우주론자이자 이탈리아의 도미니크(Dominic) 수도회 수사인 지오다노 브루노(Giordano Bruno)는 별은 자체 행성을 가진 먼 태양이고 일부는 태양계에서 심지어 생명을 키울 수도 있다는 견해를 내세웠다는 이유로 로마 종교 재판에서 이단 혐의로 재판에 회부되어 처형당했다. 가톨릭 교회는 새로운 종교 개혁 시대에 비추어 교회의 가르침과 신념을 표준화하려고 노력했다. 선전이라는 용어가 외교 문제를 약화시키거나 영향을 주려는 비밀 조직을 비난하는 데 사용된 것은 한 세기가 채 걸리지 않았다. 하지만 그것이 커뮤니케이션 미디어 자체를 지칭하는 데 사용된 것은 20세기가 되어서였다.

선전은 어느 정도의 진실을 공유할지에 대한 결정을 수반한다는 점에서 부정적으로 여겨진다. 선전을 영원히 지속하는 자들은 목적이 수단을 정당화한다고 믿지만, 누군가가 다른 사람에 대해 의도적인 결정을 내린다는 단순한 사실은 선전의 민감하고도 잠재적으로 의심스러운 본질을 강조한다. 결국 주어진 선전 캠페인을 수용할 수 있는 것으로 생각하는지 여부는 개인의 정치적·사회적·경제적 신념에 좌우될 수도 있다.

다른 국가와 비교할 때 미국에서는 선전이 꽤 늦게 시작되었다. 선전은 통치자들이 끝없을 것처럼 보이는 전쟁에 관여하고 있던 유럽에서 비롯되었다는 것이 지배적인 생각이다. 선전은 제1차 세계대전에서 전투에 필요한 대규모 군대를 모집하는 데 사용되었다. 미국 정부 관리들도 어떤 미친 유럽 지도자가 자신의 속임수를 미국인에게 사용할 경우 미치게 될 잠재적인 영향에 대해 우려했다. 새롭게 발견된 영화와 라디오의 힘은 미국이 이 새로운 말의 전쟁에 더 많이 관여했어야 한다고 생각하게 만들었다.

제1차 세계대전 이후, 월터 리프먼(Walter Lippmann)과 해롤드 라스웰(Harold Lasswell) 같은 커뮤니케이션 연구자들은 선전 기법에 대한 연구를 처음으로 시작했다. 그들은 민주사회에서 개인을 관리하기 위해 조작이 필요하다고 제안했다. 리프먼(1922)은 지도자는 동의(同意) 생성에 대한 지식을 반드시 터득해서 모든 정치적 계산을 바꾸고 모든 정치적 설득 사례를 수정할 수 있어야 한다고 주장했다. 라스웰은 더 나아가 『세계대전의 선전 기법』(*Propaganda Technique in the World War*, 1927/1938)에서 그와 같은 조작이 정확히 어떻게 수행될 수 있는지 자세히 설명하고 정의(正義)와 다수결 원칙에 대한 요구를 지원하기 위해 여론 통제가 필수적이라고 언급했다. 그는 기본적으로 전쟁 중 선전의 사용에 대해 논의하고 있었다. 나중에(1941년), 그는 이러한 생각 가운데 일부를 명확히 했다. 라스웰은 "미국의 적들은 미국의 의견을 탈취하기 위해 전쟁을 벌일 것이며, 우리는 이 캠페인이 정면 공격 이외의 다른 조치로 진행될 것이라고 틀림없이 예측할 수 있다"라고 요약했다(p. 175). 따라서 그는 민주사회를 지지하는 여론을 형성하기 위해 선전의 사용을 합리화했다.

2. 정의 찾기

모든 사람이 만족할 수 있는 선전에 대한 정의(定義)를 내리기는 쉽지 않다. 어떤 사람들은 선전이 특정 개인이나 집단을 반드시 포함해야 한다고 주장한다. 또 어떤 사람들은 비밀스럽거나 사악하거나 기만적인 활동을 반드시 포함해야 한다고 주장한다. 듀브(Doob, 1948)는 "선전은 특정 시기에 사회에서 비과학적이거나 의심스러운 가치로 여겨지는 목적을 위해 개인의 성격에 영향을 미치고 행동을 통제하려는 시도라고 할 수 있다"라고 결론 내렸다(p. 390). 반면에 리네바거(Linebarger, 1948, 1954)는 "선전은 그 목적이 군사적이건 경제적이건 정치적이건 특정 목적을 위해 주어진 집단의 정신과 정서에 영향을 미치기 위해 설계된 모든 형태의 공중 혹은 대량 생산된(mass-produced) 커뮤니케이션의 계획된 사용으로 구성된다"라고 단정했다(p. 39).

앞에서 언급했듯이, 여론 이론가인 해롤드 라스웰(1941, p. 16)은 여론 통제가 "정의와 다수결 원칙"의 본질을 뒷받침하는 데 필수적이라고 주장했다. 리프먼(1927)은 "우리 각자가 갈피를 못 잡는 무리의 유린과 포효에서 벗어나 살기 위해서 … 공중은 반드시 제 분수를 알게 해야 한다. 내부자(insider)가 본질적으로 더 나은 사람이기 때문이 아니라 이해할 수 있고 행동할 수 있는 위치에 있기 때문에 내부자만이 결정을 내릴 수 있다. 외부자는 불가피하게 잘 모르고, 대개 관련성이 없으며, 흔히 간섭하길 좋아한다"(p. 47).

다른 정치적 신조를 가지고 있거나 다른 시대에 사는 사람은 선전 메시지에 함축되어 있는 내재된 위험을 지적하면서 당연히 정반대의 결론을 내릴지도 모른다. 결과적으로 선전은 모든 사람이 항상 즉각적으로 유해함을 인식하지는 못하는 공공 담론을 유도하거나 강압하는 현상이다. 선전은 영화, 만화, 전단지, 방송, 또는 인터넷을 통해 전파될 수도 있을 것이다. 선전은 전국 미디어의 일상적인 사건 보도, 보수적 토크 라디오(talk radio) 진행자, 아주 흔한 방송과 인쇄 미디어 광고, 급진적 증오 단체 간행물에서 발견된다.

선전에 대한 우리의 정의는 이 장의 시작 부분에서 언급되었지만, 더 광범위한 논의가 이루어지는 여기서 다시 반복해서 정의한다: "선전은 여론을 형성하거나 바꾸기 위해 알려져 있는 설득적이거나 조작적인 기법을 통해 커뮤니케이선 채널을 사용하는 것과 관련이 있다."

3. 선전과 공중 관계

오늘날 미국에서 선전이라는 용어는 꽤 평이 나빠졌다. 많은 사람이 선전 대신 공중 관계(PR: public relations), 홍보(publicity), 촉진(promotion), 마케팅(marketing), 공공 문제(public affairs),[5] 광고 같은 용어를 사용하는 것을 선호한다. 이것들은 흔히 현시대의 동의어에 지나지 않는다. 선전을 더 마음에 들고 수용 가능한 것으로 틀 지으려는 경향으로 인해 선전 캠페인이 정확히 무엇인지를 둘러싸고 많은 혼란이 발생했다. 또한 이 용어의 지속적인 사용과 오용으로 인해 여러 영역에서 혼란이 더해졌다.

독일 철학자 게오르크 헤겔(Georg Hegel)은 민주사회조차도 숨겨진 설득자와 조작자를 통해 통제될 수도 있음을 최초로 증명한 사람 가운데 하나이다. 『법철학』(The Philosophy of Right, 1821/1991)에서 그는 상업적 이해관계에 의한 영향이 공중 조작의 한 형태라고 언급했다.

제1차 세계대전 동안 오락산업 홍보 담당자인 에드워드 L. 버네이스(Edward L. Bernays)는 미국 공보위원회(CPI: Committee on Public Information)[6]를 위해 선전 팸플릿을 만들었다. 버네이스는 자신의 1928년 저서인 『선전』(Propaganda)에서 선전이 민주 정부에 유용한 도구라고 주장했다.

버네이스는 PR의 아버지로 인정받고 있다. 이전 저서인 『여론 정제』(Crystallizing Public Opinion, 1923)에서 그는 PR의 철학적 토대를 제시했다. "우리가 집단 정신의 기제와 동기를 이해한다면, 우리의 의지에 따라 대중이 알아차리지 못하게 그들을 통제하고 관리하는 것이 이제 가능하다"(Ewen, 1976, p. 83에서 재인용). 오늘날 PR은 매년 수조 달러 이상의 사업을 수행하는

---

5 주요 이해관계자들(정치권, NGO, 전문가, 언론, 주주, 업계 등)이 이슈에 대한 올바른 인지를 토대로 여론을 개선해 비즈니스를 둘러싼 공공 환경을 우호적으로 개선하는 활동을 뜻한다(역자 주).

6 미국 윌슨(Wilson) 대통령은 제1차 세계대전 참전을 결정하고 2주일도 채 지나지 않은 1917년 4월 13일 국민들의 전쟁 열기를 북돋우고 반전평화세력을 억누르기 위해 선전기관으로 공보위원회를 설립했다(역자 주).

거대한 산업이며, 미국인이 보고 읽는 모든 것의 최소 40%에 영향을 미치는 것으로 추정된다. 버네이스의 가장 큰 업적은 그가 '자유의 횃불'이라고 판촉한 제품인 럭키 스트라이크(Lucky Strike) 담배를 미국 여성들이 피우면서 스스로를 '해방시킬' 수 있다고 그들을 설득한 캠페인이라고 한다. 몇 년 후 담배 브랜드 버지니아 슬림스(Virginia Slims)는 그들의 광고에서 비슷한 여성의 독립 주제를 사용했다.

그러나 존 듀이(John Dewey, 1928)는 「더 뉴 리퍼블릭」(*The New Republic*)에 쓴 글에서 선전이 뉴스로 위장될 수 있다는 근본적인 가정에 의문을 제기했다. 그것은 그에게 도덕적인 문제였다. "한때 전쟁에 의해 생성된 남자들의 신념의 근원에 대한 가부장적인 관심이 평화를 깨뜨리는 문제로 이어진다"(pp. 9~10). 듀이는 러시아 혁명 이후 러시아에서 발견된 뉴스 보도에서 동일한 유형의 정보 조작이 명백히 드러났다고 특별히 강력하게 주장했다. 그 당시의 다른 사람들도 비슷한 정서를 드러냈다.

흥미롭게도 2005년 초 조지 W. 부시(George W. Bush) 미국 대통령은 백악관이 행정 의제에 대한 지지를 촉진하기 위해 PR 회사를 과도하게 이용했다는 이유로 비난을 받았다. 미국 행정부는 2004 회계연도에만 최소 8,800만 달러를 지출한 것으로 알려졌다. 2005년 초, 「USA 투데이」(*USA Today*)는 미국 교육부가 보수적인 해설자 암스트롱 윌리엄스(Armstrong Williams)에게 대통령의 '아동 낙오 방지'(No Child Left Behind)[7] 교육 캠페인을 촉진하기 위해 돈을 지불했다는 기사를 보도했다. 얼마 지나지 않아 「워싱턴 포스트」는 신디케이트(syndicate)[8] 소속 칼럼니스트 매기 갤러거(Maggie Gallagher)가 백악관 결혼 이니셔티브를 옹호하는 작업을 수행했다고 보도했다(Kurtz, 2005).[9] 이번 경우에서 백악관은 복지 기금을 혼전 상담과 성적 금욕 교육 기금으로 전용하려고 했

---

7 아동 낙오 방지법(NCLB)은 미국의 법률로서, 일반 교육과정에서 낙오하는 학생이 없도록 미국의 각 주가 성취도 평가의 기준을 정하고, 이를 충족하지 못한 학교, 교사, 학생은 제재를 받도록 하는 법이다(역자 주).

8 신디케이트란 신문사나 만화, 퍼즐, 칼럼 등을 도매 배급하거나 방송국에 초방 혹은 재방 프로그램을 도매 배급하는 서비스를 말한다(역자 주).

9 갤러거는 2002년과 2003년 조지 부시 행정부가 대통령의 건강한 결혼 이니셔티브를 홍보하는데 도움을 준 것에 대해 보건부로부터 수만 달러를 받은 것으로 알려졌다(역자 주).

다. 더 최근에는 미국 국방부(Defense Department)가 거의 3,000건의 PR 계약을 체결했다고 인정했다(Eggerton, 2005). 법률을 위반하지는 않았지만 이러한 사건들은 세금 지출이 얼마나 적절한지 그리고 그러한 노골적인 선전 기법 사용이 이 단계에서 적절한지에 대한 논쟁을 불러일으켰다. 실제로 추정에 따르면, PR 직원의 활동이 매우 만연해 있으며 사실상 우리 '뉴스'의 30~40%를 차지할 수도 있다고 한다.

물론 이러한 문제는 백악관 내부 문제와 관련이 있다. 그럼에도 미국 국내 여론 형성이 그와 같이 광범위하게 관리되어왔다는 것은 선전과 PR의 차이가 얼마나 미묘한지를 우리에게 일깨워준다. 다음으로 우리는 미국이 더 긍정적인 관점에서 선전 개념을 재구성함으로써 특정 국제 관계 활동을 조작하려는 노력을 어떻게 재구성했는지 살펴볼 것이다.

4. 공공 외교

오늘날 의문을 불러일으키는 정부 커뮤니케이션 캠페인의 한 영역은 **공공 외교**(public diplomacy)라고 불리는 영역이다. 이 용어는 선전과 밀접한 관련이 있으며 일부 사람들에게 더 수용 가능한 대안으로 나왔다. 본질적으로 공공 외교는 이른바 **진실한 선전**(truthful propaganda)을 의미한다. 여기서 핵심은 커뮤니케이터의 의도이다. 따라서 공공 외교는 PR과 다름이 없다.

이 용어 자체는 1960년대에 처음 등장했으며 당시 터프츠 대학교(Tufts University) 플레쳐 법외교학 대학원(Fletcher School of Law and Diplomacy) 원장인 에드워드 A. 걸리언(Edward A. Gullion)이 에드워드 R. 머로우 공공외교센터(Edward R. Murrow Centre for Public Diplomacy)를 설립할 때 처음 사용했다(Oviamionayi Iyamu, 2004; Fisher, 1972). 걸리언이 제시한 공공 외교 개념은 광범위한 공중 참여를 포함해 국제 관계의 심리적 혹은 인간적 측면을 포함했으며(Fisher, 1972), 그것을 더 바람직하고 기능적인 형태의 선전에 비유했다(Brown, 2008; Gudykunst & Kim, 1984; Pamment, 2012).

선전이라는 용어는 옹호되는 문제나 입장의 진실성을 다루지 않지만, **공공 외교**는 적어도 원칙적으로는 다룬다. 선전이라는 용어가 최근 몇 년 동안 부정적 함의를 담고 있는 것으로 사용되는 경우가 많아졌기 때문에, 선전 대신 **공공 정책**이라는 용어를 받아들이려는 움직임을 가속화되었다. 실제로 1948년 미국 공중이 워싱턴이 제작한 선전의 희생양이 될 수 있다는 우려에 힘입어 의회는 스미쓰-문트법(Smith-Mundt Act)을 통과시켜 해외 수용자용으로 만들어진 정부 자료의 국내 유포를 금지했다.

공공 외교는 USIA에서 비롯되는 활동과 매우 밀접하게 연관되어 있다. USIA의 활동에는 정보 및 교육 영화 제작과 더불어 호평을 받고 있는 풀브라이트(Fulbright) 장학금 프로그램 같은 학술적 연결과 기타 학계 및 업계 상호작용을 포함한 국제적인 접촉이 포함되어 있다. 풀브라이트 장학금은 고(故) J. 윌리엄 풀브라이트(J. William Fulbright) 상원 의원의 이름을 딴 프로그램인데, 풀브라이트 의원은 자주 그 장학금 프로그램을 또 하나의 선전 행위가 아닌 미국과 다른 국가 간의 상호 이해를 높이기 위한 수단이라고 옹호했다. 1999년, USIA는 해체되었으나 공공 외교의 개념은 계속 이어졌고 주로 미국 국무부 내에서 받아들여지고 있다.

공공 문제 커뮤니케이션에 관여하고 있는 사람들의 목표는 국제적으로 정보를 제공하고 여론에 영향을 미치려는 것이다. 이를 "국제 공중의 가슴과 마음을 사로잡기 위한" 노력이라고도 한다. 국무부는 여전히 출판물, 방송, 문화 교류를 이용해 미국의 이익과 정책뿐만 아니라 미국 전반에 대한 호의를 배양해 나가고 있다. 기본적으로 이러한 활동은 미국의 이익과 안보를 향상시키고 '세계에서 미국의 지도력을 위한 도덕적 기반'을 제공하기 위해 전통적인 외교의 연장으로서 주요 국제 수용자에게 영향을 미치고자 한다.

5. 설득에 관한 연구

선전 연구는 제1차 세계대전이 끝날 무렵 시작되었으며 매스 미디어 선전의 효과를 이해하는 데 관심이 있었다. 따라서 선전 연구는 매스 미디어/매스 커뮤니케이션 연구와 관련된 최초의 주요 연구라고 할 수 있다.

설득 연구 문헌들은 촉진하고자 하는 관점에 유리한 주장을 제공하는 일면적(one-sided) 메시지와 주장의 유리한 측면과 불리한 측면이 모두 제공되는 양면적(two-sided) 메시지 중간에 위치하는 경향이 있다. 초기 연구들은 대부분 호브랜드(Hovland)의 지도하에 수행된 것으로 미군과 일본군을 상대로 사용된 영화에 관한 것이었다(Hovland, Lumsdaine, & Sheffield, 1949).

이러한 연구들은 커뮤니케이션 캠페인은 전쟁에 관한 일반적인 지식과 관련하여 실제로 긍정적인 영향을 미칠 수 있음을 보여주었다. 하지만 이 연구들은 미국의 개입과 미국의 전쟁 정당화에 대한 지지를 반드시 끝까지 유지하지는 않았다.

특히 커뮤니케이션 수신자가 처음에 관점에 반대했거나 나중에 반론에 노출될 가능성이 있는 때 **양면적 주장**이 일면적 접근방식보다 더 효과적인 것으로 밝혀졌다. 실험 참여자가 이미 어떤 견해를 가지고 있고 그러한 견해가 긍정적이라면, 일면적 접근방식이 이미 가지고 있는 입장을 강화하는 데 가장 효과적이었다.

한 가지 중요한 발견은 특정 형태의 선전에 장기적으로 그리고 **반복해서 노출**되는 것이 실험 참여자가 가지고 있는 기본적인 핵심 가치에 현저한 영향을 미칠 수도 있다는 것이었다(Lumsdaine & Janis, 1953). 이 개념은 수년 후 거브너(Gerbner)의 배양효과 연구에 의해 더욱 발전되었다(Gerbner & Gross, 1976a).

연구자들이 내린 또 다른 결론은 실험 참여자가 토픽에 대해 더 많은 지식을 가지고 있을 때는 **일면적** 접근방식과 **양면적** 접근방식 모두 태도 변화가 일어나게 하는 데 덜 효과적이라는 것이다. 교육 수준과 관련해서는 저학력자가 **일면적** 메시지의 영향을 가장 많이 받은 반면, **양면적** 캠페인은 교육 수준이 더 높은 사람에게 가장 효과적이었다.

광고 문헌과 관련해서는 실험 참여자가 이미 경쟁 브랜드의 이용자인 경우 양면적 광고는 여전히 효과적이었는데, 특히 여러 번 반복될 때 효과적이었다. 전반적으로 더 비싼 물건을 간헐적으로 구입하는 사람이 아닌 가격이 더 저렴한 물건을 일상적으로 구매하는 사람에게 양면적 접근을 하는 것이 더 큰 변화를 기대할 수 있었다(Cook & Flay, 1978; Faison, 1961; Rogers, 1975; Sawyer, 1974; Whitehead, 1968).

몇 가지 이후의 선전 이론도 여기서 언급할 필요가 있다. 하나는 벌로(Berlo)의 **피하주사 이론**(hypodermic needle theory)으로, 이 이론은 슈람(1982) 이후 추가적으로 **마법의 탄환 이론**(magic bullet theory)으로 불리게 된다. 이 이론은 매스 미디어가 너무 강력해서 마치 총알에 맞고 '쓰러지는' 수용자들에게 메시지를 주입할 수 있다는 개념을 지지한다. 따라서 **탄환 이론**은 실험 참여자가 매스 미디어의 본질적인 매력 때문에 대중 매개(mass-mediated) 조작에 저항할 수 없다고 주장한다. 본질적으로 탄환 이론은 미디어 메시지가 경이로운 변화를 일으키고 기본적으로 송신자가 원하는 것이 무엇이든 그것을 우리가 하게끔 만들 수 있음을 인정한다. 탄환 이론의 운명론적 견해 때문에 미디어 이론가들은 이것을 이론 그 자체로 널리 받아들이지 않았으며, 그것은 거의 민속 신앙 수준으로 격하되었다. 그럼에도 비정상적으로 기괴한 범죄가 발생하면 정치인과 일반 공중은 토론의 초점을 매스 미디어에서 볼 수 있는 과도한 성과 폭력에 맞출 것이다. 그들은 그래픽 비디오 게임의 효과에 대해서도 탄식한다. 그런 다음에는 통상적으로 미디어와 미디어의 결과물에 대한 더 강한 통제에 대한 호소가 이어진다. 통속 이론이든 아니든, 이것은 진정으로 놀라운 미디어 이벤트에 의해 개인이 어떻게 동기화되는지 보여주는 좋은 예이다.

이러한 연구는 흔히 미디어가 공중에게 강력하고 직접적인 영향을 미침을 시사한다. 마법의 탄환 또는 피하주사 이론은 미디어의 영향에 대한 꽤 기본적인 자극-반응(S-R: stimulus-response) 접근방식이다. 탄환 이론의 잠재 가정과 그에 따라 수용자들이 미디어 캠페인에 직면했을 때 무력하다는 두려움 때문에, 이러한 수용자는 매스 미디어의 처분만 기다렸다. 이후의 이론은 의견 주도자와 같은 개인에게 직접 초점을 맞추는 경향이 있었으며, 이러한 개인들은 현상 유지를 강화해준다.

클래퍼(Klapper, 1949, 1960)의 연구에서는 사회적 맥락이 중요해졌다. 그는 사회적 관계가 직접적인 심리적 영향보다 더 영향력 있는 것으로 입증된 소위 **제한 효과**(limited effect) 모델을 제안했다. 클래퍼에 따르면, 사회적 맥락은 개인이 사는 환경이자 그가 속해 있는 집단과의 관계이다. 그와 같은 맥락 속에서 개인은 자신이 흥미롭다고 생각하는 것에 주의를 기울이고, 이를 통해 자신이 가지고 있는 태도, 경험, 지식을 통해 메시지를 재해석한다.

조지 거브너(George Gerbner)는 미디어의 영향, 특히 텔레비전 폭력의 장기적인 영향에 대한 연구에 오랫동안 관여해왔다. 그의 문화 지표(Cultural

Indicators) 프로젝트(Gerbner & Gross, 1976a, 1976b; Gerbner, Gross, Morgan, & Signorelli, 1986)는 매스 미디어가 미국 문화 환경을 묘사하는 방식에 관한 것이다. 그것은 모두 합쳐서 3,000개 이상의 TV 프로그램과 3만 5,000개의 캐릭터에 대한 연구이다. 그의 연구는 개인이 심각한 결과를 초래하는 전례 없이 많은 양의 폭력을 보며 자란다는 것을 보여준다. 그는 그것을 **비열한 세상 증후군**(mean world syndrome)이라 부르는데, 이것은 사람들의 최악의 공포, 불안, 피해망상을 강화한다.

거브너는 텔레비전을 더 많이 시청하는 사람은 텔레비전에서 묘사되는 폭력이 정상이며 문제를 해결하는 좋은 방법이라고 믿는 경향이 있다고 결론지었다. 나아가 그는 텔레비전에 대한 과도한 노출은 시청자가 폭력에 둔감해지게 만들며, 폭력의 발생에 감정을 이입하고 저항하며 이의를 제기하는 능력뿐만 아니라 폭력의 결과를 이해하는 능력도 잃게 만든다고 결론 내렸다.

마지막으로, 거브너는 텔레비전 시청의 결과가 불안감과 취약성에 빠져들게 하여 사람들이 특히 밤에 밖에 나가는 것을 두려워할 가능성이 더 높아진다고 주장했다. 그들은 낯선 사람과 다른 사람을 만나는 것을 두려워하며 낯선 사람에게 친절을 베풀지 못하게 된다.

거브너의 연구는 전통적인 선전의 관점을 반전시켰다. 선전은 관례적으로 주정부 참여자나 적어도 정부 기관이 한 일이었다. 거브너는 훨씬 더 큰 초국가적 산업 구조의 일부인 미디어 산업이 이윤 극대화와 산업 통제를 위한 메시지를 만들어낸다고 보았다. 거브너는 초국가주의 또는 대기업이 극도로 강력하고 서구가 지배하는 영화와 TV 프로그램을 통해 문화의 동질화를 시도함으로써 그들의 영향력을 국제적으로 확대한다고 주장했다(Gerbner, 2001; Gerbner, Mowlana, & Schiller, 1996). 좀 더 최근에, 거브너는 우리 미디어의 성과 폭력 모두에 대해 비판적이었다(2001).

노엄 촘스키(Noam Chomsky)와 에드워드 허먼(Edward Herman)도 비슷한 주장을 하지만, 성과 폭력 대신 특정 미디어 실체들이 "자신들을 통제하고 자신들에게 자금을 지원하는 강력한 사회의 이익단체를 대신해 선전한다고" 주장했다(Herman & Chomsky, 1988, p. xi). 그들은 **엘리트 미디어**(elite media)를 지칭하면서, 다른 미디어 기관들은 단순히 그들을 따르기만 한다고 주장했다. 미디어가 정부가 짜놓은 틀을 수용하고 정책을 지원하는 전 과정을 그들은 **미디어 굴종**(media subservience)이라 불렀다.

여기저기서(Chomsky, 1994; Herman & Chomsky, 1988) 촘스키는 미국 미디어의 궁극적인 목적이 공중이 중요한 정치 문제에 관심을 기울이지 않게 하는 것이라고 주장했다. 이것은 본질적으로 시청하는 데에는 머리를 쓸 필요가 없는 오락물을 판촉하는 데 최우선 순위를 둔 미디어 프로그래밍을 통해 이루어진다. 따라서 촘스키는 정치적-군사적-경제적 복합체의 진정한 목표가 국가적 대화와 의사 결정에서 시민을 소외시키는 것임을 시사하면서 그러한 복합체가 훨씬 더 큰 역할을 한다는 것을 인정했다. 그는 미국 건국의 아버지들 가운데 일부[그 중 한 사람만 들자면 존 제이(John Jay)]가 표현한 입장으로 돌아감으로써 이러한 주장에 더욱 활기를 불어넣는다. 그러한 체계를 무의식적으로 지지하는 것에는 자신들이 일하고 수용하는 기관을 보존하기 위해 노력하고 있는 이해관계자들의 활동이 연루되어 있을 수도 있다. 이것은 기관이나 조직의 전형적인 행동이다. 의도적인 참여는 산업과 정부 간의 더 직접적인 형태의 공모를 수반한다. 촘스키는 그가 보기에 언론이 세계적인 이슈를 제대로 다루지 못하는 것을 포함해 다양한 수준에서 미국 미디어의 책임이 있다고 생각한다.

촘스키가 미디어의 이슈 통제뿐만 아니라 **뉴스 흐름**(news flow) 기록에 대해 논의할 때, 그는 일반적으로 뉴스의 게이트키핑 이론(McCombs & Shaw, 1972) 및 의제 설정 이론(agenda setting theory; White, 1950) 모두와 공통적으로 연관된 아이디어들을 통합했다. **게이트키핑**(gatekeeping)은 미디어가 어떤 사건을 보도하는지 보도하지 않는지 그리고 궁극적으로 포함될 것과 제외될 것을 누가 정하는지에 관한 결정을 말한다. 게이트키핑은 뉴스 조직이 지속적으로 뉴스 사건을 걸러내고 어떤 기사가 그들의 주어진 수용자에게 적합한지를 결정한다는 사실을 인정한다. **의제 설정**(agenda setting)은 이슈가 공중 의제(public agenda)의 일부가 되며 인식된 중요성과 관련하여 공중 의제의 중요성이 기본적으로 미디어가 현저하게 보도한 순서대로 결정된다는 것을 인정한다. 뉴스 방송의 머리기사나 1면에 배치되는 기사는 프로그램 시작 부분에 배치되거나 1면 상단부에 배치되는 데서 알 수 있듯이 미디어가 중요성을 부여하는 방식이다. 바꾸어 말하면, 의제 설정은 시청자로서 우리가 주의를 기울여 '생각해

보야 할' 대상(think about)을 알려준다. 이슈 인식은 분명히 이슈가 보도될 때만 가능하며, 이는 게이트키핑이 뉴스 산업에 의한 막후 정치적 영향력 행사라는 만연해 있는 힘이라는 인식으로 되돌아간다.

거브너와 촘스키는 각각 피하주사 모델 또는 마법의 탄환 이론의 수정된 버전을 수용한다. 그럼에도 초기 연구와 달리 거브너와 촘스키는 더 뛰어난 자각과 공중 행동주의(public activism)를 통해 그와 같은 영향에 맞서 싸울 수도 있다고 주장했다. 그와 같은 관점하에서 미디어 산업이나 더 큰 정치적-군사적-경제적 복합체는 개인이 그러한 체계를 인식하지 못하고 그것에 대해 아무것도 하지 않을 때만 효과적이다.

진보주의(progressivism)는 시민들이 **적극적인 행동**(proactive behavior)을 통해 사회를 되찾을 때 **잠재적인 영향에 맞서 싸우는 열쇠**이다. 이러한 연구들은 일반적으로 로크(Locke, 1728/1988), 루소(Rousseau, 1755/1909), 밀(Mill, 1860/ 1909)의 저술과 관련된 **시민 사회**(civil society)의 원칙들뿐만 아니라 하버마스(Habermas, 1970, 1979, 1984, 1987, 1989), 푸코(Foucault, 1988) 및 기든스(Giddens, 1981, 1984, 1987, 1990)의 사회적 역량 강화와 커뮤니케이션에 관한 더 현대적인 사상들을 통합하고 있다.

6. 전시 선전

국가의 전시(戰時) 노력을 지원하는 선전의 용도는 꽤 단순했다. 라스웰(1927/ 1938)에 따르면, 선전은 ① 적에 대한 증오를 고조시키고; ② 동맹국과의 우정을 지키고; ③ 가능하다면 중립국의 협력을 구하며; ④ 적의 사기를 꺾는 데 중요했다. 『세계대전의 선전 기법』(1927)에서 라스웰은 제1차 세계대전 동안 동맹국과 연합국이 사용한 선전 캠페인을 면밀히 분석했다. 독일, 일본, 영국, 미국, 호주를 포함한 많은 국가가 국가의 전시 의제를 촉진하는 매우 효과적인 다큐멘터리 영화를 제작하는 등 제2차 세계대전으로 인해 선전의 노골적인 사용이 광범위하게 이루어졌다.

《독일 주간 뉴스릴》(*Die Deutsche Wochenscha*), 프리츠 히플러(Fritz Hippler)가 감독한 반유대주의적인 《영원한 유대인》(*Der Ewige Jude*, 1940), 히틀러 청

소년 운동에 관한 《총통과 함께 행진》(*Marsch zum Führer*, 1938, 1940), 독일 강제 수용소에서 잘 대우받은 유대인을 묘사하려 한 《총통은 유대인들에게 도시를 제공한다》(*Führer schenkt den Juden eine Stadt*, 1944)와 같은 독일 영화 제작자의 매우 국민주의적이고 설득력 있는 다큐멘터리와 뉴스릴(newsreel)은 나치 선전 노력의 예였다.

이러한 영화들 가운데 가장 무서운 영화는 레니 리펜슈탈(Leni Riefenstahl)의 《의지의 승리》(*Triumph des Willens*, 1934)와 그녀의 훨씬 더 섬세한 영화인 《올림피아: 아름다움의 축제》(*Olympia: The Festival of Beauty*, 1936~1938)였는데, 전자는 1934년 뉘른베르크 나치당 집회(Nuremberg Party Rally)를 공식적으로 기록한 영화였고, 후자는 베를린 올림픽(Berlin Olympics)을 매우 예술적으로 묘사한 영화였다. 나치당 집회에 관한 영화든 베를린 올림픽에 관한 영화든 그녀는 항상 히틀러와 독일을 찬양하는 솜씨 있게 제작한 영화를 제공했다.

이에 대응해, 프랭크 캐프라(Frank Capra), 존 휴스턴(John Huston), 존 포드(John Ford), 윌리엄 와일러(William Wyler), 존 스터지스(John Sturges), 월트 디즈니, 척 존스(Chuck Jones), 씨어터 가이설[Theodor Geisel; 닥터 수스(Dr. Seuss)] 같은 미국 최고의 영화감독들 일부가 국가의 전시 자원동원에 동참했다. 캐프라의 《우리는 왜 싸우는가》(*Why We Fight*) 시리즈(1943~1945)는 연합군의 노력에 대한 선전을 전파하는 데 도움을 준 가슴 저미는 영화들로 구성되었다. 영국과 다른 나라들도 이 기간 동안 매우 효과적인 다큐멘터리와 오락 영화를 제작했다.

이러한 영화들 가운데 많은 영화가 미군을 대상으로 삼았다. 군인들은 대부분 공공 문제에 정통하지 않았기 때문에 태도와 동기 부여에 변화가 필요한 것으로 여겨졌다. 따라서 배우 로널드 레이건(Ronald Reagan)[10]이 주연을 맡은 《일본 전투기 제로》(*Jap Zero*, 1943)와 같은 영화는 매우 인기 있었고 효과적이었다. 이 영화는 일반 공중을 대상으로 제작되었으며, 전쟁에 쓰이는 기계에 원자재가 필요할 때 나일론과 타이어와 같은 소비재의 희생을 받아들일 필요가 있다는 점을 다루었다. 또한 이 영화는 여성들이 특히 전시 자원동원에 동참하

---

10 나중에 미국의 40대 대통령(1981~1989년)이 된다(역자 주).

도록 장려했다.

《애니 본즈 투데이?》(*Any Bonds Today?*, 1942)라는 만화 영화에서는 벅스 버니(Bugs Bunny)가 노래를 불렀다. 루실 볼(Lucille Ball), 헨리 포드, 조지 리브스(George Reeves), 라이어널 배리모어(Lionel Barrymore), 월터 브레넌(Walter Brennan), 캐써린 헵번(Katharine Hepburn), 빙 크로스비(Bing Crosby), 밥 호프(Bob Hope), 앨런 래드(Alan Ladd), 바버라 스탠위크(Barbara Stanwyck), 험프리 보가트(Humphrey Bogart) 같은 수많은 할리우드 스타와 육상경기 스타 제시 오언스(Jesse Owens)는 영화 캠페인 참여를 권유받았다. 제2차 세계대전은 심리전에서 진정한 정교함을 보여준 전쟁이었다.

국가의 전시 자원동원에 대해 미국의 공중이 마지막으로 강한 일치된 의견을 보여준 때가 제2차 세계대전이었다. 칼 호브런드의 예일 대학교 연구팀원(Hovland, Janis, & Kelley, 1953; Janis, 1967)과 같은 연구원들은 특히 군인을 대상으로 하는 매스 미디어 캠페인을 연구하는 데 막대한 시간과 에너지를 쏟아부었다. 이 연구들은 태도와 동기 부여 수준에 미치는 영향은 적지만 사실적 자료의 전달에 뚜렷한 이득이 있음을 확인했다. 이러한 연구 활동의 초점은 대체로 수용자에게 미치는 더 큰 파급 효과에 대한 고려가 아닌 미디어의 대중 설득력에 대한 관심을 기반으로 하고 있었다.

7. 선전 캠페인의 일곱 가지 전략

1937년에는 에드워드 필린(Edward Filene)의 재정적 지원으로 선전분석연구소(Institute for Propaganda Analysis)가 설립되었는데, 선전 기법 특히 정치 선전의 위험과 침투성에 대해 미국인을 교육하는 것이 이 연구소의 목적이었다. 이 연구소가 일련의 책을 출간하는 동안, 앨프레드 매클렁 리(Alfred McClung Lee)와 일리저베쓰 브라이언트 리(Elizabeth Briant Lee)(1939)가 편집한 『선전의 정교한 기술』(*The Fine Art of Propaganda*)은 아마도 가장 영향력 있는 책이었을 것이다. 많은 선전 기법이 있지만, 이 책은 자주 발견되는 일곱 가지 특별한 방법, 즉 '선전 비법'을 찾아냈다. 흔히 볼 수 있는 이 일곱 가지 '책략'은 매우 정교하고 구체적으로 표현되어서 오늘날까지 학교에서 가르치고 있고 커뮤니케

표 11.1 리 & 리의 선전 캠페인의 일곱 가지 전략

1. 호칭 붙이기 혹은 인신공격
2. 두루뭉술한 미사여구
3. 이미지 전이
4. 증언
5. 평범한 서민
6. 선택적 누락
7. 편승

이션 교과서에도 사용되고 있다. '선전 분석의 기초'에 나와 있는 일곱 가지 도구는 **호칭 붙이기**(인신공격이라고도 함), **두루뭉술한 미사여구, 이미지 전이, 증언, 평범한 서민, 선택적 누락, 편승**이다. 여기서는 이 일곱 가지 개념에 대해 살펴본다 (<표 11.1> 참조).

1) 호칭 붙이기

호칭 붙이기(name calling)[11]는 호칭을 사용하여 어떤 아이디어를 유리하게 혹은 불리하게 제시하는 것을 말한다. 하지만 후자의 경우가 대부분의 사람들이 알고 있는 시나리오일 것이다. 그것의 목적은 또한 개인이 어떤 이슈에 대한 실질적인 증거를 조사하지 못하게 막는 것이다. 이것은 **인신공격**(*ad hominem*)으로 알려져 있기도 하다.

반대 측이나 적의 부정적인 이미지를 그려내기 위해 고정관념을 사용할 때 호칭 붙이기가 자주 사용된다. 그 의도는 실제 또는 상상의 중대한 정치적 차이나 이념적 차이를 시사하는 것일 수도 있다. 호칭 붙이기는 정서적 반응을 사용하고 공중이 이슈에 대한 피상적인 지식만으로 성급한 결론을 도출하도록 부추긴다.

개인, 민족, 국가 집단은 폄하하는 호칭으로 불리는 경우가 자주 있다. 오늘날 그러한 사례들은 널려 있다. 냉전 기간에 로널드 레이건은 소련을 "악의 제

---

11 일반적으로 '매도하기' 혹은 '오명 붙이기'로 해석되고 있으나 이 책에서는 유리한(긍정적인) 호칭을 붙이는 것까지 포함하는 개념으로 사용하고 있기 때문에서 '호칭 붙이기'로 해석하기로 한다(역자 주).

국"(Evil Empire)이라고 불렀다. 좀 더 최근에는 걸프전이 진행되는 동안 부시 대통령은 사담 후세인을 "또 다른 히틀러"(another Hitler)라고 불렀고, 후세인은 이란 지도자들과 함께 미국을 "거대한 악마"(great Satan)로 그렸다. 몇몇 국가가 부시가 말한 "악의 축"(Axis of Evil)으로 불렸다. 다른 분쟁에서는 적을 "공산당원"(Commie), "국"(Gook),12 "불순분자"(Subversive), "좌빨"(Pinko),13 "빨갱이"(Red)라고 불렀다. 오늘날 반대 세력은 흔히 "테러리스트"라 불린다. 실제로 1095년 십자군 전쟁이 시작되었을 때, 교황 어번 2세(Pope Urban II)는 무슬림 민족을 "경멸 받는" 민족, "저주받은 종족", "더러운 민족", 악마를 숭배하는 민족이라고 불렀다고 한다(Sardar & Davies, 2002, p. 147). 재래식 전쟁이든 테러리스트 전쟁이든, 단순히 말의 전쟁이든, 전시에 반대 측을 경멸적으로 표현하는 것은 엄청난 힘을 제공한다.

1951년에 민주적으로 선출된 과테말라의 아르벤스(Arbenz) 대통령은 넓은 택지를 국민에게 돌려주는 토지개혁 프로그램을 발표했다. 한 대규모 토지 소유자는 미국 소유의 유나이티드 프루트 컴퍼니[UFA: United Fruit Company: 1975년부터 유나이티드 브랜즈(United Brands)로 알려져 있음]였는데, 이 회사는 그 땅을 개발하지도 않았는데 그 땅의 일부를 잃을 판국이었다. 이 토지는 자체 세금 명세서에서 52만 5,000달러로 평가되었지만, UFA는 보상으로 1,600만 달러를 지불해야 한다고 주장했다. UFA는 언론에 그들이 내세우는 사실과 데이터를 대량으로 넘겼고 과테말라의 토지개혁 작업이 "모스크바의 지시에 따른 것"이라는 보고서를 배포하기 시작했다. UFA는 또한 미국 저널리스트들에게 여행을 주선했으며 의원들을 상대로 로비를 했다. UFA의 선박과 시설을 사용하여 CIA 요원들이 합법적으로 선출된 정부를 전복시키기 위해 파견되었다. 폭력적인 내전이 잇따라 일어났으며, 10만 명이 넘는 사람이 목숨을 잃은 상황은 현재까지도 여전히 문제가 되고 있다. 뿐만 아니라 국부(國富)의 엄청

---

12 19세기 미국에서 '쓰레기 같은 놈', '창녀' 정도의 뜻으로 쓰였다고 한다. 이 단어가 동양인을 비하하는 표현이 된 것은 1898년 미국-스페인 전쟁으로 거슬러 올라간다. 전쟁에서 승리한 미국은 필리핀을 차지하면서 필리핀인들이 그렇게 불렀다고 한다. 6·25 전쟁 때는 북한군을 뜻하는 표현으로 쓰였고, 베트남전에선 베트콩을 지칭하는 표현이 됐으며, 최근에는 한국인을 비하하는 의미로도 사용된다고 한다(역자 주).

13 좌파적인 성향의 사람이나 공산주의자를 비하하는 표현이다(역자 주).

난 불균형과 더불어 우익의 탄압이 계속되고 있다(McCann, 1976).

얼마 전 우리는 또 하나의 여론 기획을 보았다. 이 여론 기획은 제1차 페르시아 걸프 전쟁 중 미국이 주도하는 연합군이 개입하기 직전 며칠 동안 이루어졌다. 이라크가 쿠웨이트를 침공한 직후, PR 회사 힐 & 놀튼(Hill & Knowlton)이 고용되었고 그 비용은 거의 전적으로 쿠웨이트 정부가 조달했다(MacArthur, 1992; Pratt, 1994). 이 회사는 미국에서 쿠웨이트의 이미지를 개선하는 데 도움을 주는 일을 맡았다. 당시 기존 이미지는 젊은 쿠웨이트인들이 카이로로 도망쳐 디스코텍에서 춤을 추고 있었다는 것이었다(Kunczik, 1997). 이 회사는 대규모 탈출 이미지에 대응하기 위해 다양한 미디어 인터뷰와 기타 정보 프로그램을 준비했다(Trento, 1992). 그러나 가장 논란이 되었던 기사는 이라크 군인들이 쿠웨이트 병원에 들어가 인큐베이터를 바그다드로 가져간 다음 아기들을 바닥에 던져 죽였다는 보도였다. 조지 H. W. 부시 대통령14은 연설에서 이러한 주장을 언급하기도 했다. 힐 & 놀튼은 이 사건을 전한 15세로 추정되는 쿠웨이트 소녀 나이라(Nayirah)의 증언을 기획했다. 증언은 1990년 10월 미국 의회 인권특별위원회(Human Rights Caucus) 청문회에서 이루어졌으며, ABC의 〈나이트라인〉(Nightline)을 포함한 미디어가 이 기사를 보도하도록 설득했다. 되돌아보면, 알-아단(al-Addan) 병원에서 자원봉사를 했고 잔학 행위를 목격했다고 말한 그 소녀가 실제로는 쿠웨이트 대사의 딸이며 사건 당시 워싱턴에 살고 있었다는 사실을 의회와 수용자들은 전혀 듣지 못했다는 사실이 밝혀졌다. 아마 쿠웨이트에 되돌아간 가족을 보호하기 위해 나이라의 성(姓)을 숨겼기 때문에, 나이라의 행방에 대한 질문은 전혀 없었고 협력을 구하지도 않았다. 그 인터뷰를 변호하면서 힐 & 놀튼은 그 증언은 사실이며 나이라를 증인으로 사용하는 것은 자연스러움을 더하기 위한 것이었다고 대답했다. 힐 & 놀튼은 이전에 터키와 인도네시아의 인권 상황 변호와 관련된 일을 한 적이 있다.

앞에서 언급했듯이, 호칭 붙이기의 방향은 긍정적일 수도 있고 부정적일 수도 있다. 이츠하크 샤미르(Yizhak Shamir)는 영국에 대항한 게릴라 전사였으며 이스라엘에서는 자유 전사로 불렸다. 그는 나중에 이스라엘 총리가 되었다. 마

---

14 조지 H. W. 부시는 조지 W. 부시의 아버지로, 두 부시 대통령을 구분하기 위해 미디어에서 "아버지 부시" 대통령으로 불리곤 했다(역자 주).

찬가지로 영국과 연합주의자들(Unionists)[15]은 북아일랜드의 게리 애덤스(Gerry Adams)를 테러리스트로 불렀지만 나중에 아일랜드 공화당 신 페인(Sinn Féin)의 지도자로 지명되어 얼스터(Ulster) 평화 회담에서 수석 협상가가 되었다. 역사를 통틀어 호칭 붙이기는 감정에 북받친 논리적으로 건전하지 않은 논쟁을 바탕으로 반대 측을 일방적으로 묵살하려는 시도로 자주 사용되었다.

2) 두루뭉술한 미사여구

어떤 이슈나 이미지를 고상하거나 고결한 용어와 연관시키는 경향을 두루뭉술한 미사여구(glittering generality)라고 한다.

일반적으로 높은 도덕적 의미를 함축한 모호한 표현의 사용이 두루뭉술한 미사여구의 핵심이다. 이 방법은 청취자 또는 독자에게 믿음과 존경심을 불러일으키기 위한 것이다.

예를 들어, 연설은 화려한 은유의 사용을 포함할 수도 있지만 실제로는 아무것도 말하지 않는다. 최고, 민주주의, 존엄성, 공정함, 자유, 영광, 선, 행복, 정직, 명예, 무결함, 정의, 사랑, 존경 같은 무형(無形) 명사를 사용하여 이상을 포용하는 경우를 자주 볼 수 있는데, 이것은 특정 의미가 거의 혹은 전혀 없는 '기분 좋게 해주는 말'이라고 할 수 있다. 제시되는 이러한 '미사여구'의 정확한 의미는 문자 그대로 정의할 수 없으므로 두루뭉술함(generality)의 모호성을 의미한다.

2010년대가 끝날 무렵, 중국이 새롭게 얻은 번영을 경험하면서 중국의 주택 가격이 눈에 띄게 상승했다. 원자바오(Wen Jiabao) 총리는 중국 국민을 안심시키기 위해 가격 상승이 "합리적인 수준"으로 유지될 것이라고 약속했지만, 그는 그러한 수준이 정확히 무엇인지, 그리고 그러한 추세를 되돌리기 위해 어떤 방법을 사용할 것인지 설명하지 않았다(Anonymous, 2007년 3월 8일).

조지 H. W. 부시 전 대통령이 자신의 "새로운 세계 질서"(new world order)를 발표했을 때 그는 두루뭉술한 미사여구를 사용하고 있었다. 어려운 점은 그것이 정확히 무엇인지 아주 분명하지 않다는 것이다. 존 스타인브루너(John Steinbruner)는 부시가 시사한 새로운 세계 질서를 볼테르(Voltaire)가 "신성한

---

15 연합주의 또는 통일주의는 북아일랜드를 연합왕국(United Kingdom, 즉 영국)의 일원으로 유지하자는 주의로 친영주의라고 할 수 있다(역자 주).

로마 제국"에 대해 "신성하지도 않고, 로마도 아니고 그렇다고 제국도 아니다" 라고 풍자한 표현에 비유했다(Steinbruner, 1991, p. 20). 부시가 할 수 있는 최선은 다음과 같이 말하는 것이었다:

> 위태로운 것은 … 원대한 아이디어, 즉 평화와 안보, 자유, 법의 지배(rule of law)라는 인류의 보편적 열망을 달성하기 위해 다양한 국가들이 공동의 목적으로 함께 모이는 새로운 세계 질서이다. 그러한 세상은 우리가 싸울 가치가 있고 우리 아이들의 미래를 맡길 만한 가치가 있는 세계이다. …
>
> 따라서 그러한 세계는 이러한 기회를 포착하여 잔인함이 보상을 받지 못하고 공격이 집단적 저항을 만나는 새로운 세계 질서에 대한 오랜 약속을 이행할 수 있다(George H. W. Bush, State of the Union address, 1991년 1월 29일).

어려운 점은 그의 새로운 세계 질서가 민주주의와 인권 이슈가 대체로 무시된 정치적 우월주의에 대한 완곡어에 지나지 않는 것으로 진화했다는 것이다. 최근 들어, 새로운 세계 질서의 구성은 특정 국가와 국민이 최상위에 있는 반면, 이류 사회 및 경제 체계는 영속화되었음을 의미하는 것처럼 보인다. 부시 대통령이 옹호하고 20세기 말의 미국, 서방 국가, 심지어 유엔 정책이 촉진한 이른바 새로운 세계 질서는 그러한 엄청난 명칭에 대해 처음에 기대했던 많은 답변을 제시하지 못했다. 탈냉전 시대에 새로운 세계 질서는 본질적으로 하나 남은 초강대국이 이끄는 세계 체계이다.

자유와 민주주의라는 용어도 이러한 선전 접근방식의 예이며 실제로 같은 부시 연설에 인용되어 있다:

> 두 세기 동안 미국은 세계에 자유와 민주주의의 고무적인 본보기 역할을 해왔다. 수 세대 동안 미국은 자유의 축복을 보존하고 확장하기 위한 투쟁을 주도해왔다. 그리고 오늘날 빠르게 변화하는 세상에서 미국의 리더십은 필수 불가결하다.
>
> 미국인들은 리더십이 부담이 되고 희생이 필요하다는 것을 알고 있다(George H. W. Bush, State of the Union address, 1991년 1월 29일).

다른 곳에서 언급되었듯이, 한 사람의 자유는 다른 한 사람이 '노예 상태'일 가능성이 높음을 의미할 수도 있다. 심지어 미국인들도 항상 동일한 수준의 자유를 누리지는 않는다는 점을 고려할 필요가 있다. 더 부유한 사람들이 효과적인 법적 방어를 할 수 있기 때문에, 형사 구금과 더 가혹한 형벌의 가능성은 하층민에게서 훨씬 더 크다. 우리는 또한 9/11 이후 미국, 특히 아랍계 미국인의 개인 자유가 감소하는 것을 볼 수 있다. 9/11 이후, 많은 사람이 더 강력한 보안과 안전을 위해 오랫동안 지켜온 인권과 개인의 권리가 희생되는 것을 마다하지 않았다. 그러나 위험이 정말 실재하는 것인지 아니면 단순히 다른 목표를 추구하는 정치 지도자가 지어낸 것인지에 대해서는 의문이 남아 있다.

제1차 걸프전 동안 국가 안보 보좌관 로버트 게이츠(Robert Gates)는 짧은 전투를 끝내고 휴전을 선언할 때가 되자, 허버트 N. 슈워츠코프(Herbert N. Schwarzkopf) 장군이 "백 시간 전쟁"(hundred-hour war)이라는 명칭을 사용할 수 있도록 전쟁 종료 결정을 몇 시간 연장해줄 것을 요청했음을 확인했다. 알려진 목적은 그렇게 해야 미국 텔레비전에 더 크게 보도될 수 있게 하기 위함이었다고 한다. 더욱이 의도적이든 의도적이지 않든, 이스라엘은 골란 고원(Golan Heights)에 대한 시리아의 테러 공격이 증가하고 이집트, 요르단, 시리아, 레바논 군대가 시나이(Sinai)를 공격 목표로 삼으면서 이스라엘 국경에 배치된 후, 1967년에 "6일 전쟁"(Six-Day War)이라 부르는 기억에 남을 군사 작전을 개시했다. 이스라엘의 승리는 매우 놀라웠고 따라서 의미가 있지만, 이라크에서의 짧은 교전은 이라크의 미국에 대한 극도의 반감을 감안할 때 훨씬 의미가 덜한 것처럼 보인다.

마지막으로 거브너(1996, 2000)는 **광대역**과 같은 특정 커뮤니케이션 산업 용어나 **정보 초고속도로**(information superhighway) 건설을 촉진시키고자 하는 클린턴-고어(Clinton-Gore) 캠페인은 그 자체로 모두 의미 없는 용어들이라고 지적했다. 그것을 둘러싼 논쟁은 본질적으로 업계 또는 정부 지도자들이 공중의 커뮤니케이션 채널을 상대로 펼치고 싶어 하는 콘텐츠 표준화 캠페인을 숨기고 있다고 거브너는 주장했다.

우리는 **부수적 피해**(collateral damage)[16]라는 가장 불행한 용어를 추가하고자 하는데, 이 용어는 베트남 전쟁에서 나온 용어로, 불행하게도 포괄적인 공격

지역에 있었거나 우리의 무기 시스템과 '스마트 폭탄'(smart bomb)이 우리가 주장하는 만큼 정교하지 않기 때문에 무고한 민간인이 부상을 당하고 죽임을 당한다는 끔찍한 생각을 가볍게 여기게 하거나 심지어 없애버리는 효과가 있다. 부수적 피해라는 용어의 사용은 때때로 무기가 의도한 표적을 완전히 빗나가는 오조준 공격 이슈를 피하는 방법으로 사용될 가능성이 있다.

거브너가 인용한 광대역과 정보 초고속도로라는 두 용어는 물론 스마트 폭탄과 부수적 피해라는 용어 모두 두루뭉술한 '미사여구를 보여주는 사례들이다. 커뮤니케이터, 미디어, 수용자들은 그와 같은 두루뭉술함을 플라시보(placebo)[17]로 받아들이는 경향이 있다. 이러한 짧지만 마음을 사로잡는 문구는 문제를 체계적인 계획된 활동으로 축소해버림으로써 수용자들이 편안하게 수용할 수 있는 수준을 만들어낸다. 그러한 문구들은 외형상 타당해 보이는 정보 흐름을 유지함으로써 강력한 도구가 될 수 있다.

이러한 두루뭉술함은 논쟁의 여지가 있는 아이디어를 위장하고 어쩌면 사실을 왜곡하기까지 하면서 최소한의 세부 사항이 담긴 정보를 제시한다. 자유와 민주적 거버넌스를 억압하려는 사람들도 이러한 두루뭉술한 미사여구를 사용할 수 있다.

3) 이미지 전이

기존 실체나 개념에 부여된 권력, 존경, 또는 좋은 평판을 취한 다음 이러한 긍정적인 특성을 제품, 개인/집단, 또는 입장/계획과의 연관을 통해 공유하려고 할 때, 그러한 행위를 하는 자는 이미지 전이(image transfer)라고 알려진 현상을 통해 이득을 얻고자 하는 것이다.

전이의 핵심은 이미지 사용이다. 교회의 십자가는 어디에서나 볼 수 있고 즉시 기독교를 상징하며 교회의 많은 가르침과 권력을 나타내는 기호처럼 서 있다. 만화 캐릭터인 엉클 샘(Uncle Sam)의 사용은 미국인들의 민의를 상징한다. 둘 모두 감정을 자극한다. 사람들은 즉시 우리가 교회나 국가에 대해 가지고

---

16 군사 행동으로 인한 민간인의 인적·물적 피해를 말한다(역자 주).

17 위약 투여에 의한 심리 효과로 약의 성능과 무관하게 실제로 호전되는 것을 플라시보 효과라고 한다(역자 주).

있는 복잡한 감정을 머리에 떠올린다.

전이의 한 예에는 국제적으로 유명한 프로 골퍼와 심장 외과의가 등장한다. 1970년대에 남아공 지도자들은 국제적 이미지를 높이고 아파르트헤이트(apartheid)의 영향에 맞서기를 원했고, 이 일을 위해 몇몇 홍보회사를 고용했다. 한 가지 결과는 존경받는 심장 외과 의사인 크리스천 버나드 박사(Dr. Christian Barnard)를 남아공과 미국 AFL-CIO[18] 간의 노동 분쟁의 중재자로 내세운 것이었다. 버나드 박사는 동정론을 폈으며, 새로운 남아공 사업 기회를 통한 문제 해결을 이끌어낸 것은 그의 덕분으로 여겨진다. 그리고 같은 기간에 골프 선수인 게리 플레이어(Gary Player)는 남아공에 계속해서 투자하는 것에 대한 관심이 줄어드는 것과 관련해 미국 기업 임원들에게 편지를 써달라는 요청을 받았다. 플레이어는 뱅크 오브 아메리카(Bank of America), 맥도널 더글러스(McDonnell Douglas), 유니온 카바이드(Union Carbide)의 임원들에게 편지를 보내 남아공에서 1주일을 자신과 함께 시간을 보내자고 제안했다. 플레이어와 함께 골프를 친다는 것은 멋진 일이었다. 그로 인해 프로 골프 대회에 참여하지 못한 플레이어에게는 상응하는 보상이 주어졌다. 버나드와 플레이어는 모두 아파르트헤이트에 대해 비판적이었지만 자국의 선전 캠페인에 자신들을 활용하도록 허락했다.

전이가 자주 발생하는 또 다른 영역은 광고이다. 글로벌 수준에서 제품의 원산지는 흔히 제품의 이미지에 영향을 미친다. 오늘날 미국의 문화 생산물의 경우가 그러하다. 영화, TV 프로그램, 록 음악, 힙합 및 패션의 경우, 미국 스타일은 전 세계 젊은이들을 어느 정도 매료시켰으며 많은 문화적·상업적 유행을 지배하고 있다.

그러나 문화의 세계적 확산으로 인해 문화적 주도권이 위협 받음에 따라, 미국에 대한 비판도 존재하는 것이 사실이다. 국가들이 그들의 국가적 전통이 희생되는 것을 그냥 보고 있듯이, 미국 이미지와 연관된 지배력과 매력 그 자체가 너무 대단해서 어떻게 하지 못하는 경우가 많다. 이집트와 같은 국가들은 오랫동안 MTV의 시장 진입에 맞서 싸웠지만 고립주의를 피하기 위해 묵인했

---

18 American Federation of Labor-Congress of Industrial Organizations(미국 노동 총연맹 산업별 회의)의 약자로, 1955년 AFL과 CIO가 합쳐서 결성되었다(역자 주).

다. 그러나 오늘날 중동에서 서양에 대한 증오심의 주요 원인 가운데 하나는 바로 미국 문화의 침략에 대한 두려움이다.

물론 TDF에 대한 우려는 아랍 국가에만 국한되지 않는다. 프랑스는 많은 영어 단어를 금지함으로써 영어가 그들의 문화에 들어오지 못하게 하기 위해 오랫동안 싸워왔다. 쿠키(Cookie)도 금지된 단어 가운데 하나였다. 솔직히 말해, 수십 년 전 파리에 전문 빵 판매점이 설립되었을 때 초콜릿 칩 비스킷(chocolate chip biscuit)이라는 용어는 프랑스에서 필수 용어였음에도 이 용어는 많은 사람에게 쿠키와 동일한 이미지를 전달하지 못했다.

이것이 프랑스 농민들이 미국 무역 정책에 항의하면서 맥도날드(McDonald) 매장을 표적으로 삼은 이유 중 하나이다. 시위대는 서방의 경제 정책이 농민의 생계를 위태롭게 할 것을 두려워했다.

역사적으로 코카콜라, IBM 컴퓨터, 포드 자동차 같은 미국 제품은 일본에서 꽤 성공적이었다. 전 세계적으로 영어는 많은 분야에서 지배적인 언어가 되었다. 전 세계 사람들의 약 20%만이 영어를 사용하지만, 영어는 지배적인 글로벌 비즈니스 언어가 되었으며 여전히 전 세계 인터넷 콘텐트의 약 55%를 차지한다.

우리는 멕시코, 스위스, 영국, 호주, 캐나다, 뉴질랜드, 한국, 대만, 노르웨이, 체코에서 서방 주도의 IMF와 세계은행 연례회의에 맞춰 열린 시위에서 그리고 1999년 말 시애틀에서 열린 WTO 회의에서 주로 미국의 초국가적 기업, 거의 항상 서방의 초국가적 기업을 향해 분노가 표출되는 것을 볼 수 있다.

거대 초국가적 기업의 회사 심볼(corporate symbol)은 문화 아이콘이 되었으며 그것이 원래 판촉하고자 했던 상업용 제품 이상의 것을 나타낸다. 그것들은 서양과 서양에 대해 좋거나 나쁜 모든 것을 나타낸다. 어떤 면에서 기업 이미지 구축은 매우 유용하고 효과적이어서 이러한 회사 심볼은 이제 원래 의도를 훨씬 뛰어넘는 무언가를 나타낸다. 결과적으로 이미지 전이가 마케터의 목적에 항상 부합하는 것은 아닐 수도 있다. 좋은 평판은 마케팅 담당자와 PR 전문가의 목표이지만, 의도하지 않은 부정적인 연관성이 우연히 나타날 수 있다.

창조설(creationism)은 성경적 창조에 대한 문자 그대로의 해석과 일치하는 관점을 지지하는 소위 과학이다. 미국에서 지지자들은 종교적 교리를 진정한 과학 지식으로 가르치기 위해 창조설을 사용하여 학교 시스템을 조작했다. 흥미로운 계략이긴 하지만, 이 운동은 형이상학적 세계의 일부도 과학적 사실이라는 잘못된 주장에 지나지 않는다. 추종자들은 성경의 문자 그대로의 해석을 따르기 위해 만들어낸 지구의 역사에 대한 과학적으로 부정확한 설명을 받아들이도록 요구받는다.

4) 증언

증언(testimony)은 유명하거나 인정받았지만 매우 인기가 있거나 혹은 인기가 없는 사람이 제품, 개인/집단, 또는 입장/계획을 긍정적 또는 부정적 시각으로 묘사할 때 사용된다.

2002년 3월 14일, U2의 록 뮤지션 보노(Bono)를 대동한 조지 W. 부시 대통령은 미주 개발 은행(Inter-American Development Bank)에서 행한 연설에서 자신의 개발 원조 캠페인을 뒷받침해줄 성공한 사람의 증언이 필요했다. 그래서 부시 대통령은 모잠비크, 우간다, 방글라데시의 최근 경제 개발 성공 사례를 인용하면서 정당한 통치, 국민에 대한 투자, 경제적 자유 고취라는 자신의 기준을 수용한 국가에 증대된 구호 활동을 제공하려는 그의 계획을 뒷받침했다. 그는 계속해서 "성공적인 발전을 위해서는 글을 읽고 쓸 줄 알고 건강하며 일할 준비가 되어 있고 일할 수 있는 시민이 필요함"을 인정했다. 그는 미국이 새로운 개발 원조 정책 자금인 밀레니엄 챌린지 어카운트(Millennium Challenge Account)에서 개발 지원금을 50억 달러 늘리겠다고 약속했다. 이 글로벌 개발 및 자기 투자(self-investment)[19] 연설에서 부시는 1달러의 대외 원조가 2달러의 민간 투자를 끌어들인다는 사실이 입증되었다고 말한 데이터에 주목했다. 일부 사람들이 보편적으로 적절하지 않다고 문제를 제기한 자유 시장 목표를 수용하면서 그 연설은 영감을 불어넣었고 미국 행정부의 새로운 수준의 국제적 관심을 보여주었다. 그러한 주장은 보노의 증언을 사용함으로써 확실히 더 큰 힘을 얻었다.

또 다른 사건에서, 이번에는 베를린 장벽 붕괴 이후 소련과의 관계에 대한

---

[19] 자신의 삶과 자기 계발을 향상시키기 위해 시간, 자원 및 돈을 투자하는 과정을 말한다(역자 주).

CNN 인터뷰에서 아버지 부시 대통령인 조지 H. W. 부시는 다음과 같이 인정했다:

> 행정부는 협력하고 … 고르바초프에게 가해지는 압력을 이해하며 고르바초프의 눈을 우리 손가락으로 찌르지 않기 위해 … 열심히 노력했었다. 그들이 어떻게 반응'해야' 했는지 누가 알겠는가? 그리고 우리는 그렇게 하지 않았다. 그리고 우리가 그의 입장을 이해하려고 노력했고, 자제하려고 노력했음을 보여주는 예가 많이 있는데, 아마도 좋은 예가 발트해 국가들(Baltic states)[20]인데 우리 미국은 소련의 발트해 국가 점령 혹은 장악을 결코 인정하지 않았다. … 이것은 모든 문제가 끝났다는 것이 아니며, 무기 통제와 재래식 군사력, 핵 군사력 감축 협상 방식 측면에서 문제가 모두 끝난 것은 분명 아니다. 그러나 그렇긴 해도 나는 그것이 돌파구라고 생각한다(Bush, 1999).

따라서 소련에 대한 미국 행정부의 외교 정책 접근은 꽤 유리한 쪽으로 돌아섰고 돌이켜보면 백악관이 매우 현명했던 것 같다.

또한 백악관은 문제의 군사 기획관인 폴 월포위츠(Paul Wolfowitz)를 세계은행 총재 후보로 지명했을 때도 U2와 보노를 활용했다. 이 후보자에 대한 비판을 완화하기 위해 보노에게 다시 한 번 지지를 요청했다. 이러한 부시와 보노의 제휴는 이미지 전이의 사용을 보여주는 예였을 뿐만 아니라 연관에 의한 증언의 영역에 속하기도 한다.

전 세계적으로 우리는 전쟁 희생자들을 위해 전쟁터나 기념관을 방문하는 정치인과 정부 관리의 이미지를 자주 본다. 대통령을 포함한 미국 관리들은 때때로 이라크에 있는 군대를 깜짝 방문했다. 마찬가지로 마거릿 쌔처(Margaret Thatcher) 영국 총리도 포클랜드 전쟁(Falklands War)의 여파로 1983년 1월 포클랜드 제도를 방문했다. 쌔처에게 1982년의 그 전쟁은 그녀의 정치적 이미지에 극적인 변화를 가져옴으로써 1983년 선거에서 압도적인 승리를 거두었고 추가로 8년을 더 재직했다. 1999년 3월, 찰스 왕세자(Prince Charles)가 이 지역을 방문했을 때 그가 동 포클랜드 제도의 구스 그린(Goose Green)에 있는 제2

---

20 에스토니아, 라트비아, 리투아니아 세 나라를 일컬으며, 따라서 발트 3국이라고 부른다(역자 주).

낙하산 연대 기념관에 헌화하는 모습이 사진에 찍혔다. 공직자에게 기대되는 공식적 의무를 다하는 것 외에도, 관리들은 흔히 전시(戰時) 이벤트와 기념, 특히 다른 사람들이 국가적 대의를 지원하면서 보여준 용맹함과 희생과의 연관을 통해 이득을 본다.

증언 사용의 예를 더 살펴보기 위해 우리는 광고로 넘어가는데, 광고에서도 유명인사와 제휴를 맺을 수 있다. 비즈니스 활동은 성격, 이벤트, 또는 장소와 맺어진 관계를 통해 이익을 얻는다. 1996년, 우주 공간에서 촬영된 첫 번째 텔레비전 광고의 주인공은 미르(MIR) 우주 정거장에 있는 펩시(Pepsi)였다. 2000년 우주선 발사 장면에는 새로운 피자 헛(Pizza Hut) 로고가 등장했다. 더욱이 대중음악은 방송 광고의 배경 내러티브로 흔히 사용된다. 프로모션 회사인 엔터테인먼트 마케팅 커뮤니케이션스 인터내셔널(EMCI: Entertainment Marketing Communications International, 2005)은 "기업 또는 브랜드 마케팅 목표를 달성하는 데 도움을 받으려면 유명인사, 이벤트, 또는 라이프스타일 자산 옆에 서라"라고 조언했다.

우리가 자주 볼 수 있듯이, 개인적인 경험의 사용은, 그것이 성공으로 이어지든 실패로 끝나든 관계없이, 캠페인에서 공신력을 제공하는 데 흔히 사용된다.

5) 평범한 서민

평범한 서민(plain folks) 전략은 흔히 상당히 엘리트적이거나 지위가 높은 개인인 커뮤니케이터가 다른 모든 사람과 비슷한 그저 일상의 보통 사람들, 즉 **평범한 사람**(regular guy)이기 때문에 자신이나 자신의 아이디어가 좋거나 타당하다는 것을 다른 사람에게 확신시키고자 할 때 사용한다. 그렇게 함으로써 그렇지 않으면 얻지 못할 공감(sympathy)을 수용자나 유권자로부터 얻는다.

한 예로 2007년 프랑스 대선을 살펴보자. 프랑스 민주연합(UDF: Union for French Democracy)의 프랑수아 바이루(François Bayrou)는 자신이 소박한 배경을 가진 유일한 후보라고 주장했고, 이로 인해 그는 프랑스의 보통 사람들과 접촉할 수 있었다['la France profonde'는 '프랑스의 가장 오지(奧地)' 또는 '프랑스의 시골'을 의미함](Meade, 2007). 바이루는 3위를 차지했지만 700만 표를 얻었다.

과거 미국 대선에서 후보자들은 '평범한 사람' 또는 '평범한 서민' 이미지로 출마했다. 존 케리(John Kerry)는 조지 W. 부시를 상대로 선거에 출마했을 때 흔히 엘리트로 분류되었다. 이 땅에서 가장 높은 선출직이 너무 교육을 많이 받았거나 사업상 위상이나 정치적 위상이 너무 높은 상대 후보를 맹비난하는 것에 기대는 것은 다소 아이러니하다.

땅콩 농장의 농부였던 미국의 지미 카터(Jimmy Carter) 대통령은 (로널드 레이건이 그랬던 것처럼) 오벌 오피스(Oval Office)에서 자주 청바지를 입었다. 그는 또한 워터게이트(Watergate) 스캔들에 아무런 피해를 입지 않은 워싱턴 외부자로 출마함으로써 보통사람 호소력(everyman appeal)을 더욱 강화했다. 그러나 워싱턴 외부자라는 카터의 위치는 그가 취임한 후 문제가 되기도 했다. 이런 일은 특히 국제적인 분야에서의 그의 많은 업적에도 불구하고 일어났다.

평범한 서민 이미지가 진정으로 조작된 것은 클린턴 후보 시절 동안이었다. 빌 클린턴이 빅 맥(Big Mac)과 프렌치 프라이(French fry)를 매우 좋아한 것은 대중적 이미지를 구축하는 데 긍정적으로 작용했다. 조지 W. 부시조차도 미국의 심장부로 버스 여행을 하면서 팬케이크(pancake)로 아침 식사를 하고 유권자와 대화를 나누면서 꽤 성공을 거두었는데, 물론 그러한 이벤트에 입장하는 것은 당연히 통제되었고 참가자도 신중하게 선발되기는 했다. 다른 국가에서도 비슷한 사례가 있다.

부시는 한때 "나는 제국의 대통령이 아니다"라고 공언하기도 했다. 그러나 평범한 사람 이미지를 가진 정치 지도자들은 그럼에도 특히 국제 영역에서 성취력을 반드시 보여주어야 한다. 이것은 때로 선출된 관리들에게 문제를 일으킨다.

이 평범한 사람 접근방식은 해외에 주둔하는 군인을 이용해 긍정적인 이미지를 만들어내는 데에도 효과적일 수 있다. 로널드 레이건과 두 부시 대통령[21] 같은 최근 지도자들의 경우가 그러했다. 아들 부시 대통령은 2003년 5월 1일 이라크 근무를 마치고 돌아온 항공모함 HSS[22] 링컨(Lincoln)호에 해군 S-3B 바이킹(Viking) 제트기를 착륙시키면서 그의 '임무 완수'(Mission Accomplished)

---

21 아버지 부시 대통령과 아들 부시 대통령을 말한다(역자 주).
22 'United States Ship'의 약어로 미 해군 전함 이름 앞에 붙인다(역자 주).

사진 촬영을 준비할 때 이 기법을 사용했다. 여기에서 추구한 이미지는 완전한 통제력을 가지고 있는 최고 사령관의 이미지였다. 마이크 듀카키스(Mike Dukakis)가 1988년 부시 대통령에 맞서 캠페인을 벌이는 동안 육군 전차를 타고 사진 촬영을 시도했던 것은 부시와 비슷한 시도였지만 역효과를 냈다. 2004년 오하이오 캠페인에서 거위 사냥을 하는 동안 위장 재킷을 입고 12구경 산탄총을 들고 있는 모습을 연출했던 존 케리 역시 매우 성공적이지는 않았다. 딕 체니(Dick Cheney) 부통령은 미국 헌법 수정조항 제2조(무기 소지권)는 단순한 사진 촬영 기회 이상이라고 놀렸다. 따라서 평범한 사람 접근방식이 항상 뚜렷한 이점을 제공하는 것은 아니다.

영국에서 앤드류 왕자(Prince Andrew)는 그의 아버지, 할아버지, 그리고 두 증조부의 발자취를 따라 1982년 포클랜드 전쟁 동안 영국 군함 HMS[23] 인빈서블(HMS Invincible)호에서 헬리콥터 조종사로 근무했다. 1971년 9월 영국 해군 조종사 훈련을 받는 찰스 왕세자의 사진과 마찬가지로, 그의 사진 역시 영국 왕실 가족과 그들의 국가 군사 문제 참여 이미지를 제고하는 데 도움이 되었다. 그밖에도 피델 카스트로(Fidel Castro), 야세르 아라파트(Yaser Arafat), 이츠하크 샤미르, 게리 애덤스 등이 그들의 경력 초기에 만들어진 자유 투사 이미지는 분명히 나중에 그들의 정치적 열망을 불태우는 데 도움이 되었다.

조지 W. 부시가 국내에서 평범한 사람으로 성공했음에도, 유럽 지도자들과의 어려운 관계는 부분적으로 낮은 이미지 공신력 때문일 수 있다. 캐나다 퀘벡(Quebec)에 본사를 둔 「라 프레세」(La Presse)가 실시한 여론조사에 따르면, 그와 같은 여파는 2004년 10월 10개국 중 8개국(러시아와 이스라엘은 포함되지 않음)의 시민이 부시보다 케리를 선호한다는 결과로 나타났다(Travis, 2004). 토니 블레어(Tony Blair) 총리의 부시 대통령에 대한 강력한 지지조차도 영국에서 미국 지도자를 지지하는 것으로 해석되지 않았다. 2003년 9월 14일자 「USA 투데이」의 한 기사에 따르면, 미국 행정부가 국제적 이미지를 개선하기 위해 연간 10억 달러 이상을 지출했음에도 이는 사실이었다(Weiser, 2003). 메릴랜드 대학교(University of Maryland)가 실시한 글로브스캔-PIPA(Globescan-PIPA)[24]

---

23 'Her/His Majesty's Ship'의 약어로 영국 군함 이름 앞에 붙인다(역자 주).

여론 조사에 따르면, 교육 및 소득 수준이 더 높은 국제 시민들은 2004년 후반에 부시와 미국의 전반적인 영향력에 대해 더 부정적으로 느낀 것으로 나타났다(BBC World Service Poll, 2005; Kull & Miller, 2004). 국내에서 갈고닦은 부시의 강한 도덕적 캐릭터는 국제무대에서 그다지 효과적이지 않았으며, 많은 사람은 환경과 군사 연합 구축에 관해 그가 좋지 못한 태도를 취한 것에 불만을 표시했다.

6) 선택적 누락

선택적 누락(selective omission) 혹은 부정한 방법으로 카드치기(card stacking)는 발표할 때 사실과 왜곡, 해명과 혼란, 논리적 진술과 비논리적 진술을 선택할 때 발생한다. 다시 말해, 선전가는 진실하지 않은 방법으로 카드를 친다. 이 전략은 또한 탐지해내기가 가장 어려운데, 왜냐하면 왜곡과 누락을 통해 수용자들이 정보를 토대로 결정을 내리는 데 필요한 모든 정보가 제공되는 것은 아니기 때문이다.

'새빨간 거짓말'(big lie)은 나치 독일에서 허위 정보 캠페인의 특징을 묘사할 때 사용하는 명칭이다. 아돌프 히틀러가 독일의 제1차 세계대전 패배 원인을 유대인들이 미디어에 영향을 미친 탓으로 돌리면서 이러한 접근방식을 사용한 것으로 알려져 있다:

> 그러나 아주 오랜 옛날부터 유대인들은 거짓말과 비방이 어떻게 악용될 수 있는지 다른
> 어떤 사람들보다 잘 알고 있다. 그들의 존재 자체가 하나의 새빨간 거짓말, 즉 그들이
> 실제로는 하나의 민족이지만 그들은 하나의 종교적 공동체라고 하는 거짓말에 근거하
> 고 있지 않은가?(히틀러, 1923/1971, p. 134).

이와 같은 진술은 나중에 대량 학살을 부추긴 유대인에 대한 증오를 불러일으키는 데 사용되었다. 또한 검증된 적은 없지만 거짓말이 충분히 반복되면 진실로 널리 받아들여질 것이라고 말한 사람으로 알려진 사람은 바로 히틀러의 선

---

24 PIPA는 'Program on International Policy Attitudes'(국제 정책 태도에 관한 프로그램)의 약어이다(역자 주).

전부 장관인 요제프 괴벨스(Joseph Goebbels)였다.

좀 더 이후의 사례로 제2차 세계대전 당시 독일의 활동을 들 수 있는데, 이것은 영국 작가 데이비드 어빙(David Irving)에 의해 조장되었다. 어빙은 자신을 역사가라고 생각하고 홀로코스트(Holocaust)의 존재 자체에 이의를 제기했다(Charny, 2001; *Irving v. Penguin Books & Lipstadt*, 1996; Lipstadt, 1993). 그는 이것이 "잘 들어맞지 않는 전설"에 지나지 않는다고 결론지었다. 어빙은 많은 유대인이 죽었다는 사실은 인정하지만, 히틀러의 직접적인 명령에 따라 가스실에서 죽지 않았다고 주장했다. 어빙은 그러한 죽임이 전쟁에서 볼 수 있는 다른 어떤 끔찍한 행위와 다르지 않다고 주장했다. 데보라 립스타트(Deborah Lipstadt, 1993)는 어빙은 역사적 증거를 잘 알고 있으면서도 "그러한 증거가 그의 이데올로기적 성향과 정치적 의제와 일치할 때까지 그것을 왜곡한다"(p. 47)라고 반박했다. 케임브리지 대학교(Cambridge University) 현대사 교수인 리처드 에번스(Richard Evans, 2002)는 어빙의 글이 사료(史料)를 다룸에 있어 심한 이중성으로 가득 차 있으며 그의 이러한 사료 오용은 계산되고 고의적인 것으로 보이는 실수로 이어졌다고 덧붙였다.

최근 몇 년 동안, 우리는 미국의 외교 정책 문제에서 유사한 진실 왜곡을 목격했다. 그러한 예로 부시 행정부는 뉴스 채널들에게 알-카에다와 오사마 빈 라덴(Osama bib Laden)의 모습이 담긴 영상을 보여주는 것을 자제해달라고 요청했지만, 그것이 왜 해로운 것인지에 대한 직접적인 증거를 제공하지는 못했다. 대신 다음과 같은 콘돌리자 라이스(Condoleezza Rice)의 인터뷰에서 볼 수 있듯이, 정당화는 모호했으며 따라서 선택적 누락에 해당했다(Gambrell, 2001):

> 나는 뉴스 채널들이 이 문제를 처리하는 방식에 강한 책임을 져야 한다고 생각한다. 내가 그들에게 전하는 메시지는 이와 같은 것에 대한 뉴스 가치 판단을 내 마음대로 내리려는 것이 아니라, 나가서 미국인을 살해하라는 요청으로 끝나는 편집되지 않은 15~20분 분량의 반미 증오를 분출하는 영상에 대해 국가 안보 우려가 있다는 것을 말하려는 것이다. 그리고 나는 그것이 충분히 이해되었다고 생각한다. 우리는 이 영상에 어떤 신호가 담겨 있지는 않는지에 대해 여전히 우려하고 있지만, 그것에 관해 여러분들이 필요로 하는 것을 아직 더 가지고 있지는 않다.

이렇듯 반대되는 관점의 억압을 사용하는 것은 분명 선택적 누락 전략에 속한다. 뿐만 아니라 대량 살상 무기(WMD: weapons of mass destruction), '악의 축', 자살 폭탄 테러범에 대한 정보가 미디어에 정기적으로 제공된다는 점도 고려하라. 따라서 어떻게 일부 미국인이 모든 아랍인과 무슬림이 테러리스트일 가능성이 있다고 결론을 내릴 수 있는지 이해하는 것은 어렵지 않다. 그와 같은 선택적 누락은 모든 아랍인에 대한 부정적인 미국의 고정관념의 토대가 된다. 그 결과, 우리는 공항에서 인종 고정관념이나 인종 프로파일링(racial profiling)[25]을 보며, 이런 일은 공공 모임 장소에서도 마찬가지로 일어난다. 많은 특별 행사 동안 경찰은 감시를 강화했으며 무슬림이 특별히 지목되고 있다는 비난도 흔히 볼 수 있다. 아랍인들을 호의적인 시각으로 보여주는 뉴스가 눈에 띌 정도로 보이지 않음으로써 고정관념이 분명히 고착화되었다. 따라서 상대방이 악하거나 비난받을 짓을 했음을 암시하게 되면 논의가 감정적으로 바뀌면서 이성적인 논의는 줄어든다.

선택적 누락은 잘못된 정보와 증오를 퍼뜨리는 것을 목적으로 하는 최근 소셜 미디어 추이에서도 볼 수 있다. 독일에서는 시민들을 중대한 잘못된 정보와 증오 표현으로 구성된 극단주의 웹사이트로 연결해주는 구글 및 유튜브 인터넷 검색 사용이 증가했다. 이러한 검색 엔진은 정교한 알고리즘을 사용하여 흔히 주변적인 증오 집단이 만든 음모 이론과 극우 메시지를 옹호하는 극단주의 비디오로 이용자를 안내한다. 그렇게 해서 발생하는 각각의 추가 히트(hit)는 해당 검색 엔진의 추가 광고 수입을 의미한다. 이러한 검색 엔진 관행은 주로 이민 정책과 다른 정치적 사안을 겨냥한 독일 전역에서 급성장하는 올트-라이트(Alt-Right)[26] 운동의 급성장을 야기했다고 한다. 소셜 미디어 연구자인 제이넵 투펙치(Zeynep Tufekci)가 말했듯이, "유튜브는 21세기의 가장 급진적인 도구 가운데 하나가 되었다"(Fisher & Bennhold, 2018).

---

25 피부색, 인종 등을 기반으로 용의자를 추적하는 수사 기법을 말한다(역자 주).

26 'alternative right'(대안 우파)의 약어로, 주류 보수주의의 대안으로서 제시된 극단적인 보수주의 이념의 정치성향을 가진 집단 또는 우익의 한 부류를 뜻한다(역자 주).

7) 편승 효과

편승(bandwagon) 접근방식은 "모든 사람이 그것을 하고 있다" 또는 "우리 모두 그것을 하고 있다"라는 관념을 활용하여 개인들이 그냥 군중에 합세하거나 군중을 따르도록 독려하는 것을 말한다.

9/11 테러 이후, 미국에서는 누구든 일반적으로 말하면 미국의 외교 정책, 구체적으로 말하면 부시 행정부를 반대한다고 공개적으로 말하기 어려웠다. 국토안보법(Homeland Security Act)의 많은 측면과 이 법의 궁극적인 시행이 시민과 방문자 모두의 시민권에 타격을 주었음에도, 행정부의 테러와의 전쟁을 지지하지 않는다는 것은 비애국주의에 비유되었다. 수천 명이 부당하게 구금되거나 수감되면서 인종 프로파일링(racial profiling)[27]은 경찰이 사용하는 관행 가운데 하나 일뿐이었다. 미국은 시민적 자유를 위해 많은 긴 싸움을 제물로 바치면서 개인의 자유와 표현 분야에서 큰 대가를 치렀다.

모두가 테러와의 전쟁에 동참해야한다고 주장하는 것은 분명한 편승 기법이다. 이라크 군이 대량 살상 무기를 보유하고 있다는 전제하에 전쟁에 돌입하면서 행정부를 지지하지 않은 의원들에 가해진 비판도 마찬가지였다. 실제로 지금 봐서는 이라크가 전반적으로 유엔 제재를 준수했을 수도 있는 것으로 보인다.

"당신은 우리 편이든지 아니면 적이든지 둘 중 하나다"라는 현상 유지에 대한 비판이 가로막혀 있는 국가 위기 시 자주 들을 수 있는 슬로건이다. 그것은 1960년대와 1970년대에 베트남 전쟁에 반대하는 전쟁 시위자들이 "미국을 사랑하라, 그렇지 않으면 떠나라"라는 비판에 직면했을 때의 사고방식이었다. 국민주의라는 강한 감정을 바탕으로 한 또 다른 슬로건은 "옳건 그르건 내 조국"이라는 슬로건이다. 그와 같은 반응은 국가 건설의 토대 자체를 부정하는 것이다. 영국 저널리스트 G. K. 체스터턴(G. K. Chesterton, 1902)은 "'옳건 그르건 내 조국'이라는 슬로건은 절박한 경우를 제외하고는 애국자라면 결코 생각할 수 없는 말이다. 그것은 마치 '술에 취했건 술에 취하지 않았건 내 어머니'이라

---

27 인종이나 종교를 기준으로 사람들을 분류한 후, 이를 활용하여 차별적 대우를 하는 경우를 주로 가리키며, 부정적 의미로 쓰인다. 특정 인종 집단을 우선적으로 용의 선상에 올린다든지, 특정 종교 집단에게 인사상 불이익을 주는 경우 등을 예로 들 수 있다(역자 주).

고 말하는 것과 같다"라고 말했다. 우리 모두는 조국이 자유롭고 개방적이며 비난할 수 없는 상태를 유지하기를 원하지만, 의심을 견뎌내는 것이 바로 조국의 자유를 가늠해볼 수 있는 최고의 시금석일 수도 있다(Loory, 2004).

"치과 의사 5명 중 4명이 이 치약을 사용한다"라는 슬로건도 일종의 편승 전략이다. 편승에 대한 호소는 주로 '단체에 가입하는 것을 좋아하는 사람'(joiner)을 상대로 하는데, 왜냐하면 그들은 "다른 모든 사람들이 가입했기 때문에" 가입하는 사람들이기 때문이다. 또 다른 예로는 깃발, "우리 군인들에게 힘을 실어줍시다"라고 적힌 범퍼 스티커(bumper sticker),28 미국 국기 모양의 양복 옷깃 버튼, 혹은 자동차에 부착하는 친-군대(pro-troop) 및 암 반대(anti-cancer) 자석 리본을 많이 사용하는 경우를 들 수 있다. 이러한 캠페인과 이와 유사한 캠페인은 개인이 "다른 모든 사람이 동참하고 있음"을 근거로 고조되고 있는 여론과 활동에 동참할 것을 호소한다. 이 방법은 실제로 면밀히 조사되지는 않았으며, 이기는 것이 전부라고 여겨진다. 편승 기법은 또한 충성심과 국민주의의 정서에 호소한다.

8. 선전의 현대적 사용

오늘날 선전 분야는 훨씬 더 복잡해졌다. 우리는 제2차 세계대전의 여파로 선전을 위한 정부의 노력이 계속되는 것을 보았듯이, 오랫동안 지속되어온 냉전은 흔히 활동의 중심이었다. 그 시기의 몇몇 국내 미디어 캠페인을 살펴보자.

전쟁 후 제작된 단편 영화 《내가 사는 집》(*The House I Live In*, 1945)에서 배우 프랭크 시나트라(Frank Sinatra)는 인종차별주의와 반유대주의 문제를 제기하기 위해 길거리 아이들과 이야기를 나누며 주제가를 부른다. 다른 사회계도 영화는 사회 교육 분야에서 전후 미국 국민을 교육하기 위해 애썼다. 이런 영화로는 샌프란시스코 청소년 갱단의 삶과 공공 근로사업이 어떻게 청소년 비행에 대한 예방 조치가 될 수 있는지를 다룬 《내게 지시하지 말고 요청해》(*Ask Me, Don't Tell Me*)(American Friends Service Committee, 1961)가 있다. 존이메리

---

28 자동차 범프에 붙이는 각종 구호가 적혀 있는 스티커를 말하는데, 미국의 자동차엔 이런 스티커들이 붙어 있는 것을 흔히 볼 수 있다(역자 주).

를 속여 수학 시험의 답을 보여주게 만들어 그녀를 곤경에 빠뜨리는 《콘텐츠: 속임수》(*Contents: Cheating*, 1952)를 포함해 다른 영화는 일상생활 분야에서 청소년들에게 조언을 주고자 노력했다. 《얼마나 많은 애정?》(*How Much Affection?*, 1958)은 10대들이 친구를 꾸준히 사귈 때 느낄 수 있는 애정의 한계와 음주, 흡연, 키스나 포옹 같은 페팅(petting)을 거부할 때와 거부하는 방법을 다룬다. 또 다른 영화 《남자의 척도》(*Measure of a Man*, 1962)는 사회적 압력을 피하고 '악마와도 같은 맥주'(demon beer)를 마시게 하는 유혹에 빠지지 않는 방법을 구체적으로 다룬다.

우리는 다양한 영화에서 반공주의와 같은 정치적 정서가 다루어진 것을 보았는데, 그 가운데 일부는 오늘날의 맥락에서 보면 꽤 유머러스하다고 여겨진다. 이러한 영화 가운데에는 공산주의자들이 전형적인 미국의 작은 마을에 접근하면 어떤 일이 일어날 지에 대한 이야기를 다룬 《레드 나이트메어》(*Red Nightmare*, 1962)가 있다. 이 영화는 잭 웹(Jack Webb)이 주연을 맡아 그의 아내, 자녀, 친구가 그의 공산주의적 생활방식 때문에 그를 거부할 경우 '전형적인' 미국인이 어떻게 반응하는지 보여주었다. 이 영화는 지역 경찰서장이 공산당 관리인 척하고 지역 미디어를 폐쇄하는 모의 연습을 그려냈다. 또 다른 영화 《공산주의에 대한 진실》(*The Truth about Communism*, 1962)에서 로널드 레이건은 공산주의 운동의 발전에 대해 심하게 왜곡된 이야기를 진행하고 내레이션한다. 다른 영화로는 R. G. 스프링스틴(R. G. Springsteen)의 《붉은 위협》(*Red Menace*, 1949), 조지 V. 앨런(George V. Allen)의 《양키는 물러가라: 공산주의 선전》(*Yankee Go Home: Communist Propaganda*, 1950), 그리고 4편의 시리즈물 《원자폭탄을 이겨낼 수 있어》(*You Can Beat the A-Bomb*, 1950), 《1대의 폭격기, 하나의 폭탄》(*One Plane, One Bomb*, 1954), 《적색경보》(*Warning Red*, 1956) 및 《더 하우스 인 더 미들》(*The House in the Middle*, 1954) 등이 있다.

영화 《캠퍼스의 공산주의자》(*Communists on Campus*, 1970)에서 볼 수 있듯이, 이러한 우려는 다른 국내 상황으로 번져나갔다. 이 영화는 민주사회를 위한 학생(SDS: Students for a Democratic Society), 흑표범단(Black Panthers),[29] 월

---

29 미국의 극좌익 흑인 과격파 단체(역자 주).

남전에 반대하는 학생 시위자들의 활동을 포함하여 캠퍼스에서의 학생 시위 활동에 대해 경고한다. 미국 국방부가 제작한 또 다른 영화 《왜 베트남인가?》(*Why Vietnam?*, 1965)는 린든 B. 존슨(Lyndon B. Johnson) 대통령의 연설과 딘 러스크(Dean Rusk) 국무 장관 및 로버트 맥나마라(Robert McNamara) 국방 장관의 발언을 통해 남베트남에 대한 미국의 정책을 설명하려고 시도한다.

해리 리즈너(Harry Reasoner)가 내레이션한 헤이트-애슈버리(Haight-Ashbury) 지역(샌프란시스코) 히피족의 라이프스타일을 다룬 다큐멘터리 영화 《더 히피 템테이션》(*The Hippie Temptation*, 1967)은 청소년 반문화(反文化; counterculture)를 다루었다. 이 영화는 청년이 히피가 되는 이유와 그들의 마약 의존, 특히 LSD[30] 실험을 살펴보고자 한다. 또 다른 영화 《리퍼 매드니스》(*Reefer Madness*, 1936)는 오늘날 매우 일방적이고 매우 부정확한 반-마리화나(antimarijuana) 영화로 자주 인용된다.

더 많은 장르가 있지만 특히 흥미로운 것은 게이 의제(gay agenda)를 다루는 것들인데, 게이 의제를 다루는 다큐멘터리는 남성 동성애자의 권리와 남성 및 여성 동성애자들의 라이프스타일이 미국의 도덕적 가치와 시민의 자유를 포함한 미국 문화에 어떤 해를 끼칠 수 있는지에 관한 의견을 제시한다. 이러한 것들 가운데 하나로 남침례회연맹(Southern Baptist Convention)이 제작한 《게이 권리, 특별한 권리: 동성애 의제의 내부》(*Gay Rights, Special Rights: Inside the Homosexual Agenda*, 1993)에는 동성애자의 삶을 포기하고 기독교인이 된 '회복된' 게이 남성과 레즈비언의 증언이 포함되어 있다. 이러한 다큐멘터리는 모두 교묘하거나 때로는 그다지 교묘하지 않은 선전 시도에 해당한다.

전 세계적으로 정부, 개인, 조직은 다양한 미디어 채널을 사용하여 그들의 메시지와 관점을 제시하려고 노력해왔다. 방금 기술한 많은 사회적 이슈와 마찬가지로, 이러한 것들 역시 관점의 측면에서 균형을 이루지 못하는 경우가 많으며 메시지 전달의 객관성에 관여하려는 시도가 거의 이루어지지 않을 수도 있다. 그 결과, 인쇄 미디어와 전자 미디어 모두 수많은 사회적·정치적 이슈에 관한 메시지를 개인과 국가에 전달하는 데 동원되었다. 그리고 미국이 공공 외

---

30 'lysergic acid diethylamide'의 약어로, 정신 분열과 같은 증상을 일으키는 환각제이다(역자 주).

교 캠페인에 관여하는 것처럼, 우리는 이러한 국제적 노력의 대부분은 아니지만 많은 노력에도 그들의 국내 정보 공유 방법에서 발견되는 것과 유사한 부정확성이 자주 반영된다고 가정해야 한다. 진실한 선전, 진실한 공공 외교, 혹은 다른 어떤 것으로 불리든, 그와 같은 메시지의 정당성은 메시지를 보는 사람, 이 경우에는, 메시지 송신자의 눈에 달려 있다.

달리 표현하면, 다큐멘터리 영화와 비디오의 역사는 다큐멘터리 작가와 제작자들의 사실성과 조작의 정도에 대한 질문들로 가득 차 있다. 이것은 뉴스릴의 초창기와 로버트 플라어티(Robert Flaherty)의 작품인 《북극의 나누크》(Nanook of the North, 1922), 《아란의 사나이》(Man of Aran, 1934), 《루이지애나 스토리》(Louisiana Story, 1948)와 같은 초기 영화의 고전들로 거슬러 올라간다. 《마치 오브 타임》(March of Time)과 같은 뉴스릴은 오랫동안 배우를 사용하여 여러 뉴스 이벤트를 재현했으며, 그와 같은 장면을 재현된 장면이라고 밝히는 경우는 거의 없었다. 그래서 2004년 여름 마이클 무어(Michael Moore)의 다큐멘터리 영화 《화씨 9/11》(Fahrenheit 9/11)에 대해 격렬한 항의가 일어났을 때 이 영화가 조지 W. 부시와 이라크 전쟁에 대해 편집상 반대되는 입장을 취한 것에 대해 비평가들이 이의를 제기하자 어떤 사람들은 놀랐다. 객관성이 늘 다큐멘터리의 전제 조건으로 여겨져 왔다는 데 대해 많은 학자들은 동의하지 않는다. 또 어떤 사람들은 미국 뉴스 미디어에 대한 서방 소비자와 업계의 압력이 흔히 뉴스 보도가 탄탄하지만 제한된 내러티브 구조와 적절한 정보 공유보다 오락적 가치를 선호하는 형식을 추구하도록 부추긴다고 비난한다.

따라서 테드 카펄(Ted Koppel)이 이라크에서 살해된 미군의 이름을 방송으로 내보냈다는 비판을 받거나 VOA가 탈레반의 물라 무하마드 오마르(Mullah Mohammed Omar)와 인터뷰를 진행했다는 이유로 비판을 받았을 때, 이러한 것들은 어떤 시스템에 대한 검정(檢定)이자 헌법이 보장하는 표현의 자유를 수용할 수 있는 그 시스템의 능력으로 간주되어야 한다. 더욱이 러시아가 러시아의 미사일 불발 영상을 텔레비전이 내보내지 못하도록 막은 것은 훌륭한 저널리즘 행위가 아니었다. 최근의 체첸(Chechen) 사건을 감안할 때, 블라디미르 푸틴이 텔레비전 뉴스에 대한 추가적인 통제를 주장한 이유 가운데 하나가 러시아 정부를 당혹스럽게 만들 가능성이 있다는 것이었지만, 저널리즘에 공신력을 부여하고 매스 미디어의 환경 감시 또는 감시자 기능을 유지시켜주는 것은 바로 그와 같은 보도이다. 즉, 그와 같은 언론 보도는 특정 정부 지도자들에게는 잠재적으로 불편할 수 있지만 이러한 민주적으로 선출된 관리들에 대한 감독을 보장하는 방법이기도 하다. 사건 보도가 불충(不忠)으로 잘못 해석되어서는 안 된다. 사실 그것은 가장 고귀한 형태의 애국심이다.

결과적으로, 대부분의 주류 미디어의 경우 가장 기본적인 수준에서 공정하고 객관적인 언론이라는 그 출발점 자체가 문제시될 수도 있다. 그와 같은 환경에서는 특정 다큐멘터리 영화 제목이 편향되어 있는지 여부가 아니라 서방 저널리즘의 목적에 의문을 제기하는 것이 더 적절할 수도 있다.

9. 선전으로서의 테러리즘

정부는 계속해서 선전을 메시지 전달의 주요 수단으로 사용하지만, 선전이 캠페인과 여론 형성 도구로 매우 효과적이라는 것을 알게 된 또 다른 참여자가 등장했다. 그들은 바로 테러리스트로 알려져 있는 자들이다. 정부가 관여되어 있을 때, 우리는 일반적으로 그것을 국가 테러리즘(state terrorism)이라고 하고, 비정부 단체가 그러한 메시지의 발신 주체일 때는 비국가 테러리즘(nonstate terrorism)이라 부른다.

오늘날 비국가 테러리즘은 사회적 · 정치적 참여자들에 의해 저질러지고 있으며, 이들은 선전을 대안 외교 채널로 사용한다. 최전선에 있는 참여자는 거의 항상 비국가 실체이며, 이들은 테러리즘이 더 나은 장비를 갖춘 국가나 다국적 이해관계자들에 대응하는 효과적인 방법이라고 생각한다. 실제로 이것은 오래된 남-북(North-South) 커뮤니케이션 교착상태의 연장인데, 이러한 교착상태하에서 흔히 개발도상국의 실체들은 선진국과 선진국의 이해관계자들이 대화를 꺼린다고 믿는다. 그러나 테러리스트들이 개발도상국에 있을 필요는 없는데, 왜냐하면 선진국에 있는 집단도 정치적 무력감을 느끼고 때로 최후의 수단으로 테러를 일으킬 수도 있기 때문이다. 우리는 소외된 모든 그룹이 전 세계 어디에 있든 비폭력적인 수단을 선택하여 그들의 차이점이나 불만을 표현하기를 바라지만, 폭력적인 선전 캠페인을 묵인하는 집단과 개인의 수가 증가하고 있음을 우리는 인정해야 한다. 이 경우, 선전가들은 테러를 특정 이익을 달성하기 위해 잠재적으로 더 효과적인 수단으로 인식하거나 합리화하기 때문에 최후의 수단으로 테러에 의존함으로써 군대와 민간인 모두를 위험에 빠뜨린다. 이러한 행동은 일반적으로 더 높은 정치적 목적이나 사회적 목적에 의해 정당화된다.

이 장의 앞부분에서 언급했듯이, 정당은 다양한 미디어 채널을 사용해 그들의 메시지와 관점을 제시하려고 노력해왔다. 조치에 반대하고, 메시지를 퍼뜨리고, 여론을 흔들기 위해 신문, 뉴스 레터, 오디오 및 비디오카세트, 영화, CD 및 DVD, 포스터, 광고지 및 전단지, 범퍼 스티커, 티셔츠, 그리고 심지어 정치용 핀과 버튼(political pin and button)까지 사용되어왔다.

수년 동안, 매우 효과적인 형태의 반체제(antiestablishment) 커뮤니케이션은 노동조합의 뉴스레터와 신문이었다. 1950년대와 1960대의 캘-버클리(Cal-Berkeley)[31] 표현의 자유 운동(FSM: Free Speech Movement) 동안 등사된 지하 신문은 꽤 인기가 있었다. 안타깝게도 집단들은 때로 의제를 널리 알리고 현상 유지를 바라는 자들이 그들의 입장이나 조치를 재고하도록 납득시키기 위해 더 폭력적인 행동을 취했다. 게릴라전과 때로 테러리즘은 사실 약 2세기 반 전에 아메리카 원주민들이 영국과 싸울 때 사용했던 전통적인 군사 전술을 변형한 것이었다. 그럼에도 게릴라전은 일반적으로 재래식 군대 또는 군사 작전을 표적으로 삼는다. 테러리스트는 흔히 비군사적인 인구집단, 활동, 하부구조를 표적으로 삼는다.

때로 진짜 군사 봉기를 테러 행위라고 부를 수도 있다. 분명히 초기 미국 식민지에서 볼 수 있었던 저항세력은 스스로를 자유 투사로 여긴 반면, 영국인은 그들을 짜증 나는 테러리스트와 비슷한 존재로 인식했다. 이것은 분명 보스턴 차 사건(Boston Tea Party)에 연루된 '아메리카 인디언' 복장을 한 식민지 주민들을 두고 하는 말이다. 앞에서 언급했듯이, "어떤 이에겐 테러리스트이지만 다른 이에겐 자유 투사이다." 로크(Rourke, 1999)는 다음과 같이 말했다:

---

[31] University of California, Berkeley(버클리 소재 캘리포니아 주립대학교)를 의미한다(역자 주).

당신이 못마땅해 하는 국가나 집단이 그와 같은 [테러리스트] 활동을 할 때 그것을 비난하기는 쉽다. 당신이 공감할 수 있는 국가가 저지르는 암살과 다른 그와 같은 행동은 어떤가? ... 그러한 행위[가다피에 대한 레이건의 공습과 소말리아와 아프가니스탄에서의 클린턴의 공습]의 정당성에 의문을 제기하는 사람들은 테러를 규정하는 기준은 흔히 보는 사람의 눈에 달려 있으며, 이 경우에는 전투기가 건물에 투하한 폭탄으로 민간인을 죽이는 것이 건물 안에 폭탄을 설치하여 민간인을 죽이는 것과 다르지 않다(pp. 346~347).

테러리즘(terrorism)이라는 용어는 1789년 프랑스 혁명 이후 처음으로 유럽 언어로 사용되기 시작했다. 초기에 프랑스 정부는 주로 폭력적인 방법을 사용해 의심스럽고 꺼려하는 공중에게 과격한 새로운 명령을 부과하려 했다. 따라서 우리는 처음부터 테러리즘이 독재적인 정부 통제에 대한 대응으로 받아들여졌음을 알 수 있다.

19세기에 테러리즘이라는 용어는 비정부 운동과 관련되었다. 1878~1881년에 나로드나야 볼야(Narodnaya Volya; 인민의 의지)라는 러시아의 한 혁명가 단체는 특히 제정 러시아의 '억압적인 지도자들'을 표적 살해하는 것을 좋은 일로 생각했다. 그들은 1881년 3월 13일에 러시아 황제 알렉산드르 2세(Alexander II)를 암살하고 그와 같은 공격이 혁명의 촉매제가 될 것으로 믿었다. 수년 동안, 테러리즘은 주로 1914년 6월 28일 사라예보(Sarajevo)에서 19세의 보스니아 세르비아인(Bosnian Serb)이 오스트리아 대공 프란츠 페르디난트(Franz Ferdinand)를 살해한 것과 같은 지도자 암살을 통해 계속되었다.

20세기에 테러리즘은 정치 지도자와 국가 원수에 대한 암살을 넘어 확대되었다. 유럽의 식민 권력은 아일랜드에서 일어난 일과 같이 식민지에서 철수하라는 압력을 받았다. 1916년 4월 24일 월요일, 부활절 반란(Easter Rebellion)은 영국에 대한 아일랜드 국민주의자들의 봉기의 표시였다. 반란 직후 또는 반란이 끝난 지 얼마 되지 않아 약 16명이 영국군에 의해 처형되었다. 신 페인(Sinn Féin)은 아일랜드에서 지배적인 정당이 되었고, 1918년 의회 선거에서 압승을 거두었으며, 영국과의 관계 단절을 요구했다. 그들은 또한 북아일랜드에서 분리주의 운동을 끝내고 아일랜드 공화국을 세우려 했다. 신 페인 당이 더블린

(Dublin)에 달 에런(Dáil Éireann), 즉 아일랜드 하원[32]을 구성하고 스스로 독립을 선언했던 1919년 1월까지 혼란은 계속됐다. 1921년 영국-아일랜드 조약(Anglo-Irish Treaty)은 26개의 아일랜드 주에 독립을 부여했지만 대체로 개신교(영국계 성공회)를 믿는 6개 주는 영국에 남는 선택할 수 있도록 허용했다. 이 6개의 북부 주는 얼스터(Ulster)로 불렸다. 1960년대부터 세기가 바뀔 때까지 얼스터는 더 불안정한 모습을 보였다. 1968년, 왕립 얼스터 경찰대(RUC: Royal Ulster Constabulary)가 평화로운 인권 행진을 폭력적으로 방해한 행위는 소위 고질적인 문제의 시작을 알렸다. 1969년 8월, 영국 정부는 데리(Derry)와 벨파스트(Belfasst)에 군대를 보냈다. 개신교 다수당의 도구로 여겨졌던 아일랜드 공화국군(IRA: Irish Republican Army)이 다시 부상하여 영국과 개신교 이해관계자 모두를 공격하기 시작했다. 이에 영국은 1985년에 맺은 합의로 인해 비록 아일랜드가 컨설턴트로 참여할 수 있긴 했지만 북아일랜드 의회 독립을 철회했다. 1990년대에는 여전히 영국과 북아일랜드에서 테러리즘이 만연했으며, 2002년까지 몇 차례 공격이 얼스터에서 다시 발생했다. 그러한 '고질적인 문제'로 인해 북아일랜드에서 약 50만 명이 희생된 것으로 추정된다. 피해자들은 신체적 부상뿐만 아니라 트라우마(trauma)로 고통을 겪기도 했다(Cunningham, 2011).

토착 주민들이 신흥 탈식민지 국가에서의 리더십 요구를 그들이 지지한다는 것을 보여주는 수단을 찾기 시작하면서 또 다른 형태의 테러리즘이 나타났다. 한 예로 1948년 공산주의자들은 말라야(Malays; 현재 말레이시아)에서 테러리즘 캠페인을 개시했지만, 영국군의 계속된 반대뿐만 아니라 정치적 독립 분위기를 조성하기 위한 정치 개혁을 강조하는 조직화된 프로그램으로 인해 실패했다. 유럽의 식민 통치가 끝난 후, 테러는 여러 곳에서 계속되었는데, 경찰과 지역 공무원 살해, 항공기 납치, 인질 납치, 폭탄 투척이 전형적인 유형이었다. 테러리스트들이 내세운 명분은 종교뿐만 아니라 혁명적 사회주의와 국민주의를 토대로 했다.

1968년 이후부터는 많은 비행기 납치가 발생했으며, 흔히 납치된 비행기가

---

[32] 선거에서 승리한 신 페인 당은 영국 하원에 등원하기를 거부하고 아일랜드에 독자적인 하원을 구성했으며, 아일랜드 독립을 선언한 후 아일랜드 독립전쟁(1919~1921년)이 일어난다(역자 주).

중동(中東) 목적지에 착륙한 후 폭발하는 것으로 결말이 났다. 1970년 2월, 3명의 테러리스트가 독일 뮌헨(Munich)의 공항 터미널에서 항공기로 이동하는 공항 환승 버스에서 이스라엘 항공사인 엘 알(El Al) 승객을 공격했다. 1972년 5월, 급진적인 일본 적군파(JRA: Japanese Red Army) 대원 3명이 에어 프랑스(Air France) 비행기에 탑승한 후 텔아비브 공항 도착 라운지에서 자동 무기를 사용하여 26명을 죽였다. 초기 납치 사건은 이스라엘-팔레스타인 문제에 초점을 맞추었으며, 1972년 9월 독일 뮌헨 올림픽에서 이스라엘 선수에 대한 팔레스타인 측의 공격으로 11명의 이스라엘인이 사망했다. 공중의 공포는 더 심해져 갔다. 다른 사건에서, 5명의 팔레스타인 테러리스트는 1973년 12월 로마(Rome) 공항의 터미널 라운지에서 총격을 가해 2명이 사망했고, 아메리칸 항공(American Airlines) 비행기를 나포해 탑승한 29명 모두를 죽였으며, 루프트한자(Lufthansa) 여객기에 추가 인질을 몰아넣고 이탈리아 세관 경찰관 1명과 인질 1명을 살해한 후 남은 인질을 쿠웨이트에 풀어준 후 알려지지 않은 목적지로 날아갔다. 1985년 12월에는 4명의 테러리스트가 기관단총과 수류탄을 들고 로마의 레오나르도 다빈치 공항(Leonardo da Vinci Airport)에 있는 엘 알, TWA, 파나마(Panama) 항공의 체크인(check-in) 구역에 들어가 11명을 살해하고 70명에게 부상을 입혔다. 같은 달, 비엔나(Vienna) 슈베하트 공항(Schwechat Airport)에서는 3명의 테러리스트가 엔 알 항공 라운지에서 기관총과 수류탄으로 대기 중인 승객을 공격하여 2명이 사망하고 47명이 부상을 입었다. 미국에서도 몇 차례의 공항 납치 사건이 발생했다.

테러리즘은 공항에만 국한되지 않았다. 1985년, 4명의 팔레스타인인이 이집트 해역에서 미국인 19명을 포함하여 400명이 넘는 승객 및 승무원과 함께 여행 도중에 이탈리아 유람선 아킬레 라우로(Achille Lauro)호를 납치했다. 납치범들은 이스라엘이 팔레스타인 포로들을 석방할 것을 요구했다. 이틀에 걸친 포위 공격을 받은 끝에 납치범들은 안전한 통행을 약속하는 대가로 항복했다. 납치범들을 이집트 제트 여객기에 태워 풀어주려고 했지만, 미 해군 F-14 전투기가 그 비행기를 가로챈 후 팔레스타인인들이 구금된 시칠리아(Sycily)에 강제로 착륙하게 했다. 이에 이집트의 호스니 무바라크(Hosni Mubarak) 대통령은 이집트 항공(EgyptAir) 737 조종사에게 훈장을 수여하고 미국에 사과를 요구했는데, 레이건 대통령은 이를 거부했다. 나중에 미국의 압력 때문에 유엔 총회는 야세르 아라파트(Yasser Arafat)를 유엔 40주년 기념식에서 연설하도록 초대한 제안을 철회했다. 아라파트는 아킬레 라우로의 납치를 묵인했으며 레이건이 이집트 항공 737을 가로챔으로써 '해적 행위'를 했다고 비난했다. 그 후 1981년에 테헤란(Tehran)에 있는 미국 대사관에 14개월 이상 억류되어 있던 약 52명의 미국 인질이 석방되었다. 그 시련은 1979년 11월 미국이 이란 왕을 지지한 것에 분노한 급진 이란 학생들이 테헤란에 있는 미국 대사관을 습격했을 때 시작되었다. 그들은 아야톨라 호메이니(Ayatollah Khomeini)가 이끄는 이란 정부의 지원을 받았다. 이러한 많은 사건에서 다른 국가들이 테러리스트의 활동을 지원하는 것으로 알려졌지만 그러한 국가들은 통상 공개적으로 부인하는 태도를 유지했다는 점에 주목할 필요가 있다.

이스라엘의 서안(West Bank) 지구와 가자(Gaza) 지구 점령에 맞서 싸우면서 중동에서는 테러리즘이 계속되었다. 이스라엘인들은 흔히 불가피했다고 주장하면서 팔레스타인의 이익을 냉정하게 공격하는 방법을 사용했지만, 이것은 팔레스타인의 테러 행위를 더욱 부채질했다. 미국은 역사적으로 이스라엘의 입장을 지지해왔지만, 대부분의 중동 이웃 국가를 포함한 다른 많은 국가들은 꽤 비판적이었다. 지금 이스라엘은 팔레스타인 테러 사건에 대해 직접적인 보복은 하지 않지만 공격적인 입장은 계속 고수하고 있다. 반대로 1960년대 후반과 1970년대에 처음 목격된 팔레스타인의 고강도 테러리즘은 끝이 없어 보이는 공개 시위와 함께 2001년에 다시 나타났다. 가자 지구와 서안 지구를 팔레스타인에게 돌려주고 서안 지구, 동예루살렘, 골란 고원에 지어진 이스라엘 정착촌 문제를 해결하는 것이 지속적인 평화 달성에 반드시 필요할 것이다.

20 세기가 끝날 무렵, 오사마 빈 라덴의 지시하에 새로운 형태의 종교적/문화적 테러리즘이 출현했다. 알-카에다는 1980년대 아프가니스탄의 반소련 지하드(jihad)33 전투 때 만들어졌다. 한때 미국에서 훈련받은 아랍 태생의 자유 투사 빈 라덴은 알-카에다[기지(基地)라는 뜻]로 알려진 비교적 작은 이슬람 집단의 지도자가 되었다. 알-카에다 무슬림 극단주의는 군인, 공무원, 민간인 살

---

33 이교도에 대한 이슬람교도의 성전(聖戰)을 뜻한다(역자 주).

해를 틀림없이 합리화한 이슬람의 해석을 제공했다. 이 집단이 이슬람 국가, 특히 중동 국가를 지배하려는 억압적인 서방 세력으로 간주하는 자들이 일반적으로 표적이 되었다. 1998년 8월, 알-카에다는 아프리카에 있는 미국 대사관에 폭탄을 투척하여 수백 명을 죽였고, 2000년 10월에 USS 콜(Cole)호를 공격했으며, 2001년 9월 11일에는 세계무역센터와 펜타곤에 광범위한 피해를 입힌 것으로 알려져 있다. 관측자들은 알-카에다의 의도가 안갯속에 가려져 있고 재앙적인 피해를 추구하기 때문에 타협이나 협상의 여지가 거의 없다는 데 주목했다. 이 집단의 목표는 서방의 전면적인 철수에 대한 그들의 요구를 서방이 전적으로 따르게 하기 위한 것으로 보이며, 그들의 궁극적인 힘은 예측할 수 없는 그들의 공격에 있다. 여러 면에서 공포는 공격 자체보다 훨씬 더 큰 무기가 되었다.

알-카에다 지도자 오사마 빈 라덴은 2011년 5월 2일 마침내 미 해군 특수부대의 추적을 받은 끝에 처형되었다. 그는 가족 및 알-카에다 동료들과 함께 파키스탄 정보기관의 안전가옥에 은신 중이었다.

ISIS(Islamic State in Iraq and Syria)라는 이름의 다른 목표를 가진 단체가 이라크와 시리아에서 나타났는데, 이 단체는 ISIL[34] 혹은 다에시(Daesh)라고도 불린다. ISIS는 시리아 동부와 이라크 북부 및 서부 지역에 걸쳐 있다. 이 단체는 모든 무슬림이 지도자인 아부 바크르 알바그다디(Abu Bakr al-Baghdadi)에게 충성을 맹세할 것을 요구했다. ISIS는 미국과 유럽 포로의 참수를 포함한 잔인한 전술로 잘 알려져 있다. 2014년, 이라크 서부의 도시들에서 이라크군을 몰아내면서 더욱 악명을 떨쳤다. ISIS는 이라크 보유지와 상당 부분의 시리아 근거지를 잃었지만, 스스로를 세계적인 칼리프국(caliphate)[35]으로 일컬으며 시리아와 이라크를 훨씬 넘어 많은 지역에서 입지를 구축했다. 2015년 이후, ISIS는 메트로제트(Metrojet)[36] 9,268편의 추락 사고를 포함해 폭탄 투척과 공격을 자

---

34 'Islamic State of Iraq and the Levant'(이라크 레반트 이슬람 국가)의 약자인데, 여기서 '레반트'는 아랍어의 '알-샴'(Al-Sham)과 같은 단어로 뜻은 시리아, 요르단, 레바논 등 시리아를 넘어 더 확장된 영역을 의미한다(역자 주).

35 칼리파(calipha)가 지배하는 이슬람 제정일치 국가를 말한다(역자 주).

36 홍콩 국제공항을 거점으로 하는 홍콩 항공사로 지역 내의 부정기 여객 서비스를 제공하고 있다(역자 주).

행해왔는데, 비행기 추락 사고에서는 러시아 관광객 대부분(224명)이 사망했으며, 터키, 베이루트, 브뤼셀, 상트 페테르부르크, 맨체스터에서의 폭탄 투척과 테헤란, 니스, 파리 공격으로 130명이 사망했다. ISIS 대원은 리비아, 시나이, 가자, 알제리, 예멘, 요르단, 인도, 인도네시아, 필리핀을 포함한 다른 지역에서도 활동하고 있다. 추가로 서아프리카 지부에 있는 ISIS와 보코 하람(Boko Haram) 간에 교류도 있는 것으로 보인다.

알-카에다와 ISIS 모두 그들의 선전 기관에 활기를 불어넣기 위해 현대 커뮤니케이션 미디어를 효과적으로 사용한다. 그들은 팸플릿, 포스터, 소셜 미디어, 인터넷과 함께 CD 및 DVD 같은 전통적인 미디어를 20여 개 언어를 이용해 매우 효과적으로 사용한다.

다른 곳에서는 테러리즘을 수많은 국제 분쟁과 국제 사건의 일부로 본다. 1995년, 힌두교와 불교 사상을 결합하고 종말론적 의제에 집착하는 일본의 광신적 사이비 종교집단인 옴 진리교(Aum Shinrikyo) 교인들이 도쿄 지하철 시스템에 치명적인 사린(sarin) 신경가스를 살포했다. 이 월요일 아침 러시아워 공격으로 12명이 숨지고 5,000여 명이 입원했다. 사린은 1930년대에 나치가 개발한 독성이 강한 신경 작용제로, 청산가리보다 500배 더 독성이 강하다고 한다.

다른 나라에서도 급진적인 무슬림 테러리스트들이 나타났다. 1969년부터 오늘날까지 필리핀 남부의 무슬림 반군 단체는 대부분 기독교를 믿는 필리핀에서 자치권을 추구해왔다. 반군 단체인 아부 사야프 그룹(Abu Sayyaf Group)은 알-카에다와 관련이 있는 것으로 알려졌다. 또 다른 단체인 공산주의 신인민군(Communist New People's Army)은 [경쟁자 알렉스 본카야오 여단(ABB: Alex Boncayao Brigade)과 함께] 필리핀 정부를 전복시키고 마르크스주의적 통치를 정착시키기를 원한다. 최근 몇 년 동안, 인도네시아 술라웨시(Sulawesi) 섬에서는 무슬림과 기독교인 사이에 폭력이 발생했다. 2001년, 자바 섬에서 온 라스카 지하드(Laskar Jihad)의 근본주의 무슬림 민병대원 수천 명이 전투에 참여하면서 활동이 증가했다.

다른 테러리스트 봉기에서는 바스크 조국과 자유(Basque Fatherland and Liberty) 반군단체인 ETA[37]가 1958년부터 스페인 정부에 맞서 도시 게릴라 전투를 벌여왔다. ETA는 스페인 북부와 프랑스 남서부의 바스크 지역 독립을 위해 싸우고 있다. 2011년, ETA는 비폭력 캠페인을 발표했지만, 프랑스 경찰은 최근인 2017년 말까지도 의심을 감추지 않았다. ETA의 테러 활동으로 인해 약 800명이 사망했다.

다른 곳에서는 이슬람 구국전선(Islamic Salvation Front)이 1992년 알제리 총선에서 승리했지만 군에 의해 선거가 무효화되었다. 이것은 AIS, 즉 이슬람 구국군(Islamic Salvation Army)에 의한 피비린내 나는 반란으로 이어졌다. 이 싸움은 특히 저널리스트들에게 가혹했다. 충돌이 시작된 이래 70명이 넘는 사람들이 암살당했다. 1999년 6월, AIS는 항복했지만 다른 그룹은 계속해서 정부와 싸우고 있다.

인도와 파키스탄 사이에 있는 카슈미르(Kashmir)에서는 1991년 이래로 국경 충돌이 계속되어 본격적인 전쟁이 될 조짐을 여러 차례 보였다. 2001년 12월, 카슈미르 테러리스트들은 인도 의회를 공격했다. 보안군은 무장 세력이 의회 건물에 들어가기 전에 살해했다. 그 결과, 인도군과 파키스탄군 사이에 있는 카슈미르 통제선을 따라 폭력적인 대치 상황이 벌어졌다. 두 나라는 모두 핵보유국이므로 뒤따르는 분쟁의 위기를 고조시키고 있다.

반면, 수단에서는 무슬림 아랍인이 지배하는 정부에 대한 반발로 전쟁이 일어났는데, 이 전쟁은 주로 인종적, 종교적, 지역적 차이에 따라 크게 확대되었다. 이 나라의 남부 지역에는 여전히 대부분 흑인 기독교인이 살고 있기 때문에 정부와의 전쟁이 시작되었다.

그리고 러시아에서도 다양한 테러 활동을 벌어졌지만, 오늘날은 체첸의 게릴라전 저항으로 인한 테러가 점차 두드러지고 있다. 체첸은 코카서스 산간 지역에 위치하고 있으며 오랫동안 러시아 지도부의 호감을 사지 못했다. 저항 세력 가운데는 체첸 외부 출신인 이슬람 무장 세력도 소수 있으며 알-카에다와 연결되어 있는 것으로 알려졌다. 러시아는 보복으로 모든 체첸인을 이슬람 테러리스트로 묘사하려 시도하면서 체첸인의 저항에 대한 가혹한 보복 조치를 정당화한다. 이미 두 번의 체첸 전쟁에서 수만 명의 체첸인과 러시아인이 사망하거나 부상당했다. 2002년 10월, 체첸 테러리스트들은 모스크바의 한 극장을

---

37 바스크어 'Euskadi Ta Askatasuna'의 약어로 '바스크 조국과 자유'라는 의미이다(역자 주).

공격했는데 여기서는 약 700명이 인질로 잡혔다. 테러리스트들을 무력화하기 위해 가스를 사용하는 러시아 특수 부대의 특공대를 동원한 급습으로 120명 이상의 인질과 테러리스트가 사망했는데, 이 급습은 많은 비난을 받았다. 가장 급진적인 체첸 테러리스트 리더 가운데 1명인 샤밀 바사예프(Shamil Basayev)는 그 공격이 자신들의 소행임을 인정했다. 모스크바 극장 공격 이전에는 많은 어린이를 포함해 40여 명이 2002년 5월 남서부 도시인 카스피스크(Kaspiysk)에서 군사 퍼레이드 중 폭탄 폭발로 사망했다. 모스크바에서 발생한 각기 다른 두 사건(1999년 쇼핑 아케이드 폭탄 테러와 아파트 건물 폭탄 테러)으로 64명이 사망했다. 2004년 8월, 2대의 러시아 항공기(Tu-134와 Tu-154)가 몇 분 간격으로 폭발했는데, 2명의 체첸 여성 룸메이트가 각기 다른 항공기에 탑승했으며 이들이 범인으로 추정된다는 사실이 나중에 확인되었다. 2대의 항공기에 탑승한 90명이 사망했고 두 잔해에서 폭발성 헥소겐(hexogen)[38]의 흔적이 발견되었다. 그러다가 2004년 9월 러시아 남부 도시 베슬란(Beslan)에 있는 한 학교에서 1,200명 이상이 인질로 잡혔다. 335명 이상의 인질이 죽었고 700명 이상이 부상을 입었다. 스트라스부르(Strasbourg)에 있는 유럽 인권재판소(European Court of Human Rights)는 모스크바가 국가 테러 사건을 부추기면서 반체첸 작전 기간 체첸 민간인을 살해한 죄를 범했다는 사실을 확인했다.

아마도 테러리즘의 가장 골치 아픈 측면은 (현재 널리 행해지고 있는 것처럼) 흔히 상징적 표적에 대한 약간의 폭력 행위가 매우 설득력 있다는 믿음과 무고한 민간인을 공격하는 추세가 정부와 정치 지도자의 무능함을 분명히 보여줄 것이라는 믿음일 것이다. 때때로 이것은 정말 사실이다. 로크(1999)는 다음과 같이 논박한다:

> 사람들이 아무리 그러한 행위 자체를 비난하더라도, 팔레스타인 테러리스트들은 수년 동안 팔레스타인 테러리스트에 대한 이스라엘의 대응 의지를 높이고, 팔레스타인의 명분에 대한 세계적 인식과 관심을 제고하며, 국제사회가 이스라엘에 압력을 가하게 하는 데 거의 확실히 어떤 역할을 했다고 말하는 것이 정확하다(p. 350).

---

38 니트라민에 속하는 폭약으로 고성능 폭약 중에서 가장 위력이 커서 도선이나 기폭관으로부터 기폭 작용을 증대시켜, 작약을 기폭하는 전폭약으로 널리 사용되고 있다(역자 주).

미국도 비난을 함께 받는 불량 국가라는 개념은 많은 미국인을 매우 불쾌하게 만들 수도 있지만, 우리는 우리의 정서만 보려하지 말고 사용된 전술을 살펴봐야 한다. 애국심과 테러리즘을 자기애적으로 번갈아가며 적용하는 것이 전 세계적으로 문제를 일으켰고 문제가 계속 되풀이 되게 만들었다.

쿠바 관타나모 만(Guantanamo Bay)에 수감되어 있는 아프가니스탄 죄수들의 처우에 의심스럽고 학대적인 행위가 포함되어 있는지에 대한 논의는 거의 없는 것처럼 보인다. 미국은 그러한 혐의를 해결하기보다는 수용 절차상의 문제와 테러리스트가 전쟁 포로 처리에 관한 국제법의 적용을 받는지 여부를 다투는 쪽을 선택했다. 이스라엘이 지난 수십 년 동안 많은 팔레스타인 사람을 상대로 재판의 기회 없이 행해진 이른바 행정 체포(administrative arrest)[39]에도 비슷한 상황이 존재한다. 또한 신장(新疆) 서부 지역에서 무슬림 분리주의자들의 봉기를 진압하려는 중국의 시도는 잠재적인 국가 테러리즘의 또 다른 예이다. 어떤 사람들은 이러한 집단을 모두 자유 투사로 볼 수도 있지만, 각 정부는 그들을 반란군 또는 범죄자로 분류함으로써 자신들의 조치를 정당화한다. 범죄자라 할지라도 이러한 수감자들은 특정한 기본 권리를 흔히 거부당하는데, 이는 문제를 더욱 복잡하게 만든다.

유럽 연합 및 유엔과 같은 기구들은 **테러리즘**을 규정하는 선언문을 작성하고 정책을 입안한 바 있다. 그들은 테러리즘이 국가, 기관, 또는 국민에 대한 개인 또는 집단의 고의적인 행위라는 데 동의한다. 테러리즘의 의도는 경제적, 정치적, 사회적 구성을 손상시키는 것이다. 그와 같은 공식적인 규정하에서 테러리즘은 국가를 대상으로 하는 것이며, 다른 용도는 편리상 회피된다.

우리는 정부가 공격자일 때 이것을 국가 테러리즘이라 부른다고 이미 말한 바 있다. 따라서 테러리즘은 국가 및 비국가 주체 모두로부터 발생할 수 있다. 테러리즘은 어떤 사건이 어떻게 만들어내는지 그리고 누가 만들어내는지로 귀결되는 것 같다.

---

39 행정 구금(administrative detention)은 국가가 기소나 재판 없이 행정적인 명령을 통해 개인을 체포하고 구금하는 것으로, 영장주의의 예외로 취급되고 있다. 하지만 행정 구금 과정에서 법원 등 독립된 기관의 심사가 미흡하고, 정부가 대상자를 보호·조사하는 과정에서 무분별한 단속이나 구금으로 인권침해가 발생하고 있다는 비판이 제기되고 있다. 행정 체포도 같은 맥락으로 이해된다(역자 주).

여러 시대에 걸쳐 정부는 실제로 테러 행위에 참여해왔지만, 당시에는 그렇게 간주되지 않았을 수도 있다. 독일의 런던 공습과 그로 인한 미국과 영국의 독일 도시 폭격은 시민의 사기를 떨어뜨리기 위해 테러를 사용한 두 예일 뿐이다. 군사적 중요성이 거의 없는 예술과 문화의 중심지인 드레스덴(Dresden)을 연합군이 공격한 것은 국가 테러리즘의 주요 사례이다. 이전에 시사한 바와 같이, 서방의 테러리즘 정의는 대부분 그러한 행위들을 다루려는 시도도 하지 않았고 민간인 대(對) 군사/보안 목표에 대한 공격을 구분하지도 않았다.

현재 세계에서 벌어지고 있는 싸움들의 최종 결과에 관계없이, 심각한 질문들이 제기되고 있다. 최종 결과는 궁극적으로 어느 편이 우세하고 누가 역사를 쓰는지에 달려 있을 수도 있다. 그러나 그러는 동안 공중의 정서는 수사(修辭)의 영향을 받을 것이며, 모든 진영이 세계 여론에 영향을 미치려고 노력하고 있다는 논의는 거의 없다. 현상 유지적 성향의 국가는 일반적으로 전통적인 미디어에 더 많이 접근하기 때문에, 자신이 소외되었다고 인식하는 집단은 비전통적인 형태의 설득을 계속해서 사용하려 할 수도 있다. 이러한 이유로 최근 몇 년 동안 테러 사건이 증가하고 있으며, 테러가 실행 가능한 선택으로 보이고 대부분의 테러리스트가 체포되지 않는 한 테러는 계속될 것이다.

10. 도널드 J. 트럼프 시대

2016년 미국 대선에서 깜짝 승리를 거둔 도널드 J. 트럼프는 반이민과 반체제 정서를 강조하는 우익 포퓰리즘과 국민주의적 의제 모두를 제기했다. '미국 우선'(America First)이라는 그의 극단주의적 의제는 비세계주의(nonglobalism), 국경 폐쇄 보호주의, 이슬람과 남미 출신자들을 강조하는 반-이민정서, 반-복지 수급권(anti-entitlements), 여성 혐오, 본질적으로 부유한 사람들을 위한 감세, 공공복지 반대, 친-군사, 반-언론, 잠재적으로 인종차별적인 정서로 가득 차 있었다.

그의 기본 노선은 브라이트바트 뉴스(Breitbart News)[40] 출신의 수석 전략가

---

[40] 2007년, 앤드류 브라이트바트(Andrew Breitbart)가 설립한 미국의 극우 성향 인터넷 언론사이다(역자 주).

인 스티브 배넌(Steve Bannon)의 영향을 많이 받았다. 배넌은 미국에 올트-라이트, 즉 대안 우파 의제를 제기한 자로 알려져 있다. 올트-라이트로 확인된 집단 가운데는 신파시스트(neofascist), 신보수주의자(neoconservative), 극우 혐오 단체, 심지어 홀로코스트(Holocaust)를 부인하는 자들이 포함되어 있었다. 트럼프는 폭력적인 신파시스트 행진 참가자와 시위대를 포함한 특정 증오 단체에 대해 자신의 생각을 공개적으로 밝히지 않았다는 이유로 심한 비난을 받았다. 배넌은 트럼프와 그의 행정 정책 및 행위에 큰 영향을 미친 것으로 여겨진다.

우리는 또한 유럽 전역과 그 외 지역에서 우익 포퓰리즘이 증가하는 것을 보았다. 이러한 움직임 가운데 상당수는 트럼프와 배넌보다 앞선 것들이다. 이러한 집단들이 주장하는 이슈에는 특히 중동과 아프리카 출신 이민자에 대한 반대, 인종차별주의, 신국민주의, 보호주의, 출생주의, 집단주의적 권위주의, 음모 이론, 반세계화, 친파시즘이 포함되어 있다. 일부 이러한 운동은 정당과 때로는 정부 연합(government coalition)으로 발전했다. 영국 UK 독립당(British UK Independence Party), 프랑스 국민전선(French National Front), 이탈리아 북부 연맹(Italian Northern League), 네덜란드의 자유당(Party for Freedom)에서 우익 포퓰리즘 활동이 목격되었다.

이러한 극우파 열성분자에 대한 최근 사례 가운데 하나는 보수적인 포퓰리스트 브라질 대통령 후보 자이르 보우소나루(Jair Bolsonaro)에게서 찾아볼 수 있는데, 그는 브라질이 여전히 덜 성숙하고 취약한 민주주의를 실험하는 동안 등장했다. 보우소나루는 브라질 유권자들 사이에서 폭 넓은 지지를 받았다. 보우소나루는 다른 곳에서도 똑같이 볼 수 있는 권위주의적이고 증오로 가득 찬 분열적인 경향을 옹호했다. 여성, 남성 동성애자 및 유색 인종에 대한 선동적인 공격, 언론에 대한 적대감, 선거 시스템에 대한 비판, 독재와 독재자들에 대한 찬사, 주요 행정직에 장군을 고용하겠다는 약속, 안보를 회복하겠다는 서약, 구체적인 사항 없이 빈곤층과 노동 계층을 위해 새로운 번영을 이루겠다는 서약, 모호하고 입증되지 않는 정책만으로 가득 찬 공약, 외부자인 그만이 브라질의 부패한 정치인들을 물리칠 수 있다는 주장, 자주 잘못된 정보를 퍼뜨리는 것으로 알려진 트위터를 포함한 소셜 미디어의 수용과 같은 이 모든 것들은 민주주의 원칙과 자유 사회에 대한 공격이 얼마나 빈번하게 일어나고 널리 퍼져 있는지를 적나라하게 상기시켜준다(Londoño & Darlington, 2018, October 6).

그와 같은 운동의 출현으로 우리의 민주적 제도가 위기에 빠질 위험이 있다. 우리는 이미 지난 100년 동안 몇몇 비난받을 만한 독재자를 보았다. 그리고 악의적인 지도자 사례가 증가하고 있는 것으로 보인다. 이로 인해 우리는 민주적이고 열린 사회의 본질 자체가 위협을 받을까 봐 두려워하고, 선거를 무효화시킬 수도 있으며, (특정인, 특정 집단, 혹은 특정 개념을) 주변화시키는 세력이 우리의 사회적 규범과 시민 사회의 기초를 위태롭게 하는 것을 보게 될 것이다. 그와 같은 딜레마를 감안할 때, 상황이 무르익어서 흔히 우리의 최선의 이익에 반하여 추종자를 조종하려는 이중적인 지도자들이 악의적인 목표를 수용하면서 그와 같은 환경을 이용할 수도 있다.

이를 염두에 두고 이제 우리는 도널드 J. 트럼프의 다소 특이한 포퓰리즘적이고 권위주의적이며 금권 정치적인[41] 수사에서 나타난 수사법을 살펴보고자 한다. 「폴리티코」(*Politico*)에 따르면, 그의 정치적 입장은 "절충적이고 즉흥적이며 흔히 모순적인" 일련의 목적이 무질서하게 되어 있다고 한다(Noah, 2015, July 26). 트럼프 자신은 신파시스트 경향을 갖고 있지 않을 수도 있지만, 그가 극우파 개인과 집단의 그와 같은 수사를 환영했다는 것은 의심의 여지가 없다. 트럼프의 언어는 많은 사람에게 불쾌감을 줄뿐만 아니라 증오 표현, 선전 및 담론 조작의 장르에 정확히 맞는 논리적 오류를 포함하는 경우가 많았다.

트럼프의 커뮤니케이션 스타일에서 볼 수 있는 선전 전략을 연구함으로써, 우리는 자신만의 일단의 기만적 행위를 사용하는 다른 권위주의적인 성향의 지도자가 나타날 때 더 잘 비교할 수 있다. 권위주의와 분열에 기반한 정치 운동이 증가하고 있기 때문에 그에 따른 위험도 거의 틀림없이 증가할 것이다.

앞에서 언급했듯이, 트럼프의 행동과 그가 공감하는 것 가운데 일부는 미국 전역에 걸쳐 있는 주변적이지만 포퓰리즘적인 집단으로부터 호평을 받고 있다. 이러한 집단에는 잠재적인 인종차별주의자, 신파시스트, 백인우월주의자, 국민주의자 등이 포함된다. 예를 들어, 트럼프는 시민들이 종교적 정체성이나

---

41 금권 정치(plutocracy)는 부유한 계급·계층이 돈의 힘에 의해서 지배하는 정치 또는 체제를 말한다(역자 주).

인종을 등록하도록 강요하면서 미국 전역의 모든 모스크를 폐쇄하자고 제안했으며, 애국심이라는 기치 아래 행진하는 신파시스트 지지자와 시위대를 비판하는 것을 거부했다. 트럼프는 심지어 루이지애나의 백인우월주의자이자 KKK(Ku Klux Klan)[42] 지도자인 데이비드 듀크(David Duke)의 주변적이고 혐오스러운 신념을 비판하는 것도 거부했다. 트럼프는 이러한 집단이나 개인을 비판하는 것은 매우 불공평하다고 말했다. CNN의 제이크 태퍼(Jake Tapper)가 KKK에 대해 구체적으로 물었을 때, 트럼프는 "하지만 거기에는 아주 괜찮은 집단이 있을 수 있기 때문에 그것은 매우 불공평하다"라고 말했다. 그는 샬로츠빌(Charlottesville)에서 신파시스트들이 시위를 했을 때도 "양측 모두에 일부 매우 훌륭한 사람들"이 있다면서 같은 말을 되풀이했다(Bouie, 2015; Capehart, 2018; Kessler, 2018; Leonhardt & Philbrick, 2018; Smith, 2015).

도널드 트럼프의 다소 특이한 방법과 미국과 전 세계에 미치는 그의 수사의 영향을 감안할 때, 우리는 그의 공중 수사(public rhetoric)를 살펴보고 그가 공중을 상대로 말하고 그의 지지 기반을 결집시킬 때 사용한 몇몇 논리적 오류를 살펴본다. 이 검토가 트럼프가 사용한 잘못된 수사 모두를 다루지는 않지만, 그럼에도 이를 통해 트럼프의 대표적인 언어적 책략을 살펴볼 수 있다.

도널드 트럼프의 선전은 다양한 방법에 의존하지만, 우리는 국내 문제와 글로벌 문제 모두에 직간접적으로 적용되는 국제 정치적 의제나 지리적으로 중립적인 입장과 관련된 방법들을 살펴본다.

트럼프는 선거운동을 하면서 점점 더 전통적인 정치의 경계를 넘어 섰다. 역효과를 낳는 게 아니라 대부분 보수적인 백인인 그의 청중들은 그것을 좋아했다. 외부자로서의 그의 이미지는 그의 흔히 거친 커뮤니케이션 스타일로 강화되었다. 세련되지 않고 부끄러워할 줄 모르는 그의 커뮤니케이션은 열렬한 추종자들이 그가 정말 "그들과 비슷하게" 보인다고 예로 드는 요인들 중 하나였다. 그들은 또한 그의 반대파와 적에 대한 그의 인신공격을 즐겼는데, 이것은 그가 선전에 영향을 받는 인격 암살(character assassination), 경멸적인 스토리텔링, 증오 표현을 사용했음을 보여주는 호전적인 공격이다.

---

42 쿠 클럭스 클랜은 백인우월주의, 반유대주의, 인종차별, 반(反) 로마 가톨릭교회, 기독교 근본주의, 동성애 반대 등을 표방하는 미국의 극우 비밀 결사 단체이다(역자 주).

트럼프는 그의 지지자들에게 그가 오랜 기간 기업가 활동을 하면서 배운 도구를 사용할 것이라고 약속했는데, 그것은 다른 무엇보다도 자칭 '거래' 협상 전문성을 의미한다. 취임 직후 트럼프 대통령은 많은 미국인과 몇몇 미국의 가장 오랜 동맹국들에게 혼란을 주는 정치 철학을 실행에 옮겼다. 트럼프는 또한 전직 대통령이 전통적으로 극도의 주의를 기울여 접근했던 권위주의적인 세계 지도자들을 동등한 지도자로 추켜세웠다. 그는 끔찍한 인권 침해 이력이나 심지어 (언어적, 정책적, 심지어 사이버 공격을 통한) 미국에 대한 직접적인 공격까지 무시하면서 그들의 독재 지도자 전력을 칭찬했다. 트럼프가 미국의 이전 대통령들과는 전혀 다른 대통령이라는 것을 알아차리는 데는 그리 긴 시간이 필요하지 않았다.

그러나 우리의 목적은 트럼프와 그의 대통령 이력의 효과성에 대해 정치적 판단을 내리는 것이 아니라 그가 선택한 수사법과 그가 선전 기법에 의존한 것을 더 잘 이해하는 것이다. 그의 공중 담론은 그의 대면 연설과 수많은 트위터 트윗을 통해 엄청난 적대감을 표출하는 방식으로 이루어졌다.

이 장에서 알려진 모든 선전 책략을 검토할 수는 없지만, 이를 통해 우리는 일부 가장 문제가 되고 시의적절한 책략들을 다루고 앞의 '선전 캠페인의 일곱 가지 전략' 부분에서 살펴본 조작 기법을 확장할 수 있다(<표 11.1> 참조).

우리는 특히 트럼프의 대선 캠페인과 그의 임기 첫 2년을 살펴본다. 우리는 이미 위에서 언급한 네 가지 선전 책략(편승, 두루뭉술한 미사여구, 호칭 붙이기 또는 인신공격, 그리고 평범한 서민)을 살펴본다. 그런 다음, 12개를 추가해 모두 16개의 기법을 살펴본다: 일화, 공포 소구, 무지 소구, 흑백, 발생학적 오류, 조잡한 단순화, 미디어 공신력 무력화, 논점 이탈, 미끄러운 경사로, 허수아비 때리기, 잦은 거짓말(혹은 거짓 선동). 그리고 피장파장(<표 11.2> 참조). 트럼프의 교활한 커뮤니케이션 스타일이 지닌 위험은 그가 자주 논쟁적인 책략을 더 견고하게 구성되고 정의된 정책의 대체물로 사용했다는 것이다. 어떤 사람은 이러한 여러 논리적 오류의 사용을 포함하여 그의 대립적인 수사를 개인적으로 불편하거나 해롭다고 생각한 뉴스 기사로부터 공중의 관심을 돌리려는 시도로 보았다.

표 11.2 **도널드 트럼프의 16가지 선전 책략**

　　1. 인신공격(호칭 붙이기)*
　　2. 일화
　　3. 공포 소구
　　4. 무지 소구
　　5. 편승*
　　6. 흑백
　　7. 발생학적 오류
　　8. 두루뭉술한 미사여구*
　　9. 조잡한 단순화
　10. 미디어 공신력 무력화
　11. 평범한 서민*
　12. 논점 이탈
　13. 미끄러운 경사로
　14. 허수아비 때리기
　15. 잦은 거짓말
　16. 피장파장

*앞에서 논의했던 "선전 캠페인의 일곱 가지 전략"에서 볼 수 있는 것들임.

　여기서는 트럼프의 많은 성명과 트위터 게시물에서 흔히 볼 수 있는 논리적 오류 16가지를 제시한다. 자주 사용되는 이러한 오류들은 트럼프의 수사 스타일과 대중 발표의 중심을 이룬다.

1) 인신공격

호칭 붙이기라고도 하는 **인신공격**은 트럼프가 사용한 논리적 오류 가운데 하나로 욕설이나 공격적인 언어로 구성되어 있다. 그것은 상대의 주장 대신에 상대인 사람을 공격하는 것을 말한다.

　인신공격은 누군가가 당면한 주장 대신 상대방을 거부하는 방법으로 외모, 말투, 혹은 기타 개인적 특성을 이용하는 것을 말한다. 표적은 기자, 정치인, 또는 세계 지도자가 될 수도 있다. 때로 사람의 지적 능력을 공격하기도 한다. 순효과는 상대방의 공신력이 약화된다는 것이다.

　인신공격은 누군가를 공격하는 것, 더 구체적으로 그들의 특징, 성격, 또는 외모를 공격하는 것이다. 조직에 대한 공격일 수도 있다. 그것은 상대방의 주장을 파고드는 대신 그 사람을 공격하는 것을 말한다.

트럼프는 자신의 반대자라고 생각하는 사람들은 그들이 "골드 스타 생존자",43 즉 전투 중에 사망한 참전용사의 부모이든, 특정한 정치적 반대자이든, 또는 개인 혹은 기관이든 상관없이 어김없이 믿지 않았다. 예를 들어, 그는 대선 캠페인 이후 미디어에 대해 많은 공격을 퍼부었다. "부정직한"(2017, July 2), "역겨운"(2017, July 18), "우리나라 민주주의를 왜곡하는"(2017, July 16), "조작된 거짓말"(2017, May 28), "사기꾼"(2017, July 16), "미국 국민의 적"(Grynbaum, 2017, February 17)은 그가 특정 미디어나 미디어 전반의 공신력을 떨어뜨리기 위해 사용한 어구들 가운데 일부였다.

트럼프의 공격 대상 가운데 하나는 미국에서 피난처를 찾는 이민자들이었다. 트럼프는 미국 남부 국경에 있는 이민자들을 "지구상 최악의 범죄자들 중 일부"라고 반복 언급했다(Trump, 2018, June 18). 그는 심지어 이민자들을 "우리나라로 쏟아져 들어와 우리나라에 우글거리는" 사람들로 틀지었다(트럼프, 2018, June 19). 아마도 가장 모욕적인 것은 미국 대통령이 아프리카 국가들을 저속하게 깎아내렸을 때였을 것이다. "왜 우리는 거지 소굴 같은 나라에서 온 이 모든 사람들을 받아들여야 하는가?"(Cook & Visser, 2018, January 12). NATO에 대한 트윗에서 트럼프는 NATO를 "우리를 찢어 놓는 나라들"로 틀지었다(Trump, 2018, June 10). 또 다른 트윗에서는 "NATO가 무슨 소용이 있나"라고 했다(Fuchs, 2018, March 16). 마지막으로, 트럼프는 이민에 대한 그의 감정을 잘 인식시키기 위해 2015년 12월 독일 앙겔라 메르켈(Angela Merkel) 총리가 수많은 시리아 난민을 기꺼이 받아들임으로써 "독일을 망치고 있다"라고 비난했다(Cook & Visser, 2018, January 12).

트럼프의 표현에 의하면, 쥐스탱 트뤼도(Justin Trudeau) 캐나다 총리는 "너무 잘 열받으며", "매우 부정직하고 약하다"라는 특징을 가지고 있었고, 푸에르토 리코(Puerto Rico) 산 후안(San Juan)의 카르멘 율린 크루즈(Carmen Yulín Cruz)는 "완전히 무능한 시장"으로 분류되었다(Anonymous, 2018, September

---

43 골드 스타 패밀리(Gold Star family)는 전장에서 또는 어떤 군사적 활동을 수행하면서 전사한 미군 장병들의 직계 친척들로 구성된다. 이들 친척(범위)에는 부모, 아들, 딸, 형제, 자매, 또는 연인이 있을 수 있다. 가족들이 전장에서 싸우는 각각 사랑하는 가족을 나타내는 별들이 그려진 깃발을 흔들면서 '골드 스타'라는 용어는 제1차 세계대전에서 처음으로 사용되었다(역자 주).

12). 북한의 김정은을 일찍이 "작은 로켓맨"("Little Rocket Man)이라 불렀다 (Trump, 2017, November 30). 또한 트럼프는 신체장애가 있는 기자를 조롱하기도 했다.

상거래와 관련하여 트럼프는 자신의 가장 센 적수가 누구인지 물었을 때 "EU가 적이라고 생각한다"라고 대답했고, 미국의 "전 세계적으로 가장 센 적"을 지명하라는 질문에는 "무역에서 그들이 우리에게 하는 짓"이라고 대답했다 (Taley, 2018, July 15). 트럼프는 무역과 관련하여 다시 중국이 "우리나라를 강탈하고 있다"라고 비판했다(Cook & Visser, 2018, January 12).

로버트 뮬러(Robert Mueller) 특별 검사가 수행한 법무부의 러시아 조사에 대해서 트럼프는 그것은 "마녀 사냥"이고(2017, June 16), "사기"이고(2017, June 16), "완전한 거짓말"이고(2017, May 8), "납세자가 낸 돈으로 벌이는 뻔한 속임수"이며(2017, May 8), "미국 정치 역사상 가장 위대한 마녀 사냥"이라고 말했다(2017, June 15).

그는 시리아의 바샤르 알-아사드(Bashar al-Assad)를 가스로 사람을 죽이는 동물(gas killing animal)로(2018, April 11), 북한을 불량 국가로(2017, September 3), 래퍼 스눕 독(Snoop Dogg)을 실패한 경력의 소유자로(2017, March 15), 브로드웨이(Broadway) 연극 <해밀턴>(*Hamilton*)을 지나치게 과대평가된 것으로(2016, November 20), EU를 매우 나쁜 무역을 하는 국가들로(2018, March 10), FBI를 "오래 남아 있는 악취"라고 불렀다(2018, September 21).

도널드 트럼프는 일반적으로 적들이 더 이상 중요하지 않게 보일 때까지 그들을 뒤쫓았다. 트럼프는 국내 인사뿐만 아니라 해외 인사도 표적으로 삼았다. 정치 분석가들에 따르면, 그는 2020년 1월에 끝나는 첫 임기 동안 트위터에서 650명 이상의 사람과 사물에 모욕을 퍼부었다(Quealy, 2017, July 26).

2) 일화

일화(anecdote)는 짧은 이야기로 어쩌면 글로 표현될 수도 있지만 일반적으로 말로 표현되며, 특정한 주제와 관련이 있다. 일화를 사용하는 것은 경험이나 개인적인 지식을 추가하는 것에 관한 것이다. 일화는 다양한 목적으로 사용되지만 궁극적으로 사람이나 주제에 깊이와 흥미를 더한다.

「워싱턴 포스트」는 트럼프가 사위 재러드 쿠슈너(Jared Kushner)와 스티븐 밀러(Stephen Miller) 고문과 가진 회의에서 2017년 2월에 예정되어 있는 의회 연설을 더 구체적으로 다듬었다고 보도했다. 트럼프는 작은 규모의 청중에게 그의 캠페인 집회에 온 사람들이 자신이 불법 이민자에 대해 이야기하고 추정되는 범죄 혐의와 함께 지어낸 히스패닉계 이름을 농담하듯 가볍게 이야기했을 때 좋아했다는 사실을 일깨워주었다. 그는 이 외국인들을 어떻게 단속하고 나라 밖으로 쫓아낼 것인지를 설명함으로써 이러한 발표를 끝내곤 했다. 웃음이 방을 가득 채웠다. 이 「워싱턴 포스트」 보도는 서류를 갖추지 않은 채 국경을 넘어오는 이민자에 대한 트럼프의 분노가 계산된 비인간화(dehumanization)의 한 방법임에 주목한다(Sargent, 2017, May 25).

「워싱턴 포스트」 편집인이었던 고(故) 벤 브래들리(Ben Bradlee)가 말했듯이, "아무리 나쁘더라도 진실은 장기적으로 거짓말만큼 위험하지 않다." 「워싱턴 포스트」 본사에는 벤 브래들리의 문구가 벽에 걸려 있다: "결국 진실은 드러난다"(Johnson, 2017, November 28).

"나는 항상 중국을 이겼다"(2015, June 16)와 "나는 테러와의 싸움에서 단연 최고가 될 것이다"(2016, March 22)라는 자신이 강력하고 완벽한 승자라는 주장을 뒷받침하기 위해 트럼프가 사용한 또 다른 거짓 내러티브이다. 이 두 가지 모두 거짓 일화로 간주될 수도 있다.

3) 공포 소구

마케팅에 흔히 사용되는 **공포 소구**(appeal to fear)는 경쟁 제품이나 상대의 평판을 떨어뜨리기 위해 부정적이고 다소 모호한 정보를 사용하는 것을 말한다. 이것은 위협 전술(scare tactic)이며 불확실성과 잘못된 정보를 심어주기 때문에 매우 효과적일 수도 있다.

트럼프는 클리블랜드(Cleveland)에서 열린 공화당 전당대회(Republican National Convention) 연설에서 "리비아에서 전 세계적인 미국의 국위를 상징하는 영사관이 불에 타버렸다. 미국은 훨씬 덜 안전하고 세계는 훨씬 덜 안정적이다"라고 강조했다(Anonymous, 2016, July 21).

"많은 무슬림이 … 미국을 엄청나게 증오하고 있다. … 더 나빠질 것이다.

여러분은 세계무역센터가 공격받는 것과 같은 것을 더 많이 보게 될 것이다"라고 말하면서 도널드 트럼프의 분노는 무슬림을 향했다(2015, December 7). 다른 연설에서 트럼프는 오바마 대통령과 테러리즘을 언급하면서 "뭔가 진행되고 있다"라고 주장했다(Byrnes, 2016, June 16).

다른 연설에서도 "우리 경찰에 대한 공격과 우리 도시의 테러는 우리 삶의 방식을 위협한다"라고 말하면서 그는 공포 캠페인을 계속했다(Anonymous, 2016, July 21). 연속 테러 공격이 11월 파리와 한 달 후 캘리포니아 샌 버나디노(San Bernardino)를 강타했을 때 그는 무슬림에 대한 자신의 경고가 정당하다는 증거로 그러한 테러 공격을 지적했다. 많은 유권자들이 그를 지지했다(Ball, 2016, September 2).

말리 볼(Molly Ball)이 지적했듯이, "최근 여론조사 결과는 트럼프 지지자들이 지나치게 두려워하고 있음을 보여준다. 그들은 다른 미국인들보다 범죄와 테러를 훨씬 더 두려워한다. 그들은 또한 외국의 영향과 사회적 변화에 대해 지나치게 많이 경계한다"(2016).

미디어가 인용한 한 예는 12세 소녀에 주목했다. 그 소녀는 지난 12월 노쓰 캐럴라이너에서 열린 집회에서 트럼프에게 "무서워요. 이 나라를 보호하기 위해 당신은 무엇을 하실 건가요?"라고 물었다. 이에 트럼프는 "그거 아니 얘야? 더 이상 무서워하지 않아도 돼. 그들이 무서워할 거야"라고 대답했다(Ball, 2016).

플로리다를 기반으로 하고 있는 공화당 광고 제작자인 릭 윌슨(Rick Wilson)에 따르면, "공포는 캠페인 광고에서 조정할 수 있는 가장 단순한 감정이다. 상대방을 테러, 공포, 범죄, 고통과 불확실성을 유발하는 것과 연관지으면 된다"(Ball, 2016).

4) 무지 소구

무지(無知) 소구(appeal to ignorance)는 어떤 입장을 반박할 증거가 없는 것처럼 보이기 때문에 그 입장이 사실임에 틀림없다는 논리적 불확실성을 기반으로 한다. 이것은 수용자들이 상반되는 증거를 얻는 데 대한 지식이나 관심이 없을 때 훨씬 더 강력해진다.

정치 집회, 다른 연설 및 그의 트위터 계정에서 후보 시절 트럼프와 대통령이 된 후의 트럼프는 자주 "아시다시피 나는 좀 똑똑한 사람이다", "나는 매우 똑똑한 사람이다", 또는 "나는 정말 똑똑해"라고 말하는 것을 들을 수 있었다 (Trump, 2017, May 17). 그리고 그는 더 나아가 "나는 교육을 많이 받았다"라고 떠벌렸다. "알다시피 사람들은 이해하지 못한다. 나는 아이비 리그(Ivy League) 대학에 다녔다"라거나(McCaskill, 2017, October 25) "나는 아주 유명한 사람이다"라고도 말했다(트럼프, 2018, September 26).

취임 며칠 후, CIA 본부를 방문한 동안 트럼프는 또 다시 미국의 최고 정보 요원에게 "날 믿어. 나는 좀 똑똑한 사람이니까"라고 말했다(Goldmacher & Nussbaum, 2017). 트럼프는 자신의 이미지를 방어하기 위해 아이비 리그 교육을 자주 자랑하는 것으로 알려졌다(McCaskill, 2017).

트럼프는 북한과 거래할 수 있는 능력에 대해 펜실베이니아에서 열린 집회에서 "솔직하게 여러분이 생각하기에 누가 그것을 할 수 있겠는가?"라고 자신을 내세웠다(Griffiths, 2018, March 11). 트럼프와 김정은 위원장이 짧은 회의를 위해 싱가포르에서 만난 후 트럼프는 "더 이상 북한의 핵 위협은 없다"라고 말하면서 "그 문제를 해결했다. … 이제 우리는 그것을 기념하고 있지만 그 문제는 대부분 해결되었다"라고 트윗을 날렸다. 북한이 비핵화 약속을 막연하게 했을 뿐이고 미국은 가치 있는 것을 거의 확보하지 못했음에도 그렇게 말한 것이다. 이어 마이크 폼페이오(Mike Pompeo) 국무 장관이 북한 대표들을 만나기 위해 평양을 방문했고, 그곳에서 관리들은 상태가 "최악으로 나빠졌다"라고 보고했다(Griffiths, 2018).

선전 효과 외에도 자신이 얼마나 똑똑한지 자랑해야한다고 생각하는 사람은 틀림없이 자신만의 어떤 문제를 가지고 있다. 그러나 여기서 관심사는 그의 열렬한 추종자들이 그러한 진술을 어떻게 받아들이고 심지어 축하하는가 하는 것이다.

무지 소구의 예를 더 살펴보려면, 2015년 여름, 트럼프가 내세운 근거 없는 주장을 고려해보라: "미국은 막 교도소에서 탈출한 멕시코 마약 왕 엘 차포(El Chapo)를 미국 시민으로 초대할 것이다. 왜냐하면 우리의 지도자들은 '아니오!'라고 말할 수 없기 때문이다"(Trump, 2015, July 12). 추가적인 예로 도널드 트럼프가 "[모스크에서] 많은 이야기가 진행되고 있기" 때문에 우리는 반드시 모스크에서의 활동을 지켜보아야 한다고 주장한 경우와(Krieg, 2015, November 16) 미국으로 오는 이민자들을 둘러싼 피해망상에 대해 그는 "그것은 남미 전역에서 오고 있고 아마도 중동에서도 오고 있다. 하지만 우리는 아무런 보호 장치가 없기 때문에 우리는 알 수가 없다"라고 말한 경우를 들 수 있다(Trump, 2015, June 16; Anonymous, 2016, December 6).

5) 편승

편승 효과는 많은 사람이 무언가가 사실이라고 믿기 때문에 사실임에 틀림없다는 생각에 기반을 두고 있다. 이것은 대다수가 항상 옳거나 좋은 것이 무엇인지 알고 있다는 근거 없는 가정을 토대로 한다. 이것이 소구하는 바는 인기(popularity)이다. 또한 다른 많은 사람이 이미 어떤 명분, 어떤 캠페인, 또는 어떤 운동에 열심히 참여했다는 것을 타당성의 근거로 내세운다. 이것을 나타내는 다른 용어로는 **대중성 소구**(appeal to popularity)와 **다수의 권위**(authority of many)가 있다.

트럼프는 정치 집회 중에 "카메라를 돌려 우리와 함께 여기 있는 사람들이 어떤 사람들인지 보여주기를 바란다. 여기 모인 사람들의 수를 한 번만 보여주면 좋겠다"라고 말했다(Trump, 2016, March 19).

그는 또한 트위터 게시물에서 트위터 팔로워가 많기 때문에 좋은 대통령이 될 것이라고 말했다. 분명 하나가 저절로 다른 하나로 이어지지는 않는다.

"미국을 다시 위대하게 만들자"라는 트럼프의 잘 알려진 캠페인 슬로건조차도 역사적 자부심에 소구하려는 시도였다. 그것의 바탕이 되는 생각은 미국이 한때는 세계 지도자였지만 더 이상은 아니라는 것이다. 그러니까 미국이 다시 명성을 되찾을 것이기 때문에 사람들이 우세한 후보에 편승할 거라 약속한다는 것이며, 그리고 당연히 도널드 트럼프만이 이를 실현할 수 있다는 것이다. 이 슬로건과는 완전히 대조적으로 버락 오바마 전 대통령은 존 매케인(John McCain) 상원의원 장례식에서 "미국은 항상 위대했기 때문에 존 매케인의 미국은 다시 위대해질 필요가 없다"라고 칭송했다.

6) 흑백 오류

흑백 오류(black-and-white fallacy)는 거짓 딜레마(false dilemma), 잘못된 이분법 (false dichotomy), 또는 양극화된 사고(polarized thinking)로도 알려져 있다. 이것 은 잘못된 양자택일이 제시되는 것을 말한다. 오직 두 가지 관점만 개괄적으로 제시된다. 중간 어딘가에 있는 선택, 즉 대안적 선택은 논의에서 제외되므로 선택 가능한 것의 배열이 잘못된 것이다.

대통령 선거 캠페인 동안, 트럼프는 "우리는 너무 많이 이겨서 패배에 익숙해 지지 않고 승리하는 데 익숙해질 것이다"라고 말했다(Trump, 2016, February 1).

'아메리칸 드림'(American dream)에 관해 트럼프는 그것이 죽었다고 묘사하 면서 "그러나 내가 대통령으로 선출되면 그 어느 때보다 더 크고 더 강하게 되 살릴 것이며, 우리는 미국을 다시 위대하게 만들 것이다"라고 말했다(Trump, 2015, December 7).

7) 발생학적 오류

발생학적 오류(genetic fallacy)는 증거의 질이나 장점이 아니라 증거의 출처에 근 거해 어떤 아이디어를 거부하거나 수용하는 것을 말한다.

도널드 트럼프는 부동산 판매 세미나인 그의 '트럼프 대학교'(Trump University)에 대한 소송에 직면했을 때 곤잘로 쿠리엘(Gonzalo Curiel) 판사에 대해 불평하면서, 다음과 같이 말했다: "나는 끔찍한 판결을 받았다. 나는 이 판사로부터 매우 부당한 대우를 받았다. 이 판사는 멕시코계이다. 나는 [미국-멕시코 국경을 따라] 장벽을 쌓고 있다, 알겠어?"(트럼프, 2016, June 3).

그리고 텔레비전으로 방송된 대통령 토론에서, 청중 가운데 1명이었던 팔레 스타인계 미국인 고바 하메드(Gorbah Hamed)가 무슬림에 대한 차별과 싸우기 위해 취할 조치에 대해 후보들에게 질문했다. 트럼프는 이슬람 혐오증이 미국 의 문제라는 것을 인정하고 그것을 "수치"라고 불렀지만, 그런 다음 그는 미국 에서 무슬림 미국인의 안전에 관해 그들의 정당한 우려를 일축하면서 "무슬림 들이 무슨 일이 일어나는 것을 보면 더 잘 보고해야 한다"라고 주장했다. 그는 무엇보다도 완전한 "무슬림 [이민] 금지" 또는 "극단적인 심사"를 위한 그의 계획을 정당화하는 것으로 끝을 맺었다. 하메드는 트럼프의 발언이 "모든 무슬림이 못된 일을 하는 사람들에 대한 정보를 숨기고 있다고" 비난하는 것이라고 말했다(Blake, 2016, October 9; Naar, 2016, October 11).

8) 과도한 단순화

과도한 단순화(gross simplification)는 원인을 지나치게 단순화하고 과장하는 것이다. 이것은 복잡한 문제가 단일 원인으로 축소되는 경우이다. 이것은 일종의 단순한 생각이다.

트럼프는 「뉴욕 타임스」가 그에 대해 보도하면서 아마도 "부정직"했다는 이유로 이 신문을 야단친 적이 있는데, 이때 트럼프가 한 주장은 과도한 단순화의 한 예이다. 트럼프는 이 신문이 독자들에게 편지를 보냈고 그들의 "거짓되고도 (독자들을) 화나게 만든" 기사에 대해 "사과"했다고 주장했다(Trump, 2017, January 28). 문제는 그러한 편지가 없었다는 것이다. 그는 2018년 9월 5일을 포함하여 「뉴욕 타임스」가 사과했다는 주장을 여러 차례 계속해서 반복했다(Trump, 2018, September 5; Ursin, 2017, February 7).

9) 미디어 공신력 무력화

미디어 공신력 무력화(invalidating media credibility)는 거의 모든 권위주의 정권, 특히 히틀러가 사용한 선전 방법이다. 트럼프가 "가짜 뉴스"(fake news)라는 용어를 만든 것과 매우 흡사하게 나치 정권 당시 히틀러는 뤼겐프레세(Lügenpresse)라는 용어를 만들었는데, 이것은 '거짓말하는 언론'(lying press)으로 번역된다. 두 용어의 유사점은 놀랍다. 사실을 제시하는 언론의 공신력을 떨어뜨림으로써 사람들이 진실에 의문을 제기하게 함은 물론 편향되고 정권이 운영하는 언론이 인기를 얻을 수 있는 여지를 만들어낸다. 미디어는 당연히 강력하며, 정권이 미디어를 통제할 수 있다면, 공중이 좋아할 내용의 선전을 그들에게 제공함으로써 그들을 통제할 수 있다.

2018년 8월 초, 캠페인형 집회에서 트럼프는 언론을 "지긋지긋하고 끔찍한 사람들", "가짜 뉴스", 그리고 "가짜"라고 언급했다(Trump, 2017, May 10). 그는 CIA에서 한 청중에게 기자들이 "가장 부정직한 인간"이라고 말했다(Goldmacher

& Nussbaum, 2017, January 21). 그는 또한 언론을 자주 "사람들의 적"이라 불렀다(Holt, 2018, August 3). 그는 심지어 기자를 "인간쓰레기"라고 불렀다(Edsall, 2018). 그와 같은 슬로건의 효과성은 자신의 당인 공화당 당원의 51%가 트럼프의 주장에 동의했다는 여론 조사에서 확인되었다(Martinez, 2018, August 14). 더욱이 그는 특정 기자들이 "부적절한" 질문을 했다는 이유로 행사 출입을 금지했다(Holt, 2018, August 3). 이것은 자유 언론이 민주주의의 중요한 부분으로 간주된다는 생각과 극명한 대조를 이룬다. 트럼프의 조롱은 언론인을 투옥하고 박해하는 전제적인 지도자를 연상시킨다. 언론이 국민의 적이 될 수 있다는 생각은 민주주의의 가장 중요한 지주(支柱) 가운데 하나에 대한 직접적인 공격이다. 언론의 자율성은 미국 헌법에 의해 보호된다.

2016년, 로드리고 두테르테(Rodrigo Duterte) 필리핀 대통령은 "당신이 저널리스트라고 해서 암살을 면할 수 없다, 만약 당신이 개자식이라면"이라고 말했다. 이 일은 트럼프가 선거 운동을 하던 시기에 발생했는데, 사람들은 그러한 주제가 트럼프 자신의 발언 및 트윗과 크게 다르지 않다고 주장할 수도 있다. 두테르테는 오바마와 잘 지내지 못했는데, 따라서 이러한 사실이 트럼프가 이 독재자와 친구가 될 추가적인 인센티브를 제공한 셈이다. 트럼프와 두테르테는 2017년 마닐라에서 마침내 만났다. 공동 기자회견에서 기자들은 트럼프가 두테르테에게 인권 침해 문제를 제기했는지 물었다. 두테르테 대통령은 재빨리 그 질문을 끊었고 기자들을 "스파이"라고 불렀다. 트럼프는 그냥 웃기만 했다. 필리핀에서는 1992년 이후 약 80명의 저널리스트가 사망했으며, 여기에는 두테르테 대통령이 대통령직에 오른 이후 최소 4명이 포함되어 있다(editorial board, 2018, September 9).

한 가지 주의해야 할 점이 있다. 말로이(Molloy)와 아이젠버그(Eisenberg)가 말했듯이, 어떤 것이 엄밀히 말해서 '나쁜' 주장이라고 하더라도 그것이 설득력이 없음을 의미하는 것은 아니다. 트럼프는 특히 보수적인 노동 계층 백인 유권자들 사이에서 많은 추종자를 만들어냈다. 트럼프는 다른 후보들이 제공하지 않는 어떤 것을 이용할 수 있는 능력이 있었던 것으로 보인다. 따라서 그는 심지어 자신의 주장이 때로 사실이나 실체와 같은 핵심적인 논증적 요소가 부족할 경우에도 꽤 잘 설득할 수 있음을 입증했다고 말로이와 아이젠버그는 말했다(Molloy & Eisenberg, 2016, Octoner 18).

10) 평범한 서민

국제 시청자들에게는 분명하지 않을지 모르지만, 도널드 트럼프의 미국 청중이나 시청자들은 평범한 서민이라는 주장에 자주 노출되었는데, 평범한 서민 주장에서는 더 엘리트적이거나 아마도 더 부유한 개인이 '보통사람' 또는 '평범한 사람'으로 제시된다. 이 접근법은 문제의 어떤 개인이 대중을 이해하고 대중에게 측은지심을 가질 수 있는 능력이 있음을 암시한다. 이 접근법을 사용하는 연사는 집회의 청중이나 텔레비전 시청자들과 비슷한 경험이나 공통의 목표를 가진 사람으로 자신을 소개한다.

우리는 트럼프의 대선 캠페인 동안의 많은 정치 집회는 물론 심지어 백악관 입성 이후의 집회에서도 이러한 오류를 목격했다. '캠페인 집회'는 트럼프가 충성스러운 유권자들과 상호작용할 때 지원과 활기찬 에너지를 제공해주기 때문에 트럼프가 좋아하는 공공장소 가운데 하나라는 데 의심의 여지가 없다. 선출된 관리들이 선거 후 유세장 집회에 자주 참여하는 것은 흔하지 않지만 트럼프는 그것을 즐겼다. 아마도 그것은 그의 대통령직의 일상적인 현실과 압력에서 벗어나게 해주는 반가운 핑곗거리였을 것이다.

리앨러티 프로그램(reality program)에 출연하기 시작하면서 도널드 트럼프는 수년 동안 자신의 보통사람 접근방식을 배우고 연습했다. 그는 <디 어프렌티스>(The Apprentice)로 알려진 장기간 방송된 프로그램에 출연했다. 그는 소위 정직한 사람(straight shooter)이자 평범한 사람이라는 인상을 주었다.

"도널드 트럼프 대통령의 캠페인이 시작된 이래로 그는 '[노동 계층]은 우리 나라에서 잊힌 사람들이다'라고 말하며 중산층의 열렬한 지지자라고 주장했다"(Ambroiggia, 2018, March 2). 트럼프는 공화당 전당대회 폐막일 밤에 "나는 여러분의 목소리를 대변하는 사람"이라고 말했다(Rucker & Fahrenthold, 2016, July 22). 트럼프는 매우 부자였고 그의 집은 말 그대로 골든 타워(golden tower)[44]였기 때문에 이러한 발언은 정말 꽤 놀랍다. 그가 선택한 연설 스타일

---

[44] 뉴욕 맨해튼에 위치해 있는 트럼프 타워(Trump Power) 내의 트럼프와 멜라니아가 살았던 아파트 내부는 실제로 금으로 장식되어 있다고 한다(역자 주).

은 그에게 활기차고 자연스럽게 말하는 사람이라는 인상을 주었다. 그의 추종자들은 종종 "있는 그대로 말하는" 그의 능력을 가장 존경한다고 말했고 그는 거의 "그들이 말하는 것처럼 말했다."

11) 논점 이탈

논점 이탈(red herring) 오류는 의도적으로 원래의 주제에서 관심을 멀어지게 하는 것이 목적인 개인이 제시하는 주장이다. 이것은 오도하거나 주의를 분산시키기 위한 것이다. 어떤 특정한 비난을 제기할 때, 비난의 대상이 된 자는 그 비난을 반박하기보다는 다른 누군가를 공격한다(Ursin, 2017).

대통령 재임 기간 동안, 트럼프는 러시아나 블라디미르 푸틴과 어떤 관계가 있는지 자주 질문을 받았다. 트럼프는 질문에 답하기보다는 오바마 대통령과 이란의 핵 프로그램과 미사일에 관한 그의 정책으로 초점을 바꾸곤 했다. 러시아와 푸틴에 관한 질문에 대한 또 다른 반응은 오바마가 트럼프의 트럼프 타워(Trump Tower) 사무실을 도청했다는 뒷받침되지 않는 주장이었다. 두 경우 모두 트럼프는 어떤 부수적인 문제를 끄집어내서 의도적으로 음모이론으로 쟁점을 흐리게 만들었다(Blake, 2017, March 20).

12) 미끄러운 경사로

트럼프가 많이 사용하는 선전 기법 가운데 **미끄러운 경사로**(slippery slope)가 가장 흔히 사용하는 기법일 지도 모른다. 미끄러운 경사로를 설명하는 가장 좋은 방법은 어떤 작은 조치나 행위가 다른 많은 연관된 사건의 기초로 사용되며, 이러한 사건이 절정에 이르면 흔히 크고 과장된 부정적인 결과를 초래한다는 것입니다. 이것은 고려 중인 단순한 문제가 의도하지 않은 엄청난 결과를 가져올 가능성이 높다는 것을 의미한다. 이와 같은 선전 기법은 공포를 떠올리게 해 **공포 조성**(fear-mongering)으로 이어지는 것으로 알려져 있다. 우리는 정치 연설, 일반적인 비판적 사고, 심지어 미국 사법체계의 기초가 되는 판례법에서도 이러한 형태의 논리를 자주 발견한다.

위에서 이미 미국 이민에 대해 언급했지만, 우리는 여기서 다시 트럼프가 무슬림들을 향해 한 언급을 중심으로 살펴본다. "여러분은 무슨 일이 일어날지 알고 있다. [포드는 멕시코에] 공장을 지을 것이고 불법체류자들은 그 차들을 국경 바로 건너편으로 몰고 것이다. 그런 다음, 아마 그들은 결국 차를 훔칠 것이고 그렇게 끝이 날 것이다"(Trump, 2015, October 21). **아마도 그럴 것이다**(probably will)라는 문구의 사용은 흔히 미끄러운 경사로 주장의 징후이다(Molloy & Eisenberg, 2016, October 18).

또 다른 사건에서 트럼프는 자신의 업무 성과에 대해 불친절한 말을 한 케이블 뉴스의 유명 여성 언론인에 대해 매우 생생한 경멸적인 트윗을 날렸다. 백악관 언론 담당 비서는 대통령을 변호하면서 다음과 같은 단순한 대답을 내놓았다: "그가 이겼다. … 미국인들은 투사를 뽑았지, 앉아서 아무것도 하지 않을 사람을 뽑지 않았다. … 그들은 도널드 트럼프에게 투표했을 때 무엇을 얻을지 알고 있었다." 선거에서의 승리는 트럼프가 원하는 것은 무엇이든 할 수 있는 허가증을 주었고 미국 국민으로부터 그가 원하는 대로 행동할 수 있는 권한을 부여받았다는 주장은 미끄러운 경사로에 해당한다(Blake, 2017, June 30). 실제로 그는 일반 투표(popular vote)에서 거의 300만 표를 졌다.[45]

13) 허수아비 때리기

허수아비 때리기(strawman)는 어떤 조직이나 사람이 한 번도 한 적이 없거나 한 번도 말한 적이 없는 것에 대해 공격하는 것을 말한다. 허수아비 때리기 주장은 상대방의 입장에 대한 과장 또는 잘못된 재현(misrepresentation)을 기반으로 한다. 어떤 연사가 실제로 상대방이 전혀 가지고 있지 않은 입장에 문제를 제기할 때, 그 연사는 상대방의 주장이 틀렸음을 입증하고 있다는 인상을 준다. 바꾸어 말하면, 그 연사는 부정직하고 단순하며 입증되지 않은 주장을 하고 있다.

예를 들어, 인디애나 주 인디애나폴리스(Indianapolis)에서 열린 선거 연설에서 트럼프는 '미국 우선' 외교 정책으로 반대자들을 비난하려고 했다. 트럼프는 자신의 외교 정책이 미국의 이익에 기반하지 않은 미국의 외교 정책, 즉 '미국

---

[45] 미국 대선 투표는 일반인이 하는 일반 투표와 이를 기반으로 하는 선거인단(electoral college) 투표로 나눠져 있으며, 각 주의 일반 투표에서 이긴 후보가 그 주에 배당된 선거인단을 모두 가져간다. 그래서 전국적인 누적 일반 투표수에서 지더라도 선거인단이 많이 배정된 주에서 승리하면 대통령이 되는 경우 발생하는데 트럼프는 민주당의 힐러리 클린턴 후보보다 일반 투표수에서 지고도 대통령이 된 바 있다(역자 주).

차선'(America Second)과는 대조적으로 "미국의 이익과 동맹국의 공동 이익을 기반으로 할 것"이라고 약속했다. 문제는 어떤 상대도 그런 입장을 밝힌 적이 없다는 것이다. 그러한 거짓 입장은 오로지 그의 공격용으로 혹은 허수아비 때리기로 꾸며낸 것이었다(Miller, 2016).

애리조나(Arizona) 주 피닉스(Phoenix)에서 열린 집회에서 트럼프는 "CNN 짜증나!"라는 노래로 지지자들을 이끌면서 자신이 선호하는 매품팔이 소년(whipping boy)[46]을 마구 비난했다. 우파 자체가 실제 선전에서 거의 완전히 뒤지고 있음에도, 비우파 미디어가 악의적인 선전을 사용한다는 것이 우파의 신조가 되었다(Jones, 2017, August 30).

마지막 예는 트럼프가 자신이 싫어하는 기사를 실은 신문을 두고 그 신문의 "구독자와 독자가 감소하고 있다"라고 언급한 경우이다. 트럼트는 "그들은 처음부터 나를 오해했지만 여전히 방향을 바꾸지 않았으며 결코 그렇게 하지 않을 것이다. 정직하지 않다(DISHONEST)"라고 말했다(Trump, 2017, January 28). 이런 형태의 적 비하는 트럼프의 정치 경력 전반에 걸쳐 꽤 일반적이었다.

14) 잦은 거짓말

잦은 거짓말(tell a lie often)과 '선전 캠페인의 일곱 가지 전략'에서 이미 다룬 바 있는 선택적 누락 사이에는 강한 관련성이 있다. 앞서 언급했듯이, 새빨간 거짓말은 히틀러의 선전부 장관인 요제프 괴벨스가 추진한 나치 독일의 허위 정보 캠페인의 명칭으로, 거짓말을 충분히 자주 사용하면 거짓을 진실로 받아들이게 할 수 있다는 것이다. 너무 어마어마한 거짓말을 하면 청중은 거짓말이 시도되고 있다고 상상조차 하지 못한다는 것이다.

버락 오바마가 미국 태생의 시민이 아니라는 주장을 트럼프가 많은 사람에게 퍼뜨린 것은 새빨간 거짓말과 관련이 있다. 그는 오바마가 케냐에서 태어났다고 주장했다. 이 소문은 2008년에 시작되었는데, 트럼프는 이것을 2010년부

---

46 매품팔이는 쉽게 말해 죄를 지은 사람을 대신해 곤장 맞는 것을 주업으로 살아가는 사람이다. 서양에서도 매품팔이와 비슷한 직업이 있었는데, 이들을 위핑 보이라고 불렀다. 영국 왕실에서 왕자가 잘못을 저지를 경우 이에 대한 체벌을 해야 했지만, 귀한 왕손의 몸에 체벌을 가할 수 없어 대신 매를 맞는 소년을 부르던 말이었다고 한다. 이런 유래로 위핑 보이라는 단어는 '다른 사람의 잘못 때문에 비난을 받는 사람'이라는 의미로 사용하게 되었다(역자 주).

터 오바마에 대한 공개적 공격의 중심으로 삼았다. 2011년, 트럼프는 이 주장을 여러 공개석상에서 되풀이했다. 오바마가 미국에서 태어나지 않았다는 허황된 생각은 "출생지 음모론"(birther theory)[47]이라 불렸다. 그러한 주장을 뒷받침할 정당한 증거는 결코 제시된 바 없다. 한때 트럼프는 그 주장을 조사하기 위해 하와이(오바마가 실제로 태어난 곳)에 사설탐정을 파견했다고 발표했으며 오바마의 출생지에 대해 "그들이 찾아내고 있는 것을 그들은 믿을 수 없다"라고 말했다. 2017년 말, 공화당 지지자들의 절반은 오바마가 미국에서 태어나지 않았다는 음모론을 여전히 믿었다. 이러한 출생지 음모론을 사용한 것은 인종차별주의 결과이거나 적어도 트럼프 측의 분개의 결과라고 한다(Glum, 2017, December 11).

이미 언급했듯이, 트럼프는 아랍인과 무슬림에 대해 그들을 비난하는 여러 가지 주장을 했다. 몇 주 동안 그는 9/11 테러가 발생한 날 "많은 아랍인들이 살고 있는 뉴저지 반대편에서 그들은 환호하고 있었다. 그들은 세계무역센터가 무너지자 환호했다"라고 주장했다. 역시 마찬가지로, 그러한 주장을 뒷받침할 증거는 결코 존재하지 않았다.

2016년 3월, 오하이오 주 데이턴(Dayton)에서 열린 캠페인 집회에서 한 남자가 무대에 난입하려 했다. 그는 트럼프 후보 근처에도 가지 못했지만, 트럼프는 나중에 그 사람이 ISIS와 관련된 테러리스트라고 주장했다. 트럼프는 그 참석자가 "아랍 음악을 틀고 있었다. 그는 (미국) 국기를 땅에 질질 끌고 다녔고, 인터넷에서 ISIS와 ISIS에 대해 채팅을 나누었다"라고 주장했다. 모든 주장이 사실이 아니었다.

트럼프 대통령이 취임한 지 첫 2년이 끝나는 2018년 마지막 날까지 그는 7,500번이 넘는 거짓 또는 오해의 소지가 있는 발언을 했다(Kessler, Rizzo, & Kelly, 2018). 2018년의 마지막 몇 달 동안, 그는 하루 평균 약 30번의 오도하는 주장이나 명백한 거짓 주장을 했다(Cillizza, 2018). 「워싱턴 포스트」의 팩트 체커(fact checker) 편집자인 글렌 케슬러(Glenn Kessler)는 "트럼프는 정정되거나 사실 확인 결과 거짓임이 밝혀졌음에도 계속해서 그것을 되풀이해서 말하고

---

47 '출생자'(birther)는 버락 오바마 대통령이 미국 태생이 아니라고 믿고, 대통령 자격이 없다고 생각하는 사람을 일컫는 신조어이다(역자 주).

있다는 점에서 이례적이었다"라고 말했다(Bertolini, 2016, June 16).

끝으로, 우리는 트럼프가 자주 거짓말을 하는 세 가지 예를 찾아냈다. 하나는 2017년 9월 푸에르토 리코를 강타한 허리케인 이르마(Irma)와 4등급 마리아(Maria)의 사망자 수를 잘못 보고한 것인데, 그때 트럼프는 허리케인이 강타한 직후 자신의 행정부가 "환상적으로 일을 처리했다"라고 주장했다. 트럼프 대통령은 그해 10월 푸에르토 리코를 방문해 사망자 수가 16명이라고 결론 내렸다. 그러나 1년 후 사망자 수는 2015년 허리케인 캐트리나(Katrina)로 인해 사망한 수보다 훨씬 많은 3,000명으로 치솟았다. 많은 비판 속에서 트럼프는 이르마와 마리아에 대한 행정부의 대응이 백악관에서 취해진 것들 가운데 역대 최고라고 계속해서 주장했다. 3,000명이 사망한 것이 현실로 드러나자 트럼프는 자신의 신용을 떨어뜨리기 위해 그의 적들이 숫자를 위조했다고 주장했다. "푸에르토 리코를 강타한 두 허리케인으로 3,000명이 사망하지 않았다. 폭풍이 강타한 '후' 내가 그 섬을 떠났을 당시 6~18명이 사망했다. 시간이 지남에 따라 사망자 수는 그다지 늘어나지 않았다"(Trump, 2018, September 13). 다시 한 번 트럼프는 자신이 훌륭한 일을 했다고 주장했다. 의심할 여지없이 많은 지지자들은 그의 주장을 믿었다(Qiu, 2018, September 13).

두 번째 예는 트럼프가 자신이 인지한 반대자들에 대해 불미스러운 언어를 사용했다는 사실을 부인한 것이다. 트럼프는 흔히 그 순간에 자신이 한 말을 부정하고, 더 나아가 결코 그런 말을 한 적이 없다고 주장했다. 문제는 기록을 보면 명백히 그가 했음이 증명된다고 베이커와 헤이버먼(Baker & Haberman, 2018, September 8)이 결론을 내렸다는 것이다. 이 기사는 트럼프가 재계와 정계에 걸쳐 있는 반대자들을 "멍청한 남부인", "저능아", "정말 똑똑한 사람이 아니다"라고 불렀다는 것을 부인한 후에 작성되었다. 모든 경우에 그가 그러한 언어를 사용했다는 검증 가능한 증거가 있다. 그러나 트럼프의 많은 충성스러운 추종자들은 상반되는 증거에도 그의 반복되는 부인(否認)을 믿었다.

마지막으로, 트럼프 재임 기간 동안 작성된 아프가니스탄에 대한 보고서에서 미국이 기만적이었다는 증거가 있다. 한 사례는 군사 문제에 관한 것이었고, 다른 사례는 노력을 기울인 결과 보건의료 상태가 성공적으로 개선된 것에 관한 것이었다. 예를 들어, 미군은 아프간인들이 아프가니스탄의 56%를 장악하거나 56%에 영향력을 행사한다고 주장했다. 그러나 여기에는 흔히 지구 본부나 군사 막사가 위치한 지역만 포함되었다. 나머지 지역은 탈레반(Taliban)이 장악했다. 그러다가 전략 도시인 가즈니(Ghazni)가 적의 침입을 받아 경찰과 군인이 큰 희생을 치렀을 때, 지역 관리들은 적이 제압될 때까지 이러한 사실을 보고하지 않았다. 더욱 놀라운 것은 미군이 약 10일 동안 적대적인 상황을 부인했다는 것이다(Nordland, Ngu, & Abed, 2018, September 9).

건강 데이터와 관련하여 미국 정부는 아프가니스탄의 기대 수명이 63세로 향상되었다고 주장했다. 그러나 건강 연구자들은 실제로는 48세에 불과하다고 보고했다. USAID는 유아기의 높은 사망률을 무시하고 수치를 조작한 채 그러한 통계를 보고했다(Nordland, Ngu, & Abed, 2018, September 9).

그리고 임산부 사망률도 지나치게 낮게 보고했다. 미국은 안전하게 출산한 산모 10만 명당 출산으로 사망한 산모는 1,600명이라고 보고했다. 이것은 중세 유럽의 산모 사망에 필적하는 놀라운 수치이다. USAID는 2010년에는 상황이 눈에 띄게 개선되어 327명이 사망했다고 보고했다. 그러나 영국과 아일랜드의 연구자들은 10만 명의 여성 중 575명이 출산으로 사망했다고 보고함으로써 미국이 발표한 수치가 의심을 받게 됐다. 미국과 비교해보면, 미국 임산부의 출산 사망률은 10만 건당 24건이다(Nordland, Ngu, & Abed, 2018, September 9). 이러한 각 보고 항목들은 사실로 인정되었다. 「뉴욕 타임스」의 기사가 나오기까지는 그러한 공식 보도 자료를 받아들이지 않을 이유가 없었다. 너무 새빨간 거짓말이어서 사실이나 출처를 의심할 이유가 없었기 때문이다.

15) 피장파장

피장파장(whataboutism)이라 불리는 이 접근방식은 블라디미르 푸틴이 가장 좋아하는 선전 책략을 기반으로 한 것 같다. 이것은 구소련에 대한 비판이 제기될 때, 서방 세계의 사건인 "x는 어떨까"로 화제를 옮기는 전술이었다. 이것은 어떤 이슈를 제기하여 다른 이슈에 대한 토론의 주의력을 분산시킴으로써 비판에 대응하는 주의를 다른 데로 돌리는 조치이다. 상대방의 입장의 공신력을 떨어뜨리기 위해 위선이라는 비난을 가하는 것이다.

우리는 러시아나 푸틴과 관련이 있는지 물었을 때 트럼프가 한 답변을 이미

예로 든 바 있다. 질문에 대답하는 대신 그는 이란 미사일이나 트럼프 타워의 도청 혐의와 관련하여 오바마에 대해 이야기했는데(Blake, 2017, March 20), 이것은 또한 피장파장 오류의 아주 좋은 예이기도 하다.

또 다른 예에서 트럼프는 블라디미르 푸틴의 비밀 첩보활동이 미국의 행동과 다르지 않다고 제안하는 것처럼 보였다. 폭스 뉴스 네트워크(Fox News Network)의 빌 오라일리(Bill O'Reilly)와의 인터뷰에서 트럼프는 푸틴에 대한 질문을 받았다. 트럼프가 푸틴을 존경한다고 답하자, 오라일리는 "푸틴은 살인자이다"라고 말하며 더욱 압박했다. 트럼프는 "살인자는 많다. 우리 나라에도 살인자는 많다. … 우리 나라가 그렇게 결백하다고 생각하는가? 글쎄, 나는 우리 나라도 많은 살인을 한다고 생각한다"라고 대답했다. 이번에는 MSNBC의 조 스카버로우(Joe Scarborough)와의 인터뷰에서 스카버로우는 트럼프에게 푸틴이 "그와 의견을 달리하는 저널리스트를 죽인다"는 사실을 상기시켰다. 그는 "지금 세상에는 많은 일이 일어나고 있다. 많은 살인과 많은 어리석은 짓이 계속되고 있다"라고 대답했다. 전 세계에 위선적으로 비치는 미국의 행동을 도널드 트럼프는 피장파장 오류로 사용했다. 따라서 트럼프가 러시아 지도자를 옹호함에 따라 소련이 사용한 계략이 서방에서 사용되게 되었다(Bump, 2015, December 15; Philips, 2017, February 4).

결과적으로, 우리는 도널드 트럼프와 그가 논리적 오류를 애용하는 것에 대한 많은 예를 볼 수 있다. 그는 그의 도구 하나하나가 청중을 조작하는 데 매우 효과적임을 입증했다. 이러한 수사(修辭) 도구를 검토함으로써 우리는 우리의 방어를 강화할 수 있는 기회를 갖게 되어 누군가가 번드르르한 권위주의적 책략의 도구 상자를 들고 올 때 더 잘 대비할 수 있다.

11. 테러리즘 다루기

9/11 테러 이후의 세계에서 우리는 납치된 영국 구호대원 마가렛 하산(Margaret Hassan)의 처형과 미국 건설 노동자 닉 버그(Nick Berg)의 참수와 같은 미디어 이미지를 보고 진저리를 쳤다. 이슬람 무장단체 보코 하람(Boko Haram)이 나이지리아 북동부에서 수천 명의 어린 소년 소녀들을 납치했을 때 우리는 더욱

충격을 받았다. 2014년, 그들은 치복(Chibok)에 있는 학교에서 276명의 소녀를 데려가 노예로 팔겠다고 선언했다. 그것은 테러 행위인가? 물론 그렇다. 그것은 선전인가? 물론이다.

이미 제안했듯이, 우리는 이러한 사건들을 여론을 흔들기 위한 전략적이면서도 어쩌면 필사적인 시도로 달리 틀 지을 수 있다. 부시 대통령도 2004년 12월 20일 기자 회견에서 "자동차 폭탄은 효과적인 선전 도구"임을 인정했다. 마찬가지로, 9/11 공격을 계획하고 수행하는 데 관여한 테러리스트들은 의심할 여지없이 텔레비전의 긴 방송 시간과 신문의 1면 보도를 기대했다.

테러리스트들은 오랫동안 그들의 끔찍한 행동에 대한 미디어 보도에 의존해 왔다. 이러한 행위가 힘을 얻는 것은 그와 같은 보도를 통해서이다. 이러한 힘을 인식한 영국 정부는 오래 전에 모든 방송사가 IRA 대원 또는 그 가족과의 인터뷰를 방송하는 것을 법으로 금지했다.

오늘날 우리가 직면한 가장 큰 문제는 테러리즘의 지속적인 확산과 그것이 전통적인 외교의 효과적인 대체물이라는 인식이다. 테러리즘은 특정 국가와 지역에 만연해졌고 미국과 서유럽은 가장 큰 표적은 아니더라도 가장 큰 표적 가운데 하나가 되었다. 랜드연구소(RAND Corporation)의 연구에 따르면, ① 일부 테러리스트는 관심을 얻기가 더 어려워지고 있다고 믿고 있고, ② 과거 경험을 통해 수익성이 입증되었고, ③ 국가가 적극적인 역할을 해오고 있고, ④ 그들은 종교적 명령에 의해 동기부여가 되어 있기 때문에 전 세계적으로 테러 행위의 수가 증가했으며, ⑤ 정보에 대한 접근이 용이하기 때문에 아마추어 테러리스트들의 시도도 증가했다고 보았다(Hoffman, 1999).

공통된 요인들이 있기 때문에 우리는 테러리즘을 분명히 밝혀내 중단시킬 수 있어야 한다. 1960년대에 UN 총회는 그러한 임무 수행에 착수했다. 부분적인 이유이긴 하지만 일부 국가들이 테러리즘이 정당한 불만에 대한 대응으로 간주되어 테러가 정당화될 수 있다고 믿었기 때문에 처음에는 거의 진전이 없었다. 유대인 극단주의 단체 이르군(Irgun)과 팔레스타인에서의 1940년대 캠페인, 1950년대 후반부터 1970년대 중반까지 남베트남에서의 베트콩 활동, 1960년대 후반 이후 북아일랜드 공화국군 과격파(PIRA: Provisional IRA)는 모두 근거가 확실한 테러리스트 활동으로 언급되었다.

결과적으로, UN은 제한된 실질적 조치에 역점을 두었다. 1963년부터 1999년까지의 국제 협약은 항공기 납치와 외교관 인질극 같은 특정 테러 행위를 다루었고 이러한 행위들이 특별히 규탄 받을 수 있게 하는 방책을 도출했다. 테러에 대한 우려가 높아짐에 따라, UN 총회는 그러한 행위를 규정하고 금지하기 위한 추가 조치를 취했다.

테러리즘을 대량 살인으로 보는 좀 더 새로운 시각은 그러한 논쟁에 현저한 영향을 미쳤다. 결국 테러리즘은 군대가 다른 군대와 싸우는 전쟁이라는 역사적 개념과는 반대로 민간인을 표적으로 삼는다. 많은 테러리스트들이 현대의 추이를 정당화하면서 민간인도 정부의 범죄행위의 공모자라고 주장한다. 테러리스트들은 중동을 예로 들면서, 토착민들이 자신들의 땅을 해방시키기 위해 싸우고 있기 때문에 이스라엘 군인과 무고한 민간인에 대한 공격이 필요에 따라 정당화된다고 믿는다. 하마스(Hamas)는 팔레스타인 영토에 정착한 유대인들에게 책임이 있다고 주장한다. 모든 사람이 다 이 주장을 받아들이지는 않지만, 그럼에도 그것은 문제의 복잡성과 갈등을 종식시키는 것이 어려움을 보여준다.

그럼에도 9/11 사건은 강력한 국제적 비난을 불러일으켰고 논쟁을 뚜렷하게 변화시켰다. 따라서 미국이 아프가니스탄에 모인 탈레반 세력에 대한 군사적 대응을 제안했을 때, 189개의 유엔 회원국 중 어느 나라도 반대표를 던지지 않았다.

전 세계적으로 이전에 테러리스트를 수용한다고 말한 국가들이 테러를 통제하기 위해 서방 정부와 협력하기 시작하면서 정서가 변화하고 있다. 예를 들어, 이전에 알-카에다에게 피난처를 제공했던 수단 정부는 미국 정보기관과의 협력을 강화했다. 요르단과 이집트는 통제와 보안을 강화했으며, 이슬람 무장 세력을 잡아들이고 있다. 요르단은 하마스와 이슬람 지하드(Islamic Jihad)의 활동을 특별히 제한해오고 있다.

알-카에다 역시 전 세계의 테러 활동과 연관성을 더욱 키워왔다. 필리핀 단체들은 무장 이슬람 단체들과 더 공격적으로 관계를 맺어왔으며, 이러한 단체 가운데는 알-카에다와 긴밀한 관계를 맺고 있는 것으로 여겨지는 아부 사야프(Abu Sayyaf)도 포함된다. 알-카에다는 나아가 인도주의적 구호물자의 안전한 통과를 지원하는 작전을 수행 중이던 소말리아 모가디슈(Mogadishu)에 주둔하고 있던 미군에 대한 공격에도 연루된 것으로 여겨진다. 미군은 병력을 징발해

소말리아의 군 지도자인 모하메드 파라 아이디드(Mohamed Farrah Aidid) 장군과의 전투에 투입했는데, 그의 군사 작전은 알-카에다의 최고 군사 전략가에 의해 계획된 것으로 여겨졌다. 러시아와 체첸과의 전투에도 알-카에다가 연관되었다는 소문과 더불어, 2004년 스페인 마드리드에서 기차를 이용해 통근하는 민간인에 대한 이슬람 테러리스트의 공격(192명 사망), 2010년 모스크바 지하철 폭파(40명 사망), 2015년 1월 일-드-프랑스(Île-de-France)[48] 공격(20명 사망), 2015년 11월 파리 공격(137명 사망), 2016년 니스 공격(87명 사망)과 아타튀르크 공항(Atatürk Airport) 공격(45명 사망), 2017년 이스탄불 나이트클럽 공격(39명 사망), 2017년 맨체스터 지역 폭탄 투척(22명 사망) 등 테러리즘이 계속되고 있는 가운데, 비판가들은 더욱 목소리를 내고 있다.

실제로 알-카에다와 ISIS는 모두 중동과 전 세계에서 계속해서 큰 존재감을 보여주고 있다. 알-카에다가 이끄는 테러리스트들은 영국, 프랑스, 독일, 이라크, 이탈리아를 포함한 여러 국가에 대한 테러 행위는 물론 스페인과 러시아에서 발생한 사건을 계획한 것으로 추정된다. 최근 몇 년간, ISIS가 알-카에다를 무색하게 만들었지만, 알-카에다는 부활하고 있으며 현재 그 어느 때보다 많은 대원을 보유하고 있는 것으로 보인다. 알-카에다 대원은 아프가니스탄, 파키스탄, 시리아, 예멘, 터키, 모로코, 서아프리카, 이집트, 레바논, 사우디아라비아, 인도, 튀니지, 리비아, 인도네시아 등의 국가에 있는 것으로 알려져 있다.

상대적으로 ISIS는 알-카에다보다 더 극단적이라는 평판을 갖고 있다. 서방 포로에 대한 많은 참혹한 참수는 확실히 국제적인 관심을 끌었고, 이라크와 시리아에서의 무공(武功)은 지배적인 글로벌 이미지를 구축하는 데 효과적이었다. 수년에 걸쳐 일부 알-카에다 대원은 조직을 떠나 ISIS로 갔다. 이라크와 시리아의 전선에서의 패배에도 불구하고, ISIS는 대원들을 리비아, 시나이, 가자, 알제리, 예멘, 요르단, 인도, 인도네시아, 필리핀으로 성공적으로 이동시켰다.

이러한 전 세계적 확장은 알-카에다와 ISIS가 계속해서 수행할 역할에 대한 우려를 불러일으킨다. 이 단체들이 다양한 국가에서 활동하고 있다는 것을 안

---

48 일-드-프랑스는 프랑스의 행정 구역이자 역사적 지역을 일컫는다. 일-드-프랑스는 인구가 매우 밀집한 지역으로, 프랑스 본토 인구의 18.8%가 프랑스 본토 면적의 2.2%에 지나지 않는 일-드-프랑스에 거주하고 있다(역자 주).

다는 것 자체가 그들이 지속시켜오고 있는 소위 공포 요인을 계속해서 입증해 주고 있는 셈이다. 더욱이 일부 지역에서 그들의 존재감이 줄어들더라도 수년 전에 시작된 휴면 세포(sleeper cell)⁴⁹ 활동은 여전히 막대한 위험을 초래할 수 있다. 예를 들어, 9/11 공격은 6년 동안 계획된 것이었으며, 1998년 아프리카 에 있는 미국 대사관 공격은 5년 동안 계획된 것이었다.

테러리즘에 대한 진정한 해결책은 문제의 핵심인 글로벌 불평등과 권력의 불균형을 해결하는 것이다. 다른 테러리스트 단체가 등장할 것이라는 것은 의 심의 여지가 없지만, 우리가 공평한 거버넌스 정책을 촉진하고 빈곤을 근절하 며, 의료 자원을 개선하고, 커뮤니케이션 기술에 대한 접근성을 높이고, 전 세 계 사람들에게 참여적인 거버넌스를 통해 자신의 미래를 결정할 기회를 제공 한다면 그럴 가능성이 줄어들지도 모른다. 예를 들어, 아프리카는 근본주의 (fundamentalism)의 잠재적인 온상으로 간주된다. 무엇보다도 케냐, 소말리아, 에티오피아에 테러 조직이 존재하는 것은 생활 조건이 비참한 것으로 인식되 고 불의가 만연할 때 흔히 테러리즘이 뒤따른다는 추가적인 증거를 제공한다. 빈곤과 불평등이 테러리즘이 발생할 수 있는 분위기를 제공한다면, 이러한 기 본적인 인간의 필요를 해결하는 것은 테러리즘의 파고가 고조되는 것에 대한 해결책을 찾는 데 필수적일 수도 있다. 그렇지 않으면 우리는 인간의 생명을 존중하지 않는 잔인하고 야만적인 테러리즘의 확산을 계속해서 보게 될 수도 있다. 테러리즘은 선전의 한 형태이다. 선의(善意)를 뿌리는 것은 테러리즘을 종식시키는 데 더 강력한 무기가 될 수 있다.

12. 결론

선전은 여론 조작에 사용되는 오래된 커뮤니케이션 기법이다. 선전은 수세기 동안 사용되어 왔으며 국내 및 국제 커뮤니케이션에 영향을 미친다. 커뮤니케 이션 기술의 발전으로 오늘날 선전은 훨씬 더 만연해졌다.

---

49 목표하는 지역사회에 침투하여 행동을 위한 지침이나 기회를 기다리는 공작원들이나 정보요 원들 또는 정치적 목적이 있는 범죄 집단들이며, 이들 각자를 휴면 세포 또는 휴면 요원 (sleeper agent)이라고 한다(역자 주).

정부 지도자들은 국내 혹은 국제 이슈에 대한 여론을 형성하거나 해외 문제에 영향을 미치기 위해 흔히 선전을 사용한다. 또한 여론 형성 혹은 조작을 위해 글로벌 커뮤니케이션 채널에 접근하려는 비정부 실체들도 선전을 사용해왔다.

정부나 정부의 의견 형성을 흔드는 사람들도 선전을 사용하지만, 이러한 당사자들의 대리인 역할을 할 수도 있는 PR 실무자도 마찬가지로 선전을 사용한다. 현대에는 정부가 덜 분명하고 때로는 강압적인 여론 '관리' 기법을 통해 여론을 흔들기 위해 노력함에 따라 PR 캠페인이 공공 외교라는 명목하에 더욱 복잡해졌다. 광고 역시 의견 조작의 한 형태이며, 이것은 선전 자체에 대한 우리의 논의에서 벗어나 있긴 하지만, 광고를 하는 많은 방법은 궁극적으로 선전가가 사용하는 더 큰 지식 체계와 연결되어 있다.

우리는 현대 미디어와 소셜 미디어의 힘이 인정되고 정부가 공중을 조작하고 통제할 수 있는 잠재력을 활용하기 시작한 17세기에서 21세기까지 선전 개념이 어떻게 발전해왔는지 살펴보았다. 전시 자원동원은 선전 활동의 자연스러운 무대였으며, 선전 활동은 정부의 다른 정보 계획들이 더 높은 국가적 목적을 위해 여론에 영향을 미치려고 시도함에 따라 확장되었다. 우려 가운데 하나는 정부나 사회 지도자들이 여론을 형성하기 위해 미디어 설득 계획을 어디까지 활용할 수 있는가 하는 것이다. 최근 국내 및 국제 수준의 선전 캠페인에서 암시된 바와 같이, 그들의 일부 선전 활동 또는 정책이 일반 공중의 최대 이익을 위해 고려되지 않을 때 이것은 특별한 우려사항이 될 수도 있다.

더 우려되는 것은 당대의 이론가인 조지 거브너와 노엄 촘스키가 제기한 이슈들이다. 거브너는 미디어의 관심을 끌기 위해 경쟁하는 시장 세력이 미국 미디어에서 발견되는 '무서운 세계' 묘사를 통해 불안과 취약함으로 가득 찬 위험한 환경을 만들어내고 있다고 주장한다. 촘스키는 미디어가 미디어를 통제하고 미디어의 재정을 지원하는 강력한 사회적 이익을 대신해 선전을 퍼뜨리고 있다고 제안한다. 이 저자들 각각은 현대 사회에서 많은 커뮤니케이션 채널의 운영자로서 거대 미디어의 위험성을 보여준다. 미디어의 영향에 대한 이러한 현대적인 자극-반응식 접근방법은 이 주제가 가지고 있는 본질적인 소구력 때문에 수용자들이 매스 미디어를 통해 매개되는(mass-mediated) 조작에 저항할 수 없다고 가정한 벌로(1960)와 슈람(1963)의 초기 작업을 강화한다.

커뮤니케이션은 더욱 정교해졌다. 리프먼의 "공중은 제 분수를 알아야 한다"라는 말을 고려할 때, 우리는 선전의 다소 냉소적인 측면과 건설적인 사용과 많은 남용 사이의 미세한 경계를 인정한다. 국제 테러리스트들은 정부가 전통적으로 여론 조작을 위해 모색했던 것과 동일한 많은 커뮤니케이션 채널에 접근하려고 한다. 사회의 주류 밖에 있는 일부는 비인도적인 파국적 범죄를 일으킨 다음, 미디어를 사용해 반란과 무질서에 대한 자신들의 메시지를 만들어낸다. 소외된 집단은 주류 글로벌 거버넌스 과정과 우리의 사회 제도와 경제 제도에 의해 권리를 박탈당했다고 느끼기 때문에 그러한 비전통적인 형태의 설득을 계속 추구할 가능성이 있다.

우리가 주장했듯이, 테러에 대한 해결책은 글로벌 불평등과 국제 권력 불균형을 해소하려는 우리의 의지에 달려 있다. 우리가 공평한 거버넌스 정책과 빈곤 퇴치, 의료 자원 개선, 커뮤니케이션 기술에 대한 접근성 증대, 그리고 참여 거버넌스를 통해 전 세계 사람들에게 자신의 미래 결정 기회를 제공하는 것에 주의를 돌린다면, 테러리즘이 줄어들 수 있다.

우리 모두가 전 세계 이웃과 더 솔직한 커뮤니케이션에 참여한다면, 그것은 또한 우리에게도 도움이 될 것이다. 기만적인 커뮤니케이션은 일단 발각되면 거의 존중을 받지 못한다. 정직과 상호 존중의 기반 위에서 커뮤니케이션이 이루어질 때 훨씬 더 견고한 토대가 마련될 것이다.

선전의 성격 및 남용과 여론 착취가 민주주의의 목표 그 자체와 민주주의가 옹호하는 선택의 자유와 표현의 자유에 어떻게 불리하게 작용할 수 있는지에 대한 공적 논의가 증가할수록 우리의 선전에 대한 이해도 더 많은 도움을 받을 수 있다. 오늘날 우리가 미국의 여러 경제적·사회적·정치적 정책의 실행에 대해 논의하는 것처럼, 우리는 이러한 논의를 정치와 기업이 미디어를 통제하는 영역과 공적 자금을 사용하여 개인들을 국내 수준과 국제 수준 모두에서 의도적으로 오도하는 영역으로 확장할 수 있다. 진정한 민주주의 체계는 많은 구성원들의 적극적인 참여를 수반한다. 공중의 관여를 조작하거나 소외시키기 위해 커뮤니케이션 미디어를 사용하는 것은 민주주의의 근본 원리에 배치된다.

더 뛰어난 인식과 대화의 필요성과 함께 우리의 미디어는 더 공격적이 되고 우리 정부와 정부의 행위를 따르는 것이 아니라 정부와 정부의 행위를 이끌어나가기 위해 애써야 할 상응하는 책임이 있다. 정부 및 기관 감시는 미디어가 현대 사회에서 제공하는 기본적 기능 가운데 하나이다. 그러한 감시 활동을 수행하지 못하는 것은 우리 모두를 당혹스럽게 한다. 우리의 공화국들이 진정으로 견고하다면 비판을 통한 철저한 조사에도 견딜 수 있어야 한다. 우리 기관과 지도자들에게 문제를 제기하는 것은 비애국적인 것이 아니라 민주주의 체제에서 우리가 수행해야 할 의무이다. 그와 같은 책임감이 없다면 우리 모두는 고통을 겪을 것이다. 선출된 관리들이 시민을 소외시키고 참여를 제한한다면 시민 사회는 존재할 수 없다.

토론문제

1. 마법의 탄환 이론은 선전 이론에 어떤 영향을 미치는가? 마법의 탄환 이론은 매스 미디어 수용자를 어떻게 개념화하는가? 오늘날 마법의 탄환 이론은 부적절한가?
2. 흑색 선전, 백색 선전 및 회색 선전은 무엇이며 서로 어떻게 다른가?
3. 선전분석연구소의 선전 전략의 ABC(Lee & Lee, 1939)에 설명된 일곱 가지 접근방식을 말해보라. 어떤 것이 가장 위험하다고 생각하는가?
4. 도널드 트럼프의 선거 운동과 대통령 임기 동안 사용된 선전 책략의 명칭을 들고 설명하라. 가장 문제가 되는 것은 무엇인가?
5. 거브너와 촘스키의 현대 이론들이 선전 이론으로 간주되는 것은 어째서인가?
6. 우리의 전통 미디어와 소셜 미디어가 선전을 전파함으로써 우리를 실망시킨 몇 가지 방법을 말하고, 그러한 추세를 뒤집기 위해 미디어는 무엇을 할 수 있는가?
7. 선전에 대해 지금 당신이 알고 있는 지식을 바탕으로 국내 또는 국제 수준에서 선전으로 간주될 몇몇 최근 사건을 말해보라.

참고문헌

Ambroiggia, M. (2018, March 2). A critique on Trump, the so-called "common man." *Loyola Phoenix*. Retrieved from http://loyolaphoenix.com/2018/02/critique-trump-called-common-man

Anonymous. (1947, May 26). Running memorandum, "Communist infiltration of the motion picture industry," to D. M. Ladd, director, Federal Bureau of Investigation. In *Hollywood—Film Industry Surveillance FBI Files*, 69. Retrieved from http://www.paperlessarchives.com/compic.html

Anonymous. (2007, March 8). Caught between right and left, town and country. *The Economist*. Retrieved from http://www.economist.com/world/displaystory.cfm?story_id=E1_RRTVTJV.

Anonymous. (2016, July 21). Full text: Donald Trump 2016 RNC draft speech transcript.

Associated Press, reprinted in Politico. Retrieved from https://www.politico.com/story/2016/07/full-transcript-donald-trump-nomination-acceptance-speech-at-rnc-225974

Anonymous. (2016, December 6). Donald Trump and arguments from ignorance. *CT Viewpoints*. Retrieved from https://ctviewpoints.org/2016/12/06/donald-trump-and-arguments-from-ignorance

Anonymous. (2018, September 12). Trump's claim of success in Puerto Rico hurricane response derided. BBC. Retrieved from https://www.bbc.com/news/world-us-canada-45492197

Baker, P., & Haberman, M. (2018, September 8). "I don't talk" that way, the president insists. Except when he does. *New York Times*, p. A16.

Ball, M. (2016, September 2). Donald Trump and the politics of fear. *The Atlantic*. Retrieved from https://www.theatlantic.com/politics/archive/2016/09/donald-trump-and-the-politics-of-fear/498116

BBC World Service Poll. (2005, January 19). *In 18 of 21 countries polled, most see Bush's reelection as negative for world security*. Washington, DC: Program on International Policy Attitudes (PIPA) and Globescan.

Berlo, D. K. (1960). *The process of communication: An introduction to theory and practice*. New York: Holt, Rinehart, & Winston.

Bernays, E. L. (1923). *Crystallizing public opinion*. New York: Liveright.

Bernays, E. L. (1928). *Propaganda*. New York: Liveright.

Bertolini, J. (2016, June 16). What the world's fact-checkers make of the Trump phenomenon. Poynter.org. Retrieved from https://www.poynter.org/news/what-worlds-fact-checkers-make-trump-phenomenon.

Bird, M. (2002, June 23). Friends in need. *Time*. Retrieved from http://www.time.com/time/magazine/article/0,9171,265371,00.html

Blake, A. (2016, October 9). Everything that was said at the second Donald Trump vs. Hillary Clinton debate, highlighted. *Washington Post*. Retrieved from https://www.washingtonpost.com/news/the-fix/wp/2016/10/09/everything-that-was-said-at-the-second-donald-trump-vs-hillary-clinton-debate-highlighted/?utm_term=.c530610832af

Blake, A. (2017, March 20). The White House serves up a red herring on Russia. *Washington Post*. Retrieved from https://www.washingtonpost.com/news/the-fix/wp/2017/03/20/the-white-house-serves-up-a-red-herring-on-russia/?utm_term=.150096307407

Blake, A. (2017, June 30). The White House's defective, slippery-slope logic for defending Trump's behavior. *Washington Post*. Retrieved from https://www.washingtonpost.com/news/the-fix/wp/2017/06/30/the-white-houses-defective-slippery-slope-logic-for-defending-trumps-ill-behavior/?utm_term=.ff1c91044c6f

Bouie, J. (2015). Donald Trump is a fascist. *Slate*. Retrieved from http://www.slate.com/articles/news_and_politics/politics/2015/11/donald_trump_is_a_fascist_it_is_the_political_label_that_best_describes.html

Brown, John. "Public Diplomacy and propaganda: Their differences." *American Diplomacy*, 2008. *Academic OneFile*, Accessed April 14, 2019, https://go.galegroup.com/ps/anonymous?id=GALE%7CA187797702&sid=googleScholar&v=2.1&it=r&linkaccess=abs&issn=10948120&p=AONE&sw=w.

Bump, P. (2015, December 15). Donald Trump isn't fazed by Vladimir Putin's journalistmurdering. *Washington Post*. Retrieved from https://www.washingtonpost.com/news/the-fix/wp/2015/12/18/donald-trump-glad-to-be-endorsed-by-russias-top-journalist-murderer/?utm_term=.a99083006ef0

Bush, G. H. W. (1991, January 29). *State of the union address*. United States of America, the White House.

Bush, G. H. W. (1999, March 28). Interview: The wall comes down. In *CNN Cold War Series*. National Security Archives, George Washington University. Retrieved from http://www.gwu.edu/~nsarchiv

Byrnes, J. (2016, June 16). Trump on Obama and Islam: "There's something going on." *The Hill*. Retrieved from http://thehill.com/blogs/blog−briefing−room/news/283246−trump−on−obama−and−islam−theres−something−going−on

Capehart. J. (2018, August 9). Yes, Donald Trump, you are a "racist." *Washington Post*. Retrieved from https://www.washingtonpost.com/blogs/post−partisan/wp/2018/08/09/yes−donald−trump−you−are−a−racist/?utm_term=.813018a67e6c

Charny, I. W. (2001, July 17). The psychological satisfaction of denials of the holocaust on other genocides by non−extremists or bigots, and even by known scholars. *IDEA: A Journal of Social Issues*, 6(1). Retrieved from http://www.ideajournal.com/articles.php?id=27

Chesterton, G. K. (1902). *The defendant* (2nd ed.). London: R. Brimpley Johnson, Project Gutenberg ebook 12245.

Chomsky, N. (1994). *World orders, old and new*. London: Pluto Press.

Cillizza, C. (November 2, 2018). Donald Trump didn't tell the truth 83 times in 1 day. CNN. Retrieved from https://www.cnn.com/2018/11/02/politics/donald−trump−lies/index.html

Cook, J., & Visser, N. (2018, January 12). Here's a list of countries and leaders Trump has insulted since his election. *Huffington Post*. Retrieved from https://www.huffingtonpost.com/entry/trump−insult−foreign−countries−leaders_us_59dd2769e4b0b26332e76d57

Cook, T. D., & Flay, B. R. (1978). The persistence of experimentally induced attitude change. In L. Berkowitz (Ed.), *Advances in experimental social psychology* (Vol. 3, pp. 166–224). New York: Academic Press.

Cunningham, S. (2011, September 27). Troubles created 500,000 victims says official body. *Irish News*.

Date, S. V. (2017, May 17). The "I'm really smart" president faces crises of ignorance. *Huffington Post*. Retrieved from https://www.huffingtonpost.com/entry/trump−crisis−ignorance_us_591cc784e4b03b485cae62f4

Dewey, J. (1928, December 5). Impressions of Soviet Russia. *New Republic*, pp. 65–66. (Reprinted in Dewey, J. [1929]. *Impressions of Soviet Russia and the revolutionary world*. New York: *New Republic*.) Retrieved from http://www.geocities.com/deweytextsonline/isr.htm

Doob, L. W. (1948). *Public opinion and propaganda*. New York: H. Holt.

Editorial board. (2018, September 9). Editorial: What despots hear when Trump calls the press the "enemy of the people." *Baltimore Sun*. Retrieved from http://www.baltimoresun.com/news/opinion/editorial/bs-ed-0731-trump-nyt-20180730-story.html

Edsall, T. B. (2018, May 15). One thing Donald Trump would like is freedom from the press. *New York Times*. *https://www.nytimes.com/2018/03/15/opinion/trump-press-freedom-fake-news.html*

Eggerton, J. (2005, March 20). DOD's big flack attack. *Broadcasting & Cable*. Retrieved from http://www.citizensforethics.org/press/pressclip.php?view=127

Entertainment Marketing Communications International (EMCI). (2005). Corporate World Wide website. Retrieved from http://www.emcionline.com

Evans, R. (2002). *Lying about Hitler: History, holocaust and the David Irving trial*. New York: Basic Books.

Ewen, S. (1976). *Captains of consciousness: Advertising and the social roots of the consumer culture*. Toronto: McGraw-Hill.

Faison, E. W. (1961). Effectiveness on one-sided and two-sided mass communication in advertising. *Public Opinion Quarterly, 25*, 68–69.

Fisher, G. (1972). *Public diplomacy and the behavioral sciences*. Bloomington: Indiana University Press.

Fisher, M., & Bennhold, K. (2018, September 8). Germans, seeking news, find YouTube's farright tirades. *New York Times*, p. A4.

Foucault, M. (1988). Technologies of the self. In L. Martin, H. Gutman, & P. Hutton (Eds.), *Technologies for the self: A seminar with Michel Foucault* (pp. 16–49). Amherst: University of Massachusetts Press.

Fuchs, M. H. (2018, March 16). Opinion: Trump's Putin summit; A slippery slope to a violent, darker world. *Guardian*. Retrieved from https://www.theguardian.com/commentisfree/2018/jul/16/trump-putin-summit-russia-hacking-election-nato-slippery-slope-

Gambrell, K. A. (2001, October 15). Rice to give interview to al Jazeera, UPI. Retrieved on May 7, 2019, from https://www.upi.com/Rice-to-give-interview-to-al-Jazerra/76951003175004

Gerbner, G. (1996). *Invisible crises*. Boulder, CO: Westview Press.

Gerbner, G. (2000). *The future of media: Digital democracy or more corporate control?* New York: Seven Stories Press.

Gerbner, G. (2001, April 3). *Lecture, telling all the stories: Media, markets and mayhem*. Carbondale: Southern Illinois University.

Gerbner, G., & Gross, L. (1976a). Living with television: The violence profile. *Journal of communication, 26*, 172-199.

Gerbner, G., & Gross, L. (1976b). The scary world of TV's heavy viewer. *Psychology Today, 10*(4), 41-89.

Gerbner, G., Gross, L., Morgan, M., & Signorelli, N. (1986). Living with television: The dynamics of the cultivation process. In J. Bryant & D. Zillman (Eds.), *Perspectives on media effects* (pp. 17-41). Hillsdale, NJ: Erlbaum.

Gerbner, G., Mowlana, H., & Schiller, H. I. (1996). *Invisible crises: What conglomerate control of media means for America and the world*. Boulder, CO: Westview Press.

Giddens, A. (1981). *A contemporary critique of historical materialism: Vol. 1. Power, property and the state*. London: Macmillan.

Giddens, A. (1984). *The constitution of society: Outline of the theory of structuration*. Berkeley: University of California Press.

Giddens, A. (1987). Structuralism, post-structuralism and the production of culture. In A. Giddens & J. Turner (Eds.), *Social theory today* (pp. 73-108). Cambridge, MA: Polity Press.

Giddens, A. (1990). *The consequences of modernity*. Stanford, CA: Stanford University Press.

Glum, J. (2017, December 11). Some Republicans still think Obama was born in Kenya as Trump resurrects birther conspiracy theory. *Newsweek*. Retrieved from https://www.newsweek.com/trump-birther-obama-poll-republicans-kenya-744195

Goldmacher, S., & Nussbaum, M. (2017, January 21). At CIA headquarters, Trump boasts about himself, denies feud. Politico. Retrieved from https://www.politico. com/story/2017/01/trump-cia-langley-233971

Griffiths, B. D. (2018, March 11). Trump on North Korea: "I may make greatest deal for the world." Politico. Retrieved from https://www.politico.eu/article/trump-on-north-korea-i-may-make-greatest-deal-for-the-world

Grynbaum, M. M. (2017, February 17). Trump calls the news media the "enemy of the American people." *New York Times*. Retrieved from https://www.nytimes.com/2017/02/17/business/trump-calls-the-news-media-the-enemy-of-the-people.html

Gudykunst, W. B., & Kim, Y. Y. (1984). *Communicating with strangers: An approach to intercultural communication*. Boston: Addison Wesley.

Habermas, J. (1970). Toward a theory of communicative competence. In H. P. Dreitzel (Ed.), *Recent sociology No. 2* (pp. 114-148). New York: Macmillan.

Habermas, J. (1979). *Communication and the evolution of society*. Boston: Beacon Press.

Habermas, J. (1984). *The theory of communicative action: Vol. 1. Reason and the rationalization of society*. London: Heinemann.

Habermas, J. (1987). *The theory of communicative action: Vol. 2. Life-world and system; A critique of functionalist reason*. Cambridge, MA: Polity Press.

Habermas, J. (1989). *The structural transformation of the public sphere: An inquiry into a category of bourgeois society*. Cambridge, MA: MIT Press.

Hegel, G. W. F. (1991). *The philosophy of right*. Reprint: A. W. Wood (Ed.), H. B. Nisbet (Trans.). *Elements of the Philosophy of Right*. Cambridge: Cambridge University Press. (Original work published in 1821.)

Herman, E. S., & Chomsky, N. (1988). *Manufacturing consent: The political economy of the mass media*. New York: Pantheon.

Hitler, A. (1971). *Mein Kampf* (R. Manheim, Trans.). Boston: Houghton Mifflin. (Original work published in 1923.)

Hoffman, B. (1999). *Countering the new terrorism* (Chapter 2, "Terrorism trends and prospects"). Santa Monica, CA: Rand.

Holt, J. (2018, August 3). The press isn't the enemy, it's the protector. CNN, U.S. edition. Retrieved from https://www.cnn.com/2018/08/03/opinions/sanders-acosta-enemy-of-the-people-free-press-holt-opinion/index.html

Hovland, C. I., Janis, I. L., & Kelley, H. H. (1953). *Communication and persuasion: Psychological studies of opinion*. New Haven, CT: Yale University Press.

Hovland, C. I., Lumsdaine, A. A., & Sheffield, F. D. (1949). *Experiments on mass communication: Studies of social psychology in World War II*. Ann Arbor, MI: Association for Consumer Research.

Irving v. Penguin Books & Lipstadt. (1996). 1996-1-III3. London: Queen's Division Bench.

Janis, I. (1967). Effects of fear arousal on attitude change: Recent developments in theory and experimental research. In L. Berkowitz (Ed.), *Advances in experimental social psychology* (Vol. 3, pp. 166-224). New York: Academic Press.

Johnson, T. (2017, November 28). PopPolitics: "The newspaperman" tells Ben Bradlee's story at a key moment for journalism. *Variety.* Retrieved from https://variety.com/2017/politics/news/the-newspaperman-ben-bradlee-120 2624235

Jones, S. (2017, August 30). How Trump is creating a propaganda state. *New Republic.* Retrieved from https://newrepublic.com/article/144592/trump-creating -propaganda-state

Karon, T. (2005, March 3). Are we serious about Arab democracy? *Time.* Retrieved from http://www.time.com/time/columnist/karon/article/0,9565,1034169,00.html

Kessler, G. (2018, March 1). Donald Trump and David Duke: For the record. *Washington Post.* Retrieved from https://www.washingtonpost.com/news/fact-checker/wp/2016/03/01/donald-trump-and-david-duke-for-the-record/?ut m_term=.ba0f87ce7433

Kessler, G., Rizzo, S., & Kelly, M. (2018, December 21). President Trump has made 7,546 false or misleading claims over 700 days. *Washington Post.* Retrieved from https://www.washingtonpost.com/politics/2018/12/21/president-trump-has-made-false-or-misleading-claims-over-days/?utm_term=.fba300879d46

Klapper, J. (1949). *The effects of mass media.* New York: Bureau of Applied Social Research.

Klapper, J. (1960). *The effects of mass communication.* Glencoe, IL: Free Press.

Krieg, G. (2015, November 16). Donald Trump: "Strongly consider" shutting mosques, CNN. Retrieved from https://www.cnn.com/2015/11/16/politics/donald-trump-paris-attacks-close-mosques/index.html

Kull, S., & Miller, D. (2004, September 8). *Global public opinion on the U.S. presidential election and U.S. foreign policy.* Washington, DC: Program on International Policy Attitudes (PIPA) and Globescan.

Kunczik, M. (1997). *Images of nations and international public relations.* Mahwah, NJ: Erlbaum.

Kurtz, H. (2005, January 26). Writer backing Bush plan had gotten federal contract. *Washington Post*, p. C01.

Lasswell, H. D. (1938). *Propaganda technique in the World War.* New York: Peter Smith; London: Broadway House. (Original work published in 1927.)

Lasswell, H. D. (1941). *Democracy through public opinion.* Menasha, WI: George Banta Publishing and Chi Omega Fraternity.

Lee, A. M., & Lee, E. B. (Eds.). (1939). *The fine art of propaganda: A study of Father Coughlin's speeches.* New York: Harcourt Brace.

Leonhardt, D., & Philbrick, I. P. (2018, January 15). Donald Trump's racism: The definitive list. *New York Times.* Retrieved from https://www.nytimes.com /interactive/2018/01/15/opinion/leonhardt-trump-racist.html

Linebarger, P. M. (2015). *Psychological warfare.* Reprint, Pickle Partners Publishing.

Linebarger, P. M. A. (1948, 1954). *Psychological warfare.* Washington, DC: Infantry Journal Press.

Lippmann, W. (1922). *Public opinion.* New York: Harcourt Brace.

Lippmann, W. (1925). *The phantom public.* New York: Harcourt Brace.

Lippmann, W. (1927). *Public opinion.* New York: Macmillan.

Lipstadt, D. E. (1993). *Denying the Holocaust: The growing assault on truth and memory.* New York: Free Press.

Locke, J. (1988). *Two treatises of government* (5th ed.). London: Printed for A. Bettesworth in *Pater-Noster-Row, J. Pemberton in Fleet Street, and E. Symon in Cornhill.* Reprint: Cambridge: Cambridge University Press. (Original work published in 1728.)

Londono, E., & Darlington, S. (2018, October 6). Far-right candidate in Brazil widens lead in race for president. *New York Times*, p. A4. Retrieved from https://www.nytimes.com/2018/10/05/world/americas/brazil-presidential-race -bolsonaro.html?rref=collection%2Fsectioncollection%2Fworld&action=click& contentCollection=world&region=rank&module=package&version=highlight s&contentPlacement=6&pgtype=sectionfront

Loory, S. H. (2004). My country, right or wrong. *Global Journalist Magazine, 2.* Retrieved from http://www.globaljournalist.org/2004-2/final-word.html

Lumsdaine, A. A., & Janis, I. L. (1953). Resistance to "counterpropaganda" produced by onesided and two-sided "propaganda" presentations. *Public Opinion Quarterly, 17*, 311.

MacArthur, J. R. (1992). *Second front: Censorship and propaganda in the Gulf War.* Berkeley: University of California Press.

Martinez, G. (2018, August 14). Half of Republicans believe the media is the enemy of the people: Poll. *Time.* Retrieved from http://time.com/5367145/republicans-media-enemy-of-the-people-poll.

McCann, T. (1976). *An American company: The tragedy of United Fruit.* New York: Crown.

McCaskill, N. D. (2017, October 25). Trump boasts of his Ivy League education to defend image. Politico. Retrieved from https://www.politico.com/story/ 2017/ 10/25/trump-intelligence-ivy-league-education-media-false-image-244167

McCombs, M., & Shaw, D. L. (1972). The agenda-setting function of mass media. *Public Opinion Quarterly, 36*, 176-187.

Meade, G. (2007). The big story: France set for presidential battle. AOL (UK) News. Retrieved from http://news.aol.co.uk/news-community

Melville, H. (1857, 1967). *The confidence man.* Indianapolis, IN: Bobbs-Merrill.

Mill, J. S. (1909). *On liberty.* Reprint: Harvard Classics, Vol. 25, P. F. Collier & Son. (Original work published in 1860.)

Mill, J. S. (1862). *Considerations on representative government.* New York: Harper.

Miller, P. D. (2016, April 28).Trump defeats straw man. *Foreign Policy.* Retrieved from https://foreignpolicy.com/2016/04/28/trump-defeats-straw-man

Molloy, P., & Eisenberg, R. (2016, October 18). Arguing is easy; Persuasion is hard. Upworthy. Retrieved from https://www.upworthy.com/arguing-is-easy-persuasion-is-hard-what-donald-trump-teaches-us-about-debate

Naar, I. (2016, October 11). Meet the Muslim-American who challenged Trump. Alarabiya.net. Retrieved from https://english.alarabiya.net/en/2016/10/11/Meet-the-Muslim-American-who-challenged-Trump.html

Noah, T. (2015, July 26). Will the real Donald Trump please stand up? Politico. Retrieved from https://www.politico.com/story/2015/07/will-the-real-donald-trump-please-stand-up-120607

Nordland, R., Ngu, A., & Abed, F. (2018, September 9). How the U.S. government misleads the public on Afghanistan. *New York Times*, p. 12.

Oviamionayi Iyamu, V. (2004). *Ámbitos: Revista Internacional de Comunicación, 11 & 12*, 215–36.

Pamment, J. (2012). *New public diplomacy in the 21st century: A comparative study of policy and practice*. London: Taylor & Francis.

Philips, A. (2017, February 4). O'Reilly told Trump that Putin is a killer. Trump's reply: "You think our country is so innocent." *Washington Post*. Retrieved from https://www.washingtonpost.com/news/post-politics/wp/2017/02/04/oreilly-t old-trump-that-putin-is-a-killer-trumps-reply-you-think-our-countrys-so-innocent/?utm_term=.94f189f2471b

Pratt, C. B. (1994). Hill & Knowlton's two ethical dilemmas. *Public Relations Review, 20*(3): 277–295.

Qiu, L. (2018, August 29). Trump claims "we did a fantastic job in Puerto Rico." *New York Times*. Retrieved from https://www.nytimes.com/2018/08/29/us/politics/fact-check-trump-puerto-rico-hurricane-maria.html.

Qiu, L. (2018, September 13). Trump's false claims rejecting Puerto Rico's death toll from Hurricane Maria. *New York Times*. Retrieved from https://www.nytimes.com/2018/09/13/us/politics/trump-fact-check-hurricane.html

Quealy, K. (2017, July 26). The upshot. *New York Times*. Retrieved from https://www.nytimes.com/interactive/2017/07/26/upshot/president-trumps-newest-focus-discrediting-the-news-media-obamacare.html

Roberts, A. (2002, Spring). Counter-terrorism, armed force and the laws of war. *Survival (Quarterly Journal of IISS), 44*(1), 7–32.

Rogers, R. W. (1975). A protection motivation theory of fear appeals and attitude change. *Journal of Psychology, 91*, 93–114.

Rourke, J. T. (1999). *International politics on the world stage* (7th ed.). New York: McGraw-Hill.

Rousseau, J.-J. (1909). *Discourse on the origin of inequality among mankind and is it authorized by natural law?* Reprint: The Harvard Classics. (Original work published in 1755.)

Rousseau, J.-J. (1985, 1987). On the social contract. In D. A. Cress (Ed., Trans.), *Jean-Jacques Rousseau: Basic political writings* (pp. 139–752). Indianapolis, IN: Hackett.

Rucker, P., & Fahrenthold, D. A. (2016, July 22). Donald Trump positions himself as the voice of the "forgotten men and women." *Washington Post*. Retrieved from https://www.washingtonpost.com/politics/in-speech-at-republican-national-convention-trump-to-paint-dire-picture-of-america/2016/07/21/4 18f9ae6-4fad-11e6-aa14-e0c1087f7583_story.html?utm_term=.fac6549996fb

Sardar, Z., & Davies, M. W. (2002). *Why do people hate America?* New York: Disinformation Co.

Sargent, G. (2017, May 25). The Plum Line Blog: This revealing anecdote unmasks Trump's dehumanization game. *Washington Post*. Retrieved from https://www.washingtonpost.com/blogs/plum-line/wp/2018/05/25/this-revealing-anecdote-unmasks-trumps-dehumanization-game/?utm_term=.d64e16422d3f

Sawyer, A. G. (1974). The effects of repetition: Conclusions and suggestions about experimental laboratory research. In G. D. Hughes & M. L. Ray (Eds.), *Buyer/consumer information proceedings* (pp. 190-219). Chapel Hill: University of North Carolina Press.

Schramm, W. (Ed.). (1963). *The Science of Human Communication*. New York: Basic Books.

Schramm, W. (1982). *Men, women, messages and media*. New York: Harper & Row.

Smith, J. (2015). Minutes: Trump's fascist ideas have an audience. *New Republic*. Retrieved from https://newrepublic.com/minutes/125070/donald-trumps-fascist-ideas-audience

Steinbruner, J. (1991, June). The rule of law. *Bulletin of the Atomic Scientists*, *47*(5), 20.

Sullivan, J. (2017, February 7). The slippery slope of Trump's dangerous whataboutism. *Foreign Policy*. Retrieved from https://foreignpolicy.com/2017/02/07/the-slippery-slope-of-trumps-dangerous-whataboutism-russia-putin-american-exceptionalism

Taley, M. (2018, July 15). Trump was asked who the biggest U.S. foe is: He mentioned the EU first. Bloomberg. Retrieved from https://www.bloomberg.com/news/articles/2018-07-15/trump-calls-european-union-a-u-s-foe-citing-trade-tensions

Taylor, P. M. (2003). *Munitions of the mind: A history of propaganda from the ancient world to the present day*. Manchester, UK: Manchester University Press.

Travis, A. (2004, October 15). Poll reveals world anger at Bush. *Guardian*. Retrieved from http://www.guardian.co.uk/uselections2004/viewsofamerica/story/0,15221,1327568,00.html

Trento, S. B. (1992). *The power house: Robert Keith Gray and the selling of access and influence in Washington*. New York: St. Martin's.

Trump, D. J. (2015, June 16). Speech, New York, NY.

Trump, D. J. (2015, July 12). Twitter.

Trump, D. J. (2015, October 21). Speech, Burlington, VT.

Trump, D. J. (2015, December 7). Campaign speech, Mt. Pleasant, SC.

Trump, D. J. (2016, February 1). Campaign video.

Trump, D. J. (2016, March 19). Campaign speech, Fountain Hills, AZ.

Trump, D. J. (2016, March 22). Twitter.

Trump, D. J. (2016, June 3). CNN, interview.

Trump, D. J. (2017, January 28). Twitter.

Trump, D. J. (2017, May 10). Twitter.

Trump, D. J. (2017, May 30). Twitter.

Trump, D. J. (2017, June 1). Speech on Paris climate accord.

Trump, D. J. (2017, August 17). Twitter.

Trump, D. J. (2017, November 30). Twitter.

Trump, D. J. (2017, December 8). Campaign rally, Pensacola, FL.

Trump, D. J. (2018, June 10). Twitter.

Trump, D. J. (2018, June 18). Twitter.

Trump, D. J. (2018, June 19). Twitter.

Trump, D. J. (2018, September 5). Impromptu talk to cameras during photo-op with sheriffs. CNN.

Trump, D. J. (2018, September 13). Twitter.

Trump, D. J. (2018, September 21). Speech at rally, Springfield, MO.

Trump, D. J. (2018, September 26). Press conference, New York, NY.

Ursin, C. N. (2017, February 7). Trump tweets as examples of common logical fallacies. *Medium*. Retrieved from https://medium.com/@chelseaninaursin/trump-tweets-as-examples-of-common-logical-fallaciesb01492932bdc

Wagner, J. (2018, September 12). Trump attacks mayor of San Juan as he touts readiness for Hurricane Florence. *Washington Post*. Retrieved from https://

www.washingtonpost.com/politics/trump-attacks-mayor-of-san-juan-as-he
-touts-readiness-for-hurricane-florence/2018/09/12/e55291ae-b673-11e8-
a2c5-3187f427e253_story.html?utm_term=.410f122826e6

Weiser, C. (2003, September 14). $1 billion international image campaign isn't enough to buy U.S. love. *USA Today*. Retrieved from http:// www.usatoday. com/news/washington/2003-09-14-prawar-gns_x.htm

White, D. M. (1950). The gatekeeper: A case study in selection of news. *Journalism Quarterly, 27*, 383-390.

Whitehead, J. L. (1968). Factors of source credibility. *Quarterly Journal of Speech, 54*, 59-63.

4부

12장

글로벌 인터넷 네트워크의 영향: 과제와 전망

조지 A. 바넷(George A. Barnett) & 데번 로젠(Devan Rosen)

빛의 속도로 전달되는 지구상의 모든 사건은 동시에 발생한다. 전자 정보 환경에서는 모든 사건이 동시에 발생한다. 사건을 분리하는 시간이나 공간이 존재하지 않는다. … 공간의 부재는 지구가 하나의 촌락(village)이라는 생각이 들게 한다.

그러나 실제로 빛의 속도로 움직이는 지구는 우리가 있는 방보다 훨씬 더 크지 않다. 시간과 계획대로 진행되는 사건의 속도 측면에서 볼 때 사건들은 매우 빨리 맞부딪쳐서 촌락조차도 너무 커서 비교를 위해 사용할 수 없다. 우리가 지금 살고 있는 청각적 공간이나 동시적인 공간은 중심이 어디에나 있고 주변은 어디에도 없는 구(球)와 같다.

– 마셜 맥루언(Marshall McLuhan), 1974년 인터뷰에서(Benedetti, 1996)

지난 수백 년 동안 거대한 사회 변화를 겪고 있는 인류 문명은 사람들이 커뮤니케이션 시스템(또는 네트워크)을 만들어냄으로써 여전히 서로 이어져 있다. 극적으로 변한 것은 우리가 이러한 네트워크를 만들어내고 유지하는 수단과 그것이 우리의 문화적 정체성에 미치는 영향이다. 주로 인터넷과 이동 통신과 같은 커뮤니케이션 기술의 발전은 정보혁명을 촉진시켰는데, 정보혁명은 산업혁명과 맞먹을 정도로 인류 문명의 변화 속도를 가속화시켰다(Castells, 2000). 그러나 이러한 변화가 문화적 정체성에 미치는 영향과 속도는 충분히 이해되지 않고 있다.

이 장에서 우리는 문화와 관련되어 있는 인터넷과 월드 와이드 웹이 전 세계에 미치는 영향에 대한 세계 체계론적(world systems theory)[1] 설명을 제공한다. 이 장의 이전 버전이 처음 출판된 이래로 글로벌 커뮤니케이션의 속도와 용량은 크게 증가했으며 이러한 변화가 미치는 사회적·문화적 영향도 엄청나게 변화했기 때문에, 인터넷의 '전 세계적인 영향'을 단 하나의 장으로 다루는 것이 부적절해졌다. 따라서 우리는 이전 버전 장의 목표를 업데이트하고 확장하여 이 장을 다음과 같이 구성했다: 첫째, 수렴 이론과 문화적 정체성에 대한 기술(記述)에 이어서 체계 관점과 네트워크 관점을 기술한다. 그런 다음, 이러한 관점을 수렴 이론과 커뮤니케이션 네트워크에 적용한다. 다음으로, 문화 간 커뮤니케이션 구조 모델을 제시하고 이어서 국제 인터넷의 변화하는 네트워크 구조를 기술한다. 그런 다음, 이러한 기술(記述)에 의한 추정을 토대로 국민 정체성의 구조 모델의 장단기적 함의를 자세히 설명한다. 마지막으로, 문화적 정체성에 관한 모델이 앞으로 갖게 될 함의를 제시한다.

1. 수렴 이론과 문화적 정체성

커뮤니케이션은 2명 이상의 참가자가 상호 이해에 도달하는 정보 공유 과정으로 정의할 수 있다. 추가 정보(피드백)를 계속해서 공유함으로써 상호 이해가 이루어질 수도 있다. 대개 이해를 방해하는 애초의 차이점을 바꾸려면 몇 차례의 정보 교환 사이클이 필요하다. 수렴 모델(convergence model)은 줄어든 집단 내의 차이가 커뮤니케이션 과정의 주된 결과이자 집단행동 및 사회적 목표 달성의 필요조건으로 단정한다(Kincaid, Yum, Woelfel, & Barnett, 1983; Rogers & Kincaid, 1981). 수렴 이론은 참여자들이 각각 고유한 문화를 가진 민족 집단

---

1 세계를 하나의 사회체제로 파악하여 중심부와 주변부의 비대칭적 관계를 설명하는 이론이다 (역자 주).

또는 국민 국가와 같은 사회 체계로 구성되는 커뮤니케이션 상황에 적용될 수 있다. 따라서 문화 수렴 이론은 국제 커뮤니케이션의 결과로 집단 간의 또는 국가 문화들 간의 차이가 시간이 지남에 따라 더 줄어들 것이라고 제안한다 (Barnett & Kincaid, 1983).

우리는 인터넷의 장단기 효과를 바탕으로 인터넷이 전 세계적으로 미치는 영향에 대해 두 가지 설명을 제안한다. 이 장의 이전 버전에서 우리는 앞선 인터넷 기반 커뮤니케이션 기술(예, 소셜 미디어, 인스턴트 메신저, 온라인 커뮤니티)의 사용 증가로 인해 가까운 미래에 문화 동질화가 지연될 것이라고 제안한 바 있다. 더 나아가 우리는 인터넷 사용을 통해 사람들이 문화적 유대를 유지하여 사회 체계의 문화가 일시적 안정 상태에 도달할 수 있다고 제안했다. 둘째, 인터넷을 통한 전 세계인 간의 커뮤니케이션 증가로 인한 장기적 효과는 국가 문화 간 차이를 줄여 하나의 글로벌 문화를 형성할 것이라고 제안했다. 이러한 문화 수렴 과정의 한 가지 결과는 상당한 차이에도 서로 다른 문화적 정체성이 사라지고 하나의 초국가적 정체성(체계 항상성)으로 대체된다는 것이다. 우리는 이러한 예측의 현 상태를 설명하기 위해 이 장의 뒷부분에서 업데이트된 몇 가지 증거를 제시한다.

2. 체계 접근법과 소셜 네트워크

1) 체계

체계 관점(systems perspective)의 중심은 비총합성(nonsummativity), 즉 전체론 (holism)인데, 이는 체계의 부분들의 상호 의존성과 상호 관계가 전체를 결정함을 의미한다. 전체는 부분의 합 이상이다. 체계는 축소할 수 없는 특성을 가진 전체이다. 체계 관점의 주요 특징 가운데 하나는 여러 체계의 힘들 사이의 인과적 상호 의존성이며, 이들 모두는 서로 간에 어느 정도 동시에 작용한다 (Kelly & McGrath, 1988). 따라서 실체의 본질이 그것의 부분들의 합(예, 모래 더미)일 때, 전체론은 단순히 합쳐진 전체가 아니다. 서로 커뮤니케이션을 하는 2개 이상의 기본 부분들, 즉 사람들로 구성된 어떤 실체가 문화와 같은 새롭게 나타나는 속성의 부분들과 특징들의 합 이상이거나 합과 다른 결과를 생성할 때, 전체론은 조직화된 구조로 더 잘 특징지어진다.

체계 접근법의 또 다른 중요한 요소는 하부체계(subsystem)와 상부체계(suprasystem)를 조정하는 인터페이스의 존재이다. 조정 역할을 하는 체계 인터페이스들은 체계 자체의 구성요소들의 행동을 합치고 이러한 공동 노력을 더 큰 전체, 즉 상부체계 내의 다른 구성요소들, 즉 하부체계들의 행동과 통합한다. 예를 들어, 국민 국가는 하나의 사회 체계로 볼 수 있지만 그 국가 내의 문화 그룹도 하나의 체계, 즉 이 경우 하나의 하부체계로 취급될 수 있다. 이 개념은 많은 국민 국가에 걸쳐 있는 문화 네트워크들의 결합을 고려할 때 중요하다.

개방된 체계(open system)에서 안정성(stability)은 부정적 피드백(negative feedback)[2]을 사용하는 자기-수정 과정(self-correcting process), 즉 원하는 안정 상태(steady state)[3]를 유지하는 편차 수정 과정을 통해 달성된다. 그러한 체계가 시정 조치를 최대한 활용하여 역동적 평형상태(dynamic equilibrium)에 도달할 수 있을 때 항상성(homeostasis)이 달성된다. 이러한 관점에서 보면, 몇몇 체계의 힘들은 동시에 상호 의존적인 방식으로 작용하여 현존하는 안정 상태를 강화한다(Barnett, 1997; Kelly & McGrath, 1988).

체계 구성요소들 간의 관계가 서로의 행동에 가하는 제약으로 인해, 개방된 체계 내에서의 성장과 변화는 투입(input)과 산출(output)은 물론 환경 변화에 대응해 역동적 안정 상태를 유지할 수 있는 능력을 고려한다.

긍정적 피드백(positive feedback), 즉 편차 증폭(deviation amplification)은 환경의 영향이 통합되거나 회피될 때까지 체계 한 부분의 변화가 다른 부분의 변화를 유발하게 한다. 긍정적 피드백은 체계의 진화적 차원을 나타내는데, 이런 점에서 체계는 문화 유지와 같이 체계를 보존하려는 경향[안정 지향성(morphostasis)]을 가지거나 문화 수렴과 같이 성장하고 변화하며 차별화하려는 경향[변화 지향성

---

2 피드백은 어떻게 각 체계 안에서 구성요소들이 서로 간에 의사소통을 하는가를 의미하는데, 피드백은 변화를 일으키거나(긍정적 피드백) 혹은 안정성을 더욱 취하게 한다(부정적 피드백)(역자 주).
3 환경과의 상호작용에서 부분들 간의 관계를 유지하기 위하여 체계가 쇠퇴하여 붕괴되지 않도록 에너지를 계속적으로 사용하는 상태를 말한다(역자 주).

(morphogenesis)]을 가진다.

체계들의 경계를 넘어 발생하며 투입과 산출 모두로 구성되는 체계와 환경(environment) 간의 교환은 몇 가지 매우 중요한 관찰을 가능하게 한다. 첫째, 체계 행동(system behavior)을 확인하면 체계가 관여하는 과정뿐만 아니라 이러한 과정이 암시하는 속성도 밝혀낼 수 있다. 둘째, 체계 행동을 이해하면 환경을 규정하고 체계의 진화를 확인할 수 있다. 따라서 체계를 특징짓는 본질은 개별 구성요소를 밝혀내는 데 있는 것이 아니라 이러한 구성요소들의 결합, 그것들의 관계에서 발생하는 구조, 상호작용에 따라 규제와 적응이 이루어지는 방식 속에 있다. 이러한 규제 및 적응은 체계 구성요소들이 조직화하는 데 허용되는 시간에 걸쳐 발생한다.

개방된 체계의 기본 개념은 역동적 커뮤니케이션 체계 내의 과정을 이해하는 데 필요한 일반적인 프레임워크를 제공한다. 정보 이론(information theory; Shannon & Weaver, 1949)과 결합하면, 역동적 패턴은 정보와 불확실성의 감소라는 측면에서 개념화될 수 있다(Fisher, 1978; Hilbert, 2017; Shannon & Weaver, 1949). 특정 시점에 발생한 사건에 대한 지식은 미래 사건의 불확실성을 줄여줄 수 있다(VanLear, 1996). 나아가 확률 과정(stochastic process)4을 체계이론과 정보이론 접근방법에 통합하면 기계적인 인과적 결정론의 문제를 피할 수 있다. 피셔(Fisher, 1978)는 모든 대안 가운데서 선택하는 사람들은 과거의 선택과 다른 사람들의 선택에 의해 결정되는 것이 아니라 그러한 선택에 의해 단지 제한만 받을 수도 있다고 단정한다. 따라서 다른 선택들보다 특정 선택이 이루어질 가능성이 더 높을 수도 있는데, 이로 인해 일련의 연속적인 행동이 중복해서 야기되어 어떤 패턴이 형성된다. 바로 이러한 패턴이 상호작용의 불확실성을 줄여주며, 행동은 인과관계의 힘(법칙)이 아닌 선택에 가해지는 제약(규칙)의 결과이기 때문에 확률적 모델(stochastic model)은 이러한 상호작용(규칙, 제약 및 정보)을 가장 잘 나타낸다(VanLear, 1996).

그러나 이러한 체계의 특성이 활용되려면, 사회 체계의 패턴을 드러내 보여주는 수단을 사용해서 체계 구성요소들을 식별하고 구성요소들의 행동을 밝혀

---

4 확률론에서 시간의 진행에 대해 확률적인 변화를 가지는 구조를 의미한다(역자 주).

낼 수 있어야 한다. 소셜 네트워크 분석은 미래의 사회 체계 구조에 대한 예측과 함께 사회 체계에 대한 상세한 기술과 해부를 위한 일단(一團)의 절차와 어휘를 제공한다.

2) 소셜 네트워크

소셜 네트워크 관점(social network perspective)은 사회 체계의 구조와 사회 체계의 요소들이 결합되는 방식에 초점을 맞춘다(Barnett, 2011). 네트워크 관점에서 보면, 사회 환경은 상호작용하는 단위들 사이에서 이루어지는 관계의 패턴 혹은 규칙성으로 표현될 수 있다. 이러한 패턴을 흔히 구조라고 한다.

이 글에서 활용될 네트워크의 형태는 커뮤니케이션 네트워크인데, 커뮤니케이션 네트워크는 시간과 공간을 통해 커뮤니케이터들 사이에 일어나는 메시지 흐름에 의해 생성되는 접촉 패턴으로 정의된다(Rogers & Kincaid, 1981). 커뮤니케이션 네트워크 분석은 커뮤케이션 구조, 즉 정보 흐름(information flow)을 밝혀낸다. 행위자들 간의 관계적 연결(relational tie; relational linkage)은 물질적 또는 비물질적 자원의 이동(흐름)을 위한 채널, 즉 우정과 같은 행위자들 간에 연계를 맺기 위한 채널이다. 노드(node)들 사이에 존재하는 연결은 방향, 상호성, 강도를 포함한 몇몇 요소들에 따라 다양할 수 있다.

행위자들 간의 링크(link)는 방향성이 있을 수도 있고 방향성이 없을 수도 있다. 방향성이 있는 링크는 한 국가에서 다른 국가로 전화를 거는 횟수 또는 한 사람이 다른 사람을 좋아하는 정도와 같이 한 행위자에서 다른 행위자로의 이동을 나타낸다. 또한 이러한 링크는 대칭적일 수도 있고 비대칭적일 수도 있다. 링크가 방향성이 있지만 관계값(value of relation)이 동일하지 않다면(즉, 링크가 양방향적이지 않다면), 그러한 링크는 비대칭적으로 상호성이 부족하다. 방향성이 없는 링크는 단순히 무역 제휴를 맺은 두 국가와 같이 두 행위자가 공유 파트너십을 맺은 관계를 나타낸다.

3. 수렴 이론과 커뮤니케이션 네트워크

수렴 이론은 커뮤니케이션 과정에 참여하는 사람들이 공유하는 커뮤니케이션 네트워크를 통한 정보 흐름을 보여준다. 이러한 정보의 흐름은 네트워크 구성원에게 엄청난 영향을 미치며, 이는 구성원의 신념 체계와 네트워크 구조(참가자들 사이의 커뮤니케이션상의 관계)의 변화로 나타난다. 소셜 미디어에 의해 형성된 집단에서 전형적으로 나타나는 커뮤니케이션 밀도가 더 높은 권역(Schroeder, 2018)은 더 많은 정보를 공유하는데, 따라서 밀도가 낮은 권역보다 더 빠른 속도로 의견의 분산이나 차이가 줄어드는 쪽으로 움직이는 특징이 있다.

발산(divergence) 과정, 즉 집단 내 분산이 증가하는 쪽으로의 움직임은 구성원들 사이에 정보 흐름이 없는 (또는 제한적인) 폐쇄된 사회 체계(closed social system) 내에서 발생한다. 네트워크 용어로 표현하자면, 그러한 체계 내의 구성원들은 연결이 끊어져 있거나 서로 분리되어 있다. 이러한 상황에서는 시간이 흐르면서 그러한 체계 내의 구성원들은 서로 덜 비슷해지며 체계 전체가 더 큰 엔트로피(entropy), 즉 무질서 상태에 도달할 것이다. 그러나 커뮤니케이션이 구속을 받지 않으면, 그러한 과정은 구성원들 사이의 집단 내 차이가 줄어드는 쪽으로 움직인다. 커뮤니케이션 네트워크는 완전히 상호 연결되어 밀도가 높다. 이 경우, 반복적인 정보 교환 과정을 통해 구성원들 간의 차이가 줄어든다. 이러한 사회 체계는 평형상태를 유지하는 쪽으로 움직이는데, 내부 정보 흐름이 일정한 한 이러한 평형상태는 유지된다.

열역학 법칙(laws of thermodynamics)은 커뮤니케이션이 무한히 계속된다면 폐쇄된 체계(세계 체계 또는 글로벌 커뮤니티) 내의 모든 참여자(개인, 집단, 또는 국민 국가)는 시간이 지남에 따라 평균적인 집단 사고 패턴으로 수렴할 것이라고 예측한다. 따라서 커뮤니케이션의 수렴 모델은 커뮤니케이션이 계속해서 구속을 받지 않는다면 세계 체계 내의 모든 참가자는 시간이 지남에 따라 평균적인 집단 사고 패턴으로 수렴할 것이라고 예측한다. 문화들 간에 구속 받지 않는 커뮤니케이션이 무제한적으로 이루어진다면 결국 문화들 간의 차이는 줄어들어 평형값(equilibrium value)이 메시지에 표현된 대로 집단의 평균을 향하는 경향을 띠면서 신념과 가치가 더 비슷해지는, 즉 동질화되는 결과로 이어질 것이다. 문화 수렴은 새로운 정보가 들어오거나 정보의 흐름을 제한하는 경계가 형성될 때만 지연되거나 방향이 뒤바뀔 수 있다. 그러한 예 가운데 하나가 월드 와이드 웹을 통해 중국으로의 정보 흐름을 제한하는 '만리방화벽'(Great

Firewall)이라 불리는 중국의 인터넷 검열 프로그램이다.

상대적으로 경계가 지워져 있는 고립된 집단은 전체 체계의 순수렴(net convergence)이 계속 증가하더라도 더 큰 글로벌 체계의 평균보다는 그들 자신의 지역 체계 쪽으로 더 큰 수렴을 경험할 것이다(Barnett & Kincaid, 1983; Kincaid et al., 1983). 그러나 어떤 체계가 연결성 증가에 적응해감에 따라, 그 체계는 엔트로피를 줄이기 위한 노력으로 자연스럽게 일시적 안정 상태에 머물게 될 것이다. 이 개념을 문화 수렴 모델에 적용하면, 새로운 문화와의 늘어난 상호작용으로 엔트로피가 증가할 수 있기 때문에 사람들은 자국 문화에 대한 증가된 연결성을 유지하기 위한 시도로 이용 가능한 인터넷 기술을 사용할 것이다.

문화 수렴 이론에 대한 과거의 논의는 소셜 네트워크 참여자들 사이의 연결 강도 차이를 고려하지 않았다. 통상적으로 링크의 강도는 교환된 메시지의 수나 커뮤니케이션의 빈도로 조작화되어(operationalized) 왔는데, 네트워크 이론(network theory)은 이분법적 측정(링크/링크 없음)으로 제한되어 있었기 때문에 링크의 강도는 수렴 이론이 개발되었을 당시에는 검토되지 않았다. 오늘날 좀 더 정교한 방법들은 측정된 링크의 강도를 고려한다(Barnett 2011; Richards & Barnett, 1993).

또한 한 참여자가 비율적으로 더 많은 시간 상호작용을 시작할 경우에 발생하는 방향성의 차이도 네트워크 이론은 다루지 않았다. 정보를 인코딩하는 것(encoding)과 디코딩하는 것(decoding)의 영향의 차이는 무엇인가? 커뮤니케이션이 참여자 간의 권력 차이를 고려하는 대신 동등한 사람들 간의 정보 공유로 정의되었기 때문에 이 이슈는 다뤄지지 않았다.

따라서 수렴 이론에 두 가지 명제가 추가될 수도 있다: ① 개인들(또는 더 상위 수준의 체계들) 간의 링크가 강할수록, 상호 간의 영향이 커지고 따라서 일단의 공통 신념으로 더 빨리 수렴될 것이다; ② 어떤 개인(또는 더 큰 체계)에 의해 시작된 메시지의 비율이 더 높을수록, 일단의 최종 평형 상태의 신념은 그러한 초기의 신념 상태와 더 유사할 것이다. 달리 표현하면, 한 개인에 의해 시작된 메시지의 비율이 더 낮을수록, 그 사람의 신념은 그러한 최종 평형 상태의 신념에 도달하기까지 더 많이 변할 것이다. 이러한 명제들은 두 사람 간의 사례에서 많은 개인이나 국민 국가들로 구성되는 소셜 네트워크로 일반화될 수도 있다. 따라서 장기적으로 글로벌 평형 문화는 그 체계의 메시지를 인코딩하는 비율이 가장 높은 국가와 가장 유사할 것이다.

이 장에서는 국제 공동체 구성원들을 연결하는 하나의 커뮤니케이션 네트워크인 인터넷에 대해 기술한다. 세계 체제를 구성하는 국가들 간의 연결 강도를 살펴봄으로써 인터넷이 개별 국가 문화에 미치는 영향을 예측하고 세계적인 또는 보편적인 문화 형성으로 이어지는 과정에 대한 통찰력을 얻을 수 있을 것이다. 다음 절에서는 네트워크 분석 도구를 사용하여 조작화될 수도 있는 문화 간 커뮤니케이션(intercultural communication)의 구조적 모델에 대해 설명한다. 그런 다음, 이 장은 국제 인터넷의 네트워크 분석 결과에 대해 기술한다. 이러한 분석 결과를 바탕으로, 인터넷이 글로벌 문화에 미치는 장단기적인 영향에 대한 일련의 예측을 하기 위해 문화 수렴 이론에서 추론을 이끌어낸다.

4. 문화 간 커뮤니케이션 구조 모델

커뮤니케이션 구조 모델(structural model of communication)은 인터넷이 글로벌 문화에 미치는 영향을 이해하는 데 도움을 줄 수 있다(Barnett & Lee, 2002). <그림 12.1>은 문화 간 커뮤니케이션 구조 모델로, 문화 간 커뮤니케이션 과정을 보여준다. 이것은 각각 자신의 고유한 문화를 가지고 있는 2개의 상호작용하는 집단으로 구성된 커뮤니케이션 네트워크의 소시오그램(sociogram)[5]이다. 개인 또는 기타 정보원(情報源)(미디어 및 기타 국제 조직)은 원으로 표시되고 커뮤니케이션 흐름은 선으로 표시된다. 화살표는 정보 흐름의 방향을 나타낸다. 이 체계는 투과성 경계가 있는 두 집단 *A*와 *B*로 구성되어 있다. 일반적으로 집단 내 커뮤니케이션의 밀도가 상대적으로 밀도가 낮은 집단 간 커뮤니케이션보다 높다(Yum, 1988).

---

5 미국의 심리학자 모레노(J. A. Moreno)가 만든 것으로 소시오메트리(sociometry)라고도 한다. 사회 집단에서 개인 사이의 관계를 나타낸 도표로 집단의 구성원이 서로 가지고 있는 감정이나 태도를 바탕으로 하여 구성원 상호 간의 선택, 거부, 무관심 따위의 관계를 나타낸다(역자 주).

그림 12.1 문화 간 커뮤니케이션 구조 모델

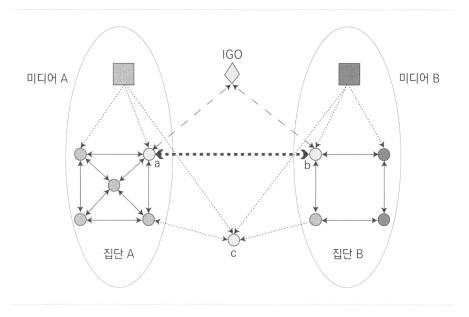

문화의 경계를 가로지르는 것은 집단 *A*의 구성원인 개인 *a*와 집단 *B*의 구성원인 개인 *b* 간의 링크이다. 네트워크 분석에서는 *a*와 *b*를 그 개인을 상대 집단 구성원과 연결하는 **브리지 링크**(bridge link)를 가진 집단 구성원이라 부른다. 이러한 링크는 집단 내 링크보다 더 약하고 덜 자주 발생하며 더 좁은 범위의 토픽을 다룬다(Granovetter, 1973; Yum, 1988). 이러한 개인들은 일시 체류자일 수도 있고(Gudykunst & Kim, 1997), 관광이나 교육(Chen & Barnett, 2000; Barnett, Lee, Jiang, & Park, 2016; Barnett & Wu, 1995), 비즈니스(Barnett, Salisbury, Kim, & Langhorne, 1999; Salisbury & Barnett, 1999), 군대(Kim, 1998), 혹은 외교적인 이유(Kim & Barnett, 2000)로 다른 나라로 여행하는 개인일 수도 있다. 이러한 상호작용은 텔레커뮤니케이션(인터넷) 및 운송 분야의 혁신에 의해 촉진되었다. 구성원 *a*와 *b*는 또한 이민자일 수도 있는데, 이러한 개인들은 비교적 영구적으로 다른 국가로 이주하지만 주로 그들의 본국 출신 집단의 구성원들로 구성되어 있는 지역에 거주한다(Smith, 1999). 상대 집단에 대한 불확실성을 감소시켜주는 정보가 *a*와 *b*를 통해 그들이 속해 있는 집단에 전달된다. 바꾸어 말하면, *a*와 *b*는 상대 집단에 대한 이해를 촉진시키는 정보에 대한 게이트키퍼 역할을 한다.

개인 *c*는 두 집단의 구성원이 아니다. 이 개인은 두 집단을 이어주는 **연락자**(liaison)이다. 따라서 *c*는 하나의 특정한 문화의 구성원으로 얽매여 있지 않다. 일반적으로 *c*는 다문화 결혼의 산물이며 대개 이중 언어를 사용한다(Barnett, 1996). *c*는 하나 이상의 문화에서 효과적으로 기능할 수 있는 역량을 가지고 있기 때문에 국가 간 접촉을 촉진하는 역할을 한다. *c*와 같은 개인을 파크(Park, 1928)는 "주변인(marginal man)," 애들러(Adler, 1982)는 "다문화 인간"(multicultural man)이라 부른다. 이러한 문화와 문화 사이에 있는 사람들은 "제3문화"(third culture) 관점(Ellingsworth, 1977; Gudykunst, Wiseman, & Hammer, 1977)을 발전시키는데, 이러한 관점은 문화 간의 만남을 정확하게 해석하고 평가할 수 있게 해준다. *c*를 통해 문화 *A*와 *B*에 대한 정보가 상대국의 구성원에게 전달된다.

문화 간 커뮤니케이션은 개인 *a*, *b* 및 *c*를 포함하는 집단 *A*와 *B* 간의 연결과 관련된 것이다. 이러한 링크에는 또한 인터넷(Korzenny, Ting-Toomey, & Schiff, 1992; Rosen, Barnett, & Kim, 2011; Ware & Dupagne, 1994)을 비롯해 매스 미디어와 텔레커뮤니케이션도 포함되는데, 왜냐하면 집단 *A*와 *B*에 대한 이해를 촉진하는 정보는 인쇄 매체(Kim & Barnett, 1996) 형태나 전자 매체(Varis, 1984) 형태의 매스 미디어를 통해 전달되기 때문이다. 이 모델에서는 집단 *A*의 문화를 표현하는 미디어는 미디어 *A*로, 집단 *B*의 문화를 표현하는 미디어는 미디어 *B*로 표시되어 있다. 통상 그러한 미디어들은 각 집단의 고유한 언어로 표현된다. 예를 들면, 미국 미디어는 주로 영어로 되어 있다. 미디어 *A*에서 집단 *B*로 또는 미디어 *B*에서 집단 *A*로 이동하는 경로는 수도 적고 드물게 있을 뿐일 수도 있다. 서방 미디어는 전 세계에 널리 배급되고 있지만, 비영어 미디어가 미국으로 유입되는 경우가 바로 그러한 예에 해당한다(Nordenstreng & Varis, 1974). 미디어 *A*는 개인 *b*와 더 강하게 연결되어 있다. 미디어 *B*와 개인 *a*도 역시 더 강하게 연결되어 있다. 개인 *c*는 두 미디어 소스를 모두 수신한다. 바넷, 올리비에리아 및 존슨(Barnett, Olivieria, & Johnson, 1989)은 이중 언어 이용자들(*a*, *b* 및 *c*)은 하나의 서로 다른 집단 이상(*A* 및 *B*)에서 나올 수도 있는 두 언어로 된 매스 미디어를 모두 이용한다고 보고하고 있다.

두 집단 가운데 하나의 일부가 아니라 어떤 단일 문화를 초월하는 글로벌 사회의 일부인 국제 조직 역시 이 두 집단을 연결하고 있다(Boli & Thomas, 1997; Meyer, Boli, Thomas, & Ramirez, 1997). 이러한 조직으로는 세계 모든 국가가 회원으로 가입해 있는 UN이나 세계은행 같은 IGO, 국제 앰네스티와 그린피스 같은 문제 기반의 INGO(Atouba & Shumate, 2010; Boli & Thomas, 1997; Lim, Barnett, & Kim, 2008; Shumate & Dewitt, 2008), 혹은 TNC(Monge & Fulk, 1999; Walters, 1995)가 있다. 이 조직들은 서로 다른 국가의 사람들을 공동 포럼에 불러 모은다.

역사적으로 이러한 서로 다른 문화 집단 사이의 연결 증가는 세계화를 초래했는데, 세계화란 먼 지역들이 서로 연결되어 전 세계적인 사회적 관계가 강화되는 과정으로 그 과정에서 지역의 사건들이 멀리 떨어져 있는 세계의 다른 지역에서 발생하는 상황에 영향을 받아 형성된다(Giddens, 1990). 즉, 한 장소에서 발생하는 사건은 다른 장소에 있는 집단이 행하는 미래 행동의 불확실성을 줄여준다. 부분적으로 텔레커뮤니케이션과 운송의 혁신으로 인해 초국경 커뮤니케이션이 증가함에 따라, 가치, 아이디어, 의견, 기술(技術), 즉 문화의 기본 구성요소들이 전 세계적으로 급속히 확산되었다. 이제 개인 a와 b는 서로를 묶어주는 더 많고 더 강한 연결을 가진다. 초국경 커뮤니케이션은 문화의 경계를 개방했고 문화 수렴 과정이 시작되게 했다. 종교 분야에서는 이 과정이 훨씬 더 느렸지만, 특히 정치, 경제, 교육, 과학 활동과 관련하여 점점 더 동질적인 문화를 가진 글로벌 커뮤니티가 만들어졌다(Beyer, 1994; Robertson, 1992). 수렴은 근대화의 결과 혹은 근대화의 지표일 수도 있다(Schroeder, 2018). 그러나 어떤 사회 체계는 그 체계의 문화가 다른 근대 사회와 수렴하지 않고도 근대화할 수도 있다.

세계화는 사회적 상호작용의 경계를 확장하여 서로 다른 사회적 맥락이나 국가 사이의 연결이 전 세계적으로 네트워크화되도록 한다. 따라서 <그림 12.1>에 제시된 두 집단 간의 커뮤니케이션은 전 세계 모든 국가에 일반화될 수도 있다. 매스 미디어와 기타 텔레커뮤니케이션 기술, 특히 인터넷은 시간과 공간을 압축하여 세계화의 촉매제가 되었다(Giddens, 1990; Robertson, 1990). 그 결과, 맥루언의 지구촌 개념이 현실화되고 있다.

네트워크 모델(network model)이라고도 하는 다양한 형태의 구조 모델은 문화 간(Smith, 1999; Weimann, 1989; Yum, 1984, 1988), 집단 간(Kim, 1986), 국가 간(Barnett, 1999, 2001) 커뮤니케이션을 조사하는 데 사용되어왔다. 바넷과 리(Barnett & Lee, 2002)는 이러한 초기 연구들을 심도 있게 검토했다. 지난 10년 동안 특히 인터넷과 월드 와이드 웹과 관련된 국가 간/문화 간 네트워크에 대한 연구가 폭발적으로 증가했다. 이러한 연구들은 다음 절에서 논의될 것이다.

크로프츠 와일리(Crofts Wiley, 2004)는 세계화 과정에서 국적(nationality)[6]의 역할을 검토하면서, 맥락주의적 접근방식(contextualist approach)은 국가란 "경제적, 인구통계적, '문화적' 흐름을 유지하는 투과성을 지닌 어쩌면 불안정한 조직으로, 유동적인 지리적 상황 속에서 지속적으로 재정의되고 강화되어야 하는 조직"으로 가정한다고 제안한다. 국가는 "흐름들, 물질들, 신체들, 상징들의 복잡한 배치(assemblage)"(p. 90)이다. 이러한 흐름의 복합체는 이 장에서 기술한 대로 소셜 네트워크와 커뮤니케이션 네트워크의 구조적 분석을 통해 살펴볼 수도 있다.

5. 국제 인터넷의 네트워크 구조

인터넷은 전 세계의 서로 다른 문화 및 국가 집단의 사람들을 서로 직접 연결하는 하나의 채널이다. 인터넷을 통한 정보 흐름은 국가 문화의 수렴을 촉진하여 국민 정체성에서 글로벌 정체성으로의 변화를 포함하는 일단의 보편적인 신념으로 이어질 수 있다.

할라베이(Halavais, 2000)는 4,000개의 웹사이트 표본을 통해 사이버 공간에서 정치적 경계의 역할을 살펴보았다. 그는 외부 히이퍼링크(external hyperlink)를 분석하여 그 사이트들에서 여러 국가로 연결되는 링크의 전체 비율을 확인한 결과 웹사이트들이 주로 같은 국가의 다른 사이트로 연결된다는 사실을 발견했다. 웹사이트들이 국경 너머 연결되었을 때는 미국에 있는 호스트들에게 연결되는 경우가 가장 많았다.

바넷, 전 및 로젠(Barnett, Chon, & Rosen, 2001)은 OECD(1998)가 발표한 데

---

6 국가의 구성원이 되는 자격을 말한다(역자 주).

이터를 사용하여 OECD 국가들 간의 국제 하이퍼링크 트래픽을 조사했는데, 이들의 트래픽은 당시 글로벌 하이퍼링크 트래픽의 96%를 차지했다. 이 연구자들은 미국이 인터넷 트래픽의 가장 중심적인 국가, 즉 인터넷 트래픽의 핵심이라는 사실을 확인했다. 그 다음으로 가장 중심적인 국가는 영국, 캐나다, 독일, 호주였다. OECD 국가 가운데 가장 주변적인 지역은 아이슬란드와 터키였다. OCED 국가의 인터넷 네트워크는 단일 집단을 형성했다. 또한 하이퍼링크 네트워크의 구조는 좀 더 초기에는 국제 텔레커뮤니케이션의 구조, 항공 교통, 무역, 과학, 학생 교환 네트워크와 유의적으로 관련이 있었고 그리고 언어 및 비동시성(asynchrony)7과도 관련이 있었지만, 비용이나 물리적 거리와는 관련이 없었다. 종합하면, 텔레커뮤니케이션, 항공 교통, 과학 인용(science citation), 비동시성, 그리고 무역 혹은 학생 흐름만이 유의적이었으며, 이것들은 인터넷 구조의 62% 이상을 설명했다.

바라트, 장, 헨징거 및 럴(Bharat, Chang, Henzinger, & Ruhl, 2001)은 구글을 사용하여 월드 와이드 웹의 구조를 조사한 결과, 다른 국가와의 연결보다 훨씬 더 많은 국가 내 링크를 발견했다. 통상적으로 모든 링크의 1%만이 다른 국가의 웹사이트로 연결되었다. 나아가 가장 중심적인 국가들 사이의 링크가 제거되면 지리적, 언어적, 정치적 요인이 웹의 구조에 영향을 미쳤다.

바넷과 박(Barnett & Park, 2005)은 2003년에 3억 5,000만 개 이상의 하이퍼링크로 인터넷 트래픽의 약 98%를 차지하고 있던 47개국의 국제 인터넷 구조와 63개국의 양자(dyad) 네트워크 간 대역폭 용량을 가진 인터넷 하부구조를 조사했다. 하이퍼링크 네트워크를 분석한 결과, 미국을 중심으로 한 단일 집단이 있는 완전히 상호 연결된 밀도 높은 체계가 드러났다. 1,500만 개 이상의 웹페이지(.com, .edu, 또는 .net은 포함시키지 않음)가 미국에 직접 연결되어 있었는데, 이는 다른 국가에 연결된 웹페이지 수보다 3배 이상 많은 것이었다. 그 다음으로 가장 중심적인 국가는 호주, 영국, 중국, 일본, 캐나다, 독일이었다. 이 네트워크에서 가장 주변적인 국가는 우루과이, 룩셈부르크, 아랍 에미리트 연합(UAE), 태국, 슬로바키아, 루마니아였다. 이러한 결과는 인터넷이 미국을 중

---

7 비동시성이란 같은 시간에 공존(co-presence), 함께하지 못하는 것을 말하는데, 이것은 두 국가의 수도 간의 시차로 측정되었다(역자 주).

심으로 한 단일 집단과 완전히 상호 연결된 밀도 높은 네트워크를 형성하고 있다는 이전 연구의 결과와 일치한다(Barnett, Chon, & Rosen, 2001).

하부구조(대역폭) 네트워크는 꽤 드물다. 하이퍼링크 네트워크를 구성하는 국가의 경우 가능한 직접 링크의 18.5%에서만 존재했다. 또 다시 미국이 가장 중심적인 국가였으며, 영국, 독일, 홍콩, 싱가포르, 일본, 프랑스, 이탈리아가 그 뒤를 이었다. 이 네트워크에서 가장 주변적인 국가는 아이슬란드, 리투아니아, 모로코, 크로아티아, 과테말라였다. 클러스터 분석(cluster analysis) 결과, 세 주요 집단이 나타났다: ① 북유럽(스칸디나비아, 벨기에, 네덜란드) 및 동아시아를 포함하는 영어권 국가(미국, 영국, 캐나다, 호주, 뉴질랜드); ② 남미; 그리고 ③ 프랑스-독일권 유럽(프랑스, 독일, 오스트리아, 이탈리아, 스페인, 스위스, 체크 공화국).[8]

타운센드(Townsend, 2001)의 인터넷 대역폭 조사도 다음과 같이 비슷한 결론을 내렸다:

> 모든 권역과 거의 모든 국가는 미국에 직접 인터넷 연결이 되어 있으며, 다른 국가들 간의 직접적인 연결은 덜 흔하다. 더욱이 아시아와 유럽 같은 다른 주요 권역 간의 직접적인 연결은 사실상 존재하지 않는다. … 이러한 구조는 미국의 인터넷 하부구조가 외국에서 시작되고 종료되는 트래픽을 위한 대규모 교환국(switching station)으로 기능함을 말해준다(p. 1701).

바넷과 성(Barnett & Sung, 2003, 2005)은 호프스테더(Hofstede, 1991)가 조작적으로 정의 내린 국가 문화(national culture)라는 개념과 인터넷의 구조 간의 관계를 살펴보았다. 이들은 국가 문화가 인터넷 네트워크에서의 국가의 위치와 강하게 관련되어 있다는 사실을 발견했다. 어떤 국가가 네트워크 내에서 더 중심적인 국가일수록, 개인주의(individualism)의 정도가 더 높다. 개인주의의 정도가 높은 사회에서 사람들은 그들 자신의 이익을 지키고 그들의 독립성을 소중하게 생각한다. 개인주의의 정도가 낮은 사회는 집단의 가치와 신념을 지

---

8 우리는 흔히 '체코'라고 부르지만 정식 국가명은 체크 공화국(Czech Republic)이다(역자 주).

지하고 집단의 이익을 추구한다.

이러한 결과는 인터넷 하부구조의 일부 구조적 장벽이 국가들 사이의 커뮤니케이션을 제한할 수 있음을 시사한다. 그러나 당시 정보 흐름의 실제 패턴은 완전히 상호 연결된 하나의 체계임을 암시했다. 따라서 개별 국민 국가의 문화가 동질적인 보편적 신념 체계로 수렴할 가능성이 있다. 분석 결과는 또한 미국이 다른 어떤 국가보다 인터넷에서 훨씬 더 많은 메시지를 인코딩하여 이러한 흐름의 중심에 있음을 보여준다. 이것은 현상 유지가 계속되고 있다면 미국 문화를 중심으로 보편적 문화가 형성되고 있는 중임을 시사한다. 영국, 캐나다, 호주처럼 미국 문화 역시 매우 개인주의적이기 때문에, 글로벌 문화가 동아시아에서 전형적으로 볼 수 있는 집단적인 것에 대해 거의 중점을 두지 않은 채 발전될 수 있을 것이다.

이 장의 이전 버전이 2007년에 출판된 이후로 국제 인터넷과 월드 와이드 웹의 구조에 대한 광범위한 연구가 진행되었다.

이, 몬지, 바 및 마테이(Lee, Monge, Bar, & Matei, 2007)는 국제 텔레커뮤니케이션 네트워크를 조사한 결과 경제가 덜 발전된 국가들, 텔레커뮤니케이션 상태가 더 좋지 않은 주변 국가들 사이에 연결이 크게 증가했음을 확인했는데, 이것은 글로벌 텔레커뮤니케이션 네트워크 내에서 응집력 있고 상호 연결된 하위 집단이 출현했음을 보여준다.

박, 바넷 및 정(Park, Barnett, & Chung, 2011)은 2009년 국제 하이퍼링크 네트워크의 구조와 2003년 이후 그것이 어떻게 변화했는지 조사했다. 273개의 최상위 도메인(TLD: top-level domain)에 속해 있는 338억 개의 사이트들 사이의 93억 개가 넘는 하이퍼링크를 조사한 결과 하이퍼링크 네트워크는 2009년에 완전히 상호 연결되었다는 사실을 확인했다. 미국이 가장 높은 내향 연결 중심성(in-degree centrality)[9]을 보였고, 독일, 영국, 프랑스, 일본, 스페인이 그 뒤를 이었다. 외향 연결 중심성(out-degree centrality)은 미국이 아닌 독일, 영국, 일본, 프랑스, 스페인이 가장 높았다. G7과 몇몇 EU 국가는 2009년 네트워크의

---

[9] 내향 연결 중심성 분석은 다른 노드로부터 특정 노드로 들어오는(in) 관계만을 고려하는 방법이고, 외향 연결 중심성 분석은 하나의 노드에서 다른 노드들로 나가는(out) 관계만을 고려하는 방법을 말한다(역자 주).

중심적인 국가들이었다. 게다가 브라질과 러시아는 더 많은 주변 국가를 통합하는 핵심 국가로 부상했다. 브라질은 남미를 그리고 러시아는 옛 소비에트 공화국들을 연결했다. 그 밖에 권역적, 문화적, 언어적 집단화도 존재했는데, 남미 집단, 러시아와 중국을 중심으로 한 파벌(clique), 스칸디나비아 집단이 그것이다.

또한 위 연구자들은 2009년과 2003년 47개 국가들 사이의 월드 와이드 웹의 변화도 조사했다. 두 시점의 결과들은 비슷했다. 미국이 가장 중심적인 국가였고, 독일, 영국, 프랑스, 일본, 스페인이 그 뒤를 이었다. 준주변 국가로는 네덜란드, 오스트리아, 스위스, 벨기에, 호주, 브라질, 멕시코, 중국, 인도, 러시아가 있었다. UAE, 이스라엘, 에스토니아, 우루과이, 룩셈부르크는 주변 국가였다. 다양한 척도가 네트워크 내의 안정성을 시사했다. 그러나 네트워크가 더욱 중앙 집중화됨에 따라 변화도 있었다. 유럽 전체, 특히 독일이 더 중심 국가가 되었다. 영국, 프랑스, 스페인, 이탈리아, 일본의 외향 연결 중심성이 더 높았다. 미국, 독일, 영국, 프랑스, 일본, 스페인의 내향 연결 중심성은 예상했던 것보다 더 높았다. 브라질은 예측했던 것보다 더 높았던 반면, 러시아는 예측했던 것만큼 높았다. 중국은 내적 국내 성장, 중국어 사용, 서방과의 링크를 제한하는 만리방화벽 설치로 인해 예상보다 외향 링크(outward link)가 더 적었다. 인도는 예상보다 내향 링크(inward link)가 더 적었다. 중요한 것은 2003년에는 단지 하나의 집단만 있었지만, 남미와 스칸디나비아에 그리고 중국과 러시아 주변에 권역적, 문화적, 언어적 집단이 형성되었는데, 이는 혼성화, 핵심 국가들로의 중앙집중화 증가, 준주변 국가들의 자율적 다각화(diversification) 증가를 시사한다.

서와 쏘슨(Seo & Thorson, 2012)은 글로벌 인터넷 연결성(connectedness)의 구조를 조사하면서 중동과 북아프리카에서 대역폭의 구조적 변화와 디지털 노드의 중심성을 측정했다. 그들은 2002년과 2010년 사이에 중동의 여러 국가가 강력한 권역 내 네트워크들을 연결하여 두각을 나타냈음을 보여주었다.

국제 하이퍼링크 연구에서 여전히 해결되지 않은 문제는 불완전한 공간 정보가 네트워크 구조를 어떻게 바꾸는가 하는 것이다(Grubesic & Murray, 2005). 이전 연구에는 일반 최상위 도메인(gTLD: generic Top-Level Domain)[10]이 포함되지 않아 국제 하이퍼링크 네트워크 분석에 편향이 생겼다. 닷컴(.com)을 분해하면 하이퍼링크 네트워크를 더 정확하게 기술할 수 있을 거라는 가정을 토대로 박, 바넷 및 정(Park, Barnett, & Chung, 2011)은 가장 자주 방문하는 120개의 gTLD에 대한 국제 인터넷 이용자 비율을 사용하여 하이퍼링크 네트워크를 조정했다. 이 연구자들은 3개의 gTLD(.com, .org 및 .net) 링크를 그러한 도메인을 사용하는 자들이 거주하는 국가(ccTLD: country code Top-Level Domain)의 비율에 따라 배분했다. 조정된 하이퍼링크 네트워크는 몇몇 국가의 중심성에 상당한 변화를 보여주었다. 미국의 중심성, 특히 외향 연결 중심성은 다른 어느 나라보다 더 많이 변했다. 또한 중국, 일본, 인도는 미국과의 경제적 관계와 중국어 닷컴 웹사이트(baidu.com, qq.com, taobao.com)의 사용 증가로 인해 증가했다. 반면에, gTLD에 크게 의존하지 않는 국가들, 특히 유럽 국가들은 중심성이 감소했다.

정, 바넷 및 박(Chung, Barnett, & Park, 2016)은 2010년 국제 하이퍼링크 네트워크를 조사하면서 웹사이트들 사이의 링크 142억 개 이상을 분석했다. 이 연구에 따르면, 가능한 링크의 65.7%가 TLD(Top-Level-Domain), 즉 최상위 도메인들 사이에 존재했다. 예상대로, 닷컴이 가장 중심적인 노드로 60억 개가 넘는 내향 링크와 30억 개가 넘는 외향 링크가 연결되어 있었으며, 모든 하이퍼링크의 32.8%가 닷컴에서 왔거나 닷컴으로 갔다. 그 뒤를 12억 개 이상의 내향 링크와 7억 6000만 개의 외향 링크(전체 하이퍼링크의 12.5%)를 가진 닷제이피(.jp; 일본)가 이었다. 다음으로 닷넷(.net)의 내향 링크는 11억 개, 외향 링크는 23억 개(7.0%), 닷오르그(.org)의 내향 링크는 7억 3,300만 개, 외향 링크는 13억 개(6.2%), 닷유케이(.uk; 영국)의 내향 링크는 6억 개, 외향 링크는 4억 5600만 개(3.6%)였다. 닷디이(.de; 독일)의 내향 링크는 3억 7800만 개, 외향 링크는 3억 6,900만 개(3.5 %), 닷시엔(.cn; 중국)의 내향 링크는 3억 5500만 개, 외향 링크는 5억 8,000만 개(3.3 %)였다. 이 네트워크 내의 링크들은 경제 선진

---

10 특정한 조직 계열에 따라 사용되는 최상위 도메인으로, 도메인의 길이는 3글자 이상이며 조직의 종류에 따라 사용하는 이름이 다르다. 몇 가지 예를 들면, .edu(미국의 4년제 이상 교육기관), .gov(미국의 연방정부 조직), .int(국제 조약 등으로 만들어진 국제기관), .mil(미국의 군사 조직), .net(네트워크를 관리하는 기관), .org(비영리 기관) 등이 있다(역자 주).

국들이 사용하는 소수의 도메인에 매우 집중되어 있었다.

가장 널리 사용되는 120개의 gTLD 웹사이트(.com, .org 및 .net)를 분해하여 국가 도메인(ccTLD)에 할당함으로써 87개의 ccTLD를 조정했다. 이전 3개월 동안 전 세계 인터넷 이용자의 최소 0.5%가 각각의 gTLD 웹사이트를 매일 방문했다. 일반 웹사이트(generic website)들을 할당한 결과, 87개국의 국제 네트워크가 완전히 상호 연결되었다. 하이퍼링크의 분포는 이러한 노드들에 대해 더 공평했다. 미국은 하이퍼링크의 13.2%(내향 링크 5억 개, 외향 링크 7억 5,100만 개)로 가장 중심적인 노드였다. 그 다음은 일본으로 하이퍼링크의 10.9%(내향 링크 6억 3,600만 개, 외향 링크 3억 8,200만 개)를 차지했다. 중국, 영국, 독일이 그 뒤를 이었다. 이 네트워크에는 권역 클러스터(cluster)들이 모습을 드러냈다. 남미 집단, 옛 소비에트 공화국 집단, 스칸디나비아 집단, 중동 집단, 그리고 대만과 홍콩으로 구성된 2자 집단(dyad)이 그것이다. 이러한 권역 클러스터들은 해당 권역의 좀 더 중심적인 국가(central country)를 통해 가장 중심적인 핵심 국가(core country)에 연결되었다. 예를 들면, 멕시코, 아르헨티나, 브라질은 남미의 다른 국가들을 핵심 국가에 연결해주었다. 러시아는 옛 소비에트 공화국들을 핵심 국가에 연결해주었다. 중국은 대만과 홍콩을 더 중심적인 국가에 연결했다.

2009년과 2010년 사이 전체 네트워크 구조는 상당히 안정적이었다. 닷컴, 일본, 영국, 중국, 독일, 닷에듀(.edu), 폴란드, 러시아는 느린 성장을 보였다. 하이퍼링크 수신자가 늘어남에 따라 중국, 일본, 리비아, 몬테네그로가 예상보다 더 성장했고 독일, 닷오르그, 닷유에스(.us), 닷컴은 예상보다 덜 성장했다.

링크 연결은 비용 장벽(cost barrier)이 매우 낮기 때문에 하이퍼링크 분석은 문제가 될 수도 있다(Weber & Monge, 2011). 하이퍼링크에는 잘못된 링크, 관련 없는 정보, 중요하지 않은 관계가 포함될 수도 있다. 링크 수신자(recipient)인 좀 더 유명한 사이트가 송신자 사이트(source site)와 그것의 콘텐트에 대한 보증을 암시하는 방향성 링크(directional link)가 설정될 수도 있다. 우 및 오클랜드(Wu & Ackland, 2014)는 클릭스트림(clickstream)[11]이 하이퍼링크 사용과 관

---

11 웹사이트상에서의 이용자들의 행위 패턴을 파악할 수 있는 정보이다. 웹 브라우저에서 이용자가 취하는 동작의 복합체라 할 수 있다(역자 주).

련이 없다는 사실을 확인했다. 또한 바넷과 박(2014)의 연구에서는 어떤 국가의 사이트 인기도가 국제 하이퍼링크와 무관한 것으로 나타났다. 그 결과, 타네자와 웹스터(Taneja & Webster, 2015)는 세계에서 가장 인기 있는 1,000개 웹사이트의 공유된 잠재 고객 트래픽을 조사했다. 이들은 언어와 지리적 유사성이 수용자 중복(audience overlap)을 예측한다는 사실을 확인했는데, 이는 문화가 글로벌 미디어 이용 행태를 결정한다는 사실을 확인했다. 우 및 타네자(Wu & Taneja, 2016)는 세 시기(2009년, 2011년, 2013년)에 이러한 데이터를 분석하면서 전 세계적인 온라인 커뮤니케이션 참여를 살펴본 결과, 온라인 권역 문화가 크게 성장하고 강화되었음을 확인했다. 지역의 문화 정체성, 적극적인 국가 개입, 경제적 맥락이 글로벌 웹 문화에 매우 큰 영향을 미쳤다.

바넷과 쟝(Barnett & Jiang, 2016)은 2015년에 118개국에서 가장 많은 방문을 받은 세계 500개 웹사이트 이용을 살펴보았다. 이 연구는 미국을 중심으로 한 중심-주변 네트워크의 존재를 입증했다. 모든 국가는 공통 웹사이트의 공유 이용을 기반으로 다른 국가와 적어도 하나의 연결을 유지하고 있었다. 개별 국가가 이용하는 평균 웹사이트 수는 약 80개였다. 미국은 364개를 이용했다. 국가 간에 가능한 링크들 가운데 88.2%가 실제로 존재했다. 이것은 밀도 높은 네트워크였다. 그 결과, 유럽 국가들이 서로 가까이 있는 경향이 있지만 명백한 문화적 혹은 언어적 클러스터는 없었다.

6. 국민 정체성 구조 모델의 함의: 현 추이

다른 연구들(Bharat et al., 2001; Ciolek, 2001; Halavais, 2000)은 대부분의 하이퍼링크가 동일한 국가 내의 다른 사이트를 향한다는 사실을 발견했지만, 우리의 지난 연구들은 전 세계의 국가들이 비용이나 물리적 거리에 구애받지 않는 완전히 상호 연결된 하이퍼링크 네트워크의 구성요소들임을 시사한다. 또한 방화벽 형태로 구현된 언어적·정치적 정책과 개별 사회에 위험한 것으로 인식되는 특정 콘텐트가 포함된 웹사이트에 대한 접근을 차단하는 기타 형태의 네트워크 감시를 포함한 다른 장벽들이 국가 간의 정보 흐름을 제한한다.

또한 하부구조(대역폭)가 국가들 사이의 정보 흐름을 제한할 수도 있다. 하부구조의 부족은 국가 간의 직접적인 접촉에 장애가 된다. 예를 들어, 바넷과 박(2005)은 이슬람 국가들 사이의 모든 흐름은 미국, 일본, 영국, 프랑스, 독일, 홍콩, 또는 싱가포르를 반드시 경유해야 하기 때문에 이슬람 국가들 간의 직접적인 연결이 없었다고 보고했다. 홍콩과 싱가포르는 인도네시아와 말레이시아 간 링크만 제공한다. 이것은 핵심 국가들이 이슬람 세계 내의 흐름을 모니터하거나 제한할 수 있음을 시사했다. 그러나 이러한 상황에 변화가 생겼다. 중동, 특히 페르시아만 국가들을 통해 아시아와 유럽 사이에 새로운 연결이 만들어졌다. 아프리카 국가들도 이제 서로 연결되어 있으며, 남미뿐만 아니라 동남아시아 전역에 더 밀도 높은 연결이 존재한다.

네트워크 내에서 가장 중심적인 국가에 초점을 맞추면 인터넷 흐름이 미국 및 기타 영어권 국가(영국, 캐나다, 호주, 인도와 이 국가들보다 정도가 덜한 일본, 독일, 프랑스)를 중심으로 돌아간다는 사실을 확인할 수 있다. 이것은 글로벌 정체성이 영미, 즉 최소한 자유주의적 서구 문화 주위로 수렴할 것임을 시사한다.

언어 데이터 조사 결과는 이러한 입장을 더욱 뒷받침해준다. 더블류3테크스(W3Techs, 2017)에 따르면, 영어는 상위 1,000만 웹사이트 중 51.2%의 콘텐츠를 표현하는 언어(content language)였다. 다른 유럽 언어들은 웹 콘텐츠의 30% 이상을 차지했다. 아시아 언어들은 11.5%(일본어 5.6%, 중국어 2.0%, 한국어 0.9%)에 지나지 않았고, 아랍어도 0.8%에만 사용되었다. 미니와츠 마케팅 그룹(Miniwatts Marketing Group(2016))은 언어별로 인터넷 이용자 수를 추산한 결과, 26.3%가 영어를 사용했고, 20.8%가 중국어, 7.7%가 스페인어, 4.7%가 아랍어, 4.3%가 포르투갈어, 3.2%가 일본어, 3.0%가 말레이어, 3.0%가 러시아어, 2.8%가 프랑스어, 2.3%가 독일어를 사용한 것으로 나타났다.

나아가, 바넷과 성(2003, 2005)은 개인주의가 네트워크의 중심성과 유의적으로 관련이 있음을 발견했다. 개인주의의 정도가 높은 국가로는 미국, 영국, 캐나다, 호주가 있다. 이것은 인터넷 정보 흐름에서 이 국가들의 위상으로 인해 시간이 지남에 따라 글로벌 문화가 더욱 개인주의적으로 변할 것임을 시사한다. 사람들은 자신의 국민 집단이나 민족 집단과는 덜 동일시하고 이러한 집단들의 가치와 신념 및 집단 이익을 덜 지지할 것이다. 그들은 개인을 대단히 중시하는 문화를 받아들이게 될 것이다. 개인의 정체성은 국적과 덜 밀접하게 연결되고 보편적인 글로벌 문명과 더 밀접하게 연결될 것이다.

바넷(2001)은 국제 텔레커뮤니케이션에 대한 자신의 연구를 바탕으로 이러한 패턴이 보편적 문화의 장기적 발전에 미치는 영향에 대해 다음과 같이 논의한다:

> 지난 20년 동안 전 세계 국가들 사이의 상호작용 빈도는 꾸준히 증가해왔다. 물리적, 문화적(언어적) 장벽으로 인한 권역화도 존재하지만, 오늘날 세계는 북미와 서유럽을 중심으로 한 단일 통합 국가 네트워크로 구성되어 있다. 세계화의 잠재적인 결과 가운데 하나는 문화 동질화, 즉 전 세계의 토착 문화들이 하나의 보편적 문화로 수렴하는 것이다(p. 1650).

문화의 수렴은 인터넷이 하나의 채널일 뿐인 국제 커뮤니케이션의 장기적 결과일 가능성이 있지만, 세계화와 지역화(localization)의 변증법은 세계화는 지역들을 더 넓은 세계와 연결해주는 한편 지역화는 세계화의 추세들을 포함함을 시사한다. 그 결과, 가까운 장래에 지역 문화들은 혼성화된 특성을 나타내게 될 것이다. 시간이 지남에 따라 서로 다른 문화 집단의 사람들 사이에 제약을 받지 않는 무한한 정보 교환이 이루어지면서, 인터넷의 잠재적인 결과는 문화의 동질화, 즉 전 세계 토착 문화들이 하나의 보편적 문화로 수렴하는 것이다. 그러나 단기적으로 국제 커뮤니케이션은 무엇보다 먼저 문화적으로 유사한 국가들로 구성되는 몇몇 권역 문명의 발전으로 이어질 가능성이 더 높다. 그 이유는 국제 커뮤니케이션은 접근 장벽, 물리적 거리, 비용, 언어가 인터넷에서보다 더 큰 영향을 미치는 몇몇 서로 다른 채널들을 포함하기 때문이다. 뿐만 아니라 서로 다른 집단들은 그들의 고유한 역사로 인해 미디어 콘텐트를 다르게 해석할 수도 있다. 게다가 음악과 스포츠 같은 특정 콘텐트 영역은 세계화되는 것처럼 보이지만(Moon, Barnett, & Lim, 2010), 다른 영역들, 특히 종교는 여전히 특이성을 지니고 있다. 그 결과, 바넷(2001, 2002)과 타네자 및 웹스터(2015)는 세계 텔레커뮤니케이션 체계의 현 구조가 일반적으로 관련된 문화를 가지고 있는 국가들이 권역적으로 집단화되는 것과 유사한 형태로 구성되어 있음을 발견했는데, 이는 갈퉁(Galtung, 1993)과 헌팅턴(Huntington, 1996)

이 제안한 것과도 비슷하다.

　문화의 세계화 과정은 동질화와 혼성화로 간주될 수 있다. 글로벌 패턴의 흡수와 함께 문화적으로 지역화되거나 혼성화된 적응(adaptation)도 강력한 역할을 한다. 글로벌한 형태는 지역 패턴, 국가 패턴, 권역 패턴과 상호작용하여 혼성체라는 표현이 가장 잘 어울리는 새로운 패턴을 생성한다(Bhahbam, 1994). 스트로브하(2002)는 혼성화가 시간에 따른 문화적 상호작용의 지배적인 패턴이라고 주장한다. 다국가 시장은 지리문화적(geocultural) 혹은 문화-언어적(cultural-linguistic) 기반 위에서 형성된다고 그는 주장한다. 따라서 개인의 정체성은 단기적으로는 지역의 민족 문화나 국가 문화를 초월하겠지만 장기적으로는 제안된 바 있는 글로벌 수렴에 훨씬 못 미치게 될 수도 있다. 개인들은 범이슬람, 범유럽, 범남미, 혹은 범북미 정체성을 키워나갈 가능성이 있다.

　몇 가지 다른 요인이 단기적으로 글로벌 수렴 속도를 늦추는 데 기여할 수도 있다. 첫째, 컴퓨터 매개 커뮤니케이션(CMC: computer-mediated communication)은 멀리 떨어져 있는 문화들 간의 연결을 지속할 수 있게 해줌으로써 장기적으로 의미 있는 관계를 유지하는 데 충분한 것으로 밝혀졌다. 둘째, 특정 콘텐트 중심적(content-specific) 온라인 커뮤니티는 관계를 형성하고 유지하는 통로를 제공함으로써 사람들이 문화적 연결과 사회적 연결 같은 상호 이익을 중심으로 하는 다른 개인과의 연결을 유지할 수 있게 해준다. 셋째, 인터넷 기반 커뮤니케이션 기술은 '외부작용'(outeraction) 효과가 발생할 수 있는 여지를 제공하는데, 외부작용 효과란 커뮤니케이션 연결이 커뮤니케이션 미디어의 전통적인 '상호작용'(interaction) 기능을 뛰어넘어 정보 교환을 초월하는 높아진 개인적 연결성(personal connectivity) 수준을 제공하는 것을 말한다.

　CMC를 통해 의미 있는 관계를 유지하는 것은 사회 체계가 문화 유지(cultural maintenance)와 관련하여 일시적인 안정 상태에 도달하기 위한 필수 조건이다. 일부 연구에 따르면, CMC는 안정 상태에 도달하려는 커뮤니케이터의 성향을 촉진하는 촉매 역할을 할 수도 있는데, 여기서 안정 상태에 도달하는 수단은 상호 공통성이다. 월써(Walther, 1996)는 전자 파트너들(electronic partners)이 공통성을 경험하고 장기적인 연계 활동을 수행할 수 있을 때 흔히 그들의 파트너를 이상화하고 과장된 인상을 서로 주고받는다는 사실을 확인했다. 심지어 유사한 대면 상황에서보다 커뮤니케이션이 더 친밀하고 긍정적이 되었다(Walther, 2002). 이상화와 과장된 인상은 문화적 정체성이 일관성을 유지하고 있다는 인상을 더욱 촉진할 것이라는 점은 특히 주목할 만하다.

마찬가지로, 매클러드와 라이커(McLeod & Liker, 1992)는 CMC를 통해 상호 작용하는 집단을 상호작용 내력도 있고 앞으로의 상호작용에 대한 기대도 있는 대면 상호작용 집단과 비교하며 연구했다. 연구 결과에 따르면, 전자(電子) 집단은 대면 집단보다 더 사교 지향적이었다. 또한 컴퓨터 지원 집단의 성과는 대면 집단의 성과보다 유의적으로 덜 가변적이었는데, 이는 CMC가 안정된 사회 환경을 촉진할 수 있는 잠재력이 있음을 시사한다. 치담바람, 보스트롬 및 윈(Chidambaram, Bostrom, & Wynne, 1991)도 유사하게 CMC 집단과 대면 집단을 비교하면서 전자(電子) 집단이 갈등을 더 잘 처리하고, 그 결과 더 응집력이 있음을 확인했다. 치담바람 등(Chidambaram et al., 1991)과 월써(1996, 2002), 그리고 매클러드와 라이커(1992)는 CMC가 체계적인 안정 상태를 촉진할 수 있음을 보여주었는데, 이는 가까운 장래에 안정된 혼성 문명이 지배적인 문화 형태가 될 것임을 시사한다.

개인이 CMC를 통해 의미 있는 관계를 유지할 수 있다는 가정을 바탕으로 특정 콘텐트 중심적 연결을 촉진하는 온라인 공동체가 발전할 것인데, 이는 글로벌 인터넷 네트워크가 문화적으로 독특한 집단으로 더욱 세분화될 것임을 시사한다. 특정 콘텐트 중심적 연결을 사용함으로써 사회 체계는 변화하는 환경에서 자신의 문화를 유지할 수 있다. 온라인 공동체도 공동체이며, 이 개념의 의미를 맥루언의 지구촌 개념을 토대로 추정해보자면 전 지구가 하나의 마을이 되는 것이 아니라 자신의 마을이 전 지구에 뻗칠 수 있다는 것이다.

온라인 공동체는 공동체의 여섯 가지 공통 요소를 충족하기 때문에 실재(實在)의 공동체로 개념화할 수 있다(Wellman & Gulia, 1999 참조): ① 장소 - 온라인 공동체는 많은 '실재' 공동체보다 더 빈번한 상호작용과 네트워크 연결 강도를 나타낸다; ② 관심사 - 문화와 같은 요인에 의해 서로 연결된 가상 집단은 관심사를 기반으로 하는 공동체로 간주될 수 있다; ③ 친교 - 많은 온라인 공동체가 정서적 또는 사회적 유대감을 제공한다(난민 지원 공동체); ④ 의식(儀式) 및 **공통 준거틀** - 커뮤니케이션 의식(ritual)은 지리를 기반으로 하지 않으며 온라인 공동체는 흔히 문화적 준거틀(frame of reference)과 일치한다; ⑤ **포함 및 배제의 경계** – 온라인 공동체는 '실재' 공동체와 마찬가지로 공동체 구성원들이 앞서 언급한 의식을 적용하고 준수하도록 요구함으로써 공동체 구성원을 걸러낸다; ⑥ **공동 수용** – 국가가 어쨌든 존재하기 위해서는 시민들의 마음속에 존재해야 한다. 즉, 국가나 공동체는 국가나 공동체가 존재한다는 개념이 모든 구성원에 의해 공유되기 때문에 존재하며, 이것은 지리적으로 정의되지 않는다.

온라인 공동체는 사람들이 여전히 어떤 문화 집단의 일부인 것처럼 느끼는 데 필요한 문화 자원에 접근할 수 있는 기회를 제공하지만, 그럼에도 시간과 이동은 줄어든다. 온라인 공동체는 사람들을 주변의 인구 밀도가 낮은 지리를 기반으로 하는 공동체가 아닌 인구 밀도가 높고 동질적인 관심사를 기반으로 하는 인구 집단으로 끌어들인다(Rosen, Woelfel, Krikorian, & Barnett, 2003; Wellman & Gulia, 1999). 이러한 공동체들은 공유된 장소가 아닌 공유된 관심사(예, 문화)에 의해 조직된 공동체로의 전환을 나타낸다. 구성원들은 사회적 지원, 소속감, 어렵고 민감한 이슈에 대한 지원을 제공하면서 정보 훨씬 이상의 것을 공유한다.

사람들이 온라인에서 다른 사람을 신뢰할 수 없다는 일반적인 생각과 달리, 온라인 공동체는 인터넷이 낯선 사람에 대한 신뢰를 높여준다는 예기치 않은 결과로 인한 이득을 누린다(Wellman & Gulia, 1999). 온라인에서 상호작용할 때 개인들은 화면 앞에 혼자 있고 또 도움을 주는 사람이 존재할지 알 수 없기 때문에 도움을 주는 경향이 있다. 이것은 특히 많은 수의 다른 개인이 주위에 있을 때 사람들이 개입하거나 낯선 사람을 돕는 것을 꺼리는 경향이 있는 대면 상황과는 대조적이다(Latané & Darley, 1970). 더욱이 온라인 도움은 흔히 보이는 아카이브를 통해 공동체의 모든 구성원이 알게 되는데, 이를 통해 구성원들은 도움과 이타주의를 기반으로 한 문화적 지위를 유지할 수 있다. 마찬가지로, 젠더(gender), 사회경제적 지위 등과 연관된 단서들은 흔히 CMC 상호작용에서 필터링되는데, 이것은 문화적으로 동기화된 온라인 상호작용과 온라인 공동체의 평등주의적 속성을 더욱 촉진한다. 그러나 바넷과 베네필드(Barnett & Benefield, 2015)는 페이스북의 국제적인 친구관계 네트워크 구조를 조사한 결과 국가들이 지리적 클러스터와 언어 클러스터들의 가교 역할을 하는 특정 중심 국가들(프랑스, 스페인, 영국, UAE)과 함께 단일 집단을 형성하고 있다는 사실을 확인했다. 또한 국제적인 친구관계를 맺고 있는 국가들은 국경, 언어, 문명, 이주 패턴을 공유했다.

슈로더(Schroeder, 2018)는 온라인 공동체, 특히 소셜 미디어(페이스북)가 응집력 있는 친밀한 사회 집단을 만들어 지역 인구집단 외부로의 정보 흐름을 제한한다고 주장한다. "개인들은 서로와 정보에 대해 더 밀도 높고, 동질적으로 더 다양하며, 더 많이 예속된 관계로 둘러싸여 있다"(Schroeder, 2018, p. 154). 더 나아가, 국경을 넘는 문화적 연결의 농밀화(thickening)는 정치적, 경제적, 문화적 요인(언어)의 제한을 받는데, 이러한 요인들은 수용자들의 관심을 조각화함으로써 국제 관계를 매개한다.

온라인에서 형성되거나 유지되는 관계도 의미 있는 관계가 될 수 있다는 점과 이러한 관계를 촉진하기 위해 형성된 공동체들이 공동 참여를 충분히 이끌어낸다는 점을 고려하면, 이제 우리는 위챗(WeChat), 왓츠앱(WhatsApp), 페이스북 등 인스턴트 메신저(IM: instant messenger) 유형의 응용 프로그램과 같은 커뮤니케이션 기술의 '외부작용' 효과를 살펴볼 수 있다(Nardi, Whittaker, & Bradner, 2000). IM은 컴퓨터에 기반을 둔 준동시적인(near-synchronous) 일대일 및 일대다(one-to-many) 커뮤니케이션 기술이다. 그러나 대부분의 다른 커뮤니케이션 기술과 달리 IM은 다른 사람의 존재에 대한 인식 정보를 제공한다. 이용자는 모니터할 사람의 '친구 목록'을 만들고, 창에는 친구가 '온라인' 상태인지 여부가 표시되며, 자리에 없는지, 일하고 있어 대화를 할 수 없는지, 혹은 외출 중인지 여부를 표시하도록 심지어 상태를 수정할 수도 있다. 그러나 가장 중요한 것은 IM이 정보 교환(상호작용) 외의 일단의 커뮤니케이션 과정인 '외부작용'을 지원한다는 점이다. 이 과정에서 사람들은 의도적으로 사회적인 방식으로 다른 사람들에게 관심을 보일 수 있다. IM 이용자는 이런 의미에서 단순한 커뮤니케이션 능력을 넘어서서 친구, 가족, 또는 동료의 존재감을 실제로 느낄 수 있다. 그들은 세계 어디에서나 자신의 컴퓨터 앞에 누가 앉아 있는지 실제로 확인하고 알 수 있으며 한 번에 여러 사람과 즉각적이고 신속한 대화에 참여할 수 있다.

IM은 또한 대화 가용성(conversational availability) 문제를 피해갈 수 있게 해

주는데, 이 문제는 지리적으로 떨어져있을 때 자신의 본국 문화(home culture)의 개인들과 상호작용하는 데 장벽으로 작용한다. IM은 대화 개시자가 친구 목록을 참조하여 수신자가 온라인 상태인지 판단할 수 있게 해줌으로써 사람들이 대화 가용성을 협상하는 데 도움을 준다. IM은 흔히 전화 대화의 서두(序頭)로 사용되며 다른 커뮤니케이션이 이루어지는 동안 모니터 될 수도 있다(이것은 다른 미디어에서는 하기 어려움).

마지막으로, IM은 알아차림의 순간(awareness moments), 즉 다른 사람과의 사회적 연결감을 만들어낸다. 나르디 등(Nardi et al., 2000)은 사람들이 반드시 상호작용을 원하지는 않는 상태에서 친구 목록을 보면서 누가 주변에 있는지를 아는 것만으로도 엄청난 가치를 발견한다는 사실을 확인했다. 알아차림의 순간은 사람이 어떤 특정한 느낌, 연결감과 포용감, 문화적 연결 유지를 지원하고 있다는 느낌을 받게 해준다. 알아차림의 순간은 현재의 미디어 이론들이 제공하는 것보다 훨씬 더 풍부한 커뮤니케이션 개념을 나타낸다. 사람들은 직접적인 정보 전달을 넘어 특정 맥락 밖에 있는 다른 사람과 연결을 유지하기를 원하는데, 이것은 사람들이 전통적으로 문화적 연결감을 못 느끼게 막아온 거리를 극복할 수 있게 해주는 연결이다.

앞에서 제시한 바와 같이, 인터넷 기술은 특정 콘텐트 중심적인 온라인 공동체에서 의미 있는 관계가 성장하고 번창할 수 있게 해주는 기제를 제공한다. 이러한 커뮤니케이션 기술에 의해 가능해진 매우 인간적인 연결은 문화적 네트워크들을 일시적으로 둔화시키고 역설적이게도 동일한 인터넷 기술이 장기적으로 촉진하는 불가피한 동질화를 해체시킬 것이다.

7. 국민 정체성의 함의: 미래

문화 수렴이 개인의 정체성을 매우 강조하는 미국과 기타 자유주의 서방 국가의 문화에 큰 기반을 두고 있는 일단의 보편적인 신념으로 진화할 것이라는 관념은 현 인터넷 구조가 가까운 미래에도 비교적 안정적으로 유지될 것이라는 가정을 전제로 한다. 그러나 하르지타이(Hargittai, 1999)는 한 국가가 인터넷을 채택하는 시기가 국제 인터넷 네트워크에서 그 국가의 위상을 결정하는 중요한 결정인자임을 보여 주었으며, 바라바시(Barabási, 2002)는 새로운 노드들(웹페이지들)이 기존 사이트에 링크되면서 인터넷이 진화한다는 것을 보여주었다. 한 때 가장 많은 연결이 이루어졌던 웹페이지들은 일반적으로 나중에도 여전히 가장 중심적인 위치를 유지한다. 바넷과 박(2005)의 결과를 바넷 등(2001)의 인터넷 구조에 대한 좀 더 제한된 기술과 비교해보면, 1998년에 핵심을 구성한 동일한 국가들이 5년 후에도 여전히 가장 중심적인 노드들이었음을 알 수 있다. 게다가, 2014년에 전 세계 사람들이 가장 자주 방문한 상위 200개 웹사이트들은 39개국에 기반을 두고 있었는데, 이 웹사이트들 가운데 미국이 93개, 중국이 24개, 영국이 9개, 일본과 러시아가 각각 7개, 인도와 캐나다가 각각 6개, 독일이 5개를 차지했다(Barnett, Ruiz, Xu, Park, & Park, 2017). 또한 국제 인터넷 대역폭의 소유권이 집중되어 7개국(미국, 스웨덴, 인도, 일본, 이탈리아, 영국, 캐나다)에 본사를 둔 16개 회사가 각각 국제적 연결의 1% 이상을 차지했다. 미국 기업들 혼자서 국제적 링크의 거의 40%를 차지했다(Ruiz & Barnett, 2014). 구글(유튜브 포함), 페이스북(인스타그램 포함), 트위터, 이 세 회사가 웹사이트 인용의 70% 이상을 차지했으며, 전 세계 인터넷 이용자의 거의 대부분이 매일 구글을 방문한다(Barnett & Jiang, 2016). 이는 인터넷의 성장이 네트워크의 중심을 이루는 국가들의 글로벌 문화 형성에 대한 영향력을 강화하는 경향이 있음을 시사한다.

여기서 검토한 연구들은 수렴된 글로벌 문화가 대표하는 문화적 정체성을 미국이 지배할 것임을 시사한다. 현재, 미국은 국제적 정보 흐름에서 가장 중심적인 국가로, 인터넷을 포함한 전 세계의 커뮤니케이션 채널을 통제하고 있다. 이것은 부분적으로 미국의 경제 발전과 기술 발전 수준의 결과일 수도 있다. 이것은 또한 지리적인 이유 때문일 수도 있다. 미국은 남미에 접해 있고 대서양과 태평양 모두에 접해 있어서 아시아와 유럽 간의 관문(또는 게이트키퍼) 역할을 용이하게 할 수 있다. 또한 미국이 중심성을 지니는 이유는 미국인들이 과학, 교육, 비즈니스의 국제 언어인 영어를 사용하기 때문일 수도 있다. 혹은 단순히 미국 인구 통계 때문일 수도 있다. 미국 사회는 세계의 모든 문화 출신의 사람들로 구성되어 있다. 오늘날 대다수의 미국인의 조상은 유럽계이지만, 10%는 남미계, 12%는 아프리카계, 3%는 아시아계이다(U.S. Bureau of the

Census, 1996). 2050년이 되면, 미국 인구의 거의 10%가 아시아계, 25%가 남미계, 25%가 아프리카계로 이루어져 대다수가 유럽인이 아닐 것으로 추정된다. 인터넷 메시지의 다양성의 근원인 미국은 문화 수렴의 산물이다. 인구 통계의 변화와 세계화 과정에 따른 국제 정보 흐름의 역동적인 패턴으로 인해 미국의 문화는 미래에 변하게 될 것이다.

비서방 국가들이 점점 더 온라인에 접속함에 따라, 인터넷의 구조가 역동적으로 변하고 있다. 이 장의 원래 버전이 2007년에 출판되었을 당시, 중국의 인터넷 호스트 수는 매년 48.7%씩 그리고 인도의 호스트 수는 55.4%씩 증가했다 (Internet Software Consortium, 2003). 중국의 인터넷 이용자 수는 1999년 1,000만 명에 미치지 못했던 것이 2004년에는 9,400만 명에 이르렀다. 미국의 경우는 호스트 수가 고작 2.3%, 영국의 경우는 10.6% 증가했다. 따라서 우리가 가정했듯이, 이러한 성장률이 시간이 지나도 계속된다면, 중국과 인도는 미래에 수렴된 보편적 문화에 점점 더 많은 영향을 미칠 것이고 서방 국가들은 상대적으로 글로벌 체계에 미치는 영향이 더 줄어들 것이다. 오늘날 가장 자주 방문하는 상위 25개 웹사이트 가운데 7개[바이두, QQ, 타오바오(Taobao), 티몰(Tmall), 시나닷컴(Sina.com), 웨이보(Weibo), 360닷컴(360.com)]가 중국어 사이트이다. 게다가, 중국의 인터넷 이용 증가가 인터넷상의 언어 사용 패턴을 어떻게 변화시킬지 고려한다면, 세계 체계의 수렴된 문화에는 중국 요소가 증가할 것이며, 이는 세계 문명이 중국 문화와 영어권 문화의 결합이 될 것임을 시사한다. 어떤 의미에서 그것은 홍콩이나 싱가포르와 비슷할 것이다.

인터넷은 여전히 지구상의 모든 곳에서 이용 가능하지는 않으며, 아프리카와 아시아 일부 그리고 남미에서 특히 그러하다는 점에 유념해야 한다. 10년 전만 해도 전 세계 6%의 사람들만이 인터넷에 접속했다. 그러나 대역폭과 장비 용량뿐만 아니라 분당(分當) 비용에 따른 지출비로 인해 접근이 제한되긴 하지만, 사람들이 저렴한 휴대폰을 통해 인터넷에 접근할 수 있게 됨에 따라 이러한 상황은 빠르게 변하고 있다(Schroeder, 2018). 심지어 미국에서도 인터넷은 여전히 주로 도시 미디어이다. 주변 국가들의 시골 지역에는 모든 형태의 텔레커뮤니케이션 수단과 마찬가지로 인터넷도 존재하지 않는다. 따라서 수렴된 글로벌 문화는 인터넷의 결과물일 가능성이 있지만, 그런 일이 조만간에 일어날 것 같지는 않다. 이러한 동질화된 상태에 도달하려면 수백 년이 필요할 수도 있다.

바넷과 전(Barnett & Jun, 2004)은 인터넷 구조에 영향을 미치는 선행 요인을 조사했다. 처음의 결과는 많은 요소들이 인터넷 구조와 유의적으로 관련이 있음을 시사한다. 일반적으로 이것들은 국내 텔레커뮤니케이션 및 미디어 하부 구조의 지표들이다. 국제 인터넷 흐름은 국가 간의 물리적 거리나 국가의 정치적 자유와는 관련이 없다. 발전 지표들 가운데는 GDP, 국제 무역, 미디어 변인들이 네트워크 내에서의 국가의 위상과 유의적으로 관련되어 있다. 문해력과 도시화는 관련이 없다. 문화 지표와 관련해서는 개인주의만이 유의적이다. 조합해서 살펴보면, 국제 무역과 국가의 인터넷 호스트 수만이 국제 인터넷 흐름의 구조에 대한 중요한 예측 변인으로, 국제 무역은 국가의 위상의 분산의 63%를 그리고 국가의 인터넷 호스트 수는 국가의 위상의 분산의 86%를 설명했다. 문화(개인주의)는 단 하나의 구조 척도인 다른 국가로 전송되는 하이퍼링크의 수가 유의적인 예측 변인이다.

위에 제시한 선행 요인에 관한 연구는 투자가 인터넷 이용과 인터넷 메시지 산출에 가장 큰 성장을 초래할 것임을 시사한다. 프로인드와 웨인홀드(Freund & Weinhold, 2004)는 국가의 웹 호스트의 성장이 수출 증가로 이어진다는 사실을 확인했다. 국가들은 웹사이트 구축을 장려하고 국제 무역을 통해 상호 의존성을 높여야 한다. 또한 보편적인 문화에 미치는 영향력을 국가 우선순위로 간주한다면, 국가들은 개인의 성취를 장려해야 한다. 이러한 활동에 자원을 투입하는 국가는 글로벌 문화에 장기적으로 가장 큰 영향을 미칠 것이다.

이전 버전의 장에서는 문화 수렴 이론에 따라 인터넷을 통한 세계인들 사이의 소통 증가가 장기적으로는 국가 문화들 사이의 차이를 줄여 결국 하나의 글로벌 문화가 형성될 것이라고 주장했다. 이 과정의 한 가지 결과는 독특한 국가 문화가 사라지고, 이것이 하나의 초국가적 정체성으로 대체된다는 것이다. 이전 버전의 장에서는 또한 단기적으로 인터넷을 통한 커뮤니케이션 기술이 문화의 동질화 과정을 일시적으로 늦추고 문화적 사회 체계가 안정 상태에 이르게 할 수 있을 것이라고 제안했다. 동시대 연구들은 단기적 주장을 뒷받침해주고 있지만, 장기적인 결과도 조만간 그 모습을 드러낼 것이다.

한 가지 주의할 점은 인터넷은 국가 간의 여러 커뮤니케이션 양식 가운데 하나일 뿐이라는 것이다. 문화 정보는 대인 접촉, 즉 관광, 군대, 비즈니스, 학생 및 이주, 무역(인위적 커뮤니케이션), 공식적 조직(IGO, INGO, 초국가적 기업), 우편, 기타 형태의 텔레커뮤니케이션(전화, 팩스), 기존 매스 미디어(인쇄 미디어, 영화, 전자 미디어)에 의한 해외 일시 체류자들을 통해서도 여전히 교환되고 있다. 각 미디어는 일단의 서로 다른 문화적 이미지를 제공할 수도 있으며, 그 흐름이 인터넷과 다르게 구조화될 수도 있다. 그러나 지난 10년간의 데이터는 미디어 수렴에 대한 증거를 제공하고 있으며, 지난 연구들은 이러한 구조가 미디어 전반에 걸쳐 일치함을 보여주고 있다. 예를 들어, 쟝, 바넷, 테일러 및 펑(Jiang, Barnett, Taylor, & Feng, 2018)은 1995년부터 2014년까지 AP(미국), 신화통신(XH: Xinhua News Agency)(중국), 사우쓰 차이나 모닝 포스트(SCMP: South China Morning Post)(홍콩)의 뉴스에 포함된 평화 프레임의 공진화(coevolution)[12]를 조사했다. 이 연구자들은 AP와 XH에서 전쟁과 조화(調和) 프레임이 비교적 안정적이었긴 하지만 AP와 XH 간에 전쟁 프레임 사용이 수렴되는 경향이 있음도 확인했다. AP와 XH의 평화에 대한 보도의 수렴은 SCPM이 독특한 평화 프레임을 개발할 수 있는 여지를 주었으며, AP와 XH의 평화에 대한 보도의 발산은 SCPM이 AP와 XH의 프레임 사이에서 균형을 맞추는 전략을 개발하여 혼성 평화 프레임을 만들어내는 결과를 초래했다.

요약하면, 이 장에서 우리는 국제 공동체의 구성원을 연결하는 인터넷에 대해 기술했다. 전 세계 국가들 사이의 연결 강도를 조사하여 인터넷이 개인의 문화 정체성에 미치는 영향과 글로벌 문화 형성으로 이어지는 과정을 예측했다. 이 장은 네트워크 분석을 사용하여 조작화될 수 있는 문화 간 커뮤니케이션의 구조 모델뿐만 아니라 체계 관점과 네트워크 관점을 설명하는 것으로 시작되었다. 다음으로, 국제 인터넷의 네트워크 분석 결과를 검토했다. 이러한 결과를 바탕으로 이 장은 문화 수렴 이론에서 추론을 도출하여 인터넷이 글로벌 문화와 국민 정체성에 미치는 장단기적 영향에 대한 일련의 예측을 제시했다.

---

12 한 생물 집단이 진화하면 이와 관련된 생물 집단도 진화하는 현상을 가리키는 진화생물학의 개념이다(역자 주).

토론문제

1. 국가 간의 하이퍼링크 연결과 대역폭 연결을 기반으로 국제 인터넷의 구조를 기술하라.
2. 문화 수렴 이론에 따르면, 현재의 커뮤니케이션 패턴이 일정하다고 가정하면 인터넷 구조가 미치는 장기적인 영향은 무엇인가?
3. 국제 인터넷이 국가 문화와 개인의 정체성에 미치는 있음직한 단기적 결과는 무엇인가?
4. 장단기적으로 인터넷 구조에 영향을 미치는 요인들은 무엇인가? 이러한 요인들은 장단기적으로 개별 국가에 대해 어떤 정책적 함의를 시사하는가?
5. 소셜 미디어 이용 증가가 문화 수렴에 어떤 영향을 미칠 것이라고 생각하는가?

참고문헌

Adler, P. S. (1982). Beyond cultural identity: Reflections on cultural and multicultural man. In L. Samovar & R. Porter (Eds.), *Intercultural communication: A reader* (3rd ed.). Belmont, CA: Wadsworth.

Atouba, Y., & Shumate, M. (2010). Interorganizational networking patterns among development organizations. *Journal of Communication*, 60(2), 293-317.

Barabasi, A. L. (2002). *Linked: The new science of networks*. Cambridge, MA: Perseus.

Barnett, G. A. (1996). Multilingualism and transportation/telecommunication. In H. Goebl, P. H. Nelde, Z. Stary, & W. Wolck (Eds.), *Handbook on contact linguistics: An international handbook of contemporary research* (Vol. 1, pp. 431-438). Berlin: Walter De Gruyter.

Barnett, G. A. (1997). Organizational communication systems: The traditional perspective. In G. A. Barnett & L. Thayer (Eds.), *Organization<—> Communication: Emerging perspectives (The renaissance in systems thinking)* (Vol. 5, pp. 1-46). Norwood, NJ: Ablex.

Barnett, G. A. (1999). The social structure of international telecommunications. In H. Sawhney & G. A. Barnett (Eds.), *Progress in communication sciences: Advances in telecommunications* (Vol. 15, pp. 151-186). Greenwich, CT: Ablex.

Barnett, G. A. (2001). A longitudinal analysis of the international telecommunications network: 1978-1996. *American Behavioral Scientist, 44*, 1638-1655.

Barnett, G. A. (2002, April). *A longitudinal analysis of the International Telecommunication Network: 1978-1999.* Paper presented to a conference at Beijing Broadcast Institute, National Centre for Radio and Television Studies, Beijing, PRC.

Barnett, G. A. (Ed.). (2011). *Encyclopedia of social networks.* Thousand Oaks, CA: Sage.

Barnett, G. A., & Benefield, G. A. (2015). Predicting international Facebook ties through cultural homophily and other factors. *New Media & Society, 19*(2), 217-239.

Barnett, G. A., Chon, B. S., & Rosen, D. (2001). The structure of international Internet flows in cyberspace. *NETCOM (Network and Communication Studies), 15*(1-2), 61-80.

Barnett, G. A., & Jiang, K. (2016). Resilience of the World Wide Web: A longitudinal two-mode network analysis. *Social Network Analysis and Mining, 6*(1), 1-15. doi:10.1007/s13278-016-0415-0

Barnett, G. A., & Jun, S. J. (2004, September). *An examination of the determinants of international Internet structure.* Paper presented to the Association of Internet Research, Sussex, UK.

Barnett, G. A., & Kincaid, D. L. (1983). Cultural convergence: A mathematical theory. In W. B. Gudykunst (Ed.), *Intercultural communication theory: Current perspectives* (pp. 171-194). Beverly Hills, CA: Sage.

Barnett, G. A., & Lee, M. (2002). Issues in intercultural communication. In W. B. Gudykunst & B. M. Mody. (Eds.). (2001). *Handbook of international and intercultural communication* (2nd ed.) (pp. 275-90). Thousand Oaks, CA: Sage.

Barnett, G. A., Lee, M., Jiang, K., & Park, H. W. (2016). The flow of international students from a macro perspective: A network analysis. *Compare: A Journal of Comparative and International Education, 46*(4), 533-559. doi:10.1080/03057925.2015.1015965

Barnett, G. A., Olivieria, O. S., & Johnson, J. D. (1989). Multilingual language use and television exposure and preferences: The case of Belize. *Communication Quarterly, 37*, 248-261.

Barnett, G. A., & Park, H. (2014). Examining the international Internet using multiple measures: New methods for measuring the communication base of globalized cyberspace. *Quality & Quantity, 48*(1), 563–575. doi:10.1007/ s11135–012–9787–z

Barnett, G. A., & Park, H. W. (2005). The structure of international Internet hyperlinks and bilateral bandwidth. *Annals of Telecommunication, 60*(9–10), 1110–1127.

Barnett, G. A., Ruiz, J. B., Xu, W., Park, J. Y., & Park, H. W. (2017). The world is not flat: Evaluating the inequality in global information gatekeeping through website co–mentions. *Technological Forecasting & Social Change, 117*, 38–45.

Barnett, G. A., Salisbury, J. G. T., Kim, C., & Langhorne, A. (1999). Globalization and international communication networks: An examination of monetary, telecommunications, and trade networks. *Journal of International Communication, 6*(2), 7–49.

Barnett, G. A., & Sung, E. J. (2003, May). *Culture and the structure of international communication.* Paper presented to the International Communication Association, San Diego.

Barnett, G. A., & Sung, E. J. (2005). Culture and the structure of the international hyperlink network. *Journal of Computer Mediated Communication, 11*(1), 217–238.

Barnett, G. A., & Wu, Y. (1995). The international student exchange network: 1970 and 1989. *Higher Education, 30*, 353–368.

Benedetti, P. (1996). *Forward through the rearview mirror.* Toronto: Prentice Hall.

Beyer, P. (1994). *Religion and globalization.* London: Sage.

Bhahbam, H. (1994). *The location of culture.* New York: Routledge.

Bharat, K., Chang, B. W., Henzinger, M., & Ruhl, M. (2001). Who links to whom: Mining linkage between web sites. *Proceedings: 2001 IEEE International Conference on Data Mining (ICDM)*, 51–58.

Boli, J., & Thomas, G. M. (1997). World culture in the world polity: A century of international non–governmental organization. *American Sociological Review, 62*, 171–190.

Castells, M. (2000). *The rise of the network society* (2nd ed.). Malden, MA: Blackwell.

Chen, T., & Barnett, G. A. (2000). Research on international student flows from a macro perspective: A network analysis of 1985, 1989 and 1995. *Higher Education, 39*, 435–553.

Chidambaram, L., Bostrom, R. P., & Wynne, B. E. (1991). The impact of GDSS on group development. *Journal of Management Information Systems, 7*, 3–25.

Chung, C. J., Barnett, G. A., & Park, H. W. (2016). International hyperlink networks. In R. Alhajj and J. Rokne (Eds.), *Encyclopedia of Social Network Analysis and Mining* (2nd ed.). Heidelberg, Germany: Springer Verlag. doi: 10.1007/978-1-4614-7163-9_237-1.

Ciolek, T. M. (2001, September). *Networked information flows in Asia: The research uses of the Alta Vista search engine and "weblinksurvey" software.* Paper presented to the Internet Political Economy Forum 2001: Internet and Development in Asia, National University of Singapore.

Crofts Wiley, S. B. (2004). Rethinking nationality in the context of globalization. *Communication Theory, 14*(1), 78–96.

Ellingsworth, H. (1977). Conceptualizing intercultural communication. In B. Ruben (Ed.), *Communication Yearbook* (pp. 99–106). New Brunswick, NJ: Transaction Publishers.

Fisher, B. A. (1978). *Perspectives on human communication.* New York: Macmillan.

Freund, C. L., & Weinhold, D. (2004). The effect of the Internet on international trade. *Journal of International Economics, 62*(1), 171–189.

Galtung, J. (1993). Geopolitical transformations and the 21st-century world economy. In K. Nordenstreng & H. Schiller (Eds.), *Beyond national sovereignty: International communication in the 1990s* (pp. 28–58). Norwood, NJ: Ablex.

Giddens, A. (1990). *The consequences of modernity.* Stanford, CA: Stanford University Press.

Global Reach. (2003). *Global Internet statistics (by language).* Retrieved April 15, 2003, from http://www.glreach.com/globstats

Granovetter, M. (1973). The strength of weak ties. *American Journal of Sociology, 73*, 1361–1380.

Grubesic, T. H., & Murray, A. T. (2005). Geographies of imperfection in telecommunication analysis. *Telecommunications Policy, 29*, 69–94. doi:10. 1016/j.telpol.2004.08.001

Gudykunst, W. B., & Kim, Y. Y. (1997). *Communicating with strangers: An approach to intercultural communication* (3rd ed.). New York: McGraw-Hill.

Gudykunst, W. B., & Mody, B. M. (Eds.). (2001). *Handbook of international and intercultural communication* (2nd ed.) (pp. 275–290). Thousand Oaks, CA: Sage.

Gudykunst, W. B., Wiseman, R., & Hammer, M. (1977). Determinants of a sojourner's attitudinal satisfaction. In B. Ruben (Ed.), *Communication yearbook* (pp. 415–426). New Brunswick, NJ: Transaction Publishers.

Halavais, A. (2000). National borders on the World Wide Web. *New Media and Society, 2*, 7–28.

Hargittai, E. (1999). Weaving the Western web: Explaining the differences in Internet connectivity among OECD countries. *Telecommunications Policy, 23*, 701–718.

Hilbert, M. (2017). The more you know, the more you can grow: An information theoretic approach to growth in the information age. *Entropy, 19*(2), 82. doi:10.3390/e19020082

Hofstede, G. (1991). *Cultures and organizations: Software of the mind.* London: McGraw–Hill.

Huntington, S. P. (1996). *The clash of civilizations: Remaking the world order.* New York: Touchstone.

Internet Software Consortium. (2003). *Distribution of top–level domain names.* Retrieved April 15, 2003, from http://www/isc.org/ds/WWW–200201/dist–bynum.html

Jiang, K., Barnett, G. A., Taylor, L. D., & Feng, B. (2018). Dynamic co–evolutions of peace frames in the United States, Mainland China and Hong Kong: A semantic network analysis. In B. Cook (Ed.), *Handbook of research examining global peacemaking in the digital age* (pp. 145–168). Hershey, PA: IGI Global.

Kelly, J. R., & McGrath, J. E. (1988). *On time and method.* Newbury Park, CA: Sage.

Kim, C. (1998, July). *The changing structures of global arms trade 1987–1994: A network analysis on major conventional weapons trade.* Paper presented to the International Communication Association, Jerusalem, Israel.

Kim, K., & Barnett, G. A. (1996). The determinants of international news flow. *Communication Research, 23*, 323–352.

Kim, K., & Barnett, G. A. (2000). The structure of the international telecom–munications regime in transition: A network analysis of international organizations. *International Interactions, 26*, 91–127.

Kim, Y. Y. (1986). Understanding the social content of intergroup communication: A personal network approach. In W. Gudykunst (Ed.), *Intergroup communication* (pp. 86–95). London: Edward Arnold.

Kincaid, D. L., Yum, J. O., Woelfel, J., & Barnett, G. A. (1983). The cultural convergence of Korean immigrants in Hawaii: An empirical test of a mathematical theory. *Quality and Quantity, 18*, 59–78.

Korzenny, F., Ting-Toomey, S., & Schiff, E. (1992). *Mass media effects across cultures*. Newbury Park, CA: Sage.

Latane, B., & Darley, J. (1970). *The unresponsive bystander: Why doesn't he help?* New York: Appleton.

Lee, S., Monge, P. R., Bar, F., Matei, S. A. (2007). The emergence of clusters in the global telecommunications network. *Journal of Communication, 57*(3), 415–434.

Lim, Y. S., Barnett, G. A., & Kim, J. H. (2008). The structure of international aid flows and global news media. *Journal of International Communication, 14*(2), 117–142.

McLeod, P. L., & Liker, J. K. (1992). Electronic meeting systems: Evidence from a low structure environment. *Information Systems Research, 3*, 195–223.

Meyer, J. W., Boli, J., Thomas, G. M., & Ramirez, F. O. (1997). World society and the nationstate. *American Journal of Sociology, 103*(1), 144–181.

Miniwatts Marketing Group. (2016, June 30). Number of Internet users by language. Internet World Stats.

Monge, P. R., & Fulk, J. (1999). Communication technology for global network organizations. In G. DeSanctis & J. Fulk (Eds.), *Shaping organizational form: Communication, connection, and community* (pp. 71–100). Thousand Oaks, CA: Sage.

Moon, S., Barnett, G. A., & Lim, Y. S. (2010). The structure of international music flows using network analysis. *New Media and Society, 12*(3), 379–399.

Nardi, B., Whittaker, S., & Bradner, E. (2000). Interaction and outeraction: Instant messaging in action. In *Proceedings of conference on computer-supported cooperative work* (pp. 78–88). New York: ACM Press.

Nordenstreng, K., & Varis, T. (1974). *Television traffic—A one-way street? Reports and papers on mass communication* (No. 70). Paris: UNESCO.

OECD. (1998). *Working paper on telecommunication and information service policies: Internet infrastructure indicators*. Paris: OECD.

Park, H., Barnett, G. A., & Chung, C. J. (2011). Structural changes in the 2003‒2009 global hyperlink network. *Global Networks, 11*(4), 522‒542.

Park, R. E. (1928). Human migration and the marginal man. *American Journal of Sociology, 33*, 881‒893.

Richards, W. D., Jr., & Barnett, G. A. (Eds.). (1993). *Progress in communication sciences* (Vol. 12). Norwood, NJ: Ablex.

Robertson, R. (1990). Mapping the global condition: Globalization as the central concept. *Theory, Culture & Society, 7*, 15‒30.

Robertson, R. (1992). *Globalization: Social theory and global culture*. London: Sage.

Rogers, E. M., & Kincaid, D. L. (1981). *Communication networks: Toward a new paradigm for research*. New York: Free Press.

Rosen, D., Barnett, G. A., & Kim, J. H. (2011). Social networks and online environments: When science and practice co-evolve. *Social Network Analysis and Mining, 1*, 27‒42.

Rosen, D., Woelfel, J., Krikorian, D., & Barnett, G. A. (2003). Procedures for analyses of online communities. *Journal of Computer Mediated Communication, 8*(4), https://doi.org/10.1111/j.1083 ‒6101 .2003.tb00219.x

Ruiz, J. B., & Barnett, G. A. (2014). Who owns the international Internet? *International Journal of Communication, 20*, 1‒20.

Salisbury, J. G. T., & Barnett, G. A. (1999). A network analysis of international monetary flows. *Information Society, 15*, 1‒19.

Schroeder, R. (2018). *Social theory after the Internet: Media, technology and globalization*. London: UCL Press.

Seo, H., & Thorson, S. J. (2012). Networks of networks: Changing patterns in country bandwidth and centrality in global information infrastructure, 2002‒2010. *Journal of Communication, 62*(2), 345‒358.

Shannon, C., & Weaver, W. (1949). *The mathematical theory of communication*. Urbana: University of Illinois Press.

Shumate, M., & Dewitt, L. (2008). The north/south divide in NGO hyperlink networks. *Journal of Computer-Mediated Communication, 13*(2), 405‒428.

Smith, L. R. (1999). Intercultural network theory: A cross-paradigmatic approach to acculturation. *International Journal of Intercultural Relations, 23*, 629-658.

Straubhaar, J. D. (2002). (Re)asserting national media and national identity against the global, regional and local levels of world television. In J. M. Chan & B. T. McIntyre (Eds.), *In search of boundaries: Communication, nation-states, and cultural identities* (pp. 181-206). Westport, CT: Ablex.

Taneja, H., & Webster, J. G. (2015). How do global audiences take shape? The role of institutions and culture in patterns of web use. *Journal of Communication, 66*, 161-182.

Townsend, A. M. (2001). Network cities and the global structure of the Internet. *American Behavioral Scientist, 44*, 1697-1716.

U.S. Bureau of the Census. (1996). *Population projections of the United States by age, sex, race, and Hispanic origin: 1995 to 2050.* Washington, DC: Government Printing Office.

VanLear, C. A. (1996). Communication process approaches and models: Patterns, cycles, and dynamic coordination. In J. H. Watt & C. A. Van Lear (Eds.), *Dynamic patterns in communication processes* (pp. 35-70). Thousand Oaks, CA: Sage.

Varis, T. (1984). International flow of television programs. *Journal of Communication, 34*(1), 143-152.

W3Techs. (2017). Usage of content languages for websites. Retrieved from https://w3techs.com/technologies/history_overview/content_language

Walters, M. (1995). *Globalization.* London and New York: Routledge.

Walther, J. B. (1996). Computer-mediated communication: Impersonal, interpersonal, and hyperpersonal interaction. *Communication Research, 23*, 3-43.

Walther, J. B. (2002). Time effects in computer-mediated groups: Past, present, and future. In P. Hinds & S. Kiesler (Eds.), *Distributed work* (pp. 235-257). Cambridge, MA: MIT Press.

Ware, W., & Dupagne, M. (1994). Effects of U.S. television programs on foreign audiences: A meta-analysis. *Journalism Quarterly, 71*, 947-959.

Weber, M. S., & Monge, P. (2011). The flow of digital news in a network of sources, authorities, and hubs. *Journal of Communication, 61*(6), 1062-1081. doi:10.1111/j.1460-2466.2011.01596.x

Weimann, G. (1989). Social networks and communication. In M. K. Asante & W. B. Gudykunst (Eds.), *Handbook of international and intercultural communication* (pp. 186–203). Newbury Park, CA: Sage.

Wellman, B., & Gulia, M. (1999). Net surfers don't ride alone. In M. Smith & P. Kollock (Eds.), *Communities in cyberspace*. New York: Routledge.

Wu, A. X., & Taneja, H. (2016). Reimagining Internet geographies: A user-centric ethnological mapping of the World Wide Web. *Journal of Computer-Mediated Communication, 21*, 230–246.

Wu, L., & Ackland, R. (2014). How Web 1.0 fails: The mismatch between hyperlinks and clickstreams. *Social Network Analysis and Mining, 4*(1), 1–7.

Yum, J. O. (1984). Network analysis. In W. B. Gudykunst & Y. Y. Kim (Eds.), *Methods for intercultural communication research* (pp. 95–116). Beverly Hills, CA: Sage.

Yum, J. O. (1988). Network theory in intercultural communication. In Y. Y. Kim & W. B. Gudykunst (Eds.), *Theories in intercultural communication* (pp. 239–258). Newbury Park, CA: Sage.

13장

글로벌 광고와 공중관계

마리나 부노비치(Marina Vujnovic) & 딘 크럭크버그(Dean Kruckeberg)

광고와 공중관계(PR: public relations)는 지난 10년 동안 두 가지 관행 모두가 좀 더 세계적이 되면서 지각 변동을 경험했다. 이러한 글로벌리즘은 부분적으로 빠르게 발전하는 초국가적 미디어와 글로벌 커뮤니케이션 체계에 대한 대응인데, 이러한 초국가적 미디어와 글로벌 커뮤니케이션 체계는 이 체계를 유지하기 위한 글로벌 시장을 만들어낼 뿐만 아니라 점점 더 그러한 글로벌 시장에 의존하게 된다. 이러한 글로벌리즘은 또한 그에 상응하는 다문화주의(multiculturalism)에 대한 대응이기도 하다. 이 모든 것은 사람들이 커뮤니케이션하는 방식과 이유를 변화시키는 이전에는 상상할 수 없었던 기술 발전으로 인해 발생했다. 이 책의 2007년 판이 출판된 이후, 애플의 가치는 1조 달러가 되었다. 이 거대 글로벌 기술 회사는 첫 번째 아이폰을 출시했고, 페이스북은 대학생뿐만 아니라 모든 사람을 위한 가상 공유 공간이 되었으며, 아마존은 전자책 단말기(e-reader) 킨들(Kindle)을 출시했다(Auletta, 2018). 올레타(Auletta)는 글로벌 광고 산업에 대한 놀랄 만한 저서, 『프레너미즈:1 광고 비즈니스(및 기타 모든 것)의 대혼란』[*Frenemies: Epic Disruption of the Ad Business (and Everything Else)*]에서 이러한 변화를 "대혼란"이라고 불렀는데, 이러한 혼한 속

---

1 친구를 뜻하는 'friend'와 적을 뜻하는 'enemy'가 결합하여 생긴 신조어이다(역자 주).

에서 전통적인 광고, PR, 미디어 산업의 글로벌 시장은 새롭게 등장하는 경쟁자들의 맹공격하에 변하고 있다(p. 4). 올레타가 이러한 산업(PR, 광고, 미디어)에 대해 받아들이는 것은 때로는 협력자였고 때로는 경쟁자였던 친구이자 적으로서 그들의 오랜 역사적 관계가 새로운 게임 참가자에 의해 훨씬 더 큰 어려움에 직면하고 있다는 점이다. 페이스북, 구글, 아마존 같은 대규모 기술 회사는 우리가 미디어로 여기는 것을 재정의한다. 특히 페이스북은 소비자들이 자유롭게 콘텐트를 공유할 수 있도록 함으로써 이러한 산업들을 혼란에 빠뜨리고 재정의한다. 뉴섬, 터크 및 크럭크버그(Newsom, Turk, & Kruckeberg, 2013)는 PR 실무자들은 그들이 대표하는 조직과 그러한 조직의 모든 공중 사이의 중개자라고 주장한다. 이 연구자들은 "관리 기능으로서 PR은 조직과 그 조직의 공중의 최선의 이익을 위한 정책과 정보에 대한 책임과 대응을 수반한다"라고 말한다(p. 3). 뉴섬, 터크 및 크럭크버그(2004)는 PR을 "조직들이 그들의 공중을 구성하는 집단이나 개인의 태도, 의견, 행동을 모니터하고, 평가하고, 그것들에 영향을 미치고 그것들에 맞게 조정하기 위해 착수하는 다양한 활동과 커뮤니케이션"으로 정의한다(p. 400). 이들은 광고 전략은 제품에 대한 욕구를 불러일으키고 수요를 유발하는 것임에 주목하면서 광고를 디자인하고, 광고 메시지를 준비하며, 광고 노출을 위한 시간과 공간을 구매하는 것이 광고의 과업이라고 말한다. 광고는 "시간과 공간이 비영리 단체에 기부되는 공익광고(PSA: public service announcement)의 경우를 제외하고 비용이 지불되는 (paid-for) 시간 또는 공간"이라고 정의되어왔다(p. 258).

그러나 학자들(Auletta, 2018; Macnamara, Lwin, Adi, & Zerfass, 2016; Neill & Schauster, 2018)은 최근 들어 산업들이 서로의 비즈니스 영역에 진입함에 따라 이러한 정의가 더 이상 실제 관행을 완전히 설명하지 못한다는 점에 주목했다. 전 세계의 광고와 PR을 연구하고 싶어 하는 학자들은 미디어는 물론 권역의 미디어 발전에 영향을 미친 역사적 요인과 진화적 요인에 대한 연구를 포함하는 비교 분석을 반드시 고려해야 한다고 우리는 여전히 믿는다. 세계 여러 지역에서 광고와 PR의 발전에 각기 다른 영향을 미친 다양한 문화적, 정부적/규제적, 경제적, 지리적, 기술적 요인뿐만 아니라 광고와 PR의 발전과 현재의 관행을 약화시킨 지배적인 이데올로기적 신념의 범위에 대해서도 반드시 충분한 평가가 이루어져야 한다. 그러나 우리는 또한 커뮤니케이션 기술의 **빠르고** 지속적인 발전이 선진국과 저개발 국가 모두를 포함해 전 세계적으로 이러한 산업들에 영향을 미치고 있다는 것도 알고 있다. 따라서 이러한 기술들이 다른 권역 및 국가의 광고, PR, 미디어 관행에 어떻게 영향을 미쳤는지에 대해 특별한 주의를 기울여야 한다. 이 장에서 우리는 전 세계적으로 광고와 PR이 발전해온 과정에 대한 간략한 역사적 분석을 제공한 다음, 이러한 발전의 함의와 광고와 PR의 사명, 역할, 기능을 조화시키는 데 있어서의 앞으로의 과제와 함께 전 세계적인 광고와 PR의 지속적인 발전(은 물론 그 역할)에 대해 주의 깊게 살펴본다.

1. 글로벌 광고와 PR의 간략한 역사

매우 부정확하게도 미국의 일반인들은 종종 광고와 PR을 오로지 ① 기원이 미국은 아닐지라도 서양이며; ② 목적이 있는 기업, 즉 소비 제품과 서비스를 점점 더 세계 시장에 판매하는 주로 부유하고 강력한 기업을 대표하는 것으로 생각한다. 또한 일반인들은 흔히 광고와 PR 모두 ③ 그들의 역할, 기능, 의도가 조작되어 있다고 생각한다. 이러한 가정은 단순화일 뿐만 아니라 실제로 그 자체로 심각하게 부정확하다. 그러나 광고와 PR 모두 ④ 민주주의적인 전통을 지니고 있으며 ⑤ 자본주의적인 유산을 물려받았다는 일반적인 주장은 좀 더 신빙성이 있다.

1) 서양이 기원?

캠벌, 마틴 및 파보스(Campbell, Martin, & Fabos, 2005)는 바빌로니아 상점 주인이 상점 외부에 간판을 걸기 시작한 기원전 3000년부터 중동에 광고가 존재했다는 데 주목한다. 일찍이 이집트 상인들은 배의 도착을 알리기 위해 큰 소리로 외치는 사람(crier)을 고용했으며, 고대 폼페이의 벽에는 광고가 그려져 있었다. 또 서기 900년경, 유럽의 도시에는 큰 소리로 외치고 다니는 사람(town crier)이 고객을 상점으로 안내하고 있었다. 1470년대에 영국의 서적상들은 소책자, 청구서, 포스터를 사용하여 새 책의 출간을 알렸으며, 영어 신문의 광고는 1622년에 등장하기 시작했다. PR 분야에서 크럭크버그, 바드란, 아이시 및 아와드(Kruckeberg, Badran, Ayish, & Awad, 1994)는 중동에서 PR의 역할과 기능은 최소한 무함마드(Muhammad)[2] 시대까지 거슬러 올라가며, 일반적인 미국의 PR 교재들은 PR과 유사한 활동이 이미 고대 때부터 전 세계에 존재했다고 지적한다.

실제로 현대적 의미의 PR은 흔히 20세기 미국의 현상으로 간주되지만, 한 독일 조직은 비록 최초는 아니더라도 적어도 가장 초기 형태의 내부 PR 부서를 두고 있었다. 1890년, 알프레트 크루프(Alfred Krupp)[3]의 회사에는 최대 20명의 직원으로 구성된 '뉴스국'(news bureau)이 있었다(PR World, 1987). 그러나 말린슨(Mallinson, 1991)은 미국의 PR은 상당 부분 영국과 미국 두 나라의 역사적·언어적 연계성 때문에 제2차 세계대전 이후에 주로 영국을 통해 유럽으로 수출되었지만, 그러한 수출은 또한 이러한 전후 미국의 해외 투자에 앞서 제2차 세계대전 동안 미국과 영국의 군사 동맹의 결과 때문이기도 했다는 점에 주목한다.

그럼에도 세계의 그 어떤 나라도 PR의 기원이 자기 나라라고 배타적으로 주장할 수 없지만, 그리고 가장 현대적인 의미의 정교한 PR이 전 세계적으로 실행되고 있지만, 크럭크버그(1999)는 북미의 PR이 가장 정교하고 따라서 가장 모방할 가치가 있는 것으로 보고 있다. 북미의 전략, 전술, 기법은 세계적으로 인정받을 뿐만 아니라, 북미 PR의 문화적·이념적 기본 가정은 현대 PR 관행의 규범으로 의심 없이 받아들여지고 있다. 즉, 현대 PR 관행은 북미의 특정한 사회적·정치적·경제적 이데올로기에 입각해 있다고 가정한다. 북미 사회의 PR 관행은 세계 다른 지역의 많은 토착 문화의 사회적 전통이 역사적으로 그래왔던 것보다 훨씬 더 개인주의적인 사회적 전통뿐만 아니라 여론 표현과 언론의 자유에 대한 권리에 특별한 경외심을 가지는 철학적 토대 위에서 뻗어 나온 것이다. 마지막으로 PR은 정치적으로나 기술적으로 북미에서 발전한 정교

---

2 무함마드(570~632년)는 이슬람의 예언자이며 성사(聖使)이다(역자 주).

3 19세기 독일의 기업가이다. 아버지 프리트리히 크루프가 창설한 작은 목조 공방을 상속하여 19세기부터 20세기에 독일 최대의 철강·무기 제조 기업을 일구어 현대에도 대기업인 크루프를 길러냈다(역자 주).

한 커뮤니케이션 하부구조를 기반으로 하며 본질적으로 그러한 하부구조를 가정한다. 세계 다른 곳에서 미국의 PR 관행을 명백하고도 광범위하게 모방하고 있음에도 불구하고, 오베잇(Ovaitt, 1988)은 PR이 마케팅이나 광고보다 훨씬 더 문화에 얽매여 있을 수도 있어서, 국가 간 경계 너머로 확장 적용되는 개념을 기반으로 하는 PR 프로그램을 수행하기가 더 어렵다고 주장한다.

예를 들어, 체츠라(Tsetsura, 2000a)는 2000년까지 15년 남짓 러시아에서 PR이 존재했지만 그럼에도 러시아에서 PR이 존중 받는 쪽으로 자리를 잡아가고 있다고 말했다. 그녀는 특히 최근 몇 년 동안 러시아에 많은 전문 PR 대행사가 설립되었으며 많은 러시아 회사에 사내 PR 부서도 만들어졌다는 데 주목했다. 게다가 러시아 학자들은 PR 이론과 실무를 적극적으로 검토하고 있었으며, 그녀의 연구는 미국 PR 이론이 러시아 PR 이론에 중요한 영향을 미쳤음을 시사했다. 그녀의 조사는 일반적으로 미국 교재가 러시아 교재보다 더 이론 지향적임을 보여주었다. 러시아 교재들은 필시 PR 현상에 전혀 익숙하지 않은 실무자와 학생들을 대상으로 집필된 것이 무엇보다 많았다. 주목해야 할 또 하나의 경향은 정치 관계와 선거 캠페인 전략에 크게 집중하고 있다는 점이다. 오늘날 많은 실무자와 심지어 학자들에게 있어서 PR은 오직 정치 … 혹은 통합 커뮤니케이션(integrated communication)과 관련되어 있다. 체츠라의 연구가 러시아 PR 교재 저자들이 현대 미국 이론의 일부 주요 이론적 개념에 익숙하지 않거나 그러한 이론적 개념들을 무시하기로 했다는 사실을 확인해준 것은 의미 있다. 그들은 이론보다는 실무에, 이론적인 설명보다는 실무적 제언, 전술, 조언에 대한 제안에 더 중점을 두는 경향이 있었다. 체츠라(2000b)는 또한 1990년대 초반에 PR 교육을 받지 않은 러시아 학자들이 과거에 PR 목적을 잘못 설명했던 것이 러시아에서 PR이 부정적인 이미지를 갖게 된 원인이라는 의견을 제시한다.

알-에나드(Al-Enad, 1990)는 서구의 PR 관행과 저개발 국가에 적절한 관행 사이에 차이가 있다고 본다. 그는 제3세계 국가의 PR 관행이 유럽의 저개발 국가인 구 동구권 국가들에도 적용될 수도 있다고 주장한다. 그는 서구의 PR 문헌은 기관과 기관의 공중 또는 환경 사이에 PR을 위치시키는 반면, 개발도상국의 PR은 문화의 물질적 측면과 비물질적 측면 사이에 위치한다고 말한다.

다양한 권역의 역사적 영향이나 현대적 영향에 상관없이 크럭크버그(1994)는 다음과 같은 결론을 내린다:

> 요점만 말하자면, 전 세계적으로 전문적 PR 실무에 대한 인식이 높아지고 있다. 이전에 부정적인 여론에 동요하지 않았거나 적어도 흔들리지 않은 국가들이 점점 더 분명해지는 필요를 충족시켜줄 수 있는 좋은 PR의 이점을 인식하고 있다. 다양한 공적 및 사적 조직과 기관이 이러한 국가들의 하부구조를 총동원해서 '좋은 PR'을 실행할 수 있게 해줄 지식과 수단 모두를 공격적으로 추구하고 있다(p. 2).

광고는 전략 및 전술의 공통성과 전 세계적으로 유사한 미디어의 가용성에 있어서 '세계적'은 아닐지라도 전 세계에 걸쳐 광범위하게 사용되고 있는 것은 매우 분명한 사실이다. 그러나 광고는 흔히 글로벌 취향과 관점이 아닌 지역 고유의 취향과 관점에 맞게 만들어지는데, 실제로 일부 광고는 만약 다른 곳에서 사용된다면 참담할 정도는 아닐지라도 문제가 될 수 있을 것이다. 예를 들어, 유로(Euro) 2000 축구 경기를 시청하던 베트남 텔레비전 시청자들은 시카고에 있는 광고대행사인 리오 버넷 컴퍼니(Leo Burnett Company)가 제작한 빈 티엔 컨슈머 굿즈 컴퍼니(Binh Tien Consumer Goods Company)의 신발 광고를 보았는데, 이 광고는 '미국 전쟁'(American War)[4]에 참전한 베트남 군인들의 신발(즉, 타이어로 만든 샌들)을 베트남 신발회사가 만든 최신 운동화와 대비시켰다. 버넷의 본사는 베트남 광고대행사와의 파트너십이 베트남과 미국의 역사의 고통스러운 한 장(章)을 이용하려는 것이 아니라, 베트남 사람들에게 친숙한 이미지를 사용하여 신발을 판매하려고 했던 것이라고 말했다. 버넷의 한 대표자는 "광고를 본 사람이라면 이 광고가 전쟁을 이용하는 것이 아니라, 오히려 베트남 사람들에게 의미 있는 역사적 업적을 사용하고 있다는 것을 알게 될 것"이라고 말했다(Flagg, 2000, p. A19). 이 광고는 베트남에서는 좋은 반응을 얻었지만, 그것을 미국에서 사용하는 것은 생각도 할 수 없었을 것이다.

스웨덴 가구회사 이케아(Ikea)가 영국에서 펼친 한 캠페인에는 "동료의 겨드

---

4 베트남인들은 베트남전을 미국 전쟁이라고 부른다(역자 주).

랑이 냄새를 맡도록 강요받는 불행한 이케아 직원"이 등장했다. 또 다른 광고는 이 회사의 가구 판매를 위해 문신을 한 허벅지를 사용했다(Beck, 2001). 영국의 한 광고대행사는 홀로코스트 이미지를 사용하여 임페리얼 전쟁 박물관(Imperial War Museum) 전시회를 홍보함으로써 소동이 벌어졌는데, 한 포스터에는 "사람이 진정으로 마음을 쏟을 때 무엇을 성취할 수 있는지 와서 보라"라고 적혀 있었다(Ellison, 2000a). 2004년, 코카콜라(Coca-Cola)는 그들의 '버디즈'(Buddies) TV 광고가 지난 10년 동안의 다른 어떤 코크(Coke) 광고보다 브랜드 인지도, 설득력, 호감도에서 10대들 사이에서 더 높은 점수를 받았다는 사실을 알고 기뻐했다. 미국 전국대학체육협회(NCAA: National Collegiate Athletic Association) 농구 토너먼트 중 방송하게 되어 있었던 광고에서 한 친구는 농구 경기 후 몸을 식히기 위해 겨드랑이를 비롯한 자신의 몇몇 신체 부위 옆에 시원한 콜라 캔을 갖다 댄다. 그런 다음, 그는 자신의 콜라가 어디에 있었는지 모르는 친구에게 캔을 준다. 보도에 따르면, 일부 회사 임원들은 광고가 '저급'하고 골프 토너먼트를 보는 사람들과 같은 나이가 더 많은 시청자에게는 확실히 적합하지 않다고 불평했다. 코카콜라는 부부가 서로 더듬는 모습을 묘사한 또 다른 독일 광고를 철회했지만, 2000년 이 청량음료 회사는 독일에서 한 여성이 냉동된 팬티를 입고 있는 광고를 내보냈다(McKay & Terhune, 2004).

전 세계적인 노동력 풀(labor pool)[5]을 활용하는 것을 포함해 고객사들 스스로 전 세계에서 자원을 확보하는 그러한 고객사를 두고 있는 광고대행사에게 국제 전략과 전술을 이해하고 지역 고유의 감성을 인정하는 것의 중요성은 금세 명백해진다. 그와 같은 고객사들은 전 세계적으로 서비스를 제공할 수 있고 전 세계에 걸쳐 있는 권역 시장들의 미묘한 차이에 대한 감수성이 풍부한 광고대행사를 원한다.

오늘날 효과적인 광고는 마케터가 자신의 문화가 아닌 다른 문화에 대한 문화적 감수성이 없고 그러한 문화를 이해하지 못하는 것이 용서되지 않는 다문화 세계 속에서 운영될 수밖에 없다. 예를 들어, 존 행콕 파이낸셜 서비시즈(John Hancock Financial Services)는 2000년 7월 공항에서 아시아계 아기를 안

---

5 대학이나 비즈니스 스쿨 졸업생 등 특정 훈련을 받아 그중에서 기업이 종업원을 모집하는 일이 많은 사람들의 층을 말한다(역자 주).

고 있는 2명의 백인 여성이 등장하는 텔레비전 스팟(spot) 광고를 방송했다. 시청자들은 이 광고에서 아기의 인종을 확실히 식별할 수 없었지만, 입양기관들은 그림에도 중국 정부 관리들이 그 아이가 중국에서 왔고 은연중에 동성애자임을 암시하는 두 여성 부모의 관계가 미국 입양 관계자들에 의해 용인되고 있다고 추정할까봐 두려워하여 항의했는데, 중국 정부는 동성애자 부부를 예비 입양 부모로 용인하는 태도를 공유하지 않았다(Gubernick, 2000).

나이키(Nike)는 장애인 권리단체들이 '침을 흘리고 몸이 기형인 것'과 같은 어려움을 겪는 사람들을 광고에서 언급하는 것(이것은 어떤 문화에서든 실수이기를 바라는 특성 묘사임)에 반대하자 운동화에 대한 잡지 광고를 철회했다(Grimes, 2000). 걷는 크리스토퍼 리브(Christopher Reeve)[6]를 보여주는 2000년 수퍼 볼(Super Bowl) 광고는 유명인의 비극을 이용하는 것으로 인식되어 조롱거리가 되었지만(O'Connell, 2001년), 이 광고의 지각된 무감각함은 2004년 수퍼 볼 중간 휴식시간 동안 재닛 잭슨(Janet Jackson)의 옷에 문제가 생겨 가슴이 노출된 사건으로 인해 확실히 가려졌다. 이 가슴 노출 사건은 수백만 명의 미국인들을 불쾌하게 만들었지만 아마도 세계의 다른 지역에 있는 사람들에게는 주목할 만한 사건이 아니었을 것이다. 그럼에도 어쩌면 전 세계의 모든 (아니면 대부분의) 아내들은 꽃 선물을 한 자신의 남편에게 감사를 표하는 '당신의 사랑'이 보낸 엽서를 받자 바람을 피우는 자신의 남편을 비난한 한 독일인 아내에게 공감을 표할 수 있을 텐데, 며칠 후 날아온 두 번째 엽서를 보니 그 우편물은 독일 화훼산업의 광고 캠페인이었던 것으로 드러났다(Aalund, 2000). 한 글로벌 광고대행사가 실시한 연구에 따르면, 많은 유럽인이 소비자가 이러한 제품들을 구매하도록 장려하기 위해 고안된 기술적인 광고가 급증한 것을 싫어했다. 그렇지만 새로운 제품 알림은 유럽인들을 이 시장에 들어오라고 유인하는 대신, 기술 개발의 맹공격이 감당할 수 있는 속도로 느려질 때까지 기다리라고 그들을 설득하고 있었다(Ellison, 2000b).

살인 희생자의 가족들은 처형을 기다리는 수감자들과의 심층 인터뷰와 펍업

---

6 미국의 영화배우이자 감독이자 작가이다. 영화 《수퍼맨》(*Superman*)의 주연으로 유명하다. 크리스토퍼 리브는 승마를 즐겼는데 1995년에 승마를 하다가 낙마사고를 당해 전신마비가 되어 얼굴을 제외한 모든 부분을 움직일 수 없게 되었다(역자 주).

(pinup)[7] 사진을 특징으로 하는 베네통(Benetton)의 2000년 '사형수 수감 건물에 있는 우리'(We, on Death Row) 광고 부록(advertising supplement)에 반대했다. 이 광고 캠페인은 베네통의 패션 의류 브랜드에 대한 인식뿐만 아니라 사형에 대한 의식과 높이기 위해 설계되었다(Dumenco, 2000). 그러나 크레이디와 고더츠(Kraidy & Goeddertz, 2003)는 이 베네통 캠페인에 대한 미국 권위지들의 담론은 대신 (저자들의 표현에 의하면) 매스 미디어가 매개하는 공적 담론에서 패권적(hegemonic) 이데올로기의 불안정성을 드러낸 미국 미디어의 적대적인 보도 때문에 광고가 시민 의식을 불러일으킬 수 있는 잠재력은 결실을 보지 못한 채 결국 사형에 관한 의미 있는 국제적 대화의 기회를 날려버리게 만들었다고 결론 내렸다.

이러한 예들에 더 최근의 예인 펩시의 2017년 디지털 광고 캠페인을 추가하고자 한다. 디지털 광고 캠페인이 점차 글로벌 기업을 위한 캠페인 전략에 포함됨에 따라, 이 예는 생각이 짧은 디지털 캠페인이 어떻게 소비자로부터 급속한 반발을 불러일으키는지 그리고 전 세계적으로 브랜드에 피해를 줄 수 있는지 보여준다. 2017년, 펩시는 흑인의 생명도 소중하다 운동의 이미지를 빌려 광고 캠페인을 시작했다. 「뉴욕 타임스」의 한 기자에게 펩시는 다음과 같이 말했다: "펩시는 화합, 평화, 이해에 대한 글로벌 메시지를 보여주려 했다. 그 목표는 명백히 빗나갔고 이에 사과한다"(Victor, 2017). 유튜브에서 시작된 이 캠페인은 순식간에 특정 인구통계 집단의 반발을 빠르게 촉발했으며, 이들은 전 세계로 입소문이 나고 있던 펩시 캠페인에 항의하는 자체 비디오를 제작했다. 시위대가 경찰에게 펩시 캔을 건네주는 이미지는 시위를 하는 동안 행동주의자들이 경찰과 함께하는 실제 경험을 하찮게 만들었다고 시위대는 주장했다. 이 예에서 펩시 반대 캠페인 비디오가 입소문을 타자 전 세계 수용자들이 펩시 캠페인에 반대하는 시위에 합류했다. 펩시 광고에서 묘사된 그러한 경험의 잘못된 재현을 연관지을 수 있었던 행동주의자들 사이에서 글로벌 통합을 이끌어내는 동안, 글로벌 이해와 통합에 대한 브랜드 메시지 전달은 실패했다. 이

---

7 핀업 걸 또는 핀업 모델은 흔히 대중문화에서 사용되는 대량 생산된 이미지 중 하나이다. 패션 모델, 글래머 모델, 여배우들이 핀업 걸로 불린다. 핀업은 또한 회화나 삽화 등 다양한 분야에서 이용된다(역자 주).

예는 브랜드들이 논란거리로 여겨질 수도 있는 이미지를 전용하는 것에 대해 어떻게 고민해야 하는지뿐만 아니라 소비자들이 얼마나 빨리 반응할 수 있고 대응하는지도 보여준다.

요약하면, 광고와 PR의 진화 및 발전의 측면에서, 특히 글로벌하지만 매우 다문화적인 세계에서 그것들이 미치는 효과성이라는 측면에서, 광고와 PR을 서구적 현상으로 생각하는 것은 매우 고지식한 일이다.

2) 목적상 기업적?

설득력이 있어 보이는 증거는 광고가 목적상 (압도적이지는 않더라도) 매우 기업적임을 즉, 광고는 국내 기관이자 글로벌 기관인 대기업의 성장과 함께하며 세계적인 사회적 현상이자 경제적 현상으로서 소비주의의 꾸준한 성장을 향유하고 있음을 시사한다. 광고대행사의 주요 고객 가운데에는 자국 내에서뿐만 아니라 점차 국제 시장으로 제품과 서비스를 판매하는 대기업이 불균형적으로 많이 포함되어 있다. 많은 기업이 그들 역사의 대부분 동안 제품과 서비스를 전 세계적으로 판매해왔지만, 다른 기업들은 이제 국제 사이트에서 적절한 틈새시장을 찾기 위해 더 주의해서 살펴보고 있다. 예를 들어, 유니레버(Unilever PLC)는 브라질에서 흑인 여성용 스킨 로션을 출시했는데, 북미인들은 브라질에 나이지리아 다음으로 흑인 인구가 가장 많다는 사실을 알고 놀랄지도 모른다(Ellison & White, 2000). 프록터 & 갬블(Procter & Gamble)은 그들의 판촉 잡지인 「아반잔도 콘 투 파밀리아」(*Avanzando con Tu Familia*; 가족과 함께 전진하기)를 미국의 남미계 가족에게 450만 부 발송했다(Porter & Nelson, 2000). 2003년의 광고 수치에 따르면, 남미계 잡지의 광고 지출비는 전년도에 비해 24% 증가한 데 반해 그 기간 동안 일반적인 광고 지출은 8.6%만 증가했다(Jordan, 2004).

PR은 주로 제품과 서비스를 판매하는 기업을 지원하는 데 국한되지 않았다. 인기 있는 미국 교재들은 20세기에 PR를 통해 홍보된 정부 및 비정부 조직의 사회 프로그램들에 대해 언급하고 있다. 그럼에도 히쓰(Heath, 2000)는 "출생 때부터 PR은 기업 경영진이 자신들의 뜻을 이루기 위해 주로 사용하는 도구로 여겨져 왔다"라고 말한다(p. 70).

실제로 광고와 PR 모두 역사적으로 기업에 의해 널리 사용되어 왔지만, 미국의 정부 및 비정부 조직도 오랫동안 광고와 PR를 사용해왔다. 역사적으로, 자선 단체들과 기타 비정부 조직의 '포스터'가 내세우는 다양한 명분들이 그렇듯, 미국 정부의 애국적인 제2차 세계대전 포스터들도 쉽게 떠오른다. 물론 민주주의 국가와 전체주의 국가 모두 세계에 도처에서 펼치는 정치 캠페인과 의제에는 광고와 PR의 전술과 기법이 모두 포함되어 있다. 예를 들어, 선전 책임자인 요제프 괴벨스가 이끄는 전시 독일의 선전을 생각해보라(Boehm, 1989). 더욱이 오늘날 학자들은 특히 전문적인 PR 실무가 모든 공중에게 이용 가능해야 한다고 주장한다.

현대의 학자들은 PR을 사용해 역사적 불평등을 시정할 수 있다고 본다. 예를 들어, 그루닉(Grunig, 2000)은 PR 실무자의 고객들과 그들과 커뮤니케이션하는 공중 간에 있을 수 있는 권력 불균형 문제를 극복하기 위해 일단의 원칙이 반드시 개발되어야 한다고 주장한다. 게다가 오늘날은 행동주의자 집단을 위한 PR에 상당한 관심을 기울이고 있다. 실제로 홀츠하우젠(Holtzhausen, 2000)은 다음과 같이 주장한다:

> 행동주의로서의 PR이 그다지 주목을 받지 못한다는 사실은 PR이 사회에서 메타서사(metanarrative)[8]와 지배 유지의 일부가 되었다는 이론을 뒷받침한다. 행동주의자들이 실제로 민주주의의 진정한 목소리임에도 불구하고 흔히 조직과 정부의 적으로 묘사되는 것도 사실이다(p. 100).

최근 광고업계는 기업의 고객 및 기타 공중과의 관계뿐만 아니라 다양한 정부, 비정부 및 자선 조직에 상당한 잠재력을 가진 '관계 마케팅'(relationship marketing)이라는 개념에 주목해왔다. 일례로, 할리우드는 오락물 산업이 아동에게 폭력을 팔고 있다는 비난에 대해 청소년 폭력에 반대하는 공익 광고를 네트워크 텔레비전을 통해 방송함으로써 대응해왔다(Bravin, 2000). KFC는 미국뿐만 아니라(Koenig, 2004; McNeil, 2004) 대만과 같은 먼 지역에서도(Associated

---

8 서사가 이루어지는 과정을 다룬 서사를 말한다(역자 주).

Press, 2003) 닭을 잔인하게 학대했다는 비난에 대응해야 했다.

3) 광고와 PR의 역할, 기능, 설계가 조작적?

조작적(manipulative)이라는 단어는 경멸적인 말이지만, 광고(제품과 서비스를 판매하기 위한 소비자 광고와 아이디어를 판매하거나 조직을 위한 지원을 얻어내기 위한 PR 지향적인 '기업' 광고 모두)가 속성상 가장 흔히 볼 수 있는 설득 수단이라는 점에는 의심의 여지가 거의 없다. 그러나 PR의 역할과 기능 그리고 설계는 더 복잡하다. 그루닉(2000)은 사람들은 대부분 PR을 "권력이 더 적은 자를 속이고 이용하기 위해 돈 많고 더 많은 권력을 가진 자를 위해 비밀스럽게 숨어서 설득하는 것"(p. 23)으로 간주하는 것 같다고 인정하면서, 더 나아가 일부 비판적 학자와 많은 실무자들은 PR을 "사회를 조작하는 힘"(pp. 23~24)으로 본다고 말한다. 그러나 그는 대부분의 학자와 전문가는 민주주의 사회에서 PR이 필수적인 역할을 하는 것으로 믿는다고 강력하게 주장한다. 그의 주장의 근거는 다음과 같다:

> 만약 PR이 협업을 그것의 철학의 핵심으로 여기고 협업을 PR 실무를 이끌어줄 지식 체계를 개발하기 위한 연구의 초점으로 삼는다면, PR은 고객사, 대중, 그리고 사회에 가장 큰 가치를 지니게 될 것이다. 더욱이 … PR은 대부분의 서구 조직에서 흔히 볼 수 있는 개인주의적 세계관에 집단주의의 필수 요소를 가져다주며 … 정치학자들이 사회적 조합주의(societal corporatism)[9]라고 부르는 것의 핵심으로서 협업은 민주주의 사회의 핵심 요소이다(p. 25).

오늘날의 광고 및 마케팅 책임자, 특히 '관계 마케팅'에 종사하는 사람들은 책임감 있는 기업 시민(corporate citizenship)[10]뿐만 아니라 개인의 필요에 맞는 양질의 제품과 서비스를 통해 발전된 고객 및 다른 사람들과의 만족스러운 관

---

[9] 국가가 약화된 통치력 보강과 사회경제 위기 해소를 위해 이익집단의 자율성을 존중하는 것을 말한다(역자 주).

[10] 기업에 시민이라는 인격을 부여한 개념으로, 현대 사회 시민처럼 사회발전을 위해 공존·공생의 역할과 책임을 다하는 주체를 의미한다(역자 주).

계가 조잡한 조작 시도보다 훨씬 더 효과적이라는 것이 입증되었음을 인식하고 있다.

4) 전통이 민주적?

광고와 PR는 전통적으로 매우 민주적인데, 광고는 속성상 소비자의 선택 가능성(즉, 시장 민주주의와 이러한 선택의 상대적 이익에 대한 소비자의 궁극적인 결정)을 암시하기 때문이고, PR은 민주적 형태의 정부 내에서 여론의 중요성과 가치에 대한 내재적 가정 때문이다. 홀츠하우젠(2000)은 PR의 역할은 고객사와 고객사의 관행을 지속적으로 알게 쉽게 설명해서 내부 및 외부 공중 모두를 위해 고객사를 더 민주적인 기관으로 바꾸는 것이어야 한다고 주장한다. 그녀는 "민주적 기관은 공중과 일관되게 공개적으로 커뮤니케이션할 것이며 그 과정에서 스스로를 변화시킬 준비가 될 것"(p. 105)이라고 말했다. 스리라메시와 화이트(Sriramesh & White, 1992)는 다음 두 명제에서 보듯이 민주적 요건에 대해 다루면서 사회 문화와 PR을 연결하고 있다:

명제 1: 권력거리(power distance),[11] 권위주의 및 개인주의의 정도는 더 낮지만 노동자들 사이의 대인 신뢰 수준은 높은 사회 문화가 … 우수한 PR 관행을 … 개발할 가능성이 가장 높다.

명제 2: 그와 같은 경우가 드물긴 하지만, 우수한 PR 프로그램이 생성되는 데 도움이 되는 이러한 특성들을 보여주지 않는 사회 문화 속에 존재하는 조직도 조직의 소수의 권력자가 참여적인 조직 문화(비록 이러한 조직 문화가 주류 사회 문화에 이례적이라 할지라도)를 촉진하는 개인 성격(individual personality)을 가지고 있다면 우수한 PR 프로그램을 가질 수도 있다(p. 612).

---

11 호프스테더의 문화차원 중 권력거리지수(power distance index)는 조직이나 기관 등의 사회에서 더 강력한 개인과 더 약한 개인 사이에 힘의 불균형, 또는 위계를 수용하거나 기대하는 정도를 의미한다(역자 주).

5) 유산이 자본주의적?

광고와 PR 모두 자본주의적 전통에 깊이 뿌리를 두고 있다. 홀츠하우젠(2000)은 서방 세계의 PR은 자본주의 체제에 참여해 온 사적·공적 조직의 지위를 유지하기 위해 생겨난 근대주의(modernism)와 자본주의 둘 모두의 산물이라고 말한다. "조직 그 자체가 자본주의의 이념적 수단이다. 그리고 PR 실무자는 이념적 메시지의 일부이다. 모든 메타서사와 마찬가지로 이념들의 목적은 사람들이 똑같이 생각하게끔 만들어서 사회를 상대로 권력을 주장하는 것이다. 따라서 모든 이념의 목적은 정치적이다"(p. 100). 그러나 크럭크버그(1996)는 민주적 문화와 민주적 정부가 PR의 이념에 중요하지만 순수한 자본주의 경제 체계가 아닌 경제 체계를 가지고 있는 국가에서도 PR을 실행하는 것을 본질적으로 제한하는 것은 없다고 주장한다.

요약하면, 현시대의 광고와 PR는 전적으로 서방(또는 미국)에 기원을 두고 있지도 않고 오로지 서구적 관점을 통해서만 효과적으로 실행될 수도 없다는 주장이 제기될 수 있다. 또한 광고와 PR은 역사적으로나 본질적으로 기업의 이익만을 대변하는 것이 아니라, 정부, 비정부 조직, 자선 단체들을 포함한 많은 조직과 역사를 통해 이러한 조직이 내세운 대의명분에 잘 봉사해왔으며 계속해서 잘 봉사할 수 있다는 주장도 제기될 수 있다. 그리고 광고와 PR이 속성상 오로지 조작적이지만은 않다는(그리고 조작적인 것이 가장 잘 된 광고나 PR인 것도 아니라는) 주장도 제기될 수 있다. 그러나 광고와 PR 모두 강력한 민주적 전통과 자본주의적 유산을 가지고 있다. 이 모든 것을 감안할 때, 정보 혁명 시대에 초국적 미디어와 글로벌 커뮤니케이션이 탈근대적, 탈밀레니얼 및 탈냉전의 시기를 겪고 있는 상황에서 오늘날의 광고 산업과 오늘날의 PR 관행에 대해 우리는 어떤 예상을 할 수 있고 어떤 기대를 해야 할까?

6) 탈근대적, 탈밀레니얼, 탈냉전 시대

20세기는 의심할 여지없이 세계 역사상 가장 놀라운 업적을 낳았지만, 그 100년은 또한 전 세계적으로 사회의 많은 요소들에게 가장 피비린내 나고 (거의 틀림없이) 가장 역기능적인 시기이기도 했다. 1900년대에 일어난 많은 일이 좋았지만, 사회가 정말 지속되기 위해서는 이 세 번째 천년에는 인류가 훨씬 더 잘해야 한다는 근본적인 믿음과 전제를 받아들여야 한다. 21세기를 위해 우리가 다루고 적절하게 해결해야 하는 기본적인 문제는 탈근대적 글로벌 사회에서 인간이라는 것과 인류의 일부라는 것은 무엇을 의미하는가라는 것이다. 이러한 인간성, 이러한 인간다움을 지키려면 어떤 도덕 분야가 개발되거나 수정되어야 하는가? 이러한 인간다움을 기르기 위해 글로벌 사회에서 어떤 에토스(ethos), 즉 도덕적 품성과 정신적 품성이 개발되거나 수정되어야 하는가? 구동구권 국가에서 민주주의와 자본주의가 20세기 말에 승리를 거둔 후, 권역적으로뿐만 아니라 글로벌 에토스 내에서 어떤 새로운 형태의 민주주의와 자본주의가 개발될 수 있거나 개발되어야 하는가? 민주주의는 특정 문화 중심적일 수 있고 특정 문화 중심적이어야 하는가? 또한 특정 문화 중심적인 자본주의가 사회적 전통과 유산에 따라 세계의 서로 다른 지역에서도 수용되어야 하는가?

실제로 일부 사회 문제는 너무 압도적이고 매우 중요해서 새 세기에는 이것을 해결하기 위해 모든 가용 자원을 반드시 할당해야 한다. 그러나 우리는 현재 많은 서구 국가를 장악하고 있는 포퓰리즘적 국민주의가 민주주의를 위험에 빠뜨리고 있는 것을 목격하고 있다. 미국뿐만 아니라 서방 국가들과 러시아를 포함한 구 동구권의 포퓰리즘적 국민주의와 포퓰리즘적인 정부는 세계화 과정에 의해 야기된 수많은 글로벌 문제에 대한 하나의 대응이며, 그중에서도 가장 중요한 문제는 오늘날의 이민 위기이다. 우리는 더 많은 통합 대신 분열을 향한 압박을 더 많이 목격하고 있으며, 경계와 벽을 넘는 대신 비유적으로나 문자 그대로 벽을 세우려는 시도와 분리의 수사(修辭)를 목격하고 있다. 현재의 질문은 어떤 종류의 민주주의가 가장 좋은가가 아니라 민주주의가 현재의 글로벌 도전에서 살아남을 수 있는지 여부와 이러한 글로벌 불확실성의 시대에 어떤 종류의 정치 체계와 경제 체계가 나타날 수도 있는가 하는 것일 수도 있다.

2. 환경 문제, 인구 증가, 빈곤과 기아, 전쟁, 그리고 이민

유엔인구기금(UNFPA: United Nations Population Fund)에 따르면, 세계 인구가 10억으로 증가하는 데는 수십만 년이 걸렸지만, 불과 200여 년 사이에 세계 인구는 7배나 증가했다. 2011년, 세계 인구는 70억으로 증가했고, 오늘날의 인구는 76억이며 매년 8,300만 명, 즉 매년 1.1%씩 증가하고 있다(United Nations Population Fund, 2018).

케네디(Kennedy, 1993)는 새로우면서도 점차 위태로워지는 환경 문제뿐만 아니라, 이에 상응하는 세계 인구의 증가에도 주목했는데, 세계 인구는 부유한 국가와 가난한 국가 사이의 인구통계학적 불균형 증가로 가득 차 있다. 아마도 가장 놀라운 것은 인구 폭발일 것이다. 그는 "환경론자들의 입장에서 보면 … 지구는 인간의 이중 공격을 받고 있는데, 하나는 선진국의 부유한 인구집단의 과도한 수요와 낭비적인 습관이고, 다른 하나는 (매우 자연스럽게) 자신들의 소비 수준을 높이기를 열망하는 개발도상국에서 태어난 수십억 명의 새 식구들이다"(p. 33)라고 말했다. 새천년 이전에 USAID는 글로벌 프로그램, 현장 지원 및 연구국(Bureau for Global Programs, Field Support, and Research)의 인구 사무소(Office of Population, 1996)는 세계 인구 증가율이 세기 전환기에 가까워지면서 계속해서 하락하고 있지만 실제 인구수는 여전히 증가하고 있으며 2020년까지 총 76억 명에 이를 것으로 예상한다고 보고했다. 우리는 예측한 해보다 2년 앞선 2018년에 이미 이 수치에 도달했다. 더욱이, 선진국이 차지하는 인구의 비율은 1970년 세계 전체의 27%에서 1996년 20%로 감소했다. 더 최근의 데이터는 이러한 기본적인 추정에 아무런 이의를 제기하지 않는다. 현재의 추세가 계속된다면, 20년이 조금 더 지난 뒤 선진국 인구가 세계 인구에서 차지하는 비율은 16%에 그칠 것이다. 벨시와 채드윅(Belsey & Chadwick, 1992)은 세계 인구의 5분의 1인 10억 명이 신체적 필요(physical need)가 심각하게 충족되지 않는 상태임을 우리에게 상기시킨다. 거기에다 세계 인구의 50% 이상이 도시에 거주하고 있으며, 메가시티(megacity)는 환경 문제를 대표한다(UN World Urbanization Prospects, 2014). 그러나 아마도 지난 10년 동안 벌어진 일 가운데 가장 어려운 일은 계속되는 정치적·환경적 사건으로 인해 야기된 빈곤과 전쟁 때문에 발생한 사람들의 이동, 즉 개발도상국에서 서방 국가로의 이민일 것이다. UN은 2000년 12월 18일을 세계 이민자의 날(International Migrants Day)로 지정함으로써 이 커져가는 글로벌 이슈를 인정했다. 유엔 난민고등판무관(UNHCR: United Nations High Commissioner for Refugees, n.d.)에 따르면, 거의 20년 후에는 6,500만 명이 실향민(displaced people)12이 될 것이라고 한다. 세계는 또한 사람들의 이주에 흔히 수반되는 가슴 아픈 비극을 목격했다. 강제 실향민의 수는 1992년에는 2,500만 명이었던 것에서 6,500만 명이상으로 증가했다. 남수단, 아프가니스탄, 시리아 3개국에서 2,500만 명이 넘는 난민이 발생하고 있다(UNHCR, n.d.). 오로지 이 세 나라에서 발생하는 난민의 수는 전쟁과 정치적 갈등이 전 세계 사람들의 강제 이주를 주도하고 있음을 시사한다. 이 세 번째 천년에는 열악한 (아마도 돌이킬 수 없을 정도로 손상된) 지구 환경과 그에 따른 빈곤, 기아, 전쟁이 감당하기 어려운 상태에 이를 수 있다. 세계의 모든 자원과 세계 사람들의 최고의 지성은 반드시 환경에 대한 위협, 세계 인구의 책임 있는 관리, 그리고 빈곤, 기아 및 전쟁의 종식에 우선순위를 두어야 한다.

광고주는 어리석게도 이러한 증가하는 인구를 단순히 커지는 시장으로 보지는 않을 것이며, PR 실무자는 이와 같은 21세기 인구 통계가 글로벌 사회 전반뿐만 아니라 문화적으로 다양한 공중과 상호 이익이 되는 관계를 만드는 데 야기하는 어려움을 반드시 숙고해야 한다. 실제로 광고 및 PR 실무자는 커뮤니케이션 분야뿐만 아니라 사회 문제 해결 분야에서도 실무자들의 전문성을 통해 발생할 사회 문제를 다루는 데 도움을 줄 수 있다. 1980년대에 인도에는 사람들에게 "베이비 붐은 국가의 파멸"임 상기시켜주는 옥외 광고판이 있었다. 점차 실무자들은 '사회적 마케팅'(social marketing)13 기술과 PR 커뮤니티 구축 및 관계 구축 노력을 통해 제품 및 서비스 판매를 지원하는 것 훨씬 이상의 메시지를 가지고 전 세계의 '시장'과 공중에게 도달해야 할 필요가 있을 텐데, 세계 인구의 대다수는 이러한 제품과 서비스 가운데 많은 것을 구매할 여유가 없을 수 있으며 그러한 제품과 서비스 가운데 일부는 그들과 전 세계의 사회와 지구 생태계에 해로울 수도 있다. 이러한 임무는 제품과 서비스를 판매하고 사

---

12 실향(displacement)은 개인이 자신의 의지에 반하여 강제로 이주하는 특정 형태의 이주(migration)이다. 따라서 'displacement'는 강제성을 띤 '실향'으로 'migration'은 '이주'로 번역한다(역자 주).

13 가치를 창출하고 홍보하며 전달하는 마케팅의 원리와 기법을 적용해 목표 집단이 스스로에게뿐만 아니라 사회(공중보건, 안전, 환경, 지역사회 등)에도 이로운 행동을 할 수 있도록 하는 것을 뜻한다(역자 주).

회 내에서 조직의 존재를 정당화하려는 광고 책임자와 PR 실무자의 단순한 시도보다 더 심오하고 달성하기도 훨씬 더 어렵다.

3. 기술과 변화 관리

우리는 급격한 변화를 인정해야 할 뿐만 아니라 능동적으로 관리해야 한다. 기술은 기하학적으로 발전하고, 시간과 공간은 과거 세대에서는 헤아릴 수조차 없는 방식으로 압축되고 있다. 우리는 지금 기술이 어디로 가고 있는지 알지 못한다는 점과 새롭게 출현하는 기술의 사회적 영향을 모른다는 점 그리고 이 기술이 다른 사회와 문화에 다른 방식으로 영향을 미칠 가능성이 있다는 점, 즉 저개발 국가의 기술은 당연히 선진국 사회의 기술과 다른 사회적 결과를 낳을 수도 있다는 점을 반드시 인식해야 한다. 캐리(Carey, 1989)는 문화가 근본적으로 커뮤니케이션 기술에 영향을 받으며, 커뮤니케이션 기술은 상징(생각할 때 사용하는 사물)의 특성을 바꾸고 공동체(생각이 펼쳐지는 무대)의 성질을 바꿈으로써 이해관계(생각하는 대상)의 구조를 변경할 수 있다는 이니스(Innis)의 의견에 주목한다. 이러한 점뿐만 아니라 기술 발전의 측면에서 우리가 커뮤니케이션 혁명의 한가운데에 살고 있다는 사실도 함께 고려할 때, 커뮤니케이션 기술의 발전은 계속해서 사회는 물론이고 글로벌 광고와 PR 산업에도 문제를 야기하고 혼란을 일으킬 것이라고 추정해도 무방하다. 예를 들어, 소비자가 광고를 건너뛰고 좋아하는 TV 프로그램을 녹화할 수 있는 이제 구식이 된 기술인 DVR의 등장은 이미 미디어 산업에 영향을 미쳤다. 그러나 소셜 미디어의 출현은 전 세계적으로 광고와 PR 모두에 무엇보다 더 중요하고 심오한 영향을 미치고 있다. 올레타(2018)는 "새로운 기술에 의해 초래된 소비자 선택의 급격한 증가보다 광고 커뮤니티에 더 큰 파괴적인 변화는 없다"(p. 45)라고 말한다. 소비자는 운전석에 앉아서 누구와 언제 어떤 조건에서 상호작용하고 싶은지 결정한다. 마케팅과 광고 산업이 소비자에 대해 그 어느 때보다 더 많이 알게 해 준 데이터 혁명조차도 그 자신의 운명을 통제할 수 없다. 여전히 해결해야 할 과제를 안겨주고 있는 소셜 미디어는 우리가 말하는 것처럼 올드 미디어(old media)가 되고 있다. AI와 같은 새롭게 출현하는 기술과 증강 현실과 같은 그리 새롭지 않은 기술은 광고와 PR 산업에 새로운 영향을 미칠 가능성이 있다. 마케팅 자동화, 음성 검색, 캠페인 관리에 AI를 사용하는 것은 이미 주목을 끌고 있다(Kuhr, 2017). 기술 시대에 대해 크럭크버그(1995~1996)는 다음과 같이 언급한 바 있다:

> 인생은 붐비는 길을 시속 90마일로 운전하는 것과 같다. 피드백에 대한 응답은 많은 사람들이 편안하고 안전하게 '운전'할 수도 있는 것보다 훨씬 더 빨리 이루어져야 한다. 커뮤니케이션의 즉각적인 전달에 대한 압력과 커뮤니케이션을 하는 사람들의 동반하는 기대를 감안할 때, 의사 결정과 피드백에서 오랜 기간 숙고할 수 있는 기회는 더 이상 존재하지 않는다(p. 36).

치열한 글로벌 경쟁, 제한된 고객 예산, 온라인 커뮤니케이션 채널로의 전환 역시 비즈니스 관행의 수렴을 초래했다(Neill & Schauster, 2018). 지불 미디어(paid media)[14](광고 영역)와 획득 미디어(earned media)(PR 영역) 간의 전통적인 구분은 온라인 커뮤니케이션 채널, 특히 소셜 미디어에 의해 문제가 제기되어 왔다. 소셜 미디어 공유와 기타 소셜 미디어 메트릭스(social media metrics)[15]는 이제 광고 메트릭스(advertising metrics)[16]의 핵심 부분인 한편, PR은 현재 지불 미디어 서비스를 제공한다(Neill & Schauster, 2018). 모리아티, 미첼 및 웰스(Moriarty, Mitchell, & Wells, 2015)는 전문 분야의 경계가 희미해지고 있기 때문

---

14 지불 미디어란 일종의 광고의 개념으로 돈을 받고 판매되는 미디어라는 의미이며, 기업이 비용을 지불하고 사용하는 구매 가능한 미디어 채널(신문, 방송, 온라인, SNS 등)을 통한 광고를 말한다. 소유 미디어란 자사가 소유한 미디어 채널을 뜻하며, 자사 웹사이트, 모바일 애플리케이션, 오피셜 계정 소셜 미디어 채널, 자사 매장 내의 광고나 브로슈어 등이 될 수 있다. 근래에는 소유 미디어가 완전한 의미의 소유 미디어와 콘텐츠의 배포를 돕는 공유 미디어(shared media)로 양분화해 'PESO 모델 전략'으로 세분화되었다. 마지막으로 획득 미디어(earned media)란 회사가 획득한 미디어 채널, 즉 회사가 직접 소유한 채널은 아니지만 PR, 인플루언서, 블로거, 사용자 리뷰, 입소문 등을 통해서 언론 보도자료, 사용자가 직접 생산한 콘텐츠를 얻는 것을 말한다. 소유 미디어의 생산 주체가 회사라면 획득 미디어는 사용자이다(역자 주).
15 소셜 미디어 메트릭스란 데이터를 사용하여 소셜 미디어 활동이 회사 수익에 미치는 영향을 측정하는 것을 말한다(역자 주).
16 광고 메트릭스는 광고 캠페인의 진행 상황을 측정하고 어디에서 성공하고 있으며 무엇을 변경해야 하는지에 대한 명확한 그림을 제공한다(역자 주).

에 마케팅 커뮤니케이션, 통합 캠페인 서비스, 조정된 브랜드 메시지 보내기 (coordinated brand messaging)를 통합하려는 강력한 추이에 주목한다. 맥내매라 등(Macnamara et al., 2016)은 지불, 획득, 공유 및 소유 미디어를 지칭하는 PR 산업의 소위 PESO(paid, earned, shared, and owned media) 모델에 대해 논의하며, 소셜 공유 미디어가 업계에서 갖는 중요성에 대해 개괄적으로 설명하면서 이 모델이 이제 SOEP가 되었다고 주장한다. 마찬가지로, 다렌과 로젠그렌(Dahlen & Rosengren, 2016)은 미디어와 기술의 변화가 광고가 행해지는 방식에 영향을 미친다는 오랜 연구를 인정하면서도, 소셜 미디어와 새롭게 진화하는 플랫폼을 포함하게 되면 전통적인 지불 미디어 콘텐트에서 벗어난 광고에 대한 재정의가 필요하다고 주장한다. 디지털 광고가 계속 증가해 현재 전 세계 광고 지출비의 30% 이상을 차지한다(Dahlen & Rosengren, 2016). 이러한 새롭게 전개되고 있는 상황을 좀 더 자세히 들여다보면, 현재 전 세계 광고 수익의 25%와 전 세계 온라인 광고 수익의 60%를 페이스북과 구글이 차지하고 있음을 알 수 있다(Richter, 2017). 올레타(2018)는 페이스북의 광고 수익만 해도 미국 전체의 신문 광고 수익을 합한 금액을 초과하는 한편, 페이스북 수익의 95%가 (구글의 경우 87%가) 광고에 의해 지원된다고 주장하면서 이를 훨씬 더 신랄하게 표현한다. 광고 산업(PR 산업도 마찬가지임)과 소셜 미디어/기술 회사 간의 이러한 상호 의존성은 인상적이고도 두렵다. 미디어/저널리즘, PR, 광고가 자본주의 경제 체제에서는 본질적으로 서로 관련되어 있음을 보여준다. 그것은 경쟁과 공존의 관계이지만, 올레타(2018)가 주장하는 것처럼, 이러한 변화하는 관계는 또한 진실의 약화와 거짓과 정보 조작(spin)에 대한 둔감화로 이어지고, 이것은 다시 우리를 소위 탈진실의 세계로 이끈다. 이러한 변화들은 정의(定義)와 관련된 종류의 질문을 제기하게 만든다. 올레타(2018)는 "광고는 관계인가, 사업인가, 창의적인 사업인가 아니면 과학인가?"(p. 16)라고 제대로 묻는다. 이러한 비즈니스 간의 경계가 더욱 희미해짐에 따라, PR에 대해서도 동일한 질문이 제기될 수도 있을 것이다. 학자들과 다른 사람들이 이러한 문제를 다루는 동안에도 우리는 변화에 대한 더 중요한 질문을 통해 정보 혁명 시대의 초국가적 미디어와 글로벌 커뮤니케이션이 사회 자체에 어떤 영향을 미칠 것인지를 반드시 다루어야 한다고 주장한다.

4. 정부, 기업, 그리고 민간 시민

정부, 기업 및 민간 시민 사이의 관계에서 일어나고 있는 근본적인 변화는 분명 계속될 것이다. 쉴러(Schiller, 1995)는 세계적으로 우위를 차지하고 있는 37,000 개 기업 가운데 가장 큰 100개의 초국가적 거대 기업이 전 세계적인 권력을 휘두르고 있다고 말한다. 이러한 세계 기업 질서는 국민 국가의 영향력을 크게 줄이는 주된 힘이다. 민간의 경제적 결정이 점차 자원의 전 세계적 할당과 국내 할당, 투자 금액과 성격, 통화 가치, 생산 장소와 방식을 지배함에 따라, 정부가 해야 할 중요한 일을 이러한 거대한 민간 경제 집합체들이 제 일처럼 하고 있는데도 정부는 아무 말이 없다. 2018년 8월, 애플은 기업 가치 1조 달러를 달성한 최초의 미국 기업이 되었다. NBC 뉴스(NBC News)에 따르면, 애플이 국가라면 세계에서 27번째로 부유한 국가일 거라고 한다(Newcomb, 2018).

쉴러(1995)는 이러한 기업들이 특히 텔레커뮤니케이션 부문에서 전 세계적으로 산업의 탈규제(deregulation)와 민영화(privatization)를 촉진했다고 주장했다. 쉴러는 이러한 대규모 탈규제와 대대적인 민영화의 효과 가운데 하나는 국가 권위의 무력함이 증가하는 것이라고 말했다. 실제로 기술의 변화를 제외한 가장 큰 변화는 소유권 집중과 산업 통제 분야에서 일어났다(Auletta, 2018; Bourne, 2016). 1990년대 후반과 2000년대 초반에 산업 통합은 전 세계적으로 일어나고 있던 합병(merger)과 인수(acquisition)에서 이미 분명히 드러났다(Jain & Roy, 2012). 오늘날 글로벌 광고는 5개의 거대 기업[런던에 기반을 둔 WPP, 뉴욕에 기반을 둔 옴니콤(Omnicom), 파리에 기반을 둔 퍼블리시스 그루페(Publicis Groupe), 뉴욕에 기반을 둔 인터퍼블릭 그룹(Interpublic Group), 일본에 기반을 둔 덴츠(Dentsu)]이 지배하고 있다. 이 광고 지주 회사들은 전 세계 광고 지출비를 지배하며, 일부 추정에 따르면 전 세계적으로 2조 달러 규모의 비즈니스를 형성하고 있다(Auletta, 2018, p. 10).

기업은 많은 국민 국가보다 더 강력하고 더 큰 영향력을 행사할 수 있으며, 정부는 예를 들어 페이스북 및 기타 기업을 상대로 소셜 미디어의 프라이버시 이슈를 다룰 때 시민의 권리를 보호하는 데 애를 먹을 수도 있다. 그러나 2018년 유럽 연합 일반 데이터 보호 규정(GDPR: European Union General Data

Protection Regulation)은 데이터 사용자들은 그들에 대해 수집되는 데이터를 알고 이해하고 동의해야 한다는 점을 보장하는 데 초점을 두고 있는데, 이는 정부가 기업의 광범위한 민간 시민 정보 사용(때로는 남용)을 인정하지 않고 막으려 한다는 증거이다(European Union General Data Protection Regulation Portal, 2018). 이 법은 업계와 정부 및 시민 사이에 계속해서 존재할 몇몇 역동적인 긴장들 가운데 일부이다.

한 가지 예는 기술 통제이다. 이와 같은 통제가 전적으로 혹은 대부분 기업과 기업이 서로 경쟁하고 영향을 미치는 장소인 시장에 달려 있는지, 정부에 달려 있는지, 아니면 세계 시민들에게 달려 있는지와 같은 문제는 여전히 해결되지 않고 남아 있다. 개발 및 실행과 관련되어 있는 영향과 의사 결정은 주로 기술 전문가와 그들이 대표하는 기업에서 나오는가? 따라서 그것은 시장 주도적인가? 아니면 이러한 기술을 사용하는 (소비하는) 잡다한 전문직 종사자들에게서 나오는가? 아니면 글로벌 시민 전반으로부터 나오는가? 프라이버시 대(對) 접근 문제가 어떻게 더욱 깊이 다루어질 것인가 하는 문제는 계속해서 글로벌 광고, PR, 사회 전반에 깊은 영향을 미칠 이슈가 될 것이다.

5. 결론

특히 지난 20년 동안 세계화는 광고, 마케팅, PR 산업에 지대한 영향을 미쳤다. 세계화를 통한 시장 통합은 전 세계적인 경제적 압력에 적응하기 위해 노력하는 국내 시장에 극적인 변화를 초래했다(Jain & Roy, 2012). 뿐만 아니라 전 세계적으로 광고와 PR 서비스를 제공하는 사람들이 그들의 비즈니스를 성공적으로 유지하고 싶어 한다면, 그들은 각기 다른 미디어 환경, 소비자 선호도, 다양한 규제, 경제적·문화적 요인에 더 세심한 주의를 기울이기 시작해야 했다. 지난 20년 동안, 두 가지 강력한 변화가 이러한 산업들에 영향을 미쳤다. 하나는 이러한 산업들의 통합이고, 다른 하나는 PR 및 글로벌 광고 산업이 비즈니스를 수행하면서 소비자의 목소리에 가장 먼저 귀 기울이게 만든 커뮤니케이션 기술의 확산과 전례 없는 성장이다. 미디어 산업의 변화(소유권 집중과 새로운 기술의 영향)도 광고와 PR에 지대한 영향을 미쳤는데, 광고와 PR은 어느 한쪽 산업의 독점 영역이었던 서비스를 제공하면서 서로의 영역을 잠식하기 시작했다. 둘 모두 이제 네이티브 광고(native advertising)[17]를 포함하고 있으며, 산업 전반에 걸쳐 더 많은 통합이 이루어지고 있다(Neill & Schauster, 2018). 닐과 샤우스터(Neill & Schauster, 2018)에 따르면, 네이티브 광고와 획득 미디어를 포함해 통합되고 있는 다른 영역으로는 소셜 미디어 캠페인 관리, 제품 홍보, 소셜 마케팅, 관계 마케팅이 있다. 다렌과 로젠그렌(2016)은 부분적으로 이러한 변화하는 기술과 역동적인 소비자 행동으로 인해 브랜드 관련(brand-related) 또는 브랜드 주도(brand-initiated)와 같은 용어로 메우고 조정해온 단어들을 대체하는 광고에 대한 새로운 잠정적 정의와 사람들에게 영향을 미치고자 하는 목적을 가진 브랜드 주도 커뮤니케이션로서의 광고를 제시했다. 새로운 소셜 미디어가 광고와 PR 산업에 불러일으킨 변화를 인정하면서 스튜어트(Stewart, 2016, p. 349)는 바뀌지 않은 것과 광고를 생각할 때 여전히 염두에 두어야 할 것을 우리에게 상기시켜준다(우리는 여기에 이러한 글로벌 맥락에 놓여 있는 PR도 추가해야 한다). 그것들은 다음과 같다: 설명 책임(광고가 작동하는 이유와 방법); 절대적이 아닌 상대적인 효과 측정; 미디어와의 관계; 전반적인 마케팅과의 관계; 연구가 크리에이티브 기능을 지원할 수 있는 방법; 관행을 이해하기 위한 맥락의 중요성; 소비자가 '광고 효과'에 영향을 미치는 방식을 인식하고 이해하기. 그리고 여기에다 성과를 추가할 수 있을 것이다.

스튜어트(2016)는 새로운 정의를 제공하려는 다렌과 로젠그렌(2016)의 시도를 칭찬하는 한편 광고는 마케팅 커뮤니케이션과 다르다는 점을 지적하면서 비판도 제기한다. 그는 다음과 같이 주장한다:

> 모든 마케팅 커뮤니케이션을 포함하게끔 광고를 정의하는 것은 다음과 같은 의문을 제기한다: 그렇다면 우리는 왜 그냥 마케팅 커뮤니케이션이라는 용어를 사용하지 않는 가? 광고의 전통적인 정의인 '지불' 미디어의 관리는 꽤 명확하며 설명 책임 (accountability)을 용이하게 한다. 이것은 다른 형태의 마케팅 커뮤니케이션은 존재하지 않음을 시사하는 것이 아니라, 그것들은 광고가 아니다(p. 350).

---

17 일반적인 정보나 기사처럼 보이도록 디자인된 온라인 광고를 말한다(역자 주).

아마도 이러한 명확한 설명은 PR와 광고 간의 비즈니스 관행의 구분이 지나치게 모호해지는 것을 두려워하는 사람들에게도 도움이 될 것이다. 글로벌 PR과 광고 관행에서 설명 책임을 다하기를 원한다면, 우리는 여전히 사실로 들려야 하는 PR과 광고에 대한 뉴섬 등(Newsom et al., 2004)의 정의로 돌아갈 수 있다. 그러나 우리는 이미 설명한 추이들로 인해 마케팅 커뮤니케이션이 실제로 통합을 경험하고 있음을 인정할 필요가 있다. 아마도 이것은 특히 개발도상국 시장에서 제한된 재정적 수단으로 인해 마케팅 커뮤니케이션 영역에서 PR과 광고가 이미 통합이 이루어진 영역들 가운데 하나이며, 더 작은 재정적 파이를 서로 차지하기 위한 이러한 산업들의 경쟁으로 인해 우리는 앞으로도 이러한 통합을 지속적으로 보게 될 것이다. 글로벌 PR과 광고 산업의 다른 난제로는 분명 윤리적 이슈와 법적 이슈가 있다. 글로벌 PR과 광고 산업은 글로벌할 뿐만 아니라, 기술로 인해 글로벌 소비자들은 이러한 산업에 중요하고 깊은 영향을 미칠 수 있게 되었다.

그리고 산업의 원동력이 분명 초자본주의(hypercapitalism)[18]와 재정적 성장과 생존을 위한 투쟁의 영역 안에 있음에도, 우리는 광고와 PR 모두 경제적, 사회적, 문화적, 환경적 차원을 포함하지만 이러한 차원들에 한정되지 않은 모든 수준의 글로벌 이슈에 관심을 가지게 하는 데 있어서 할 역할이 있다고 믿는다. 광고와 PR 모두 매우 설득력 있고 유익한 정보를 제공할 수 있기 때문에 전 세계 사람들에게 다양한 방식으로 영향을 미칠 수 있다. 우리는 국제 관계가 약화되는 것을 보았기 때문에 그리고 세계화가 모든 사람에게 약속된 이익을 가져다주지 않았기 때문에, PR과 광고는 그것들의 관행에 더 많은 설명 책임을 지도록 노력해야 하며, 또한 우리가 현재 글로벌 사회로서 직면하고 있는 문제들 가운데 최소한 일부라도 개선하는 데 광고와 PR이 소통의 힘과 재정적인 힘을 실어줄 수 있음을 인정해야 한다.

---

18 미국 클린턴 정부의 노동부 장관을 역임했던 경제학자 로버트 라이시(Robert B. Reich)가 고안한 개념으로, 정치적 민주주의가 자본주의 경제의 단점을 실질적으로 해결·제어하지 못하는 정치·경제 상태를 가리키는 용어이다(역자 주).

토론문제

1. 광고와 PR 산업 각각이 현대 글로벌 환경에서 각각 실행되는 방식에 어려움을 겪고 있는 사회적, 정치적, 경제적, 문화적 이유는 무엇인가?

2. 현재의 글로벌 환경에서 PR과 광고 관행이 통합되고 혼합되는 경향이 있고 각 분야의 역사적 경계가 모호해지는 경향이 있는 상황에서 당신은 어떤 종류의 윤리적 문제를 예측할 수 있는가?

3. 과거, 현재, 미래의 글로벌 커뮤니케이션 맥락에서 PR과 미디어의 관계뿐만 아니라 광고와 미디어의 관계는 어떻게 될 것으로 예측하는가?

4. 역사적 요인과 진화적 요인이 특정 지역이나 사회에서 광고와 PR가 실행되는 방식에 어떻게 서로 다른 영향을 미칠 수 있는가? 예를 들어, 문화, 정부/규제, 경제, 지리, 기술 요인과 지배적인 이데올로기적 신념이 PR과 광고의 역할, 기능, 전략에 어떻게 영향을 미칠 수 있는가?

5. 순수하게 자본주의적인 경제 체제 이외의 국가에서 PR 관행의 실행을 본질적으로 제한하는 것은 없다는 크럭크버그(1996)의 말은 맞는가? 맞는다면 혹은 맞지 않다면 그 이유는 무엇인가?

6. 민주주의는 특정 문화 중심적이어야 하고, 특정 문화 중심적인 자본주의는 사회적 전통과 유산에 따라 세계의 각기 다른 지역에서 수용되어야 하는가? 당신의 답변을 옹호하고 해당 사회의 광고와 PR 관행에 대한 당신의 답변의 의미에 대해 논의하라.

7. 광고와 PR 실무자는 21세기에 발생할 사회 문제를 해결하는 데 어떤 방법으로 도움을 줄 수 있는가? 당신의 답변은 광고와 PR의 역할과 실무자 교육에 어떤 함의를 가지는가?

8. 21세기는 동질적인 글로벌 문화의 진화를 가져올 것인가 아니면 세계 사람들 사이에서 더욱 확연한 다문화적 차이를 강조할 것인가? 기술, 세계화, 다문화주의 사이에는 어떤 관계가 있으며 이러한 변인들이 PR과 광고의 관행에 어떤 영향을 미치는가?

참고문헌

Aalund, D. (2000, October 9). Is that lipstick I see on your collar, or just another flower ad? *Wall Street Journal*, p. B1.

Al-Enad, A. H. (1990). Public relations' roles in developing countries. *Public Relations Quarterly, 35*(1), 24-26.

Associated Press. (2003, November 27). Animal rights activists in Taiwan protest KFC's treatment of chickens [electronic version]. Associated Press Worldstream. Retrieved from http://web.lexis-nexis.com/universe/document?_m=9768b84 a8ba0e5005bb66a1dcafea0ea&_docnum=106&wchp=dGLbVlb-zSkVb&_md5 =ce1a8200a1fb95942e80692261b7c8cd

Auletta, K. (2018). *Frenemies: The epic disruption of the ad business (and everything else)*. New York: Penguin.

Beck, E. (2001, January 4). Ikea sees quirkiness as selling point in U.K. *Wall Street Journal*, p. B12.

Belsey, A., & Chadwick, R. (1992). Ethics and politics of the media: The quest for quality. In A. Belsey & R. Chadwick (Eds.), *Ethical issues in journalism and the media* (pp. 1-14). London, UK: Routledge.

Boehm, Ed. (1989). *Behind enemy lines: WWII Allied/Axis propaganda*. Secaucus, NJ: Wellfleet Press.

Bourne, C. D. (2016). Extending PR's critical conversations with advertising and marketing. *Comun. mídia consumo, são paulo, 13*(38), pp. 28-46. doi:10.18568/ 1983-7070.1339%p

Bravin, J. (2000, September 14). Hollywood launches messages of peace. *Wall Street Journal*, p. B17.

Campbell, R., Martin, C. R., & Fabos, B. (2005). *Media & culture: An introduction to mass communication*. Boston: Bedford/St. Martin's.

Carey, J. W. (1989). Space, time, and communications: A tribute to Harold Innis. In J. W. Carey (Ed.), *Communication as culture* (pp. 142-172). Boston: Unwin Hyman.

Dahlen, M., & Rosengren, S. (2016). If advertising won't die, what will it be? Toward a working definition of advertising. *Journal of Advertising, 45*(3), 334-345. doi:10.1080/009113367.2016.1172387

Dumenco, S. (2000, December 18-25). Keyword: Sell. *New York, 33*, 54, 57.

Ellison, S. (2000a, November 2). Ads for a Holocaust exhibit in London cause a stir. *Wall Street Journal*, pp. B1, B4.

Ellison, S. (2000b, December 14). Europeans await tech-ad onslaught to abate. *Wall Street Journal*, p. B6.

Ellison, S., & White, E. (2000, November 24). Marketers discover black Brazil. *Wall Street Journal*, pp. A11, A14.

European Union General Data Protection Regulation Portal. (2018). Retrieved from https://www.eugdpr.org

Flagg, M. (2000, October 17). In today's Vietnam, the war is a selling point. *Wall Street Journal*, p. A19.

Grimes, A. (2000, October 26). Nike rescinds ad, apologizes to disabled people. *Wall Street Journal*, p. B20.

Grunig, J. E. (2000). Collectivism, collaboration, and societal corporatism as core professional values in public relations. *Journal of Public Relations Research, 12*(1), 23-48.

Gubernick, L. (2000, September 14). Hancock ad raises alarm in adoption community. *Wall Street Journal*, p. B1.

Heath, R. L. (2000). A rhetorical perspective on the values of public relations: Crossroads and pathways toward concurrence. *Journal of Public Relations Research, 12*(1), 69-91.

Holtzhausen, D. R. (2000). Postmodern values in public relations. *Journal of Public Relations Research, 12*(1), 93-114.

Jain, V., & Roy, S. (2012). The emerging trends in global advertising. *Media Asia, 39*(4), 175-182. doi:10.1080/01296612.2012.11689935

Jordan, M. (2004, March 3). Hispanic magazines gain ad dollars. *Wall Street Journal*, p. B2.

Kennedy, P. (1993). *Preparing for the 21st century.* New York: Vintage.

Koenig, D. (2004, July 25). Pilgrim's Pride stock falls again after animal-cruelty charges [electronic version]. The Associated Press State & Local Wire. Retrieved from https://www.myplainview.com/news/article/Pilgrim-s-Pride-stock-falls-again-after-8939841.php

Kraidy, M. M., & Goeddertz, T. (2003). Transnational advertising and international relations: U.S. press discourses on the Benetton "We on Death Row" campaign. *Media, Culture & Society, 25*(2), 147–165.

Kruckeberg, D. (1994, August). *A preliminary identification and study of public relations models and their ethical implications in select internal public relations departments and public relations agencies in the United Arab Emirates.* Paper presented at the meeting of the Association for Education in Journalism and Mass Communication conference, Atlanta, GA.

Kruckeberg, D. (1995–1996, Winter). The challenge for public relations in the era of globalization. *Public Relations Quarterly, 40*(4), 36–38.

Kruckeberg, D. (1996, September). Answering the mandate for a global presence. *International Public Relations Review, 19*(2), 19–23.

Kruckeberg, D. (1999, August). *Overlaying First World public relations on Second and Third World societies.* Paper presented at the meeting of the Association for Education in Journalism and Mass Communication conference, New Orleans, LA.

Kruckeberg, D., Badran, B. A., Ayish, M. I., & Awad, A. A. (1994). *Principles of public relations.* Al-Ain, UAE: United Arab Emirates Press.

Kuhr, T. (2017, October 27). How emerging technologies will affect your business in 2018. MarTech Today. Retrieved from https://martechtoday.com/emerging -technologies-will-affect-business-2018-206042

Macnamara, J., Lwin, M., Adi, A., & Zerfass, A. (2016). "PESO" media strategy shifts to "SOEP": Opportunities, and ethical dilemmas. *Public Relations Review, 42*(3), 377–385.

Mallinson, B. (1991). A clash of culture: Anglo-Saxon and European public relations. New versus old, or just dynamic interaction? *International Public Relations Review, 14*(3), 24–29.

McKay, B., & Terhune, C. (2004, June 8). Coke pulls TV ad after some call it the pits. *Wall Street Journal*, p. B1.

McNeil, D. G., Jr. (2004, July 25). At last, a company takes PETA seriously. *New York Times*, p. WK4. Retrieved from https://search-proquest-com. librarylink. uncc.edu/docview/92753953/fulltextPDF/AD1619357F5D4EFBPQ/1?accountid= 14605

Moriarty, S., Mitchell, N., & Wells, W. D. (2015). *Advertising & IMC: Principles and practice*. New York: Pearson.

Neill, M. S., & Erin Schauster. (2018). Playing nice in the sandbox: Is collaboration among advertising and public relations agencies the same as integration? *Journal of Current Issues & Research in Advertising, 39*(2), 140–159. doi:10.1080/10641734.2018.1428248

Newcomb, A. (2018, August 4). Apple is worth $1 trillion. Here is what that much money could actually do. Retrieved from https://www.nbcnews.com/tech/tech-news/apple-worth-1-trillion-here-s-what-much-money-could-n897511

Newsom, D., Turk, J. V., & Kruckeberg, D. (2004). *This is PR: The realities of public relations*. Belmont, CA: Wadsworth.

Newsom, D., Turk, J. V., & Kruckeberg, D. (2013). *This is PR: The realities of public relations* (11th ed.). Boston: Wadsworth Cengage Learning.

O'Connell, V. (2001, January 11). Edgy spots stir controversy, and results. *Wall Street Journal*, p. B13.

Office of Population, Bureau for Global Programs, Field Support, and Research, U.S. Agency for International Development. (1996, July). *World population profile: 1996*. Washington, DC.

Ovaitt, F., Jr. (1988). PR without boundaries: Is globalization an option? *Public Relations Quarterly, 33*(1), 5–9.

Porter, E., & Nelson, E. (2000, October 13). P&G reaches out to Hispanics. *Wall Street Journal*, p. B1.

PR World. (1987, April). The German public relations business has not yet declared itself essential for industry and it still has to prove itself, p. 8.

Richter, F. (2017, December 7). 25 percent of global ad spend goes to Google or Facebook.

Statista. Retrieved from https://www.statista.com/chart/12179/google-and-facebook-share-of-ad-revenue

Schiller, H. I. (1995). The global information highway: Project for an ungovernable world. In J. Brook & I. A. Boal (Eds.), *Resisting the virtual life: The culture and politics of information* (pp. 71–83). San Francisco, CA: City Lights.

Sriramesh, K., & White, J. (1992). Societal culture and public relations. In J. E. Grunig (Ed.), *Excellence in public relations and communication management* (pp. 597–614). Hillsdale, NJ: Erlbaum.

Stewart, D. W. (2016). Comment: Speculations of the future of advertising redux. *Journal of Advertising, 45*(3), 348-350. doi:10.1080/00913367.2016.1185984

Tsetsura, E. Y. (2000a). *Conceptual frameworks in the field of public relations: A comparative study of Russian and United States perspectives.* Unpublished master's thesis, Fort Hays State University, Hays, KS.

Tsetsura, E. Y. (2000b, March). *Understanding the "evil" nature of public relations as perceived by some Russian publics.* Paper presented at the meeting of the Educators Academy of the Public Relations Society of America, Miami, FL.

United Nations High Commissioner for Refugees (UNHCR). (n.d.). Figures at a glance: Statistical yearbooks. Retrieved from http://www.unhcr.org/en-us/figures-at-a-glance.html

United Nations Population Fund (UNFPA). (2018). World population trends. Retrieved from https://www.unfpa.org/world-population-trends

United Nations World Urbanization Prospects. (2014, July). World population increasingly urban with more than half living in urban areas. Retrieved from http://www.un.org/en/development/desa/news/population/world-urbanization-prospects-2014.html

Victor, D. (2017, April 5). Pepsi pulls ad accused of trivializing Black Lives Matter. *New York Times.* Retrieved from https://www.nytimes.com/2017/04/05/business/kendall-jenner-pepsi-ad.html

14장

글로벌 커뮤니케이션과 문화

예심 캅탄(Yeşim Kaptan)

글로벌 커뮤니케이션은 복잡한 개념이지만 그것에 대한 정의는 이 책에서 광범위하게 논의되었다(서문 참조). 이 장에서는 **글로벌 커뮤니케이션**을 정의하기보다는 문화의 개념과 문화와 글로벌 커뮤니케이션의 관계에 초점을 맞춘다. 국제 커뮤니케이션에서 **글로벌 커뮤니케이션**으로의 명칭 변경이 사회역사적 맥락에서 글로벌 커뮤니케이션의 발전을 고려할 때 매우 의미가 크다는 점은 주목할 만하다. 하나의 개념으로서 **글로벌 커뮤니케이션**이라는 용어는 제2차 세계대전 이후 널리 사용되기 시작했다. 문화 간 커뮤니케이션도 비슷하게 그 시기 이후에 중요한 학문으로 발전했다. 유럽을 재건하는 과정에서 미국, 유럽, 주변 국가들이 마셜 플랜[공식 명칭은 유럽 부흥 계획(European Recovery Program)]의 출범으로 가까워졌다. 1970년대에 이르러 매스 커뮤니케이션 체계의 발달로 각기 다른 공동체, 집단, 국가들 사이의 커뮤니케이션이 강화되었다. 따라서 **글로벌 커뮤니케이션**은 이전에 사용된 **국제 커뮤니케이션**보다 더 포괄적이고 다자적인 개념으로 국민 국가 간 또는 국민 국가들 사이의 커뮤니케이션을 의미한다. 즉, 국제 커뮤니케이션에서 글로벌 커뮤니케이션으로의 전환은 국민 국가와 국가 주권의 쇠퇴를 나타낸다. 글로벌 커뮤니케이션은 항상 특정한 문화적, 역사적, 사회경제적 맥락 속에서 발생한다. 글로벌 커뮤니케이션을 역사적으로, 즉 주어진 시간과 특정 장소에서, 이해하는 것이 중요하다. 따라서 이 장의 많은 예는 각기 다른 시대와 각기 다른 문화에서 나온 것이다.

첫 번째 절에서는 이 장에서 사용되는 주요 개념을 명확히 하기 위해 **문화의** **정의**를 검토한다. 두 번째 절에서는 미디어가 문화에 미치는 영향과 미디어 기술이 일상생활에 미치는 영향에 대해 간략하게 살펴본다. 세 번째 절에서는 글로벌 미디어 맥락에서 글로벌 문화와 국가 문화, 이들의 상호작용, 서로 다른 국가와 미디어 시스템들 사이의 권력 관계를 이해하기 위해, ① 근대화 이론, ② 문화 제국주의 이론, ③ 문화 세계화, ④ 선전 모델, ⑤ 문화 산업, ⑥ 문화 연구, ⑦ 정보사회 이론을 포함해 글로벌 커뮤니케이션의 신기원을 이룬 이론들에 초점을 맞춘다. 네 번째 절에서는 국민주의의 개념, 국가 문화의 등장과 미디어의 관계를 살펴본다. 다섯 번째 절과 여섯 번째 절에서는 글로벌 커뮤니케이션 시대의 글로벌 문화를 논의한 후, **세계적, 지역적, 세역적**과 같은 이론적 개념들과 **혼성성**의 개념에 대해 조사한다. 일곱 번째 절에서는 세계 문화의 혼성화 과정과 관련하여 문화와 미디어의 흐름과 역흐름에 대해 조사한다. 여덟 번째 절에서는 뉴 미디어 기술과 월드 와이드 웹과 소셜 미디어를 중심으로 새롭게 생겨난 문화의 영향을 분석한다. 여기서는 넷플릭스, 유튜브, 러튜브 (Rutube; 러시아의 웹 비디오 스트리밍), 페이스북, 트위터 같은 새로운 디지털 플랫폼을 구체적으로 살펴본다. 아홉 번째 절에서는 뉴 미디어가 만들어낸 수용자와 이용자의 집단적 매개 경험과 미디어 포화의 개념을 살펴본다. 마지막 절에서는 기술결정론, 자민족중심주의, 유럽중심주의 등의 중요한 개념을 적용하여 글로벌 커뮤니케이션과 글로벌 문화의 개념을 비판적으로 검토한다. 먼저 문화를 정의하는 것부터 시작하기로 한다.

1. 문화

문화는 매우 광범위하고 복잡한 개념이어서 문화의 정의는 다양하다. 웨일스 (Wales)의 맑스주의 이론가인 레이몬드 윌리엄스(Raymond Williams, 1974, p. 11)는 다음과 같이 말한다:

'문화'라는 개념은 기술하는 데 습관적으로 사용되는 근대 사상과 실천의 주요 영역의 정중앙에 위치해 있는데, 문화는 그 자체가 변이(variation)와 복잡성(complexity)을 통해 이슈뿐만 아니라 그것이 발전해오는 과정에서 겪은 모순을 구체적으로 나타내는 개념이다. 이 개념은 그것이 형성되는 과정에서 겪는 근본적으로 다른 경험과 경향들을 지체 없이 융합하고 마구 뒤섞어 놓는다.

윌리엄스는 이 개념이 사회와 경제의 변화에 따라 역사적으로 어떻게 사용되고 변형되었는지 설명한다. 18세기에 컬처(culture)는 농작물과 동물의 성장과 관리를 언급하는 명사로 사용되었다(1977, pp. 11, 13). 그 후 그것의 정의는 마음의 성장과 '수양'으로 확장되었다. 18세기에는 컬처를 '미개함'과 반대되는 진보, 질서, 시민 의무와 연결함으로써 **문명**(civilization)과 (배양으로서의) **컬처**는 서로 번갈아가며 구분 없이 사용되었다(Williams, 1977, pp. 13~14). 그러나 이러한 관점은 낭만주의 운동과 장-자크 루소(Jean-Jacques Rousseau) 같은 철학자들에 의해 비판을 받았는데, 그는 컬처라는 용어를 "문명의 '외적' 발전과 구별되는 '내적' 또는 '영적'의 과정"으로 생각했다(Williams, 1977, p. 14). 이 관점에서 보면, 비로소 문화는 "'예술', 종교, 의미와 가치들의 제도 및 관행이라는 일반적인 분류"와 연관이 된다(Williams, 1977, pp. 14~15). 이러한 의미에서 문화는 창의성, 상상력, 독창성과 관련되어 있는 '예술'로 간주된다. 18세기 말과 19세기 초에 문화의 개념은 "구체적이고 뚜렷이 구분되는 '생활방식'(ways of life)을 형성하는 사회적 과정"을 의미했다(Williams, 1977, pp. 14~17). '생활방식'으로서의 문화는 사회에서 공통점을 만들어내고 공동체를 함께 유지한다. 공유된 문화를 통해 사람들은 다양한 공중(소집단에서 국가에 이르기까지)을 만들어내고 형성한다. 공유된 문화는 다음 세대에 전승되어 사회를 재생산한다. 예를 들어, 맑스주의적 관점에서 보면 부르주아 사회는 자본주의적 생산양식(경제)뿐만 아니라 자본주의적 문화에 의해 만들어진다. 애리얼 도프먼(Ariel Dorfman, 1975)은 자신의 저서 『도널드 덕, 어떻게 읽을 것인가: 디즈니 만화로 가장한 미 제국주의의 야만』[1](*How to Read Donald Duck: Imperialist*

---

1 김성오 역(새물결, 2003).

Ideology in the Disney Comic)에서 디즈니 만화가 경쟁을 촉진하고, 디즈니 캐릭터 간의 연대를 회피하며, 그들의 부와 소유물을 찬양함으로써 자본주의 이데올로기를 널리 퍼뜨리고 있다고 주장한다.

문화의 복잡한 의미 때문에 우리는 문화를 한 덩어리로 된 단일체로서의 문화가 아닌 다원적인 의미로 말할 수 있다. 사람들은 상호작용을 통해 그리고 다른 문화에 속해 있는 다른 사람들과의 사회화를 통해 문화의 가치, 전통, 신념, 행동, 아이디어, 지각에 대해 배운다. 문화는 많은 사회에서 서로 비슷할 수도 있고 다를 수도 있다. 민속 문화에서 신데렐라(Cinderella) 이야기는 프랑스의 상드리용(Cendrillon), 독일의 아셴푸텔(Aschenputtel), 폴란드의 라이셀(Raisel), 이탈리아의 체네렌톨라(Cenerentola)와 같이 많은 나라에서 전해지고 있다(De la Rochere, Lathey, Wozniak, 2016). 아프리카와 동아시아에도 비슷한 이야기가 있다. 이 이야기들은 탐욕스럽고 부정직한 자의 위험성과는 반대로 정직, 겸손, 친절함의 교훈에 초점을 맞추고 그러한 교훈을 전 세계에 가르친다. 그러나 그중에서도 디즈니의 신데렐라는 가장 유명하고 가장 잘 알려진 이야기이다. 이것은 커뮤니케이션과 소비의 세계화를 통해 글로벌 문화를 만드는 데 있어서의 미디어의 중요성을 일깨워준다.

영국 학자 존 피스케(John Fiske, 1989)는 대중문화의 소비에 주목하고 미디어 생산보다는 미디어 제품의 소비를 강조한다. 피스케(1989)에 따르면, 대중문화는 미디어와 제조업자들에 의해 만들어졌지만 실제로 대중문화는 사회에서 권력을 잡지 못한 종속된 사람들에 의해 생산된다. 대다수의 사람들은 자신들의 필요에 따라 패권적 문화2를 무너뜨리고 전복시킴으로써 지배적 문화(dominant culture)를 소비한다(Fiske, 1989). 이것은 우리의 현대 사회와 현대 문화에서 미디어가 하는 역할에 대한 논의로 이어지게 한다.

2. 사회와 문화에 미치는 미디어의 영향

글로벌 커뮤니케이션의 정의는 글로벌 미디어 연구보다 더 폭넓다. 그럼에도 글

---

2 지배 집단의 문화를 피지배 집단이 수용하도록 조작된 문화를 말한다(역자 주).

로벌 커뮤니케이션을 논의하면서 오늘날의 문화를 만들어내고 개인의 정체성을 형성하며 새로운 공동체를 발전시키는 데 있어서의 미디어의 중요한 역할을 간과할 수 없다. 따라서 이 장에서 우리는 미디어 텍스트, 기술, 미디어 수용자를 더 넓은 문화적 맥락에서 살펴본다. 미디어 기관은 제작 시스템과 배급 네트워크에 위치하기 때문에, 미디어에 대해 이야기할 때 우리는 권력 관계와 우리의 일상생활 속에서의 미디어의 영향에 대해 논의하게 된다.

미디어 메시지와 텍스트는 매우 거세게 세계화되는 세계에서 문화에 대한 사람들의 이해에도 영향을 미친다. 우리는 미디어를 사용하여 우리가 살고 있는 세상에 의미를 부여한다. 1960년대에 캐나다 학자인 마셜 맥루언은 커뮤니케이션 기술이 사람들을 더 친밀하게 만들고 세상이 전자 미디어에 의해 더 상호 연결되는 방식을 설명하기 위해 **지구촌**(global village)이라는 용어를 만들었다. 커뮤니케이션학의 초기 연구는 주로 미디어의 메시지 분석에 중점을 두었다. 커뮤니케이션 학자들은 매스 미디어가 사회에 미치는 영향을 탐구하고 사회 변화에 미디어가 미치는 영향을 이해하기 위해 선전 모델과 설득 모델을 연구했다. 그러나 맥루언은 미디어 텍스트의 내용보다 기술인 미디어의 중요성을 강조했다. 맥루언(1964)에 따르면, 미디어 기술은 시간과 공간에 대한 인간의 지각을 변화시키고 사람들 사이의 사회적 관계를 재정의하며 일상생활을 변화시킨다. 따라서 미디어 기술은 사람들 사이의 사회적·공간적 거리를 축소시켜 사회를 변화시키기 때문에 미디어 자체가 곧 '메시지'이다. 신문, 라디오, 텔레비전과 같은 커뮤니케이션 기술은 커뮤니케이션과 연결을 자극했다. 그 결과, 세계는 은유적으로 '지구촌'이라는 더 작은 장소로 축소되었다. 이 장 끝부분에서 기술결정론의 개념에 대해 논의하면서 맥루언의 이론을 다시 살펴보기로 한다.

3. 글로벌 커뮤니케이션의 이론과 패러다임

미디어와 문화의 관계와 매스 미디어가 사회에 미치는 영향은 글로벌 커뮤니케이션에서 논쟁거리가 되는 이슈이다. 1940년대에 '마법의 총알' 또는 '피하주사' 이론과 같은 최초의 커뮤니케이션 이론은 미디어, 특히 텔레비전이 수용자에게 미치는 강력한 영향을 강조했다. 제1차 세계대전과 제2차 세계대전 동안 매스 미디어를 선전 도구로 사용한 것은 커뮤니케이션 학자들의 관심을 끌었다. 커뮤니케이션 연구는 설득 연구로 확장되었다. 1940년대와 1950년대에 국제 커뮤니케이션 연구는 국가 건설과 국가 발전 이론에 초점을 맞추었다. 20세기 동안, 커뮤니케이션 학자들은 미디어가 공중에게 매우 영향력이 있다고 생각하든 영향력이 덜하다고 생각하든, 미디어가 수용자에게 미치는 영향과 미디어가 서로 다른 문화와 사회에 미치는 영향에 대해 학자들 사이에 거의 합의가 이루어지지 않았다.

1) 근대화 이론

글로벌 커뮤니케이션에 영향을 미친 초기 이론 가운데 하나는 **발전 이론**(development theory)이었다. 발전 이론은 다양한 사회과학 분야를 활용하며 저개발 국가에서 산업화된 사회로 전환되는 과정에 관심이 있다. 발전 이론은 저개발 국가를 위한 선형적인 발전 모델을 미래의 가능성 있는 모델로 제시한다. 이러한 국가들은 근대화 수준에 도달하기 위해 선진국과 동일한 경제 모델과 문화적 경로를 채택해야 한다. 발전 패러다임이라는 더 넓은 맥락 속에서 미디어와 커뮤니케이션 학자들은 **근대화 이론**(modernization theory)에 관심을 갖게 되었다. 대니얼 러너와 윌버 슈람 같은 학자들은 저개발 국가의 근대화를 위해 매스 미디어와 미국 문화 제품 사용을 강조했다. 러너는 커뮤니케이션 기술이 저개발 국가의 사회 발전과 사회 변화를 촉진한다고 주장했다(Lerner, 1958). 러너에게 미디어 기술은 전통 사회에서 민주주의와 정치 참여 같은 서구적 가치를 전파하는 데 중요한 역할을 한다. 따라서 문해력 증진과 미디어 소비 증가는 근대화 과정의 핵심이다. 소비 가치(구매력 포함)와 근대 민주적 제도(예, 의회와 민주적 선거)는 근대 국민 국가의 필수 요소이다(Lerner, 1958). 그러나 이러한 접근방식은 미국화와 미국 소비자 문화를 지지하고 문화 발전과 경제적 번영을 위한 다른 대안을 배제한다는 비판을 받아왔다.

  1960년대와 1970년대에 전 세계적인 정보(대부분 뉴스)의 흐름은 커뮤니케이션 체계에 크게 의존했다. 그러나 그 당시 사람들은 왜 더 많은 국제 뉴스를 필요로 했을까? 1960년대에 미국은 베트남 전쟁에 개입하면서 민권 시위와 쿠바 미사일 위기를 겪었다. 냉전 시대는 미국과 구소련 및 기타 공산주의 국가 간의 긴장과 경쟁으로 얼룩졌다. 그 기간 동안 미국뿐만 아니라 유럽과 중동에 서도 대학 캠퍼스와 주요 도시에서 학생 운동과 시위가 증가했다. 이러한 새롭 게 전개된 모든 지정학적 사건들로 인해 사람들은 먼 곳에서 발생하는 사건이 그들 가정에 직접적인 영향을 미친다는 것을 깨닫게 되었다. 이러한 맥락에서 제2차 세계대전 이후 시작된 글로벌 커뮤니케이션은 그 중요성을 더해가며 중 요한 학문 분야가 되었다.

2) 문화 제국주의

1960년대에 연구와 이론화는 국가 발전에서 문화 제국주의와 미디어 제국주 의 이론으로 이동하였는데, 문화 제국주의와 미디어 제국주의는 "발전 커뮤니 케이션을 근간으로 하는 근대화 패러다임의 도구적 합리성에 대한 비판적 대 안으로 등장했다"(Kraidy & Murphy, 2003, pp. 300~301). 문화 제국주의 또는 미 디어 제국주의 이론은 불균형한 미디어 흐름과 서방과 다른 국가 간의 불평등 한 권력 관계를 강조했다. 1960년대와 1970년대에 이루어진 많은 연구가 미디 어 제품의 주요 수출국이 서방 국가임을 분명히 보여주었다(Mattelart, 1983; Schiller, 1969). 특히, 미국은 냉전 시대 초강대국으로서 대중문화와 함께 미디 어 텍스트와 기술을 저개발 국가에 수출할 수 있는 엄청난 이점을 가지고 있었 다. 문화 제국주의 이론은 발전을 동질화하는 접근법과 근대화 이론의 민족중 심적 관점을 비판했다. 허버트 쉴러는 문화 제국주의는 어떻게 미국 제국이 미 디어와 미디어 기술을 사용하여 세계 문화를 지배했고, 그 결과 지역 문화, 정 통 문화, 국가 문화가 약화되었는지 설명한다고 주장했다. 그러나 문화 제국주 의 이론가들은 수용자의 '의사 결정력과 의미 구성력'을 무시한 채 나머지 세 계의 '미국화' 또는 '서구화'(Westernization)를 개념화했다는 이유로 비판을 받 아왔다. 그들은 또한 선진국에서 저개발국으로의 일방적인 흐름을 주장했고 빠르게 발전하는 글로벌 미디어 산업의 복잡성과 다중 흐름도 무시했다. 톰린 슨은 문화 제국주의 옹호자들이 "단순히 미국 만화를 읽고, 광고를 보고, 사진 을 보는 것만으로 … 수용자들이 직접적인 영향을 받는 것으로 추정한다"라고 말했다(Tomlinson, 1991, p. 44). 크레이디와 머피(Kraidy & Murphy, 2003, p.

301) 같은 다른 학자들도 그러한 논지에 대한 비판적 접근을 취했다:

> 문화 제국주의 연구자들은 … 서방 국가와 다른 나라들 간의 경제적 불평등이 국제 미디
> 어와 정보 흐름에 어떻게 반영되는지에 대해 따져 묻는 동안 미디어 이용자들이 일상생
> 활에서 직면한 '봉건적' 불평등과 문화적 관행을 자세히 다루는 데까지는 이르지 못했
> 다. 문화 제국주의의 단점에 대한 비판 가운데 하나는 사람들이 미디어 메시지에서 의
> 미를 구성하는 방법을 실제로 연구하지도 않은 채 '일상'의 영역에서 효과를 추정했다
> 는 것이다.

이러한 모든 비판은 문화 세계화를 향한 새로운 패러다임 전환을 만들어냈다.

3) 문화의 세계화

많은 학자들과 마찬가지로 존 톰린슨(John Tomlinson, 1996)도 문화의 세계화
가 단순히 서구의 문화 권력의 확장을 의미한다는 것에 의구심을 나타냈다. 톰
린슨(1996, p. 22)은 "세계화는 서구의 문화적 승리를 예고하기는커녕 실제로
'탈영토화'(deterritorialization)라는 일반적인 과정을 통한 더 장기적인 쇠퇴를
수반할 수도 있다"라고 주장했다. 아르헨티나의 인류학자 네스토르 가르시아
-칸클리니(Nestor Garcia-Canclini)의 탈영토화에 대한 정의에 따라, 톰린슨은
이 개념을 "문화가 지리적 영토 및 사회적 영토와의 '자연 발생적인' 관계를 상
실하는 것"(1996, p. 33)이라고 기술했다. 따라서 문화의 세계화는 상호연결성,
상호의존성, 복잡성을 나타낸다. 캅탄(Kaptan, 2013, p. 120)에 따르면,

> 문화의 세계화는 [여전히] 그것이 사용되는 맥락에 따라 의미가 변하는 막연한 개념이
> 다. [이] 개념을 명확하게 정의하려는 시도는 어려울 뿐만 아니라 무의미한데, 왜냐하면
> [문화와 세계화 모두] 탈근대주의, 근대화, (신)식민주의와 같은 다른 많은 복잡하고 모
> 호한 개념과 관련되어 있기 때문이다.

그러나 문화의 세계화와 경제의 세계화는 문화의 세계화를 이해하는 데 있
어 서로 밀접하게 연결되어 있는 개념이라고 자신 있게 말할 수 있다. 마틴 앨

브로(Martin Albrow, 1993, p. 248)는 다음과 같이 주장했다:

> 1970년대에 글로벌 광고를 통해 제품의 전 세계적 판매를 극대화하려는 다국적 기업의
> 활동에서 문화와 시장이 결합되었다. 아마도 가장 유명한 코카 콜라 광고는 함께 모여
> 서 '완벽한 조화'를 노래하는 모든 국가와 피부색의 사람들의 이미지를 제공했다. 글로
> 벌 전략이 문화적 차이를 허용하는 정도에 대해서는 여전히 논란의 여지가 있지만, '세
> 계화'는 머지않아 마케팅 전략으로 알려지게 되었다.

문화의 세계화에 대한 경제적 접근은 문화 산업 이론 부분에서 나중에 논의
하겠지만 문화의 상업화에 대한 더 깊은 이해를 가능하게 해주었다. 이후 여러
학자들이 미디어 산업을 조사하여 경제, 문화, 이념의 관계를 분석하였다. 이
러한 비판적 학자에 속하는 에드워드 S. 허먼과 노엄 촘스키는 미디어의 선전
모델을 개발했다.

4) 선전 모델

1980년대에 허먼과 촘스키는 미디어는 이윤 동기에 의해서만 움직인다고 주
장했다. 그렇기 때문에 언론은 공익을 위해 뉴스와 정보를 전파하기보다 광고
주의 이익을 위해 봉사한다. 허먼과 촘스키는 미디어에 어떤 종류의 관점이 나
타나는지 이해하기 위해 **선전 모델**(propaganda model)이라는 새로운 모델을 제
안했다. 그들은 이 모델이 "돈과 권력이 뉴스를 인쇄하기에 적합한 것을 걸러
내고, 반대 의견을 주변화하고, 정부와 지배적인 사적 이익이 그들의 메시지를
전체 공중에게 전달할 수 있게 하는 경로를 추적"한다고 말했다(1988, p. 2). 이
모델은 사회에서 부유하고 유력한 계층의 이익이 기업 매스 미디어의 이익 및
선택과 어떻게 관련되어 있는지 명확하게 설명했다. 선전 모델은 미디어와 문
화의 상업화를 분석하는 효과적인 모델이지만, 문화와 상품화에 초점을 맞춘
이론은 이뿐만이 아니었다. 프랑크푸르트 학파(Frankfurt School)의 비판적 사
상가들은 문화 산업이라는 새로운 용어를 만들어냈다.

5) 문화 산업

20세기 초, 프랑크푸르트 학파의 구성원들은 비판적인 맑스주의적 관점에서 매스 미디어를 살펴보았다. 1920년대에 독일 프랑크푸르트에 설립된 이 다학문적이면서 비판적인 학파의 사회 이론 학자들은 비판 이론의 거물이 되었다. 특히, 막스 호르크하이머(Max Horkheimer)와 테오도르 아도르노(Theodor Adorno)는 매스 미디어와 대중문화의 관계를 이론화하는 데 중요한 역할을 했다. 공동 저술한 『계몽의 변증법』(*Dialectic of Enlightenment*, 1944/1972)에서 아도르노와 호르크하이머는 특히 '문화 산업: 대중 기만으로서의 계몽'이라는 제목의 장에서 문화 산업의 개념을 자세히 설명했다. 아도르노와 호르크하이머에 따르면, 인쇄 미디어(신문과 잡지), 라디오 방송, 영화 산업을 포함한 문화 산업은 한 사회의 문화 생산을 통제한다. 이 모든 산업은 상업적 불가피성(commericial imperative)을 지니고 있으며 광고주의 통제를 받는다. 아도르노와 호르크하이머는 매스 미디어는 물론 자본주의 경제 체제의 표준화, 단조로움, 획일성에 의존해 대중문화가 어떻게 만들어지는지 분석했고, 나중에 아도르노는 '문화 산업 재고'(Culture Industry Reconsidered)라는 제목의 또 다른 에세이를 썼다. 이 에세이에서 아도르노(1991)는 특히 문화 산업의 생산보다는 소비에 초점을 맞추었다. 아도르노는 말하기를,

> 문화 산업은 의도적으로 위에서부터 소비자들을 통합한다. … 문화 산업은 분명 그들이 겨냥하는 수백만 명의 의식 및 무의식 상태에 투기를 하지만, 대중은 일차적인 존재가 아니라 부차적인 존재이며, 계산의 대상이자 기계 부속물이다. 문화 산업은 우리가 그렇게 믿기를 바라지만, 고객은 왕이 아니며 그들의 주인이 아니라 하인이다. 문화 산업을 위해 특별히 다듬어진 매스 미디어라는 단어 자체가 이미 매스 미디어는 아무런 해가 없는 지대임을 강조하고 있다. 그것은 대중의 일차적 관심의 문제도 대중으로서의 커뮤니케이션 기법의 문제도 아닌, 대중을 질식시키는 정신, 즉 그들의 주인의 목소리의 문제이다(p. 99).

비판적 관점에서 보면, **문화 산업**(culture industry)이라는 용어는 대체로 부정

적인 의미를 가지고 있으며, 미디어를 자본주의의 이념적 도구로 지칭함으로써 비관주의를 보여준다. 오늘날은 미디어 산업, 오락물 산업, 또는 커뮤니케이션 및 정보 산업과 같은 서로 다른 개념들이 전통적 미디어와 뉴 미디어를 정의하는 데 사용됨으로써 이러한 개념들을 더 긍정적인 함축된 의미와 연관 지어주고 있다. 커뮤니케이션 연구에서 문화 산업 논제와 선전 모델 모두 수용자 주체성과 수용자들의 의미 구성 과정 참여가 수동적이며 약화되어 있는 것으로 간주했다. 따라서 이러한 모델들은 1970년대에 문화 연구 학자들을 비롯한 학계와 지식인으로부터 비판을 받았다.

6) 문화 연구

1964년, 버밍엄 대학교(University of Birmingham)의 비판적 지식인과 연구자들은 리처드 호가트(Richard Hoggart)를 초대 소장으로 모시고 현대문화연구센터(CCCS: Centre for Contemporary Cultural Studies)를 만들었다. 이 센터는 문화에 대한 다학문적 접근을 취했으며 각기 다른 학문 분야들을 "예를 들면, 페미니즘(feminism), 맑스주의, 기호학이 제안하는 좀 더 급진적인 접근방법들"을 통합함으로써 더 넓은 관점에서 커뮤니케이션을 연구했다(Edgar & Sedgwick, 2005, p. 101). CCCS 학자들은 문화 분석에서 사회 계급, 인종, 민족, 젠더, 성적 지향, 국가 구성과 같은 다양한 사회 현상을 살펴보고 문화를 철저히 이해하기 위해 권력 관계를 중요시한다. 저명한 문화 연구 학자 스튜어트 홀(Stuart Hall)은 세계화 과정, 지역과 세계의 결합, 문화적 정체성, 디아스포라를 조사했다. 홀은 문화를 고정되거나 한정되거나 안정된 것으로 보지 않고, 오히려 끊임없이 변화하고 이동하며 상호작용하는 일련의 과정 및 관행으로 보았다(Hall, 1997, pp. 2, 3). 이와 관련하여 스튜어트 홀은 문화적 정체성과 문화 소비와 같은 관련된 개념들에 관심을 갖게 되었다. 홀(1990, p. 225)은 유사한 방식으로 문화적 정체성을 다음과 같이 정의했다:

> 문화적 정체성은 … '존재'(being)의 문제일 뿐만 아니라 '생성'(becoming)의 문제이기도 하다. 그것은 과거에 속하는 만큼이나 미래에도 속한다. 그것은 장소, 시간, 역사, 문화를 초월하기 때문에 이미 존재하는 것이 아니다. 문화적 정체성은 어딘가에서 유래하

고 역사가 있다. 그러나 역사적인 모든 것과 마찬가지로 그것은 끊임없는 변형을 겪는다. 그것은 본질화된 과거에 영원히 고정되기는커녕 역사, 문화, 권력의 지속적인 '유희'(play)에 지배를 받는다. 발견되기를 기다리고 있고 발견되었을 때 우리 자신에 대한 감각을 영원히 지켜줄 과거의 단순한 '복구'에 기반을 두기는커녕, 정체성은 과거의 서사에 의해 우리가 위치지어지고 과거의 서사 속에 우리 자신을 위치시키는 각기 다른 방식에 우리가 부여하는 이름이다.

문화적 정체성과 마찬가지로 문화 소비는 사물과 사건에 의미를 부여하는 것에 대한 것이다. 홀과 문화 연구 학자들은 수동적인 수용자라는 전통적인 관점에 이의를 제기했다. 홀은 수용자들이 다양한 해석을 활용하여 미디어 텍스트와 메시지에 의미를 부여한다고 주장했다. 홀은 이 과정을 인코딩(encoding)/디코딩(decoding)이라고 불렀으며 수용자의 해석을 세 가지 입장으로 분류했다. 홀에 따르면, 수용자는 해독하는 동안 텍스트에 의도된 의미로 해독할 수 있다. 이것은 메시지 생산자에 의해 결정된 텍스트에 대한 선호된 의미(preferred meaning)이다. 홀은 이것을 **지배적**(dominant)/**패권적 입장**(hegemonic position)이라고 불렀다. 그는 모든 수용자가 텍스트를 지배적/패권적 입장에서 해석하는 것은 아니라고 강조했다. 일부 수용자는 텍스트의 의미에 이의를 제기하거나 거부하거나 의문을 제기한다. 이러한 수용자는 두 가지 다른 입장을 취한다. 홀이 **타협적 입장**(negotiated position)이라고 부른 모호한 상태에서 사람들은 메시지에 어느 정도 동의하지 않지만 다른 점에 대해서는 동의한다. 그러나 **대항적 입장**(oppositional position)을 취하는 미디어 텍스트 독자나 시청자는 그 텍스트의 선호된 의미를 거부할 뿐만 아니라 저항한다. 그들은 텍스트의 생산자가 예견하지 못하거나 의도하지 않은 반대 코드를 사용한다. 예를 들어, 도널드 트럼프 대통령의 2016년 선거 캠페인은 특히 이민 정책과 국가 경제에 초점을 맞추었다. 트럼프는 국경에 장벽을 건설함으로써 미국 노동자들을 위해 더 많은 일자리를 창출할 수 있다고 말했다. 지배적/패권적 입장을 취하는 수용자는 트럼프의 말에 동의하며 미국 실업률 상승의 주요 원인이 이민자들이라는 의견을 제시할 수 있다. 그러나 타협적 입장을 취하는 또 다른 수용자는 이민자들이 대부분 청소, 공업, 낙농업, 농업 등 누구도 하고 싶어 하지 않은 저임금의 형편없는 일을 하고 있기 때문에 이주를 막는 것이 실업률을 단지 부분적으로 줄일 수는 있지만 동시에 이러한 산업에 경제 위기를 초래할 수 있다고 말할 수 있다. 그러나 대항적 입장을 취하는 수용자는 2016년 미국의 노벨상 수상자 6명 모두가 이민자였다는 점을 고려하면 이민이 장기적으로 국가 경제와 발전에 해를 끼칠 것이라는 데 동의하지 않는다.

7) 정보 사회

정보 사회는 막연하고 광범위하긴 하지만 현대 세계에서 정보가 차지하는 중심성과 중요성을 나타낸다. 1970년대에 대니얼 벨은 산업 사회에서 탈산업 사회로 전환함에 따라 정보의 생성, 사용, 전파를 강조했다. 산업 사회에서 생산은 제조업과 상품의 대량 생산에 크게 의존한다. 탈산업 사회에서는 디지털 커뮤니케이션 기술이 경제를 주도하고 더 많은 사람이 정보의 처리, 수집, 저장과 관련된 작업에 종사한다(Weaver, 2013). 더프(Duff, 1998, p. 373)에 따르면,

> 벨의 입장은 항상 세 가지 구분 가능한 성분 혹은 요소를 포함하고 있다. 하나는 탈산업 정보 노동력에 관한 것이고, 두 번째는 정보(특히 과학 지식) 흐름을 다루고, 세 번째는 컴퓨터와 정보 혁명에 관한 것이다. 벨의 정보사회 논제는 이러한 요소들의 종합으로 가장 잘 이해된다.

벨은 노동력의 성격이 제품 생산에서 서비스로 바뀌었다고 주장했다. 정보 경제의 등장은 전문 기술 인력의 증가를 촉발했다. 지식 기반 기술의 발달로 정보 경제에서는 과학 지식은 물론 정보 및 IT 요소들의 흐름도 고조되었다. 벨에게 컴퓨터, 통신, 정보 처리는 정보 사회의 필수 요소이자 출발점이다. 그러나 벨의 정보 사회는 전 세계의 사회들이 완전히 새로운 국면에 접어들고 이전의 역사적 시대와 단절된 채 비약적 발전을 맞은 것처럼 들려 비판받아왔다(Webster, 2006). 벨에 대한 주요 비판은 그가 불연속성을 강조하고 우리가 여전히 자본주의 사회에 살고 있음을 무시했다는 것이다.

4. 글로벌 커뮤니케이션, 국민주의, 그리고 문화

더욱 더 글로벌한 세상에서 디지털 ICT는 서로 다른 집단, 사회, 국가 간의 삶과 글로벌 연결성을 가속화했다. 한편으로 우리는 네트워크 기술에 의한 시간과 공간의 축소를 통해 맥루언의 지구촌을 경험한다. 다른 한편으로 우리는 최근 유럽과 미국을 비롯한 많은 나라에서 국민주의의 부상(浮上)을 경험했다. 이런 의미에서 미디어 기술과 인터넷의 사용은 국민 정체성도 강화시켰지만 동시에 지구촌 공동체의 출현도 심화시켰다. 따라서 많은 학자와 연구자들이 근대 국가와 국민주의의 부상에 미디어가 하는 역할과 국가 문화의 구성과 형성에 미디어가 미치는 영향을 분석해왔다.

베네딕트 앤더슨(Benedict Anderson)은 국민 정체성의 구성과 국민 국가의 발전에 미디어 기술, 특히 인쇄 미디어가 갖는 중요성을 지적한 최초의 학자들 가운데 한 사람이다. 앤더슨(1991)은 자신의 저서 『상상의 공동체』(*Imagined Communities*)에서 신문과 책이 19세기에 토착어와 현지어의 소멸을 어떻게 촉진했는지 분석했다. 신문과 책을 엄청나게 소비한 결과로 인쇄 자본주의에 의해 형성된 지배적인 국가 언어는 이질적이고 다양한 인구집단을 하나의 국민 국가로 모이게 했다. 앤더슨(1991)은 **국민 국가**(nation-state)를 사회적으로 구성된 근대 정치 공동체로 정의했다. 구성원들 간에 대면 상호작용은 없지만, 한 국가 내에서 사람들은 자신을 그 집단의 일부로 여긴다. 앤더슨은 국가를 상상의 공동체라고 부르는데, 왜냐하면 가장 작은 국가의 구성원조차도 대부분의 동료 구성원을 알지 못하고, 만나지 않으며, 들어본 적도 없기 때문이다. 그러나 그들의 친교(communion)의 이미지는 각 개인의 마음속에 살아 있다. 앤더슨은 상상의 공동체가 인쇄 자본주의 덕분에 가능했다고 주장한다. 바꾸어 말하면, 국민 국가도 국민주의도 인쇄 미디어가 없이는 이뤄질 수 없었다는 것이다. 인쇄 자본주의는 서로 다른 공중들에게 '공유된 공동체 의식', '공유된 매개 경험', '공통의 공공 문화', 그리고 '공동 이익'을 만들어냈다(Anderson, 1991). 인쇄 미디어는 또한 시간과 공간을 동기화하여 서로 다른 지역 집단 간의 공통의 문화와 공유된 관심사를 갖게 만들었다. 우리가 1854년에 테네시(Tennessee)에 살고 있었고, 우리 모두가 1841년에 창간된 전국 주간 신문인 「뉴욕 트리뷴」

(New-York Tribune)을 읽고 있다고 상상해보자. 우리는 뉴욕 시민들과 새로운 미국인들도 우리처럼 이 영자 신문을 읽고 있다고 생각한다! 우리는 1854년에 있을 총선과 같은 이 신문에 보도된 유사한 이슈들에 대해 이야기한다. 따라서 「뉴욕 트리뷴」과 같이 발행부수가 많은 신문은 미국 국민의 의견과 국민 정체성을 만들고 강화하는 데 도움을 주었다.

간단히 말해서, 인쇄 자본주의는 국민 국가의 형성을 초래했다. 앤더슨의 통찰력 있는 분석은 국민주의, 자본주의 및 미디어 간의 상호연결성을 이해하는 데 도움을 준다.

국민주의와 언론의 긴밀한 관계를 강조한 또 다른 학자는 마이클 빌리그(Michael Billig)이다. 빌리그는 일상생활에서 미디어와 국민주의의 관계를 보여주었다. 빌리그(1995)는 국가에 대한 일상적 재현에 초점을 맞춤으로써 '일상적 국민주의'(banal nationalism)라는 용어를 만들었다. 빌리그는 우리가 매일 보는 깃발, 스포츠 경기, 국민 가요, 특히 미디어의 언어는 매일 몇 번이고 되풀이해서 국민주의를 재생산한다고 본다. 예를 들어, 미디어는 뉴스를 국내와 국제 뉴스로 분류한다. 그들은 일반적으로 자신의 나라가 아닌 나라들을 다른 나라, 그들이라고 부르고 끊임없이 우리라는 단어를 사용하여 그들이 하나임을 암시함으로써 독자와 수용자를 맞이한다. 일상적 국민주의는 매우 감지하기 어렵고 감추어져 있으며 어디에나 존재한다. 따라서 그것은 보이지 않으며 매우 강력하다(Billig, 1995). 빌리그는 앤더슨과 마찬가지로 미디어가 국가 구성원을 하나로 모으는 데 매우 중요하며 미디어와 커뮤니케이션 수단 없이는 국민주의가 불가능하다고 주장한다.

사회과학자들과 미디어 및 커뮤니케이션 학자뿐만 아니라 미디어 인류학자들도 국민주의를 다루어왔고 국민 정체성과 미디어의 관계를 탐구해왔다. 최근, 릴라 아부-루고드(Lila Abu-Lughod), 로버트 포스터(Robert Foster), 리처드 윌크(Richard Wilk)를 비롯한 미디어 문화기술학자들은 사람들이 어떻게 자신을 국가의 일부로 생각하게 되는지에 대한 세계적인 문화기술학적 관점을 제시했다. 뉴욕 대학교(New York University)의 릴라 아부-루고드는 이집트 TV 시리즈에 초점을 맞추었다. 아부-루고드(2005)에 따르면, 텔레비전은 이집트에서 국가 문화 생산에 핵심적인 기관이다. 예를 들어, 우리(이집트인)는 모두 이집트인이 이집트에서 제작한 TV 시리즈를 시청하며, 그러한 텔레비전 시리즈물은 우리가 하나의 국민으로서 얼마나 위대한지 알려준다. 그것은 또한 서구적 가치에 오염된 다른 이집트인을 포함하여 다른 역사와 전통이 아닌 우리의 역사와 전통에 대해 알려준다.

우리는 미디어와 특히 텔레비전이 전 세계의 국민 정체성 형성에 어떻게 도움이 되었는지에 대한 유사한 예를 찾을 수 있다. 파푸아 뉴기니(PNG: Papua New Guinea)에 대해 글을 쓰고 있는 다른 인류학자 로버트 포스터(2002)는 미디어와 광고 캠페인이 PNG의 이질적인 인구집단들 사이에서 국민성을 촉진한다고 주장한다. PNG에는 문자 그대로 이질적인 인구집단이 존재한다. PNG에 등재된 개별 언어의 수는 853개로 그중 841개는 살아남아 있고 12개는 사라지고 없다(Ethnologue, 2018). 자신의 민화기술학적 연구에서 포스터는 PNG에 있는 글로벌 청량음료 회사들의 텔레비전 및 인쇄 광고를 조사했다. 1997년 펩시는 PNG에서 광고 캠페인을 시작했다. 파푸아 뉴기니 사람들은 펩시의 '브레이크 프리'(break free) 광고에서 젊은이들이 도시의 거리에서 파티를 하고 롤러블레이드를 타고 수영장에서 수영을 하고 서구화된 현대식 옷을 입고 있었기 때문에 그 광고를 매우 불쾌하게 여겼다. 반면에 전통적인 마을 생활상과 전통 의상을 입은 현지인들을 보여주고 콜라를 나눠 먹는 모습을 담은 코카콜라의 광고는 호평을 받았다. 포스터는 빌리그의 일상적 국민주의 개념에 근거하여 파푸아 누기니 전역에 분산된 인구에게 통일된 국민 정체성을 제공하는 광고가 더 긍정적으로 인식된다고 주장했다. 포스터는 광고가 공동의 국민 정체성을 (재)생산하는 데 중요한 역할을 했으며 파푸아 뉴기니의 국민 정체성을 만드는 데 국가 자체보다 훨씬 더 효과적이라고 결론지었다(Foster, 2002).

마찬가지로, 미국 인류학자 리처드 윌크는 글로벌 시스템이 '체계화된 다양성'(organized diversity)의 차이를 촉진한다고 강조했다(Wilk, 2002). 윌크는 벨리즈(Belize)에서 텔레비전 시청자를 대상으로 문화기술적 연구를 실시했다. 윌크는 전국 TV 방송국에서 방송한 서방 TV 프로그램에 대한 벨리즈인의 반응과 관련해서 "역설적으로 텔레비전 제국주의는 40년간의 국민주의 정치와 9년간의 독립보다 벨리즈에서 국민 문화와 국민 의식을 창출하는 데 더 많은 일을 할 수도 있다"(p. 184)라고 주장했다. 예를 들어, 인류학자 푸르니마 망케카르(Purnima Mankekar, 1999)는 힌두 국민 정체성을 재건하고 강화하기 위해 방송한 인도의 인기 있는 TV 시리즈의 영향을 조사했다. 그는 국영 TV 채널인 두르다르샨(Doordarshan)의 TV 시리즈가 현대 인도 국민 국가의 문화 정치에서 중요한 역할을 했다고 말했다. 힌두교의 신, 역사, 종교에 관한 TV 드라마들은 TV에서 '힌두 정체성'을 '인도의 국민 정체성'으로 소중히 여겼다.

이 모든 연구들은 최근 국내 미디어와 국내 공영 텔레비전이 초국가적 미디어의 빠른 흐름과 상업 텔레비전의 민영화 및 탈규제와 같은 신자유주의 정책에 의해 변하긴 했지만 지역 및 전국 시청자들에게 여전히 중요하다는 것을 보여주었다. 수용자들은 글로벌 제품보다 국내 제품을 선호하거나 글로벌 미디어의 초국가적 제품이 "현지화되고 토착화되고 국민 문화를 적극적으로 재창조할" 수 있다(Wilk, 2002, p. 288). 그러나 글로벌 커뮤니케이션과 미디어 사용이 국민 문화와 국민 정체성을 단지 자극만 한 것은 아니다. 글로벌 커뮤니케이션과 디지털 커뮤니케이션 기술은 또한 점점 더 세계화되는 사회에서 글로벌 공통 문화 창출을 촉진하기도 했다.

5. 문화의 세계화를 위한 글로벌 커뮤니케이션

웨이스보드(Waisbord, 2004)에 따르면, 사람들은 주로 세계화에 대해 두 가지 주요 접근 방식을 취하고 이러한 관점에서 글로벌 커뮤니케이션의 결과를 본다. 즉, 한편으로 **세계화 혐오자**(globalophobes)는 세계화를 무시하고 비판하며 저항하는 반면, **세계화 애호자**(globalophiles)는 세계화의 편익/이득에 박수를 보내고 기뻐한다. 세계화 혐오자는 국가가 세계 문화의 끊임없는 압력에 질식당하고 있다고 생각한다. 글로벌 미디어는 특히 지역 또는 국가 문화의 동질화에 중요한 역할을 하는데, 왜냐하면 국내 수용자들은 동일한 미디어 문화에 지배당하고 그들 자신의 문화적 특수성을 재현할 기회가 거의 없기 때문이다 (Waisbord, 2004). 그러나 웨이스보드에 따르면, 세계화 애호자는 세계화에 따른 최근의 경제적·문화적 변화가 사회의 문화적 다양성에 기여한다고 주장한다. 따라서 글로벌 교역의 확대와 글로벌 미디어 생산물의 보급은 전 세계 문화산업에 새로운 기회를 열어주고 있다. 그 결과, 많은 나라에 맥도날드가 있지만 고기는 현지에서 생산되기 때문에 햄버거의 맛이 서로 다르다. 더욱이 독일, 리투아니아(Lithuania), 한국, 또는 체크 공화국에 있지 않는 한, 맥도날드에서 맥주를 구입할 수 없다. 뿐만 아니라 터키의 맥도날드에서는 아이란(ayran: 요거트 음료)을 주문할 수도 있다.

　많은 학자와 연구자들은 세계화가 세계 문화의 문화적 동질화와 표준화에 대한 이야기일 뿐만 아니라 동시에 다양성과 이질성에 관한 것이기도 하다고 말한다(Appadurai, 1996; Foster, 2002; Hall, 1997; Hannerz, 1992; Kraidy, 2005; Wilk, 2002). 따라서 글로벌 문화는 동질적이지 않고 문화들은 획일적이지 않으며 오히려 다양하고 이질적이다. 스튜어트 홀(1997, p. 31)은 세계화는 차이에 적응하지 않고는 진행되지 않으며 차이를 통해 작동하게 된다는 것을 알아야 한다고 주장한다. 스웨덴의 인류학자 울프 한네르즈(Ulf Hannerz, 1992)는 '세계적인' 것(the global)의 문화적 복잡성과 다의적(multiaccentual) 특성을 지적한다. 한네르즈에게 세계적인 것은 더 이상 모든 것이 지역적인 것(the local) 밖에 있음을 의미하는 단일 범주가 아니다. 특히 새로운 미디어 기술의 발전과 함께 상품, 정보, 사람, 아이디어, 이미지, 미디어 제품, 메시지의 가속화된 흐름은 글로벌 문화를 생성했다(Appadurai, 1996; Featherstone, 1990; Hannerz, 1992). 아준 아파두라이(Arjun Appadurai)는 미디어스케이프(Mediascape)[3]라는 개념을 사용하여 정보(신문, 잡지, 텔레비전 방송국, 영화 제작 스튜디오)를 생산하고 전파하는 데 있어 전자적 역량의 배급을 강조하며, 현재 전 세계적으로 점점 더 많은 민간 회사와 공공 회사들이 이러한 전자적 능력을 이용할 수 있으며 이러한 능력은 또한 이러한 미디어에 의해 생성된 세계의 이미지를 실어 나르는 데도 이용 가능하다(Appadurai, 1996, p. 35). 미디어스케이프는 이동성의 강도를 높여준다. 2000년대에 미디어 생산물의 유통 속도가 엄청나게 빨라졌다. 예를 들어, 할리우드 영화산업은 1990년 6월 14일에는 미국 캘리포니아주 로스앤젤레스에서 그리고 6월 15일에는 미국 나머지 지역에서 강인하고 멋진 미국 형사에 대한 액션 코미디 영화인 《딕 트레이시》(*Dick Tracy*)를 개봉했다.

---

3 아파두라이는 미디어스케이프를 "정보들을 생산하고 퍼뜨릴 수 있는 전자적 장치들의 배분(신문, 잡지, 텔레비전 방송국, 그리고 영화 제작 스튜디오)과 이런 미디어에 의해 생산된 세계들의 이미지들"이라고 정의하였다(Appadurai, 2004, p. 65)(역자 주).

전 세계 관객들은 브라질에서는 7월 19일 이후에 영화를 볼 수 있었고 프랑스에서 보려면 9월 26일까지 기다려야 했다. 헝가리의 관객들은 12월 20일 이후에 극장에서 이 영화를 볼 수 있었고, 한국 관객들은 1991년 1월 19일까지 영화 개봉을 기다려야 했다(IMDB, 2018). 그러나 최근 할리우드 수퍼히어로 영화 《어벤져스: 인피니티 워》(*Avengers: Infinity War*)는 2018년 4월 27일 미국 등 59개국에서 동시 개봉됐다(Breznican, 2018; D'Alessandro, 2018). 오늘날 글로벌 미디어 기관과 미디어 제품은 속도가 빨라짐에 따라 사람과 문화들 사이의 지역적 교류와 전 세계적 교류를 향상시키고 있다.

전 세계적으로 인기를 얻고 있는 최신 유행 책, 비디오 게임, 영화는 전 세계에 온라인 및 오프라인 공동체를 만들어낸다. 수용자와 독자들은 널리 유통되는 미디어 제품을 소비하고 국경을 넘는 연결을 구축한다. 예를 들어, 해리 포터(Harry Potter) 팬들은 메릴랜드 주 체스터타운(Chestertown HP Festival, 2018)에 거주하든 캐나다 온타리오(Ontario)(Massive Harry Potter Festival, 2018)에 거주하든 상관없이 전 세계에서 해리 포터 팬 페스티벌을 조직한다. 『해리 포터』 저자인 J. K. 롤링(J. K. Rowling)은 온라인 해리 포터 팬덤(fandom)이 그들 자신의 언어와 문화, 그들 자신의 전쟁과 축제, 그들 자신의 유명인사를 가진 세계적인 현상이 되었음을 인정했다(Anelli, 2008, p. Xii). 포터존(Potterzone) 및 호그와츠 익스트림(Hogwarts Extreme)과 같은 인기 있는 팬 웹사이트는 전 세계 팬들에게 소셜 네트워킹과 역할놀이 기회를 제공한다. 다시 말해, 전 세계적인 규모의 미디어 유통과 수용은 아파두라이가 "감성의 공동체"(community of sentiment)라고 부르는 것, 즉 사물을 함께 상상하고 느끼기 시작하는 집단을 만들어낸다(Appadurai, 1996, pp. 8, 22).

6. 세계화, 지역화, 혹은 세역화: 혼성성 개념

문화의 동질화, 미디어 제국주의, 미국화에 대한 논의들 사이에서 세계화는 교차-문화적(cross-cultural) 상호작용 과정으로 이해될 수 있다. 따라서 조셉 스트로브하(2007, p. 6)는 다음과 같이 주장한다:

[그것은] 어쩌면 혼성화 또는 세계화로 더 잘 이론화되는 다양한 종류의 문화 세계화일 가능성이 더 크다. 혼성화가 일어나면, 전 세계적인 힘(global force)은 변화를 야기하지만 그러한 변화는 기존의 지역의 힘(local force)이 새로운 전 세계적인 힘과 혼합되는 역사적 과정을 통해 기존의 수행 방식에 맞추어진다. 이러한 혼성화를 통해 전 세계적인 동질화나 진짜 지역 문화가 생성하는 것이 아니라 여러 층의 문화로 된 복합적인 새로운 혼성화된 문화가 생성하는데, 그러한 문화에서는 더 오래된 전통적인 형태가 새로운 형태와 함께 지속될 수도 있다. 이것은 완전한 저항을 기뻐하거나 정체성의 완전한 상실에 절망하는 상황이 아니라, 연속성과 변화가 공존하는 복잡한 모순된 상황이다.

이러한 관점에서 볼 때, 많은 국가와 문화가 세계화 과정에 참여하고 많은 사람이 글로벌 추이를 따르지만 세계 문화의 다양성과 다종성(variety) 또한 성장한다. 롤런드 로버츤(Roland Robertson, 2012, p. 191)은 세역화(glocalization)를 세계화란 용어를 더 정제한 개념으로 사용한다. 로버츤(p. 194)은 『옥스퍼드 신어 사전』(*Oxford Dictionary of New Words*)의 도움을 받아 세역적(glocal)이라는 용어와 세역화라는 과정 명사(process noun)가 "세계적이라는 용어와 지역적이라는 용어를 하나의 용어로 축약한 것"이라고 설명한다. 그는 다음과 같이 덧붙인다:

이 아이디어는 토착화(土着化)를 뜻하는 일본어 도차쿠카(Dochakuka)[토착을 뜻하는 도차쿠(Dochaku)에서 파생됨]를 모델로 했는데, 원래 이 용어는 자신의 농사 기술을 현지 조건에 맞추는 농사 원칙을 의미했지만, 일본 업계에서 이 용어를 전 세계적 관점을 지역 현지에 적응시키는 것을 뜻하는 전 세계적 지역화(global localization)를 나타내는 말로 채택해서 사용했다(원본에서 강조된 것임). '세역적'이라는 용어와 '세역화'라는 용어는 1980년대에 들어 비즈니스 전문용어의 모습을 띠었지만, 이 용어의 주요 발원지는 일본으로 보이며, 일본에서는 특수와 보편 간의 관계라는 일반적인 문제는 역사적으로 거의 강박적인 관심을 받아왔다(Miyoshi & Harootunian, 1989). 『옥스퍼드 신어 사전』(1991, p. 134)의 뜻풀이에 따르면, 현재 이 용어는 "1990년대 초반의 주요 마케팅 유행어 가운데 하나"가 되었다.

세역화(또는 혼성성)는 여전히 글로벌 커뮤니케이션과 문화를 이해하는 데 필요한 중요한 개념이다. 마완 크레이디(Marwan Kraidy, 2005)에 따르면, 혼성성은 문화 세계화의 필연적이면서도 필수적인 기제이다. 따라서 우리는 서사 스타일, 주제, 장르가 국경을 넘어 뒤섞이는 현상이 증가하는 것을 경험한다(Waisbord, 2004). 홍콩, 프랑스, 인도, 아르헨티나에서는 지역색이 묻어나는 할리우드 액션 영화와 쓰릴러 영화를 볼 수 있고, 유럽에서는 아프로팝(Afro-pop), 남미에서는 노르딕 재즈(Nordic jazz), 아시아에서는 멕시칸 록(Mexian rock), 북미에서는 케이팝(K-pop), 호주에서는 스위디시 팝 록(Swedish pop-rock) 또는 브라질리언 힙합(Brazilian hip-hop)을 들을 수 있다.

7. 전 세계적 흐름과 복합적 흐름

많은 학자들은 현대 세계에서 미디어의 생산, 수신, 유통에 있어 국민주의의 힘과 세계화의 힘 간에 긴장이 내재함을 강조해왔다. 아준 아파두라이와 그렉 어번(Greg Urban)은 지역 문화, 글로벌 문화, 국가 문화에 문화의 흐름과 미디어 형식의 유통, 배급, 전파가 미치는 의미와 영향을 이해하는 데 관심이 있는 유명한 연구자들이다. 아파두라이에 따르면, ① 전자적 중재(electronic mediation)와 ② 대량 이주(mass migration)라는 두 가지 중요한 현상이 지금 우리의 현 세계를 특징지어준다. 아파두라이는 "시청자와 이미지 둘 모두 동시에 순환하기 때문에 이 둘은 함께 특정한 불규칙성을 만들어낸다"라고 말한다(Appadurai, 1996, p. 4). 아파두라이는 흐름(flow)을 강조하는데, 그가 말하는 흐름은 동형적(同型的)이거나 일관되거나 동시대적(coeval)이거나 수렴적인 흐름이 아닌 탈구(脫臼; disjuncture)[4]의 관계를 의미한다(Appadurai, 1996). 돈, 이미지, 사람, 물건, 미디어, 기술, 지식의 전 세계적 흐름이 더 이상 국민 국가의 통제 하에 있지 않기 때문에 단절(rupture)은 중요한 의미를 갖는다. 따라서 국민 국가의 경계는 실제로 중요하지 않다. 아파두라이와 달리 어번은 흐름(circulation)이 "단순히 사회 내나 사회 사이에서 사람, 사물, 아이디어가 이동하는 것이 아니라고

---

4 탈구란 뼈의 관절이 삐어 제자리에서 벗어난 것을 말하는데, 문화나 미디어가 원래 있던 제자리를 '벗어나' 다른 곳으로 소폭 이동하는 상태를 의미하는 것으로 보인다(역자 주).

주장한다. 대신, 흐름은 흐르는 형식들의 기호학적 특성에 의해 생성되는 고유한 유형의 추상화와 제약을 갖는 과정이다"(Urban, 2001, p. X). 이러한 맥락에서 어번은, 예를 들어, **국민주의**를 "공동체의 기호학적 구성의 특별한 예, 흐름의 기호학적 매개로 만들어진 사회적 형상화(social imagery)"로 정의한다(Urban, 2001, p. xv). 어번은 전통과 근대성의 관계, 세계화와 국민주의 간의 긴장과 같은 현시대의 문제를 분석하기 위해 기호, 흐름, 공동체 간의 관계를 이해하는 데에 기호학이 중요하다고 강조한다.

미디어 제국주의의 논제와 대조적으로, 현대 글로벌 세계에는 여러 다른 지역에서 미디어의 복합적 흐름(multiple flow)과 미디어 생산물의 역흐름(counterflow)이 존재한다. 이토 유이치(Ito Youichi, 2007, p. ix)는 다음과 같이 말한다:

> 한국은 1910년부터 1945년까지 일본의 식민지였다. 19세기 후반부터 한국과 일본 간의 정보와 문화의 흐름이 일방향적(일본에서 한국으로)이었던 것은 이것이 부분적인 이유였다. 그러나 한국 정부는 약 10년 전 영상 콘텐트 산업을 전략적 수출 산업으로 강화하기 시작했다. 한국 영화와 드라마는 대만과 중국 본토 시장에서 처음으로 성공을 거두었고, 지난 2년 동안 일본 시장에서도 큰 성공을 거두었다. 일본어로 칸류(kanryu), 즉 '한국 스타일' 붐은 영화와 TV 드라마 시리즈에서 시작되어 관광, 음식, 음악 및 많은 관련 분야로 확장되었다.

이와 유사하게 코이치 이와부치(1997)는 대만인들이 중국이나 서양(미국) 미디어보다 일본 텔레비전 프로그램과 대중음악을 선호하는 이유를 이해하기 위해 대만 젊은이들을 인터뷰했다. 그는 사람들이 일본 미디어 제품과 일본 문화를 친숙하면서도 현대적인 것으로 인식한다고 결론지었다. 일본 미디어는 대만 고객을 위해 서양 대중문화를 현대적이면서도 아시아적으로 각색한 내용을 제공한다.

아시아의 한류(Hallyu; Korean wave)와 마찬가지로 터키의 미디어 생산물, 특히 TV 시리즈는 중동의 아랍인들과 발칸 반도 및 동유럽의 시청자들에게 엄청난 찬사를 받았다. 터키 멜로드라마의 대중성과 폭넓은 유통은 지금은 서구 문화가 그들의 국경을 넘어선 것은 물론이고 비서구 국가들도 지리적 근접성,

문화적 친근성(immediacy)5, 역사적 연관성을 활용할 수 있는 일부 글로벌 시장에서 경쟁 우위를 누리고 있음을 볼 수 있다(Kaptan, 2013). 그러나 캡턴은 다음과 같이 강조한다:

> (국가의 가치, 상품, 생활방식, 이념의 수출과 함께) 특정 국가의 텔레비전 제작물을 다른 국가로 성공적으로 배급/전파하는 것은 국제무대에서 해당 국가의 상대적인 사회경제적 · 정치적 권력과 관련이 있지만, 현재 미디어 생산물의 글로벌 유통과 초국가적인 문화적 흐름에서 제외되어 있는 국가는 없다(p. 126).

따라서 최근에 국가 미디어와 지역 콘텐트의 '미국화'에 대한 논쟁이나 미디어 제국주의와 문화 제국주의에 관한 이론(Mattelart, 1982, 1983; Schiller, 1976, 1991)은 사라졌으며, 학자들은 주로 뉴 미디어 기술, 소셜 미디어 네트워크, 그리고 이것들이 디지털 시대의 사회와 문화에 미치는 영향에 초점을 맞추어왔다.

8. 뉴 미디어 기술과 새로운 문화

뉴 미디어와 인터넷 기반 소셜 미디어의 등장으로 많은 사람들이 서로 연결되고 더 빠르게 커뮤니케이션할 수 있게 되었다. 이로 인해 새로운 형태의 글로벌 커뮤니케이션과 집단 형성이 가능해졌다. 오늘날 많은 사람들은 여행을 할 때 여행 사진을 보내 실시간으로 그들이 사랑하는 사람 또는 그들의 소셜 그룹(social group)과 공유한다. 많은 학자들이 뉴 미디어가 문화에 미치는 영향과 사람들이 연결하고 소통하는 방법을 연구하고 있다. 이 절에서는 미디어 기술의 변화를 살펴보고 뉴 미디어가 전 세계적으로 문화를 어떻게 뒤바꿔서 새로운 문화를 만들어냈는지 살펴본다. 특히 넷플릭스와 새롭게 나타난 TV 시청 행태, 유튜브와 국영 비디오 플랫폼인 러튜브, 페이스북, 트위터, 소셜 미디어 시대의 정치적 행동주의 같은 두드러진 글로벌 미디어 사례들에 초점을 맞춘다.

---

5 캅탄은 자신의 논문에서 "cultural immediacy/connections"이라고 표현하면서 immediacy를 connection, 즉 연관성에 의한 가까움(친근성)으로 사용하고 있다(역자 주).

1) 글로벌 텔레비전 및 미디어 시청 습관의 변화: 넷플릭스

2010년대 초, "세계 3대 커뮤니케이션 기업인 애플, 구글, 페이스북이 미국 텔레비전 시장에 진출했다. 그러나 지금까지 가장 대담한 도전은 새롭고 훨씬 더 작은 미국 회사인 넷플릭스에서 비롯되었다"(Barr, 2011, p. 61). 넷플릭스는 1997년 소비자가 영화를 다운로드(download)할 수 있는 하드 드라이브(hard drive)에 대한 특허를 처음으로 받으면서 설립되었다. 1998년, 이 회사는 우편 주문 사업을 새롭게 시작하기로 결정했고 미국에서 가장 큰 온라인 DVD 우편 대여 서비스 사업자가 되었다(Barr, 2011, p. 62). 2007년에는 스트리밍 미디어를 도입했고 그런 다음 2012년 콘텐트 제작을 시작한 이후 넷플릭스는 190개 국으로 빠르게 사업을 확장했다(Minaya & Sharma, 2016). 2017년, 넷플릭스는 미국 영화와 TV 프로그램뿐만 아니라 국제 TV 프로그램을 22개 언어로 가입자들에게 제공했다(Netflix, 2017). 넷플릭스는 미디어 콘텐트를 시청할 수 있는 유연한 시간 프레임을 제공할 뿐만 아니라, 글로벌 프로그램을 제공함으로써 가입자들의 TV 시청 경험과 관행을 변화시켰다고 말할 수 있다. 넷플릭스 가입자들은 매일 한국, 브라질, 노르웨이, 일본, 스페인의 TV 시리즈나 코미디 쇼를 선택할 수 있다.

2) 이용자와 제작자: 유튜브 또는 러튜브

오늘날 콘텐트 공유 웹사이트는 글로벌, 국가 및 지역 문화는 물론 글로벌 커뮤니케이션을 형성한다. 유튜브와 같은 비디오 공유 웹사이트는 글로벌, 지역 및 국가 생산물의 보급을 가능하게 한다. 예를 들어, 퍼렐 윌리엄스(Pharrell Williams)의 《해피》(Happy)비디오는 230,956,180회의 조회수를 기록했으며, 푸에르토 리코 가수 루이스 폰시(Luis Fonsi)의 비디오는 2018년 5월까지 유튜브에서 5,193,745,476번 조회되었다. 현재 구글 소유의 유튜브는 UGC로 세계에서 가장 인기 있는 웹사이트 가운데 하나이다. 콘텐트의 다양성, 언어의 다종성, 기여자들의 서로 다른 국가적·문화적 정체성 때문에 유튜브는 글로벌 커뮤니케이션과 문화적 다양성의 매개체가 되었다. 장 버지스(Jean Burgess)와 조슈아 그린(Joshua Green)(2009, p. viii)은 다음과 같이 말한다:

기여자들은 텔레비전 방송국, 스포츠 회사, 주요 광고주 같은 대형 미디어 제작자와 권리 소유자에서부터 주류 방송 시스템보다 저렴한 배급수단이나 대안을 찾는 중소기업, 문화 기관, 예술가, 행동주의자, 미디어를 잘 아는 팬들, 비전문가, 아마추어 미디어 제작자에 이르는 다양한 부류의 참여자들이다. 이러한 참여자들 각각은 자신의 목적과 목표를 가지고 유튜브에 접근하고 집합적으로 유튜브를 역동적인 문화 체계로 만든다. 즉, 유튜브는 참여 문화 사이트이다.

버지스와 그린에 따르면, 유튜브는 무엇보다도 이윤 동기가 있는 상업적 기업이다. 그러나 그것은 문화 공론장을 위한 의미 있는 매개 기제로 간주될 만큼 충분히 크고 충분히 전 세계적이다(Burgess & Green, 2009, p. 77).

유튜브의 엄청난 성공 이후 인터넷에는 특정 국가의 대안 플랫폼이 등장하기 시작했다. 러튜브는 러시아어를 사용하는 수용자들을 위해 비디오 콘텐츠를 제공하는 러시아어 비디오 플랫폼이다. 유튜브와 달리 이용자들이 아닌 러시아 TV 프로그램이 러튜브 전체 콘텐츠의 62%를 공급한다(Eichner et al., 2019). 유튜브와 마찬가지로 이용자들은 러튜브를 무료로 이용할 수 있으며 광고 수익으로 자금을 조달한다. 2014년 1월과 10월 사이에 2,500만 명의 순이용자(unique user)가 러튜브에 등록했으며 전국적으로 월 평균 3억 회(전 세계적으로 5억 회 이상)의 조회수를 기록하여 러튜브를 러시아 비디오 서비스의 선두 주자로 만들었다(Eichner et al., 2019).

3) 페이스북과 트위터

페이스북은 2004년 온라인 소셜 네트워킹 서비스 사이트로 설립되었다. 2006년에는 트위터가 뉴스 및 소셜 미디어 서비스로 출발했다. 페이스북과 트위터는 모두 2000년대에 기하급수적인 성장을 경험했다. 소셜 미디어는 서구뿐만 아니라 전 세계에서 인기를 얻고 있다. 인도네시아는 소셜 미디어 이용을 매우 빠르게 채택한 국가 가운데 하나이다. 림(Lim, 2013, p. 639)에 따르면,

인터넷은 2012년 전체 인구 2억 4천만 명 가운데 5천 5백만 명에게만 서비스를 제공하는 데도 불구하고, 인도네시아에서는 소셜 미디어 사용이 엄청나게 증가했으며 온라인

활동의 90%가 소셜 네트워킹 사이트 탐색에 사용되었다. 인도네시아의 페이스북 이용자는 4,300만 명으로 세계에서 세 번째, 트위터 이용자는 2,940만 명으로 세계에서 다섯 번째로 이용자가 많은 국가가 되었다.

소셜 네트워킹 사이트의 광범위한 이용이 우리의 일상생활과 정치 문화를 변화시킨 것은 놀라운 일이 아니다. 최근 들어, 소셜 네트워크는 정치 참여를 촉구했고 정치 참여와 행동주의의 유형을 변화시켰다. 온라인 행동주의, "게으른 행동주의(slacktivism), 클릭 행동주의(clicktivism: click activism), 안락의자 행동주의(armchair activism), 키보드 행동주의(keyboard activism)와 같은 새로운 개념이 등장하여 디지털 행동주의의 가치에 의문을 제기하게 되었으며, 이러한 새로운 행동주의는 흔히 '실제'(물리적) 행동주의에는 미치지 못하는 것으로 여겨진다"(Lim, 2013, p. 637). 이로 인해 소셜 미디어 플랫폼이 정치 참여를 위한 공론장이 되고 있는지, 또는 뉴 미디어가 민주주의나 공중의 대화 촉진을 위한 중요한 도구인지와 같은 의문이 제기되었다. 소셜 미디어 이용과 정치 참여는 국가마다 다르고 다양한 사회 집단마다 차이가 있지만, 새로운 사회 운동과 정치적 행동주의 형성에 소셜 네트워크가 차지하는 중요성은 무시할 수 없다. 한 예가 터키이다. 정치 참여에 소셜 미디어를 이용하는 것은 터키에서 매우 인기가 많지는 없다. 2014년 1월과 3월 사이에 터키 이용자의 22%만이 시민 또는 정치 문제에 대한 의견을 온라인에 게시했으며, 12%만이 시민 이슈나 정치 이슈를 규정하기 위한 온라인 상담이나 투표에 참여했다(Eichner et al., 2019). 그러나 이것은 2013년 게지 공원(Gezi Park) 시위 동안 완전히 바뀌었다. 이스탄불에서 공중의 시위가 시작된 후, 페이스북과 트위터는 즉시 시위 지지자와 반대자를 위한 정치적 플랫폼이 되었다. 게지 공원 시위는 2013년 5월 27일 이스탄불의 주요 광장 가운데 한 곳에 있는 공원의 철거를 중단시키기 위해 시작되었다(Kaptan, 2016). 시위 동안, 터키에서는 뉴 미디어 이용이 크게 증가했다. 5월 28일, 게지 공원은 #게지공원탁심광장(#GeziParkİçinTaksime)이라는 제목의 트위터에서 유행하는 주제였다. 그동안 터키의 주요 전국 텔레비전 방송국들은 시위에 대한 뉴스를 방송하지 않았다. 따라서 페이스북과 트위터를 포함한 소셜 미디어는 공중의 주요 뉴스원 가운데 하나가 되었다. 5월

31일, 트위터 이용자들은 오후 4시에서 자정 사이에 200만 개 이상의 시위 관련 트윗을 날렸다. 자정 이후에는 분당 3,000개의 트윗을 날렸다(SMaPP Data Report, 2013). 게지 공원 시위 동안의 일사불란한 소셜 미디어 이용은 주류 언론의 보도 부족에 대한 수용자의 대응으로 해석할 수 있다. 터키의 제한된 뉴스 보도와 미디어 검열로 인해 더 많은 사람이 뉴스와 정보를 얻기 위해 소셜 미디어를 이용한다. 그 결과, 소셜 네트워킹 사이트의 광범위한 이용은 시민들의 정치 참여를 변화시키고 정치 운동의 성격을 변화시킨다. 오늘날 사람들은 온라인 미디어나 소셜 네트워킹 사이트를 통해 참여하거나 항의하거나 소셜 미디어를 효과적으로 사용하여 정치 운동을 조직한다.

9. 집단적인 매개된 경험에서 TNMC로

위의 논의를 바탕으로, 우리는 미디어가 문화 세계화의 주요 원동력 가운데 하나라고 말할 수 있다. 따라서 많은 학자들이 미디어, 글로벌 커뮤니케이션, 문화 세계화의 관계를 다루고 분석한다. 물론 관점은 서로 다르다! 한편으로 미디어의 세계화는 미국 TV 시리즈의 전 세계적 유통과 지배를 의미하면서 세계의 미국화와 관련되어 있다. 그러나 이것은 일반적으로 많은 국가에 공영방송과 하나의 채널만 있었을 때 그러했다. 당시는 미디어가 포화되지(saturated) 않은 상태로 시청자들은 하나밖에 없는 전국(대부분 공영) 채널을 시청했다. 이는 전 세계가 동일한 TV 프로그램을 시청하는 전 세계적인 시청자를 형성하는데 도움을 주었다. 예를 들어, 닐 암스트롱(Neil Armstrong)이 달 표면에 발을 내디뎠을 때 NASA의 달 착륙은 진정한 글로벌 미디어 이벤트였다. NASA에 따르면, "5억 3천만 명으로 추정되는 사람들이 1969년 7월 20일 '한 사람에게는 하나의 작은 발걸음이지만 인류 전체에게는 하나의 거대한 발걸음'을 내디뎠을 때 텔레비전으로 중계되는 그의 이미지를 보았고 그 사건에 대해 설명하는 그의 목소리를 들었다"(NASA, 2017). 글로벌 커뮤니케이션과 미디어 기술의 출현으로 사람들은 이러한 경험에 참여하고 이러한 경험을 더 세계적으로 공유할 수 있다.

1980년대에는 여러 다른 국가에서 많은 시청자들이 <댈러스>(Dallas),

<더 코스비 쇼>(*The Cosby Show*), <다이너스티>(*Dynasty*), <나이트 라이더>(*Knight Rider*) 같은 미국 TV 시리즈를 시청했다. 당신이 이스라엘에 가든 네덜란드에 가든 1978년 TV 시리즈 <댈러스>를 볼 수 있었기 때문에 이것은 한동안 공통된 글로벌 미디어 문화를 만들어냈다(Ang, 1985; Katz & Liebes, 1990). 이전에 공산주의 국가였던 루마니아의 TV 시청자들조차도 1980년대에 <댈러스>를 시청함으로써 글로벌 시청자의 일부가 되었다(Gillespie & Welch, 2008). 길레스피(Gillespie)와 웰치(Welch)는 "<댈러스>는 단순한 텔레비전 프로그램이 아니라 분위기를 바꾸는 문화의 힘이다"라고 주장했다. 그러나 비판적 관점에서 수용자들의 수용을 살펴보는 많은 연구자들은 <댈러스>가 세계적인 현상이 되어 여러 다른 나라의 국내 텔레비전 방송을 지배했음에도 불구하고 그 미디어 텍스트(<댈러스>)에 대한 각국 수용자들의 해석은 그것이 방송되는 문화적 맥락에 따라 요동쳤다고 주장한다(Ang, 1985; Katz & Liebes, 1990). 이후, 국가 및 권역 미디어 체계는 점점 더 다양해졌다. 공영 방송사와 국영 텔레비전 회사들은 채널 수를 늘렸으며, 일부는 더 많은 문화 프로그램과 예술 프로그램을 제작·방송하는 BBC 4와 같이 전문 콘텐트를 제공했다. 그뿐 아니라 방송 언어 옵션도 확대되었다. 터키의 공영 방송 서비스인 TRT(Turkish Radio and Television)는 15개의 TV 채널로 시청자에게 각기 다른 콘텐트를 제공했을 뿐만 아니라, TRT 알 아라비야(TRT Al Arabiya)는 아랍어 사용 시청자에게 그리고 TRT 6는 쿠르드어(중동에 있는 한 민족 집단의 언어) 이용자들에게 방송 서비스를 제공했다.

1990년대 후반과 2000년대에 이르러 민영 채널과 민영 미디어 기업이 미디어 산업을 지배하기 시작하면서 미디어 환경이 변하기 시작했다. 글로벌 미디어 제국들이 부상(浮上)하면서 월트 디즈니 컴퍼니, 컴캐스트(Comcast), 구글, 21세기 폭스 같은 TNMC가 미디어 거대기업으로 발전했다. 리 아츠(Lee Artz)는 자신의 저서 『글로벌 엔터테인먼트 미디어: 비판적 소개』(*Global Entertainment Media: A Critical Introduction*)에서 글로벌 정치경제학(political economy)[6]과 자

---

6 economics라는 용어가 등장한 후에 출현한 political economy는 정치경제학으로 번역하는 것이 옳고, 그전부터 존재한 political economy는 경제학으로 번역하는 것이 합당하다고 한다 [참조: 이헌창(2008), Political economy와 Economics의 개념과 번역. 『개념과 소통』 제2호, 113~177](역자 주).

본주의의 문화적 헤게모니(hegemony)가 연계되어 있는 미디어 산업을 이해하기 위해서는 초국가적 미디어 산업이 국가/지역 문화와 사회적 관계에 미치는 영향을 살펴봄으로써 초국가적 미디어 산업을 검토할 필요가 있다고 말한다. 아츠(2015)는 초국가적 자본주의에서 미디어의 민영화, 탈규제, 그리고 상업화와 같은 신자유주의 정책이 더욱 우세할 때 초국가적 미디어가 어떻게 작동하는지 의문을 제기한다. 웨이스보드(2004)에 따르면, 오늘날 국가적 미디어(national media)[7]의 위기는 일본인들이 소유한 할리우드 제작 스튜디오, 프랑스 은행의 공동 자금 조달, 멕시코의 통제를 받는 이익과 같은 미디어 생산물의 소유권에 관한 것이다. 아츠(2015, p. 72)가 말했듯이, 소유권에 관계없이 미디어 생산물에 의해 어떤 나라의 국민성이 재현된다는 것은 항상 의문이 있지만, TNMC는 "다른 무엇보다도 자본주의 기관으로서 모든 국가와 영토에서 사회적 관계의 초국가적인 자본주의적 변화에 원인을 제공하며 또한 그러한 변화에 참여한다." 따라서 채널과 TV 방송국의 수가 증가함에도, 미디어 콘텐트, 형식, 미디어 생산물은 전 세계적으로 점점 더 동질화되고 있다. TNMC는 국민 국가의 경계를 쉽게 넘어선다. 그들은 전 세계적으로 제품을 판매하고 유통한다. 수백만 명에 이르는 글로벌 시청자들이 <생존자>(*Survivor*), <빅 브라더>(*Big Brother*), <누가 백만장자가 되길 원하는가?>(*Who Wants to Be a Millionaire?*)와 같은 TV 프로그램 혹은 이러한 프로그램을 지역에 맞게 각색한 프로그램을 시청한다.

그럼에도 역설적으로 보일 수도 있지만, 국민 국가가 전 세계의 경제, 정치, 문화 및 법률 체계에 대한 독점 통제권을 상실하는 것처럼 보이면서, 미디어 거대기업 자체의 전 세계적인 확장뿐만 아니라 세계화 과정 강화의 결과로 국가적 미디어 프로그램은 이전보다 훨씬 더 광범위하고 양적으로도 훨씬 더 방대한 양이 유통되고 있다(Kaptan, 2013, pp. 126~127). 예를 들어, 향상된 배급 기술과 전 세계적인 네트워크의 결과로 터키 드라마 수출이 기하급수적으로 증가했다. 2014년 중반까지 70편 이상의 터키 TV 드라마가 75개국의 시청자들에게 도달했다(Alankuş & Yanardagoglu, 2016). 주요 미디어 수출 회사 가운

---

7 여기서 national media는 국영 미디어도 국가 소유의 미디어도 아닌 국제적 미디어에 대한 국가 차원의 미디어라는 의미이다(역자 주).

데 하나인 피라트 귈겐(Fırat Gülgen)의 CEO는 터키 연속 드라마는 글로벌 문화 상품으로서 수요가 있으며 이미 글로벌 문화 경제의 일부라고 말한다(Kaptan, 2013, p. 127). 따라서 터키 미디어 생산물의 문화적 세계화는 국제 시장에서 터키 제품을 판매하는 마케팅 전략과 연결되어 있기 때문에 글로벌 미디어 산업과 별도로 고려될 수 없다(Kaptan, 2013).

10. 미디어 포화

2013년, 「사이컬러지 투데이」(*Psychology Today*)는 다음과 같은 주장을 하는 논문 1편을 게재했다:

> 이제 우리의 삶은 그 어느 때보다 (이메일에서 트위터, 페이스북에서 인스타그램, 링크트인에서 넷플릭스에 이르는) 미디어, 텔레비전, 비디오 게임, 인스턴트 메시징, 웹 서핑으로 포화되어 있다. 가장 어린 아이들조차도 전자책 단말기, 아이패드, 태블릿 스크린 여기저기로 손가락을 움직이느라 바쁘다. 이러한 기술을 기꺼이 채택함으로써 우리는 진화 역사상 가장 큰 실험(생물학적, 사회적, 윤리적 영향에 관한 실험)에 기꺼이 참여하고 있다(Klisanin, 2013).

우리는 미디어 기술 및 미디어 콘텐트와 끊임없이 관계를 맺음으로써 미디어가 범람하는 사회를 만들어냈다. 다중 화면(multiscreen) 세계에서 우리는 국내 미디어 생산물이나 글로벌 미디어 생산물을 소비하기 위해 우리의 시간을 동기화하고 지리적 공간의 경계를 없앤다. 우리는 뉴 미디어와 전통적인 미디어를 통해 2001년 뉴욕 세계무역센터가 붕괴되는 모습을 텔레비전에서 실시간으로 볼 수 있었다. 우리는 같은 날 개봉하는 할리우드 영화를 볼 수 있으며, 게다가 우리는 그것을 전 세계적으로 같은 시간에 보고 그것에 대해 인터넷 포럼에 글을 쓴다. 헨리 젠킨스(Henry Jenkins, 2006)는 자신의 저서 『수렴 문화』(*Convergence Cultures*)에서 미디어 수렴, 참여 문화 및 뉴 미디어 수용자가 만들어낸 집단 지성(collective intelligence) 간의 관계를 조사한다. 젠킨스에게 수렴은 ① 다양한 미디어 플랫폼을 넘나드는 콘텐트의 흐름, ② 다양한 미디어 산업 간의 협력, ③ 미디어 수용자들의 이동 행동을 가리킵니다. 예를 들어, 어떤 블로거의 동영상은 심지어 다른 나라의 유튜브에 업로드될 수 있고, 트위터 및 페이스북에서 공유될 수 있으며, 뉴스 웹사이트에서 퍼져나갈 수 있습니다. 젠킨스는 디지털화된 시대에 미디어 소비자는 팬 문화(fan culture)와 같이 서로 다른 국가적·문화적 맥락에서 미디어 콘텐츠의 유통을 촉진하고 몇몇 미디어 콘텐츠들 사이의 연결을 만들어내는 상호작용적인 참여자라고 강조한다.

　이러한 모든 기회들이 미디어가 어떻게 공통의 글로벌 문화를 만들어내고 지구촌을 형성할 수 있는지에 대한 통찰력을 제공하지만, 우리는 여전히 집단, 사회, 또는 국가에 대한 소속감을 추구함으로써 우리의 정체성을 고려한다. 따라서 두바이와 미국의 인도 노동자들은 월드 와이드 웹을 통해 발리우드 영화를 보거나(Punathambekar, 2005), 터키 이민자들은 유럽 디아스포라에서 위성 기술을 통해 터키 TV 시리즈나 터키 프로그램을 시청한다(Ogan, 2001). 미디어 기술과 네트워크는 국민 정체성이나 지역 제휴를 조성함으로써 글로벌 문화를 촉진한다. 그러나 이 두 가지 측면 모두에서 미디어는 여전히 글로벌, 국가, 권역, 또는 지역이라는 각기 다른 수준에서 공통 문화를 만들어낸다.

11. 글로벌 커뮤니케이션과 글로벌 문화에 대한 비판적 접근

기술결정론(technological determinism)은 새로운 개념이 아니다. 이 개념은 20세기 초반부터 존재했지만, 최근 들어 뉴 미디어 기술의 발달과 관련하여 다시 중요해졌다. 기술결정론이라는 용어는 미국 경제학자이자 사회학자인 쏘스타인 베블런(Thorstein Veblen, 1857~1929)이 처음으로 사용했다. 기술결정론은 기술과 미디어를 역사의 주요 원동력, 대규모 사회경제적 변화의 주요 영향, 문화와 사회 변화의 핵심 동기로 간주한다(Heilbroner, 1994). 기술결정론에는 다양한 형태가 있다. 여기에서 우리는 특히 저명한 미디어 이론가인 해롤드 이니스(Harold Innis)와 마셜 맥루언이 대표하는 미디어 결정론(media determinism)에 초점을 맞춘다. 맥루언(1964)은 미디어, 문화, 사회를 분석할 때 미디어와 커뮤니케이션 기술을 사회에서 가장 강력하고 영향력 있는 결정인자로 간주한다. 맥루언은 미디어 이용이 인간의 상호작용과 생활방식뿐만 아니라 인간의 신체

spread of nationalism. London: Verso.

Anelli, Melissa. (2008). *Harry, a history: The true story of a boy wizard, his fans and life inside the Harry Potter phenomenon*. New York: Pocket Books.

Ang, I. (1985). *Watching Dallas: Soap Opera and the Melodramatic Imagination*. London and New York: Methuen.

Appadurai, A. (1996). *Modernity at large: Cultural dimensions of globalization*. Minneapolis: University of Minnesota Press.

Artz, L. (2015). *Global Entertainment Media: A Critical Introduction*. New York: Wiley Blackwell.

Barr, T. (2011). Television's newcomers: Netflix, Apple, Google and Facebook. *Telecommunications Journal of Australia, 61*(4): 61–70.

Baylor, E. (2012). *Ethnocentrism*. Retrieved June 18, 2018, from http://www.oxfordbibliographies.com/view/document/obo–9780199766567/obo–97801997 66567–0045.xml

Billig, M. (1995). *Banal nationalism*. London: Sage.

Burgess, J., & Green, J. (2009). *YouTube: Online video and participatory culture*. Cambridge, UK: Polity Press.

De la Rochere, M. H. D., Lathey, G., & Wozniak, M. (2016). *Cinderella across cultures: New directions and interdisciplinary perspectives*. Detroit, MI: Wayne State University Press.

Dorfman, A. (1975). *How to read Donald Duck: Imperialist ideology in the Disney comic* (D. Kunzle, Trans.). New York: International General.

Duff, A. S. (1998). Daniel Bell's theory of the information society. *Journal of Information Science, 24*(6): 373–393.

Edgar, A., & Sedgwick, P. (2005). *Cultural theory: The key concepts*. London: Routledge.

Eichner, S., Y. Kaptan, E. Prommer, & Y. Yurtaeva. (2019). New media and audience behavior. In K. Arnold, P. Kinnebrock, & S. Preston, *The international handbook of European communication history*. Malden, MA: Wiley Blackwell.

Ethnologue. (2018). *Papua New Guinea*. Retrieved from https://www.ethnologue.com/country/PG

Featherstone, M. (Ed.). (1990). *Global Culture: Nationalism, Globalization and*

Modernity. London: Sage.

Fiske, J. (1989). *Reading the popular.* Boston: Unwin Hyman.

Foster, R. J. (2002). *Commodities, consumption, and media in Papua New Guinea.* Bloomington: Indiana University Press.

Freedman, D. (2010). A "technological idiot"? Raymond Williams and communications technology. *Information, Communication & Society, 5*(3), 425–442. doi:10.1080/13691180210159346

Gillespie, N., & Welch, M. (2008, April 27). How Dallas won the Cold War. *Washington Post.* Retrieved from http://www.washingtonpost.com/wpdyn/content/article/2008/04/25/AR2008042503103.html

Hall, S. (1990). "Cultural identity and diaspora." In J. Rutherford (Ed.), *Identity: Community, Culture, Difference* (pp. 222–237). London: Lawrence & Wishart.

Hall, S. (1997). The work of representation. In S. Hall (Ed.), *Representation: Cultural representations and signifying practices.* London, Thousand Oaks, and New Delhi: Sage Publications and Open University.

Hannerz, U. (1992). *Cultural complexity: Studies in the social organization of meaning.* New York: Columbia University Press.

Heilbroner, R. (1994). Technological determinism revisited. In M. R. Smith and L. Marx (Eds.), *Does technology drive history?* (pp. 67–78). Cambridge, MA: MIT Press.

Herman, E. S., & Chomsky, N. (1988). *The political economy of the mass media.* New York: Pantheon.

Heywood, A. (2011). *Global politics.* Hampshire, UK, and New York: Palgrave Macmillan.

Iwabuchi, K. (1997). Genius for 'glocalization' or the sweet scent of Asian modernity: Japanese presence in the Asia audiovisual market. In T. D. Lee & H. C. Liu (Eds.), *The paradigm of Asian media* (pp. 305–40). Taipei: Pan Asian Publishers.

Jenkins, H. (2006). *Convergence culture: Where old and new media collide.* New York: New York University Press.

Kaptan, Y. (2013). A conceptual perspective to media: Cultural globalization, clash of civilizations, or hegemony. *Global Media Journal: Turkish Edition, 3*(7), 118–134.

Kaptan, Y. (2016). Laugh and resist: Humor and satire use in the Gezi resistance movement. *Perspectives on Global Development and Technology, 15*, 567–587.

Katz, E., & Liebes, T. (1990). Interacting with "Dallas": Cross cultural readings of American TV. *Canadian Journal of Communication, 15*(1), 45–66.

Klisanin, D. (2013). Media saturation and your health. *Psychology Today*. Retrieved from https://www.psychologytoday.com/us/blog/digital-altruism/201308/media-saturation-your-health

Kraidy, M. M. (2005). *Hybridity, or the cultural logic of globalization*. Philadelphia: Temple University Press.

Lerner, D. (1958). *The passing of traditional society: Modernizing the Middle East*. New York: Free Press.

Lim, M. (2013). Many clicks but little sticks: Social media activism in Indonesia. *Journal of Contemporary Asia, 43*(4), 636–657.

Mankekar, P. (1999). *Screening culture, viewing politics: An ethnography of television, womanhood, and nation in postcolonial India*. Durham, NC: Duke University Press.

Mattelart, A. (1982). *Multinational corporations and the control of culture: The ideological apparatuses of imperialism* (Michael Chanan, Trans.). Atlantic Highlands, NJ: Humanities Press.

Mattelart, A. (1983). *Transnationals and the Third World*. South Hadley, MA: Bergin & Garvey.

McLuhan, M. (1964). *Understanding media: The extension of man*. London and New York: McGraw-Hill.

Merriam-Webster Dictionary. (2018). Eurocentric. Retrieved June 18, 2018, from https://www.merriam-webster.com/dictionary/Eurocentric

Murphy, P. D., & M. M. Kraidy. (2003). International communication, ethnography, and the challenge of globalization. *Communication Theory, 13*(3), 304–23.

NASA. (2017). Apollo 11 mission overview. Retrieved from https://www.nasa.gov/mission_pages/apollo/missions/apollo11.html

Ogan, C. (2001). *Communication and identity in the diaspora: Turkish immigrants in Amsterdam and their use of media*. Lanham, MD: Lexington Books.

Punathambekar, A. (2005). Bollywood in the Indian-American diaspora: Mediating a transitive logic of cultural citizenship. *International Journal of Cultural Studies, 8*(2): 151–173.

Richards, S., & Saba, P. (1985). Colonialism and Eurocentrism. *Class Struggle, 9*(5).

Retrieved June 18, 2018, from https://www.marxists.org/history/erol/uk. hightide/
colonialism.htm

Robertson, R. (2012). Globalisation or glocalisation? *Journal of International
Communication, 18*(2), 191-208.

Schiller, H. (1969). *Mass communications and American empire.* New York:
Augustus M. Kelley.

Schiller, H. (1976). *Communication and cultural domination.* White Plains, NY:
International Arts and Sciences Press.

Schiller, H. (1991). Not yet the post-imperialist era. *Critical Studies in Mass
Communication, 8*(1), 13-28.

SMaPP Data Report. 2013. A breakout role for Twitter? The role of social media in
the Turkish protests. Social Media and Political Participation, New York
University. Retrieved from https://wp.nyu.edu/smapp/wp-content/uploads/
sites/1693/2016/04/turkey_data_report.pdf

Stepanova, E. (2011). The role of information communication technologies in the
"Arab Spring." Retrieved June 18, 2018, from http://pircenter.org/kosdata/
page_doc/p2594_2.pdf

Straubhaar, J. D. (2007). *World television: From global to local.* Thousand Oaks, CA:
Sage.

Tomlinson, J. (1991). *Cultural imperialism: A critical introduction.* Baltimore, MD:
Johns Hopkins University Press.

Tomlinson, J. (1996). Cultural globalization: Placing and displacing the West.
European Journal of Development Research, 8(2): 22-35.

Urban, Greg. (2001). *Metaculture: How culture moves through the world.*
Minneapolis: University of Minnesota Press.

Waisbord, S. (2004). The media and the reinvention of the nation. In J. D.
Downing (Ed.), *The SAGE Handbook of Media Studies* (pp. 375-389). Thousand
Oaks, CA: Sage.

Weaver, G. R. (2013). The evolution of international communication as a field of
study: A personal reflection. In M. K. Asante, Y. Miike, and J. Yin (Eds.), *The
global intercultural communication reader* (pp. 35-47). New York: Routledge.

Webster, F. (2006). What is an information society? In *Theories of the Information*

Society (3rd ed., pp. 15–31). New York: Routledge.

Wilk, R. (2002). "It's destroying a whole generation": Television and moral discourse in Belize. In K. Askew and R. Wilk (Eds.), *The Anthropology of Media* (pp. 286–298). Malden, MA: Blackwell.

Williams, R. (1974). *Television: Technology and cultural form.* London and New York: Routledge.

Youichi, I. (2007). Foreword. In Y. R. Kamalipour (Ed.), *Global communication* (pp. viii–x). Belmont, CA: Wadsworth Cengage Learning.

웹사이트

Breznican, A. (2018, March 1). *Avengers: Infinity war* release date moves up a week. *Entertainment Weekly.* Retrieved May 12, 2018, from http://ew. com/movies/2018/03/01/avengers-infinity-war-release-date-week-early

Chestertown HP Festival. (2018). Retrieved May 20, 2018, from https://chest-ertownhpfest.org

D'Alessandro, A. (2018, May 7). *Infinity War* is second fastest pic to $400M with second-best 2nd weekend ever, now back at $115M+—Monday." Deadline Hollywood. Retrieved May 12, 2018, from https://deadline.com/2018/05/avengers-infinity-war-second-weekend-box-office-overboard-tully-bad-samaritan-1202382713

IMDB. (2018). *Dick Tracy* (1990) Release Info. Retrieved May 20, 2018, from https://www.imdb.com/title/tt0099422/releaseinfo

Minaya, E., & Sharma, A. (2016, February 7). Netflix expands to 190 countries. *Wall Street Journal.* Retrieved May 12, 2018, from https://www.wsj.com/articles/netflix-expands-to-190-countries-1452106429

Netflix. (2017). Netflix language preferences. Retrieved May 20, 2018, from https://www.netflix.com/LanguagePreferences

Ontario's Massive Harry Potter Festival. (2018). Retrieved May 20, 2018, from https://www.narcity.com/ca/on/toronto/news/ontarios-world-renowned-harry-potter-festival-reveals-dates-for-2018

15장

디지털 시대의 젠더, 민족성, 그리고 종교

터리사 캐릴리(Theresa Carilli) & 제인 캠벌(Jane Campbell)

2017년 1월 21일, 여성들은 도널드 트럼프 미국 대통령의 취임에 항의하기 위해 전 세계적인 대규모 행진을 벌이며 거리로 나왔다. 700만 명이 넘는 여성들이 원래 '워싱턴 여성 행진'(Women's March on Washington)으로 알려진 행진에 참여했다. 미국에서는 400회 이상의 평화 시위가 있었고, 7개 대륙의 81개국에서 약 170회 정도의 행진이 있었다. 전 세계적으로 펼쳐진 이 행사의 특성으로 인해 이 행진은 이제 "여성 행진"(Women's March)으로 불린다. 이 사건은 다음과 같은 두 가지 이유에서 중요한 의미를 지니고 있다: ① 이 사건은 전 세계 여성의 과소 재현(underrepresentation)와 예속으로 인한 좌절을 의미했고 ② 이 사건은 대규모 소셜 네트워크 활동을 통해 조직됨으로써 인터넷의 사회적 영향력과 힘을 보여주었다.

왜 그렇게 많은 여성이 이 행사에 참여하기로 선택했을까? 미국에서 특히 힐러리 클린턴(Hillary Clinton)이 첫 여성 대통령이 될 것으로 예상했던 여성들은 집단적인 좌절감을 느꼈고, 이것이 2016년 대선에서 일반 투표에서는 클린턴이 이겼는데 미국의 가장 보수적인 지역에서 개인들의 선거인단 투표(electoral vote)[1]에서는 러시아의 선거 개입을 조장한 것으로 의심 받은 트럼프가 이기면서 최고조에 올랐다. 주로 미국 남부와 중서부 주의 보수주의자들은 다른 많은 개인의 권리뿐만 아니라 여성의 재생산 권리(reproductive rights)²를 지지하지 않았다. 보수 유권자들에게는 차이에 대한 편협함과 백인 앵글로색슨계 남성의 생명과 권리를 중시하는 특정한 관점에 대한 집착이 있는 것으로 보인다.

1995년, 베이징에서 열린 제4차 국제여성회의(the Fourth International Women's Conference)에서 당시 대통령 부인이었던 힐러리 클린턴 여사는 초기 1세대 페미니스트였던 앤절리나(Angelina)와 사라 그림키(Sarah Grimke)가 했던 인기 있는 문구를 사용해 다음과 같이 말했다: "여성의 권리는 곧 인권이고, 인권은 곧 여성의 권리이다." 이 초기 페미니스트의 구호로의 복귀는 이러한 전 세계적인 대화에서 여성들을 원래의 위치로 되돌려놓았다. 이 말은 삶의 모든 면에서 2등 시민처럼 느껴온 여성들에게 세계적인 만트라(mantra)가 되었다. 여성 행진을 위한 지도 비전 및 원칙 정의(The Guiding Vision and Definition of Principles for the Women's March)는 경제적 정의에 대한 여성의 권리, 폭력으로부터의 자유, 경찰의 잔학 행위에 대한 책임과 정의, 형사 사법 시스템 내에서 젠더 불평등과 인종적 불평등의 해체, 재생산의 자유, 젠더 정의(젠더 규범, 기대 및 고정 관념으로부터의 자유), LGBTQIA³의 권리, 경제적 의사 결정의 투명성, 동일 임금, 어르신 돌봄, 단결권(이주 노동자 포함), 시민권, 원주민 여성의 토지 소유 권리, 장애인 지원, 포괄적인 평등권 수정조항(Equal Rights Amendment), 가족이 함께 머물 수 있는 권리, 건강한 환경에서 살 권리, 전쟁을 끝내고 평화를 증진할 권리를 요구하는 선언문이다. 이러한 가치들 가운데 많은 것이 평등주의 체제에서 생활하도록 장려하는 철학이자 비판적 틀인 페미니즘에 뿌리를 두고 있다.

케냐 나이로비(Nairobi)에서 열린 여성 행진의 주최자는 페이스북에 다음과 같이 썼다: "우리는 우리의 활기차고 다양한 공동체가 우리 사회의 강점임을 인식하면서 우리의 권리, 우리의 안전, 우리의 가족, 우리의 건강, 그리고 지구

---

1 11장의 각주 참조(역자 주).

2 재생산 권리는 모든 부부와 개인이 자녀의 수와 자녀를 가질 시기에 대해 자유롭고 책임 있는 결정을 할 수 있는 권리, 해당 선택을 이행하기 위해서 필요한 정보를 제공받을 수 있어야 하는 권리, 도달 가능한 최고 수준의 재생산 건강을 향유할 권리를 기반으로 한다(역자 주).

3 성소수자들인 lesbian, gay, bisexual, transgender, queer, intersex, asexual의 약어이다(역자 주).

의 건강을 위해 함께 행진한다." 그런데 덴마크의 한 페이스북 게시물에는 "국민주의, 인종차별, 여성혐오 경향이 전 세계적으로 증가하고 있으며 여성, 유색 인종, 이민자, 무슬림, LGBTQIA 커뮤니티, 장애인을 포함해 우리 사회에서 가장 소외된 집단을 위협한다"라고 적혀 있다(Knight, 2017). 미국에서는 엘리저베쓰 워런(Elizabeth Warren), 코리 부커(Cory Booker) 같은 정치인과 애슐리 저드(Ashley Judd), 스칼렛 요한슨(Scarlett Johansson), 자넬 모네(Janelle Monáe) 같은 유명인들이 행진 후 집회에서 한 연설을 통해 그러한 지도 원칙들을 강화해주었으며 불의에 대한 그들의 개인적인 이야기를 공유했다.

많은 여성 인권 단체가 그 행진을 조직하는 데 도움을 줬지만, 소셜 미디어(페이스북과 트위터)를 통해 그 행진을 조직한 공로를 인정받는 두 사람은 하와이 출신의 은퇴한 변호사 터리사 슈크(Teresa Shook)와 오케이아프리카(OkayAfrica)의 공동 창립자이자 공동 회장인 버네사 루블(Vanessa Wruble)이다. 슈크의 행진 목적은 "그녀가 본 여성과 소수자에 대한 트럼프의 굴욕적인 수사(修辭)에 역량 강화 메시지로 맞서는 것"(Felsenthal, 2017)이었던 한편, 루블은 상이한 인종과 상이한 배경의 여성들이 행진을 이끌었다는 점을 분명히 하고 싶어 했다. 루블은 "그것은 모든 사람을 위한 기본적인 평등에 관한 것"이라고 설명했다(Felsenthal, 2017). 역사적인 2017년 행진이 많은 여성을 동원하는 데 성공했기 때문에, 2018년에 슈크와 루블이 후원하는 또 다른 행진이 개최되었다. 시카고 지역 시민인 도미니크 뉴먼(Dominique Newman)과 16세의 딸 재딘(Jadyn)은 두 행진 모두에 참석했다. 뉴먼은 "우리가 여성으로서 관찰하고 경험하는 것이 혼자가 아니라는 것을 아는 것이 중요하며 이에 대해 무언가를 기꺼이 하려는 의지를 갖는 것이 중요하다"라고 말했고, 그녀의 딸은 "아직 너무 어리기 때문에 나는 뚜렷한 사회적 인식(social awareness)을 가지고 모든 사람을 위한 평등권을 위한 투쟁에 우리 세대를 끌어들이기 위해 노력한다"라고 말했다(Arvia, 2018).

여성 행진은 소셜 미디어를 통해 여성의 목소리가 미디어에서 공정하게 재현되기를 요구하는 개인들의 네트워크를 구축했다. 이 행사를 통해 두 가지 운동, 즉 #미투 운동과 #타임즈업(#TimesUp)[4] 운동이 일어났다. 페미니스트 운동의 주요 도구로 소셜 미디어를 사용하는 데 중점을 둔 4세대 페미니즘의 일

---

4 타임즈업은 성희롱, 성폭행 등 성범죄와 성차별에 대항하는 운동이자 단체이다(역자 주).

부로 간주되는 두 운동 모두 여성이 일상생활에서 경험한 성적 · 정서적 위법행위(violation)를 다루고 있다. #미투 운동은 성폭력(sexual assault)을 당한 여성이 자신의 경험을 게시하도록 독려한 한편, #타임즈업 운동은 #미투 운동과 유사하게 여성에게 성적 또는 정서적 위법행위를 한 권력 있는 지위에 있는 남성을 대상으로 삼는다.

2세대 페미니스트이자 여성에 대한 미디어 재현(representation)에 관한 책의 편집자로서 우리(이 장의 필자)는 그와 같은 운동의 미래에 대해 두 가지 주요 관심사를 가지고 있다. 첫째, 우리는 두 운동이 직장에서 경험한 격차(disparity)보다는 여성들이 경험한 위법행위에 초점을 맞추고 있다는 점을 우려한다. 그와 같은 격차는 낮은 급여를 받고 승진 고려 대상에서 제외되는 것에서부터 의사결정 과정에 목소리를 내지 못하는 것까지 다양하다. 여성에게 적용되어왔던 규칙은 여성에게 계속 적용된다. 여성들이 선뜻 동의하고 위협적이지 않은 것처럼 보이는 한, 그들(남성들)은 기회를 가질 것이다. 둘째, #타임즈업 운동에 나선 많은 미국 여배우들은 많은 사람들이 가지고 있는 '매력적인 여성은 폭행을 당할 만하다'라는 고정관념을 구체화해준다. 우리의 바람은 이러한 운동이 확대되고 지도 원칙 선언문에 제시된 이슈들을 철저하게 조사하는 것이다. 이 운동은 여성에 대한 미디어 재현에 문제를 제기하는가 아니면 현 상태를 그저 되새길 뿐인가? 여성 행진의 결과로 전 세계가 얻을 수 있는 것은 무엇인가?

이 장에서는 디지털 시대의 젠더, 민족성, 종교의 복잡한 정체성과 이러한 정체성들이 세계무대에서 어떻게 표현되고 있는지 다룰 것이다. 먼저 우리는 다음과 같은 것들을 살펴볼 것이다:

1. 정체성의 구성요소는 무엇이며, 우리는 미디어 재현을 이해하려는 우리의 시도에서 정체성 문제를 어떻게 협상하는가(negotiate)?[5]

---

5 정체성 협상(identity negotiation)이란 사람들이 관계에서 '누가 – 누구인지'에 대한 합의에 도달하는 과정을 의미한다. 이러한 합의에 도달하면 사람들은 가정하기로 동의한 정체성에 충실할 것으로 기대된다(역자 주).

2. 우리가 정체성을 보고 경험하는 방식에 영향을 미치는 권력과 특권 체계는 무엇인가?
3. 미디어에 나타난 정체성의 이러한 특정 구성요소들을 조사할 때 우리가 사용하는 철학적 · 이론적 렌즈는 무엇인가?

이러한 질문에 답한 후, 우리는 젠더, 민족성, 종교가 세계무대에서 어떻게 제시되는지에 대한 예들을 계속해서 보여줄 것이다. 우리의 바람은 미디어 스토리를 만들어내는 과정에서 정체성의 구성요소가 얼마나 중요한지 더 잘 이해할 수 있도록 하는 것이다. 우리는 미디어에서 듣는 세계적인 이야기에 깊은 영향을 받지만, 재현되는 개인들의 정체성이 어떻게 전달되는지 항상 살펴보아야 한다.

1. 정체성의 구성요소와 미디어 재현

정체성과 문화에 대한 우리의 이해는 서로 불가분하게 얽혀 있다. 우리의 문화는 역사에 뿌리를 두고 있으며 심리적 · 사회적 · 행동적 영향을 지닌 복잡한 요소들로 구성되어 있다. 흔히 의식(儀式)은 우리의 문화적 정체성으로부터 습득된다. 우리의 가치 체계와 관념은 우리의 문화적 경험에서 비롯될 수도 있다. 우리의 가족과 공동체 구성원 그리고 미디어를 통해 우리는 우리 문화에 대해 배운다. 미디어는 다른 사람들이 우리의 문화와 정체성을 어떻게 보는지 관찰할 수 있는 집단 거울(collective mirror)을 만들었다. 예를 들어, 당신이 아일랜드의 가톨릭 신자로 자란다면, 미디어에 의해 당신에게 전달되는 메시지는 중동의 무슬림이나 동남 아시아의 불교도일 경우 당신에게 전달되는 메시지와 매우 다를 것이다.

존 보사(Joan Borsa, 1990)는 "위치의 정치학을 향하여: 주변성을 다시 생각하기"(Towards a Politics of Location: Rethinking Marginality)라는 논문에서 여성 동성애자 페미니스트 시인(詩人) 에이드리언 리치(Adrienne Rich)와 흑인 이론가 벨 훅스(bell hooks)[6]가 생각해낸 문구를 간결하게 정의하고 있다. 그녀의

---

6 벨 훅스는 필명이며, 이름 첫 글자를 소문자로 쓴 미국의 작가이자 사회운동가이자 페미니스트로, 본명은 글로리아 진 왓킨스(Gloria Jean Watkins, 1952~2021년)이다(역자 주).

정의에 따르면, 위치의 정치학은 "우리가 상속받고 점유하는 장소와 공간으로, 이것은 매우 특정적이고 구체적인 방식으로 우리 삶을 틀 짓는 장소이며, 물리적 혹은 지리적 배치만큼이나 우리 정신의 일부이다"(p. 36). 보사는 이 정의를 감안해 "우리의 투쟁의 일부는 우리의 위치에 이름을 붙이고, 우리 공간을 정치화하며, 우리의 특정 경험과 관행이 우리를 둘러싸고 있는 절합(節合; articulation)[7]과 재현에 적합한지 질문할 수 있기 위한 것"(p. 36)이라고 주장한다. "구체적인 방식"과 "우리를 둘러싸고 있는 재현"에 맞게 "우리 공간을 정치화하는 것"에 대한 보사의 언급은 우리 가운데 주변화된 집단과 동일시하는 사람들은 경험을 토대로 그러한 모습을 하는 방식의 특성을 규정하는 변수들을 정의해야 함을 의미한다.

위치의 정치학은 우리가 우리의 문화와 우리가 미디어에서 어떻게 재현되고 있는지 살펴보도록 가르친다. 모든 개인은 세상을 어떻게 보는지 그리고 주류 미디어에 의해 자신이 타자성 지위(otherness status)[8]로 취급되고 있는지 확인하기 위해 자신의 정체성의 구성요소들을 검토해야 한다. 타자성이란 어떤 문화, 어떤 집단, 혹은 정체성의 어떤 구성요소가 은유적으로 표현해 격리되고 있는지, 즉 예외적이거나 이상한 것으로 취급당하고 있는지 그리고 권력을 가진 사람들이 만든 안전한 세계관에 위협을 가하는 것을 의미한다. 모든 개인은 그들의 위치의 정치학을 토대로 특정한 미디어 재현을 어떻게 인식하는지에 대해 반드시 자기주장을 해야 한다. 장애가 있는 아프리카계 미국인 남성은 남미계 여성 동성애자와 매우 다르게 영화나 TV 프로그램을 경험할 수도 있다.

---

[7] 문화연구 및 다양한 학문 분과에서 사용되는 개념인 절합은 담론의 상호텍스트성을 살필 수 있는 유용한 분석 틀로, 스튜어트 홀은 절합을 "특정한 조건 아래에서 두 개의 서로 다른 요소를 통일시킬 수 있는 연결의 형태"로 설명한다(역자 주).

[8] 타자성이라는 개념은 철학이나 정신분석학 등에서 학자마다 다르게 사용하고 있어서 단일한 정의를 내리기는 어려우나, 일단 주체의 외부에 있는 모든 것, 그러니까 타인들 및 외부세계를 가리키지만, 이 개념이 확장되어서 가부장적, 남성 중심적, 이성애자 중심적, 백인 중심적 사고 틀에서 주변부로 축출된 존재인 여성, 동성애자, 유색인종도 타자라는 말로 표현되기도 한다. 이 경우에는 억압 받고, 무시되고, 사유에서 배제되는 존재들을 주로 가리킨다(역자 주).

2. 정체성의 핵심 구성요소

인종(race)이나 민족성(ethnicity), 계층(class), 젠더(gender), 성성(性性; sexuality)은 사회학자, 인류학자, 심리학자들이 정체성을 조사할 때 사용하는 네 가지 주요 표지자(marker)이다. 이러한 개념을 탐구하기 전에 우리는 정체성에 대한 두 가지 핵심 이론인 본질주의(essentialism)와 사회 구성주의(social constructionism)에 주목한다. 뉴먼(2011)에 따르면, 본질주의는 "한 집단을 다른 집단과 구별하는 보편적이고 내재적이며 명확한 '본질'"로 여겨지는 것에 초점을 맞춘다(p. 37). 본질주의자는 우리가 가지고 있는 특정한 특성은 바뀔 수 없으며 생물학적으로나 역사적으로 그 개인의 일부라고 믿는다. 본질주의자는 여성이 남성보다 생물학적으로나 신체적으로 약하기 때문에 전투 임무에 적합하지 않을 수 있다고 믿을 수도 있다. 사회 구성주의자는 "우리가 실재적이고 본질적인 것으로 알고 있는 것은 항상 우리가 살고 있는 문화와 역사적 시대의 산물이라고 주장한다"(p. 39). 정체성의 구성요소들은 무정형이고 잘 변할 수 있다. 뉴먼은 계속해서 "인종, 계층, 젠더, 성성에 기반한 범주적 구분은 인간이 만들어낸 것이며 그러한 구분에 대한 우리의 생각과 그러한 구분에 대한 반응과 독립적으로 존재하지 않는다"라고 말한다(p. 39). 나중에 자신이 동성애자임을 알게 된 어떤 개인을 예로 인용하는 것은 사회 구성주의 이론의 전형적인 예시이다. 이 사람은 항상 동성애자였는가 아니면 살아온 경험이 그의 정체성과 자기-지각(self-perception)에 영향을 미쳤는가?

정체성, 인종 혹은 민족성, 젠더, 계층, 성성과 같은 이러한 중요한 구성요소들은 핵심적인 표지자로, 우리는 이러한 표지자들을 통해 세상을 관찰하고 경험한다. 추가적인 핵심 구성요소로 종교, 능력주의(ableism), 나이, 외모지상주의(lookism)가 있지만 이것들이 전부는 아니다. 이러한 용어들에 대한 정의는 "경제적 · 정치적 · 이념적 추이와 사건"에 따라 끊임없이 변한다(Newman, 2011, p. 39). 간단히 말해서, 인종 또는 민족성은 생리적 피부색과 함께 당신의 국민적 유산과 출신 국가를 나타낸다. 젠더는 생리적 성, 즉 남성, 여성, 또는 간성(間性; intersex)(간성인은 태어날 때 남성과 여성의 생식기를 모두 소유한 사람을 말함)을 의미한다. 시스젠더(cisgender)는 태어날 때 부여된 젠더와 자신을 동일시하는 개인을 말하는 반면, 트랜스젠더(transgender)는 자신에게 부여된 젠더와 동일시하지 않는 사람을 말한다. 어떤 사람들은 자신을 '젠더 비순응자'(gender nonconforming)라 부르는 것을 선호하는데, 왜냐하면 그들은 젠더를 유동적이거나 스펙트럼에 따라 보는 단순한 젠더 식별에 저항하기 때문이다. **계층**은 선택권과 선택에 영향을 미치는 가족으로부터 물려받은 경제적 자원을 의미한다. 교육을 거의 또는 전혀 받지 않은 노동 계층의 사람은 고등 교육을 받고 무한한 부를 가진 상류 계층의 사람보다 더 적은 기회를 가질 수도 있다. **성성**은 이성애자, 동성애자, 양성애자(bisexual), 범성애자(pansexual) 가운데 선호하는 성적 관계 및 동거 관계를 나타낸다. 범성애자는 남성 동성애자, 여성 동성애자, 양성애자, 또는 성전환자를 파트너로 선택할 수도 있다. 범성애자에게는 젠더 정체성이 중요하지 않다. 정체성의 핵심 구성요소로 인식되고 있는 **종교**는 개인의 영적 신념 체계를 인정하며, 그 신념 체계는 흔히 개인의 행동 방식에 영향을 미친다. **능력주의**의 경우, 개인의 신체적 기동성(physical mobility)뿐만 아니라 지적 능력에 초점을 맞춘다. 장애인들은 때때로 비장애인들로부터의 편견과 차별로 인해 어려움을 겪는다. 나이는 단순히 개인이 이 세상에서 살아온 시간을 표시하지만, 세대가 서로 다르면 흔히 서로에 대한 편견과 고정관념을 드러내는데, 이러한 편견을 **연령 차별주의**(ageism)라고 한다. **외모지상주의**는 특히 미의 문화적 기준과 관련하여 타인의 외모를 지나치게 강조하는 것을 말한다.

이러한 기본 정의들을 고려해, 이제 우리의 논의는 이러한 정체성의 구성요소들을 기반으로 하는 특권 체계(privilege system)로 넘어간다. 이러한 특권 체계를 이해함으로써 우리는 미디어 재현에 대한 지식을 얻는다. 이러한 정체성의 구성요소들은 우리의 글로벌 세계에서 누가 '중요하고' 누가 중요하지 않은지 가르쳐준다.

1) 특권 체계

특권 체계는 일부 개인 및 문화 집단이 중요하기 때문에 다른 개인 및 문화 집단보다 더 많은 권한을 갖는다는 전제에서 작동한다. 공리는 자명하거나 널리 받아들여지는 것으로 간주되는 진술이지만, 이러한 공리(axiom)에 대해 당연히 이의가 제기될 수도 있으며, 이 공리에 대한 믿음은 무의식적일 수도 있고 사람들이 이 공리와 마주할 때 그것이 부정될 수도 있다. 전 세계적으로 다음과 같은 공리들이 존재한다:

1. 남성은 여성보다 더 중요하고 더 많은 권력을 가지고 있다. 남성은 여성보다 더 많은 특권을 가지고 있다. 이것을 **남성 특권**(male privilege)이라고 한다.

2. 백인은 유색인보다 더 중요하고 더 많은 권력을 가지고 있다. 백인은 유색인보다 더 많은 특권을 가지고 있다. 이것을 **백인 특권**(white privilege)이라고 한다.

3. 이성애자는 LGBTQIA보다 더 중요하고 더 많은 권력을 가지고 있다. 이성애자는 LGBTQIA 공동체 구성원보다 더 많은 특권을 가지고 있다. 이것을 이성애자 특권(heterosexual privilege)이라고 한다.

4. 상류층은 중산층과 노동 계층보다 더 중요하고 더 많은 권력을 가지고 있다. 중산층은 노동 계층보다 더 많은 특권을 가지고 있다. 이것을 **계층 특권**(class privilege)이라고 한다.

개인들은 흔히 그들의 권력과 특권을 가지고 태어난다. 이런 개인들은 다른 많은 사람들이 갖지 못한 권리를 가지고 있다. 그들의 특권으로 인해 그들은 경제적 성공을 거두고 어떤 문화의 주요 의사결정자가 될 수 있다. 부유하고 교육을 많이 받은 가정 출신의 개인들은 전 세계 기업에서 성공하는 데 필요한 더 많은 교육 도구를 제공하는 학교에 자녀를 보낼 수 있는 자원을 가지고 있는 반면, 빈곤층이나 노동 계층 출신의 아동은 계층 지위를 바꿀 수 있는 자원에 접근할 수 없는 경우가 많다.

경험상 우리는 매일 다양한 맥락에서 행해지는 행동으로 권력과 특권을 살펴볼 수 있다. 예를 들어, 남성 특권은 남성이 여성에 대해 갖는 권한을 일컫는다. 많은 국가에서 여성은 남편의 성을 사용한다. 여성의 삶, 경력, 관심은 흔히 남성과의 관계에 의해 맥락화(contextualize)된다. 주류 영화와 스포츠 경기는 대부분 남성의 삶과 경험을 중심으로 진행된다. 사우디 아라비아의 여성은 스스로 운전할 권리를 부여받았는데, 이는 남성 특권을 전형적으로 보여준다. 피부색 특권이 있는 미국의 백인은 괴롭힘이나 살해에 대한 두려움 없이 시골이나 백인 거주 지역을 운전할 수 있지만 유색 인종은 안전하지 않을 수도 있다. 유색 인종은 경찰과 같은 권한을 행사하는 자가 자신을 수상한 사람으로 인식할까봐 두려워한다. 미국에서 #흑인의생명도소중하다(#BlackLivesMatter) 운동은 미국 사법 제도의 불평등에서 비롯되었다.

많은 국가에서 LGBTQIA 공동체 구성원은 성적 정체성으로 인해 공공연하게 괴롭힘을 당하고 살해될 수 있다. 미국에는 오늘날에도 더 많은 사례가 존재하지만 두 사례가 이러한 사실을 상징적으로 보여준다. 성전환자인 브랜든 티나(Brandon Teena)는 1993년 네브래스카(Nebraska) 주 훔볼트(Humboldt)에서 강간당한 후 살해되었다. 1998년, 2명의 백인 이성애자 남성은 매쓔 셰퍼드(Matthew Shepard)를 위협적인 존재로 인식하고 와이오밍(Wyoming) 주 라라미(Laramie)에서 그를 목장 울타리에 묶은 후 구타하고 죽게 내버려두었고, 그는 결국 6일 후 사망했다. 2015년, 미국에서 남성 동성애자와 여성 동성애자의 평등혼(marriage equality)이 합법화되었지만, 그들의 권리는 지속적인 공격과 감시의 대상이 되고 있다. 인디애나(Idiana) 주지사로 재직한 동안(2013~2017년), 마이크 펜스(Mike Pence) 전 부통령은 LGBTQIA 공동체에 심각한 해를 끼칠 수 있는 법안을 만들었다. 펜스는 HIV 기금을 성전환 치료용으로 전환하여 LGBTQIA 공동체가 그들의 성적 지향을 바꾸게 하기 위해 이 치료를 받도록 강요했다. LGBTQIA 공동체에 대한 차별을 허용하는 펜스 버전의 종교자유회복법(Religious Freedom Restoration Act)은 2018년 6월 미국 연방대법원에 회부되어 콜로라도(Colorado)의 제빵사가 남성 동성 결혼을 위한 웨딩 케이크 만들기를 거부할 수 있는지에 대한 판단을 받았다. 연방대법원은 7대2로 제빵사에게 유리한 판결을 내렸지만 다른 소송에서는 이러한 판결을 내리기를 거부했다.

세계 여러 다른 지역에서 특정 종교들이 문화적 행동에 영향을 주는 규칙과 법률을 만든다. 미국에서 기독교는 특권을 가진 종교이다. 기독교 행동 규범을 지키지 않는 사람은 흔히 외부자 지위로 격하된다. 미디어는 다른 종교 휴일보다 기독교 휴일을 취재하는 데 훨씬 더 많은 시간을 할애한다. 중동과 아프리카에서는 이슬람교가 특권을 가진 종교이다. 중동 전역의 모스크는 매일 신도들에게 멈춰 서서 알라신에게 기도하라고 요구한다. 태국에서는 불자들이 멈춰 서서 부처에게 꽃을 바칠 수 있도록 길모퉁이에 기도원을 지었다. 이스라엘에서 유대인들은 그들의 종교 역사를 토대로 한 역년(曆年)을 기념한다. 이러한 종교들 가운데 다수가 원리주의적(fundamentalist) 요소를 가지고 있다. 이러한 원리주의적 요소는 흔히 특정 종교가 그들의 종교적 원리를 제시하는 책을 문자 그대로 해석하고 있음을 의미한다. 기독교인들에게 그것은 성경이고, 이슬람교도의 경우에는 코란(Koran)이며, 유대인들의 경우에는 토라(Torah)이다. 이러한 원리주의적 믿음에는 흔히 관용이나 이해를 촉진하지 않는 다른 종교와 개인에 대한 해석이 수반된다. 예를 들어, 자신을 복음주의 기독교인이라고 밝힌 마이크 펜스는 LGBTQIA 공동체 구성원에 대한 차별을 바탕으로 하는 자신의 신념 체계를 형성했다. 모든 복음주의자가 그의 믿음을 공유하는 것은 아니지만, 많은 다른 종교의 신자들이 그런 것처럼, 많은 복음주의자들이 그의 믿음을 공유하고 있다고 말해도 될 것 같다.

정체성과 미디어 재현을 연구하는 이유와 방법을 이해하려면 미디어 스토리와 사건이 다루어지는 방법과 다루어지는 스토리와 사건에서 특권이 작동하는 방식을 좌우하는 기본적인 특권 체계가 존재한다는 것을 이해하는 것이 절대적으로 중요하다. 미디어 재현에 나타나 있는 젠더(성성 포함), 민족성(인종 포함), 종교를 살펴보는 스토리들을 검토해보기 전에, 우리는 정체성 연구가 왜 미디어를 이해하기 위해 들여다볼 때 사용하는 비판적인 렌즈가 되어야 하는지를 설명하기 위한 이데올로기적·철학적 틀을 제공하고자 한다.

3. 문화 연구와 페미니즘

문화 연구는 영국 버밍엄에서 리처드 호가트와 스튜어드 홀에 의해 1963/64년에 확립되었다. 버밍엄 대학교 현대문화연구센터는 '문화적 인공물(cultural artifact)[9]의 분석, 해석 및 비평을 위한 비판적 접근방식'을 개발했다. 버밍엄 학파는 프랑크푸르트 학파와 유사하지만 접근방식에 있어서 차이가 있는 이데올

---

[9] 문화는 몇 개의 층으로 이루어져 있는데, 그 가운데 '인공물' 층은 가장 구체적인 층으로 누구든지 쉽게 관찰할 수 있고, 인간의 의식 수준에 위치해 있는 층을 말한다(역자 주).

로기를 제시했는데, 이는 노동 계층은 미디어와 관련하여 행위주체성이 거의 또는 전혀 없다는 믿음을 기반으로 하는 프랑크푸르트 학파로 알려진 맑스주의 사상 학파에 대한 대응이었다. 문화 연구 이론가인 더글러스 켈너(Douglas Kellner, 2018)에 따르면,

> 일련의 내부 토론을 통해 그리고 1960년대와 1970년대의 사회적 투쟁과 운동에 대응하여 버밍엄 학파는 미디어 문화를 포함한 문화적 텍스트에서 재현과 계층, 젠더, 인종, 민족성 및 국적 이데올로기 간의 상호작용에 초점을 맞추게 되었다. 그들은 신문, 라디오, 텔레비전, 영화 및 기타 대중문화 형태가 수용자에게 미치는 영향을 최초로 연구한 사람들 가운데 하나였다. 그들은 또한 다양한 수용자들이 미디어 문화를 다양하고 서로 다른 방식과 맥락에서 어떻게 해석하고 사용하는지에 초점을 맞추면서 수용자들이 미디어 텍스트에 대해 상반된 방식으로 반응하게 된 요인을 분석했다(p. 4).

버밍엄 학파는 재현과 이데올로기에 초점을 맞춤으로써 정체성의 권력 구조에 신빙성을 부여했으며 전체 학문 분야를 구축했다. 인종차별적 이데올로기와 미디어에 대한 연구로 유명한 스튜어트 홀은 미디어가 "세계가 어떻게 그리고 왜 그렇게 작동할 거라고 말하고 보여주는 대로 작동하는지 이해할 수 있는 사회적 세계의 재현, 이미지, 기술, 설명, 그리고 프레임을 정확하게 만들어낸다"라고 설명했다(1981, p. 29). 문화 연구 이론가들은 '한 사회 집단이 다른 집단을 상대로 쥐고 있는 권력 또는 지배력'을 인정하는 안토니오 그람시(Antonio Gramsci)의 헤게모니 이론(theory of hegemony) 이론을 결합시켜(Lull, 1995) 권력과 특권 체계를 구성하는 것으로서의 미디어 재현에 초점을 맞추었다. 그들에 따르면, 이데올로기는 그러한 미디어 재현 속에 새겨져 있으며, 그러한 표상을 통해 개인들에게 그들이 권력 구조에 잘 들어맞는다는 점을 전달한다. 노동 계층의 개인들과 더불어 아프리카계 미국인과 이탈리아계 미국인을 포함한 많은 인종 집단은 텔레비전 시트콤과 영화에서 광대나 범죄자로만 묘사되었다(Butsch, 2005; Carilli, 1998). 예를 들면, <더 제퍼슨스>(*The Jeffersons*), <올인 더 패밀리>(*All in the Family*), <후즈 더 보스>(*Who's the Boss*)와 같은 TV 프로그램이 그러하다. 흔히 영웅으로 묘사되는 백인 중산층 남성은 영화와 TV

프로그램의 스타가 되었다. 미디어 재현에 대한 분석을 통해 문화 이론가들은 그와 같은 재현이 의도적이며 기존의 권력 구조를 구체화해줄 뿐이라는 것을 입증했다. 이것은 개인들은 자신들이 누구이며 어떻게 행동해야 하는지에 대한 경험과 이해를 통해 미디어 재현에 반응을 보이지만, 다른 사람들은 미디어 재현과 동일한 일련의 기대를 가지고 그들에 대한 반응을 보일 것임을 의미한다. 미디어 재현은 소외된 집단을 배제함으로써 인종차별, 편협성, 불관용을 부채질해왔다. 특정 집단 출신의 개인에 묘사가 몇 가지 존재할 수도 있지만, 해당 집단에 대한 어떤 형태의 이해를 제공하기에 충분한 묘사는 존재하지 않는다. 미디어의 남성 동성애 문화 묘사에 관한 비토 루소(Vito Russo)의 영향력 있는 1980년 저서에 기반한 영화 《셀룰로이드 클로지트》(*The Celluloid Closet*)에서 LGBTQIA 공동체 구성원들은 흔히 그들의 생활방식 때문에 자살한다. 자살하거나 죽어가는 남성 동성애자에 관한 영화는 1961년 영화 《아이들의 시간》(*The Children's Hour*)으로 거슬러 올라가며, 좀 더 최근의 영화로는 《브로크백 마운틴》(*Brokeback Mountain*)(2005)이 있다. 이러한 영화들은 수용자들로 하여금 남성 동성애자들이 불행한 삶을 살 운명이라는 믿음을 갖게 하며, 남성 동성애자들에게는 이 메시지를 내면화하도록 부추긴다. 자신의 2018년 넷플릭스 코미디 스페셜 <해나 개즈비: 나의 이야기>(*Hannah Gadsby: Nanette*)에서 코미디언 해나 개즈비는 LGBTQIA 공동체 구성원들이 자신들을 향한 증오와 오해를 어떻게 내면화해왔는지를 확인해주는 강력한 수사적 메시지로 반격한다.

문화 텍스트를 연구하는 새로운 방법을 옹호하는 더글러스 켈너(2015)는 미디어 재현을 연구하는 세 가지 방법, 즉 정치경제학적 검토, 텍스트 분석, 수용자 분석을 제시한다. "문화 텍스트의 생산과 배급 체계 내에서 문화 텍스트를 분석하는"(p. 10) 정치경제학적 검토는 "정치적·이념적 담론 및 효과의 한계와 범위"(p. 11)에 대한 통찰력을 제공한다. 1990년대에 인기를 끈 리얼리티 쇼(reality show)는 오락물을 만드는 비용-효율적인 수단이었으며, 이후 미디어 회사들이 적은 비용으로 TV 프로그램을 제작할 수 있는 방법이 되었다. 두 번째 방법인 텍스트 분석은 기저 메시지와 의도된 수용자를 밝혀내기 위해 매개된 텍스트의 정독(精讀; close reading)에 의존한다. HBO의 새로운 프로그램 <다이어트랜드>(*Dietland*)는 신체 이미지와 씨름하는 여성들의 세계를 묘사한다. 연구자는 텍스트를 정독하면서 이 프로그램이 현재 인기 있는 이유를 살펴볼 것이다. 마지막으로, 수용자 분석을 통해 연구자들은 소외된 문화 집단과 동일시하는 수용자들로부터 받는 피드백에 의존한다. 수용자 분석을 하는 연구 집단은 그들의 정체성과 경험이 조사 중인 미디어 텍스트와 어떻게 잘 들어맞는지 살펴본다. 예를 들어, 아시아계 미국인은 아지즈 안사리(Aziz Ansari)의 넷플릭스 프로그램 <마스터 오브 제로>(Master of None)에 대한 의견을 말하라는 요청을 받을 수 있다. 이것은 인터넷 응답을 요청하거나 초점집단 인터뷰(focus group interview)를 통해 이루어질 수 있다. 이러한 분석 방법들을 사용하는 "문화 연구는 개인이 미디어 조작에 저항하고 자유와 개성을 높일 수 있도록 하는 비판적 미디어 교육의 일부이다"(p. 17).

페미니즘은 문화 연구와 마찬가지로 소외되고 억압받는 집단에게 말할 기회를 주는 데 중점을 둔다. 여성 참정권 운동으로 시작된 페미니즘의 주요 신조는 평등을 촉진하는 것이다. 평등은 젠더, 인종, 민족성, 계층, 성성으로 확장된다. 페미니스트들은 모든 개인이 평등하게 대우받아야 하며 한 개인들의 집단을 다른 집단보다 특별 대우하는 것이 불공정과 불의를 조장한다고 믿는다. 미디어에서 페미니즘은 러시 림보(Rush Limbaugh)와 같은 개인들에 의해 남성을 혐오하는 여성 집단, 아마도 여성 동성애자로 취급하는 경우가 많지만, 그 철학은 젠더 평등을 전제로 하고 있다. 1세대 페미니스트들(1830~1920년)은 여성의 참정권을 위해 싸웠으며, 여성 참정권은 1920년 시위를 했다는 이유로 체포된 한 무리의 여성들이 투옥된 후 달성되었다. 앨리스 폴(Alice Paul)과 루시 번즈(Lucy Burns)가 이끈 이 여성들은 여성의 참정권에 대한 헌신을 보여주기 위해 단식투쟁을 벌였다. 2세대 페미니스트들(1920~1990년)은 재생산 권리, 동일 임금, 재산 소유권을 포함한 여성의 권리를 위해 싸웠다. 레베카 워커(Rebecca Walker)가 이끄는 3세대 페미니스트 운동(1990~2012년)은 미디어가 여성의 권리에 대한 의견을 형성하고 영향을 미칠 수 있는 방법에 초점을 맞췄다. 이들은 게릴라 걸스(Guerrilla Girls)와 같은 웹사이트를 만들어 여성들이 계속해서 경험하는 억압에 맞서 싸웠다. 현재는 가정 폭력, 강간, 폭행, 불평등에 항의하기 위해 소셜 미디어를 이용해 여성 단체들을 동원하는 데 초점을 맞춘 4세대 페미니즘 운동이 벌어지고 있다.

"개인적인 것은 정치적이다"라는 표어는 페미니스트들이 개인들이 생활하는 방식과 개인들이 자신을 표현하는 방식 간의 연관성을 설명하는 데 사용되어왔다. 페미니스트들은 항의 행진에 참여하는 행동이든 침묵을 지키고 있는 개인들을 옹호하는 행동이든 취하는 모든 행동에는 의미가 있다고 믿는다. 이 만트라는 그것이 페미니즘 이론과 연구에 적용될 때 매우 중요하다. 페미니스트들은 여성의 삶과 경험이 이론화를 위한 가장 귀중한 도구라고 믿는다. 벌렌키(Belenky)와 클린치(Clinchy)(1997)는 그들의 저서『여성의 앎의 방식』(*Women's Ways of Knowing*)에서 이러한 믿음을 면밀하게 살펴본다. 남자와 여자가 생각들에 다르게 반응한다는 것을 관찰한 벌렌키와 클린치는 교사가 자신의 경험을 공유하고 다른 사람들이 그들 자신의 경험을 공유하도록 권장하는 '연결된 가르침'(connected teaching)을 장려한다. 그렇게 함으로써 교사는 생각하는 것을 말하는 역할 모델 역할을 한다. 스토리와 경험은 새로운 이론의 기초가 된다.

문화 연구처럼 페미니스트 운동도 경험과 지식 기반(knowledge base)을 해석과 분석의 일부로 제공하면서 책임을 개인에게 지운다. 현재의 이론가들은 미디어에 적용할 때 특정 집단과 문화 출신의 개인이 미디어 재현에 어떻게 반응하는지 살펴보아야 한다. 다음 절에서 우리는 미디어가 재현하는 정체성의 구성요소를 연구하는 방법을 제안한다.

4. 미디어 스토리텔링

치스 J. 하멜링크(Cees J. Hamelink)는 자신의 2015년 저서『글로벌 커뮤니케이션』(*Global Communication*)에서 "글로벌 커뮤니케이션은 지배적인 스토리와 그 반대 스토리가 전 세계를 가로질러 흐르는 복잡한 다층 과정"(p. 4)이라고 말한다. 또한 하멜링크는 다음과 같이 적고 있다:

> 복잡성 속에서 살아남으려면 이전보다 더 많은 행위자들이 서로 스토리를 교환할 수 있는 네트워크가 필요하다. 인간 커뮤니케이션의 정수(精髓)는 그것의 내러티브 구조이다. 우리는 '스토리텔러'(storyteller)이며 아이디어, 의견, 관찰, 지식, 정보, 데이터, 소리, 이미지의 모든 전 세계적인 흐름은 '스토리텔링'이라는 포괄적 개념 아래로 가져올 수 있다(p. 4).

스토리 해석은 출연할 개인들이 어떻게 캐스팅되는지를 결정한다. 저널리스트, 보도국장, 기자는 이러한 스토리 해석에 기여한다. 흔히 하나의 지배적인 해석이 전 세계적으로 나타난다. 예를 들어, 아일랜드에서는 낙태 합법화 운동이 투표에 부쳐졌고 2018년 5월에 통과되었다. 이 스토리가 전 세계적으로 보도되자 그 결과를 알기 위해 벨파스트에서 집회가 열렸다. 이것은 아일랜드 여성의 권리를 위한 승리였는가? 그것은 그것의 역사적·사회적 중요성을 설명하는 방식으로 다루어지고 있었는가? 단순히 많은 사람들이 참석하는 미디어 이벤트로 다루어지고 있었는가? 특권 체계로 돌아가서 우리는 스토리를 해석하는 사람을 살펴볼 필요가 있다. 이들은 문화의 구성원인가? 기자들은 자신의 취재 구역을 취재하고 있는가 아니면 그 이슈에 대한 진정한 지식이나 이해를 가지고 있는가?

우리는 미디어 스토리에 대한 이러한 전 세계적인 이해를 (텍스트 분석, 수용자 분석, 정치경제학을 중시하는) 문화 연구와 (개인적인 것을 중시하고 존중하는) 페미니즘을 결합하여 문화 구성원의 관점에서 글로벌 미디어 스토리에 대한 분석을 옹호한다. 미디어에 출연하는 일단의 개인들을 적절하고 충분하게 연구하려면 전문성과 지식을 가진 개인들이 문화적 맥락을 제공해야 한다. 소외된 목소리는 다음 두 가지 주된 이유로 미디어 분석에서 제외되어왔다: ① 이러한 목소리들은 정치적·사회적·경제적으로 무력하고, ② 이러한 목소리들의 표현은 위계적이고 가부장적이고 인종차별적이며 외국인 혐오적인 인식을 조장하는 현상 유지에서 멀어지는 것을 의미한다. 특정 목소리를 다른 목소리보다 중시하는 지배적인 이데올로기를 다른 것들과 평등하게 하는 한 가지 방법으로 우리는 미디어에 나타난 정체성의 구성요소를 연구하는 방법을 제안한다. 우리는 소외된 목소리, 특히 젠더, 민족성, 종교에 대한 미디어 재현의 진정성을 보장하기 위한 수단으로 다음 세 가지 질문을 제안한다:

1. 미디어 스토리가 이야기하고 있는 것은 무엇인가?
2. 누가 미디어 스토리를 이야기하고 있는가?
3. 미디어 스토리는 글로벌 무대에서 어떻게 재현되고 있는가?

다음 절에서는 특정 문화권 출신의 개인들이 들려주는 스토리를 미디어 분석을 통해 살펴보고, 분석이 필요한 현재의 글로벌 미디어 스토리를 소개하고 제안할 것이다. 이에 앞서, 우리는 정체성 분석의 복잡성을 설명하기 위해 **교차성**이라는 용어를 소개하고자 한다.

5. 교차성

교차성(intersectionality)이라는 용어를 처음 사용한 것으로 알려진 페미니스트 킴벌레 크렌쇼(Kimberlé Crenshaw, 1989)는 흑인 여성과 백인 여성이 얼마나 서로 다른 경험을 하는지 보여주기 위해 인종과 젠더가 결합된 방식을 연구했다. 여성 연구가 기여해온 가장 중요한 이론적 공헌 가운데 하나인(McCall, 2005) 교차성 혹은 교차성 관점은 "상대적인 사회문화적 권력과 특권의 측면에서 정의되고 사람들의 개인 및 집단 정체성과 경험을 형성하는, 여러 개가 서로 맞물려 있는 정체성들에 대한 인식을 공통 주제로 공유한다"(Shields, 2008). 패트리샤 힐 콜린스(Patricia Hill Collins, 2016)는 자신의 저서 『교차성』(*Intersectionity*)에서 교차성을 분석도구로 채택하는 것은 "① 권리를 박탈당한 사람들의 경험과 투쟁에 뿌리를 둔 인간의 삶과 행동을 연구하는 접근방식이며, ② 공동체와 개인의 역량 강화에 도움을 줄 수 있는 이론과 실제를 연결하는 중요한 도구"를 의미한다고 더 자세히 설명한다(p. 36). 흔히 정체성의 구성요소들을 분리하는 것은 어려운 작업이며, 교차성은 정체성의 횡단면을 살펴볼 수 있는 프레임워크를 제공한다. 정체성은 이러한 일단의 서로 맞물려 있는 구성요소들의 집합으로 연구되어야 하는데, 이러한 구성요소들이 결합되어 있을 때 그것들이 분리될 때와 다른 이해를 만들어낼 수도 있다. LGBTQIA 공동체 구성원들은 인종, 계층, 민족성과 관련하여 보아야 하는 **젠더**에 대한 광범위한 정의를 가지고 있다. 다음 절에서는 젠더, 민족성, 종교에 대한 교차 분석을 제시한다.

6. 젠더, 민족성, 그리고 종교

민족성의 정의를 감안할 때, 정체성의 구성요소들은 흔히 떼려고 해도 뗄 수 없는 관계로 엮여 있기 때문에 이것들을 분리하는 것은 복잡한 작업이 된다. 서로 겹쳐져 있는 정체성의 구성요소들은 때때로 서로 다르기도 하지만 유사한 몸부림을 보여준다. 때때로 그것들은 서로 직접적인 모순 관계에 있다. 개인들은 자신과 일치하는 강한 민족적 정체성을 가질 수도 있으며 동시에 그들을 어려움에 직면하게 하는 강한 종교적 정체성을 가질 수도 있다. 이 지점에서 특정 개인은 특권 체계에 맞서면서 어떤 정체성을 중심에 둘 것인지를 결정한다. 인류학자 빅터 터너(Victor Turner)와 연극 학자 리처드 셰크너(Richard Schechner)는 이들을 '스타 집단'(star group)이라 불렀다(Turner & Schechner, 1988). 스타 집단은 우리 자신을 식별하고 우리 자신과 다른 사람과의 관계를 식별하는 데 도움을 준다. 때때로 우리는 다른 스타 집단보다 한 스타 집단과 더 많이 연관되어 있을 수도 있다. 스타 집단과의 이러한 연결은 우리의 경험과 새로운 정보로 인해 바뀔 수도 있다. 이 절에서는 젠더, 민족성, 종교 이슈를 다루는 관점을 제시할 것이다. 교차성은 이러한 구성요소들을 함께 조사할 수 있게도 해주지만 동시에 미디어 스토리와 해석이 정체성의 다른 측면보다 한 측면에 더 초점을 맞추고 있는지 여부를 결정하는 데도 도움을 준다.

연구자가 문화적 지식과 경험을 해석할 때 글과 문화 구성원들이 들려주는 미디어 스토리에 대한 미디어 해석은 우리에게 문화적 맥락을 제공한다. 역사적·문화적·경험적 지식이 주입된 이러한 해석은 우리를 특정 세계로 들어갈 수 있게 해준다. 예를 들어, 자신이 쓴 글인 "이스라엘 여성의 자궁: 이스라엘 언론의 젠더화된 국민주의 이미지"(The Israeli Womb: Images of Gendered Nationalism in the Israeli Press)에서 올리 샤커(Orly Shachar, 2005)는 이스라엘 여성의 재생산 능력이 국가에 대한 충성과 동의어로 간주되어 왔다고 주장했다. 다양한 공공 캠페인을 통해 자궁이 이스라엘 미디어 의식에서 귀중한 도구로 구축된 방식을 분석함으로써 샤커는 이스라엘 여성이 주로 아이를 낳는 역할을 수행한다고 주장한다. 이러한 역할 수행에 반대하는 것은 이스라엘에 대한 불충을 의미한다. 이스라엘 여성으로서의 샤커 자신의 정체성은 재생산 능력과 국가에 대한 충성 사이의 연관성을 그녀가 인식하는 방식에 영향을 미친다. 이러한 연결을 통해 샤커는 자신이 자신의 문화를 해석하는 방식에 대한 이야기를 하고 있으며, 따라서 우리는 공개되지 않은 특정인들만이 접근할 수 있는 정보에 접근할 수 있다.

젠더와 민족성이 어떻게 수렴하는지에 대한 또 다른 예는 키미코 아키타(Kimiko Akita, 2005)의 글 "일본 미디어에서 여성의 헤게모니와 성적 상품화"(Hegemony and Sexual Commodification of Women in the Japanese Media)에서 찾아볼 수 있다. 아키타는 일본 미디어가 여성들이 궁극적으로 여성을 비하하고 여성의 역량을 약화하는 문화적으로 유래된 방식에 동의하도록 부추기는 방식을 살펴본다. 아키타는 얼마나 많은 일본 여학생들이 '귀엽게' 보이기 위해 세일러 문(Sailor Moon)이나 헬로 키티(Hello Kitty)와 같은 애니메이션 캐릭터를 모방했는지 공유한다. 귀여움은 문화적 인공물이자 오브제 역할을 하는 침묵하는 여성 문화를 구축했다. 아키타의 관점은 젠더, 문화, 아니면 둘 다에 초점을 맞추고 있는가? 이 경우, 문화와 젠더는 정체성의 구성요소가 행동에 어떻게 영향을 미칠 수 있는지를 보여준다.

엘자 이브로셰바(Elza Ibroscheva)의 2012년 에세이 "바부쉬카스10에서 섹시한 아가씨들: 광고에서의 불가리아 여성들의 성적 매력 더하기"(Babushkas to Sexy Babes: Sexing Up of Bulgarian Women in Advertising)는 이전에 소비에트 여성들을 아줌마 같고, 볼품없고, 무성애적이며(asexual), 매력적이지 않은 것으로 묘사하던 것이 어떻게 섹시한 여성에 대한 서구화된 개념으로 대체되었는지 살펴본다. 그러는 동안, 한때 출산 휴가, 국가 지원 보육, 낙태를 경험했던 불가리아 여성들은 권리가 줄어드는 것을 경험하고 있다. 이브로셰바의 해석과 유사하게 웨이 루오(Wei Luo, 2012)는 「중국의 여성」(Women in China)라는 잡지에 대한 연구를 통해 중국에서 여성의 재현이 어떻게 변했는지 조사한다. 루오는 중국 여성에 대한 이러한 재현들이 탈마오(post-Mao) 운동으로 어떻게 더 서구화되었는지 살펴본다. 그와 같은 재현들은 문화적 재현이 소비주의를 향하게 하여 여성을 진지하게 받아들이지 않는 세상을 조장한다. 이 저자들이 들려주는 스토리는 미디어가 젠더와 민족성을 재현하는 방식을 통해 우리가 특정 문화에 대한 인식을 경험하고 느낄 수 있게 해준다.

젠더와 종교의 관련성을 살펴보면 여성이 특정 종교의 원리주의 종파를 만

---

10 아주 나이 든 러시아 여자를 말한다(역자 주).

났을 때 겪는 어려움을 알 수 있다. 자신의 기사 "누가 핑크 차디11를 두려워하는가? 인도의 뉴 미디어, 힌두주의, 그리고 페미니스트 행위주체성"(Who's Afraid of the Pink Chaddi? New Media, Hindutva, and Feminist Agency in India)에서 사얀 차토파디아야(Saayan Chattopadhyay, 2012)는 인도의 한 술집에서 한 무리의 여성에 대한 군중 공격에 대응하는 여성 기자가 일으킨 정치 운동을 독자들에게 소개한다. 저널리스트인 니샤 수잔(Nisha Susan)은 4만 명의 회원을 확보한 페이스북 그룹을 만들었고 인도 여성의 정치적 대변자가 되었다. 차토파디아야에 따르면, 이 봉기는 "힌두주의 수사(修辭)의 일부로 이상적인 어머니, 순결한 아내, 고분고분하고 순종적인 딸의 이미지"로 여성성을 구성하는 것을 지지하는 힌두 국민주의에서 비롯되었다(Chattopadhyay, 2012, p. 82). 소셜 미디어를 사용하여 시위에 동원되는 동안에도 이 여성들이 자신의 의견을 표명하는 것은 장려되지 않았다.

한편, 네덜란드의 모로코 소녀들은 '소속감'을 갖기 위해 자신의 삶에 대한 개인적인 토론에 참여하고자 인터넷을 시작하게 되었다(Mitra, 2001, p. 30). 네덜란드에서 여성과 커뮤니케이션을 연구하는 레니 브로우에르(Lenie Brouwer, 2006)에 따르면, "네덜란드의 이슬람 소녀들은 가족이 주선한 강제 결혼의 희생자이거나 아버지나 남편의 구타 희생자이다"(p. 1). 웹에서 익명성을 유지하는 것이 허용된 이 소녀들은 "좋은 '무슬림은 사회적 상황에서 어떻게 행동해야 하는지 알아본다'"(p. 4). 두 경우 모두에서 젠더는 종교적 정체성과 충돌한다. 여성은 그들의 인권과 종교적 신념 사이에서 괴로워할 수도 있을 것이다. 파키스탄의 젊은 여성 말랄라 유사프자이(Malala Yousafzai)는 탈레반(Taliban)의 소녀 교육 금지에도 불구하고 다른 젊은 여성들이 교육을 받도록 독려했다. 그 결과, 탈레반은 말랄라를 공격했고 그녀는 거의 죽을 뻔했다. 그녀는 자신이 2015년에 출간한 책『나는 말랄라: 교육받을 권리를 위해 당당히 일어섰던 소녀 그래서 탈레반의 총에 맞았던 소녀』(I Am Malala: The Girl Who Stood for Education and Was Shot by the Taliban)로 원리주의 이슬람 신념에 맞서 싸우는 여성들의 전형(典型)이 되었다. 이슬람이 지배적인 종교인 많은 국가에서 여성

---

11 2009년 인도의 우익 집단들에 의한 여성 대상 폭력에 대응하기 위해 구축된 비폭력 운동이다 (역자 주).

인권 운동가들은 여성의 평등을 위해 고군분투하지만 동시에 저항에 직면한다. 예를 들어, 리날도(Rinaldo, 2017)에 따르면 인도네시아에서 "2002년과 2003년에 가수 이눌 다라티스타(Inul Daratistata)에 대해 폭발한 분노는 여성의 신체 표현이 이슈가 되고 있는 정도를 보여주는 … 징후였다"(p. 267). 이눌의 노출 의상에 여성과 남성을 포함한 일부 이슬람교도들은 격분한 반면, 일부는 그녀가 원하는 대로 옷을 입을 권리를 받아들였다.

종교가 정체성의 충돌을 부추길 수도 있는 한편, 동시에 역사를 통해 특정 민족 집단 출신의 개인들은 종교적 신념으로 인해 박해를 받아왔다. 체르노츠키(Chernotsky)와 홉스(Hobbs)는 민족 청소(ethnic cleansing)를 "한 집단이 그들과 다른 사람들을 말살하려 하는" 상황으로 정의했다(2018, p. 210). 홀로코스트(Holocaust) 동안, 600만 명의 유대인들이 종교적 신념 때문에 몰살당했다. 구 유고슬라비아에서도 보스니아 전쟁(Bosnian War, 1992~1995년) 기간 동안에 민족 청소와 집단 학살(genocide), 즉 특정 집단의 대량 학살이 일어났다. 10만 명이 넘는 사람들이 살해되었으며, 그 가운데 80%가 보스니아인(무슬림)이었다. 팔레스타인과 이스라엘은 종교적 신념에 기반을 둔 영토 소유권을 둘러싸고 계속해서 싸우고 있다. 현재 시리아의 지도자인 바샤르 알아사드(Bashar al-Assad)는 쿠르드족이 ISIS와 알-카에다가 수용하는 이슬람으로 개종하기를 원하기 때문에 화학무기 공격과 폭탄을 통해 쿠르드족을 학살했다. 체르노츠키와 홉스가 언급했듯이, "극단적인 정치 및 경제 상황의 시기에 위협을 느끼는 사람들은 흔히 그들의 종교적 뿌리나 민족적 뿌리로 돌아가 자신의 정체성을 보호하려고 한다. 종교적 원리주의의 부상은 이러한 인식된 위협에 대한 대응이다"(p. 209).

7. 추가 해석이 필요한 정체성과 미디어 스토리

미디어 분석과 해석이 필요한 젠더, 민족성, 종교와 연관된 많은 이슈들이 현재도 존재한다. 미국에서는 도널드 트럼프 대통령이 이슬람교가 우세한 5개국(시리아, 이란, 리비아, 소말리아, 예멘)에 대한 여행과 이민을 금지함으로써 일종의 민족 청소가 이루어지고 있는 것처럼 보였다. 이론적으로 테러리스트들이 미국에 입국하는 것을 막기 위한 수단으로 의도된 이 금지령은 현재 미국 시민이거나 미국 시민이 되고자 하는 무고한 무슬림들을 처벌했는데, 미국 시민이 되고자 하는 사람들 가운데 많은 이들이 박해 때문에 시리아를 탈출한 사람들이었다. "국가 안보에 위험을 야기한다"라는 문구로 인해 이 금지령은 2018년 미국 연방대법원에 의해 합법화되었다. 국가의 구성원이 국가 안보에 위험을 야기한다고 판단하면, 그러한 개인들을 추방할 수 있다. 이것은 일본계 미국인, 이탈리아계 미국인, 독일계 미국인이 억류 수용소에 격리되었던 제2차 세계대전 중에 사용된 전략이었다. 특히 12만 명의 일본계 미국인이 표적이 되어 서부에 있는 억류 수용소로 보내져 혹독한 수용소 생활을 했다. 《적법 절차 없이》(*Without Due Process*)라는 다큐멘터리에서 에린 오카모토 프로츠먼(Erin Okamoto Protsman)은 이 수용소에 억류된 가족 구성원을 인터뷰한다. 오카모토 프로츠먼의 가족 가운데 1명이자 인터뷰 대상인 도로씨(Dorothy)에 따르면,

> 나는 일곱 살 반에서 여덟 살 정도였다. 내가 아는 것이라고는 부모님이 일본이 진주만(Pearl Harbor)을 공격했다고 말씀하셨다는 것과 갑자기 우리가 이 공격을 촉발한 일본인 배신자로 확인되었다는 것이다. 우리가 대피하거나 수용소로 보내질 것이라는 소문이 있었는데, 정확하게 그렇게 되었다(2008, p. 58).

트럼프 대통령은 무슬림뿐만 아니라 남미 사람들도 표적으로 삼았다. 2016년 대선 캠페인에서 그가 "범죄자이자 강간범"이라고 주장한 멕시코와 중미에서 온 이민자와 난민을 막기 위해 "장벽을 건설하겠다"라는 그의 선거 공약은 이러한 개인들이 안보 위험이라는 비합리적인 믿음을 부채질한다. 많은 남미 이민자들은 빈곤과 가정 폭력 및 조직 폭력으로 인해 자신의 나라에서 벗어날 피난처와 망명지를 찾고 있다. 2018년, 중남미 국가들에 대한 미국의 힘을 전하기 위한 노력의 일환으로 미국 정부는 피난처와 망명지를 찾고 있던 가족들을 국경에서 갈라놓음으로써 약 2,500명의 어린이가 부모 없이 수용 시설에서 살게 되었다. 그들을 이러한 상태로 격하시키는 것은 미국 행정부가 다른 민족 집단 출신의 개인들을 노골적으로 무시한다는 것을 의미한다. 그 정책은 뒤집혔고 아이들을 부모에게 돌려보내려는 노력도 있었지만, 2018년 말까지 수백

명의 아이들이 여전히 어정쩡한 생활을 하고 있었다. 더욱이, 미국 정부는 주로 멕시코와 중미로 불법 이민자들을 계속 추방하여 가족들을 더욱 갈라놓고 있다. 이슬람 금지령에 명시된 중동 및 아프리카 국가와 관련이 있는 개인이나 국경에서 오도 가도 못하는 일부 개인을 인터뷰함으로써 우리는 그러한 법률이 특정 집단의 사람들에게 미치는 영향을 알 수도 있을 것이다. 미국의 민족성과의 전쟁을 연구함으로써 우리는 현재 미국의 수사(修辭)가 배타적인 백인/기독교 의제를 촉진함으로써 어떻게 특권 체계를 유지하는지 더 잘 이해할 수도 있을 것이다.

젠더, 민족성, 종교를 포괄하는 또 다른 연구 영역은 전 세계적인 남성 동성애자 인권에 관한 연구이다. 일부 국가에서는 남성 동성애자인 것이 형사 범죄로 투옥되거나 사형에 처해질 수 있다. 국제 남성 및 여성 동성애자 협회(International Gay and Lesbian Association)가 2017년에 제작한 소책자인 『국가가 후원하는 동성애 혐오: 성 지향성에 관한 법률, 범죄화, 보호 및 인정에 대한 세계 조사』(State Sponsored Homophobia: A World Survey of Sexual Orientation Laws, Criminalization, Protection, and Recognition)는 국가가 LGBTQIA 공동체에 적대적인 법률을 통해 성소수자들을 어떻게 대하는지에 대한 것뿐만 아니라 LGBTQIA 공동체를 보호하는 법에 대한 전반적인 전 세계적 관점도 제공한다. 「워싱턴 포스트」(Bearak & Cameron, 2016)에 따르면, 아시아, 카리브해 지역, 동유럽, 아프리카, 중동의 수십 개 국가에서 동성애는 불법이며, 일부 국가에서는 사형에 처해질 수 있다. 예를 들어, 우간다에서는 LGBTQIA 공동체 구성원이 마을의 특정 지역으로 쫓겨나 매우 열악한 상태 속에서 숨어 지낸다. 2013년, 우간다 의회는 LGBTQIA 공동체 구성원을 처형하는 법안 통과에 실패했지만, 동성애자들은 여전히 투옥될 수 있다. 복음주의 선교사들이 LGBTQIA 공동체의 근절을 장려했을 때, 동성애에 대한 편협성은 우간다에 이미 존재했다(Karimi & Thompson, 2014).

일련의 다큐멘터리에서 배우 엘런 페이지(Ellen Page)와 이언 대니얼(Ian Daniel)은 다양한 국가의 LGBTQIA 공동체 구성원을 인터뷰한다. 페이지와 대니얼은 성전환자들이 브라질 카니발 축제 기간 동안에는 추앙받지만 흔히 잔인한 구타, 괴롭힘, 살인의 표적이 된다는 것을 알았다. 동성애가 불법인 자메이카에서는 동성애자와 성전환자들이 비난을 받고 증오, 폭력, 살인의 대상이 된다. LGBTQIA 공동체의 기여뿐만 아니라 전 세계적인 편협성에 대한 미디어 스토리를 더 연구함으로써 고정관념화되고 소외되는 공동체에 대한 이해를 제공해야 할 필요가 있다.

피부색은 계속해서 전 세계적인 이슈가 되고 있다. 예를 들어, 아프리카계 인구가 많은 브라질에서 많은 브라질인은 인종 혈통이 아무 상관없다고 주장하지만, 피부색이 어두운 브라질인은 경제적으로 불리할 가능성이 더 크다. 미국에서 인종적 부당행위는 노예제와 함께 시작되어 1865년 노예제가 폐지된 이후에도 계속되었다. 1955년, 미시시피(Mississippi) 주 머니(Money)에서 14세의 에밋 틸(Emmett Till)은 자신이 저지르지도 않은 범죄를 이유로 린치를 당한 끝에 사망한다. 살인자들이 유죄를 인정했음에도 무죄 판결을 받자, 이 잔혹행위는 민권 운동을 촉발했다. 이 사건은 미국의 결함 있는 형사 사법 시스템을 상징하기 때문에 몇 차례나 재조명되었다. #흑인의생명도소중하다 운동은 흑인들이 경험한 이러한 부당함에 초점을 맞춘다. 주최자 얼리샤 가자(Alicia Garza), 패트리스 컬러스(Patrisse Cullors), 오펄 토메티(Opal Tometi)는 "흑인의 생명이 조직적이고 의도적으로 사망의 표적이 되는 세상에서 이루어지는 이념적이고도 정치적인 개입"으로서 #흑인의생명도소중하다 운동을 일으켰다. 그것은 흑인들의 '인간성, 이 사회에 대한 그들의 기여, 치명적인 억압 앞에서의 그들의 회복력'을 확인하는 것이다"(Herstory, p. 2). 이 운동은 플로리다의 트레이본 마틴(Trayvon Martin) 사건에서 시작되었는데, 이 사건은 후드를 입은 흑인 10대 소년이 그를 의심스럽다고 생각한 조지 지머맨(George Zimmerman)에게 살해당한 사건이다. 지머맨이 마틴 살해 혐의에 대해 무죄 선고를 받은 후, #흑인의생명도소중하다 운동이 형성되었고 현재 40개 지부로 구성된 글로벌 네트워크로 발전했다. 전 세계에 걸쳐 있는 피부색이 어두운 사람들에 대한 세계사뿐만 아니라 미국과 아프리카계 미국인의 관계에 대한 역사를 감안할 때, 새로운 차별 반대 운동은 개인들이 인종차별 문제를 민감하게 인식하도록 만들고 있다. 남아프리카 공화국에는 아파르트헤이트(apartheid)[12]가 더 이상 존

---

12 예전 남아프리카공화국의 인종차별정책을 말한다(역자 주).

재하지 않지만, 은밀한 형태의 아파르트헤이트가 전 세계에서 발생하고 있다. 예를 들어, 허리케인 마리아(Hurricane Maria)가 2017년 푸에르토 리코를 강타하여 최소 3,000명이 사망했을 때, 대부분의 푸에르토 리코 사람들이 아프리카계 사람들이란 부분적인 이유에서 그들이 미국 시민이라는 사실에도 불구하고 트럼프 행정부는 지원을 거의 하지 않았다.

마지막으로, 우리는 이 장을 시작한 곳에서, 즉 여성 행진으로, 마무리하고 싶다. #타임스업 운동과 #미투 운동이 성희롱에 대한 공중의 인식을 높이긴 했지만, 여성에게 영향을 미치는 많은 이슈들이 미디어에서 여전히 주의 깊게 다루어져야 하고 검토되어야 한다. 그와 같은 두 가지 이슈로 가정 폭력과 성매매가 있다. 가정 폭력에 반대하는 전국 연합(National Coalition against Domestic Violence, 2018)에 따르면, 1분당 거의 20명이 친밀한 파트너에게 신체적 학대를 당하고 있으며, 여성 3명 가운데 1명, 남성 4명 가운데 1명이 가정 폭력의 피해자라고 보고되고 있다고 한다. 여성 5명 가운데 1명은 강간을 당한 적이 있으며, 1,900만 명이 넘는 여성이 미국에서 스토킹을 당했다. 바글라노스(Vaglanos, 2014)에 따르면, 남성 파트너에게 살해된 여성 수(11,766명)는 2001년에서 2012년 사이 아프가니스탄과 이라크에서 사망한 미군 수(6,488명)의 약 2배이다. 배우자에 의한 사망은 미국 여성의 두 번째 주요 사망 원인이다. 특히, 남성은 분노를 수용 가능한 감정으로 표현하도록 사회화되었기 때문에, 가정 폭력은 전 세계적인 여성 이슈로 계속 대두되고 있다. 현대판 노예의 한 형태인 성매매는 흔히 취약한 개인, 주로 여성과 어린이를 매춘으로 내몬다. ILO(Polaris Project, 2018)는 전 세계적으로 450만 명이 '강요된 성 착취의 늪에 빠진' 것으로 추정한다. 가정 폭력과 성매매는 여성에게 영향을 미치는 두 가지 핵심 이슈이다. 여성은 여전히 남성과 동등하게 인정받기 위해 고군분투해야 한다. 미디어에서 여성의 이슈와 여성이 처한 난제들에 대한 목소리를 냄으로써 우리는 언젠가는 편협성과 불관용을 해소할 수 있기를 바란다. 그러나 그러한 다리는 자신들을 동일시하는 방식에 관계없이 모든 개인의 평등을 위해 일하는 일단의 전 세계적 대변자들에 의해 건설될 것이다.

토론문제

1. '위치의 정치학'과 특권 체제는 어떤 관계에 있는가?

2. 당신이 누리고 있는 특권은 무엇이고 당신이 누리지 못하는 특권은 무엇인가?

3. 소셜 미디어는 과소 재현되는 목소리를 위한 운동을 형성하는 데 어떻게 기여했는가?

4. 글로벌 연구, 문화 연구, 페미니즘에서 어떤 유사한 아이디어가 제시되는가?

5. 젠더, 민족성, 종교의 교차점에서 이야기되는 미디어 스토리를 검토해보라.

6. 만약 당신이 정체성의 구성요소나 교차성에 대한 연구를 수행한다면, 그 연구는 어떠한 연구가 될 것 같은가?

7. 종교는 LGBTQIA 공동체의 지각에 어떤 영향을 미쳤는가?

8. 소외된 목소리가 정체성과 특권 체계에 대한 대화에서 왜 그렇게 중요한가?

9. 미국 정부는 '국가 안보에 위협을 야기한다'는 이유로 어떤 민족 집단들을 표적으로 삼았는가?

10. 여성 인권 옹호자들이 직면한 세계적인 이슈로는 어떤 것이 있는가?

참고문헌

Akita, K. (2005). Hegemony and sexual commodification of women in the Japanese media. In T. Carilli & J. Campbell (Eds.), *Women and the media: Diverse perspectives* (44-57). Lanham, MD: University Press of America.

Ansari, A. (Writer), & Ansari, A. (Director). (2015-). *Master of None*. Three Arts Entertainment, Netflix.

Arvia, K. (2018, February 8). Lansing women join Chicago Women's March. Retrieved July 6, 2018, from http://thelansingjournal.com/news/2018/02/08lansing-women-join-chicago-womens-march

Bearak, M., & Cameron, D. (2016, June 6). Here are 10 countries where homosexuality may be punished by death. *Washington Post*. Retrieved July 24, 2018, from https://www.washingtonpost.com/news/worldviews/wp/2016/06/13/here-are-the-10-countries-where-homosexuality-may-be-punished-by-death-2

Belenky, M., & Clinchy, B. M. (1997). *Women's ways of knowing: The development of self, voice, and mind* (10th anniversary ed.). New York: Basic Books.

Borsa, J. (1990). Towards a politics of location: Rethinking marginality. *Canadian Women's Studies, 11*(1), 36–39.

Brillstein, B. (Producer), Epstein, R., & Friedman, J. (Directors). (1995). *The celluloid closet* [Motion picture]. United States: HBO.

Brouwer, L. (2006). Giving voice to Dutch Moroccan girls on the Internet. *Global Media Journal*. Retrieved from http//www.globalmediajournal

Bruzzese, F. (Producer), Olb, J., & Parry, M. (Directors). (2018). *Nanette* [Stand–up comedy by Hannah Gadsby]. Guesswork Television.

Butsch, R. (2005). Five decades and three hundred sitcoms about class and gender. In G. Edgerton & B. Rose (Eds.). *Thinking outside the box: A contemporary television genre reader* (pp. 111–135). Lexington: University Press of Kentucky.

Carilli, T. (1998). Still crazy after all these years: Italian Americans in mainstream U.S. films. In Y. Kamalipour & T. Carilli, *Cultural diversity and the U.S. media*. New York: State University of New York Press.

Carroll, A., & Mendos, L. R. (2017, May). *State–sponsored homophobia*. Retrieved from Ilga.org.

Chattopadhyay, S. (2012). Who's afraid of the pink chaddi? New media, Hindutva, and feminist agency in India. In T. Carilli & J. Campbell (Eds.), *Challenging images of women in the media: Reinventing women's lives* (pp. 77–86). Lanham, MD: Lexington Books.

Chernotsky, H. I., & Hobbs, H. H. (2018). *Crossing borders: International studies for the 21st Century*. Washington, DC: Sage.

Cohan, M. (Writer), & Kelada, A. (Director). (1984–1992). *Who's the Boss?* American Broadcasting Company.

Collins, P. H., & Blige, S. (2016). *Intersectionality*. New York: Polity Press.

Crenshaw, K. (1989). Demarginalizing the intersection of race and sex: A Black feminist critique of antidiscrimination doctrine, feminist theory and antiracist politics. *University of Chicago Legal Fund*, 139–167.

Felsenthal, J. (2017, January 10). These are the women organizing the women's march on Washington. *Vogue*.

Gramsci, A. (1978). *Selections from cultural writings*. Cambridge, MA: Harvard University Press.

Hall, S. (1981). The whites of their eyes: Racist ideologies and the media. In G. Bridges & R. Brunt (Eds.), *Silver linings: Some strategies for the eighties*. London: Lawrence & Wishart.

Hamelink, C. J. (2007). The politics of global communication. In Y. R. Kamalipour (Ed.), *Global Communication*. Washington, DC: Sage.

Hamelink, C. J. (2015). *Global communication*. Los Angeles: Sage.

Hartmann, D., & Cornell, S. E. (1998). *Ethnicity and race: Making identities in a changing world*. Thousand Oaks, CA: Sage.

Hartocollis, A., and Alcindor, Y. (2017, January 21). Women's march highlights as huge crowds protest Trump: "We're not going away." Retrieved July 5, 2018, from https://www.nytimes.com/2017/01/21/us/womens-march.html

Herstory. (2018). #BlackLivesMatter. Retrieved July 24, 2018, from https://blacklivesmatter.com/about/herstory

Ibroscheva, I. (2012). From "babushkas" to "sexy babes": The sexing up of Bulgarian women in advertising. In T. Carilli & J. Campbell (Eds.), *Challenging images of women in the media: Reinventing women's lives* (pp. 107-118). Lanham, MD: Lexington Books.

Karimi, F., & Thompson, N. (2014). Uganda's President Museveni signs controversial anti-gay bill into law. CNN. Retrieved July 28, 2018, from https://www.cnn.com/2014/02/24/world/africa/uganda/-anti-gay-bill/into/law

Kellner, D. (2015). Cultural studies, multiculturalism, and media culture. In G. Dines & J. M. Humez (Eds.), *Gender, race, and class in media: A critical reader* (pp. 7-19). Thousand Oaks, CA: Sage.

Kellner, D. (2018). *The Frankfurt School and British cultural studies: The missed articulation*. Unpublished paper.

Knight, N. (2017, January 19). Women's march against Trump turns into global day of action. Retrieved July 5, 2018, from http://www.commondreams.org/news/2017/01/19/womens-march-against-trump-turns-global-day-action.

Lear, N. (Writer), & Bogart, P. (Director). (1971-1979). *All in the family*. United States: Tandem Productions.

Lear, N. (Writer), & Shea, J. (Director). (1975–1985). In D. Dudon (Executive producer), *The Jeffersons*. United States: Columbia Broadcasting System.

Lorde, A. (1979, September 29). *The master's tools will never dismantle the master's house*. Conference at the Personal and Political Panel, Second Sex Conference.Lull, J. (1995). *Media, communications, and culture: A global approach*. New York: Columbia University Press.

Luo, W. (2012). *Women of China* magazine: The modern woman in a discourse of consumerism. In T. Carilli & J. Campbell (Eds.), *Challenging images of women in the media: Reinventing women's lives* (pp. 89–106). Lanham, MD: Lexington Books.

McCall, L. (2005). The complexity of intersectionality. *Signs, 30*(5), 1771–1800.

Mitra, A. (2001). Marginal vices in cyberspace. *New Media and Society, 3*(1), 29–48.

National Coalition against Domestic Violence. (2018). *National Statistics Domestic Violence Fact Sheet*. Retrieved July 24, 2018, from https://ncadv.org/statistics

Newman, D. M. (2011). *Identities and inequalities* (2nd ed.). New York: McGraw–Hill.

Noxon, M. (Writer, Director). (2018). *Dietland*. United States: AMC.

Page, E., & Daniel, I. (Writers), Desai, N., & Laven, D. (Directors). (2016–2017). [Jamaica; Brazil; Ukraine]. In N. Desai (Executive producer), *Gaycation*. United States: Viceland.

Polaris Project. (2018). Sex trafficking. Retrieved July 24, 2018, from https://polarisproject.org/human–trafficking/sex–trafficking

Protsman, E. O. (2008). The child, the flower, and the rifle: Excerpt from *Without Due Process*. In T. Carilli, *Scripting identity: Writing cultural experience* (pp. 56–60). Lanham, MD: University Press of America.

Rinaldo, R. (2017). Muslim women, moral visions: Globalization and gender controversies in Indonesia. In J. Misra, M. D. Stewart, & M. A. Brown (Eds.), *Gendered lives, sexual beings: A feminist anthology*. Thousand Oaks: Sage.

Schamus, J. (Producer), & Lee, A. (Director). (2005). *Brokeback mountain* [Motion picture]. United States: River Road Entertainment.

Shachar, O. (2005). The Israeli womb: Images of gendered nationalism in the Israeli press. In T. Carilli & J. Campbell (Eds.), *Women and the Media: Diverse perspectives* (pp. 19–34). Lanham, MD: University Press of America.

Shields, S. (2008). Gender: An intersectional perspective. *Sex Roles*, 59(5–6), 301–311.

Turner, V., and Schechner, R. (1988). *Anthropology as performance*. New York: PAJ Books.

Ueechi, C. (2018, March 1). March founder: "It's changed my life for the good." *Maui News*. Retrieved July 6, 2018, from http://www.mauinews.com/local-news/2018/01/march-founder-its-changed-my-life-for-the-good.

Vaglanos, A. (2014). 30 Shocking domestic violence statistics that remind us it's an epidemic. *Huffington Post*. Retrieved July 24, 2018, from https://www.huffingtonpost.com/2014/10/23/domestic-violence-statistics

Women's March on Washington. (2017). Guiding Vision and Definition of Principles.

Wyler, W. (Producer), & Wyler, W. (Director). (1961). *The children's hour* [Motion picture]. United States: United Artists.

Yousafzai, M. (2015*). I am Malala: The girl who stood up for education and was shot by the Taliban*. New York: Back Bay Books.

5부

16 장

글로벌 미디어 및 커뮤니케이션에서 변화하는 정치

먼로 E. 프라이스(Monroe E. Price)[1]

'글로벌 미디어 및 커뮤니케이션'이라 불릴 수 있는 것에는 몇 가지 '정치'[2]가 존재하며, 이 장에서는 이러한 다양한 접근방식들을 종합하고자 한다. 반세기 전, 케이블 텔레비전은 변화를 촉발했으며, 비슷한 시기에 등장한 커뮤니케이션 위성 또한 마찬가지였다. 지난 20년 동안 인터넷은 물론 새로운 기술들의 수렴은 대대적인 구조 조정을 야기했다. 이러한 많은 실험 속에서 다양한 참여자와 관찰자들은 변화의 어휘와 정당성, 지속적인 권력, 또는 기술적 우위를 통해 이윤을 얻을 수 있는 기회를 제공하는 일단의 법률과 제도를 추구한다. 글로벌 미디어 및 커뮤니케이션의 정치는 이러한 새롭게 전개된 사건을 이해하기 위한 프레임워크가 필요하다. 그와 같은 프레임워크는 관련되어 있지만 매우 다른 넷플릭스의 부상뿐만 아니라 공공 서비스 방송(public service broadcasting)[3]의 역할 변화, 즉 스펙트럼과 대기 공간을 통해 수신되는 상업방

---

1 펜실베이니아 대학교(University of Pennsylvania) 애넨버그 커뮤니케이션 대학(Annenberg School for Communication)의 대학원생인 클로에 누릭(Chloe Nurik)이 이 장의 편집은 물론 이 장에 기여했다.

2 여기서 '정치'의 의미는 집단이 조직내에서 비록 자신이 추구하는 목표가 조직이 추구하는 그것과 상반된다 할지라도 권력을 바탕으로 자신의 의지를 관철하여 소기의 목적을 추구하는 것을 말하는 '조직 정치'(organizational politics)라는 개념을 통해 유추할 수 있다(역자 주).

송 프로그램 대(對) 케이블과 위성 그리고 인터넷 스트리밍을 통해 수신되는 것의 대결 구도로부터의 변화를 반영할 수 있다.

글로벌 미디어 및 커뮤니케이션의 정치는 단순 명쾌하게 국가 통제를 유지하거나 거버넌스 문제를 다자적 결정에 맡기는 것을 둘러싼 논쟁을 의미할 수 있다. 글로벌 미디어 및 커뮤니케이션의 정치는 또한 거버넌스를 규정하기 위해 애쓰는 과정에서 방송(혹은 심지어 공공 서비스 방송)의 정치가 케이블 텔레비전, 인터넷, 혹은 신문의 정치와 다른지 여부를 밝혀내기 위해 다른 미디어 기술들을 살펴봄으로써 접근해볼 수도 있다. 그리고 방식은 달랐지만 분명 지난 10년 동안 기술 혁신은 미디어 및 커뮤니케이션 정치 형성의 핵심이었다. 의도적으로 그렇게 만들어내는 것이 가능하다면, 소셜 미디어로서의 인터넷의 잠재적인 파괴적 능력을 만들어내는 방식이 그 자체의 정치를 만들어낸다.

몇 가지 면에서, 이 장의 주제와 관련된 정치는 미디어 기술을 살펴보지 않거나 주로 커뮤니케이션 측면에서 정치를 정의하지 않으면서 좀 더 추상적인 수준에 있을 수도 있다. 이슈가 될 수도 있는 것은 지정학으로, 예를 들어, 권력이 미국이나 중국, 혹은 EU나 러시아 또는 브릭스(BRICS)[4]로 흐르는가 아니면 권력이 이들 국가로부터 흘러나오는가 하는 것이 그것이다. 이러한 큰 규모의 정치는 중요해서 미디어에 부차적인 영향을 미칠 수 있다. 그리고 이것은 강대국 정치를 넘어서는 것이다. 그것은 또한 지난 수십 년 동안 미디어의 구조에 엄청난 영향을 미친 신자유주의(neoliberalism) 정치와도 관련이 있다(Phelan, 2014). 혹은 조직 원리(organizing principle)[5]가 세계의 갈등과 불안정의 패턴을 통해 형성될 수도 있다.

---

3 '공공 서비스 방송'은 영국을 비롯한 유럽연합 국가들의 대표적 방송 체제로, 모든 공중에 봉사하는 '공공 서비스'로서 방송의 오랜 원칙을 제도화하는 과정에서 발전한 개념이다. 공공 서비스 방송은 공영방송과 배타적으로 분리·정립돼야 하는 개념이라기보다 공영방송보다 광의의 개념으로 이해될 수 있으며, 다매체·다채널 상황에서도 공공 서비스 역할을 해야 하는 방송이 공영방송과 같은 특수한 형태에 국한되지 않을 수 있다는 의미를 갖는다고 할 수 있다(역자 주).

4 브라질(Brazil), 러시아(Russia), 인도(India), 중국(China) 및 남아공(South Africa)의 신흥 경제 5국을 일컫는 용어이다(역자 주).

5 일반적으로 조직 원리는 조직을 높은 수준으로 구조화시키고, 효율적으로 관리하기 위한 방법으로, 계층제의 원리, 명령 통일의 원리, 통솔 범위의 원리, 분업·전문화의 원리, 조정의 원리, 부문화의 원리 등 6가지로 대별할 수 있다(역자 주).

마지막으로, 글로벌 미디어 및 커뮤니케이션의 정치는 분명 제도와 가치의 정치이다. 그것은 국가와 국제 기구 및 점점 더 강력해지는 비정부 기구와의 관계, 인권 원칙과 같은 규범의 역할, 그리고 그러한 규범을 규정하고 시행하는 책임을 맡은 실체들의 영향이다.

20세기 말과 21세기 초의 극적인 뉴 미디어 기술(정보 생산 및 배포 방식의 혁명)은 커뮤니케이션의 새로운 정치경제학을 탄생시켰다. 그러한 놀랍고 높은 침투력을 지닌 혁명은 정치적 격변, 변화된 지정학, 변화하는 인권 개념을 수반했다. (전 세계 상당 부분과 20세기 전반기의 상당 기간에 걸쳐) 탄생한 방송에 적용된 모델은 국가에 의한, 국가를 통한 미디어 통제였다(Sterling & Kittross, 2001). 특히 제2차 세계대전 이후, 특히 미국에서, 방송 미디어의 사적 소유가 증가하면서 (복합화6와 집중이 심화하여 문제로 남아 있음에도) 소유권은 더욱 분산되었다. 이러한 자유화에도 국가 통제는, 특히 소련, 중동, 아시아 전역에서, 주요 방식으로 남아 있었다.

반세기 후, 국경을 넘어서는 강력한 능력을 갖춘 두 기술인 위성과 인터넷의 등장으로 기존 모델은 엄청난 스트레스를 받게 되었다. 국가의 미디어 체계 구성에 미치는 위성의 영향력은 인터넷의 등장으로 확대되었다. 인터넷과 위성의 거대한 도전에 직면하자 정보의 중앙 관리를 요구하거나 믿는 정부는 새로운 규제 가능성을 분명히 하기 위해 애쓰고 있다. 중앙집중화된 국가 관리에 대한 동기가 무엇이든 중앙집중화된 국가 관리는 그러한 통제를 유지할 수 있는 힘이 사라져 없어질 위험에 처한 것처럼 보임에 따라 강화된다.

자신의 영토에 침투하는 이미지를 완전히 통제할 수 있는 국가의 능력은 어디서나 문제가 되고 있지만, 여전히 많은 맥락에서 확고한 목표로 남아 있다. 1990년대에는 미래가 국경에 관계없이 아이디어와 정보를 주고받을 수 있는 거의 무제한의 자유와 함께 할 것처럼 보였다. 기술은 시민적·정치적 권리에 관한 국제 규약(ICCPR: International Covenant of Civil and Political Rights)에 포

---

6 복합 기업(conglomerate)은 여러 기업이 하나로 연합된 거대 기업체이다. 복합 기업은 생산 구조상 다각화를 통해 여러 산업 분야, 여러 시장에 걸친 많은 계열사를 산하에 두고 있으며, 외형상 각 계열사들은 독립되어 있다. 하지만 실질적으로는 계열사 간에 자본 소유 관계나 임원 겸임 따위를 통해 일관된 체제 아래 활동하는 기업군을 형성하고 있다(역자 주).

함된 규범을 이행하기 위한 도구가 되었다. 이후 수십 년 동안 이 점이 강조되었지만, 동시에 세계를 흔히 국가와 그 산하 기관들이 부과하는 다양한 형태의 제한이 없이 정보가 이동하는 곳으로 보는 것은 순진해빠진 짓임이 드러났다. 늘어난 난제들은 새롭고 때로는 더 효율적이거나 더 권위주의적인 국가 권력 기제들과 맞닥뜨리게 됐다. 국가의 힘이 축소될 위험에 직면하자 권위의 방식과 행사에 갑자기 변화가 일어나기 시작했다. 국가는 그들의 자율성을 약화시키는 것처럼 보이는 세력에 대응해 표현의 시장을 완전히 장악하지는 못하더라도 규제하는 것을 목표로 하는 새롭고 수정된 기법에 대한 시험에 열광적으로 뛰어들었다.

1. 글로벌 미디어 및 커뮤니케이션의 이해를 위한 프레임워크

글로벌 미디어의 정치는 두 가지 별개의 경향으로 나누어질 수 있다. 하나는 더 많은 감시, 새로운 하부구조에 대한 더 많은 참여, 정보를 전달하고 배급하는 플랫폼에 대한 재정의된 의존을 포함하는 국내 통제의 강화이다. 두 번째 경향은 특이하게 내향적인 형태의 국가 통제로부터 외부 지향적인 권역적 또는 다자적 접근방식으로의 전환이다. 명시적인 법과 규제에 의존하던 것에서 벗어나 협상과 합의로 향하는 경향이 있다. 한 국가가 다른 국가의 미디어에 영향력의 촉수(觸手)를 뻗히는 것이 거의 새로운 것은 아니지만, 아이디어, 정보 및 순수한 데이터의 흐름에 관한 조약이나 협정을 통한 상호작용 과정은 꾸준히 강화되고 있다. 2018년, 미국 법무부는 소셜 미디어를 광범위하게 사용하여 미국의 정치와 선거 관련 행동에 영향을 미친 러시아의 주요 실체와 개인들을 기소했다. 러시아의 국제 보도 전문 채널인 RT는 마음과 정신을 놓고 경쟁하는 전통적인 영역에 예리한 기법과 새로운 기술을 전술적 사용하기 시작했다.

이러한 추세로 인해 글로벌 미디어의 정치는 어디에나 볼 수 있는 거대 복합기업의 활동과 그들이 만들어내는 메시지가 세계의 의식을 지배하는 정도보다 더 많은 것을 포함한다. 글로벌 미디어 시장은 영화와 텔레비전 프로그램의 거래를 위한 장(場)보다 훨씬 더 포괄적이다. 그것은 또한 (때로는 공통된, 때로는 양극화된) 내러티브를 형성하는 공식적·비공식적 규칙의 개발과 적용을 위해 점점 더 상호의존적이 되어가는 장소, 즉 이념들이 경쟁하면서 궁극적으로 정부와 국가 자체의 존속을 결정하는 충성을 만들어내는 공간이기도 하다. 정부가 국경 안팎에서 선전을 통해 인구집단에 영향을 미치려고 시도하면서, 해외에서 정책 형성과 여론에 영향을 미치기 위해 압력을 가하는 것은 항상 권력을 쥐고 있거나 추구하는 사람들의 관심사였다.

불안정하고 갈등이 있으며 지정학적 재조정이 필요한 시기에는 위험(risk)이 커지기 때문에, 정부는 이제 갈등, 불안정 및 이데올로기 간의 상호작용에 대해 더 솔직해지면서 더 명시적으로 선전에 관여할 필요성을 인식한다.

이러한 상호의존적인 환경에서 글로벌 미디어 및 커뮤니케이션의 정치는 국가 자체를 훨씬 뛰어넘는다. 국가의 정보 공간과 관련된 결정은 무역과 세계 안보에 외적인 영향을 미친다. 정부들이 평화 시에는 지배와 부의 창출의 상징으로서, 전쟁 시에는 무기로서, 정보의 힘에 집착하게 되면서 국제적 관심이 날카로워진다.

그와 같은 분석을 통해 나타나는 것은 정치 구조의 또 다른 기본 요소, 즉 어떤 콘텐트가 나오는지 통제할 수 있는 잠재력을 가지고 있고 그러한 통제 잠재력이 국가에 의해 효과적으로 관리되거나 잠재적으로 관리되는 중개자의 존재이다. 이것 역시 특정 기술(방송 대 인터넷)이 아니라 플랫폼의 의무를 설정하기 위한 지역적 협의에 좌우될 수도 있다.

글로벌 커뮤니케이션의 정치는 글로벌 미디어 구조조정이라는 방대한 프로젝트 속에 존재하는 힘들의 범위와 역할, 그리고 그 과정에서 국가가 하는 역할을 반영한다. 힘들의 조합은 미디어 공간의 재배치를 초래해, 미디어 구조, 미디어 공간, 정보 정책들이 점점 더 많이 협상되는 식으로 이어진다. 문제는 국가들 사이의, 국가와 다국적 기업 간의, 국제적 실체들과 국가 간의, 그리고 기타 영향 인자들을 포괄하는 미묘한 협의의 산물을 어떻게 도식화하는가 하는 것이다. 기술뿐만 아니라 수많은 정치적·경제적·사회적 영향들이 수렴된다. 글로벌 커뮤니케이션의 모든 정치는 반드시 국가, 종교, 기업, 개인이 단독으로 또는 결합하여 미디어 구조와 이를 통해 흐르는 콘텐트에 영향을 미치는 서로 얽혀 있는 과정을 강조해야 한다. 역동적인 세계가 그 모습을 드러내고 있고, 이 역동적인 세계 속에서 국가들은 그들의 정치 공간으로 들어오는 변화하는 이미지에 대해 어느 정도 통제력을 유지하기 위해 노력하면서 다양한 기법을 실험한다. 글로벌 미디어가 상호 연결되는 시대에 한 국가에서 다른 국가의 정치 생활에 영향을 미치지 않거나 영향을 받지 않는 방송 또는 인터넷에 대한 결정에 도달하거나 그러한 결정을 실행에 옮기는 것은 거의 불가능하다.

과거, 특히 위성이 등장하기 전의 중요한 모델들은 국가의 '정체성 거품'에 대한 열망이나 희망 혹은 국가의 '정체성 거품'이라는 엄혹한 사실을 기반으로 하면서 성격상 국가 지향적이었는데, 그러한 거품 안에서 각 국가는 어느 정도 규칙을 정하고 국가 경계 내에서 일단의 내러티브를 통제하거나 용인한다. 글로벌 커뮤니케이션의 정치는 그러한 모델의 내구성을 반드시 인식해야 한다. 그것은 또한 국가가 자신의 역량을 염려하는 환경으로의 대대적인 변화도 반드시 반영해야 한다. 모든 국가 내에서 그러한 일단의 내러티브는 다자간 거래의 결과, 즉 구글과 같은 다국적 거대 기업의 권력과 많은 세력의 영향의 결과이며 또한 점점 더 그렇게 되고 있다. 국가는 그 가운데 하나의 세력일 뿐이며 아마도 약한 세력일 것이다(Fuchs & Trottier, 2014). 이러한 행동 양식과 국가 간의 상호작용을 포착하고자 하는 그 어떤 프레임워크도 현 단계에서는 적절하게 포괄적일 수 없다. 그것은 단지 길을 가르쳐줄 수 있을 뿐이다. 그와 같은 프레임워크는 대상 사회들 속에서 표현 관련 관행의 변화를 통해 시민 사회를 개선하는 데 헌신하는 사람들에 의한 정책 형성을 더 용이하게 한다.

글로벌 커뮤니케이션의 정치를 위한 그와 같은 프레임워크는 위에서 언급한 구분으로 시작한다. 정보 흐름의 복잡성에 대한 국가의 대응을 두 가지 범주 또는 유형으로 나누는 것이 그것으로, 하나는 국가가 자신의 정보 공간을 보호하는 경우이고, 다른 하나는 국가가 미디어 구조에 영향을 미치거나 미디어 구조와 그러한 미디어 구조가 국경 밖에 미치는 영향에 영향을 미치거나 그러한 구조와 영향을 바꾸려 시도하는 경우이다.

내부를 향하는 국가의 노력과 다른 국가를 향하는 국가의 노력 간의 이러한 차이는 정치생활과 사회생활에 영향을 미치는 메시지와 콘텐트의 흐름을 형성하는 것을 목표로 하는 정부 노력이라는 정적인 개념에서 벗어나 더 역동적인 규제의 정치를 지향하는 움직임을 강조한다.

국가 활동의 이 두 가지 범주 각각은 추가로 더 나눠질 수 있다. 국내적으로 국가는 일방적으로 혹은 다른 국가를 기반으로 하는 실체들(예, 과두 지배 세력이나 지배적인 종교 실체나 정당)과 협력하여 자국의 미디어를 바꿀 수 있다. 우리는 그러한 경우와 국가가 국경 내의 메시지의 흐름을 다루기 위해 반드시 목표와 영향력을 가지고 있는 다른 국가들(혹은 주요 미디어 복합기업)과 거래해야 하는 점점 더 가능성이 높아지는 일련의 상황을 구별할 수 있다.

<그림 16.1>은 글로벌 미디어 및 커뮤니케이션의 정치를 대략적으로 보여준다. 첫째, 이것이 보편적으로 사실은 아니지만, 그와 같은 정치는 국가로부터 시작함으로써 가장 잘 설명될 수 있다고 가정한다. 국가와 국가의 동맹국(국가가 아닌 정부가 될 수도 있고 정부의 동맹 정부나 적대 정부가 될 수도 있음)으로 시작되는 최상위 라인은 그러한 체계를 만들어내는 데 (공식적이든 비공식적이든) 어떤 역할을 하는 모든 사람들이 점유하고 있는 곳이다. 이러한 실체들, 정당, 종교, 비정부 조직, 기업은 현상 유지를 방어하거나 변화를 추구함으로써 적절한 미디어 및 커뮤니케이션 구조에 대한 그들의 견해를 보호하기 위해 그다음 라인에 기술, 물리력, 법, 협상, 보조금과 같은 기제를 배치한다.

그림 16.1 **국가 활동의 범주**

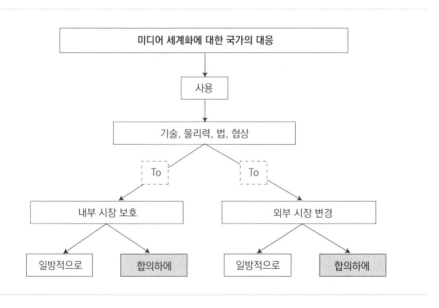

둘째, 국가 내의 행위자들에 대한 이 기술에는 현상 유지를 바꾸려는 실체 및 세력들의 영향을 제한하기 위해 함께 힘을 합친다는 아이디어가 함축되어 있다. 이것은 즉시 기술, 제도적 조직 및 진입 장벽에 대한 문제를 제기한다. (권력을 가진 자들의) 기본 모델 혹은 (권력을 가진 자들이) 바라는 모델은 국가와 그 동맹 세력들이 국가를 불안하게 만드는 개입을 제한할 수 있도록 정치를 조직화하는 것이다. 여러 해 동안 여전히 많은 곳에서 이러한 목표는 독점을 유지하거나 유사한 진입에 대한 권한을 유지함으로써 달성되고 있다. 또한 이 프레임워크를 이용 가능하게 할 재량권을 가진 사람들이 역량을 발휘하지 못하는 것 자체가 불안정성을 가중시킬 수도 있을 경우, 그러한 권한을 가지고 있는 사람들의 역량이 강조된다.

이 프레임워크는 미디어 체계 내에서 정치적 균형을 바꾸기 위한 내부의 노력과 경계 외부로부터의 노력을 구별한다. 이러한 구별은 필요하지만 문제가 있다. 구별이 필요한 이유는 인권 규범이 국가 외부의 행위자들이 국가 내의 개인들이나 공동체에 영향을 미치지 못하게 하는 규칙을 제한하거나 금지하는 것처럼 보이기 때문이다. ICCPR 19조는 모든 개인에게 '국경에 관계없이' 아이디어와 정보를 받고 전달할 권리를 부여하고 있다(O'Flaherty, 2012). 반면에 특히 진입해서 아이디어, 이미지 및 기타 설득 도구의 믹스를 바꾸려고 시도하는 주체가 다름 아닌 외국 국가에 자금을 지원하거나 외국 국가와 연결된 외국 국가나 실체인 경우, 국가 특히 권위주의 국가는 그와 같은 구별을 한다. 이 장에서 우리는 지배적인 기술인 인터넷과 소셜 미디어 플랫폼에 거의 내재되어 있는, 경계를 가로지르고 심지어 국가의 경계를 경멸한다고 해도 과언이 아닌, 그러한 성질에 대해 이미 언급한 바 있다.

그러한 이유에서 이 프레임워크 다이어그램은 국가와 그 동맹 세력이 국경 내에서 미디어 행위자들의 균형을 보호하고 개선하기 위해 노력함에 따라 그들의 정치는 몇 가지 목표를 가지고 있다고 가정한다. 여기에는 특히 외국 국가들이 그러한 균형에 미치는 영향(방어적 행동)과 어떤 경우 공격적으로 다른 국가의 미디어 공간에 개입하려는 노력에 대한 고려가 포함된다. 최근의 예로 러시아와 우크라이나의 관계를 들 수 있는데, 우크라이나는 그들이 자국 시민들을 향한 끊임없는 러시아 선전 캠페인에 맞서 싸우기 위해 애쓴다. 우크라이나는 방어적으로 행동할 뿐만 아니라 러시아 미디어 공간 내에서 비슷한 방법으로 되갚아주려고 애쓸 수도 있을 것이다. 거기에는 결과에 영향을 미치는 어떤 비대칭이 존재한다.

2. 충성도 경쟁 시장

이 프레임워크는 지배적인 이해 관계자들이 변화에 취약한 경우 영향의 균형을 바꾸기 위해 특별한 기회를 살피는 이해 당사자들이 더 많은 노력을 기울임을 암시할 때가 있다. 재규제(re-regulation) 또는 재배치(remapping) 기간은 기존 통제 방식이 시장에서 점유율을 감시하고 진입을 규제하는 지위를 더 이상 유지할 수 없는 정치적 충성의 카르텔(경쟁자들 사이의 암묵적 또는 명시적 합의)로 이어질 때 발생한다. 오래된 정치 카르텔에서 배제된 사람들에게 미디어 진입 장벽이 낮아진다면, 특히 그들이 구체제의 지배를 위협할 수 있다면, 국경의 투과성은 규제 위기를 야기한다. 다른 이유로 이전에 배제되거나 소외된 경쟁자가 이제 더 그럴 듯한 진입 청구를 주장한다면, 미디어 세계화는 리밸런스(rebalance)나 리믹스(remix)를 촉진할 수도 있다. 국가의 대응은 (장벽을 높이는) 더 제한적인 노력이나 카르텔을 재정의하고 새로운 진입자를 수용하는 형태를 취할 수 있다. 국가의 규제 변경 방식은 내부 카르텔을 바꾸라는 압력을 반영하거나 경쟁을 강화하고 권역 무대나 세계무대에서 충성도를 놓고 경쟁하는 사람들을 바꾸라는 외부 압력을 반영할 수도 있다. 충성도 경쟁 시장 접근 방식은 특정 시장에서 목소리의 균형을 확대하거나 균형에 변화를 주기 위해 기술 또는 국제 규범을 사용하는 외부 실체들(기업, 국가, 디아스포라 집단)의 행동을 설명한다. 이것들은 엄격하게 제한된 사회에서 카르텔을 깨기 위한 조치의 예들이다. 인권 규범이 국가가 그들의 정보 공간을 풍부하게 만들도록 강제할 수 있는 충분한 법적 근거가 있는 경우, 국제 규범은 그와 같은 진입을 요구하기 위해 흔히 사용된다.

국가적 목적을 위해 무선 공간 사용을 제한하려는 흥미로운 쌍무적 노력 사례도 찾아볼 수 있다. 인디아와 파키스탄 간의 1948년 협정에서 당사자들은 (라디오와 영화를 포함한) 그들 각각의 홍보 주체들이 "① 상대 자치령에 대한 선전과 ② 양쪽 자치령의 인구집단 또는 인구집단의 일부에 염증을 불러일으키거나 두려움이나 놀람을 야기할 가능성이 있는 인물에 대한 과장된 뉴스의 공표를 삼가고 통제할” 것이라고 약속했다(Whitton, 1958, p. 741에서 재인용). 유사하게, 산토 도밍고(Santo Domingo)[7]와 아이티(Haiti) 간의 분쟁은 1950년대 초에 양 당사자가 “이웃한 두 공화국이나 다른 우호적인 국가의 국내 평화를 방해하는 것을 목적으로 하는 국내 또는 외국의 개인, 집단, 또는 정당의 활동을 그들 각각의 영토에서 용인하지” 않겠다는 약속이 포함된 문서로 해결되었다(Organization of American States, 1949, p. 77; “Supplement of Documents,”, 1952).

네덜란드는 오랫동안 충성도와 국민 정체성을 놓고 경쟁하는 공급자들의 규제된 다원주의(pluralism)를 위해 바라던 시장 구조를 내부 접근방식으로 이뤄낸 국가이다. 네덜란드의 (종교, 정치, 생활방식을 근간으로 하는) ‘지주화’(pillarization)라는 오랜 접근방식은 시장을 차별화된 충성도로 나누는 것을 의미했다. 이 체계는 지정된 집단에 일정한 무선 스펙트럼상의 시간을 할당하는 독립적인 방송 규정집에 반영되었다. 극적으로 변화된 기술, 유럽 연합법 및 국경의 투과성으로 인해 이러한 관행을 지속하는 것이 불가능해졌다. 그와 같은 시장에서 기존 참가자들을 줄 세울 수 있는 국가의 능력은 사실상 사라졌다.

3. 영향의 분류

미디어에 책임이 있는 것으로 알려져 있는 경우, 국가가 안정성 위협에 대응하는 방식의 정치를 틀 짓는 데에는 추가적인 복잡성이 존재한다. 국가(또는 다른 주요 실체)가 대응하는 방식은 특정 의사결정자에 미치는 역사적이면서 도처에 만연해 있는 영향의 함수이다. 예를 들어, 민영 미디어에 대한 의존도가 낮거나, 종교적 긴장의 역사가 더 길거나, 첨단 혁신 기술에 대한 노출도가 낮거나, 테러리즘에 대한 우려가 더 크거나, 과거가 더 권위주의적이었던 사회가 다른 역사를 가진 사회보다 덜 개방적이고 통제에 더 집착하는 경향이 있다고 가정할 수도 있을 것이다. 등급 상관관계(grade correlation)[8]가 아닌 이보다 더 미묘

---

7 도미니카 공화국의 수도이다(역자 주).

한 설명은 이러한 요인들의 특정한 조합에 대한 반응과 대응의 복잡성에서 기인한다.

1) 체제의 구조와 역사의 영향

통치 체제의 속성과 역사는 미디어 세계화와 혼합되어 있는 이미지를 바꾸려는 내부 및 외부 노력에 대한 국가의 대응에 엄청난 영향을 미칠 뿐만 아니라 국가의 대응을 예측할 수 있게도 해준다. 국가가 서구식 민주주의 사회인지 아니면 종교에 기반을 둔 준(準)권위주의 체제인지 여부와 같은 현재 상태뿐만 아니라 체제 전환(transition)의 형태와 방식도 미디어 구조에 대한 태도에 상당한 영향을 미친다.

국내 시민사회의 성격, 법의 지배에 대한 태도, 권위와 민주적 구조 이슈, 효과적인 비정부 기구의 존재 여부 등에 대한 질문을 함으로써 체제의 구조와 역사를 설명할 수 있다. 국가적 대응은 지배자들이 사회 변화의 지렛대를 지배하는 정도, 기존의 정보 흐름의 형식에 대해 실질적인 권한이 있는지 여부, 반대 목소리를 포함하는 것을 선호하는 전통의 수에 의해 결정된다. 체제의 구조와 역사는 사회에서 표현의 역할에 대한 특정 접근방식을 수용하거나 용인하게 만든다. 우리가 "표현의 자유"라고 부르는 놀라운 현상은 일단의 원칙과 관행일 뿐만 아니라 일단의 제도이기도 하다. 그리고 사회의 다른 표현 구조에 대해서도 비슷한 결론을 내릴 수 있다. 이러한 제도들에는 사람들이 시민 또는 공동체의 구성원으로서 정보를 처리하는 과정뿐만 아니라 정보의 생산과 보급을 위해 사회에 존재하는 기제(정보 흐름 하부구조)도 포함된다. 이러한 제도들에는 원칙과 행동 간의 상호작용에 영향을 미치는 정부의 규칙과 규범 그리고 기타 행위자들도 포함된다. 가장 중요한 점은 이러한 제도들에 정보 흐름의 패턴과 경계를 넘나드는 정보 유형의 장기적인 대규모 변화가 포함된다는 것이다. 기존 방정식의 어느 한 요소가 바뀌면 다른 모든 요소도 영향을 받는다. 물론 원칙이 적용되는 현상은 변할 수도 있지만, 그러한 원칙은 반드시 지속되어야 한다. 그것이 결국 가장 중요한 원칙을 만들어낸다. 그러나 원칙이 변하지

---

8 스피어먼 순위 상관관계(Spearman rank correlation)의 다른 이름이다(역자 주).

않는다 해도, 일상생활의 기제들이 실질적으로 바뀌면 원칙을 달성할 수 있는 방법(실제로, 원칙이 최적으로 적용할 수 있는지 여부)도 달라진다.

이러한 제도들은 항상 유동적이었고 지금도 유동적이며, 기본적인 변화조차도 어떤 결과를 초래할지 미리 말하기가 어렵다. 제도화된 우편 서비스의 발전과 거기에다가 전신의 발전으로 제도들이 바뀌었고, 또한 제도들은 사회의 산업화와 철도의 도래와 함께 변화했다. 위성은 커뮤니케이션 패턴을 완전히 바꿔놓았다. 인터넷과 소셜 미디어의 성장을 포함한 현재의 변화는 훨씬 더 변혁적이어서 이전에 발생한 것과 질적으로 다른 방식으로 표현의 자유에 대한 가정에 영향을 미친다고 주장할 수 있다. 좀 더 겸손하게 주장하자면, 그와 같은 변혁적인 변화가 일어날 때마다 표현 원칙과 그 토대 사이의 적합성을 재검토하는 것이 중요하다.

2) 보호주의 대 자유 무역

글로벌 미디어의 정치는 또한 교역 문제와 전반에 걸쳐 연결되어 있다. 상품의 교역에 대한 제한이 정보에 대한 제한과 직접적으로 연결되는 경우는 거의 없으며, 실제로 ICCPR 19조와 같은 국제 원칙들은 장벽을 배제한다는 측면에서 특별한 주의를 기울여야 하는 것으로 아이디어의 교역을 거의 지목한다(저작권법 및 관련 제도는 중요한 예외임). 유네스코는 과거에 해외로부터의 경쟁에서 국가 정체성 관련 미디어를 보호하는 '문화적 예외'(cultural exception)를 확대하려고 노력했다(Graber, 2006). 미디어 세계화에 대한 누가 봐도 알 수 있는 공식적인 국가적 대응의 상당 부분은 자유 무역을 둘러싼 논쟁의 성격이 빚어낸 결과이다. 자유 무역은 국가 정체성을 위협하는 상황에서 제한되어야 하는가?

아동 노동 이슈를 포함해 교역의 세계화가 고용에 미치는 결과를 둘러싼 전 세계적인 논쟁이 벌어지고 있는 것처럼, 교역 논의에는 '문화적 생산물'에 대한 국가 통제 문제가 포함된다. 국가가 자유로운 해외 정보 시장을 효과적으로 옹호하기 위해서는 내부적으로 자유 시장 원칙을 준수해야 한다. 그러나 대칭과 일관성은 국가 정책의 본질적인 특성이 아니며, 외국에서 제시된 원칙이 국내에서 무시된 것이 처음은 아닐 것이다. 그러나 자유 시장의 옹호가 국내 규제의 필요성과 불편하게 동석(同席)할 수도 있다. 심지어 가장 시장 지향적인 국가가 자국의 규칙은 지나치게 제한적이면 타국가의 소유권 규칙을 바꾸려 한다면 비난을 받을 수 있다. 한 국가가 다른 국가의 콘텐트 규정에 영향을 미치려고 할 때 자국의 콘텐트에 대한 내부 규제로 인해 갑자기 곤란해질 수 있다. 이러한 문제에 대한 예들은 방송의 콘텐트 기준, 지상파 방송국의 외국인 소유, 인터넷의 특정 용도에 대한 제한과 같은 영역에서 많이 찾아볼 수 있다.

3) 민영 전환의 영향

미디어의 세계화는 점점 더 다국적 기업에 의해 생산되고 통제되는 이미지 배급을 위한 현지화된 수신 하부구조 수립을 수반한다. 다국적 기업은 성장하는 시장을 필요로 하며, 이들은 일반적으로 다른 위성 네트워킹 패턴을 보완하기 위해 지상 배급 패턴을 필요로 한다. 법 혹은 법치(rule of law)는 그와 같은 현지화된 체계의 효과성의 필수적인 부분이다. 국가의 대응은 전 세계적인 정보 배급 체계를 수용할지 여부를 결정한다.

어느 정도 우리는 권역 또는 국가 도매(wholesaling)와 지역 소매(retailing)로 구성된 국제 생산 패턴으로 이동할 수도 있다. 대규모 민간 기업들이 전 세계적으로 추진하는 이 체계의 또 다른 특징은 다채널 비디오 배급 기회가 지역에서 사용 가능한 한, 다국적 부문은 그러한 배급 기술(케이블, 직접 위성방송, 인터넷 등)에 비교적 무관심해 보인다는 것이다. 이 체계가 성숙함에 따라, 다국적 규모에서 집중의 영향은 분명해져서, 제작과 배급 수준에서 경쟁자의 수가 더 적을수록, 국가 대응의 성격을 협상하는 국가들이 선택할 수 있는 대안은 더 적어진다.

4) 새로운 기술의 영향

새로운 기술 도입의 속도와 패턴은 국가의 대응에 큰 영향을 미친다. 사회는 아이디어가 그들의 경계 내에 유입되거나 유통되는 방식의 변화를 고려하기 위해 그들의 통제 전략을 반드시 바꾸어야 한다. 그러나 고려해야 할 것은 새로운 기술 자체만이 아니다. 대단히 중요한 하부구조도 고려해야 한다. 일련의 전략적 목표를 가진 국가 및 비국가 행위자는 그들의 통제를 용이하게 하는 하부구조를 위해 애쓴다. 어떤 행위자들의 경우에는 디지털 격차를 최소화하는 것이 중요하고, 또 어떤 행위자들에게는 격차를 유지하는 것이 그러한 체계의 필수 속성일 수도 있다. 정부가 접근과 이용을 거부할 수 있도록 해주는 '킬 스위치'가 있는지 여부는 어떤 사람들은 필요하다고 여기고 또 어떤 사람들은 절대 반대하는 속성의 또 다른 예이다.

5) 국가 안보 우려의 영향

전통적인 국가 안보 우려는 미디어의 세계화에 대한 국가의 대응의 여러 측면에 영향을 미친다. 더욱 긴박했던 1950년대 이후와 서방의 관리되는 냉전의 평화 속에서 내부 안보 우려는 서유럽과 미국에서 적어도 일시적으로 감소했다. 표현이 그들의 인구집단을 겨냥한 테러를 촉발할 수 있는 위험한 국내 세계라는 생각은 주목할 만한 예외를 제외하고는 줄어들었지만, 2001년 9월 11일 이후에 맹렬히 되살아났다. 관용의 개념과 표현의 권리 확대는 국제적으로 안정된 환경에서 꽃피었다. 그러나 이제 전 세계적인 테러리즘이라는 생각과 새로운 일단의 적군에 대한 불안정한 개념이 모든 국가 환경에서 국가 안보 우려가 되살아나게 만들었다. 국가의 대응은 지배적이고 논쟁적인 종교 역사, 갈등 및 불안과의 관련성, 혹은 테러와 국가 안보가 미디어 정책에 영향을 미치는 방식에 따라 분류될 수도 있다.

6) 국제 규범의 영향

국가 안보와 표현의 자유 기준의 충돌은 우리가 재배치 과정에 영향을 주기 위한 것으로서 인권 원칙을 더 많이 그리고 다르게 사용하게 만든다. NGO를 포함한 국제 공동체의 구성원들은 세계인권선언문(Universal Declaration of Human Rights) 제19조와 다른 유사한 원칙을 적용해 미디어의 세계화에 대한 국가적 대응을 제한하는 수단으로서 원칙 준수를 평가한다. 미국 국무부, 유럽 안보협력기구(Organization for Security and Co-operation in Europe), 미주기구(Organization of American States), 기타 지역 기구, 그리고 유엔은 표현 및 언론 분야에서 국제 규범 준수를 조사하는 특별 사무관들을 점점 더 많이 두고 있다.

미디어 영역에서 권리 언어(rights language)의 변화가 일어났다. 1990년대 이후 표현권 주장은 민영 미디어 기업의 영향력 증가와 밀접하게 연관되어 있다. 미디어 기업에 대한 정부 규제를 최소화하려는 회사들은 정치적 반대자들과 연관되어 있는 것으로 널리 알려져 있긴 하지만, 그들은 표현권을 가장 효과적으로 정리 정돈했다. 미국에서는 케이블 텔레비전의 구조 형성에 영향을 미치는 의회의 능력을 제한하고(예, 케이블 SO들에게 공공 서비스 텔레비전 채널 전송을 요구해야 하는지 여부를 결정했을 때), 신문의 접근권(access right)을 강제할 수 있는 입법부의 권한을 제한하고, 케이블 회사와 전화 회사 간의 교차 소유권(cross-ownership)을 제한하며, 직접 방송 위성이나 다른 미디어에 대한 공공 접근(public access) 요건을 정하는 데 표현권이 자주 사용되었고 그리고 효과를 발휘했다. 인권 원칙은 상업 미디어를 위한 글로벌 공간을 비워두는 데 사용되고 있다.

유럽에서는 인권 원칙을 내세워 오스트리아가 민간 부문에 무선 주파수를 허가하는 방식을 변경하게 만드는 데 성공했다. 표현의 자유 규범은 표현 환경에 대한 최대한의 통제를 주장하는 사회에서 상징적 변화를 만들어내기 위해 사람들을 효과적으로 결집시키는 포인트(rallying point)가 되었다. 각 국가 내에서와 마찬가지로 국제 부문에서도 미디어 기관들은 어떤 부분에서 개인들을 대리한다. 결과적으로 어느 정도 미디어에 대한 제약으로부터의 자유는 사람들이 정보를 수신하고 전달할 수 있는 권리의 향상을 의미한다. 하지만 항상 그런 것은 아니다. 규제 역시 표현의 영역을 늘리고, 시민에 대한 정보의 흐름을 확대하며, 시민의 커뮤니케이션 권리를 향상시킬 수도 있다.

4. 제한의 분류

모든 국가, 심지어 표현의 자유 원칙에 충실한 국가도 미디어와 관련된 어떤 형태의 규제 또는 제한에 관여하고 있다. 그리고 이러한 제한이나 조치 가운데 많은 것이 초국가적 우려의 결과이거나 초국가적 우려에 영향을 받는다. 프리덤 하우스와 다른 기구들은 흔히 국가가 정보 흐름에 대한 제한을 사용하는 (또는 사용하지 않는) 방식을 반영하는 가상의 패턴에 따라 국가를 분류한다. 이러한 종류의 분류를 고려할 때, 국가가 제한의 근거로 제시하는 정당화(자국의 필요성에 대한 설명과 법 원칙에 대한 그러한 정당화의 적합성을 확인하는 방식), 국가가 제한하는 커뮤니케이션 기술의 유형(아마도 어떤 기술이 설득의 가장 중요한 도구인지에 대한 평가를 반영함), 제한 대상(콘텐트 제공자, 배급사, 게이트키퍼, 소비자, 또는 다른 국가), 제한 기법(법 또는 다른 형태의 강압을 사용하는 정도), 제한의 강도(권한을 이행할 의향이나 이행할 수 있는 능력의 정도), 그리고 시간의 영향(제한과 제한의 집행이 진화하는 패턴)을 살펴볼 수도 있다. 이들 각각을 차례로 간략하게 설명하기로 한다.

1) 제한에 대한 표명된 근거

국가의 대응은 정부가 자신의 미디어 공간을 보호하기 위해 제시한 이유에 따라 분류할 수 있다. 어떤 형태든 규제의 (때로는 의도하지 않은) 결과는 표현을 제한하는 것이지만, 우리는 정당화 범주를 통해 국가 대응의 속성(예를 들면, 특정한 규제 형태를 정당화하기 위해 주장한 국가 안보 위협이 존재하는지 여부)에 대한 통찰력을 얻을 수 있다.

(다소 서로 겹치는) 제한에 대한 수사(修辭)들 가운데는 아동 보호, 도덕 지키기, 국내 산업 보호, 국가 정체성 강화, 종교적 신념 또는 국민이 선호하는 교회 보호, 종파 간 폭력 방지가 있다(Bollinger, 1976, 1991). 제한이 허용되는 영역은 때때로 국제 조약이나 협약에 의해 정의되며, 이러한 방식의 한정과 제한은 영향력이 더욱 커지고 있다. 제한에 대한 이러한 동기들 가운데 일부(예, 국가 안보, 영토 보전, 무질서 예방)는 유럽인권협약(ECHR: European Convention of Human Rights) 10조 2항에 명시되어 있다. 이 문서는 유럽 평의회가 확대되고 ECHR 규범과 유럽 법원(European Court)의 법리가 유럽 평의회 국가 외부 환경으로 확산됨에 따라 더욱 강력해지고 있다.

제한에 대한 정당화를 기반으로 국가의 대응을 분석하는 것은 그와 같은 정당화의 타당성을 판단하는 길이 되기도 한다. 이러한 과정은 일반적으로 국내 법원에서 내부 이의 제기를 통하거나 권역 재판소(예, 유럽 인권재판소)를 통해 발생한다. 제한이 정당한지 여부를 판단하기 위해 재판소가 허용하는 정당화와 재판소가 사용하는 기준은 모두 이러한 분석과 관련 있다. 그 밖에 미국 국무부의 연례 인권 준수 조사에서처럼 비정부 기구나 다른 정부의 평가도 반드시 고려되어야 한다.

2) 제한하는 미디어 유형

제한을 분류하는 또 다른 축은 통제되는 기술별로 국가의 대응을 분류하는 것이다. 예를 들어, 어떤 국가는 신문은 제한하지 않지만 방송은 규제해야 한다고 주장한다. 또 어떤 국가는 인터넷에 대한 규제에 새롭게 초점을 맞췄다. 라디오가 가장 중요한 영향을 미치기 때문에 가장 중요한 통제 대상이 되는 국가도 있다. 따라서 어떤 미디어가 어떤 국가에 대해 그 국가의 정보 공간을 바꾸는 데 가장 효과적이거나 가장 위협적인 것으로 여겨지는지를 이해하는 것은 중요하다.

제한을 가할 미디어를 선택하는 것은 다양한 요인의 결과일 수도 있다. 이미지 메이킹(image making)⁹ 유형들과 같은 일부 방식은 주제넘거나 너무 강력하여 거의 정신적으로 최면을 거는 수준으로 여겨질 수도 있다. 이 방식은 심지어 미국 법체계에도 존재한다. 마치 방송의 고유한 힘이 국제 선전에 즐겨 사용하는 도구였던 것처럼, 그것은 라디오나 텔레비전을 신문과 구별하는 근거가 되어왔다. 일부 유형은 엘리트에게만 도달하고 따라서 덜 위험한 것으로 간주되기 때문에 호의적으로 다뤄진다. 위성에서 가정으로 직접 전송되는 것과 같은 배급 방식은 규제할 수 있는 게이트키퍼나 중개자가 없고, 이로 인해 민족 집단들 간에 힘이 이동하고 민족 집단과 외부 디아스포라 간에 커뮤니케이션이 이루어질 가능성이 있기 때문에 특별한 두려움의 대상이 될 수도 있다.

다국적 기업(또는 다른 국가의 후원을 받는 방송)과 같은 비정부 조직이 위성이나 강력한 송신기 또는 다른 수단(오디오 카세트에 녹음된 노래나 설교)을 통해 사회에 영향을 미칠 수 있는 능력은 잠재적으로 정부의 대응 성격에 반영될 것이다. 어떤 미디어가 테러리스트로 낙인찍힌 집단의 도구로 보이는 경우 규제 대상으로 지목될 될 수도 있다. 마지막으로, 어떤 미디어는 역사적 이유나 경쟁적 이유 혹은 그 미디어를 규제하는 세계적 전통을 준수한다는 이유로 규제 대상이 될 수도 있다.

---

⁹ 개인이 추구하는 목표를 이루기 위해 자기 이미지를 통합적으로 관리하는 행위이자, 자기 향상을 위한 개인의 노력을 총칭하는 것인데, 이는 조직이나 국가에 대해서도 마찬가지일 것이다 (역자 주).

3) 제한의 대상

제한이 정보의 생산, 배급, 소비 사슬의 어디를 겨냥하는지에 대한 평가도 국가의 대응을 이해하는 데 중요하다. 검열법은 게이트키퍼들(신문사, 방송사)을 효율적으로 겨냥할 수 있지만, 그와 같은 노드(node)를 찾아내서 규제하는 능력이 줄어듦에 따라 통제 전략도 바뀐다. 국가는 콘텐트 공급자와 협상하거나 소비자가 읽거나 시청한 것을 추적하여 소비자에 대한 통제를 강화함으로써 대응할 수도 있다. 국가들은 제3국이 표적으로 삼는 사회의 목소리 배합을 바꾸기 위해 할 수 있는 것을 제한하는 협정을 맺을 수도 있다.

가족들이 때때로 자녀 교육과 자녀가 이미지에 노출되는 것에 대해 전반적으로 생각할 권리가 있다고 생각하는 것처럼, 국가도 언제나 단지 일부 프로그램을 차단하거나 특정 실체를 규제하는 데 그치는 것은 아니다. 일부 국가의 경우, 거버넌스에 대한 그들의 태도가 더 전체주의인 것처럼, 이미지와 메시지에 대한 그들의 관점이 더 꼼꼼하고 더 위압적이다. 미디어의 리듬, 패턴, 포괄적인 영향이 일반적으로 그들 자신의 문화에 적대적이고 그들 자신의 문화와 일치하지 않는 세계관과 문화를 제공한다고 믿는 국가도 있다. 서방 텔레비전 스타일 그 자체, 여성의 표현 그 자체, 프로그램에 함축되어 있는 신념, 이 모든 것이 겉으로 내뱉는 말과 가로질러 그어져 있는 문화적 경계만큼 중요하다. 종교적으로 요구된 삶과는 다른 세속적인 삶에 대한 구체적인 강조는 공동체 규범을 위반하는 것일 수 있다. 그와 같은 삶을 선택하는 사람들이 그것을 보지 못하도록 눈을 막아야 하며, 분명 어린이들이 그것에 노출되어서는 안 된다. 커뮤니케이션이 끊김 없이 원활하게 이어지고 국경이 쉽게 뚫리는 미래에는 국가의 제한적 대응 방식이 게이트키퍼 통제에서 이용자 통제로 바뀔 것이다.

4) 제한의 강도

분석을 위한 또 다른 축은 국가가 제한 기법을 시행하거나 다양한 표현의 원천을 촉진하는 강도이다. 규제 기제와 그 시행 기관은 전 세계의 정보를 향해 문을 크게 열어젖히도록 설계될 수도 있고 작게 열도록 설계될 수 있으며, 공식적으로 명시된 제한이 항상 실제 경험을 드러내 보여주는 것은 아니다. 명시된 규범은 항상 영향을 미치지만, 그러한 영향의 크기는 집행 의지나 관련된 강압 의지에 따라 다르다. 법원은 규범을 사용해 미디어의 세계화에 대한 국가의 대응이 지지되어야 하는지 아니면 비판의 대상이 되어야 하는지를 판단한다. 명시적인 법적 규범과 실제 관행 사이에는 흔히 간극이 존재해서, 제한은 법적 언어가 암시하는 것보다 더 강하거나 덜 강할 수 있다. 국가는 관습적 관행이나 종교적 태도에 힘을 실어주기 위해 가혹한 공식적인 제한을 설정할 수도 있다. 국가는 그들이 세운 기준을 집행할 능력이 없을 수도 있다. 검열에 반대한다는 공식적 약속은 실제로는 흔히 거짓으로 드러난다. 반대로 표현을 제한하는 입법에 대한 평판이 활발한 사상의 시장이 존재하고 광범위하고 받아들여지고 있는 공식적인 규칙이 무시되면서 사실과 다르게 드러날 수도 있다. 우리는 제한 체계에도 불구하고 어떤 국가가 국가의 경계 안에서부터뿐만 아니라 외부로부터 다양한 견해와 관점이 존재하는 사실상의 공론장을 포용하는지 묻고 싶을 수도 있을 것이다.

5) 시행 방법: 법, 협상, 기술 및 물리력

앞에서 언급한 모든 요소는 시행 수단으로 귀결된다. 시행 수단은 검열에 관한 국내법 제정, 국제 인권법의 협상 및 발동, 스펙트럼 할당에 관한 법률의 조작(操作), 방송국을 허가하는 법률의 사용, 신호 수신 아키텍처(architecture of signal reception) 설계, 기술 지원을 통한 개입, 심지어 물리적 공격 시도 등 아주 많다. 우리는 저작권 조정에서부터 의약품 판매 규제, 일부 문화에서는 어린이에게 적합하지 않은 것으로 여겨지는 게임과 프로그램에 관한 이슈 대처에 이르기까지 인터넷에 대한 최근에 생겨난 국가의 대응에만 집중할 수도 있을 것이다.

국가의 대응을 평가하거나 예측하거나 또는 이해한다는 측면에서 이러한 기법들을 분석하는 마지막 방법은 법 채택, 협상 시작, 기술 제공, 또는 물리력 사용의 네 가지 범주로 분류하는 것이다. 물론 이러한 유형의 범주화에는 상당한 개념적 어려움이 있는데, 예를 들어, 법은 그 자체가 일종의 힘이라고 할 수 있으며, 협상은 흔히 권력 행사의 결과이다. 기술과 법의 경계선도 점점 더 희미해지고 있다.

그러나 이 분류의 범주들은 중요하다. 어떤 시행 수단을 '법'의 행사(exercise of law)라고 부르는 것은 그러한 조치가 (노골적인) 물리력의 행사로 묘사되는 경우와는 다른 의미를 갖는다. 유엔이 코소보(Kosovo)에서 방송 콘텐트의 특정 측면을 규제하기 위해 임시 미디어 판무관을 임명할 때, 그 판무관의 조치는 법치에서 파생된 전통적인 기준에 따라 평가될 수 있다(Krug & Price, 2002). 우리는 '전시 점령'(belligerent occupation)[10] 원칙하에 분쟁 지역에 진입하는 사람들은 데이턴 협정(Dayton Accords)에서처럼 당사자들의 동의하에 진입한 사람들과 다른 특권을 가지는 것을 보았다(Cousens & Cater, 2001; Dinstein, 2009).

기술의 도입은 특별한 문제를 일으킨다. 법 제정에 기반을 둔 일반 국제 원칙은 그러한 국제 규범을 피해가려는 정부에 의한 소프트웨어 설계나 기발한 규제 문제를 다루기 위해 조정될 필요가 있다. 방송 허가와 같은 명시적인 정책 도구를 통하기보다는 시스템 아키텍처(system architecture)[11]를 통해 작동하는 정부 정책을 평가하는 것이 더 어렵다. 정부와 다국적 기업이 제한 영역에 합의할 때처럼, 협상 역시 전통적인 평가 레이더에 포착되지 않는다.

법을 사용하는 것 외에도 때로는 미묘하고 때로는 잔인하고 강압적인 물리력이 내부적으로는 물론 외부로부터도 사용된다. "정보 개입"(information intervention)이라 불리는 것은 통제되지 않은 정보 흐름이 다자의 목표와 일치하지 않는 것으로 여겨지는 국가 내에서 미디어 콘텐트를 변경하기 위해 국제사회에서 사용할 수 있는 수단들을 모아놓은 것을 나타내는 용어이다(Price & Stremlau, 2012). 문제를 일으키는 방송국을 막기 위해 방해 전파를 쏘거나 감시하거나 또는 공격하고 갈등을 야기하는 미디어를 막기 위해 송신기를 장악하는 것은 이러한 새롭게 생겨난 관행의 일부이다.

그러나 훨씬 더 널리 퍼져 있는 물리력에 대한 의존도 있다. 우리는 국가의

---

10 전시에 한 나라의 영역의 전부 또는 일부를 군사력을 배경으로 해서 절대적인 권력으로써 사실상의 지배하에 두는 것으로, 전투를 계속하는 중의 점령과 휴전 후의 점령과는 구분되며, 후자의 경우에는 당사국 간의 합의로 조건이 정해진다. 점령은 영역권의 이전을 수반하지 않지만 국제법은 점령군이 점령지를 자유로이 통치하는 권리를 인정하고 있다(역자 주).

11 시스템이 어떻게 작동하는지를 설명하는 프레임워크이다. 시스템 목적을 달성하기 위해 시스템의 각 컴포넌트가 무엇이며 어떻게 상호작용하는지, 정보가 어떻게 교환되는지를 설명한다(역자 주).

현대적 대응 가운데 하나가 구 체계를 답습해서, 가능한 한 정보가 규제 가능한 중개자를 통과하도록 하는 것임을 목격했다. 그러나 만약 중개자 주변에서 정보가 누출되면 그 다음 단계는 콘텐트 제공자를 규제하려 시도하는 것이 될 것이다. 콘텐트 제공자들 역시 인터넷 시대에는 찾아내기 힘들다. 그 결과는 최종 이용자를 규제하는 것을 더욱 강조하는 것일 텐데, 이것은 소비자, 시민, 피통치자 처벌로 대충 회귀하는 것이다. 공동체의 압력이 심한 고도로 조직화되고 종교적인 사회에서 동료 감시와 고자질은 사회적 강제(social enforcement) 도구의 서곡이 된다.

정부는 부분적으로만 성공하더라도 원치 않는 이미지를 차단할 수 있는 정보 버전의 '스타 워즈'(Star Wars) 방어체계를 구축할 수 있다. 정부는 비밀리 하든 그렇지 않든 배급 수단 소유자로 알려진 자들과의 동맹을 통해 정보를 통제하려 한다. 특정한 국가의 대응을 이해하기 위한 기반이 될 수 있는 접근방식에는 등급 및 필터링 기술의 사용과 더 새로운 콘텐트 흐름에 대한 대응으로 특정 종류의 원치 않는 콘텐트를 규제하기 위해 메타정보(metainformation)의 힘을 빌릴 수 있는 능력이 포함된다. 정보를 식별해서 분류할 수 있게 하고 정보가 누구에게 제공되고 어디에서 오는지를 알아내는 기술적 접근방식은 단독으로, 공동으로, 혹은 민간 기업과 함께 행동하는 국가가 광범위하게 관여할 수 있는 영역이다. 검열과 형사 기소 같은 전통적인 규제 방식에서 정보 흐름의 식별과 통제에 뿌리를 둔 규제로의 전환을 분석하는 것은 중요할 것이다. 감시 및 인코딩 방식은 이러한 일반적인 이슈와 관련이 있다.

국가는 불가해한 코드(code)의 분명하지 않은 표현과 시스템 아키텍처의 복잡성 속에 가치 선택을 숨기고는 매우 기뻐한다. 새로운 기술 분야에서 흔히 규제하려는 국가의 잠재력과 욕구의 서곡은 바로 코드의 설계이다. 소프트웨어에 대한 의존은 이념 자체가 아니라 이념을 위한 하부구조를 제공하며, 규제의 중요한 요소가 되었다. 테러리즘과 테러리즘의 방지는 필터링 기술 이용이 더 훌륭한 도구 역할을 할 영역 가운데 하나가 될 것이다.

등급 및 필터링의 알고리즘 구조는 권위주의 사회에서 선택하는 접근방식일 뿐만 아니라 민영 방송 및 외견상 탈규제에 충실한 국가에서도 어쩌면 훨씬 더 많이 선택하는 접근방식일 것이다. 미래의 아이디어는 그와 같은 아이디어가 어디로 이동할 수 있는지, 누구에게 전달될 수 있는지, 누가 수신할 수 있는지, 그것에 접근하는 데 얼마나 많은 비용이 드는지, 그리고 그것들이 완전히 금지되어야 하는지 여부를 결정하는 메타정보 형식의 신분증이나 여권을 요구할 수도 있다. 국가들이 기술이 제기하는 위험에 답하기 위해 기술이 제공하는 기회를 이용함에 따라, 변화의 리듬은 예상치 못한 방향으로 움직인다.

기술은 또한 물리력과도 동맹을 맺는다. 만약 기술이 국가로 하여금 법 체제의 중재 없이 통제할 수 있게 한다면, 어떤 의미에서 기술은 물리력의 한 형태가 될 수 있다. 정부가 모든 시민에 대해 좀 더 완전한 자료 일체를 보유할 수 있는 능력을 갖추는 것은 새로운 기술의 혼돈과 개인주의로 보이는 현상에 대한 국가의 대응의 한 형태이다. 더 적기는커녕 더 많은 정부의 감시와 권력은 가장 새로운 자유의 기술이 가져다준 거의 확실한 결과인 것 같다.

법과 물리력도 밀접한 관련이 있다. 어느 정도 그리고 일부 사상 학파에서, 법은 본질적으로 폭력이거나, 적어도 부적절하게 도입되거나 권위주의적 행위로 도입될 때 폭력이다. 법에 호소하는 물리력은 정당하다는 논쟁이 좀 더 제한적인 방식으로 벌어지기도 한다. 국제 협상은 합의를 통해서 뿐만 아니라 지정학적 힘의 행사를 통해 법을 탄생시키는 조약으로 끝날 수도 있다. 우리는 또한 물리력과 협상 간의 중요한 관계를 목격했다. 보스니아-헤르체고비나(Bosnia-Herzegovina)에 대한 논의에서 국제사회는 언론의 전면적인 재구성을 포함한 그들의 평화유지 노력이 물리력 행사보다는 협상된 진입의 문제인 것이 바람직하다고 생각했지만, 그 협정의 배후에는 물리력이 있었다(Price, 2003).

5. 결론

지금은 글로벌 커뮤니케이션의 정치경제학의 각 측면이 역동적으로 변화하는 이례적인 시기이다. 기본적인 규범에 대한 의문이 제기되고 있다. 안정화 동맹이 흔들리고 있다. 지정학은 오래된 접근방식을 무기력하게 만들고 있다. 기술은 격렬하게 방해한다. 이 장에서 기술한 프레임워크의 각 요소(영향, 제한, 분석적 접근방식, 시행 방법)는 국가 중심에서 다자간으로 그리고 다시 다자간에서 국가 중심으로 돌아가는 움직임을 분명히 보여준다. 국가, 기업, 기술의 대가

(大家)들, 그리고 새롭게 탄생한 강력한 세력들의 대응은 오래된 것을 반영하지만 계속해서 지장을 주는 것처럼 보이는 조정을 만들어낸다. 미래의 정치경제학의 불안정한 기반은 바로 이 가연성 환경이다.

토론문제

1. 미디어 기술의 발전이나 변화는 시간이 지남에 따라 미디어의 정치경제학에 어떤 영향을 미치는가?
2. 미디어 구조 및 소유권의 변화는 정치 체제에 어떤 영향을 미치는가?
3. 규제와 탈규제의 관계는 시간이 지남에 따라 어떻게 변하는가?
4. 소셜 미디어의 세계에서 '충성도 경쟁 시장' 분석이 유지될 수 있는가?
5. 표현권이 민간 미디어 기업의 영향력 증가와 밀접하게 관련되어 있는 이유는 무엇인가?

참고문헌

Bollinger, L. (1976). Freedom of the press and public access: Toward a theory of partial regulation of the mass media. *Michigan Law Review, 75*(1), 1-42.

Bollinger, L. (1991). *Images of a free press.* Chicago: University of Chicago Press.

Cousens, E. M., & Cater, C. K. (2001). *Toward peace in Bosnia: Implementing the Dayton Accords.* Boulder, CO: Lynne Rienner.

Dinstein, Y. (2009). *The international law of belligerent occupation.* Cambridge: Cambridge University Press.

Elkins, D. J. (1995). *Beyond sovereignty: Territorial and political economy in the twenty-first century.* Toronto: University of Toronto Press.

Fejes, F. (1986). *Imperialism, media and the good neighbor: New Deal foreign policy and United States shortwave broadcasting to Latin America.* Westport, CT: Ablex.

Fuchs, C., & Trottier, D. (2014). Theorising social media, politics, and the state: An introduction. In C. Fuchs & D. Trottiers (Eds.), *Social media, politics and the state: Protests, revolutions, riots, crime and policing in the age of Facebook, Twitter and YouTube* (pp. 15-50). New York: Routledge.

Graber, C. B. (2006). The new UNESCO convention on cultural diversity: A counterbalance to the WTO? *Journal of International Economic Law, 9*(3), 553-574.

Johnson, D. R., & Post, D. (1996). Law and borders—The rise of law in cyberspace. *Stanford Law Review, 48*, 1367.

Kahin, B., & Nesson, C. (1997). *Borders in cyberspace.* Cambridge, MA: MIT Press.

Kalathil, S., & Boas, T. C. (2001). *The Internet and state control in authoritarian regimes: China, Cuba and the counterrevolution.* Carnegie Endowment for International Peace Working Paper, No. 21.

Keith, L. C. (1999). The United Nations International Covenant on Civil and Political Rights: Does it make a difference in human rights behavior? *Journal of Peace Research, 36*(1), 95-118.

Krug, P., & Price, M. E. (2002). A module for media intervention: Content regulation in postconflict zones. In M. Price & M. Thompson (Eds.), *Forging peace: Intervention, human rights and the management of media space* (pp. 148-174). Edinburgh: Edinburgh University Press.

O'Flaherty, M. (2012). Freedom of expression: Article 19 of the International Covenant on Civil and Political Rights and the Human Rights Committee's General Comment No. 34.

Human Rights Law Review, 12(4), 627-654.

Organization of American States. (1949). *Annals of the Organization of American States, 1*(1).

Phelan, S. (2014). *Neoliberalism, media and the political.* London: Palgrave Macmillan.

Price, M. E. (2002). *Media and sovereignty: The global information revolution and its challenge to state power.* Cambridge, MA: MIT Press.

Price, M. E. (2003). Bosnia-Hercegovina and post-conflict media restructuring. In M. Price, B. Rozumilowicz, & S. G. Verhulst (Eds.), *Media reform: Democratizing the media, democratizing the state* (pp. 101-118). London: Routledge.

Price, M. E., & Stremlau, N. (2012). Media and transitional justice: Toward a systematic approach. *International Journal of Communication, 6*(1), 1077-1099.

Sterling, C. H., & Kittross, J. M. (2001). *Stay tuned: A history of American broadcasting*. London: Routledge.

Supplement of Documents. (1952). *American Journal of International Law, 46.*

Whitton, J. (1958). Radio propaganda—A modest proposal. *American Journal of International Law, 52*(4), 739–745.

17장

디지털 시대의 글로벌 커뮤니케이션 추이

마이크 프리트릭센(Mike Friedrichsen)

우리를 급격한 변화에 직면하게 한 디지털 전환은 커뮤니케이션을 완전히 새로운 얼굴로 바꾸어놓았다. 그것은 센서(sensor)와 앱(app)을 통해 서로 간에, 사람들과, 그리고 그들을 둘러싸고 있는 환경과 교신하는 수십억 개의 지능형 장치, 기계 및 사물들로 구성되는 글로벌 네트워크 속에서 구체화되고 있다.

이 '사물 인터넷'(Internet of Things)은 사람들이 생활하고 일하는 방식을 완전히 바꿀 것이다. 디지털화될 수 있는 모든 것이 디지털화된다. 자동화될 수 있는 모든 것이 자동화된다. 그리고 네트워크로 연결될 수 있는 모든 것이 함께 네트워크로 연결된다.

이러한 세계화와 관련하여 커뮤니케이션은 21세기의 핵심 과제 가운데 하나이다. 그러나 많은 부정적인 믿음과 예측과는 달리 최근 수십 년 동안 세계적 추이는 긍정적으로 발전해왔다. 세계화의 경제적 차원은 이러한 거대한 추이(megatrend)의 한 부분일 뿐이며, 교육 체계와 소비에서부터 매스 미디어와 문화를 거쳐 삶과 관계로 구성되는 우리의 사적 세계에 이르기까지 사회의 점점 더 많은 영역에 영향을 미치고 있다. 세계화는 세계를 하나의 '촌락'으로 만드는 것이 아니라, 세계를 더 평평하게 만들고 문화적으로 더 다양하게 만든다 (Köchler, 2017; World Economic Forum, 2015; Zukunftsinstitut, 2018).

가까운 미래에 이 세계는 어떻게 변할까? 이 질문에 대한 답은 몇 가지가 있는데, 각각의 답은 관심 영역에 따라 각기 다른 뉘앙스를 지닌다. 커뮤니케이션과 커뮤니케이션 수단에 관한 한, 몇 가지 요소들은 개연성이 극히 높다. 다음 기간에는 인간 상호작용과 관련하여 다음과 같은 최소한 일곱 가지 주요한 변화가 일어날 가능성이 있다: ① 전자 장비의 통합; ② 상호 연결의 일반화; ③ 이용 가능한 서비스 및 애플리케이션의 다양화; ④ 클라우드 컴퓨팅 분야의 확대 및 일반화; ⑤ 정보 교환 및 콘텐트 생성을 통한 일반화된 커뮤니케이션; ⑥ 사람들이 정보 교환에서 서비스 및 제품 교환으로 이동함에 따라 큰 분야가 될 커뮤니케이션; ⑦ 윤리 원칙의 재작성. 매스 미디어와 소셜 미디어를 포함하여 대인적인 것에서부터 세계적인 것에 이르기까지 모든 구성요소들이 고려된다(Friedrichsen & Kamalipour, 2017; Szabo, 2014).

디지털 시대는 수용자와의 새로운 관계(상호작용성), 새로운 언어(멀티미디어), 새로운 문법(하이퍼텍스트)과 같은 전통적인 주류 미디어에 대한 일련의 큰 커뮤니케이션 과제와 함께 도래한다. 이러한 미디어 혁명은 통상적인 참가자들의 커뮤니케이션 환경을 변화시킬 뿐만 아니라, 가장 중요하게도 매스 커뮤니케이션 시스템을 다양한 새로운 참가자들에게 개방한다(Deuze, 2007; Livingstone, 1999).

기업, 기관, 행정부, 조직, 집단, 가족 및 개인들이 자신의 온라인 존재감을 드러내기 시작하는 한, 그들은 스스로 '미디어'가 되고, 또한 전통적인 미디어의 '정보원'이 되며, 많은 경우 강력한 '미디어 비판'을 제기한다. 즉, 레거시 미디어(legacy media)[1]가 이슈를 취재해서 보도하는 방식에 대한 의견을 제시하고 대안적인 취재를 제공한다(Friedrichsen & Kamalipour, 2017).

블로그와 소셜 미디어는 디지털 세계의 새로운 특성과 보편적인 주제 범위를 가진 미디어에 대한 접근의 폭넓은 민주화, 이 두 가지 모두를 통합하고 있기 때문에 기존 커뮤니케이션 시스템에게 궁극적인 해결 과제를 안겨준 셈이다.

---

1 현재에도 여전히 사용되지만, 과거에 출시되었거나 개발된 미디어를 말한다. 새로 제안되는 기술이나 방식, 서비스 등을 강조하기 위해 이에 대비되는 표현으로 쓰이므로 뉴 미디어에 반하는 레거시 미디어란 일반적으로 IPTV, 케이블 TV 등을 일컫는다(역자 주).

1. 산업혁명의 역사

프로메테우스(Prometheus)가 올림포스 산(Mount Olympus)에 있는 신들의 코바로 아래에서 지식의 불을 훔쳐 인류에게 준 이래로, 인간은 진화하는 내내 그것을 만지작거리며 놀라운 혁신을 만들어내는 것을 멈추지 않았다.

인류는 역사를 거쳐 오면서 기술 진화에 의존할 뿐만 아니라 새로운 자원이 새로운 기술 수단을 만들어냄에 따라 그것을 재발명함으로써 산업을 완성해왔다. 따라서 산업은 질적 발전의 혜택을 받았는데, 그것은 때때로 특정 기간에만 압도적인 영향을 미쳐서 우리는 이것을 "혁명"이라고 불렀다. 우리 눈앞에서 형성되고 있는 4차 산업혁명의 윤곽을 정의하기 위해 시간을 되돌려 앞서 일어난 세 차례의 산업혁명을 간략하게 살펴보는 것은 유용할 것으로 보인다 (Sentryo, 2018).

1) 1차 산업혁명

활발하지 않던 원초 산업화(proto-industrialization)[2] 시기에 이어 일어난 이 첫 번째 혁명은 18세기 말에서 19세기 초까지 이어진다. 이 시기에 사회의 경제 구조의 토대로서 농업을 산업으로 대체하는 과정인 기계화가 출현했다. 증기 기관의 발명과 함께 석탄의 대량 채굴은 철도의 발달과 경제적·인적·물적 교류의 가속화 덕분에 모든 공정을 촉진하는 새로운 형태의 에너지를 만들어냈다. 단조(鍛造) 및 금속 성형의 새로운 노하우와 같은 다른 주요 발명은 오늘날 우리가 알고 있는 최초의 공장과 도시에 대한 청사진을 서서히 그려내기 시작했다.

2) 2차 산업혁명

거의 한 세기 후인 19세기 말, 새로운 기술의 발전으로 전기, 가스, 석유 같은

---

2 산업혁명의 원형이 되는 경제 형태를 일컫는 용어다. 1970년대 초반 원초 산업화라는 용어를 처음 소개한 경제사 연구가들은 16세기에서 19세기 사이 유럽 일부 농촌에서 외부 시장을 위한 수공예품 생산의 지역적 발전이 산업혁명으로 이어지는 사회경제적 여건을 형성했다고 설명한다(역자 주).

새로운 에너지원이 등장했다. 그 결과, 연소 엔진의 개발은 이러한 새로운 자원을 최대한 활용하기 시작했다. 더욱이 철강 산업은 철강에 대한 기하급수적인 수요와 함께 발전하고 성장하기 시작했다. 또한 화학 합성(chemical synthesis)3이 개발되어 합성 직물, 염료, 비료를 이용할 수 있게 되었다. 커뮤니케이션 방법도 전신과 전화의 발명으로 혁명적인 변화를 일으켰고, 20세기 초에는 자동차와 비행기의 출현으로 교통수단 또한 혁명적으로 바뀌었다. 이러한 모든 발명은 테일러(Taylor)와 포드가 구상한 새로운 '대형 공장'과 조직적 생산 모델을 기반으로 하는 경제 및 산업 모델을 중심축으로 연구와 자본을 중앙 집중화함으로써 가능했다.

3) 3차 산업혁명

거의 한 세기 후인 20세기 후반에 잠재력이 이전 에너지들을 능가하는 새로운 유형의 에너지인 원자력 에너지의 출현과 함께 3차 산업혁명이 일어났다. 이 혁명으로 (트랜지스터와 마이크로프로세서와 함께) 전자공학이 출현했고 텔레커뮤니케이션과 컴퓨터 또한 등장했다. 이 새로운 기술은 특히 우주 연구와 생명공학으로 가는 길을 열어준 소형 재료의 생산으로 이어졌다. 두 가지 주요 발명인 자동화[프로그래머블 로직 컨트롤러(PLC: programmable logic controller)4]와 로봇(Sentryo, 2018) 덕분에 이 혁명은 산업에 높은 수준의 생산 자동화 시대를 열어주었다.

4) 4차 산업혁명

슈왑(Schwab, 2016)은 특히 최근의 변화를 글로벌 효과와 관련하여 분석했다. 그의 견해에 따르면, 사회는 사람들이 살고, 일하고, 상호작용하는 방식을 근본적으로 변화시킬 또 하나의 기술 혁명의 가장자리에 서 있다. 그 규모와 범위 및 복잡성 면에서 이러한 전환은 전례 없는 경험이 될 것이다. 이러한 발전은 전 세계적인 규모이고 복잡해서, 공공 및 민간 부문에서 학계 및 시민 사회

---

3 화학반응을 구사하여 목적의 화합물을 만드는 것을 말한다(역자 주).
4 산업 플랜트의 유지 관리 및 자동 제어 및 모니터링에 사용하는 제어 장치이다(역자 주).

에 이르기까지 글로벌 공동체의 모든 이해관계자를 포함할 것이다(Priddat & West, 2016; Schwab, 2016).

현재의 4차 산업혁명은 지난 세기 중반에 시작된 디지털 혁명인 3차 산업혁명을 기반으로 한다. 즉, 4차 산업혁명은 물리적 영역, 디지털 영역, 생물학적 영역 간의 경계가 희미해짐에 따른 기술의 수렴이 특징이다(Schwab, 2016).

현재의 전환이 3차 산업혁명의 연장일 뿐만 아니라 '새롭게' 출현하고 있는 4차 산업혁명인 세 가지 이유, 즉 속도, 범위, 전체 효과(systemic effect)[5] 때문이다. 현재 돌파구가 마련되고 있는 이러한 획기적인 속도는 전에 볼 수 없었던 것이다. 이전의 산업혁명과 비교할 때, 4차 산업혁명은 선형적인 속도가 아닌 기하급수적인 속도로 전개되고 있다. 그것은 모든 국가의 거의 모든 산업을 혼란스럽게 한다. 그리고 이러한 변화의 폭과 깊이는 생산, 관리, 거버넌스를 포함하는 완전히 새로운 체계의 생성을 예고한다(Reinheimer, 2017; Schwab, 2016; Yin, Stecke, & Li, 2017).

엄청난 처리 및 저장 용량을 가진 모바일 장치를 통해 연결된 수십억 명의 사람들이 할 수 있는 일은 지식에 접근하는 것만큼이나 거의 무제한이다. 그리고 이러한 기회는 AI, 로봇 공학, 사물 인터넷, 자율주행 차량, 3D 인쇄, 나노 및 생명 공학, 재료 과학, 에너지 저장, 양자 컴퓨팅(quantum computing)과 같은 영역의 혁신에 의해 향상된다(Bloem et al., 2014; Kaufmann & Forstner, 2014).

AI는 스스로 조종하는 자체 추진 자동차와 드론에서부터 번역을 하거나 투자할 수 있는 가상 비서 및 소프트웨어에 이르기까지 오늘날 이미 아주 흔한 것이 되었다. AI는 컴퓨터 용량의 기하급수적인 증가와 엄청난 양의 데이터 가용성에 힘입어 최근 몇 년 동안 인상적인 발전을 이루었다. 소프트웨어는 이제 신약을 발견하는 것을 가능하게 하고, 우리의 문화적 관심을 예측한다(Bloem et al., 2014; Russell & Norvig, 2009).

디지털 생산 기술은 이제 매일 생물계(biological world)와 상호작용한다. 엔지니어, 디자이너, 건축가는 컴퓨터 기반 설계, 적층 제조(additive manufacturing)[6], 재

---

5 'systematic'은 '체계적인'이라는 의미이지만 'systemic'은 '전체 체계의', '전신의'라는 의미이다(역자 주).

료 기술 및 합성 생물학(synthetic biology)[7]으로 미생물, 우리 몸, 우리가 소비하는 제품, 심지어 우리가 살고 있는 건물 간의 공생을 이뤄내기 위해 실험한다(Schwab, 2016).

5) 과제와 기회

이전의 혁명들과 마찬가지로 4차 산업혁명은 전 세계적으로 소득과 생활수준을 향상시킬 수 있는 가능성이 있다. 기술 덕분에 우리의 존재를 더 효율적이고 더 즐겁게 만들어주는 새로운 제품과 서비스가 존재한다. 택시 부르기, 항공편 예약, 제품 구매, 결제, 음악 감상, 영화 감상, 게임 등 사람들은 이 모든 것을 원격으로 할 수 있다(Mokyr, Vickers, & Ziebarth, 2015).

미래에는 기술 혁신이 공급 측면에도 영향을 미쳐 효율성과 생산성이 향상될 것이다. 운송 및 커뮤니케이션 비용이 감소하고 글로벌 물류 체인과 공급 체인이 더 효과적으로 운영되며 교역 비용이 감소하고, 그 결과 새로운 시장이 출현하고 경제 성장이 가속화된다(Schwab, 2016; Yin, Stecke, & Li, 2017). 예를 들어, 와이-파이(Wi-Fi)보다 100배 빠른 라이-파이(Li-Fi)[8]는 우리가 연락하고 커뮤니케이션하는 방식을 바꾸어 놓을 차세대 혁신 기술이 될 수 있을 것이다. 이 기술은 탈린의 사무실과 다른 산업 환경에서 라이-파이를 시험하기 시작한 에스토니아의 스타트업인 벨메니(Velmenni)의 노력 덕분에 이제 처음으로 실제 상황에 배치되었다. 이러한 환경에서 그들은 초당 약 1기가바이트(gigabyte)의 연결 속도를 달성할 수 있었다. 라이-파이는 전 세계적으로 인터넷 이용이 계속 증가함에 따라 증가하는 주파수 혼잡에 대한 해결책을 제공할 수 있을 것이다.

그러나 동시에 혁명은 특히 노동 시장을 흔들어놓을 수도 있기 때문에 더 큰 불평등을 초래할 수 있다. 자동화가 경제 전반에 걸쳐 인간 노동을 대체함에

---

6 3D 프린팅 기술을 제조업에 접목한 것으로써, 제조 산업의 원자재, 부품, 제품을 생산하는 것을 말한다(역자 주).

7 말 그대로 생명체의 구성 요소 혹은 생명체를 합성하는 것을 목표로 삼은 생물학적 연구 분야이다(역자 주).

8 빛(가시광선)으로 커뮤니케이션하는 기술이며, 와이-파이(Wi-Fi)보다는 100배, LTE-A보다는 66배 빠른 기술이다(역자 주).

따라, 자본 수익률(return on capital)과 노동 수익률(return on labor) 사이에 불균형이 생길 수 있다. 그러나 다른 한편으로 이러한 발전은 가치 있고 안전한 일자리만은 결과적으로 남겨둘 가능성도 있다(Brynjolfsson & McAfee, 2014). 예를 들어, 전문가들은 대부분의 사무직 노동자는 로봇으로 대체되지 않고 로봇과 함께 일할 것이라고 예측한다. 리크루트루프(RecruitLoop, 2017)는 많은 인간 노동자가 쉽게 대체되지 않을 것으로 본다: "로봇은 미리 정해져 있는 작업은 확실히 처리할 수 있지만 예기치 않은 상황은 일반적으로 처리하지 못한다." 사무 노동자는 자동화 소프트웨어 형태의 로봇 공학을 접할 가능성이 더 크다. 이러한 도구는 노동자의 비판적 사고 기술에 여전히 의존하면서 작업 과정을 더 효율적으로 만들 수 있다. 자동화 소프트웨어는 자동으로 알림을 보내고 커뮤니케이션을 간소화하며 이용자가 소셜 미디어 게시와 같은 작업을 미리 예약할 수 있게 하여 노동력을 줄일 수 있다. 자동화 소프트웨어의 예로는 트렐로(Trello), 버퍼(Buffer), 슬랙(Slack)이 있다. 회사들은 로봇 공학과 자동화에 투자함으로써 정확성을 향상시키는 동시에 시간과 비용도 절약할 수 있다.

경제의 근본적인 구조조정 외에 4차 산업혁명과 연관된 불균형은 가장 큰 사회적 과제이다. 가장 큰 수혜자는 지적 자본과 실질 자본을 제공하는 혁신가, 주주, 투자자들이다. 이것은 처분할 수 있는 자본을 가지고 있는 사람들과 근로 소득으로 생활해야 하는 사람들 사이의 벌어지는 번영 격차(prosperity gap)를 설명한다. 기술은 고소득 국가에서 대부분의 근로자의 소득이 정체되거나 심지어 감소하는 주요 원인 가운데 하나이다. 잘 훈련된 전문가에 대한 수요는 증가하는 반면, 자격과 기술 수준이 낮은 노동자에 대한 수요가 점점 줄어들고 있다. 그 결과, 노동 시장의 상단부와 하단부는 수요가 많지만 중간 부분은 비어 있다(Schwab, 2016).

이런 배경 속에서 많은 노동자가 환멸을 느끼고 자신과 자녀의 소득이 계속 정체될 것을 두려워하는 이유를 이해할 수 있다. 그것은 또한 전 세계의 중산층이 흔히 불만을 느끼고 부당한 대우를 받는 이유도 설명한다. '승자 독식' 원칙을 내세우면서 중산층에게 제한된 접근만을 제공하는 경제는 민주주의의 위기와 부패 증가로 이어지는 최고의 전제 조건이다(Barley, Bechky, & Milliken, 2017).

불만은 또한 디지털 기술의 확산과 소셜 미디어에서 전형적으로 나타나는 정보 전파의 역동성에 의해 촉발될 수 있다. 오늘날 전 세계 인구의 30% 이상이 소셜 미디어 플랫폼을 이용해 정보를 연결하고 습득하며 교환한다. 이상적인 세계에서는 이러한 상호작용이 문화 간 이해와 결속의 기회가 될 것이다. 그러나 그것은 또한 개인이나 집단에게 성공이 무엇을 의미하는지에 대한 비현실적인 기대로 이어질 수 있으며 이러한 환상을 퍼뜨릴 수 있다. 소셜 미디어는 급진적인 생각과 이념을 퍼뜨리는 데에도 사용될 수 있다(Bardoel & Deuze, 2001; Friedrichsen, 2018b, 2018c).

솔직히 말해서, 혁신의 가속화와 격변의 속도를 이해하고 예측하는 것은 어려우며, 이러한 추진력에 심지어 매우 충분한 지식과 네트워크를 갖춘 관리자들도 거듭 놀란다. 실제로 산업 전반에 걸쳐 4차 산업혁명을 주도하는 기술은 비즈니스에 큰 영향을 미친다.

공급 측면에서 많은 산업이 기존 필요를 충족하는 방식을 완전히 새롭게 바꾸고 기존 가치 사슬(value chain)을 무시하는 새로운 기술의 도입을 경험하고 있다. 기민하고 혁신적인 경쟁자들도 혼란스러워 한다. 그들은 시장 조사, 개발, 마케팅, 판매, 유통을 위해 글로벌 디지털 플랫폼에 접근한다. 그들은 고객에게 더 나은 품질, 더 빠른 서비스, 혹은 더 낮은 가격의 서비스를 제공할 수 있기 때문에 기존의 시장 선도 회사들을 그 어느 때보다 빠르게 대체하고 있다 (Benz & Friedrichsen, 2017; Comin & Hobija, 2010; Schwab, 2016). 예를 들어, 에어비앤비(Airbnb)와 우버(Uber Technologies)는 주목을 받으며 성장하고 있다. 경기 침체 이후, 기술, 경제 및 사회의 구조적 변화가 합쳐지면서 물리적 자본과 인적 자본의 민주화를 기반으로 하는 근본적으로 새로운 형태의 c-커머스, 즉 협업 상거래(collaborative commerce)⁹가 탄생했다.

수요도 변하고 있다. 기업은 더 큰 투명성, 비판적인 소비자, (모바일 네트워크 및 데이터에 대한 접근으로 인한) 새로운 고객 행동에 직면해 있기 때문에 제품과 서비스의 설계, 마케팅과 배달에서 새로운 것을 개척하지 않으면 안 된다. 매우 중요한 추이는 수요와 공급을 하나로 묶는 기술 기반 플랫폼의 개발

---

9 서로 다른 비즈니스 당사자가 제품을 조달하거나 거래를 하거나 유사한 대화식 비즈니스 프로세스를 완료하기 위해 디지털 기술을 사용하는 것으로, 전자 상거래의 하위 범주이다(역자 주).

이다. 이것은 기존 산업 구조에 종지부를 찍고 '공유' 경제(sharing economy) 또는 '주문 즉시'(on call) 구매로 이어진다. 스마트폰으로 쉽게 조작할 수 있는 이러한 기술 플랫폼은 사람, 사물, 데이터를 하나로 묶어 제품과 서비스의 소비가 완전히 새로운 형태를 취하게 된다. 뿐만 아니라 이러한 기술 플랫폼은 회사와 개인이 번영을 성취하고 노동자의 개인 환경과 직업 환경을 바꾸는 것을 더 쉽게 해낼 수 있게 해준다. 이러한 새로운 플랫폼은 빠르게 확산되고 있으며, 이제 청소 서비스, 쇼핑, 가사 및 주차 서비스, 마사지, 여행과 같은 영역에서도 찾을 수 있다(Barley, Bechky, & Milliken, 2017; World Economic Forum, 2015).

6) 영향과 효과

일반적으로 4차 산업혁명은 고객 기대, 제품 개발, 협업 혁신, 조직화의 4가지 주요 측면에 영향을 미친다. 소비자 관점에서 보든 기업 관점에서 보든, 고객이 서비스를 제공받는 방식이 핵심인 가운데 소비자는 점점 더 경제의 중심으로 이동하고 있다. 디지털 역량 덕분에 이제 물리적 제품과 서비스가 확장될 수 있고, 이는 가치를 더해준다. 새로운 기술은 사물의 내구성을 더 높이고 수명을 늘려주는 한편, 데이터와 분석 도구들은 사물의 유지 관리를 혁명적으로 바꾸고 있다. 고객의 기대, 데이터 기반 서비스, 정확한 분석을 통한 수행으로 충만한 세상은 특히 변화와 격변이 일어나고 있는 속도를 고려할 때 새로운 형태의 협업이 필요하다. 그리고 플랫폼들과 다른 새로운 비즈니스 모델의 출현은 궁극적으로 재능, 문화, 그리고 조직의 형태가 반드시 재고되어야 함을 의미한다(Anderson, 2012; Friedrichsen, 2018a; Schwab, 2016; Toolan, 2018).

단순한 디지털화(3차 산업혁명)에서 기술의 조합을 기반으로 하는 혁신(4차 산업혁명)으로의 거침없는 전환으로 기업은 자신의 비즈니스 모델을 시험해보지 않을 수 없게 되었다. 그러나 기본 전제 조건은 분명해서, 사업주와 관리자는 변하고 있는 환경을 이해하고 이에 대비해 팀을 준비해야 하며 근본적으로 다르게 지속적으로 혁신을 구현해내야 한다(Schwab, 2016).

물질계, 디지털 세계, 그리고 생물계가 점점 더 통합됨에 따라, 시민들은 점점 더 새로운 기술과 플랫폼을 통해 정부와 접촉하고, 그들의 의견을 표현하고, 그들의 노력을 조정하며, 공공 당국의 감독을 스스로 우회할 수 있게 되었다. 하지만 동시에 정부도 현대적인 감시 체계와 디지털 하부구조의 제어 덕분에 시민들을 모니터할 수 있는 더 효율적인 기술적 수단을 갖게 될 것이다. 그러나 전반적으로, 기술이 권력의 재분배와 분권화로 이어지면서 정책 수행이 더 이상 정부만을 위한 것이 아니기 때문에, 정부는 공중을 대하는 현재의 방식과 정치적 스타일을 바꿔야 하는 압력을 받게 될 것이며 새로운 경쟁자들이 무대에 등장할 것이다(Köchler, 2017; Schejter, Ben-Harush, & Tirosh, 2017; Toolan, 2018).

궁극적으로, 정부 체계와 공공 당국의 적응력이 생존의 성공 여부를 결정한다. 그들이 급변하는 세계에 대처하고 그들의 조직을 투명하고 효율적으로 만들어 경쟁력을 유지할 수 있다면, 그들은 살아남을 것이다. 변하지 않으면 그들은 압력을 받게 될 것이다. 4차 산업혁명은 모든 영역에서 지속적인 변화를 빠르게 일으키고 있다. 입법자와 규제자는 높은 기준을 반드시 충족시켜야 하며, 대부분의 경우 그들은 압도되고 있다.

4차 산업혁명은 또한 국가 안보와 국제 안보의 성격에도 지대한 영향을 미치며, 이는 갈등의 가능성과 갈등의 성격 모두와 관련이 있다. 전쟁과 국제 안보의 역사는 기술 혁신의 역사이며, 그것은 오늘날에도 다르지 않다. 국가들이 연루된 현대의 갈등은 점점 '혼성적' 성격을 띤다. 즉, 전통적인 전투 기법들이 이전에 비정부 부문에 귀속되어 있었던 요소들과 혼합되고 있다. 전쟁과 평화, 전사(戰士)와 비전사, 심지어 폭력과 비폭력(사이버 전쟁 참조) 간의 경계가 희미해지고 있다(Friedrichsen & Bisa, 2016).

이러한 과정이 일어나고 자율 무기나 생물 무기 같은 새로운 기술이 점점 더 사용하기 쉬워짐에 따라, 개인과 소규모 집단이 국가가 그러는 것처럼 많은 사람에게 피해를 입힐 수 있다. 그러나 동시에 기술 발전은 표적 명중 정확도를 높이는 것과 같은 새로운 보호 기제의 개발을 통해 폭력의 영향과 확산을 제한하는 효과도 있다.

4차 산업혁명은 사람들의 정체성과 이와 연관된 모든 것, 즉 프라이버시와 재산의 개념, 소비 습관, 사람들이 일하거나 생활하는 시간, 사람들이 진로를 계획하고 기량을 개발하고 다른 사람과 만나고 상호작용하는 방식에 영향을 미칠 것이다. 4차 산업혁명은 이미 사람들의 건강을 변화시키고, '수량화된' 자기(quantified self)10로 이끌며, 사람들이 생각하는 것보다 빠르게 사람들을 새로운 위대함으로 이끌 수 있을 것이다. 한계는 사람들의 상상의 한계일 뿐이기 때문에 열거할 목록은 끝이 없다(Comin & Hobija, 2010; Kaufmann & Forstner, 2014; Mokyr, Vickers, & Ziebarth, 2015; Schwab, 2016).

기술 발전은 대체로 유용한 새로운 혁신을 늘 가져다준다. 궁극적으로 기술의 멈출 수 없는 발전이 연민과 협력과 같은 절대적으로 필요한 인간의 능력에 영향을 미치는지에 대한 의문이 생긴다. 스마트폰과의 상시적이고 편재적인11 관계(ubiquitous relationship)가 좋은 예이다. 상시적 가용성(constant availability)12 은 우리의 가장 소중한 보물 가운데 하나인 잠시 멈추는 시간, 생각하는 시간, 정말 중요한 대화를 위한 시간을 우리에게서 빼앗아갈 수 있을 것이다 (Friedrichsen, Vucanovic, & Pavlovic, 2019; Schwab, 2016).

정보 기술을 다룰 때 개인이 직면하는 가장 큰 어려움 가운데 하나는 프라이버시 보호이다. 우리는 이것이 왜 중요한지 본능적으로 이해하지만, 그럼에도 우리에 대한 정보를 추적하고 공유하는 것은 새로운 연결이 작동하는 데 필수적인 전제 조건이다. 우리 내면의 삶에 미치는 영향이나 데이터에 대한 통제력 상실과 같은 근본적인 문제에 대한 논쟁은 앞으로 훨씬 더 치열해질 것이다. 유사하게, 인간을 재정의하는 생명공학과 AI의 혁명적인 통찰력으로 인해 현재의 수명, 건강, 지각, 능력이 새로운 형태를 띰에 따라 우리는 도덕성과 윤리에 대한 개념을 재구성하지 않을 수 없다. 인간이 통제할 수 없는 외생적인 힘은 기술도 아니고 기술로 인한 변화도 아니다. 우리 모두는 시민, 소비자, 투자자로서 이러한 진화가 우리의 일상의 선택을 통해 어떻게 진행될지에 대한 책임이 있다. 따라서 우리는 이 4차 산업혁명이 제대로 모양을 갖추는 데 도움을 줄 수 있는 기회와 힘을 이용해 이 혁명을 우리의 공통 목표와 가치와 일치하

---

10 기술을 통한 자기(self) 추적의 문화적 현상과 '숫자를 통한 자기 지식'에 관심을 공유하는 자기 추적 도구를 사용자와 이와 관련된 제조업체 커뮤니티를 의미한다(역자 주).

11 'ubiquitous'는 장소뿐만 아니라 시간에도 구애됨이 없음을 뜻하기 때문에 '상시적이고 편재적인'이라고 번역했다(역자 주).

12 여기서 '상시적 가용성'은 휴대기기를 통해 사용자들이 늘 어디서나 서로에게 연결되어 상대의 상호작용 상대가 될 수 있도록 준비되어 있는 상태를 말한다(역자 주).

는 방향으로 이끌어야 한다(Friedrichsen & Bisa, 2016; Schwab, 2016; Toolan, 2018).

더 많은 가능성을 동반하지만 커다란 악의 위협도 동시에 동반하는 시대는 이전에 결코 없었다. 그러나 오늘날의 의사결정자들은 너무 자주 전통적인 선형적 사고에 사로잡혀 있거나 주목해주기를 바라는 많은 요구로 너무 바빠서 변화와 혁신을 통해 우리의 미래를 형성할 힘에 대해 전략적으로 생각하지 못한다(Anderson, 2012; Barley, Bechky, & Milliken, 2017; Friedrichsen, 2018a).

실제로 4차 산업혁명은 사람을 심장도 영혼도 없는 로봇으로 바꿔버릴 가능성이 있다. 그러나 만약 그것이 인간 본성의 가장 좋은 면인 창의성, 감정이입, 책임감을 강화한다면, 그것은 인류를 어떤 새로운 집단적이고 도덕적인 의식과 운명에 대한 공동의 이해로 특징지어지는 새로운 수준으로 나아가게 할 수 있다. 이제 우리는 이 후자의 일이 일어나도록 모두 함께 노력해야 한다(Furman, 2016년; Gregory, Salomons, & Zierahn, 2016; Schwab, 2016).

2. 커뮤니케이션과 매스 미디어의 복잡한 맥락

직면해 있는 많은 해결 과제가 현재를 특징짓는다는 점에서 진화는 폭발적이다.[13] 커뮤니케이션이 미디어 전반에 걸쳐 전에 없이 더 광범위하게 전파되면서 커뮤니케이션이 복잡해지고 있다. 역설적이게도 디지털 미디어 시대에는 누구나 커뮤니케이터가 될 수 있고 전문성(professionalism)은 필수가 아닌 선택이 되었기 때문에, 일종의 전문화된 커뮤니케이션으로서의 저널리즘에게는 그것이 이득이 아니다. 그 어떤 것도 전송되며, 믿기 어렵긴 하지만 전자 환경에 게시된 각각의 콘텐츠에는 비록 적은 수라 할지라도 그것에 관심을 보이는 사람들이 존재한다. 그러나 관점이 중요하다. 누구에 의해서도 검색되지 않은 휴면 상태의 가상 데이터도 있다. 꽤 드물기는 하지만 때로는 이해하기 매우 쉽지 않은 기제에 의해 움직이면서 더 많은 사람의 관심을 끌게 되는 데이터도 있을 수 있다. 그것은 역설이다. 즉, 아주 많은 데이터가 공개되지만, 동시에

---

13 진화를 발전을 암시하지만 동시에 해결해야 과제도 가져다준다는 모순적인 상황을 '폭발적'(explosive)이라고 표현한 것으로 보인다(역자 주).

관심을 보이는 사람을 찾지 못하는, 즉 이용자를 찾지 못하는 데이터도 많다. 이러한 상황에서는 웹사이트에 게시하는 것만으로는 충분하지 않고, 다른 사람들이 이러한 콘텐트에 흥미를 느낄 수 있는 요소를 확실하게 가지고 있어야 한다. 인터넷은 점점 더 저장 공간이 되고 있지만, 그것은 대부분 쓸모없는 것들로 가득 차 있다(Burg, 2003; Gimenez-Toledo, 2004).

전 세계적으로 일어나고 있는 이러한 과정은 고전적 매스 미디어 모델에서 새로운 미디어 패러다임으로의 큰 전환으로 이해될 수 있을 것이다. 즉, 이용자가 커뮤니케이션 과정의 축이 되고, 콘텐트는 미디어의 정체성이 되며, 멀티미디어는 새로운 언어이다. 또한 실시간이 유일한 시간이고, 하이퍼텍스트는 문법이며, 지식은 정보의 새로운 이름이다(Adlmaier-Herbst, 2015; Friedrichsen & Kamalipour, 2017; Köchler, 2017; Livingstone, 1999).

미디어 커뮤니케이션의 기본 규칙 가운데 하나는 손에 넣은 새로운 정보를 빠르게 전파하는 것이다. 역사적 관점에서 이러한 일이 일어나는 방식을 훑어보는 것은 적절한 이해를 위한 맥락을 제공한다. 어떤 사건이 공동체 생활에 큰 영향을 미칠 때, 신문은 호외를 발행했다. 따라서 사람들은 일반판이 발행될 때까지 새로운 소식을 그냥 기다리지 않아도 됐다. 라디오와 이후의 텔레비전은 새로운 정보를 빠르게 전송할 수 있다는 점에서 분명히 달랐다. 뉴스가 예사롭지 않을 때, 현재 진행 중인 프로그램이 중단되고 뉴스로 바뀐다. 커뮤니케이션의 과중한 디지털화는 뉴스를 신속하게 제공해야 하는 새로운 종류의 압박으로 작용한다. 미디어 노동자는 정보의 흐름과 새로운 직업적 과제에 대처하기 위해 관련 있는 분야들을 전문적으로 다루지 않을 수 없기 때문에 미디어 커뮤니케이션의 엄격한 프레임워크를 넘어서게 된다. 저널리즘이 관례적으로 실행되는 방식의 몇 가지 전통적인 측면이 실종되었기 때문에 그것은 탈미디어(postmedia) 차원이다. 여러 진화 단계 사이에 전환기가 있지만 그러한 전환기는 과거보다 훨씬 빨라졌는데, 이런 이유로 우리는 균형 잡힌 급진주의(balanced radicalism)에 대해 말하고자 한다(Bardoel & Deuze, 2001; Friedrichsen, 2018a; Gimenez-Toledo, 2014).

1) 수용자에서 이용자로

1980년대에 위성과 케이블 기술이 수렴됨으로써 방송 미디어는 방송(broadcasting)에서 협송(narrowcasting)으로 진화해 주제별로 세분화된 표적 수용자들에게 콘텐츠를 전달할 수 있게 되었다. 1990년대부터 인터넷은 다음 단계, 즉 협송에서 점송(點送; pointcasting)으로 가는 길을 열었다. 온라인 콘텐츠 공급은 틈새 표적(niche target)에 적합할 뿐만 아니라, 더더욱 모든 개별 이용자의 특정 관심사와 시간 제약을 충족하도록 조정될 수 있다. 공공 커뮤니케이션(public communication)[14]의 탈대중화(demassification)는 온라인 미디어 및 서비스의 개인적 환경 설정 옵션을 수반한다(Orihuela, 2004).

수동적인 단방향성 미디어 소비는 콘텐츠를 찾고, 정보 공간을 탐색하고, 항해하는 능동적 이용자의 개념으로 대체된다. 이용자는 또한 많은 웹 환경에서, 주로 소셜 웹에서, 콘텐츠 제작자가 된다. 실제로 커뮤니케이션 과정은 이용자 중심이어서, 이용자는 선택, 결정, 검색, 정의 및 구성, 가입 및 가입 철회, 댓글 달기, 그리고 가장 중요한 쓰기와 말하기와 찍기를 할 수 있다. 셀프-미디어(self-media),[15] 나노 퍼블리싱(nanopublishing),[16] 씬 미디어(thin media)[17]는 훨씬 더 활동적이 되기로 마음먹고 로우-프로파일(low-profile)[18] 디지털 원주민(digital native) 미디어 활동을 시작하는 그런 이용자들의 전략을 나타내는 새로운 이름들이다(Gimenez-Toledo, 2004; Mühl-Benninghaus & Friedrichsen, 2011;

---

14 한 사람이나 한 무리의 사람들이 모여서 청중에게 정보를 공유하기 시작하거나 메시지를 전달하기 위해 특정 주제에 대한 프레젠테이션을 할 때 발생한다(역자 주).

15 개인이 직접 제작한 콘텐츠를 위챗(WeChat), 웨이보(Weibo) 등의 소셜 미디어 플랫폼에 게시하는 방식으로 운영되는 계정이다. 이들의 등장은 시민 또는 시민 집단이 뉴스와 정보를 수집, 보도, 분석, 전파하는 과정에서 적극적인 역할을 하는 참여 저널리즘에 바탕을 두고 있다(Bowman & Willis, 2003).(역자 주).

16 블로그에 의한 개인 출판을 말한다(역자 주).

17 모바일 기기의 알림 표시창 내에서 소비하는 콘텐츠 조각을 말한다. 스마트워치에서 탭 몇 번으로 점심을 주문하는 것부터 전화를 들지 않고도 속보를 읽는 것까지 기술의 '보이지 않는 손'이 이러한 경험을 가능하게 한다(역자 주).

18 개인이나 조직이 미디어나 수용자들의 관심을 끌지 않게 극히 신중하고 조심스러운 방식으로 커뮤니케이션을 하는 전략이다. 이에 반해 강력한 홍보를 통해 수용자들의 관심과 이목을 집중시키는 전략을 하이 프로파일(high-profile) 전략이라고 한다(역자 주).

Murschetz & Prandner, 2018; Orihuela, 2004).

2) 미디어에서 콘텐트로

미디어를 정의하기 위해 그 초점이 산업 생산 제약(industrial production constraint) (신문, 라디오, 텔레비전)에서 콘텐트의 권위로 바뀌었다. 예를 들어, 「내셔널 지오그래픽」(*National Geographic*)과 CNN은 특정 종류의 미디어가 아니라 콘텐트 영역(자연 생활)에 대한 권위나 시사 콘텐트 관리(저널리즘) 전문성을 대표하는 브랜드이다. 디지털로의 미디어 수렴(convergence)은 미디어의 정체성을 재설정해, 플랫폼에서부터 콘텐트와 (미디어 형식이 아닌 콘텐트의 유형과 관련된) 두드러진 브랜드 이미지로 바뀌었다. 미디어 브랜드 이미지는 새로운 환경에서 미디어 회사의 가장 가치 있는 구성요소 가운데 하나로, 디지털 콘텐트에 대한 공신력과 명성의 원천이다. 오늘날, 미디어는 그들의 비즈니스가 콘텐트를 보유하는 것이 아닌 콘텐트를 판매하는 것, 즉 이용자의 상황과 필요에 따라 다양한 단말기에서 이용자가 접근할 수 있는 멀티플랫폼(multiplatform) 서비스를 제공하는 것임을 이해하기 시작했다(Friedrichsen, 2018a; Gimenez-Toledo, 2004; Orihuela, 2004).

3) 모노미디어에서 멀티미디어로

디지털화의 중요한 요소 가운데 하나는 텍스트, 오디오, 비디오, 그래픽, 사진, 애니메이션이 역사상 처음으로 단 하나의 미디어상에 함께 그리고 상호작용적으로 배열될 수 있다는 것이다. 이러한 실제 환경의 멀티미디어적 정체성은 모든 미디어 산업이 온라인(신문, 방송, 영화)으로 수렴될 수 있게 했는데, 이로 인해 단일 언어(텍스트, 오디오, 비주얼) 사용과 관련된 미디어 구분이 지어지는 경향이 있다. 온라인 미디어는 멀티미디어이고, 멀티미디어는 새로운 언어이다. 인터넷의 이러한 메타-미디어적(meta-media) 성질은 더 오래된 미디어(older media)의 혁명이라는 관점에서 이해되어야 한다. 즉, 더 오래된 미디어가 더 새로운 미디어의 콘텐트가 되는 첫 번째 단계는 더 새로운 미디어가 그 자체의 언어와 콘텐트를 개발하고 더 오래된 미디어는 그들의 정체성을 재정의하는 그 다음 단계로 이어진다(Gimenez-Toledo, 2004; Orihuela, 2004).

4) 주기성에서 실시간으로

많은 미디어가 시간 제약(일간, 주간, 월간)과 관련하여 정의되었을 정도로 주기
적인 빈도는 이전 시나리오의 강력한 패러다임이었다. (일간 신문의 디지털 버전
이든 주간지 혹은 월간지의 디지털 버전이든) 온라인 미디어는 그들이 새로운 환
경에서 생존하기 위해 실시간으로 업데이트되어야 한다고 가정한다. 주기성에
서 실시간으로 가는 과정에서 우리가 잃어버린 것은 숙고(熟考)이다. 우리가
얻는 것은 역동성과 대화 스타일이다. 실시간 상호작용을 통해 뉴스와 의견을
공유하는 것은 사이버 공동체의 씨앗이다(Orihuela, 2004).

5) 희소성에서 풍부함으로

인쇄 미디어의 공간과 방송 미디어의 시간은 콘텐트의 한계에 종지부를 찍었
고, 이제는 이용자의 시간이 새로운 희소자원이다. '독자가 작가가 되는' 강력
한 효과 가운데 하나는 출처가 명확하지 않은 온라인 정보의 확산과 콘텐트의
불균질성이다. 정보의 범람으로 데이터, 뉴스, 의견을 관리하기 위한 새로운
기술과 도구가 필요하다. 콘텐트 신디케이션(content syndication),[19] 뉴스 애그
리게이터(news aggregator),[20] 뉴스 독자, 인기 순위, 추천 도서, 최고 조회수 목
록, 인기 급상승 주제는 풍요의 혼돈을 항해하는 데 사용할 수 있는 몇 가지 도
구에 불과하다(Cotto, 2014; Orihuela, 2004).

6) 편집인 매개에서 비매개로

게이트키퍼 패러다임은 미디어 편집인의 역할과 의제 설정 이론을 설명하고
일상적인 이슈를 정의하는 데 있어서 미디어의 기능을 기술하는 데 널리 사용
되었다. 이러한 매개 기능은 오늘날 인터넷의 탈중앙집중화된 특성에 비추어

---

19 콘텐트 공급자와 수요자 사이를 연결해주는 사이버 콘텐트 중개사업을 말한다. 신디케이터는
   콘텐트를 직접 생산하지는 않지만 우수한 콘텐트를 수집, 가공해 인터넷 사이트 운영업체에
   제공한다. 예를 들어 영화 제작사에서 영화 판권을 사들여 영화 사이트 운영업체에 판매하는
   식이다(역자 주).
20 웹사이트 소유자가 뉴스 헤드라인을 직접 모아놓은 웹사이트를 가리킨다(역자 주).

재검토되어야 한다. 레거시 미디어와 함께 다른 많은 비공식 출처들이 의제들을 설정하는 것과 관련이 있다(의제들이라고 한 이유는 이제 더 이상 하나의 의제는 존재하지 않기 때문임). 편집인 없이 전 세계적으로 출판되지만 매일 면밀한 동료 검토 과정을 거치며 대부분의 경우 독자의 의견을 받아들이는 것은 소셜 웹 출판(social web publishing)의 속성이다. 이로 인해, 관련 시사(時事) 의제는 이제 기존 미디어 영역을 넘어 소셜 웹 포털, 메일링 리스트(mailing list), 전자 게시판, 검색 엔진, 뉴스그룹(newsgroup), 토론방, 웹로그(weblog) 등 다양한 새로운 출처와 공유되는데, 이들은 대부분 미디어가 아니며 가능한 경우 각자의 피드를 가지고 있다(Friedrichsen, 2018a; Orihuela, 2004).

7) 배급에서 접근으로

일-대-다(one-to-many) 일방적 배급의 방송 패러다임이 다-대-일(many-to-one) 접근과 다-대-다(many-to-many) 커뮤니케이션으로 대체되고 있다. 인터넷의 클라이언트-서버 아키텍처(client-server architecture)[21]는 이용자의 결정을 토대로 하는 새로운 모델을 시작했다. 접근 패러다임은 이용자 중심 패러다임과 상호 보완적이며, 두 패러다임 모두 새로운 환경의 강력한 상호작용 속성을 설명한다. 접근이란 미디어 콘텐츠를 수동적으로 수신하는 것과는 반대로, 찾고 검색하고 항해하고 서핑(surfing)하고 결정하는 적극적인 태도, 연결하고 커뮤니케이션하려는 의지를 의미한다. '나의 일일 방문'(My Daily Visits), '내 홈페이지'(My Homepage), '내가 좋아하는 것들'(My Favorites), 담벼락(wall), 타임라인(timeline)은 콘텐츠를 찾는 개인적인 방식의 표현이며, 문맥 광고(contextual advertising)[22]에 대한 최근의 시도는 이전 역학들이 어떻게 변해왔는지를 보여준다. 즉, 이제 광고주는 키워드 검색과 데이터베이스 마이닝(database mining)에 기반한 개인적인 접근방식을 테스트하면서 미디어 영역

---

21 상품 정보 같은 리소스가 존재하는 곳과 리소스를 사용하는 앱을 분리시킨 것을 2티어 아키텍처 또는 클라이언트-서버 아키텍처라고 부른다. 상품 정보는 서버에서 다루고 클라이언트는 단지 상품 정보를 조회할 뿐이다(역자 주).

22 모바일 브라우저에 표시되는 콘텐츠와 같이 웹사이트 또는 기타 미디어에 표시되는 광고에 대한 타겟팅 광고의 한 형태이다. 문맥 타겟팅에서 광고 매체는 언어적 요소를 사용하는 웹사이트의 콘텐츠를 기반으로 제어된다(역자 주).

외부의 표적을 찾고 있다(Cisco, 2015; Orihuela, 2004).

8) 일방성에서 상호작용성으로

인터넷의 등장으로 레거시 미디어의 일방적 점-다점(point-multipoint) 비대칭 배급 모델과는 거리가 먼 클라이언트-서버 아키텍처를 기반으로 하는 양자적 역 다-대-일 모델(inverse many-to-one model)뿐만 아니라 다자적이고 수평적이며 대칭적인 다-대-다 모델도 등장하고 있다. 콘텐트 공급자와 이용자가 동일한 채널에 접속하여 커뮤니케이션한다는 사실은 이용자들이 미디어와 쌍방향적 관계를 형성하고 그 시스템의 다른 이용자와 다자적 관계를 맺을 수 있게 한다. 둘째, 동일한 규칙에 따라 이용자가 콘텐트 제공자가 될 수 있다. 새로운 환경에서는 이용자가 콘텐트 옵션 중에서 선택하고 접근 시간을 정할 수 있지만, 상호작용성은 동시에 콘텐트의 일부 측면을 변경하고 시스템을 위한 콘텐트를 제작하며 다른 이용자와 커뮤니케이션할 수 있음을 의미하기도 한다. 상호작용성의 첫 번째 수준은 이용자가 정보 표시형식(브라우저 및 탐색 인터페이스 구성)을 선택할 수 있는 가능성과 관련 있다. 상호작용성의 두 번째 수준은 이용자가 시스템을 위한 입력을 생성할 수 있는 가능성이다. 이러한 기여에는 공동 집필, 댓글 작성, 문제 은행 및 테스트에 응답하기, 뉴스 게시 등이 있다. 상호작용의 세 번째 수준은 이용자가 시스템의 다른 이용자와 실시간 또는 지연된 시간에 커뮤니케이션할 수 있는 가능성과 관련 있다. 콘텐트의 일방향적 배급이라는 길고도 강한 전통을 가진 미디어의 맥락에서 상호작용성을 다루는 것은 주류 미디어가 마주해야 하는 가장 중요한 과제 가운데 하나이다(Edgecomb, 2017; Orihuela, 2004).

9) 선형적 텍스트에서 하이퍼텍스트로

아날로그 미디어의 내러티브 구성은 선형적이며, 내레이터는 스토리 구성과 템포를 통제할 수 있는 권한이 있다. 디지털 플랫폼은 내레이터가 콘텐트를 여러 경로(링크)가 있는 작은 단위(노드)로 조각화하여 콘텐트를 구성할 수 있게 한다. 하이퍼텍스트성(hypertextual) 내러티브는 내러티브의 통제를 내레이터에서 독자로 전환할 수 있는 권한을 이용자에게 부여한다. 선형적 시간 매체

(linear temporal media)에서 비선형적 공간 콘텐트(nonlinear spacial content)로 이동하고 있다. 하이퍼텍스트는 디지털 세계의 문법이 된다. 문자열을 읽거나 시간적(선형적) 시청각 미디어를 듣거나 보는 것은 전통적인 미디어 소비의 전형적인 활동이다. 실제 환경의 디지털 속성은 콘텐트의 시간적 구성이 아닌 공간적 구성의 길을 열어준다. 웹사이트, 블로그, 소셜 미디어 프로필은 방문할 공간, 즉 이용자들이 활동을 수행하는 가상공간이다. 즉, 그들은 서로 만나고, 배우고, 뉴스와 의견을 수집해서 공유하고, 쇼핑과 게임을 하고, 즐기며, 창작한다. 정보 공간의 경로는 링크를 기반으로 한다. 온라인에서 링크를 만들어내고 활성화하는 것은 알파벳순으로 배열하기(alphabetization)의 새로운 이름이 될 수 있다. 링킹, 즉 매일 하이퍼텍스트 환경을 탐색하고 생성하는 것을 통한 읽기와 쓰기는 디지털 원주민들이 획득하고 있는 가장 전략적인 기술이다 (Orihuela, 2004; Son, Park, & Kim, 2011).

10) 데이터에서 지식으로

디지털 시대에 이용 가능한 엄청난 양의 데이터는 지식의 사회적 관리자로서의 미디어의 전략적 역할을 상기시키는데, 이 역할은 점점 더 많은 수의 새로운 참가자들과 공유된다. 데이터 분석과 (플랫폼 관리가 아닌) 데이터를 지식으로 전환하는 것은 미디어 활동의 축이 된다. 오늘날 미디어의 전략적 임무는 정보에 대한 정보(information about information)를 제공하는 것인데, 해결 과제인 새로운 상호작용적 멀티미디어 내러티브와 결합되어 있고 다양한 채널을 통해 전달되는 정보 인텔리전스(intelligence)[23], 해석, 필터링(filtering), 검색이 바로 그러한 것들이다. 인터넷 시대의 공공 커뮤니케이션을 위한 이러한 새로운 시나리오는 종말론적인 방식으로 이해되어서는 안 되며, 대신 전체 윤곽, 전문직 종사자들에게 닥친 과제, 커뮤니케이터의 학문적 훈련을 재정의하고 미디어와 매개자의 변화하는 속성을 다시 생각할 수 있는 기회로 간주되어야 한다(Burg, 2003; Friedrichsen, 2018a; Gimenez-Toledo, 2004; Murschetz & Prandner, 2018).

---

23 위험을 더 잘 관리하고 수익성을 높이기 위해 대량의 복잡한 데이터를 관련성 있고 실행 가능한 인텔리전스로 전환하는 기술을 말한다(역자 주).

3. 결론

모든 뉴 미디어 시대는 사회의 새로운 구조적·문화적 형식과 함께 발생하고 구조적·문화적 정향성 상실(disorientation)을 불러일으키는데, 이것은 또한 색다른 과장과 문화적-비판적 저항을 의미하기도 한다. 이 문제는 새로운 패턴의 정향성에 의해서만 '해결될' 수 있다.

디지털화는 또한 이전 사회들이 이미 해결한 모든 문제에 대해 새롭고 다른 해결책을 찾아야 함을 의미하기도 한다. 이전 사회들의 역학에 대한 이해 없이는 디지털화를 이해할 수 없다.

다음과 같은 단평(短評)들이 미래의 커뮤니케이션을 나타내는 몇 가지 선택지가 될 수 있다(Grayling, 2018):

- 입장을 취하라: 비즈니스, 정치, 문화 간의 경계가 점점 희미해지고 있다. 소비자가 명확성, 책임, 행동, 다양성을 요구할 때, 조직은 더 이상 중립적일 수 없다. 커뮤니케이터는 다음번 스캔들이 되지 않도록 확실하게 입장을 취해야 한다.
- 도시 비전: 미래에 커뮤니케이터들은 점점 더 글로벌 '거대도시'(megacity)와 거대도시의 빠르게 성장하고 번창하는 인구집단에 초점을 맞출 것이다. 그들은 그들의 브랜드를 여기에 상징적으로 고정시키고 문화적으로 경험이 풍부한 표적 집단과 직접 상호작용하기를 원하며, 이 집단은 다시 다른 표적 집단에 도달하고 영향을 줄 수 있는데, 이것은 브랜드뿐만 아니라 사회에도 큰 잠재력이다.
- 스토리텔링: 광고 시리즈와 인스타그램 스토리에서부터 허구의 고전과 혼합 현실(mixed-reality)[24] 경험에 이르기까지 브랜드는 관심을 끌고 충성도 높은 팬 기반을 구축하기 위한 하나의 새로운 방식으로 점점 더 스토리텔링을 사용하고 있다. 그러나 얼마나 많은 브랜드가 감히 그들 자신에 대해서만 더 이상 이야기하지 않고, 대신 다른 진정한 목소리가 스포트라이트

---

24 혼합 현실 혹은 혼성 현실(hybrid reality)은 가상 세계와 현실 세계를 합쳐서 새로운 환경이나 시각화 등 새로운 정보를 만들어내는 것을 말한다(역자 주).

를 받게 하고 있는가?

- **테스트 및 적응**: 경제 성장 속도와 함께 모든 규모의 조직이 점점 더 스타트업 사고방식을 채택하고 있다. 크라우드-소싱(crowd-sourcing) 아이디어와 빠른 혁신은 이 시대의 풍조가 되어버렸다. 라이브 테스팅(live testing)25 및 베타 시험(beta trial)26은 음료 브랜드, 소매업체, 미디어 회사, 심지어 은행에서도 표준이 되고 있다.

- **브랜드 플레이**: 모든 것은 지능형 회사들이 고객과 접촉할 때마다 놀라움을 주고 소비자를 활성화하고 소비자에게 보상을 주기 위해 일상생활을 재미있게 만들어주는 게임이 된다. 그것을 제대로 하면 보상은 엄청나다. 브랜드들은 그들이 그 일을 제대로 하는지 확인해야 한다.

- **관심 경제**(attention economy): 관심이 희소한 상품이 되고, 소비자들이 광고를 차단하고 콘텐트를 걸러내는 디지털 과부하 시대에 브랜드들은 실제 부가가치(real added value)가 있는 표적화된 콘텐트에 투자해야 한다. 물뿌리개 원칙(watering-can principle)27에 기반한 오래된 콘텐트로는 충분하지 않다.

디지털 커뮤니케이션의 시대는 이제 막 시작되었기 때문에, 새로운 플랫폼, 도구와 기술, 그리고 변화된 이용자 행동과 그에 따른 변화하는 과제와 함께 발전은 계속될 것이라는 점을 모두가 인식해야 한다.

시스템들의 수퍼 시스템으로서 디지털 세계에는 중심도 없고, 지휘본부도 없다. 소셜 네트워크와 공유 플랫폼은 모든 사람이 스스로 콘텐트에 접근하고, 전달하고, 평가하고, 댓글을 달고, 콘텐트를 만들어낼 수 있는 새로운 형태의 커뮤니케이션을 가능하게 한다. 최신 기술, 새로운 역할, 새로운 문화가 시스템의 일부가 될 수 있지만, 반드시 그래야 하는 것은 아니다. 시스템 이용자들

---

25 예를 들어, 앱 인벤터(App Inventor)를 설치해서 앱을 만드는 동안 앱을 테스트하는 것을 말한다(역자 주).

26 하드웨어나 소프트웨어 제품을 정식 상품으로 내놓기 전에 오류가 있는지를 발견하기 위해 미리 정해진 이용자 계층들이 써보도록 하는 것을 말한다(역자 주).

27 이것은 모든 사람에게 어떤 것의 동등한 몫을 주는 원칙을 말한다. 물뿌리개는 종종 물이 쏟아지는 주둥이에 많은 구멍이 있어서, 식물에 물을 균등하게 분배할 수 있다(역자 주).

이 이를 결정할 것이다(Adlmaier-Herbst, 2015).

이 시스템을 통제하는 것은 불가능하지만, 예를 들면 새로운 기술이나 서로 상대할 때 서로의 행동에 대한 권장 사항인 네티켓(netiquette)의 개발을 통해, 프레임워크 조건은 형성될 수 있다. 이러한 통제 불가능성은 회사, 조직, 기타 관련 당사자에게 결과적으로 영향을 미친다. 디지털 커뮤니케이션의 미래는 무엇보다도 커뮤니케이션의 불확실성이 훨씬 더 커지고, 자발성이 더 커지며, 관련 당사자들 간의 권력 거리가 더 짧아지는 특징이 있다.

토론문제

1. 미디어 커뮤니케이션의 가장 큰 어려움은 무엇인가?
2. 기술 혁신이 커뮤니케이션에 영향을 미칠 수 있는가?
3. 인터넷과 소셜 미디어의 발달로 우리가 커뮤니케이션하는 방식(질, 양, 스타일 등)에 변화가 생겼는가?
4. 우리는 앞으로 어떻게 커뮤니케이션할 것인가?
5. 매스 미디어의 주된 변화는 무엇인가?

참고문헌

Adlmaier-Herbst, D. (2015). Zunehmende Digitalisierung verandert unsere Kommunikation. Retrieved from https://dietergeorgherbst.de/blog/2015/06/23/digitale-kommunikation-5-wichtige-trends-3/

Altheide, D., & Snow, R. (1991). *Media worlds in the postjournalism era*. New York: Walter de Gruyter.

Anderson, C. (2012). *Makers: The new industrial revolution*. Munich: Random House.

Bardoel, J., & Deuze, M. (2001). Network journalism: Converging competences of media professionals and professionalism. *Australian Journalism Review*, *23*(2), 91-103.

Barley, S. R., Bechky, B. A., & Milliken, F. J. (2017). The changing nature of work: Careers, identities, and work lives in the 21st century. *Academy of Management Discoveries, 3*(2), 111‒115.

Benz, B., & Friedrichsen, M. (2017). *Customer focused digital transformation: How big data and customer analytics can improve customer relationship management.* Paper presented at the First Research Workshop of the Digital Economy, Business Information Systems, Stuttgart Media University, Stuttgart/ Berlin.

Bloem, J., Van Doorn, M., Duivstein, S., Excoffier, D., Maas, R., & Van Ommeren, E. (2014). The Fourth Industrial Revolution: Things to tighten the link between IT and OT. Retrieved from https://www.fr.sogeti.com/globalassets/global/ downloads/reports/vint‒research‒3‒the‒fourth‒industrial‒revolution

Brynjolfsson, E., & McAfee, A. (2014). *The second machine age: Work, progress, and prosperity in a time of brilliant technologies.* New York: Norton.

Burg, T. N. (2003). BlogTalks. First European Conference on Weblogs. Wien: Cultural Research‒Zentrum für Wissenschaftliche Forschung und Dienstleistung.

Cisco. (2015). *Why is media distribution so complicated (and expensive)?* White paper, San Jose. Retrieved from https://www.cisco.com/c/dam/en/us/solutions/ collateral/service‒provider/service‒provider‒video‒solutions/cis‒mdc‒white ‒paper.pdf

Comin, D., & Hobija, B. (2010). An exploration of technology diffusion. *American Economic Review, 100*(5), 2031‒2059.

Cotto, S. (2014). From scarcity to abundance. Retrieved from https://www. innovatesocialmedia.com/from‒scarcity‒to‒abundance

Deuze, M. (2007). *Media work.* Cambridge: Polity Press.

Edgecomb, C. (2017). Social media marketing: The importance of a two‒way conversation. Retrieved from https://www.impactbnd.com/blog/social‒media‒ marketing‒the‒importance‒of‒a‒two‒way‒conversation

Ford, M. (2015). *Rise of the robots: Technology and the threat of a jobless future.* New York: Basic Books.

Friedrichsen, M. (2018a). Digital transformation and the effects on the management of media firms. In D. Khajeheian, M. Friedrichsen, & W. Modinger (Eds.), *Competitiveness in emerging markets* (pp. 13‒34). New York: Springer Nature.

Friedrichsen, M. (2018b). *Change of society by globalization: The intercultural and sociocultural impact of global media industry on individual sectors*. Paper presented at the 13th World Media Economics & Management Conference, Cape Town, May 6–9.

Friedrichsen, M. (2018c). *Intercultural and sociocultural changes in the future by technologyindustries and media groups*. Paper presented at the 13th Annual Global Communication Association Conference, University Rey Juan Carlos, Madrid, Spain, May 17–20.

Friedrichsen, M., & Bisa, P.-J. (2016). *Digitale Souveränität: Vertrauen in die Netzwerkgesellschaft*. Wiesbaden: Springer.

Friedrichsen, M., & Kamalipour, Y. (Eds.). (2017). *Digital transformation in journalism and news media: Media management, media convergence and globalization*. Switzerland: Springer Nature.

Friedrichsen, M., Vukanovic, Z., & Pavlovic, M. (Eds.). (2019). *Digital value migration in media, ICT and cultural industries: From business and economic models/strategies to networked ecosystems*. London: Routledge.

Furman, J. (2016). *Is this time different? The opportunities and challenges of artificial intelligence*. Paper presented at AI Now: The Social and Economic Implications of Artificial Intelligence Technologies in the Near Term, New York, NY.

Gimenez-Toledo, E. (2004). Towards new media paradigms: Content, producers, organisations and audiences. *Comunicación y sociedad, 17*(1), 217–219.

Grayling (2018, August 6). Sechs Trends fur Kommunikationsprofis. Retrieved from https://www.grayling.com/de/de/news/sechs_trends_die_kommunikationsprofi s_fur_2018_wissen_mussen

Gregory, T., Salomons, A., & Zierahn, U. (2016). *Racing with or against the machine? Evidence from European regions*. ZEW discussion paper 16–053.

Kaufmann, T., & Forstner, L. (2014). Die horizontale Integration der Wertscho-pfungskette in der Halbleiterindustrie—Chancen und Herausforderungen. In T. Bauernhansl et al. (Eds.), *Industrie 4* (pp. 359–367). Wiesbaden: Springer Fachmedien.

Kochler, H. (2017). Idea and politics of communication in the global age. In M. Friedrichsen & Y. Kamalipour (Eds.), *Digital transformation in journalism and news media* (pp. 7–16). Switzerland: Springer Nature.

Livingstone, S. (1999). New media, new audiences? *New Media and Society, 1*(1), 59–66. Retrieved from http://eprints.lse.ac.uk/archive/00000391

Mokyr, J., Vickers, C., & Ziebarth, N. L. (2015). The history of technological anxiety and the future of economic growth: Is this time different? *Journal of Economic Perspectives, 29*(3), 31–50.

Muhl–Benninghaus, W., & Friedrichsen, M. (2011). *Geschichte der Medien-ökonomie: Eine Einführung in die traditionelle Medienwirtschaft von 1750 bis 2000.* Baden–Baden: Nomos.

Murschetz, P. C., & Prandner, D. (2018). Datafying broadcasting: Exploring the role of big data and its implications for competing in a big data-driven TV ecosystem. In D. Khajeheian, M. Friedrichsen, & W. Modinger (Eds.), *Competitiveness in emerging markets* (pp. 55–74). Switzerland: Springer Nature.

Orihuela, J. L. (2004). The 10 new paradigms of communication in the digital age. In R. Salaverria & C. Sababa (Eds.), *Towards new media paradigms: Content, producers, organisations and audiences.* Pamplona: Eunate.

Priddat, P. B., & West, K.–W. (2016). *Erwartung, Prognose, Fiktion, Narration. Zur Epistemologie des Futurs in der Ökonomie.* Marburg: Metropolis.

RecruitLoop. (2017). The pros and cons of having robots in the workplace. Retrieved from https://recruitloop.com/blog/the−pros−and−cons−of−having-robots−in−the−workplace

Reinheimer, S. (2017). *Industrie 4.0 Herausforderungen, Konzepte und Praxisbeispiele.* Wiesbaden: Springer.

Russell, S., & Norvig, P. (2009). *Artificial intelligence: A modern approach.* London: Pearson.

Schejter, A., Ben–Harush, O., & Tirosh, N. (2017). The effect of transformation in digital media on the digital divide. In M. Friedrichsen & Y. Kamalipour (Eds.), *Digital transformation in journalism and news media* (pp. 235–248). Switzerland: Springer Nature.

Schwab, K. (2016). *The Fourth Industrial Revolution.* New York: Crown Business.

Sentryo. (2018). Sentryo named a cool vendor by Gartner, https://www.g lobenewswire.com/news−release/2018/06/28/1531119/0/en/Sentryo−Named−a −Cool−Vendor−by−Gartner.html

Son, C., Park, S., & Kim, M. (2011). Linear text vs. non-linear hypertext in handheld computers: Effects on declarative and structural knowledge, and learner motivation. *Journal of Interactive Learning Research, 22*(2), 241-257.

Szabo, V. L. (2014). Procedia. *Social and Behavioral Sciences, 163*, 36-43.

Toolan, N. (2018). 3 ways the Fourth Industrial Revolution is disrupting law. World Economic Forum. Retrieved from https://medium.com/world-economic-forum/3-ways-the-fourth-industrial-revolution-is-disrupting-law-8fe7db736c98

World Economic Forum. (2015). 13 signs the Fourth Industrial Revolution is almost here, 2015. World Economic Forum. Retrieved July 15, 2017, from https://www.weforum.org/agenda/2015/09/13-signs-the-fourth-industrial-revolution-is-almost-here

Yin, Y., Stecke, K. E., & Li, D. (2017). The evolution of production systems from Industry 2.0 through Industry 4.0. *International Journal of Production Research, 56*, 848-861.

Zukunftsinstitut. (2018). Megatrend Globalisierung. Retrieved from https://www.zukunftsinstitut.de/dossier/megatrend-globalisierung.

약어

ABC: American Broadcasting Company(미국 공중파 방송사)

ABU: Asia-Pacific Broadcasting Union(아시아 태평양 방송 연합)

ACLU: American Civil Liberties Union(미국 시민 자유 연합)

AEJMC: Association for Education in Journalism and Mass Communication(저널리즘 및 매스커뮤니케이션 교육 협회)

AFP: Agence France-Presse(미국 통신사)

AI: artificial intelligence(인공 지능)

AIDS: acquired immunodeficiency syndrome(후천성 면역결핍 증후군)

ANR: All News Radio(올 뉴스 라디오)

AP: Associated Press(미국 뉴스통신사)

APC: Association for Progressive Communication(진보 커뮤니케이션 협회)

APTN: Associated Press Television News(AP의 영상 뉴스 서비스)

AR: augmented reality(증강 현실)

ARPA: Advance Research Projects Agency(고등연구계획국)

AT&T: American Telephone and Telegraph(미국 통신사)

BBC: British Broadcasting Corporation(영국 방송사)

BBG: Broadcasting Board of Governors(미 국무부 방송위원회)

BC: before Christ(기원전)

BCE: before Common Era(기원전)

C4D: communication for development(발전을 위한 커뮤니케이션)

CANA: Caribbean News Agency(통신사)

CARICOM: Caribbean Community(카리브해 공동체)

CBS: Columbia Broadcasting System(미국 공중파 방송사)

CBU: Caribbean Broadcasting Union(카리브해 방송 연합)

CCCS: Centre for Contemporary Cultural Studies(현대 문화 연구 센터)

CCTV: China Central Television(중국 방송사)

CIA: Central Intelligence Agency(중앙정보국)

CIDA: Canadian International Development Agency(캐나다 국제 개발 기구)

CIS: Commonwealth of Independent States(독립 국가 연합)

CMC: computer-mediated communication(컴퓨터 매개 커뮤니케이션)

CNN: Cable News Network(미국 케이블 채널)

CNNfn: CNN Financial Network(미국 케이블 채널)

CNNI: CNN International(미국 케이블 채널)

CNN/SI: CNN/Sports Illustrated(미국 케이블 채널)

COE: Council of Europe(유럽 평의회)

COMSAT: Communications Satellite Corporation(미국 통신위성회사)

COPA: Child Online Protection Act(아동 온라인 보호법)

COPUOS: Committee on the Peaceful Use of Outer Space(UN 우주의 평화적 이용 위원회)

CRIS: Communication Rights in the Information Society(정보 사회의 커뮤니케이션 권리)

CRTC: Canadian Radio Television and Telecommunications Commission(캐나다 라디오 텔레비전 및 통신 위원회)

CSCE: Conference on Security and Co-operation in Europe(유럽 안보 및 협력 회의)

C-SPAN: Cable-Satellite Public Affairs Network(미국 공공 케이블 채널)

DARPA: Defense Advanced Research Projects Agency(국방고등연구계획국)

DBS: direct broadcast satellite(직접 방송 위성)

DG DEVCO: European Union's Directorate-General for International Cooperation and Development(유럽 연합 국제 협력 및 개발 사무총장)

DIFID: Department for International Development(UK)(영국 국제개발부)

DJN: Dow Jones Newswires(금융 전문 통신사)

DNEs: Digital News Experiences(디지털 뉴스 경험)

DPA: Deutsche Press Agency(독일 통신사)

DSC: development support communication(개발 지원 커뮤니케이션)

DTH: direct-to-home(직접 위성 방송)

DVD: digital video disc(디지털 다기능 디스크)

DVR: digital video recorder(디지털 비디오 녹화기)

DW-TV: Deutsche Welle Television(독일 방송사)

EBU: European Broadcasting Union(유럽 방송 연합)

EC: electronic commerce(전자 상거래)

ECHR: European Convention of Human Rights(유럽 인권 협약)

ECLA: Economic Commission for Latin America(라틴 아메리카 경제 위원회)

EEC: European Economic Community(유럽 경제 공동체)

EMCI: Entertainment Marketing Communications International(엔터테인먼트 마케팅 커뮤니케이션 인터내셔널)

ESPN: Entertainment and Sports Programming Network(미국 케이블 채널)

ETA: Basque Fatherland and Liberty rebel group(바스크 조국과 자유의 반군 그룹)

EU: European Union(유럽 연합)

EutelSat: European Telecommunications Satellite Organization(유럽 통신 위성 기구)

FAO: Food and Agriculture Organization(식량농업기구)

FCC: Federal Communications Commission(연방 커뮤니케이션 위원회)

FDI: foreign direct investment(외국인 직접 투자)

GATS: General Agreement on Trade in Services(서비스 무역에 관한 일반 협정)

GATT: General Agreement on Tariffs and Trade(관세 및 무역에 관한 일반 협정)

GCA: Global Communication Association(글로벌 커뮤니케이션 협회)

GDP: gross domestic product(국내 총생산)

GDPR: General Data Protection Regulation (EU)(일반 데이터 보호 규정)

GEN: Global Editors Network(글로벌 편집인 네트워크)

GIDT: Global Institute for Digital Transformation(디지털 혁신을 위한 글로벌 연구소)

GII: global information infrastructure(글로벌 정보 하부구조)

GNI: gross national income(국민 총소득)

GNN: Global News Network(글로벌 뉴스 웹사이트)

GNP: gross national product(국민 총생산)

GPS: global positioning satellite(글로벌 위치추적 위성)

gTLDs: generic top-level domains(일반 최상위 도메인)

HBO: Home Box Office(미국 케이블 채널)

HDTV: high-definition television(고화질 텔레비전)

HIV: human immunodeficiency virus(인간 면역 결핍 바이러스)

HMD: head-mounted device(헤드 마운트 장치)

IANA: Internet Assigned Numbers Authority(인터넷 할당 번호 관리기관)

IANS: Indo-Asian News Service(인도 민영 뉴스통신사)

IBU: International Broadcasting Union(국제 방송 연합)

IC: international communication(국제 커뮤니케이션)

ICANN: Internet Corporation for Assigned Names and Numbers(국제 인터넷 주소관리기구)

ICAO: International Civil Aviation Organization(국제민간항공기구)

ICCPR: International Covenant of Civil and Political Rights(시민적 및 정치적 권리에 관한 국제 규약)

ICT: information and communication technology(정보 및 커뮤니케이션 기술)

IGO: international governmental organization or intergovernmental organization(국제 정부 기구 또는 정부 간 기구)

IIC: International Institute of Communication(국제 커뮤니케이션 연구소)

ILO: International Labour Organization(국제 노동 기구)

IM: instant messenger(인스턴트 메신저)

IMF: International Monetary Fund(국제통화기금)

IMO: International Maritime Organization(국제해사기구)

INGO: international nongovernmental organization(국제 비정부 기구)

INS: International News Service(미국 신디케이트 뉴스통신사)

Intelsat: International Telecommunications Satellite Organization(국제 통신위성 기구)

IPI: International Press Institute(국제 신문 편집인 협회)

IPR: intellectual property right(지적 재산권)

IRA: Irish Republican Army(아일랜드 공화국군)

IRTS: International Radio & Television Society(국제 라디오 및 텔레비전 협회)

ISDN: integrated system digital networks(종합정보통신망)

ISIL: Islamic State in Iraq and the Levant(이라크와 레반트의 이슬람 국가)

ISIS: Islamic State in Iraq and Syria(이라크와 시리아의 이슬람 국가)

ISP: Internet service provider(인터넷 서비스 제공자)

IT&T: International Telephone and Telegraph Company(미국 통신회사)

ITAR-TASS: Information Telegraph Agency of Russia-Telegraph Agency of the Soviet Union(러시아 뉴스통신사)

ITC: International Telephone Convention(국제 전화 협약)

ITU: International Telecommunication Union(UN specialized agency)(국제전기통신연합; UN 전문기구)

KGB: Komitet Gosudarstvennoy Bezopasnosti(구소련의 주요 보안 기관)

LDCs: less-developed countries(저개발국)

LECs: local exchange carriers(지역 전화사업자 또는 시내전화사업자)

LEOs: low earth orbits(저궤도 위성)

LGBTQIA: lesbian, gay, bisexual, transgender, queer or questioning, intersex, and asexual or allied(레즈비언, 게이, 양성애자, 트랜스젠더, 퀴어 또는 성체성을 고민하는 자, 간성자, 무성애자 또는 지지자)

MDCs: more-developed countries(선진국)

MDGs: Millennium Development Goals(밀레니엄 개발 목표; UN 의제)

MENA: Middle East News Association(중동 뉴스 협회)

MJW: mobile journalist workstation(모바일 저널리스트 워크스테이션)

MPEA: Motion Picture Export Association(영화 수출 협회)

MSO: multiple system operator(복수 케이블 시스템 운영자)

MTN: mobile telecommunications company(South Africa-based multinational)(남아공 이동통신회사)

MTV: Music Television(미국 케이블 채널)

NAFTA: North American Free Trade Agreement(북미 자유 무역 협정)

NAM: Non-Aligned Movement(비동맹운동)

NANA: Non-Aligned News Agencies(비동맹 뉴스 통신사)

NASA: National Aeronautics and Space Administration(미국 항공 우주국)

NATO: North Atlantic Treaty Organization(북대서양 조약 기구)

NBC: National Broadcasting Company(미국 공중파 방송사)

NGBT: Negotiating Group on Basic Telecommunications(기본통신 협상 그룹)

NGO: nongovernmental organization(비정부기구)

NHK: Nippon Hansai Kyoki(Japan Broadcasting Corporation)(일본 공영방송사)

NIC: newly industrialized country(신흥공업국)

NIIO: new international information order(새로운 국제정보질서)

NPR: National Public Radio(미국 공영 라디오 방송사)

NSA: National Security Agency(국가안보국)

NSF: National Science Foundation(국립과학재단)

NTA: Nigerian Television Authority(나이지리아 국영방송사)

NTIA: National Telecommunications Information Administration(국가 통신 정보 관리국)

NUI: natural user interface(자연스러운 이용자 인터페이스)

NWEO: new world economic order(새로운 세계경제질서)

NWICO: new world information and communication order(새로운 세계 정보 및 커뮤니케이션 질서)

NWIO: new world information order(새로운 세계정보질서)

NWO: new world order(새로운 세계 질서)

OECD: Organisation for Economic Co-operation and Development(경제협력개발기구)

OIR: International Radio Organisation(국제무선기구)

OIRT: International Radio and Television Organisation(국제 라디오 및 텔레비전 기구)

OPEC: Organization of Petroleum Exporting Countries(석유 수출국 기구)

OTT: over-the-top(새로운 인터넷 동영상 서비스)

PAHO: Pan-American Health Organization(범미 보건 기구)

PANA: PanAfrican News Agency(범아프리카 뉴스통신사)

PanAmSat: Pan-American Satellite(범아메리카 위성)

PBS: Public Broadcasting Service(미국 공영방송사)

PCC: People's Communication Charter(인민 커뮤니케이션 헌장)

PCS: personal communication services(개인 커뮤니케이션 서비스)

PLCs: programmable logic controllers(프로그래머블 로직 컨트롤러)

PNG: Papua New Guinea(파푸아뉴기니)

PR: public relations(공중관계)

PRC: People's Republic of China(중국)

Press TV: global broadcast service of Iran(이란의 국제 방송 서비스)

PRSA: Public Relations Society of America(미국 공중관계협회)

PSA: public service announcement(공익광고)

PSC: project support communication(프로젝트 지원 커뮤니케이션)

PSM: public service media(공공 서비스 미디어)

PTA: Petrograd Telegraph Agency(페트로그라드 전신국)

PTO: public telecommunications operator(공공 통신사업자)

PTT: Post, Telegraph, and Telephone(체신부)

PVR: personal video recorder(개인용 비디오 레코더)

QoS: quality of service(서비스 품질)

RASCOM: Regional African Satellite Project(지역 아프리카 위성 프로젝트)

RFE/RL: Radio Free Europe/Radio Liberty(미국 대유럽 해외방송)

RNC: Republican National Committee(공화당 전국 위원회)

ROSTA: Russian Telegraph Agency(러시아 뉴스통신사)

RT: Russian Television(satellite)(러시아 위성 텔레비전)

SCAN: System for Comprehensive Analysis of News(뉴스 종합 분석 시스템)

SCM: supply chain management(공급망 관리)

SDGs: Sustainable Development Goals(지속 가능한 개발 목표)

SNTV: Sports News Television(글로벌 스포츠 뉴스 영상 서비스 사업자)

SPTA: St. Petersburg Telegraph Agency(상트페테르부르크 뉴스통신사)

Star TV: global broadcast service of Turkey(터키 국제방송 채널)

TASS: Telegraph Agency of the Soviet Union(구소련 뉴스통신사)

TDF: transborder data flow(초국경 데이터 유통)

TLD: top-level domain(최상위 도메인)

TNC: transnational corporation(초국적 기업)

TNMC: transnational media corporation(초국적 미디어 기업)

TNT: Turner Network Television(미국 케이블 채널)

TRIPS: trade-related intellectual property rights(무역 관련 지적 재산권)

TRT: Turkish Radio and Television(터키 방송사)

UAE: United Arab Emirates(아랍에미리트)

UCC: Universal Copyright Convention(보편적 저작권 협약)

UDHR: Universal Declaration of Human Rights(세계인권선언)

UN: United Nations(유엔)

UNCITRAL: United Nations Commission on International Trade Law(국제 무역법에 관한 유엔 위원회)

UNCTAD: United Nations Conference on Trade and Development(무역 및 개발에 관한 유엔 회의)

UNDP: United Nations Development Programme(유엔 개발 프로그램)

UNESCO: United Nations Educational, Scientific, and Cultural Organization(유네스코)

UNFPA: United Nations Population Fund(유엔 인구기금)

UNHCR: United Nations High Commissioner for Refugees(유엔 난민 고등판무관)

UNICEF: United Nations Children's Fund(유엔 아동기금)

UNIDO: United Nations Industrial Development Organization(유엔 산업개발기구)

UNRTOA: Union of National Radio and Television Organizations of Africa(아프리카 국가 라디오 및 텔레비전 기구 연합)

UPI: United Press International(미국 뉴스통신사)

UPU: Universal Postal Union(만국우편연합)

URL: uniform resource locator(파일식별자)

USAID: United States Agency for International Development(미국 국제 개발청)

USIA: United States Information Agency(미국 정보국)

USSR: Union of Soviet Socialist Republics(구소련)

VCR: videocassette recorder(비디오 녹화기)

VOA: Voice of America(미국 해외방송)

VOIP: voice over Internet protocol(음성 인터넷 프로토콜)

VPN: virtual private network(가상 사설망)

VR: virtual reality(가상 현실)

WAP: wireless application protocol(무선 애플리케이션 프로토콜)

WARC: World Administrative Radio Conference(세계 행정 라디오 회의)

WHO: World Health Organization(세계보건기구)

WIPO: World Intellectual Property Organization(세계지적재산권기구)

WMD: weapon of mass destruction(대량 살상 무기)

WSIS: World Summit on the Information Society(정보사회에 관한 세계정상회담)

WTN: World Television Network(월드 텔레비전 네트워크)

WTO: World Trade Organization(세계무역기구)

추천 읽을거리

이 QR코드를 스캔하면 『글로벌 커뮤니케이션』의 추천 읽을거리를 열람할 수 있습니다.

저자 소개

1부

1장

앨런 파머(Allen Palmer)(유타 대학교 박사)는 브리검 영 대학교(Brigham Young University, Provo, Utah) 커뮤니케이션학부(School of Communication)의 국제 미디어 연구소(International Media Studies) 명예 소장이다.

2장

하미트 소니(Harmeet Sawhney)(텍사스 대학교 박사)는 인디애나 대학교(Indiana University, Bloomington) 미디어학부(Media School) 교수이다.

3장

리처드 A. 거션(Richard A. Gershon)(오하이오 대학교 박사)은 웨스턴 미시건 대학교(Western Michigan University)의 텔레커뮤니케이션 및 정보 관리(Telecommunications and Information Management) 프로그램 교수이자 공동 책임자이다.

2부

4장

존 D. H. 다우닝(John D. H. Downing)(런던 정치경제대학교 박사)은 서던 일리노이 대학교(Southern Illinois University, Carbondale)의 글로벌 미디어 연구센터(Global Media Research Center) 명예 교수이자 창립 이사이다.

5장

시스 J. 하멜링크(Cees J. Hamelink)(암스테르담 대학교 박사)는 암스테르담 대학교(University of Amsterdam) 국제 커뮤니케이션 명예 교수이자 암스테르담 자유대학교(Vrije Universiteit Amsterdam) 세계 보건 및 인권 교수이다.

6장

잰 H. 사모리스키(Jan H. Samoriski)(볼링 그린 주립대학교 박사)는 티핀 대학교(Tiffin University) 커뮤니케이션 교수이다.

7장

비버트 C. 케임브리지(Vibert C. Cambridge)(오하이오 대학교 박사)는 오하이오 대학교(Ohio University) 스크립스 커뮤니케이션학부(Scripps College of Communication)의 미디어 예술 및 연구 명예 교수이다.

3부

8장

쿨딥 R. 람팔(Kuldip R. Rampal)(미주리 대학교 박사)은 센트럴 미주리 대학교(University of Central Missouri, Warrensburg) 매스커뮤니케이션 명예교수이다.

9장

벤저민 A. 데이비스(Benjamin A. Davis)(콜롬비아 대학교 석사)는 캘리포니아 주립대학교(California State University, Northridge, LA)의 방송 및 디지털 저널리즘 조교수이다.

라스 룬드그렌(Lars Lundgren)(스톡홀름 대학교 박사)은 스웨덴 쇠데르톤 대학교(Södertörn University)의 미디어 및 커뮤니케이션학 부교수이다.

10장

존 V. 패블릭(John V. Pavlik)(미네소타 대학교 박사)는 럿거스 대학교(Rutgers University) 커뮤니케이션 및 정보학부(School of Communication and Information) 저널리즘 및 미디어학과(Department of Journalism and Media Studies) 교수이다.

11장

리처드 C. 빈센트(Richard C. Vincent)(매사추세츠 대학교 박사)는 인디애나 주립대학교(Indiana State University)의 커뮤니케이션 교수이자 대학원 프로그램 디렉터이다.

4부

12장

조지 A. 바넷(George A. Barnett)(미시건 주립대학교 박사)은 캘리포니아 대학교(University of California, Davis)의 커뮤니케이션 석좌 명예 교수이다.

데번 로젠(Devan Rosen)(코넬 대학교 박사)은 이써카 대학(Ithaca College) 로이 H. 파크 커뮤니케이션학부(Roy H. Park School of Communications)의 미디어 예술, 과학 및 연구학과(Department of Media Arts, Sciences, and Studies)의 이머징 미디어(Emerging Media) 학사 학위 프로그램의 커뮤니케이션 교수이자 프로그램 책임자이다.

13장

마리나 부노비치(Marina Vujnovic)(아이오아 대학교 박사)는 몬마우쓰 대학교(Monmouth University) 커뮤니케이션학과(Department of Communication) 저널리즘 부교수이다.

딘 크럭크버그(Dean Kruckeberg)(아이오아 대학교 박사)는 APR, PRSA 펠로우이자 노쓰 캐럴라이너 대학교(University of North Carolina, Charlotte) 커뮤니케이션학과(Department of Communication Studies) 교수이다.

14장

예심 캅탄(Yeşim Kaptan)(블루밍턴 소재 인디애나 대학교 박사)은 켄트 주립대학교(Kent State University)(오하이오) 커뮤니케이션학부(School of Communication Studies)의 조교수이다.

15장

터리사 캐릴리(Theresa Carilli)(서던 일리노이 대학교 박사)는 퍼듀 대학교 노쓰웨스트(Purdue University Northwest) 커뮤니케이션학 교수이다.
제인 캠벌(Jane Campbell)(노던 일리노이 대학교 박사)은 퍼듀 대학교 노쓰웨스트(Purdue University Northwest)의 영어학 교수이다.

5부

16장

먼로 E. 프라이스(Monroe E. Price)(예일 대학교 법학박사)는 펜실베이니아 대학교(University of Pennsylvania)의 애넨버그 커뮤니케이션학부(Annenberg School for Communication)에서 10년 동안 가르쳤으며 글로벌 커뮤니케이션 연구 센터(Center for Global Communication Studies) 소장이었다.

17장

마이크 프리트릭센(Mike Friedrichsen)(자유 대학교 박사)은 베를린 디지털 과학 대학교(Berlin University of Digital Sciences)의 창립 총장이자 슈투트가르트 미디어 대학교(Stuttgart Media University)의 미디어 경제학 및 미디어 혁신 교수이다.

편저자 소개

야야 R. 카말리푸어(Yahya R. Kamalipour)

야야 R. 카말리푸어는 커뮤니케이션학 교수이자 노쓰 캐럴라이너 A&T 주립대학교(North Carolina A&T State University) 저널리즘 및 매스 커뮤니케이션학과(Department of Journalism and Mass Communication) 학과장(2014~2016년)을 지냈다. 이전에는 퍼듀 대학교 노쓰웨스트(Purdue University Northwest)(1986~2014년) 커뮤니케이션 및 크리에이티브 아트학과(Department of Communication and Creative Arts) 교수 겸 학과장을 역임했다. 관심 연구 분야는 세계화, 미디어 영향, 국제 커뮤니케이션, 중동 미디어 및 새로운 커뮤니케이션 기술이다. 그는 『저널리즘 및 뉴스 미디어의 디지털 전환』(*Digital Transformation in Journalism and News Media*)(마이크 프리트릭센과 공저), 『우주를 통해 커뮤니케이션하기』(*Communicating through the Universe*)[(나데이다 그레이디나(Nadejda Greidina)와 공저), 『글로벌 커뮤니케이션』(*Global Communication*)을 포함하여 16권의 책을 출간한 바 있다. 카말리푸어는 여러 대학에서 국제 학술 컨설턴트로 활동했으며 12개의 저명한 커뮤니케이션 저널의 자문/편집 위원회에서 활동했다. 그는 「글로벌 미디어 저널스」(*Global Media Journals*)(18개의 글로벌 에디션 포함)의 창립자이자 편집장이다. 또한 그는 글로벌 연구센터(퍼듀 노쓰웨스트 대학교)의 창립자이며 글로벌 커뮤니케이션 협회(Global Communication Association)의 창립자이자 회장이다. 카말리푸어는 미주리 대학교(University of Missouri, Columbia)에서 커뮤니케이션 박사 학위를, 위스칸신 대학교(University of Wisconsin, Superior)에서 매스 미디어 석사, 그리고 미네소타 주립대학교(Minnesota State University)에서 매스 커뮤니케이션-홍보학 학사 학위를 받았다. 추가 정보는 www.kamalipour.com을 참조.

역자 소개

배현석

1984년 연세대학교 사회과학대학 신문방송학과를 졸업하고, 1986년 연세대학교 본 대학원(신문방송학 전공)에서 석사 과정을 마쳤다. 1989년부터 1993년까지 방송위원회(현 방송통신위원회) 연구원을 거쳐, 1998년 미시건 주립대(Michigan State University) 텔레커뮤니케이션학과(Department of Telecommunication)에서 박사 학위를 받았다. 1998년 영남대학교 언론정보학과 객원교수를 지낸 후, 1999년부터 지금까지 동 대학에서 교수로 지내고 있다. 주요 관심 분야는 미디어의 효과, 특히 교육적 오락물(Entertainment-Education)과 보건 커뮤니케이션이며, *Asian Journal of Communication* 편집자문위원으로 활동 중이다. 지금까지 10여 편의 SSCI급 국제 학술지 논문(교육적 오락물 및 미디어 경제학 분야)을 발표했으며, 20여 권의 커뮤니케이션 관련 원서를 번역했다.

주요 논문

Bae, H.-S., Lee, D., & Bae, R. E. (2014). Emotional engagement with the plot and characters: A narrative film on hearing-impaired sexual assault victims. *Narrative Inquiry*, 24(2), 309-327.

Bae, H.-S., Brown, W. J., & Kang, S. (2011). Social influence of a religious hero: The late Cardinal Stephen Kim's impact on cornea donation and volunteerism. *Journal of Health Communication*, 16(1), 62~78.

Kang, S., Gearhart, S., & Bae, H.-S. (2010). Coverage of Alzheimer's disease from 1984 to 2008 in television news and information talk shows in the United States: An analysis of news framing. *American Journal of Alzheimer's Disease and Other Dementia*, 25(8), 687~697.

Bae, H.-S. (2008). Entertainment-education and recruitment of cornea donors: The role of emotion and issue involvement. *Journal of Health Communication*, 13(1), 20~36.

Bae, H.-S., & Kang, S, (2008). The influence of viewing an entertainment-education program on cornea donation intention: A test of the Theory of Planned Behavior. *Health Communication*, 23(1), 87~95.

Lee, B., & Bae, H.-S. (2004). The effect of screen quotas on the self-sufficiency ratio in recent domestic film markets. *The Journal of Media Economics*, 17(3), 163~176.

Bae, H.-S., & Lee, B. (2004). Audience involvement and its antecedents in entertainment-education: An analysis of bulletin board messages and drama episodes on divorce in Korea. *Asian Journal of Communication*, 14(1), 6~21.

Bae, H.-S. (2000). Product differentiation in national TV newscasts: A Comparison of the cable all-news networks and the broadcast networks. *Journal of Broadcasting & Electronic Media*, 44(1), 62~77.

Bae, H.-S. (1999). Product differentiation in cable programming: The case in cable all-news networks. *The Journal of Media Economics*, 12(4), 265-277.

Bae, H.-S., & Baldwin, T. F. (1998). Policy issues for cable startup in smaller countries: The case in South Korea. *Telecommunications Policy*, 22(4/5), 371-381.

주요 역서

배현석(역) (2021). 『우리는 데이터다 알고리즘이 만들어내는 우리의 디지털 자기』(*We Are Data: Algorithms and the Making of Our Digital Selves*). 서울: 한울 아카데미.

배현석(역) (2020). 『디지털 디퍼런스: 미디어 기술과 커뮤니케이션 효과 이론』(*The Digital Difference: Media Technology and the Theory of Communication Effects*). 서울: 한울 아카데미.

배현석(역). (2019). 『공유시대: 공유 개념과 공유 행위에 대한 분석』(*The age of sharing*). 서울: 한울 아카데미.

배현석(역) (2018). 『노화와 커뮤니케이션 이해하기: 지식 및 의식 개발하기』(*Understanding communication and aging: Developing knowledge and awareness*). 경산: 영남대학교 출판부.

배현석(역) (2018). 『초연결사회: 인터넷, 디지털 미디어, 그리고 기술-사회 생활』(*Superconnected: The internet, digital media, and techno-social life*). 서울: 한울아카데미.

배현석(역) (2017). 『퍼블릭 스피치: 대중 앞에서 말하기』(*Public speaking: Concepts and skills for a diverse society*). 경산: 영남대학교 출판부.

배현석(역) (2016). 『디지털 시대의 위기 커뮤니케이션: 계획수립, 관리, 그리고 대응』(*Ongoing crisis communication: Planning, managing, and responding*). 서울: 한울 아카데미.

배현석(역) (2015). 『대인관계와 소통: 일상의 상호작용』(*Interpersonal communication: Everyday encounters*). 서울: 한경사.

배현석(역) (2015). 『미디어 메시지와 공중보건: 내용분석에 대한 의사결정 접근방법』(*Media message and public message: A decisions approach to content analysis*). 경산: 영남대학교 출판부.

배현석(역) (2013). 『저항과 설득』(*Resistance and persuasion*). 경산: 영남대학교 출판부.

배현석(역) (2012). 『커뮤니케이션 정책의 기초: 전자 미디어 규제의 원칙과 과정』(*Foundations of communications policy: Principles and process in the regulation of electronic media*). 서울: 한국문화사.

배현석 · 배은결(역) (2011). 『미디어 메시지 분석: 양적 내용분석방법』(개정판)(*Analyzing media messages: Using quantitative content analysis in research, 2nd ed.*). 경산: 영남대학교 출판부.

배현석(역) (2011). 『방송시장의 경제적 규제: 진화하는 기술과 정책적 과제』(*The economic regulation of broadcasting markets: Evolving technology and challenges for policy*). 경산: 영남대학교 출판부.

배현석(역) (2009). 『국제 커뮤니케이션』(개정판) (*International communication: Continuity and change, 2nd ed.*). 서울: 한울 아카데미.

배현석(역) (2008). 『교육적 오락물과 사회 변화: 역사, 연구 및 실제』(*Entertainment-education and social change: History, research, and practice*). 서울: 나남출판사.

배현석(역) (2005). 『미디어 효과의 기초』(*Fundamentals of media effects*). 서울: 한울 아카데미.

글로벌 커뮤니케이션: 다문화적 관점

초판발행	2022년 9월 3일
지은이	Yahya R. Kamalipour
옮긴이	배현석
펴낸이	안종만 · 안상준
편 집	이아름
기획/마케팅	장규식
표지디자인	BEN STORY
제 작	고철민 · 조영환
펴낸곳	(주) **박영사**
	서울특별시 금천구 가산디지털2로 53, 210호(가산동, 한라시그마밸리)
	등록 1959. 3. 11. 제300-1959-1호(倫)
전 화	02)733-6771
f a x	02)736-4818
e-mail	pys@pybook.co.kr
homepage	www.pybook.co.kr
ISBN	979-11-303-1599-7　　93070

* 파본은 구입하신 곳에서 교환해 드립니다. 본서의 무단복제행위를 금합니다.
* 역자와 협의하여 인지첩부를 생략합니다.

정 가	38,000원